欲乘輕舟訪赤松子蓬
萊不可到弱水三万里不如金
山去清風半帆耳中有妙
高臺雲峰自孤起仰觀初
無路誰信平如砥臺中老仙

정본완역 소동파시집 4

정본완역

소동파시집 4

초판 1쇄 인쇄 2019년 10월 31일
초판 1쇄 발행 2019년 11월 7일

역주자 류종목
펴낸이 오세정
펴낸곳 서울대학교출판문화원

출판등록 제15-3호

주소 08826 서울 관악구 관악로 1
대표전화 02-880-5252 | **팩스** 02-889-0785
도서 주문 02-889-4424, 02-880-7995
이메일 snubook@snu.ac.kr
홈페이지 www.snupress.com

ISBN 978-89-521-2885-0 94820
978-89-521-0695-7 (세트)

정본완역 소동파시집 4

류종목 역주

서울대학교출판문화원

제4책을 내며

《정본완역 소동파시집》 제4책은 왕문고 집주본 《소식시집》 권24부터 권30까지의 일곱 권에 수록되어 있는 시 347수를 번역하고 주해한 것이다. 이로써 《소식시집》 총 50권 가운데 약 60%를 역해한 셈인데 그동안 20년이라는 적지 않은 세월이 흘렀다.

소식시독회는 1998년 4월 8일에 출범했는데 《소식시집》 권30을 독파한 때가 마침 소식시독회 출범 20주년이 되는 때였다. 고맙게도 서울대학교 중어중문학과에서 2018년 4월 6일 오후 두 시부터 저녁 늦게까지 소식시독회 창립 20주년을 기념하는 공식 행사를 거행해 준 덕분에 그동안 활동한 70여 명의 독회 회원 대부분을 비롯하여 우리 학과 교수·강사·대학원생 총 100여 명이 한데 모여 지나간 20년과 남은 10여 년에 대하여 회고와 다짐, 축하와 격려의 시간을 가질 수 있었다.

이처럼 《정본완역 소동파시집》 제4책은 20년 동안 축적된 지식과 경험의 소산인 만큼 이전의 책에 비해 정확도가 좀 높아졌을 것이라고 생각된다. 그러나 그럼에도 불구하고 여전히 많은 문제점이 남아 있을 것임을 부인할 수 없다. 독자 여러분의 변함없는 애정과 기탄없는 질정을 고대한다.

2018년 12월 24일

류종목

차례

卷25 古今體詩五十一首

卷26 古今體詩四十八首

卷27 古今體詩三十九首

卷28 古今體詩四十五首

卷29 古今體詩四十一首

卷30 古今體詩六十三首

卷24

古今體詩六十首

고체시 및 근체시 60수

권24에는 책수검교상서사부원외랑여주단련부사본주안치(責授檢校尙書祠部員外郎汝州團練副史本州安置)의 명을 받고 여주로 옮겨 가는 도중 잠시 금릉(金陵)에 머물 때인 원풍 7년(1084) 8월부터 진주(眞州)·양주(揚州)·초주(楚州)를 지나 사주(泗州)에서 새해를 맞이할 때까지의 시 60수가 수록되어 있다.

0818. 次荊公[1]韻四絶
형공의 시에 차운한 절구 네 수

其一

青李扶疎禽自來,[2][3][4] 청리가 무성하고 새가 절로 오는 모습
清眞逸少手親栽.[5] 맑고 참된 왕일소가 손수 심은 그 모습
深紅淺紫從爭發,[6] 새빨간 꽃잎에 연보라 꽃술이 마음껏 피기를 다투고
雪白鵝黃也鬪開.[7] 새하얀 꽃잎에 노르스름한 꽃술도 피기를 다투겠군요.

其二

斫竹穿花破綠苔, 대나무 베고 꽃밭 뚫고 푸른 이끼도 파내고
小詩端爲覓榿栽.[8][9] 오리나무를 구하려고 짧은 시도 응당 지었겠지요.
細看造物初無物,[10] 만물의 창조를 자세히 보면 처음엔 아무것도 없었는데
春到江南花自開. 강남에 봄이 오면 꽃이 절로 피지요.

其三

騎驢渺渺入荒陂, 나귀 타고 아득히 황량한 비탈로 들어가는
想見先生未病時. 병들기 전의 선생 모습 그려 봅니다.

勸我試求三畝宅,	저에게 택지 삼 묘를 구해 보라 권하시매
從公已覺十年遲.(11)	이미 공을 따르는 게 십 년 늦은 줄 알았습니다.

其四

甲第非眞有,(12)	큰 저택이 진정한 공의 소유가 아니고
閑花亦偶栽.(13)	한적한 야생화도 어쩌다 옮겨 심었는데
聊爲淸淨供,	그것이 그런대로 청정한 공양이 되어
却對道人開.(14)	오히려 도인을 향해 피겠습니다.

[해설]

자신의 정원에 핀 금사화와 도미화를 노래한 왕안석의 시에 차운한 것이다. 사신행(査愼行)의 《소시보주(蘇詩補註)》에 왕안석의 시 〈연못가에서 금사화 몇 가지가 도미 시렁을 지나 무성하게 피어 있는 것을 보고(池上看金沙花數枝過酴醾架盛開四首)〉 네 수에 차운한 것이라고 했는데, 《사고전서(四庫全書)》본 《임천문집(臨川文集)》은 권28에 이 네 수 중의 제2수, 제1수 및 제3수를 〈연못가에서 금사화 몇 가지가 도미 시렁을 지나 무성하게 피어 있는 것을 보고(池上看金沙花數枝過酴醾架盛開二首)〉 및 〈북산(北山)〉이라는 제목으로 차례대로 수록하고, 권26에 이 네 수 중의 제4수를 〈연못 가에서 금사화 몇 가지가 도미 시렁을 지나 무성하게 피어 있는 것을 보고(池上看金沙花數枝過酴醾架盛開)〉라는 제목으로 수록했다.

[주석]

(1) 荊公(형공): 荊國公에 봉해진 王安石에 대한 존칭. 그는 희령 3년(1070)에 재상이 되었다가 희령 7년(1074)에 물러나고 희령 8년(1075)에 두 번째로 재상이 되었다가 희령 9년(1076)에 다시 물러났다. 당시에는 재상직에서 물러나 判江寧府로서 金陵(지금의 강소성 南京)의 鍾山에 머물고 있었다.

(2) 靑李(청리): 과일 이름. 자두의 일종이다. 〈與蜀郡守朱書〉라는 王羲之의 書帖에 "청리·능금·앵두·일급·등자 등의 씨앗은 모두 주머니에 담는 것이 좋으며 상자에 넣어서 봉하면 싹이 나지 않는 경우가 많습니다. 선생이 쓰신 편지에 '이 과일은 맛이 좋아서 그대에게 씨앗을 보낼 만합니다'라고 했으니 당연히 심어야지요. 여기에는 저 호두를 심어도 모두 싹이 났답니다. 저는 과실나무 심기를 무척 좋아하는데 이제 전원에서 오로지 이것만을 일로 삼고 있는지라 멀리 선생에게 보내거니와 이

씨앗을 보내 주신 것은 매우 은혜로운 일이었습니다(青李·來禽·櫻桃·日給·藤子, 皆囊盛爲佳, 函封多不生. 足下所疏云: '此果佳, 可爲致子.' 當種之. 此種彼胡桃, 皆生也. 吾篤喜種果, 今在田里, 惟以此爲事, 故遠及足下, 致此子者, 大惠也)"라고 했다.

(3) 扶疎(부소): 나무의 가지와 잎이 무성하다.

(4) 禽自來(금자래): 새들이 절로 오다. 《藝文類聚·菓部下·林檎》에 "《광지》에 '능금은 적내의 열매와 비슷하며 흑금이라고도 한다'라는 말도 있고, 또 '일명 내금이라고도 하는바, 달콤하게 잘 익으면 새가 찾아온다는 말이다'라는 말도 있다(《廣志》曰: '林檎似赤柰子, 亦名黑檎.' 又曰: '一名來禽, 言味甘熟則來禽也.')"라고 했다. 왕희지가 심어 놓은 능금나무의 모습을 묘사한 것이다.

(5) 逸少(일소): 왕희지의 字. 李白의 시 〈王右軍〉에 "왕우군은 본래부터 맑고 참된 분, 말쑥하니 속세를 벗어나셨네(右軍本淸眞, 瀟灑出風塵)"라는 구절이 있다. 이 연은 왕안석의 정원에 金沙花와 酴醿花가 어우러져 있는 모습을 왕희지가 한데 심은 청리 꽃과 능금 꽃에 빗댄 것인 듯하다.

(6) 深紅淺紫(심홍천자): 진홍색 꽃잎에 연보랏빛 꽃술이 나 있는 금사화를 가리킨다.

(7) 雪白鵝黃(설백아황): 눈처럼 새하얀 꽃잎에 거위 새끼의 깃털처럼 노르스름한 꽃술이 나 있는 도미화를 가리킨다.

(8) 小詩(소시): 짧은 시. 杜甫의 시 〈憑何十一少府邕覓榿木栽〉에 "초당 도랑 서쪽에 숲이 없는데, 그대 말고 누가 또 내 마음을 알리오? 오리나무는 삼 년이면 다 자란다는 말 많이 들었나니, 개울가의 십 묘짜리 그늘을 좀 주시오(草堂塹西無樹林, 非子誰復見幽心? 飽聞榿木三年大, 與致溪邊十畝陰)"라고 했다.

(9) 榿(기): 자작나뭇과의 낙엽 활엽 교목으로 성장 속도가 매우 빠르다. 이 구절은 왕안석이 두보처럼 다른 사람에게 시를 지어 보냄으로써 오리나무를 얻어서 심었을 것이라는 말이다.

(10) 造物(조물): 만물을 창조하다. 이 연은 왕안석이 안 해도 될 수고를 했다는 우스갯소리인 것으로 보인다.

(11) 十年(십년): 왕안석이 첫 번째 재상직에서 물러나 강녕부지부로 나간 희령 7년(1074)부터 지금까지를 가리킨다. 소식의 〈上荊公書〉에 "저는 처음 금릉에 농지를 사서 어르신을 모시고 종산 밑에서 늙기를 희망했으나 이미 뜻을 이루지 못하고 이제 의진에 와서 또 20여 일이 지났는데 날마다 농지 찾는 것이 일입니다(軾始欲買田金陵, 庶幾得陪杖屨, 老於鍾山之下. 旣已不遂, 今來儀眞, 又二十餘日, 日以求田爲事)"라고 했으므로, 이 연은 남경에 농지를 사서 함께 은거하자는 왕안석의 권고를 듣고 10년 전에 진작 함께 은거하지 않은 것이 아쉽다는 뜻임을 알 수 있다.

(12) 甲第(갑제): 크고 좋은 저택. 이 구절은 왕안석의 저택이 황제에게 하사받은 집이라는 의미와 세상 만물이 다 개인의 소유일 수 없다는 이치를 동시에 천명한 것으로 보인다.

(13) 閑花(한화): 자생적으로 피어난 야생화를 가리킨다. 이 구절은 왕안석이 옮겨 심은 금사화와 도미화가 사원의 꽃으로 잘 어울리지만 결코 그 집을 나중에 사원용으로 희사하기 위해 일부러 옮겨 심은 것이 아니고 우연의 일치라는 말이다.

(14) 道人(도인): 스님. 《東軒筆錄》에 "왕형공은 두 번째로 재상직을 그만두고 鎭南軍節度使同平章事

의 직함을 가지고 判江寧府가 되자 즉시 도교 사원 관리인이 되기를 청하고 백문 밖 7리 되는 곳에 집을 지었으니 장산에서도 7리였다. 평일에는 나귀를 타고 동자 몇 명을 거느린 채 여러 산사를 유람했다. 그가 사는 집은 겨우 비바람을 막아 줄 정도였는데 원풍(1078-1085) 말에 희사하여 절을 지은바 報寧禪院이라는 이름을 하사받았다(王荊公再罷政, 以使相判金陵, 卽求宮觀, 築第於白門外七里, 去蔣山亦七里. 平日馭一驢, 從數童, 遊諸山寺. 所居之宅, 僅庇風雨, 元豐末, 捨爲寺, 賜名報寧)"라고 했다.

0819. 張庖民[1]挽詞[2]

장포민을 애도하는 만사

東晉巾車令,[3] 동진 때에 휘장 친 수레를 몬 현령이요
西京執戟郎.[4][5] 서경에서 창을 잡은 황문시랑인지라
甘心向山水, 마음이 기꺼이 산수를 향해
結髮事文章.[6] 머리를 묶을 때부터 문장을 일삼았네.
故自輕千戶,[7] 본래부터 천호후를 경시했나니
何曾羨一囊.[8] 어찌 녹미 한 주머니를 부러워한 적 있으리?
天高鬼神惡,[9] 천성이 숭고하여 귀신이 미워해도
骨朽姓名芳. 뼈가 다 썩은 뒤에 고운 이름이 남으리.
庾嶺銘旌暗,[10][11] 대유령의 명정은 칙칙해지고
秦淮舊宅荒.[12] 진회하의 옛집은 황폐해져 버렸겠네.
吾詩不用刻, 나의 시는 돌에 새길 필요 없나니
妙語有黃香.[13] 절묘한 말을 한 분으로 황향이 있네.

[해설]

금릉 사람인 장포민이 2년여 전에 조계에서 죽었다는 소식을 듣고 그를 애도하여 지은 것이다.

[주석]

(1) 張庖民(장포민): 施元之의 《施注蘇詩》에 "장포민은 자가 상보이며 금릉 사람이다. 원풍 5년(1082)에 조계(大庾嶺 남쪽의 광동성 曲江縣을 지나는 강)에서 죽었다(張庖民, 字翔父, 金陵人. 元豐五年, 卒於曹溪)"라고 했다.

(2) 挽詞(만사): 죽은 사람을 애도하는 글.

(3) 巾車令(건거령): 휘장을 둘러친 수레를 탄 현령이라는 뜻으로 彭澤縣令을 그만두고 고향으로 돌아가 은거한 東晉 시인 陶淵明을 가리킨다. 도연명의 〈歸去來辭〉에 "때로는 휘장 친 수레를 몰게 하고, 때로는 외로운 배를 저으리(或命巾車, 或棹孤舟)"라는 구절이 있기 때문이다.

(4) 西京(서경): 漢나라의 도성 長安(지금의 섬서성 西安)을 가리킨다.

(5) 執戟郎(집극랑): 창을 든 郎官. 한나라의 제도에 의하면 낭관들은 모두 창을 들게 되어 있었다. 여기서는 揚雄을 가리킨다. 그는 成帝 때 黃門侍郎이 된 뒤 오랫동안 승진이 되지 않았지만 담담하게 저술에 몰두했다.

(6) 結髮(결발): 머리를 묶는 나이인 아동 시절을 가리킨다. 王十朋의 《百家註分類東坡先生詩》에 "'머리를 묶을 때부터'는 어릴 적부터라는 말이다('結髮'言自小時也)"라고 했다.

(7) 千戶(천호): 천 호짜리 食邑. 千戶侯를 가리킨다.

(8) 一囊(일낭): 한 주머니의 祿米를 가리킨다. 漢나라 사람 東方朔은 자신의 지위와 대우에 불만을 품고 무제에게 "난쟁이들은 키가 석 자 남짓일 뿐인데 봉록이 곡식 한 주머니와 돈 240전이고, 저는 키가 아홉 자가 넘는데도 역시 봉록이 곡식 한 주머니와 돈 240전입니다. 난쟁이들은 배가 불러서 죽을 지경이고 저는 배가 고파서 죽을 지경입니다(朱儒長三尺餘, 奉一囊粟, 錢二百四十; 臣朔長九尺餘, 亦奉一囊粟, 錢二百四十. 朱儒飽欲死, 臣朔飢欲死)"라고 했다.(《한서·동방삭전》 참조) 이 연은 장포민이 도연명이나 양웅처럼 세속적인 욕심을 부리지 않았다는 말이다.

(9) 天高(천고): 천부적인 재능, 즉 天分이 높다. 이 구절은 韓愈의 시 〈感春五首〉 其四 중의 "하느님은 높이 계시고 귀신은 미워하니, 성명을 지키려 해도 정말로 어렵구나(天公高居鬼神惡, 欲保性命誠難哉)"라는 구절을 변형한 것이다.

(10) 庾嶺(유령): 大庾嶺. 강서성과 광동성 사이에 있는 높은 산맥을 가리키기도 하고 거기에 있는 고개를 가리키기도 한다. 장포민은 대유령 남쪽의 조계에서 죽었다.

(11) 銘旌(명정): 죽은 사람의 관직과 성씨 등을 적은 기. 보통 다홍색 바탕에 흰 글씨로 쓰며, 장사 지낼 때 상여 앞에서 들고 간 뒤에 널 위에 펴서 묻는다. 이 구절은 대유령에 장사 지낸 장포민의 명정이 퇴색했다는 뜻으로 그가 죽은 지 오래되었다는 말이다.

(12) 秦淮(진회): 秦淮河. 장포민의 고향인 금릉(지금의 강소성 南京)을 지나가는 강.

(13) 黃香(황향): 한나라 때 江夏郡 安陸 사람으로 二十四孝의 한 사람이었다. 그는 아홉 살 때부터 부모 모시는 이치를 알아서 京師에 이름을 떨친바 "천하에 둘도 없는 강하의 황향(天下無雙, 江夏黃香)"이라는 칭송을 들었다. 여기서는 그와 姓이 같으면서 역시 이십사효의 한 사람인 황정견을 가리킨다. 소식의 자주에 "황노직은 장포민을 위하여 애사를 지었다(黃魯直爲庖民作

哀詞)”라고 했다. 이 연은 황정견이 이미 상세하고도 멋들어지게 장포민의 애사를 써 놓았기 때문에 자신의 만사는 별로 가치가 없다는 말이다.

0820. 次韻葉致遠(1)見贈(2)

섭치원이 보낸 시에 차운하여

欲求五畝寄樵蘇,(3)(4)	오 묘를 얻어서 나무하고 풀 베길 바라면서
所至遲留似賈胡.(5)	도처에서 오래 머무는 꼴이 오랑캐 장사꾼 같았도다.
信命不須歌去汝,(6)	천명에 맡겨야지 떠나련다 노래할 것 없나니
逢人未免歎猶吾.(7)	사람을 만나 최자 같다고 탄식하지 않을 수 없으리.
人皆勸我杯中物,(8)	사람들은 다 나에게 잔 안의 물건을 권하지만
我獨憐君屋上烏.(9)	나는 유독 그대 지붕의 까마귀가 좋도다.
一技文章何足道,(10)	한 가지 재주인 글솜씨야 말할 것이 뭐 있으리?
要知摩詰是文殊.(11)(12)(13)	유마힐이 문수의 생각을 시정한 것을 알아야 하리.

[해설]

섭도가 지어 준 시에 차운한 것으로, 귀전을 결행하지 못함에 대한 자탄과 섭도에 대한 우의를 노래했다.

[주석]

(1) 致遠(치원): 葉濤의 字. 施元之의 《施注蘇詩》에 "섭치원은 이름이 도이며, 처주 용천 사람으로 진사에 급제했다. 평보 왕안국의 사위이다(葉致遠, 名濤, 處州龍泉人, 擧進士. 王平甫安國之壻)"라고 했다. 〈葉濤致遠見和二詩, 復次其韻〉(0817) 주 (1) 참조

(2) 見贈(견증): 나에게 주다. '見'은 동사 앞에 쓰여서 목적어에 충당되는 일인칭 대명사의 역할을 한다. 李密의 〈陳情表〉에 "태어난 지 여섯 달 만에 자상하신 아버지는 저를 버리셨습니다(生孩六月, 慈父見背)"라고 한 것과 楊萬里의 〈次日醉歸〉에 "해 저물어 무척이나 돌아가고 싶은데, 주인이 한사코 나를 붙잡네(日晚頗欲歸, 主人苦見留)"라고 한 것은 직접 목적어로 쓰인 예이고, 《南史·江淹傳》에 "내가 가지고 있던 붓이 경에게 있은 지 여러 해 되었으니 이제 나에게 돌려주어도 되겠지(吾有筆在卿處多年, 可以見還)"라고 한 것은 간접 목적어로 쓰인 예이다.

(3) 五畝(오묘): 《孟子·梁惠王上》에 "5묘의 택지에 뽕나무를 심으면 쉰 살 된 노인이 비단옷을 입을 수 있습니다(五畝之宅, 樹之以桑, 五十者可以衣帛矣)"라는 말이 있다. 여기서는 일반적인 택지를 가리킨다.

(4) 寄樵蘇(기초소): 나무하고 풀 베는 일에 의지하다. 전원을 한다는 말이다.

(5) 賈胡(고호): 장사하는 오랑캐. 《後漢書·馬援傳》에 "복파장군 마원은 서역의 오랑캐 장사꾼 같아서 어느 한 곳에 이를 때마다 머물렀기 때문에 실패했다(伏波類西域賈胡, 到一處輒止, 以是失利)"라는 말이 있다. 이 연은 전원으로 돌아가 은거하는 것이 너무 늦었다는 말이다.

(6) 去汝(거여): 살기 힘든 곳을 피해 살기 좋은 곳을 찾아간다는 말이다. 《詩經·魏風·碩鼠》에 "이제는 너를 떠나, 저 낙원에 가련다(逝將去汝, 適彼樂土)"라는 구절이 있다.

(7) 猶吾(유오): '猶吾大夫崔子(우리 대부 최자와 같다)'의 축약형으로 살기 좋은 곳을 찾아 이 나라 저 나라로 떠돌아다닌다는 말이다. 《論語·公冶長》에 "자장이 묻기를……'최자가 제나라의 임금을 시해하자 진문자는 말 40필이 있었는데도 그것을 버리고 그곳을 떠났고, 다른 나라로 가서는 곧 "우리 대부 최자와 같다"라고 하면서 그곳을 떠났으며, 다른 나라에 가서는 또 '우리 대부 최자와 같다'라고 하면서 그곳을 떠났는데 이 사람은 어떻습니까?' 하자 공자께서 '청렴했다'라고 하셨다. 다시 '어질었습니까?' 하고 묻자 공자께서 '모르겠다만 어떻게 어질 수가 있었겠느냐?'라고 하셨다(子張問曰……'崔子弑齊君, 陳文子有馬十乘, 棄而違之, 至於他邦, 則曰: "猶吾大夫崔子也." 違之; 之一邦, 則又曰: "猶吾大夫崔子也." 違之, 何如?' 子曰: '淸矣.' 曰: '仁矣乎?' 曰: '未知, 焉得仁?')"라는 말이 있다. 이 연은 조금 마음에 안 든다고 해서 떠나기 시작하면 자꾸만 떠돌아다니게 될 것이라는 말이다.

(8) 杯中物(배중물): 술을 가리킨다.

(9) 屋上烏(옥상오): 지붕 위의 까마귀. 《說苑·貴德》에 "그 사람이 좋으면 지붕 위의 까마귀도 좋아지고, 그 사람이 미우면 그 집 벽도 미워진다(愛其人者, 兼屋上之烏; 憎其人者, 惡其餘胥)"라는 말이 있고, 杜甫의 시 〈奉贈射洪李四丈〉에 "어르신네 지붕 위의 저 까마귀여, 사람이 좋으니까 까마귀도 좋구나(丈人屋上烏, 人好烏亦好)"라는 구절이 있다. 이 구절은 자신의 근심을 잊는 데에는 술을 마시는 것보다 섭도와 교유하는 편이 더 낫다는 말이다.

(10) 一技文章(일기문장): 두보의 시 〈貽華陽柳少府〉에 "문장이란 한 가지의 작은 재주일 따름, 도에 있어 그다지 존귀하지 못하네(文章一小技, 於道未爲尊)"라는 구절이 있다.

(11) 摩詰(마힐): 석가모니의 在家弟子였던 維摩詰.

(12) 是(시): 시정하다. 유마힐이 문수보살의 물음에 묵묵부답함으로써 설법을 잘해야 한다는 문수보살에게 말로 하지 않는다는 깨우침을 준 것을 가리킨다. 주 (13) 참조.

(13) 文殊(문수): 석가여래의 왼편에 있으면서 지혜를 맡은 보살. 《維摩詰經》에 "문수보살이 유마힐에게 '인자가 어떻게 설법해야 보살이 불이법문에 들게 됩니까?' 하고 묻자 유마힐이 묵묵부답 아무 말도 하지 않았다. 문수보살이 감탄하여 '훌륭하도다! 훌륭하도다! 문자와 언어가 없는 경지에 이르는 것이 진정으로 불이법문에 드는 것이로구나'라고 했다(文殊師利問維摩詰: '仁者當說何等是菩薩入不二法門?' 時維摩詰默然無言. 文殊師利歎曰: '善哉! 善哉! 乃至無有文字語言, 是眞入不二法門.')"라는 말이 있다. 이 연은 섭도가 원시에서 소식의 글재주를 칭송한 것에 대한 겸양인 것으로 보인다.

0821. 次韻致遠(1)

섭치원의 시에 차운하여

長笑右軍稱草聖,(2)(3)	왕우군을 초성이라 부른 것 늘 우스웠나니
不如東野以詩鳴.(4)	맹동야가 시로써 운 것만 못했지요.
樂天自愛吟淮月,(5)(6)	백낙천은 스스로 회하의 달 읊기를 좋아했고
懷祖無勞聽角聲.(7)(8)	왕회조는 뿔피리 소리 듣기를 귀찮아하지 않았지요.

[해설]

역시 섭도의 시에 차운한 것으로, 시를 잘 짓기도 하고 즐겨 짓기도 하는 섭도를 극구 칭송했다.

[주석]

(1) 致遠(치원): 葉濤의 字. 〈次韻葉致遠見贈〉(0820) 주 (1) 참조

(2) 右軍(우군): 右軍將軍을 역임한 東晉 때의 서예가 王羲之를 가리킨다.

(3) 草聖(초성): 草書의 성인. 《宣和書譜》에 "왕희지는 예서와 초서에 뛰어나 고금의 으뜸이었지만 오로지 초성으로서 이름이 났다(王羲之善隸草, 爲今夕之冠, 然其得名, 乃專以草聖)"라고 했다.

(4) 東野(동야): 孟郊의 字. 韓愈의 〈送孟東野序〉에 "대체로 사물이란 평형 상태를 유지하지 못하면 운다.……맹동야는 처음으로 그의 시로써 울었다(大凡物不得其平則鳴,……東野始以其詩鳴)"라고 했다. 이 연은 섭도가 원시에서 소식의 글씨를 왕희지에 빗대며 크게 칭송하자 소식이 자신은 글씨만 좀 쓸 줄 알 뿐 시는 잘 못 짓는데 섭도는 시를 통해 자신의 감정을 아주 잘 표현한다고 응수한

것인 것 같다.

(5) 樂天(낙천): 白居易의 字.

(6) 淮(회): 淮河. 백거이의 시 〈渡淮〉에 "회수는 동남쪽의 넓디넓은 강, 바람이 안 불어도 건너기가 어렵네.……맑은 물에 달이 비쳐 어우러지니, 오늘밤은 몇 번이고 시 읊으며 보리라(淮水東南闊, 無風渡亦難.……淸流宜映月, 今夜重吟看)"라는 구절이 있다. 이 구절은 섭도가 백거이처럼 시 짓기를 좋아한다는 말인 것 같다.

(7) 懷祖(회조): 동진 사람 王述(303-368)의 字. 왕술은 會稽를 다스릴 때 모친상을 당했는데 왕희지(303-361, 또는 321-379)가 그의 일을 대신하면서 한 번밖에 문상을 가지 않았다. 왕술은 매번 뿔피리 소리가 날 때마다 왕희지가 자기를 찾아올 줄 알고 청소를 해 놓고 기다렸지만 왕희지는 끝내 다시 가지 않았다. 이로 인해 왕술은 왕희지에 대한 감정이 매우 나빴다.(《진서·왕희지전》 참조)

(8) 角聲(각성): 새벽 시각과 저녁 시각을 알리는 뿔피리 소리. 여기서는 왕희지가 퇴청할 시각이 되었음을 알리는 뿔피리 소리를 가리킨다. 이 구절은 섭도가 원시에서 한 말에 응수하여 왕술이 왕희지를 기다린 것처럼 섭도가 소식 또는 그의 화답시가 오기를 애타게 기다린다는 말인 것 같다.

0822. 次韻段縫[(1)]見贈[(2)]

단봉이 지어 준 시에 차운하여

季子東周負郭田,[(3)(4)]	소계자는 동주 때 성곽 밖의 농지에서
須知力穡是家傳.[(5)]	힘써 농사짓는 것이 가업임을 알아야 했네.
細思種薤五十本,[(6)]	가만히 생각하니 염교 쉰 포기 심는 것이
大勝取禾三百廛.[(7)]	벼 삼백 단 받는 것보다 훨씬 낫겠네.
若得與君連北巷,[(8)(9)]	그대와 붙은 골목에서 살 수 있다면
故應終老忘西川.[(10)(11)]	늙어 죽을 때까지 서천을 잊을 것이네.
短衣匹馬非吾事,[(12)]	짧은 옷 입고 말 타는 건 나의 일이 아니니
只擬關門不問天.[(13)]	대문만 닫아걸고 하늘에 따지진 않으려네.

[해설]

단봉이 지어 준 시에 차운한 것으로 그와 함께 은거하고 싶어 하는 염원이 담겨 있다.

[주석]

(1) 段縫(단봉): 施元之의 《施注蘇詩》에 "단봉은 자가 약지인데 왕개보와 교유했지만 뜻은 같이하지 않았다(段縫, 字約之, 與王介甫游, 意不相與)"라고 했다.

(2) 見贈(견증): 나에게 주다. 〈次韻葉致遠見贈〉(0820) 주 (2) 참조.

(3) 季子(계자): 전국시대 사람 蘇秦의 字. 姓이 같은 소식 자신을 가리킨다.

(4) 負郭田(부곽전): 성곽을 등지고 있는 농지. 성곽 바로 바깥의 근교에 있는 비옥한 농지를 가리킨다.

《史記·蘇秦傳》에 "만약 나에게 낙양성 근교의 농토 2경이 있었다면 내가 어찌 육국 재상의 직인을 찰 수 있었으리오!(使我有洛陽負郭田二頃, 吾豈能佩六國相印乎!)"라고 한 소진의 말이 있다.

(5) 家傳(가전): 집안에 대대로 전해 내려오는 일. 이 연은 자신이 벼슬길에 나서지 말고 고향에서 농사를 지으며 살았어야 했다는 말이다.

(6) 薤(해): 염교. 한나라 사람 龔遂가 渤海 태수로 부임하여 고을 사람들이 사치스럽고 농사짓기를 싫어하는 것을 보고 몸소 근검절약을 실천하며 백성들에게 농사와 양잠을 독려하여 1인당 느릅나무 한 그루, 염교 100포기, 파 50포기, 부추 한 뙈기를 심게 하고 집집마다 암퇘지 두 마리와 닭 다섯 마리를 키우게 했다. 또 백성들이 칼을 차고 다니는 것을 보고 "어찌하여 소와 송아지를 차고 다니는가?"라고 하며 큰 칼을 팔아 소를 사고 작은 칼을 팔아 송아지를 사게 했다.(《한서·공수전》 참조)

(7) 禾三百廛(화삼백전): 《詩經·魏風·伐檀》에 "씨앗도 안 뿌리고 추수도 안 하면서, 어찌 벼를 삼백 단 가져가는가?(不稼不穡, 胡取禾三百廛兮?)"라는 구절이 있는데, 鄭玄의 箋에 "관직에 있으면서 탐욕스럽고 비루하여 공도 세우지 않고 봉록을 받는 것을 말한다(是謂在位貪鄙, 無功受祿也)"라고 했다. 이 연은 전원으로 돌아가 몸소 농사를 짓는 것이 관직 생활을 하는 것보다 낫겠다는 말이다.

(8) 得(득): ~할 수 있다.

(9) 連北巷(연북항): 북쪽 골목과 이어지다. 杜甫의 시 〈偪側行贈畢四曜〉에 "얼마나 가까운지 얼마나 가까운지, 저는 골목 남쪽에 선생은 북쪽에 살건만, 안타깝게도 이웃에 살고 있으면서도, 열흘에 한 번도 얼굴을 못 봤군요(偪側何偪側, 我居巷南子巷北. 可憐鄰里間, 十日不一見顔色)"라는 구절이 있다.

(10) 故(고): (~하면) 곧. 《墨子·天志中》에 "만약 아들이 아버지를 섬기지 않고 동생이 형을 섬기지 않고 신하가 임금을 섬기지 않는다면 천하의 군자들이 모두 상서롭지 못한 사람이라고 할 것이다(當若子之不事父, 弟之不事兄, 臣之不事君也, 故天下之君子擧謂之不祥者)"라고 했다.

(11) 西川(서천): 소식의 고향인 西蜀. 《四川通志·成都府》에 "송나라 건덕 3년(965)에 촉지방을 평정하고 서천로를 두었다(宋乾德三年, 平蜀置西川路)"라고 했고, 《宋朝事實·陞降州縣二》에 "성도부는 태평흥국 6년(981)에 익주로 강등되었고 단공 원년(988)에 다시 성도부검남서천절도로 승격되었다(成都府, 太平興國六年降爲益州, 端拱元年復陞成都府劍南西川節度)"라고 했다. 이 연은 단봉과 이웃하여 살 수 있다면 굳이 고향으로 돌아가지 않아도 좋겠다는 말이다.

(12) 短衣匹馬(단의필마): 짧은 옷을 입고 한 필의 말을 탄다는 뜻으로 사냥 갈 채비를 하는 것을 가리킨다. 杜甫의 시 〈曲江三章章五句〉 其三에 "내 인생 스스로 재단해야지 하늘에 따질 것 없도다. 두곡에 다행히도 뽕밭 삼밭 있으니, 종남산 옆으로 옮겨 가서 살련다. 짧은 옷에 말을 타고 이광을 따라가서, 맹호 쏘는 것 구경하며 여생을 보내련다(自斷此生休問天, 杜曲幸有桑麻田, 故將移住南山邊. 短衣匹馬隨李廣, 看射猛虎終殘年)"라고 했다. 단봉의 원시에 자기와 함께 사냥을 하자는 말이 있었던 것으로 보인다.

(13) 關門(관문): 문을 닫다. 외부와의 관계를 단절한다는 뜻이다.

0823. 次韻杭人裴維甫(1)

항주 사람 배유보의 시에 차운하여

餘杭門外葉飛秋,(2)	여항문 밖에 낙엽이 흩날리던 가을에
尙記居人挽去舟.(3)	주민들이 떠나는 배 붙잡던 일 아직 기억나네.
一別臨平山上塔,(4)	임평산 위의 탑을 한 번 작별한 뒤로
五年雲夢澤南州.(5)	운몽택 남쪽 고을에서 다섯 해를 살았네.
淒涼楚些緣吾發,(6)	처량한 초혼가를 나로 인해 부르기에
邂逅秦淮爲子留.(7)	진회하에서 만나서 그대 위해 머무네.
寄謝西湖舊風月,(8)(9)	서호의 옛 풍월에게 감사하나니
故應時許夢中游.(10)	아직도 때때로 꿈속에 노니는 걸 허락하리.

[해설]

소식은 10년 전에 항주통판을 역임했는데 이 시는 그때 알게 된 항주 사람 배유보를 금릉에서 만나 회포를 풀다가 그가 지은 시에 차운한 것이다.

[주석]

(1) 裴維甫(배유보): 《浙江通志·選擧一·嘉祐四年己亥劉煇榜》에 "배유보는 여항인이다(裴維甫, 餘杭人)"라고 한바, 여항은 항주의 속현이었다. 施元之의 《施注蘇詩》에 "배유보는 가우 4년(1059)에 진사 시험에 급제했다. 소동파는 항주통판의 임기가 만료되어 9월에 전당(지금의 절강성 杭州)을

떠났다.……황주(지금의 호북성 黃岡市 黃州區)에 5년 머문 뒤 이때에 이르러 비로소 말릉(지금의 강소성 남경)에서 배유보와 만났다(裴維甫登嘉祐四年進士. 東坡杭倅官滿, 以九月離錢塘.……在黃五年, 至是始與維甫邂逅於秣陵也)"라고 했다.

(2) 餘杭門(여항문): 杭州北城의 서쪽에 있던 문. 속칭 北關門이라고 했다. 《夢粱錄》에 "항주북성에 문이 세 개 있는데 그중의 하나가 여항문으로 옛날 이름으로 북관문이 그것이다(杭州北城門者三, 一曰餘杭門, 舊名北關者, 是也)"라고 했다.

(3) 去舟(거주): 떠나가는 배. 항주를 떠나 밀주로 가는 소식 자신의 배를 가리킨다.

(4) 臨平山(임평산): 《杭州府志》에 "현청 소재지에서 동북쪽으로 54리 되는 곳에 있는데 둘레가 18리이고 높이가 53장이다(在縣治東北五十四里, 周十八里, 高五十三丈)"라고 했다. 이 구절은 소식이 항주를 떠나 밀주로 간 것을 가리킨다.

(5) 雲夢澤(운몽택): 洞庭湖를 중심으로 지금의 호남성과 호북성에 걸쳐 있던 넓은 늪. 杜牧의 시 〈憶齊安郡〉에 "평소에 충분하게 잠을 잤던 곳, 운몽택 남쪽의 고을이었네(平生睡足處, 雲夢澤南州)"라는 구절이 있다. 이 구절은 5년 동안 황주에서 유배 생활을 했다는 말이다.

(6) 楚些(초사): 소식의 처량한 신세를 위로하고 격려해 준 배유보의 원시를 가리킨다. 《楚辭·招魂》은 각 구절의 끝에 '些'자가 있기 때문에 '楚些'로 招魂歌를 가리킨다. 王逸의 《楚辭章句》에 "〈招魂〉은 송옥이 지은 것이다.……〈招魂〉을 지어서 그(屈原)의 정신을 회복하고 그의 수명을 연장하고자 했다(〈招魂〉者, 宋玉之所作也.……作〈招魂〉, 欲以復其精神, 延其年壽)"라고 한 것처럼 이 경우의 '초혼'은 살아 있는 사람에게 기운을 북돋우어 줌으로써 원기를 회복하게 하는 것을 가리키는바, 紀昀의 《蘇文忠公詩集》에 "송옥이 〈招魂〉을 지을 때는 굴원이 아직 재앙을 당하지 않은 상태였기 때문에 소동파가 이것으로 배유보의 시를 비유한 것이다(宋玉作〈招魂〉時, 屈原猶無恙, 故東坡用以比裴詩)"라고 했다.

(7) 秦淮(진회): 진회하. 金陵(지금의 강소성 南京)을 지나가는 강. 금릉을 가리킨다.

(8) 寄謝(기사): 謝意를 전하다.

(9) 西湖舊風月(서호구풍월): 소식이 杭州通判 시절에 즐겨 구경했던 항주 서호의 아름다운 풍경을 가리킨다.

(10) 故(고): 아직. 여전히.

0824. 題孫思邈[(1)]眞

손사막의 초상화에 쓴 시

先生一去五百載,[(2)] 선생은 떠나신 뒤 오백 년이 되었건만
猶在峨眉西崦中.[(3)(4)] 아직도 아미산의 서산에 살아 있네.
自爲天仙足官府,[(5)] 스스로 천선에게 관아가 많다 여겼으니
不應尸解坐蝨蟲.[(6)(7)] 시해하여 등에 위에 앉을 리가 없었으리.

[해설]

당나라 때의 유명한 의사요 도사였던 손사막의 초상화를 보고 지은 제화시(題畫詩)이다. 손사막의 초상화를 보면서 그가 아직 아미산의 서산에 살아 있다는 말을 상기하고는 해학적인 필치로 그가 아직 죽지 않은 이유를 설명했다.

[주석]

(1) 孫思邈(손사막): 당나라 초기의 京兆 華原(지금의 섬서성 銅川) 사람으로 의술이 뛰어나 醫神 또는 藥王으로 불렸다. 그는 도교에서 차지하는 위상이 매우 높기 때문에 각지의 도교 사원에 藥王殿이 있다. 《老子》와 《莊子》에 주석을 달았으며 《千金方》을 지었다.

(2) 五百載(오백재): 손사막이 사망한 영순 원년(682)부터 이 시가 지어진 때까지의 약 400년을 개략적인 숫자로 표시한 것이다.

(3) 峨眉(아미): 사천성에 있는 산. 《杜陽編》에 "명황 현종이 서쪽으로 행차했을 때 꿈에 한 노인이 나타나더니 앞에서 두 번 절하고 '신은 손사막이옵니다. 아미산에 오두막을 짓고 산 지 몇 년 되었사

옵니다. 이제 폐하의 수레가 촉 땅에 이르렀다는 소문을 듣고 와서 뵙기를 기다린 것입니다'라고 했다(明皇西幸, 夢一叟再拜於前, 曰: '臣孫思邈也. 廬於峨眉山有年矣. 今聞鑾駕至蜀, 故來候謁.')" 라는 일화가 있으며, 《峨眉山記》에도 "선생을 만난 스님이 있었는데 당나라 때의 의관을 착용하고 스님에게 《법화경》을 송독해 달라고 청했다(有僧逢先生者, 乃唐衣冠, 請僧轉《法華經》)"라는 말이 있다.

(4) 西崦(서엄): 西山.

(5) 官府(관부): 仙官의 관아를 가리킨다. 《神仙傳》에 "팽조가 백석생에게 '어째서 약을 먹고 하늘로 올라가지 않는 것이오?' 하고 묻자 백석생이 '천상에는 지극히 존귀한 분이 많아서 받들기가 이 세상에 있는 것보다 더 힘듭니다' 하고 대답했다(彭祖問白石生曰: '何以不服藥昇天?' 答曰: '天上多有至尊, 相奉更苦人間耳.')"라는 기록이 있고, 《顧況集·五源訣》에 "번양의 신선 왕요가 말하기를 '하계에서 공덕을 가득 쌓아 이제야 비로소 상계로 올라왔는데 상계에는 관아가 많아서 지상의 신선만큼 유쾌하지 못하구나'라고 했다(番陽仙人王遙言: '下界功滿, 方超上界, 上界多官府, 不如地仙快活.')"라는 기록이 있다. 또 韓愈의 시 〈奉酬盧給事雲夫四兄曲江荷花行見寄幷呈上錢七兄閣老張十八助敎〉에 "천문은 아홉 짝이 마주보고 열려 있고, 상계의 진인에겐 관아도 많겠지요(天門九扇相當開, 上界眞人足官府)"라고 했다.

(6) 尸解(시해): 도가에서 육신은 남겨 두고 혼백만 빠져나가는 것을 뜻하는 말로 육신이 죽는 것을 가리킨다. 《太平廣記·女仙》에 "소위 시해라고 하는 것은 형체를 빌려 죽었음을 표시하는 것으로 진정한 죽음이 아니다. 남진이 말하기를 '사람이 죽으면 반드시 그 형체를 보아야 하나니 살아 있는 사람과 같은 것이 시해이고, 다리가 푸르죽죽해지지 않고 피부가 쭈글쭈글해지지 않는 것 역시 시해이며, 눈빛이 여전하여 살아 있는 사람과 다를 바 없는 것도 시해이고, 머리카락이 다 빠지고 형해가 없어지는 것도 시해이다. 대낮에 시해하면 저절로 신선이 된다'라고 했다(所謂尸解者, 假形而示死, 非眞死也. 南眞曰: '人死必視其形, 如生人者, 尸解也; 足不靑皮不皺者, 亦尸解也; 目光不落無異生人者, 尸解也; 髮盡落而失形骨者, 尸解也. 白日尸解, 自是仙矣.')"라는 말이 있다.

(7) 蝱蟲(맹충): 등에. 이 구절은 사람이 죽어서 등에를 비롯한 각종 벌레의 먹이가 되는 것을 가리키는 것으로 보인다.

0825. 戲作鮰魚[1]一絶

장난으로 민어를 읊은 절구 한 수

粉紅石首仍無骨,[2][3]　　분홍색 조기인데 뼈 또한 없고
雪白河豘不藥人.[4][5]　　눈처럼 흰 복어인데 사람을 안 해치네.
寄語天公與河伯,[6]　　하느님과 하백에게 말 전하나니
何妨乞與水精鱗.[7]　　민어에게 수정 비늘 달아 준들 어떠리오?

[해설]

맛도 좋고 먹기도 편하고 독성도 없지만 모양새가 아름답지 않은 민어를 보고 우스갯소리를 한 것이다.

[주석]

(1) 鮰魚(회어): 물고기 이름. 몸통은 분홍색이고 배는 흰색이며 비늘이 없는 민어의 일종.
(2) 石首(석수): 석수어. 조기. 민어과의 바닷물고기로 머리에 색깔이 희고 돌처럼 단단한 뼈가 두 개 들어 있다. 王十朋의 《百家註分類東坡先生詩》에 "석수는 물고기 이름으로 그것의 머리뼈가 바로 돌이다(石首, 魚名, 其頭骨乃石也)"라고 했다.
(3) 仍(잉): 또한. 梅堯臣의 시 〈周仲章通判潤州〉에 "저습한 것에 대한 걱정을 면한데다, 부엉이의 해악 또한 멀리하였네(已免卑濕憂, 仍離鴞鵩惡)"라는 구절이 있다.
(4) 河豘(하돈): 복어. '河豚'·'河魨'으로도 쓴다. 이 연은 민어가 조기나 복어처럼 맛있지만 조기와 달리 뼈가 없어서 먹기에 편하고 복어와 달리 독이 없어서 안전하다는 말이다.

(5) 藥人(약인): 독약으로 사람을 해치다.

(6) 河伯(하백): 黃河의 신.《史記·滑稽傳》正義에 "하백은 화음 동향 사람으로 성이 풍씨이고 이름이 이인데 황하에서 목욕하다가 익사하여 마침내 황하의 신이 되었다(河伯, 華陰潼鄕人. 姓馮氏, 名夷. 浴於河中而溺死, 遂爲河伯也)"라고 했다.

(7) 乞與(기여): 주다. 이 연은 민어의 모양새가 아름답지 않은 것을 안타까워한 것이다.

0826. 次韻答寶覺[1]

차운하여 보각스님의 시에 화답한다

芒鞋竹杖布行纏,[2] 짚신에 죽장 짚고 삼베 행전 돌라맨 채
遮莫千山更萬山.[3] 천 산이고 만 산이고 상관하지 않았네.
從來無脚不解滑,[4] 종래에 다리가 없었으니 미끄러움을 모를 터
誰信石頭行路難.[5] 석두는 길이 험난하다 그 누가 믿으리오?

[해설]

금릉에서 만난 보각스님의 시에 차운한 것으로, 온 천하를 두루 돌아다니며 수행에 정진하는 행각승의 바지런함을 찬양했다.

[주석]

(1) 寶覺(보각): 査愼行의 《蘇詩補註》에 "보각은 금릉 정림사의 스님이다(寶覺, 金陵定林寺僧也)"라고 했다.
(2) 行纏(행전): 바지를 입을 때 바짓가랑이를 좁혀 보행과 행동을 간편하게 하기 위하여 정강이에 감아 무릎 아래에 매는 물건. 반듯한 헝겊으로 소맷부리처럼 만들고 위쪽에 끈을 두 개 달아서 돌라매게 되어 있다.
(3) 遮莫(차막): 상관하지 않다. 문제 삼지 않다.
(4) 從來無脚(종래무각): 보각스님이 수없이 많은 산을 돌아다닌 것을 날아다닌 것에 비유한 것이다.
(5) 石頭(석두): 丹霞天然禪師가 石頭希遷禪師와 함께 있다가 馬祖禪師를 뵈러 갔더니 마조선사가

"어디서 왔는가?" 하고 묻는지라 "석두희천선사 계신 곳에서 왔습니다" 하고 대답했다. "그곳은 길이 미끄러울 텐데 넘어지지 않았는가?" 하고 묻자 "넘어졌다면 못 왔겠지요"라고 대답했다. (《景德傳燈錄》 참조) 당시 보각스님이 수도한 금릉(지금의 강소성 南京)을 石頭城이라고도 하고, 南嶽 衡山의 바위 위에 암자를 짓고 살았기 때문에 희천선사를 석두희천선사라고도 한바, 소식은 두 가지의 서로 다른 '石頭'를 결합함으로써 해학미를 더한 것이다. 이 연은 보각스님이 평탄한 곳과 험난한 곳을 가리지 않고 두루 돌아다니며 수행에 정진했다는 말이다.

0827. 同王勝之(1)遊蔣山(2)

왕승지와 함께 장산을 유람하고

到郡席不暖,(3)	고을에 도착한 후 자리도 안 데워져
居民空悁然.(4)	주민들이 공연히 실의에 빠지겠다.
好山無十里,(5)	멋진 산이 여기서 십 리 길도 안 되니
遺恨恐他年.	못 본다면 훗날에 한을 남길 것 같다.
欲款南朝寺,(6)(7)	남조 때의 절을 한번 찾아가고자
同登北郭船.(8)	북쪽 성곽 가는 배에 함께 올랐다.
朱門收畫戟,(9)(10)	붉은 대문 앞에 있던 채색 창은 사라지고
紺宇出青蓮.(11)(12)	감색 집에 파란색 연꽃이 피어 있다.
夾路蒼髯古,(13)	길 양쪽의 푸른 수염이 예스러운 자태로
迎人翠麓偏.(14)	사람을 맞이하느라 푸른 기슭에서 나부낀다.
龍腰蟠故國,(15)(16)	용 허리가 옛 나라에 똬리를 틀고 있고
鳥爪寄層巓.(17)(18)	새 발톱이 높은 산에 의탁해 있다.
竹杪飛華屋,	대나무 꼭대기엔 호화로운 집이 날고
松根泫細泉.	소나무 뿌리에는 가는 샘이 흐느낀다.
峰多巧障日,	산이 많아 햇빛을 잘도 가리고
江遠欲浮天.	강이 멀어 하늘로 떠오르려고 한다.
略彴橫秋水,(19)	가을 강에 외나무다리가 걸쳐져 있고

浮圖揷暮烟.(20) 저물녘 안개 속에 불탑이 꽂혀 있다.
歸來踏人影, 사람 그림자 밟으며 돌아오자니
雲細月娟娟.(21) 새털구름 사이로 고운 달이 보인다.

[해설]

왕익유가 강녕태수로 부임한 지 하루 만에 다시 남도로 옮겨 가게 되자 그와 함께 장산을 유람한 후 그 감회를 노래한 것이다.

[주석]

(1) 勝之(승지): 王益柔의 字. 施元之의 《施注蘇詩》에 "왕승지는 이름이 익유로 하남 사람이며 추밀사 왕회숙의 아들이다. 천성이 강직하고 의기를 숭상하며 즐겨 천하의 일을 논했다(王勝之, 名益柔, 河南人, 樞密使晦叔子也. 抗直尙氣, 喜論天下事)"라고 했다.
(2) 蔣山(장산): 강소성 南京에 있는 紫金山의 다른 이름. 鍾山이라고도 한다.
(3) 郡(군): 江寧郡(지금의 강소성 남경)을 가리킨다. 시원지의 《시주소시》에 "지제고직학사원을 역임하고 연달아 큰 고을의 태수를 지냈는데 강녕군에 이르러서는 겨우 하루 만에 남도(지금의 하남성 商丘)로 옮겼다(歷知制誥直學士院, 連守大郡, 至江寧, 纔一日, 移南都)"라고 했다.
(4) 惘然(망연): 실의에 젖은 모양.
(5) 好山(호산): 장산을 가리킨다.
(6) 款(관): 이르다.
(7) 南朝(남조): 지금의 강소성 남경은 宋·齊·梁·陳 등 남조 네 나라의 도읍이었다. 王十朋의 《百家註分類東坡先生詩》에 "산속의 절은 대부분 육조시대의 행궁이었다(山中寺多是六朝行宮)"라고 했고, 杜牧의 시 〈江南春絶句〉에 "남조 때에 지어진 사백팔십 절, 안개비 속의 누대가 몇 채나 될까?(南朝四百八十寺, 多少樓臺煙雨中)"라는 구절이 있다.
(8) 北郭(북곽): 장산은 금릉성의 동북쪽에 있다.
(9) 朱門(주문): 붉게 칠한 부귀한 집의 대문. 옛날에 王安石이 살던 집을 가리킨다. 소식의 자주에 "왕형공의 집은 이미 절이 되었다(荊公宅已爲寺)"라고 했다. 〈次荊公韻四絶〉(0818) 주 (14) 참조.
(10) 畫戟(화극): 옛날에 권세가의 대문 앞에 세워 놓던 채색한 창.
(11) 紺宇(감우): 감색 집이라는 뜻으로 절의 별칭이다. 절로 변한 왕안석의 옛집을 가리킨다.
(12) 靑蓮(청련): 파란색 연꽃. 꽃잎이 넓고 길며 청색과 백색이 분명하다.
(13) 蒼髥(창염): 푸른 수염. 王十朋의 《百家註分類東坡先生詩》에 "소나무와 노송나무를 가리킨다(指松檜也)"라고 했다.
(14) 偏(편): 나부끼다. '翩'과 같다.

(15) 龍腰(용요): 용을 가리킨다. 庾仲雍의 《九江記》에 "건업(지금의 강소성 남경)의 궁성은 손권이 지은 것이다. 옛날에 제갈량이 도읍으로 삼을 것을 권고하며 '종산에는 용이 서리고 있고, 석두성에는 호랑이가 웅크리고 있어서 왕자의 기운이 있습니다'라고 하자 손권이 그의 말을 따랐다(建業宮城, 孫權所築. 昔諸葛亮勸都之, 云: '鍾山龍蟠, 石城虎踞, 有王者氣.' 權從之)"라고 했다.

(16) 故國(고국): 삼국시대의 오나라 등 남경을 도읍으로 삼았던 나라들을 가리킨다.

(17) 鳥爪(조조): 새 발톱. 寶誌스님을 가리킨다. 왕십붕의 《백가주분류동파선생시》에 "산에 조조봉이 있다(山有鳥爪峰)"라고 했다. 육조시대의 명승인 보지스님은 송골매의 둥지에서 태어났는데 손과 발이 모두 새의 발톱과 같았다. 죽은 뒤에 이 산에 장사 지냈다.(《高僧傳》 참조)

(18) 層巓(층전): 여러 겹으로 이루어진 높은 산. 이 구절은 새 발톱을 지닌 보지스님이 이 산에 묻혀 있다는 말이다.

(19) 畧彴(약작): 외나무다리.

(20) 浮圖(부도): 佛塔.

(21) 娟娟(연연): 아름다운 모양.

0828. 至眞州[1]再和二首

진주에 이르러 다시 화답한다

其一

老手王摩詰,[2]	노련한 저 재주꾼은 왕마힐이요
窮交孟浩然.[3]	가난한 이 친구는 맹호연인데
論詩曾伴直,[4]	시를 논하며 당직을 함께 섰었고
話舊已忘年.[5]	옛날 얘기 하느라 나이를 이미 잊었었네.
北上難陪驥,[6]	북쪽으로 준마를 따라 올라가긴 어렵기에
東行且趁船.[7]	동쪽으로 가기 위해 잠시 배를 탔거니와
離亭花映肉,[8][9]	이별의 정자에선 꽃이 살에 비치고
醉眼鷺窺蓮.[10]	취한 눈으로 백로가 연꽃을 엿보았네.
柂轉三山沒,[11][12]	키가 돌자 삼산이 눈앞에서 사라지고
風回五兩偏.[13]	바람이 돌자 풍향계가 나부끼더니
荒祠過瓜步,[14]	과보의 황량한 사당을 지날 때는
古甃墮松巓.	오래된 우물의 벽돌이 소나무 꼭대기에 떨어졌네.
聞道淸香閣,[15][16]	듣자니 청향각에
新篘白玉泉.[17]	백옥 같은 샘물을 막 걸렀다 하니
莫敎門掩夜,	문을 닫아 밤빛이 가려지게 하지 말고

坐待月流天.	앉아서 달이 하늘에 흘러가기를 기다립시다.
小院檀槽鬧,(18)	작은 뜰에 박달나무 비파 소리가 요란하고
空庭樺燭煙.(19)	빈 뜰에 자작나무 초의 연기가 피어나면
公詩便堪唱,(20)(21)	공이 지은 시가 이미 노래할 만하리니
爲付小嬋娟.(22)	나이 어린 미인에게 넘겨줍시다.

其二

公顏如雪柏,	왕공의 얼굴은 눈 맞은 측백나무
千載故依然.	천년토록 언제나 변함없는데
笑我無根柳,(23)	나는야 뿌리 없는 버드나무 꼴이라
空中不待年.(24)	속이 비어 몇 년 못 가 시들 것이 우습네.
肯留歸闕旆,(25)	궁궐로 돌아가는 깃발을 세워 놓고
坐待逆風船.(26)	순풍에 돛단배를 앉아 기다리는데
特許門傳鑰,	특별히 자물쇠를 전해 주길 허락했으니
那知箭起蓮.(27)	누전이 연꽃을 들어 올리는 줄 어찌 알리?
相逢月上後,	하늘에 달이 뜬 뒤 서로 만나서
小語坐西偏.	나직이 얘기하며 서쪽에 앉았나니
流落千帆側,(28)	천 개의 돛 옆으로 떠돌아다녔었고
追思百尺巓.(29)	백 자 되는 산꼭대기 돌아봤었네.
躬耕懷谷口,(30)	몸소 밭을 갈았던 곡구 사람 생각하니
水石羨平泉.(31)	물과 바위 다 갖춘 평천장이 부럽나니
茅屋歸元亮,(32)	도연명은 초가집으로 돌아갔었고
霓裳醉樂天.(33)(34)	백낙천은 〈예상우의곡〉에 도취했었네.
行聞宣室召,(35)(36)	이제 곧 선실에서 부르시는 소리 듣고
歸近御爐烟.(37)	돌아가서 황궁 향로의 연기를 가까이 하실 터
未用歌池上,(38)	연못가에 사는 낙을 노래하실 필요 없고
隨宜教李娟.(39)(40)	되는 대로 이연을 가르치소서.

[해설]

왕익유와 함께 배를 타고 진주에 이르러 그곳에 있는 기루에서 함께 밤늦도록 술을 마시며 회포를 푼 일을 노래한 것이다.

[주석]

(1) 眞州(진주): 지금의 강소성 儀徵.

(2) 摩詰(마힐): 王維의 字. 姓이 같은 王益柔를 가리킨다. 그는 문재가 뛰어나 《송사·왕익유전》에 "젊을 때 학문에 힘써 여러 책에 두루 통달하고 글을 지은 것이 하루에 수천 자였다(少力學, 通群書, 爲文日數千言)"라고 했다.

(3) 孟浩然(맹호연): 성당 때의 시인으로 왕유와 더불어 '왕맹'으로 병칭되었지만 평생 동안 변변한 벼슬자리를 얻지 못해 가난하게 살았다. 소식 자신을 가리킨다.

(4) 伴直(반직): 함께 당직을 서다. 王文誥의 《蘇軾詩集》에 "치평(1064-1067) 연간에 공과 왕승지가 함께 삼관에 있었기 때문에 '당직을 함께 섰었고'·'옛날 얘기 하느라' 같은 말이 있는 것이다(治平間, 公與王勝之同在三館, 故有'伴直'·'話舊'之語)"라고 했다.

(5) 忘年(망년): 나이 차이를 잊고 친하게 지낸다는 말이다. 施元之의 《施注蘇詩》에 "왕승지는 이때 일흔두 살이었고 소동파는 겨우 마흔아홉 살이었기 때문에 '옛날 얘기 하느라 나이를 이미 잊었었네'라고 한 것이다(王勝之是時年七十二, 東坡纔四十九, 故云'話舊已忘年')"라고 했다.

(6) 北上(북상): 왕익유가 말을 타고 南都(지금의 하남성 商丘)로 부임해 가는 것을 가리킨다. 〈同王勝之遊蔣山〉(0827) 주(3) 참조.

(7) 東行(동행): 소식이 金陵(지금의 강소성 南京)에서 물길을 따라 진주로 가는 것을 가리킨다. 이 연은 소식이 남도까지 왕익유와 동행할 수 없어서 왕익유가 진주까지 소식과 동행했다는 말이다.

(8) 離亭(이정): 마을에서 좀 떨어진 곳의 길가에 지어 놓아 먼 길 가는 사람을 전송하는 장소로 사용하는 정자.

(9) 花映肉(화영육): 꽃이 살에 비치다. 취기가 올라 얼굴에 홍조가 생기는 것을 말한다. 杜甫의 시 〈暮秋枉裴道州手札率爾遣興寄遞呈蘇渙侍御〉에 "그대가 영가현의 현위로 부임할 땐, 홍안의 보얀 얼굴 살에 꽃이 비쳤네(憶子初尉永嘉去, 紅顏白面花映肉)"라는 구절이 있다.

(10) 鷺窺蓮(노규련): 杜牧의 〈晚晴賦〉에 "홀연히 여덟아홉 송이의 마름꽃이, 아낙네처럼 아름답고, 여인처럼 다소곳하다. 백로가 살며시 다가오누나, 풍채 있는 공자보다 더 멋지게. 이 고운 사람을 엿보는구나, 그 고운 용모를 흠모하는 것처럼(忽八九之紅芰, 姹然如婦, 斂然如女. 白鷺潛來兮, 邈風標之公子. 窺此美人兮, 如慕悅其容媚)"이라는 구절이 있다. 이 연은 왕익유와 함께 離亭에서 연회를 벌인 장면을 묘사한 것이다.

(11) 柂(타): 키. 배의 방향을 조정하는 장치. '柁'·'舵'와 같다.

(12) 三山(삼산): 강소성 남경 서남쪽의 장강 南岸에 있는 산. 李白의 시 〈登金陵鳳凰臺〉에 "삼산은 하늘 밖으로 반쯤 떨어져 있고, 두 줄기 강은 백로주에서 갈라져 있다(三山半落青天外, 二水中分白鷺洲)"라는 구절이 있다.

(13) 五兩(오량): 옛날에 풍향이나 풍속을 측정하던 기구. 약 다섯 냥 분량의 닭털을 기다란 장대 끝에 매달아서 풍향과 풍속을 측정했다.

(14) 瓜步(과보): 강소성 양주에 있던 鎭. 王十朋의 《百家註分類東坡先生詩》에 "양주 강도현의 과보진은 바로 진주로 가는 나루이다(揚州江都縣瓜步鎭, 乃往眞州渡口也)"라고 했고, 《輿地紀勝》에 "과주나루는 강도현에서 남쪽으로 40리 되는 곳에 있는바 양자강의 모래섬인데 모래가 점점 불어나서 그 모양이 오이와 같다(瓜州渡, 在江都縣南四十里, 揚子江之沙磧也. 沙漸張, 其狀如瓜)"라고 했다.

(15) 聞道(문도): ~라고 말하는 것을 듣다. 듣자니.

(16) 淸香閣(청향각): 진주에 있던 妓樓의 이름인 것으로 보인다.

(17) 白玉泉(백옥천): 용수로 거른 맑은 술을 가리킨다.

(18) 槽(조): 비파 따위의 현악기에서 줄을 매는 몸체. 비파 따위의 현악기를 가리킨다.

(19) 樺燭(화촉): 자작나무의 껍질로 밀랍을 감싸서 만든 초.

(20) 便(변): 이미.

(21) 堪(감): ~할 수 있다.

(22) 嬋娟(선연): 자태가 아름답다. 歌妓를 가리킨다. 이 연은 왕익유가 지은 시를 가기에게 주어서 노래 부르게 하겠다는 말이다.

(23) 無根柳(무근류): 한곳에 정착하지 못하고 여기저기 떠도는 사람을 가리킨다. 顧悅은 晉나라 簡文帝와 동갑인데 머리가 일찍 세었다. 간문제가 "경은 무엇 때문에 머리가 나보다 먼저 센 것인가?" 하고 묻자 고열이 "부들이나 버드나무는 가을이 가까워지면 잎이 떨어지고 소나무나 측백나무는 서리를 맞으면 더욱 무성해집니다" 하고 대답했다.(《世說新語·言語》 참조)

(24) 不待年(불대년): 몇 년 안 지나서 곧 말라 죽는다는 뜻이다.

(25) 歸闕旆(귀궐패): 궁궐로 돌아가는 기. 왕익유의 행렬을 가리킨다.

(26) 逆風船(역풍선): 바람을 맞아서 운항하는 배. 소식의 배를 가리킨다.

(27) 箭起蓮(전기연): 漏壺에 물이 고임에 따라 更漏의 눈금을 가리키는 漏箭의 높이가 높아진다는 뜻으로 밤이 깊어지는 것을 가리킨다. 송나라 때 燕肅이 제작한 蓮華漏는, 연꽃을 조각한 누전을 누호에 넣고 누호에 물을 흘려 넣으면 누전이 일정한 속도로 높이 떠서 시각을 표시하게 되어 있었다.(夏竦, 〈潁州蓮華漏銘〉 참조) 이 연은 소식과 왕익유가 밤늦게까지 술을 마실 줄 알기 때문에 기루의 주인이 아예 그들에게 문단속을 부탁하고 일찍 자 버렸다는 뜻인 것으로 보인다.

(28) 千帆(천범): 수많은 배를 가리킨다. 劉禹錫의 시 〈酬樂天揚州初逢席上見贈〉에 "가라앉은 배 옆으로 돛 천 개가 지나가고, 병든 나무 앞에서 만 그루가 봄을 맞았다(沈舟側畔千帆過, 病樹前頭萬木

春)"라는 구절이 있다.

(29) 百尺巓(백척전): 백 자나 되는 높은 산의 꼭대기.

(30) 谷口(곡구): 한나라 사람 鄭樸이 은거한 곳. 《法言·問神》에 "곡구의 정자진은 자기 뜻을 굽히지 않고 바위 밑에서 농사를 지어 경사에 이름이 드르르했다(谷口鄭子眞, 不屈其志, 耕乎巖石之下, 名振於京師)"라고 했다.

(31) 平泉(평천): 당나라 사람 李德裕의 별장. 이덕유의 〈平泉山居草木記〉에 "나는 20년 동안에 세 번이나 오문태수를 지냈는데 회지방에 이르기만 하면 아름다운 나무와 향기로운 풀이 모두 나의 천성이 좋아하는 것이었다(余二十年間, 三守吳門, 一涖淮服, 嘉樹芳草, 性之所耽)"라고 했고, 張洎의 《賈氏譚錄》에 "이덕유의 평원장에는 누대와 정자가 백여 채 있으며 천하의 기이한 꽃과 풀 그리고 진귀한 소나무와 괴이한 바위가 없는 것이 없었다(李德裕平原莊, 臺榭百餘所, 天下奇花異草·珍松怪石, 靡不畢具)"라고 했다.

(32) 元亮(원량): 陶淵明의 字. 그의 시 〈辛丑歲七月赴假還江陵夜行塗口〉에 "횡목 걸친 초가에서 참된 본성 기르며, 착하게 산다고 소문나길 바란다(養眞衡茅下, 庶以善自名)"라는 구절이 있고, 그의 시 〈歸園田居〉 其一에 "네모난 택지가 십 묘 남짓 있는데, 여덟아홉 칸 되는 초가집이 있다네(方宅十餘畝, 草屋八九間)"라는 구절이 있다.

(33) 霓裳(예상): 霓裳羽衣曲. 당나라 때의 유명한 法曲. 개원(713-741) 연간에 河西節度使 楊敬忠이 바친 것으로 처음에는 〈婆羅門曲〉이라고 했는데 현종이 윤색하고 가사를 지은 뒤에 〈霓裳羽衣曲〉으로 개칭했다.

(34) 樂天(낙천): 白居易의 字. 그의 〈醉吟先生傳〉에 "흥이 나면 가동들에게 현악기로 법곡을 연주하라고 명하고 〈霓裳羽衣曲〉을 합주하라고 명했다. 기쁨이 더욱 커지면 또 어린 기녀에게 새로 지은 〈楊柳枝〉 가사 10여 장을 노래하게 해 놓고 기분 내키는 대로 즐기다가 곤드레만드레 취한 다음에 그만두었다(若興發, 命家僮調法部絲竹, 合奏〈霓裳羽衣〉一曲. 若歡甚, 又命小妓歌〈楊柳枝〉新詞十數章, 放情自娛, 酩酊而後已)"라고 했다.

(35) 行(행): 곧 ~하다.

(36) 宣室(선실): 선실전. 한나라 때 未央宮에 있던 궁전. 賈誼는 참소를 당해 長沙王太傅로 폄적되었는데 1년 남짓 지난 뒤에 문제가 너무 그리워한 나머지 그를 불러들여 선실전에서 귀신에 관하여 물었다.(《한서·가의전》 참조)

(37) 御爐(어로): 임금이 사용하는 향로.

(38) 歌池上(가지상): 연못가에 사는 즐거움을 노래한다는 말이다. 백거이는 만년에 洛陽 부근에 은거하면서 연못을 파고 대나무를 심는 등 전원을 가꾸어 놓고 〈池上篇〉을 지어서 "십 묘의 택지에 오 묘의 정원, 연못에 물이 가득 대나무가 천 그루. 땅이 좁다 하지 말고 구석지다 하지 말 일, 꿇어앉기에 충분하고 어깨 쉬기에 충분하다. 대청 있고 뜰 있으며 다리 있고 배 있으며, 책이 있고 술 있으며 노래 있고 악기 있다. 그 안의 늙은이는 흰 수염을 흩날리며, 분수 알고 만족하여 바라는 것이 없다(十畝之宅, 五畝之園. 有水一池, 有竹千竿. 勿謂土狹, 勿謂地偏. 足以容膝, 足以息肩. 有堂有

庭, 有橋有船. 有書有酒, 有歌有弦. 有叟在中, 白鬚飄然. 識分知足, 外無求焉)" 하고 노래했다.

(39) 隨宜(수의): 편리한 대로. 되는 대로.

(40) 李娟(이연): 기녀 이름. 일반적인 기녀를 가리킨다. 백거이의 〈霓裳羽衣歌和微之〉에 "이연과 장태를 싫어하지 마시라, 이 또한 되는 대로 가르쳐 볼 생각이니(李娟張態君莫嫌, 亦擬隨宜且教取)"라는 구절이 있는데 자주에 "이연과 장태는 소주 기녀의 이름이다(娟·態, 蘇妓之名)"라고 했다.

0829. 眉子石硯[1]歌贈胡誾[2]

호은에게 드리는 미자석연의 노래

君不見	그대는 보지 못했는가
成都畫手開十眉,[3][4]	성도 화가가 열 가지 눈썹을 그려 놨는데
橫雲却月爭新奇.[5]	횡운미와 각월미가 신기함을 다툰 것을?
游人指點小顰處,[6]	떠돌이가 가리키는 살짝 찡그린 곳에
中有漁陽胡馬嘶.[7][8]	어양에서 온 오랑캐 말의 울음소리가 섞인 것을?
又不見	또 보지 못했는가 푸른 사슬 조각한
王孫青瑣橫雙碧,[9][10][11]	탁왕손 저택에 푸른 옥 두 개가 가로놓여 있는데
腸斷浮空遠山色.	하늘에 떠 있는 먼 산 빛에 애간장이 녹은 것을?
書生性命何足論,[12]	서생의 목숨이야 말할 게 뭐 있으랴만
坐費千金買消渴.[13]	공연히 천금으로 소갈증을 산 것을?
爾來喪亂愁天公,	그때 이후 동란이 하느님을 걱정시켜
謫向君家書硯中.[14]	그대 집의 벼루 속에 미인을 유배하자
小窗虛幌相嫵媚,[15][16]	그대가 작은 창에 휘장 치고 예뻐하니
令君曉夢生春紅.[17]	그대의 새벽꿈에 봄꽃이 피게 했네.
毘耶居士談空處,[18]	비사리의 거사는 공을 이야기할 때
結習已空花不住.[19]	번뇌가 다 사라져 꽃이 몸에 안 붙었나니
試教天女爲磨鉛,[20][21]	천녀에게 그를 위해 납을 갈게 해 보아도

千偈瀾翻無一語.(22)(23)(24) 게송 천 수를 줄줄 욀 뿐 한 마디도 없었을 것이네.

[해설]

호은이 소식에게 눈썹 모양의 무늬가 있는 미자석연을 주자 그에 대한 사례로 호은에게 지어 준 시인 것으로 보인다. 해학적인 필치로 벼루에 눈썹 무늬가 있는 이유를 미인들이 재앙을 야기한 역사적 사실에서 찾고, 호은을 유마힐에 비견하여 말을 할 필요가 없을 것이고 따라서 글을 쓸 일이 없을 것이라고 극구 칭송했다.

[주석]

(1) 眉子石硯(미자석연): 벼루 이름. 돌의 표면에 눈썹 모양의 무늬가 있었다. 《墨莊漫錄》에 "徽宗이 벼루 만드는 돌 가운데 눈썹처럼 생긴 무늬가 있는 것을 보고 미자석이라고 했다(徽廟見硏石有紋如眉者, 謂之眉子石)"라는 말이 있고, 高似孫의 《硯箋》에 "나문갱은 미자갱 동쪽에 있고 금성갱은 나문갱 서북쪽에 있는데 모두 남당의 이씨가 팠다. 미자갱은 나문갱 서쪽에 있는데 개원(713-741) 연간에 팠다. 미자석은 금화미·금성미·대미·단미·장미·족미·활미·안호미·금축미·녹두미 등의 이름이 있다(羅紋坑在眉子坑東, 金星坑在羅紋坑西北, 幷南唐李氏發. 眉子坑在羅紋坑西, 開元中發. 眉子石有金花眉·金星眉·對眉·短眉·長眉·簇眉·闊眉·雁湖眉·錦蹙眉·菉豆眉等名)"라고 했다.

(2) 胡誾(호은): 구체적인 행적이 알려져 있지 않다.

(3) 成都(성도): 지금의 사천성 성도.

(4) 十眉(십미): 열 가지 유형의 눈썹 모양. 《蜀中廣記·畫苑記第一》에 "당나라 명황이 화가들에게 명하여 〈十眉圖〉를 그리게 했으니 첫째 원앙미 일명 팔자미요, 둘째 소산미 일명 원산미요, 셋째 오악미요, 넷째 삼봉미요, 다섯째 수주미요, 여섯째 능미 일명 각월미요, 일곱째 분초미요, 여덟째 함연미요, 아홉째 불운미 일명 횡연미요, 열째 도훈미이다(唐明皇令畫工畫〈十眉圖〉, 一曰鴛鴦眉又名八字眉, 二曰小山眉又名遠山眉, 三曰五岳眉, 四曰三峰眉, 五曰垂珠眉, 六曰稜眉又名却月眉, 七曰分梢眉, 八曰涵煙眉, 九曰拂雲眉又名橫煙眉, 十曰倒暈眉)"라고 했다.

(5) 橫雲却月(횡운각월): 눈썹 모양의 일종인 횡운미와 각월미. 《說郛·十眉圖》에 "명황이 촉지방으로 피난했을 때 화가들에게 〈十眉圖〉를 그리라고 명했으니 '횡운'과 '사월'은 다 그 명칭이다(明皇幸蜀, 令畫工作〈十眉圖〉, 橫雲·斜月, 皆其名)"라고 했다.

(6) 游人(유인): 집을 떠나 객지를 떠도는 사람. 도성을 떠나 성도에서 피난 생활을 하고 있는 당나라 현종을 가리키는 것으로 보인다.

(7) 漁陽(어양): 지금의 하북성 薊縣. 三鎭節度使 安祿山의 주둔지요 안록산의 난이 발발한 곳이다.

(8) 胡馬(호마): 오랑캐 출신인 안록산의 말을 가리킨다. 이 연은 열 가지의 눈썹 가운데에는 안록산의 난에 원인을 제공한 楊貴妃의 살짝 찡그린 눈썹 모양도 있었다는 말이다.

(9) 王孫(왕손): 한나라 때 臨邛의 巨富 卓王孫을 가리킨다. 당시의 大辭賦家 司馬相如가 임공에 갔을 때 과부가 된 지 얼마 안 된 탁왕손의 딸 卓文君이 그와 사랑에 빠져 함께 성도로 도망갔다가 다시 임공으로 돌아가 주막을 차렸다. 탁문군이 직접 술을 파는 것을 보고 탁왕손이 매우 수치스럽게 여겨 할 수 없이 딸에게 재산을 나누어 주었다.

(10) 青瑣(청쇄): 푸른 쇠사슬. 한나라 때 황궁의 문에 쇠사슬 모양을 조각한 후 파랗게 칠한 데서 비롯되어 궁문 또는 궁궐을 가리키다가 더 나아가 부잣집이나 호화로운 건물을 가리키게 되었다. 여기서는 탁왕손의 집을 가리킨다.

(11) 雙碧(쌍벽): 두 개의 푸른 옥이라는 뜻으로 탁문군의 눈썹을 가리킨다. 《西京雜記》에 "탁문군은 용모가 수려하고 눈썹이 먼 산을 바라보는 것 같았는데 위인이 방자하고 풍류스러웠기 때문에 사마장경의 재주를 좋아하여 예법에 맞지 않는 짓을 했다(文君姣好, 眉色如望遠山, 爲人放誕風流, 故悅長卿之才而越禮焉)"라고 했다. 이 연은 먼 산처럼 파르스름한 탁문군의 두 눈썹에 사마상여의 애간장이 녹았다는 말이다.

(12) 書生(서생): 사마상여를 가리킨다.

(13) 消渴(소갈): 소갈증. 당뇨병. 사마상여가 당시 앓고 있던 병으로 사마상여를 가리킨다. 이상의 네 구절은 사마상여가 탁문군의 미색과 열의에 반해 사랑에 빠진 나머지 오히려 소갈증이 심해지는 결과를 초래했다는 말이다.

(14) 書硯(서연): 미자석연을 가리킨다.

(15) 虛幌(허황): 투명해 보일 정도로 얇은 휘장.

(16) 嫵媚(무미): 예쁘하다. 좋아하다. 호은이 미자석연을 애지중지하는 것을 가리킨다.

(17) 春紅(춘홍): 봄에 피는 붉은 꽃이라는 뜻으로 젊고 예쁜 여자를 가리킨다.

(18) 毘耶居士(비사거사): 維摩詰을 가리킨다. 《維摩詰經·方便品》에 "그때 비사리 대성 안에 유마힐이라는 장자가 있었다(爾時毘耶離大城中, 有長者名維摩詰)"라고 했다.

(19) 結習(결습): 고치기 어려울 정도로 굳어진 습관. 불교에서 번뇌를 가리킨다. 《維摩詰經·觀衆生品》에 "그때 유마힐의 방에 천녀가 한 명 있어 여러 대인들 즉 부처님들을 보고 그들이 설하는 불법을 들은 뒤에 곧 자기 몸을 드러내어 여러 보살과 대제자에게 하늘나라의 꽃을 뿌렸는데 여러 보살들에게 뿌려진 꽃은 모두 떨어져 내렸지만 대제자에게 뿌려진 꽃은 달라붙어서 떨어지지 않았다…… 번뇌가 다 소멸되지 않으면 꽃이 몸에 달라붙고 번뇌가 다 소멸되면 꽃이 날라붙지 않는다(時維摩詰室有一天女, 見諸大人, 聞所說法, 便現其身, 卽以天華散諸菩薩·大弟子上, 華至諸菩薩, 卽皆墮落, 至大弟子便著不墮.……結習未盡, 華著身耳, 結習盡者, 華不著也)"라고 했다.

(20) 天女(천녀): 주 (19) 참조.

(21) 磨鉛(마연): 납 가루를 갈아서 誤字에 칠한다는 뜻으로 저술이나 교정에 힘쓰는 것을 가리킨다.

(22) 偈(게): 불경 중에서 부처의 공덕과 교리를 찬송한 노랫말. 梵語 '偈佗(Gatha)'의 약칭으로 '偈頌'이라고도 한다. 1게는 대개 네 구절로 이루어져 있다. 《晉書·鳩摩羅什傳》에 "구마라습은 스승에게 불경을 전수받아 날마다 게송을 천 수씩 낭송했다(羅什從師受經, 日誦千偈)"라고 했다.

(23) 瀾翻(난번): 물결치다. 말이나 글이 거침없는 것을 가리킨다.

(24) 無一語(무일어): 《維摩詰經·入不二法門品》에 "문수사리가 유마힐에게 '어떻게 해야 보살이 불이법문에 들어갑니까?' 하고 물었는데 유마힐이 아무 말도 하지 않았다. 그러자 문수사리가 감탄하며 '훌륭하도다! 훌륭하도다! 문자와 언어가 없는 경지에 이르는 것이 진정으로 불이법문에 들어가는 것이로다'라고 했다(文殊師利問維摩詰: '何等是菩薩入不二法門?' 維摩詰默然無言. 文殊師利歎曰: '善哉! 善哉! 乃至無有文字語言, 是眞入不二法門.')"라는 일화가 있다. 이상의 네 구절은 호은을 천수의 게송이나 줄줄 암송할 뿐 아무 말도 하지 않았을 유마힐에 비견하는 방식으로 호은의 인품을 극구 칭송한 후 그렇기 때문에 더 이상 벼루라는 필기도구가 필요하지 않겠다고 우스갯소리를 한 것이다.

0830. 贈袁陟[(1)]

원척에게

是身如虛空,[(2)]	이 몸은 허공 같고
萬物皆我儲.	만물은 다 거기에 쌓아 놓은 내 것인데
胡爲强分別,	뭣 때문에 억지로 구분하여서
百金買田廬.	백금으로 농지와 오두막을 사리오?
不見袁夫子,[(3)]	보지 못하였는가 원 선생께서
神馬載尻輿.[(4)(5)]	정신 말이 끄는 엉덩이 수레를 타고 다니는 것을?
游乎無何有,[(6)]	또 텅 비어 아무것도 없는 곳에 노닐며
一飯不願餘.	밥 한 그릇만 있으면 다른 걸 원하지 않는 것을?
官湖爲我池,	관아의 호수를 내 못으로 여기고
學舍爲我居.[(7)]	학교의 교사를 내 집으로 여기나니
何以遺子孫,[(8)]	자손에게 무엇을 남겨 줄 수 있으리?
此身自籧篨.[(9)]	이 몸은 거적때기로 스스로 싸리.
薰風暗楊柳,	훈훈한 바람 불면 버들 색이 짙어지고
秋水靜芙蕖.	가을철의 연못 물에 연꽃이 해맑을 터
應觀我知子,	내가 그대를 안다는 걸 간파해야 하나니
不怪子知魚.[(10)]	그대가 고기를 안다는 걸 괴이해하지 않으리.

[해설]

세속적인 욕심을 버리고 안빈낙도하는 원척의 인품을 칭송한 것이다.

[주석]

(1) 袁陟(원척): 王文誥의 《蘇軾詩集》에 "원척은 당시 진주태수였다. 이 시는 공이 남경을 떠나 진주를 지나갈 때 지은 것이다(袁陟時爲眞州守. 此詩, 公自南京過眞州所作)"라고 했는데, 원척이 진주태수였다고 단언하기는 어려워 보인다.

(2) 虛空(허공): 텅 비어서 아무것도 없다.

(3) 袁夫子(원부자): 원 선생. 원척을 가리킨다.

(4) 神馬(신마): 정신이라는 말. 《莊子·大宗師》에 "가령 내 엉덩이를 변화시켜 수레바퀴로 만들어 준다면 정신을 말로 삼아서 나는 그것을 타고 다닐 것이오(浸假而化予之尻以爲輪, 以神爲馬, 予因以乘之)"라는 말이 있다.

(5) 尻輿(고여): 엉덩이를 바퀴로 삼은 수레. 주 (4) 참조. 이 구절은 원척이 외물에 구속되지 않고 정신적인 자유를 누린다는 말이다.

(6) 無何有(무하유): '無何有之鄕'의 약칭으로 아무것도 없는 곳을 뜻한다. 이 연은 원척이 세속적인 욕심을 부리지 않는다는 말이다.

(7) 學舍(학사): 眞州州學의 건물을 가리킨다. 왕문고의 《소식시집》에 "동파공은 본래 가족을 데리고 다니며 정처 없이 떠돌았는데 당시 원척이 공에게 학사를 빌려주었기 때문에 가족을 진주에 머무르게 하고 가쁜 숨을 좀 진정시켰으니 이것이 이 시를 지은 본래의 취지이다(公本挈家而行, 飄泊無所, 時袁陟以學舍假公, 因留家於眞, 喘息稍定, 此作詩之本旨也)"라고 했다. 그러나 이곳의 '我'는 원척의 관점에서 원척 자신을 가리키는 것으로 보인다.

(8) 何以(하이): 무엇을. '以'는 목적어를 표시하는 介詞이다. 후한 때의 은사 龐德公은 襄陽(지금의 호북성 양양)의 峴山 남쪽에서 농사를 지으며 관직에 나아가기를 거부했다. 한번은 劉表가 그를 찾아가 "선생이 밭에서 힘들게 농사나 지으신다면 나중에 후손들에게 무엇을 물려주시렵니까?" 하고 묻자 방덕공이 "다른 사람들은 다들 위험을 물려주지만 저는 평안을 물려주렵니다. 비록 물려주는 것이 같지는 않지만 물려주는 것이 없지는 않습니다"라고 대답했다.(《후한서·방공전》 참조)

(9) 籧篨(거저): 대자리로 싸다. '蘧蒢'와 같다. 《晉書·皇甫謐傳》에 "숨이 끊어진 뒤 즉시 당시에 입고 있던 옷을 그대로 두고 온폭짜리 두건과 헌 옷을 사용하며 대자리로 시체를 싸라(氣絶之後, 便卽時服, 幅巾故衣, 以籧篨裹尸)"라고 했다.

(10) 子知魚(자지어): 《莊子·秋水》에 "장자와 혜자가 濠水의 다리 위에서 노닐다가 장자가 '피라미가 나와서 느긋하게 노니니 이것이 물고기의 즐거움이로다'라고 하자 혜자가 '자네는 물고기가 아닌데 어떻게 물고기의 즐거움을 아는가?'라고 했다. 그러자 장자가 '자네는 내가 아닌데 어떻게 내가 물

고기의 즐거움을 모른다는 사실을 아는가?'라고 했다(莊子與惠子遊於濠梁之上, 莊子曰: '儵魚出遊從容, 是魚之樂也.' 惠子曰: '子非魚, 安知魚之樂?' 莊子曰: '子非我, 安知我不知魚之樂?')"라는 말이 있다. 이상의 네 구절은 원척이 진정으로 연못의 버드나무와 연꽃, 물고기 따위를 감상하며 욕심 없이 살 것임을 믿는다는 말이다.

0831. 次韻蔣穎叔[1]

장영숙의 시에 차운하여

月明驚鵲未安枝,[2] 달이 밝아 놀란 까치 편히 깃들이지 못하고
一棹飄然影自隨.[3][4] 배 한 척이 표연히 떠가자 그림자가 뒤따랐네.
江上秋風無限浪, 강 위에 추풍 불어 끝없이 파도 일고
枕中春夢不多時. 베개 위의 봄꿈이 길지 않았네.
瓊林花草聞前語,[5][6] 경림원 화초 속에서 한 옛날 얘기를 들려주며
罨畫溪山指後期.[7][8] 엄화계 산천에서 살자 한 훗날의 기약을 지적하지만
豈敢便爲雞黍約,[9][10] 닭고기 기장밥 먹자는 약속을 어찌 감히 이행하리
玉堂金殿要論思.[11][12][13] 옥당과 금전에서 학문을 논해야 하거늘?

[해설]

은퇴하면 함께 의흥에서 살기로 약속한 과거 급제 동기 장지기를 만나 그가 지은 시에 차운한 것이다.

[주석]

(1) 穎叔(영숙): 소식의 진사 급제 동기인 蔣之奇의 字. 常州 宜興(지금의 강소성 의흥) 사람으로 소식을 위해 자기 고향인 의흥에다 은거할 땅을 물색해 주었다. 王十朋의 《百家註分類東坡先生詩》에 "이름을 지기라고 한다. 동파공은 가우 2년(1057) 장형이 장원으로 급제한 과거에서 장영숙과 함께

급제했다(名之奇. 公, 嘉祐二年章衡榜, 與穎叔同登第)”라고 했고, 施元之의 《施注蘇詩》에 “장영숙은 의흥 사람이다(蔣穎叔, 宜興人)”라고 했다. 《續資治通鑑長編·元豐六年閏六月》에 “강회로 등지의 발운부사 장지기에게 보라색 장복을 하사했다(賜江淮等路發運副使蔣之奇紫章服)”라고 했는데 왕문고의 《소식시집》에 “강회발운부사는 진주(지금의 강소성 儀徵)에 관서를 두었기 때문에 당시 장지기가 마침 진주에 있었다.……그(소식)가 상주에서 거주하는 것을 허락해 달라고 청원한 것은 실로 이 시가 발단이었다(江淮發運副使置司眞州, 時蔣之奇正在眞也.……其乞常之根, 實肇端此詩也)”라고 했다.

(2) 未安枝(미안지): 나뭇가지에 편안하게 깃들이지 못하다. 왕문고의 《소식시집》에 “이 구절은 조조의 ‘나무를 세 바퀴 맴돌아도, 깃들일 가지가 없네’를 차용한 것으로 농지와 택지를 찾았으나 뜻을 이루지 못했기 때문에 이런 말을 했다(句用曹操‘繞樹三匝, 無枝可棲’, 因訪求田宅未遂發也)”라고 했다. 첫머리 네 구절은 불안한 심경으로 외로이 떠돌아다닌 자신의 인생 역정을 되돌아본 것이다.

(3) 棹(도): 노. 배를 가리킨다.

(4) 飄然(표연): 가볍고 유유하다.

(5) 瓊林(경림): 瓊林苑. 북송 때 진사 급제자들에게 축하연을 벌여 주던 곳이다. 李濂의 《汴京遺跡志》에 “경림원은 개봉성 서쪽의 정문 밖에 있는데 사람들이 서청성이라고 부른다. 송나라 때 동산을 만들어 진사 급제자들에게 연회를 베푸는 장소로 삼았으니 금명지와 남북으로 마주 보고 있는데 그 안에 소나무와 측백나무가 빽빽하게 늘어서 있고 온갖 꽃의 향기가 진하다(瓊林苑, 在開封城西鄭門外, 俗呼爲西青城. 宋時建苑爲宴進士之所, 與金明池南北相對, 其中松柏森列, 百花芬郁)”라고 했다.

(6) 前語(전어): 예전에 한 말. 경림원의 축하연 자리에서 소식과 장지기가 주고받은 여러 가지 이야기를 두루 가리킨다.

(7) 罨畫(엄화): 엄화계. 강소성 의흥 동남쪽에 있는 개울. ‘罨溪’라고도 한다. 의흥 남쪽에서 서북쪽으로 흘러 丁蜀·張澤 등지를 지나 東氿로 들어간다.(魏嵩山 主編, 《中國歷史地名大辭典》, 廣東敎育出版社, 1995년 제1판, 1178쪽 참조)

(8) 後期(후기): 소식과 장지기가 관직에서 물러난 뒤에 의흥에서 함께 살기로 한 기약을 가리킨다. 소식의 자주에 “장씨의 시에, 급제했을 때 경림원에서 벌인 축하연 자리에서 얼결에 함께 양선(의흥)에서 살기로 약속한 말에 대하여 언급했다(蔣詩記及第時瓊林苑宴坐中所言, 且約同卜居陽羨)”라고 했다.

(9) 爲(위): 행하다. 실행하다. 《論語·顔淵》에 “행하기가 어려운데 말하는 것이 머뭇거려지지 않을 수 있겠느냐?(爲之難, 言之得無訒乎?)”라는 말이 있다.

(10) 雞黍約(계서약): 시골집에서 닭고기 반찬과 기장밥을 함께 먹기로 한 약속. 여기서는 의흥에서 함께 은거하기로 한 소식과 장지기의 약속을 가리킨다. 후한 사람 范式은 張劭와 절친한 사이였는데 함께 관직에서 물러나 고향으로 돌아갔다. 이때 범식이 장소에게 “2년 뒤에 가서 자네 부모님도 뵙고 아이들도 만나 보겠네”라고 했다. 2년 뒤에 장소가 그의 어머니에게 범식을 맞

이할 준비를 해 달라고 부탁하자 어머니가 “2년이나 헤어져 있었을 뿐만 아니라 천 리나 떨어진 사람들끼리 한 약속인데 너는 어찌 그리도 굳게 믿느냐?”라고 했다. 그러자 장소가 “범식은 신의가 있는 사람이기 때문에 틀림없이 약속을 지킬 것입니다”라고 했다. 기일이 되자 범식이 과연 찾아왔다.(《후한서·범식전》 참조)

(11) 玉堂(옥당): 옥으로 장식한 전당. 궁전을 가리킨다.

(12) 金殿(금전): 황금으로 지은 전당. 궁전을 가리킨다.

(13) 論思(논사): 논의하다. 이 연은 장지기가 앞으로 조정에서 중요한 국사를 논의해야 하기 때문에 아직까지 은퇴할 계제가 아니라는 말이다.

0832. 次韻滕元發[(1)]·許仲塗[(2)]·秦少游[(3)]

등원발·허중도·진소유의 시에 차운하여

二公詩格老彌新,[(4)]	두 분의 시격은 늙어서 더욱 참신한데
醉後狂吟許野人.[(5)]	술에 취해 미친 듯 읊음에 촌사람도 끼워 주네.
坐看青丘吞澤芥,[(6)(7)]	청구가 운몽택을 삼키는 것을 앉아서 보니
自慚黃潦薦溪蘋.[(8)]	누런 시내의 네가래나 바치는 게 스스로 부끄럽네.
兩邦旌纛光相照,[(9)(10)]	두 고을 태수의 깃발은 서로 비추고 있는데
十畝鋤犁手自親.[(11)]	열 이랑의 호미 쟁기는 내 손과 절로 친해지리.
何似秦郎妙天下,[(12)]	천하에 절묘한 진 군과 어찌 닮으리
明年獻頌請東巡.[(13)]	그는 내년에 동순을 청하는 송을 지어 바칠 텐데?

[해설]

등원발·허준·진관 등과 함께한 자리에서 그들의 시에 차운한 것이다. 등원발·허준·진관 중의 한 사람이 먼저 지은 시에 다른 두 사람이 차운하고 소식이 마지막으로 차운한 형식이다.

[주석]

(1) 元發(원발): 《宋史·滕元發傳》에 "등원발은 처음에 이름을 보라고 하고 자를 원발이라고 했는데 고로왕의 이름을 피하기 위해 자를 이름으로 삼고 새로운 자를 달도라고 했다. 동양 사람이다(滕元發

初名甫, 字元發, 以避高魯王諱, 改字爲名, 而字達道. 東陽人)"라고 했다.

(2) 仲塗(중도): 許遵의 字. 《宋史·許遵傳》에 "허준은 자가 중도이고 사주 사람이다(許遵, 字仲塗, 泗州人)"라고 했다.

(3) 少游(소유): 북송 詞人 秦觀의 字. 그는 蘇門四學士의 한 사람으로 소식의 총애를 많이 받았다.

(4) 二公(이공): 등원발과 허준을 가리킨다.

(5) 野人(야인): 촌사람. 평민. 은자. 귀양객인 소식 자신을 가리킨다. 王文誥의 《蘇軾詩集》에 "당시 등원발은 호주지주로 기용되어 동파공과 금산에서 만나기로 기약했고 허준은 윤주에서 왔으니 아마도 주인 노릇을 했을 것이다. 두 분은 모두 고을을 다스리는데 동파공만 귀양객 신분이기 때문에 자신을 야인이라고 여긴 것이다(時滕元發起知湖州, 與公期於金山, 許遵自潤州至, 蓋地主也. 二公皆領郡, 公獨坐謫籍, 故自以爲野人)"라고 했다.

(6) 靑丘(청구): 신선이 산다는 전설 속의 섬. 《海內十洲記》에 "장주는 일명 청구라고도 한다. 남해의 동남쪽에 있는데 땅이 사방으로 각각 5천 리이며 해안에서 25만 리 떨어져 있다. 위에 산과 강이 많고 큰 나무가 많은바 2천 아름이나 되는 것도 있다. 온 섬이 나무로 덮여 있기 때문에 청구라고도 하는 것이다(長洲, 一名靑丘. 在南海辰巳之地, 地方各五千里, 去岸二十五萬里. 上饒山川, 及多大樹, 樹乃有二千圍者. 一洲之上, 專是林木, 故一名靑丘)"라고 했다.

(7) 澤芥(택개): 운몽택이라는 草芥. 운몽택을 목구멍에 걸리는 초개에 비유한 것으로 운몽택을 가리킨다. 司馬相如의 〈子虛賦〉에 "또 제나라는 동쪽으로 큰 바다에 임해 있고 남쪽에 낭야산이 있으며……가을이면 청구에서 사냥하고 바다 바깥에서 오락가락합니다. 그러므로 운몽택과 같은 것 여덟아홉 개를 속으로 삼켜도 목구멍에 걸린 적이 없습니다(且齊東陼鉅海, 南有琅邪……秋田乎靑丘, 彷徨乎海外. 呑若雲夢者八九於其胸中, 曾不蔕芥)"라는 구절이 있다.

(8) 薦(천): 바치다. 올리다. 시를 지어서 다른 사람 앞에 내놓는 것을 가리킨다. 이 연은 등원발·허준의 시는 빼어난 기상을 지니고 있고 자신의 시는 보잘것없다는 말이다.

(9) 兩邦(양방): 두 고을. 등원발이 다스릴 호주와 허준이 다스리고 있는 윤주를 가리킨다.

(10) 旌纛(정독): 큰 기. 태수가 행차할 때 들고 나니는 의진용 기를 기리킨다.

(11) 鉏犁(서리): 호미와 쟁기. 소식이 宜興(지금의 강소성 의흥)에서 농사지을 때 쓸 농기구를 가리킨다. 査愼行의 《蘇詩補註》에 "선생은 곧 상주거주를 청원할 계획이었기 때문에 '열 이랑의 호미 쟁기'라는 구절이 있는 것이다(先生將乞常州居住, 故有'十畝鉏犁'之句)"라고 했다.

(12) 秦郞(진랑): 진관을 가리킨다. 왕문고의 《소식시집》에 "진소유가 막 회수 지역에서 소식을 맞이하러 왔기 때문에 모임에 참여한 것이다(秦少游方自淮上來迎, 故亦預會)"라고 했다.

(13) 東巡(동순): 《後漢書·馬融傳》에 "어가가 동쪽으로 태산을 순행하러 갈 때 마융이 〈東巡頌〉을 올렸더니 황제가 그의 문장을 기특하게 여기고 그를 불러서 낭중에 임명했다(車駕東巡岱宗, 融上〈東巡頌〉, 帝奇其文, 召拜郞中)"라고 했다. 이 연은 진관이 내년의 과거에서 좋은 성적을 얻어 황제로부터 문재를 인정받을 것이라는 말인데, 소식의 예언대로 이듬해인 원풍 8년(1085)에 진관은 과연 진사 시험에 급제했다.

0833. 以玉帶施元長老[1], 元以衲裙相報, 次韻二首

원장로에게 옥대를 주었더니 원장로가 답례로 승복을 주는지라 그의 시에 차운하여

其一

病骨難堪玉帶圍,	병골이라 옥대 매는 것 감당하기 버겁고
鈍根仍落箭鋒機.[2][3]	둔한 재주라 화살촉 같은 기지에도 뒤졌네.
欲教乞食歌姬院,[4]	기방에서 걸식하는 법을 가르치려고
故與雲山舊衲衣.[5]	일부러 스님의 헌 승복을 주었네.

其二

此帶閱人如傳舍,	이 옥대는 여관처럼 많은 사람 거친 후
流傳到我亦悠哉.	내 손에 들어온 지도 오래됐도다.
錦袍錯落差相稱,[6][7][8]	찬란한 비단 도포에나 조금 어울리는지라
乞與佯狂老萬回.[9][10]	미친 척하는 나이 많은 만회에게 드린다.

[해설]

친한 친구인 요원선사가 금산사의 주지로 있을 때 소식이 편복을 입고 그의 방으로 들어갔더니 요원선사가 "여기는 앉을 곳이 없소"라고 했다. 소식이 "잠시 스님의 사대(四大)를 빌려서 선상(禪牀)으로 삼지요" 하고 우스갯소리를 했다. 사대란 원래 땅·물·불·바람 등 세상

만물을 구성하는 사대 요소를 가리키는 말인데 이들의 속성인 견고성·습윤성·온난성·이동성을 다 지니고 있는 사람의 몸을 비유하기도 하는바 소식은 사람의 몸을 가리킨 것이다. 그러자 요원선사가 "내 말이 끝나자마자 즉시 대답하면 내가 그대의 청을 들어 줄 것이고 조금이라도 망설이면서 생각하면 그대가 매고 있는 옥대를 나에게 풀어 주어서 산문(山門)을 지키게 해 주어야 하오"라고 했다. 소식이 그렇게 하기로 약속하고 옥대를 풀어서 안석 위에 얹어 놓았다. 요원선사가 사대니 오온(五蘊)이니 하는 모든 존재가 다 공허하다는 불교의 교리에 근거하여 "스님의 사대는 본래 공허하고, 오온은 존재하지 않는데 어디에 앉으시려오?" 하고 묻자 소식이 망설이며 즉답을 하지 못했다. 요원선사가 얼른 시중드는 아이를 불러서 "이 옥대를 거두어 두어서 영원히 산문을 지키게 해라"라고 하므로 소식이 웃으면서 옥대를 주었다. 요원선사가 그에 대한 보답으로 소식에게 승복을 주며 절구 두 수를 지어 주는지라 소식이 이에 차운하여 화답했다.(왕십붕의 《백가주분류동파선생시》 참조)

[주석]

(1) 元長老(원장로): 了元禪師를 가리킨다. 고려의 大覺國師 義天(1055-1101)은 원래 고려 문종의 넷째 아들로 親王에 봉해졌기 때문에 그가 송나라에 갔을 때 철종 황제가 친히 그를 영접했는가 하면 강남지방의 승려들이 모두 君臣의 예로써 그를 대했다. 그러나 金山寺의 요원선사는 자기 자리에 앉아서 의천에게 문후를 받았다. 의천은 이미 한 사람의 출가한 승려일 뿐이라는 것이 그 이유였다. 《高麗史·宗室列傳一》 및 釋惠洪의 《僧寶傳·雲居佛印元禪師》 참조.

(2) 鈍根(둔근): 둔한 根機. 불교에서 근본이 우둔하여 불법을 잘 깨닫지 못하는 사람을 가리키는 말이다. 소식 자신의 재주를 가리킨다.

(3) 箭鋒機(전봉기): 화살처럼 날카로운 根機. 요원선사의 재주를 가리킨다. 이 구절은 소식이 요원선사에게 진 일을 가리킨다.

(4) 歌姬院(가희원): 歌妓들의 거처. 妓房. 《北夢瑣言》에 "당나라 재상 배휴는 불교에 관심이 많아 참선과 계율에 정통했다……그는 항상 털 장삼을 걸친 채 기방에서 바리때를 들고 걸식하면서 스스로 말하기를 '세속적인 감정에 물들지 않아야 다른 사람을 위하여 설법할 수 있다'라고 했다(唐裴相公休, 留心釋氏, 精於禪律……常被毳衲, 於歌妓院持鉢乞食, 自言曰: '不爲俗情所染, 可以說法爲人.')"라는 일화가 있다.

(5) 雲山(운산): 속세를 떠난 은자나 스님이 입는 옷. 이 연은 소식이 배휴처럼 세속적인 마음을 버리고 불법에 귀의하게 하기 위해서 요원선사가 그에게 승복을 주었다는 말이다.

(6) 錦袍(금포): 무늬 있는 비단으로 지은 도포. 신종 황제가 요원선사에게 하사한 磨衲이라는 袈裟를 가리킨다. 〈磨衲贊〉에 "불인장로, 즉 요원대사가 경사에 가서 노닐 때 천자가 그의 명성을 듣고 고

려에서 공물로 바친 마납을 하사했다(長老佛印大師了元遊京師, 天子聞其名, 以高麗所貢磨衲賜之)"라고 했다.

(7) 錯落(착락): 반짝이다.

(8) 差(차): 비교적. 좀.

(9) 乞與(기여): 주다.

(10) 萬回(만회): 당나라 때의 승려로 萬迴라고도 했다. 여기서는 요원선사를 가리킨다. 만회는 스무 살이 되도록 말을 할 줄 모르는 백치로 미친 듯이 마구 뛰어다니면서 웃다가 울다가 했다. 그가 열 살 되었을 때 형이 遼陽으로 나라를 지키러 갔는데 오랫동안 소식이 없어서 어머니가 매우 걱정했다. 그것을 본 만회가 막 뛰어나가더니 그날 저녁에 형의 편지를 들고 오므로 온 가족이 놀라워했다. 이런 소식이 조정에 전해지자 則天武后가 궁중으로 불러 비단 옷도 하사하고 法雲公이라는 이름도 하사했다.(《宋高僧傳·唐虢州閿鄉萬迴傳》 참조) 王十朋의 《百家註分類東坡先生詩》에도 "당나라 측천무후가 만회화상에게 비단 도포와 옥대를 하사했다(唐武后賜萬回和尙錦袍·玉帶)"라는 주석이 있다. 이 연은 만회는 측천무후에게 비단 옷과 옥대를 받았는데 요원선사는 신종에게 비단 도포를 받았기 때문에 소식이 그에게 옥대를 줌으로써 균형을 맞춘다는 해학적인 표현이다.

0834. 送金山[(1)]鄉僧[(2)]歸蜀開堂[(3)]

촉지방으로 돌아가서 법당을 열려는 금산의 동향 스님을 전송하며

撞鐘浮玉山,[(4)]	종소리가 울리는 부옥산에서
迎我三千指.[(5)]	삼천 개의 손가락이 나를 맞이하였네.
衆中聞謦欬,[(6)]	여러 스님 속에서 담소 소리 들었나니
未語知鄉里.[(7)]	이야기해 보기 전에 동향인 줄 알았네.
我非箇中人,[(8)]	내가 만약 그곳 사람 아니었다면
何以默識子.	어떻게 말 안 해도 그대를 알아봤으리?
振衣忽歸去,	옷을 털고 홀연히 돌아가시니
隻影千山裏.[(9)]	외로운 배가 첩첩산중을 지나가겠네.
涪江與中泠,[(10)(11)]	부강의 강물과 중령천 샘물
共此一味水.[(12)]	맛이 같은 이 물을 함께 맛보았지만
冰盤薦琥珀,[(13)(14)]	얼음 같은 쟁반에 호박당을 담아 준들
何似糖霜美.[(15)]	어찌 흰 사탕처럼 맛이 있으리?

[해설]

진강의 금산사에 있던 동향 스님 원보가 고향으로 돌아가 불법을 설하기 위해 금산사를 떠나는 것을 전송하면서 지은 시이다.

[주석]

1) 金山(금산): 강소성 鎭江에 있는 산.

(2) 鄕僧(향승): 소식의 고향인 사천지방에서 온 승려를 가리킨다. 査愼行의 《蘇詩補註》에 "동향 승려란 수녕(지금의 사천성 수녕)에서 온 승려 원보를 가리킨다(鄕僧, 遂寧僧圓寶)"라고 했다.

(3) 開堂(개당): 불법을 설할 법당을 마련하다.

(4) 浮玉山(부옥산): 금산의 다른 이름.(魏嵩山 主編, 《中國歷史地名大辭典》, 廣東教育出版社, 1995년 제1판, 961쪽 참조) 지금은 금산이 長江 남쪽의 육지와 연결되어 있지만 옛날에는 장강 안에 있는 섬이었기 때문에 '물에 떠 있는 옥'이라는 뜻의 '浮玉'이라는 이름이 생겼다. 《金山志》에 "손님이 '부옥이 무엇입니까?' 하고 묻자 '이것은 《선경》에서 나온 말입니다. 등급이 가장 높은 신선인 상선이 부옥산에 살면서 옥황상제를 우러러보면 산이 저절로 떠갔는데 금산과 초산이 다 강 위에 있기 때문에 생긴 이름입니다' 하고 대답했다(客問: '何爲浮玉?' 答云: '此出《仙經》. 上仙居浮玉山, 朝上帝則山自浮去, 因金·焦俱在水上, 故名.')"라고 했다.

(5) 三千指(삼천지): 금산사에 있던 3백 명의 승려를 가리킨다.

(6) 謦欬(경해): 담소하다.

(7) 鄕里(향리): 동향. 동향인.

(8) 箇中人(개중인): 이 안의 사람. 어떤 이치를 잘 알거나 몸소 그 경지에 이르러 본 사람을 가리킨다. 이 구절은 소식 자신도 촉지방 사람이라는 말이다.

(9) 隻影(척영): 외롭게 떠가는 배 한 척의 모습. 李白의 시 〈黃鶴樓送孟浩然之廣陵〉에 "외로운 배 아스라이 허공으로 사라지고, 장강이 하늘 끝으로 흐르는 것만 보인다(孤帆遠影碧空盡, 唯見長江天際流)"라는 구절이 있다.

(10) 涪江(부강): 사천성 경내를 지나가는 嘉陵江의 지류.

(11) 中泠(중령): 中泠泉. 금산 기슭에 있는 샘. 당나라의 차 전문가 劉伯芻는 이 샘을 천하제일천이라고 품평했고 역시 당나라 사람으로 茶聖으로 추앙받은 陸羽는 이 샘을 천하제칠천이라고 품평했다. 王十朋의 《百家註分類東坡先生詩》에는 "부강은 재주의 강을 말하는바 동향 스님은 틀림없이 재주 사람이었을 것이다. 중령천은 금산의 물을 말하는바 그가 지금 금산에 있기 때문에 한 말이다(涪江, 以言梓州之江, 鄕僧必梓州人也. 中泠, 以言金山之水, 取其身見在金山也)"라고 했고, 사신행의 《소시보주》에는 "동향 스님이란 수녕 스님 원보이다(鄕僧, 遂寧僧圓寶也)"라고 했는데 당시 재주와 수녕(당시 지명 遂州)은 모두 梓州路에 속했다.

(12) 一味水(일미수): 맛이 한 가지인 물. 부강과 중령천이 다 같은 장강 물이기 때문에 한 말이다.

(13) 冰盤(빙반): 얼음처럼 희고 맑은 쟁반.

(14) 琥珀(호박): 樹脂 따위가 땅속에서 수소·산소·탄소 등과 화합하여 돌처럼 굳어진 황색의 투명 광물. 설탕을 가리킨다. 여기서는 호박처럼 생긴 고급 엿인 琥珀餳을 가리키는 것으로 보인다.

(15) 糖霜(당상): 사탕수수 즙을 달여서 정제한 것. 원보의 고향 수녕의 특산물인 설탕을 가리킨다. 사신행의 《소시보주》에 "사탕수수는 도처에 다 심지만 복주·당주·사명·번우·광한·수녕에만 얼음사탕이

있으며 그중에서도 수녕 것이 으뜸이다(甘蔗所在皆植, 獨福·唐·四明·番禺·廣漢·遂寧有糖氷, 而遂寧爲冠)"라고 했다. 이상의 네 구절은 천하제일천으로 꼽히는 중령천의 물보다 고향에 있는 부강의 물맛이 더 나은 것처럼 아무리 맛있는 음식일지라도 고향 음식만은 못하다는 말로서, 고향으로 돌아가는 원보를 부러워한 것이다.

0835. 送沈逵[1]赴廣南[2]

광남으로 부임해 가는 심규를 전송하며

嗟我與君皆丙子,[3]　아아 나와 그대는 다 병자년에 태어나
四十九年窮不死.　마흔아홉 해 동안 곤궁 속에 연명했네.
君隨幕府戰西羌,[4]　그대는 막부를 따라 서강과 싸우느라
夜渡冰河斫雲壘.[5]　밤중에 언 강을 건너 구름 속의 보루를 쳤네.
飛塵漲天箭灑甲,　먼지가 날려 하늘을 덮고 화살이 갑옷에 뿌렸나니
歸對妻孥眞夢耳.[6]　돌아가 처자나 대하는 건 참으로 꿈일 뿐이었네.
我謫黃岡四五年,[7]　나는 사오 년 동안 황강에 유배되어
孤舟出沒烟波裏.　외로운 배가 안개 낀 파도 속에 출몰했네.
故人不復通問訊,　친구들은 더 이상 소식을 주고받지 않고
疾病飢寒疑死矣.　병도 들고 배도 곯아 죽는 줄만 알았네.
相逢握手一大笑,　서로 만나 손을 잡고 크게 한 번 웃으니
白髮蒼顏畧相似.　백발과 창안이 거의 서로 비슷하네.
我方北渡脫重江,[8]　나는 한창 북쪽으로 장강을 건너
　두 강이 합류하는 광릉을 벗어나고
君復南行輕萬里.　그대는 또 남쪽으로 갈 길을 재촉하여
　만 리를 가볍게 여기며 광남으로 달려가네.
功名如幻何足計,　허깨비 같은 공명이야 따질 것이 무엇이리?

學道有涯眞可喜.(9) 도를 배워 끝이 있으면 정말 기쁜 일이라네.
勾漏丹砂已付君,(10) 구루현의 단사를 이미 그대에게 주었고
汝陽甕盎吾何恥.(11)(12) 여양의 동이를 내가 어찌 부끄러워하리?
君歸赴我雞黍約,(13) 그대가 돌아와 닭고기와 기장밥 먹자는 약속 지킬 테니
買田築室從今始. 땅 사고 집 짓는 일 지금부터 시작하리.

[해설]

광남지방으로 부임해 가는 심규를 전송하며 지은 것이다. 옛날에 갈홍이 자청하여 구루현령으로 간 일을 상기시킴으로써 중국 대륙의 최남단에 해당하는 오지로 가야 하는 그의 심정을 위로했다.

[주석]

(1) 沈逵(심규): 錢塘(지금의 절강성 杭州) 사람으로 沈括의 조카이다.(張志烈·馬德富·周裕鍇 主編, 《蘇軾全集校注》, 河北人民出版社, 2010, 第四冊 147쪽 참조) 희령 연간에 知永嘉縣·大理寺丞 등의 관직을 역임했다.(《續資治通鑑長編·熙寧六年十二月》 및 《續資治通鑑長編·熙寧九年十一月》 참조)
(2) 廣南(광남): 지금의 광동성과 광서장족자치구 및 해남도에 해당하는 지역으로 송나라 때 이곳에 廣南東路와 廣南西路를 두었다.
(3) 丙子(병자): 소식이 태어난 해인 북송 인종 경우 3년(1036) 병자년을 가리킨다.
(4) 西羌(서강): 秦漢 시기에 주로 甘肅·青海·四川 일대에 분포해 있던 羌族을 총칭하던 말이다. 여기서는 외직을 가리킨다.
(5) 雲壘(운루): 구름 속의 보루. 높은 보루를 가리킨다.
(6) 妻孥(처노): 아내와 자식. 이 구절은 전쟁이 끝나 집으로 돌아가는 것이 꿈만 같은 일이었다는 말이다.
(7) 黃岡(황강): 黃州(지금의 호북성 황강시 황주구)를 가리킨다. 소식은 원풍 3년(1080) 2월부터 원풍 7년(1084) 4월까지 4년 3개월 동안 황주에서 유배 생활을 했다.
(8) 重江(중강): 두 갈래의 강. 長江과 대운하를 가리킨다. 廣陵(지금의 강소성 揚州)을 가리킨다. 鮑照의 〈蕪城賦〉에 광릉을 묘사하여 "겹친 강과 관문이 있는 깊숙한 곳에, 사통팔달의 대로가 있다(重江複關之隩, 四會五達之莊)"라고 했는데 이에 대한 李善의 주에 "남쪽으로 두 강에 임해 있어서 '겹쳤다'고 한 것이다(南臨二江曰重)"라고 했다.
(9) 有涯(유애): 끝이 있다. 목표한 일을 다 이룬다는 뜻이다. 《莊子·養生主》에 "우리의 삶에는 끝이 있

지만 앎에는 끝이 없다(吾生也有涯, 而知也无涯)"라고 했다.

(10) 勾漏(구루): 구루산. 도가에서 신선들이 산다고 하는 三十六洞天 가운데 스물두 번째 동천으로 광서장족자치구 北流縣의 동북쪽에 있다.(魏嵩山 主編, 《中國歷史地名大辭典》, 廣東教育出版社, 1995년 제1판, 179쪽 참조) 《晉書·葛洪傳》에 "나이가 많아지자 단사를 단련하여 장수를 빌고 싶어졌는데 교지 지역에 단사가 난다는 소문을 듣고 구루현령으로 보내 달라고 청했다(以年老, 欲鍊丹以祈遐壽, 聞交阯出丹, 求爲勾漏令)"라고 했다. 이 구절은 심규가 광남으로 부임해 가는 것이 열악한 곳으로 간다고 싫어할 일이 아니라 단사가 많이 나는 곳으로 간다고 기뻐할 일이라는 말이다.

(11) 汝陽(여양): 汝水의 북쪽에 있는 汝州를 가리킨다. 이 구절은 자신이 여주로 옮겨 가는 것이 부끄러워할 일이 아니라는 말이다.

(12) 甕盎(옹앙): 동이처럼 큰 혹을 가리킨다. 《韻語陽秋》에 "여주 사람 중에는 혹으로 고통받는 사람이 많다(汝人多苦癭)"라고 했고, 歐陽修의 시 〈汝癭答仲儀〉에 "그대는 여주에 혹이 많다 한탄하나, 누가 여주의 토양이 나쁘다고 하는가? 여주의 혹이 비록 고통스러울지라도, 여주 사람 스스로 즐겁게들 산다네(君嗟汝癭多, 誰謂汝土惡. 汝癭雖云苦, 汝民居自樂)"라는 구절이 있다.

(13) 雞黍約(계서약): 시골집에서 닭고기 반찬과 기장밥을 함께 먹기로 한 약속. 〈次韻蔣穎叔〉(0831) 주 (10) 참조

0836. 豆粥
콩죽

君不見	그대는 보지 못했는가
滹沱流澌車折軸,[(1)(2)]	호타하의 얼음 조각에 수레 굴대가 부러지자
公孫倉皇奉豆粥.[(3)]	풍공손이 창황히 콩죽을 바치고
濕薪破竈自燎衣,	젖은 땔감으로 깨진 아궁이에서 스스로 옷을 말려
飢寒頓解劉文叔.[(4)]	배고픔과 추위를 갑자기 해소한 유문숙을?
又不見	또 보지 못했는가
金谷敲冰草木春,[(5)(6)]	금곡원에 얼음을 치며 초목에 봄이 오면
帳下烹煎皆美人.[(7)]	휘장 아래서 삶고 끓이는 이 모두가 미인인데
萍虀豆粥不傳法,[(8)(9)]	쑥나물과 콩죽의 비법은 안 전하고
咄嗟而辦石季倫.[(10)(11)]	숨 한 번 쉬는 사이에 다 만드는 석계륜을?
干戈未解身如寄,[(12)(13)]	싸움이 안 끝나 일신이 더부살이 같았고
聲色相纏心已醉.	성색에 매여 마음이 너무 도취됐나니
身心顚倒不自知,	자기 심신이 망가진 줄을 알지 못하였거늘
更識人間有眞味.[(14)(15)]	세상에 진미가 있는 줄을 어찌 알았으리오?
豈如江頭千頃雪色蘆,[(16)]	어찌 같으리 눈빛 갈대가 천 경 되는 강가의
茅簷出沒晨烟孤.[(17)]	초가집 처마 위로 아침 연기 가물댈 제
地碓舂秔光似玉,[(18)]	방아로 쌀을 찧어 옥처럼 반짝이고

沙瓶煮豆軟如酥.(19)	시루로 콩을 삶아 연유같이 연한 것과?
我老此身無著處,	나는 늙어 이 몸이 발붙일 곳 없으니
賣書來問東家住.(20)	책을 팔아 동쪽 집이 살 만한지 물으리.
臥聽雞鳴粥熟時,	누워서 닭 우는 소리 들으면 죽이 끓을 때이니
蓬頭曳履君家去.	쑥대머리로 신을 끌고 그대 집으로 가리.

[해설]

어느 집에서 콩죽을 얻어먹은 감회를 노래한 것이다. 권력 다툼으로 곤경에 빠졌을 때 맛있게 먹은 후한 광무제의 콩죽과 진나라의 대부호로 사치 생활을 일삼던 석숭의 콩죽을 소개한 후 그러한 콩죽보다 이 집의 콩죽이 더 맛있다고 극구 칭송했다.

[주석]

(1) 滹沱(호타): 滹沱河. 산서성의 五臺山에서 발원하여 하북성을 지나 황해로 들어가는 강.

(2) 流澌(유시): 해빙기에 물 위에 떠다니는 얼음 조각. '流凘'와 같다. 《東觀漢記》에 후한 光武帝가 王郎의 반군을 피해 호타하에 이르렀을 때 길을 인도하던 관리가 '강에 얼음이 녹아서 깨진 조각이 떠다니기 때문에 배가 없이는 건널 수 없습니다'라고 하므로 주머니에 모래를 넣어서 강에다 쌓고 건넜다는 기록이 있다.(《太平御覽·休徵部二·河》 참조)

(3) 公孫(공손): 후한 사람 馮異의 字. 《후한서·풍이전》에 "왕랑이 군사를 일으키자 광무제는 계현 동쪽에서 급히 남쪽으로 행군하여 새벽과 밤중에 초야에서 지내며 요양의 무루정에 이르렀다. 당시 날씨는 너무 춥고 군사들은 모두 굶주리고 지쳐 있었는데 풍이가 광무제에게 콩죽을 바쳤다. 이튿날 아침에 광무제가 여러 장수들에게 '어제 공손이 준 콩죽을 먹고 기아와 한기가 다 풀렸다네'라고 했다. 남궁에 이르러 풍우가 심하게 쳤을 때 광무제가 수레를 몰고 길옆에 있는 빈집으로 들어가자 풍이가 땔감을 안고 오고 등우가 불을 지폈다. 이에 광무제가 아궁이 앞에 앉아서 젖은 옷을 말렸다. 풍이는 또 보리밥과 토견도 바쳤다. 광무제는 그 덕분에 다시 호타하를 건너 신도에 도착한 뒤 풍이로 하여금 하간 지방의 군사를 모집하게 했다. 돌아와서 광무제가 편장군에 임명하자 풍이는 광무제를 따라가 왕랑을 격파하고 응후에 봉해졌다(及王郎起, 光武自薊東南馳, 晨夜草舍, 至饒陽無蔞亭. 時天寒烈, 衆皆饑疲, 異上豆粥. 明旦, 光武謂諸將曰: '昨得公孫豆粥, 饑寒俱解.' 及至南宮, 遇大風雨, 光武引車入道傍空舍, 異抱薪, 鄧禹爇火, 光武對竈燎衣. 異復進麥飯菟肩. 因復度滹沱河至信都, 使異別收河間兵. 還, 拜偏將軍. 從破王郎, 封應侯)"라는 기록이 있다.

(4) 文叔(문숙): 후한 광무제 劉秀의 字.

(5) 金谷(금곡): 金谷園. 晉나라의 대부호 石崇의 별장. 하남성 洛陽 북쪽의 金谷澗에 있었다. 석숭

은 여기에 많은 기녀를 두고 있었는데 沈香木을 가루로 만들어 상아 침상에 뿌려 놓고 기녀들에게 밟게 하여 발자국이 남지 않는 사람에게 진주를 하사했다는 일화가 있을 정도였다고 한다. 석숭은 당시의 귀족들과 함께 다투어 사치를 부려 손님이 오면 잠깐 사이에 금방 콩죽을 끓여 내고 겨울에도 부추나물과 쑥나물을 만들었다. 오랫동안 끓여야 하는 콩죽을 금방 끓이는 것은 미리 콩을 볶아서 가루로 만들어 놓았다가 손님이 오면 죽만 끓여서 섞었기 때문에 가능했고, 겨울철의 부추나물과 쑥나물은 부추와 쑥의 뿌리를 찧어서 보리싹나물에 섞음으로써 부추와 쑥의 맛을 낸 것이었다.(《진서·석숭전》 참조)

(6) 敲冰(고빙): 얼음을 두드리다. 이른 봄에 얼음이 깨지면서 소리를 내는 현상을 가리키는 것으로 보인다.

(7) 烹煎(팽전): 삶고 끓이다. 요리하다.

(8) 萍虀(평제): 맑은대쑥나물. '萍'은 '苹'·'蓱'과 같다.

(9) 不傳法(부전법): 석숭은 콩죽 빨리 끓이는 법을 당시의 다른 귀족들에게 알려 주지 않았는데 王愷가 그의 하인에게 캐물어서 알아냈다.(《진서·석숭전》 참조)

(10) 咄嗟(돌차): 탄식하다. 숨을 내쉬었다 들이쉬는 사이라는 뜻에서 아주 짧은 시간을 가리킨다.

(11) 季倫(계륜): 석숭의 字.

(12) 干戈(간과): 방패와 창. 무기. 전쟁을 가리킨다.

(13) 身如寄(신여기): 몸이 남의 집에 잠시 붙어사는 것처럼 덧없다는 말이다.

(14) 更(갱): 어찌.

(15) 眞味(진미): 아래의 네 구절에서 말한 콩죽을 가리킨다. 이상의 네 구절은 광무제는 권력 다툼으로 자기 몸이 망가진 줄을 모르고 석숭은 사치와 향락으로 자기 마음이 망가진 줄을 몰랐기 때문에 아름다운 전원에서 먹는 콩죽이 얼마나 맛있는지를 몰랐다는 말이다.

(16) 雪色蘆(설색로): 눈처럼 하얀 갈대꽃을 가리킨다.

(17) 晨烟(신연): 아침밥 짓는 연기.

(18) 地碓(지대): 방아. '水碓(물레방아)'가 아닌 보통의 방이를 가리킨다.

(19) 沙瓶(사병): 陶製 시루.

(20) 東家(동가): 동쪽 집. 콩죽을 끓여 준 사람의 이웃집을 가리킨다. 杜甫의 시 〈陪鄭廣文遊何將軍山林十首〉 其四에 "서적을 모조리 내다 팔아서, 그대 동쪽 집에 대해 물으러 오리(盡捻書籍賣, 來問爾東家)"라는 구절이 있다. 마지막 네 구절은 이 집의 이웃이 되어 이 집의 콩죽을 늘 먹고 싶다고 함으로써 그 맛을 극구 칭송한 것이다.

0837. 秦少游[1]夢發殯而葬之者, 云是劉發[2]之柩. 是歲發首薦[3], 秦以詩賀之, 劉涇[4]亦作, 因次其韻

진소유가 꿈에 관을 움직여 장사 지내는 사람을 보았는데 유발의 관이라고 했다. 이해에 유발이 1등으로 급제했기에 진소유가 시로써 경하하고 유경도 시를 지었으므로 그 시에 차운한다

君看三代士執雉,[5][6]	삼대 때 사가 예물로 꿩을 든 것을 보게나
本以殺身爲小補.	본래 자신을 죽이는 걸 작은 보탬으로 여겼다네.
居官死職士死綏,[7]	벼슬에 있을 땐 순직하고 장수는 순국하나니
夢尸得官眞古語.[8]	시체 꿈 꾸면 벼슬한다는 건 정말 옛날 말이네.
五行勝己斯爲官,[9][10]	오행에서 자신을 이기는 것이 벼슬이니
官如草木吾如土.[11]	벼슬은 초목 같고 나는 흙과 같다네.
仕而未祿猶賓客,[12][13]	벼슬길에 나가도 녹을 못 받으면 빈객 같아서
待以純臣蓋非古.[14]	정식 관리로 대우하는 건 옛날 법도가 아닐 것이네.
饋焉曰獻稱寡君,	물건을 드릴 땐 '바친다' 하고 타국에선 '과군'이라 부르지만
豈比公卿相爾汝.[15]	공경들이 서로 너나들이하는 것에야 어찌 비하리?
世衰道微士失已,[16]	세상의 도의가 쇠미해지고 선비가 다 없어져
得喪悲歡反其故.[17]	득실과 희비가 옛날과 상반되네.
草袍蘆箠相嫵媚,[18][19][20]	풀빛 도포에 갈대 채찍 들고 서로 치켜세우며
飮食嬉游事羣聚.	마시고 먹고 즐겁게 놀며 무리 지어 다니겠네.
曲江船舫月燈毬,[21][22][23]	곡강지에서 뱃놀이하고 월등각에서 공놀이하니
是謂舞殯而歌墓.	관 옆에서 춤추고 무덤에서 노래하는 것이라네.
看花走馬到東野,[24]	말 타고 꽃구경 하는 것이 맹동야의 경지에 이를 테니

餘子紛紛何足數.[25] 　　분분한 다른 이야 말할 것이 뭐 있으리?
二生年少兩豪逸,[26][27] 　　두 사람은 나이 젊은 호걸이거니
詩酒不知軒冕苦.[28] 　　시를 짓고 술을 마실 뿐 초헌과 면류관의 고통을 모르리.
故令將仕夢發棺,[29] 　　그러기에 벼슬 앞두고 꿈에 관을 움직이게 했나니
勸子勿爲官所腐. 　　관직으로 부패하지 말기 바라네.
塗車芻靈皆假設,[30][31][32] 　　진흙 수레 풀 인형이 모두 다 헛것이니
著眼細看君勿誤.[33] 　　눈여겨 잘 살피고 그르치지 말아야 하네.
時來聊復一飛鳴,[34] 　　때가 오면 그런대로 한 번 날며 울 것이니
進隱不須煩伍擧.[35][36] 　　수수께끼 내라고 오거를 성가시게 할 것 없네.

[해설]

진관이 꿈에 유발이라는 젊은 선비의 장례식 장면을 보았는데 그해에 유발이 수석으로 급제했다. 진관이 시를 지어 이 일을 경하하고 유경도 시를 지었다. 소식의 이 시는 그 시에 차운하여 화답한 것이다.

[주석]

(1) 少游(소유): 북송 詞人 秦觀의 字. 그는 蘇門四學士의 한 사람으로 소식의 총애를 많이 받았다.
(2) 劉發(유발): 진관의 원시 〈記夢答劉全美〉에 “흰 모자 쓰고 꿇어앉아 술과 안주 바치는데, 자를 전미라 하는 유랑이라고 했네(素冠長跪烝酒殽, 云是劉郎字全美)”라고 했다.
(3) 首薦(수천): 수석으로 추천된다는 뜻으로 과거에서 수석으로 합격한 것을 가리킨다.
(4) 劉涇(유경): 簡州 楊安 사람으로 字가 巨濟이다. 處州·虢州·眞州·坊州 등지의 지주를 역임했다. (《송사·유경전》 참조)
(5) 三代(삼대): 夏·殷·周를 가리킨다.
(6) 士執雉(사집치): 사가 꿩을 들고 가다. 《周禮·春官·大宗伯》에 “새와 짐승을 여섯 가지의 예물로 삼아 신하들의 등급을 구분하나니 三公 바로 아래인 고는 겉을 가죽으로 장식한 비단 묶음을 들고 가고, 경은 새끼 양을 들고 가고, 대부는 기러기를 들고 가고, 사는 꿩을 들고 가고, 일반 농민은 오리를 들고 가고, 상공인은 닭을 들고 간다(以禽作六摯, 以等諸臣. 孤執皮帛, 卿執羔, 大夫執鴈, 士執雉, 庶人執鶩, 工商執雞)”라고 했는데, 鄭玄의 주에 “꿩은 그것의 절개를 지키다 죽을지언정 절개를 잃지는 않는 면을 취한 것이다(雉取其守介而死, 不失其節)”라고 했다. 또 《禮記·曲禮下》의 孔穎達 疏에 “사가 꿩을 들고 가는 것은 꿩이 괄괄한 성질이라 적을 보면 앞뒤를 가리지 않고 대들기

때문이다(士雉者, 雉取性耿介, 惟敵是赴)"라고 했다.

(7) 士死綏(사사수): 장수가 전쟁에 져서 순국하다.

(8) 夢尸(몽시): 꿈에 시체를 보다. 어떤 사람이 殷浩에게 "장차 관직을 얻으려면 꿈에 棺이 보이고 장차 재물을 얻으려면 꿈에 똥이 보인다는데 그것은 무슨 까닭입니까?" 하고 묻자 은호가 "관직이란 본래 썩어 문드러져서 냄새가 나기 때문에 장차 관직을 얻으려면 꿈에 관이 보이고, 돈이란 본래 더러운 흙과 같은 존재이기 때문에 장차 돈을 벌려면 꿈에 오물이 보이는 것이오"라고 했다. 당시 사람들이 그 말을 명언이라고 생각했다.(《晉書·殷浩傳》 참조) 이 구절은 꿈에 시체를 보면 관직에 나아가 부패하게 된다는 말이 정말로 믿을 만한 옛말이라는 뜻이다.

(9) 五行(오행): 우주 만물을 이루는 水·火·金·木·土의 다섯 가지 요소. 이 다섯 가지 요소 가운데 하나가 각각 다른 요소를 이긴다는 설 즉, "물이 불을 이기고, 불이 쇠를 이기고, 쇠가 나무를 이기고, 나무가 흙을 이기고, 흙이 물을 이긴다(水剋火, 火剋金, 金剋木, 木剋土, 土剋水)"라는 설이 있는바 이것을 五行相剋說 또는 五行相勝說이라고 한다. 施元之의 《施注蘇詩》에 "〈珞琭子〉에 '인명 오행에서 나를 이기는 것이 관직이다'라는 말이 있다(〈珞琭子〉에 '人命五行, 剋我者爲官.')"라고 했다.

(10) 斯(사): '勝己'를 가리킨다.

(11) 官如草木(관여초목): 오행상극설에서 "나무가 흙을 이긴다(木剋土)"라고 했는데 〈珞琭子〉에 "인명 오행에서 나를 이기는 것이 관직이다(人命五行, 剋我者爲官)"라고 했기 때문에 관직을 초목에 비유하고 나를 흙에 비유한 것이다. 이 구절은 흙이 초목을 위해 자신의 자양분을 아낌없이 다 제공하는 것처럼 관직에 나아가면 자신을 버리고 관직 생활에 충실해야 한다는 말이다. 王文誥의 《蘇軾詩集》에 "오행에서 자기를 이긴다는 것은 초목이 흙을 이기는 것과 같으니 이것이 바로 관직이다. 아래 구절에서 스스로 위의 구절을 풀이했다(五行勝己, 猶草木之勝土, 此卽官也. 下句自釋上句)"라고 했다.

(12) 仕而未祿(사이미록): 관직에 임명될 예정이지만 아직까지 직책이 정해지지 않았고 따라서 봉록이 지급되지 않는다는 뜻이다. 《禮記·檀弓下》에 "벼슬길에 나아가고도 아직까지 봉록을 받지 못하는 사람은 임금에게 물건을 드릴 때 '바친다'라고 하며, 다른 나라에 사신으로 나갔을 때는 자기 임금을 '과군'이라고 한다(仕而未有禄者, 君有饋焉曰獻, 使焉曰寡君)"라고 했는데, 이에 대한 공영달의 疏에 "신하가 비록 벼슬길에 나아갔지만 아직까지 봉록을 받지 못하는 경우 임금에게 드릴 물건이 있거나 다른 나라에 사신으로 나갔을 때 부르는 호칭은 다 봉록을 받는 사람과 같다는 말이다(言臣雖仕未得禄, 而有物饋君及出使他國, 所稱則並與得禄者同也)"라고 했다. 또 《예기·왕제》에 "민간의 인재를 관직에 임명할 때에는 반드시 먼저 그 사람을 평가해야 한다. 재능과 인품을 평가한 뒤에 일을 시켜 보고, 일을 맡긴 뒤에 관직을 주며, 직위가 정해진 뒤에 봉록을 준다(凡官民材, 必先論之, 論辨然後使之, 任事然後爵之, 位定然後祿之)"라고 했다. 여기서는 벼슬길로 나아갔지만 아직까지 관직에 임명되지 않은 상태를 가리킨다.

(13) 賓客(빈객): 관직 발령 대기자를 가리킨다.

(14) 純臣(순신): 순수하고 사심이 없는 충신. 여기서는 정식 관리를 가리킨다.

(15) 爾汝(이여): 너나들이하다. 서로 너니 나니 하고 부르며 터놓고 지내다. 이상의 네 구절은 봉록을 받을 때까지는 아직 정식 관리가 아니지만 그래도 정식 관리와 마찬가지로 언행을 함부로 하지 말아야 한다는 말이다.

(16) 已(이): 단정적인 어기를 표시하는 조사.

(17) 得喪(득상): 得失. 이 연은 당시에는 진정한 선비가 별로 없어서 무엇이 진정으로 얻는 것이고 무엇이 진정으로 기뻐할 일인지를 제대로 아는 선비가 별로 없음을 한탄한 것이다.

(18) 草袍(초포): 풀빛 도포. 청색 도포를 가리킨다. 庾信의 〈哀江南賦〉에 "푸른 도포는 풀과 같고, 백마는 흰 명주 같다(青袍如草, 白馬如練)"라는 구절이 있고, 《宋史·輿服志五》에 "송나라는 당나라의 제도를 계승하여 삼품 이상은 보라색을 입고 오품 이상은 붉은색 옷을 입고 칠품 이상은 초록색 옷을 입고 구품 이상은 푸른색 옷을 입었다(宋因唐制, 三品以上服紫, 五品以上服朱, 七品以上服綠, 九品以上服青)"라고 한바, 여기서는 과거에 갓 급제한 사람의 관복을 가리킨다.

(19) 蘆箠(노추): 갈대로 만든 채찍.

(20) 嫵媚(무미): 듣기 좋은 말을 하다. 치켜세우다. 이 구절은 과거에 급제한 사람들이 듣기 좋은 말로 서로를 치켜세워 준다는 말이다.

(21) 曲江(곡강): 曲江池. 섬서성 西安 동남쪽에 있는 연못. 《太平寰宇記·雍州》에 "곡강지는 한나라 무제가 만든 것으로 의춘원이라고 명명했다. 그 물이 구불구불하여 광릉(지금의 강소성 揚州)의 장강과 비슷한 데가 있기 때문에 이렇게 부른 것이다(曲江池, 漢武帝所造, 名爲宜春苑. 其水曲折, 有似廣陵之江, 故名)"라고 했다. 당나라 때는 황제가 이곳에서 진사 급제자들을 위해 축하연을 벌여주었다.

(22) 船舫(선방): 배. 《唐摭言》에 "곡강의 정자에서 진사들이 연회를 벌일 때 식사가 끝나면 뱃놀이를 즐기는 것이 일반적인 상례였다(曲江亭子進士開宴, 旣撤饌, 則移樂泛舟, 率爲常例)"라고 했다.

(23) 月燈毬(월등구): 月燈閣에서의 공놀이. 《咸鎬故事》에 "2월이면 선남선녀들이 다 나와서 새로 뽑힌 진사들이 월등각에서 공놀이하는 모임을 구경했다(二月, 士女咸出, 觀新進士月燈閣打毬會)"라고 했다. 이 연은 관직에 나아가는 것을 죽음에 비유하여 결코 춤추고 노래 부를 일이 아니라고 한 것이다.

(24) 東野(동야): 唐나라 시인 孟郊의 字. 《竹坡詩話》에 "내가 일찍이 맹동야의 시 〈下第〉를 읽었더니 '해마다 버림받고 버림받으니, 마음이 칼날에 베인 듯하네'라고 했는데 급제하고 나서는 '봄바람에 뜻 이루니 말발굽도 날렵하여, 하루 만에 장안 꽃을 다 구경했네'라고 했다. 급제하느냐 못하느냐에 따라 기뻐하고 근심하는 것이 이런 지경에 이르렀다(余嘗讀孟東野〈下第〉詩云: '棄置復棄置, 情如刀劍傷.' 及登第, 則自謂: '春風得意馬蹄疾, 一日看盡長安花.' 一第之得失, 喜憂至於如此)"라고 했다.

(25) 餘子(여자): 나머지 사람. 과거에 급제한 다른 사람을 가리킨다.

(26) 二生(이생): 유발과 진관을 가리킨다.

(27) 豪逸(호일): 성격이 호방하고 재주가 뛰어난 사람.

(28) 軒冕(헌면): 초헌과 면류관. 옛날에 대부 이상의 고위 관리들이 타던 수레와 그들이 머리에 쓰던 冠. 관직을 가리킨다.

(29) 發棺(발관): 관을 움직이다.

(30) 塗車(도거): 진흙으로 만든 모형 수레. 장사 지낼 때 무덤 속에 함께 묻어 주던 부장품의 일종이다. 《禮記·檀弓下》에 "도거와 추령은 옛날부터 있었으니 副葬의 예법이다(塗車·芻靈, 自古有之, 明器之道也)"라고 했다.

(31) 芻靈(추령): 풀을 묶어서 만든 사람이나 말의 형상. 주 (30) 참조.

(32) 假設(가설): 虛構.

(33) 著眼(착안): 착안하다. 주목하다.

(34) 時來(시래): 때가 오다. 《新唐書·張嘉貞傳》에 "재상이란 때가 오면 되는 것이지만 오랫동안 보유할 수 있는 것은 아니오(宰相, 時來則爲, 非可長保)"라고 했다.

(35) 進隱(진은): 수수께끼를 진언하다.

(36) 伍擧(오거): 춘추시대 초나라 사람. 초나라 莊王은 즉위한 지 3년이 지나도록 국사는 돌보지 않고 밤낮으로 쾌락만 추구하면서 감히 간언을 올리는 사람이 있으면 사형에 처할 것이라고 엄명을 내렸다. 伍擧가 들어가서 "제가 수수께끼를 하나 내겠습니다. 산속에 새가 한 마리 있는데 3년 동안 날지도 않고 울지도 않았다면 이것은 무슨 새겠습니까?"라고 하자 장왕이 "3년 동안 날지 않았으니 날게 되면 하늘 높이 올라가겠고, 3년 동안 울지 않았으니 울게 되면 사람을 놀라게 하겠네. 알았으니 그만 물러가라"라고 했다. 몇 달이 지나자 장왕은 더욱 황음무도해졌다.(《史記·楚世家》 참조)

0838. 金山[(1)]夢中作

금산에서 꿈속에

江東賈客木綿裘,[(2)(3)] 무명 갖옷 차려입은 강동 땅의 장사꾼들
會散金山月滿樓.[(4)] 달밤에 금산의 누각에서 만나고 헤어진다.
夜半潮來風又熟,[(5)] 조수가 밀려오고 바람도 따스한 밤중이면
臥吹簫管到揚州.[(6)(7)] 누워서 퉁소 불어 양주까지 보낸다.

[해설]

금산에서 꿈속에 그곳 상인들의 독특한 옷차림과 생활상을 보고 지은 것이다.

[주석]

(1) 金山(금산): 강소성 鎭江에 있는 산.
(2) 江東(강동): 長江의 동부. 안휘성 蕪湖에서 강소성 南京 사이의 구간에서 장강이 북북동 방향으로 흐르기 때문에 그 이하의 지역을 강동이라고 한다.
(3) 木綿裘(목면구): 무명으로 지은 두꺼운 방한복을 갖옷에 비유한 것이다.
(4) 月滿樓(월만루): 달빛이 가득한 누각.
(5) 熟(숙): 부드럽다. 바람이 거세지도 않고 방향도 일정하여 안정적이라는 말이다.
(6) 簫管(소관): 퉁소와 피리. 관악기를 가리킨다.
(7) 揚州(양주): 지금의 강소성 양주. 長江을 사이에 두고 금산과 마주하고 있다.

0839. 次韻周穜[(1)]惠石銚[(2)]

주동이 도자기 탕관을 주면서 지은 시에 차운하여

銅腥鐵澀不宜泉,[(3)]	구리는 비리고 쇠는 떫어 샘물과 안 어울리고
愛此蒼然深且寬.	고색창연한 데다 깊고 넓은 이게 좋나니
蟹眼翻波湯已作,[(4)]	게눈이 파도에 뒤집히며 물이 이미 끓어도
龍頭拒火柄猶寒.[(5)]	용머리가 불을 막아 자루가 아직 차리.
薑新鹽少茶初熟,[(6)]	신선한 생강과 소금 좀 넣고 차가 끓기 시작하면
水漬雲蒸蘚未乾.[(7)(8)(9)]	찻물이 증발해도 이끼 아직 안 마르리.
自古函牛多折足,[(10)(11)]	자고로 소가 들어가는 솥은 다리가 자주 부러졌나니
要知無脚是輕安.[(12)]	다리가 없는 것이 안정적인 줄 알아야 하리.

[해설]

주동이라는 사람이 도자기 차 탕관을 하나 주면서 지어 준 시에 차운한 것이다.

[주석]

(1) 周穜(주동): 施元之의 《施注蘇詩》에 "주동은 자가 인숙이며 어사 주질의 동생이다. 소동파가 운주 교수로 천거한 적이 있다(周穜, 字仁熟, 御史秩之弟. 東坡曾擧充鄆州敎授)"라고 했다.

(2) 石銚(석요): 陶製 湯罐. 차를 끓일 때 쓰는 도자기 탕관을 가리킨다.

(3) 銅腥鐵澀(동성철삽): 구리나 쇠로 만든 차 끓이는 탕관에서 역겨운 금속 냄새가 나는 현상을 가리킨다. 이 연은 도자기 차 탕관이 잡내가 안 나서 좋다는 말이다.

(4) 蟹眼(해안): 찻물이 끓을 때 생기는 게의 눈알만큼 큰 공기 방울을 가리킨다. 蔡襄의 《茶錄》에 "물이 끓는 정도를 관찰하는 것이 가장 어려운바 물이 덜 끓으면 거품이 뜨고 지나치게 많이 끓으면 차가 가라앉는다. 예전에 게눈이라고 하던 것은 지나치게 많이 끓은 물이다(候湯最難, 未熟則沫浮, 過熟則茶沈. 前世謂之蟹眼者, 過熟湯也)"라고 했다.

(5) 龍頭(용두): 용 머리 모양으로 만든 도자기 차 탕관의 자루를 가리킨다. 《禮記·明堂位》의 "하후씨 때에는 용 머리를 조각한 구기를 썼다(夏后氏以龍勺)"라는 말에서 비롯되어 '龍頭'는 흔히 자루에 용 머리가 새겨진 술구기를 가리킨다. 이 연은 도자기 차 탕관의 자루가 뜨겁지 않아서 들기 좋다는 말이다.

(6) 薑新鹽少(강신염소): 차를 끓일 때 함께 넣는 생강이 신선하고 소금이 적다는 말이다. 陸羽의 《茶經》에 "파·생강·대추·귤껍질·수유·박하 등을 넣고 끓이는 경우도 있다.……다 아주 맛이 좋다(或有用葱·薑·棗·橘皮·茱萸·薄荷等煮之.……皆有至味)"라고 했다.

(7) 水漬(수지): 찻잎이 잠겨 있는 찻물, 즉 찻잎과 찻물의 혼합체를 가리키는 것으로 보인다.

(8) 雲蒸(운증): 구름처럼 증발하다.

(9) 蘚(선): 이끼. 차 탕관에 묻어 있는 파르스름한 찻잎 자국을 가리키는 것으로 보인다. 이 연은 도자기 차 탕관이 천천히 가열되고 천천히 식어서 좋다는 말이다.

(10) 函牛(함우): 소 한 마리가 들어간다는 뜻으로 커다란 가마솥을 가리킨다. 《淮南子·詮言訓》에 "소 한 마리가 들어갈 만큼 커다란 가마솥이 끓으면 파리와 모기는 감히 들어가지 못한다(夫函牛之鼎沸, 而蠅蚋弗敢入)"라는 말이 있다.

(11) 折足(절족): 다리가 부러지다. 《易經·鼎》에 "솥이 다리가 부러져서 공의 성찬이 엎질러지니 그 모양이 더러워져서 흉하다(鼎折足, 覆公餗, 其形渥, 凶)"라고 했다.

(12) 輕安(경안): 날렵하고 안정되다. 이 연은 크다고 다 좋은 것이 아니고 때로는 작은 것이 더 좋다는 말이다.

0840. 贈潘谷[(1)]

반곡에게

潘郎曉踏河陽春,[(2)(3)] 반랑이 새벽에 하양의 봄빛을 밟고 다니면
明珠白璧驚市人.[(4)] 빛나는 진주와 하얀 옥이 길 가는 사람을 놀라게 했으나
那知望拜馬蹄下,[(5)] 어찌 알았으리 말발굽 밑에서 멀리 보며 절하느라
胸中一斛泥與塵. 가슴에 흙과 먼지가 한 섬이나 쌓인 줄을?
何似墨潘穿破褐,[(6)(7)] 그러니 해진 갈옷 입은 먹장이 반씨가
琅琅翠餅敲玄笏.[(8)(9)(10)] 낭랑하게 푸른 덩이가 검은 홀을 두드리고
布衫漆黑手如龜,[(11)] 새까만 베적삼에 손은 거북등 같아도
未害冰壺貯秋月.[(12)] 얼음 병에 가을 달 담는 건 안 해친 것과 어찌 같으리?
世人重耳輕目前,[(13)(14)] 세인들은 귀를 중시하고 눈앞의 것은 경시하여
區區張李爭媸妍.[(15)(16)(17)] 시시콜콜 장씨와 이씨의 우열이나 다투니
一朝入海尋李白,[(18)] 어느 날 갑자기 이백을 찾아 바닷가로 들어가 버리면
空看人間畫墨仙.[(19)(20)] 세상에선 묵선을 그린 것이나 보겠네.

[해설]

먹을 만들면서 세속적인 욕심이 없이 초연하게 살아가는 반곡이라는 사람의 인품을 칭송한 것이다.

[주석]

(1) 潘谷(반곡): 북송 때의 먹의 명인. 소식의 〈書潘谷墨〉에 "먹을 파는 사람인 반곡은 내가 잘 모르는 사람이지만 그가 하는 짓에 대해서 이야기를 들어 보니 시정배가 아니었다. 그의 먹은 물건이 정묘할 뿐만 아니라 가격 또한 한결같다. 선비가 어쩌다가 돈을 안 가지고 와서 먹을 달라고 해도 많고 적음을 따지지 않고 주었다. 이것이 어찌 까닭 없이 그런 것이겠는가? 나는 일찍이 그에게 '어느 날 갑자기 이백을 찾아 바닷가로 들어가 버리면, 세상에선 묵선을 그린 것이나 보겠네'라는 시를 지어 준 적이 있다. 하루는 갑자기 돈을 안 받고 먹을 준 외상 문서를 끄집어내어서 태워 버리고 3일 동안 연달아 술을 마신 뒤 미쳐서 날뛰다가 마침내 우물에 빠져서 죽었다. 사람들이 내려다보았더니 아마도 우물 안에서 가부좌를 튼 채 손에 염주를 들고 있는 듯했다. 장원명을 만났더니 이와 같이 말했다(賣墨者潘谷, 余不識其人, 然聞其所爲, 非市井人也. 墨既精妙而價不二. 士或不持錢求墨, 不計多少與之. 此豈徒然者哉? 余嘗與詩云: '一朝入海尋李白, 空看人間畫墨仙.' 一日, 忽取欠墨錢券焚之, 飲酒三日, 發狂浪走, 遂赴井死. 人下視之, 蓋趺坐井中, 手尙持數珠也. 見張元明, 言如此)"라고 했다.

(2) 潘郎(반랑): 西晉 문학가 潘岳을 가리킨다. 그는 미모가 출중하여 젊을 때 악기를 들고 洛陽의 거리로 나가면 여인들이 그를 에워싸고 과일을 던져 주어 수레에 가득 싣고 돌아가곤 했다.(《진서·반악전》 참조)

(3) 河陽(하양): 지금의 하남성 孟州. 반악은 하양현령을 역임했다.

(4) 明珠白璧(명주백벽): 빛나는 진주와 새하얀 옥이라는 뜻으로 반악의 희고 맑은 얼굴을 가리킨다.

(5) 望拜(망배): 멀리 바라보면서 절하다. 반악은 세속적인 명리를 추구하느라 賈謐에게 아부했다. 그는 石崇과 함께 가밀이 나오기를 기다리고 있다가 가밀이 지나간 뒤에 먼지를 바라보며 절했다.(《진서·반악전》 참조)

(6) 墨潘(묵반): 먹장이 반씨라는 뜻으로 반곡을 가리킨다.

(7) 褐(갈): 갈옷. 거친 삼베나 짐승의 털로 지은 옷. 빈천한 사람의 옷을 가리킨다.

(8) 琅琅(낭랑): 낭랑하다. 옥이 서로 부딪쳐서 울리는 소리를 형용하는 말이다.

(9) 翠餅(취병): 떡처럼 생긴 검푸른 물건이라는 뜻으로 먹의 별칭이다.

(10) 玄笏(현홀): 검은 홀이라는 뜻으로 역시 먹을 가리킨다. 홀은 신하가 군주를 배알할 때 들던 길쭉하고 납작한 물건인데 송나라 때는 '笏'을 먹을 세는 단위 명사로 사용했기 때문에 먹을 '玄笏'이라고 했다. 이 구절은 반곡이 여러 가지 먹을 상자에 넣어서 메고 다니면 먹들이 서로 부딪쳐서 낭랑한 소리를 냈다는 말이다.

(11) 手如龜(수여귀): 손이 거북이 같다. 손등이 거칠어져서 거북이의 등처럼 쩍쩍 갈려져 있다는 말이다.

(12) 冰壺(빙호): 얼음처럼 깨끗한 옥으로 만든 병. 이 구절은 반곡이 늘 맑고 깨끗한 인품을 지니고 욕심 없이 산다는 말이다.

(13) 重耳(중이): 귀를 중시하다. 직접 보지 못하고 소문으로 들은 것, 즉 李庭珪와 張遇의 먹을 중

시한다는 말이다.

(14) 目前(목전): 눈앞에 있어서 자기 눈으로 직접 본 것, 즉 반곡의 먹을 가리킨다.

(15) 區區(구구): 잗다랗다. 자질구레하다.

(16) 張李(장리): 송나라 때의 유명한 먹장이인 장우와 이정규를 가리킨다. 蔡襄의《墨說》에 "역수 사람 이초는 이정규와 이정관을 낳고 이정관은 이승안을 낳고 이승안은 이문용을 낳았는데 모두 강남의 먹 제조관 자리를 계승했다. 또 장우가 있는데 이정규에 버금간다(易水李超生庭珪·庭寬, 庭寬生承晏, 承晏生文用, 皆嗣爲江南墨官. 又有張遇, 亞庭珪焉)"라고 했다.

(17) 媸妍(치연): 좋고 나쁨. 먹의 품질을 가리킨다.

(18) 李白(이백): 당나라 때의 시인. 杜甫가 관직을 그만두고 浙江 동쪽의 會稽(지금의 절강성 紹興)로 돌아가서 노닐려는 孔巢父를 전송하면서 아울러 그곳에 있는 이백에게 안부를 전한 시 〈送孔巢父謝病歸遊江東兼呈李白〉에 "소보는 고개 저으며 머무르려 하지 않고, 동쪽으로 바닷가에 들어가 안개를 좇으려 하네.……남쪽으로 우혈을 찾아가 이백을 만나거든, 두보가 안부 묻더라 말해 주시오(巢父掉頭不肯住, 東將入海隨煙霧.……南尋禹穴見李白, 道甫問訊今何如)"라는 구절이 있다. 이 구절은 반곡이 속세를 떠나 은둔한다는 말이다.

(19) 人間(인간): 이 세상. 속세.

(20) 墨仙(묵선): 먹을 만드는 신선이라는 뜻으로 흔히 반곡을 가리킨다. 王十朋의《百家註分類東坡先生詩》에 "선생이 이 시를 지은 뒤에 반곡이 일로 인해 우물에 빠져 죽자 사람들이 이 시가 예언한 것이라고 여겼다(先生旣作此詩後, 潘谷因事落井而死, 人以爲此詩讖)"라고 했다.

0841. 蒜山[1]松林中可卜居[2], 余欲僦其地, 地屬金山[3], 故作詩與金山元長老[4]

산산의 소나무 숲속은 집터를 잡아 은거할 만한 곳이라 내가 그 땅을 세내려고 하는데 그 땅이 금산에 속하는지라 시를 지어서 금산의 원장로에게 드린다

魏王大瓠無人識,[5]	위왕의 큰 박을 아는 사람 없었나니
種成何翅實五石.[6][7][8][9]	심어서 키우면 어찌 다섯 섬들이만 열렸으리?
不辭破作兩大樽,[10]	그걸 쪼개 요주 두 개 만드는 걸 불사하면
只憂水淺江湖窄.	물이 얕고 강호가 좁을까 그것만이 걱정이리.
我材濩落本無用,[11]	내 재주는 허무하여 본래 쓸데없었거늘
虛名驚世終何益.	허명이 세상을 놀라게 한들 끝내 무슨 보탬이 되리?
東方先生好自譽,[12]	동방선생은 자화자찬하기를 좋아하여
孟賁子路幷爲一.[13][14]	맹분과 자로를 한 몸에 지녔다 했고
杜陵布衣老且愚,[15]	두릉의 베옷짜리는 늙고 우둔하면서
信口自比契與稷.[16][17][18]	멋대로 자신을 설과 후직에 비견했네.
暮年欲學柳下惠,[19]	만년에 유하혜를 배우고자 하건만
嗜好酸鹹不相入.[20][21]	맛에 대한 기호가 서로 들어맞지 않네.
金山也是不羈人,[22]	금산에 사는 분도 매이지 않는 사람인데
早歲聞名晚相得.[23]	일찍 명성 들었지만 만년에야 투합했네.
我醉而嬉欲仙去,[24]	내가 취해 장난으로 신선 되어 떠나는 몸짓을 하니
傍人笑倒山謂實.[25]	옆 사람이 우스워 죽으며 산이 현실적이라 하기에
問我此生何所歸,	내가 금생에 어디로 귀의할지 물으니

笑指浮休百年宅.(26)(27)	웃으면서 부생 백 년에 살 택지를 가리켰나니
蒜山幸有閑田地,	산산에 다행히도 노는 땅이 있어서
招此無家一房客.	집은 없고 방 하나 있는 이 사람을 부르네.

[해설]

강소성 진강의 산산을 임차하여 은거할 생각으로 그 땅을 관리하는 금산사의 요원선사에게 허락을 구하기 위하여 지은 것이다.

[주석]

(1) 蒜山(산산): 강소성 鎭江에 있는 산. 算山이라고도 한다.

(2) 卜居(복거): 살 만한 곳을 가려서 정하다.

(3) 金山(금산): 강소성 진강에 있는 산. 금산사를 가리킨다.

(4) 元長老(원장로): 了元禪師를 가리킨다. 〈以玉帶施元長老, 元以衲裙相報, 次韻二首〉(0833) 주 (1) 참조.

(5) 魏王大瓠(위왕대호): 위왕이 惠子에게 준 큰 박. 《莊子·逍遙遊》에 "혜자가 장자에게 '위왕이 나에게 큰 박의 씨앗을 주기에 심어서 길렀더니 다섯 섬들이 열매가 맺혔소. 여기에 물이나 음료를 넣어 보니 너무 물렁물렁해서 들 수가 없고, 쪼개어서 바가지를 만들었더니 평퍼짐하고 납작해서 담을 것이 없었소. 덩그러니 크지 않은 것은 아니지만 나는 그것이 쓸모없다고 생각하여 부숴버렸소'라고 하자 장자가 '그대는 참으로 큰 것을 쓰는 데 서툴군요.……지금 그대가 다섯 섬들이 박을 가지고 있다면 어찌하여 그것을 腰舟로 삼아 강호에 떠다닐 생각을 하지 않고, 그것이 평퍼짐하고 납작해서 담을 것이 없다고 걱정하시오? 그러니 그대는 아직도 蓬心을 지니고 있는 것이라오!'라고 했다(惠子謂莊子曰: '魏王貽我大瓠之種, 我樹之, 成而實五石. 以盛水漿, 其堅不能自擧也; 剖之以爲瓢, 則瓠落無所容. 非不呺然大也, 吾爲其無用而掊之.' 莊子曰: '夫子固拙於用大矣.……今子有五石之瓠, 何不慮以爲大樽而浮乎江湖, 而憂其瓠落無所容?' 則夫子猶有蓬之心也夫!.')"라는 말이 있다.

(6) 種成(종성): 심어서 기르다.

(7) 何翅(하시): 어찌 ~일 뿐이겠는가. '何啻'와 같다.

(8) 實(실): 열매를 맺다.

(9) 五石(오석): 다섯 섬들이 박을 가리킨다.

(10) 大樽(대준): 강을 건널 때 물에 빠지지 않도록 허리에 차는 술 그릇 모양의 박. '腰舟'라고도 한다. 주 (5) 참조.

(11) 濩落(호락): 휑하다. 텅텅 비다.

(12) 東方先生(동방선생): 한나라 사람 東方朔을 가리킨다.

(13) 孟賁(맹분): 전국시대의 용사. 孔凡禮가 교감한 王文誥의 《蘇軾詩集》에 '伯夷'로 고쳐 놓은 뒤 〈校勘記〉에서 "원본에는 '맹분'으로 되어 있다(原作'孟賁')"라고 했고, 施元之의 《施注蘇詩》에는 또 《한서·동방삭전》을 인용하여 "처음 와서 상소문을 올렸는데 문사가 공손하지 못하고 자신을 높이 칭송했다. 황제가 동방삭에게 '선생이 보기에 짐은 어떤 군주인 것 같소?' 하고 묻자 동방삭이 '폐하께서는 공덕이 오제보다 높고 삼왕보다 낫습니다. 천하의 현명한 인재를 얻어 공경이 제자리에 있게 되면 온 백성의 지지를 얻을 것이니 비유하자면 子路를 집금오로 삼고 백이를 京兆尹으로 삼는 것과 같을 것입니다'라고 했다(初來上書, 文辭不遜, 高自稱譽. 上嘗問朔曰: '先生視朕何如主?' 朔曰: '陛下功德陳五帝之上, 在三王之右. 誠得天下賢士, 公卿在位, 咸得其人, 譬若以季路爲執金吾, 伯夷爲京兆.')"라고 했는데, 이것은 동방삭이 자신을 자로나 백이와 같다고 자화자찬한 말이라고 보기 어렵다. 《한서·동방삭전》에 한나라 무제가 천하의 인재를 찾자 동방삭이 상소문을 올려서 자신은 자로를 존경하고 孟賁처럼 용감하다고 자화자찬했다는 기록이 있으므로 '伯夷'보다 '孟賁'이 더 타당해 보인다.

(14) 子路(자로): 孔子의 제자. 남달리 용맹스러운 사람이었다.

(15) 杜陵布衣(두릉포의): 두릉의 베옷 입은 평민이라는 뜻으로 杜甫를 가리킨다.

(16) 信口(신구): 입에서 나오는 대로 말하다.

(17) 契(설): 순임금의 賢臣. 禹를 도와 치수하는 데 공을 세웠다. 두보의 시 〈自京赴奉先縣詠懷五百字〉에 "두릉 땅에 베옷 입은 사람 있는데, 늙을수록 생각이 소박해지네. 얼마나 어리석게 자부했던가? 넌지시 후직과 설에 비견하였네(杜陵有布衣, 老大意轉拙. 許身一何愚, 竊比稷與契)"라는 구절이 있다.

(18) 稷(직): 주나라의 선조인 后稷을 가리킨다. 이상의 네 구절은 자신이 동방삭이나 두보처럼 자신의 능력을 믿고 청운의 뜻을 품은 어리석은 사람이었다는 말이다.

(19) 柳下惠(유하혜): 춘추시대 魯나라의 대부. 《論語·微子》에 "유하혜는 사사가 되었다가 세 번이나 쫓겨났다. 사람들이 '당신은 여기를 떠나 버릴 수 없었습니까?'라고 하자 '도를 바르게 하여 남을 섬긴다면 어디에 간들 세 번 쫓겨나지 않겠소? 도를 굽혀서 남을 섬길 양이면 어찌 부모의 나라를 떠날 필요가 있겠소?'라고 했다(柳下惠爲士師, 三黜. 人曰: '子未可以去乎?' 曰: '直道而事人, 焉往而不三黜? 枉道而事人, 何必去父母之邦?')"라는 일화가 있다.

(20) 酸鹹(산함): 시고 짜다. 이 연은 만년에 유하혜처럼 의연하게 살려고 하는데 취향이 달라서 세상과 조화를 이루기 어려울 것이라는 말이다.

(21) 相入(상입): 서로 잘 들어맞다.

(22) 金山(금산): 금산에 사는 요원선사를 가리킨다.

(23) 相得(상득): 서로 의기가 투합하다.

(24) 嬉(희): 장난하다. 이 구절은 소식이 취기를 빌려 신선이 되어 승천하는 몸짓을 한 것을 가리키는 것으로 보인다.

(25) 山謂實(산위실): 산을 두고 실현 가능성이 있는 대안이라고 말한다는 뜻으로, 신선이 되어 승천하는 것은 현실성이 없는 일이고 산속에 은거하는 것이 현실적으로 가능한 일이라는 말이다.

(26) 浮休(부휴): 떠돌아다니다가 쉰다는 뜻으로, 살다가 죽는 것 즉 사람의 일생을 가리킨다. 《莊子·刻意》에 "그의 삶은 물 위에 떠 있는 것과 같고 그의 죽음은 쉬는 것과 같다(其生若浮, 其死若休)"라고 했다.

(27) 百年宅(백년택): 이 세상에 살아 있을 동안 머물 택지라는 뜻으로 산산 소나무 숲속의 空閑地를 가리킨다.

0842. 蘇子容[1]母陳夫人[2]挽詞[3]

소자용의 모친 진부인을 애도하는 만사

蘇陳甥舅眞冰玉,[4][5]	소씨 사위 진씨 장인 참으로 빙옥이라
正始風流起頹俗.[6][7][8]	정시의 기풍으로 쇠퇴한 풍속을 일으켰네.
夫人高節稱其家,	진부인의 높은 절개는 그 집안에 잘 어울려
凜凜寒松映修竹.[9]	늠름한 솔이 우뚝한 대를 마주하는 격이었네.
雞鳴爲善日日新,[10]	닭이 울면 선한 일로 날마다 새로워져
八十三年如一晨.	여든세 해 한평생이 하루아침 같았네.
豈惟家室宜壽母,	어찌 집안이 어머니를 장수하기 좋게 했을 뿐이리?
實與朝廷生異人.[11]	사실은 어머니도 조정에 이인을 낳아 줬네.
忘軀徇國乃吾子,[12][13]	자신을 잊고 나라에 몸 바친 이는 바로 그대
三仕何曾知慍喜.[14]	벼슬을 세 번 하는 동안 성내거나 기뻐할 줄 몰랐네.
不須擁笏强垂魚,[15][16]	홀을 들거나 억지로 물고기를 찰 것 없나니
我視去來皆夢爾.[17]	내가 보기에 오고 가는 게 모두 꿈일 따름이네.
誦詩相挽眞區區,[18]	시를 읊어 애도하는 건 참으로 빠듯하나니
墓碑千字多遺餘.	묘비를 천 자 지어도 못다 한 말이 많겠네.
他年太史取家傳,[19][20]	언젠가 사관이 이 집안의 전기를 짓는다면
知有班昭續漢書.[21][22]	반소가《한서》를 이어 쓴 일이 있는 까닭을 알 것이네.

[해설]

소송의 모친인 진부인이 죽었을 때 그녀를 애도하여 지은 만사이다.

[주석]

(1) 子容(자용): 蘇頌의 字. 南安(지금의 복건성 남안현) 사람인데 부친 蘇紳을 丹陽(지금의 강소성 鎭江)에 장사했기 때문에 그곳에 거주했다. 婺州知州·吏部侍郎·刑部尙書·尙書左丞 등의 관직을 역임하고 僕射에 임명되었으나 사양하고 中太一宮의 宮使로서 京口(지금의 강소성 진강)에 거주했다. 휘종 때 趙郡公에 봉해졌다.(《宋史·蘇頌傳》 참조)

(2) 陳夫人(진부인): 《續資治通鑑長編·元豊三年十二月》에 "중대부인 집현원학사 소송이 창주지주가 되었는데 소송이 들어가 사양하며 모친이 연로하여 추위를 두려워하기 때문에 봄이 되어야 길에 오를 수 있다고 하자 황제가 '경의 모친은 어떤 사람인가?' 하고 물었다. 소송이 '용도각직학사 진종이의 딸입니다' 하고 대답했다(中大夫集賢院學士蘇頌知滄州. 頌入辭, 因言母老畏寒須春上道, 上曰: '卿母誰氏?' 頌曰: '龍圖閣直學士陳從易女.')"라고 했다.

(3) 挽詞(만사): 죽은 사람을 애도하는 글.

(4) 蘇陳甥舅(소진생구): 사위인 소신과 장인인 진종이를 가리킨다.

(5) 冰玉(빙옥): 얼음과 옥. 고상하고 결백한 인품을 비유한다.

(6) 正始(정시): 삼국시대 위나라의 연호(240-248). 당시 노장사상을 바탕으로 하는 玄學이 사상계와 문단을 지배하여 강개하고 비장한 建安風骨이 차츰 고답적이고 난해한 淸談의 기풍으로 변해갔다.

(7) 風流(풍류): 遺風. 옛날 사람이 남긴 기풍.

(8) 頹俗(퇴속): 쇠퇴한 풍속.

(9) 寒松(한송): 날씨가 추워도 꿋꿋한 소나무.

(10) 雞鳴(계명): 날이 샌다는 뜻이다.

(11) 異人(이인): 기이한 재주를 지닌 사람. 이 구절은 진부인이 소송처럼 훌륭한 인재를 낳아서 조정에 기여했다는 말이다.

(12) 徇國(순국): 나라를 위해 몸을 바치다. '殉國'과 같다.

(13) 吾子(오자): 그대. 상대방에 대한 경칭. 소송을 가리킨다.

(14) 三仕(삼사): 세 번 벼슬에 나아갔다가 세 번 물러난 것을 가리킨다. 《論語·公冶長》에 "영윤 자문은 세 번이나 벼슬에 나아가 영윤이 되었으되 얼굴에 희색을 띠지 않았고, 세 번이나 그 것을 그만두었으되 성난 기색이 없었습니다(令尹子文, 三仕爲令尹, 無喜色, 三已之, 無慍色)"라는 말이 있다. 이 연은 소송이 관직에 대해서 매우 초연했다는 말이다.

(15) 笏(홀): 신하가 임금을 만날 때 손에 들던 납작하고 길쭉한 물건.

(16) 魚(어): 5품 이상의 관리가 직급에 따라 차던 금·은·동으로 만든 물고기 모양의 장식품. 이 구

절은 군이 벼슬을 할 필요가 없다는 말이다.

(17) 去來(거래): 관직에 나아가는 것과 관직에서 물러나는 것을 가리킨다. 이 연은 소송이 관직에 대해 초연한 것을 격려하고 칭송한 것이다.

(18) 區區(구구): 구속받다. 편폭상의 제약을 받는다는 말이다.

(19) 太史(태사): 史官.

(20) 家傳(가전): 소송 집안의 내력을 기록한 글을 가리킨다.

(21) 班昭(반소): 後漢 사람 班固의 누이동생. 반고의 뒤를 이어 반고가 못다 쓴 《漢書》를 완성했다.

(22) 漢書(한서): 한나라의 역사를 기록한 책. 이 연은 소송 집안의 내력과 공적은 한 사람이 다 기록하기 힘들 정도로 많은 시간이 소요된다는 뜻으로 그의 집안을 극구 칭송한 것이다.

0843. 王中甫[1]哀辭[2]並敍

왕중보 애사와 그 서문

仁宗[3]朝以制策[4]登科者十五人, 軾忝冒[5]時, 尙有富彦國[6]·張安道[7]·錢子飛[8]·吳長文[9]·夏公酉[10]·陳令擧[11]·錢醇老[12], 幷王中甫與家弟轍, 九人存焉. 其後十有五年, 哭中甫於密州[13], 作詩弔之, 則子飛·長文·令擧歿矣. 又八年, 軾自黃州[14]量移[15]汝海[16], 與中甫之子沇之[17]相遇於京口[18], 相持而泣, 則十五人者, 獨三人存耳, 蓋安道及軾與家弟而已. 嗚呼悲夫! 乃復次前韻[19], 以遺沇之, 時沇之亦以辠謫[20]家於錢塘[21]云.(인종조에 제책으로 과거에 급제한 사람이 열다섯 명 있었는데 내가 급제할 때에는 아직도 부언국·장안도·전자비·오장문·하공유·진영거·전순로 및 왕중보와 내 동생 소철 등 아홉 명이 생존해 있었다. 그로부터 15년 뒤에 밀주에서 왕중보의 영전에 통곡하며 시를 지어 애도했거니와 이때는 전자비·오장문·진영거도 죽고 없었다. 다시 8년이 지나 내가 황주에서 여주로 옮겨 갈 때 경구에서 왕중보의 아들 왕연지와 상봉하여 서로 붙잡고 울었거니와 열다섯 사람 중에서 오로지 장안도·나 그리고 내 동생 등 세 사람만 남았다. 아아 슬프도다! 이에 다시 앞의 시에 차운하여 왕연지에게 주나니 당시 왕연지도 죄를 지어서 전당에 폄적되어 살고 있었다.)

生芻不獨比前人,[22]	싱싱한 꼴을 받은 것이 전인에 비견될 뿐 아니라
束藁端能廢謝鯤.[23][24][25]	짚단으로 누명을 썼을 때도 실로 사곤을 능가했네.
子達想無身後念,[26]	그대는 이렇게 앞이 뚫려 사후의 걱정이 없을 것 같은데
吾衰不復夢中論.[27]	나는 노쇠하여 다시는 꿈속에 얘기하지 않는다네.
已知毅豹爲均死,[28][29]	장의와 선표가 다 죽을 줄은 이미 알고 있지만
未識荊凡定孰存.[30][31]	형나라와 범나라 중에 도대체 누가 생존할지는 모르네.
堪笑東坡癡鈍老,[32][33]	우습게도 동파에 있던 어리석고 둔한 늙은이는
區區猶記刻舟痕.[34][35]	바보같이 아직까지 배에 새긴 흔적이나 기억하네.

[해설]

경구에서 제과 급제 동기인 왕개의 아들 왕연지를 만나 그에게 지어 준 왕개에 대한 애사이다.

[주석]

(1) 中甫(중보): 王介의 字. 소식 형제와 함께 가우 6년(1061)의 制科에 급제했다. 施元之의 《施注蘇詩》에 "왕중보는 이름이 개이고 삼구 사람인데 저작좌랑으로서 가우 6년의 직언극간과에 급제했으니 소동파는 3등급이고 중보는 4등급이었다(王中甫, 名介, 三衢人. 以著作佐郎中嘉祐六年直言極諫科, 東坡入三等, 中甫四等)"라고 했다. 그해의 제과에는 4명이 응시하여 3명이 급제했는데 소식이 3등급이고 왕개와 소철이 4등급이었다. 〈同年王中甫挽詞〉(0449) 주 (2) 참조.

(2) 哀辭(애사): 문체 이름. 원래 젊어서 죽은 사람을 애도하는 데 썼으나 나중에는 장수하고 죽은 사람을 애도하는 데에도 썼다. 주로 운문 형식을 취했다.

(3) 仁宗(인종): 북송 제4대 황제. 1022-1063년 재위.

(4) 制策(제책): 황제가 策(죽간이나 목간 따위를 엮은 것)에다 중대사를 적어서 신하에게 묻던 일. 나중에는 制科라는 과거 시험의 한 과목이 생겼다.

(5) 忝冒(첨모): 인원수를 채우다. 자신이 급제한 것을 겸손하게 말한 것이다.

(6) 彦國(언국): 富弼의 字.

(7) 安道(안도): 張方平의 字.

(8) 子飛(자비): 錢明逸의 字.

(9) 長文(장문): 吳奎의 字.

(10) 公酉(공유): 夏噩의 字.

(11) 令擧(영거): 陳舜俞의 字.

(12) 醇老(순로): 錢藻의 字.

(13) 密州(밀주): 지금의 산동성 諸城.

(14) 黃州(황주): 지금의 호북성 黃岡市 黃州區.

(15) 量移(양이): 헤아려서 옮기다. 주로 멀리 폄적된 죄인의 정상을 참작하여 폄적지를 가까운 곳으로 옮겨 주는 것을 가리킨다.

(16) 汝海(여해): 汝水의 별칭. 여수에 임해 있는 汝州를 가리킨다.

(17) 沇之(연지): 왕개의 아들. 《續資治通鑑長編·元豐二年十一月》에 "국자감직강·영주단련추관 왕연지를 제명하라는 어명이 내렸다.……왕연지는 태학생 장공필의 뇌물수수 사건에 연좌되었다(詔國子監直講·潁州團練推官王沇之除名.……沇之坐受太學生章公弼賂)"라고 했다.

(18) 京口(경구): 지금의 강소성 鎭江.

(19) 前韻(전운): 〈同年王中甫挽詞〉(0449)의 韻字를 가리킨다.

(20) 辠謫(죄적): 죄로 인하여 폄적되다. '罪謫'과 같다.

(21) 錢塘(전당): 지금의 절강성 杭州.

(22) 生芻(생추): 후한 사람 郭林宗이 모친상을 당했을 때 徐穉가 문상을 가서 빈소에 싱싱한 꼴 한 다발을 놓고 갔다. 사람들이 의아해하자 곽임종이 "고상한 선비인 서치임에 틀림없다. 《시경》에 '싱싱한 꼴 한 다발을 망아지에게 먹이나니, 주인 된 그 사람이 옥과 같다네(生芻一束, 其人如

玉)'라고 하지 않았나? 그런데 나는 그것을 감당할 덕이 없네"라고 했다.(《후한서·서치전》 참조) 곽임종이 인용한 《詩經·小雅·白駒》는 흰 망아지를 탄 賢人을 자기 옆에 붙잡아 두고 싶어 하는 임금의 심경을 노래한 시이다. 이 구절은 왕연지를 곽임종에 비유하는 방식으로 그의 덕을 칭송한 것이다.

(23) 束藁(속고): 짚단. 晉나라 사람 謝鯤은 세속적인 영욕에 대해서 매우 초연하여 치욕스러운 일이 있어도 언짢은 기색을 하지 않고 영광스러운 일이 있어도 담담한 표정을 지었다. 太傅인 東海王 司馬越이 소문을 듣고 그를 불러 속관으로 삼았을 때에도 사곤은 거리낌 없이 행동하며 작은 일에 구애받지 않았다. 얼마 안 지나서 家僮이 관아의 볏짚을 가져간 죄로 속관에서 제명되자 당시의 명사들이 안타깝게 생각했지만 사곤 자신은 그때 거문고를 타며 조금도 개의치 않으므로 사람들이 다들 탄복했다.(《진서·사곤전》 참조) 이 구절은 왕연지가 태학생 장공필의 뇌물수수 사건에 연좌되었을 때 의연하게 잘 대처했다는 말이다.

(24) 端(단): 확실히. 실로.

(25) 能廢謝鯤(능폐사곤): 사곤을 무너뜨릴 수 있다. 사곤을 능가할 정도라는 말이다.

(26) 子(자): 왕개를 가리킨다. 이 구절은 왕개는 아들이 훌륭하기 때문에 죽은 뒤에 아무런 걱정도 없을 것으로 생각된다는 말이다.

(27) 夢中論(몽중론): 꿈속에 周公과 만나서 이야기한다는 말이다. 《論語·述而》에 "심하도다 나의 노쇠함이여! 오래되었도다 내가 더 이상 주공을 꿈에 보지 못함이(甚矣吾衰也! 久矣吾不復夢見周公)"라는 말이 있다. 이 구절은 자신이 더 이상 정치적 이상을 말하지 않는다는 말이다.

(28) 毅豹(의표): 張毅와 單豹. 선표는 이익을 다투지 않으며 바위틈에서 살아 일흔 살이 되었는데도 갓난아이의 모습을 지니고 있었지만 굶주린 호랑이에게 잡아먹혔고, 장의는 권문세가를 다 찾아다니며 교유했지만 열병에 걸려 마흔 살에 죽었다. 이들 두 사람은 모두 자신의 약점을 고치려고 노력하지 않은 것이다.(《莊子·達生》 참조)

(29) 爲(위): 장차 ~할 것이다. 이 구절은 장의 같은 유형의 사람이든 선표 같은 유형의 사람이든 사람은 누구나 다 죽을 것임을 알고 있다는 말이다.

(30) 荊凡(형범): 형나라 즉 초나라와 범나라. 초나라 임금이 범나라 임금과 함께 앉아 있을 때 초나라의 신하들이 범나라는 이미 망한 나라라고 말했다. 그러자 범나라 임금이 "범나라의 멸망이 나의 존재를 없앨 수는 없소. 범나라의 멸망이 나의 존재를 없앨 수 없다면 초나라도 존재한다고 할 수 없소"라고 했다.《莊子·田子方》 참조) 이 구절은 강자와 약자 중에서 어느 쪽이 끝까지 생존할지 모른다는 뜻으로 폄적 중인 왕연지를 위로한 말인 것 같다.

(31) 定(정): 궁극적으로. 도대체.

(32) 堪笑(감소): 웃을 만하다. 우습다.

(33) 東坡(동파): 소식이 원풍 4년(1081) 2월에 黃州城 동쪽에 있는 황무지를 개간하여 만든 농장. 이듬해에 그는 자신의 호를 東坡居士라고 했다.

(34) 區區(구구): 어리석은 모양.

(35) 刻舟痕(각주흔): 어느 초나라 사람이 강을 건너는 도중 검을 물에 빠뜨리자 즉시 배에다 표시해 두었다가 배가 멈춘 다음에 표시해 둔 곳에서 검을 찾았는데 배가 이동해 버렸기 때문에 있을 리가 없었다. 이른바 刻舟求劍의 고사이다. 이 구절은 제과에 급제한 일과 같은 자신의 과거사에 연연한다는 말이다.

0844. 廣陵[(1)]後園[(2)]題扇子

광릉의 후원에서 부채에 쓴다

露葉風枝曉自勻,[(3)] 이슬 맞은 잎새와 바람 맞은 가지는
새벽 되자 저절로 두루 잔잔해지고
綠陰青子淨無塵. 우거진 녹음 속의 푸른 열매는
말끔하여 먼지가 하나도 없네.
閑吟遶屋扶疎句,[(4)] 집 주위에 나무가 무성하다는
시구를 한가로이 읊조렸으니
須信淵明是可人.[(5)(6)] 도연명은 재주와 덕망이 있는
괜찮은 사람이라 믿지 않을 수 없네.

[해설]

양주에서 여공저의 가기에게 써 준 것이다. 여공저와 함께 녹음이 우거진 후원을 산책하다가 문득 도연명의 현명함에 감복하여 그 심경을 노래했다.

[주석]

(1) 廣陵(광릉): 지금의 강소성 揚州.

(2) 後園(후원): 呂公著의 후원을 가리킨다. 《宋史·呂公著傳》에 "원우 4년(1089)에 세상을 떠나 태사신국공에 추증되었다(元祐四年薨, 贈太師申國公)"라고 했고, 《邵氏聞見後錄》에 "여신공(여공저)이

유양(양주)을 다스릴 때 소동파가 황주에서 여주로 옮겨 가는 도중에 그곳을 지나가다가 그를 만났다. 신공이 술자리를 마련하여 함께 술을 마신 뒤에 후원을 거닐었다. 소동파가 책상 위에 있는 붓과 먹으로 노래 부르는 아이의 둥근 부채에다 써 주었다(呂申公帥維揚, 東坡自黃移汝, 經由見之. 申公置酒, 酒罷行後圃中. 東坡卽几案間筆墨, 書歌者團扇)"라고 했다.

(3) 勻(균): 널리 두루 미치다. 이 구절은 새벽이 되자 사방에 있는 나뭇잎과 나뭇가지가 다 이슬에 촉촉하게 젖어 있고 바람에 가볍게 흔들거린다는 말이다.

(4) 扶疎(부소): 무성하다. 陶淵明의 시 〈讀山海經〉에 "초목이 자라나는 초여름이라, 집 주위에 나무가 무성해졌다(孟夏草木長, 繞屋樹扶疎)"라는 구절이 있다.

(5) 淵明(연명): 도연명. 東晉 때의 시인. 그는 일찌감치 관직을 버리고 고향에서 농사를 지으며 가난하지만 마음 편하게 지냈다.

(6) 可人(가인): 재주와 덕망이 있는 사람. 괜찮은 사람.

0845. 徐大正[(1)]閑軒[(2)]

서대정의 한헌

冰蠶不知寒,[(3)] 빙잠은 추위를 알지 못하고
火鼠不知暑.[(4)] 화서는 더위를 모르는 법이거늘
知閑見閑地,[(5)] 한가한 줄 알아서 한가한 곳을 찾았으니
已覺非閑侶.[(6)] 한가한 사람이 아닌 줄을 이미 알겠네.
君看東坡翁,[(7)] 그대여 보게나 동파의 늙은이가
懶散誰比數.[(8)(9)] 게으르고 산만하기 짝이 없어서
形骸墮醉夢,[(10)(11)] 형해는 취생몽사에 빠져 지내고
生事委塵土.[(12)] 먹고사는 일일랑 땅바닥에 팽개친 걸.
早眠不見燈, 일찌감치 자는지라 등불을 보지 않고
晩食或敧午.[(13)(14)] 느지막이 먹는지라 때론 해가 기울어지고
臥看氈取盜,[(15)] 담요 도둑맞는 것을 누워서 방관하고
坐視麥漂雨.[(16)] 보리가 비에 떠내려가는 것을 좌시하네.
語希舌頰强,[(17)] 말할 일이 드물어서 혀와 뺨이 굳어지고
行少腰脚僂. 걷는 일이 적어서 허리와 다리가 굽고
五年黃州城,[(18)] 다섯 해 동안이나 황주성에 있으면서
不蹋黃州鼓.[(19)] 황주의 북소리에 따른 일이 없다네.
人言我閑客,[(20)] 사람들이 말하기를 내가 한객이라서

置此閑處所. 이 한가한 곳에다 안치했다며
問閑作何味, 한가함은 무슨 맛을 내느냐고 묻는데
如眼不自睹.(21) 그건 눈이 제 눈썹을 못 보는 것과 같다네.
頗訝徐孝廉,(22) 몹시 의아하나니 서효렴께서
得閑能幾許. 한가해진들 얼마나 한가할 수 있을까?
介子願奉使,(23) 부개자는 사명을 받들기를 자원했고
翁歸備文武.(24) 윤옹귀는 문무를 겸비했거늘.
應緣不耐閑, 그대는 틀림없이 한가함을 못 참아서
名字挂庭宇.(25) 이름을 집에다 걸어 놨을 것인데
我詩爲閑作,(26) 내 시는 한가함 때문에 짓고 있건만
更得不閑語. 도리어 한가롭지 않은 말을 하였네.
君如汗血駒,(27) 그대는 한혈마와 흡사하여서
轉盼略燕楚.(28)(29)(30) 순식간에 연지방과 초지방을 순시할 터
莫嫌鑾輅重,(31) 천자 수레가 무겁다고 싫어하지 말지니
終勝鹽車苦.(32) 아무래도 소금 수레보다 나을 것이네.

[해설]

황주에서 유배 생활을 할 때 가까이 지낸 황주지주 서대수의 동생 서대정이 지은 한헌에 부쳐서 지은 것이다. 서대정은 한헌에서 한가롭게 지내는 것보다 나라를 위해 큰일을 하는 것이 더 낫다고 그의 능력을 칭송했다.

[주석]

(1) 徐大正(서대정): 소식이 黃州(지금의 호북성 黃岡市 黃州區)에 유배되어 있을 당시 황주지주로 재임한 徐大受의 동생. 施元之의《施注蘇詩》에 "서대정은 자가 득지이다. 그의 형 군유가 황주지주를 지냈기 때문에 비로소 동파공과 교유했다(徐大正, 字得之. 因其兄君猷守黃州, 始從公游)"라고 했다.

(2) 閑軒(한헌): 서대정의 별장. 秦觀의 〈閑軒記〉에 "건안(지금의 강소성 儀徵)의 북쪽에 우뚝 솟은 산이 있어 주의 관청 소재지와 만나는바 북산이라고 한다. 산의 남쪽에 계곡이 있고 계곡의 남쪽에 가로놓인 언덕이 있다. 산을 등지고 언덕을 마주 보며 계곡의 북쪽에 자리 잡은 기둥 수십 개짜리

의 집이 있으니 동해 사람 서대정 군이 한가로이 지내는 곳이다. 그 이름을 한헌이라고 한다(建安之北, 有山巋然, 與州治相直, 曰北山. 山之南有澗, 澗之南有橫阜. 背山而面阜, 據澗之北濱, 有屋數十楹, 則東海徐君大正燕居之地也. 其名曰閑軒)"라고 했다.

(3) 冰蠶(빙잠): 전설상의 누에. 서리와 눈 속에서 나며 이 누에고치에서 나온 실로 짠 베는 물에 젖지도 않고 불에 타지도 않는다고 한다. 《王子年拾遺記》에 "원교산에 빙잠이 있는데 길이가 일곱 치이고 검은색이며 비늘과 뿔이 있다. 서리와 눈으로 덮어 주면 길이가 한 자나 되는 고치를 만드는데 그것으로 무늬 비단을 짜면 물에 넣어도 젖지 않고 불에 넣어도 타지 않는다(員嶠山有冰蠶, 長七寸, 黑色, 有鱗角. 以霜雪覆之, 作繭, 長一尺, 織爲文錦, 入水不濡, 入火不燎)"라고 했다.

(4) 火鼠(화서): 상상 속의 동물. 남방의 화산 속에 살며, 그 털은 타지 않는 직물인 火毳를 만드는 데 쓰인다고 한다. 《神異經》에 "그 불 속에 쥐가 있으니 무게가 열 근이고 털의 길이가 두 자 남짓 되며 실처럼 가늘어서 베를 짤 수 있다(火中有鼠, 重十斤, 毛長二尺餘, 細如絲, 可以作布)"라고 했다.

(5) 知閑(지한): 자신이 한가롭다는 사실을 認知한다는 말이다. 이 구절은 한가한 곳에다 한정을 지은 것은 자신이 한가하다고 여겼기 때문이라는 말이다.

(6) 覺(각): 깨닫다. 알다.

(7) 東坡(동파): 소식이 원풍 4년(1081) 2월에 黃州城 동쪽에 있는 황무지를 개간하여 만든 농장.

(8) 懶散(나산): 나태하고 산만하다. 세상일에 최선을 다하지 않는 것을 가리킨다.

(9) 比數(비수): 함께 거론하다.

(10) 形骸(형해): 사람의 몸과 뼈. 육신.

(11) 醉夢(취몽): 술에 취한 것 같고 꿈을 꾸는 것 같은 흐리멍덩한 상태. 취생몽사.

(12) 委塵土(위진토): 귀중한 물건을 땅바닥에 내버려서 먼지를 뒤집어쓰게 한다는 말이다.

(13) 晚食(만식): 아침밥을 늦게 먹는다는 말이다.

(14) 攲午(기오): 정오를 지나 해가 서쪽으로 기우는 것을 가리킨다.

(15) 氈取盜(전취도): 담요를 도둑맞다. 晉나라 사람 王獻之가 밤에 서재에 누워 있는데 도둑이 들어 집에 있는 물건을 다 훔쳤다. 왕헌지가 그것을 보고 느릿하게 "푸른 담요는 우리 집안에 오래전부터 내려오는 물건이니 그냥 놓아두게"라고 했더니 도둑이 깜짝 놀라서 달아났다.(《진서·왕헌지전》 참조)

(16) 麥漂雨(맥표우): 보리가 비에 떠내려가다. 後漢 사람 高鳳은 젊을 때 책 읽기에 집중했다. 하루는 아내가 보리를 말리려고 마당에 널어놓고 밭으로 가면서 고봉에게 닭이 쪼아 먹지 못하도록 지키라고 했다. 고봉이 장대로 닭을 쫓으면서 책을 읽는데 마침 폭우가 쏟아졌다. 고봉이 책을 읽는 데 정신이 팔려서 비가 오는 줄 몰랐기 때문에 보리가 빗물에 다 떠내려갔다.(《후한서·고봉전》 참조)

(17) 舌頰强(설협강): 혀와 뺨이 굳어지다. 진나라 사람 殷仲堪은 淸談을 잘하고 글을 잘 지었는데 "사흘 동안 《道德論》을 읽지 않으면 혀뿌리가 굳어지는 느낌이 든다"라고 말하곤 했다.(《진서·은중감전》 참조)

(18) 黃州(황주): 지금의 호북성 황강시 황주구.

(19) 蹋鼓(답고): 북소리를 따르다. 韓愈의 시 〈病中贈張十八〉에 "새벽 북에 따라서 조회를 하지 않고, 편안하게 잠자며 등등 소리 듣는다네(不蹋曉鼓朝, 安眠聽逢逢)"라는 구절이 있다. 이 연은 황주에서 지낸 5년 동안 공무에 참여하지 않았다는 말이다.

(20) 閑客(한객): 한가롭게 사는 사람.

(21) 不自睹(불자도): 자신을 보지 못하다. 《韓非子·喩老》에 "지혜는 눈과 같아서 백 보 바깥은 볼 줄 알면서 자기 속눈썹은 볼 줄 모릅니다(智如目也, 能見百步之外而不能自見其睫)"라는 말이 있다. 이 구절은 얼음 속에 사는 빙잠이 추위를 알지 못하고 불 속에 사는 화서가 더위를 알지 못하는 것처럼, 자신이야말로 진정한 한객이기 때문에 한가로움을 의식하지 못한다는 말이다.

(22) 孝廉(효렴): 효성이 지극하고 청렴결백한 사람. 한나라 때 이런 사람을 선발하여 관리로 등용하기 시작했지만 송나라 때는 효렴이라는 관리 선발 제도가 없었는데 서대정의 위인을 칭송하기 위하여 '서효렴'이라고 했다.

(23) 介子(개자): 한나라 사람 傅介子를 가리킨다. 그는 북방 사람으로 전공을 세워 관직을 얻었다. 그의 조상은 龜玆國과 樓欄에 살았는데 그는 원봉(기원전 80-75) 연간에 駿馬監의 신분으로 자청하여 사명을 받들고 大宛國으로 나가 누란과 구자국을 견책했다.(《한서·부개자전》 참조)

(24) 翁歸(옹귀): 한나라 사람 윤옹귀를 가리킨다. 그는 河東郡 平陽 사람으로 문무를 겸비했는데 인품이 매우 청렴하고 강직했다. 그가 관직에서 물러나 고향에서 지낼 때 田延年이 하동태수로 부임하여 속현을 순시하는 도중 평양에 이르러 옛날 관리 50~60명을 불러 놓고 친히 둘러보면서 文才를 지닌 사람은 동쪽에 서고 武才를 지닌 사람은 서쪽에 서라고 했다. 다들 동쪽이나 서쪽에 가서 섰는데 윤옹귀만은 땅바닥에 엎드린 채 일어나려고 하지 않았다. 그 까닭을 묻자 윤옹귀가 "저는 문무를 겸비하고 있사오니 알아서 처분하십시오"라고 했다.(《한서·윤옹귀전》 참조) 이상의 네 구절은 서대정이 부개자나 윤옹귀처럼 나라를 위해 적극적으로 일할 유능한 인재이기 때문에 한가로운 생활에 만족하지 못할 것이라는 말이다.

(25) 名字(명자): 이름. '閑軒'이라는 건물 이름을 가리킨다.

(26) 爲閑作(위한작): 서대정의 한헌으로 인하여 짓는다는 말이다.

(27) 汗血駒(한혈구): 한혈마. 피를 흘리듯이 땀을 흘리는 말이라는 뜻으로 준마를 가리킨다. 《史記·大宛傳》에 "오손국의 좋은 말을 얻어 '천마'라고 불렀는데 대완국의 한혈마를 얻으니 더욱 건장한지라 오손국의 말을 '서극'이라고 부르고 대완국의 말을 '천마'라고 불렀다(得烏孫馬好, 名曰'天馬', 及得大宛汗血馬, 益壯, 更名烏孫馬曰'西極', 名大宛馬曰'天馬'云)"라고 했다.

(28) 轉盼(전반): 눈을 돌려서 보다. 아주 짧은 시간을 가리킨다.

(29) 略(약): 巡視하다. 巡行하다.

(30) 燕楚(연초): 북방에 있는 연지방(지금의 하북성 일대)과 남방에 있는 초지방(지금의 호북성·호남성 일대). 이 연은 서대정이 남방과 북방을 가리지 않고 넓은 지역을 돌아다닌다는 말이다.

(31) 鑾輅(난로): 천자가 타는 방울 달린 수레.

(32) 鹽車(염거): 소금을 실어 나르는 수레. 이 연은 천리마는 천자와 같은 귀인을 태우고 다녀야지 소금 수레나 끌어서는 안 된다는 뜻으로 서대정에게 나라를 위해 큰일을 해 달라고 당부한 것이다.

0846. 元豐七年十一月十三日, 與幾先(1)自竹西(2)來訪慶老(3), 不見, 獨與君卿(4)供奉(5)·蟾知客(6)東閣道話(7)久之

원풍 7년 11월 13일에 기선과 함께 죽서사에서 경로를 찾아왔다가 만나지 못하고 군경 공봉 및 섬지객하고만 동쪽 누각에서 오랫동안 청담을 나누었다

卷卷長廊走黃葉,(8)(9)	긴 낭하에 누런 낙엽 돌돌 말려 뒹구는데
席簾垂地香煙歇.(10)	거적 발이 드리운 방에 향 연기가 멎었다.
主人待來終不來,(11)	주인은 기다려도 끝끝내 오지 않고
火紅銷盡灰如雪.(12)	화롯불이 사그라져 하얀 재가 눈 같다.

[해설]

소식의 자주에 "혜주에서 추억하여 적었다(惠州追錄)"라고 했지만 실제로 지은 것은 유배지를 여주로 옮겨 가는 도중이던 원풍 7년(1084) 11월 13일이었다.

[주석]

(1) 幾先(기선): 杜介의 字. 揚州(지금의 강소성 양주) 사람으로 供奉의 관직을 역임했다. 〈杜介熙熙堂〉(0536) 주 (1) 참조.
(2) 竹西(죽서): 죽서사. 양주에 있던 절.
(3) 慶老(경로): 구체적인 행적이 알려져 있지 않다.
(4) 君卿(군경): 구체적인 행적이 알려져 있지 않다.
(5) 供奉(공봉): 관직 이름.
(6) 知客(지객): 절에서 손님 접대를 담당하는 스님. '蟾知客'은 구체적인 행적이 알려져 있지 않다.
(7) 道話(도화): 불교나 도교에 관한 이야기를 하다. 淸談을 나누다.
(8) 卷卷(권권): 말라서 오그라든 모양.

(9) 長廊(장랑): 호수나 정원 따위의 경관을 구경할 있도록 길게 만든 낭하.
(10) 席簾(석렴): 거적때기로 만든 발.
(11) 主人(주인): 경로를 가리킨다.
(12) 火紅(화홍): 화롯불의 벌건 기운을 가리킨다.

0847. 別擇公[(1)]

택공과 작별하며

黍離不復閔宗周,[(2)(3)] 더 이상 기장이 더북하다며 주나라를 연민하지 않거늘
何暇雷塘弔一丘.[(4)(5)] 뇌당의 무덤에 조문할 겨를이 어디 있으리?
若問西來師祖意,[(6)] 서쪽에서 온 조사의 뜻이 무어냐고 묻는다면
竹西歌吹是揚州.[(7)(8)(9)] 죽서정에서 풍악 울리는 이곳이 양주라 하리.

[해설]

택공과 작별하면서 지은 것으로 세속적인 일에 대하여 지극히 초연한 택공의 인품을 칭송했다.

[주석]

(1) 擇公(택공): '公擇'으로 된 판본도 있지만 馮應榴의 《蘇軾詩集合注》에 "《續資治通鑑長編》에 의하면 원풍 8년(1085)에 이공택(李常)은 예부시랑의 직책을 맡고 있었으므로 양주에서 동파선생과 작별했을 리가 없다(據《續通鑑長編》, 元豐八年, 公擇在禮部侍郎任, 不應在揚州與先生作別)"라고 했고, 王文誥의 《蘇軾詩集》에 "공이 황주에 있을 때 이공택은 이미 서주에서 소환되었으니 원풍 7년(1084)에도 양주에 있지 않았으며 또 이공택에게 지어 준 시 중에는 게송체가 전혀 없으니 더욱 이나 사실이 아님을 알 수 있다(公在黃時, 李公擇已自舒州召還, 卽七年亦不在揚州, 且凡與公擇詩無偈頌體, 尤可辨其非也)"라고 했다. 蘇轍에게 〈子瞻與長老擇師相遇於竹西·石塔之間, 屢以絶句贈之……〉라는 시가 있는바, 택공은 바로 택사일 가능성이 크다.

(2) 黍離(서리): 《詩經·王風》의 편명으로 기장이 더북하다는 뜻이다. 〈毛詩序〉에 "〈黍離〉는 주나라의 일에 대하여 슬퍼하고 상심한 것이다. 주나라의 대부가 길을 가다가 서주의 도읍인 鎬京에 이르러 옛날의 종묘와 궁실을 지나가자니 그 터가 온통 벼와 기장에 덮여 있는지라 주나라 왕실의 전복에 상심한 나머지 차마 떠나지 못하고 방황하다가 이 시를 지었다(〈黍離〉, 閔宗周也. 周大夫行役, 至于宗周, 過故宗廟宮室, 盡爲禾黍, 閔周室之顚覆, 彷徨不忍去而作是詩也)"라고 했다. 나중에는 나라가 망한 것을 개탄하는 말로 쓰이게 되었다.

(3) 宗周(종주): 주나라 왕실 또는 서주의 도성인 호경을 가리킨다. 주나라가 제후국들의 종주국이기 때문에 이렇게 불렀다.

(4) 雷塘(뇌당): 지명. 《資治通鑑·唐紀六》에 "수나라 양제를 양주 뇌당으로 이장했다(改葬隋煬帝於揚州雷塘)"라고 했고 胡三省의 주에 "뇌당은 한나라 때의 이른바 뇌피이다. 지금의 양주성 북쪽의 평평한 언덕 위에 있다(雷塘, 漢所謂雷陂也. 在今揚州城北平岡上)"라고 했다.

(5) 丘(구): 무덤. 이 연은 택공이 세속적인 일에 초연하다는 말이다.

(6) 師祖(사조): 祖師. 불교나 도교의 종파 창시자. 택공을 가리킨다.

(7) 竹西(죽서): 죽서정. 죽서사 경내에 있는 정자.

(8) 歌吹(가취): 노래 부르고 피리 불다. 풍악을 울리다.

(9) 揚州(양주): 지금의 강소성 양주. 이 연은 택공이 죽서사로 찾아온 이유가 무엇이냐고 묻는다면 양주의 명소인 죽서정에서 풍악이 울리는 것이 좋기 때문이라고 엉뚱한 대답을 할 것이라는 말인 것 같다.

0848. 邵伯[(1)]梵行寺[(2)]山茶

소백호에 있는 범행사의 동백꽃

山茶相對阿誰栽,[(3)]	마주 선 동백나무 누가 심었나?
細雨無人我獨來.	가랑비 속에 다른 이 없고 나만 홀로 왔구나.
說似與君君不會,	그대에게 말하는 듯한데 그대는 알지 못하네
爛紅如火雪中開.	불처럼 난만한 붉은 꽃이 찬 눈 속에 핀 뜻을.

[해설]

소백호 위에 있는 범행사에서 차가운 눈 속에 새빨간 동백꽃이 늠름하게 피어 있는 것을 보고 그 감회를 노래한 것이다.

[주석]

(1) 邵伯(소백): 소백호. 《名勝志》에 "소백호는 강도현(지금의 강소성 揚州)에서 북쪽으로 45리 되는 곳에 있다.……위에 소백진이 있고 범행사가 있다(邵伯湖, 在江都縣北四十五里.……上有邵伯鎭, 有梵行寺院)"라고 했다.

(2) 梵行寺(범행사): 강소성 양주에 있는 절.

(3) 阿誰(아수): 누구. '阿'는 친밀감을 나타내는 접두사이다.

0849. 高郵[1]陳直躬[2]處士畫雁二首

고우 진직궁 처사의 기러기 그림을 보고

其一

野雁見人時,	들판의 기러기란 사람을 보면
未起意先改.[3]	날기 전에 생각이 바뀌는 법이거늘
君從何處看,	그대는 어디에서 기러기를 보셨기에
得此無人態.[4]	아무도 없는 듯한 이 자태를 보셨나?
無乃槁木形,[5][6]	이것은 다름 아닌 마른 나무의 모습
人禽兩自在.[7]	사람과 새가 둘 다 자재롭구나.
北風振枯葦,	북풍이 시든 갈대를 흔들어 대니
微雪落璀璀.[8]	가랑눈이 번하게 부슬부슬 내린다.
慘淡雲水昏,	구름 덮인 침침한 강이 어둠에 싸였는데
晶熒沙礫碎.	모래와 자갈이 반짝반짝 곱게 부서져 있다.
弋人悵何慕,[9]	사냥꾼은 실의에 차 어찌 미련을 두나
一擧渺江海.	일거에 강과 바다로 아득히 나는 새이거늘?

其二

衆禽事紛爭,	새들이 다 다투기를 일삼건마는

野雁獨閑潔,	들판의 기러기만은 한아하고 고결하여
徐行意自得,	자득한 마음으로 느긋이 걷고
俯仰若有節.	절도가 있는 듯이 주억거린다.
我衰寄江湖,	나는 쇠약한 몸을 강호에 맡겨
老伴雜鵝鴨.	늘그막에 거위 오리 안 가리고 짝하매
作書問陳子,[10]	편지를 써 진 선생께 요구하나니
曉景畫苕霅.[11]	초계와 삽계의 새벽 경치를 그려 주셔요.
依依聚圓沙,[12][13]	둥그런 모래섬에 옹기종기 모였다가
稍稍動斜月.[14]	달 기우는 새벽녘에 조금씩 움직이는데
先鳴獨鼓翅,[15]	저 혼자 먼저 울며 날개를 쳐서
吹亂蘆花雪.	눈처럼 흰 갈대꽃을 막 날리는 모습을요.

[해설]

고우에서 진직궁이 그린 기러기 그림을 보고 지은 것이다. 제1수는 진직궁이 보여 준 그림을 묘사한 것으로 이 시를 통해 유추하건대 느긋하게 거니는 기러기와 초연한 마음으로 그것을 바라보는 은자가 그려져 있었을 것으로 추측되고, 제2수는 진직궁에게 기러기 그림을 한 폭 그려 달라고 부탁한 것이다.

[주석]

(1) 高郵(고우): 지금의 강소성 고우.

(2) 陳直躬(진직궁): 施元之의 《施注蘇詩》에 "진직궁은 진해의 아들이다. 집안에 본래 재물이 많았지만 진해와 그의 동생은 유독 그림 배우기를 좋아했다. 그 뒤 기량은 날로 증진되고 집안은 날로 쇠미해져 마침내 생업으로 삼았다. 사대부들이 그의 그림을 좋아할 뿐만 아니라 그의 위인도 좋아하여 왕왕 그를 칭송했는데 진직궁도 그의 학문을 계승했다. 《고우지》에 보인다(陳直躬, 偕之子也. 家故饒財, 而偕與其弟獨喜學畫. 其後, 伎日以進, 家日以微, 遂以爲業. 士大夫旣喜其畫, 且愛其爲人, 往往稱之, 直躬亦世其學云. 見《高郵志》)"라고 했다.

(3) 意先改(의선개): 느긋하던 마음이 깜짝 놀라 경계하는 마음으로 바뀌고 따라서 불안한 표정을 짓거나 눈이 휘둥그레진다는 말이다.

(4) 無人態(무인태): 주위에 지켜보는 사람이 아무도 없는 것처럼 편안하고 태연한 자태. 진직궁이 그린 그림 속의 기러기를 가리킨다.

(5) 無乃(무내): 바로 ~이 아닌가.

(6) 槁木形(고목형): 세속적인 욕심에 흔들리지 않는 초연한 모습을 가리킨다. 《莊子·齊物論》에 "사람의 형체는 본래 마른 나무와 같게 할 수 있으며 마음은 본래 꺼진 재와 같게 할 수 있습니까?(形固可使如槁木, 而心固可使如死灰乎?)"라는 顔成子游의 말이 있고, 《莊子·田子方》에 "좀 전에 선생은 형체가 마치 마른 나무인 것처럼 덩그런 것이 물질세계를 벗어나고 사람들에게서 떠나 홀로 서 있는 것 같았습니다(向者先生形體掘若槁木, 似遺物離人而立於獨也)"라는 孔子의 말이 있다.

(7) 人禽(인금): 그림 속에 그려진 기러기와 그것을 바라보는 사람을 가리킨다.

(8) 璀璀(최최): 선명한 모양. 하얀 갈대꽃이 떨어지는 모양일 수도 있고 실제로 눈이 내리는 모양일 수도 있다.

(9) 弋人(익인): 주살을 쏘아서 새를 잡는 사냥꾼. 《揚子法言·問明》에 "기러기가 아스라이 날아가거늘, 사냥꾼은 어찌하여 미련을 두나?(鴻飛冥冥, 弋人何慕焉?)"라는 말이 있다. 이 연은 揚雄의 말을 빌려 기러기가 자기 천성대로 멀리 멀리 날아가게 놓아두라는 말이다.

(10) 陳子(진자): 진직궁을 가리킨다.

(11) 苕霅(초삽): 초계와 삽계. 초계는 절강성 安吉縣 서남쪽에서 발원하는 서초계와 절강성 臨安縣 서북쪽에서 발원하는 동초계가 있는바 두 강은 湖州에서 합류하여 동북쪽으로 흘러 太湖로 들어가는데 합류한 이후의 강을 삽계라고 한다.

(12) 依依(의의): 떨어지기 싫어하는 모양.

(13) 圓沙(원사): 둥근 모래섬. 杜甫의 시 〈草堂卽事〉에 "추위에 떠는 물고기는 빽빽한 수초에 의지하고, 잠든 기러기는 둥그런 모래섬에 모여 있다(寒魚依密藻, 宿雁聚圓沙)"라는 구절이 있다.

(14) 稍稍(초초): 조금씩 움직이는 모양.

(15) 先鳴(선명): 두보의 시 〈花鴨〉에 "벼와 기장이 너에게 베풀어져 있으니, 남보다 먼저 울려는 생각을 하지 마라(稻粱霑汝在, 作意莫先鳴)"라는 구절이 있다.

0850. 蔡景繁[1]官舍小閣

채경번 관사의 작은 누각

使君不獨東南美,[2][3]	사자가 동남쪽에서 찬미받을 뿐 아니라
典型尙記先君子.[4][5]	선친도 남의 본보기였음을 아직 기억하나니
戱嘲王叟短轅車,[6][7]	왕씨 노인의 끌채 짧은 수레를 조롱했고
肯爲徐郎書紙尾.[8][9][10]	서씨를 위해 문서 말미에 서명하지 않았네.
三年弭節江湖上,[11]	삼 년 동안 강호에 수레 세워 놓은 채
千首放懷風月裏.	시 천 수로 풍월 속에 회포를 풀었나니
手開西閣坐虛明,[12]	서각을 손수 열어 청명한 곳에 앉아 있으면
目淨東溪照淸泚.[13]	맑은 눈에 동쪽 개울의 맑은 모습 비쳤겠네.
素琴濁酒容一榻,[14]	거문고와 탁주에다 걸상 하나 들어가나
落霞孤鶩供千里.[15]	저녁놀 속에 오리가 나는 천 리 창공을 보여 주는데
大舫何時繫門柳,[16]	큰 배를 언제나 대문 앞 버들에 매려나?
小詩屢欲書窗紙.[17]	짧은 시를 창호지에 몇 차례나 써야겠네.
文昌新構滿鵷鸞,[18][19]	문창대를 새로 지어 원추새와 난새가 가득하고
都邑正喧收杞梓.[20]	도성에선 한창 왁자하게 구기자나무 가래나무 거두는데
相逢一醉豈有命,	서로 만나 한 번 취하는 데 어찌 천명이 있으리오?
南來寂寞君歸矣.[21]	남쪽에서 와 적막하니 그대여 돌아오게나.

[해설]

과거 급제 동기인 채경번을 찾아갔다가 그가 다른 지역으로 순시하러 가고 없는지라 관사 안에 있는 누각에 올라가서 그를 기다리는 심정을 노래한 것이다.

[주석]

(1) 景繁(경번): 소식의 과거 급제 동기인 蔡承禧(1035-1084)의 字. 《撫州舊志》에 "채승희는 자가 경번이고 무주 임천 사람인데 가우 2년(1057)에 진사가 되었다(蔡承禧, 字景繁, 臨川人, 嘉祐二年進士)"라고 했다. 또 《東坡志林·卜居》에 "원풍 7년(1084) 동짓날 산양(지금의 강소성 淮安)에 들러 서각에 올랐다. 당시 채경번은 순시하러 나가서 돌아오지 않았다. 나는 막 상주거주를 청원하여 허락을 받았다(元豐七年冬至, 過山陽, 登西閣. 時景繁出巡未歸. 軾方乞歸常州, 得請)"라고 했고, 施元之의 《施注蘇詩》에 "채경번은 이름이 승희이고 임천 사람인데 가우 연간의 진사 시험에 급제했다.……나중에 회남전운부사로 나갔는데 관아가 초주(지금의 강소성 淮安)에 있었다.……동파가 황주에서 여주로 옮기는 도중 원풍 7년 동짓날 산양에 들러 서각에 올랐는데 당시 채경번은 한창 관할 구역을 순시하고 있었으므로 이 시를 지었을 뿐만 아니라 채경번에게 편지를 보내기도 했다(蔡景繁, 名承禧, 臨川人, 中嘉祐進士第.……後出爲淮南轉運副使, 置司楚州.……東坡自黃移汝, 以元豐七年至日, 過山陽, 登西閣, 時景繁方行部, 旣賦此詩且以帖與景繁)"라고 했다.

(2) 使君(사군): 使者에 대한 존칭. 여기서는 회남전운부사인 채승희를 가리킨다.

(3) 東南(동남): 중국의 동남쪽인 長江 하류 지역을 가리킨다. 채승희는 당시 중국의 동남쪽을 관할하는 회남전운부사였다.

(4) 典型(전형): 법도. 본보기. '典刑'과 같다. 《詩經·大雅·蕩》에 "비록 노숙한 사람은 없지만, 그래도 법도는 있다(雖無老成人, 尙有典刑)"라는 구절이 있다.

(5) 先君子(선군자): 돌아가신 부친.

(6) 王叟(왕수): 왕씨 늙은이. 진나라 사람 王導를 가리킨다. 왕도의 아내 曹氏는 질투심이 많았기 때문에 왕도가 별관을 지어 첩들의 처소로 삼았을 때 조씨가 이 사실을 알고 별관으로 찾아갔다. 첩들이 모욕을 당할까 봐 왕도가 고라니 꼬리털로 만든 먼지떨이의 자루로 소에게 채찍질을 하며 급히 별관으로 달려갔다. 司徒를 맡고 있던 채모가 소문을 듣고 왕도에게 농담으로 "조정에서 공에게 九錫을 하사하려고 하오"라고 했다. 구석이란 천자가 공이 큰 제후나 대신에게 하사하던 거마·의복 등의 아홉 가지 물건이다. 그러자 왕도가 농담인 줄 모르고 겸양을 떨었다. 채모가 "다른 물건에 대해서는 듣지 못했고 끌채 짧은 소달구지와 자루 긴 고라니 꼬리 먼지떨이가 있다고 들었소"라고 하자 왕도가 그제야 농담인 줄 알고 대노했다.(《진서·왕도전》 참조)

(7) 短轅車(단원거): 수레를 끌 수 있도록 소나 말의 멍에와 연결하는 부분인 끌채를 짤막하게 만든 수레. 이 구절은 채승희의 부친이 당당하게 살았다는 말이다.

(8) 肯(긍): 어찌 ~하려고 하겠는가.

(9) 徐郎(서랑): 남조 송나라 사람 徐羨之를 가리킨다. 蔡廓이 매우 강직하다고 생각하여 武帝가 채곽을 御史中丞으로 삼았더니 채곽이 부정한 관리를 엄중하게 탄핵하므로 관리들이 바짝 긴장했다. 당시 中書令으로 재임 중이던 傅亮은 막중한 임무를 맡은 데다 학문이 한 시대를 풍미한 사람이었지만 조정의 예의제도에 관한 일은 모두 채곽에게 자문하여 결정했다. 나중에 吏部尙書에 임명되었을 때 채곽은 관리의 선발에 관한 일을 모두 자기에게 맡겨 주면 부임하고 그렇지 않으면 부임하지 않겠다고 부량에게 통보했다. 부량이 이 사실을 담당관인 錄尙書 서선지에게 이야기했더니 서선지가 黃門郞 이하의 관리는 모두 채곽에게 선발을 일임할 수 있지만 그 이상의 관리는 관계자들이 상의해서 결정해야 한다고 했다. 이 말을 들은 채곽이 "나는 서선지를 위해 문서의 말미에 서명할 수 없다"라고 하고는 부임하지 않았다. 당시의 제도에 의하면 관리의 선발에 관한 문서는 녹상서와 이부상서가 차례로 서명하게 되어 있었던 것이다. (《南史·蔡廓傳》 참조)

(10) 紙尾(지미): 문서의 결미 부분. 대개 서명을 하거나 날짜를 쓰는 곳이다. 이 구절은 채승희의 부친이 관직에 연연하지 않았다는 말이다.

(11) 弭節(미절): 수레를 세우다. 이 구절은 채승희가 오랫동안 조정을 떠나 지방관으로 근무했다는 말이다.

(12) 虛明(허명): 맑고 밝다. 서각 주변의 공기와 환경을 가리킨다.

(13) 淸泚(청차): 맑다. 맑은 물.

(14) 素琴(소금): 장식하지 않은 거문고. 《晉書·陶潛傳》에 "천성이 음악을 잘 못했지만 집에 허름한 거문고를 하나 가지고 있었는데 줄과 기러기발도 제대로 갖추어져 있지 않았다(性不解音, 而畜素琴一張, 絃徽不具)"라고 했다.

(15) 落霞孤鶩(낙하고목): 王勃의 〈滕王閣序〉에 "저녁놀은 짝 잃은 오리와 나란히 날고, 가을철의 강물은 높은 하늘과 한 빛이다(落霞與孤鶩齊飛, 秋水共長天一色)"라는 구절이 있다. 이 연은 서각 자체는 아주 좁지만 거기서 드넓은 창공을 바라볼 수 있다는 말이다.

(16) 大舫(대방): 큰 배. 채승희가 타고 다니는 배를 가리킨다. 이 구절은 채승희가 언제 돌아올지 모르겠다는 말이다.

(17) 小詩(소시): 짧은 시. 자신의 시를 가리킨다.

(18) 文昌(문창): 文昌臺 또는 文昌省의 별칭으로 尙書省을 가리킨다. 《新唐書·百官志》에 "광택 원년(684)에 상서성을 문창대로 개칭했다(光宅元年, 改尙書省曰文昌臺)"라고 했다.

(19) 鵷鸞(원란): 봉황의 일종인 원추새와 난새. 조정 대신을 가리키는 풍자적 표현이다.

(20) 杞梓(기재): 구기자나무와 가래나무. 둘 다 품질이 좋은 나무로 우수한 인재를 비유한다. 이 연은 채승희가 곧 조정으로 들어갈 가능성이 큰데 그렇게 되면 만나기가 더욱 어려워질 것이라는 말이다.

(21) 南來(남래): 황주에서 온 것을 가리킨다. 이 구절은 자신들이 못 만날 운명 같은 것은 있을 수 없다는 말이다.

0851. 和王斿[1]二首

왕유에게 화답하여

其一

異時長怪謫仙人,[2][3]　옛날에 늘 유배 온 신선을 괴이하게 여겼나니
舌有風雷筆有神.[4]　혀에 바람과 우레가 있고 붓에 신이 들렸었네.
聞道騎鯨游汗漫,[5][6][7]　고래 타고 세상 밖에서 노닐었단 말도 들었고
憶嘗捫蝨話悲辛.[8][9]　이 잡으며 쓰라린 심정 얘기하던 일도 기억나네.
氣呑餘子無全目,[10][11]　기세가 남을 삼키느라 온전한 눈이 없고
詩到諸郎尙絶倫.[12]　시가 벗들을 압도하여 아직도 짝할 자가 없네.
白髮故交空掩卷,[13][14]　머리 허연 옛 친구는 부질없이 책을 덮고
涙河東注問蒼旻.[15]　눈물의 강을 동으로 보내며 푸른 하늘에 따져 묻네.

其二

嫋嫋春風送度關,[16]　봄바람이 산들산들 관문 넘는 것 전송하더니
娟娟霜月照生還.[17][18]　서리 머금은 달이 휘영청 생환하는 모습 비추었네.
遲留歲暮江淮上,[19]　세모에 장강과 회하 가에 머물면서
來往君家伯仲間.[20]　그대 집안 백부 중부와 왕래하였네.
未厭冰灘吼新洛,[21]　찬 여울이 신락에서 울부짖는 것 안 싫어하고

且看松雪媚南山.[22] 소나무의 눈이 남산에서 자태를 뽐내는 것도 보네.
野梅官柳何時動,[23] 매화나무와 버드나무에 언제쯤 움이 틀까?
飛蓋長橋待子閑.[24][25][26] 수레가 날아올 장교에서 한가로이 그대를 기다리려네.

[해설]

왕안국의 아들이요 왕안석의 조카인 왕유의 시에 화답한 것으로 제1수에서는 왕안국의 생시 모습을 회상했고, 제2수에서는 왕유를 기다리는 자신의 모습을 묘사했다.

[주석]

(1) 王斿(왕유): 王安石(1021-1086)의 동생인 王安國(1028-1077)의 아들. 소식의 자주에 “왕유는 평보의 아들이다(斿, 平甫子)”라고 했고, 施元之의 《施注蘇詩》에 “왕유는 자가 원룡이며 아버지 안국은 자가 평보로 개보(왕안석)의 동생이다(王斿, 字元龍. 父安國, 字平甫, 介甫之弟)”라고 했다.

(2) 異時(이시): 지난날.

(3) 謫仙人(적선인): 왕유의 부친 왕안국을 李白에 비유한 것이다. 이백의 시 〈對酒憶賀監二首并序〉에 “태자빈객이신 하공이 장안의 자극궁에서 나를 한 번 보시고는 유배 온 신선이라고 부르시며 허리에 찬 황금 거북이를 풀어 그것을 술로 바꾸어서 즐기셨다(太子賓客賀公, 於長安紫極宮一見余, 呼余爲謫仙人, 因解金龜, 換酒爲樂)”라고 했다. 王十朋의 《百家註分類東坡先生詩》에 “평보를 말한다(謂平父)”라고 했고, 시원지의 《시주소시》에 “증공의 〈雜識〉에 ‘왕평보가 희령 연간의 계축년(1073)에 숭문관에서 숙직할 때 꿈에 어떤 사람의 영접을 받아 바다로 가서 수중 궁전을 보았더니 그 안에서 풍악이 일어나는데 생황과 퉁소를 연주하는 악공이 매우 많았다. 그 궁전에 영지궁이라고 쓰여 있었다.……황홀한 상태에서 꿈을 깨니 궁중에서 벌써 종이 울렸다. 평보는 이때부터 예사롭지 않다는 소리를 많이 들었다’라는 말이 있다(曾鞏〈雜識〉: ‘王平父, 熙寧癸丑歲, 宿直崇文館, 夢有要之至海上, 見水中宮殿, 其中樂作, 笙簫鼓吹之伎甚衆, 題其宮曰靈芝宮.……恍惚夢覺, 時禁中已鳴鐘. 平父自是, 頗負不凡.’)”라고 했다.

(4) 風雷(풍뢰): 말이 유창하고 기백이 넘치는 것을 가리킨다. 이 구절은 왕안국이 언변이 좋고 문장력이 뛰어났다는 말이다.

(5) 聞道(문도): ~라고 말하는 것을 듣다. 듣자니.

(6) 騎鯨(기경): 杜甫의 시 〈送孔巢父謝病歸遊江東兼呈李白〉에 “남쪽으로 우혈을 찾아가 이백을 만나거든, 두보가 안부 묻더라 말해 주시오(南尋禹穴見李白, 道甫問訊今何如)”라는 구절이 있는데 이에 대한 仇兆鰲의 注에 “‘남쪽으로 우혈을 찾아가 이백을 만나거든……’이라는 구절은 ‘고래를 타고 있는 이백을 만나거든’으로 된 판본도 있다. 고래를 탄다는 말은 〈羽獵賦〉에서 나왔다. 항간에 이태백이 술에 취해 고래를 타고 다니다가 심양에서 익사했다는 이야기가 전해 오는데 모두 이 구

절로 인하여 견강부회한 것일 뿐이다('南尋'句, 一作'若逢李白騎鯨魚'. 按: 騎鯨魚, 出〈羽獵賦〉. 俗傳太白醉騎鯨魚, 溺死潯陽, 皆緣此句而附會之耳)"라고 했다. 이 구절은 왕안국이 꿈에 수중 궁전을 찾아간 일을 가리킨다.

(7) 游汗漫(유한만): 끝없이 넓은 곳에서 노닐다. 흔히 속세 바깥에서 노니는 것을 가리킨다.

(8) 捫蝨(문슬): 이를 잡다. 晉나라 사람 王猛이 華陰山에 은거하고 있을 때 桓溫이 관문 안으로 들어온지라 왕맹이 거친 베옷을 입은 채 그를 찾아가 이를 잡으면서 당시의 세상사를 이야기하는데 마치 옆에 아무도 없는 것 같았다.(《진서·왕맹전》 참조)

(9) 悲辛(비신): 슬프고 쓰라리다. 이백의 시 〈贈張相鎬二首〉 其一에 "이를 잡으며 환공을 쳐다보면서, 슬프고 쓰라린 심정을 얘기할 수 있었으면(捫虱對桓公, 願得論悲辛)"이라는 구절이 있다.

(10) 氣呑餘子(기탄여자): 기세로 다른 사람을 삼키다. 왕안국이 기세를 떨쳐 여타의 다른 사람을 제압한다는 말이다.

(11) 無全目(무전목): 온전한 눈이 없다. 安史之亂 때 張巡이 許遠과 함께 睢陽을 지키고 있었는데 그는 싸울 때마다 눈초리가 찢어져 피를 흘리고 이빨을 깨물어 이빨이 다 빠졌다. 그 이유를 묻자 병력이 부족하기 때문에 그렇게 함으로써 적의 기세를 제압하려는 것이었다고 대답했다.(《舊唐書·張巡傳》 참조)

(12) 諸郎(제랑): 여러 어른. 왕안국의 벗들을 가리킨다. 이 연은 왕안국이 빼어난 기백과 남다른 시재를 겸비했다고 칭송한 것이다.

(13) 故交(고교): 옛날 친구. 왕안국의 친구인 소식 자신을 가리킨다.

(14) 掩卷(엄권): 읽던 책을 덮고 감회에 젖는다는 말이다.

(15) 淚河(누하): 눈물이 많음을 과장하여 표현한 것이다. 두보의 시 〈得舍弟消息〉에 "아직도 눈물이 강을 이루어, 하늘을 지나서 또 동쪽으로 흐른다(猶有淚成河, 經天復東注)"라는 구절이 있다. 이 연은 왕안국이 벌써 죽은 것을 한탄한 것이다.

(16) 嫋嫋(요뇨): 바람이 부는 모양.

(17) 娟娟(연연): 밝고 아름다운 모양.

(18) 霜月(상월): 차가운 밤의 달. 이 연은 소식 자신이 黃州(지금의 호북성 黃岡市 황주구)로 유배 갔다가 돌아온 일을 회상한 것이다.

(19) 江淮(강회): 長江과 淮河. 장강에서 회하 사이의 지역을 두루 가리킨다.

(20) 伯仲(백중): 백씨와 중씨라는 뜻으로 흔히 형제를 가리키는데 여기서는 왕안국의 형인 왕안석과 왕안국의 동생인 王安禮(1034-1095)를 가리킨다. 査愼行의 《蘇詩補註》에 "내가 살펴보건대 평보(왕안국)가 죽은 것은 희령 10년(1077)의 일이었고 왕유는 개보(왕안석)의 조카인데 어떻게 '백중지간'이라고 부를 수 있겠는가?(予考平甫之歿, 在熙寧十年, 王斿乃介甫猶子, 豈得稱伯仲?)"라고 하여 '伯仲'이 왕안석과 왕안국을 가리킬 수도 없고 왕안석과 왕유를 가리킬 수도 없다고 했으며, 王文誥의 《蘇軾詩集》에 "'그대 집안의 백부 중부'는 왕안석과 왕안례를 가리킨다('君家伯仲', 指王安石·安禮)"라고 명언했다. 왕문고의 《소식시집》에는 또 "이때 왕안례도 금릉에 있었기 때문에 동파

공이 금릉에서 등달도에게 보낸 편지에 '내가 여기에 이르렀을 때 형공(왕안석)을 보고 매우 기뻐서 때때로 시를 읊고 불교를 이야기했다'라고 했으니 동파공이 어쩌면 잠시 가서 화보(왕안례)를 만나지 않았을까? 시에서 '그대 집안 백부 중부'라고 한 것은 이것을 가리킨다(是時, 王安禮亦在金陵, 故公在金陵與滕達道書云: '某到此時, 見荊公甚喜, 時誦詩說佛也.' 公莫略往一見和甫否? 詩言'君家伯仲', 指此)"라고 했다.

(21) 新洛(신락): 강 이름. 새로 끌어들인 洛水라는 뜻으로 새로이 낙수를 끌어들인 汴河를 가리킨다. 왕십붕의 《백가주분류동파선생시》에 "변하는 옛날에 황하의 물을 끌어들였는데 원풍(1078-1085) 연간에 처음으로 낙수로 바꾸었는바 그것을 청변이라고 부르기도 하고 신락이라고 부르기도 했다(汴渠舊引黃河, 元豐中始以洛水易之, 謂之淸汴, 或謂之新洛)"라고 했다.

(22) 南山(남산): 泗州(지금의 강소성 盱眙)의 都梁山을 가리킨다. 소식의 시 〈泗州南山監倉蕭淵東軒二首〉(0857)의 자주에 "남산은 이름을 도량산이라고 하나니 산에서 도량향이 나기 때문이다(南山名都梁山, 山出都梁香故也)"라고 했다. 〈泗州南山監倉蕭淵東軒二首〉(0857) 주 (2) 참조. 도량산에 대해서는 《太平寰宇記·泗州》에 "우이현은 회하의 남쪽으로 사주에서 5리 떨어져 있다.……도량산은 우이현에서 남쪽으로 16리 되는 곳에 있다(盱眙縣, 淮河南, 去州五里.……都梁山在縣南一十六里)"라고 설명되어 있고, 도량향에 대해서는 李時珍의 《本草綱目·澤蘭》에 "《석명》에 도홍경의 말을 인용하여 '못가에 나기 때문에 택란이라고 하며 도량향이라고도 부른다'라고 했다(《釋名》引陶弘景曰: '生於澤旁, 故名澤蘭, 亦名都梁香.')"라는 설명이 있다.

(23) 官柳(관류): 관아에서 심은 버드나무. 대로 가에 심어져 있는 버드나무를 두루 가리킨다. 두보의 시 〈西郊〉에 "시장의 다리께에 버들가지 가늘고, 강가의 도로에 매화가 향긋하다(市橋官柳細, 江路野梅香)"라는 구절이 있다.

(24) 飛蓋(비개): 날아가는 수레용 日傘이라는 뜻으로, 소식을 만나기 위해 빠르게 달려올 왕유의 수레를 가리킨다.

(25) 長橋(장교): 사주에 있던 다리. 왕십붕의 《백가주분류동파선생시》에 "장교는 사주의 다리이다(長橋, 泗州之橋)"리고 했다.

(26) 子(자): 왕유를 가리킨다. 왕문고의 《소식시집》에 "뒤의 네 구절을 보면 왕유도 泗水 일대로 갈 예정이었던 모양이다. 그러기에 장교에서 기다리기로 약속한 것이다(觀後四句, 王斿亦將赴泗上, 故相約待於長橋也)"라고 했다.

0852. 和田仲宣[1]見贈[2]

전중선이 지어 준 시에 화답하여

頭白江南醉司馬,[3][4] 머리 허연 강남 땅의 취한 사마는
寬心時復喚殷兄.[5][6] 편한 마음으로 이따금 은씨 형님도 부르네.
寒潮不應淮無信,[7][8] 찬 조수가 응답치 않으니 회하는 신의가 없는데
客路相隨月有情. 나그넷길 동행하는 달님은 정이 있네.
未許低頭拜東野,[9] 고개 숙여 동야에게 절하는 건 승낙치 않고
徒言飮酒勝公榮.[10] 술 마시는 게 공영보다 낫다고만 말하리.
好詩惡韻那容和,[11][12] 좋은 시의 어려운 운이야 어찌 창화를 허용하랴만
刻燭應須便置觥.[13][14][15] 초에 금을 새기려면 술상을 차려야 하리.

[해설]

초주를 지나갈 때 초주지주 전대문의 시에 화답한 것이다. 이 시의 내용으로 미루어 보건대 전대문이 소식에게 함께 시를 지으며 술을 한잔하자고 제의한 것에 대하여 응낙의 뜻을 밝힌 것으로 보인다.

[주석]

(1) 仲宣(중선): 王文誥의 《蘇軾詩集》에 "전대문은 자가 중선인데 당시 초주지주로 있었다. 공이 초주(지금의 강소성 淮安)를 지나갈 때 지은 것이다(田待問, 字仲宣, 時知楚州. 公過楚州作也)"라고 했다.

(2) 見贈(견증): 나에게 주다. 〈次韻葉致遠見贈〉(0820) 주 (2) 참조.

(3) 江南(강남): 江州(지금의 강서성 九江)를 가리킨다.

(4) 司馬(사마): 관직 이름. 白居易는 自號를 醉吟先生이라고 했는데 강주사마로 좌천된 적이 있다. 백거이의 〈醉吟先生傳〉에 "천성이 술을 좋아하고 거문고에 탐닉하고 시에 빠지는지라 술꾼과 거문고 연주자와 시인 가운데 그와 교유하는 사람이 많았다(性嗜酒·耽琴·淫詩, 凡酒徒·琴侶·詩客, 多與之遊)" 라고 했다. 여기서는 전대문을 가리킨다.

(5) 寬心(관심): 마음이 편안하고 유쾌하다.

(6) 殷兄(은형): 백거이의 지인. 백거이의 시 〈歲日家宴, 戲示弟姪等, 兼呈張侍御二十八丈·殷判官二十三兄〉에 "아직도 소년 시절 과장할 때 있나니, 웃으며 장씨 어른과 은씨 형님 부르네(猶有誇張少年處, 笑呼張丈喚殷兄)"라는 구절이 있다. 여기서는 소식 자신을 가리킨다.

(7) 寒潮(한조): 겨울철의 조수를 가리킨다.

(8) 淮(회): 淮河. 이 구절은 회하의 수위가 평상시에는 밀물과 썰물의 영향을 받아 일정한 주기로 달라지는데 지금은 강물이 얼어붙어서 그러지 않는다는 말이다.

(9) 東野(동야): 唐나라 시인 孟郊의 字. 《呂氏春秋·不廣》에 "북방에 머리는 쥐 같고 꼬리는 토끼 같은 궐이라는 짐승이 있다. 그것은 빨리 걷다가는 걸려 넘어지고 달려가다가는 엎어지면서도 항상 공공(北海 안에 있다는 말 비슷한 전설상의 짐승)과 버새를 위해 감초를 뜯어다 준다. 그리고 궐에게 일이 생기면 공공과 버새가 꼭 업고 뛰어간다. 이것은 자신이 할 수 있는 것을 해 주고 그것으로 자신이 할 수 없는 것을 의탁하는 것이다(北方有獸, 名曰蹶, 鼠前而兔後. 趨則跲, 走則顚, 常爲蛩蛩距虛取甘草以與之. 蹶有患害也, 蛩蛩距虛必負而走. 此以其所能託其所不能)"라는 말이 있는바, 버새와 공공은 늘 함께 지내는 친밀한 사이를 가리킨다. 韓愈는 그의 시 〈醉留東野〉에서 이 고사를 원용하여 "고개 숙여 동야에게 절하거니와, 시종일관 버새와 공공 같길 바라네(低頭拜東野, 願得終始如駏蛩)"라는 구절이 있다. 이 구절은 전대문이 원시에서 늘 함께 있고 싶다고 한 말에 대하여 자신은 그럴 처지가 못 된다고 대답한 말인 것 같다.

(10) 公榮(공영): 晉나라 사람 劉昶의 字. 그는 성격이 소탈하고 술을 매우 좋아하여 지위의 고하를 따지지 않고 아무하고나 함께 마셨다. 그러면서 자기보다 주량이 센 사람과도 안 마실 수 없고 자기보다 주량이 약한 사람과도 안 마실 수 없다고 얘기하고 다녔다. 하루는 阮籍이 王戎의 방문을 받아 함께 술을 마시다가 유창도 불렀다. 완적이 유창을 놀리려고 지금 술이 두 말뿐이어서 유창에게 줄 술이 없다며 왕융하고만 대작했다. 나중에 다른 사람이 완적에게 유창을 어떻게 그렇게 대할 수 있느냐고 묻자 완적이 유창의 표현을 빌려 "나는 유창보다 주량이 센 사람과 안 마실 수도 없고 유창보다 주량이 약한 사람과 안 마실 수도 없소. 오로지 유창하고만 안 마실 수 있소"라고 했다.(《世說新語·簡傲》 참조) 이 구절은 자신이 누구보다도 술 마시기를 좋아한다는 말이다.

(11) 好詩(호시): 전대문의 시를 가리킨다.

(12) 惡韻(악운): 險韻. 해당하는 글자가 많지 않아 압운하기 어려운 운.

(13) 刻燭(각촉): 南齊의 竟陵王 蕭子良이 어느 날 밤에 문인들을 모아 잔치를 벌이고 초 한 치가 다 타기 전에 각자 율시 한 수씩을 짓기로 하자고 제안한 놀이에서 비롯되어(《南史·王僧孺傳》 참조) 시 짓는 것을 가리킨다.

(14) 應須(응수): 응당 ~해야 하다.

(15) 置觥(치굉): 술잔을 마련하다. 술상을 차린다는 말이다. 이 연은 자신에게 전대문의 훌륭한 시에 창화할 만한 능력은 없지만 그와 함께 시를 지으며 한잔하는 것에는 동의한다는 말이다.

0853. 次韻王定國[(1)]南遷[(2)]回見寄[(3)]

남쪽으로 유배 갔다가 돌아와서 나에게 부친 왕정국의 시에 차운하여

土暈銅花蝕秋水,[(4)(5)]	흙 묻고 녹슬어 가을 물이 삭았을 터
要須悍石相礱砥.[(6)(7)]	숫돌에다 깨끗하게 갈아야겠네.
十年冰蘗戰膏粱,[(8)(9)(10)]	십 년 동안 얼음과 황벽나무 먹으며
	쌀밥에 고깃국을 먹고 싶은 욕망과 다투고
萬里煙波濯紈綺.	만 리에 자욱이 낀 안개 속의 물결에서
	비단 옷을 벗어서 빨래했겠네.
歸來詩思轉清激,	돌아온 뒤 시상이 더욱 맑고 격앙되어
百丈空潭數魴鯉.[(11)]	천 자 되는 빈 못에서 방어 잉어 셀 정도네.
逝將桂浦擷蘭蓀,[(12)(13)]	계강의 물가에서 난초 창포나 따려 했을 뿐
不記槐堂收劍履.[(14)(15)]	삼괴당도 잊고 칼 찬 채 신 신고 입궁하던 영예도 잃었네.
却思庾嶺今何在,[(16)]	오히려 대유령이 지금 어디 있나 그리워하고
更說彭城眞夢耳.[(17)]	팽성의 일이 참으로 꿈만 같았다고도 했네.
君知先竭是甘井,[(18)]	그대는 맛있는 우물이 먼저 마르는 줄을 알고
我願得全如苦李.[(19)]	나는 쓴 자두처럼 온전해지길 바라네.
妄心不復九迴腸,[(20)]	망령된 마음으로 다시는 창자를 아홉 번 뒤틀지 않고
至道終當三洗髓.[(21)]	지극한 도로 끝내 골수를 세 번 씻어야 하네.
廣陵陽羨何足較,[(22)(23)]	광릉이고 양선이고 따질 것이 무엇이랴?

只有無何眞我里.(24) 아무것도 없는 곳만이 진짜 내가 살 고장이네.
樂全老子今禪伯,(25)(26) 낙전 노인은 지금쯤 참선의 대가가 되어
掣電機鋒不容擬.(27)(28)(29) 번쩍이는 번개와 뾰족한 화살이 타의 추종을 불허하겠네.
心通豈復問云何,(30)(31) 마음으로 통하거늘 어찌 더 이상 왜냐고 물으리?
印可聊須答如是.(32)(33)(34) 그래야지 하고 인정하며 그럴 거라 동의하리.
相逢爲我話留滞,(35)(36) 만나 뵈면 나를 위해 발 묶였다 말해 주게
桃花春漲孤舟起.(37) 복사꽃 피고 봄물 불으면 외로운 배가 뜰 것이네.

[해설]

오대시안에 연루되어 빈주로 유배 갔다가 돌아온 왕공의 시에 차운한 것으로, 왕공의 유배 생활을 상상하고 그의 청아한 시풍과 초탈한 인품을 칭송했으며 아울러 그의 장인 장방평을 만나면 자신의 정황을 좀 말씀 드려 달라고 부탁했다.

[주석]

(1) 定國(정국): 북송 초에 재상을 지낸 王旦의 손자로 소식의 절친한 친구인 王鞏의 字. 소식의 〈三槐堂銘〉에 "위국문정공은 경덕(1004-1007)·대중상부(1008-1016) 연간에 진종 황제의 재상을 지냈다(魏國文正公, 相眞宗皇帝於景德·祥符之間)"라고 했고, 소식의 〈鄧公硯銘〉에 "왕공은 위국문정공의 손자이다(王鞏, 魏國文正公之孫也)"라고 했다.
(2) 南遷(남천): 남쪽으로 유배 가다. 왕공은 烏臺詩案에 연루되어 賓州(지금의 광서장족자치구 賓陽)로 유배 갔다. 秦觀의 〈王定國注論語序〉에 "원풍 2년(1079)……태원 사람 왕정국은 홀로 감빈주염세로 폄적되었다……원풍 7년(1084)에 폄적이 끝나서 돌아왔다(元豐二年……太原王定國獨謫監賓州鹽稅……七年罷還)"라고 했다.
(3) 見寄(견기): 나에게 부치다. 〈次韻葉致遠見贈〉(0820) 주 (2) 참조.
(4) 銅花(동화): 구리에 녹이 스는 것을 가리킨다
(5) 秋水(추수): 가을철의 맑은 물처럼 서늘한 기운이 감도는 검을 가리킨다. 王十朋의 《百家註分類東坡先生詩》에 "가을 물이란 검을 말한다(秋水, 言劍也)"라고 했다.
(6) 悍石(한석): 견고한 돌. 숫돌을 가리킨다.
(7) 礱砥(농지): 갈다.
(8) 十年(십년): 왕공의 오랜 유배 기간을 개략적으로 말한 것이다.
(9) 冰蘗(빙벽): 얼음과 황벽나무. 검소하고 절제 있는 식생활을 가리킨다. '冰蘗'과 같다. 白居易의 시 〈三年爲刺史〉에 "삼 년 동안 태수로 재임하면서, 얼음을 마시고 또 황벽나무를 먹었네(三年爲刺

史, 飮冰復食蘗)"라는 구절이 있다.

(10) 膏粱(고량): 기름진 고기와 좋은 곡식으로 만든 맛있는 음식. 膏粱珍味. 이 구절은 부귀한 집안 출신인 왕공이 평소에 먹던 좋은 음식을 먹고 싶은 욕망을 억제하고 소박한 음식을 먹었을 것이라는 말이다.

(11) 數魴鯉(수방리): 방어와 잉어를 분간하여 헤아릴 수 있을 정도로 물이 맑다는 뜻이다. 이 연은 왕공이 보내온 시를 보니 시풍이 유배 가기 전보다 더 청아하고 투명해져 있다는 말이다.

(12) 逝(서): 의미 없는 發語詞이다. 《詩經·魏風·碩鼠》에 "이제는 너를 떠나, 저 낙원에 가련다(逝將去女, 適彼樂土)"라는 구절이 있다.

(13) 桂浦(계포): 광서장족자치구 桂林을 지나가는 桂江 즉 漓江의 물가. 왕공의 유배지를 가리킨다.

(14) 槐堂(괴당): 왕공 집안의 전당으로 開封城 동문 밖에 있던 三槐堂을 가리킨다. 〈次韻王鞏南遷初歸二首〉(0771) 주 (19) 참조.

(15) 劍履(검리): 검을 차고 신을 신다. 임금의 특별 허락을 받아 칼을 차고 신을 신은 채로 궁전에 들어가 임금을 배알하는 영예를 누리는 것을 가리킨다. '劍履上殿'과 같다. 한나라가 천하를 평정한 뒤에 공적을 따져 보니 蕭何가 으뜸인지라 그에게 칼을 차고 신을 신은 채로 궁전에 들어가는 특권을 주었다.(《史記·蕭相國世家》 참조)

(16) 庾嶺(유령): 大庾嶺. 강서성과 광동성 사이에 있는 높은 산맥을 가리키기도 하고 거기에 있는 고개를 가리키기도 한다. 왕공의 유배지는 그 남쪽에 있었다. 이 구절은 왕공이 원시에서 빈주에서의 유배 생활이 오히려 그립다고 한 것을 가리키는 것으로 보인다.

(17) 彭城(팽성): 지금의 강소성 徐州. 소식의 자주에 "보내온 시에 옛날에 팽성에서 놀던 일을 서술했다(來詩述彭城舊遊)"라고 했다. 소식의 시 〈百步洪二首〉(0588) 서문에 "왕정국이 팽성으로 나를 찾아왔다가 하루는 작은 배를 저어 안장도와 함께 반·영·경 등 세 아이를 데리고 사수를 유람하며 북쪽으로 성녀산에도 오르고 남쪽으로 백보홍에도 내려가서 피리를 불고 술을 마시다가 달빛을 타고 돌아왔다(王定國訪余於彭城, 一日, 棹小舟, 與顔長道攜盼·英·卿三子, 游泗水, 北上聖女山, 南下百步洪, 吹笛飮酒, 乘月而歸)"라고 했다.

(18) 甘井(감정): 물맛이 좋은 우물. 《莊子·山水》에 "곧은 나무가 먼저 베어지고, 맛 좋은 우물이 먼저 고갈된다(直木先伐, 甘井先竭)"라는 말이 있다.

(19) 苦李(고리): 쓴 자두. 죽림칠현의 한 사람인 晉나라의 王戎은 일곱 살 때 아이들과 함께 거리에 나가 놀다가 길가의 자두나무에 열매가 주렁주렁 달려 있는 것을 보았다. 다른 아이들은 다들 달려가서 그것을 따는데 왕융만은 가지 않았다. 옆에 있던 사람이 그 까닭을 묻자 왕융이 "나무가 길가에 있는데도 불구하고 열매가 많이 남아 있는 것은 맛이 쓰기 때문일 것입니다"라고 했다. 따서 먹어 보니 과연 그랬다.(《世說新語·雅量》 참조)

(20) 九迴腸(구회장): 창자를 아홉 번 뒤틀다. 근심을 많이 한다는 말이다.

(21) 三洗髓(삼세수): 골수를 세 번 씻다. 한나라 사람 東方朔은 드넓은 못가에서 노닐다가 뽕 따는 아주머니를 만났다. 그리고 얼마 안 있어서 눈썹이 노란 할아버지가 나타나 그 아주머니를 가

리키며 동방삭에게 "옛날에는 내 아내의 형상을 띠었지만 태백성의 정령이다. 너도 이 별의 정령이다. 나는 음식을 먹지 않고 공기만 마시며 산 지 벌써 9천여 년이 되었지만 눈동자에 아직 푸른빛이 있어서 아주 작은 물건도 볼 수 있다. 3천 년에 한 번씩 뼈를 교체하고 골수를 씻으며, 2천 년에 한 번씩 피부를 벗기고 털을 깎는다. 나는 태어난 이후로 골수를 세 번 갈았고 털을 다섯 번 깎았다"라고 했다.(《太平廣記·神仙六》 참조) 이 연은 도가적 수련을 통해 세속적 근심을 떨쳐 버리고 마음 편하게 오래 살기를 바란다는 말이다.

(22) 廣陵(광릉): 지금의 강소성 揚州.

(23) 陽羨(양선): 지금의 강소성 宜興. 당시 常州의 속현으로 소식이 이곳에 은거지를 마련해 놓고 상주거주를 윤허해 달라는 상소문을 올려놓은 상태였다. 소식의 자주에 "내가 양선에 땅을 사 놓았는데 왕공은 보내온 시에서 광릉만 못하다고 여겼다(余買田陽羨, 來詩以爲不如廣陵)"라고 했고, 소식이 왕공에게 보낸 편지 〈答王定國〉에 "근래에 상주에다 작은 은거지를 마련해 놓았는데 한 해에 백 석을 수확할 수 있으니 먹고 살기에는 충분할 것 같습니다. 양주의 아름다움을 모르는 바 아니지만 궁지에 몰린 원숭이가 숲으로 뛰어드는 꼴이라 나무를 가릴 겨를이 없습니다(近在常置一小莊子, 歲可得百石, 似可足食. 非不知揚州之美, 窮猿投林, 不暇擇木也)"라고 했다.

(24) 無何(무하): '無何有之鄕'의 약칭으로 아무것도 없는 땅을 가리킨다. 《莊子·逍遙遊》에 "지금 그대는 큰 나무를 가지고 있으면서 그것이 쓸모가 없다고 걱정하는데 어찌하여 그것을 아무것도 없는 고장의 광막한 들판에 심어 놓고 그 옆에서 일 없이 서성이고 그 아래에서 자유롭게 누워 자지 않는 것이오? 그렇게 하면 그 나무는 도끼에 찍혀 일찍 죽지도 않고 해치는 물건도 없을 것이오. 쓸데가 없는데 어디서 고초를 당하겠소?(今子有大樹, 患其無用, 何不樹之於無何有之鄕, 廣莫之野, 彷徨乎無爲其側, 逍遙乎寢臥其下? 不夭斤斧, 物無害者. 無所可用, 安所困苦哉?)"라고 했다.

(25) 樂全(낙전): 張方平의 호. 소식의 자주에 "장안도를 말한다. 왕정국은 그의 사위이다(謂張安道也. 定國, 其壻)"라고 했다. 안도는 장방평의 字이다.

(26) 禪伯(선백): 參禪의 대가. '伯'은 '畫伯'·'詩伯'처럼 한 분야에 정통한 대가를 일컫는 경칭이다.

(27) 掣電(체전): 빠른 번개. 번득이는 생각을 가리킨다.

(28) 機鋒(기봉): 예봉. 창·칼·화살 따위의 날카로운 끝. 날카로운 논조나 표현을 가리킨다. 司馬光의 〈機權論〉에 "'機'는 쇠뇌의 화살 발사 장치이다(機者, 弩之所以發矢者也)"라고 했다.

(29) 擬(의): 모의하다. 흉내 내다. 이 구절은 장방평이 선문답에 매우 뛰어날 것이라는 말이다.

(30) 心通(심통): 말이나 글을 필요로 하지 않고 마음으로 통하다. 心心相印하다. 이심전심하다.

(31) 云何(운하): 왜. 어떻게.

(32) 印可(인가): 대조와 비교를 통하여 옳다고 인증하다. 禪宗에서 많이 쓰는 용어이다.

(33) 答(답): 동의하다.

(34) 如是(여시): 불교에서 문답을 진행할 때 인가나 허가를 표시하는 말.

(35) 相逢(상봉): 장방평과 사위 왕공의 상봉을 가리킨다. 당시 왕공은 南都(지금의 하남성 商丘)에 있는 장방평을 만나러 가는 길이었다.

(36) 留滯(유체): 강물이 얼어서 소식이 나아가지 못하고 발이 묶여 있는 것을 가리킨다.

(37) 桃花春漲(도화춘창): 복숭아꽃 피는 봄에 얼음이 녹고 비가 내려 강이나 호수의 물이 불어나는 현상. 마지막 네 구절은 소식 자신이 길을 재촉하지 않고 있는 이유를 장방평이 이미 알고 있겠지만 그래도 좀 말씀 드려 달라고 부탁한 것이다.

0854. 贈梁道人[1]

양도사에게

采藥壺公處處過,[2][3]	곳곳으로 약초 캐는 호공을 찾아가고
笑看金狄手摩挲.[4][5]	웃음 띤 채 동상을 보며 손으로 어루만지네.
老人大父識君久,[6]	노인네의 할아버지가 그대를 안 지 오래거늘
造物小兒如子何.[7]	물건 만드는 어린애가 그대를 어찌하리?
寒盡山中無歷日,	추위 다 간 산속에 달력이 없다 해도
雨斜江上一漁簑.[8]	빗발 비낀 강 위에 도롱이가 하나 떴네.
神仙護短多官府,[9][10]	신선들은 변명도 잘하고 관청도 많은지라
未厭人間醉踏歌.[11][12]	속세에서 술 마시고 노래하는 것 안 싫어하네.

[해설]

도사이면서도 속세에서 술 마시고 노래하기를 즐기는 양도사의 생활과 인품을 찬양한 것이다.

[주석]

(1) 梁道人(양도인): 구체적인 행적이 알려져 있지 않다. 李廌의 《師友談記》에 "양충은 입으로 묵은 기운을 내뿜고 코로 새 기운을 들이마시는 토납과 의약을 기술로 삼고 산다. 동파는 황주에 폄적되어 있을 때 그를 알았으며 지금은 경사에 있다(冲以吐納醫藥爲術, 東坡貶時識之, 今在京師)"라고 했

는데 孔凡禮는 이것을 근거로 양도사가 바로 양충일 것이라고 주장했다.(孔凡禮, 《蘇軾年譜》, 北京: 中華書局, 2005, 659쪽 참조)

(2) 采藥(채약): 약초를 캐다. 後漢 사람 費長房이 시장을 관리하는 관리로 있을 때 시장에 약초 파는 노인이 있었는데 그는 가게 앞에 병을 하나 걸어 두고 있다가 장사가 끝나면 병 속으로 들어갔다. 시장에 있던 사람들 가운데 아무도 그것을 본 사람이 없고 비장방만이 누각 위에서 그것을 보고 기이하게 여겼다. 비장방이 내려가서 노인에게 재배하고 술과 안주를 바치자 노인이 그를 데리고 병 속으로 들어갔다. 그 안에 으리으리한 집이 있는데 맛있는 술과 안주가 가득한지라 둘이서 다 마시고 나왔다.(《후한서·비장방전》 참조) 이 구절은 양도사가 약초 파는 노인처럼 신선적인 삶을 살면서 술을 즐기는 사람들을 찾아가서 함께 술 마시기를 좋아한다는 말이다.

(3) 壺公(호공): 전설상의 신선.

(4) 金狄(금적): 銅人. 진시황 때 주조한 거인 12명의 동상을 가리킨다. 《後漢書·薊子訓傳》에 "사람들이 장안 동쪽의 패성에서 그를 보았는데 한 노인과 함께 구리로 만든 사람을 어루만지며 '어쩌다가 이것을 만드는 것을 보았는데 이제 벌써 500년이 다 돼 가는군요'라고 했다(人於長安東霸城見之, 與一老翁共摩挲銅人, 相謂曰: '適見鑄此, 今已近五百歲矣.')"라는 기록이 있다.

(5) 摩挲(마사): 어루만지다. 이 구절은 양도사가 계자훈만큼이나 장수하고 있다는 말이다.

(6) 老人大父(노인대부): 노인의 할아버지. 나이가 아주 많은 사람을 가리킨다. 한나라 무제 때 사람 李少君은 불로장생의 方述을 잘 알고 있었는데 일찍이 武安侯의 연회에 참석한 적이 있었다. 좌중에 90여 세 된 노인이 있는 것을 보고 이소군이 그의 할아버지와 함께 사냥하던 곳을 이야기했더니 노인이 어릴 때 할아버지를 따라가서 본 곳이라 안다고 하므로 좌중에 있던 사람들이 다들 깜짝 놀랐다.(《漢書·郊祀志》 참조)

(7) 造物小兒(조물소아): 물건을 만드는 어린아이. 만물을 창조하는 조물주를 점토로 온갖 모양을 빚으며 노는 어린아이에 비유한 것이다. 《景龍文館記》에 "두심언은 큰소리치기를 좋아했는데 죽음을 맞게 되었을 때 송지문이 찾아가서 문후를 드리자 '물건을 만드는 어린아이에게 심히 고통을 당하고 있네. 내가 세상을 살면서 오랫동안 그대들을 억눌러 왔으니 이제 내가 죽으면 참으로 사람들의 마음에 위안이 되겠네만 나를 대신할 사람을 보지 못해서 안타깝네'라고 했다(杜審言好大言, 臨終, 宋之問往候之, 乃曰: '甚被造物小兒相苦, 僕在世久壓公等, 今死, 固當慰人心, 但恨不見替人耳.')"라는 말이 있다.

(8) 漁簑(어사): 풀을 엮어서 만든 어부의 비옷. 이 연은 양도사가 달력을 보지 않고도 고기잡이할 시기를 잘 안다는 말이다.

(9) 護短(호단): 단점을 庇護하다. 葛洪의 《抱朴子·勤求》에 "이름뿐인 도사들은 속임수를 써서 학자들을 기만하기를 잘할 뿐만 아니라 결점을 비호하고 어리석은 짓을 숨기며 모르는 것에 대해 부끄럽게 여기는 일이 많다(諸虛名之道士, 旣善爲誑詐以欺學者, 又多護短匿愚, 恥於不知)"라고 했다.

(10) 官府(관부): 관청. 관리. 한유의 시 〈奉酬盧給事雲夫四兄曲江荷花行見寄, 并呈上錢七兄閣老張十八助教〉에 "천상계의 진인에겐 관청이 참 많거늘, 노는 신선이 봉황을 몰아 온종일 따라다니는 것

과 어찌 같으리?(上界眞人足官府, 豈如散仙鞭笞鸞鳳終日相追陪?)"라는 구절이 있다.

(11) 人間(인간): 이 세상. 속세.

(12) 踏歌(답가): 박자를 맞추기 위해 발을 구르며 부르는 노래. 이 연은 양도사가 신선이 되어서 하늘로 올라가 버리는 것보다 속세에서 술 마시며 놀기를 더 좋아한다는 뜻으로 양도사 자신의 말을 옮긴 것인 듯하다.

0855. 龜山[1]辯才[2]師

귀산사의 변재법사

此生念念浮雲改,[3][4]	짧디짧은 이승이란 구름 모양이 바뀌는 것
寄語長淮今好在.[5][6]	지금 잘 계시는지 회하에게 말 전하네.
故人宴坐虹梁南,[7]	친구가 다리 남쪽에 편히 앉아 있노라면
新河巧出龜山背.[8]	새로 판 강이 마침 귀산 뒤에서 나오겠네.
木魚呼客振林莽,[9]	목탁으로 사람 부르느라 수풀이 진동하고
鐵鳳橫空飛綵繪.[10][11]	쇠 봉황에서 허공을 가로지르며 비단의 그림이 날겠네.
忽驚堂宇變雄深,[12]	불당이 웅장하고 깊숙해짐에 깜짝 놀라는 건
坐覺風雷生謦欬.[13][14][15]	목소리에서 바람과 우레가 생기는 느낌을 받는 탓이네.
羡師游戲浮漚間,[16]	법사가 거품 속에서도 자유로이 노니는 게 부럽고
笑我榮枯彈指內.[17]	내가 손가락 튕기는 사이에 흥하고 망하는 게 우습네.
嘗茶看畫亦不惡,	차를 맛보고 그림을 보는 것도 나쁘지 않고
問法求詩了無礙.[18]	불법을 묻고 시를 구해도 거리낌이 전혀 없네.
千里孤帆又獨來,	천 리 밖에서 외로운 배로 다시 혼자 왔나니
五年一夢誰相對.[19]	꿈같은 오 년 동안 누가 상대해 주었으리?
何當來世結香火,[20][21]	어떻게 내세에 향화사를 결성하여
永與名山供井磑.[22][23]	오래오래 명산에서 맷돌질로 공헌할까?

[해설]

강소성 우이현의 귀산사에서 수도하는 변재법사의 초탈한 생활을 상상하면서 그와 함께 욕심 없이 마음 편하게 살고 싶은 심정을 노래한 것이다.

[주석]

(1) 龜山(귀산): 강소성 盱眙에 있는 산 이름이기도 하고 그 산에 있는 절 이름이기도 하다. 《臨淮志》에 "상귀산은 우이현 서남쪽에 있고 하귀산은 우이현에서 북쪽으로 30리 되는 곳에 있으며 상하 두 군데의 절이 있다. 상귀산사는 경내에 쇠로 만든 나한상 150기가 있고, 하귀산사는 송나라 천희(1017-1021) 연간에 금비선사가 창건했는데 역시 모두 철상이다(上龜山在盱眙縣西南, 下龜山在縣北三十里, 有上下二寺. 上龜山寺中有鐵鑄羅漢一百五十區, 下龜山寺, 宋天禧中, 金臂禪師建, 亦皆鐵像)"라고 했다.

(2) 辯才(변재): 소식의 절친한 승려 친구. 속명은 徐元淨(1011-1091)이고 字는 無象이며 항주 於潛 사람이다. 그는 막 태어났을 때 왼쪽 어깨에 가사 끈 모양으로 살갗이 불룩하게 솟아 있다가 81일이 지난 뒤에 없어졌는데 그는 여든한 살까지 살았다. 그는 태어난 지 10년 만에 출가하여 스물다섯 살 때 자주색 법의와 변재라는 법호를 하사받았다.(蘇轍, 〈龍井辯才法師塔碑〉 참조) 〈贈上天竺辯才師〉(0291) 주 (2) 참조.

(3) 念念(염념): 불교 용어로 지극히 짧은 시간을 뜻한다.

(4) 浮雲改(부운개): 구름이 금방금방 다른 모양으로 바뀌는 것을 가리킨다.

(5) 長淮(장회): 淮河.

(6) 好在(호재): 주로 안부를 물을 때 쓰던 말이다. 杜甫의 시 〈送蔡希魯都尉還隴右, 因寄高三十五書記〉에 "그대를 통하여 소식 묻나니, 완원유 그 사람은 잘 있는지요?(因君問消息, 好在阮元瑜?)"라는 구절이 있다.

(7) 虹梁(홍량): 무지개처럼 둥그렇게 생긴 다리.

(8) 新河(신하): 《泗州圖經》에 "귀산은 우이현 동북쪽에 있는데 둘레가 4리이고 높이가 15장이다. 신하는 귀산 남쪽에 있다. 원풍 7년(1084) 발운사 장지기가 보조 하천을 팠으니 홍택에서 위로 귀산에 이르기까지의 60리를 신하라고 한다(龜山在盱眙縣東北, 周回四里, 高十五丈. 新河在龜山南. 元豐七年, 發運使蔣之奇開置夾河. 自洪澤上至龜山六十里, 謂之新河)"라고 했고, 王十朋의 《百家註分類東坡先生詩》에 "당시 장지기가 발운사가 되어 특별히 운하를 팠으니 귀산의 뒤에서 나왔다. 귀산이 회하 안에 있기 때문에 새 강을 파서 회하의 험악한 흐름을 피한 것이다(時蔣之奇爲發運使, 特開運河, 出於龜山之背. 龜山在淮水中, 故作新河, 以避淮流之險)"라고 했다. 왕십붕의 《백가주분류동파선생시》에는 또 "신하는 신락을 말한다(新河, 意者謂新洛也)"라고 했다. '新洛'에 대해서는 〈和王斿二首〉(0851) 주 (21) 참조. 이 연은 새로 판 운하를 바라보고 있을 변재법사의 생활을 상상하여 묘사한 것이다.

(9) 客(객): 香客 즉 신도를 가리킨다.

(10) 鐵鳳(철봉): 깃발을 게양하는 무쇠 장대, 즉 무쇠 幢竿 꼭대기의 봉황을 조각한 깃봉을 가리키는 것으로 보인다.

(11) 綵繪(채회): 무쇠 당간에 걸린 기다란 비단 깃발 위의 그림을 가리키는 것으로 보인다.

(12) 雄深(웅심): 웅장하고 깊다. 이 연은 변재법사가 불법을 강론하면 그 웅장한 목소리로 인하여 불당의 분위기가 장엄해지는 것을 가리키는 것으로 보인다.

(13) 坐(좌): ~에 기인하다.

(14) 風雷(풍뢰): 바람과 우레.

(15) 謦欬(경해): 기침. 담소. 불법을 강설하는 소리를 가리킨다.

(16) 浮漚(부구): 물 위에 떠다니는 거품. 덧없는 인생을 가리킨다.

(17) 彈指(탄지): 손가락을 한 번 튕기는 짧은 시간.

(18) 無礙(무애): 장애가 없다. 거리낌 없이 자재롭다. 이 연은 변재법사가 차를 마시거나 그림을 감상하는 것도 좋아하지만 불법을 강론하거나 시를 짓는 일을 특히 잘한다는 말이다.

(19) 五年(오년): 소식은 徐州知州에서 湖州知州로 옮겨 가는 도중이던 원풍 2년(1079)에 泗州를 지나갔는데 다시 사주에 들른 지금까지 약 5년이 지났다.

(20) 何當(하당): 어떻게.

(21) 香火(향화): 함께 향을 피우고 예불을 드리는 모임인 香火社를 가리킨다. 《舊唐書·白居易傳》에 "회창(841-846) 연간에 자청하여 태자소부를 그만두고 형부상서로 관직에서 물러났다. 향산의 승려 여만과 함께 향화사를 결성하여 늘 가마를 타고 왕래하며 흰옷을 입고 비둘기를 조각한 지팡이를 짚고 다니면서 스스로 향산거사라고 불렀다(會昌中, 請罷太子少傅, 以刑部尚書致仕. 與香山僧如滿結香火社, 每肩輿往來, 白衣鳩杖, 自稱香山居士)"라고 했다.

(22) 與(여): ~에서.

(23) 井磑(정애): 우물가의 맷돌. 우물가에서 물을 길어 맷돌질을 함으로써 중생에게 공헌한다는 말로 평범한 삶을 산다는 말이다. 《高僧傳》에 "弘忍大師가 혜능에게 '너는 무슨 공덕을 쌓으려느냐?'라고 하자 혜능이 '힘을 다해 돌을 끌어안고 맷돌질을 함으로써 중생에게 공헌하기를 바랄 뿐입니다'라고 했다(忍師問惠能曰: '汝作何功德?' 能曰: '願竭力抱石而舂, 供衆而已)"라는 기록이 있다.

0856. 次韻張琬[(1)]

장완의 시에 차운하여

新落霜餘兩岸隆,[(2)]	서리가 갓 내린 나머지 양쪽 언덕이 불룩한데
塵埃擧袂識西風.[(3)]	먼지 속에 소매가 들리니 서풍이 부는 줄 알겠네.
臨淮自古多名士,[(4)]	임회에는 예로부터 명사가 많거니와
樽酒相從樂寓公.[(5)]	한 통 술로 상종하며 이 나그네를 즐겁게 하네.
半日偸閑歌嘯裏,[(6)]	한나절 짬을 내어 노래하고 휘파람 부나니
百年暗盡往來中.[(7)]	오락가락하는 사이에 어느덧 백 년이 다 지나갔네.
知君不向窮愁老,[(8)]	그대는 가난과 근심 속에서 늙지 않는 줄 알겠나니
尙有淸詩氣吐虹.	아직도 청아한 시가 있어 기개가 무지개를 토하네.

[해설]

임회에서 만난 장완의 시에 차운한 것으로 그와 함께 술을 마시고 시를 짓는 즐거움을 토로했다.

[주석]

(1) 張琬(장완): 王十朋의 《百家註分類東坡先生詩》에 "자가 덕보이며 치평 2년(1065) 팽여려가 장원으로 급제한 과거에 급제했다(字德父, 治平二年彭汝礪榜登第)"라고 했다.

(2) 兩岸隆(양안륭): 서리가 양쪽 언덕 위의 풀을 뒤덮어 언덕이 불룩해진 것 같은 상태를 가리키는 것으로 보인다.

(3) 塵埃(진애): 서리가 내린 상태에서 먼지가 일 수는 없는바, 서북쪽의 사막 지대에서 날아온 황사를 가리키는 것으로 보인다. 《漢書·五行志第七下之上》에 이미 "성제 건시 원년(기원전 32) 4월…… 임인일 새벽에 서북쪽에서 큰 바람이 일어 적황색 구름이 온 천하를 가득 메우더니 밤낮 없이 누런 먼지가 땅에 떨어졌다(成帝建始元年四月……壬寅晨, 大風從西北起, 雲氣赤黃, 四塞天下, 終日夜下著地者黃土塵也)"라는 기록이 있는 것을 보면 당시에도 서북쪽 사막 지대에서 황사가 많이 생겼음을 알 수 있다.

(4) 臨淮(임회): 지금의 강소성 盱眙. 《元和郡縣志》에 "진나라 때의 사수군은 한나라 때의 패군인데 원정(기원전 116-111) 연간에 임회군으로 바뀌었으며 당나라 무덕(618-626) 연간에 사주가 되었다(秦泗水郡, 漢沛郡, 元鼎中改臨淮郡, 唐武德中爲泗州)"라고 했다.

(5) 寓公(우공): 자신의 영지를 잃고 다른 나라에 우거하던 귀족. 객지를 떠도는 사람을 두루 가리킨다. 여기서는 소식 자신을 가리킨다.

(6) 偸閑(투한): 짬을 내다.

(7) 往來(왕래): 관직을 따라 여기저기로 돌아다니는 것을 가리키는 것으로 보인다.

(8) 向(향): ～에서.

0857. 泗州[1]南山[2]監倉[3]蕭淵[4]東軒[5]二首

사주 남산의 창고지기 소연의 동헌

其一

偶隨樵父採都梁,[6]	어쩌다가 나무꾼 따라가 택란을 캐고
竹屋松扉試乞漿.[7][8]	대나무 지붕 소나무 문에서 음료를 좀 달라 해 보았네.
但見東軒堪隱几,[9]	안석에 기댈 만한 동헌만 눈에 띌 뿐
不知公子是監倉.	공자가 창고지기인 줄은 알지 못했네.
溪中亂石牆垣古,	개울엔 돌이 삐죽삐죽 담장은 고색창연
山下寒蔬匕箸香.[10]	산 밑의 차가운 채소로 수저가 향긋하네.
我是江南舊遊客,[11]	나는 옛날에 강남을 떠돌던 사람이라
挂冠知有老蕭郎.[12][13]	그곳에 관모를 건 늙은 소씨가 있는 줄 알았네.

其二

北望飛塵苦晝霾,[14]	북쪽을 보니 먼지가 날아 낮에도 컴컴한 걸 괴로워하다
洗心聊復寄東齋.[15]	가슴을 씻으러 동헌에다 몸을 맡겨 보았네.
珍禽聲好猶思越,[16]	월 땅을 아직 못 잊어 우는 진귀한 새의 소리가 곱고
野橘香淸未過淮.[17]	회하를 아직 안 지나서 야생 귤이 향긋하네.
有信微泉來遠嶺,[18]	신의 있는 실개천은 먼 산에서 내려오고

無心明月轉空階.	무심한 명월은 빈 섬돌을 감도네.
一官倉庾眞堪老,	창고지기는 한 번 되면 정말 그 자리서 늙을 만하나니
坐看松根絡斷崖.	가만히 앉아서 소나무 뿌리가 낭떠러지에 얽힌 걸 보네.

[해설]

소연이 사주 도량산에 지어 놓은 동헌의 쾌적한 환경을 찬양하고 그 속에서 유유자적하는 소연의 생활에 대한 부러움을 노래한 시이다. 제1수는 도량산에서 택란을 캐고 난 뒤 물을 얻어 마시기 위해 동헌에 들어갔다가 소연을 만난 과정을 서술했고, 제2수는 동헌 주위의 쾌적한 자연환경을 묘사한 후 한직을 맡고 있으면서 은거의 즐거움을 누리는 소연의 중은 생활(中隱生活)을 동경했다.

[주석]

(1) 泗州(사주): 지금의 강소성 盱眙.

(2) 南山(남산): 사주에 있는 都梁山을 가리킨다. 소식의 자주에 "남산은 이름을 도량산이라고 하나니 산에서 도량향이 나기 때문이다(南山名都梁山, 山出都梁香故也)"라고 했고, 《太平寰宇記》에 "우이현은 사주에서 남쪽으로 5리 되는 곳에 있고 도량산은 우이현에서 남쪽으로 60리 되는 곳에 있다(盱眙縣在泗州南五里, 都梁山在縣南六十里)"라고 했다.

(3) 監倉(감창): 창고지기. 관직 이름이다.

(4) 蕭淵(소연): 施元之의 《施注蘇詩》에 "소연은 자가 잠부로 나중에 조산랑으로서 침주지주를 지내고 죽었다(淵字潛夫, 後以朝散郎知郴州以沒)"라고 했다.

(5) 東軒(동헌): 소연이 사주 도량산에 지어 놓고 은거한 건물. 고을의 공무를 처리하는 관청인 우리나라의 동헌과는 다르다.

(6) 都梁(도량): 澤蘭의 별명으로 都梁香이라고도 한다.

(7) 竹屋松扉(죽옥송비): 대나무로 지붕을 이고 소나무 가지를 엮어서 사립문을 만든 시골집.

(8) 漿(장): 미음. 음료. 여기서는 물을 가리킨다.

(9) 隱几(은궤): 안석에 기대다. 편안한 마음으로 은거한다는 말이다.

(10) 匕箸(비저): 숟가락과 젓가락.

(11) 江南(강남): 좁은 의미로는 長江 하류의 남쪽 지역인 지금의 강소성·절강성 일대를 가리키지만 넓은 의미로는 장강 이남 지역 전체를 가리키는바, 여기서는 소연의 고향인 新喩(지금의 강서성 新余를 가리킨다. 북송 사람 孔武仲(1042-1097)의 〈蕭貫之挂冠亭記〉에 "소관지 공은 대대로 신유에 살았는데 젊을 때 문장으로써 진사 제1등에 급제했다.……가슴에 품은 뜻이 호연하고 명리를 좋아

하지 않아 한창 경사에서 근무할 때 이미 강남 사시 풍물의 아름다움을 읊은 시 16편이 있었으며 즉시 귀향하지 못하는 것을 한스러운 일로 여겼다.……자기 집 동쪽의 높은 곳에 정자를 지어 은퇴 후의 휴식처로 삼기로 하고 괘관정이라고 명명했는데 공의 나이가 46세에 그쳤고 정자도 짓지 못했다. 그의 아들 잠부가 그 터에 집을 지어 간혹 그 위에서 빈객들과 담소를 나누었다(公世家新喩, 少以文章登進士上第.……胸中浩然, 不樂聲利, 方其在京師時, 已有詩十六篇, 述江南四時風物之美, 以未得卽歸爲恨.……營其第舍之東, 將因高築亭, 爲退居燕息之所, 命之曰挂冠, 公之年止于四十有六, 而亭亦未及爲也. 其子潛夫, 卽其基而屋之, 間與賓客談笑其上)"라고 했는데, 시원지의 《시주소시》에 "이 시에 '나는 옛날에 강남을 떠돌던 사람이라, 그곳에 관모를 건 늙은 소씨가 있는 줄 알았네'라고 한 것은 아마도 소관지를 말하는 것일 것이다(此詩云: '我是江南舊遊客, 挂冠知有老蕭郞.' 蓋謂貫之也)"라고 했다.

(12) 挂冠(괘관): 관리가 官帽를 벗어서 성문에 건다는 뜻으로 벼슬에서 물러나는 것을 가리킨다. 《東觀漢記》에 "왕망이 섭정할 때 아들 왕우가 왕망에게 간언을 올리자 왕망이 그를 죽여 버렸다. 봉맹이 이를 보고 친구에게 말하기를 '삼강이 무너졌으니 떠나지 않으면 화를 당할 것이네'라고 하고는 즉시 관모를 벗어서 동문에 걸어 두고 떠나 버렸다(王莽居攝, 子宇諫莽, 而莽殺之. 逢萌謂友人曰: '三綱絶, 不去, 禍將及人.' 卽解冠挂東門而去)"라는 말이 있다.

(13) 老蕭郞(노소랑): 소연의 부친인 소관지를 가리킨다. 주 (11) 참조.

(14) 霾(매): 흙먼지가 자욱하여 해를 가리다.

(15) 東齋(동재): 소연의 동헌을 가리킨다.

(16) 思越(사월): 월나라를 그리워하다. 고향을 그리워한다는 말이다. 〈古詩十九首〉 其一에 "북쪽에서 온 말은 북풍에 귀 기울이고, 월나라에서 온 말은 남쪽 가지에 깃든다(胡馬依北風, 越鳥巢南枝)"라는 구절이 있으니 미물도 자기가 살던 곳을 그리워한다는 말이다.

(17) 淮(회): 淮河. 《周禮·考工記》에 "귤나무가 회하를 건너 북쪽으로 올라가면 탱자나무가 된다(橘踰淮而北爲枳)"라는 말이 있다. 이 구절은 사주 남산이 회하의 남쪽에 있기 때문에 한 말이다.

(18) 有信(유신): 마르지 않고 꾸준히 흘러 차질 없이 물을 대 준다는 뜻이다. 소식의 시 〈次韻張十七九日贈子由〉(0573)에 "공무는 한이 없어 끝날 날이 없건만, 국화는 신의 있어 우리를 안 속이네(官事無窮何日了, 菊花有信不吾欺)"라는 구절이 있다.

0858. 雍秀才[(1)]畫草蟲[(2)]八物
옹수재가 그린 풀벌레 여덟 가지

0858-1. 促織
귀뚜라미

月叢號耿耿,[(3)(4)] 달빛 내린 풀숲에서 눈부시다 소리 치고
露葉泣溥溥.[(5)] 이슬 맞은 잎에서 축축하다 울어 대네.
夜長不自暖, 긴긴 밤에 자신은 따뜻하게 하지 않고
那憂公子寒.[(6)] 어찌하여 공자가 추울까 봐 걱정하나?

[해설]

옹수재라는 화가가 여덟 가지의 풀벌레를 그린 초충도를 보고 지은 제화시이다. 송나라 등춘의 《화계》에 "동파에게 옹수재가 그린 풀벌레 여덟 가지를 읊은 시가 있는데 한 가지의 풀벌레로써 당시의 집권자 한 명씩을 풍자했다"라고 했거니와, 〈귀뚜라미(促織)〉는 귀뚜라미의 생태를 읊음으로써 자신의 안위보다 남의 안위를 먼저 걱정하는 위정자의 출현을 희망한 시인 것으로 보인다.

[주석]

(1) 雍秀才(옹수재): 宋나라 鄧椿의 《畫繼·搢紳韋布》에 "옹수재는 어디 사람인지 모른다. 동파에게 옹

수재가 그린 풀벌레 여덟 가지를 읊은 시가 있는데 한 가지의 풀벌레로써 당시의 집권자 한 명씩을 풍자했다. 예를 들면, '높은 곳에 올라가선 돌아올 줄 모르고, 마침내 벽에 붙어 말라 버리네'라는 구절로 왕개보를 비유했고, '처음 올 땐 꽃들이 곱기를 다퉜는데, 홀연 떠나 귀신같이 흔적도 없네' 라는 구절로 장돈을 비유했다. 지금 시와 그림이 다 돌에 새겨져서 세상에 전한다(雍秀才, 不知何許人. 坡有詠所畫草蟲八物詩, 詩意, 每一物譏當時用事者一人, 如'升高不知回, 竟作黏壁枯', 以比介甫; '初來花爭妍, 倏去鬼無跡', 以比章惇. 今詩與畫俱刋石, 流傳於世)"라고 했다.

(2) 草蟲(초충): 풀벌레. 풀밭에 사는 벌레.

(3) 月叢(월총): 달빛이 비치는 풀숲을 가리킨다.

(4) 耿耿(경경): 밝은 모양.

(5) 漙漙(단단): 이슬이 많은 모양.

(6) 公子(공자): 다른 사람의 아들에 대한 경칭. 이 구절은 '促織'이라는 이름이 베 짜기를 재촉한다는 뜻이기 때문에 귀뚜라미가 우는 것을 빨리 베를 짜서 옷을 지으라고 재촉하는 것에 빗댄 해학적인 표현이다.

0858-2. 蟬

매미

蛻形濁汚中,(1)	더러운 땅속에서 허물 벗고 나와서는
羽翼便翾好.(2)	날개가 돋아 쌩쌩 잘도 날아다녔네.
秋來間何闊,(3)	가을 되자 어찌 이리 뜸한가 했더니만
已抱寒莖槁.	이미 마른 줄기를 안고 말라 버렸네.

[해설]

매미의 생태를 통하여 인품도 좋지 않고 능력도 없는 인사가 권력을 마구 휘두르다가 어느 날 갑자기 정치 무대에서 사라져 버리는 세태를 풍자한 것으로 보인다.

[주석]

(1) 濁汚(탁오): 더러운 곳. 매미는 성충이 되기 전에 몇 년 동안 땅속에서 굼벵이로 지낸다.

(2) 便翾(편현): 빠르게 나는 모양.
(3) 間何闊(간하활): 간격이 어찌 이리 넓은가. '間'은 시간적 간격을 가리킨다. 이 구절은 가을이 온 이후로 매미가 눈에 잘 안 뜨였다는 말이다.

0858-3. 蝦蟆(1)

두꺼비

睅目知誰瞋,(2)	퉁방울눈이 누구에게 화내는 걸까?
皤腹空自脹.(3)	불룩한 배는 공연히 저절로 부풀었네.
慎勿困蜈蚣,(4)	아무쪼록 지네를 괴롭히지 말지니
饑蛇不汝放.	굶주린 뱀이 너를 놓아두지 않을 것이네.

[해설]

두꺼비의 신체적 특징을 재미있게 묘사한 후 그것이 지네를 잡아먹고 뱀에게 잡아먹히는 천적 관계를 말함으로써 정치 무대의 약육강식 현상을 풍자했다.

[주석]

(1) 蝦蟆(하마): 두꺼비.
(2) 睅目(환목): 퉁방울눈.
(3) 皤腹(파복): 불룩하게 나온 배.
(4) 蜈蚣(오공): 지네. 《埤雅·釋蟲》에 "옛날 말에 의하면 두꺼비는 지네를 잡아먹고 지네는 뱀을 잡아먹고 뱀은 두꺼비를 잡아먹기 때문에 세 동물이 서로 만나면 어느 것도 감히 먼저 움직이지 못한다고 한다(舊說: 蟾蜍食蝍蛆, 蝍蛆食蛇, 蛇食蟾蜍, 三物相值, 莫敢先動)"라고 했다.

0858-4. 蜣蜋[(1)]

쇠똥구리

洪鐘起暗室,[(2)(3)]	컴컴한 방에서 큰 종이 울리고
飄瓦落空庭.[(4)]	빈 뜰에 기왓장이 쿵 하고 떨어진다.
誰言轉丸手,[(5)]	그 누가 말했나 공굴리기 명수가
能作殷牀聲.[(6)]	침대 흔드는 소리를 낼 줄 안다고?

[해설]

쇠똥구리가 아무리 큰 소리를 내어도 결국은 변변찮은 소리일 뿐이라는 사실을 설파한 것으로, 힘없는 사람의 안쓰러운 처지를 풍자한 것으로 보인다.

[주석]

(1) 蜣蜋(강랑): 쇠똥구리.

(2) 洪鐘(홍종): 큰 종. 쇠똥구리의 날갯짓 소리를 가리키는 것으로 보인다.

(3) 暗室(암실): 쇠똥구리가 서식하는 구덩이를 가리키는 것으로 보인다.

(4) 飄瓦(표와): 지붕에서 굴러 떨어진 기왓장. 《莊子·達生》에 “비록 미워하고 원망하는 마음을 지닌 사람일지라도 지붕에서 굴러 떨어진 기왓장을 원망하지는 않는다(雖有忮心者, 不怨飄瓦)”라는 말이 있다. 이 구절은 쇠똥구리가 굴려서 모은 쇠똥 덩어리를 구덩이에 밀어 넣을 때 나는 소리를 과장되게 묘사한 것으로 보인다.

(5) 轉丸手(전환수): 공을 굴리는 사람. 쇠똥구리를 가리킨다. 쇠똥구리는 동그란 쇠똥을 잘 굴리기 때문에 ‘轉丸’이라는 별명을 가지고 있다.

(6) 殷牀聲(은상성): 침대를 흔드는 소리. 아주 큰 소리를 가리킨다. 이상의 두 구절은 쇠똥구리가 큰 소리를 내지 못한다는 말이다.

0858-5. 天水牛(1)

하늘소

兩角徒自長,(2)	두 뿔은 쓸데없이 절로 길게 나 있고
空飛不服箱.(3)	일 없이 날아다닐 뿐 수레를 끌지 않네.
爲牛竟何事,	소라지만 도대체 무슨 일을 하는가?
利吻穴枯桑.	뾰족한 입으로 마른 뽕나무에 구멍이나 뚫고 있네.

[해설]

아무 일도 하지 않고 놀고먹을 뿐만 아니라 백성들에게 해악을 끼치기까지 하는 위정자들을 하늘소에 비유하여 풍자한 것이다.

[주석]

(1) 天水牛(천수우): 하늘소. 하늘솟과의 곤충을 통틀어 이르는 말. 몸은 갸름하고 단단한 딱지날개와 긴 더듬이가 있다. 입의 좌우에 날카로운 큰턱이 있어 작은 가지 따위를 잘라 낼 수 있다. 네눈박이하늘소·뽕나무하늘소·삼하늘소·참나무하늘소·톱하늘소·포도나무하늘소 등의 여러 종류가 있다. '天牛'라고도 한다.

(2) 兩角(양각): 하늘소의 머리에 나 있는 두 개의 더듬이를 가리킨다.

(3) 服箱(복상): 수레를 끌다. 《詩經·小雅·大東》에 "환하게 빛나는 저 견우성은, 도무지 수레를 끌지 못하네(睆彼牽牛, 不以服箱)"라는 구절이 있다. 이 연은 하늘소가 이름만 '소'일 뿐 뿔도 쓸모가 없고 수레도 끌지 못한다고 비핀한 것이다. '箱'은 '車箱'을 가리킨다.

0858-6. 蝎虎(1)

갈호

跂跂有足蛇,(2)	살금살금 기는 것이 다리 있는 뱀이요
脈脈無角龍.(3)	기다랗게 뻗은 것이 뿔 없는 용이로다.

為虎君勿笑,(4)　　호랑이라 한다고 그대여 웃지 마라
食盡蠆尾蟲.(5)　　전갈을 보이는 대로 다 잡아먹는단다.

[해설]

갈호의 생태적 특징을 빌려서 겉으로는 보잘것없어 보이지만 실질적으로는 누구보다도 자기 임무를 충실히 수행하는 실속 있는 인사를 찬양한 것이다.

[주석]

(1) 蝎虎(갈호): 도마뱀과에 속하는 파충류의 동물. 도마뱀과 비슷하나 허리가 짧고 납작하다. 守宮·壁虎·蝘蜓 등의 다른 이름이 있다. 《方言》에 "秦지방·晉지방 및 서하에서는 수궁이라고도 하고 언전이라고도 한다. 못 안에 있는 것을 석척이라고 하는데 남초지방에서는 그것을 사의라고 한다(秦·晉·西夏謂之守宮, 又號蝘蜓. 其在澤中者, 謂之蜥蜴, 南楚謂之蛇醫)"라고 했다.
(2) 跂跂(기기): 느릿느릿 나아가는 모양.
(3) 脈脈(맥맥): 끊이지 않고 죽 이어진 모양.
(4) 爲虎(위호): 호랑이라고 하다. '蝎虎' 또는 '壁虎'라고 부르는 것을 가리킨다. '爲'는 '謂'와 같다.
(5) 蠆尾蟲(채미충): 전갈. 전갈과의 절지동물. 길이는 약 6cm이고, 몸은 머리가슴부와 배로 나뉘며 등은 푸른빛을 띤 갈색이고 배는 노란색이다. 배 끝에 독침이 있고 입 가까이에 집게가 있으며 다리는 여덟 개 있다. 《本草綱目·蟲二》에 "허신이 '蠍은 채미충이다'라고 했는데 꼬리가 긴 것은 채미충이고 꼬리가 짧은 것은 갈이다(許愼云: '蠍, 蠆尾蟲也.' 長尾爲蠆, 短尾爲蠍)"라고 했다.

0858-7. 蝸牛

달팽이

腥涎不滿殼,(1)(2)　　비린 침이 껍데기에 가득하진 않아도
聊足以自濡.　　그런대로 자신을 적시기엔 충분한데
升高不知回,　　높은 곳에 올라가선 돌아올 줄 모르고
竟作黏壁枯.　　마침내 벽에 붙어 말라 버리네.

[해설]

물을 찾아다니다가 길을 잘못 들어서 급기야 말라 죽고 마는 달팽이에 비유함으로써 만족할 줄 모르고 욕심을 부리다가 오히려 일을 그르치고 마는 어리석은 사람을 풍자한 것이다.

[주석]

(1) 腥涎(성연): 비린 침. 달팽이의 몸에서 나오는 점액을 가리킨다.
(2) 殼(각): 貝殼이라는 뜻으로 달팽이의 집을 가리킨다.

0858-8. 鬼蝶[1]

호랑나비

雙眉卷鐵絲,[2]	두 눈썹은 철사가 돌돌 말린 모양이고
兩翅暈金碧.[3][4]	두 날개엔 황금색과 파랑색이 무리를 지었네.
初來花爭妍,[5]	처음 올 땐 꽃들이 곱기를 다퉜는데
忽去鬼無迹.	홀연 떠나 귀신같이 흔적도 없네.

[해설]

왔다가 얼마 안 있어서 금방 가 버리는 호랑나비처럼 멋있기는 하지만 믿음성이 없는 사람을 풍자한 것이다.

[주석]

(1) 鬼蝶(귀접): 호랑나비의 일종. '鬼蛺蝶'이라고도 한다. 王十朋의 《百家註分類東坡先生詩》에 《酉陽雜俎》를 인용하여 "귀접은 발이 하나이고 나무에 붙으면 마른 나뭇잎같이 보인다(鬼蝶一足, 著木如乾木葉)"라고 했는데, 王文誥의 《蘇軾詩集》에 "왕씨의 주에서 한 말은 본래 시에서 말한 처음 올 때 및 홀연히 갈 때의 모습과 부합하지 않는다. 강동지방에서는 큰 나비를 '귀거'라고 하고 옛날 위나라·조나라 지방에서는 영리한 것을 귀신같다고 하니 아마도 명명의 의미가 여기에서 벗어나지 않을 것이다. 《계해우형지·충어지》에 '귀협접은 크기가 부채만 하고 날개가 네 개라 날기를 잘한다'

라고 했으니 '귀거'라는 설을 증명할 수 있다(王註之說, 本與詩言初來忽去之狀不合. 江東以蝶之大者爲'鬼車', 魏·趙之間, 謂黠爲鬼, 恐命名之意, 不出此也.《桂海虞衡志·蟲魚志》曰: '鬼蛺蝶, 大如扇, 四翅, 好飛.' 可證鬼車之說矣)"라고 했다.

(2) 鐵絲(철사): 철사. 더듬이를 가리킨다.

(3) 暈(훈): 무리를 짓다. 무리는 해나 달의 주위에 때때로 보이는 희끄무레한 테를 가리킨다.

(4) 金碧(금벽): 황금색과 푸른색. 날개에 있는 햇무리나 달무리처럼 생긴 둥근 반점을 가리킨다.

(5) 爭姸(쟁연): 아름답기를 다투다. 꽃들이 서로 호랑나비의 관심을 끌려고 노력할 만큼 호랑나비가 멋있게 생겼다는 말이다.

0859. 泗州[1]除夜雪中黃師是[2]送酥酒[3]二首

사주에서 제야의 눈 속에 황사시가 연유와 술을 보내 주어서

其一

暮雪紛紛投碎米,[4]	어지러운 저녁 눈은 흩뿌리는 쌀가루요
春流咽咽走黃沙.[5]	졸졸대는 봄 강은 모래 위를 달린다.
舊遊似夢徒能說,[6]	꿈같은 옛날 유람이나 얘기할 수 있을 뿐
逐客如僧豈有家.[7]	스님 같은 유배객이 어찌 집이 있으리오?
冷硯欲書先自凍,	차가운 벼루는 쓰기도 전에 물이 먼저 어는데
孤燈何事獨生花.[8]	외로운 등은 무슨 일로 혼자 꽃을 피우나?
使君夜半分酥酒,[9]	사자께서 밤중에 연유와 술을 나눠 주니
驚起妻孥一笑譁.	놀라서 깬 처자가 왁자지껄 웃어 댄다.

其二

關右土酥黃似酒,[10][11]	관서지방 토산 연유는 누렇기가 술과 같고
揚州雲液却如酥.[12][13]	양주지방 운액은 오히려 연유 같네.
欲從元放覓拄杖,[14][15]	공원방을 좇아가 지팡이를 찾으려 했는데
忽有麴生來坐隅.[16][17]	홀연히 한구석에 국생이 왔네.
對雪不堪令飽暖,	눈을 보며 배부르고 따뜻하게 못해 주는데

隔船應已厭歌呼.[18][19]	배 너머에선 이미 실컷 고성방가했겠네.
明朝積玉深三尺,	내일 아침 백옥이 석 자나 쌓였을 때
高枕牀頭尙一壺.[20]	베개 높이고 누워 있으면 침대에 아직 한 병이 있겠네.

[해설]

사주에서 눈이 내리는 가운데 쓸쓸하게 제야를 보내고 있을 때 마침 황식이 연유와 술을 보내 주어서 반갑고 고마운 심경을 노래한 것이다.

[주석]

(1) 泗州(사주): 지금의 강소성 盱眙.

(2) 師是(사시): 章惇의 생질로 소철의 사돈이 된 黃寔의 字. 《송사·황식전》에 "소철은 진주에 있을 때 황식과 교유했기 때문에 혼인을 맺었으며 그 뒤에 또 소식과 친하게 지냈다. 소성(1094-1097) 연간에 당화가 일어났을 때 황식은 장돈의 생질이라 제앙을 면했지만 그래도 오랫동안 조정에 남아 있을 수는 없었다(蘇轍在陳與寔游, 因結昏, 其後又與軾友善. 紹聖黨禍起, 寔以章惇甥, 故獲免. 然亦不得久於朝著焉)"라고 했고, 王文誥의 《蘇軾詩集》에 "고찰해 본 바에 의하면 자유의 막내아들 소원은 황식의 사위이다(考子由之幼子遠, 黃寔壻也)"라고 했다.

(3) 酥酒(수주): 연유와 술. 《說郛·南遊記舊》에 "황식이 스스로 말하기를 '……원풍 연간의 갑자년(1084)에 회동제거가 되어 제야에 변하와 황하가 만나는 변구에 배를 댄 적이 있었다. 그때 맞은편 언덕에 소자첨이 마치 기다리는 사람이라도 있는 듯이 지팡이를 짚고 서 있는 것을 보았다. 돌아오는 배 안에서 양주 주방에서 빚은 술 두 동이와 옹주에서 생산된 연유 한 상자를 주었다'라고 했다(黃寔自言: '……元豐甲子爲淮東提擧, 嘗於除夜泊汴口. 見蘇子瞻執杖立對岸, 若有所俟. 歸舟中, 以揚州廚釀二尊·雍酥一奩遺之.')"라는 기록이 있다.

(4) 紛紛(분분): 뒤섞이어 어수선한 모양.

(5) 咽咽(열열): 소리가 나직한 모양.

(6) 舊遊(구유): 옛날에 사주를 지나가며 거기서 즐겁게 논 일을 가리킨다. 이 구절은 옛날에 사주에서 즐겁게 놀던 일이 다시 일어나지는 않을 것이라는 말이다.

(7) 逐客(축객): 조정에서 쫓겨나 유배 간 사람. 王十朋의 《百家註分類東坡先生詩》에 "'쫓겨난 사람'은 선생이 황주로 폄적된 자기 자신을 말한 것이다('逐客', 先生自謂黃州之謫也)"라고 했다.

(8) 花(화): 燈花. 등잔불이나 촛불의 심지 끝이 타서 생긴 불똥을 가리킨다.

(9) 使君(사군): 임금이 부여한 사명을 받들고 외국이나 지방으로 나가서 일하는 使者. 당시 權提點淮南東路常平의 직책을 맡고 있던 황식을 가리킨다. 馮應榴의 《蘇軾詩集合注》에 "《續資治通鑑長編·元豐八年十月》에 '권제점회남동로상평 황식이 제점개봉부계공사가 되었다'라고 했다. 황식은 황

호고의 아들이다. 선생이 이 시를 지은 것은 원풍 7년(1084) 겨울이니 바로 황사시가 회동에 있을 때이다(《續通鑑長編·元豐八年十月》: '權提點淮南東路常平黃寔, 提點開封府界公事.' 寔, 好古子也. 先生作詩在七年冬, 正師是在淮東時矣)"라고 했다.

(10) 關右(관우): 函谷關의 오른쪽, 즉 關西 지역.

(11) 土酥(토수): 그 지방 토산품인 연유. 이 구절은 대개 흰색인 보통 연유와 달리 관서지방의 연유는 농도가 진해서 누르스름하다는 말이다.

(12) 揚州(양주): 지금의 강소성 양주.

(13) 雲液(운액): 施元之의 《施注蘇詩》에 "운액은 양주 관아 주방에서 빚은 술의 이름이다(雲液, 揚之公廚酒名也)"라고 했다. 이 구절은 노란색인 보통 술과 달리 양주의 운액은 희다는 말이다.

(14) 元放(원방): 孔元放을 가리킨다. 시원지의 《시주소시》에 인용된 《神仙傳》에 "공원방이 손님들과 함께 모여서 술을 마실 때 지팡이로 땅을 짚고 마시도록 하는 酒令을 정하여 손으로 지팡이를 잡고 거꾸로 서서 머리가 아래로 가고 발이 위로 가게 한 후 한 손으로 잔을 잡고 거꾸로 마시게 했더니 아무도 할 줄 아는 사람이 없었다(孔元放與客會飮, 元放作令, 以杖拄地, 手把杖倒豎, 頭下足上, 一手持杯倒飮之, 人莫能爲也)"라는 일화가 소개되어 있다.

(15) 拄杖(주장): 지팡이.

(16) 麴生(국생): 도사 葉法善은 도술에 능했는데 그가 玄眞觀에 있을 때 조정의 관리들이 그를 찾아가 술을 마시곤 했다. 하루는 麴手才라는 스무 살가량 된 청년이 갑자기 들어와 말석에 앉아서 고금의 일을 인용해 가며 유창하게 담론을 전개함으로써 좌중을 놀라게 했다. 그러다가 갑자기 일어나서 나가는지라 섭법선이 작은 검으로 그를 툭 쳤더니 즉시 섬돌 아래로 떨어져 술병으로 변했다. 좌중에 있던 사람들이 깜짝 놀라며 맛있게 먹고는 그 병을 향해 읍하며 "국생! 국생! 맛을 잊을 수 없겠구려"라고 했다.(《太平廣記·精怪一》 참조) 이 연은 자기가 술을 마시고 싶었는데 마침 황식이 술을 보내 주었다는 말이다.

(17) 坐隅(좌우): 좌석 한 구석.

(18) 隔船(격선): 소식이 타고 있는 배 저 너미에 있는 사주 고을을 가리킨다.

(19) 歌呼(가호): 노래하고 소리 지르다. 曹參이 漢나라 재상으로 재임할 때 그의 집 후원이 관리의 숙사와 가까웠는데 관리의 숙사에서 날마다 술 마시고 노래 부르는 소리가 들려왔다. 조참 집의 시종들이 매우 듣기 싫었지만 자신들이 제지할 수는 없었기 때문에 조참을 후원으로 데리고 갔다. 조참이 직접 들으면 못하게 할 줄 알고 그랬는데 조참은 오히려 그들과 한데 어울려 술 마시고 노래하고 소리 질렀다.(《史記·曹相國世家》 참조) 이 구절은 사주 사람들은 제야를 맞아 매우 흥겨운 시간을 보내고 있을 텐데 이에 반해 자신은 가족에게 춥고 배고픈 제야를 보내게 하고 있다는 말이다.

(20) 高枕(고침): 베개를 높이 베다. 아무 걱정이 없다는 말이다.

0860. 章錢[1]二君見和[2], 復次韻答之, 二首

장군과 전군이 나의 시에 화답했기에 다시 차운하여 화답한다

其一

黃昏已作風翻絮,[3] 황혼에 이미 바람에 날리는 버들개지 솟구쳤는데
半夜猶驚月在沙.[4] 밤중에도 아직 모래밭에 달이 비쳐 놀랐네.
照汴玉峰明佛刹,[5][6][7] 변하에 비친 백옥 봉우리엔 절이 훤하고
隔淮雲海暗人家. 회하 너머의 운해에는 인가가 어둑하네.
來牟有信迎三白,[8][9] 밀과 보리는 신의 있게 세 번의 백설을 맞이하고
薝蔔無香散六花.[10][11] 치자꽃은 향기 없이 육각 꽃을 흩날리네.
欲喚阿咸來守歲,[12][13] 아함을 불러와서 송년 밤샘 하면서
林烏櫪馬鬪喧嘩.[14][15] 까마귀와 말이 다투어 소란 피우길 원했다네.

其二

分無纖手裁春勝,[16] 섬섬옥수가 춘승을 오리는 건 내 분수에 없지만
況有新詩點蜀酥.[17][18] 때마침 촉지방의 연유로 쓴 새 시가 있네.
醉裏冰髭失纓絡,[19] 술이 취해 언 수염은 구슬을 잃고
夢回布被起廉隅.[20] 꿈이 깨면 베 이불은 모서리가 들리리.
君應旅睫寒生暈,[21][22] 그대들의 지친 눈엔 추위로 달무리가 생길 테고

我亦飢腸夜自呼.	나도 주린 창자에서 밤에 절로 소리가 나리.
明日南山春色動,(23)	내일이면 남산에 봄빛이 동하련만
不知誰佩紫微壺.(24)	그 누가 자미호를 찰는지 모르겠네.

[해설]

장군과 전군이 소식의 시 〈사주에서 제야의 눈 속에 황사시가 연유와 술을 보내 주어서(泗州除夜雪中黃師是送酥酒二首)〉(0859)에 화답하는 시를 짓자 다시 이 시에 차운한 것으로, 눈 내리는 제야의 정경과 객지에서 새해를 맞이하는 쓸쓸한 심경을 노래했다.

[주석]

(1) 章錢(장전): 구체적인 행적이 알려져 있지 않다.

(2) 見和(견화): 나에게 화답하다. 〈次韻葉致遠見贈〉(0820) 주 (2) 참조.

(3) 絮(서): 버들개지. 눈발을 가리킨다. 이 구절은 황혼녘에 이미 버들개지가 바람을 타고 하늘로 치솟는 것처럼 눈발이 흩날렸다는 말이다.

(4) 月在沙(월재사): 눈이 대지를 하얗게 뒤덮고 있는 것을 가리킨다. 이 시는 섣달 그믐날 밤에 지은 것인데 그믐날은 달이 보이지 않기 때문에 한밤중에 달빛이 비칠 수가 없다.

(5) 汴(변): 변하. 하남성 滎陽縣에서 黃河로부터 갈라져 나와 開封 남쪽과 商丘 북쪽을 지나 徐州에 이르러 泗水로 흘러들고 泗州에 이르러 淮河로 흘러드는 강.

(6) 玉峰(옥봉): 백옥처럼 하얀 눈에 덮인 산봉우리를 가리킨다.

(7) 佛刹(불찰): 불교 사찰. 절.

(8) 來牟(내모): 소맥과 대맥. 밀과 보리의 통칭. '來麰'와 같다.

(9) 三白(삼백): 한 해에 백설이 세 번 내리는 것을 가리킨다. 元好問의 시 〈雪後招鄰舍王贊子襄飮〉에 "하남 땅에 겨울 들어 백설이 이미 세 번 내려, 기름기 도는 땅이 벌집처럼 불룩하다(河南冬來已三白, 土膏墳起如蜂房)"라고 한 바와 같이 겨울에 눈이 많이 내리면 이듬해에 보리 풍년이 든다. 〈次韻陳四雪中賞梅〉(0728) 주 (11) 참조. 이 구절은 가을에 씨를 뿌린 밀과 보리가 어김없이 싹을 틔워 눈을 여러 번 맞는다는 말이다.

(10) 薝蔔(담복): 치자꽃. 초여름에 하얀 꽃이 피는데 꽃잎이 여섯 개씩이다. 여기서는 육각형의 백색 결정체인 눈을 가리킨다. 소식의 자주에 "담복은 치자꽃이다. 눈꽃과 함께 모두 꽃잎이 여섯 개이다(薝蔔, 梔子花也. 與雪花皆六出)"라고 했다.

(11) 六花(육화) 꽃잎이 여섯 개인 꽃.

(12) 阿咸(아함): 장군과 전군을 가리키는 것으로 보인다. 杜甫의 시 〈杜位宅守歲〉에 "아융의 집에서 송년 밤샘 하느라, 산초 쟁반 올려놓고 이미 꽃을 노래했네. 벼슬아치 모인지라 말들이 시끄럽고, 횃

불이 늘어서서 숲속 까마귀 흩어 놓네(守歲阿戎家, 椒盤已頌花. 盍簪喧櫪馬, 列炬散林鴉)"라는 구절이 있는데 '阿戎'이 '阿咸'으로 된 판본도 있는바, 소식은 '阿咸'으로 된 판본을 본 것으로 보인다.

(13) 守歲(수세): 옛날 풍속에서 음력 섣달 그믐날 밤에 집 안 구석구석에 등불을 밝혀 놓고 밤을 새우던 일. 〈歲晚, 相與饋問, 爲饋歲; 酒食相邀呼, 爲別歲; 至除夜達旦不眠, 爲守歲. 蜀之風俗如是. 余官於岐下, 歲暮思歸而不可得, 故爲此三詩以寄子由〉(0087)의 제목 참조. 이것을 보면 이 시가 원풍 7년(1084) 제야에 지어졌음을 알 수 있다.

(14) 林烏(임오): 숲속의 까마귀. 주 (12) 참조.

(15) 櫪馬(역마): 구유에 매여 있는 말. 주 (12) 참조. 이 연은 자기 옆의 다른 배에서 자신과 마찬가지로 얼음이 녹기를 기다리고 있는 장군과 전군을 불러 黃寔이 보내 준 술을 함께 마실 때 두 사람이 시를 지어 감사의 뜻을 표하자 여러 사람이 한데 모여서 떠들썩하고 온기 넘치는 제야를 보내고 싶어서 그런 것이라고 대답한 것으로 보인다.

(16) 春勝(춘승): 설날이나 입춘에 종이나 비단을 깃발·제비·나비·금전 등의 모양으로 오려서 여자들의 머리에 꽂던 장식품.

(17) 況(황): 마침.

(18) 新詩點蜀酥(신시점촉수): 떡이나 빵 같은 음식 위에 촉지방에서 나는 연유로 쓴 시를 가리키는 것으로 보인다. 王十朋의 《百家註分類東坡先生詩》에 "춘승은 정월 초하룻날 머리에 꽂는 것이다. 촉지방 사람들 중에는 부녀자가 연유로 쓴 시를 자리에 늘어놓는 것을 자랑하는 사람이 많다(春勝, 元日所戴也. 蜀中人多誇婦女以點酥詩飣坐)"라고 했다. 이 구절은 객지의 배 안에서 신년을 맞이하는 처지인지라 곁에 젊고 아리따운 여인이 없어서 쓸쓸하지만 그래도 현명하고 유능한 부인이 있어서 위안이 된다는 말이다.

(19) 纓絡(영락): 瓔珞. 구슬을 꿰어서 만든 장식품으로 대개 목에 걸지만 머리나 가슴·팔에도 건다. 이 구절은 취기로 열이 나서 수염에 달려 있던 동글동글한 얼음 조각들이 녹아서 없어졌다는 말이다.

(20) 廉隅(염우): 모서리. 이 구절은 이불이 빳빳하게 얼어서 네 모서리가 위로 들릴 것이라는 말이다.

(21) 旅睫(여첩): 여행으로 인하여 지친 눈. 이 구절을 보면 장군과 전군도 사주 사람이 아니라 얼음이 녹기를 기다리고 있는 나그네임을 알 수 있다.

(22) 暈(훈): 햇무리나 달무리. 이 구절은 장군과 전군이 자기 배로 돌아가서 잠을 자노라면 눈썹에 얼음이 맺혀 뿌옇게 될 것이라는 말인 것으로 보인다.

(23) 南山(남산): 사주에 있는 都梁山을 가리킨다. 〈泗州南山監倉蕭淵東軒二首〉(0857) 주 (2) 참조.

(24) 紫微壺(자미호): 中書舍人을 지낸 杜牧의 시 〈獨酌〉에 "술 한 병 허리에 차고 혼자 유람하자니, 가을 터럭만큼이나 태산이 작다(獨佩一壺遊, 秋毫泰山小)"라고 한 데서 비롯되어 두목이 차고 다닌 술병을 가리킨다. 당나라 개원 원년(713)에 中書省에 배롱나무(紫微)를 심어 놓고 중서성을 자미성이라고 불렀는데, 소식의 이 구절에 대하여 《漁隱叢話後集·東坡五》에 "두목지가 중서사인을 지냈었기 때문에 자미호라고 한 것이다(以牧之曾作中書舍人, 故言紫微壺)"라고 했다. 施元之의 《施注

蘇詩》에 "자미호에 관한 일은 무슨 뜻인지 분명하지 않다.……박식한 군자의 변석이 필요하다(紫微壺事, 未詳.……博學君子當辨之)"라고 한 바와 같이 이 연은 의미가 매우 모호한데, 내일이면 새해라 달력상으로는 봄이 시작되지만 현실적으로는 아직 추워서 술병을 차고 남산에서 봄놀이할 사람이 없을 것이라는 뜻으로 시절이 아직 태평스러워지지 않았음을 안타까워한 것일 가능성이 커 보인다.

卷25

古今體詩五十一首

고체시 및 근체시 51수

권25에는 원풍 8년(1085) 1월 사주(泗州)를 떠날 때부터 남도(南都)에서 상주거주(常州居住)의 허락을 받아 상주로 가서 잠시 머물다가 머지않아 사면·복권되어 등주지주(登州知州)에 임명되었다는 소식을 들은 그해 6월까지의 시 51수가 수록되어 있다.

0861. 正月一日, 雪中過淮(1)謁客回, 作二首

정월 초하룻날 눈 속에 회하를 지나 손님을 뵙고 돌아와서

其一

十里淸淮上,	십 리에 달하는 맑디맑은 회하 가의
長堤轉雪龍.(2)	긴 둑에 백설 용이 꿈틀거렸네.
冰崖落屐齒,(3)(4)	얼어붙은 벼랑에는 나막신 굽이 찍혀 있고
風葉亂裘茸.(5)	바람 맞은 풀잎들이 갖옷의 털을 막 흔들었네.
萬頃穿銀海,	만경이나 뻗어 있는 은빛 바다 뚫고 가서
千尋度玉峰.	천 길이나 솟아 있는 백옥 봉우리 넘었더니
從來修月手,(6)	옛날에 월궁을 보수하던 사람들이
合在廣寒宮.(7)	모두들 광한궁에 모여 있었네.

其二

攢眉有底恨,(8)(9)	무슨 한이 있길래 눈썹을 찡그리나
得句不妨淸.	청아한 시구를 얻어도 좋을 텐데?
霽霧開寒谷,	안개가 걷혀서 찬 계곡이 열리고
飢鴉舞雪城.	굶주린 까마귀가 눈 덮인 성에서 춤춘다.

橋聲春市散,[10] 다리에서 왁자하던 봄 시장은 파하고
塔影暮淮平.[11] 탑 그림자 드리운 저녁 회하 잔잔하다.
不用殘燈火, 희미한 등불은 소용없나니
船窗夜自明.[12] 선창에 밤빛이 절로 훤하다.

[해설]

황주에서 여주로 유배지를 옮겨 가는 도중이던 원풍 8년(1085) 정월 초하룻날 사주에서 회하를 건너가 어떤 사람을 만나고 돌아온 감회를 노래한 것이다. 제1수는 회하를 건너가서 그 사람의 집에 당도할 때까지의 상황을 묘사했고, 제2수는 자신의 배로 돌아온 과정을 묘사했다.

[주석]

(1) 淮(회): 淮河.
(2) 雪龍(설룡): 눈에 덮인 긴 둑을 가리킨다.
(3) 落(낙): 남기다.
(4) 屐齒(극치): 나막신의 굽. 발자국을 가리킨다. 王十朋의 《百家註分類東坡先生詩》에 "'나막신 굽'이라는 말로써 얼어붙은 벼랑 위의 움푹 파인 곳을 묘사했다(屐齒以狀冰崖上之窠)"라고 했다. 이 구절은 눈에 덮인 회하의 높은 둑에 가늘고 길쭉한 발자국이 찍혀 있는 모양을 묘사한 것이다.
(5) 裘茸(구용): 갖옷 표면의 가는 털. 이 구절은 흰 눈에 덮인 풀잎이 마치 희고 가는 짐승의 털처럼 하늘거렸다는 말이다.
(6) 修月手(수월수): 달을 보수하는 사람. 鄭仁本의 사촌 동생이 王秀才와 함께 嵩山에 놀러 갔다가 길을 잃었는데 어떤 사람이 보퉁이를 베고 누워 있는 것을 보고 어디서 온 사람이냐고 물었더니 웃으면서 "달이 七寶를 모아서 만들어졌다는 사실을 아시오? 그래서 8만 3천 戶가 늘 그것을 보수하고 있는데 나도 그중의 한 사람이오"라고 하고는 보퉁이를 열어서 보여 주는데 도끼 몇 자루와 옥가루로 지은 밥 두 덩이가 들어 있었다. 그 사람이 그것을 두 사람에게 나누어 주면서 "이것을 먹으면 비록 장수는 못할지 몰라도 평생 병은 안 날 것이오"라고 했다.(《酉陽雜俎·天咫》 참조) 달을 보수하는 사람을 흔히 '月戶'라고 하는데 '月戶'는 문장에 능한 사람을 비유하기도 한다.
(7) 廣寒宮(광한궁): 달나라에 있다는 전설상의 궁전. 당나라 현종이 8월 보름날 달에 가서 노닐다가 커다란 궁전을 하나 보았는데 거기에 '廣寒淸虛之府'라는 현판이 걸려 있었다고 한다.(柳宗元, 《柳先生龍城錄·明皇夢遊廣寒宮》 참조) 이 연은 소식이 찾아간 사람의 집이 깨끗한 백설에 덮여 있는 모습을 보고 그것을 광한궁에 비유하고 그 집에 모인 문인들을 '月戶'에 비유한 것이다

(8) 攢眉(찬미): 눈썹을 찡그리다. 馮應榴의 《蘇軾詩集合注》에 "왕승유의 시에 '봄이 오니 눈썹이 더욱 찡그려진다'라는 구절이 있다(王僧孺詩: '春至更攢眉')"라고 했다.

(9) 底恨(저한): 무슨 한.

(10) 橋聲(교성): 다리 주변에서 사람들이 물건을 사고파느라 내는 소리. 王文誥의 《蘇軾詩集》에 "이것이 바로 사주의 장교이다(此即泗州長橋也)"라고 했다. 〈和王斿二首〉(0851) 주 (25) 참조.

(11) 塔(탑): 당나라 때의 유명한 서역 승려인 僧伽大師의 공덕을 기리기 위하여 세운 泗州僧伽塔을 가리킨다. 〈泗州僧伽塔〉(0170) 주 (2) 참조.

(12) 船窗(선창): 배의 창문. 이 구절은 바깥에 쌓여 있는 눈 때문에 배 안까지 밝다는 말이다.

0862. 書劉君[(1)]射堂[(2)]

유군의 사당에 쓴 시

蘭玉當年刺史家,[(3)(4)]	그 옛날엔 태수 집의 지란옥수가
雙鞬馳射笑穿花.[(5)]	쌍동개 메고 말 달리며 활을 쏘고는
	웃으며 꽃나무 숲을 뚫고 다녔었는데
而今白首閑驄馬,[(6)]	지금은 흰머리에 청총마가 한가롭고
只有淸樽照畫蛇.[(7)]	맑은 술에 꽃뱀이 비칠 뿐이네.
寂寂小軒蛛網徧,	적막한 작은 창엔 거미줄이 가득하고
陰陰垂柳雁行斜.[(8)]	어둑어둑한 수양버들엔 기러기가 비슷이 날아가네.
手柔弓燥春風後,[(9)]	봄바람에 손이 녹고 활이 말라 팽팽하면
置酒看君中戟牙.[(10)]	술잔 들고 그대가 창끝 맞히는 것 보겠네.

[해설]

젊을 때 말 타고 다니며 활쏘기를 좋아하던 유씨가 사주에 사격 연습용 정자를 지어 놓고도 별로 사용하지 않는 것을 보고 지은 것이다.

[주석]

(1) 劉君(유군): 누구를 가리키는지 분명하지 않다. 施元之의 《施注蘇詩》에 "속첩의 석각에 선생이 스스로 '유군은 미주를 다스리게 된 자기 부친을 따라간 적이 있다'라는 주석을 달았다(續帖石刻, 先

生自註云: '劉曾隨其父典眉州.')"라고 했는데, 王十朋의 《百家註分類東坡先生詩》에는 이 시의 제목이 〈劉乙新作射亭〉으로 되어 있고 제목 밑의 주석에 "유을의 부친은 미주지주를 지낸 적이 있다(乙父嘗知眉州)"라고 했다. 王文誥의 《蘇軾詩集》에 의하면 이때 泗州에 있었던 유씨로는 劉士彦·劉仲達·劉倩叔 등 3명이 있는데 시원지의 주석에 의하여 유천숙임이 증명된다고 했지만, 소식의 사 〈浣溪沙〉(細雨斜風作曉寒)의 서문에 "원풍 7년(1084) 12월 24일 사주의 유천숙을 따라 남산을 유람했다(元豐七年十二月二十四, 從泗州劉倩叔遊南山)"라고 했고, 〈滿庭芳〉(三十三年)의 서문에 "나는 열일곱 살 때 미산에서 유중달과 서로 왕래하기 시작했는데 내 나이 마흔아홉 살이 된 지금 사수 가에서 그를 만났다. 회수가 살짝 얼어서 오랫동안 그 고을에 머무르던 중 그믐날을 기해 함께 남산에 가서 옛날 얘기를 하며 탄식했다. 이에 이 사를 짓는다(余年十七, 始與劉仲達往來於眉山, 今年四十九, 相逢於泗上. 淮水淺凍, 久留郡中, 晦日同遊南山, 話舊感歎, 因作此詞)"라고 했으므로 유군이 누구인지는 알 수가 없다.

(2) 射堂(사당): 사격 연습용으로 지은 정자. 射亭.

(3) 蘭玉(난옥): 芝蘭玉樹. 다른 사람의 훌륭한 자제를 가리키는바, 여기서는 유군을 가리킨다.

(4) 刺史(자사): 태수. 미주지주를 지낸 유군의 부친을 가리킨다.

(5) 鞬(건): 동개. 활과 화살을 넣어서 등에 메는 가죽 주머니. 後漢 사람 董卓은 힘이 남달리 세어서 동개 두 개를 메고 좌우로 달리며 활을 쏘았다.(《후한서·동탁전》 참조) 이 연은 유군이 옛날에 말을 타고 다니며 날쌔게 활을 쏘았다는 말이다.

(6) 驄馬(총마): 흰색 털과 파란색 털이 섞인 말.

(7) 畫蛇(화사): 알록달록한 뱀. 채색한 활을 가리킨다. 李彬이 汲縣의 현령으로 재임할 때 夏至를 맞아 主簿 杜宣을 불러 술을 마셨는데 북쪽 벽에 걸려 있던 붉은색 활이 술잔에 비쳐서 꼭 뱀처럼 보였다. 그 뒤로 두선은 자기 배 안에 뱀이 들어갔다고 걱정하여 복통이 일어났다. 이빈이 이 사실을 알고 두선을 다시 불러 같은 자리에서 술을 마시며 술잔에 뱀이 들어간 것이 아니라 저 활이 비친 것이라고 설명하자 복통이 금방 씻은 듯이 나았다.(시원지의 《시주소시》에 인용된 《風俗通儀》 참조) 이 연은 유군이 지금 활을 쏘지 않고 벽에 걸어 놓았다는 말이다.

(8) 雁行(안행): 기러기의 행렬. 이 구절은 사냥감인 기러기가 활을 무서워하지 않고 버드나무 위로 나직하게 날아다닐 정도로 유군이 활을 별로 쏘지 않는다는 말이다.

(9) 手柔弓燥(수유궁조): 손은 부드럽게 녹고 활은 말라서 시위가 팽팽하다. 활쏘기에 좋은 조건이 갖추어진다는 말이다. 《古今事文類聚續集·弓燥手柔》에 "위나라 문제가 말하기를 '봄철이 되어 따뜻한 바람이 온기를 자아내매 활은 마르고 손은 부드러우며, 풀은 짤막하고 짐승은 살찔 때 조카들과 함께 업성의 서쪽에서 사냥을 했다'라고 했다(魏文帝言: '歲時之春, 和風扇煖, 弓燥手柔, 草淺獸肥, 與族子獵於鄴西.')"라는 기록이 있다.

(10) 戟牙(극아): 창끝의 갈라진 부분. 袁術이 장수 紀靈 등을 보내 劉備를 공격하자 呂布가 기령에게 "현덕은 나의 동생인데 그대들에게 곤욕을 치르고 있는지라 내가 구하러 왔다. 나는 천성이 다른 사람과 맞붙어 싸우기를 좋아하지 않고 싸우는 사람 화해시키기를 좋아한다"라고 했

다. 그는 군사들에게 창을 세워 놓고 기다리라고 하고는 뒤를 돌아보면서 "그대들은 내가 활로 창끝을 쏘는 것을 보아라. 내가 창끝의 작은 가지를 맞히면 각자 군사를 해산시켜야 한다. 만약 내가 맞히지 못하면 남아서 싸워도 좋다"라고 했다. 여포가 화살을 한 대 날리자 창끝의 작은 가지가 정확히 맞았다.(《후한서·여포전》 참조) 이 연은 봄이 오면 옛날 솜씨를 한번 발휘해 보라는 말이다.

0863. 孫莘老[1]寄墨四首

손신로가 먹을 보내 주어서

其一

徂徠無老松,[2]	조래에는 오래된 소나무 없고
易水無良工.[3]	역수에는 훌륭한 기술자가 없나니
珍材取樂浪,[4]	진귀한 재료는 낙랑에서 가져오고
妙手惟潘翁.[5]	솜씨꾼은 오로지 반씨 노인뿐이라네.
魚胞熟萬杵,[6][7]	물고기 부레 삶아 만 번을 찧어
犀角盤雙龍.[8][9]	무소뿔에 쌍룡이 똬리를 틀었나니
墨成不敢用,	먹이 완성되어도 감히 쓰지 못하고
進入蓬萊宮.[10]	봉래궁 안에나 넣어 드렸네.
蓬萊春晝永,	봄철이라 낮이 긴 봉래궁 안의
玉殿明房櫳.	창문이 훤히 밝은 옥 전각에서
金箋灑飛白,[11][12]	냉금전에 비백을 갈겨쓰자면
瑞霧縈長虹.[13]	상서로운 안개가 무지개에 얽히겠네.
遙憐醉常侍,[14]	멀리서 좋아하나니 술에 취한 상시가
一笑開天容.[15]	천자 얼굴 활짝 펴고 한 번 웃게 하였네.

其二

谿石琢馬肝,[16]	말 간 같은 계곡 돌을 쪼아 만든 벼루에
剡藤開玉版.[17][18]	옥판 같은 섬계 등의 종이를 펼쳐
噓噓雲霧出,[19]	뭉게뭉게 구름과 안개가 솟아나고
奕奕龍蛇綰.[20]	얼키설키 용과 뱀이 얽혀 있은들
此中有何好,[21]	이 가운데 좋은 것이 무엇 있으리?
秀色紛滿眼.[22]	멋진 색이 분분하게 눈에 가득한 것이네.
故人歸天祿,[23][24]	친구는 서울의 천록각에 돌아가
古漆窺蠹簡.[25][26]	좀이 슨 목간의 낡은 칠을 살피나니
隃麋給尚方,[27][28]	유미에서 만든 먹을 상방에서 지급하면
老手擅編剗.[29]	숙련가가 자유자재로 편집하고 다듬는데
分餘幸見及,[30][31]	남은 것을 다행히 내게도 나눠 주었지만
流落一歎赧.[32]	떠돌이라 탄식하며 얼굴 붉히네.

其三

我貧如飢鼠,	나는 가난하기가 굶주린 쥐가
長夜空齩齧.[33]	긴긴 밤에 공연히 뭘 갉는 것 같았나니
瓦池研竈煤,[34][35]	기와 벼루에 부엌의 그을음을 갈아서
葦管書柿葉.[36][37]	갈대 붓으로 감잎에다 글씨를 썼네.
近者唐夫子,[38]	근자에 당선생이
遠致烏玉玦.[39]	멀리까지 검은 옥결을 갖다주었고
先生又繼之,[40]	선생이 또 그 뒤를 이어 주시매
圭璧爛箱篋.[41]	네모난 옥과 둥근 옥이 상자에서 빛나네.
晴窗洗硯坐,	맑은 날의 창가에 벼루 씻고 앉아서
蛇蚓稍蟠結.[42][43]	이따금 뱀과 지렁이가 똬리를 틀게 하면
便有好事人,	관심 많은 호사가가
敲門求醉帖.[44]	문 두드려 취첩을 요구하겠네.

其四

吾窮本坐詩,(45)	내가 곤궁한 것은 본래 시 때문이라
久服朋友戒.	오래도록 친구들의 충고를 받아들여
五年江湖上,(46)	오 년 동안 강호에서
閉口洗殘債.(47)	입을 닫고 남은 빚을 씻어 내었네.
今來復稍稍,(48)	이제 또 조금씩 옴 옮은 데 긁듯이
快癢如爬疥.(49)	가려운 곳 시원하게 긁어 보는데
先生不譏訶,	선생은 이런 나를 나무라지 않으시고
又復寄詩械.(50)	또 나에게 시 짓는 도구를 보내셨네.
幽光發奇思,(51)(52)	그윽한 빛이 기발한 시상을 자아내더니
點黮出荒怪.(53)(54)	검은 곳에서 황당하고 괴이한 것이 나오는데
詩成自一笑,	시가 다 지어지자 스스로 웃음이 나오나니
故疾逢蝦蟹.(55)(56)	오래된 병이 새우와 게를 만났네.

[해설]

조정에 있는 천록각으로 돌아간 손각이 황제에게 하사받은 고급 먹을 소식에게 보내주자 그것을 받은 감회를 노래한 것이다.

[주석]

(1) 莘老(신로): 소식의 친구 孫覺의 字. 그는 高郵人으로 진사에 급제하여 가우(1056-1063) 연간에 昭文院에서 서적을 편찬하고 교정하는 일을 맡았으며, 희령(1068-1077) 연간에 간언을 하다가 잘못되어 廣德軍知軍으로 나갔고 이듬해에는 湖州知州로 옮겼다.(《송사·손각전》 및 《東都事略·孫覺傳》 참조) 施元之의 《施注蘇詩》에 "단숙 이지의가 이 시에 대해 '……손신로는 글씨 쓰는 솜씨가 아주 시원찮아서 좋은 먹을 얻으면 매번 서글픈 마음으로 소동파를 생각하곤 했다. 당시 막 강연에 들어갔을 때라 관례대로 하사받은 먹이 있었기 때문에 그것을 소동파에게 부친 것이다.……'라는 발문을 썼다. 아마 손신로가 오랫동안 관각을 떠나 있어서 신종이 소환하여 태상소경으로 삼았다가 비서소감으로 바꾸었을 것이다. 시에서 천록각에 돌아갔다'라고 명언했으니 아마도 강연할 때가 아닐 것이다. 철종이 즉위하고 나서야 비로소 시강을 겸했다(李端叔之儀跋此詩云: '……孫莘老作字至不工, 每得佳墨, 必愴然思見東坡. 方時初入講筵, 例有所賜, 乃以爲寄爾.……' 蓋莘老久去館閣,

神宗召爲太常少卿, 易秘書少監. 詩中明言'歸天祿', 蓋非講筵也. 至哲宗卽位, 始兼侍講爾)"라고 했다.

(2) 徂徠(조래): 조래산. 태산의 동남쪽에 있는 산. 《詩經·魯頌·閟宮》에 "조래산의 소나무와, 신보산의 측백나무(徂來之松, 新甫之柏)"라는 말이 있을 정도로 옛날부터 소나무가 많은 곳으로 유명했다. 소나무를 태워서 생기는 그을음은 좋은 먹의 원료이다. 이 구절은 조래산의 소나무를 태워서 그을음을 만들기 때문에 품질 좋은 소나무가 다 없어졌다는 말이다.

(3) 易水(역수): 하북성에 있는 강. 전국시대에 荊軻가 燕나라 태자 丹을 위해 秦王을 찔러 죽이러 갈 때 태자 단이 이곳에서 송별연을 벌여 주자 형가가 〈易水歌〉를 부른 일로 유명하지만, 《墨譜》에 "옛날 조씨는 본래 역정 사람으로 당나라 때의 먹 담당관이었다. 지금 좋은 먹은 꼭 그의 성을 빌려서 이름을 지으니 아마도 역수에서 만든 것이 상품이기 때문일 것이다(昔祖氏, 本易定人, 唐時墨官也. 今墨之工必假其姓而號之, 大約易水者爲上)"라고 하고, 《遯齋閒覽》에 "당나라 말의 먹 제조 기술자 이초와 그의 아들 이정규는 역수에서 장강을 건너 흡주로 옮겨 갔다. 이정규의 동생 이정관과, 이정관의 아들 이승안, 이승안의 아들 이문용이 다 가업을 이을 만했다(唐末墨工李超與其子廷珪, 自易水渡江, 遷於歙州. 庭珪之弟庭寬, 庭寬之子承晏, 承晏之子文用, 皆能世其業)"라고 한 바와 같이 역수는 좋은 먹의 생산지로도 널리 알려져 있다.

(4) 樂浪(낙랑): 한나라 무제 때 위만조선에 설치한 漢四郡의 하나로 지금의 평안남도 일대와 황해도 북부에 걸쳐 있던 군. 여기서는 고려를 가리킨다.

(5) 潘翁(반옹): 먹 기술자 潘谷을 가리킨다. 소식의 자주에 "반곡은 먹을 만들 때 고려 그을음을 섞어 쓴다(潘谷作墨, 雜用高麗煤)"라고 했다. 이상의 네 구절은 반곡이 고려의 그을음으로 만든 먹이 오늘날의 최상품이라는 뜻으로 손각이 소식에게 그 먹을 주었다는 말이다.

(6) 魚胞(어포): 물고기의 부레. 王十朋의 《百家註分類東坡先生詩》에 "먹 제조 방법 중에 잉어의 부레를 사용하는 것이 있다(造墨法, 有使鯉魚胞者)"라고 했다.

(7) 萬杵(만저): 만 번 찧다. 《文房四譜》에 "위중장의 《묵법》에 '그을음 한 근과 좋은 아교 다섯 냥을 물푸레나무 껍질의 즙 속에 담가 무쇠 절구에 넣고 3만 번을 찧는데 많이 찧으면 더욱 좋다'라는 말이 있다(韋仲將《墨法》云: '煙一斤, 好膠五兩, 浸梣皮汁中, 下鐵臼搗三萬杵, 多尤善.')"라고 했다.

(8) 犀角(서각): 무소 뿔. 검은 먹을 가리킨다. 소식의 《仇池筆記·王晉卿墨》에 "오랑캐들은 무소 뿔을 '흑암'이라고 하고 코끼리 이빨을 '백암'이라고 하는바 이것으로 먹의 이름을 지을 수도 있고 차의 이름을 지을 수도 있다(胡人謂犀'黑暗', 象'白暗', 可以名墨, 亦可以名茶)"라는 말이 있다.

(9) 盤雙龍(반쌍룡): 쌍룡이 서리다. 먹에 용 두 마리가 새겨져 있다는 말이다. 《澠水燕談》에 "채군모가 먹을 평하여 말하기를 '이정규와 장우의 먹은 당시에 이름이 났거니와 그들이 만든 것으로 검척묵·원병묵·진공묵·공당묵이 있는데 그 표면에 대개 교룡을 새겨 놓았다'라고 했다(蔡君謨評墨云: '李廷珪·張遇墨, 著名當時, 其制有劍脊·圓餅·進貢·供堂墨, 其面多作蛟龍.')"라는 기록이 있다.

(10) 蓬萊宮(봉래궁): 당나라 때의 궁전 이름. 여기서는 송나라의 궁전을 가리킨다.

(11) 金箋(금전): 冷金箋을 가리킨다. 《墨史·雜記》에 "세상 사람들이 촉지방의 냉금전이 붓을 놀리기 가

장 어렵다고 하는데 그렇지 않다. 다만 이 종이가 먹을 묻히기 가장 어렵다. 소자첨이 일찍이 이 종이로 먹을 시험해 보았더니 이정규의 먹만 종이에 묻어서 검게 되었다(世言蜀中冷金牋最難爲筆, 非也. 惟此紙難爲墨. 蘇子瞻嘗以此紙試墨, 惟李廷珪乃黑)"라고 했다.

(12) 飛白(비백): 飛白書. 八書體의 하나로 필세가 나는 듯하고 붓 자국이 빗자루로 쓴 자리처럼 보인다. 後漢 靈帝 때 蔡邕이 鴻都門을 장식하던 匠人이 白粉 바른 빗자루로 글자를 쓰는 것을 보고 자기 집으로 돌아가서 만든 것으로 전해 온다.(韋續, 《字源》 참조)

(13) 瑞霧(서무): 비백서의 모양을 안개에 비유한 것이다. 李約의 〈壁書飛白蕭字贊〉에 "찢어진 구름이 땅 위에 떨어지고, 흩날리는 안개가 허공에 얽혀 있네(崩雲委地, 游霧縈空)"라는 구절이 있다.

(14) 常侍(상시): 원래 散騎常侍를 지낸 劉洎를 가리키는데 여기서는 손각을 가리킨다. 유계가 산기상시로 재임할 때 태종이 비백서를 써서 여러 신하들에게 하사했는데 어떤 사람은 술에 취해 황제의 손에서 빼앗고 유계는 어좌에 올라가 황제의 손을 끌어당겨서 받았다. 다른 신하들이 황제에게 유계가 무엄한 짓을 했으니 사형에 처해야 한다고 주청하자 황제가 웃으면서 "옛날에 班婕妤가 천자의 수레에 동승하기를 사양했다는 말을 들었는데 이제 상시가 어좌에 올라오는 것을 보는구나"라고 했다.(《舊唐書·劉洎傳》 참조)

(15) 天容(천용): 천자의 얼굴. 이 연은 손각이 준 먹이 비백도 잘 써질 정도로 품질이 우수함을 뜻하는 것으로 보인다.

(16) 馬肝(마간): 마간석. 말의 간처럼 생긴 돌. 왕십붕의 《백가주분류동파선생시》에 "단주(지금의 광동성 高要)의 깊은 계곡에 있는 돌은 색깔이 말의 간과 같이 보랏빛을 띠는 것이 상품이다(端州深溪之石, 其色紫如馬肝者爲上)"라는 말이 있고, 蘇易簡의 《硯譜》에 "단주의 계곡에서 돌을 쪼아서 벼루를 만드는데 아주 기묘하다. 물속에 있는 돌은 파란색이고 산 중턱에 있는 돌은 보라색이며 산꼭대기에 있는 것은 특히 윤기가 나는데 돼지 간의 색깔과 같은 것이 가장 좋다(端州溪中, 琢石成硯, 至妙. 水中石色青, 山半石色紫, 絶頂者尤潤, 如豬肝色者最佳)"라는 말이 있다.

(17) 剡藤(섬등): 剡溪의 등나무로 만든 고급 종이. 왕십붕의 《백가주분류동파선생시》에 "섬계의 등나무로 종이를 만들면 가장 뛰어나니디(剡溪之藤, 爲紙最妙)"라고 했다.

(18) 玉版(옥판): 질기고 윤이 나는 고급 종이인 옥판지. 《東坡題跋·試墨》에 "지주와 흡주에서 나는 순백의 옥판지라면 참으로 먹의 성능을 시험할 수 있다. 만약 이 종이에 먹이 묻어서 검게 된다면 먹이 묻어서 검게 되지 않는 종이가 없다(若池·歙精白玉版, 乃眞可試墨. 若於此紙上黑, 無所不黑矣)"라고 했다.

(19) 噓噓(허허): 운무가 솟아오르는 모양.

(20) 奕奕(혁혁): 기세가 왕성한 모양.

(21) 何好(하호): 무슨 좋은 것. 《晉書·孟嘉傳》에 "맹가는 얼큰하게 마시기를 좋아했지만 더욱 많이 마셔도 난잡해지지 않았다. 桓溫이 맹가에게 '술에 무슨 좋은 것이 있기에 경이 그것을 좋아하는가?' 하고 묻자 맹가가 '공께서는 아직 술 속의 정취를 터득하지 못하셨군요'라고 했다(嘉好酣飮, 愈多不亂. 溫問嘉: '酒有何好, 而卿嗜之?' 嘉曰: '公未得酒中趣耳.')"라는 기록이 있다.

(22) 秀色(수색): 좋은 먹으로 써서 윤기가 나는 글씨의 색깔을 가리키는 것으로 보인다. 이상의 여섯 구절은 좋은 벼루나 좋은 종이보다 좋은 먹에 의하여 글씨의 품격이 결정된다는 말이다.

(23) 故人(고인): 친구. 손각을 가리킨다.

(24) 天祿(천록): 천록각. 《漢書·揚雄傳》에 "천록각에서 서적을 교감했다(校書天祿閣)"라고 했고, 《三輔故事》에 "천록각은 대전 북쪽에 있는데 여기에 비밀스러운 서적을 소장했다(天祿閣, 在大殿北, 以藏秘書)"라고 했으며, 王文誥의 《蘇軾詩集》에 "당시 손신로가 태상경으로 소환되었기 때문에 이 구절이 있는 것이다(時孫莘老以太常卿召還, 故有此句)"라고 했다.

(25) 古漆(고칠): 오래된 칠. 퇴색한 글자를 가리킨다.

(26) 蠹簡(두간): 좀이 슨 木簡. 좀이 슬어서 훼손된 서적을 가리킨다. 이 구절은 손각이 낡은 고서를 많이 대한다는 말이다.

(27) 隃麋(유미): 지금의 섬서성 千陽 동쪽에 있던 옛날 縣으로 먹 생산지로 유명하기 때문에 먹 또는 墨跡을 가리키기도 한다.

(28) 尙方(상방): 임금이 사용하는 각종 물건을 제작하던 官署.

(29) 編剗(편잔): 편집하고 다듬다.

(30) 分餘(분여): 공무에 사용하고 남은 먹을 나누어 주다.

(31) 見及(견급): 나에게 미치다. 〈次韻葉致遠見贈〉(0820) 주 (2) 참조.

(32) 流落(유락): 영락하여 떠돌아다니다. 이 연은 손각이 자기한테도 먹을 나누어 주었지만 자기는 떠돌이 신세라 글씨 쓸 일이 별로 없어서 부끄럽다는 말이다.

(33) 齩齧(교설): 물어뜯다. 갉다.

(34) 瓦池(와지): 기와 조각으로 만든 벼루. 품질이 나쁜 벼루를 가리킨다. 蘇轍의 〈缸硯賦〉 서문에 "옛날 촉지방의 노인 중에 성이 등씨인 사람이 있었는데 그는 약품을 넣고 기왓장을 삶아서 그것을 부드럽게 만들어 흙처럼 자를 수 있도록 할 줄 알았다. 한번은 술 빚는 항아리 깨진 것으로 벼루를 만들었는데 아주 좋았다. 촉지방 사람들이 왕왕 그것을 얻어 기이한 물건이라고 여겼다. 우리 형님 자첨이 익주를 돌아다닐 때 그것을 하나 주는 사람이 있었는데 자첨 형님이 그것을 나에게 준지라 그것을 위해 부를 짓는다(先蜀之老有姓滕者, 能以藥煮瓦石使軟, 可割如土. 嘗以破釀酒缸爲硯, 極美. 蜀人往往得之, 以爲異物. 余兄子瞻嘗遊益州, 有以其一遺之. 子瞻以授余, 因爲之賦)"라고 했다.

(35) 竈煤(조매): 먹을 만드는 데 사용하는 부엌의 그을음. 먹 대용품을 가리킨다.

(36) 葦管(위관): 붓을 만드는 데 쓰는 갈대 대롱. 품질이 나쁜 붓을 가리킨다.

(37) 柿葉(시엽): 감나무 잎. 당나라 사람 鄭虔은 글씨 쓰기를 좋아했지만 종이가 없어서 감나무 잎사귀를 모아서 예서를 썼다.(《古今事文類聚·柿葉隷書》 참조)

(38) 唐夫子(당부자): 당선생. 唐坰을 가리킨다. 소식의 자주에 "당임부가 장우가 만든 먹 반 개를 주었다(唐林夫寄張遇墨半丸)"라고 했는데 시원지의 《시주소시》에 "당임부는 이름이 경이며 희령(1068-1077) 연간에 동지간원을 지낸 적이 있다(林夫, 名坰. 熙寧間嘗同知諫院)"라고 했다. 소식의

〈唐林夫惠硯〉에 "사주에 이르렀을 때 채경번이 당임부 편에 편지를 부치고 나에게 단주에서 만든 벼루 한 개와 장우가 만든 먹 반 개를 주었다(行至泗州, 見蔡景繁附唐林夫書信, 與余端硯一枚, 張遇墨半螺)"라는 기록이 있다.

(39) 玉玦(옥결): 佩玉의 일종. '烏玉玦'은 검은 옥결이라는 뜻으로 옥결처럼 생긴 먹을 가리킨다.

(40) 先生(선생): 손각을 가리킨다. 이 구절은 당경에 이어서 손각도 먹을 보내 주었다는 말이다.

(41) 圭璧(규벽): 네모난 옥과 둥근 옥. 옛날에 제왕이 제사를 지낼 때 또는 제후가 제왕을 알현할 때 손에 들던 玉器. 여기서는 그렇게 생긴 먹을 가리킨다.

(42) 蛇蚓(사인): 뱀과 지렁이. 가늘고 힘이 없는 자신의 글씨를 가리킨다.

(43) 蟠結(반결): 몸을 서려서 얽다. 꼬불꼬불하게 글씨를 쓴다는 말이다.

(44) 醉帖(취첩): 술에 취해서 쓴 습자본. 草書를 가리킨다. 《法書苑》에 "회소스님은 초서를 잘 써서 늘 취첩을 만들었다(僧懷素善草書, 常作醉帖)"라고 했다. 이상의 네 구절은 자기가 쓴 글씨가 힘도 없고 삐뚤삐뚤한데도 불구하고 먹이 좋기 때문에 얻고 싶어 하는 사람이 많을 것이라는 말로 손각이 준 먹의 품질을 칭송한 것이다.

(45) 坐詩(좌시): 시에 기인하다. 이 구절은 烏臺詩案으로 유배 생활을 한 것을 가리킨다.

(46) 五年(오년): 黃州에서 유배 생활을 한 기간을 가리킨다.

(47) 洗殘債(세잔채): 남은 빚을 청산하다. 시로 인하여 친구들을 직접 烏臺詩案에 연루시키기도 하고 걱정을 시키기도 했는데 그런 일에 대한 마음의 빚을 씻는다는 뜻으로 시를 짓지 않고 근신하는 것을 가리킨다.

(48) 稍稍(초초): 점차. 조금씩.

(49) 爬疥(파개): 옴을 긁다. 옴은 옴벌레의 기생으로 생기는 몹시 가려운 전염성 피부병이다.

(50) 詩械(시계): 시를 짓는 데 필요한 도구. 손각이 보내 준 먹을 가리킨다.

(51) 幽光(유광): 그윽한 광택. 검은 먹물의 광택을 가리킨다.

(52) 奇思(기사): 기발한 생각. 멋진 詩想을 가리킨다.

(53) 黰黮(짐담): 검게 물든 것. 검은 글씨를 가리킨다.

(54) 荒怪(황괴): 황당하고 괴이하다. 이 연은 벼루에서 먹을 갈 때는 기발한 시상이 떠올랐는데 막상 종이에 써 놓고 보니까 시가 황당하고 괴이하여 볼품이 없다는 말인 것 같다.

(55) 故疾(고질): 오래된 병. 시를 짓지 않으면 몸이 근질거리는 자신의 증상을 가리킨다.

(56) 蝦蟹(하해): 새우와 게. 왕십붕의 《백가주분류동파선생시》에 "새우와 게는 통증과 가려움증을 잘 일으킨다(蝦蟹善發疼癢之疾)"라고 했다. 이상의 네 구절은 손각이 보내 준 먹으로 시를 한번 지어 보았더니 안 짓고는 못 배길 정도로 자꾸만 짓고 싶어진다는 말인 것으로 보인다.

0864. 留題[(1)]蘭皐亭[(2)]

난고정에 남긴다

雪後東風未肯和,	눈 온 뒤라 동풍이 따스해질 기미가 없을 때
扣門遷客夜經過.[(3)]	밤중에 지나가던 귀양객이 문 두드리니
不知舊竹生新筍,	묵은 대에 새 순이 돋았는지는 모르겠고
但見清伊換濁河.[(4)]	흐린 황하가 맑은 이하로 바뀐 것만은 보이네.
無復往來乘下澤,[(5)]	더는 남과 왕래 않고 하택거 타고 다니는데
聊同語笑說東坡.[(6)]	아쉬운 대로 함께 담소하며 동파를 얘기했네.
明年我亦開三徑,[(7)]	내년엔 나도 세 갈래의 오솔길을 닦을 텐데
寂寂兼無雀可羅.[(8)(9)]	적적하여 그물 칠 참새도 정말 없을 것이네.

[해설]

영벽을 지나가다가 옛날에 서주에서 호주로 옮겨 갈 때 들른 적이 있는 장씨 집안의 난고정에 다시 들러서 거기에다 써 놓은 것이다.

[주석]

(1) 留題(유제): 글씨를 써서 남기다.

(2) 蘭皐亭(난고정): 靈壁(지금의 안휘성 靈璧)에 있는 張氏 일가의 정자. 소식의 〈靈壁張氏園亭記〉에 "나는 팽성(지금의 강소성 徐州)에서 오흥(지금의 절강성 湖州)태수로 옮기게 되어 송주(지금의 하

남성 商丘)에서 배를 타고 사흘 만에 장씨의 정자 밑에 이르렀다. 가마를 타고 가서 대문을 두드렸다가 장씨의 아들 장석을 만났는데 장석이 나에게 문장을 지어서 기록해 주기를 청했다. 장씨는 대대로 두드러진 사람이 많았는데 그의 백부 전중군과 그의 선친 통판부군이 처음으로 영벽에 정착하여 이 정원을 만들고 난고정을 지어서 어버이를 모셨다(余自彭城移守吳興, 由宋登舟, 三宿而至其下. 肩輿叩門, 見張氏之子碩, 碩求余文以記之. 維張氏世有顯人, 自其伯父殿中君, 與其先人通判府君, 始家靈壁, 而爲此園, 作蘭皐之亭以養其親)"라고 했다.

(3) 遷客(천객): 유배객. 소식 자신을 가리킨다.

(4) 伊(이): 伊河. 洛河의 지류로 물이 매우 맑다. 《宋史·河渠志》에 "임촌의 사곡구에서 변하 어귀까지 물길 50리를 열어서 이수와 낙수의 물을 변하로 끌어넣기를 주청했다(請自任村沙谷口至汴口, 開河五十里, 引伊·洛水入汴河)"는 말이 있다. 〈和王斿二首〉(0851) 주 (21) 참조. 소식의 〈靈壁張氏園亭記〉에 "그 바깥에는 키 큰 대나무가 빽빽하고 우뚝하며, 교목이 무성하고 깊숙한데 그 안에는 변하의 물을 끌어들여 연못을 만들었다(其外, 修竹森然以高, 喬木蓊然以深, 其中因汴之餘, 浸以爲陂池)"라고 한바, 이 연은 지금 다시 와 보니 대나무는 원래부터 빽빽했기 때문에 새로운 대나무가 얼마나 늘었는지 감지하기 어렵지만 변하가 맑아짐에 따라 연못의 물이 맑아진 것은 확연히 눈에 뜨인다는 말이다.

(5) 下澤(하택): 下澤車. 沼澤地에 다니기에 편리하도록 작고 가볍게 만든 수레. 이 구절은 난고정 주인 장석이 사람들과의 왕래를 끊고 은거한다는 말이다.

(6) 東坡(동파): 소식이 원풍 4년(1081) 2월에 黃州城 동쪽에 있는 황무지를 개간하여 만든 농장.

(7) 三徑(삼경): 세 갈래의 오솔길. 은자의 정원을 가리킨다. 《三輔決錄》에 "한나라 때 두릉의 원경 장후는 연주태수가 되었는데 왕망이 섭정하게 되자 병을 빙자하여 관직을 그만두고 고향 집에 틀어박혀 문밖으로 나가지 않았다. 그는 집 안에 있는 대밭 아래에 오솔길 세 개를 냈는데 양중과 구중만이 그를 따라다니며 놀았다. 양중과 구중은 모두 청렴결백하고 공명을 멀리하는 사람들이었다(漢杜陵蔣詡元卿爲兗州太守, 王莽居攝, 以病免官, 居鄉里, 臥不出戶. 於舍中竹下開三徑, 惟羊仲·求仲從之遊. 二仲皆挫廉逃名之士)"라는 말이 있고, 陶淵明의 〈歸去來辭〉에 "세 갈래 오솔길이 황폐해져 가는데, 소나무와 대나무는 아직도 있네(三徑就荒, 松竹猶存)"라는 구절이 있다. 이 연은 황무지를 개간하여 동파를 만들고 그 위에 雪堂을 지어 마음 맞는 사람들과 교유한 것을 가리킨다.

(8) 兼(겸): 아주.

(9) 雀可羅(작가라): 그물을 쳐서 잡을 수 있는 참새. 《漢書·鄭當時傳》에 "이에 앞서 하규의 적공이 정위가 되었을 때는 빈객이 대문을 메우더니 벼슬을 그만두자 문밖에 참새 잡는 그물을 칠 수 있을 정도였다(先是下邽翟公爲廷尉, 賓客塡門, 及廢, 門外可設爵羅)"라고 했다. 이 구절은 인가 부근에 참새가 없을 정도로 자신의 은거지가 외떨어져 있다는 말이다.

0865. 和人見贈(1)

어떤 사람이 지어 준 시에 화답하여

只寫東坡不著名,(2) 동파라고만 쓰고 이름은 안 썼는데
此身已是一長亭.(3) 이 몸은 동파가 아니라 이미 장정이라오.
壯心無復春流起,(4)(5) 장쾌하던 마음에 더는 봄 강이 안 흐르고
衰鬢從教病葉零.(6)(7) 노쇠한 살쩍은 병든 잎이 떨어지게 둔다오.
知有雪兒供筆硯,(8) 설아가 있어 붓과 벼루를 갖다줄 줄로 아나니
應嗤竈婦洗盆瓶.(9) 부엌데기가 동이와 병을 씻는다고 웃을 게요.
回來索酒公應厭, 내가 돌아와 술을 찾으면 공이 분명 질릴 터
京口新傳作客經.(10)(11) 경구 땅에 새로이 작객경이 전할 게요.

[해설]

경구에 사는 어떤 사람이 소식에게 시를 보내 상주거주(常州居住)를 허락받아 경구로 돌아오면 자기 집에서 아리따운 애첩의 시중을 받으며 함께 시도 짓도 술도 마시자고 제의하자, 해학적인 필치로 만약 그런 날이 온다면 조금도 사양하지 않고 술을 실컷 얻어 마시겠다고 응수한 것이다.

[주석]

(1) 見贈(견증): 나에게 주다. 〈次韻葉致遠見贈〉(0820) 주 (2) 참조.

(2) 東坡(동파): 소식이 원풍 4년(1081) 2월에 黃州城 동쪽에 있는 황무지를 개간하여 만든 농장. 原詩의 작자가 소식을 '東坡'라고 부른 것으로 보인다.

(3) 長亭(장정): 옛날에 행인들이 쉬어 갈 수 있도록 5리마다 短亭을 하나씩 지어 놓고 10리마다 장정을 하나씩 지어 놓았는데 장정은 그 부근 사람들이 송별하는 장소로 많이 쓰였다. 庾信의 〈哀江南賦〉에 "십 리마다 오 리마다 장정과 단정이 있네(十里五里, 長亭短亭)"라는 구절이 있고, 李白의 〈菩薩蠻〉에 "어디가 고향으로 돌아가는 길인가? 장정 너머 단정이요 단정 너머 장정이네(何處是歸程, 長亭更短亭)"라는 구절이 있다. 이 구절은 자신이 이별을 수없이 많이 겪은 '장정' 같은 존재이지 결코 '동파'처럼 한곳에 정착하는 안정적인 존재가 못 된다는 말인 것으로 보인다.

(4) 無復(무부): 다시는 ~하지 않다.

(5) 春流(춘류): 봄철의 강물. 땅속의 얼음이 녹아 水量이 풍부해진 강을 가리킨다.

(6) 從教(종교): ~하도록 내버려 두다.

(7) 病葉(병엽): 병든 잎. 쇠잔해져서 빠진 머리카락을 가리킨다.

(8) 雪兒(설아): 《唐詩紀事·韓定辭》에 "설아는 이밀의 애첩으로 노래와 춤에 능했다. 이밀은 막료의 글 가운데 곱고 아름다워서 마음에 드는 것이 있으면 매번 설아에게 주어서 음률에 맞추어 노래하게 했다(雪兒者, 李密之愛姬, 能歌舞. 每見賓寮文章有奇麗入意者, 卽付雪兒叶音律以歌之)"라는 말이 있다. 여기서는 원시 작자의 애첩을 가리키는바, 애첩의 이름을 설아라고 한 것을 보면 원시 작자가 이밀과 同姓인 이씨였을 가능성이 있다.

(9) 竈婦(조부): 부엌에서 밥 짓는 여자. 《禮記·禮器》에 "竈王神에 대한 제사는 노부의 제사이다. 동이에 음식을 담고 병에 술을 담아서 지낸다(夫奧者, 老婦之祭也. 盛於盆, 尊於甁)"라는 말이 있다. 이 연은 아리따운 애첩과 함께 풍류를 즐기며 사는 원시 작자와 달리 자신은 늙은 조강지처와 함께 일상생활을 영위하기에 바쁘다는 말이다.

(10) 京口(경구): 지금의 강소성 鎭江. 옛날에 맛있는 술이 많이 났다. 《晉書·桓溫傳》에 "환온이 늘 '경구는 술이 마실 만하고 병사가 쓸 만하다'라고 했다(溫恒云: '京口, 酒可飮, 兵可用.')"라는 말이 있다.

(11) 作客經(삭객경): 손님 노릇하는 법도를 적은 경전이라는 뜻의 해학적인 표현이다. 이 연은 자신이 경구로 돌아오면 손님이 주인에게 자꾸 술을 달라고 조르는 것이 경구 지역의 새로운 관례가 될 정도로 술을 많이 마시겠다고 우스갯소리를 한 것이다.

0866. 和王勝之[1]三首

왕승지의 시에 화답하여

其一

城上湖光暖欲波,[2]	성곽 위의 호수 빛이 물결칠 듯 따스한데
美人唱我踏春歌.[3]	미인이 나에게 상춘가를 불러 준다.
魯公賓客皆詩酒,[4]	노군공의 빈객은 다 시와 술을 잘하니
誰是神仙張志和.[5]	누가 신선 장지화인지 분간할 수 없도다.

其二

齊釀如澠漲綠波,[6][7]	태수의 술은 넘실대는 승수와 같고
公詩句句可絃歌.[8]	공의 시는 구구절절 노래할 만하도다.
流觴曲水無多日,[9]	유상곡수 할 날이 많지 않으니
更作新詩繼永和.[10]	새 시를 다시 지어 영화 시절의 뒤를 이읍시다.

其三

要知太守憐孤客,	태수께서 외로운 나그네 딱히 여기는 줄 알아야 하나니
不惜陽春和俚歌.[11][12]	〈양춘〉으로 속된 노래에 화답하는 것 아까워 않네.

坐睡樽前呼不應, 술잔 앞에 앉아서 자며 불러도 대답 않았나니
爲公雕琢損天和.(13)(14) 공을 위해 갈고 닦으면 천연의 조화를 손상시키리.

[해설]

남도유수(南都留守)로 재임 중인 왕익유의 연회에 참석했다가 그가 지은 시에 화답하여 지은 것이다.

[주석]

(1) 勝之(왕승지): 王益柔의 字. 《송사·왕익유전》에 "익유는 자가 승지로 위인이 강직하고 기개를 중시했으며 즐겨 천하의 일을 논했다(益柔, 字勝之, 爲人伉直尙氣, 喜論天下事)"라고 했고, 査愼行의 《蘇詩補註》에 "왕승지는 원풍 7년(1084) 가을에 강녕(지금의 강소성 南京)에서 남도(지금의 하남성 商丘)로 태수의 관직을 옮겼다(王勝之於元豐七年秋, 自江寧移守南都)"라고 했다.

(2) 湖光(호광): 땅속의 얼음도 녹고 봄비도 내려 부쩍 불어난 호수 물의 푸른빛을 가리킨다.

(3) 踏春(답춘): 봄놀이를 하다. 賞春하다.

(4) 魯公(노공): 당나라 때의 유명한 서예가 顔眞卿. 魯郡公에 봉해졌기 때문에 顔魯公이라고 불렀다.

(5) 張志和(장지화): 당나라 때의 문인으로 일찌감치 벼슬을 그만두고 湖州 일대에서 고기잡이를 하며 은거했다. 그가 호주에서 은거할 때 안진경이 호주자사로 부임하여 그에게 조정으로 돌아갈 것을 권유하자 그는 〈漁歌子〉 사를 지어서 "서새산 앞에는 백로가 날고, 복사꽃 뜬 강물에는 쏘가리가 살지다. 푸른 대나무 삿갓 쓰고, 초록 도롱이 걸쳤으니, 비낀 바람 가랑비엔 돌아갈 것 없도다(西塞山前白鷺飛. 桃花流水鱖魚肥. 靑箬笠, 綠蓑衣. 斜風細雨不須歸)" 하고 노래했다. 《續仙傳》에 "현진자는 성이 장씨이고 이름이 지화인데 노국공 안진경이 그와 친하게 지냈다(玄眞子, 姓張名志和, 魯國公顔眞卿與之友善)"라고 한 것을 보면 그가 신선으로 간주되었음을 알 수 있다. 이 구절은 왕익유에게 초대받은 손님들이 모두 신선 같다는 말이다.

(6) 齊釀(재양): 태수의 주방에서 빚은 술. '齋釀'과 같다.

(7) 澠(승): 승수. 산동성 臨淄 동쪽에서 발원하여 북쪽으로 흘러 小淸河와 합류하는 강.

(8) 絃歌(현가): 옛날에 《詩經》을 전수할 때 현악기를 타면서 낭송하던 데서 비롯하여 시를 낭송하는 것을 가리킨다.

(9) 流觴曲水(유상곡수): 3월 3일에 굽이진 강에다 술잔을 띄워 보내 잔이 자기 앞에 도착하면 집어서 마시던 놀이.

(10) 永和(영화): 東晉 목제 영화 9년(353) 3월 3일 王羲之·謝安을 비롯한 42명의 명사들이 山陰(지금의 절강성 紹興)에 있는 蘭亭에 모여 유상곡수를 거행한 일을 가리킨다. 施元之의 《施注蘇詩》에 "《난정곡수시집》에 '11명은 시를 두 편씩 짓고, 15명은 한 편씩 짓고, 16명은 시를 짓지 못하여 각자 벌

주를 한 잔씩 마셨다'라고 했다(《蘭亭曲水詩集》云: '一十一人詩兩篇成, 一十五人一篇成, 一十六人詩不成, 各罰酒一觥.')"라는 주석이 있는데, 당시 11명은 각자 四言詩 한 수와 오언시 한 수를 지었고, 15명은 각자 사언시 또는 오언시 한 수를 지었는데 시원지의 아들 施宿 등이 편찬한 《會稽志》에 〈上已日會蘭亭曲水詩幷序〉라는 제목으로 왕희지가 지은 〈蘭亭集序〉와 함께 이들이 지은 사언시 14수 및 오언시 23수가 전부 수록되어 있다.

(11) 陽春(양춘): 옛날 가곡의 명칭. 고아하여 배우기 어려운 노래를 가리키는바 여기서는 왕익유의 시를 가리킨다. 宋玉의 〈對楚王問〉에 "나그네 가운데 郢에서 노래 부르는 사람이 있었는데, 그가 처음 〈下里〉와 〈巴人〉을 부르자 나라 안에 따라 부르는 사람이 수천 명이었고, 그가 〈陽阿〉와 〈薤露〉를 부르자 나라 안에 따라 부르는 사람이 수백 명이었으며, 그가 〈陽春〉과 〈白雪〉을 부르자 나라 안에 따라 부르는 사람이 불과 수십 명뿐이었습니다(客有歌於郢中者, 其始曰〈下里〉·〈巴人〉, 國中屬而和者數千人. 其爲〈陽阿〉·〈薤露〉, 國中屬而和者數百人. 其爲〈陽春〉·〈白雪〉, 國中屬而和者不過數十人)"라고 했다.

(12) 俚歌(이가): 통속적이고 천근한 민간 가요. 소식 자신의 시를 가리킨다.

(13) 雕琢(조탁): 멋진 詩句를 만들기 위해 갈고 닦는 것을 가리킨다.

(14) 天和(천화): 천연의 조화. 이 연은 서로 시를 한 수씩 지어서 주고받을 때 자신이 잠깐 졸다가 깨어나 꼼꼼하게 다듬지 않고 생각나는 대로 지어서 왕익유의 멋진 시에 화답한다는 말이다.

0867. 南都[1]妙峰亭[2]

남도의 묘봉정

千尋挂雲闕,[3]　구름에 걸려 있는 천 길의 궁궐
十頃含風灣.[4]　바람을 머금은 십 경의 물굽이
開門弄清泚,[5]　대문 열고 맑은 물을 구경하자면
照見雙銅鐶.[6][7]　구리 문고리 한 쌍이 비쳐 보였네.
池臺半禾黍,　연못가의 누대에는 반쯤 벼와 기장이요
桃李餘榛菅.[8]　복숭아와 자두에는 덤불이 더북하여
無人肯回首,　고개 돌려 보려는 이 없던 이곳에
日暮車班班.[9]　저물녘에 수레가 장사진을 이루었네.
使君非世人,[10][11]　태수께선 이 세상 사람이 아니시라
心與古佛閑.　마음이 오래된 부처처럼 한가한데
時要聲利客,[12]　때때로 명리를 추구하는 이들에게
來洗塵埃顏.　찾아와서 먼지 묻은 얼굴을 씻게 하네.
新亭在東阜,　새로 지은 정자는 동쪽 언덕에 있어
飛宇凌通闤.[13][14]　날아가는 처마가 시가지를 내려다보나니
古甃磨翠壁,[15]　오래된 벽돌담은 푸른 절벽을 간 것이요
霜林散煙鬟.[16]　서리 내린 숲은 안개 같은 쪽머리가 흩어진 것
孤雲抱商丘,[17]　외로운 구름은 상구를 안고 있고

芳草連杏山.[18] 방초는 행산까지 이어져 있네.
俯仰盡法界,[19][20] 순식간에 법계를 다 간파하고
逍遙寄人寰.[21][22] 이 세상에 몸 맡긴 채 소요하나니
亭亭妙高峰,[23][24] 우뚝한 묘고봉이
了了蓬艾間.[25] 쑥대 틈에 또렷하네.
五老壓彭蠡,[26][27] 여산의 오로봉은 파양호를 압도하고
三峰照潼關.[28][29] 화산의 삼봉은 동관을 비추지만
均爲拳石小,[30] 모두가 주먹만 한 작은 돌일 뿐이라
配此一掬慳.[31] 한 움큼의 쩨쩨한 이 산과 한가지니
煩公爲標指,[32] 번거롭지만 공께서 본보기가 되셔서
免使勤躋攀.[33] 열심히 부여잡고 오르게 하지 마소서.

[해설]

남도유수(南都留守) 왕익유가 남도에 지어 놓은 묘봉정의 현판을 써 달라고 부탁하자 현판을 써 주면서 함께 지은 것이다.

[주석]

(1) 南都(남도): 지금의 하남성 商丘.
(2) 妙峰亭(묘봉정): 查愼行의 《蘇詩補註》에 "남도의 묘봉정은 남도유수 왕승지가 지은 것으로 소동파가 그를 위해 편액을 썼다(南都妙峰亭, 留守王勝之所建, 東坡爲題榜)"라고 했다.
(3) 挂雲闕(괘운궐): 구름에 걸린 궁궐. 남도에 있는 높은 궁궐을 가리킨다.
(4) 灣(만): 바다가 육지로 쑥 들어와 굽이를 이룬 곳. 사신행의 《소시보주》에 "장안도의 차자에 '알백대 밑에 마른 적이 없는 연못이 있는데 송주(상구) 사람들이 그것을 상구해라고 부릅니다'라고 했다(張安道箚子云: '閼伯臺下, 有水淵未嘗涸, 宋人謂之商丘海.')"라는 주석이 있다.
(5) 弄清泚(농청차): 맑은 물을 감상하다.
(6) 照見(조견): 빛을 받아서 모습이 보이다.
(7) 銅鐶(동환): 구리로 만든 문고리.
(8) 榛菅(진관): 무더기로 나 있는 초목. 덤불.
(9) 班班(반반): 끊이지 않고 죽 이어진 모양. 많은 모양.
(10) 使君(사군): 태수. 남도유수인 왕익유를 가리킨다.

(11) 世人(세인): 속세에 사는 사람.

(12) 聲利(성리): 명성과 이익.

(13) 飛宇(비우): 날아갈 듯한 처마.

(14) 通闠(통환): 사통팔당의 시가지.

(15) 古甃(고추): 오래된 벽돌담. 이 구절은 고색창연하면서도 반듯반듯한 성벽의 벽돌이 이끼에 덮인 모습을 묘사한 것으로 보인다.

(16) 煙鬟(연환): 안개에 덮인 산봉우리를 가리킨다.

(17) 商丘(상구): 하남성 상구에 있는 알백대를 가리킨다. 사신행의 《소시보주》에 "장안도의 차자에 '옛날 고신씨에게 알백이라는 아들이 있었는데 요임금 때에 이르러 상구로 옮기고 辰星을 숭상했기 때문에 진성을 상성이라고 불렀습니다. 지금의 송주는 사실 상나라 땅으로 상구가 여기에 있습니다'라고 했다(張安道箚子云: '昔高辛有子曰閼伯, 至於帝堯, 遷於商丘, 主辰, 故辰爲商星. 今宋實商地, 商丘在焉.')"라는 주석이 있고, 《明一統志·歸德府》에 "상구는 귀덕부에서 서남쪽으로 3리 되는 곳에 있는데 높이가 100자이고 둘레가 200보이다(商丘在府城西南三里, 高百尺, 周二百步)"라고 했다.

(18) 杏山(행산): 상구에 있는 幸山. 馮應榴의 《蘇軾詩集合注》에 "《난성집》에 수록되어 있는 시 〈次韻文務光秀才遊南湖〉의 자주에 '호수 앞의 작은 산을 杏山이라고 한다'라고 한바, 남호가 남도에 있으므로 틀림없이 남송 때 비로소 杏山을 幸山으로 고쳤을 것으로 생각된다(《欒城集》〈次韻文務光秀才遊南湖〉詩自註: '湖前小山曰杏山.' 考南湖在南都, 則必南宋時, 方改杏爲幸也)"라고 했다.

(19) 俯仰(부앙): 고개를 한 번 들었다 숙이는 짧은 시간.

(20) 法界(법계): 불교에서 말하는 각종 사물의 現象 및 그 본질.

(21) 逍遙(소요): 느긋하게 노닐다.

(22) 人寰(인환): 사람이 사는 세상. 속세.

(23) 亭亭(정정): 높이 솟은 모양.

(24) 妙高峰(묘고봉): 불교에서 세계의 중잉에 있다는 須彌山을 일명 묘고신이리고도 히는바 여기서는 묘봉정이 있는 산을 묘고산에 비유한 것으로 보인다.

(25) 了了(요료): 분명한 모양. 이 연은 쑥대에 뒤덮인 드넓은 평지에 묘봉정이 우뚝 솟아 있어 눈에 잘 뜨인다는 말이다.

(26) 五老(오로): 오로봉. 강서성 九江 남쪽에 있는 廬山의 여러 봉우리 가운데 하나이다.

(27) 彭蠡(팽려): 팽려호 즉 鄱陽湖. 여산의 동쪽에 있는 호수.

(28) 三峰(삼봉): 西嶽 華山의 세 봉우리, 즉 蓮花峰·毛女峰·松檜峰을 가리킨다.

(29) 潼關(동관): 화산 동북쪽의 섬서성 華陰에 있는 관문.

(30) 拳石(권석): 주먹만큼 작은 돌. 《老學庵筆記》에 "검문관은 온통 돌뿐으로 흙이 조금도 없고, 동관은 온통 흙뿐으로 주먹만 한 돌도 없다(劍門關皆石無寸土, 潼關皆土無拳石)"라고 했다.

(31) 一掬(일국): 두 손으로 한 번 움킬 만한 적은 분량을 가리킨다. 이상의 네 구절은 여산이나 화

산처럼 높은 산도 묘고봉과 마찬가지로 작디작은 존재에 불과하다는 말로 묘고정에 올라가서 평지를 굽어보는 것이 여산이나 화산에 올라가서 파양호나 동관을 내려다보는 것과 다르지 않다는 말이다.

(32) 標指(표지): 준칙. 본보기.

(33) 躋攀(제반): 부여잡고 올라가다. 이 연은 왕익유가 묘봉정에서 유유자적하기를 즐김으로써 다른 사람들에게 굳이 여산이나 화산처럼 높은 산에 오를 필요가 없다는 것을 보여 주라고 권고한 것이다.

0868. 記夢幷敍

꿈을 기록한 시와 그 서문

樂全[(1)]先生夢人以詩三篇示之, 字皆傍行而不可識. 傍有人道衣古貌, 爲讀其中一篇云: "人事且常在, 留質[(2)]悟圓間." 凡四句, 覺而忘其二, 以告其客蘇軾. 軾以私意廣之云.(낙전선생의 꿈에 어떤 사람이 시 세 편을 보여 주었는데 글자가 모두 가로로 쓰여 있어서 알아볼 수 없었다. 옆에 도복을 입고 고풍스러운 모습을 한 사람이 있어 그를 위해 "세간의 일이 아직도 항상 존재하는구나, 질의를 남겨 원 안의 허공이 둥글다는 걸 깨달아라" 하고 그 가운데 한 편을 읽어 주었다. 모두 네 구절이었는데 깨어나서 그중의 두 구절을 잊어버렸다고 자기 손님인 소식에게 일러 주는지라 내가 개인적인 생각으로써 그것을 보충했다.)

圓間有物物間空,[(3)]	"둥근 것 안에 물체가 있고 물체 사이는 비었나니
豈有圓空入井中.[(4)]	어떻게 둥근 허공이 우물에 들어갈까?"
不信天形眞箇樣,[(5)(6)]	"하늘의 형상이 정말 이렇다 믿지 않으니
故應眼力自先窮.	스스로 먼저 시력을 다해야만 되겠네요."
連環已解如神手,[(7)]	선생은 이미 신의 손처럼 연결된 고리를 푸셨는데
萬竅猶號未濟風.[(8)(9)]	저는 아직 만 구멍에 그치지 않는 바람이 소리치네요.
稽首問公公大笑,[(10)]	머리 소아려 공에세 물으니 공이 크게 웃으며
本來誰礙更求通.	"본래 누가 막았다고 다시 통하기를 바라나?" 하네.

[해설]

장방평에게 그가 꾼 꿈 이야기를 듣고 장방평이 꿈에서 보았다는 두 구절을 토대로 지은 것이다.

[주석]

(1) 樂全(낙전): 張方平의 號.

(2) 留質(유질): 질문을 남기다. 이 두 구절은 장방평을 비롯한 보통 사람들이 머릿속으로 늘 세속적인 일만 생각하는데 그러지 말고 스스로 우주의 이치에 대하여 궁금증을 가지고 늘 질문하는 태도를 취함으로써 허공이 둥근 물체 안에서는 둥글어지고 네모난 물체 안에서는 네모나게 된다는 이치를 깨달아야 한다는 말인 것으로 보인다.

(3) 圓間(원간): 원의 안. 《楞嚴經》에 "비유하자면, 네모난 그릇은 안에 네모난 허공이 보이는 것과 같다. 내가 다시 너에게 묻노니 이 네모난 그릇 안에 보이는 네모난 허공은 고정된 네모인가 고정되지 않은 네모인가? 만약 고정된 네모라면 그 안에 다시 둥근 그릇을 놓을 경우 허공이 둥글 리가 없다. 만약 고정되지 않은 것이라면 네모난 그릇 안에 틀림없이 네모난 허공이 없을 것이다(譬如方器, 中見方空. 吾復問汝: 此方器中所見方空, 爲復定方, 爲不定方? 若定方者, 別安圓器, 空不應圓. 若不定者, 在方器中, 應無方空)"라는 말이 있다. 여기서는 둥그렇게 생긴 하늘의 안쪽 즉 천하를 가리키는 것으로 보인다.

(4) 圓空入井中(원공입정중): 《능엄경》에 "우물을 파서 물을 찾느라 안에서 흙을 한 자 파내면 한 자의 허공이 생긴다 이 허공이 만약 흙으로 인하여 나왔다면 나올 때 틀림없이 허공이 들어가는 것이 보였을 것이다. 만약 흙이 먼저 나오고 나서 들어간 허공이 없다면 어째서 허공이 흙으로 인하여 생겼겠는가?(鑿井求水, 出土一尺於中, 則有一尺虛空. 此空若因土出, 則出時應見空入. 若土先出, 無空入者, 云何虛空因土而出?)"라는 말이 있다. 이 구절은 우물 안의 허공이 둥근 것은 원래 고정적으로 둥근 허공이 있어서 그것이 우물 안으로 들어간 것이 아니라 우물이 둥글기 때문에 허공이 둥글어진 것이라는 말이다. 이 연은 장방평이 허공은 원래부터 정해진 모양이 있는 것이 아니고 물체의 모양에 의해 결정된다는 사실을 깨달았다는 말인 것 같다.

(5) 天形(천형): 하늘의 형상. 王十朋의 《百家註分類東坡先生詩》에 "옛날에 하늘에 대해서 말한 설로 혼천설이 있고 선야설이 있고 개천설이 있었으니 하늘의 형상을 논한 학설이 각기 달랐다(昔言天者, 有渾天, 有宣夜, 有蓋天, 其論天形之說各異)"라고 했다. 혼천설은 천지의 형상이 새알처럼 둥글고 하늘이 땅의 바깥을 감싸고 있는데 하늘의 절반은 땅 위에 있고 절반은 땅 밑에 있다는 설이고, 선야설은 하늘은 고정된 형상도 없고 물질로 구정된 것도 아니며 높고 먼 곳은 끝이 없는데 해와 달과 별이 공중에 떠다닌다는 학설이며, 개천설은 하늘은 삿갓과 같고 땅은 엎어 놓은 쟁반과 같으며 하늘은 위에 있고 땅은 밑에 있는데 해와 달과 별이 하늘을 따라 움직인다는 학설이다.

(6) 箇樣(개양): 이러하다. 첫 번째 연에서 말한 것처럼 허공 상태인 하늘은 일정한 형체가 없다는 말이다. 이 연은 자신의 깨달음이 장방평과 같은 수준이 아니기 때문에 하늘의 형상을 파악하기 위해 최대한의 노력을 기울이게 될 것이라는 말인 것 같다.

(7) 連環(연환): 연결된 고리. 《莊子·天下》에 "연결된 고리는 풀 수 있다. 나는 천하의 중앙을 안다(連環可解也, 我知天下之中央)"라는 말이 있다. 이 구절은 장방평의 깨달음이 높은 수준에 이르렀다는 말이다.

(8) 萬竅(만규): 만 개의 구멍. 대지에 있는 모든 구멍을 가리킨다. 《莊子·齊物論》에 "대지가 기운을 내뿜으니 그 이름이 바람이다. 이것이 안 일어나면 그만이지만 일어났다 하면 모든 구멍이 다 성난

듯이 소리 지른다(夫大塊噫氣, 其名爲風. 是唯無作, 作則萬竅怒號)”라고 했다.

(9) 濟(제): 그치다. 《장자·제물론》에 “사나운 바람이 그치면 뭇 구멍들이 다 공허해진다(厲風濟則衆竅爲虛)”라는 말이 있다. 이 구절은 자신의 깨달음이 아직 매우 낮은 수준이라는 말인 것 같다.

(10) 稽首(계수): 머리가 땅에 닿도록 공손하게 절하다. 최대한의 경의를 표한다는 말이다. 이연은 어떻게 하면 자연의 이치를 꿰뚫어 볼 수 있느냐고 묻자 장방평이 원래 막힌 것이 없기 때문에 뚫고 말고 할 것이 없다고 대답했다는 말인 것 같다.

0869. 寄蘄簟[1]與蒲傳正[2]

포전정에게 기주 대자리를 부치며

蘭溪美箭不成笛,[3][4] 피리는 못 만들 난계의 고운 전죽
離離玉筯排霜脊.[5][6][7] 서리 맞은 등뼈를 엮은 옥 젓가락이 반듯하네.
千溝萬縷自生風,[8] 천 도랑 만 가닥에 바람이 절로 이니
入手未開先慘慄.[9] 손에 넣어 펴기도 전에 냉기가 먼저 돌리.
公家列屋閑蛾眉,[10][11] 그대 집의 늘어선 가옥엔 아미들이 한가하여
珠簾不動花陰移. 구슬발이 꼼짝 않은 채 꽃 그림자가 옮겨 가리.
霧帳銀牀初破睡,[12][13] 안개 장막 친 은 침상에서 막 잠이 깨어
牙籤玉局坐彈碁.[14][15][16] 상아 알과 옥 바둑판으로 앉아서 탄기 하리.
東坡病叟長羈旅,[17][18] 동파의 병든 늙은이는 오래도록 타향살이라
凍臥飢吟似飢鼠. 굶주린 쥐처럼 언 채로 누워 주리며 읊조리네.
倚賴春風洗破衾, 봄바람에 의지하여 해진 이불 씻느라
一夜雪寒披故絮.[19] 밤새도록 설한에 낡은 솜을 걸치네.
火冷燈青誰復知,[20] 불기운 식고 등불 푸른 줄 더 이상 누가 알리?
孤舟兒女自嚘咿.[21] 외로운 배에서 여자들이 옹알대네.
皇天何時反炎燠,[22][23] 하느님은 언제나 더위를 돌려줄까?
愧此八尺黃琉璃.[24][25] 여덟 자 되는 노란색의 유리에게 부끄럽네.
願君淨埽清香閣,[26] 바라노니 청향각을 깨끗이 쓸어 놓고

臥聽風漪聲滿榻.	평상에 가득한 물결 소리 누워서 듣길.
習習還從兩腋生,[27]	살랑살랑 두 겨드랑이에서 바람도 일 터이니
請公乘此朝閶闔.[28]	이걸 타고 하늘로 가서 옥황상제 뵈옵길.

[해설]

풍응류의 《소식시집합주》에 《속자치통감장편(續資治通鑑長編)》을 인용하여 "원풍 6년(1083) 8월에 포종맹이 여주지주가 되었다.……7년(1084) 11월에 박주지주로 옮겼다(元豐六年八月, 蒲宗孟知汝州.……七年十一月, 移知亳州)"라고 한 후 이를 근거로 "선생이 시를 부쳐 보낸 것은 당연히 그가 여주지주에서 박주지주로 옮겼을 때일 것이다(先生寄詩, 當在其自汝移亳時也)"라고 한 바와 같이, 박주(지금의 하남성 박현)에 있는 포종맹에게 기주에서 나는 대나무 자리를 부쳐 보내면서 지은 것이다.

[주석]

(1) 蘄簟(기점): 蘄州(지금의 호북성 蘄春)에서 나는 대나무로 만든 자리.
(2) 傳正(전정): 蒲宗孟의 字. 施元之의 《施注蘇詩》에 "포전정은 이름이 종맹이며 낭주 신정(지금의 사천성 南部縣 서남쪽) 사람이다. 일찍이 소동파에게 편지를 보내 '만년에 도를 배워 터득한 바가 있다오'라고 하자 소동파가 '터득한 바가 매우 높다고 들었습니다. 그러나 두 가지 일을 권고하오니 첫째는 자애로움이고 둘째는 검소함입니다'라고 했다(蒲傳正, 名宗孟, 閬州新井人. 嘗以書寄東坡云: '晚年學道有所得', 坡答之曰: '聞所得甚高. 然有二事相勸, 一曰慈, 二曰儉.')"라는 주석이 있다.
(3) 蘭溪(난계): 기주에 있는 시내. 王十朋의 《百家註分類東坡先生詩》에 "난계는 기주 기수현에 있는 대나무 생산지이나. 본래 피리의 재료인데 그것을 가지고 대자리를 만든 것이다(蘭溪在蘄州蘄水縣, 竹所出之地也. 本是笛材, 而以之爲簟耳)"라고 했다.
(4) 箭(전): 箭竹. 대나무의 일종으로 가늘고 단단하여 화살을 만들기에 적합하다.
(5) 離離(이리): 질서정연한 모양.
(6) 玉筯(옥저): 옥으로 만든 젓가락. 가늘고 매끈한 대나무를 가리킨다.
(7) 霜脊(상척): 길고 마디가 있어 등뼈처럼 생긴 데다 표면에 하얀 가루까지 묻어 있는 대나무를 가리킨다.
(8) 千溝萬縷(천구만루): 대자리의 골과 대오리의 수를 말한다.
(9) 慘慄(참률): 몹시 차다.
(10) 公家(공가): 포종맹의 집을 가리킨다.
(11) 蛾眉(아미): 누에나방의 觸鬚처럼 가늘고 둥그스름한 눈썹. 그런 눈썹을 가진 미인을 가리킨다.

(12) 霧帳(무장): 엷은 안개처럼 가벼운 비단으로 만든 장막.

(13) 銀牀(은상): 은으로 장식한 침대.

(14) 牙籤(아첨): 상아로 만든 가늘고 길쭉한 물건. 彈碁에 사용한 말인 것으로 보인다.

(15) 玉局(옥국): 옥으로 만든 바둑판. 바둑판의 미칭이다.

(16) 彈碁(탄기): 알까기 놀이 비슷한 옛날 놀이의 일종.

(17) 東坡(동파): 소식이 원풍 4년(1081) 2월에 黃州城 동쪽에 있는 황무지를 개간하여 만든 농장.

(18) 羈旅(기려): 타향살이하다.

(19) 故絮(고서): 헌 솜. 晉나라 사람 吳隱之는 자기가 받은 녹봉을 친척들에게 다 나누어 주어 버려 겨울에 덮을 이불이 없을 정도였는데 한번은 옷을 빠느라 입을 것이 없는지라 옷 안에 있던 솜을 몸에 걸쳤다.(《진서·오은지전》 참조)

(20) 燈青(등청): 등잔불이 어둑하여 푸르죽죽한 빛을 내는 것을 가리킨다.

(21) 嚘咿(우이): 옹알거리다.

(22) 皇天(황천): 하늘에 대한 존칭.

(23) 炎燠(염욱): 더위.

(24) 八尺(팔척): 길이가 8척인 대자리를 가리킨다.

(25) 黃琉璃(황유리): 노랗고 매끈한 대자리를 가리킨다.

(26) 清香閣(청향각): 포종맹이 거처하던 누각의 이름인 것으로 보인다.

(27) 習習(습습): 산들바람이 부는 모양.

(28) 閶闔(창합): 天門. 하늘나라로 들어가는 문. 옥황상제가 사는 하늘나라를 가리킨다.

0870. 寄怪石(1)石斛(2)與魯元翰(3)

노원한에게 기이한 수석과 섬 모양으로 생긴 돌을 부치며

山骨裁方斛,(4)	산의 뼈를 잘라 만든 사각형의 섬
江珍拾淺灘.(5)	야트막한 여울에서 주운 강 진주
淸池上几案,(6)	물 맑은 연못이 탁자 위에 올라가면
碎月落杯盤.(7)(8)	부서진 달이 잔 같은 쟁반에 떨어지네.
老去懷三友,(9)	늙어 가며 세 친구를 가슴에 품다 보니
平生困一簞.(10)	평생 동안 곤궁하여 밥이나 겨우 먹네.
堅姿聊自儆,(11)	단단한 자태에 자신을 좀 경계할 수도 있고
秀色亦堪餐.(12)	빼어난 미색 역시 먹어도 될 정도라네.
好去髯卿舍,(13)(14)	텁석부리 대감 댁에 보내 드리니
憑將道眼看.(15)(16)(17)	도통한 눈으로 보아 주소서.
東坡最後供,(18)(19)	동파의 마지막 괴석공이니
霜雪照人寒.(20)	눈서리가 사람을 싸늘하게 비추리.

[해설]

노유개에게 기이하게 생긴 수석과 섬 모양으로 생긴 돌을 부쳐 보내며 지은 것이다.

[주석]

(1) 怪石(괴석): 기이하게 생긴 조약돌을 가리킨다. 소식의 〈怪石供〉에 "《尙書·禹貢》에 '청주에 납·소나무·괴석이 있다'라고 했는데 해석하는 사람이 '괴석이란 돌이 옥처럼 생긴 것이다'라고 한다. 지금 제안(黃州)의 강가에서 왕왕 아름다운 돌을 줍는데 옥과 다를 바가 없으며 대개 붉은색·노란색·흰색이다. 그것에 나 있는 무늬는 사람 손가락의 나선형과 같은데 맑고 선명하여 참으로 예뻐서 비록 솜씨 좋은 사람이 마음먹고 그려도 그릴 수 없는 면이 있다(《禹貢》: '靑州有鉛·松·怪石.' 解者曰: '怪石, 石似玉者.' 今齊安江上, 往往得美石, 與玉無辨, 多紅黃白色. 其文如人指上螺, 淸明可愛, 雖巧者以意繪畫有不能及)"라고 했다.

(2) 石斛(석곡): 곡식 담는 용기인 섬(斛)처럼 생긴 돌.

(3) 元翰(원한): 魯有開의 字.

(4) 山骨(산골): 山石을 가리킨다.

(5) 江珍(강진): 강가의 진주. '怪石'을 가리킨다.

(6) 淸池(청지): 물이 담긴 '石斛'을 가리킨다. 王十朋의 《百家註分類東坡先生詩》에 "물 맑은 연못은 섬 모양으로 생긴 돌을 말하고 부서진 달은 기이한 수석을 말한다(淸池言石斛, 破月言怪石)"라고 했다.

(7) 碎月(쇄월): 부서진 달. '怪石' 하나하나에 비친 달빛을 가리킨다.

(8) 杯盤(배반): 잔처럼 깊숙하게 생긴 쟁반. '石斛'을 가리킨다.

(9) 三友(삼우): 세 친구. 《論語·季氏》에 "이익이 되는 교우도 세 가지이고, 손해가 되는 교우도 세 가지이다(益者三友, 損者三友)"라는 말이 있다. 이밖에도 거문고·술·시의 세 가지를 가리키는 경우, 달·매화나무·지팡이의 세 가지를 가리키는 경우, 소나무·대나무·매화나무의 세 가지를 가리키는 경우, 매화나무·소나무·돌의 세 가지를 가리키는 경우가 있는데 여기서는 돌을 포함하는 세 친구를 가리키는 것으로 보인다.

(10) 一簞(일단): 한 그릇의 밥. 《論語·雍也》에 "한 그릇의 밥과 한 바가지의 물로 가난한 마을에서 살게 되면 다른 사람들은 그 근심을 견디지 못하는데 회는 그렇게 살면서도 자신의 즐거움을 바꾸지 않으니 훌륭하도다 회는!(一簞食, 一瓢飮, 在陋巷, 人不堪其憂, 回也不改其樂, 賢哉回也!)"이라는 말이 있다.

(11) 聊(요): 아쉬운 대로. 그럭저럭. 이 구절은 오랜 세월이 지나도록 모가 깎이지 않고 반듯한 상태를 유지해 온 섬 모양으로 생긴 돌의 단단한 자태를 보면 자신의 의지를 좀 다지게 된다는 말이다.

(12) 堪餐(감찬): 먹을 만하다. 대단히 아름답다는 말이다. 《大業拾遺》에 "오강선은 아미를 잘 그렸는데 수나라 양제가 말하기를 '이 여자는 빼어난 미색이 먹어도 되겠다'라고 했다(吳絳仙善畫長蛾, 隋煬帝云: '此女秀色可餐.')"라는 말이 있고, 陸機의 시 〈日出東南隅行〉에 "고운 살은 어찌 저리 윤이 나는가? 빼어난 미색은 먹어도 될 것 같네(鮮膚一何潤, 秀色若可餐)"라는 구절이 있다. 이 구절은 괴석이 대단히 아름답다는 말이다.

(13) 好去(호거): 잘 가거라. 송별사로 쓰이는 말이다.

(14) 髯卿(염경): 노원한을 가리킨다. 소식의 시 〈送魯元翰少卿知衛州〉(0474)에 "텁석부리만은 유독 어떤 사람이기에, 한 달에 세 번이나 찾아와 주시나요?(髯卿獨何者, 一月三到門?)"라는 구절이 있는데 왕십붕의 《백가분류동파선생시》에 "노원한은 수염이 있었기 때문에 수염을 가지고 그를 지칭한 것이다(魯元翰有髭髯, 故以髯稱之)"라고 했다.

(15) 憑(빙): ~하기를 청하다.

(16) 將(장): ~을 가지고.

(17) 道眼(도안): 도통한 안목. 일체를 꿰뚫어 보고 진위를 분별하는 안목. 馮應榴의 《蘇軾詩集合注》에 "《속자치통감장편·원풍7년8월》에 '선부낭중 노유개는 법령 편찬이 부당했기 때문에 도교 사원 관리인으로 파견했다'라는 기록이 있다. 그래서 선생의 시에 '도통한 눈으로 보라'는 말이 있는 것이다(《續通鑑長編·元豐七年八月》: '膳部郎中魯有開坐修條不當, 與宮觀差遣.' 故先生詩有'道眼看'之句)"라고 했다.

(18) 東坡(동파): 소식이 원풍 4년(1081) 2월에 黃州城 동쪽에 있는 황무지를 개간하여 만든 농장. 여기서는 東坡居士의 약칭으로서 소식 자신을 가리키는 것으로 보인다.

(19) 供(공): 供物. 부처님이나 스님에게 시주하는 물건. 괴석을 가리킨다. 소식은 황주에서 유배 생활 중이던 원풍 5년(1082) 5월 아이들이 장강 가에서 주운 괴석을 떡과 바꾸어 廬山 歸宗寺의 佛印禪師에게 보내며 〈怪石供〉을 지어서 함께 보냈고, 그 뒤 參寥子에게도 보내며 〈後怪石供〉을 지어서 함께 보냈다. 그렇기 때문에 노원한에게 보내는 괴석을 '最後供'이라고 한 것이다.

(20) 霜雪(상설): 눈과 서리. 광채를 내뿜는 기이한 수석과 섬 모양으로 생긴 돌을 가리킨다.

0871. 漁父[1]四首

어부

其一

漁父飮,	어부는 술 마시러
誰家去,	누구네 집에 가나?
魚蟹一時分付.[2]	잡아 온 고기와 게를 한꺼번에 맡겨 놓고
酒無多少醉爲期,[3]	술이야 얼마가 됐든 취할 때까지 마시고
彼此不論錢數.[4]	피차간에 가격은 따지지 않는구나.

其二

漁父醉,	어부가 술에 취해
蓑衣舞,[5]	도롱이 입고 춤추며
醉裏却尋歸路.	취중에도 귀로를 찾아가는데
輕舟短櫂任橫斜,[6]	가벼운 배 짧은 노 가는 대로 놓아두니
醒後不知何處.[7]	깨어난 뒤 그곳이 어디인지 모르리라.

其三

漁父醒,	어부가 깨어나면
春江午,	봄 강의 한낮일 터
夢斷落花飛絮.	꿈이 깨고 꽃잎 지고 버들개지 날리는데
酒醒還醉醉還醒,(8)	술이 깨면 또 취하고 취했다가 또 깨며
一笑人間今古.(9)	인간 세상 예와 지금 일소에 부치리라.

其四

漁父笑,	어부가 씩 웃으니
輕鷗擧,	날렵한 갈매기가 날아오르고
漠漠一江風雨.(10)	강에는 비바람이 자욱하게 덮였는데
江邊騎馬是官人,(11)	말을 타고 강가에 벼슬아치 다가가자
借我孤舟南渡.	남쪽으로 건너도록 내게 배를 빌려준다.

[해설]

이것은 소식의 각종 사집(詞集)에 수록되어 있는 사 작품으로, 이 가운데 제1수는《어정사보(御定詞譜)》에 〈어가자(漁歌子)〉의 전형적인 작품으로 예시되어 있는바, 소식의 사집에서는 대개 원풍 5년(1082) 3월 황주에서 지은 것으로 보고 있다. 이것은 네 수가 내용적으로 일관성을 지닌 연장사(聯章詞)인데, 제1수 제4구의 '취(醉)'가 제2수 첫 구절의 '어부취(漁父醉)'를 이끌어 내고, 제2수 끝 구절의 '성(醒)'이 제3수 첫 구절의 '어부성(漁父醒)'을 이끌어 내고, 제3수 끝 구절의 '소(笑)'가 제4수 첫 구절의 '어부소(漁父笑)'를 이끌어 내는 독특한 형식을 이루고 있다.

[주석]

(1) 漁父(어부): 詞調 이름으로 〈漁歌子〉라고도 한다.
(2) 分付(분부): 주다.
(3) 醉爲期(취위기): 취할 때가 기한이다. 취할 때가 술을 그만 마시는 때라는 뜻이다.

(4) 不論(불론): 따지지 않다. 이 구절은 어부는 고기와 게의 값이 얼마나 되는지 따지지 않고 주모는 술값이 얼마나 되는지 따지지 않는다는 뜻이다.

(5) 蓑衣舞(사의무): 술에 취하여 도롱이를 걸친 채 이리 비틀 저리 비틀 하는 모습을 가리킨다.

(6) 任橫斜(임횡사): 노를 젓지 않고 뱃전에 비스듬하게 걸쳐져 있도록 내버려 둔다는 뜻이다.

(7) 不知何處(부지하처): 柳永의 사 〈雨霖鈴〉에 "오늘 밤 어디에서 술이 깰거나? 버드나무 늘어선 언덕에 새벽바람 불고 새벽달 비치겠지(今宵酒醒何處, 楊柳岸曉風殘月)"라는 구절이 있다.

(8) 酒醒還醉(주성환취): 白居易의 〈醉吟先生傳〉에 "다 읊조리고 나면 혼자 씩 웃으며 술독을 들고 술을 퍼서 또 몇 잔을 마시고는 거나하게 취한다. 취했다가는 다시 깨고 깨면 또 읊조리고 읊조린 뒤에는 또 술을 마시고 술을 마시면 또 취하니 취하는 것과 읊조리는 것이 되풀이되어 마치 꼬리를 물고 도는 것 같다(吟罷自哂, 揭甕撥醅, 又引數杯, 兀然而醉. 旣而醉復醒, 醒復吟, 吟復飮, 飮復醉, 醉吟相仍, 若循環然)"라고 했다.

(9) 人間(인간): 이 세상. 속세.

(10) 漠漠(막막): 안개나 비가 자욱한 모양.

(11) 官人(관인): 소식 자신을 가리킨다.

0872. 春日
봄날

鳴鳩乳燕寂無聲,(1)(2)	산비둘기 어린 제비 소리 없이 적막한데
日射西窗潑眼明.(3)	서창에 비친 해가 눈부시게 밝구나.
午醉醒來無一事,	낮술에서 깨어나니 할 일이 하나 없어
只將春睡賞春晴.(4)	오로지 잠으로나 맑은 봄을 즐기누나.

[해설]

어느 화창한 봄날 낮술을 마시고 취했다가 깨어나서 다시 잠을 자는 무료한 심경을 노래한 것이다.

[주석]

(1) 鳴鳩(명구): 산비둘기.
(2) 乳燕(유연): 어린 제비.
(3) 潑眼(발안): 눈이 부시게 하다.
(4) 將(장): ~을 가지고.

0873. 贈眼醫王彦若[(1)]

안과 의사 왕언약에게

鍼頭如麥芒,	침 끝은 가늘기가 보리까끄라기 같은데
氣出如車軸.[(2)]	기가 뿜어져 나오는 게 수레의 굴대 같네.
間關脈絡中,[(3)(4)]	나쁜 기운이 맥락 속을 마구 돌아다니면
性命寄毛粟.[(5)]	사람들은 목숨을 털과 조에 맡기네.
而況淸淨眼,	하물며 해맑고 깨끗한 눈은
內景含天燭.[(6)(7)]	내경이 천연의 촛불을 지니게 했음에랴!
琉璃貯沆瀣,[(8)(9)]	유리에는 밤이슬이 가득 고여 있는데
輕脆不任觸.[(10)(11)]	얇고 깨지기 쉬워서 건드리지 못하네.
而子於其間,	그런데 그대는 그 사이에서
來往施鋒鏃.[(12)]	오가며 칼끝과 화살촉을 움직이네.
笑談紛自若,[(13)]	담소하며 이리저리 자유로이 침을 놓아
觀者頸爲縮.	그 때문에 보는 이의 목이 움츠러드네.
運鍼如運斤,[(14)]	석공이 도끼 놀리듯 침을 잘 움직이고
去翳如拆屋.[(15)(16)]	지붕을 걷어 내듯 장막을 걷어 내네.
常疑子善幻,[(17)]	그대가 마술에 능하고 부적이나 주문 같은
他技雜符祝.[(18)(19)]	다른 재주도 겸비했다 늘 의아해했더니
子言吾有道,	그대는 말하였네 "제겐 도가 있는데

此理君未矚.	이 이치를 선생이 못 보시는 것이지요.
形骸一塵垢,	인간의 몸과 뼈는 한 톨의 티끌과 때
貴賤兩草木.	부귀와 빈천은 두 가지 초목이지요.
世人方重外,[20]	세인들이 바야흐로 외물을 중시하여
妄見瓦與玉.[21]	망령되이 기와와 주옥을 구별하매
而我初不知,	저도 역시 처음에는 잘 알지 못했지요
刺眼如刺肉.[22]	눈에 침을 놓는 것이 다른 데 놓는 것과 같음을.
君看目與翳,	선생님 눈과 백태를 좀 보시어요
是翳要非目.	이 백태는 요컨대 눈이 아니랍니다.
目翳苟二物,	눈과 백태는 참으로 서로 다른 물건이라
易分如麥菽.[23]	구분하기 쉬운 것이 보리와 콩 같답니다.
寧聞老農夫,	어찌 들어 봤겠어요 늙은 농부가
去草更傷穀.[24]	잡초 뽑다 곡식을 다쳤다는 얘기를?
鼻端有餘地,[25]	코끝에도 아직까지 여지가 있고
肝膽分楚蜀.[26]	간과 쓸개 사이는 초와 촉의 사이지요.
吾於五輪間,[27]	저는 오륜 사이에서
蕩蕩見空曲.[28][29]	넓디넓고 우뚝한 공간을 보지요.
如行九軌道,[30]	아홉 갈래 도로를 달려가는 듯
並驅無擊轂.[31]	수레를 나란히 몰아도 바퀴가 부딪치지 않지요."
空花誰開落,[32]	허공의 꽃을 누가 피었다가 지게 하나?
明月自朏朒.[33]	보름달이 저절로 초승달로 변하네.
請問樂全堂,[34]	낙전당에 계시는 이미 말을 잊으신
忘言老尊宿.[35][36]	덕망 높고 노숙한 분께 어떻게 할지 묻네.

[해설]

장방평의 문객으로 눈병을 잘 고치는 의사 왕언약이 침으로 눈병을 고치는 신기한 광경을 보고 그 감회를 노래한 것이다.

[주석]

(1) 王彦若(왕언약): 張方平의 門客으로 있던 의사. 마지막 구절에 대한 소식의 자주에 "왕언약은 낙전 선생 문하의 의사이다(彦若, 樂全先生門下醫也)"라고 했다.

(2) 氣出(기출): 침에서 기가 나와 환자에게 주입되는 것을 가리킨다. 이 연은 가느다란 침이 마치 수레의 굴대가 수레바퀴를 움직이는 것처럼 환자에게 기운을 듬뿍 불어넣어 준다는 말이다.

(3) 閒關(한관): 자유자재로 움직이는 모양.

(4) 脈絡(맥락): 혈맥이 서로 이어져 있는 계통.

(5) 毛粟(모속): 털과 조. 지극히 가늘고 작은 물건이라는 뜻으로 침을 가리킨다.

(6) 內景(내경): 內神. 도교에서 오장육부와 七竅를 관장하는 신을 지칭하는 말. 인체의 내부에 존재하기 때문에 내신이라고 한다.

(7) 天燭(천촉): 천연의 빛. 눈빛을 가리킨다.

(8) 琉璃(유리): 맑고 빛나는 눈알을 가리킨다.

(9) 沆瀣(항해): 밤에 내리는 맑은 이슬. 이 구절은 눈알이 반짝이는 모습을 묘사한 것이다.

(10) 輕脆(경취): 얇고 깨지기 쉽다.

(11) 不任觸(불임촉): 건들리는 것을 감당하지 못하다. 건들리면 쉽게 깨진다는 말이다.

(12) 鋒鏃(봉족): 칼끝과 화살촉. 가늘고 굵은 각종 침을 가리킨다.

(13) 紛自若(분자약): 손을 바삐 놀리며 자유자재로 침을 놓는 것을 가리킨다.

(14) 運斤(운근): 어떤 郢지방 사람이 자기 코끝에다 파리 날개만큼 白土를 발라 놓고 석수에게 그것을 깎아 내게 했다. 석수가 바람을 일으키며 도끼를 휘둘러 그것을 모두 깎아 냈는데 코에 조금도 상처가 나지 않았다.(《莊子·徐無鬼》 참조)

(15) 翳(예): 눈병으로 인하여 눈에 생기는 膜. 백태.

(16) 拆屋(탁옥): 지붕을 덮고 있는 이엉을 걷어 내다.

(17) 幻(환): 마술. 눈병을 잘 고치는 것을 가리킨다.

(18) 雜(잡): 겸비하다.

(19) 符祝(부축): 符籍과 呪文. '符呪'와 같다. 귀신을 쫓아내는 巫術을 가리킨다.

(20) 重外(중외): 外物을 중시하다. 《莊子·達生》에 "질그릇을 걸고 활을 쏘는 사람은 솜씨를 제대로 발휘하지만, 허리띠 고리를 걸고 활을 쏘는 사람은 마음에 거리끼는 바가 있게 되고, 황금을 걸고 활을 쏘는 사람은 정신이 아득해진다. 솜씨는 마찬가지일지라도 아끼는 것이 있으면 외물을 중시하게 된다. 외물을 중시하는 사람은 모두 내면이 보잘것없다(以瓦注者巧, 以鉤注者憚, 以黃金注者殙. 其巧一也, 而有所矜, 則重外也. 凡外重者內拙)"라고 했다.

(21) 妄見(망견): 불교에서 일체의 존재를 허망한 것으로 보는 것을 가리킨다.

(22) 刺眼(자안): 눈을 찌르다. 이 구절은 눈에다 침을 놓는 것이 인체의 다른 부위에 침을 놓는 것과 같다는 말로 눈에 침을 놓는다고 해서 너무 긴장하면 안 된다는 말이다.

(23) 麥菽(맥숙): 보리와 콩. 아주 쉽게 식별되는 물건을 가리킨다. 《左傳·成公十八年》에 "주자에게 형

이 있는데 지혜가 없어서 콩과 보리를 분변하지 못했다(周子有兄而無慧, 不能辨菽麥)"라는 말이 있다.

(24) 更(갱): 도리어.

(25) 鼻端(비단): 코끝. 영지방 사람이 백토를 바른 코끝을 가리킨다.

(26) 楚蜀(초촉): 《莊子·德充符》에 "중니가 말하기를 '서로 다르다는 관점에서 보면 간과 쓸개의 거리도 초나라와 월나라 사이만큼이나 멀고, 서로 같다는 관점에서 보면 만물이 다 한가지이다'라고 했다(仲尼曰: '自其異者視之, 肝膽楚越也; 自其同者視之, 萬物皆一也.')"라는 말이 있다.

(27) 五輪(오륜): 한의학에서 사람의 눈을 다섯 부위로 나누어 血輪·風輪·氣輪·水輪·肉輪으로 부르는 데서 비롯되어 눈을 가리킨다.

(28) 蕩蕩(탕탕): 넓고 큰 모양.

(29) 空曲(공곡): 넓고 깊숙한 곳.

(30) 九軌道(구궤도): 수레 아홉 대가 나란히 달릴 수 있는 큰길.

(31) 無擊轂(무격곡): 수레바퀴가 서로 부딪치는 일이 없다. 길이 넓다는 말이다.

(32) 空花(공화): 눈병으로 인하여 허공에 꽃이 있는 것처럼 보이는 증세를 가리킨다.

(33) 朏朒(비뉵): 초승달 모양이 되기도 하고 초하룻달 모양이 되기도 하다. 이 연은 자신의 눈이 침침해져서 이상한 모양이 보인다는 말이다.

(34) 樂全堂(낙전당): 장방평이 지은 전당. 〈張安道樂全堂〉(0424) 주 (2)참조.

(35) 忘言(망언): 말을 잊은 사람을 가리킨다. 《莊子·外物》에 "통발은 고기를 잡는 도구라 고기를 잡고 나면 통발을 잊어버리고, 올가미는 토끼를 잡는 도구라 토끼를 잡고 나면 올가미를 잊어버리며, 말은 뜻을 전달하는 도구라 뜻을 전달하고 나면 말을 잊어버린다. 나는 어떻게 하면 저 말을 잊은 사람을 만나 그와 이야기할 수 있으려나?(筌者所以在魚, 得魚而忘筌; 蹄者所以在兎, 得兎而忘蹄; 言者所以在意, 得意而忘言. 吾安得夫忘言之人而與之言哉?)"라는 말이 있다.

(36) 尊宿(존숙): 덕이 높고 노숙하다. 명망이 있고 연배가 높은 사람이라는 뜻으로 왕언약을 가리킨다. 이 연은 왕언약에게 소식 자신의 눈병을 어떻게 하면 고칠 수 있겠느냐고 물은 것이다.

0874. 李憲仲[1]哀詞[2]幷敍

이헌중 애사와 그 서문

同年[3]友李君諱惇, 字憲仲. 賢而有文, 不幸早世, 軾不及與之遊也, 而識其子廌[4]有年矣. 廌自陽翟[5]見余於南京[6], 泣曰: "吾祖母邊·母馬·前母張與君之喪, 皆未葬, 貧不敢以飢寒爲戚. 顧四喪未擧, 死不瞑目矣." 適會故人梁先吉老,[7] 聞余當歸陽羡[8], 以絹十匹絲百兩爲贐, 辭之不可. 乃以遺廌, 曰: "此亦仁人之餽也." 旣[9]又作詩, 以告知君與廌者, 庶幾皆有以[10]助之. 廌年二十五, 其文曄然, 氣節不凡, 此豈終窮者哉!(과거 급제 동기인 친구 이군은 이름이 돈이고 자가 헌중이다. 현명하고 글재주가 있었는데 불행히도 너무 일찍 세상을 떠난지라 내가 그 사람과 교유할 기회를 갖지 못했으나 그의 아들 이치를 알고 지낸 지는 여러 해 되었다. 이치는 양적에서 남경으로 와서 나를 보더니 울면서 말하기를 "저의 할머니 변씨, 어머니 마씨, 전어머니 장씨와 선친께서 돌아가셨을 때 모두 장례를 치르지 못했습니다만 너무 가난해서 감히 춥고 배고픈 것을 슬퍼할 수 없었습니다. 돌이켜 보건대 네 번이나 장례를 치르지 못했으니 죽어도 눈을 감지 못할 것입니다"라고 했다. 마침 친구 길로 양선을 만났더니 그는 내가 양선으로 돌아가려고 한다는 소문을 듣고 이별의 정표로 명주 열 필과 실 백 냥을 주었는데 사양해도 안 되었다. 이에 그것을 이치에게 주면서 "이것 역시 어진 사람의 선물이네"라고 했다. 그러고 나서 바로 또 시를 지어서 이돈 군과 이치를 아는 사람들에게 모두 그를 도와주기를 희망했다. 이치는 나이가 스물다섯 살인데 문장이 아름답고 기개가 예사롭지 않으니 이 사람이 어찌 끝내 곤궁하게 살 사람이리오!)

大夢行當覺,[11][12]	인생이란 큰 꿈은 금방 깨는 법
百年特未滿.[13]	백 년은 유난히도 안 채워지네.
遑哀已逝人,[14][15]	어느 겨를에 이미 떠난 사람을 애도하리?
長眠寄孤館.[16]	외로운 여관에 맡겨진 채 긴 잠을 자네.
念我同年生,	떠나간 내 동기생을 생각하노니
意長日月短.[17]	생각은 많았건만 세월은 참 짧았네.
鹽車困騏驥,[18]	소금 실은 수레로 천리마를 괴롭히고

烈火廢圭瓚.[19]	세찬 불로 옥그릇을 망가뜨렸네.
後生有奇骨,[20]	후생 중에 기이한 사람이 있어
出語已精悍.[21]	말하는 게 무척이나 정확하고 날카롭네.
蕭然野鶴姿,[22]	초연하고 느긋한 게 야생 학의 자태지만
誰復識中散.[23]	그 누가 더 이상 중산대부를 알리?
有生寓大塊,[24][25]	생명이 있는 자는 대지에 붙어살고
死者誰不窾.[26]	죽은 자는 누구나 무덤 구멍에 들어가네.
嗟君獨久客,[27]	아아 그대는 유독 오랫동안 객거하여
不識黃土煖.[28]	황토 안이 얼마나 따뜻한지 모르리.
推衣助孝子,[29][30]	옷을 입히고 음식을 떠밀어 효자를 도와줄지니
一溉滋湯旱.[31][32]	물을 한 번 대어 주면 탕왕의 가뭄이 해갈되리.
誰能脫左驂,[33]	누가 왼쪽 곁말을 풀어 줄 수 있으려나?
大事不可緩.[34]	큰일은 자꾸만 늦출 수가 없는데.

[해설]

자신의 과거 급제 동기이자 제자 이치의 부친인 이돈의 죽음을 애도하고, 너무나 가난해서 오랫동안 부친의 장례를 치르지 못하는 이치를 위해 주위 사람들의 도움을 간청한 시이다.

[주석]

(1) 憲仲(헌중): 소식의 과거 급제 동기요 李廌의 부친인 李惇의 字.
(2) 哀詞(애사): 죽은 사람을 애도하는 글. 애도사.
(3) 同年(동년): 과거 급제 동기.
(4) 廌(치): 蘇門六君子의 한 사람으로 字가 方叔이고 호가 濟南 또는 太華逸民이다.
(5) 陽翟(양적): 지금의 하남성 禹縣.
(6) 南京(남경): 南都. 지금의 하남성 商丘.
(7) 吉老(길로): 梁先의 字. 구체적인 행적이 알려져 있지 않다.
(8) 陽羨(양선): 지금의 강소성 宜興.
(9) 旣(기): 어떤 일이 있고 나서 바로.
(10) 有以(유이): 무언가 하는 일이 있다.
(11) 大夢(대몽): 큰 꿈. 인생을 가리킨다.

(12) 行當(행당): 응당. 으레.

(13) 特(특): 특별히. 가장.

(14) 遑(황): 어느 겨를에. 《詩經·邶風·谷風》에 "내 한 몸도 건사하지 못하고 있는데, 어느 겨를에 뒷일을 걱정하리오?(我躬不閱, 遑恤我後?)"라는 구절이 있다.

(15) 已逝人(이서인): 이미 세상을 떠난 사람. 이돈을 가리킨다.

(16) 孤館(고관): 외로운 여관. 棺을 가리킨다.

(17) 日月(일월): 세월. 이 구절은 이돈이 포부는 컸지만 수명이 짧았다는 말이다.

(18) 鹽車(염거): 소금을 실은 수레. 이 구절은 천리마가 소금 수레나 끌고 있다는 뜻으로 이돈이 때를 만나지 못했다는 말이다.

(19) 圭瓚(규찬): 옥으로 만든 구기 모양의 제사용 酒器. 笏로 만든 자루가 있다. 옥을 가리킨다. 盧仝의 시 〈常州孟諫議座上聞韓員外職方貶國子博士有感〉에 "세찬 불이 옥을 먼저 태워 버리고, 정원이 황폐해져 난초를 못 기르네(烈火先燒玉, 庭蕪不養蘭)"라는 구절이 있다.

(20) 奇骨(기골): 남다른 氣風이 있어 보이는 골격 또는 그런 골격을 지닌 사람이라는 뜻으로 이치를 가리킨다.

(21) 精悍(정한): 정확하고 예리하다.

(22) 蕭然(소연): 말쑥하고 느긋하다.

(23) 中散(중산): 삼국시대 魏나라에서 중산대부를 지낸 嵇康을 가리킨다. 혜강의 아들 嵇紹가 처음으로 洛陽에 갔을 때 어떤 사람이 王戎에게 "어제 뭇 사람들 틈에서 혜소를 보았는데 특출하게 보이는 것이 마치 닭의 무리 속에 야생 학이 있는 것 같았습니다"라고 했다. 그러자 왕융이 "그대가 아직 그 사람의 아버지를 못 보았구려"라고 했다.(《晉書·嵇紹傳》 참조) 이 연은 이치도 초연하고 느긋하지만 그의 아버지 이돈은 그보다 더하다는 말이다.

(24) 有生(유생): 생명이 있는 존재.

(25) 大塊(대괴): 대자연. 대지.

(26) 窾(관): 구멍에 넣다. 매장하는 것을 가리킨다.

(27) 久客(구객): 오랫동안 장사를 지내지 않고 입관 상태로 놓아두는 것을 가리킨다.

(28) 黃土(황토): 무덤 안을 가리킨다.

(29) 推衣(추의): '推食解衣'의 준말로 은혜가 깊음을 뜻한다. 《史記·淮陰侯傳》에 "한왕께서 저에게 상장군의 도장을 내려 주시고 수만 명의 군사를 내주시며 옷을 벗어 저에게 입혀 주시고 음식을 떠밀어 저에게 먹이셨으며 저의 말이 받아들여지고 저의 계략이 채용되었기 때문에 제가 여기에 이를 수 있었습니다(漢王授我上將軍印, 予我數萬衆, 解衣衣我, 推食食我, 言聽計用, 故吾得以至於此)"라는 말이 있다.

(30) 孝子(효자): 이치를 가리킨다.

(31) 一漑(일개): 논밭에 물을 한 번 대다.

(32) 湯旱(탕한): 탕임금 때 들었다는 극심한 가뭄. 《莊子·秋水》에 "우임금 때는 10년에 아홉 차례 홍수

가 났지만 물이 이로 인해 불어나지 않았고, 탕임금 때는 8년에 일곱 차례 가뭄이 들었지만 물이 이로 인해 줄어들지 않았다(禹之時十年九潦, 而水弗爲加益; 湯之時八年七旱, 而崖不爲加損)"라는 말이 있고, 《魏書·王肅傳》에 "요임금 때는 홍수가 나고 탕임금 때는 가뭄이 들었지만 이는 자연의 일이며, 성인이 나와 세상을 구제하는 것이지 성인으로 인하여 재앙이 초래되는 것이 아니라고 들었습니다(臣聞堯水湯旱, 自然之數, 須聖人以濟世, 不由聖以致災)"라는 말이 있다. 여기서는 이치가 오랫동안 부친의 장례를 치를 수 없을 정도로 가난한 것을 가리킨다.

(33) 驂(참): 곁마. 마차를 끄는 네 필의 말 중에서 바깥에 서는 두 마리. 孔子가 衛나라로 갈 때 옛날 館舍 관리인이 죽은지라 들어가서 슬프게 통곡하고 나와서 子貢에게 곁마를 풀어서 부조하라고 했고(《禮器·檀弓》 참조), 어진 사람인 越石父가 감옥에 갇혔을 때 晏子가 자신의 왼쪽 곁마를 풀어서 죗값을 치러 주었다(《史記·晏嬰傳》 참조).

(34) 大事(대사): 장례를 가리킨다. 이상의 네 구절은 이돈과 이치를 아는 사람들에게 이치를 도와주기를 권유한 것이다.

0875. 王伯敭[1]所藏趙昌[2]花四首

왕백양이 소장한 조창의 꽃 그림

0875-1. 梅花

매화꽃

南行度關山,[3][4] 남쪽으로 가는 길에 관산을 넘어가니
沙水淸練練.[5][6] 모래 위의 맑은 물이 맑디맑았네.
行人已愁絶,[7] 행인은 이미 근심이 절정에 달했는데
日暮集微霰.[8] 저물녘에 싸락눈이 조금 내렸네.
殷勤小梅花,[9] 은근한 정을 품은 작은 매화는
仿佛吳姬面. 오지방 아가씨의 얼굴 같았네.
暗香隨我去, 은은한 향기가 나를 따라오기에
回首驚千片. 돌아보곤 흩날리는 꽃 천 잎에 놀랐네.
至今開畫圖,[10] 지금도 매화 그린 그림을 펼쳐 보니
老眼淒欲泫. 늙은 눈이 처연해져 눈물이 나려 하네.
幽懷不可寫,[11] 가슴속의 감회를 다 쏟아낼 수 없으니
歸夢君家倩.[12] 돌아간 뒤 그대 집의 고운 것이 꿈에 보이겠네.

[해설]

왕정로의 집에서 조창이 그린 매화꽃 그림을 보고 자신이 황주로 유배 갈 때 매화가 흩날렸던 일을 회상하며 비감에 젖어 본 것이다.

[주석]

(1) 伯敭(백양): 王廷老의 字. 査愼行은 《蘇詩補註》〈次韻王廷老和張十七九日見寄二首〉(0581)에서 "이름이 백양이며 벼슬이 괵주태수에 이르렀다. 그의 아들이 동파의 사위였다(名伯敭, 官至虢州守. 其子爲東坡壻)"라고 했는데, 王文誥는 《蘇軾詩集》에서 "사신행의 주에 정로의 아들이 동파의 사위라고 여겼으나 이것은 전혀 근거가 없는 일이다(査註以廷老之子爲東坡壻, 此乃毫無蹤影之事)"라고 했다. 《續資治通鑑長編》에 "희령(1068-1077) 연간에 양절제점형옥전운사가 되었다(熙寧間, 兩浙提點刑獄轉運使)"라고 했다. 〈次韻王廷老和張十七九日見寄二首〉(0581) 주 (1) 참조.

(2) 趙昌(조창): 북송 때의 화가. 歐陽修의 《歸田錄》에 "근세의 명화 가운데 조창의 꽃은 사생이 핍진하나 필법이 비교적 저속하여 옛 사람의 풍격과 운치가 없다. 그러나 당시에는 역시 그에 견줄 만한 사람이 없었다(近世名畫, 趙昌花寫生逼眞, 而筆法較俗, 殊無古人格致. 然時亦未有其比)"라고 했고, 李廌의 《畫品·菡萏圖》에 "조창은 꽃을 잘 그렸는바, 색칠이 밝고 선명하며 필치가 부드럽고 아름다워서 송나라 이래로 촉 지방에서 이름이 났다. 사대부들이 옛날에 '서희의 꽃 그림은 꽃의 정신을 전해 주고 조창의 꽃 그림은 꽃의 형상을 묘사한다'라고 했지만 서희와 비교하면 좀 떨어진다(昌善畫花, 設色明潤, 筆跡柔美, 國朝以來, 有名於蜀. 士大夫舊云: '徐熙畫花傳花神, 趙昌畫花寫花形.' 然比之徐熙, 則差劣)"라고 했다. 소식은 그의 시 〈書鄢陵王主簿所畫折枝二首〉(1010)에서 "조창이 그린 꽃은 영혼을 전해 온다(趙昌花傳神)"라고 했다.

(3) 南行(남행): 소식이 烏臺詩案으로 인하여 黃州(지금의 호북성 黃岡市 황주구)로 유배 간 일을 가리킨다.

(4) 關山(관산): 관문 부근의 험악한 산. 황주로 유배 갈 때 지나간 산을 가리킨다. 〈過新息留示鄉人任師中〉(0672) 주 (15) 및 〈梅花二首〉(0676) 주 (3) 참조.

(5) 沙水(사수): 모래 위의 물.

(6) 練練(연련): 맑고 깨끗한 모양.

(7) 行人(행인): 소식 자신을 가리킨다.

(8) 集微霰(집미설): 가는 싸락눈이 내리다. 매화 꽃잎이 듬성듬성 날리는 것을 가리키는 것으로 보인다.

(9) 殷勤(은근): 정이 깊고 두텁다. '慇懃'과 같다.

(10) 畫圖(화도): 조창이 그린 매화 그림을 가리킨다.

(11) 幽懷(유회): 조창의 매화 그림을 보고 생긴 자신의 감회를 가리킨다.

(12) 君家倩(군가천): 그대 집의 아름다운 것. 왕정로 집에 소장되어 있는 조창의 그림을 가리킨다.

이 연은 조창의 그림을 보고 일어난 감회가 하도 벅차서 자기 집으로 돌아간 뒤에도 그것이 꿈에 나타날 것 같다는 말이다.

0875-2. 黃葵[1]

황규꽃

弱質困夏永,	허약한 체질이 긴 여름에 시달리다
奇姿蘇曉涼.	기이한 그 자태가 시원한 새벽 공기에 소생하네.
低昂黃金杯,[2]	고개를 들었다 놨다 하는 황금 술잔이
照耀初日光.	막 떠오른 아침 해의 햇살을 받네.
檀心自成暈,[3][4]	붉은 화심은 스스로 무리를 이루었고
翠葉森有芒.[5]	푸른 잎엔 빽빽하게 까끄라기가 나 있네.
古來寫生人,[6]	옛날부터 지금까지 사생한 사람 중에
妙絶誰似昌.	솜씨가 절묘하기로 누가 조창 같을까?
晨妝與午醉,[7][8]	새벽 화장 한 모습과 낮술 먹고 취한 모습
眞態含陰陽.[9]	실물인 양 음양을 머금고 있네.
君看此花枝,	그대여 보게나 이 꽃가지에
中有風露香.[10]	바람과 이슬과 향내가 있는 것을.

[해설]

왕정로의 집에서 조창이 그린 황규꽃 그림을 보고 일어난 감회를 노래한 것이다.

[주석]

(1) 黃葵(황규): 《本草》에 "황촉규는 접시꽃과 다른 품종으로 늦여름에 담황색 꽃이 피고 잎의 중심부 아래에 자줏빛을 띤 붉은색이 있으며, 아침에 피었다가 한낮에 오므라들고 저녁에 떨어진다. 측금잔화라고도 한다(黃蜀葵與蜀葵別種, 夏末開花, 淺黃色, 葉心下有紫檀色, 旦開, 午收, 暮落. 亦呼側金盞花)라고 했다. 그러나 황규와 황촉규는 같은 屬이지만 種은 서로 다르다.

(2) 黃金杯(황금배): 황규꽃을 황금 술잔에 비유한 것이다. 이 구절은 노란 황규꽃이 아침이면 싱싱하게 고개를 들고 낮이면 시들어서 고개를 떨군다는 말이다.

(3) 檀心(단심): 붉은색 花心.

(4) 暈(훈): 해나 달의 주위에 때때로 보이는 둥근 테.

(5) 芒(망): 까끄라기. 벼·보리 등의 껄끄러운 수염. 여기서는 황규 잎의 가장자리에 나 있는 솜털을 가리킨다.

(6) 寫生(사생): 실물이나 경치를 있는 그대로 그리다.

(7) 晨妝(신장): 새벽녘의 황규꽃이 막 화장한 여인처럼 싱싱하고 생기발랄한 것을 가리킨다.

(8) 午醉(오취): 한낮의 황규꽃이 낮술을 마시고 취한 사람처럼 기력이 없는 것을 가리킨다.

(9) 眞態(진태): 그림 속의 황규꽃이 아닌 실물 황규꽃을 가리킨다.

(10) 風露香(풍로향): 황규꽃이 하도 실감 나게 그려져서 바람기와 이슬기와 향기나 느껴진다는 말이다.

0875-3. 芙蓉[1]

부용화

淸飆已拂林,	맑은 가을바람이 숲을 스치고
積水漸收潦.[2]	고인 물의 수위가 점점 낮아져 가면
溪邊野芙蓉,	개울가에 자라난 야생의 부용화는
花水相媚好.	꽃과 물이 고운 자태 서로 뽐내시.
坐看池蓮盡,[3][4]	가만히 다 져 버린 연꽃을 바라보며
獨伴霜菊槁.[5]	혼자서 시든 국화 짝해 주는데
幽姿强一笑,	그윽한 자태로 애써 한 번 웃지만
暮景迫摧倒.[6]	저문 해의 핍박에 꺾여 버리지.
凄涼似貧女,	처량한 그 모습이 가난한 집 여자가
嫁晩驚衰早.[7]	늦게 시집가 일찍 늙음에 놀라는 것 같거늘
誰寫少年容,[8]	젊을 때의 모습을 누가 그렸나?
樵人劍南老.[9][10]	검남 땅의 저 늙은 나무꾼이네.

[해설]

왕정로의 집에서 조창이 그린 싱싱한 부용화 그림을 보고 일어난 감회를 노래한 것이다.

[주석]

(1) 芙蓉(부용): 아욱과의 낙엽 관목으로 높이 1~3m이고 짧은 털이 있으며, 잎은 둥글면서 어긋난다. 초가을에 잎겨드랑이에서 꽃자루가 나와서 흰색 혹은 담홍색의 꽃이 핀다. 木芙蓉이라고도 한다.

(2) 潦(요): 수재를 일으킬 정도로 많은 물을 가리킨다.

(3) 坐看(좌간): 좌시하다. 방관하다.

(4) 池蓮(지련): 연못 속의 연꽃. 부용화는 연꽃이 진 뒤에 핀다.

(5) 霜菊(상국): 서리 속에 피는 국화. 부용화는 서리가 내릴 때에도 피어 있기 때문에 拒霜花라고도 한다. 이 연은 부용화가 연꽃은 다 지고 국화만 피어 있는 추운 계절에 핀다는 말이다.

(6) 暮景(모경): 석양과 한 해가 저무는 때를 동시에 가리킨다. 이 연은 부용화가 뒤늦게 피어나서 아름다움을 뽐내 보지만 이미 한 해가 다 저물어서 곧 지고 말 것이라는 말이다.

(7) 嫁晚(가만): 시집가는 것이 늦다. 白居易의 시 〈晩桃花〉에 "가난한 집은 딸을 키워 항상 늦게 시집보낸다(貧家養女嫁常遲)"라는 구절이 있다.

(8) 少年容(소년용): 조창이 그린 싱싱하고 아름다운 부용화를 가리킨다.

(9) 樵人(초인): 나무꾼.

(10) 劍南(검남): 劍閣의 남쪽에 위치한 唐나라 道의 명칭으로 지금의 사천성 일대에 해당한다. 王十朋의 《百家註分類東坡先生詩》에 "조창은 자기 그림에 스스로 '검남초수'라고 썼다(趙昌自題其畫云: '劍南樵叟')"라고 했다.

0875-4. 山茶

동백꽃

蕭蕭南山松,(1) 쓸쓸한 남산 위의 소나무들도
黃葉隕勁風. 노란 잎이 강풍에 떨어지는데
誰憐兒女花,(2) 그 누가 아녀자 꽃이라 연민하는가
散火冰雪中.(3) 빙설 속에 불꽃을 흩뿌리거늘?

能傳歲寒姿,(4)	추위 속의 꿋꿋한 자태를 전할 줄 아는 이는
古來惟丘翁.(5)	예로부터 오로지 구옹밖에 없었는데
趙叟得其妙,(6)	조씨 노인이 그 묘체를 터득하여서
一洗膠粉空.(7)(8)	분 바른 흰 그림을 일소하였네.
掌中調丹砂,(9)	손바닥에서 단사를 잘 배합하여
染此鶴頂紅.(10)	학 머리처럼 빨갛게 색칠했으니
何須誇落墨,(11)	어찌 낙묵 기법을 칭찬하면서
獨賞江南工.(12)	강남인의 솜씨만 감상할 필요 있으리?

[해설]

왕정로의 집에서 조창이 그린 동백꽃 그림을 보고 일어난 감회를 노래한 것이다.

[주석]

(1) 蕭蕭(소소): 쓸쓸한 모양.

(2) 兒女花(아녀화): 동백꽃을 가리킨다. 王十朋의 《百家註分類東坡先生詩》에 "'아녀자의 꽃'은 동백꽃을 말한다. 남산 위의 소나무에 비하면 아녀자이다(兒女花, 以言山茶. 比南山松, 則爲兒女也)"라고 했다.

(3) 散火(산화): 불을 뿌리다. 여기저기에 새빨간 동백꽃을 피우는 것을 가리킨다.

(4) 歲寒姿(세한자): 날씨가 추워진 뒤에도 시들지 않는 꿋꿋한 자태. 《論語·子罕》에 "날씨가 추워진 뒤에야 소나무와 측백나무가 다른 나무보다 나중에 시드는 줄 안다(歲寒, 然後知松栢之後彫也)"라는 공사의 말씀이 있다.

(5) 丘翁(구옹): 五代 때의 後蜀 화가 丘文播를 가리킨다. 《圖畫見聞志》에 "구문파는 한주 사람이다. 그림의 품격이 고씨나 조씨의 무리를 능가했는데 나중에 이름을 잠으로 바꾸었다(丘文播, 漢州人. 畫品降高·趙輩, 後改名潛)"라고 했다.

(6) 趙叟(조수): 조창을 가리킨다.

(7) 一洗(일세): 杜甫의 시 〈丹靑引〉에 "잠시 후 구중궁궐에 진짜 용이 나타나, 만고의 보통 말을 일소해 버렸지요(須臾九重眞龍出, 一洗萬古凡馬空)"라는 구절이 있다.

(8) 膠粉(교분): 아교와 분을 혼합하여 만든 안료. 흰색 안료를 써서 눈에 덮인 풍경을 그린 歲寒圖를 가리킨다. 이 연은 조창이 붉은색 안료로 동백을 그림으로써 하얀 설경을 배경으로 세한의 자태를 묘사한 이전의 그림들을 압도했다는 말이다.

(9) 丹砂(단사): 朱砂. 빛깔이 붉고 광택이 나는 광석. 여기서는 붉은색 안료를 가리킨다.

(10) 鶴頂(학정): 丹頂鶴의 빨간색 머리. 새빨간 동백꽃을 가리킨다.

(11) 落墨(낙묵): 徐熙가 개발한 동양화의 기법으로 그렇게 그린 그림은 생동감과 입체감이 넘친다.

(12) 江南工(강남공): 강남 사람인 서희의 빼어난 그림 솜씨를 가리킨다. 王十朋의 《百家註分類東坡先生詩》에 "서희는 종릉 사람으로 대대로 강남의 벼슬아치 집안이었다(徐熙, 鍾陵人, 世爲江南仕族)"라고 했다.

0876. 神宗[1]皇帝挽詞[2]三首

신종황제를 애도하는 만사

其一

文武固天縱,[3] 문무의 재능을 정말로 타고났고
欽明又日新.[4][5] 위엄 있고 명철하며 일신하기까지 했네.
化民何止聖, 어찌 백성의 교화가 성스러운 데 그쳤으리?
妙物獨稱神.[6] 천지 만물을 다 잘 길러 홀로 '신'이라 불렸네.
政已三王上,[7] 정치는 이미 삼왕의 위에 있었고
言皆六籍醇.[8] 말씀은 다 육경처럼 순후하였네.
巍巍本無象,[9][10] 우뚝하게 솟았지만 본래 형상이 없는지라
刻畫愧孤臣.[11][12] 새기고 그리자니 외로운 신하가 부끄럽네.

其二

未易名堯德,[13] 요임금의 덕은 뭐라 이름 짓기 쉽지 않고
何須數舜功.[14] 순임금의 공이야 어찌 헤아릴 필요 있으리?
小心仍致孝,[15][16] 세심하게 거듭거듭 효성을 다하고
餘事及平戎.[17][18] 여력으로 오랑캐도 평정하였네.
典禮從周舊,[19] 제도와 의례는 주나라를 따랐고

官儀與漢隆,[20][21]　　관청의 의식은 한나라처럼 융성했네.
誰知本無作,[22]　　누가 알리 본래부터 작위가 없었음을?
千古自承風.[23]　　천고토록 스스로 그 풍도를 잇겠네.

其三

接統眞千歲,[24]　　대통을 이은 것은 참으로 천년인데
膺期止一章.[25][26]　　천명을 받은 것은 열아홉 해뿐이었네.
周南稍留滯,[27]　　주남 땅에 얼마 동안 머물렀더니
宣室遂淒涼.[28]　　선실전이 마침내 쓸쓸해져 버렸네.
病馬空嘶櫪,[29][30]　　병든 말은 공연히 구유에서 울어 대고
枯葵已泫霜.[31]　　시든 해바라기엔 이미 서리가 반짝이네.
餘生臥江海,　　남은 인생 강해에 누워 지낼 터인데
歸夢泣嵩邙.[32]　　돌아가서 꿈속에 숭산과 망산에서 울겠네.

[해설]

신종 황제가 승하했다는 소문을 듣고 그의 승하를 애도하여 지은 만사이다. 신종의 덕망과 정치적 업적을 칭송하고 자신의 큰 슬픔을 토로했다.

[주석]

(1) 神宗(신종): 북송 제6대 황제. 1067-1085 재위.
(2) 挽詞(만사): 죽은 사람을 애도하는 글.
(3) 天縱(천종): 하늘이 그렇게 하도록 놓아두다. 타고 나다. 《論語·子罕》에 "태재가 자공에게 '선생님께서는 성인이십니까? 어째서 그토록 다재다능하십니까?' 하고 묻자 자공이 '정말이지 하늘이 그분으로 하여금 성인이 되게 하시고 또 다재다능하게 하신 것입니다'라고 했다(大宰問於子貢曰: '夫子聖者與, 何其多能也?' 子貢曰: '固天縱之將聖, 又多能也.')"라는 말이 있다.
(4) 欽明(흠명): 위엄 있고 明哲하다.
(5) 日新(일신): 날마다 새로워지다.
(6) 妙物(묘물): 만물을 오묘하게 잘 기르다. 《易經·說卦傳》에 "신이란 만물을 오묘하게 잘 기르는 것을 말한다(神也者, 妙萬物而爲言者也)"라고 했다. 이 구절은 '신종'이라는 시호를 받았다는 말이다.

(7) 三王(삼왕): 夏나라·商나라·周나라의 세 聖君. 하나라의 禹王, 상나라의 湯王, 주나라의 武王을 가리킨다는 설, 하나라의 우왕, 상나라의 탕왕, 주나라의 문왕을 가리킨다는 설, 상나라의 탕왕, 주나라의 문왕, 주나라의 무왕을 가리킨다는 설 등이 있다.

(8) 六籍醇(육적순): 六經에 있는 醇厚한 말.

(9) 巍巍(외외): 우뚝하게 높은 모양.

(10) 無象(무상): 가시적인 형상이 없다.

(11) 刻畫(각화): 새기고 그리다. 신종황제의 덕과 공을 세밀하게 묘사하는 것을 가리킨다.

(12) 孤臣(고신): 임금의 총애를 받지 못하는 신하. 소식 자신을 가리킨다.

(13) 堯德(요덕): 요임금의 덕. 《論語·泰伯》에 "공자께서 말씀하시기를 '위대하도다, 요의 임금 됨됨이여! 숭고하도다, 오직 하늘만이 광대하거늘 유독 요임금만은 그것을 본받았으니! 넓디넓도다, 백성들이 무어라 이름 붙이지도 못했으니!'라고 하셨다(子曰: '大哉堯之爲君也! 巍巍乎, 唯天爲大, 唯堯則之! 蕩蕩乎, 民無能名焉!')"라는 말이 있다. 이 구절은 신종의 덕이 요임금의 덕과 마찬가지로 말로써 표현하기 어렵다는 말이다.

(14) 舜功(순공): 순임금의 공. 《左傳·文公十八年》에 "순임금은 큰 공 스무 가지를 세우고 천자가 되었다(舜有大功二十, 而爲天子)"라는 말이 있다. 이 구절은 신종의 공이 요임금의 공과 마찬가지로 헤아릴 필요도 없을 만큼 많다는 말이다.

(15) 小心(소심): 세심하다. 《詩經·大雅·大明》에 "문왕께선 세심하고 용의주도하신지라, 하느님을 밝게 섬겨 많은 복을 받으셨네(維此文王, 小心翼翼. 昭事上帝, 聿懷多福)"라는 구절이 있다.

(16) 致孝(치효): 효성을 다하다. 《論語·泰伯》에 "공자께서 말씀하시기를 '우임금은 내가 흠잡을 것이 없다. 자신의 음식은 변변찮게 먹으면서도 조상에게 제사를 지낼 때는 귀신에게 효성을 다하고, 자신의 의복은 허름하게 입으면서도 제사 때 쓰는 예복과 예모는 최선을 다해서 멋지게 하며, 자신의 궁실은 누추하게 하면서도 농사에 필요한 봇도랑을 파는 데는 힘을 다했다. 우임금은 내가 흠잡을 것이 없다'라고 하셨다(子曰: '禹, 吾無間然矣. 菲飮食而致孝乎鬼神, 惡衣服而致美乎黻冕, 卑宮室而盡力乎溝洫. 禹, 吾無間然矣.')"라는 말이 있다.

(17) 餘事(여사): 여력으로 하는 일. 《莊子·讓王》에 "제왕의 공은 성인의 여사이다(帝王之功, 聖人之餘事也)"라는 말이 있다.

(18) 平戎(평융): 오랑캐를 평정하다. 西夏 정벌을 가리킨다.

(19) 典禮(전례): 나라의 제도와 儀式.

(20) 官儀(관의): 관청에서 거행하는 의식.

(21) 與(여): ~와 같이.

(22) 無作(무작): 作爲가 없다. 無爲之治를 이루었다는 말이다. 《莊子·知北遊》에 "지인에게는 인위가 없고 위대한 성인에게는 작위가 없다(至人無爲, 大聖不作)"라는 말이 있다.

(23) 承風(승풍): 교화를 받들다.

(24) 接統(접통): 대통을 잇다. 皇統을 계승한다는 말이다. 《史記·太史公自序》에 "지금 천자께서는 천년

동안 내려온 대통을 이어 태산에서 하늘에 제사를 지내려고 하시는데 내가 따라갈 수 없으니 이는 천명이로다! 천명이로다!(今天子接千歲之統, 封泰山, 而余不得從行, 是命也夫! 命也夫!)"라는 말이 있다.

(25) 膺期(응기): 천명을 받다. 신종이 제위에 오른 것을 가리킨다.

(26) 章(장): 曆學 용어로 19년을 가리킨다. 신종의 재위 기간은 치평 4년(1067)부터 원풍 8년(1085)까지 19년이었다.

(27) 周南(주남): 成周(지금의 하남성 洛陽) 이남. 《사기·태사공자서》에 "이해에 천자께서 처음으로 한나라의 封禪祭를 거행하셨는데 태사공(사마천의 부친 司馬談)께서는 주남에 체류하고 계셔서 천자를 따라가 그 일에 동참할 수가 없으므로 화가 치밀어서 곧 돌아가시게 되었다(是歲天子始建漢家之封, 而太史公留滯周南, 不得與從事, 故發憤且卒)"라는 말이 있다. 이 구절은 소식 자신이 황주에 유배되어 있는 바람에 신종 황제를 모시지 못했다는 말이다.

(28) 宣室(선실): 한나라 때 未央宮 안에 있던 宣室殿. 신종의 거처를 가리킨다. 한나라 文帝가 賈誼를 선실전으로 불러 귀신에 대해서 물으므로 가의가 상세하게 설명해 주었더니 문제가 가의의 이야기에 몰입하여 좌석을 당겨 바싹 다가앉았다.(《史記·屈原賈生傳》 참조) 王十朋의 《百家註分類東坡先生詩》에 "공은 당시 폄적되어 있었는데 그때 신종이 승하했기 때문에 이렇게 말한 것이다(公時在謫籍, 而神廟升遐, 故云爾)"라고 했다.

(29) 病馬(병마): 병든 말. 영락한 소식 자신을 가리킨다. 《彦周詩話》에 "소동파는 신종 황제께 인정받았으니 신종이 비록 소식을 폄적하기는 했지만 사실은 그를 중용하려고 하셨다. 소동파가 이런 마음을 조금 이해하고 가의가 장사로 유배된 일을 논했으니 아마도 자신을 빗대어서 한 말일 것이다. 나중에 신종황제의 만사를 지어 '병든 말은 공연히 구유에서 울어 대고, 시든 해바라기엔 이미 서리가 반짝이네'라고 했으니 지극히 비통한 심정이 아니고는 이런 말을 할 수 없다(東坡受知神廟, 雖謫而實欲用之. 東坡微解此意, 論賈誼謫長沙事, 蓋自況也. 後作神廟挽詞, 云: '病馬空思櫪, 枯葵已泫霜.' 非深悲至痛, 不能道此語)"라고 했다.

(30) 嘶櫪(시력): 옛날 구유를 그리워해서 운다는 말이다. 杜甫의 시 〈別贊上人〉에 "말도 울며 옛 구유를 그리워하고, 돌아간 새도 모두 날개를 접었도다(馬嘶思故櫪, 歸鳥盡斂翼)"라는 구절이 있다.

(31) 枯葵(고규): 시든 해바라기. 소식 자신을 가리킨다. 白居易의 〈忠州刺史謝上表〉에 "서리 맞은 시든 해바라기야 해를 바라보던 때가 그리운들 바람에 시든 누런 잎이 어찌 감히 봄빛에 젖기를 바라겠습니까?(負霜枯葵, 雖思向日, 委風黃葉, 敢望霑春?)"라는 말이 있다.

(32) 嵩邙(숭망): 하남성 登封 북쪽에 있는 嵩山 즉 숭고산과, 낙양 북쪽에 있는 邙山 즉 북망산. 왕십붕의 《백가주분류동파선생시》에 "숭고산과 북망산은 능침이 있는 곳이다(嵩高·北邙, 陵寢在焉)"라고 한 바와 같이 皇陵 소재지를 가리킨다. 이 연은 전원으로 돌아가 은거하는 동안에도 꿈속에 무덤을 찾아가서 울 정도로 신종 황제가 그리울 것이라는 말이다.

0877. 與歐育[(1)]等六人飮酒

구육 등과 함께 여섯 사람이 술을 마시며

忽驚春色二分空,[(2)]	봄빛이 셋 중 둘이 없어짐에 깜짝 놀라
且看樽前半丈紅.[(3)]	술동이 앞의 산앵두를 잠시 동안 구경하네.
苦戰知君便白羽,[(4)]	그대는 전장에 나가 힘껏 싸우며 흰 깃털을 편안하게 여기는 줄 아는데
倦游憐我憶黃封.[(5)]	내가 여기저기를 떠돌기에 지쳐서 노랗게 봉한 술을 그릴 거라 연민하네.
年來齒髮老未老,[(6)]	근래에 이와 머리가 늙어도 안 늙었는데
此去江淮東復東.[(7)]	이제 가면 강회에서 동으로 또 동으로 가리.
記取六人相會處,[(8)]	여섯 사람 모였던 곳 틀림없이 기억나리
引杯看劍坐生風.	술잔 들고 검을 보매 자리에 바람이 일었으니.

[해설]

원풍 8년(1085) 4월에 상주거주의 윤허를 받아 의흥으로 돌아가게 되었을 때 무관인 구육을 만나 여섯 사람이 함께 술을 마신 감회를 노래한 것이다.

[주석]

(1) 歐育(구육): 구체적인 행적은 알려져 있지 않고 馮應榴의 《蘇軾詩集合注》에 "선생이 시를 지은 것

이 원풍 8년(1085)의 일이니 구육이 다시 항주검할의 관직을 얻었을 때로 선생과 길에서 만났음에 틀림없다(先生作詩在八年, 當是歐育復得杭州鈐轄, 與先生途遇也)"라고 했다. 검할은 송나라 때 무관의 관직 이름으로 한 路 또는 한 州의 兵事를 통할했다.

(2) 二分(이분): 셋으로 나눈 것 중의 둘을 가리킨다. 소식의 사 〈臨江仙〉(九十日春都過了)에 "봄빛을 셋으로 나눈다면 근심이 그중 하나(三分春色一分愁)"라는 구절이 있고, 〈水龍吟〉(似花還似非花)에 "봄빛을 셋으로 나눌라 치면, 그중 둘은 티끌 속에 묻혀 버렸고, 하나는 물에 떠서 흘러가고 있다네(春色三分, 二分塵土, 一分流水)"라는 구절이 있다.

(3) 半丈紅(반장홍): 당체. 산앵두나무. 《淳熙三山志·花》에 "반장홍은 꽃이 어대와 같은데 그보다 약간 크며 일명 당체라고도 한다(半丈紅, 花如御帶而差大, 一名棠棣)"라고 했는데 당체는 산앵두나무·산이스랏나무라고도 한다. 이 연은 봄이 끝나 가는 것이 안타까워서 산앵두나무 밑에다 술자리를 마련했다는 말이다.

(4) 白羽(백우): 흰색 깃털. 무관인 구육이 군대에서 사용하던 깃털 꽂은 화살을 가리킨다. 이 구절은 구육이 전쟁을 두려워하지 않는다는 말이다.

(5) 黃封(황봉): 술 이름. 송나라 때는 관청에서 빚은 술을 노란 끈이나 노란 종이로 주둥이를 봉한 병에 담았기 때문에 이렇게 불렀다. 소식의 시 〈岐亭五首并敍〉(0791)에 "그대는 나를 위해 황봉주를 꺼내어, 주둥이 봉한 관청의 붉은 흙을 친히 뜯네(爲我取黃封, 親拆官泥赤)"라는 구절이 있고, 陸游의 사 〈釵頭鳳〉(紅酥手)에 "불그레 고운 손이, 노란 끈으로 봉해 놓은 술을 따를 제, 봄을 맞아 버들이 생기를 찾았구나(紅酥手, 黃縢酒, 滿城春色宮牆柳)"라는 구절이 있다. 이 구절은 구육이 조정을 떠나 각지를 떠돌아다니는 소식을 안쓰럽게 여긴다는 말이다. 두 사람이 대화를 나누는 도중에 구육이 그런 말을 했을 것으로 보인다.

(6) 老未老(노미로): 구육이 나이를 몇 살 더 먹었는데도 불구하고 늙은 표시가 안 난다는 말인 것으로 보인다.

(7) 江淮(강회): 長江과 淮水 일대. 常州居住의 윤허를 받아 宜興으로 돌아가면서 지나가게 될 지역을 가리킨다.

(8) 記取(기취): 잊지 않고 잘 기억하다. 이 연은 술자리에서 검을 점검해 보는 구육의 모습이 매우 인상적이었다는 말이다.

0878. 觀杭州[1]鈐轄[2]歐育[3]刀劍戰袍[4]

항주검할 구육의 칼과 전포를 보고

靑綾衲衫暖襯甲,[5]	푸른 비단의 기운 적삼은 따뜻이 갑옷을 받쳐 주고
紅線勒帛光遶脇.[6]	붉은 실의 비단 띠는 옆구리에 빛이 감도네.
禿襟小袖雕鶻盤,[7][8]	깃 없는 옷의 짧은 소매엔 독수리 송골매 무늬가 있고
大刀長劍龍蛇柙.[9]	큰 칼과 장검은 용과 뱀이 새겨진 칼집에 있네.
兩軍鼓譟屋瓦墜,[10][11]	양쪽 군사가 북을 울리고 함성을 질러 지붕 위의 기왓장이 다 떨어지고
紅塵白羽紛相雜.[12][13]	불그레한 먼지와 하얀 깃털이 어지러이 서로 한데 뒤섞였으리.
將軍恩重此身輕,	은총이 깊은 장군은 이렇게 몸이 가벼워
笑履鋒鋩如一揷.[14][15]	웃으면서 삽을 밟듯 창칼의 날을 밟으리.
書生只肯坐帷幄,[16]	서생은 오로지 휘장 안에 앉아서
談笑毫端弄生殺.[17]	담소하며 붓끝으로 생사를 좌우하려 하는데
叫呼擊鼓催上竿,[18][19]	소리 치고 북을 울려 장대에 오르길 재촉하며
猛士應憐小兒黠.[20]	맹사들은 어린아이의 잔재주를 가련히 여기리.
試問黃河夜偸渡,	밤에 몰래 황하를 건너노라면
掠面驚沙寒霎霎.[21]	놀란 모래가 차갑게 솨솨 얼굴을 스치는 게 나을까?
何如大艦日高眠,	큰 배에 누워 해 높이 떠도록 잠을 자면서

一枕淸風過苕霅.[22]　　　　베개 가득 청풍 맞으며 초계 삽계 지나는 게 나을까?

[해설]

원풍 8년(1085) 4월에 상주거주의 윤허를 받아 의흥으로 돌아가게 되었을 때 무관인 구육을 만나 그의 칼과 전포를 보면서 일어난 감회를 노래한 것이다.

[주석]

(1) 杭州(항주): 지금의 절강성 항주.
(2) 鈐轄(검할): 송나라 때 무관의 관직 이름.
(3) 歐育(구육): 구체적인 행적이 알려져 있지 않다. 〈與歐育等六人飮酒〉(0877) 주 (1) 참조.
(4) 戰袍(전포): 전사들이 입는 긴 옷.
(5) 襯甲(친갑): 갑옷 안에 받쳐 입다.
(6) 勒帛(늑백): 허리를 묶는 비단 띠.
(7) 禿襟(독금): 깃이 없는 옷.
(8) 雕鶻盤(조골반): 독수리와 송골매 모양을 수놓은 무늬.
(9) 龍蛇柙(용사갑): 표면에 용과 뱀이 새겨진 칼집을 가리킨다.
(10) 鼓譟(고조): 전쟁할 때 북을 울리고 함성을 지르는 것을 가리킨다.
(11) 屋瓦墜(옥와추): 《史記·廉頗藺相如傳》에 "진나라 군사가 무안 서쪽에 진을 쳤는데 진나라 군사가 북을 울리고 함성을 지르며 대오를 정돈하자 무안성의 지붕에 얹혀 있는 기왓장이 다 흔들렸다(秦軍軍武安西, 秦軍鼓譟勒兵, 武安屋瓦盡振)"라는 말이 있다.
(12) 紅塵(홍진): 전쟁으로 인하여 일어난 붉은 먼지.
(13) 白羽(백우): 흰색 깃털을 꽂은 화살.
(14) 鋒鋩(봉망): 창이나 칼의 날.
(15) 揷(삽): 삽. 땅을 파거나 흙을 떠내는 기구. 이 구절은 구육이 창칼을 두려워하지 않고 용감하게 싸우는 것을 가리킨다.
(16) 帷幄(유악): 휘장.
(17) 毫端(호단): 붓끝. 이 연은 문관들이 황제에게 상소문을 올려서 정적을 제거하는 것을 가리키는 것으로 보인다.
(18) 叫呼(규호): 부르짖다.
(19) 上竿(상간): 장대를 붙잡고 올라가다. 용맹스러운 행동을 가리키는 것으로 보인다.
(20) 小兒黠(소아힐): 어린아이의 교활한 짓. 서생이 붓끝으로 생사를 좌우하는 일을 가리킨다.
(21) 霎霎(삽삽): 모래바람이 부는 소리. 이 연은 구육이 서북쪽의 황하 가에서 전투에 종사한 일을 가리킨다.

(22) 苕霅(초삽): 상류인 초계와 하류인 삽계. 절강성에 있는 天目山의 동쪽에서 발원한 동초계와 천목산의 서쪽에서 발원한 서초계가 절강성 湖州에서 합류하여 太湖로 들어가는데 두 강이 합류한 이후의 구간을 삽계라고 한다. 마지막 네 구절은 항주검할로서 후방에 근무하다 보면 전방에 근무하는 것과는 다른 장점이 있다고 구육을 위로한 것이다. 항주검할로 부임하게 되었을 때 구육이 소식에게 후방에서 한가하고 편안하게 지내는 것은 진정한 무인의 길이 아니라며 불만스러워 하는 말을 한 것으로 보인다. 그렇다면 남송의 최전방인 南鄭에서 중원 수복의 꿈에 부풀어 북벌 준비에 열중하고 있다가 임지를 후방인 成都로 옮기라는 명을 받고 검문관을 지나갈 때 "이 몸은 시인이나 되어야 하는 걸까? 가랑비 속에 나귀를 타고 검문으로 들어가네(此身合是詩人未, 細雨騎驢入劍門)" 하고 불만을 토로한 육유의 심정과 유사하다고 할 수 있다.

0879. 寄吳德仁[1]兼簡[2]陳季常[3]

오덕인에게 부치면서 아울러 진계상에게도 보낸다

東坡先生無一錢,[4]	동파선생에게는 돈이 한 푼도 없어
十年家火燒凡鉛.[5][6]	십 년 동안 가정집 불로 보통의 납을 구웠나니
黃金可成河可塞,[7]	황금도 만들 수 있고 황하도 막을 수 있지만
只有霜鬢無由玄.[8]	서리 맞은 살쩍만은 검게 할 길이 없었네.
龍丘居士亦可憐,[9]	용구거사도 역시 가련하나니
談空說有夜不眠.[10]	공과 유를 설하느라 밤에 잠을 못 자는데
忽聞河東獅子吼,[11][12]	갑자기 하동의 사자후 소리 들려오면
拄杖落手心茫然.	지팡이를 손에서 떨어뜨리며 정신이 아득해지네.
誰似濮陽公子賢,[13]	그 누가 복양공자처럼 현명하리오?
飮酒食肉自得仙.	술 마시고 고기 먹으며 스스로 신선이 되었고
平生寓物不留物,[14][15]	평생 사물에 기탁할 뿐 사물에 집착하지 않아
在家學得忘家禪.[16]	집에 있으며 집을 잊는 참선법을 배웠네.
門前罷亞十頃田,[17]	대문 앞엔 넘실넘실 벼 심은 논이 십 경인데
淸溪繞屋花連天.	맑은 시내는 집을 감돌고 꽃은 하늘에 닿았을 제
溪堂醉臥呼不醒,[18]	계당에 취해 누워 불러도 안 깨는데
落花如雪春風顚.	낙화가 눈처럼 봄바람에 흔들리겠네.
我遊蘭溪訪淸泉,[19][20]	나는 난계를 유람하다 청천사에 들렀으니

已辨布襪青行纏.[21]	베버선과 푸른 행전 이미 갖춰져 있었고
稽山不是無賀老,[22][23]	회계산에 하씨 노인이 없지도 않았지만
我自興盡回酒船.[24]	나 스스로 흥이 식어 술 배를 돌렸었네.
恨君不識顔平原,[25]	그대가 안평원을 모르는 게 한스럽고
恨我不識元魯山.[26]	이 몸이 원노산을 모르는 게 한스럽나니
銅駝陌上會相見,[27][28]	동타맥 위에서 틀림없이 서로 만나
握手一笑三千年.[29]	손을 잡고 웃으며 삼천 년을 함께 살 것이네.

[해설]

기춘에 사는 오영에게 보내면서 동시에 기정에 사는 진조에게도 보내 자신의 뜻을 전한 시로 오영의 빼어난 인품을 극구 칭송했다. 소식이 황주에 유배되어 있을 때 기수까지 갔으면서 그 옆에 사는 오영을 방문하지 않았다는 사실을 알고 오영이 적이 서운해 하는 말을 하자 소식이 그 소문을 듣고 오영에게 이를 해명하면서 한편으로 인생관도 비슷하고 사는 곳도 가까운 그와 진조가 서로 만나 친하게 지낼 것을 권유한 것으로 보인다.

[주석]

(1) 德仁(덕인): 吳瑛의 字. 그는 蘄州 蘄春(지금의 호북성 기춘) 사람으로 부친의 음덕으로 벼슬길에 나아가 池州通判·黃州通判·郴州知州·虞部員外郎 등의 관직을 역임하고 46세 때인 치평 3년(1066)에 관직을 그만두고 고향으로 돌아갔다. 고향에서 그는 집안일을 일체 자제들에게 맡긴 채 개울가에 집을 지어 꽃을 가꾸고 술을 빚으며 살았다. 손님이 오면 꼭 취하도록 술을 마시고는 꽃밭에 드러눕기도 하고 손님이 가도 문제 삼지 않았다.(《송사·오영전》 참조)

(2) 簡(간): 편지를 보내다.

(3) 季常(계상): 소식의 친구로 黃州 부근의 岐亭에서 은거한 陳慥의 字. 그는 소식이 鳳翔府簽判으로 재임할 때 鳳翔府知府였던 陳希亮의 아들로 소식과 가까운 친구였는데, 어릴 때부터 朱家나 郭解 같은 협객을 좋아했으며 만년에는 光州·黃州 일대에서 은거했다. 소식은 황주로 유배갈 때 기정에서 그를 만난 적이 있고 황주에 있을 때도 그를 몇 번 만났다. 소식의 〈方山子傳〉은 진조의 전기이다.

(4) 東坡先生(동파선생): 소식 자신을 가리키는 해학적 표현이다.

(5) 家火(가화): 집안에서 일상적으로 사용하는 불.

(6) 凡鉛(범연): 자연 상태의 평범한 납.

(7) 河(하): 黃河를 가리킨다. 《史記·封禪書》에 "황금도 만들 수 있고 황하가 터져도 막을 수 있고 불사약도 얻을 수 있고 신선도 불러서 오게 할 수 있다(黃金可成, 而河決可塞, 不死之藥可得, 僊人可致也)"라는 말이 있다.

(8) 無由(무유): ~할 길이 없다.

(9) 龍丘居士(용구거사): 진조의 별명. 《容齋三筆·陳季常》에 "진조는 자가 계상으로 진공필의 아들인데 황주의 기정에 살면서 스스로 용구선생이라고 불렀다(陳慥, 字季常, 公弼之子, 居於黃州之岐亭, 自稱龍丘先生)"라고 했다.

(10) 談空說有(담공설유): '공'을 이야기하고 '유'를 말하다. 有는 空이나 無와 대칭되는 개념으로 實有·假有·妙有의 구별이 있다. 李白의 시 〈僧伽歌〉에 "아아 나는 실의에 빠져 오래 강호에서 지냈는데, 공과 유를 설하는 참된 스님은 드물었네(嗟予落魄江湖久, 罕遇眞僧說空有)"라는 구절이 있다. 이 연은 진조가 불교의 교리를 설하는 데 심취해 있다는 말이다.

(11) 河東(하동): 황하의 동쪽. 황하가 섬서성과 산서성 경계 지역을 지날 때 북쪽에서 남쪽으로 흐르는바, 그 동쪽 지역인 산서성 일대를 하동이라고 한다.

(12) 獅子吼(사자후): 부처님의 위엄 있는 설법을 사자가 포효하는 소리에 비유한 말이다. 사자가 소리쳐 울 때 작은 사자는 용기를 내고 다른 짐승은 모두 도망쳐서 숨어 버리는 것과 같이 부처님의 설법을 들을 때 보살은 정진하고 악마들은 숨어 버린다고 해서 하는 말이다.(《한국불교대사전3》, 서울: 명문당, 1993, 150쪽 참조) 《용재삼필·진계상》에 "방산자는 손님을 좋아하고 기녀 두기를 좋아했지만 그의 아내 유씨가 몹시 사납게 질투했기 때문에 소동파가 시에서 '용구거사도 역시 가련하나니, 공과 유를 설하느라 밤에 잠을 못 자는데, 갑자기 하동의 사자후 소리 들려오면, 지팡이를 손에서 떨어뜨리며 정신이 아득해지네'라고 한 것이다. 하동 사자는 유씨를 가리킨다(方山子好賓客, 喜畜聲妓. 然其妻柳氏絶兇妬, 故東坡有詩云: '龍邱居士亦可憐, 談空說有夜不眠. 忽聞河東師子吼, 拄杖落手心茫然.' 河東獅子指柳氏也)"라고 한 바와 같이 여기서는 진조에게 호통을 치는 진조 부인의 우렁찬 목소리를 가리킨다. 中唐 문인 柳宗元은 하동 지방인 지금의 섬서성 永濟 사람이기 때문에 '유하동' 또는 '하동선생'이라고 하는바 진조의 아내 유씨는 유종원과 종씨일 가능성이 크다.

(13) 濮陽公子(복양공자): 오영을 가리킨다. 林寶의 《元和姓纂·吳》에 "오은지는 진나라 때 광주자사였는데 그의 선조가 복양(지금의 하남성 복양)에서 장강을 건너가 단양에 거주했다(隱之, 晉廣州刺史, 其先祖自濮陽過江, 居丹陽)"라고 했다.

(14) 寓物(우물): 사물에 마음을 깃들이다. 사물에다 자신의 마음을 깃들이는 시문을 짓는 것을 가리킨다. 소식의 〈寶繪堂記〉에 "군자는 사물에 마음을 깃들일 수는 있으나 사물에 탐닉해서는 안 된다. 사물에 마음을 깃들이면 비록 보잘것없는 물건일지라도 그것을 통하여 즐거움을 얻을 수 있고 비록 진귀한 물건일지라도 그것 때문에 병폐가 생기지 않지만, 사물에 탐닉하면 비록 보잘것없는 물건일지라도 그것 때문에 병폐가 생기고 비록 진귀한 물건일지라도 그것을 통하여 즐거움을 얻을 수 없다(君子可以寓意於物, 而不可以留意於物. 寓意於物, 雖微物足以爲樂, 雖尤物不足以爲病; 留意於

物, 雖微物足以爲病, 雖尤物不足以爲樂)"라고 했다.

(15) 留物(유물): 사물에 탐닉하다. 물욕을 부린다는 말이다.

(16) 忘家禪(망가선): 집을 잊고 참선하다. 출가하여 수행하는 참선을 가리킨다. 이 구절은 오영이 비록 출가한 스님은 아니지만 이미 佛道를 잘 체득하고 있다는 말이다.

(17) 罷亞(파아): 벼가 많은 모양.

(18) 溪堂(계당): 《名勝志》에 "계당은 기주 관청 소재지 남쪽에 있다. 지화(1054-1055) 연간에 오영이 은거했다(溪堂, 在蘄州治南. 至和中, 吳瑛隱居也)"라고 했다.

(19) 蘭溪(난계): 기주에 있는 개울.

(20) 淸泉寺(청천사): 기주 蘄水縣에 있던 절. 《東坡志林·記游》에 "황주에서 동남쪽으로 30리 되는 곳이 사호인데 나사점이라고도 한다. 나는 그 일대에 농지를 좀 사 두려고 땅을 보러 갔다가 병을 얻었다. 마교 사람 방안상이 용한데 귀가 어둡다는 소문을 듣고 마침내 그를 찾아가서 치료를 부탁했다.……병이 나은 뒤에 그와 함께 청천사를 유람했다. 청천사는 기수 외성의 성문 밖 2리쯤 되는 곳에 있는바 거기에 왕일소가 붓을 씻던 샘이 있는데 물이 아주 맛있으며 그 아래에 난계가 있는데 물이 서쪽으로 흐른다(黃州東南三十里爲沙湖, 亦曰螺師店. 予買田其間, 因往相田, 得疾. 聞麻橋人龐安常善醫而聾, 遂往求療.……疾愈, 與之同遊淸泉寺, 寺在蘄水郭門外二里許, 有王逸少洗筆泉, 水極甘, 下臨蘭溪, 溪水西流)"라고 했다.

(21) 行纏(행전): 바지나 고의를 입을 때 정강이에 감아 무릎 아래에 매는 물건. 반듯한 헝겊으로 소맷부리처럼 만들고 위쪽에 끈을 두 개 달아서 돌라매게 되어 있다. 이 구절은 자신이 이미 행장을 갖추고 있었기 때문에 언제든지 오영을 방문할 수 있었다는 말이다.

(22) 稽山(계산): 會稽山. 절강성 紹興의 남쪽에 있는 산. 賀知章은 벼슬에서 물러난 뒤 자신의 고향에 있는 이 산에서 은거했다.

(23) 賀老(하로): 원래 하지장을 가리키는 말인데 여기서는 오영을 가리킨다. 이백의 시 〈重憶〉에 "회계산에 하씨 노인이 계시지 않아, 다시 노를 저어서 술 실은 배를 돌리네(稽山無賀老, 却棹酒船回)"라는 구절이 있다.

(24) 回酒船(회주선): 술 실은 배를 돌려서 되돌아왔다는 뜻이다. 동진 사람 王徽之는 남의 눈치를 보지 않고 자기 기분대로 사는 사람이었다. 일찍이 山陰(지금의 절강성 소흥)에 살 때 눈이 막 개어 휘영청 밝은 달빛 아래 사방이 은빛 천지를 이룬 가운데 혼자 시를 읊조리다가 문득 剡縣(지금의 절강성 嵊縣 서남쪽 曹娥江 북쪽)에 사는 친구 戴逵가 보고 싶어져서 밤새도록 배를 저어 문 앞까지 갔다가 그냥 돌아왔다. 왜 그랬느냐는 사람들의 물음에 그는 "기분이 내켜서 갔는데 문 앞에 도착하니 기분이 식어 버려서 굳이 만날 필요가 없었소"라고 대답했다.(《진서·왕휘지전》 참조) 이 구절은 왕휘지 고사와 이백 시구를 혼용하여 자신이 옛날에 오영을 찾아가지 않은 이유를 해학적으로 설명한 것이다.

(25) 顔平原(안평원): 평원태수를 역임한 당나라 사람 顔眞卿을 가리킨다. 여기서는 진조를 불교에 관심이 많았던 안진경에 비유한 것으로 보인다. 안진경이 해서체로 쓴 〈大唐西京千福寺多寶塔感應碑

文〉(약칭 〈多寶塔碑〉)은 지금도 서예를 배우는 사람들이 금과옥조로 여기는 유명한 書帖이다.

(26) 元魯山(원노산): 노산현령을 지낸 당나라 사람 元德秀를 가리킨다. 《新唐書·元德秀傳》에 "소원명이 늘 사람들에게 말하기를 '나는 불행하게도 풍속이 퇴폐해진 시대에 태어났지만 부끄럽지 않은 것은 원자지(원덕수)를 알게 된 것이다'라고 했다(蘇源明常語人曰: '吾不幸生衰俗, 所不恥者, 識元紫芝也.')"라는 말이 있다. 이 구절은 원덕수와 알고 지내는 것을 영예롭게 생각한 소원명과 달리 자신은 오영을 알지 못해서 한탄스럽다는 말이다. 胡仔의 《苕溪漁隱叢話·東坡一》에 "또 '그대가 안평원을 모르는 게 한스럽다'라고 한 것은 소동파 자신을 말한 것이고, '이 몸이 원노산을 모르는 게 한스럽다'라고 한 것은 오덕인을 말한 것이며, '동타맥 위에서 틀림없이 서로 만나, 손을 잡고 웃으며 삼천 년을 함께 살 것이네'라고 한 것은 계자훈의 무리처럼 결국 서로 만난다는 말일 것이다(又云'恨君不識顏平原', 東坡自謂也. '恨我不識元魯山', 謂德仁也. '銅駝陌上會相見, 握手一笑三千年.' 蓋言終當相見如薊子訓之徒)"라고 했다.

(27) 銅駝陌(동타맥): 洛陽 궁문 밖의 구리로 만든 낙타가 세워져 있던 길로 젊은이들이 많이 모였다는 곳이다. 오영과 진조가 모두 신선처럼 살기 때문에 잘 늙지 않을 것임을 암시한다. 陸機의 〈洛陽記〉에 "낙양에 동타가가 있거니와 한나라 때 낙타 동상 두 개를 만들어 왕궁 남쪽의 사거리에 마주 보고 서 있게 했다. 속담에 '금마문 바깥에는 현인들이 모이고, 동타맥 위에는 소년들이 모인다'라는 말이 있다(洛陽有銅駝街, 漢鑄銅駝二枚, 在宮南四會道相對. 俗語曰: '金馬門外集衆賢, 銅駝陌上集少年.')"라고 했다.

(28) 會(회): 틀림없이 ~할 것이다.

(29) 三千年(삼천년): 한나라 武帝가 西王母를 만나자 서왕모가 복숭아 일곱 개를 가져와서 두 개는 자기가 먹고 다섯 개는 무제에게 주었는데 무제가 복숭아의 씨를 버리지 않고 모아 두었다. 서왕모가 모아 두는 까닭을 묻자 나중에 심기 위해서라고 했다. 이에 서왕모가 웃으면서 "이 복숭아는 3천 년에 한 번씩 열매를 맺는 것으로 속세에 심는 것이 아닙니다"라고 했다.(《漢武故事》 참조) 이 연은 인생관이 비슷할 뿐만 아니라 사는 곳도 가까운 오영과 진조가 지금까지 서로 못 만난 것은 안타깝지만 두 사람이 머지않아 서로 만나서 오래도록 함께 신선적인 삶을 살게 될 것이라는 뜻으로, 자기 친구 진조에게 오영을 한 번 만나 볼 것을 넌지시 권유한 말인 것 같다.

0880. 題王逸少[1]帖[2]

왕일소의 서첩에 쓴 시

顚張醉素兩禿翁,[3][4][5]	미친 장욱 취한 회소 두 민머리 늙은이
追逐世好稱書工.	세인의 기호를 좇아 글씨 잘 쓴다 일컬어졌지만
何曾夢見王與鍾,[6]	꿈엔들 어찌 왕씨와 종씨를 본 적 있으리?
妄自粉飾欺盲聾.[7]	망령되이 분식하여 장님과 귀머거리 속였으며
有如市娼抹青紅,[8]	도시의 창기가 얼굴에 울긋불긋 색칠하고
妖歌嫚舞眩兒童.	요염한 노래 간드러진 춤으로 아동을 홀리는 것 같았네.
謝家夫人澹丰容,[9][10]	사씨 집안 부인의 맑고 초탈한 자태요
蕭然自有林下風.[11][12]	청아하여 저절로 산속 은자의 기풍이 있고
天門蕩蕩驚跳龍,[13][14]	천문에서 펄쩍펄쩍 놀라 날뛰는 용이요
出林飛鳥一掃空.[15]	숲에서 날아 나온 새가 허공을 가르는 것 같으니
爲君草書續其終,[16]	그대 위해 초서 써서 그 유풍을 잇고 싶네
待我他日不悤悤.[17]	내가 훗날 바쁘지 않게 됐을 때.

[해설]

왕희지의 서첩을 본 감회를 노래한 것으로 장욱이나 회소의 글씨가 필요 이상으로 멋을 내고 기교를 부린 것에 반하여 왕희지의 글씨는 소박하고 초탈하면서도 생동적이고 기개가 있음을 높이 평가했다.

[주석]

(1) 逸少(일소): 東晉 서예가 王羲之의 字.

(2) 帖(첩): 書帖.

(3) 顚張(전장): 당나라 서예가 張旭을 가리킨다. 그는 술을 좋아했는데 매번 취할 때마다 소리를 지르며 뛰어다니다가 붓을 들기도 하고 머리카락을 먹에 적셔서 글씨를 쓰기도 했기 때문에 사람들이 張顚이라고 불렀다.(《신당서·장욱전》 참조) '顚'은 미치광이라는 뜻으로 '癲'과 같다.

(4) 醉素(취소): 당나라 때의 승려 서예가 懷素를 가리킨다. 그는 술을 매우 좋아했기 때문에 취소라고 불렸는데 한나라 張芝와 당나라 장욱의 뒤를 이어 가장 심하게 흘려 쓰는 서체인 狂草를 널리 유행시켰다. 許瑤의 시 〈題懷素上人草書〉에 "술에 취해 닥치는 대로 두어 줄을 쓰는데, 깨고 난 뒤 다시 쓰면 그렇게 안 써지네(醉來信手兩三行, 醒後却書書不得)"라는 구절이 있다.

(5) 禿翁(독옹): 관직이 없어서 官帽를 쓰지 않은 늙은이를 가리킨다. 王十朋의 《百家註分類東坡先生詩》에는 "한 사람은 머리에 머리카락이 없는 것을 말하고 한 사람은 승려이기 때문에 삭발한 것을 말한다(一言其首無髮, 一言其爲僧而祝髮)"라고 하여 장욱이 대머리라고 했지만 그가 대머리였다면 머리카락을 먹에 적셔서 글씨를 쓸 수가 없었을 것이다.

(6) 王與鍾(왕여종): 진나라 서예가 왕희지와 삼국시대 위나라 서예가 鍾繇를 가리킨다.

(7) 盲聾(맹롱): 장님과 귀머거리. 서예에 조예가 없는 문외한을 가리킨다.

(8) 市娼(시창): 도시의 娼妓. 도시에서 노래하고 춤추는 기예를 공연하는 사람. 이상의 네 구절은 장욱과 회소의 글씨가 왕희지나 종요의 글씨와 달리 기교를 많이 부렸기 때문에 모르는 사람이 보기에는 멋있어 보이지만 아는 사람이 보면 그렇지 않다는 말이다.

(9) 謝家夫人(사가부인): 東晉 사람 謝安의 질녀로 왕희지의 아들 王凝之의 부인이 된 謝道韞을 가리킨다. 《世說新語·賢媛》에 "사알(謝玄)은 자기 누나(사도온)를 극도로 중시했는데 장현은 늘 자기 누이동생을 칭찬하며 사도온과 한번 겨루게 해 보려고 했다. 濟尼라는 사람이 장씨 집안과 사씨 집안을 다 드나드는지라 사람들이 두 사람 중에서 누가 더 나은지 물었더니 '왕부인(사도온)은 표정이 초탈하고 밝아서 산림 속에 은거하는 사람의 기풍이 있고, 고씨 집안의 부인(장현의 누이동생)은 맑은 마음이 옥처럼 빛나 타고난 규수입니다'라고 했다(謝遏絶重其姊, 張玄常稱其妹, 欲以敵之. 有濟尼者, 並遊張謝二家, 人問其優劣, 答曰: '王夫人神情散朗, 故有林下風氣; 顧家婦淸心玉映, 自是閨房之秀.')"라는 일화가 수록되어 있다.

(10) 丰容(봉용): 자태. 풍도.

(11) 蕭然(소연): 초탈하고 閑雅하다.

(12) 林下風(임하풍): 산림 속에 은거하는 사람의 한아하고 초탈한 기풍.

(13) 天門(천문): 天宮의 문. 梁 武帝의 〈書評〉에 "왕희지의 글씨는 용이 천문에서 뛰는 것 같고 호랑이가 봉황 궁궐에 누워 있는 것 같기 때문에 역대의 서예가들이 그것을 보배롭게 여기며 永字八法을 교훈으로 삼는다(王羲之書如龍跳天門, 虎臥鳳闕, 是故歷代寶之, 永以爲訓)"라고 했다.

(14) 蕩蕩(탕탕): 자유분방하여 거침없는 모양.

(15) 掃(소): 빗자루로 쓸 듯이 길게 긋는다는 뜻으로 새가 빠른 속도로 날아가는 것을 가리킨다.

(16) 續其終(속기종): 이미 맥이 끊어진 왕희지의 書風을 계승한다는 말이다.

(17) 悤悤(총총): 몹시 바쁜 모양. 《晉書·衛瓘傳》에 "한나라가 흥기한 뒤에 초서가 생겼는데 만든 사람의 성명은 모른다. 장제 때에 제나라 재상 두도가 이것을 잘 쓴다는 소리를 들었고 나중에 최원과 최식 역시 솜씨가 뛰어나다는 소리를 들었다. 두씨는 글씨를 아주 잘 마무리했지만 서체가 약간 가늘었고, 최씨는 필세가 뛰어났지만 마무리가 조금 엉성했다. 홍농의 장백영(張芝)은 이들의 필법을 물려받았지만 글씨가 더욱 정교해져서 대단히 아름다웠다. 그는 집에 있는 옷이란 옷에 꼭 글씨를 쓴 뒤에 씻었고 연못가에 나가서 글씨를 배운지라 연못물이 온통 새까맣게 물들었다. 그는 붓을 대면 꼭 규범에 맞게 쓰고는 '悤悤不暇草書'라고 했다. 그는 한 치짜리의 작은 종이도 내버려 두지 않은지라 오늘날에 이르도록 세상에서 그의 글씨를 보배롭게 여긴다. 위중장이 그를 초서의 성인이라고 불렀다(漢興而有草書, 不知作者姓名. 至章帝時, 齊相杜度號善作篇, 後有崔瑗·崔寔, 亦皆稱工. 杜氏殺字甚安, 而書體微瘦; 崔氏甚得筆勢, 而結字小疏. 弘農張伯英者, 因而轉精甚巧. 凡家之衣帛, 必書而後練之, 臨池學書, 池水盡黑. 下筆必爲楷則, 號悤悤不暇草書. 寸紙不見遺, 至今世尤寶其書. 韋仲將謂之草聖)"라고 했는데 여기서 말한 '悤悤不暇草書'에 대해서는 많은 학자들이 '바빠서 여가가 없으므로 초서체로 쓴다(悤悤不暇, 草書)'로 읽지만 어떤 학자들은 '바빠서 초고를 작성(한 후 다시 정서)할 겨를이 없(으므로 바로 쓴)다(悤悤, 不暇草書)'로 읽는다. 전자의 경우 규범에 맞게 반듯하게 쓰느라고 썼지만 급히 쓴 나머지 반듯하지 않게 되었으니 양해해 달라는 뜻의 겸사라고 할 수 있는데, 소식은 '草書'를 '초서체'의 뜻으로 받아들이되 오히려 바쁘지 않을 때 왕희지의 초서체를 익히겠다고 상반된 말을 함으로써 해학적인 맛을 더했다.

0881. 書林逋[1]詩後

임포의 시 뒤에 쓴 시

吳儂生長湖山曲,[2]	오인들은 호수와 산의 굽이에 나서 자라는지라
呼吸湖光飮山綠.	호수 빛을 호흡하고 산의 녹음을 마시나니
不論世外隱君子,[3]	속세 밖의 은군자는 말할 필요도 없고
傭兒販婦皆冰玉.[4][5]	품팔이와 여상인도 모두 다 빙옥이네.
先生可是絶俗人,[6][7]	선생은 참으로 세속을 떠난 사람
神清骨冷無由俗.[8]	정신이 맑고 기질이 차 속될 수 없네.
我不識君曾夢見,	나는 선생을 모르지만 꿈에 본 적 있나니
瞳子瞭然光可燭.	반짝이는 눈동자가 주위를 비출 만했네.
遺篇妙字處處有,[9]	작품 속에 오묘한 말이 도처에 있는지라
步遶西湖看不足.[10]	걸어서 서호를 돌았지만 다 보지는 못했네.
詩如東野不言寒,[11]	선생의 시는 동야 같되 차가운 말은 아니했고
書似留臺差少肉.[12][13]	선생의 글씨는 유대 같되 살이 조금 적었네.
平生高節已難繼,	평생의 고절이 벌써 뒤를 잇기 어려운데
將死微言猶可錄.[14]	죽기 전의 은미한 말도 기록해 둘 만했네.
自言不作封禪書,[15]	봉선서를 안 지었다 스스로 말했거늘
更肯悲吟白頭曲.[16]	더구나 슬프게 〈백두음〉을 읊으려고 했으리?
我笑吳人不好事,	우습게도 오인들은 일을 안 좋아하건만

好作祠堂傍修竹.(17)(18)　　대밭 옆에 사당을 짓기는 좋아했네.
不然配食水仙王,(19)(20)　　그러지 않았다면 수선왕과 함께 모시고
一盞寒泉薦秋菊.　　찬 샘물 한 잔 떠 놓고 가을 국화를 바칠 뻔했네.

[해설]

항주 서호의 고산에 은거한 북송 시인 임포의 시를 읽고 그 감회를 노래한 발문(跋文) 형식의 시로 그의 인품과 시를 극구 칭송했다.

[주석]

(1) 林逋(임포): 북송 초의 시인으로 결혼을 하지 않은 채 매화를 아내로 여기고 학을 자식으로 여기며 杭州 서호의 孤山에 은거했기 때문에 梅妻鶴子라는 말이 생겼다.
(2) 吳儂(오농): 오지방 사람. 吳人. 임포가 은거한 항주는 오지방에 속한다.
(3) 不論(불론): 비단 ~뿐만이 아니다. ~은 말할 것도 없다.
(4) 傭兒(용아): 품삯을 받고 남의 일을 해주는 사람. 품팔이. 삯꾼.
(5) 販婦(판부): 물건을 파는 여자. 여자 상인.
(6) 可是(가시): 참으로.
(7) 絶俗(절속): 세속과 인연을 끊다.
(8) 無由(무유): ~할 길이 없다.
(9) 遺篇(유편): 죽은 사람이 남겨 놓은 시문.
(10) 西湖(서호): 항주 서쪽에 있는 호수. 이 연은 소식이 항주통판으로 재임할 때 임포의 시에 멋지게 묘사된 곳을 찾아다니며 두루 살펴보았지만 모두 다 찾지는 못했다는 말인 것으로 보인다.
(11) 東野(동야): 당나라 시인 孟郊의 字. 소식의 〈祭柳子玉文〉에 "元稹은 경박하고 白居易는 통속적이며, 맹교는 차갑고 賈島는 깡마르다(元輕白俗, 郊寒島瘦)"라고 했다. 이 구절은 임포의 시가 맹교의 시와 비슷한 詩境을 지니고 있지만 한기가 느껴질 정도는 아니라는 말이다.
(12) 留臺(유대): 송나라 서예가로서 西京留司御史臺를 역임했기 때문에 李西臺라고도 불린 李建中을 가리킨다. 이 구절은 임포의 글씨가 이건중과 비슷하지만 그보다 조금 가늘다는 말이다.
(13) 差(차): 조금.
(14) 微言(미언): 미묘하고 심오한 말.
(15) 封禪書(봉선서): 司馬相如가 천자에게 封禪을 권유한 문장. 제왕의 공덕을 칭송한 글을 가리킨다. 사마상여가 병이 들어 관직에서 물러나 茂陵에 있는 자기 집에서 지낼 때 천자가 所忠을 보내 사마상여 집에 있는 그의 글을 다 가져오라고 했다. 소충이 사마상여 집에 갔더니 사마상여는 그 사이에 이미 죽어 버리고 그의 부인이 사마상여의 글을 한 편 주었다. 그것은 천자에게

봉선, 즉 천지신명에게 제사를 지낼 것을 권하는 글이었다.(《사기·사마상여전》 참조) 임포의 시 〈自作壽堂因書一絶以誌之〉에 "무릉에서 언젠가 유고를 찾을 텐데, 오히려 봉선서가 없었던 게 기쁘네(茂陵他日求遺稿, 猶喜曾無封禪書)"라는 구절이 있다. 이 구절은 임포가 관직에 뜻을 두지 않았다는 말이다.

(16) 白頭曲(백두곡): 사마상여의 아내 卓文君이 지은 〈白頭吟〉을 가리킨다. 사마상여가 茂陵 여자를 첩으로 들이려고 하자 탁문군이 〈白頭吟〉을 지어서 결별을 선언하는지라 사마상여가 그만 포기했다.(《西京雜記》 참조) 이 구절은 임포가 결혼을 하지 않았기 때문에 질투심이 있었을 리 없다는 말이다.

(17) 祠堂(사당): 임포의 사당을 가리킨다.

(18) 修竹(수죽): 기다란 대나무.

(19) 配食(배식): 配享하다. 다른 사람의 사당에 함께 모셔 놓고 그 사람에게 제사 지내는 김에 함께 제사 지내는 것을 가리킨다.

(20) 水仙王(수선왕): 錢塘江의 용왕. 소식의 시 〈飮湖上初晴後雨二首〉(0259) 其二 마지막 구절에 대한 자주에 "호숫가에 수선왕의 사당이 있다(湖上有水仙王廟)"라고 했다. 또 《咸淳臨安志》에는 "수선왕의 사당은 서호 제3교 북쪽에 있다(水仙王廟在西湖第三橋北)"라고 했고, 《西湖遊覽志餘》에는 "고산의 남쪽 기슭에 있다(在孤山南麓)"라고 했다.

0882. 和仲伯達(1)

중백달에게 화답하여

歸山歲月苦無多,	산으로 돌아간 세월 참 길지 않았어도
尙有丹砂奈老何.	단사야 있겠지만 늙음을 어찌하리오?
繡谷只應花自染,(2)	수놓은 듯한 계곡도 꽃 따라 절로 물들 뿐이요
鏡潭長與月相磨.(3)(4)	거울 같은 못도 늘 달과 부대끼지요.
君方傍海看初日,(5)	그대는 한창 바닷가에서 아침 해를 보련만
我已橫江擊素波.(6)	나는 이미 강 건너며 흰 물결을 쳤지요.
人不我知斯我貴,(7)	남이 나를 모르면 내가 귀해지나니
不須雷雨起龍梭.(8)	뇌우가 용을 일으킬 필요 없지요.

[해설]

서주지주로 재임할 때 교유한 중백달의 시에 화답한 것으로 굳이 늙지 않으려고 애쓸 필요도 없고 남이 알아주기를 바랄 필요도 없다는 논리로써 그가 조정에 중용되지 못한 것을 위로했다.

[주석]

(1) 仲伯達(중백달): 〈次韻呂梁仲屯田〉(0496)에 대한 王文誥의 주석에 "중둔전은 이름이 백달이다(仲屯田, 名伯達)"라고 했다.(《蘇軾詩集》 참조) 소식은 서주지주로 재임할 때 그와 교유하면서 〈九日,

邀仲屯田, 爲大水所隔, 以詩見寄, 次其韻〉(0498)·〈答呂梁仲屯田〉(0508) 등의 시를 지었다.

(2) 繡谷(수곡): 수를 놓은 것처럼 아름다운 계곡.

(3) 鏡潭(경담): 거울처럼 맑은 못.

(4) 磨(마): 접촉하다. 부대끼다.

(5) 初日(초일): 막 떠오른 아침 해. 중백달의 원시에 그가 바닷가로 일출이나 구경하러 간다는 말이 있었던 것으로 보인다.

(6) 素波(소파): 흰 물결. 漢나라 무제의 〈秋風辭〉에 "누선을 띄워서 분하를 건너나니, 강을 가로지르며 흰 물결을 일으킨다(泛樓船兮濟汾河, 橫中流兮揚素波)"라고 했다. 이 구절은 자신의 처지를 예로 들어 중백달을 위로한 것이다.

(7) 貴(귀): 흔하지 않다는 뜻과 고귀하다는 뜻을 동시에 지니고 있다. 《老子》에 "나를 아는 사람이 드물면 내가 귀하게 된다(知我者希, 則我貴矣)"라는 말이 있고, 《論語·學而》에 "남이 나를 알아주지 않더라도 노여워하지 않는다면 역시 군자답지 않은가?(人不知而不慍, 不亦君子乎?)"라는 말이 있는데, 이 구절은 이런 말을 빌려서 중백달이 重用되지 못한 것을 위로한 것으로 보인다.

(8) 龍梭(용사): 용으로 변한 베틀의 북. 陶侃이 젊을 때 雷澤에서 고기를 잡고 있었는데 그물에 북이 하나 걸려 올라왔다. 그것을 벽에 걸어 두었더니 얼마 뒤에 뇌우가 치자 저절로 용이 되어서 날아가 버렸다.(《진서·도간전》 참조) 이 연은 굳이 용이 되어서 하늘로 올라갈 필요가 없다는 말로 중백달이 중용되지 못한 것을 위로한 것이다.

0883. 過文覺顯公[(1)]房

문각현공의 방에 들러서

斕斑碎玉養菖蒲,[(2)(3)(4)]	울긋불긋 깨진 옥에 창포 기르고
一勺淸泉滿石盂.[(5)]	맑은 샘물 한 국자로 돌 사발을 채웠네.
淨几明窗書小楷,	안석에 앉아 창문 밑에서 작은 해서를 쓰는 품이
便同爾雅注蟲魚.[(6)(7)]	《이아》의 벌레와 고기에 대해 주석하는 모습 같네.

[해설]

양주 수녕사의 문각현공이라는 스님을 찾아갔다가 그 스님의 주거 환경과 일상생활을 그린 것이다.

[주석]

(1) 文覺顯公(문각현공): 揚州 壽寧寺에 있던 스님의 이름. 제목이 〈過揚州壽寧文覺顯公房〉으로 되어 있는 판본도 있다.

(2) 斕斑(난반): 여러 가지 색깔이 어우러진 모양.

(3) 碎玉(쇄옥): 깨진 옥그릇을 가리킨다.

(4) 菖蒲(창포): 천남성과의 여러해살이풀. 잎은 창검같이 뾰족하고 길며, 초여름에 황록색 꽃이 핀다.

(5) 石盂(석우): 돌 사발. 사발 모양의 돌을 가리킨다.

(6) 爾雅(이아): 각종 사물의 명칭에 대하여 설명한 책. 이 책의 〈釋蟲〉과 〈釋魚〉는 각각 벌레와 물고기에 대한여 설명한 것이다.

(7) 蟲魚(충어): 벌레와 물고기. 각종 사물과 제도를 통칭한다. 이 연은 문각현공이 작은 글씨로 불경을 쓰는 모습이, 游仙詩로 이름이 났을 만큼 도가적 생활을 좋아한 郭璞이 《이아》에 주석을 달고 있는 것처럼 초연하고 탈속적이라는 말인 것 같다.

0884. 雲師無著[(1)]自金陵[(2)]來, 見余廣陵[(3)], 且遺余〈支遁[(4)]鷹馬圖〉. 將歸, 以詩送之, 且還其畫

운사무착이 금릉에서 찾아와 광릉에서 나를 만나고 또 나에게 〈지둔응마도〉를 주었다. 그가 돌아가려고 할 때 시로써 전송하고 또 그 그림을 돌려주었다

道人自嫌三世將,[(5)(6)]	도인께선 스스로 삼대 장군을 싫어하여
棄家十年今始壯.	집을 버린 지 십 년 만에 이제야 튼튼하네.
玉骨猶寒富貴餘,	옥 같은 뼈대는 오히려 찬데 부귀한 기상이 넘치고
漆瞳已照人天上.[(7)]	새까만 눈동자가 속세와 천상을 비추네.
去年相見古長干,[(8)]	작년에 옛날의 장간에서 만났더니
衆中矯矯如翔鸞.[(9)(10)]	무리 속에 두드러진 게 나는 난새 같았네.
今年過我江西寺,[(11)]	금년에 강서사로 나를 찾아왔는데
病瘦已作霜松寒.	병들고 여위어서 서리 맞은 찬 솔이 됐네.
朱顏不辦供歲月,[(12)]	홍안은 세월에 바쳐 지니고 있지 않으니
風中蒿火湯中雪.[(13)]	바람 속의 쑥불이요 끓는 물속의 눈이네.
好問君家黃面翁,[(14)(15)(16)]	그대 집의 얼굴 노란 노인에게 즐겨 물어
乞得摩尼照生滅.[(17)]	마니주를 얻어서 생멸을 깨달으소서.
莫學王郎與支遁,[(18)]	왕랑과 지둔이 팔뚝에 매를 얹고 말을 달리며
臂鷹走馬憐神駿.[(19)]	신비롭고 준걸스러움을 좋아한 것은 본받지 마소서.
還君畫圖君自收,	그림을 돌려 드리니 스스로 간직하소서
不如木人騎土牛.[(20)(21)]	내가 갖는 건 목인이 토우 타는 것만 못하니.

[해설]

운사무착이 자신에게 준 〈지둔응마도(支遁鷹馬圖)〉라는 그림을 되돌려 주는 이유를 설명한 것이다.

[주석]

(1) 雲師無著(운사무착): 雲禪師 무착. 구체적인 행적이 알려져 있지 않다.
(2) 金陵(금릉): 지금의 강소성 南京.
(3) 廣陵(광릉): 지금의 강소성 揚州.
(4) 支遁(지둔): 東晉 때의 고승으로 字가 道林이었는데 세상에서 支公 또는 林公이라고 불렀다. 처음 餘杭山에 은거했으나 25세 때 출가하여 支硎山에서 수도하다가 나중에 剡縣(지금의 절강성 嵊縣)의 沃洲에서 수도했다. 그는 말 여러 필과 매 한 마리를 길렀다고 한다.
(5) 道人(도인): 도사나 승려. 운사무착을 가리킨다.
(6) 三世將(삼세장): 삼대에 걸친 장군. 《史記·王翦傳》에 "장군이 된 지 삼대가 된 사람은 반드시 패배합니다. 반드시 패배하는 것은 무엇 때문일까요? 틀림없이 그들이 죽이고 토벌한 사람이 많아서 그 후손이 상서롭지 못한 응보를 받는 것입니다(夫爲將三世者必敗. 必敗者何也? 必其所殺伐多矣, 其後受其不祥)"라고 했다.
(7) 人天(인천): 인간 세계와 천상 세계.
(8) 長干(장간): 강소성 남경 남쪽에 있던 마을.
(9) 矯矯(교교): 탁월한 모양.
(10) 鸞(난): 난새. 생김새는 닭과 비슷하고 깃은 붉은빛에 다섯 가지 색이 섞여 있다는 전설상의 새.
(11) 江西寺(강서사): '竹西寺'로 되어 있는 판본도 있는데 죽서사는 지금의 강소성 양주 동북쪽에 있던 절이다.
(12) 辦(판): 지니고 있다.
(13) 蒿火(호화): 쑥대에 붙인 불. 쉬이 꺼지는 불을 가리킨다. 이 구절은 운사무착의 홍안이 곧 사라질 것 같다는 말이다.
(14) 好問(호문): 묻기를 좋아하다. 남에게 가르침 받기를 좋아한다는 말이다.
(15) 君家(군가): 운사무착이 속해 있는 절을 가리킨다.
(16) 黃面翁(황면옹): 석가모니 상을 가리킨다. 불상의 얼굴이 대개 황금색이기 때문에 생긴 이름이다.
(17) 摩尼(마니): 摩尼珠. 흐린 물을 맑게 하고 불행과 악을 물리치는 등의 공덕이 있다는 寶珠. 이 연은 운사무착에게 불법이나 잘 깨달으라고 충고한 것인 듯하다.
(18) 王郎(왕랑): 구체적인 행적이 알려져 있지 않다.
(19) 神駿(신준): 신비롭고 준걸스럽다. 《世說新語·言語》에 "지도림은 늘 말 몇 필을 길렀는데 어떤 사람이 '스님이 말을 기르는 것은 운치가 없습니다'라고 하자 지도림이 '빈도는 그것의 신비롭고 준걸

스러움을 중시하는 것입니다'라고 했다(支道林常養數匹馬, 或言: '道人畜馬不韻.' 支曰: '貧道重其神駿.')"라는 일화가 있고, 《能改齋漫錄·支遁臂鷹走馬》에 "《高僧傳》에 지둔이 늘 매를 한 마리 길렀는데 사람들이 무엇 때문이냐고 묻자 '그것의 신비롭고 준걸스러움을 즐기는 것입니다' 하고 대답했다는 기록이 있다. 그러나 세상에서는 그가 말을 좋아했다고만 하지 그가 매를 좋아했다고 하지는 않는다(《高僧傳》載: 支遁常養一鷹, 人問之何以, 答曰: '賞其神俊.' 然世但稱其賞馬, 不稱其賞鷹)"라고 했다. 당나라 화가 韓幹의 〈神駿圖〉는 지둔의 이 일화를 소재로 삼아 그린 것이다. 이 연은 운사무착에게 지둔 같은 고승이 승려답지 않게 매와 말을 좋아한 것을 본받아 〈支遁鷹馬圖〉처럼 멋진 그림에 너무 집착하지는 말라고 충고한 것인 듯하다.

(20) 木人(목인): 나무를 깎아서 만든 인형. 감정이 메마르고 지혜가 없는 사람을 가리킨다.

(21) 土牛(토우): 흙을 빚어서 만든 소의 형상. 유명무실한 존재를 가리킨다. 이 구절에 대하여 王文誥의 《蘇軾詩集》에 "이 구절은 매와 말의 그림이 소용없다는 말이다(句謂畫鷹馬, 無所用也)"라고 했다. 이 구절은 그림을 되돌려 주는 이유를 설명한 것으로 〈支遁鷹馬圖〉가 자신처럼 감정이 메마르고 혜안이 없는 사람에게는 실용적 가치가 없다는 뜻이다.

0885. 歸宜興[1], 留題[2]竹西寺[3]三首

의흥으로 돌아가며 죽서사에 남긴다

其一

十年歸夢寄西風,[4]	십 년 동안 귀향을 꿈꾸며 서풍에 귀를 기울였는데
此去眞爲田舍翁.[5]	이제 가면 정말로 농사꾼 되리.
剩覓蜀岡新井水,[6]	촉강의 새 우물물을 실컷 퍼마셔
要攜鄕味過江東.[7][8]	고향 맛을 지니고 강동으로 건너가리.

其二

道人勸飮雞蘇水,[9][10]	스님은 계소 물을 마시라고 권하고
童子能煎鶯粟湯.[11]	동자는 앵속탕을 잘도 끓인다.
暫借藤牀與瓦枕,[12]	등나무 침상과 돌베개를 잠시 빌려주시어
莫教辜負竹風涼.[13][14][15]	대숲을 스치는 시원한 바람을 저버리게 하지 마소서.

其三

此生已覺都無事,	이내 인생 아무 일도 없을 걸 이미 느꼈는데
今歲仍逢大有年.[16]	올해도 변함없이 대풍년을 만났구나.

山寺歸來聞好語,[17] 산사로 돌아오다 좋은 말을 들었나니
野花啼鳥亦欣然. 들꽃도 우는 새도 기쁨이 넘치누나.

[해설]

원풍 7년(1084) 3월 여주안치(汝州安置)의 명을 받고 황주에서 여주로 옮겨 가던 도중 자기가 땅을 사 둔 상주(常州) 의흥에서 살 수 있게 해 달라고 주청하여 이듬해인 원풍 8년(1085) 3월에 상주 거주를 허락받아 의흥으로 되돌아갔는데 이 시는 의흥으로 돌아가는 도중이던 그해 5월에 양주에 있는 죽서사에 들러서 지은 것이다.

[주석]

(1) 宜興(의흥): 지금의 강소성 의흥.
(2) 留題(유제): 글씨를 써서 남기다.
(3) 竹西寺(죽서사): 강소성 揚州에 있던 절.
(4) 寄西風(기서풍): 서풍에 의지하다. 자기 고향이 있는 서쪽에서 부는 바람에 귀를 기울이는 방법으로 향수를 달랬다는 말이다. 王十朋의 《百家註分類東坡先生詩》에 "서풍은 서천으로 돌아가고 싶다는 말이다(西風, 言欲歸西川也)"라고 했다.
(5) 田舍翁(전사옹): 시골 늙은이.
(6) 蜀岡(촉강): 양주에 있는 언덕. 지맥이 촉과 통하여 거기에 있는 蜀井이라는 우물의 물맛이 蜀江의 물맛과 같다고 한다.
(7) 鄕味(향미): 고향의 맛. 소식이 촉지방 출신이고 샘물 이름이 촉정이기 때문에 한 말이다.
(8) 江東(강동): 長江의 동부. 안휘성 蕪湖에서 강소성 南京 사이의 구간에서 장강이 북북동 방향으로 흐르기 때문에 이 이하의 장강 이남 지역을 강동이라고 한다. 여기서는 의흥을 가리킨다.
(9) 道人(도인): 스님.
(10) 雞蘇(계소): 약초 이름.
(11) 鶯粟(앵속): 양귀비. '罌粟'으로도 쓴다. 한해살이풀 또는 두해살이풀로 잎은 긴 타원형이고 여름에 붉은색·보라색 혹은 흰색의 네잎꽃이 핀다. 이 식물의 덜 익은 열매를 쪼개면 하얀 즙이 나오는데 이것으로 아편을 만들 수 있다.
(12) 瓦枕(와침): 도자기로 만든 베개.
(13) 莫教(막교): ~하게 하지 말라.
(14) 辜負(고부): 저버리다. 이 연은 대나무를 스치는 시원한 바람을 맞으며 죽서사에 좀 누워 있고 싶다는 말이다.
(15) 竹風(죽풍): 대나무 숲을 스치는 바람.

(16) 有年(유년): 풍년.

(17) 好語(호어): 찬양하는 말. 좋은 소식. 李賀의 시 〈沙路曲〉에 "모랫길로 돌아오다 찬사를 들었나니, 가뭄의 불 꺼지고 하늘이 비를 내린다네(沙路歸來聞好語, 旱火不光天下雨)"라는 구절이 있다. 소식은 죽서사로 돌아오는 도중에 백성들이 길가에서 철종 황제가 새로 즉위한 사실을 알고 기뻐하며 찬양하는 모습을 보고 흐뭇한 마음으로 이 구절을 읊었다고 한다. 그러나 그의 정적들은 나중에 신법을 강행한 신종의 서거를 좋은 소식이라고 했다며 그를 모함했으니, 그로부터 6년 뒤인 원우 6년(1091) 8월 한창 소식의 흠을 찾느라 혈안이 되어 있던 賈易·趙君錫 등이 이 구절을 문제 삼아 소식을 모함함으로써 그로 하여금 맡은 지 반 년도 채 안 된 翰林學士承旨知制誥兼侍讀을 그만두고 다시 潁州知州로 나가게 만들었다.(소식, 〈辨題詩箚子〉 및 《資治通鑑後編·元祐六年八月》 참조)

0886. 與孟震[(1)]同遊常州[(2)]僧舍三首

맹진과 함께 상주의 절을 유람하고

其一

年來轉覺此生浮, 연래에 더욱 이 삶이 떠도는 걸 느꼈는데
又作三吳浪漫遊.[(3)(4)] 또 이렇게 삼오 땅을 자유로이 노닐었네.
忽見東平孟君子,[(5)] 갑자기 동평 땅의 맹 군자를 만나서
夢中相對說黃州.[(6)] 꿈속에 마주 보며 황주를 얘기했네.

其二

湛湛清池五月寒,[(7)] 맑디맑은 연못은 오월에도 서늘하고
小山無數碧巑岏.[(8)] 무수한 작은 산은 퍼렇게 우뚝 솟아 있네.
穉杉戢戢三千本,[(9)] 빽빽이 선 어린 삼나무 삼천 그루가
且作凌雲合抱看.[(10)(11)] 오히려 구름 찌르는 아름드리로 보이네.

其三

知君此去便歸耕, 그대 지금 떠나면 곧 밭을 갈 줄 아나니
笑指孤舟一葉輕. 외로운 일엽편주를 웃으며 가리키네.

待向三茅乞靈雨,(12)(13)(14)	삼모를 향해 단비를 내려 달라 빌어서
半篙流水送君行.(15)	반 상앗대의 강물로 그대를 전송하리.

[해설]

의흥에 도착하여 은거하기 시작했을 때 황주유배 시절에 알고 지낸 맹진을 우연히 만나 함께 그곳의 절을 유람한 감회를 노래한 것이다.

[주석]

(1) 孟震(맹진): 施元之의 《施注蘇詩》에 "맹진은 자가 형지이고 동평 사람인데 황주통판을 지낸 적이 있다(孟震, 字亨之, 東平人, 嘗爲黃州通判)"라고 했다.
(2) 常州(상주): 지금의 강소성 상주. 여기서는 상주의 속현으로 소식이 은거한 의흥을 가리킨다.
(3) 三吳(삼오): 오지방에 속하는 세 고을. 시대마다 가리키는 곳이 조금씩 다른데 송나라 때는 蘇州·常州·湖州를 가리켰다.
(4) 浪漫(낭만): 자유롭다. 얽매이지 않다.
(5) 東平(동평): 지금의 산동성 동평.
(6) 黃州(황주): 지금의 호북성 黃岡市 黃州區. 이 구절은 맹진을 만나 옛날 일을 이야기하니 마치 꿈속인 것만 같았다는 말이다.
(7) 湛湛(잠잠): 맑고 깨끗한 모양.
(8) 巑岏(찬완): 산이 높고 가파르게 솟은 모양.
(9) 戢戢(집집): 밀집해 있는 모양.
(10) 且(차): 오히려.
(11) 作凌雲合抱看(작능운합포간): 구름을 뚫고 우뚝 솟은 아름드리나무로 보다. 이 연은 자신이 어린 삼나무가 다 크도록 오래오래 이곳에 살 것이라는 말이다.
(12) 待(대): ~할 때가 되면.
(13) 三茅(삼모): 漢나라 景帝 때의 咸陽 사람 茅盈·茅固·茅衷 형제를 가리킨다. 이들은 강소성 句容縣에 있는 句曲山(일명 三茅山 또는 茅山)에서 득도하여 신선이 되었는데 太上老君에 의해 각각 司命眞君·定籙眞君·保命仙君에 제수되었으므로 三茅君이라고도 한다. 도교 清微派의 교조이다. 王十朋의 《百家註分類東坡先生詩》에 "삼모는 모산을 가리키는 말이다(三茅指言茅山也)"라고 했다.
(14) 靈雨(영우): 꼭 필요한 때를 알아서 내리는 영험한 비. 단비.
(15) 半篙流水(반고유수): 수심이 상앗대의 반쯤 되는 강물. 배를 저어 갈 수 있을 만큼 깊은 강물을 가리킨다.

0887. 常州[1]太平寺[2]法華院[3]薝蔔亭[4]醉題

술에 취해 상주 태평사 법화원의 담복정에 쓴다

六花薝蔔林間佛,[5]	여섯 잎짜리 치자 꽃은 숲속의 부처요
九節菖蒲石上仙.[6]	아홉 마디 창포는 돌 위의 신선이나
何似東坡鐵拄杖,[7]	동파의 쇠지팡이가 일시에 야호선을
一時驚散野狐禪.[8]	놀라 흩어지게 하는 것과 어찌 같으리?

[해설]

상주 태평사 법화원에 있는 담복정이라는 정자 옆의 숲속에 불상처럼 하얀 치자꽃이 피어 있고 돌 위에 신선이 되게 하는 창포가 자라나 있는 것을 보면서 그 속에 오래 있어도 깨달음을 얻지 못하니 차라리 죽비에 한 대 맞는 것이 더 효과적이겠다고 우스갯소리를 한 것으로 보인다.

[주석]

(1) 常州(상주): 지금의 강소성 상주.
(2) 太平寺(태평사): 상주에 있던 절.
(3) 法華院(법화원): 태평사에 속하는 작은 절. 송나라 사람 趙彦衛의 《雲麓漫鈔》에 "수나라 때는 '도량'이라고 했고 당나라 때는 '사'라고 했으며 송나라 때는 큰 것은 '사'라고 하고 작은 것은 '원'이라고 한다(隋曰'道場', 唐曰'寺'. 本朝則大曰'寺', 次曰'院')"라고 했다.
(4) 薝蔔亭(담복정): 법화원에 있던 정자.

(5) 薝蔔(담복): 치자꽃. 치자나무는 꼭두서닛과의 상록 활엽 관목으로 높이가 2~3m이며 여름에 여섯 잎의 하얀 꽃이 핀다.

(6) 菖蒲(창포): 천남성과의 여러해살이풀로 잎은 창검같이 뾰족하고 길며, 초여름에 황록색 꽃이 핀다. 漢나라 때 무명씨의 古詩에 "돌 위에 돋은 창포, 한 치에 여덟아홉 마디가 있네. 신선이 나에게 먹으라고 권하네, 안색이 좋아지게 할 것이라고(石上生菖蒲, 一寸八九節. 仙人勸我食, 令人好顔色)"라는 구절이 있다.

(7) 鐵拄杖(철주장): 쇠지팡이. 소식이 閩人 柳眞齡에게 얻은 것인데 이듬해에 장방평에게 생일 선물로 주었다. 소식의 시 〈鐵拄杖幷敍〉(0710)에 "유진령은 자가 안기이며 민지방 사람이다. 집안에 가보로 쇠지팡이 하나를 간직하고 있는데 재질이 즐률목인 듯 갈라진 부분과 마디진 부분의 곡절이 지극히 자연스러운데 속이 비고 피리 혀가 달려 있어 걸음을 옮길 때마다 작은 소리가 났다. 유씨가 '절중지방에서 얻었는데 사람들 사이에 전하는 말에 의하면 왕심지가 전류에게 주고 전류가 한 승려에게 준 것이라고 합디다'라고 했다. 그런 것을 유씨가 우연히 얻어서 나에게 주기에 이 시를 지어서 감사한다(柳眞齡, 字安期, 閩人也. 家寶一鐵拄杖, 如楖栗木, 牙節宛轉天成, 中空有簧, 行輒微響. 柳云: '得之浙中, 相傳王審知以遺錢鏐, 鏐以賜一僧.' 柳偶得之以遺余, 作此詩謝之)"라고 했다. 여기서는 竹篦의 기능을 대신할 수 있는 쇠몽둥이 같은 물건을 가리키지 이미 장방평에게 준 이 지팡이를 가리키는 것이 아니다.

(8) 野狐禪(야호선): 참선하는 사람이 아직 깨달음을 얻지 못했으면서도 이미 깨달은 체하며 다른 사람을 속이는 것을 여우에 비유하여 이르는 말이다. 소식의 시 〈樂全先生生日, 以鐵拄杖爲壽, 二首〉(0716)에 "중생이 절에서 선생을 만나는 모습이 상상되나니, 신도들 틈에서 야호선이 놀라 자빠지리다(遙想人天會方丈, 衆中驚倒野狐禪)"라는 구절이 있다.

0888. 贈常州[(1)]報恩[(2)]長老[(3)]二首

상주 보은사 장로에게

其一

碧玉盌盛紅瑪瑙,[(4)]	푸른색 옥 주발에 붉은 마노 담아 놓고
井華水養石菖蒲.[(5)(6)]	정화수로 석창포를 기르고 계시네요.
也知法供無窮盡,[(7)]	공양이 끝없을 줄 저도 잘 압니다만
試問禪師得飽無.[(8)(9)]	스님께 여쭙나니 배부를 수 있을까요?

其二

薦福老懷眞巧便,[(10)(11)(12)]	천복사의 늙은 의회는 참으로 영민했고
淨慈兩本更尖新.[(13)(14)]	정사자의 대본 소본은 더욱 예리했지요.
憑師爲作鐵門限,[(15)(16)(17)]	청컨대 선사께선 쇠 문지방 만들어
準備人間請話人.[(18)(19)]	법언을 부탁하는 세인에 대비하셔요.

[해설]

상주의 보은사에 있는 어느 고승에게 지어 준 것으로 그의 수행에 정진하는 모습과 뛰어난 식견을 칭송했다.

[주석]

(1) 常州(상주): 지금의 강소성 상주.

(2) 報恩(보은): 《咸淳毘陵志》에 "감자사는 본래 현경사라고 했으며 일명 보은사라고도 한바, 무진현(지금의 강소성 상주시 무진구)에서 동쪽으로 8리 되는 곳에 있다. 당나라 현경(656-660) 연간에 창건되었으며 송나라 원우 3년(1088)에 우승 호종유가 무덤 관리 사찰로 삼게 해 달라고 청했다(感慈寺, 本顯慶寺, 一名報恩, 在武進縣東八里. 唐顯慶中建, 宋元祐三年, 胡右丞宗愈請爲墳刹)"라고 했다.

(3) 長老(장로): 나이가 많고 학덕이 높은 고승을 높여 부르는 말.

(4) 瑪瑙(마노): 석영·蛋白石·玉髓의 혼합물. 화학 성분은 송진과 같은 硅酸으로, 광택이 있고 때때로 다른 광물질이 스며들어 고운 적갈색이나 흰색 무늬를 띠기도 한다. 여기서는 부처님 앞에 올려진 과일 공양을 가리키는 것으로 보인다.

(5) 井華水(정화수): 이른 새벽에 맨 먼저 길은 우물물.

(6) 石菖蒲(석창포): 천남성과의 상록 여러해살이풀. 뿌리줄기는 옆으로 뻗고 마디가 많으며, 잎은 뭉쳐나고 선 모양이다. 6~7월에 잎처럼 생긴 꽃줄기 끝에 누런 녹색 꽃이 핀다. 여기서는 부처님 앞에 올려진 꽃 공양을 가리킨다.

(7) 法供(법공): 삼보 즉 佛寶·法寶·僧寶에 대한 공양.

(8) 得(득): ~할 수 있다.

(9) 無(무): 문장 끝에 붙어서 의문을 표시하는 부사. 이 연은 보은사 장로가 늘 부처님을 공양하는 것이 결코 부처님을 위한 것이 아니라 자신의 수행을 위한 것이라는 말이다.

(10) 薦福(천복): 《咸淳臨安志》에 "천복사는 염관현(지금의 절강성 海寧市 鹽官鎭)에서 서쪽으로 30리 되는 곳에 있다(薦福寺, 在鹽官縣西三十里)"라고 했다.

(11) 懷(회): 義懷. 《釋氏稽古略》에 "천의선사는 이름이 의회로 낙청(지금의 절강성 낙청) 진씨의 아들이다. 천성(1023-1032) 연간에 불경 시험을 보고 출가하여 일곱 차례 도량에 앉았으니 그가 불법을 전수한 제자가 종본이다(天衣禪師, 名義懷, 樂淸陳氏子. 天聖間試經得度, 七坐道場, 其傳法弟子爲宗本)"라고 했다.

(12) 巧便(교편): 영민하다. 기민하다. 이 구절은 보은사의 장로가 의회처럼 영민하다는 말이다.

(13) 淨慈(자정): 정자사. 절강성 항주에 있는 절.

(14) 兩本(양본): 당시 대본·소본으로 불린 宗本과 善本을 가리킨다. 《續燈錄》에 의하면 圓照禪師 종본은 희령(1068-1077) 연간에 정자사의 주지를 지냈고, 大通禪師 선본은 원우(1086-1093) 초에 역시 정자사의 주지를 지냈다고 한다. 그러나, 《釋氏稽古略》에는 "원풍(1078-1085) 초에 소주 서광사의 선사 종본이 항주 정자사 주지로 옮겼다(元豐初, 蘇州瑞光寺禪師宗本, 移住杭州淨慈寺)"라고 하여 《속등록》의 기록과 다소 차이를 보인다. 이 구절은 보은사의 장로가 대본·소본처럼 예리하고 참신하다는 말이다.

(15) 憑(빙): 청하다. 부탁하다.

(16) 爲作(위작): 만들다.

(17) 鐵門限(철문한): 철판을 덮은 문지방. 王羲之의 후손인 수나라 승려 智永禪師는 글씨를 잘 썼기 때문에 그의 집으로 글씨를 부탁하러 오는 사람이 하도 많아서 그의 집 문지방이 닳아 없어질 지경인지라 철판을 덮어서 감쌌다고 한다.(李綽,《尙書故實》 참조)

(18) 人間(인간): 이 세상. 속세.

(19) 請話(청화): 귀감이 될 만한 좋은 말 즉 法言을 들려 달라고 청하다.

0889. 次韻答賈耘老[1]

차운하여 가운로에게 화답한다

五年一夢南司州,[2]	남사주에서 오 년간 꾼 한바탕의 꿈
飢寒疾病爲子憂.	기한과 질병이 그대를 근심케 했네.
東來六月井無水,[3]	유월에 동쪽에 오니 우물에 물이 없어
仰看古堰橫奔牛.[4]	길게 뻗은 옛날 방죽 분우언을 바라보네.
平生管鮑子知我,[5]	평생 관중과 포숙처럼 그대는 나를 알지만
今日陳蔡誰從丘.[6]	지금 진나라 채나라에서 누가 공자를 따르리?
夜航爭路泥水澁,	밤배 타고 길을 다투면 진흙탕이 빽빽할 텐데
牽挽直欲來瓜洲.[7]	배를 끌고 과주까지 오기만을 바라네.
自言嗜酒得風痺,[8]	그러고는 스스로 "술 좋아하다 풍비 걸려
故鄉不敢居溫柔.[9]	고향 가도 따뜻하게 지낼 수가 없어요.
定將泛愛救溝壑,[10][11][12]	선생은 정녕 박애로써 구렁에 빠진 이를 구하려 할 텐데
衰病不復從前樂.	노쇠하고 병들어 예전처럼 즐겁지 않겠군요.
今年太守眞臥龍,[13][14]	올해의 태수께선 진정한 와룡이라
笑語炎天出冰雹.[15]	담소하면 염천에도 언 우박이 내리지요.
時低九尺蒼鬚髯,	때때로 아홉 자짜리 희끗한 수염을 드리우고
過我三間小池閣.[16]	연못가의 세 칸짜리 제 누각에 들르지요" 하네.
故人改觀爭來賀,[17][18][19]	친구가 면모를 바꾸자 다투어 와서 축하하는데

小兒不信猶疑錯.[20]	어린 아들은 믿지 않고 여전히 착오라 의심하네.
爲君置酒飮且哦,	그대 위해 술상 봤으니 마시고 또 읊을 일
草間秋蟲亦能歌.	풀밭의 가을벌레도 노래 부를 줄 아네.
可憐老驥眞老矣,	가련케도 제 준마가 참으로 늙어 버려
無心更秣天山禾.[21]	더 이상 천산의 벼를 먹을 마음이 없네.

[해설]

《속자치통감장편》에 "원풍 8년(1085) 5월……무술일에 책수여주단련부사본주안치 소식을 조봉랑에 복위시키고 등주지주로 임명한다는 조칙이 내려졌다(元豐八年五月……戊戌, 詔責授汝州團練副使本州安置蘇軾, 復朝奉郎, 知登州)"라고 하고, 왕문고의 《소식시집》에 "이해 5월 무술일에 공을 등주지주로 기용한다는 어명이 있었다.……가수가 등원발의 편지를 들고 와서 경하했는데……가수가 6월에 상주에 도착했으니 어명이 내려진 때로부터 이미 한 달이 지났으므로 틀림없이 이미 저보를 보았을 테지만 공이 이 시를 지었을 때는 아직 임명장이 내려오지 않았을 뿐이다(是年五月戊戌, 公有起知登州之命……. 賈收攜滕元發書來賀.……賈收以六月至常, 距命下已一月, 必已見邸報矣. 公作此詩時, 但告身未下耳)"라고 한 바와 같이, 소식은 의흥으로 돌아가 은거하고 있을 때 조봉랑에 복위되어 등주지주로 임명되었는데, 이 시는 호주지주 등원발의 부탁으로 자신에게 이 소식을 전하러 온 가수의 시에 차운한 것이다.

[주석]

(1) 耘老(운로): 賈收의 字. 烏程(지금의 절강성 湖州) 사람으로 자신의 문집 이름을 《懷蘇集》이라고 했을 정도로 소식을 많이 흠모했다. 《苕溪漁隱叢話》에 "가운로는 옛날에 초계 가에 누각이 하나 있었다(賈耘老舊有水閣, 在苕溪之上)"라고 했다. 소식이 杭州通判 시절에 〈和邵同年戲贈賈收秀才三首〉(0243)라는 시를 지은 적이 있고 또 당시에 지은 시 〈吳中田婦歎〉(0244)의 자주에 "가수의 운에 맞추어(和賈收韻)"라고 했으며, 그 이후에도 〈乘舟過賈收水閣, 收不在, 見其子, 三首〉(0639)·〈又次前韻贈賈耘老〉(0657) 등의 시를 지었다.

(2) 南司州(남사주): 王十朋의 《百家註分類東坡先生詩》에 "남사주는 황주를 말한다. 당나라 무덕 3년(620)에 황주 황피현에 남사주를 설치했다(南司州, 言黃州也. 唐武德三年, 於黃州黃陂縣置南司州)"라고 했다. 이 연은 자신이 황주에서 유배 생활을 하느라 가수에게 걱정을 끼쳤다는 말이다.

(3) 東來(동래): 소식이 황주에서 의흥으로 온 것을 가리킨다.

(4) 奔牛(분우): 방죽 이름. 常州에 있는 奔牛堰을 가리킨다. 분우언은 상주 武進縣에서 서쪽으로 30리 되는 곳에 있는 방죽으로 漢나라 때 茅山에서 황금 소가 나와 여기까지 달려왔기 때문에 이런 이름이 생겼다.(《明一統志·常州府》 참조) 지금도 상주에 奔牛鎭이 있다.

(5) 管鮑(관포): 管鮑之交라는 成語의 주인공인 管仲과 鮑叔牙를 가리킨다.

(6) 丘(구): 孔子의 본명. 《論語·先進》에 "공자께서 '진나라와 채나라에서 나를 따라다니며 고생하던 사람들이 지금은 모두 나의 문하에 오지 않게 되었다'라고 하셨다(子曰: '從我於陳·蔡者, 皆不及門也.')"라는 말이 있다. 이 구절은 오대시안이 발발한 이후 자신과 교유를 지속하는 사람이 별로 없는데 가수만은 우정이 변하지 않았다는 말이다.

(7) 瓜洲(과주): 지금의 강소성 과주. 대운하가 장강과 만나는 곳에 있는 유명한 나루로 원래 장강 안에 있는 섬이었는데 지금은 장강의 북쪽 언덕과 붙어 있다.

(8) 風痺(풍비): 팔다리와 몸이 쑤시고 무거우며 심하면 마비되는 병.

(9) 溫柔(온유): 따뜻하고 유연하다. 이 연은 가수가 고향으로 돌아가도 편하게 지낼 수 없기 때문에 소식을 따라 과주까지 가겠다는 생각을 밝힌 것으로 보인다.

(10) 定(정): 틀림없이.

(11) 將(장): ~을 가지고. ~로써.

(12) 泛愛(범애): 차별하지 않고 모든 사람을 널리 사랑하다. 《論語·學而》에 "널리 여러 사람을 사랑하고 인을 가까이하라(泛愛衆而親仁)"라는 말이 있고, 杜甫의 시 〈暮秋枉裴道州手札, 率爾遣興, 寄遞, 呈蘇渙侍御〉에 "이름뿐인 저에게 어찌 지내는지 물을 뿐, 널리 사랑해 구렁에 빠진 치욕을 구해 주지 않네요(虛名但蒙寒暄問, 泛愛不救溝壑辱)"라는 구절이 있다.

(13) 太守(태수): 湖州知州 등원발을 가리킨다. 查愼行의 《蘇詩補註》에 "노월의 《호주지》에 '등원발은 원풍(1078-1085) 말에 호주지주를 지냈다'라고 했다.……시에서 말한 태수는 바로 등원발을 가리킨다(勞鉞《湖州志》: '滕元發, 以元豐末, 知湖州.'……詩中所云太守, 正指元發也)"라고 했다.

(14) 臥龍(와룡): 초야에 묻혀 있어서 세상에 잘 알려지지 않은 큰 인물을 가리킨다.

(15) 炎天(염천): 몹시 더운 날.

(16) 小池閣(소지각): 작은 연못가의 누각. 사신행의 《소시보주》에 "가씨가 거처하는 곳은 이름이 부휘각이다(賈所居, 名浮暉閣)"라고 했다.

(17) 故人(고인): 소식 자신을 가리킨다. 王文誥의 《蘇軾詩集》에 "이 이후는 모두 공의 말이다(自此以下, 皆公語也)"라고 했다.

(18) 改觀(개관): 원래의 면모를 바꾸어 새로운 면모를 드러내다. 왕문고의 《소식시집》에 "당시에 이미 조봉랑에 복위되어 등주지주로 기용되었기 때문에 '면모를 바꾸었다'고 한 것이다(時已復朝奉郎, 起知登州, 故曰'改觀.')"라고 했다.

(19) 爭來賀(쟁래하): 등원발과 가수가 연이어 축하한 것을 가리킨다. 왕문고의 《소식시집》에 "등원발이 이미 편지로 알려 놓고 또 가수로 하여금 상주에 가게 했기 때문에 '다투어 와서 축하한다'라고 한 것이다(滕元發旣以書報, 又使賈收至常, 故曰'爭來賀.')"라고 했다.

(20) 小兒(소아): 소식의 아들을 가리킨다. 왕문고의 《소식시집》에 "공의 〈與滕元發書〉에 '도성에서는 허망하게 사실을 전하기를 좋아하는지 4월 17일에 저보를 보내왔는데 지금에 이르도록 아무 말도 없으니 의심스럽습니다만 한 사나이의 진퇴야 어찌 말할 것이 있겠습니까?'라는 말도 있고, 또 '동생이 황명을 받았다는 말은 아마도 헛소문인가 봅니다. 이런 것들은 모두 아들 태와 과가 믿지 못하는 바입니다'라는 말도 있다(公〈與滕元發書〉云: '都下喜妄傳事, 乃四月十七日發來邸報, 至今不說, 是可疑也, 一夫進退何足道?' 又云: '舍弟召命, 蓋虛傳耳, 凡此, 皆台·過所未信也.')"라고 했다.

(21) 天山禾(천산화): '玉山禾'의 오기인 것으로 보인다. 왕십붕의 《백가주분류동파선생시》에 趙次公의 말을 인용하여 "한퇴지의 〈詠駑驥〉에 '배고프면 천산의 벼를 먹는다'라는 말이 있다(退之〈詠駑驥〉云: '飢食天山禾.')"라고 하여 소식의 이 구절이 한유의 시에서 비롯되었음을 암시했는데, 현전하는 한유 시의 각종 판본에 모두 '天山禾'가 아니라 '玉山禾'로 되어 있다. 이것은 소식 시집 편찬자와 조차공이 모두 '玉山禾'를 '天山禾'로 오인했음을 뜻한다. '玉山禾'는 중국 고대 전설에서 崑崙山에 있었다고 하는 커다란 나무에 열린 벼로 풍성한 먹을거리를 가리킨다. 이 연은 자신이 늙어서 더 이상 국록을 먹을 마음이 없다는 말인 것 같다.

0890. 墨花幷敍

수묵으로 그린 꽃을 읊은 시와 그 서문

世多以墨畫山水竹石人物者, 未有以畫花者也. 汴[1]人尹白[2]能之, 爲賦一首.(세상에 수묵으로 산수와 죽석과 인물을 그리는 사람은 많았지만 수묵으로 꽃을 그린 사람은 아직 없었는데 변경 사람 윤백이 이에 능한지라 이를 위해 시를 한 수 읊는다.)

造物本無物,[3]	만물을 창조할 땐 본래 만물이 없었나니
忽然非所難.	갑자기 그렇게 된 것이지 어렵게 한 게 아니라네.
花心起墨暈,[4][5]	화심이 수묵의 무리에서 생겨나니
春色散毫端.	봄빛이 붓 끝에서 발산되었네.
縹緲形纔具,[6]	흐릿하게 형체가 막 갖춰지나 싶더니
扶疎態自完.[7]	무성하게 자태가 절로 완성되었네.
蓮風盡傾倒,	연꽃은 바람 맞아 다 쓰러지고
杏雨半披殘.[8]	살구꽃은 비를 맞아 절반쯤 떨어졌네.
獨有狂居士,[9]	오로지 미치광이 이 거사만이
求爲黑牡丹.[10]	흑모란을 그려 달라 부탁하였네.
兼書平子賦,[11]	장평자의 〈귀전부〉를 함께 써 놓고
歸向雪堂看.[12]	설당으로 돌아가서 살펴보려네.

[해설]

변경 사람인 윤백이 수묵으로 꽃을 그리는 광경을 보고 그 감회를 노래한 것이다.

[주석]

(1) 汴(변): 汴京. 지금의 하남성 開封.

(2) 尹白(윤백): 《畫繼·花竹翎毛》에 "윤백은 변경 사람인데 수묵 꽃을 전문적으로 잘 그렸다(尹白, 汴人, 專工墨花)"라고 했다.

(3) 造物(조물): 만물을 창조하다. 이 연은 조물주가 아무것도 없는 상태에서 만물을 창조해 낸 것처럼 윤백이 수묵으로 꽃 그리는 법을 창시했는데 그것이 결코 어렵사리 이루어진 일이 아니라 문득 이루어졌다는 말이다.

(4) 花心(화심): 꽃 한가운데의 꽃술이 있는 부분.

(5) 墨暈(묵훈): 먹의 무리. 수묵으로 희미하게 그린 꽃의 윤곽을 가리킨다. 이 연은 붓으로 희미하게 꽃의 윤곽을 그리고 이어서 꽃술 주변을 조금 진하게 그림으로써 꽃이 모습을 드러내자 거기서 봄빛이 발산되는 것 같은 느낌을 받았다는 말이다.

(6) 縹緲(표묘): 분명하지 않은 모양.

(7) 扶疎(부소): 가지와 잎이 무성한 모양. 이 연은 꽃이 이제 막 그려지기 시작하나 싶더니 이내 무성한 자태가 완성되었다는 말이다.

(8) 披殘(피잔): 떨어져서 망가지다.

(9) 狂居士(광거사): 미친 거사. 소식 자신을 가리킨다.

(10) 黑牡丹(흑모란): 深紅色 모란 또는 深紫色 모란. 수묵의 농담을 통해 붉은색 모란과 흑모란이 구별되도록 묘사하기는 매우 힘들 텐데 자신은 유별나게도 연꽃이나 살구꽃 같은 채색 꽃이 아니라 흑모란을 그려 달라고 부탁했다는 말이다.

(11) 平子(평자): 한나라 사람 張衡의 字. 〈歸田賦〉를 지었다.

(12) 雪堂(설당): 소식이 원풍 5년(1082) 2월에 자신이 개간한 농장 東坡에 지은 다섯 칸짜리 건물. 눈이 많이 내릴 때 완공되었기 때문에 모든 벽에 손수 설경을 그려 넣어 고개만 돌리면 눈이 보이도록 해 놓고 설당이라고 명명했다. 여기서는 설당에 비견될 만한 지금의 자기 거처를 가리킨다.

0891. 送竹几(1)與謝秀才(2)

사수재에게 죽부인을 보내며

平生長物擾天眞,(3)(4)	평생 귀한 물건으로 천진을 어지럽혔는데
老去歸田只此身.	늘그막에 귀농하니 이 한 몸만 남았네.
留我同行木上座,(5)	나에게는 동행할 목상좌를 남겨 두고
贈君無語竹夫人.	그대에게 말이 없는 죽부인을 드리네.
但隨秋扇年年在,(6)	해마다 존재하는 가을 부채를 따를 뿐
莫鬪瓊枝夜夜新.(7)	옥 같은 가지가 밤마다 새롭길 다투지 말게.
堪笑荒唐玉川子,(8)	황당한 옥천자가 참 우습나니
暮年家口若爲親.(9)	만년의 가족들과 어떻게 친해졌나?

[해설]

사수재에게 죽부인을 하나 보내 주면서 해학적인 필치로 그것을 보내는 이유와 그것의 가치를 설명했다.

[주석]

(1) 竹几(죽궤): 죽부인. 대오리를 엮어서 만든 원통형의 기구. 여름밤에 끼고 자면 팔이 몸에 닿지 않아 더운 느낌을 줄일 수 있다.

(2) 謝秀才(사수재): 구체적인 행적이 알려져 있지 않다.

(3) 長物(장물): 귀하고 멋진 물건. 남는 물건. 여기서는 중의적으로 쓰였다. 東晉 사람 王恭이 會

稽에서 돌아왔을 때 王忱이 그를 찾아갔더니 그가 여섯 자짜리 대자리에 앉아 있는지라 자기한테도 하나 달라고 했다. 왕공은 아무 말도 하지 않고 있다가 왕침이 간 뒤에 자기가 깔고 앉아 있던 것을 보내 주고 자기는 거적을 깔고 앉았다. 나중에 왕침이 이 사실을 알고 깜짝 놀라서 "나는 본래 자네가 여러 개 가지고 있는 줄 알고 하나 달라고 한 것이네"라고 했다. 그러자 왕공이 "어르신께서는 저를 잘 모르시는군요. 저는 평생 동안 남는 물건이 없었습니다"라고 했다. (《世說新語·德行》 참조)

(4) 天眞(천진): 꾸밈이나 거짓이 없이 자연 그대로 깨끗하고 순진한 상태. 이 연은 옛날에 가지고 있던 귀한 물건들이 다 없어졌다는 말이다.

(5) 上座(상좌): 한 절의 우두머리. '木上座'는 나무 지팡이를 가리키는 해학적 표현이다. 《景德傳燈錄·杭州佛日和尙》에 "불일선사가 협산선사를 뵙자 협산선사가 '누가 동행하는가?' 하고 물었다. 불일선사가 지팡이를 들어서 '목상좌가 동행할 뿐입니다'라고 했다(佛日禪師見夾山, 夾山問: '什麽人同行?' 師擧拄杖曰: '唯有木上座同行耳!')"라는 일화가 있다.

(6) 秋扇(추선): 곧 버림받을 처지에 놓여 있는 부채를 가리킨다. 班婕好의 시 〈怨歌行〉에 "언제나 두려웠네 가을철이 다가와, 서늘한 바람이 무더위를 앗아 가면, 대나무 상자 속에 내버려진 채, 사랑이 중도에 끊어질세라(常恐秋節至, 涼風奪炎熱. 棄捐篋笥中, 恩情中道絶)"라는 구절이 있는데 이것은 가을철의 부채에 비유하여 자신의 신세를 한탄한 것이다. 여기서는 이 일화와 상반되게 부채를 매년 여름이 올 때마다 다시 사람들에게 환영받는 존재로 본 것이다.

(7) 瓊枝(경지): 陳나라 後主는 빈객들을 초청하여 연회를 벌여 놓고 궁녀들과 어울려 시를 지으며 놀기를 일삼다가 마침내 隋나라에게 멸망하고 말았는데, 이때 진후주가 지은 시 가운데 〈玉樹後庭花〉와 〈臨春樂〉 등이 있는바 모두 張貴妃·孔貴嬪 등의 비빈들을 칭송한 것이다. 그중에서 "둥근 옥 같은 달이 밤마다 차고, 경옥 같은 나무가 날마다 새로 나네(璧月夜夜滿, 瓊樹朝朝新)"라는 구절이 가장 유명했다.(《陳書·張貴妃傳》 참조) 이 연은 죽부인이 비록 가을에는 버림받을지라도 해마다 여름이 오면 다시 환영받는 부채와 같은 존재라는 말이다.

(8) 玉川子(옥천자): 당나라 시인 盧仝의 호. 그의 시 〈自詠〉에 "모기와 등에가 가족이 되고, 풀과 돌이 가까운 친척이라네(蚊虻當家口, 草石是親情)"라는 구절이 있다.

(9) 若爲(약위): 어떻게. 이 연은 죽부인이 모기나 등에보다 가족으로 여기기에 좋다는 말이다.

0892. 贈章默[1]幷敍

장묵에게 주는 시와 그 서문

章默居士, 字志明, 生公侯家[2], 才性高爽. 棄家求道, 不蓄妻子, 與世無累, 而父母與兄之喪, 貧不能擧, 以是眷眷[3]世間, 不能無求於人. 余深哀其志, 旣有以少助之, 又取其言爲詩以贈其行, 庶幾有哀之者.(장묵거사는 자가 지명으로 지체 있는 집안에서 태어났으며 재주가 높고 성품이 맑았다. 집을 버리고 나가 도를 추구하느라 처자를 부양하지 않고 세상과 인연을 끊다 보니 부모와 형의 상도 가난해서 치를 수 없는지라 세간으로 눈을 돌려 다른 사람에게 도움을 청하지 않을 수 없었다. 나는 그의 마음을 매우 안쓰럽게 생각하여 이미 약간의 도움을 주었고 또 그의 말로 시를 지어 떠나가는 그에게 선물로 주나니 그를 안쓰럽게 생각하는 사람이 있기를 바란다.)

章子親未葬,	장선생은 어버이의 장례를 못 치른 채
餘生抱羸疾.[4]	병약한 몸을 안고 여생을 보내는데
朝吟噎鄰里,	아침에 탄식하여 이웃을 목메게 하고
夜淚腐茵席.	밤중에 눈물 흘려 자리가 썩게 하네.
前年黑花生,[5]	작년에는 두 눈에 검은 꽃이 생기더니
今歲白髮出.	금년에는 머리에 흰머리가 나왔으니
身隨日月逝,	육신은 세월 따라 사라지련만
恨與天地畢.[6]	원한은 천지와 함께하겠네.
願求不毛田,[7]	불모의 땅이라도 한 뙈기 구해
親築長夜室.[8]	친히 항상 밤인 방을 짓기를 바라는데
難從王孫裸,[9]	양왕손의 나장을 따르기도 어렵고
未忍夏后堲.[10]	하후씨 때의 벽돌도 차마 쓰지 못하네.
五陵多豪士,[11]	오릉에는 호기로운 사람이 많아
百萬付一擲.[12]	백만금을 한 번에 내던지지만
心知義財難,[13]	의로운 재물은 얻기 어려운 줄 아는지라

甘就貧友乞.	기꺼이 가난한 벗에게 가서 빌었네.
不辭毛粟施,[14]	터럭이나 좁쌀 같은 은혜도 불사하면
行自丘山積.[15]	머지않아 저절로 산과 같이 쌓일 터
此志苟朝遂,	이 뜻이 아침에 이루어지면
夕死眞不戚.[16]	저녁에 죽어도 정말 안 슬프겠네.
誓求無生理,[17]	맹세코 생멸이 없는 이치를 추구하지
不踐有爲迹.[18]	유위의 자취는 밟지 않겠다 하니
棄身尸陀林,[19]	시타림에 시신을 내다 버려서
烏鳶任狼藉.[20][21]	까마귀와 솔개가 멋대로 흩게 해도 괜찮네.

[해설]

장묵이라는 사람이 돈이 없어서 부모와 형의 장례를 치르지 못하는 심경을 토로하자 그에게 들은 말을 시로 읊은 것이다.

[주석]

(1) 章默(장묵): 구체적인 행적이 알려져 있지 않다.
(2) 公侯(공후): 공작과 후작. 고관대작을 가리킨다.
(3) 眷眷(권권): 아쉬워서 돌아보는 모양.
(4) 羸疾(이질): 쇠약하고 병들다.
(5) 黑花(흑화): 노쇠 현상으로 인하여 눈에 보이는 꽃 모양.
(6) 與天地畢(여천지필): 천지와 함께 끝나다. 끝이 없다는 말이다. 《太平廣記·神仙五》에 "묵자가 말하기를 '오래오래 살아서 천지와 함께 끝나기를 바랄 따름입니다'라고 했다(墨子曰: '願得長生, 與天地相畢耳.')"라는 말이 있다.
(7) 不毛田(불모전): 곡식이 자라지 않는 메마른 논밭.
(8) 長夜室(장야실): 늘 밤인 방. 무덤을 가리킨다.
(9) 王孫(왕손): 楊王孫을 가리킨다. 《漢書·楊王孫傳》에 "병이 들어서 곧 죽게 되었을 때 먼저 자기 아들에게 '나는 알몸으로 장사 지내 나의 참된 모습으로 되돌아가기를 원하니 반드시 내 뜻을 어기지 않도록 해라. 죽으면 삼베 자루에 시체를 넣어 일곱 자 깊이로 땅속에 넣고 발에서부터 자루를 당겨서 몸이 흙에 닿게 해라' 하고 명했다(及病且終, 先令其子, 曰: '吾欲羸葬以反吾眞, 必亡易吾意. 死則爲布囊盛尸, 入地七尺, 旣下, 從足引脫其囊, 以身親土.')"라는 기록이 있다. 이것이 이른바 裸葬이다.

(10) 夏后堲(하후즐): 하후씨 즉 하나라 때의 벽돌 덧널. 《禮記·檀弓上》에 "순임금 때는 질그릇으로 관을 만들었고, 하나라 때는 사방에 벽돌을 쌓았으며, 은나라 사람들은 나무로 널과 덧널을 만들었다(有虞氏瓦棺, 夏后氏堲周, 殷人棺槨)"라고 했다. 이 연은 부모의 장례를 너무 초라하게 치를 수 없다는 말이다.

(11) 五陵(오릉): 한나라 高祖의 長陵, 惠帝의 安陵, 景帝의 陽陵, 武帝의 茂陵, 昭帝의 平陵 등 다섯 개의 황릉으로 섬서성 咸陽 부근에 있다. 당시에는 황릉을 만든 뒤 사방의 부호와 외척들을 그쪽으로 이주시켰다.

(12) 一擲(일척): 《宋書·武帝紀》에 "유의는 집에 모아 둔 양식이 한 짐이나 한 섬도 없으면서, 도박에서는 한 번에 백만금을 던진다(劉毅家無擔石之儲, 樗蒱一擲百萬)"라고 했다. 이 연은 부자들은 장묵을 도와주지 않는다는 말이다.

(13) 義財(의재): 의롭게 쓸 재물. 장묵을 도와줄 재물을 가리킨다.

(14) 毛粟施(모속시): 터럭이나 좁쌀처럼 지극히 작은 施惠. 가난한 친구들의 작은 도움을 가리킨다.

(15) 行(행): 곧 ~하다.

(16) 夕死(석사): 《論語·里人》에 "아침에 도를 깨친다면 저녁에 죽어도 괜찮다(朝聞道, 夕死可矣)"라는 말이 있다.

(17) 無生理(무생리): 불교에서 말하는, 생겨나지도 않고 없어지지도 않고 언제나 변함이 없다는 이치, 즉 不生不滅의 이치.

(18) 有爲(유위): 유위법. 불교에서 말하는, 인연에 의하여 생멸하는 만유일체의 법.

(19) 尸陀林(시다림): 시다림. '尸陀'는 '차다'는 뜻의 梵語 sīta를 음역한 것으로 마가다국(Magadha 國)의 王舍城 부근에 있던 노천 공동묘지였다.

(20) 烏鳶(오연): 까마귀와 솔개. 莊子가 죽게 되었을 때 제자들이 그를 성대하게 장사하려고 하자 장자가 자기는 하늘을 관으로 여기고, 일월성신을 구슬 장식으로 여기고, 만물을 부장품으로 여기기 때문에 자신의 장례용품은 더 이상 아무것도 필요하지 않다고 했다. 제자들이 까마귀와 솔개가 선생님을 파먹을까 봐 걱정이라고 하자 장자가 위쪽에 두면 까마귀와 솔개의 밥이 될 것이고 아래쪽에 두면 개미의 밥이 될 것인데 저놈에게 줄 것을 빼앗아 이놈에게 주는 것은 편파적인 일이 아니냐고 반문했다.(《莊子·列禦寇》 참조)

(21) 狼藉(낭자): 여기저기 흩어져서 어지럽게 하다. 마지막 네 구절은 나중에 장묵이 죽었을 때는 굳이 장례를 치를 필요도 없이 아무데나 갖다 버려도 상관하지 않는다는 말이다.

卷26

古今體詩四十八首

고체시 및 근체시 48수

권26에는 조봉랑(朝奉郎)에 복위되어 지등주군주사(知登州軍州事)로 기용된 원풍 8년(1085) 6월부터 등주지주를 거쳐 다시 개봉(開封)으로 들어가 예부낭중(禮部郎中)과 기거사인(起居舍人)으로 재임한 그해 12월까지의 시 48수가 수록되어 있다.

0893. 次韻許遵[(1)]

허준의 시에 차운하여

蒜山渡口挽歸艎,[(2)(3)] 산산나루 어귀에서 귀항선을 붙잡지만
朱雀橋邊看道裝.[(4)(5)] 주작교 옆에서 도복 차림을 보겠군요.
供帳已應煩百兩,[(6)(7)] 잔치를 벌여서 백 대의 수레를 타고 온
수많은 환송객을 이미 대접했으니
擊鮮毋久溷諸郎.[(8)(9)] 갓 잡아서 신선한 고기로 손님 대접하느라
오랫동안 아들들에게 폐를 끼치지 마셔요.
問禪時到長干寺,[(10)(11)] 참선하러 때때로 장간사를 찾아가고
載酒閑過綠野堂.[(12)] 술을 싣고 한가로이 녹야당에 들를 터
此味只憂兒輩覺,[(13)(14)] 이 맛은 아이들이 깰까 걱정일 뿐이니
逢人休道北窗涼.[(15)(16)] 사람을 만나도 북쪽 창 밑이 시원하다 하지 마셔요.

[해설]

등주지주로 부임해 가는 도중 윤주(지금의 강소성 진강)에 이르러 지은 것으로 보인다. 이 시의 창작 시기에 대하여 사신행의 《소시보주》에는 "당시 허씨는 한창 윤주지주로 재임 중이었다. 이제 이 시에서 이렇게 말한 것은 허중도가 윤주에서 벼슬을 그만두고 금릉으로 가려고 생각한 것이다(時, 許方知潤州. 今此詩云云, 意仲塗自潤罷官往金陵)"라고 했고, 풍응류의 《소식시집합주》에는 "《송사》 및 《동도사략》에 의하면 허준은 윤주지주를 지내고 또

숭복궁제거로 임명해 달라고 청원했으며 얼마 안 지나서 벼슬을 그만두었다. 이제 시에 '도복'이라는 말이 있고 또 소광의 일을 인용한 것으로 보아 틀림없이 이미 도교 사원 관리인으로 임명해 달라고 청원하고 이미 벼슬을 그만둔 뒤였을 것이다. 어쩌면 잠시 금릉에 살았을지도 모른다. 그러기에 장간사라는 말을 했을 것이다(《宋史》及《東都事略》: 許遵知潤州, 又請提擧崇福宮, 尋致仕. 今詩中有'道裝'字, 又用疏廣事, 當是已請宮觀, 幷已致仕, 或僑寓金陵, 故以長干寺爲言耳)"라고 했다. 그러나 왕문고의 《소식시집》에는 두 사람의 주장을 모두 부인하고 "시의 의미는 바로 윤주지주를 그만두고 금릉으로 가는 허준을 전송한 것이다. 그러기에 '귀항선을 붙잡는다(挽艎)'·'잔치를 벌인다(供帳)'라는 두 구절이 있는 것이다. 만약 떠난 뒤에 부쳐 보낸 것이라면 이 두 구절이 없었을 것이다. 나머지는 모두 상상하여 한 말이다. 두 사람의 주석은 융통성 없이 보고 있으므로 잘못되었다(詩意乃送許遵罷潤州赴金陵也. 故有'挽艎'·'供帳'二句. 如去後寄和, 卽無此二句矣. 餘皆設想語. 二註泥看, 故誤)"라고 했다. 왕문고의 주장이 비교적 타당해 보인다.

[주석]

(1) 許遵(허준): 泗州 사람으로 字가 仲塗이다. 〈次韻滕元發·許仲塗·秦少游〉(0832) 주 (2) 참조.

(2) 蒜山(산산): 강소성 鎭江에 있는 산.

(3) 歸艎(귀황): 돌아가는 배.

(4) 朱雀橋(주작교): 강소성 南京에 있는 다리. 査愼行의 《蘇詩補註》에 "지금의 진회교는 취보문 안에 있는데 바로 주작교 옛터이다(按今鎭淮橋, 在聚寶門內, 乃朱雀橋故址)"라고 했다.

(5) 道裝(도장): 도교 또는 불교의 수행자들이 입는 옷. 이 구절은 도교 사원 관리인인 崇福宮提擧로서의 허준의 생활을 상상한 것이다.

(6) 供帳(공장): 연회에 필요한 음식과 물건을 벌여 놓다. '供張'과 같다.

(7) 百兩(백량): 수레 수백 대. 漢나라 때의 청백리 疏廣과 疏受가 나이가 많아 벼슬을 그만두고 고향으로 돌아갈 때 친구들이 東都門 바깥에서 송별연을 벌여 주었는데 참석한 사람들의 수레가 수백 대였다.(《한서·소광전》 참조) '煩百兩'은 허준이 수많은 사람들에게 그를 전송하러 오게 하는 번거로움을 끼쳤다는 말이다.

(8) 擊鮮(격선): 갓 잡아서 신선한 고기나 생선으로 음식을 만들어 대접하다. 한나라 사람 陸賈는 만년에 아들들에게 재산을 나누어 주고 아들들에게 자기가 이 아들 저 아들을 번갈아 방문하여 한 집에 10일씩 머물 것이니 갓 잡아서 신선한 고기나 생선으로 자기를 대접하라고 했다. 그리고 오랫동안 폐를 끼치지는 않겠다고 했다.(《한서·육가전》 참조)

(9) 諸郞(제랑): 허준의 아들들을 가리킨다. 이 연은 허준의 아들들이 그를 전송하러 온 수많은 사

람들을 응대하느라 고생했으니 이제 그만 고생시키라는 말이다.

(10) 問禪(문선): 참선하다.

(11) 長干寺(장간사): 강소성 남경 남쪽의 장간에 있던 절. 《梁京寺記》에 "양나라 무제가 처음으로 장간사를 세웠다(梁武帝初起長干寺)"라고 했다.

(12) 綠野堂(녹야당): 당나라 사람 裴度의 별장으로 하남성 洛陽에 있었다.(《신당서·배도전》 참조) 王十朋의 《百家註分類東坡先生詩》에 "당시 왕개보가 한가로이 지내고 있었기 때문에 녹야당으로 그를 비유한 것이다(時王介甫閑居, 故以綠野堂比之)"라고 했다. 이 구절은 허준이 당시 金陵(지금의 강소성 남경)에서 은거하고 있던 왕안석과 교유할 것이라는 말이다.

(13) 此味(차미): 산사를 찾아가 참선하고, 왕안석과 함께 술을 마시며 이야기를 나누고, 북창 밑에서 누워 자는 은거의 재미를 가리킨다.

(14) 兒輩覺(아배교): 王羲之가 관직에서 물러나 저명인사들과 함께 산수의 아름다움을 즐길 때 謝安이 그에게 말했다. "중년 이후로는 슬픈 일이나 즐거운 일을 만나면 감상에 빠지게 되고 친구와 헤어져도 며칠씩이나 마음이 아프답니다." 그러자 왕희지가 "노년기가 되면 그렇게 되는 게 당연하지요. 요새는 바야흐로 현악기와 관악기에 의지하여 근심 걱정을 잊는데 항상 아이들이 깨어서 즐거움을 손상시킬까 봐 겁난답니다(年在桑榆, 自然至此. 頃正賴絲竹陶寫, 恒恐兒輩覺, 損其歡樂之趣)"라고 했다.(《진서·왕희지전》 참조)

(15) 休道(휴도): 말하지 말라.

(16) 北窗涼(북창량): 《晉書·陶潛傳》에 "여름에 일이 없어 북쪽 창밑에서 베개를 높이 베고 누워 있는데 산들바람이 살랑살랑 불어오자 자신을 일컬어 희황상인(욕심 없이 초연하게 산 복희씨 이전의 태곳적 사람이라는 뜻)이라고 했다(夏月虛閑, 高臥北窗之下, 淸風颯至, 自謂羲皇上人)"라는 말이 있다. 이 연은 많은 사람들에게 은거의 재미를 이야기하여 은거지가 소란스러워지게 하지 말라는 말이다.

0894. 溪陰堂(1)

계음당

白水滿時雙鷺下,(2) 하얀 물이 질펀할 제 백로 한 쌍 내려앉고
綠槐高處一蟬吟. 초록 홰나무 높은 곳에 매미 한 마리 노래하네.
酒醒門外三竿日,(3) 술이 깨면 대문 밖에 해가 높이 솟았는데
臥看溪南十畝陰.(4) 누워서 개울 남쪽의 그늘 십 묘를 보겠네.

[해설]

등주지주로 부임해 가는 길에 진주에 들러 계음당 주변의 평화로운 풍경과 거기서 지낼 계음당 주인의 여유로운 생활을 상상한 것이다.

[주석]

(1) 溪陰堂(계음당): 진주(지금의 강소성 儀徵)에 있던 范 모씨의 초당인 것으로 보인다. 查愼行의 《蘇詩補註》에 "《고재시화》에 '소동파의 시 〈過眞州范氏溪堂〉은 아마도 "노란 꾀꼬리 두 마리가 푸른 버들에서 운다"라고 한 두보의 시의를 원용한 것 같다'라고 한바, 이에 의하면 계음당은 진주에 있는 것이 당연하지만 시어로 살펴보건대 선생이 진주를 지나갈 때의 경물과 부합하지 않는다(《高齋詩話》云: '東坡〈過眞州范氏溪堂〉詩, 蓋用老杜"兩箇黃鸝鳴翠柳"一首詩意也.' 据此, 則溪陰堂當在眞州, 但以詩語考之, 與先生過眞州時景物不合)"라고 하여 이 시가 진주에서 지어졌다는 사실에 회의를 품었지만, 王文誥의 《蘇軾詩集》에는 "공은 6월에 문등(등주)지주으로 기용되었는데 당시 가족들이 아직 진주에 기거하고 있었기 때문에 다시 가서 데리고 간바, 이것이 시를 지은 때이다

(公以六月起知文登, 時家累尙寄眞州, 復往般挈而去, 此作詩之時也)"라고 하여 이 시가 진주에서 지어졌다고 했다.

(2) 白水(백수): 햇빛에 반짝이는 논이나 강의 물을 가리킨다.

(3) 三竿日(삼간일): 산등성이로부터의 높이가 장대 세 개에 해당할 만큼 높이 뜬 아침 해를 가리킨다.

(4) 十畝陰(십묘음): 십 묘 넓이의 그늘. 杜甫의 시 〈憑何十一少府邕覓榿木栽〉에 "초당 도랑 서쪽에 숲이 없는데, 그대 말고 누가 또 내 마음을 알리오? 오리나무는 삼 년이면 다 자란다는 말 많이 들었나니, 개울가의 십 묘짜리 그늘을 좀 주시오(草堂塹西無樹林, 非子誰復見幽心? 飽聞榿木三年大, 與致溪邊十畝陰)"라고 했다.

0895. 送穆越州[(1)]

월주지주 목씨를 전송하며

江海相忘十五年,	강해에서 열다섯 해 서로 잊고 지냈는데
羡公松柏蔚蒼顔.[(2)]	파리한 공의 얼굴에 송백이 울창한 게 부럽네.
四朝耆舊冰霜後,[(3)(4)(5)]	사 대에 걸쳐 원로가 얼음과 서리를 맛본 뒤
兩郡風流水石間.[(6)]	두 고을에서 풍류가 물과 바위에 넘치네.
舊政猶傳蜀父老,[(7)]	옛날 선정을 아직도 촉 땅 노인이 전하고
先聲已振越溪山.[(8)]	미리 난 명성이 이미 월 땅 산하를 흔들겠네.
罇前俱是蓬萊守,[(9)]	술동이 앞에 앉은 사람 둘이 모두 봉래태수
莫放高樓雪月閑.[(10)(11)]	높은 누각의 눈과 달을 한가히 두지 맙시다.

[해설]

등주지주로 부임해 가는 길에 월주지주로 부임해 가는 목순을 전송하며 지은 것으로 재주에서 베푼 그의 선정을 칭송하고 월주에서 있을 그의 풍류와 선정을 상상했다.

[주석]

(1) 穆越州(목월주): 越州知州 穆珣을 가리킨다. 馮應榴의 《蘇軾詩集合注》에 "목순이 재주로제점형옥을 지낸 적이 있다는 사실이 《속자치통감장편·원풍원년7월》의 기사에 보인다. 그렇기 때문에 동파 선생의 시에 '옛날 선정을 아직도 촉 땅 노인이 전한다'라는 구절이 있는 것이다(穆珣曾提點梓州路

刑獄, 見《續通鑑長編·元豐元年七月》. 故先生詩有'舊政猶傳蜀父老'之句)"라고 했다.

(2) 蒼顔(창안): 늙은이의 파리한 얼굴. 이 구절은 목순의 용모에 올곧은 기상이 넘친다는 말이다.

(3) 四朝(사조): 네 임금이 통치한 시기. 목순이 태어난 때인 眞宗으로부터 仁宗·英宗·神宗의 통치 기간을 가리킨다는 설과 그가 관직 생활을 한 인종·영종·신종·철종의 통치 기간을 가리킨다는 설이 있지만, 어느 쪽이든 시를 이해하는 데에는 차이가 없다.

(4) 耆舊(기구): 나이가 많고 명망이 있는 사람.

(5) 冰霜(빙상): 얼음과 서리. 쓸쓸한 심경이나 준엄한 형편을 가리킨다. 소식의 사 〈臨江仙〉(詩句端來磨我鈍)에 "기쁜 낯으로 저를 위해 얼음과 서리를 녹여 주셔요(歡顔爲我解冰霜)"라는 구절이 있다.

(6) 兩郡(양군): 목순이 제점형옥을 지낸 재주(지금의 사천성 三台)와 그가 부임해 갈 월주(지금의 절강성 紹興)을 가리킨다.

(7) 舊政(구정): 재주로제점형옥으로 재임할 때의 施政을 가리킨다.

(8) 先聲(선성): 부임하기도 전에 미리 난 명성.

(9) 蓬萊守(봉래수): 봉래태수. 登州(지금의 산동성 봉래)와 월주가 다 봉래라고 불렸는데 당시 소식은 등주지주로 부임해 가는 중이었고 목순은 월주지주로 부임해 갈 예정이었다.

(10) 高樓(고루): 월주와 등주에 다 있는 蓬萊閣이라는 누각을 가리키는 것으로 보인다.

(11) 雪月(설월): 눈과 달. 아름다운 풍광을 가리킨다. 이 구절은 높은 누각에 올라가서 주위에 펼쳐져 있는 아름다운 풍광을 항상 즐기고 노래하자는 말이다.

0896. 小飮公瑾[1]舟中

등공근의 배 안에서 조금 마시고

靑泥赤日午相烘,[2][3]	푸른 진흙 붉은 해가 낮에 서로 비출 때
走訪船窗柳影中.[4]	버드나무 그늘 속의 배를 찾았네.
輟我東坡無限睡,[5]	내 동파에서 한없이 자던 잠을 그치고
賞君南浦不貲風.[6]	그대 남쪽 포구의 더 없이 귀한 바람을 누리네.
坐觀邸報談迂叟,[7][8]	앉아서 저보를 보며 우수를 얘기하고
閑說滁山憶醉翁.[9][10]	한가히 저주 산을 말하며 취옹을 추억하네.
此去澄江三萬頃,[11]	이제 여길 떠나면 맑은 강물 삼만 경이
只應明月照還空.[12]	밝은 달빛을 받아 다시 텅텅 빌 뿐이리.

[해설]

등공근이라는 사람의 배에서 술을 마신 감회를 노래한 것이다.

[주석]

(1) 公瑾(공근): 소식의 자주를 통하여 滁州(지금의 안휘성 저주) 사람으로 성이 鄧氏라는 사실만 알려져 있을 뿐 구체적인 행적이 알려져 있지 않다. 주 (8) 참조.

(2) 靑泥(청니): 푸르죽죽한 진흙.

(3) 相烘(상홍): 햇빛이 강가의 진흙을 비추고 강가의 진흙이 햇빛을 반사하는 것을 가리킨다.

(4) 走訪(주방): 찾아가다. 예방하다.

(5) 東坡(동파): 소식이 원풍 4년(1081) 2월에 黃州城 동쪽에 있는 황무지를 개간하여 만든 농장.

(6) 不貲(부자): 비교할 수 없다. 매우 귀중하다는 뜻이다.

(7) 邸報(저보): 옛날에는 제후나 지방 장관이 도성에 사무소를 설치해 놓고 거기서 詔書나 상소문 따위를 베껴서 제후나 지방 장관에게 보내게 했는데 이 消息紙를 저보라고 했다. 이런 일은 당나라 때에 이미 있었지만 '저보'라는 명칭은 송나라 때 처음 생겼다. 나중에는 조정에서 발행하는 官報를 통칭하여 저보라고 했으며, 명나라 숭정(1628-1644) 연간부터는 활자본으로 간행하기 시작했다. 청나라 때는 저보를 발송하는 전문 상인이 있었는데 그들은 이것을 '京報'라고 부르기도 했다.(《漢語大詞典·邸報》 참조)

(8) 迂叟(우수): 司馬光의 自號. 소식의 자주에 "등씨는 저주 사람인데, 이날 좌중에서 저보를 보며 '우수가 벌써 문하성으로 불려 들어갔군요'라고 했다(鄧, 滁人也. 是日坐中觀邸報云: '迂叟已押入門下省.')"라고 한바, 이는 사마광이 신종의 뒤를 이은 철종이 너무 어리기 때문에 섭정을 맡은 宣仁太后에 의해 門下侍郎 즉 재상에 임명된 일을 이야기했다는 말이다.

(9) 滁山(저산): 등씨의 고향인 저주에 있는 여러 산을 두루 가리킨다. 歐陽修가 저주지주로 재임할 때 지은 〈醉翁亭記〉에 "저주를 에워싸고 온통 산이다(環滁皆山也)"라는 말이 있다.

(10) 醉翁(취옹): 구양수의 自號.

(11) 頃(경): 100畝에 해당하는 넓이. 시대에 따라 다르지만 1묘는 대략 150평 정도 된다.

(12) 明月照還空(명월조환공): 李白의 시 〈望廬山瀑布〉에 "거센 해풍 불어도 끊어지지 않더니, 강에 뜬 달 비치자 다시 모습 감추네(海風吹不斷, 江月照還空)"라는 구절이 있는바, 이는 거센 바람에도 끊어지지 않고 계속 쏟아지던 여산폭포의 물줄기가 달빛이 비치자 오히려 보이지 않는다는 말이다. 소식 시의 이 구절은 이백 시의 이 구절을 변형시킨 것이다.

0897. 金山[1]妙高臺[2]

금산의 묘고대

我欲乘飛車,[3]	비거 타고 동쪽으로 훨훨 날아가
東訪赤松子.[4]	적송자를 한번 찾아보고 싶건만
蓬萊不可到,[5]	신선 세계 봉래산은 갈 수 없나니
弱水三萬里.[6]	약수가 삼만 리나 가로막고 있다네.
不如金山去,	차라리 금산에나 가는 편이 더 낫나니
淸風半帆耳.	돛에 반쯤 청풍만 불면 되는데
中有妙高臺,	그 안에 묘고대란 누대 하나가
雪峰自孤起.	눈 쌓인 봉우리에 홀로 솟아 있다네.
仰觀初無路,	쳐다보면 처음에는 길이 없으니
誰信平如砥.[7]	숫돌처럼 평평하다 누가 믿으리?
臺中老比丘,[8]	누대 안에 나이 많은 스님이 계시는데
碧眼照窗几.[9][10]	창가의 소탁자에 푸른 눈이 빛나네.
巉巉玉爲骨,[11][12]	파리한 그 얼굴은 백옥으로 빚었고
凜凜霜入齒.[13][14]	늠름하기는 서리가 이에 스며든 모습
機鋒不可觸,[15]	그 예봉을 아무도 건드릴 수 없나니
千偈如翻水.[16][17]	천 수의 게송이 물 쏟는 것 같다네.
何須尋德雲,[18]	어찌 꼭 덕운을 찾을 필요 있으리

卽此比丘是.[19]　　이 스님을 찾아가면 그만일 것을?
長生未暇學,　　장생은 배워 볼 겨를 없으니
請學長不死.[20]　　오래 안 죽는 이치나 배우기를 청하네.

[해설]

강소성 진강의 금산에 있는 묘고대로 친구인 요원선사를 찾아간 과정을 묘사하고 아울러 요원선사의 인품과 능력을 찬양한 것이다.

[주석]

(1) 金山(금산): 강소성 鎭江에 있는 산.
(2) 妙高臺(묘고대): 금산사 안에 있는 누대.
(3) 飛車(비거): 바람을 타고 날아다녔다는 전설상의 수레.
(4) 赤松子(적송자): 상고시대 신선의 이름.
(5) 蓬萊(봉래): 봉래산. 중국의 동쪽 바다에 있다는 仙境. 方丈山·瀛洲와 더불어 三神山이라고 불린다.
(6) 弱水(약수): 건너기 힘든 바다의 이름. 소식의 사 〈水龍吟〉(古來雲海茫茫)의 서문에 "옛날에 사자연이 바다를 건너 봉래산에 가서 스승을 찾으려고 했다. 바다 가운데에 이르렀을 때 어떤 사람이 사자연에게 '봉래산은 약수 너머 30만 리나 되는 곳에 있기 때문에 갈 수가 없습니다'라고 했다(昔謝自然欲過海求師蓬萊. 至海中, 或謂自然: '蓬萊隔弱水三十萬里, 不可到.')"라는 말이 있다.
(7) 砥(지): 숫돌. 칼이나 낫 따위의 연장을 갈아 날을 세우는 데 쓰는 돌로, 윗면이 가름하고 평평하다.
(8) 比丘(비구): 출가하여 具足戒를 받은 남자 승려. 王十朋의 《百家註分類東坡先生詩》에 "요원장로를 말한다(謂了元長老也)"라고 했다.
(9) 碧眼(벽안): 일반적으로 외국인의 푸른 눈을 뜻하는데, 여기서는 인도에서 들어온 達磨大師의 푸른 눈을 가리킨다. 달마대사는 중국 禪宗의 창시자로 嵩山 少林寺에서 9년 동안 면벽 수도했다.
(10) 窗几(창궤): 창가에 놓여 있는 작은 탁자. 창가의 작은 탁자 위에 달마대사의 상이 놓여 있었던 것으로 보인다.
(11) 巉巉(참참): 얼굴이 여위고 창백한 모양.
(12) 玉爲骨(옥위골): 옥이 바탕을 이루다. 얼굴이 옥같이 희고 맑다는 말이다.
(13) 凜凜(늠름): 위엄이 넘쳐서 다른 사람에게 敬畏心을 갖게 하는 모양.
(14) 霜入齒(상입치): 서리가 치아에 들어가다. 말에 서릿발처럼 凜然한 기상이 깃들어 있다는 말이다.

(15) 機鋒(기봉): 선종 불교에서 문답이 민첩하고 예리하면서도 함축된 의미가 깊은 것을 가리킨다.

(16) 偈(게): 불경 중에서 부처의 공덕과 교리를 찬송한 노랫말. 五胡十六國 때의 後秦 승려 鳩摩羅什은 스승에게 불경을 전수받아 날마다 게송을 천 수씩 낭송했다고 한다. 〈眉子石硯歌贈胡誾〉(0829) 주 (22) 참조.

(17) 翻水(번수): 물을 쏟다. 콸콸 쏟아져 나온다는 말이다.

(18) 德雲(덕운): 佛法을 잘 알았다는 불경 속의 인물. 《華嚴經·入法界品》에 "선재동자가 덕운스님에게 불법에 관하여 물었다(善財童子問法於德雲比丘)"라는 말이 있다. 王文誥의 《蘇軾詩集》에 "이것은 덕운으로써 요원선사를 비유한 것이다(此以德雲比了元)"라고 했다.

(19) 即(즉): 찾아가다.

(20) 不死(불사): 不滅. 이 연은 도교에서 말하는 불로장생은 추구하기 힘드니 불교에서 말하는 不生不滅의 이치나 깨치고 싶다는 뜻인 것으로 보인다.

0898. 贈杜介[1]幷敍

두 개에게 주는 시와 그 서문

元豐八年七月二十五日，杜幾先[2]自浙東[3]還，與余相遇於金山[4]，話天台[5]之異，以詩贈之.(원풍 8년 7월 25일 두기선이 절동에서 돌아와 금산에서 나와 만나 천태산의 기이함을 이야기하기에 시를 지어 주었다.)

我夢遊天台,	나는 꿈에 천태산을 유람한 적 있나니
橫空石橋小.[6]	공중을 가로지른 작은 석교가 있고
松風吹茵露,[7]	솔바람이 이슬 맞은 망초에 불어
翠濕香嫋嫋.[8]	푸르고 습한 데서 모락모락 향기 났네.
應眞飛錫過,[9][10]	아라한이 석장을 날리면서 지나가고
絕磵度雲鳥.[11][12]	까마득한 계곡 높이 새가 건너가기에
擧意欲從之,[13]	마음을 내어서 따라가고 싶었건만
翛然已松杪.[14]	훨훨 이미 소나무 꼭대기에 가 있었네.
微言粲珠玉,[15]	그의 미묘한 말은 맑고 고운 주옥인데
未說意先了.	말도 끄집어내기 전에 뜻을 먼저 알았나니
覺來如墮空,	깨어나자 하늘에서 떨어진 것 같은데
耿耿窗戶曉.[16]	창문이 훤하게 밝아 오고 있었네.
群生陷迷網,[17]	중생은 미혹의 그물에 빠지는 터라
獨達從古少.	스스로 통달한 이가 예로부터 적었나니
杜叟子何人,	두씨 늙은이 그대는 어떤 사람이기에
長嘯萬物表.	만물의 바깥에서 휘파람을 길게 부나?
妻孥空四壁,[18]	처자에겐 사방의 벽이 있을 뿐인데

振策念輕矯.(19)(20) 지팡이를 흔들며 사뿐히 날 생각으로
遂爲赤城遊,(21) 마침내 적성으로 유람을 가서
飛步凌縹緲.(22) 날아가는 걸음으로 아득한 데로 넘어갔네.
問禪不歸舍,(23) 좌선에 대해 묻느라 집에도 안 돌아가고
屢爲瓠壺繞.(24) 호리병 차고 여기저기 자주 돌아다녔건만
何人識此志, 누가 있어 이 마음 알아줬으리?
佛眼自照瞭.(25) 부처님의 혜안으로 자신을 비춰 봤네.
我夢君見之, 나는 꿈에 보았고 그대는 직접 봤거니와
卓爾非魔嬈.(26)(27) 확연하여 마귀의 장난질이 아니었나니
仙葩發茗椀,(28)(29) 공양하는 찻사발에 선경의 꽃 피었는데
剪刻分葵蓼.(30)(31) 자르고 새긴 모양이 아욱인지 여뀌인지 분명했네.
從今更不出, 이제부터 다시는 밖으로 안 나가고
閉戶閑騕褭.(32) 문을 닫아 요뇨를 한가하게 놓아두다
時從佛頂巖,(33) 때때로 한 번씩 불정암에서
馳下雙蓮沼.(34) 연꽃 같은 두 못으로 달려 내려가겠네.

[해설]

천태산을 돌아다니며 수도하고 온 두개에게 지어 준 것으로 자기가 꿈에 본 천태산의 경이로운 모습을 묘사한 후 그 속에서 수도한 두개를 찬양함과 동시에 앞으로의 그의 생활을 상상했다.

[주석]

(1) 杜介(두개): 揚州 사람으로 字가 幾先이다. 당시 고향인 양주에서 욕심 없이 평화롭게 만년을 보내고 있었다. 〈杜介熙熙堂〉(0536) 주 (1) 참조.
(2) 幾先(기선): 두개의 자.
(3) 浙東(절동): 錢塘江의 동남쪽 지역을 浙東이라고 하고 그 서북쪽 지역을 浙西라고 한다.
(4) 金山(금산): 강소성 鎭江에 있는 산.
(5) 天台(천태): 천태산. 절강성 중부에 있는 산으로 會稽山에서 동남쪽으로 80㎞가량 떨어져 있다.
(6) 石橋(석교): 천태산에 있는 다리. 《浙江通志·山川八》에 "앞에 석교가 있는데 넓이는 한 자도 채 안

되고 길이는 수십 장이며 그 아래에 까마득한 계곡이 있어서 자신의 존재를 잊은 뒤라야 건널 수 있다(前有石橋, 廣不盈尺, 長數十丈, 下臨絶澗, 惟忘其身, 然後能濟)"라고 했다.

(7) 莔(망): 망초. 습기가 많은 물가에 자라는 毒草로 여름에서 가을 사이에 꽃이 핀다.

(8) 嫋嫋(요뇨): 향기나 피어오르는 모양.

(9) 應眞(응진): 불교 성자인 阿羅漢을 意譯한 말. 孫綽의 〈遊天台山賦〉에 "왕교는 학을 몰고 하늘 높이 올라갔고, 아라한은 錫杖을 날리며 허공을 밟고 간다(王喬控鶴以沖天, 應眞飛錫以躡虛)"라는 말이 있다.

(10) 飛錫(비석): 주석 지팡이를 날리다. 승려가 주석 지팡이를 들고 날 듯이 돌아다니는 것을 가리킨다.

(11) 絶磵(절간): 높고 가파른 절벽 밑으로 흐르는 계곡.

(12) 雲鳥(운조): 높이 구름 속으로 나는 새.

(13) 擧意(거의): 생각을 내다.

(14) 倏然(소연): 빠른 모양.

(15) 微言(미언): 미묘하고 심오한 말.

(16) 耿耿(경경): 밝은 모양.

(17) 迷網(미망): 미혹의 그물. 사람이 사물에 미혹되어 빠져나가지 못하는 것을 그물에 걸린 것에 비유한 것이다.

(18) 空四壁(공사벽): 사방의 벽이 텅 비다. 너무 가난하여 집에 아무것도 없다는 말이다. 《史記·司馬相如傳》에 "집에는 단지 사방의 벽이 서 있을 뿐이었다(家居徒四壁立)"라는 말이 있다.

(19) 策(책): 지팡이. 錫杖을 가리킨다. 손작의 〈遊天台山賦〉에 "헐렁헐렁 털옷을 몸에 걸치고, 딸랑딸랑 석장을 흔든다(被毛褐之森森, 振金策之鈴鈴)"라는 구절이 있다.

(20) 矯(교): 날다. 손작의 〈遊天台山賦〉에 "우습구나 여름 벌레가 얼음이 언다는 사실을 의심하며, 가벼운 날개를 추스르고 날아오르려 하는 것이(哂夏蟲之疑冰, 整輕翮而思矯)"라는 구절이 있다.

(21) 赤城(적성): 적성산. 천태산 남쪽에 있는 산. 孔靈符의 《會稽記》에 "적성산은 흙빛이 온통 붉고 형상이 노을 같다(赤城山, 土色皆赤, 狀似雲霞)"라고 했고, 支遁의 〈天台山銘序〉에 "천태산에 가려면 적성산을 거쳐서 가야 한다(往天台, 當由赤城山爲道徑)"라고 했다.

(22) 縹緲(표묘): 높고 멀어서 흐릿한 모양.

(23) 問禪(문선): 여기저기 찾아다니면서 좌선에 대하여 묻고 탐구하다.

(24) 瓠壺(호호): 호리병. 바가지. 이 연은 두개가 평소에 거처하는 僧舍에도 돌아가지 않고 이 절 저 절로 두루 돌아다니는 것을 가리키는 것으로 보인다.

(25) 佛眼(불안): 부처님의 눈. 깨달음을 얻어서 일체를 꿰뚫어 보는 비범한 눈을 가리킨다.

(26) 卓爾(탁이): 우뚝하다. 탁출하다.

(27) 魔嬈(마뇨): 마귀의 희롱.

(28) 仙葩(선파): 선경에 피는 기이한 꽃. 소식의 〈十八大阿羅漢頌〉에 "우리 집에 열여섯 나한상이 있었

는데 매번 차를 공양할 때마다 하얀 젖으로 변하거나 엉겨서 설화·복숭아·자두·작약이 되었는데 겨우 이름이나 알 수 있을 정도였다(軾家藏十六羅漢像, 每設茶供, 則化爲白乳, 或凝爲雪花·桃李·芍藥, 僅可指名)"라고 했다. 이 연은 修養이 깊은 두개가 공양한 찻사발에는 자신의 찻사발과 달리 아욱꽃인지 여뀌꽃인지 분간할 수 있을 정도로 이런 꽃들의 형상이 더욱 선명하게 나타났다는 말인 것으로 보인다.

(29) 茗椀(명완): 차를 담은 주발. 아라한에게 공양하는 찻사발을 가리킨다.

(30) 剪刻(전각): 정성 들여서 오리다.

(31) 葵蓼(규료): 아욱과 여뀌.

(32) 騕褭(요뇨): 옛날 준마의 이름. 張衡의 〈思玄賦〉에 "서시를 배척하여 거들떠보지 않고, 요뇨에게 짐수레를 매어 놓았네(斥西施而弗御兮, 縶騕褭以服箱)"라는 구절이 있는데 이에 대한 李善의 주에 《漢書音義》를 인용하여 "요뇨는 옛날의 준마이다. 주둥이는 붉고 몸통은 검은데 하루에 5천 리를 간다(騕褭, 古之駿馬也. 赤喙玄身, 日行五千里)"라고 했다.

(33) 佛頂巖(불정암): 적성산 서북쪽에 있는 바위. 查愼行의 《蘇詩補註》에 "〈天台記〉에 '적성산에서 서북쪽으로 가면 불정암에 이를 수 있는데 양나라 스님 정광이 3년 동안 여기서 은거했다'라는 기록이 있다(〈天台記〉: '赤城西北至佛頂巖, 梁僧定光隱此三年.')"라고 했다.

(34) 雙蓮沼(쌍련소): 연꽃처럼 생긴 두 개의 못. 《名勝志》에 "금지령을 지나면 서북쪽에 한풍궐이 있고 한풍궐에서 동쪽으로 올라가면 화정봉이니 여기가 바로 여덟 번째로 높은 봉우리이다. 밑에서 바라보면 연꽃의 꽃받침과 같은데 봉우리에서 아래쪽으로 몇 리 되는 곳에 두 개의 개울이 있고 천주봉에 올라가서 왼쪽으로 돌면 아래위에 두 개의 못이 있다(過金地嶺, 西北有寒風闕, 由闕東上, 爲華頂峯, 乃山之第八重最高處. 自下望之, 若蓮花之萼, 峯下數里有雙溪, 上天柱峯轉左, 上下有二池)"라고 했다. 이 연은 두 개가 앞으로 천태산에서 두문불출하고 수도에 임할 것이라는 말이다.

0899. 余將赴文登(1), 過廣陵(2), 而擇老(3)移住石塔(4), 相送竹西亭(5)下, 留詩爲別

내가 문등에 부임해 가려고 광릉을 지날 때 무택장로가 석탑사로 옮겨 갔는데 죽서정 밑에서 전송해 주기에 시를 남겨서 작별한다

竹西失却上方老,(6)(7)	죽서사는 훌륭한 장로를 잃고
石塔還逢惠照師.(8)	석탑사는 또 지혜로운 선사를 만났구나.
我亦化身東海去,(9)	나도 몸이 변화하여 동해로 가니
姓名莫遣世人知.	성명을 세인들이 알게 하지 말거나.

[해설]

양주의 죽서정에서 무택장로의 전송을 받는 감회를 노래한 것이다.

[주석]

(1) 文登(문등): 지금의 산동성 문등. 登州의 屬縣으로 등주를 가리킨다.

(2) 廣陵(광릉): 지금의 강소성 揚州.

(3) 擇老(택로): 無擇長老. 宋나라 사람 張邦基의 《墨莊漫錄》에 "동파가 상주에서 등주로 부임해 가는 도중 양주를 지날 때 석탑사의 장로 계공이 와서 송별해 주었다.……원풍 8년 8월 27일이었다. 이튿날 동파는 또 '죽서사는 훌륭한 장로를 잃고,……'라는 시를 지어 그에게 주었다(東坡自常州赴登州, 經過揚州, 石塔寺長老戒公來別.……元豐八年八月二十七也. 明日, 坡又作詩, 贈之云: '竹西失却上方老,…….')"라고 했고, 역시 송나라 사람인 周必大의 《文忠集·題跋六·東坡宜興事》에 "(원풍 8년) 7월 25일에 윤주의 금산에서 두개와 만나 고시를 지어 주었고, 8월 28일에 또 죽서사의 무택장로에게 절구를 지어 주었다(七月二十五日, 與杜介遇于潤之金山, 贈以古詩, 八月二十八日, 復贈竹西無擇長老絶句)"라고 한바, 두 사람의 전언을 보면 계공과 무택장로가 동일인임을 알 수 있다.

(4) 石塔(석탑): 석탑사. 강소성 양주 서북쪽의 甘泉山에 있는 절로 安國寺·木蘭院이라고도 했다.(魏嵩山 主編,《中國歷史地名大辭典》, 廣東敎育出版社, 1995년 제1판, 242쪽 참조)

(5) 竹西亭(죽서정): 강소성 양주 동북쪽의 죽서공원 안에 있는 정자.

(6) 竹西(죽서): 죽서사.《江南通志·揚州府》에 "선지사는 바로 상방사로 양주부에서 북쪽으로 5리 떨어진 촉강에 있으며 일명 죽서사라고도 한다(禪智寺卽上方寺, 在府北五里蜀岡, 一名竹西寺)"라고 했다.

(7) 上方老(상방로): 죽서사는 일명 상방사라고도 한바, '上方老'는 '상방사의 장로'라는 뜻과 '上級의 長老'라는 뜻을 동시에 지닌 중의적인 표현으로 죽서사에 있다가 석탑사로 떠나간 무택장로를 가리키는 것으로 보인다.

(8) 惠照師(혜조사): 석탑사는 일명 惠照寺라고도 한바, '惠照師'는 '惠照寺의 禪師'라는 뜻과 '지혜가 빛나는 禪師'라는 뜻을 동시에 지닌 중의적인 표현으로 죽서사에 있다가 석탑사로 옮겨 간 무택장로를 가리키는 것으로 보인다. 馮應榴의《蘇軾詩集合注》에 "혜조는 양나라 보통 7년(526)에 태어나 당나라 원화 10년(815)까지 총 290년 살았다(惠照自梁普通七年生, 至唐元和十年, 凡二百九十年)"라고 했다.

(9) 東海(동해): 등주를 가리킨다. 이 구절은 자신이 유배객 신분에서 등주지주로 바뀌어 부임해 간다는 말이다.

0900. 贈葛葦[(1)]

갈위에게

竹椽茅屋半摧傾,	대나무 서까래 초가집이 반쯤 무너졌지만
肯向蜂窠寄此生.[(2)]	기꺼이 벌집에다 이생을 맡기려 하네.
長恐波頭卷室去,	늘 물결이 집을 말아 가 버릴까 두려워
欲將船尾載君行.[(3)(4)]	배에다 그대를 실어서 가고 싶네.
小詩試擬孟東野,[(5)]	짧은 시는 시험 삼아 맹동야를 흉내내고
大草閑臨張伯英.[(6)(7)(8)]	큰 초서는 한가로이 장백영을 임모하네.
消遣百年須底物,[(9)]	백 년을 보내는 데 무엇이 필요하리?
故應憐我不歸耕.	귀농하지 않는다고 나를 딱히 여기겠네.

[해설]

갈위라는 은자에게 지어 준 것으로 초연하게 안빈낙도하는 그의 생활 태도를 칭송했다.

[주석]

(1) 葛葦(갈위): 행적이 알려져 있지 않다.
(2) 蜂窠(봉과): 벌집. 작고 좁은 갈위의 오두막을 가리킨다.
(3) 將(장): ~을 가지고. ~로써.
(4) 船尾(선미): 선미. 배를 가리킨다.
(5) 東野(동야): 晩唐 시인 孟郊의 字. 그의 시는 자신의 빈한한 생활을 반영하고 있지만 시풍이 세

속적이지는 않다.

(6) 大草(대초): 커다랗게 쓴 초서.

(7) 臨(임): 臨摸하다. 다른 사람의 글씨나 그림을 그대로 모사하다.

(8) 伯英(백영): 漢나라 서예가 張芝의 字. 초서를 잘 써서 草聖이라고 불렸다.

(9) 底物(저물): 무슨 물건.

0901. 贈王寂(1)

왕적에게

與君暫別不須嗟, 잠시 헤어지는 것이니 한탄할 것 없다오.
俯仰歸來鬢未華.(2) 금방 돌아올 것이니 살쩍도 아직 안 셀 것이오.
記取江南烟雨裏,(3) 강남 땅의 안개비 속 청산 끊어진 곳이
靑山斷處是君家. 그대 집임을 기억하고 있을 것이오.

[해설]

자신과의 이별을 몹시 아쉬워하는 왕적이라는 사람을 위로한 시이다.

[주석]

(1) 王寂(왕적): 행적이 알려져 있지 않다.
(2) 俯仰(부앙): 고개를 한 번 숙였다 드는 짧은 시간.
(3) 記取(기취): 기억하다. 이 연은 자신이 나중에 강남으로 돌아오면 잊지 않고 왕적의 집을 찾아가겠다고 그를 위로한 것이다.

0902. 次韻孫莘老[1]斗野亭[2]寄子由[3], 在邵伯堰[4]

소백언에서 두야정을 읊은 손신로의 시에 차운하여 자유에게 부친다

落帆謝公渚,[5]	사공의 방죽에서 돛을 내리니
日脚東西平.[6]	동쪽에도 서쪽에도 햇발이 잔잔하다.
孤亭得小憩,	외로운 정자에서 짧은 휴식 취하니
暮景含餘淸.	저녁나절 풍경이 무척이나 산뜻하다.
坐待斗與牛,[7]	앉아서 두수와 우수를 기다리니
錯落挂南甍.[8]	반짝반짝 남쪽의 용마루에 걸린다.
老僧如夙昔,[9][10]	연로하신 스님은 옛날과 같이
一笑意已傾.[11]	웃으며 속마음을 다 토해 낸다.
新詩出故人,[12]	새 시가 친구의 입에서 나왔는데
舊事疑前生.[13]	옛날 일이 전생에 있었던 일만 같다.
吾生七往來,[14]	내 생애에 일곱 번 여길 왕래했는데
送老海上城.[15]	바닷가의 성에서 노년을 보내겠다.
逢人輒自哂,	사람을 만나면 곧 스스로를 비웃고
得魚不忍烹.	물고기를 잡아도 차마 삶지 못하겠다.
似聞績溪老,[16]	적계의 현령으로 재임한 늙은이는
復作東都行.[17]	또 동도로 간다고 들은 듯하다.
小詩如秋菊,[18]	짧은 시가 가을철의 국화와 같이

艷艷霜中明.[19] 반짝반짝 서리 속에 빛나는구나.
過此感我言, 여기를 지나가다 나의 말에 느낌 일면
長篇發春榮.[20] 장편으로 봄꽃을 활짝 피워 주게나.

[해설]

풍응류의 《소식시집합주》에 "손신로는 이때 서울에서 관직 생활을 하고 있었는데 동파선생이 그의 시운에 소급해서 차운하여 자유에게 부친 것이다(莘老是時官京師, 先生追次其韻, 以寄子由)"라고 한 바와 같이, 적계현령으로 재임 중 교서랑에 임명된 동생이 개봉으로 들어갈 때 이곳에 들러서 읽어 줄 것으로 예상하며, 손각의 옛날 시에 차운한 것이다.

[주석]

(1) 莘老(신로): 소식의 친구요 黃庭堅의 장인인 孫覺의 字. 그는 高郵 사람으로 진사에 급제하여 가우(1056-1063) 연간에 昭文院의 서적을 편찬하고 교정하는 일을 맡았으며, 희령(1068-1077) 연간에 간언을 하다가 잘못되어 廣德軍知軍으로 나갔고 이듬해에는 湖州知州로 옮겼다.(《宋史·孫覺傳》 및 《東都事略·孫覺傳》 참조) 査愼行의 《蘇詩補註》에 "《황산곡집》에 '장인이신 손신로가 소주지주로 계실 때 두야정에 시를 남기셨다. 때는 원풍 3년(1080) 경신년이었다'라고 했다(《黃山谷集》云: '外舅孫莘老守蘇州, 留詩斗野亭云云. 時元豐三年庚申也.')"라는 주석이 있고, 施元之의 《施注蘇詩》에 "이 시의 묵적이 흠종의 동궁에 소장되어 있었는데 지금은 증문청의 집에 있다. 施宿이 여요현 관청 소재지에 각석한바, 시 끄트머리에 '나는 의흥에서 문등으로 갈 때 소백태를 지나갔다. 소백태 위에 있는 절에 작은 정자가 있어 이름을 두야정이라고 하는데 손신로의 長詩와 동생 자유의 短詩가 있기에 손신로의 시에 차운하여 자유에게 남긴다. 당시 자유는 교서랑으로 부름을 받았으니 곧 여기를 지나갈 것이다'라고 씌어 있다(此詩墨跡, 欽宗東宮所藏, 今在曾文清家. 宿刻石餘姚縣治. 詩末題云: '予自宜興赴文登, 過邵伯埭. 埭上僧舍有小亭, 名斗野亭, 有孫莘老長韻·舍弟子由小詩, 乃次莘老韻, 留示子由. 時子由以校書郎召, 將過此也.')"라는 주석이 있다.(張志烈·馬德富·周裕鍇 主編, 《蘇軾全集校注》, 河北人民出版社, 2010, 第四冊 147쪽 참조)

(2) 斗野亭(두야정): 소백언에 있던 정자. 盛儀의 《維揚志》에 "소백진에 두야정이 있으니 양주가 斗宿에 상응하는 지역이기 때문이다(邵伯鎭有斗野亭, 以揚州分野屬斗也)"라고 했다.

(3) 子由(자유): 소식의 동생 蘇轍의 字.

(4) 邵伯堰(소백언): 양주에 있는 방죽. '召伯埭'라고도 했다. 王十朋의 《百家註分類東坡先生詩》에 "소백언은 양주 광릉현에 있다. 본조 악사의 《태평환우기》에 '사안이 지은 것이다'라고 했고, 〈사안전〉에 '신성에 이르러 성 북쪽에 보를 쌓았는데 사람들이 그를 추모하여 소백태라고 불렀다'라고 했다. 그러니 이른바 신성이라는 것은 바로 광릉에 있을 것이다(邵伯堰在揚州廣陵縣. 本朝樂史《寰

宇記》云: '謝安所築.' 按〈安傳〉: '及至新城, 築埭於城北, 人追思之, 名爲召伯埭. 然則, 所謂新城, 豈乃廣陵耶)"라고 했다.

(5) 謝公渚(사공저): 사안이 축조한 소백언을 가리킨다. 주 (4) 참조.

(6) 日脚(일각): 햇발. 杜甫의 시 〈羌村〉에 "아득히 높이 뜬 붉은 구름 서쪽에서, 햇발이 평평한 땅으로 내려온다(崢嶸赤雲西, 日脚下平地)"라는 구절이 있다. 이 구절은 동서로 뻗어 있는 강의 잔잔한 수면 위에 햇살이 비치는 모습을 그린 것으로 보인다.

(7) 斗與牛(두여우): 이십팔수 중의 斗宿와 牛宿, 즉 南斗六星과 견우성.

(8) 錯落(착락): 번쩍번쩍 빛나다.

(9) 老僧(노승): 榮스님을 가리킨다. 소철은 이 시에 화답한 시 〈和子瞻次孫覺諫議韻題郡伯閘上斗野亭見寄〉의 자주에서 "영스님은 두야정의 주인이다(僧榮, 斗野主人也)"라고 했다.

(10) 夙昔(숙석): 옛날. 소식은 오래 전에도 영스님과 만난 적이 있었던 것으로 보인다.

(11) 傾(경): 토로하다. 토해 내다.

(12) 新詩(신시): 소식과 함께 있는 자리에서 영스님이 지은 시를 가리키는 것으로 보인다.

(13) 舊事(구사): 영스님과 소식이 함께 지낸 옛날 일을 가리키는 것으로 보인다. 이 구절은 영스님이 시에서 옛날에 두 사람이 함께했던 옛날 일을 이야기했는데 그것이 아주 오래 전의 일처럼 느껴졌다는 뜻인 것 같다.

(14) 七往來(칠왕래): 소식은 開封에서 杭州通判으로 부임해 갈 때, 항주에서 密州知州로 부임해 갈 때, 徐州에서 湖州知州로 부임해 갈 때, 烏臺詩案으로 인하여 호주에서 개봉으로 끌려 갈 때, 黃州에서 汝州로 유배지를 옮겨 갈 때, 常州居住의 윤허를 받아 南都에서 宜興으로 돌아갈 때, 常州에서 사면령을 받고 登州知州로 부임해 갈 때 등 모두 일곱 차례 양주를 지나갔다.

(15) 海上城(해상성): 바닷가에 있는 고을인 등주를 가리킨다. 이 연은 여러 차례 양주를 지나다녔음에도 불구하고 영스님과 함께 양주에서 늙지 못하는 것을 안타까워한 것인 듯하다.

(16) 績溪老(적계로): 적계의 늙은이라는 뜻으로 적계현령으로 재임한 소철을 가리킨다. 왕십붕의 《백가주분류동파선생시》에 "자유를 가리켜 하는 말이다. 선생도 황주에서 여주로 옮기고 자유도 감균주염주세에서 흡주의 적계현령으로 옮겼다. 선생은 여주에 도착하기 전에 상주로 돌아가도 좋다는 윤허를 받았고 얼마 안 있어서 또 등주지주로 기용되었는데, 자유는 적계에서 교서랑의 신분으로 부름을 받아 서울로 들어갔으니 역시 소백언을 거쳐서 동도(개봉)로 가야 했기 때문에 시의 마지막 부분에서 이것에 대해 언급한 것이다(指言子由也. 先生旣自黃移汝, 子由亦自監筠州鹽酒稅, 移知歙之績溪. 先生未至汝, 繼得請歸常, 尋又起知登州, 而子由自績溪以校書郎被召入京, 亦須由召伯堰至東都, 故於篇末及之)"라고 했다. 소철은 원풍 8년(1085) 8월에 교서랑에 임명되었다.

(17) 東都(동도): 개봉을 가리킨다. 주 (16) 참조.

(18) 小詩(소시): 소철이 두야정에 써 놓은 시를 가리킨다. 주 (1) 참조. 이 연은 현재 두야정에 씌어 있는 소철의 시에는 국화와 같은 傲霜孤節이 깃들어 있다는 말이다.

(19) 艷艷(염염): 곱고 선명한 모양.

(20) 長篇(장편): 자신의 이 시를 보고 화답할 소철의 시를 가리킨다. 이 연은 이제 고난의 시절이 다 지나가고 다시 좋은 때를 맞이했으니 흐드러지게 핀 봄꽃처럼 고운 시를 지어 달라는 말이다.

0903. 送楊傑[1]幷敍

양걸을 전송하며 지은 시와 그 서문

無爲子[2]嘗奉使登太山[3]絶頂, 雞一鳴, 見日出; 又嘗以事過華山[4], 重九日[5]飮酒蓮華峰[6]上; 今乃奉詔與高麗[7]僧統[8]游錢塘[9]. 皆以王事, 而從方外[10]之樂, 善哉! 未曾有也. 作是詩以送之.(무위자는 일찍이 사명을 받들고 태산 꼭대기에 올라갔다가 닭이 울자마자 일출을 본 적이 있었고, 또 일로 인하여 화산을 지나가다가 중양절에 연화봉 위에서 술을 마신 적도 있었으며, 이제 어명을 받들어 고려 승통과 함께 전당을 유람하게 되었다. 모두 나랏일로 인하여 방외의 즐거움을 좇는 것이니 좋도다! 이는 일찍이 없었던 일이다. 이에 이 시를 지어서 그를 전송한다.)

天門夜上賓出日,[11][12]	천문에 밤에 올라 뜨는 해를 맞이하니
萬里紅波半天赤.	만 리의 붉은 물결로 하늘의 반이 붉었네.
歸來平地看跳丸,[13]	돌아와 평지에서 도환을 보니
一點黃金鑄秋橘.	한 조각의 황금으로 가을 귤을 빚어 놨네.
太華峰頭作重九,[14]	태화산 꼭대기에서 중양절을 쇠노라니
天風吹灩黃花酒.[15][16]	하늘에서 바람 불어 국화주가 출렁였네.
浩歌馳下腰帶鞓,[17][18]	큰 소리로 노래하며 요대정에 내려가
醉舞崩崖一揮手.[19]	벼랑에서 취해 춤추며 손을 한 번 휘둘렀네.
神遊八極萬緣虛,[20][21][22]	마음이 팔극에서 노니 온갖 인연이 허망한데
下視蚊雷隱汚渠.[23][24]	모깃소리 같은 우레가 도랑을 울리는 걸 내려다봤네.
大千一息八十返,[25][26]	대천세계를 순식간에 여든 번 왕복하고
笑厲東海騎鯨魚.[27]	고래 타고 동해를 웃으면서 건넜네.
三韓王子西求法,[28][29]	삼한 왕자가 서쪽으로 불법을 찾아왔으니
鑿齒彌天兩勍敵.[30][31][32]	습착치와 석도안 두 강적이 만나겠네.
過江風急浪如山,[33]	강을 건널 때 바람이 급해 파도가 산과 같을 터
寄語舟人好看客.[34][35]	사공이여 손님을 잘 돌봐 주기 바라네.

[해설]

나랏일로 인하여 태산과 화산을 유람한 적이 있는 양걸이 또 고려 승통 의천을 모시기 위해 항주로 가는 것을 전송하여 지은 것이다. 첫 네 구절은 양걸이 태산에서 일출을 구경한 일을 묘사한 것이고, 그 다음 여덟 구절은 그가 화산에서 중양절을 쉰 일을 묘사한 것이며, 마지막 네 구절은 그가 의천을 만나러 항주로 가게 된 일을 묘사한 것이다.

[주석]

(1) 楊傑(양걸): 無爲(지금의 안휘성 무위) 사람으로 字가 次公이고 自號가 無爲子이다. 원우(1086-1093) 연간에 禮部員外郎이 되었으며 潤州知州와 兩浙提點刑獄을 역임했다.(《宋史·楊傑傳》 참조)
(2) 無爲子(무위자): 양걸의 자호.
(3) 太山(태산): 泰山. 산동성에 있는 높은 산으로 五嶽 중의 동악이다.
(4) 華山(화산): 섬서성에 있는 산으로 오악 중의 서악이다.
(5) 重九日(중구일): 음력 9월 9일. 중양절.
(6) 蓮華峰(연화봉): 화산의 주봉 다섯 개 가운데 경치가 가장 아름다운 봉우리로 西峰이라고도 한다.
(7) 高麗(고려): 918년에 王建이 세운 나라.
(8) 僧統(승통): 고려시대 교종의 法階 가운데 가장 높은 등급으로, 王師의 아래이고 首座의 위였다. 여기서는 고려의 大覺國師(1055-1101)를 가리킨다. 그는 고려 문종의 넷째 아들로 이름이 王煦이고 字가 義天인데 송나라에서 유학하고 돌아와 우리나라에 처음으로 천태종을 열었으며, 흥왕사에 교장도감을 세우고 《續藏經》 4천여 권을 간행했다. 王十朋의 《百家註分類東坡先生詩》에 "원우 2년(1087)에 고려 승려 의천이 배를 타고 바다를 건너 샛길로 명주(지금의 절강성 寧波)에 왔다. 전하는 말에 의하면 의천은 왕위를 버리고 출가했다고 하는데, 상소문을 올려 총림을 두루 돌아다니며 불법에 대해서 묻고 불도를 전수받게 해 달라고 청했다. 이에 조봉랑인 차공 양걸을 접반사로 삼으라는 어명이 내려졌다. 의천이 찾아간 오지방의 여러 사찰에서 다 신하가 왕을 대하는 예로써 그를 맞이하고 전송했는데, 금산에 이르자 승려 요원이 자리에 앉아서 그의 문후를 받았다. 차공이 깜짝 놀라 그렇게 하는 까닭을 묻자 요원이 '의천도 역시 다른 나라의 승려일 뿐입니다. 총림의 법도가 이와 같으니 바꿀 수가 없습니다'라고 했다. 조정에서 이 소문을 듣고 요원이 근본적인 강령을 안다고 여겼다(元祐二年, 高麗僧義天航海, 間道至明州. 傳云: 義天棄王位出家, 上疏乞遍歷叢林問法受道. 有詔朝奉郎楊傑次公館伴. 所至吳中諸刹, 皆迎餞如王臣禮, 至金山, 僧了元乃牀坐, 受其大展. 次公驚問其故, 了元曰: '義天亦異國僧耳. 叢林規繩如是, 不可易.' 朝廷聞之, 以了元知大體)" 라는 일화가 소개되어 있다. 송나라 사람 釋惠洪의 《僧寶傳·雲居佛印元禪師》와 원나라 사람 釋念常의 《佛祖歷代通載·宋》에도 같은 일화가 수록되어 있다.

(9) 錢塘(전당): 지금의 절강성 杭州.

(10) 方外(방외): 속세의 바깥.

(11) 天門(천문): 태산의 정상 부근에 있는 문. 왕십붕의 《백가주분류동파선생시》에 "《태산기》에 '태산은 뱅뱅 도는 산길이 이리저리 꺾이며 올라가는바 모두 50여 굽이나 된다. 소천문과 대천문을 지나가는데 천문을 올려다보면 마치 구멍으로 천창을 보는 것 같다. 밑에서부터 옛날에 봉선하던 곳까지 총 40리이다. 산꼭대기의 서쪽 바위는 신선들의 돌 누각이고, 동쪽 바위는 작은 산이며, 동남쪽 바위는 일관봉이라고 하는데 닭이 한 번 울 때 해가 막 떠오르려고 하는 것이 보인다'라는 말이 있다(《太山記》云: '太山盤道屈曲而上, 凡五十餘盤. 經小天門·大天門, 仰視天門, 如穴中視天窗矣. 自下至古封禪處, 凡四十里. 山頂西嵓爲仙人石閣, 東嵓爲介丘, 東南嵓名日觀者, 雞一鳴時, 見日始欲出.')"라고 했다.

(12) 賓(빈): 맞이하다. 《書經·堯典》에 "경건하게 뜨는 해를 맞이하며 동쪽에서 해가 뜨는 시각을 관찰하게 했다(寅賓出日, 平秩東作)"라는 말이 있다.

(13) 跳丸(도환): 두 손으로 공 몇 개를 빠른 속도로 놀리는 옛날 놀이의 일종. 대개 빠른 속도로 운행하는 해와 달을 가리키는데 여기서는 태산 위로 막 떠오른 해를 가리킨다. 韓愈의 〈秋懷詩〉에 "우수로 세월을 다 보냈나니, 해와 달이 도환처럼 빨리도 뛰네(憂愁費晷景, 日月如跳丸)"라는 구절이 있다.

(14) 太華(태화): 화산.

(15) 天風(천풍): 하늘 높이 부는 바람.

(16) 黃花酒(황화주): 국화주를 가리킨다.

(17) 浩歌(호가): 큰 소리로 노래하다.

(18) 腰帶鞓(요대정): 허리띠용의 가죽끈 즉 가죽 허리띠. 歐陽修의 《洛陽牡丹記·花釋名》에 "정홍은 단엽의 심홍색 꽃인데 청주에서 나기 때문에 청주홍이라고도 한다……그 색깔이 가죽 허리띠와 비슷하기 때문에 정홍이라고 한다(鞓紅者, 單葉深紅花, 出青州, 亦曰青州紅.……其色類腰帶鞓, 故謂之鞓紅)"라고 했다. 그러나 왕십붕의 《백가주분류동파선생시》에 "요대정은 화산의 지명이다(腰帶鞓, 華山地名)"라고 했으니 이것을 보면 당시 화산에 요대정이라는 지명이 있었음을 알 수 있다. 陸游의 시 〈夢遊〉에 "가을바람에 날린 이슬이 세두분에 떨어지고, 만 리에 뻗은 구름이 요대정을 뒤덮었다(九秋風露洗頭盆, 萬里雲煙腰帶鞓)"라는 구절이 있다.

(19) 揮手(휘수): 손을 내젓다. 작별을 고한다는 말이다.

(20) 神遊(신유): 마음속으로 가서 노닐다.

(21) 八極(팔극): 팔방의 끝.

(22) 萬緣(만연): 온갖 인연. 일체의 인연.

(23) 蚊雷(문뢰): 모깃소리만큼 작은 뇌성. 높은 산에서 들으면 우렛소리가 아주 작게 들린다고 한다. 소식의 시 〈唐道人言, 天目山上俯視雷雨, 每大雷電, 但聞雲中如聞嬰兒聲, 殊不聞雷震也〉(0289)에 "산꼭대기선 오로지 갓난애 소리로 볼 뿐인데, 이 세상엔 한없이 많은 젓가락 떨어뜨릴 사람이 있다네(山頭只作嬰兒看, 無限人間失箸人)"라는 구절이 있다.

(24) 汚渠(오거): 더러운 도랑. 오염된 도랑이라는 뜻으로, 黃河·渭河 등 화산에서 내려다보이는 속세의 큰 강을 가리키는 것으로 보인다.

(25) 大千(대천): 대천세계. 끝없이 넓은 세계.

(26) 一息(일식): 숨을 한 번 쉬는 시간. 지극히 짧은 시간을 가리킨다.

(27) 厲(여): 강을 건너다. 《詩經·邶風·匏有苦葉》에 "깊으면 옷을 입은 채로 건너고, 얕으면 옷을 걷고 건너면 된다(深則厲, 淺則揭)"라고 한 것처럼, 원래 옷을 입고 강을 건너는 것을 가리키지만 여기서처럼 그냥 강을 건너는 것을 가리키기도 한다. 이 연은 양걸이 화산에서 술에 취해 일으킨 환각인 것으로 보인다.

(28) 三韓(삼한): 옛날에 우리나라 남쪽에 있던 마한·진한·변한을 말한다. 여기서는 고려를 가리킨다.

(29) 王子(왕자): 고려 문종의 넷째 아들인 의천을 가리킨다.

(30) 鑿齒(착치): 東晉 때의 저명한 학자 習鑿齒. 양걸을 가리킨다.

(31) 彌天(미천): 하늘을 메우다. 의지와 기개가 높고 원대한 승려라는 뜻에서 의천을 동진 때의 승려 釋道安에 비유한 것이다. 석도안이 荊州로 가서 습착치를 만나 "하늘을 메운 석도안입니다(彌天釋道安)"라고 하자 습착치가 "사해에 가득한 습착치입니다(四海習鑿齒)"라고 했다.(《진서·습착치전》 참조)

(32) 勍敵(경적): 강적. 재주가 뛰어난 상대방을 가리킨다.

(33) 過江(과강): 양걸이 의천을 만나기 위해 長江을 건너 항주로 가는 것을 가리킨다.

(34) 寄語(기어): 말을 전하다.

(35) 好看客(호간객): 손님을 잘 돌보다. 《唐摭言·矛楯》에 "영호조공이 유양(지금의 강소성 揚州)을 鎭守할 때 처사 장호가 늘 그와 어울려 놀았다. 영호조공이 장호를 돌아보면서 '상류로 거슬러 올라가는 배인 데다 바람도 세게 부니 돛대 아래에 있는 사람은 잘 잡고 서 있어야 할 것이오'라고 하자, 장호가 얼른 응수하여 '물을 따라 아래로 내려가는 배인 데다 배 바닥이 깨졌으니 손님을 잘 돌보고 키에 기대지 마세요' 하고 대답했다(令狐趙公鎭維揚, 處士張祜常與狎讌. 公固視祜改令曰: '上水船, 風又急, 帆下人, 須好立.' 祜應聲答曰: '下水船, 船底破, 好看客, 莫倚柂.')"라는 기록이 있다. 여기서는 사공에게 손님인 양걸을 잘 돌보라고 당부한 말이다.

0904. 楊康功[1]有石, 狀如醉道士, 爲賦此詩

양강공에게 돌이 있는데 그 모양이 취한 도사 같은지라 이 시를 읊는다

楚山固多猿,[2]	초산에는 참으로 원숭이가 많은데
青者黠而壽.	푸른 놈은 꾀도 많고 나이 또한 많았네.
化爲狂道士,	그 놈이 미치광이 도사로 변해
山谷恣騰蹂.	골짜기에서 마음대로 뛰고 굴리고 했네.
誤入華陽洞,[3]	잘못하여 화양동에 들어가서는
竊飲茅君酒.[4]	모군의 술을 몰래 훔쳐 마셨네.
君命囚巖間,	모군이 바위틈에 가두라고 명하자
巖石爲械杻.[5]	바위가 그것의 형틀이 됐네.
松根絡其足,	소나무 뿌리가 그것의 발을 묶고
藤蔓縛其肘.	등나무 덩굴이 팔을 묶었네.
蒼苔眯其目,	이끼가 그것의 눈을 흐리게 하고
叢棘哽其口.	가시덤불이 그것의 입을 막았네.
三年化爲石,	삼 년이 지나자 돌로 변하여
堅瘦敵瓊玖.[6]	단단하고 가늘기가 옥과 맞먹네.
無復號雲聲,	더는 구름을 향해 외치는 소리 없고
空餘舞杯手.[7]	술잔을 흔드는 손만 남았네.
樵夫見之笑,	나무꾼이 그것을 보고 웃으며

抱賣易升斗.[8]　　안고 가서 한 되나 한 말의 곡식과 바꾸겠네.
楊公海中仙,[9]　　양공은 바다의 신선이거늘
世俗那得友.　　세속에서 어찌 벗을 만날 수 있었으리?
海邊逢姑射,[10]　　해변에서 막고야산 신선을 만나
一笑微俯首.　　웃음 한 번 짓고는 고개 살짝 숙였겠네.
胡不載之歸,　　어떻게 수레에 싣고 돌아와
用此頑且醜.　　이 못나고 단단한 걸 안 쓸 수 있었으리?
求詩紀其異,　　시를 지어 기이한 면을 적어 달라 하기에
本末得細剖.　　본말을 상세하게 파헤칠 수 있었네.
吾言豈妄云,　　내 말이 어찌 허망하게 하는 말이리?
得之亡是叟.[11]　　무시공에게서 그 수법을 배웠다네.

[해설]

양경략이 가지고 있는 술 취한 도사 형상의 돌을 보고 남다른 상상력을 발휘하여 해학적으로 노래한 것이다.

[주석]

(1) 康功(강공): 楊景略의 字. 蘇頌의 〈龍圖閣待制知揚州楊公墓誌銘〉에 "공은 이름이 경략이고 자가 경공이다.……치평 2년(1065)에 진사시에 급제하여 수주 안풍현의 현령이 되었다.……개봉부추관으로 옮겼다가 다시 판관으로 옮겼다.……용도각대제로 바뀌어 양주지주가 되었으며 소주지주로 옮겼다가 다시 유양(지금의 강소성 揚州)으로 옮겼다. 원우 원년(1086) 8월에 병이 나서 정미일에 양주 침소에서 임종했으니 향년 47세였다(公諱景略, 字康功.……治平二年擢進士第, 知壽州安豐縣.……徙開封府推官, 就遷判官……換龍圖閣待制, 知揚州, 移蘇州, 復徙維揚. 元祐元年八月遘疾, 丁未終于州寢, 享年四十七)"라고 했고, 《續資治通鑑長編·元祐元年八月》에도 "용도각대제로 양주지주를 맡고 있던 양경략이 죽었다(龍圖閣待制知揚州楊景畧卒)"라고 했는데, 馮應榴의 《蘇軾詩集合注》에는 이 사실을 근거로 소식이 이 시를 지은 것이 양경략이 양주지주로 재임 중일 때라고 했다.

(2) 楚山(초산): 초지방의 산을 두루 가리킨다.

(3) 華陽洞(화양동): 《仙經》에 "구곡산은 36동천 중의 제8동으로 화양동이라고 하는바, 대모군이 관리한 곳이다(句曲山即三十六洞天之第八洞, 名曰華陽洞, 大茅君之所治也)"라고 했다.

(4) 茅君(모군): 《神仙傳》에 "대모군은 이름을 영이라고 하고, 그 다음 동생은 이름을 고라고 하며, 작은 동생은 이름을 충이라고 했다. 태상노군이 영을 사명진군에 임명하고, 고를 정록군에 임명하고, 충을 보명군에 임명했기 때문에 삼모군이라고 하는바, 모산은 강녕부 구용현에 있다(大茅君, 名盈; 次弟, 名固; 小弟, 名衷. 太上老君拜盈爲司命眞君, 固爲定籙君, 衷爲保命君. 故號三茅君, 茅山在江寧府句容縣)"라고 했다.

(5) 械杻(계뉴): 차꼬. 수갑.

(6) 瓊玖(경구): 아름다운 玉의 일종.

(7) 舞杯(무배): 술잔을 흔들다. 《搜神記》에 "태강(280-289) 연간에 천하가 다 〈진세녕〉 춤을 추었는데 그 춤은 손으로 눌러서 술잔과 쟁반을 잡기를 반복하며 '진나라의 세상이 평안하여서, 술잔과 쟁반을 춤추게 하네' 하고 노래했다(太康中, 天下爲〈晉世寧〉之舞. 其舞, 抑手以執杯盤, 而反覆之, 歌曰: '晉世寧, 舞杯盤.')"라는 기록이 있고, 王十朋의 《百家註分類東坡先生詩》에 "'구름을 향해 외친다'로써 원숭이를 말하고, '술잔을 흔든다'로써 술 취한 도사를 말했다('號雲'以言猿, '舞杯'以言醉道士)"라고 했다. 이 연은 푸른 원숭이가 술 취한 도사 모양의 돌로 변했다는 말이다.

(8) 升斗(승두): 한 되나 한 말. 얼마 안 되는 곡식을 가리킨다.

(9) 海中仙(해중선): 바다의 신선. 풍응류의 《소식시집합주》에 "강공은 고려에 사신으로 갔다 온 적이 있기 때문에 바다의 신선이라고 한 것이다(康功曾使高麗, 故稱爲海中仙)"라고 했다. 그러나 그를 '海中仙'이라고 부른 것은 중국의 동쪽 바다에 三神山, 즉 선경이 있기 때문이지 그가 고려에 사신으로 갔다 온 사실과는 무관해 보인다.

(10) 姑射(고야): 산서성 臨汾縣 서쪽에 있는 산. 《莊子·逍遙遊》에 "막고야산에 신인이 사는데 피부가 빙설과 같고, 처녀처럼 부드럽다(藐姑射之山, 有神人居焉, 肌膚若冰雪, 淖約若處子)"라는 말이 있기 때문에 나중에 신선 또는 미인을 가리키게 되었는데, 여기서는 술 취한 도사 모양의 돌을 가리킨다. 양경략은 사신으로서 고려에 갔다 오는 길에 한 나무꾼에게서 헐값에 이 돌을 산 것으로 보인다. 주 (9) 참조.

(11) 亡是叟(무시수): 압운을 위하여 司馬相如의 '亡是公'을 변형시킨 것이다. 사마상여는 〈子虛賦〉를 지을 때 子虛·烏有先生·亡是公 등 가상의 인물 세 사람이 대화하는 형식을 취했는데 무시공은 '이런 사람이 없다'는 뜻이기 때문에 나중에 실질적으로 존재하지 않는 인물을 가리키는 말이 되었다. 이 연은 사마상여가 무시공을 내세워 〈자허부〉를 지은 방법에 근거하여 상상력을 발휘하여 이 시를 지었다는 해학적인 표현이다.

0905. 迨[1]作淮口[2]遇風詩, 戲用其韻

태가 회하 어귀에서 바람을 만난 일을 읊은 시를 지었기에 장난삼아 그 운을 써서

我詩如病驥,[3]	내 시는 천리마가 늙고 병든 채
悲鳴向衰草.	시든 풀을 향하여 슬피 우는 듯한데
有兒眞驥子,[4]	내 아들은 참으로 천리마여서
一噴群馬倒.	숨을 한 번 내뿜으면 뭇 말이 다 쓰러진다.
養氣勿吟哦,[5][6]	호연지기를 배양하고 시구를 다듬지는 말 일이니
聲名忌太早.	명성이 너무 일찍 나는 것이 싫단다.
風濤借筆力,	풍랑에게 그 힘찬 필력을 빌려 와서
勢逐孤雲掃.	기세가 조각구름을 몰아서 쓸어 버렸으니
何如陶家兒,[7]	어떻게 같으리 도씨 아들이
遶舍覓梨棗.	집 주위를 뱅뱅 돌며 배와 대추 찾은 것과?
君看押强韻,[8]	그대여 보게나 험운에 압운해도
已勝郊與島.[9]	맹교와 가도를 이미 능가했음을.

[해설]

둘째 아들 소태의 시에 화운하여 지은 것으로 소태의 시가 이미 맹교와 가도를 능가한 점을 기뻐하며 칭송했다.

[주석]

(1) 迨(태): 소식의 둘째 아들.

(2) 淮口(회구): 회하 어귀.

(3) 病驥(병기): 병든 천리마. 杜甫의 시 〈敬簡王明府〉에 "천리마는 병들면 꼴이나 생각하고, 매는 가을이 되면 새장을 두려워한다(驥病思偏秣, 鷹秋怕苦籠)"라는 구절이 있다.

(4) 驥子(기자): 천리마. 뛰어난 인재를 가리킨다. 두보 아들의 이름이기도 하다. 두보의 시 〈遣興〉에 "우리 아들 기자는 호남아인데, 재작년에 말 배우기 시작했을 때, 손님들의 성씨를 물어서 알고, 이 늙은이 시도 낭송할 줄 알았네(驥子好男兒, 前年學語時. 問知人客姓, 誦得老夫詩)"라고 했다.

(5) 養氣(양기): 浩然之氣를 기르다.

(6) 吟哦(음아): 詩詞를 짓다. 시구를 다듬다.

(7) 陶家兒(도가아): 陶淵明의 아들을 가리킨다. 도연명의 시 〈責子〉에 "통이라는 녀석은 아홉 살이 다 됐는데, 오로지 배와 밤만 찾고 있구나(通子垂九齡, 但覓梨與栗)"라는 구절이 있다.

(8) 强韻(강운): 險韻. 압운하기 어려운 운.

(9) 郊與島(교여도): 賈島와 孟郊. 소식은 〈祭柳子玉文〉에서 "元稹은 경박하고 白居易는 통속적이며, 맹교는 차갑고 賈島는 깡마르다(元輕白俗, 郊寒島瘦)"라고 하기도 하고, 〈讀孟郊詩二首〉(0516) 其二 에서 "맹교의 시를 무척이나 싫어하면서, 이렇게 또 맹교의 말을 하고 있나니, 빈속에선 저절로 쪼르륵 소리가 나고, 빈 벽에선 주린 쥐가 뱅글뱅글 돌고 있다(我憎孟郊詩, 復作孟郊語. 飢腸自鳴喚, 空壁轉飢鼠)"라고 하기도 하며, 〈次韻毛滂法曹感雨〉(1101)에서 "틀림없이 맹교와 가도가 아닐지니, 필세가 장강과 황하처럼 드넓으리(定非郊與島, 筆勢江河寬)"라고 하기도 하는 등 궁상맞고 메마른 맹교와 가도의 시를 싫어했다.

0906. 次韻送徐大正[1]

차운하여 서대정을 전송한다

別時酒醆照燈花,[2] 헤어질 때 술잔에 등화가 비치니
知我歸期漸有涯.[3][4] 돌아갈 날이 점점 다가옴을 알겠네.
去歲渡江萍似斗,[5] 작년에는 강 건널 때 부평이 국자 같았는데
今年並海棗如瓜.[6][7] 금년에는 바닷가에 대추가 참외 같겠네.
多情明月邀君共, 다정한 명월을 그대 불러 함께하니
無價青山爲我賒.[8][9] 값이 없는 청산을 우리에게 빌려주네.
千首新詩一竿竹, 새 시도 천 수 짓고 낚싯대도 드리울 터
不應空釣漢江槎.[10][11] 한강의 방어만 낚을 리 없네.

[해설]

등주지주로 부임해 가는 도중에 서대정을 만나 함께 배를 타고 가다가 산양에서 헤어질 때 그의 시에 차운하여 지어 준 것이다.

[주석]

(1) 徐大正(서대정): 소식이 黃州에 유배되어 있을 때 황주지주로 재임 중이던 徐大受의 동생. 소식의 자주에 "일찍이 서씨와 장강 및 회하 일대에서 함께 은거하기로 약속했는데 내가 등주(지금의 산동성 蓬萊)로 부임해 갈 때 같은 배를 타고 산양(지금의 강소성 淮安)까지 가서 시

를 지어 나를 전송해 주기에 이 시를 지어서 작별했다(嘗與余約, 卜鄰於江淮間, 將赴登州, 同舟至山陽, 以詩見送, 留別)"라고 했다. 〈徐大正閑軒〉(0845) 주 (1) 참조.

(2) 燈花(등화): 등잔불이나 촛불의 심지 끝이 타서 맺힌 불똥을 꽃에 비유한 말로 등잔불을 가리킨다.

(3) 歸期(귀기): 서대정과 함께 은거하기로 약속한 기일을 가리키는 것으로 보인다.

(4) 有涯(유애): 끝이 있다. 《莊子·養生主》에 "나의 삶에는 끝이 있지만 나의 앎에는 끝이 없다(吾生也有涯, 而知也無涯)"라는 말이 있다.

(5) 萍似斗(평사두): 부평의 열매가 국자만 하다. 楚나라 昭王이 강을 건널 때 크기가 국자만 한 물건이 대뜸 다가와서 소왕의 배에 부딪치므로 소왕이 괴이하게 여겨 孔子에게 사람을 보내 물어보게 했더니 공자가 "이것은 부평 열매라는 것이니 쪼개서 드시게 하시오. 이것은 覇者만이 얻을 수 있는 것이오"라고 했다.(劉向, 《說苑·辨物》 참조)

(6) 並(병): 《史記·秦始皇本紀》에 "유중에서 황하를 따라 동쪽으로 가면 바로 음산에 이른다(自楡中並河以東, 屬之陰山)"라는 기록이 있는데 裴駰의 集解에 "복건이 '"並"은 발음이 "傍"이고 "傍"은 의지한다는 뜻이다'라고 했다(服虔曰: '"並"音"傍". "傍", 依也.')"라는 주석이 있다. 이 구절은 자신이 바닷가 고을인 등주로 부임해 간다는 말이다.

(7) 棗如瓜(조여과): 《史記·孝武本紀》에 "제가 일찍이 바닷가에 가서 노닐다가 안기생을 만난 적이 있는데 저에게 참외만큼 큰 대추를 먹였습니다(臣嘗游海上, 見安期生, 食臣棗, 大如瓜)"라는 말이 있다.

(8) 無價(무가): 값을 매길 수 없을 만큼 귀하다.

(9) 賒(사): 외상으로 팔다. 빌려준다는 말이다. 이 연은 달빛 아래에서 서대정과 함께 연회를 벌이니 주변의 청산이 더없이 아름답게 보인다는 말이다.

(10) 漢江(한강): 漢水. 호북성 서북부에서 흘러 내려와 武漢에서 長江과 합류하는 강.

(11) 槎(사): 槎頭鯿 즉 방어를 가리킨다. '槎頭'·'槎頭縮頸鯿'이라고도 한다. 孟浩然의 시 〈峴潭作〉에 "시험 삼아 낚싯대를 드리워 보았더니, 정말로 방어가 한 마리 잡혔구나(試垂竹竿釣, 果得槎頭鯿)"라는 구절이 있다. 이 연은 서대정이 시도 짓고 낚시도 하면서 은거 생활을 즐길 것이라는 말이다.

0907. 次韻徐積(1)

서적의 시에 차운하여

殺雞未肯邀季路,(2)	닭을 잡아 계로를 초청하려 하지 않아
裹飯先須問子來.(3)	밥을 싸서 자래에게 먼저 문안해야 했네.
但見中年隱槐市,(4)	중년에 홰나무 시장에 숨은 것만 보았을 뿐
豈知平日賦蘭臺.(5)	평소에 난대에서 읊조린 줄 어찌 알리?
海山入夢方東去,(6)	바다 안의 산을 꿈꾸며 한창 동으로 가려는데
風雨留人得暫陪.(7)	풍우가 붙드는 바람에 잠시 모실 수 있게 됐네.
若說峨嵋眼前是,(8)	아미산이라 하신다면 눈앞에 있는 게 그것인데
故鄉何處不堪回.	고향이 어디라서 돌아가지 못하리?

[해설]

벼슬하기를 마다하고 고향인 산양에서 은거하는 서적을 찾아갔을 때 그의 시에 차운하여 지은 것이다.

[주석]

(1) 徐積(서적): 《東都事略》에 "서적은 자가 중거이며 산양(지금의 강소성 淮安) 사람이다. 어릴 적에 아버지를 여의고 어머니를 극진히 모셨는데 마흔 살이 되도록 결혼도 하지 않고 벼슬길에도 나아가지 않았다. 마을 사람들이 과거에 응시하라고 독려하자 마침내 어머니와 함께 서울로 갔다. 과거에

급제한 후 아직 관직에 임명되기 전에 어머니가 돌아가시는 바람에 결국 다시는 벼슬길에 나아가지 않았다. 감사가 그의 이름을 상부에 보고하여 교수로 삼았다. 오래 있다가 벼슬을 그만두고 산양으로 돌아가 비로소 아내를 맞아 천수를 다 누렸다. 시호를 절효처사라고 했다(徐積, 字仲車, 山陽人. 少孤, 事母至孝, 四十不婚不仕. 鄕人勉之就擧, 遂偕母至京師. 旣登第, 未調官而母卒, 遂不復仕. 監司上其名, 以爲敎授. 久之, 致仕歸山陽, 於是始娶, 後以壽終. 諡曰節孝處士)"라는 기록이 있다. 또, 査愼行의 《蘇詩補註》에 "원우 원년(1086)에 양주사호참군·초주교수에 임명되었으니 소동파가 그와 만났을 때에는 아직까지 관직을 부여받지 않았기 때문에 '중년에 홰나무 시장에 숨어 있었다'라는 구절이 있는 것이다(元祐元年, 就除揚州司戶參軍·楚州敎授, 則東坡與相見時, 尙未授職, 故有'中年隱槐市'之句)"라고 했다.

(2) 季路(계로): 孔子의 제자 仲由의 字. 흔히 子路라고 불렀다. 《論語·微子》에 "자로가 공자를 수행하던 도중 뒤에 처져서 가다가 한 노인을 만났는데 그는 지팡이로 삼태기를 메고 있었다. 자로가 '선생께서는 우리 선생님을 보셨는지요?' 하고 묻자 노인은 '사지를 부지런히 놀리지 않고 오곡을 분별하지 못하는데 누가 선생이란 말이오?'라고 하고는 지팡이를 땅에 꽂아 놓고 김을 매었다. 자로는 공손하게 두 손을 마주 잡고 서 있었다. 그는 자로를 붙잡아 하룻밤 묵어 가게 하고는 닭을 잡고 기장밥을 지어서 먹이고 그의 두 아들을 불러서 그에게 인사시켰다(子路從而後, 遇丈人, 以杖荷蓧. 子路問曰: '子見夫子乎?' 丈人曰: '四體不勤, 五穀不分, 孰爲夫子?' 植其杖而芸. 子路拱而立. 止子路宿, 殺鷄爲黍而食之, 見其二子焉)"라는 말이 있다.

(3) 子來(자래): '子桑'의 착오이다. 吳曾의 《能改齋漫錄》에 "《장자》에 또 '자여가 자상과 친구가 되었는데 열흘 동안 궂은비가 내리자 "자상이 병났겠다"라고 하고는 밥을 싸 가지고 가서 그에게 먹였다'라는 기록이 있으니 자여가 자상에게 밥을 싸다 준 것이지 자래가 아님을 알겠다. 소동파의 이 시는 잘못되었다. 내가 또 한퇴지의 시 〈贈崔立之〉를 보았더니 '옛날에 열흘 동안 비가 내리자, 자래가 추워 떨고 배도 고팠네'라고 했다……그러니 한퇴지도 잘못 썼던 것이다(《莊子》書又載: '子輿與子桑友, 而淋雨十日. 子輿曰: "子桑殆病矣." 裹飯而往食之.' 乃知: 裹飯者子輿·子桑, 非子來也. 東坡此詩爲誤. 余又觀韓退之〈贈崔立之〉詩云: '昔者十日雨, 子來寒且飢.'……然則退之亦誤用耳)"라고 했다. 이 연은 은자인 서적이 소식을 초대해 주지 않아서 소식이 먼저 그를 방문했다는 뜻인 것으로 보인다.

(4) 槐市(괴시): 漢나라 때 長安의 선비들이 모여서 각종 물건을 사고팔던 시장으로 주위에 홰나무가 많았기 때문에 이런 이름이 생겼다고 한다. 이 구절은 서적이 벼슬을 추구하지 않고 재야의 선비들과 어울려 지냈을 뿐이라는 말이다.

(5) 蘭臺(난대): 전국시대 초나라의 누대. 宋玉의 〈風賦〉에 "초나라 양왕이 난대궁에서 노닐 때 송옥과 경차가 옆에서 모셨다. 그때 바람이 쇄 하고 불어오자 왕이 옷깃을 헤치고 맞았다(楚襄王遊於蘭臺之宮, 宋玉·景差侍. 有風颯然而至, 王乃披襟而當之)"라고 했다. 이 구절은 서적이 평소에 송옥만큼이나 시를 잘 지었다는 말이다.

(6) 海山(해산): 蓬萊山·方丈山·瀛洲 등 중국의 동쪽 바다에 있다는 三神山 즉 仙境을 가리킨다.

(7) 得(득): ~할 수 있다.

(8) 峨嵋(아미): 원래 成都 남쪽에 있는 산으로 소식의 고향을 가리킨다. 馮應榴의 《蘇軾詩集合注》에 "선생이 회양(회하 및 양자강 하류 일대)에서 등주로 부임해 갈 때 밀주와 해주를 지나갔는데 소아미산이 밀주에 있었기 때문에 '눈앞에 있는 게 그것이다'라고 한 것이다(先生自淮揚赴登, 經由密·海二州, 而小峨嵋在密, 故云'眼前是'也)"라고 했다. 이 연은 아미산 즉 고향에는 언제쯤 돌아갈 생각이냐는 서적의 물음에 대하여 길이 멀어서 못 돌아가는 것이 아니라 지금은 귀향할 상황이 아니어서 그렇다고 대답한 말인 것으로 보인다.

0908. 元豐七年, 有詔京東(1)·淮南(2)築高麗亭館(3), 密(4)·海(5)二州, 騷然(6)有逃亡者, 明年, 軾過之, 歎其壯麗, 留一絶云

원풍 7년(1084)에 경동로와 회남로에 고려관을 지으라는 어명이 내리자 밀주와 해주의 두 고을에는 소란스러운 분위기 속에 도망하는 사람이 있었거니와 이듬해(1085)에 내가 그곳을 지나가다가 그것의 장려함에 탄복하여 절구 한 수를 남긴다

簷楹飛舞垣牆外,	처마와 기둥이 담 밖에서 훨훨 날며 춤을 추고
桑柘蕭條斤斧餘.(7)(8)	도끼를 맞아 뽕나무가 듬성듬성하구나.
盡賜昆邪作奴婢,(9)	오랑캐에게 다 주느라 백성을 노비로 만들었으니
不知償得此人無.(10)(11)	이들에게 보상해 줄 방도가 있으려나?

[해설]

소식은 원우 4년(1089) 11월 3일에 올린 〈고려의 진상에 대하여 논하는 상소문(論高麗進奉狀)〉에서 "제가 엎드려 살펴보건대 희령(1068-1077) 이래로 고려인이 들어와 조공을 바친 바, 원풍(1078-1085) 말까지 16~17년 동안 관사(館舍)를 주어 접대하고 선물을 하사하고 한 비용이 이루 헤아릴 수 없을 정도였습니다. 양절로·회남로·경동로 등 3로에서 성곽을 쌓고 배를 만들고 정자와 관사를 짓느라 농민과 기술자를 징발하고 상인의 재물을 착취하며 도처에서 소란을 피우니 공사를 막론하고 모두 그 문제점을 지적합니다. 조정에는 추호의 이익도 없고 오랑캐만 헤아릴 수 없을 만큼 많은 이익을 얻으며, 사신들은 가는 곳마다 산천을 그리고 서적을 구매하는데 논자들은 저들이 받은 하사품이 대부분 거란으로 들어간다고 합니다. 비록 사실 여부를 밝힐 수는 없지만 거란과 같은 강성한 나라라면 고려의 화복을 좌지우지할 것인즉, 은밀하게 서로 협력하여 일을 획책하지 않았다면 고려가 어찌 감히 공공연하게 중국에 조공을 바치겠습니까? 아는 사람들은 이 점을 매우 우려스럽게 생각하고

있습니다(臣伏見熙寧以來, 高麗人屢入朝貢, 至元豐之末, 十六七年間, 館待賜予之費, 不可勝數. 兩浙·淮南·京東三路築城造船, 建立亭館, 調發農工, 侵漁商賈, 所在騷然, 公私告病. 朝廷無絲毫之益, 而夷虜獲不貲之利. 使者所至, 圖畫山川, 購買書籍. 議者以爲所得賜予, 大半歸之契丹. 雖虛實不可明, 而契丹之彊, 足以禍福高麗, 若不陰相計構, 則高麗豈敢公然入朝中國? 有識之士, 以爲深憂)"라고 하는 등 무려 일곱 차례나 상소문을 올려 고려 사신의 입공(入貢)을 반대하고 서적 및 금박의 수매를 반대했거니와, 이 시는 등주지주로 부임해 가는 도중이던 원풍 8년(1085) 10월 해주에서 고려 사신을 위해 지은 고려관을 보고 못마땅한 심사를 토로한 것이다.

[주석]

(1) 京東(경동): 경동로. 開封의 동쪽에서 황해 사이에 위치한 북송 때의 행정 구역.
(2) 淮南(회남): 경동로 남쪽에 위치한 북송 때의 행정 구역.
(3) 高麗亭館(고려정관): 고려 사신에게 휴식과 숙박을 제공하던 정자와 館舍. 査愼行의 《蘇詩補註》에 徐兢의 《宣和奉使高麗圖經》을 인용하여 "희령 4년(1071)에 고려 국왕 왕휘가 또 토산물을 공물로 바치자 신종이 그 충성을 가상히 여겼다. 원풍 3년(1080)과 4년(1081)에도 연이어 사신을 보내 朝見했다. 원풍 6년(1083)에 왕휘가 죽자 양경략을 제전사에 임명하고 전협을 조위사에 임명했다. 원풍 7년(1084) 7월에 밀주의 판교에서 배를 타고 바다를 건너갔다(熙寧四年, 高麗國王王徽, 復修方貢, 神宗嘉其忠藎. 元豐三年·四年, 連使來朝. 六年, 徽卒, 命楊景略爲祭奠使, 錢勰爲弔慰使. 七年七月, 自密之板橋, 航海而往)"라고 했다.
(4) 密(밀): 밀주. 지금의 산동성 諸城.
(5) 海(해): 해주. 지금의 강소성 連雲港.
(6) 騷然(소연): 소란스럽다.
(7) 桑柘(상자): 뽕나무와 산뽕나무. 고려관을 짓기 위해 베어 내고 남은 나무를 가리킨다.
(8) 蕭條(소조): 듬성듬성하다.
(9) 昆邪(곤야): 흉노 부족의 하나로 渾邪라고도 한다. 《漢書·汲黯傳》에 "흉노 혼야 왕이 항복해 왔다(匈奴渾邪王來降)"라고 했다. 여기서는 고려를 가리킨다.
(10) 得(득): 동사 뒤에 붙어서 가능을 표시하는 조사.
(11) 無(무): 문장 끝에 붙어서 의문을 표시하는 부사.

0909. 懷仁[(1)]令陳德任[(2)]新作占山亭[(3)]二絶

회인현령 진덕임이 점산정을 새로 지어

其一

尙父提封海岱間,[(4)(5)(6)]	상보의 강토는 바다와 태산 사이
南征惟到穆陵關.[(7)]	남쪽을 정벌할 때 목릉관까지만 갔는데
誰知海上詩狂客,[(8)]	누가 알리 바닷가의 시 잘 짓는 광객이
占得膠西一半山.[(9)]	교서의 산을 절반이나 차지한 줄을?

其二

我是膠西舊使君,[(10)]	이 몸은 교서 땅의 옛날 태수로
此山仍合與君分.[(11)]	이 산을 또 그대에게 나눠 줘야 하는 터라
故應竊比山中相,[(12)]	은연중에 산중재상이 때때로 새 시 지으며
時作新詩寄白雲.	백운에 몸을 맡긴 것에 빗대어야 되겠네.

[해설]

해주의 회인에 이르러 그곳 현령 진덕임이 지은 점산정이라는 정자를 보고 지은 것으로 해학적인 맛이 넘치는 시이다.

[주석]

(1) 懷仁(회인): 지금의 강소성 贛榆 서북쪽으로 당시 海州의 속현이었다. 《名勝志》에 "해주 감유현은 옛날 이름이 회인이었다(海州贛榆縣, 舊名懷仁)"라고 했다.

(2) 陳德任(진덕임): 당시의 회인현령. 구체적인 행적이 알려져 있지 않다.

(3) 占山亭(점산정): 진덕임이 지은 정자.

(4) 尙父(상보): 흔히 姜太公이라고 부르는 周나라 문왕의 太師 姜尙의 字. '尙甫'로 쓰기도 한다.

(5) 提封(제봉): 疆域.

(6) 海岱間(해대간): 황해와 태산의 사이. 강상은 산동반도 북부인 齊나라의 제후에 봉해졌다.

(7) 穆陵關(목릉관): 산동성 臨朐縣 남쪽에 있는 관문. 《唐書·地理志》에 "기주 기수현의 용산 북쪽에 목릉관이 있다(沂州沂水縣龍山北, 有穆陵關)"라고 했고, 《名勝志》에 "대현산은 임구현 동남쪽에 있는데 그 위에 목릉관이 있다(大峴山在臨朐縣東南, 上有穆陵關)"라고 했다. 이 연은 강태공 같은 사람도 영토를 함부로 늘리지 않았다는 말이다.

(8) 狂客(광객): 미치광이. 작은 일에 구애되지 않는 자유분방한 사람을 가리킨다.

(9) 膠西(교서): 密州의 속현으로 밀주를 가리킨다. 회인현은 해주의 최북단으로 밀주와의 접경 지대였다. 《輿地廣記》에 "밀주에 교서현이 있다(密州有膠西縣)"라고 했다. 점산정은 해주와 밀주 사이에 있는 산의 남쪽 기슭에 있었던 것으로 보이는바, 이 구절은 '占山'이라는 정자 이름에 착안하여 회인현령인 진덕임이 자기 관할 지역이 아니라 밀주 관할 지역인 산의 북부까지 다 차지했다고 우스갯소리를 한 것이다.

(10) 舊使君(구사군): 교서현을 관할하는 밀주의 지주를 지낸 소식 자신을 가리킨다.

(11) 合(합): ~해야 하다.

(12) 山中相(산중상): 산중재상. 梁나라 陶弘景은 강소성 서남부에 있는 句曲山 즉 茅山에 은거하면서 자신을 보좌해 달라는 무제의 청을 들어 주지 않았다. 이에 무제가 詔書를 보내 산속에 무엇이 있어서 그러느냐고 묻자 〈詔問山中何所有賦詩以答〉이라는 시를 지어 "산속에 무엇이 있느냐고요? 산마루에 흰 구름이 많이 있지요. 그것은 스스로 즐길 수가 있을 뿐, 가져다 임금님께 드릴 수가 없군요(山中何所有, 嶺上多白雲. 只可自怡悅, 不堪持贈君)"라고 했다.

0910. 過密州[1]次韻趙明叔[2]·喬禹功[3]

밀주를 지나가다 조명숙과 교우공의 시에 차운하여

先生依舊廣文貧,[4][5]	선생님은 여전히 광문선생처럼 가난하고
老守時遭醉尉嗔.[6][7]	늙은 태수는 때때로 취한 현위의 노여움을 샀겠네.
汝輩何曾堪一笑,[8]	그대들이 어찌 한 번 웃을 수 있었으랴만
吾儕相對復三人.[9]	우리가 서로 마주하여 다시 세 명이 되었네.
黃雞催曉凄涼曲,[10]	노랑 닭이 처량한 노래로 새벽을 재촉하자
白髮驚秋見在身.[11]	머리 허연 현재의 몸으로 가을이 옴에 놀라네.
一別膠西舊朋友,[12]	교서 땅의 옛 친구와 한 번 헤어진 뒤에
扁舟歸釣五湖春.[13]	일엽편주로 오호에 돌아가 봄 낚시를 하기를.

[해설]

등주지주로 부임해 가는 도중 밀주에 들러 밀주지주로 재임하던 10년 전에 친하게 지낸 조고경과 교서를 만나 회포를 풀면서 그들의 시에 차운하여 지은 것이다.

[주석]

(1) 密州(밀주): 지금의 산동성 諸城.

(2) 明叔(명숙): 소식이 密州知州로 재임할 때 密州州學 敎授였던 趙杲卿의 字. 밀주의 鄕貢進士로 품행과 도의가 뛰어났다. 〈送段屯田分得于字〉(0407) 주 (11) 참조. 査愼行의 《蘇詩補註》에 "조명

숙은 교서교수였고, 교우공은 태상박사에서 좌장지흠주로 바뀌었다가 나중에 시주지주로 옮겼다(趙明叔爲膠西教授, 喬禹功由太博換左藏知欽州, 後移知施州)"라고 했다.

(3) 禹功(유공): 太常博士 喬敘의 字. 그는 左藏庫副使·欽州知州·施州知州 등의 관직을 역임했다. 소식은 밀주지주로 재임할 때 교서와의 교분이 돈독하여 〈鐵溝行贈喬太博〉(0399)·〈聞喬太博換左藏知欽州, 以詩招飮〉(0442)·〈送喬施州〉(0458)를 비롯한 많은 시를 지었다.

(4) 先生(선생): 선생. 밀주주학 교수를 역임한 조고경을 가리킨다.

(5) 廣文(광문): 杜甫의 시 〈醉時歌〉에 "즐비한 대저택엔 쌀밥과 고기 남아도는데, 광문선생은 밥조차 부족하구나(甲第紛紛厭粱肉, 廣文先生飯不足)"라는 구절이 있는데, 이 시에는 "광문관박사 정건에게 드린다(贈廣文館博士鄭虔)"라는 原註가 붙어 있다.

(6) 老守(노수): 늙은 태수. 흠주·시주 등지의 지주를 역임한 교서를 가리킨다.

(7) 醉尉(취위): 술 취한 縣尉. 霸陵尉를 가리킨다. 한나라 장군 李廣은 藍田에 있는 종남산 밑에 은거하면서 사냥을 즐겼는데 어느 날 밤에 기마병 한 사람을 데리고 산으로 나가 일반인들과 한데 어울려 밭에서 술을 마셨다. 초소로 돌아오자 패릉위가 술에 취해 이광에게 야단을 치며 앞을 막았다. 이광의 기마병이 "옛날의 이장군이시오"라고 하자 패릉위가 "지금의 장군도 야간통행을 할 수 없는데 무슨 일이오?"라고 하며 이광의 앞을 막아 초소 밑에서 자게 했다. 얼마 안 있어서 다시 右北平太守로 기용되었을 때 이광은 패릉위의 목을 베어 버렸다.(《漢書·李廣傳》 참조) 이 구절은 교서가 사냥과 술을 즐겼을 것이라는 말인 것 같다.

(8) 汝輩(여배): 그대들. 조고경과 교서를 가리킨다.

(9) 吾儕(오제): 우리. 소식·조고경·교서를 가리킨다. 이 연은 소식이 밀주지주로 재임할 때 세 사람이 자주 만나 즐겁게 지냈는데 소식이 밀주를 떠난 뒤로 그런 재미가 없어졌다가 이제 다시 만나게 되었다는 말이다.

(10) 黃雞(황계): 白居易의 시 〈醉歌示妓人商玲瓏〉에 "노랑 닭은 새벽을 재촉하느라 축시에 울고, 환한 해는 한 해를 재촉하느라 유시 이전에 넘어가네(黃雞催曉丑時鳴, 白日催年酉前沒)"라는 구절이 있다.

(11) 見在(현재): 현재.

(12) 膠西舊朋友(교서구붕우): 밀주에서 친하게 지낸 친구인 소식 자신을 가리킨다.

(13) 五湖(오호): 몇 가지 설이 있으나 太湖로 보는 것이 일반적이다. 춘추시대 월나라의 대부 范蠡는 浣紗溪에서 빨래하던 미인 西施를 교육시켜 吳王 夫差에게 보내는 미인계를 씀으로써 越王 勾踐으로 하여금 會稽之恥를 설욕하게 한 후 서시를 데리고 오호에서 배를 타고 어딘가로 사라졌다는 전설이 있다. 소식의 시 〈十月十五日觀月黃樓, 席上次韻〉(0585)에 "짧은 노 저어 삼협으로 돌아가진 못했으나, 오호에 배 띄울 건 이미 약속했도다(未成短棹還三峽, 已約輕舟泛五湖)"라는 구절이 있다. 여기서는 보통의 江湖를 가리킨다. 이 연은 조고경과 교서에게 자기가 떠나간 뒤에 강호로 돌아가서 평화롭게 살 것을 권유한 것이다.

0911. 再過常山(1)和昔年留別(2)詩

다시 상산을 지나가다가 옛날에 지은 이별시에 화답하여

傴僂山前叟,(3)	허리가 구부정한 산 앞의 늙은이가
迎我如迎新.	새 사람을 맞이하듯 나를 맞이했나니
那知夢幻軀,(4)	몽환 속의 이 몸이 눈 깜짝할 사이에
念念非昔人.(5)	옛사람이 아니게 되었을 줄 어찌 알리?
江湖久放浪,	강호에서 오랫동안 방랑했으니
朝市誰相親.(6)	조정에 친한 사람 누가 있으리?
却尋泉源去,(7)	그러니 차라리 옛날 샘을 찾아가
桃花應避秦.(8)	도화원에서 진나라의 난리를 피해야 하리.

[해설]

밀주에 이르러 상산에 있는 우천을 찾아가면서 밀주를 떠날 때 자신이 지은 시 〈우천을 떠나며(留別雩泉)〉(0463)에 차운한 것이다.

[주석]

(1) 常山(상산): 密州(지금의 산동성 諸城) 남쪽에 있는 산. 《唐十道四藩志》에 "밀주의 상산은 제나라 때 기우제를 지내면 항상 감응이 있었기 때문에 이렇게 부른다(密州常山, 齊時祈雨常應, 因以爲名)"라고 한 바와 같이 밀주 사람들이 자주 가서 기우제를 지내던 산이다.

(2) 留別(유별): 떠나는 사람이 남아 있는 사람과 작별하다. 査愼行의 《蘇詩補註》에 "이 시는 바로 〈留別雩泉〉(0463)에 차운한 것이다(此詩卽次〈留別雩泉〉韻)"라고 했다.

(3) 傴僂(구루): 허리가 구부정하다. 이 연은 상산 밑에서 옛날에 알던 사람을 만났더니 자신을 알아보지 못하고 처음 보는 사람처럼 대했다는 말이다.

(4) 夢幻軀(몽환구): 일체의 존재가 다 공허하다고 여기는 불교적 관점에 있어서의 인체를 가리킨다.

(5) 念念(염념): 불교에서 지극히 짧은 시간, 즉 찰나를 가리키는 말이다. 이 연은 자신의 모습이 몰라보게 변했다는 말이다.

(6) 朝市(조시): 조정과 시장. 조정을 가리킨다.

(7) 泉源(천원): 雩泉을 가리키면서 동시에 대자연을 가리킨다.

(8) 秦(진): 진나라. 陶淵明의 〈桃花源記〉에 "마을에서 이 사람이 있다는 말을 듣고 다들 와서 이것저것 물어보았다. 그러면서 스스로 말하기를 '선대가 진나라 때의 난리를 피해 처자와 고을 사람들을 데리고 이 외딴 곳으로 와서 다시는 바깥으로 나가지 않았기 때문에 마침내 외부인과 단절되었습니다'라고 했다(村中聞有此人, 咸來問訊. 自云: '先世避秦時亂, 率妻子邑人, 來此絶境, 不復出焉, 遂與外人間隔.')"라는 말이 있다.

0912. 再過超然臺[1]贈太守霍翔[2]

다시 초연대에 들러 태수 곽상에게

昔飮雩泉別常山,[3][4]	옛날에 우천 물 마시며 상산을 떠날 적에
天寒歲在龍蛇間.[5]	용 해와 뱀 해 사이의 날이 추운 때였네.
山中兒童拍手笑,[6]	산속의 아이들이 박수 치고 웃으며
問我西去何當還.[7][8]	서쪽에 가면 언제 돌아오느냐고 물었네.
十年不赴竹馬約,[9][10]	죽마 탄 애들과의 약속을 십 년 동안 못 지킨 채
扁舟獨與漁蓑閑.[11]	조각배로 혼자 고기잡이 도롱이와 더불어 한가했네.
重來父老喜我在,[12]	다시 오니 어르신들 나의 건재를 기뻐하며
扶挈老幼相遮攀.[13][14]	노인과 아이를 붙들고 끌며 길을 막고 반기네.
當時繦褓皆七尺,[15][16]	당시 강보에 싸였던 이들 모두 일곱 자가 되었거늘
而我安得留朱顔.	내가 어찌 홍안을 잡아 둘 수 있었으리?
問今太守爲誰歟,	지금의 태수는 어떤 분인가?
護羌充國鬢未斑.[17]	흰머리가 나기 전의 오랑캐 막은 조충국이네.
躬持牛酒勞行役,	몸소 술과 소고기 들고 부역꾼을 위로했나니
無復杞菊嘲寒慳.[18][19]	더는 구기자와 국화를 안 먹고 가난한 걸 비웃네.
超然置酒尋舊迹,	초연대에 술 차리고 옛날 자취 찾노라니
堂有詩賦鑱堅頑.[20]	단단한 것에 새긴 시부가 대청에 있네.
孤雲落日在馬耳,[21]	구름 속의 지는 해가 마이산에 걸려 있어

照耀金碧開烟鬟.[22][23]	번쩍이는 금과 옥이 안개 속의 쪽머리를 여네.
郏淇自古北流水,[24]	옛날부터 북쪽으로 흘러가는 저 부기수
跳波下瀨鳴玦環.[25]	솟구치는 물결 밑 여울에서 패옥 소리 울리네.
願公談笑作石埭,[26][27]	공께서는 담소하며 돌로 보를 쌓아서
坐使城郭生溪灣.	가만히 앉아 성곽에 시내와 만이 생기게 하소서.

[해설]

자신이 중건한 초연대에 들러 밀주지주 곽상에게 지어 준 것으로 자신의 옛날 일을 회상하면서 곽상의 옛날 선정을 칭송하기도 하고 앞으로의 선정을 당부하기도 했다.

[주석]

(1) 超然臺(초연대): 소식이 密州知州로 재임할 때 밀주 城樓를 수선하여 새롭게 만든 누각. 〈雪後書北臺壁二首〉(0400) 주 (1) 및 〈和潞公超然臺次韻〉(0441) 주 (2) 참조.

(2) 霍翔(곽상): 당시의 밀주지주. 《續資治通鑑長編》에 "희령 9년(1076) 9월에 가부원외랑지도수감 곽상이 변하 준설을 주관하는 제거가 되었다.……(원풍) 8년(1085) 5월에 밀주지주가 되었다(熙寧九年九月, 駕部員外郎知都水監霍翔, 提擧疏濬汴河.……八年五月, 知密州)"라고 했다.

(3) 雩泉(우천): 밀주 常山에 있는 샘. 소식이 기우제를 지내던 곳이다.

(4) 常山(상산): 밀주 남쪽에 있는 산.

(5) 龍蛇間(용사간): 소식은 희령 9년(1076) 11월에 河中府知府에 임명되어 12월에 밀주를 떠났는데 이해는 병진년으로 용의 해였고 다음 해는 정사년으로 뱀의 해였다.

(6) 拍手笑(박수소): 《晉書·山簡傳》에 "산간은 밖으로 나가서 놀 때면 대개 연못가로 가서 술자리를 벌이고는 곧장 취했는데 아동들이 '산공은 산공은 어디서 나와, 고양의 연못으로 가는 것일까? 저녁이면 수레에 거꾸로 실려 돌아가는데, 곤드레만드레 아무것도 모르네. 때때로 덜 취하여 말을 탈 수 있을 때는, 백접리 모자를 거꾸로 쓰고 가네' 하고 노래했다(簡每出遊嬉, 多之池上, 置酒輒醉, 有兒童歌曰: '山公出何許, 往至高陽池. 日夕倒載歸, 酩酊無所知. 時時能騎馬, 倒着白接䍦.')"라는 일화가 있다. 이 구절은 이 일화를 빌려 자신이 그날 대취했음을 말한 것으로 보인다.

(7) 西去(서거): 소식이 하중부(지금의 산서성 永濟 일대)를 향해 떠난 것을 가리킨다.

(8) 何當(하당): 언제. 후한 사람 郭伋이 西河郡 美稷縣을 순시하러 나갔을 때 아이 수백 명이 각자 竹馬를 타고 연도에 늘어서서 환영했다. 곽급이 먼 데까지 왜 나왔느냐고 묻자 아이들이 "사또께서 오신다는 소식을 듣고 너무나 기뻐서 마중하러 나왔습니다"라고 했다. 그가 일을 마치고 돌아가려고 하자 아이들이 또 성문 밖까지 나와 언제 또 오느냐고 물어서 날짜를 계산하여 일러 주었다.(《후한서·곽급전》 참조)

(9) 十年(십년): 소식이 밀주를 떠난 희령 9년(1076)부터 다시 온 원풍 8년(1085)까지를 가리킨다.

(10) 赴竹馬約(부죽마약): 죽마 탄 아이들과의 약속을 지키다.

(11) 與漁蓑閑(여어사한): 고기잡이 도롱이를 입은 채 한가롭게 지냈다는 뜻으로 정사에 쫓기지 않고 강호에서 마음 편하게 지냈다는 말이다.

(12) 喜我在(희아재): 烏臺詩案이 발발했을 때 살아남기 힘들 것으로 우려했는데 다행히 이렇게 건재한 것을 보고 기뻐한다는 말이다.

(13) 扶挈老幼(부설노유): 노인을 부축하고 아이를 끌다.

(14) 遮攀(차반): 길을 막고 수레에 기어오르다. 연도에 늘어서서 몹시 반기는 것을 가리킨다.

(15) 襁褓(강보): 어린아이를 덮거나 업을 때 쓰는 작은 이불. 포대기. 소식이 밀주지주로 재임할 때 그곳 백성들이 너무 가난한 나머지 자식을 내버리는 일이 많은지라 소식이 성곽 주위를 돌아다니며 아이들을 거두어 양육해 주었다. 이제 성인 다 된 그 아이들을 보았으니 감회가 남달랐을 것이다.

(16) 七尺(칠척): 키가 일곱 자인 사람. 나이가 스무 살, 즉 성년에 이른 사람을 가리킨다. 《周禮句解·地官司徒上》에 "도성의 일곱 자짜리에서 예순 살짜리까지와 시골의 여섯 자짜리에서 예순다섯 살짜리까지 모두 동원했다(國中自七尺以及六十, 野自六尺以及六十有五, 皆征之)"라고 했는데 朱申의 주에 "일곱 자짜리는 스무 살짜리를 말하는바 도성에서 늦게 동원하고 일찍 면제하는 것은 지역이 가까워서 부역이 많기 때문이다. 여섯 자짜리는 열다섯 살짜리를 말하는바 시골에서 일찍 동원하고 늦게 면제하는 것은 지역이 멀어서 부역이 적기 때문이다(七尺謂年二十, 國中晚征而早舍, 以地近而役多故也. 六尺謂年十五, 野則早征而晚舍, 以地遠而役少故也)"라고 했다.

(17) 充國(충국): 한나라 때의 장군 趙充國. 곽상을 가리킨다. 조충국은 70세가 넘은 나이에 출정하여 羌族을 물리쳤으며, 屯田 경작법을 건의하여 공을 세웠다.(《漢書·趙充國傳》 참조). 소식의 자주에 "곽상이 스스로 말하기를 희하에서 둔전을 경작하여 공이 있었다고 했다(翔自言: 在熙河作屯田有功)"라고 했다.

(18) 杞菊(기국): 구기자와 국화. 소식이 밀주지주로 재임할 때는 밀주 지역에 양식이 부족하여 자신도 백성들과 함께 구기자와 국화를 캐 먹었다.(소식, 〈後杞菊賦〉 참조)

(19) 寒慳(한간): 빈한하고 쩨쩨하다.

(20) 鑱堅頑(참견완): 단단한 물건에 새기다. 석각하는 것을 가리킨다.

(21) 馬耳(마이): 마이산. 陳沂의 《山東志》에 "마이산은 제성현에서 서남쪽으로 60리 되는 곳에 있다(馬耳山在諸城縣西南六十里)"라고 했고, 소식의 〈超然臺記〉에 "남쪽으로 마이산과 상산을 바라보면 나타났다 사라졌다 하는 것이 가까운 것 같기도 하고 먼 것 같기도 하여 은둔하는 군자가 있을 것만 같다(南望馬耳·常山, 出沒隱見, 若近若遠, 庶幾有隱君子乎)"라고 했다.

(22) 金碧(금벽): 금과 옥.

(23) 烟鬟(연환): 안개에 덮인 산봉우리를 여인의 쪽 찐 머리에 비유한 것이다. 이 구절은 산봉우리의 안개가 걷히면서 울긋불긋한 산이 모습을 드러낸다는 말이다.

(24) 郝淇(부기): 부기수. 산동성 諸城 남쪽의 상산에서 발원하여 북쪽으로 흘러서 濰水로 들어가는 강.

扶淇水라고도 한다.(魏嵩山 主編,《中國歷史地名大辭典》, 廣東教育出版社, 1995년 제1판, 349쪽 참조)

(25) 玦環(결환): 佩玉의 일종. '環'은 가운데에 구멍이 있는 둥근 옥이고 '玦'은 '環'처럼 생겼으나 한쪽이 트인 것이다.

(26) 公(공): 곽상을 가리킨다.

(27) 石埭(석태): 돌로 둑을 쌓아서 만든 보. 이 연은 옛날에 둔전을 경작하던 경험을 바탕으로 물 문제를 쉽게 해결하여 이 지역에 풍년이 들게 해 달라고 당부한 것이다.

0913. 雜詩

잡시

昔日雙鴉照淺眉,(1)(2)	옛날에는 까마귀 한 쌍이 옅은 눈썹을 비추더니
如今婀娜綠雲垂.(3)(4)	이제는 간들간들 초록 구름이 드리웠다.
蓬萊老守明朝去,(5)	봉래 땅의 늙은 태수 내일이면 떠나나니
腸斷簾間綷縩時.(6)	발 앞에서 사각거리면 애간장이 끊기겠다.

[해설]

등주지주로 부임해 가는 도중 밀주에 이르러 연회에 참석한, 옛날부터 알던 기녀를 보고 지은 시인 것으로 보인다.

[주석]

(1) 雙鴉(쌍아): 두 갈래로 땋은 소녀의 머리. 密州知州로 재임 중이던 10년 전에 본 童妓를 가리키는 것으로 보인다.
(2) 淺眉(천미): 옅은 눈썹. 성숙하지 않은 여자아이의 눈썹을 가리킨다.
(3) 婀娜(아나): 날렵하고 고운 모양.
(4) 綠雲(녹운): 검푸르고 진한 젊은 여인의 머리카락을 구름에 비유한 것이다.
(5) 蓬萊(봉래): 登州(지금의 산동성 蓬萊)의 관청 소재지로 등주를 가리킨다.
(6) 綷縩(최채): 옷이 마찰하는 소리를 나타내는 의성어.

0914. 遺直坊[1]幷敍

유직방을 읊은 시와 그 서문

富公[2]之客李君諱常[3], 登人也. 故太守李公諱師中[4], 榜其閭曰遺直. 而其子大方, 求詩於軾, 爲賦一首.(부공의 문객인 고 이상 군은 등주 사람이다. 그러므로 그곳 태수였던 고 이사중 공이 그 마을의 문에 '유직'이라는 방을 써 붙였는데 그의 아들 이대방이 나에게 시를 써 달라고 하기에 한 수 지었다.)

使君不浪出,[5][6]	태수께선 함부로 나가는 분이 아닌데
羔雁親扣門.[7][8]	양 새끼와 기러기 들고 친히 문을 두드렸나니
先生但淸坐,[9]	선생은 다만 말쑥하게 차려입고 앉아서
薤水已多言.[10]	염교와 물로 이미 많은 말을 하셨네.
當時邦人化,[11]	그 당시에 고을 사람들이 그에게 감화되어
市無晨飮豚.[12]	새벽에 돼지에게 물 먹여 파는 이 없었는데
歲月曾幾何,	세월이 얼마나 지나갔는지
客主皆九原.[13]	손님과 주인이 다 구원에 있네.
魯經有遺歎,[14][15]	노나라 경전의 남은 감탄이 여기 있건만
楚些無歸魂.[16]	초혼가를 불러도 돌아오는 혼이 없네.
我作遺直詩,	내가 곧은 사람을 읊은 시를 지었나니
過者式其藩.[17][18]	과객들은 그 마을에 경의를 표하기를.

[해설]

옛날에 그곳 지주 이사중이 그가 사는 마을에 '유직'이라는 이름을 붙여 주었을 정도로 인품이 올곧았던 이상이라는 사람이 있었는데 소식이 등주에 도착하자 그의 아들 이대방이 시를 지어 달라고 부탁하는지라 그의 청에 따라 지은 것이다.

[주석]

(1) 遺直坊(유직방): 마을 이름. '遺直'은 곧은길을 감으로써 古人의 遺風을 지니고 있는 사람을 가리킨다.

(2) 富公(부공): 富鄭公 즉 富弼을 가리킨다. 王十朋의 《百家註分類東坡先生詩》에는 '富鄭公'으로 되어 있다.

(3) 李常(이상): 查愼行의 《蘇詩補註》에 "같은 시기에 이상이 두 사람 있었으니 한 사람은 이공택으로 건창 사람이었고 한 사람은 등주 사람이었다(同時有兩李常: 一李公擇, 建昌人; 一登州人)"라고 했다. 여기서는 후자를 가리킨다.

(4) 李師中(이사중): 字가 誠之이고 楚丘(지금의 산동성 曹縣) 사람이었다. 馮應榴는 《續資治通鑑長編》에 근거하여 이사중이 등주지주를 지낸 것이 희령(1068-1077) 연간이라고 했다.(《蘇軾詩集合注》 참조)

(5) 使君(사군): 州郡의 장관 즉 태수에 대한 존칭으로 등주지주 이사중을 가리킨다.

(6) 浪出(낭출): 주저하지 않고 마구 밖으로 나가다.

(7) 羔雁(고안): 새끼 양과 기러기. 옛날에 卿과 大夫가 사용하던 예물. 《禮記·曲禮下》에 "예물로는 대개 천자는 鬱蒼酒를 쓰고, 제후는 笏을 쓰고, 경은 새끼 양을 쓰고, 대부는 기러기를 쓰고, 사는 꿩을 쓰고, 서인은 집오리를 쓴다(凡摯, 天子鬯, 諸侯圭, 卿羔, 大夫雁, 士雉, 庶人之摯匹)"라고 했다.

(8) 扣門(구문): 문을 두드리다. 남의 집을 방문한다는 말이다. 이 구절은 이사중이 이상을 예방했다는 말이다.

(9) 先生(선생): 이상을 가리킨다.

(10) 薤水(해수): 염교와 물. 後漢 사람 龐參이 漢陽太守로 부임하자 그 고을 사람 任棠이 그를 맞이해서는 아무 말도 하지 않고 다만 커다란 염교 한 뿌리와 물 한 사발을 벽 앞에 놓은 뒤 자신은 손자를 안고 방문 앞에 엎드려 있었다. 방참이 그의 미언대의를 생각해 보고는 한참 만에 말했다. "이것은 이 태수를 깨우치려는 것이로다. 물을 떠 놓은 것은 내가 청렴하기를 바라는 것이고, 커다란 염교 뿌리를 내놓은 것은 내가 豪族들을 치기를 바라는 것이며, 아이를 안고 방문 앞에 있는 것은 내가 외롭고 힘없는 사람을 구휼해 주기를 바라는 것이로다."(《후한서·방참전》 참조)

(11) 邦人(방인): 고을 사람. 등주 사람을 가리킨다.

(12) 飮豚(음돈): 무게가 많이 나가게 하기 위해 돼지에게 물을 먹이다. 魯나라의 양 파는 사람들 중에 沈猶氏라는 사람이 아침마다 자기 양에게 물을 먹여서 사람들을 속였는데 공자가 정사를 담당하게 되자 심유씨가 감히 아침마다 양에게 물을 먹이지 못했다.(《孔子家語·相魯》 참조)

(13) 九原(구원): 구원산. 이곳에 춘추시대 晉나라 卿과 大夫의 묘지가 있었기 때문에 널리 묘지를 가리킨다. 이 구절은 주인이던 이상과 손님이던 이사중이 모두 세상을 떠났다는 말이다.

(14) 魯經(노경): 노나라의 經典. 일반적으로 공자가 지은《春秋》와《論語》를 가리키는데 여기서는《春秋左氏傳》을 가리킨다.《춘추좌씨전》에 "중니가 말하기를 '숙향은 곧은길을 감으로써 고인의 유풍을 지니고 있는 사람이다'라고 했다(仲尼曰: '叔向, 古之遺直也.')"라는 기록이 있다.

(15) 遺歎(유탄): 옛 사람이 남긴 감탄이라는 뜻으로 공자가 생전에 한 '遺直'이라는 감탄을 가리킨다. 이 구절은 '有魯經遺歎'을 도치시킨 것으로 이사중이 이상의 인품을 칭송하여 그의 마을을 '유직'이라고 명명하고 손수 써서 붙여 준 榜이 남아 있다는 말이다.

(16) 楚些(초사): 이상과 이사중의 혼을 부르는 招魂歌를 가리킨다. 〈次韻杭人裴維甫〉(0823) 주 (6) 참조.

(17) 式(식): 손으로 수레의 앞턱가로나무를 어루만진다는 뜻으로, 상대방에게 경의를 표하는 것을 가리킨다. '軾'과 같다.

(18) 藩(번): 제후국. 여기서는 이상이 살던 마을을 가리킨다. 이 연은 자신이 시를 지어 '유직'의 의의를 밝혀 놓았으니 그 의의를 되새기면서 이상의 인품을 흠모하기 바란다는 말이다.

0915. 鰒魚[1]行[2]

전복의 노래

漸臺人散長弓射,[3] 점대에서 사람들 흩어져 긴 활을 쏠 때
初啗鰒魚人未識.[4] 처음 전복을 먹었건만 사람들은 몰랐네.
西陵衰老繐帳空,[5][6] 서릉의 노쇠한 이는 장막 안이 비었는데
肯向北河親饋食.[7] 북하에서 친히 음식을 올리려 했네.
兩雄一律盜漢家,[8] 두 영웅이 하나같이 한나라를 훔쳤고
嗜好亦若肩相差.[9][10] 기호 또한 어깨를 나란히 하는 듯했네.
食每對之先太息, 먹을 때마다 그걸 보며 먼저 탄식하나니
不因噎嘔緣瘡痂.[11][12] 목이 메어 그런 게 아니라 부스럼 딱지 때문이네.
中間霸據關梁隔,[13][14] 중간에 남북이 할거하여 길이 막혀 버렸으니
一枚何啻千金直.[15] 한 마리에 어찌 천금이 나갈 뿐이었으리?
百年南北鮭菜通,[16][17] 백 년 동안 남북으로 생선이 유통돼 온지라
往往殘餘飽臧獲.[18] 때때로 먹고 남아 노비도 배불리 먹였네.
東隨海船號倭螺,[19][20] 동으로 해선을 따라가면 왜라라고 부르는데
異方珍寶來更多.[21] 이역 땅의 진귀한 보배가 더욱 많이 들어오네.
磨沙瀹濇成大胾,[22][23][24] 모래로 갈아 탕에다 데치면 큰 고기가 되나니
剖蚌作脯分餘波.[25][26] 그것을 잘라 포를 만들어 넘치는 은택을 나눠 주네.
君不聞 그대는 듣지 못했는가

蓬萊閣下駝碁島,[27][28] 봉래각 밑 타기도에 팔월의 변방 바람이 불 제
八月邊風備胡獠.[29][30] 오랑캐의 침입에 대비한다는 말을?
舶船跋浪黿鼉震,[31] 배가 물결을 일으키면 자라와 악어가 놀라고
長鑱鏟處崖谷倒.[32] 긴 삽으로 따는 곳에 절벽이 거꾸로 서 있다네.
膳夫善治薦華堂,[33] 요리사가 잘 손질해 화려한 전당에 바치면
坐令雕俎生輝光.[34][35] 무늬 새긴 그릇에 번쩍번쩍 빛이 나리.
肉芝石耳不足數,[36][37][38] 육지와 석이는 꼽을 것 없고
醋芼魚皮眞倚牆.[39][40] 초절임과 고기 껍질은 참 기울어진 담 꼴이리.
中都貴人珍此味,[41] 도성의 귀인들이 이 맛을 진귀하게 여기나니
糟浥油藏能遠致.[42] 지게미와 기름에 담그면 멀리 보낼 수 있으리.
割肥方厭萬錢廚,[43] 만 전의 주방에서 고기 베어 먹기에 물린 이도
決眥可醒千日醉.[44][45] 눈이 번쩍 뜨이며 천 일의 취기가 깨리.
三韓使者金鼎來,[46] 삼한에 간 사자의 금솥이 오면
方奩饋送煩輿臺.[47][48] 네모 궤짝에 담아 보내 하인들이 귀찮으리.
遼東太守遠自獻,[49] 요동태수가 멀리서 스스로 보내오나니
臨淄掾吏誰爲材.[50] 임치 아전 가운데 그 누가 인재인가?
吾生東歸收一斛,[51] 내 평생에 동으로 와서 한 섬을 얻었나니
苞苴未肯鑽華屋.[52][53] 풀 그릇에 담아 부잣집에 팔 생각을 하지 않네.
分送羹材作眼明,[54] 국거리를 나눠 보내니 두 눈이 밝아져서
却取細書防老讀.[55] 노화를 막아 가며 잔글씨를 읽기를.

[해설]

등주지주로 재임할 때 얻은 전복을 다른 사람에게 나누어 주면서 그 감회를 노래한 것이다.

[주석]

(1) 鰒魚(복어): 전복. 《本草》에 "전복 껍데기는 바로 석결명으로 천리광이라고도 하는바, 주로 눈을 밝게 하고 內障을 제거한다(鰒魚甲, 卽石決明, 一名千里光, 主明目去障)"라고 했고, 《後山叢談》에 "석결명을 등주 사람들은 전복이라고 한다(石決明, 登人謂之鰒魚)"라고 했다. 《異魚圖贊

箋·石決明》에 "전복은 대합조개와 비슷하여 비늘이 없고 껍데기가 있으며 한쪽이 돌에 달라붙어 있는데 작은 구멍이 많은바 일곱 개인 것도 있고 여덟 개인 것도 있다.……북제의 안지추가 말하기를 '전복은 바로 석결명이다.……등주에서 나는 것이 맛이 가장 좋다. 광무제 때 장보가 청주와 서주를 근거지로 삼아 활동하면서 심부름꾼을 보내 대궐로 가서 상소문을 올리고 전복을 바치게 했으니 바로 이것이다'라고 했다(鰒似蛤, 無鱗有殼, 一面附石, 細孔雜雜, 或七或八.……北齊顏之推云: '鰒卽石決明.……登州所出, 其味珍絶. 光武時, 張步據青徐, 遣使詣闕上書, 獻鰒魚, 卽此.')"라는 기록이 있다.

(2) 行(행): 고체시 체제의 일종으로 격률과 형식이 비교적 자유로웠다.

(3) 漸臺(점대): 누대 이름. 한나라 때의 長安城 未央宮(지금의 섬서성 西安 서북쪽에 위치) 안에 있던 누대로 杜吳가 王莽을 죽인 곳이다.(魏嵩山 主編,《中國歷史地名大辭典》, 廣東教育出版社, 1995년 제1판, 1063쪽 참조) 前漢 말에 帝位를 찬탈하여 新나라를 세운 王莽이 군사들에게 쫓겨 의지할 곳이 없게 되자 漸臺로 들어가 연못물에 의지하여 방어해 보려고 했지만 금방 군사들이 들이닥쳐 수백 겹으로 포위했다. 왕망을 호위하던 병사들이 점대 위에서 화살을 쏘며 저항해 보았으나 오래 버티지 못하고 마침내 왕망이 두오에게 붙잡혀 죽음을 맞이했다.(《한서·왕망전》 참조)

(4) 初啖鰒魚(초담복어): 처음으로 전복을 먹다. 《太平御覽·王莽》에 "왕망은 근심과 피로로 밥을 먹지 못하고 다만 술이나 마시고 전복이나 먹었다(莽憂懥不能食, 但飲酒, 啖鰒魚)"라는 말이 있다. 이 구절은 역사적 인물 가운데 왕망이 처음으로 전복을 먹었는데 다른 사람들은 그가 전복을 먹었다는 사실을 몰랐다는 말이다.

(5) 西陵(서릉): 삼국시대 魏나라 무제 曹操의 능. 하남성 臨彰縣(지금의 하북성 임창현) 서쪽에 있다. 조조는 彰德府 임창현의 관청 소재지 서쪽에 銅雀臺라는 으리으리한 누대를 짓고 꼭대기에 구리로 높이가 1丈 5尺에 달하는 커다란 참새를 만들어 두었는데, 임종 때 자기 사당에 올이 가늘고 성긴 삼베로 만든 장막을 쳐 놓고 宮人들이 그 안에서 노래를 부르고 악기를 연주하며 西陵을 바라보게 하라는 명을 내렸다.(《明一統志·彰德府·宮室》 참조)

(6) 繐帳(세장): 올이 가늘고 성긴 삼베로 만든 장막.

(7) 北河(북하): 曹植의 〈請祭先王表〉에 "신은 북하 가에서 선왕께 제사를 올리고자 합니다.……선왕께서는 전복을 좋아하셨는데 신이 전에 상소문을 올려 서주와 장패 두 곳의 전복 100마리를 얻었으니 그것만 해도 제사를 올리기에 충분합니다(臣欲祭先王於北河之上……. 先王喜鰒, 臣前以表, 得徐州·臧霸二鰒百枚, 足自供事)"라고 했다.

(8) 兩雄(양웅): 전한의 제위를 찬탈한 왕망과 후한의 제위를 찬탈한 조조를 가리킨다.

(9) 嗜好(기호): 전복에 대한 기호를 가리킨다. 소식의 자주에 "왕망과 조조는 둘 다 전복을 좋아했다(莽·操皆嗜鰒魚)"라고 했다.

(10 肩相差(견상차): 어깨를 겨루다. '差肩'과 같은 말로 比肩한다는 말이다.

(11) 噎嘔(열구): 목이 메어서 토하다. 전복의 비린내로 인하여 구역질이 나는 것을 가리킨다.

(12) 瘡痂(창가): 부스럼 딱지. 劉邕은 전복과 맛이 비슷하다고 여겨 부스럼 딱지 먹기를 좋아했다.

한번은 孟靈休를 찾아갔더니 그의 침대에 그의 부스럼에서 떨어진 딱지가 있는지라 그것을 다 주워 먹었다. 맹영휴가 깜짝 놀라며 아직 떨어지지 않은 것까지 떼어서 유옹에게 먹이느라 온 몸에서 피가 났다.(《南史·劉穆之傳》 참조)

(13) 霸據(패거): 할거하다. 남조와 북조가 나뉘어 할거한 것을 가리킨다.

(14) 關梁(관량): 관문과 교량이라는 뜻으로 水陸 교통의 요충지를 가리킨다. 여기서는 전복의 유통 경로를 가리킨다.

(15) 千金直(천금직): 천금의 가치. '直'은 '値'와 같지만 압운을 위해 '직'으로 읽어야 한다. 《南史·褚彦回傳》에 "당시 회하는 북조에 귀속되었고 강남에는 더 이상 전복이 없었는데 어쩌다가 어렵사리 전복을 얻으면 한 마리에 수천 전이 나갔다. 어떤 사람이 저언회에게 전복 서른 마리를 보내 주었더니 저언회는 당시 관직이 높았지만 집안이 몹시 가난했기 때문에 그의 문객 가운데 한 사람이 그것을 팔아먹을 계책을 바치며 10만 전은 벌 수 있겠다고 했다(時淮北屬, 江南無復鰒魚, 或有間關得至者, 一枚直數千錢. 有餉彦回鰒魚三十枚, 回時雖貴, 貧薄過甚, 門生有獻計賣之, 可得十萬錢)"라는 말이 있다.

(16) 百年(백년): 송나라가 건국된 이래의 100여 년을 가리킨다.

(17) 鮭菜(규채): 생선의 총칭.

(18) 臧獲(장획): 옛날에 노비를 얕잡아 부르던 말.

(19) 海舶(해박): 바다 위를 항행하는 배. 海船.

(20) 倭螺(왜라): '왜국의 소라'라는 뜻으로 왜국에서 잡힌 전복을 가리킨다.

(21) 異方(이방): 이역. 이국.

(22) 磨沙(마사): 모래로 갈다. 전복의 거칠거칠한 겉껍질을 모래로 문질러서 갈아 내는 것을 가리킨다.

(23) 瀹瀋(약심): 뜨거운 물에 데치다.

(24) 胾(자): 큼지막하게 썬 고기 덩어리.

(25) 剖蚌(부방): 조개의 살을 자르다.

(26) 餘波(여파): 남아도는 은택. 전복을 가리킨다.

(27) 蓬萊閣(봉래각): 산동성 蓬萊의 바닷가 절벽 위에 있는 누각. 중국 4대 名樓 가운데 하나이다.

(28) 駝碁島(타기도): 산동성 봉래 북쪽의 바다 안에 있는 섬. 鼉磯島라고도 한다. 《佩文韻府》에 《方輿記》를 인용하여 "일명 타기도라고도 하며 봉래의 바다 안에 있다(一曰鼉磯島, 在蓬萊海中)"라고 했다. 이하의 네 구절은 8월달에 배를 타고 타기도 일대로 나가서 전복을 딴다는 말이다.

(29) 八月(팔월): 소식의 〈登州召還議水軍狀〉에 "매년 4월에 병사를 파견하여 타기도를 지키다가 8월에야 돌아옴으로써 예기치 못한 일에 대비합니다(每歲四月, 遣兵戍駝基島, 至八月方還, 以備不虞)"라고 했다.

(30) 胡獠(호료): 오랑캐.

(31) 黿鼉(원타): 큰 자라와 악어.

(32) 長鑱(장참): 긴 보습. 전복을 따는 데 사용하는 긴 삽을 가리킨다. 이 구절은 깎아지른 절벽에

서 전복을 딴다는 말이다.
(33) 華堂(화당): 부귀한 사람의 殿堂을 가리킨다.
(34) 坐令(좌령): ~하게 하다.
(35) 雕俎(조조): 아름다운 무늬를 아로새긴 그릇.
(36) 肉芝(육지): 道家에서 천 년 묵은 두꺼비·박쥐·靈龜·제비 등 먹으면 장수한다는 동물을 이르는 말. 고기를 靈芝에 비유한 말이다.
(37) 石耳(석이): 석이버섯. 《本草》에 "석이는 일명 영지라고도 한다(石耳, 一名靈芝)"라고 했다.
(38) 不足數(부족수): 칠 것 없다. 대단하지 않다는 말이다.
(39) 醋芼(초모): 식초에 절인 고기.
(40) 倚牆(의장): 기울어져서 위험한 담장. 지위가 위태로움을 가리키는 것으로 보인다.
(41) 中都(중도): 도성. 보통의 도시를 가리키기도 한다.
(42) 糟浥(조읍): 지게미에 적시다. 지게미에 절이는 것을 가리킨다. 《본초》에 "오월 사람들은 지게미에 절인 전복을 좋은 물건으로 여긴다(吳越人以糟決明爲美品)"라고 했다.
(43) 萬錢廚(만전주): 하루에 만 전어치의 음식을 만드는 부잣집 주방. 晉나라 사람 何曾은 호화롭고 사치스럽게 살기를 좋아하는 사람이라 날마다 식비를 만 전씩 쓰고도 젓가락 댈 곳이 없다고 불만스러워했다.(《진서·하증전》 참조)
(44) 決眥(결제): 눈초리가 찢어지다. 杜甫의 시 〈望嶽〉에 "가슴을 씻어 내며 뭉게구름 생기고, 눈이 번쩍 뜨이며 새가 눈에 들어온다(蕩胸生層雲, 決眥入歸鳥)"라는 구절이 있다.
(45) 千日醉(천일취): 齊나라 사람 田無己가 빚은 千日酒는 한 말을 마시면 천 일 동안 취했다고 한다. (《御定淵鑑類函·酒二》 참조)
(46) 三韓(삼한): 馬韓·辰韓·弁韓 등 삼국시대 이전에 우리나라 중남부에 있던 세 나라. 고려를 가리킨다.
(47) 方奩(방렴): 네모난 궤짝.
(48) 輿臺(여대): 신분이 천한 사람. 하인.
(49) 遼東(요동): 당시 전복이 많이 나는 고장이었던 것으로 보인다.
(50) 臨淄掾吏(임치연리): 임치의 아전. 後漢 때 임치(지금의 산동성 임치) 사람 吳良이 막 郡의 아전이 되었을 때 태수에게 새해 인사를 갔더니 門下掾이라는 관직을 맡고 있는 王望이 술잔을 들어서 祝壽하며 태수에게 아첨했다. 오양이 그것을 보고 나아가서 "왕망은 아첨을 잘하고 사악한 사람이니 그 사람의 술잔을 받지 마시기 바랍니다"라고 했다. 그러자 태수가 "이 사람의 말이 옳다"라고 하고는 전복 100마리를 하사했다.(《후한서·오양전》 및 주석에 인용된 《東觀記》 참조) 이 구절은 유능하고 올곧은 관리를 찾아 전복을 하사한다는 말이다.
(51) 一斛(일곡): 한 섬. 열 말에 해당한다.
(52) 苞苴(포저): 고기 따위를 담기 위하여 띠풀이나 갈대로 짠 그릇.
(53) 鑽華屋(찬화옥): 호화로운 집에 판로를 뚫다.
(54) 羹材(갱재): 국거리. 전복을 가리킨다. 馮應榴의 《蘇軾詩集合注》에 "선생의 〈與滕達道尺牘〉에 '전

복 300마리가 그런대로 토산물입니다'라는 말이 있다. 이 시의 마지막 네 구절은 바로 등달도에게 보낸 것임을 가리키는지 모르겠다(先生〈與滕達道尺牘〉, 有'鰒魚三百枚, 聊爲土物'之語. 此詩末四句, 未知卽指送達道否)"라고 했다.

(55) 細書(세서): 잔글씨. 늙으면 큰 글씨라야 보이는데 전복을 먹으면 눈이 밝아진다는 점에 착안하여 우스갯소리를 한 것이다.

0916. 登州[1]孫氏萬松堂[2]

등주 손씨의 만송당

萬松誰種已摐摐,[3]	누가 심었는지 소나무 만 그루가 이미 우뚝 솟아 있어
半嶺蒼雲映此邦.[4]	산허리의 푸른 구름이 이 고장을 뒤덮었다.
露重珠瓔蒙翠蓋,[5][6]	이슬이 무거워 진주 목걸이가 비취 일산을 뒤덮었고
風來石齒碎寒江.[7]	바람이 불자 돌 이빨에 차가운 강이 부서진다.
浮空兩竹橫南閣,[8]	허공에 뜬 두 죽도는 남쪽 누각에 걸쳐 있고
倒景扶桑射北窗.[9]	거꾸로 비친 해가 북쪽 창을 쏘아 댄다.
坐待夕烽傳海嶠,[10][11]	평안을 알려 주는 저녁 봉화가 바닷가 산으로 전해 오길 앉아서 기다리다
重城歸去踏逢逢.[12][13]	둥둥 치는 북소리를 발로 밟으며 이중의 성으로 돌아가련다.

[해설]

등주에 있는 손 모씨의 만송당에서 노닌 감회를 노래한 것이다.

[주석]

(1) 登州(등주): 지금의 산동성 蓬萊.

(2) 萬松堂(만송당): 등주에 있던 전당. 松堂이라고도 했다. 《名勝志》에 "손씨의 송당은 등주 부성 안

에 있다(孫氏松堂, 在登州府城內)"라고 했다.

(3) 摐摐(창창): 높이 솟은 모양.

(4) 半嶺(반령): 산의 중턱. 산허리. 이 구절은 소나무가 산허리까지 높이 솟아 있다는 말이다.

(5) 珠瓔(주영): 진주 목걸이.

(6) 翠蓋(취개): 비취새의 깃털로 장식한 수레용 일산. 이 구절은 넓적하게 자란 소나무의 잎에서 수많은 이슬이 주룩주룩 떨어진다는 말이다.

(7) 石齒(석치): 이빨처럼 들쑥날쑥한 바위. 이 구절은 소나무에서 이슬방울 떨어지는 소리를 강물이 강언덕에 부서지는 소리로 과장스럽게 표현한 것이다.

(8) 兩竹(양죽): 대죽도와 소죽도를 가리킨다. 查愼行의 《蘇詩補註》에 "대죽과 소죽은 두 섬의 이름으로 모두 등주 북쪽의 바다에 있다(大竹·小竹, 二島名, 皆在登州北海中)"라고 했다.

(9) 扶桑(부상): 중국 전설에서, 해가 뜨는 동쪽 바다에 있다고 하는 상상 속의 나무로 해를 가리킨다.

(10) 夕烽(석봉): 저녁 봉화. 매일 저녁에 한 줄기만 피워 올려서 평안을 알리던 봉화. 平安火라고도 했다. 杜甫의 시 〈夕烽〉에 "가깝지 않은 데서 저녁 봉화가 올라와, 날마다 세상이 평안하다 알려 주네(夕烽來不近, 每日報平安)"라는 구절이 있다.

(11) 海嶠(해교): 바닷가에 있는 높은 산.

(12) 重城(중성): 내성과 외성이 이중으로 둘러쳐져 있는 도시. 널리 도시를 가리킨다.

(13) 逢逢(봉봉): 북 치는 소리.

0917. 登州[1]海市[2]幷敍

등주의 신기루를 읊은 시와 그 서문

予聞登州海市舊矣. 父老云: “嘗見於春夏, 今歲晚, 不復見矣.” 予到官五日而去, 以不見爲恨, 禱於海神廣德王[3]之廟, 明日見焉, 乃作此詩.(나는 등주의 신기루에 대해서 소문을 들은 지 오래되었다. 노인네들이 “봄여름에 나타났었는데 지금은 이미 한 해가 다 저물어서 다시는 보이지 않을 것입니다”라고 했다. 나는 부임한 지 5일 만에 떠나야 하기 때문에 신기루를 못 보는 것이 안타까워서 해신인 광덕왕의 사당에서 기도를 올렸더니 이튿날 신기루가 나타났으므로 이 시를 짓는다.)

東方雲海空復空,	공활하디 공활한 동방의 운해
羣仙出沒空明中.	신선들이 출몰하는 넓고 밝은 그곳에
蕩搖浮世生萬象,[4]	이 세상을 뒤흔들며 온갖 형상이 생긴다지만
豈有貝闕藏珠宮.[5][6]	어찌 조개 궁궐이 있고 진주 궁전이 숨었으리?
心知所見皆幻影,	보이는 게 다 환영인 줄 속으로 잘 알면서
敢以耳目煩神工.[7]	내 이목이 즐겁자고 신령님께 감히 졸랐더니
歲寒水冷天地閉,	날이 추워 물이 차고 천지가 닫혔는데
爲我起蟄鞭魚龍.	나를 위해 자는 걸 깨우고 고기와 용에게 채찍질하자
重樓翠阜出霜曉,	추운 새벽에 높은 누각과 푸른 언덕이 나타나매
異事驚倒百歲翁.	기이한 일에 백 살 노인이 놀라 자빠졌도다.
人間所得容力取,	세상에서 얻는 거야 힘으로 할 수 있다지만
世外無物誰爲雄.	세상 바깥엔 아무것도 없으니 누가 능력자이리?
率然有請不我拒,[8]	불쑥 간청했는데 물리치지 않으니
信我人厄非天窮.[9][10]	참으로 내가 인재를 당했지 천벌을 받은 게 아니로다.
潮陽太守南遷歸,[11]	조양태수는 남쪽으로 유배 갔다 돌아올 때
喜見石廩堆祝融.[12][13]	석름봉이 축융봉에 얹힌 걸 보고 기뻐하며
自言正直動山鬼,[14]	정직이 산신을 움직였다 스스로 말했으니

豈知造物哀龍鍾.[(15)] 조물주가 노쇠한 걸 연민한 줄 어찌 알았으리?
伸眉一笑豈易得, 미간을 펴고 한바탕 웃는 것 어찌 쉬운 일이리?
神之報汝亦已豐. 신령님의 보상은 역시 이만하면 충분하다.
斜陽萬里孤鳥沒, 만 리나 뻗은 석양 속에 외로운 새가 사라지고
但見碧海磨青銅.[(16)] 갈아 놓은 청동 거울인 푸른 바다만 보이나니
新詩綺語亦安用, 새 시의 멋진 구절을 어디에 쓰리?
相與變滅隨東風. 신기루와 함께 동풍을 따라 흔적 없이 사라지리.

[해설]

사신행의 《소시보주》에 "석각은 '해시' 밑에 '시'자가 있다. 끄트머리에 '원풍 8년(1085) 10월 그믐날 승의랑 전숙에게 써 준다'라고 쓰여 있다(石刻'海市'下有'詩'字, 末題云: '元豐八年十月晦, 書呈全叔承議.')"라고 한 바와 같이, 등주지주로 재임 중이던 원풍 8년 10월에 등주 앞바다에 나타난 신기루를 보고 그 감회를 노래한 것이다.

[주석]

(1) 登州(등주): 지금의 산동성 蓬萊.
(2) 海市(해시): 신기루. 《夢溪筆談·異事》에 "등주 앞바다에 때때로 궁실 같기도 하고, 누대 같기도 하고, 성곽 같기도 하고, 사람 같기도 하고, 거마 같기도 하고, 모자 같기도 하고, 일산 같기도 한 구름이 역력히 보이는바 이것을 신기루라고 한다. 어떤 사람은 교룡과 이무기의 기운이 만드는 것이라고 하는데 아마도 그렇지는 않은 것 같다(登州海中, 時有雲氣, 如宮室·臺觀·城堞·人物·車馬·冠蓋, 歷歷可見, 謂之海市. 或曰蛟蜃之氣所爲, 疑不然也)"라고 했고, 《齊乘》에 "등주의 북쪽 바다에 사문도·타기도·견우도·대죽도·소죽도 등 다섯 개의 섬이 있는데 신기루는 항상 이 다섯 개의 섬 위에 나타났다가 사라진다(登州北海中, 有沙門·鼉磯·牽牛·大竹·小竹五島, 海市現滅, 常在五島之上)"라고 했다.
(3) 廣德王(광덕왕): 동해를 다스리는 海神.
(4) 浮世(부세): 덧없는 세상.
(5) 貝闕(패궐): 조개의 일종인 紫貝로 장식한 궁궐.
(6) 珠宮(주궁): 진주로 장식한 궁전.
(7) 神工(신공): 신통한 능력을 지닌 존재. 신령. 광덕왕을 가리킨다.
(8) 率然(솔연): 갑자기.
(9) 人厄(인액): 사람에 의한 災厄.

(10) 天窮(천궁): 하늘에 의한 곤궁. 이 구절은 자신이 黃州(지금의 호북성 黃岡市 황주구)로 폄적된 것이 결코 하늘의 뜻이 아니었다는 말이다.

(11) 潮陽(조양): 당나라 때 潮州(지금의 광동성 조주)의 속현. 조주를 가리킨다. 조주자사로 폄적된 적이 있는 韓愈는 衡山을 구경한 후 〈謁衡嶽廟遂宿嶽寺題門樓〉라는 시를 지어, "내가 온 게 때마침 가을비 내리는 계절이라, 음기가 자욱하고 바람이 불지 않아, 일념으로 묵도하자 반응이 있는 것 같았나니, 어찌 정직이 산신령을 감동시킨 게 아니리? 금방 구름을 깨끗이 쓸고 뭇 봉우리 나타나매, 우뚝 솟아 푸른 하늘 받치고 있는 걸 우러러보니, 자개봉은 죽 이어져 천주봉에 닿아 있고, 석름봉은 펄쩍 뛰어 축융봉에 얹혀 있네(我來正逢秋雨節, 陰氣晦昧無淸風. 潛心默禱若有應, 豈非正直能感通. 須臾靜掃衆峰出, 仰見突兀撐靑空. 紫蓋連延接天柱, 石廩騰擲堆祝融)"라고 했다.

(12) 石廩(석름): 석름봉. 형산 5봉의 하나. 주 (11) 참조.

(13) 祝融(축융): 축융봉. 형산 5봉의 하나. 주 (11) 참조.

(14) 山鬼(산귀): 형산의 산신을 가리킨다.

(15) 龍鍾(용종): 늙고 쇠약한 모양.

(16) 靑銅(청동): 청동으로 만든 거울을 가리킨다.

0918. 奉和陳賢良[(1)]

삼가 진현량의 시에 화운하여

不學孫吳與六韜,[(2)(3)]	손자와 오자와 《육도》도 안 배운 채
敢將駑馬並英豪.	용감하게 둔한 말 몰고 영웅호걸과 어울렸네.
望窮海表天還遠,[(4)(5)]	바다 너머를 바라보니 하늘은 여전히 아득하고
傾盡葵心日愈高.[(6)]	해바라기 마음 다 기울여도 해는 더욱 높이 있네.
身外浮名休瑣瑣,[(7)(8)(9)]	몸 밖의 명예는 시시콜콜 따지지 마소서
夢中歸思已滔滔.[(10)]	꿈속의 귀향심이 이미 도도하시니.
三山舊是神仙地,[(11)]	삼신산은 예로부터 신선들의 땅이니
引手東來一釣鼇.[(12)(13)]	손을 뻗어 동으로 와서 자라나 낚으소서.

[해설]

진 모 현량의 시에 화답한 것이다. 그는 등주보다 서쪽에 있는 어느 고을에서 시를 지어 소식에게 보냈던 것으로 보이는 바, 이 시에서 그는 자신이 문무를 겸비하고 있음에도 불구하고 관운이 트이지 않으므로 이제는 관직을 떠나 은거하려 한다고 말한 것으로 보인다.

[주석]

(1) 賢良(현량): 賢良方正科라는 과거에 급제한 사람을 가리킨다. 소식도 制科 중의 賢良方正能直

言極諫科에 급제했기 때문에 鳳翔府簽判으로 재임할 때 동료들이 그를 蘇賢良이라고 불렀다. 진현량은 구체적인 행적이 알려져 있지 않다.

(2) 孫吳(손오): 孫武와 吳起. 그들의 병법을 가리킨다. 손무는 춘추시대의 유명한 군사가로 《孫子兵法》을 지었고, 오기는 전국시대의 유명한 군사가로 《오자병법》을 지었다.

(3) 六韜(육도): 周나라 太公望 呂尙이 지은 兵法書. 文韜·武韜·龍韜·虎韜·犬韜·豹韜의 6장으로 이루어져 있다. 《太公六韜》 또는 《太公兵法》이라고도 한다.

(4) 望窮(망궁): 한없이 바라보다.

(5) 海表(해표): 바다의 바깥.

(6) 葵心(규심): 늘 해를 바라보는 해바라기의 마음.

(7) 身外浮名(신외부명): 자신에게 속하지 않는 뜬구름 같은 명예. 명예·지위·재물 등 자신에게 속하지 않는 것을 身外之物이라고 한다.

(8) 休(휴): 그치다.

(9) 瑣瑣(쇄쇄): 의심하고 염려하여 마음의 안정을 얻지 못하는 모양.

(10) 滔滔(도도): 물이 가득 찬 채 힘차게 흘러가는 모양.

(11) 三山(삼산): 중국의 동쪽 바다에 있다는 蓬萊山·方丈山·瀛洲 등의 세 산. 신선들이 산다는 전설상의 산으로 三神山이라고도 한다.

(12) 引手(인수): 손을 뻗다.

(13) 釣鼇(조오): 세속적인 일에 얽매이지 않고 자유분방하게 사는 것을 가리킨다.

0919. 留別(1)登州(2)擧人(3)

등주의 어느 거인과 작별하며

身世相忘久自知,(4) 몸과 세상 서로 잊은 줄 오래 전부터 스스로 아는데
此行閑看古黃陲.(5) 이번 걸음에 한가로이 옛날 황현과 수현을 봤네.
自非北海孔文擧,(6)(7) 애당초에 북해의 공문거가 아니거늘
誰識東萊太史慈.(8)(9) 동래의 태사자를 누가 알아봤으리?
落筆已呑雲夢客,(10)(11) 붓을 대어 운몽택도 이미 삼킨 사람이라
抱琴欲訪水仙師.(12) 거문고 안고 〈수선조〉의 스승을 찾아가려 하네.
莫嫌五日悤悤守,(13) 닷새 만에 급히 떠나는 태수를 싫어 말지니
歸去先傳樂職詩.(14) 돌아가 먼저 〈낙직〉 시를 전해 주려네.

[해설]

등주에서 만난 한 거인과 작별하면서 지은 것으로 그의 능력을 한껏 칭송했다. 그 거인은 재주가 뛰어남에도 불구하고 여러 차례 예부시에 실패하여 실의에 젖어 있었던 것으로 보인다.

[주석]

(1) 留別(유별): 떠나는 사람이 남아 있는 사람과 작별하다.
(2) 登州(등주): 지금의 산동성 蓬萊.

(3) 擧人(거인): 각 고을에서 시행하는 鄕試에 급제하여 도성에서 시행하는 禮部試에 응시할 사람. 등주 거인은 구체적인 행적이 알려져 있지 않다.

(4) 身世相忘(신세상망): 세상은 자신을 중시하지 않고 자신은 세속적인 일에 관심이 없다는 말이다. 鮑照의 시 〈詠史〉에 "군평만이 적막하게, 자기 몸과 세상이 서로 버렸네(君平獨寂寞, 身世兩相棄)"라는 말이 있고, 소식의 시 〈八月十五日看潮五絶〉(0301) 其三에도 "강가에서 몸과 세상 동떨어진 채, 오랫동안 창파와 함께 머리가 세고 싶네(江邊身世兩悠悠, 久與滄波共白頭)"라는 말이 있다.

(5) 黃腄(황수): 황현(지금의 산동성 황현)과 수현(지금의 산동성 福山). 인접해 있는 두 고을로 각각 봉래의 서남쪽과 동남쪽에 있는데 모두 등주의 속현이었다. 여기서는 太史慈의 출신지를 가리킨다.

(6) 北海(북해): 지금의 산동성 濰坊.

(7) 文擧(문거): 後漢 말기의 문학가로 建安七子의 한 사람이었던 孔融의 字. 北海相을 역임했기 때문에 공북해라고 불렸다.

(8) 東萊(동래): 지금의 산동성 봉래 일대에 있던 郡.

(9) 太史慈(태사자): 동래군 황현 사람으로 후한 말기의 名將이었다. 그가 재난을 피해 遼東에 가 있을 때 공융이 그 소문을 듣고 여러 차례 그의 모친에게 문후를 드리고 양식을 보내 주었다.(《삼국지·오지·태사자전》 참조) 이 연은 이 고장 사람으로 태사자에 비견할 만한 능력을 지닌 등주 거인을 알아보는 사람이 없었다는 말이다.

(10) 落筆(낙필): 붓을 대다. 글을 짓는다는 말이다.

(11) 雲夢(운몽): 운몽택. 옛날에 洞庭湖 일대에 있던 드넓은 늪지대. 사마상여의 〈子虛賦〉에 "(우리 제나라는) 운몽택과 같은 것 여덟 개나 아홉 개를 삼켜도 목구멍에 걸린 적이 없습니다(呑若雲夢者八九, 於其胸中曾不蔕芥)"라는 말이 있다. 이 구절은 등주 거인의 문장력을 칭송한 것이다.

(12) 水仙師(수선사): 〈水仙操〉라는 곡조를 짓게 한 伯牙의 스승 成連先生을 가리킨다. 백아는 성련선생에게 거문고를 배웠는데 3년이 지나도록 완성하지 못했다. 그러자 성련이 "나의 스승 方子春은 지금 동해에 계시는데 사람의 감정을 거문고로 옮길 수 있다"고 하면서 백아를 데리고 동해로 갔다. 蓬萊山에 이르러 백아에게 혼자 연습을 하라고 하고 자신은 스승을 찾으러 간다면서 배를 타고 어디론가 가 버렸다. 열흘이 지나도록 돌아오지 않아 백아가 목을 빼고 바라보았으나 사람은 보이지 않고 철썩거리는 바닷물 소리와 산림에서 뭇 새들이 지저귀는 소리만 들려왔다. 이에 거문고를 타며 노래를 불렀는데 노래가 끝나자 성련이 돌아왔다. 이리하여 백아는 마침내 거문고의 명수가 되었다. 琴曲 〈수선조〉와 〈高山流水〉는 그가 지은 곡이라고 알려져 있다.(《樂府解題》 및 蔡邕의 《琴操·水仙操》 참조) 이 구절은 등주 거인의 거문고 솜씨를 칭송한 것이다.

(13) 五日悤悤守(오일총총수): 등주지주로 부임한 지 5일 만에 총총히 떠나야 하는 소식 자신을 가리킨다. 소식의 시 〈登州海市幷敍〉(0917)에 "나는 부임한 지 5일 만에 떠나야 했다(予到官五日而去)"라고 했다.

(14) 樂職(낙직): 한나라 辭賦家 王褒의 시. 그는 宣帝 때 益州刺史 王襄의 청을 받아 선제의 덕을 칭송하는 시 〈中和〉·〈樂職〉·〈宣布〉 등을 지었다.(《한서·왕포전》 참조) 소식의 시 〈次韻舒堯文祈雪

霧豬泉〉(0592)에 "옛날 자취 다시 찾아 신비한 샘에 비는데, 좌객으로 여전히 왕자연을 데려왔네(却尋舊跡叩神泉, 坐客仍攜王子淵)"라고 했다. 여기서는 등주 거인의 시를 가리킨다. 이 구절은 자신이 등주 거인의 재주를 조정의 요인들에게 알려 주겠다는 말이다.

0920. 過萊州[1]雪後望三山[2]

내주를 지나가다 눈이 내린 뒤에 삼산을 바라보며

東海如碧環,[3][4]	푸른 옥환 모양의 동쪽 바다가
西北卷登萊.[5]	서북쪽에서 등주와 내주를 말아 올리고
雲光與天色,[6]	구름 틈의 햇빛은 하늘색과 더불어
直到三山回.	굽이진 삼산까지 길게 죽 이어졌네.
我行適冬仲,[7]	내가 떠나는 때는 마침 한겨울이라
薄雪收浮埃.	자국눈이 뜬 먼지를 흡수하는데
黃昏風絮定,[8]	황혼 되자 흩날리던 버들개지 잠잠하고
半夜扶桑開.[9]	한밤중이 되어도 부상이 열려 있네.
參差太華頂,[10][11]	들쭉날쭉 솟아 있는 태화산 꼭대기에
出沒雲濤堆.[12]	나타났다 사라지는 구름 파도 무더기
安期與羨門,[13][14]	안기생과 선문은
乘龍安在哉.	용을 타고 어디 있나?
茂陵秋風客,[15][16]	무릉에 묻혀 있는 가을바람 읊은 이여
勸爾麾一杯.	그대에게 권하며 술 한 잔을 뿌리나니
帝鄉不可期,[17]	옥황상제의 고장은 기대할 수 없으니
楚些招歸來.[18]	초혼가로 돌아오라 불러 보려네.

[해설]

등주를 떠나 개봉으로 가는 길에 내주를 지나가다가 거기에 있는 삼산의 설경을 바라보면서 지은 것이다.

[주석]

(1) 萊州(내주): 지금의 산동성 내주.
(2) 三山(삼산): 내주의 북쪽에 있는 산. 三神山을 가리키는 삼산과는 다르다.
(3) 東海(동해): 중국의 동쪽 바다인 渤海를 가리킨다.
(4) 環(환): 둥근 고리 모양의 옥.
(5) 登萊(등래): 등주(지금의 산동성 蓬萊)와 내주. 이 연은 푸른 동쪽 바다의 거센 물결이 등주와 내주를 향해 밀려온다는 말이다.
(6) 雲光(운광): 구름 사이로 비치는 햇빛.
(7) 冬仲(동중): 겨울의 한가운데. 仲冬.
(8) 風絮(풍서): 바람에 흩나리는 버들개지. 눈송이를 가리킨다.
(9) 扶桑(부상): 중국 전설에서, 해가 뜨는 동쪽 바다에 있다고 하는 상상 속의 나무. 이 구절은 눈이 쌓여 있기 때문에 밤중에도 주위가 훤하다는 말이다.
(10) 參差(참치): 가지런하지 않고 들쭉날쭉하다.
(11) 太華(태화): 華山. 섬서성 華陰縣 남쪽에 있는 산으로 五嶽 중의 서악에 해당하는데 이 산의 서쪽에 少華山이 있기 때문에 이것과 구별하기 위하여 태화산이라고 부른다. 馮應榴의 《蘇軾詩集合注》에 "이 구절은 화산의 세 봉우리로써 삼산을 비유한 것이다(此句以華岳三峯比三山也)"라고 했다.
(12) 雲濤(운도): 파도 모양의 구름을 가리킨다.
(13) 安期(안기): 安期生. 秦漢 시기에 齊지방에 살았던 신선으로 동쪽 바다 가에서 약초를 팔았다. 진시황이 동쪽을 순수할 때 3일 동안 그와 이야기를 나눈 후 많은 보물을 하사했으나 그대로 둔 채 편지 한 통과 붉은 신발 한 켤레를 남겨 두고 떠나 버렸다. 나중에 진시황이 사람을 보내 바다 안으로 들어가서 그를 찾아 오라고 했으나 사자가 蓬萊山에 도착하기 전에 풍랑을 만나서 되돌아왔다.(劉向, 《列仙傳》 참조)
(14) 羨門(선문): 옛날 신선의 이름. 羨門高라고도 한다. 《史記·孝武本紀》에 "(欒大가) '저는 일찍이 바닷속을 왕래하며 안기생과 선문의 무리를 만난 적이 있는데 그들은 제가 미천하다고 여기고 제 말을 믿지 않았습니다' 하고 큰소리쳤다(大言曰: '臣嘗往來海中, 見安期·羨門之屬, 顧以爲臣賤, 不信臣.')"라는 말이 있는데, 이에 대한 索隱에 "위소가 '선문은 옛날 신선이다'라고 말했고, 응소가 '이름이 자고이다'라고 말했다(韋昭云: '羨門, 古仙人.' 應劭曰: '名子高.')"라고 했다.
(15) 茂陵(무릉): 한나라 무제의 무덤.
(16) 秋風客(추풍객): 〈秋風辭〉를 지은 사람. 신선이 되고자 했으나 뜻을 이루지 못한 한나라 武帝를 가

리킨다. 무제가 西王母를 만나자 서왕모가 복숭아 일곱 개를 가져와서 두 개는 자기가 먹고 다섯 개는 무제에게 주었는데 무제가 복숭아의 씨를 버리지 않고 모아 두었다. 서왕모가 모아 두는 까닭을 묻자 나중에 심기 위해서라고 했다. 이에 서왕모가 웃으면서 "이 복숭아는 3천 년에 한 번씩 열매를 맺는 것으로 속세에 심는 것이 아닙니다"라고 했다.(《漢武故事》 참조)

(17) 帝鄕(제향): 옥황상제의 고장. 仙境. 신선들이 사는 하늘나라를 가리킨다. 陶淵明의 〈歸去來辭〉에 "부귀하게 되는 것은 바라는 바 아니고, 옥황상제의 고장은 기대할 수 없도다(富貴非吾願, 帝鄕不可期)"라는 구절이 있다.

(18) 楚些(초사): 한나라 무제의 혼을 부르는 招魂歌를 가리킨다. 〈次韻杭人裴維甫〉(0823) 주 (5) 참조.

0921. 書文與可[(1)]墨竹[(2)]幷敍

문여가의 묵죽에 쓴 시와 그 서문

亡友文與可有四絶, 詩一, 楚辭二, 草書三, 畫四. 與可嘗云: "世無知我者, 惟子瞻[(3)]一見, 識吾妙處." 旣沒七年, 覩其遺迹, 而作是詩.(작고한 친구 문여가에게는 네 가지의 절묘한 것이 있었으니 시가 첫 번째요, 초사가 두 번째요, 초서가 세 번째요, 그림이 네 번째이다. 문여가는 일찍이 "세상에 나를 알아주는 사람이 없는데 오로지 자첨만은 한 번 보고 나의 절묘한 점을 아는구나"라고 했다. 그가 작고한 지 이미 7년이 지났을 때 그가 남긴 묵적을 보고 이 시를 짓는다.)

筆與子皆逝,[(4)]	시 짓는 붓이 그대와 함께 가 버렸으니
詩今誰爲新.	지금 누가 시 짓는 게 참신하리오?
空遺運斤質,[(5)]	공연히 도끼질할 대상만 남겨 놓아
却弔斷絃人.[(6)]	거문고 줄 끊은 이를 애도하누나.

[해설]

사촌 형이자 친한 친구였던 문동이 죽은 지 7년 되던 해에 그가 그린 대나무 그림을 보다가 그에 대한 그리움을 읊어서 그림에 써 넣은 제화시(題畫詩)이다.

[주석]

(1) 與可(여가): 소식의 사촌 형으로 북송 때의 유명한 화가였던 文同의 字. 특히 대나무 그림을 잘 그려 소식의 화풍에 큰 영향을 미쳤다.

(2) 墨竹(묵죽): 먹으로 그린 대나무.

(3) 子瞻(자첨): 소식의 字.

(4) 筆(필): 시를 잘 쓰게 하는 붓. 江淹이 꿈에 자칭 郭璞이라는 사람을 만났는데 그 사람이 "그대가 내 붓을 가져간 지 오래되었으니 이제 돌려주시게"라고 하는지라 강엄이 품 안에서 오색 붓을 찾아 그에게 돌려주었더니 그 뒤로 시가 잘 안 써졌다는 일화가 있다.(《南史·江淹傳》 참조) 이 연은 자신이 지금 쓰는 시가 문동의 시만큼 훌륭할 수 없다는 말이다.

(5) 運斤質(운근질): 도끼질의 대상. 郢지방의 어떤 사람이 자신의 코끝에 파리 날개만큼 白土를 발라 놓고 석수에게 그것을 깎아 내게 하자 석수가 바람을 일으키며 도끼를 휘둘러 깎아 냈지만 그 사람은 조금도 상처를 입지 않았다. 그리고 그 사람은 얼굴빛 하나 변하지 않은 채 그대로 서 있었다. 나중에 宋나라 元君이 그 이야기를 듣고 석수에게 자신에게도 그렇게 해 보라고 했다. 그러자 석수가 자신이 재주를 발휘할 대상이 없기 때문에 그렇게 할 수가 없다고 했다.(《莊子·徐無鬼》 참조) 문동의 재주를 알아준 소식 자신을 가리킨다.

(6) 斷絃人(단현인): 거문고 줄을 끊어 버린 사람이라는 뜻으로 鍾子期가 인정한 伯牙를 가리키는데, 여기서는 소식이 인정한 문동을 가리킨다. 춘추시대 사람 백아는 거문고를 매우 잘 탔고 그의 친구 종자기는 그 거문고 소리를 잘 알아들었는데, 종자기가 죽어 자신의 거문고 소리를 알아들을 사람이 없게 되자 백아는 그만 절망하여 거문고 줄을 끊어 버리고 다시는 연주하지 않았다.(《呂氏春秋·本味》 참조) 이 연은 문동을 애도하는 마음으로 못 짓는 시를 짓는다는 말이다.

0922. 次韻趙令鑠[1]

조영삭의 시에 차운하여

東坡已報六年穰,[2][3]	동파는 이미 여섯 해의 풍년으로 보답받았는데
惆悵紅塵白首郎.[4][5]	슬프게도 속세에서 백발의 낭중이 되었네.
枕上溪山猶可見,[6]	베개 위에서 보던 강산이 아직 눈에 선한데
門前冠蓋已相望.[7]	대문 앞의 관리들이 이미 나를 바라보네.
故人年少眞瓊樹,[8][9]	친구는 젊었을 때 정말 옥으로 만든 나무
落筆風生戰堵牆.[10]	붓을 대면 바람이 일며 둘러선 이들과 다퉜는데
端向甕間尋吏部,[11][12][13]	마침내 술독 틈에서 이부랑을 찾으며
老來專以醉爲鄕.[14]	늘그막에 취향만을 고향으로 삼고 있네.

[해설]

오랜 지방관 생활과 폄적 생활을 끝내고 조정에 소환되어 예부낭중으로 재임할 때 조영삭의 시에 차운한 것이다. 세속적인 구속에서 벗어나 초연하게 지내는 그의 삶을 부러워했다.

[주석]

(1) 趙令鑠(조영삭): 송나라 황실의 종친으로 字가 伯堅이었으며, 職方員外郎·光祿少卿·太僕卿 등의 관직을 역임했다.

(2) 東坡(동파): 소식이 원풍 4년(1081) 2월에 황주성 동쪽에 있는 황무지를 개간하여 만든 농장. 이듬

해에 그는 자신의 호를 東坡居士라고 했다. 여기서는 동파거사인 자신을 가리킨다.

(3) 六年穰(육년양): 6년 동안의 풍년. 소식이 烏臺詩案으로 투옥된 원풍 2년(1079)부터 황주(지금의 호북성 黃岡市 황주구)에서의 유배 생활을 마친 원풍 7년(1084)까지를 가리킨다. 그는 공무에서 벗어나 한가하고 자유롭게 지낸 이 시기를 정신적 풍요의 시기라고 생각한 것이다.

(4) 惆悵(추창): 실의에 젖어서 슬퍼하다.

(5) 白首郎(백수랑): 머리가 하얗게 센 나이에 禮部郎中이 된 자신을 가리킨다.

(6) 枕上溪山(침상계산): 베개 위의 시내와 산. 이 구절은 베개를 베고 누워 있어도 보이던 황주의 산천이 아직도 눈에 선하다는 말이다.

(7) 冠蓋(관개): 관리들이 쓰는 禮帽와 그들이 타는 수레의 일산. 고급 관리를 가리킨다.

(8) 故人(고인): 친구. 조영삭을 가리킨다.

(9) 瓊樹(경수): 옥으로 만든 나무. 품격이 고결한 사람을 가리킨다.

(10) 堵牆(도장): 담장. 담장처럼 빙 둘러선 사람들을 가리킨다. 杜甫의 시 〈莫相疑行〉에 "집현원의 학사들이 담장처럼 둘러서서, 내가 중서당에서 붓질하는 것을 본다(集賢學士如堵牆, 觀我落筆中書堂)"라는 구절이 있다.

(11) 端(단): 마침내.

(12) 向(향): ~에서.

(13) 吏部(이부): 晉나라 사람 畢卓을 가리킨다. 吏部郎을 지낸 그는 자주 술을 마시느라 일을 팽개치곤 했다. 한번은 이웃집에 술이 익자 술에 잔뜩 취한 채 밤에 그 집 술독을 열고 몰래 훔쳐 마시다가 관리인에게 들켜서 포승줄에 묶였다. 이튿날 아침에야 얼굴이 확인되어 풀려났다.(《진서·필탁전》 참조)

(14) 以醉爲鄉(이취위향): 술에 취한 상태를 고향으로 삼다. 세속적인 구속에서 벗어나 늘 취향에서 노닐며 유유자적한다는 말이다.

0923. 次韻王定國[1]得潁倅[2]二首

영주통판이 된 것을 노래한 왕정국의 시에 차운하여

其一

仙風入骨已淩雲,[3]	신선의 기풍이 뼈에 스며 이미 구름 속으로 올라갔고
秋水爲文不受塵.[4]	가을 물로 글을 지어 먼지가 안 끼누나.
一噫固應號地籟,[5][6]	숨을 내쉬면 참으로 지뢰가 울릴 것이고
餘波猶足挂天紳.[7][8]	그 여파도 하늘의 띠를 드리우기에 족하리.
買牛但自捐三尺,[9][10][11]	소를 사려면 석 자짜리 검만 버리면 될 일이요
射鼠何勞挽六鈞.[12]	쥐를 잡는 데 어찌 힘들여 여섯 균짜리 활을 당기나?
莫向百花潭上去,[13]	백화담 못가로는 가지 마시게
醉翁不見與誰親.[14]	취옹이 안 보이니 누구와 가까이하리?

其二

滔滔四海我知津,[15][16][17]	탁류가 도도한 사해에서 내가 나루를 알기에
每愧先生植杖芸.	지팡이 꽂고 김매는 선생께 매번 부끄럽네.
自少多言晩聞道,[18]	젊을 때부터 말이 많다가 만년에야 도를 깨쳤나니
從今閉口不論文.	이제부터는 입을 닫고 글을 논하지 않으려네.
灩翻白獸樽中酒,[19][20]	백수준 안의 술이 넘실거린 뒤

歸煮靑泥坊底芹.(21) 돌아가서 청니방 밑의 미나리를 삶겠네.
要識老僧無盡處,(22) 그대는 노승의 무진처를 알려 할 뿐
牀頭牛蟻不曾聞.(23) 소싸움 같은 침대 맡의 개미 소리 들은 적 없었네.

[해설]

영주통판으로 부임하게 된 절친한 친구 왕공의 시에 차운한 것으로, 세속적인 욕심이 없는 그의 탈속적인 인품과 남다른 능력을 칭송했다.

[주석]

(1) 定國(정국): 소식의 절친한 친구 王鞏의 字. 〈次韻王定國南遷回見寄〉(0853) 주 (1) 참조.
(2) 潁倅(영쉬): 潁州(지금의 안휘성 阜陽)通判.
(3) 淩雲(능운): 구름을 뚫고 하늘 높이 올라가다.
(4) 秋水(추수): 가을철의 물처럼 맑고 밝은 기질을 가리킨다.
(5) 噫(희): 숨을 내쉬다. 말을 하는 것, 즉 글을 짓는 것을 가리킨다.
(6) 地籟(지뢰): 땅에서 나는 소리. 자연스럽고도 기세가 넘치는 소리를 가리킨다.
(7) 餘波(여파): 숨을 한 번 크게 내쉼으로써 생긴 물결의 여파, 즉 왕공이 지은 시문의 여파를 가리킨다.
(8) 天紳(천신): 하늘이 드리운 띠. 폭포를 가리킨다. 이 구절은 왕공이 크게 숨을 내쉬어 말을 뱉어 내면, 즉 시문을 지으면 엄청나게 큰 물결을 일으키기 때문에 그것이 넘쳐서 이루는 여파마저도 폭포처럼 기세가 넘친다는 말이다.
(9) 買牛(매우): 한나라 사람 龔遂가 渤海 태수로 부임하여 백성들이 칼을 차고 다니는 것을 보고 "어찌하여 소와 송아지를 차고 다니는가?"라고 하며 큰 칼을 팔아 소를 사고 작은 칼을 팔아 송아지를 사게 했다.(《한서·공수전》 참조)
(10) 自(자): ~에서 비롯되다.
(11) 三尺(삼척): 석 자짜리 검을 가리킨다. 《漢書·高祖紀》에 "나는 평민으로서 석 자짜리 검을 들고 천하를 손에 넣었으니 이것이 천명이 아니겠는가?(吾以布衣提三尺, 取天下, 此非天命乎?)"라고 했다.
(12) 六鈞(육균): 무게가 6균이나 되는 큰 활을 가리킨다. 1균은 30근에 해당한다. 이 연은 왕공을 영주통판으로 보내는 것은 그의 능력을 제대로 알아주지 않은 부적절한 처사라는 말이다.
(13) 百花潭(백화담): 영주에 있는 못으로 歐陽修가 자주 찾아간 곳인 것 같다.
(14) 醉翁(취옹): 구양수의 自號. 그는 영주지주를 역임하기도 했고 벼슬에서 물러난 후 영주에서 은거하기도 했다.
(15) 滔滔(도도): 큰 강이 거침없이 흘러가는 모양.

(16) 四海(사해): 천하를 가리킨다.

(17) 知津(지진): 나루를 알다. 길을 안다는 말이다. 《論語·微子》에 "장저와 걸닉이 나란히 서서 밭을 가는데 공자가 그들을 지나가게 되어 자로로 하여금 나루터가 어디에 있는지 물어보게 했다. 장저가 '저 수레에서 말고삐를 잡고 있는 사람은 누구요?' 하고 물어서 자로가 '공구입니다' 하고 대답했다. 또 '노나라의 공구요?' 하고 물어서 '그렇습니다' 하고 대답했더니 '그는 나루를 알고 있을 것임에 틀림없소'라고 했다. 걸닉에게 물었더니 걸닉이 '당신은 누구시오?' 하고 물어서 '중유입니다'라고 대답했다. '노나라 공구의 제자요?' 하고 물어서 '그렇습니다' 하고 대답했더니 '온 천하에 이렇게 혼탁한 물이 도도하게 흐르고 있는데 누구와 함께 그것을 뒤바꾼단 말이오? 또 당신은 마음에 안 드는 위정자를 피하여 이 나라 저 나라로 돌아다니는 공자 같은 사람을 따르느니 차라리 속된 세상 자체를 피하여 은거하는 우리 같은 사람을 따르는 것이 더 낫지 않겠소?'라고 하고는 쉬지 않고 곰방메로 흙덩이를 부수어 씨앗에 흙을 덮어 나갔다. 자로가 돌아가서 말씀드리자 선생님께서 실의에 젖은 얼굴로 말씀하셨다. '새나 짐승과 함께 살 수 없을진대 내가 이 백성들과 함께하지 않고 누구와 함께하겠는가? 천하에 도가 있다면 나는 세상을 바로잡는 일에 참여하지 않을 것이다.'(長沮·桀溺耦而耕, 孔子過之, 使子路問津焉. 長沮曰: '夫執輿者爲誰?' 子路曰: '爲孔丘.' 曰: '是魯孔丘與?' 曰: '是也.' 曰: '是知津矣.' 問於桀溺, 桀溺曰: '子爲誰?' 曰: '爲仲由.' 曰: '是魯孔丘之徒與?' 對曰: '然.' 曰: '滔滔者天下皆是也, 而誰以易之? 且而與其從辟人之士也, 豈若從辟世之士哉?' 耰而不輟. 子路行以告, 夫子憮然曰: '鳥獸不可與同群, 吾非斯人之徒與而誰與? 天下有道, 丘不與易也.')"라는 말도 있고, "자로가 공자를 수행하던 도중 뒤에 처져서 가다가 한 노인을 만났는데 그는 지팡이로 삼태기를 메고 있었다. 자로가 '선생께서는 우리 선생님을 보셨는지요?' 하고 묻자 노인은 '사지를 부지런히 놀리지 않고 오곡을 분별하지 못하는데 누가 선생이란 말이오?'라고 하고는 지팡이를 땅에 꽂아 놓고 김을 매었다(子路從而後, 遇丈人, 以杖荷蓧. 子路問曰: '子見夫子乎?' 丈人曰: '四體不勤, 五穀不分, 孰爲夫子?' 植其杖而芸)"라는 말도 있다. 이 연은 혼탁한 세상에서 세상의 잘못을 바로잡으려고 아등바등하는 것이 그다지 바람직한 일이 아닌 줄 알면서도 은일 생활을 결행하지 못해서 그것을 실행하는 왕공에게 부끄럽다는 말이다.

(18) 聞道(문도): 도를 깨치다. 《論語·里仁》에 "아침에 도를 깨친다면 저녁에 죽어도 괜찮다(朝聞道, 夕死可矣)"라는 말이 있다. 이 연은 자신이 말로 인하여 고난을 겪고 난 뒤 만년에 이르러서야 그것이 바람직한 길이 아님을 깨달았다는 말이다.

(19) 灩翻(염번): 물이 가득 차서 넘실거리다.

(20) 白獸樽(백수준): 白虎樽. 뚜껑에 백호 모양의 무늬가 있는 술잔. 直言을 잘하는 사람에게 상으로 술을 내릴 때 사용했다. 施元之의 《施注蘇詩》에 "철종이 즉위하여 바른 말 해 주기를 바라자 상소문을 올린 사람이 수천 명이었다. 사마온공이 살펴본 후 공종한을 1위로 정하고 왕정국을 2위로 정하여 즉시 임용했다. 그러기에 백수준의 고사를 원용한 것이다(哲宗卽位求言, 上書者以千計. 司馬溫公考定, 孔宗翰居第一, 定國第二, 稍進用. 故用白獸尊事)"라고 했다. 이 구절은 왕공이 직언을 잘하여 상을 많이 받았다는 말이다.

(21) 靑泥坊(청니방): 섬서성 藍田의 남쪽에 있는 마을. 杜甫의 시 〈崔氏東山草堂〉에 "쟁반에는 백아곡 어귀의 밤을 깎아 놓았고, 식사에는 청니방 밑의 미나리를 삶아 놓았네(盤剝白鴉谷口栗, 飯煮靑泥坊底芹)"라는 구절이 있다. 여기서는 푸르죽죽한 진흙에 덮여 있는 보통의 미나리밭을 가리킨다.

(22) 無盡處(무진처): 生滅이 없는 항구불변의 세계.

(23) 牛蟻(우의): 어지러운 세상사에 관한 이야기가 지나칠 정도로 크게 들리는 것을 가리킨다. 《晉書·殷仲堪傳》에 "은중감의 부친은 일찍이 耳鳴症을 앓은 적이 있는데 침대 밑에 개미 기어가는 소리를 듣고 소가 싸우는 것이라고 했다(仲堪父嘗患耳聰, 聞床下蟻動, 謂之牛鬪)"라는 말이 있다.

0924. 次韻趙令鑠[1]惠[2]酒

조영삭이 술을 보내며 지은 시에 차운하여

神山無石髓,[3][4]	신선들이 사는 산에 석종유가 없으면
生世悲暫寓.	세상에 잠시 동안 붙어사는 것이 슬퍼
坐待玉膏流,[5]	앉아서 옥 기름이 흐르기를 기다렸나니
千載眞旦暮.[6]	천 년이 참으로 아침저녁이었네.
青州老從事,[7][8]	늙은 청주종사에게
鬲上非所部.[9]	격현은 자신의 관할 지역이 아닌데
惠然肯見從,[10][11]	어질게도 나하고 상종하려 했나니
知我憎市酤.[12]	내가 시장 술을 싫어하는 줄 알았기 때문이네.
開瓶自洗盞,	술병 열고 스스로 술잔도 씻었건만
肴核誰與具.[13]	안주는 누가 내게 갖춰 줄까 했는데
門前聽剝啄,[14]	문 앞에서 탁탁하는 소리가 들렸나니
烹魚得尺素.[15]	물고기를 요리하다 긴 편지를 얻겠네.

[해설]

조영삭이 술과 함께 보낸 시에 차운한 것으로 술을 받은 흐뭇한 심경을 노래했다.

[주석]

(1) 趙令鑠(조영삭): 송나라 황실의 종친으로 字가 伯堅이었으며, 職方員外郎·光祿少卿·太僕卿 등의 관직을 역임했다. 〈次韻趙令鑠〉(0922) 주 (1) 참조.

(2) 惠(혜): 은혜를 베풀다. 하사하다.

(3) 神山(신산): 신선들이 사는 산.

(4) 石髓(석수): 石鐘乳. 탄산 칼슘 성분, 즉 석회가 녹아 있는 수용액으로서 차츰차츰 응고하여 고드름처럼 생긴 종유석이 된다. 옛날 사람들은 이것을 먹으면 무병장수한다고 믿었다.

(5) 玉膏(옥고): '옥의 기름'이라는 뜻으로 원래 전설상의 仙藥인데 흔히 좋은 술을 가리킨다. 查愼行의 《蘇詩補註》에 "술 이름이다. 선우추의 〈游皋亭山記〉에 선생의 이 시를 실었는데 제목이 '백견이 옥고 두 병을 하사하고 또 멋진 시도 보내 주셨기에 차운하여 장난스럽게 화답한다'라고 되어 있다(酒名. 鮮于樞〈游皋亭山記〉載先生此詩, 題云: '伯堅惠玉膏兩壺, 且枉佳篇, 次韻戲答')"라고 했다.

(6) 旦暮(단모): 아침저녁. 조석. 짧은 시간을 가리킨다. 이상의 네 연은 석종유가 없으면 무병장수할 수 없기 때문에 옥고를 얻기를 무척 기다렸다는 말이다.

(7) 靑州(청주): 지금의 산동성 益都. 《世說新語·術解》에 "환공에게는 술을 잘 감별하는 주부가 한 사람 있어 술이 생기면 매번 그로 하여금 먼저 맛을 보게 했는데 그는 좋은 술을 '청주종사'라고 하고 나쁜 술을 '평원독우'라고 했다. 청주에는 齊郡이 있고 평원에는 鬲縣이 있는바, '청주종사'란 '臍(배꼽)'까지 간다는 말이고 '평원독우'란 '鬲(횡경막)' 위에 머물러 있다는 말이다(桓公有主簿, 善別酒, 有酒輒令先嘗, 好者謂'靑州從事', 惡者謂'平原督郵'. 靑州有齊郡, 平原有鬲縣, '從事'言到'臍', '督郵'言在'鬲'上住)"라는 일화가 있다. 이는, 청주종사는 임무를 수행하기 위해 제군까지 가고 평원독우는 임무를 수행하기 위해 격현에 거주하기 때문에 환공의 주부가 '齊郡'의 '齊'와 배꼽이라는 뜻의 '臍'가 같은 발음이고, '鬲縣'의 '鬲'과 횡경막이라는 뜻의 '膈'이 같은 발음임을 이용하여 우스갯소리를 한 것으로, 좋은 술은 배꼽까지 내려가지만 나쁜 술은 횡경막에 걸려서 더 이상 안 내려간다는 뜻이다.

(8) 從事(종사): 관직 이름. 三公이나 州郡 長官의 屬僚였다.

(9) 鬲上(격상): 鬲縣. 이 연은 청주종사가 격현에 머물지 않는다는 뜻으로 조영삭이 평소에 좋은 술만 마신다는 말이다.

(10) 惠然(혜연): 은혜롭다. 《詩經·邶風·終風》에 "바람이 몰아치고 흙비마저 뿌리나니, 은혜롭게 조용히 찾아온 적 있던가?(終風且霾, 惠然肯來?)"라는 구절이 있다.

(11) 見從(견종): 나를 따르다. 나와 상종하다. 〈次韻葉致遠見贈〉(0820) 주 (2) 참조.

(12) 市酤(시고): 시장에서 파는 술.

(13) 肴核(효핵): 고기 안주와 과일 안주. 안주를 가리킨다.

(14) 剝啄(박탁): 문을 두드리는 소리.

(15) 尺素(척소): 한 자 길이의 흰 비단에 쓴 편지. 漢나라 蔡邕의 시 〈飮馬長城窟行〉에 "멀리서 온 손님이, 나에게 잉어를 한 쌍 주었네. 아이를 불러서 잉어를 삶았더니, 배 안에 한 자나 되는 편지가

들어 있네(客從遠方來, 遺我雙鯉魚. 呼童烹鯉魚, 中有尺素書)”라고 했다. 이 연은 뜻밖에도 이웃 사람이 물고기를 가지고 찾아온 일에 대한 해학적인 표현인 것으로 보인다.

0925. 送范純粹[(1)]守慶州[(2)]

경주태수로 부임해 가는 범순수를 전송하며

才大古難用,	재주가 크면 예로부터 쓰이기 어려웠고
論高常近迂.[(3)]	말이 고답적이면 우활하기 쉬운 법
君看趙魏老,[(4)]	보시게나 조씨 위씨 가신이 될 사람이
乃爲滕大夫.[(5)]	등나라의 대부가 되었던 것을.
浮雲無根蔕,[(6)]	뜬구름은 뿌리와 꼭지가 없고
黃潦能須臾.[(7)]	도도한 흙탕물은 잠시뿐이네.
知經幾成敗,	나는 아네 성패를 몇 번 겪어야
得見眞賢愚.[(8)]	진정한 현우를 가릴 수가 있음을.
羽旄照城闕,[(9)(10)]	깃털 달린 깃발이 성을 비출 제
談笑安邊隅.	담소하며 변방을 편안하게 했나니
當年老使君,[(11)]	그 옛날의 연로하신 태수께서는
赤手降於菟.[(12)]	맨손으로 호랑이를 항복시켰네.
諸郎更何事,[(13)]	여러 낭군님들은 또 무슨 일로
折箠鞭其雛.[(14)]	회초리 꺾어 그 새끼를 때리게 됐나?
吾知鄧平叔,[(15)]	나는 아네 등평숙이
不鬪月支胡.[(16)]	월지호와 맞붙어 싸우지 않은 것을.

[해설]

범중엄의 막내아들 범순수가 서하와 국경을 맞대고 있는 경주의 지주로 나가는 것을 위로하고 그에게 인정을 베풀며 신뢰와 사랑으로 변방을 잘 다스리라고 충고한 시이다.

[주석]

(1) 范純粹(범순수): 范仲淹의 막내아들로 字가 德孺였다.

(2) 慶州(경주): 지금의 감숙성 慶陽. 당시 西夏와 국경을 접하고 있는 곳이었다.

(3) 近迂(근우): 迂闊한 것에 가깝다. 迂遠해지기 쉽다는 말이다.

(4) 趙魏老(조위로): 晉나라의 대부인 조씨나 위씨의 가신이 되기에 적합한 인물을 가리킨다. '老'는 '室老'와 같은 뜻으로 대부의 가신을 가리킨다. 《論語·憲問》에 "공자께서 '맹공작은 조씨나 위씨의 가신이 되기에 충분하지만 등나라나 설나라의 대부가 될 수는 없다'라고 하셨다(子曰: '孟公綽爲趙·魏老則優, 不可以爲滕·薛大夫.')"라는 말이 있다. 魯나라의 대부가 된 맹공작은 성품이 과욕하고 청렴결백하여 공자의 중시를 받아 왔다. 그러나, 실무 처리 능력은 뛰어나지 않기 때문에 명망은 높고 할 일은 별로 없는 큰 나라 대부의 가신으로는 적합하지만 비록 작은 나라일지라도 국정을 주관하는 대부로는 부적합한 인물인데 그런 그가 등나라나 설나라 같은 작은 나라도 아니고 노나라와 같은 대국의 대부가 된 사실에 대하여 공자는 부적절한 처사라고 생각한 것이다.

(5) 滕大夫(등대부): 등나라의 대부. 주 (4) 참조. 馮應榴의 《蘇軾詩集合注》에 "덕유는 등현의 현령을 지낸 적이 있기 때문에 특별히 '등대부'라는 표현을 쓴 것이다(德孺曾知滕縣, 故專用'滕大夫'也)"라고 한 바와 같이, 이 연은 맹공작의 예로 보나 범순수의 예로 보나 옛날부터 지금까지 인재를 적재적소에 등용하는 일이 그다지 잘 이루어지지 않았다는 말이다.

(6) 根蒂(근체): 식물의 뿌리와 과일의 꼭지. 근본을 가리킨다.

(7) 須臾(수유): 잠시. 이 연은 무능한 사람이 요직을 차지하는 일이 오래 지속되지 않을 것이라는 말이다.

(8) 得見(득견): 볼 수 있다. 알 수 있다.

(9) 羽旄(우모): 깃대를 새의 깃털로 장식한 기. 경주지주 진영의 깃발을 가리킨다.

(10) 城闕(성궐): 성문 양쪽에 세운 望樓. 경주성을 가리킨다. 이 연은 태수가 힘들이지 않고 변방을 편안하게 했다는 말이다.

(11) 老使君(노사군): 늙은 태수. 옛날에 경주지주를 지낸 범순수의 부친 범중엄을 가리킨다. 元昊가 반란을 일으켰을 때 북송 인종이 문무를 겸비한 범중엄을 延州知州로 임명했다. 당시 각지에서 이를 토벌하기로 결정했는데 유독 범중엄만은 鄜州와 연주를 고수하며 그 결정에 따르지 않았다. 3년이 지난 뒤 군사들이 용맹스러워지고 변방이 튼튼해지자 작전을 짜서 橫山과 靈武를 수복했다.(《東都事略·范仲淹傳》 참조) 또 查愼行의 《蘇詩補註》에 "범중엄은 경주에 있을 때 경주 서북쪽의 후천교 어귀에 대순성을 쌓아서 서하 사람들의 침입로를 차단했다(仲淹在慶州, 築大順城於州西北, 當後川橋口, 以斷夏人侵寇之路)"라고 했다.

(12) 於菟(오토): 춘추시대 초나라의 방언으로 호랑이라는 뜻이다. 《左傳·宣公四年》에 "초나라 사람들은 젖을 '곡'이라고 하고 호랑이를 '오토'라고 한다(楚人謂乳'穀', 謂虎'於菟')"라고 했다. 여기서는 西夏國 군사를 가리킨다.

(13) 諸郎(제랑): 여러 낭군. 경주지주를 역임한 범중엄의 아들 范純仁과 범순수를 가리킨다. 《송사·범순수전》에 "또 형 순인을 대신하여 경주지주가 되었다(復代兄純仁知慶州)"라고 했다.

(14) 雛(추): 새끼. 범중엄이 경주지주이던 시절에 북송을 침범한 서하국 군사의 후손, 즉 지금의 서하국 군사를 가리킨다.

(15) 平叔(평숙): 후한 사람 鄧訓의 字. 그는 장화 2년(88)에 護羌校尉가 되었는데 당시 그 부근에 거주하던 羌族이 小月氏胡를 공격했다. 그는 성문과 자기 후원의 문을 열어 궁지에 몰린 胡族의 처자들을 피신시켜 주었다. 그런 일이 있은 뒤로 호족들이 모두 등훈을 신복하며 그를 부모처럼 섬겼다.(《후한서·등훈전》 참조)

(16) 月支胡(월지호): 호족의 일종. '月氏胡'와 같다. 주 (15) 참조.

0926. 次韻王震[1]

왕진의 시에 차운하여

攜文過我治平間,[2] 치평 연간에 글을 들고 나를 찾아왔는데
霧豹當時始一斑.[3] 안개 속 표범이 당시에는 무늬 하나를 갓 이뤘었네.
聞道吹噓借餘論,[4][5][6] 안 해도 될 이야기로 허풍을 떨어
故教流落得生還.[7][8] 일부러 이 떠돌이가 생환하게 했다 하네.
淸篇帶月來霜夜,[9] 맑은 시 들고 달빛 받으며 서리 내리는 밤에 찾아와서
妙語先春發病顏. 절묘한 말로 봄 되기 전에 병든 얼굴에 꽃을 피우네.
詩酒暮年猶足用, 시와 술이 만년에도 아직은 쓸 만하니
竹林高會許時攀.[10][11] 대밭 속 모임에 때때로 찾아가게 해 주시길.

[해설]

중서성의 동료인 왕진의 시에 차운한 것으로, 그와 처음 만난 일을 회상하고 그가 자신을 위해 조서를 잘 작성해 준 것에 감사했으며 아울러 그의 시재도 극구 칭송했다.

[주석]

(1) 王震(왕진): 王鞏의 조카. 왕공의 《聞見近錄》에 "여섯째 조카 진이 저에게 '자첨이 황주에 폄적되어 있을 때 신종 황제께서 늘 가엾게 여기셨습니다.……'라고 한 적이 있습니다(六姪震嘗謂予曰: '子瞻貶黃州, 神宗每憐之.……')"라고 했다. 《續資治通鑑長編·元豐八年十二月》에 "천장각대제 겸

시강 범순인과 중서사인 왕진이 함께 급사중이 되었다(天章閣待制兼侍講范純仁·中書舍人王震, 並爲給事中)”라는 기록이 있고, 《耆舊續聞》에 “원우(1086-1093) 초에 소동파는 中書省으로 들어가 왕자발(왕진)과 동료가 된 적이 있다(元祐初, 坡入掖垣, 尙與子發同僚)”라고 했다.

(2) 治平(치평): 북송 영종의 연호(1064-1067). 소식은 鳳翔府簽判의 임기를 마치고 치평 원년(1064) 12월에 開封으로 돌아가 이듬해(1065) 1월에 召試를 거쳐 直史館에 임명되었다. 왕진은 이때 소식을 찾아갔던 것으로 보인다.

(3) 霧豹(무표): 안개 속의 표범. 재야에 숨어 살면서 재앙을 멀리하는 사람을 가리키는데 여기서는 왕진을 가리킨다. 남산에 검은 표범이 살고 있었는데 안개비가 7일 동안 계속 내리는데도 산 밑으로 내려가서 먹이를 찾으려고 하지 않고 자기 털을 윤택하게 하여 문채를 이루려고 했다. 그리하여 그것은 산속에 숨어 삶으로써 재앙을 멀리했다.(《列女傳》 참조)

(4) 聞道(문도): ~라고 하는 말을 듣다.

(5) 吹噓(취허): 허풍을 치다. 소식에 대하여 좋은 말을 많이 했다는 말이다.

(6) 餘論(여론): 하지 않아도 될 이야기, 즉 왕진이 詔書를 작성할 때 소식에 대하여 많이 미화해서 서술해 준 것을 가리킨다. 《기구속문》에 “동파는 황주에 유배되었다가 원풍(1078-1085) 말에 여주단련부사로 옮겼는데 당시의 조서에 ‘소 아무개는 유배 생활을 한 지 오래되었으니 잘못을 반성한 것이 이미 깊을 것이고, 인재를 찾기는 실로 어려우니 차마 그 사람을 끝내 버릴 수는 없다’라고 했다. 동파가 이것을 보고 매우 탄복한바, 아마도 왕자발(왕진)이 작성한 조서일 것이다(東坡謫黃州, 元豐末移汝州團練使, 制詞云: ‘蘇某謫居之久, 念咎已深, 人才寔難, 不忍終棄.’ 坡甚嘆服, 蓋王子發詞也)”라고 했다. 황제가 간략하게 요점만 적은 이른바 詞頭를 전해 주면 조서를 작성하는 신하가 그것을 골자로 삼아 조서를 작성하는데, 이 과정에서 불가피하게 조서 작성자의 주관적인 견해가 피력되는바, 소식이 유배지를 황주에서 여주로 옮기게 되었을 때 왕진이 조서를 작성하면서 소식에 대해 좋은 말을 많이 해 주었다는 말이다.

(7) 敎(교): ~로 하여금 ~하게 하다.

(8) 流落(유락): 객지를 여기저기 떠돌아다니는 사람. 소식 자신을 가리킨다.

(9) 淸篇(청편): 청아한 詩篇. 왕진의 원시를 가리킨다.

(10) 竹林高會(죽림고회): 대밭 속에서 벌이는 고상한 연회. 죽림칠현의 모임처럼 고상한 왕씨 집안의 연회를 가리킨다. 죽림칠현 중의 阮籍과 阮咸이 숙질 관계였던 것처럼 왕공과 왕진 또한 숙질 관계라는 공통점이 있다.

(11) 攀(반): 나뭇가지 따위를 부여잡고 대밭 속으로 찾아가는 것을 가리킨다. 이 연은 자신이 늙었지만 아직까지 술도 좀 마실 줄 알고 시도 좀 지을 줄 아니 왕씨들의 고상한 모임에 좀 끼워 달라는 말이다.

0927. 次韻王定國[1]謝韓子華[2]過飮

한자화가 들러서 술을 마신 일에 감사한 왕정국의 시에 차운하여

楚有孫叔敖,[3]	초나라에 손숙오가 살아 있을 땐
長城隱千里.[4]	장성이 천 리 밖으로 숨을 정도였는데
哀哉練裙子,[5]	슬프게도 명주 바지 입은 사람은
負薪躡破履.	땔감 지고 다 떨어진 신을 신었네.
豈無故交親,[6]	절친한 친구가 어찌 없었으랴만
逝去如覆水.[7]	엎질러진 물처럼 영영 떠나 버렸으니
不如老優孟,[8]	나이 많은 우맹이 해학미를 깃들여
談笑託諧美.[9]	웃으며 이야기한 것만 못했네.
世家不可恃,[10]	세가란 참으로 믿을 것이 못 되어
如倚折足几.[11]	다리 부러진 안석에 기대는 것 같나니
祥符有賢相,[12][13]	대중상부 시절의 어진 재상은
手握天下砥.[14]	천하를 잘 가는 숫돌을 들고 있었고
懿敏亦名公,[15][16]	의민공도 명망 있는 공경대부로
三貴德爵齒.[17]	덕망 작위 나이를 셋 다 갖췄었는데
蓋棺今幾日,	관 뚜껑을 덮은 지 이제 며칠 됐다고
公子誰料理.[18][19]	공자를 돌봐 주는 사람이 하나 없네.
誰要卿料理,	그대가 돌봐 주기를 원하는 사람도 없어

欲說且止止.[20] 말을 하려 하다가 또 그만두나니
宅相開府公,[21][22] 그 생질로 고관이 된 한공께서는
久爲蒼生起.[23] 오래전에 창생을 위해 떨쳐 일어나셨는데
如何垂老別,[24] 어찌하여 늘그막에 이별하게 되었는지
冰盤饋蒼耳.[25][26] 얼음 쟁반에 도꼬마리를 담아 드리네.
親嫌妨鶚薦,[27][28] 남의눈 때문에 물수리를 천거하지 못한지라
相對發微泚.[29] 마주 보고 앉아서 진땀을 흘리는데
新詩如彈丸,[30] 탄알처럼 매끈하고 아름다운 새 시는
脫手不移晷.[31][32] 해시계 그림자도 움직이기 전에 손을 떠나네.
我亦老賓客,[33] 나도 또한 나이 든 손님인지라
苦語落紈綺.[34][35] 아름다운 비단에 쓴소리를 남기나니
莫辭三上章,[36] 상소문 세 번 올리는 것 사양하지 마시길
有道貧賤恥.[37] 도가 있는데 가난한 건 부끄러운 일이니.

[해설]

곧 영주통판으로 부임해 갈 왕공이 자기보다 서른여섯 살 많은 고종사촌 형 한강의 방문을 받고 함께 술을 마시면서 한강에게 감사하는 시를 짓자, 소식이 그 시에 차운하여 지은 것이다. 한강은 곧 개봉을 떠날 왕공과 작별 인사를 하기 위해 들른 것으로 보이고 그 자리에 소식도 함께 있었던 것으로 보인다.

[주석]

(1) 定國(정국): 소식의 절친한 친구로 王旦의 손자요 王素의 아들인 王鞏(1048?-1117?)의 字. 〈次韻王定國南遷回見寄〉(0853) 주 (1) 참조. 그는 당시 潁州通判으로 부임해 갈 예정이었다. 〈次韻王定國得潁倅二首〉(0923) 참조.

(2) 子華(자화): 韓億(972-1044)의 셋째 아들로 신종 때 왕안석의 뒤를 이어 재상을 역임한 韓絳(1012-1088)의 字. 査愼行의 《蘇詩補註》에 "희령 7년(1074)에 또 왕안석을 대신하여 재상이 되었고 다시 허주지주로 나갔으며 강국공에 봉해졌다. 원우(1086-1093) 초에 태위로 사직했으며 시호가 헌숙이다(熙寧七年, 復代王安石爲相, 再出知許州, 封康國公. 元祐初, 以太尉致仕, 諡獻肅)"라고 했다.

(3) 孫叔敖(손숙오): 춘추시대 초나라 莊王의 재상. 초나라를 부강한 나라로 만들고 장왕을 도와 晉나라 군사를 대파했다.(《史記·楚世家》 참조)

(4) 長城(장성): 당나라 태종이 李勣에게 幷州를 맡기자 돌궐족이 그 위엄에 압도되어 감히 침범하지 못했다. 그러자 태종이 "짐이 지금 이세적(이적의 본명)을 믿고 그를 병주로 내보냈더니 그가 마침내 돌궐로 하여금 그의 위엄이 두려워 달아나게 함으로써 변방이 편안하고 조용하게 되었으니 어찌 먼 데까지 장성을 쌓는 것보다 낫지 않겠는가?(朕今委任李世勣於幷州, 遂使突厥畏威遁走, 塞垣安靜, 豈不勝遠築長城耶?)"라고 했다.(《구당서·이적전》 참조) 이 연은 장성도 부끄러워서 멀리 숨어 버릴 정도로 손숙오의 국토방위 능력이 대단했다는 말이다.

(5) 練裙子(연군자): 잿물에 삶아서 하얗게 된 명주로 만든 바지를 입은 사람. 가난한 사람이라는 뜻으로 손숙오의 아들을 가리킨다. 任昉의 아들 西華가 겨울에 갈포 바지와 누인 명주 바지를 입고 다녔다는 일화에서 생긴 말이다.(《南史·任昉傳》 참조)

(6) 故交(고교): 친구.

(7) 覆水(복수): 엎질러진 물. 이 연은 가까운 벗들이 돌이킬 수 없을 정도로 영영 떠나 버렸는다는 말이다.

(8) 優孟(우맹): 손숙오의 친구. 손숙오는 평소 우맹과 가깝게 지냈는데 병이 들어 죽게 되었을 때 아들에게 자기가 죽으면 틀림없이 곤궁해질 테니 그렇게 되면 우맹을 찾아가라고 했다. 몇 년 뒤 곤궁에 빠진 손숙오의 아들이 우맹에게 가서 사정을 이야기하자 우맹이 손숙오의 의관을 착용하고 초나라 莊王을 찾아가 손숙오의 표정을 한 채 손뼉을 치면서 담소하다가 장왕 앞에 나아가 장수를 빌었다. 장왕은 손숙오가 살아난 줄 알고 매우 반가워하며 그를 재상으로 삼으려고 했다. 우맹이 집에 가서 아내와 상의했더니 아내가 손숙오가 충성을 바쳐서 재상 노릇을 했으나 그가 죽고 난 뒤에 그의 아들이 나뭇짐이나 지고 다닐 정도로 가난하기 짝이 없으니 초나라의 재상이 되지 않는 것이 좋겠다고 충고하여 아내의 말에 따라 장왕의 청을 거절했다. 장왕이 우맹의 말을 듣고 자신의 잘못을 깨달아 손숙오의 아들에게 식읍을 내렸다.(《史記·滑稽傳》 참조)

(9) 諧美(해미): 해학적인 맛. 우맹이 익살스러운 방법으로 손숙오의 아들을 도운 일을 가리킨다.

(10) 世家(세가): 대대로 권세를 누리는 집안.

(11) 几(궤): 안석. 앉아 있을 때 몸을 기대거나 물건을 놓는 작은 탁자.

(12) 祥符(상부): 大中祥符(1008-1016). 북송 진종의 연호.

(13) 賢相(현상): 왕공의 조부인 王旦을 가리킨다. 〈次韻王定國南遷回見寄〉(0853) 주 (1) 참조.

(14) 天下砥(천하지): 천하를 평평하게 가는 숫돌. 천하를 평안하게 하는 수단을 가리킨다.

(15) 懿敏(의민): 왕단의 막내아들로 왕공의 부친인 왕소의 시호.

(16) 名公(명공): 명망이 있는 公卿.

(17) 三貴(삼귀): 세 가지의 귀한 것. 《孟子·公孫丑下》에 "천하에는 사람들이 다들 존중하는 것이 세 가지 있으니 작위가 그중의 하나요, 나이가 그중의 하나요, 덕망이 그중의 하나요. 조정에서는 작위만 한 것이 없고, 고을에서는 나이만 한 것이 없으며, 세상을 보좌하고 백성들의 어른 노릇을 하는 데

는 덕만 한 것이 없는데, 어찌 그중의 한 가지만 가지고 다른 두 가지를 소홀히하겠소?(天下有達尊三: 爵一, 齒一, 德一. 朝廷莫如爵, 鄕黨莫如齒, 輔世長民莫如德, 惡得有其一, 以慢其二哉?)"라는 말이 있다.

(18) 公子(공자): 왕공을 가리킨다.

(19) 料理(요리): 돌보아 주다. 보살펴 주다.

(20) 止止(지지): 머물다. 《莊子·人間世》에 "저 비어 있는 것을 보노라면 빈 곳에서 밝은 빛이 생기나니 그곳에 길상이 머물고 있다(瞻彼闋者, 虛室生白, 吉祥止止)"라고 했는데 王先謙의 集解에 "아래의 '止'자는 어쩌면 '之'의 오자일지도 모른다(案下'止'字或'之'之誤)"라고 했다.

(21) 宅相(택상): 주택의 관상. 晉나라 사람 魏舒는 어릴 때 부친을 여의고 외가인 甯氏 집에서 자랐는데 영씨가 집을 지으려고 할 때 풍수쟁이가 "귀한 생질이 나올 것입니다"라고 했다. 외조모가 위서가 어리면서도 지혜롭다고 생각하여 기대에 부응할 것이라고 여기자 위서가 "외갓집을 위해 주택의 관상이 맞게 해야지"라고 했다.(《진서·위서전》 참조) 여기서 비롯되어 생질을 가리키는데, 王十朋의 《百家註分類東坡先生詩》에 "문정공(왕단, 957-1017)의 장녀가 한충헌공(한억, 972-1044)에게 시집갔으므로 한자화(한강, 한억의 아들)는 바로 왕씨의 생질이다(文正公長女嫁韓忠獻公, 子華乃王氏之甥)"라고 한바, 왕씨(즉 왕소 형제)의 생질인 한강을 가리킨다.

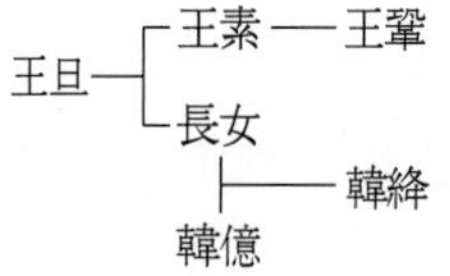

(22) 開府公(개부공): 관서를 열고 운영하는 고관대작.

(23) 蒼生(창생): 모든 백성. 이 연은 왕공의 고종사촌 형인 한강이 오래 전에 관직에 나아가 높은 관직에까지 올랐다는 말이다.

(24) 垂老別(수로별): 늙어서 하는 이별. 두보에게 〈垂老別〉이라는 시가 있다. 한강과 왕공의 이별을 가리킨다.

(25) 冰盤(빙반): 얼음으로 만든 것처럼 맑은 쟁반.

(26) 蒼耳(창이): 도꼬마리. 국화과의 한해살이풀로 8～9월에 노란색 꽃이 피며 타원형의 열매는 갈고리가 있어서 다른 물체에 달라붙는다. 초라한 음식을 가리킨다.

(27) 親嫌(친혐): 친족이라고 해서 사사로운 감정으로 보아준다는 혐의. 친족이기 때문에 사사로이 보아준다는 혐의을 받지 않기 위해 일부러 높은 관직에 임용하지 않는 역차별을 '避嫌'이라고 한다.

(28) 鶚薦(악천): 물수리의 천거. 물수리처럼 훌륭한 인재를 천거하는 일을 가리킨다. 孔融의 〈薦禰衡疏〉에 "맹금이 백 마리 모여 있어도 물수리 한 마리만 못합니다. 예형을 조정에 세우면 틀림없이 볼 만한 치적이 있을 것입니다(鷙鳥累百, 不如一鶚. 使衡立朝, 必有可觀)"라고 했다. 이 구절은 왕공이 훌륭한 인재임에도 불구하고 외사촌 동생이라는 이유로 한강이 그를 요직에 천거하지 못했다는 말이다.

(29) 微泚(미차): 적은 땀. 한강이 높은 관직에 있을 때 다른 사람에게 의심받을까 봐 왕공을 적재적소에 천거해 주지 못했기 때문에 왕공을 대하기가 미안해서 나는 진땀을 가리킨다.

(30) 彈丸(탄환): 탄알. 매끈하고 아름다운 시를 가리킨다. 《海錄碎事·文學部下》에 "왕균은 시를 지을 때 險韻을 잘 썼는데 사조가 늘 그것을 보고 말하기를 '왕균의 시는 매끈하고 아름다워서 잘 구르는 것이 꼭 탄알과 같다'라고 했다(王筠爲詩, 能用强韻, 謝朓常見, 語曰: '筠詩圓美流轉如彈丸.')"라는 말이 있다.

(31) 脫手(탈수): 시를 다 짓는 것을 가리킨다.

(32) 不移晷(불이구): 해시계의 그림자가 움직이지 않는다는 뜻으로 짧은 시간도 지나지 않는 것을 가리킨다. 이 연은 한강이 시를 아주 빨리 짓는다는 말이다.

(33) 賓客(빈객): 왕공의 손님을 가리킨다.

(34) 苦語(고어): 도움이 되지만 듣기에는 거슬리는 말. 충고. 쓴소리. 마지막 두 구절에서 소식이 왕공에게 한 충고를 가리킨다.

(35) 落紈綺(낙환기): 비단에 써서 남기다.

(36) 三上章(삼상장): 상소문을 여러 차례 올리는 것을 가리킨다.

(37) 有道(유도): 나라에 올바른 도가 행해지고 있다. 《論語·泰伯》에 "나라에 도가 있는데 빈천한 것도 수치이고, 나라에 도가 없는데 부귀한 것도 수치이다(邦有道, 貧且賤焉, 恥也; 邦無道, 富且貴焉, 恥也)"라는 말이 있다. 이 연은 왕공이 충직한 마음으로 황제께 직언하는 상소문을 자주 올림으로써 충성심과 능력을 인정받아 부귀하게 되라는 말이다. 〈次韻王定國得潁倅二首〉(0923) 주 (20) 참조.

0928. 次韻馬元賓[(1)]

마원빈의 시에 차운하여

流落江湖萬里歸,[(2)]	강호를 떠돌다가 만 리 밖에서 돌아와
相逢自慰已差池.[(3)(4)]	서로 만나 자위하다니 너무나 뜻밖이네.
初聞好句驚人倒,	멋진 구절 처음 듣고 놀라 자빠졌나니
悔過東庭識面遲.[(5)(6)]	동정에 들러 만난 것이 늦어서 후회스럽네.
握手寧知無賀監,[(7)]	손잡아 주는 하비서감이 없을 줄 어찌 알았으며
結交誰復許袁絲.[(8)]	그 누가 또 원사와 교유하길 허락했으리?
塞鴻正欲摩天去,[(9)(10)]	변방 기러기 하늘을 스쳐 날아가 버리려 하는데
垂老追攀豈可期.[(11)]	늘그막에 뒤따라가길 어떻게 기대하리?

[해설]

개봉에서 마원빈이라는 사람을 찾아가서 함께 놀 때 그의 시에 차운한 것이다. 그동안 마원빈의 이름만 알고 있다가 이날 처음으로 그를 만나 보고는 이백처럼 빼어난 그의 시재에 놀라고 원앙처럼 올곧은 그의 인품에 감동한 것으로 보인다.

[주석]

(1) 馬元賓(마원빈): 구체적인 행적이 알려져 있지 않다.

(2) 流落(유락): 객지를 여기저기 떠돌아다니다.

(3) 已(이): 너무.

(4) 差池(차지): 뜻밖이다.

(5) 東庭(동정): 동쪽 집. 마원빈의 거처를 가리킨다.

(6) 識面(식면): 얼굴을 알다. 상봉하다.

(7) 賀監(하감): 당나라 시인 賀知章을 가리킨다. 그는 秘書監을 지낸 적이 있으므로 만년에 자칭 秘書外監이라고 했다. 李白이 長安으로 가서 그를 만났을 때 그는 이백의 시 〈蜀道難〉을 보고 謫仙, 즉 하늘나라에서 귀양 온 신선이라고 감탄했다.(孟棨, 《本事詩·高逸》 참조) 이 구절은 마원빈이 자신의 詩才를 알아주는 사람이 없을 것이라고 생각하지 못했다는 말이다.

(8) 絲(사): 한나라 사람 袁盎의 字. 한나라 문제는 승상이 된 絳侯를 극도로 신임하며 정중하게 대했는데, 원앙이 강후를 경계하라고 간언했기 때문에 강후가 원앙을 질시하게 되었다. 나중에 강후가 파직되어 자신의 식읍으로 갔을 때 어떤 사람이 그가 모반을 꾀했다고 고발했다. 아무도 그를 위해 변호해 주지 않는 상황에서 원앙만이 그에게 죄가 없다고 변호해 주었다. 그 뒤로 강후와 원앙은 매우 친한 사이가 되었다.(《사기·원앙전》 참조) 이 구절은 지나치게 올곧은 마원빈과 교유하려고 하는 사람이 아무도 없었다는 말이다.

(9) 塞鴻(새홍): 북쪽 변방에 사는 기러기. 가을이 오면 남쪽으로 옮겨 가고 봄이 오면 북쪽으로 돌아간다.

(10) 摩天(마천): 하늘에 닿을 듯이 높이 날다. 이 구절은 마원빈이 고상한 절개를 간직한 채 속세 밖으로 나가는 것을 가리킨다. 당시 마원빈은 자신의 능력을 알아주는 사람도 없고 자신과 교유하려는 사람도 없는 開封을 떠나 은거할 예정이었던 것으로 보인다.

(11) 追攀(추반): 뒤따라가며 붙잡는다는 뜻으로 스승으로 삼아 배우는 것을 가리킨다.

0929. 惠崇[1]〈春江晩景[2]〉二首

혜숭의 〈춘강만경도〉

其一

竹外桃花三兩枝, 복숭아꽃 두세 가지 대밭 너머에 피어 있고
春江水暖鴨先知. 강물이 따스한 줄을 오리가 먼저 아네.
蔞蒿滿地蘆芽短,[3] 물쑥은 지천이요 갈대 순은 뾰족뾰족
正是河豚欲上時.[4] 바야흐로 복어가 올라올 시절이네.

其二

兩兩歸鴻欲破羣,[5] 삼삼오오 기러기 떼 돌아가는데
몇 마리가 대오를 깨려고 하니
依依還似北歸人.[6] 미적미적 떠나기 싫어하는 그 모습이
북쪽으로 돌아가는 사람과 같네.
遙知朔漠多風雪,[7][8] 북쪽의 사막에는 바람도 많이 불고
눈도 많이 내리는 줄 멀리서도 알기에
更待江南半月春.[9] 봄을 맞은 따스한 이 강남 땅에
반달 동안 더 머물려 하는 것이네.

[해설]

개봉에 있을 때 승려 화가인 혜숭이 이른 봄의 강촌 풍경을 그린 그림을 보고 지은 제화시(題畫詩)이다. 비록 혜숭의 원래 그림은 없어졌지만 이 시를 통하여 어렴풋이 그 면모를 짐작할 수 있다.

[주석]

(1) 惠崇(혜숭): 《宋詩紀事》에 "혜숭은 회남 사람이다(惠崇, 淮南人)"라고 했고, 《圖繪寶鑑》에 "건양 승려 혜숭은 거위·기러기·해오라기를 잘 그렸는데 특히 소폭의 산수풍경화에 뛰어나 차가운 들판의 강가나 산뜻하고 광활한 풍경을 잘 그렸다. 구양공이 구승 가운데 한 사람으로 쳤다(建陽僧惠崇, 工畫鵝·雁·鷺鷥, 尤工小景, 善爲寒汀野渚, 瀟灑虛曠之象. 歐陽公以爲九僧之一也)"라고 했다. 구승이란 시를 잘 지은 북송 초기의 승려 아홉 명을 가리킨다.

(2) 春江晚景(춘강만경): 혜숭이 그린 그림의 제목.

(3) 蔞蒿(누호):
. 국화과의 여러해살이풀로 높이는 120cm 정도이며 물가나 들판의 습지에서 자란다. 이른 봄에 나는 연한 줄기와 잎은 나물로 먹는다.

(4) 河豚(하돈): 복어. 참복과의 바닷물고기로 내장에 맹독이 있어 조리를 잘못하면 중독을 일으킨다. 《游僁雜錄》에 "늦봄에 버들개지가 날리면 이 고기가 살찌는데 장강·회하 일대의 사람들은 그 고기를 저며서 물쑥·갈대순과 섞은 다음 끓여서 국을 만든다. 혹시 충분히 익히지 않으면 사람에게 해를 끼칠 수도 있다(暮春楊花飛, 此魚大肥, 江淮人臠其肉, 雜蔞蒿·荻芽, 瀹而爲羹. 或不甚熟, 亦能害人)"라고 했으니, 소식이 이 시의 제3구에서 물쑥과 갈대순을 언급한 것이 결코 우연이 아님을 알 수 있다. 그리고, 남송 사람 孫奕(1190 전후)의 《示兒編·西施乳舌》에 "소동파는 상주에 살 때 복어를 무척 좋아했는데 그 마을의 사대부 집에 이 물고기를 잘 요리하는 사람이 있어 소동파를 초청하여 음미해 보게 했다. 처자가 다들 병풍 뒤에 숨어서 그가 먹는 모습을 엿보며 그가 한마디 해주기를 바라고 있는데 소동파는 젓가락으로 집어 먹으며 마치 벙어리인 양 아무 말도 하지 않았다. 엿보는 사람들이 실망하여 서로 돌아보자 소동파가 갑자기 젓가락을 내려놓고 '목숨 걸고 먹을 만하구먼' 했다. 그 말을 듣고 온 집안 사람들이 크게 기뻐했다(東坡居常州, 頗嗜河豚, 而里中士大夫家, 有妙於烹是魚者, 招東坡享之. 婦子傾室, 闖於屛間, 冀一語品題, 東坡下箸大嚼, 寂如喑者. 闖者失望相顧, 東坡忽下箸云也: '直一死.' 於是合舍大悅)"라는 일화가 소개되어 있는바, 이는 복어를 먹다가 중독되어서 목숨을 잃는 한이 있더라도 한 번 먹어 볼 만하다는 뜻이니 소식이 복어를 얼마나 좋아했는지 짐작할 수 있다.

(5) 歸鴻(귀홍): 남방에서 추운 겨울을 지내고 봄을 맞아 다시 북쪽으로 돌아가는 기러기. 이 구절은 기러기 몇 마리가 대오보다 뒤처진 모습을 묘사한 것이다.

(6) 依依(의의): 떠나기 싫어하는 모양.

(7) 遙知(요지): 멀리서 짐작하여 알다.
(8) 朔漠(삭막): 북방의 사막 지대.
(9) 待(대): 머무르다.

0930. 次韻周邠[(1)]

주빈의 시에 차운하여

南遷欲擧力田科,[(2)(3)(4)]	남방 유배 때 역전과에 응시하려 했나니
三徑初成樂事多.[(5)]	세 갈래 길 막 닦이고 즐거운 일 많았는데
豈意殘年踏朝市,[(6)]	어찌 생각했으리 만년에 조정에 들어와
有如疲馬畏陵坡.	지친 말이 언덕 오르기를 겁내는 꼴이 될 줄을?
羨君同甲心方壯,[(7)]	동갑인 그대가 마음 한창 씩씩함이 부럽나니
笑我無聊鬢已皤.[(8)(9)]	내가 하릴없이 살쩍이 이미 하얘진 걸 웃으리.
何日西湖尋舊賞,[(10)(11)]	언제나 서호에서 옛날에 놀던 곳을 찾아보리?
淡烟踈雨暗漁簑.	엷은 안개 성긴 비가 어부의 도롱이에 자욱하리.

[해설]

소식은 항주통판으로 재임할 때 전당현령 주빈과 함께 그 부근의 명승지를 찾아다니며 시를 주고받았는데 이제 다시 개봉에서 멀지 않은 곳인 관성현의 현령으로 재임 중인 주빈의 시에 차운한 것이다.

[주석]

(1) 周邠(주빈): 字가 開祖로 소식이 杭州通判으로 재임할 때 錢塘(지금의 절강성 항주) 縣令으로 재임했는데 소식과 절친한 사이였다. 施元之의 《施注蘇詩》에 "주개조는 당시 관성(지금의 하남성 鄭

州) 현령이었다(開祖時知管城縣)"라고 했다.

(2) 南遷(남천): 남쪽으로 폄적되다. 소식이 黃州(지금의 호북성 黃岡市 黃州區)로 폄적된 것을 가리킨다.

(3) 擧(거): 과거에 응시하다.

(4) 力田科(역전과): 논밭에서 힘써 일하는 分科라는 뜻으로 논밭에서 농사 짓는 일을 과거 시험에 빗대어 표현한 것이다. 소식은 황주에 있을 때 東坡라는 농장을 개간하여 손수 농사를 짓기도 했고, 《東坡志林·遊沙湖》에서 "황주에서 동남쪽으로 30리 되는 곳에 사호라고도 하고 나사점이라고도 하는 곳이 있는데 내가 거기에 농토를 좀 사 두려고 땅을 보러 갔다가 병에 걸렸다(黃州東南三十里, 爲沙湖, 亦曰螺師店, 予買田其間, 因往相田, 得疾)"라고 한 바와 같이 거기서 은거할 생각도 했다.

(5) 三徑(삼경): 세 갈래의 오솔길. 은자의 정원을 가리킨다. 〈留題蘭皐亭〉(0864) 주 (7) 참조.

(6) 朝市(조시): 조정과 시장. 조정을 가리킨다.

(7) 同甲(동갑): 나이가 같은 사람. 각종 자료에 주빈의 생몰년이 밝혀져 있지 않은데 이 구절에 의하면 그가 소식과 같은 해인 인종 경우 3년(1036)에 태어났음을 알 수 있다.

(8) 無聊(무료): 어떻게 할 도리가 없다.

(9) 皤(파): 머리가 희다. 소식의 시 〈次韻周開祖長官見寄〉(0651)에도 "옛날에 놀던 곳엔 온통 이끼 끼었을 텐데, 동갑 중에 그대만이 아직 검은 머리라네(舊游到處皆蒼蘚, 同甲惟君尙黑頭)"라고 한 것을 보면 주빈은 나이에 비해 젊어 보였던 것 같다.

(10) 西湖(서호): 항주 서호를 가리킨다. 소식은 항주통판으로 재임할 때 전당현령이던 주빈과 함께 자주 항주 일대의 명승지를 찾아다니며 시를 주고받았다.

(11) 舊賞(구상): 옛날에 구경하며 즐기던 곳을 가리킨다.

0931. 次韻胡完夫[(1)]

호완부의 시에 차운하여

青衫別淚尙斕斑,[(2)(3)]	푸른 적삼에 이별의 눈물이 아직도 얼룩덜룩
十載江湖困抱關.[(4)]	십 년 동안 강호에서 문지기로 고생하다
老去上書還北闕,[(5)]	늙어 감에 상소문 올리러 궁궐로 돌아와서
朝來拄笏看西山.[(6)]	아침에 홀로 뺨 받치고 서산을 바라보네.
相從杯酒形骸外,[(7)]	물질세계 밖에서 어울려 술을 한잔 마시며
笑說平生醉夢間.	평생을 취생몽사했다 웃으며 얘기하네.
萬事會須咨伯始,[(8)(9)]	만사는 호백시에게 물어봐야 하나니
白頭容我占淸閑.[(10)]	내가 백발로 한가롭게 사는 걸 허용하시겠어요?

[해설]

오랫동안 지방관으로 떠돌다가 조정으로 돌아와서 중서사인으로 재임 중이던 호종유의 시에 차운한 것이다.

[주석]

(1) 完夫(완부): 胡宗愈(1029-1094)의 字. 《東都事略》에 "호종유는 진릉인으로 호숙의 동생의 아들이다. 진사갑과에 급제하여 영종 때 동지간원을 지냈다. 이정이 수주추관으로부터 어사에 제수되었을 때 소송과 이대림이 칙령을 초안하지 않고 고집부리다가 관직을 박탈당했고, 호종유도 칙령의 요지

를 그냥 돌려보낸 죄로 관직이 삭탈되어 진주통판이 되었다(胡宗愈, 晉陵人, 胡宿弟之子也. 擧進士甲科. 英宗朝, 同知諫院. 李定自秀州推官除御史, 蘇頌·李大臨不草制, 落職. 宗愈封還詞頭, 坐奪職, 通判眞州)"라고 했다. 〈胡完夫母周夫人挽詞〉(0161) 주 (1) 참조.

(2) 靑衫(청삼): 푸른색 적삼. 당나라 때 8품·9품의 하급 관리가 입던 관복. 미관말직을 가리킨다.

(3) 爛斑(난반): 여러 가지 색깔이 뒤섞인 모양.

(4) 抱關(포관): 문을 지키다. 문지기와 같은 하급 관리로 사는 것을 가리킨다. 이 연은 호종유가 오랜 지방관 생활을 끝내고 최근에야 조정으로 돌아왔다는 말이다.

(5) 北闕(북궐): 궁전 북쪽에 있는 성문 위의 누각. 신하들이 천자를 알현하기 위해 기다리거나 천자에게 상소문을 올리던 곳이다. 조정을 가리킨다. 한나라 사람 枚皐는 동료의 모함을 받아 고생하다가 북궐에서 상소문을 올려 자기가 枚乘의 아들이라고 하자 무제가 기뻐하며 궁중으로 들어오게 하고 平樂館을 읊은 賦를 짓게 했다.(《한서·매고전》 참조) 馮應榴의 《蘇軾詩集合注》에 "《속자치통감장편》에 '원풍 8년(1085) 7월 우사낭중 호종유가 기거랑이 되었고 12월에는 중서사인이 되었다'라고 했으니 선생이 화답한 시는 바로 이때 지은 것이다(《續通鑑長編》: '元豐八年七月, 右司郞中胡宗愈爲起居郞, 十二月, 爲中書舍人.' 先生和詩, 正在此時)"라고 한 바와 같이, 이 구절은 호종유가 칙령 작성을 담당하는 중서사인이 되었다는 말이다.

(6) 拄笏看西山(주홀간서산): 홀로 뺨을 받치고 서산을 바라보다. 관직에 있으면서 한가로이 지내는 것을 가리킨다. 이 연은 호종유가 자기 일을 얼른 처리하고 느긋하게 지낼 만큼 능력이 뛰어나다는 말이다.

(7) 形骸(형해): 물질세계. 王羲之의 〈蘭亭集序〉에 "사람이란 함께 부침하며 한세상 살아감에 자기 가슴속에서 끄집어내어 방안에 모여서 얘기를 나누기도 하고, 자기가 몸담고 있는 대자연에 마음을 깃들임으로써 물질세계의 바깥에서 방랑하기도 한다(夫人之相與俯仰一世, 或取諸懷抱, 晤言一室之內, 或因寄所託, 放浪形骸之外)"라는 말이 있다. 이 연은 호종유가 풍류스러운 사람이라는 말이다.

(8) 會須(회수): ~해야 하다.

(9) 伯始(백시): 후한 사람 胡廣의 字. 호광과 성이 같은 호종유를 가리킨다. 호광은 사리에 밝고 조정의 제도와 법령을 잘 알았기 때문에 도성에 "만사가 잘 안 풀리면 백시에게 물어라, 천하의 공평한 이로 호공이 있다(萬事不理問伯始, 天下中庸有胡公)"라는 말이 있었다고 한다.(《후한서·호광전》 참조)

(10) 占淸閑(점청한): 청정하고 한가로운 경지를 차지하다. 호종유의 원시에 "대밭에서 노니는 고상한 흥취가 있는 줄이야 알지만, 한가로이 살고자 한들 누가 그대를 한가롭게 두리?(知有竹林高興在, 欲閑誰肯放君閑?)"라고 하여 조정이 소식을 한가롭게 살도록 내버려 두지 않을 것이라고 했다. 이 연은 호종유에게 자신이 앞으로 청정하고 한가롭게 살 수 있을지 물어보는 형식으로 한가롭게 살고 싶은 자신의 강한 의지를 표명한 것이다.

0932. 次韻錢穆父[1]

전목보의 시에 차운하여

老入明光踏舊班,[2][3]	늘그막에 명광전에 들어 옛날 자리를 밟게 됐거늘
染鬚那復唱陽關.[4][5]	수염 물들인 채 어찌 다시 〈양관곡〉을 부르리?
故人飛上金鑾殿,[6]	친구는 금란전에 날아오르고
遷客來從飯顆山.[7][8]	쫓겨났던 신하는 반과산에서 왔네.
大筆推君西漢手,[9][10]	사람들은 큰 문재로 그대를 서한 명수라 추앙하는데
一言置我二劉間.[11]	그대는 한 마디로 나를 두 유씨 틈에 놓으셨네.
便須置酒呼同舍,[12]	곧 술상 차리고 동료 불러 임금님이 하사하신
看賜飛龍出帝閑.[13][14]	비룡이 마구간에서 나오는 걸 보아야겠네.

[해설]

시원지의 《시주소시》에 전협이 지은 원시의 제목이 〈호완부의 시에 차운하여 우사사인(기거사인) 소자첨에게 부친다(次完夫韻, 簡子瞻右史舍人)〉라고 한 것을 보면 전협은 당시 중서사인으로 임명된 상태에서 아직 이전의 임지를 떠나기 전에 앞으로 함께 근무하게 된 소식에게 보낸 시 형식의 편지임을 알 수 있거니와, 이 시는 소식이 그 시에 차운하여 지은 것이다.

[주석]

(1) 穆父(목보): 錢勰의 字. 施元之의 《施注蘇詩》에 "전목보는 이름이 협으로 오월국 양왕의 손자뻘 되는 사람이다.……원우(1086-1093) 초에 중서사인에 임명되었다(穆父, 名勰, 吳越讓王諸孫.……元祐初拜中書舍人)"라고 했다.

(2) 明光(명광): 한나라 때의 궁전 이름. 여기서는 송나라의 궁전을 가리킨다.

(3) 班(반): 조회 때 관리들이 늘어서던 자리. 이 구절은 전목이 옛날의 관직을 회복했다는 말이다.

(4) 染鬚(염수): 수염을 물들이다. 흰 수염을 검게 물들인다는 말이다. 劉禹錫의 시 〈與歌者米嘉榮〉에 "근래에는 선배를 경시하는 추세라, 수염을 물들이고 즐겨 후생을 섬기네(近來時世輕先輩, 好染髭須事後生)"라는 구절이 있다.

(5) 陽關(양관): 양관곡. 송별가를 가리킨다. "권하노니 그대여 한 잔 더 마시구려, 서쪽으로 양관을 나가면 술 권할 친구도 없다오(勸君更盡一杯酒, 西出陽關無故人)"라는 구절이 있는 王維의 시 〈送元二使安西〉를 가리킨다. 이 구절은 전협이 더 이상 조정을 떠나지 않을 것이라는 말이다.

(6) 金鑾殿(금란전): 당나라 때의 궁전 이름. 여기서는 송나라 궁전을 가리킨다. 賀知章이 李白을 만나본 뒤 그를 謫仙이라고 부르며 玄宗에게 천거하자 현종이 그를 금란전으로 불러서 만나 보고는 翰林供奉에 임명했다.(《신당서·이백전》 참조) 이 구절은 전협이 중서사인에 임명된 것을 가리킨다.

(7) 遷客(천객): 먼 곳으로 쫓겨난 사람. 黃州로 유배되었던 소식 자신을 가리킨다.

(8) 飯顆山(반과산): 호북성 慈利縣 서쪽에 있는 산.(魏嵩山 主編, 《中國歷史地名大辭典》, 廣東教育出版社, 1995년 제1판, 544쪽 참조) 이백의 시 〈戲贈杜甫〉에 "반과산 꼭대기에서 두보를 만났더니, 머리에 삿갓 쓴 채 정오를 맞이했네. 헤어진 뒤 이토록 수척해진 까닭은, 아무래도 시 짓느라 너무 힘든 탓이겠네(飯顆山頭逢杜甫, 頂戴笠子日卓午. 借問別來太瘦生, 總爲從前作詩苦)"라고 했다. 이 구절은 자신을 두보에 비유한 것이다.

(9) 大筆(대필): 위대한 글. 전협의 문장을 가리킨다.

(10) 西漢手(서한수): 서한 때의 명수. 명나라 때의 복고주의자 何景明과 李夢陽이 "문장은 반드시 진나라와 한나라 때의 것이어야 하고 시는 반드시 성당 때의 것이어야 한다(文必秦漢, 詩必盛唐)"라고 주장했을 정도로 문장은 한나라 때의 문장이 가장 훌륭한 것으로 평가되는 경우가 많았다. 이 구절은 사람들이 전협의 문장을 서한 때의 명수와 비견할 만한 것이라고 높이 평가한다는 말이다.

(11) 二劉(이류): 한나라 사람 劉向·劉歆 부자를 가리킨다. 周必大의 《二老堂詩話》에 "육유가……또 말하기를 '증길보 시랑이 전목보 시에 화답한 자첨 시의 진본을 소장하고 있는데, 이른바 "사람들은 큰 文才로 그대를 서한 명수라 추앙하는데, 그대는 한 마디로 나를 두 유씨 틈에 놓으셨네"라는 말은 그의 자주에서 "목보가 일찍이 내가 올린 상소문에 회신하는 詔書의 초안을 작성할 때 나를 유흠과 유향에 비유했다"라고 했기 때문에 있는 것이다'라고 했다(陸游…又云: '曾吉甫侍郎藏子瞻和錢穆父詩眞本, 所謂"大筆推君西漢手, 一言置我二劉間"者, 其自注云: "穆父嘗草某答詔, 以歆·向見喩", 故有此句.')"라는 말이 있다.

(12) 同舍(동사): 같은 館舍에 있는 사람. 동료를 가리킨다.

(13) 賜飛龍(사비룡): 황제가 하사한 날아다니는 용. 황제가 중서사인인 전협에게 하사한 준마를 가리킨다. 王十朋의《百家註分類東坡先生詩》에 "처음으로 한림학사에 임명되면 명마를 하사하는 것이 관례이다. 이백의 시에 '임금님이 하사하신 나는 용 같은 준마 두 마리, 황금 줄을 머리에 매고 백옥 안장을 얹었네'라고 했는데, 말 중에서 여덟 자 이상 되는 것을 용이라고 하는바 천자는 열두 개의 마구간을 가지고 말을 기른다(翰林學士初除, 例賜名馬. 李白詩云: '勅賜飛龍二天馬, 黃金絡頭白玉鞍.' 馬八尺以上爲龍, 天子有十二閑以畜馬)"라고 했다.

(14) 帝閑(제한): 황제의 마구간.

0933. 次韻完夫[1]再贈之什, 某已卜居[2]毗陵[3], 與完夫有廬里之約[4]云

호완부가 다시 지어 준 시에 차운하는바 나는 이미 비릉에서 은거하기로 하고 호완부와 이웃이 되기로 약속했다

柳絮飛時筍籜斑,[5]	버들개지 흩날릴 때 죽순 껍질에 얼룩이 생기면
風流二老對開關.[6][7]	풍류스런 두 노인이 마주보고 문을 여닫겠지.
雪芽我爲求陽羨,[8][9][10]	설아차는 내가 양선 것을 구할 것이고
乳水君應餉惠山.[11][12][13]	종유동 물은 그대가 혜산 것을 주겠지.
竹簟涼風眠晝永,[14]	대자리에서 바람 맞으며 긴긴 낮에 낮잠을 자
玉堂制草落人間.[15][16][17]	옥당에서 조서 쓰다 속세에 떨어지겠지.
應容緩急煩閭里,[18][19]	급한 일로 마을 사람들 귀찮게 하는 것 용납할 터
桑柘聊同十畝閑.[20]	그런 대로 뽕나무 십 묘가 있는 것만큼 느긋하겠지.

[해설]

호종유가 다시 같은 운자로 시를 지어 보내자 그 시에 차운한 것으로, 의흥에서 호종유와 이웃이 되어 함께 은거하기로 약속한 일을 상기하며 의흥에서의 은거 생활을 상상했다.

[주석]

(1) 完夫(완부): 胡宗愈의 字. 〈次韻胡完夫〉(0931) 주 (1) 참조.

(2) 卜居(복거): 살 곳을 선정하여 은거하다.

(3) 毗陵(비릉): 지금의 강소성 常州. 소식은 黃州에서 汝州로 유배지를 옮겨 가는 도중에 상소문을 올려 상주거주의 허락을 받고 원풍 8년(1085) 5월부터 6월 사이에 잠시 상주 宜興縣에 은거한 적이

있다.

(4) 廬里之約(여리지약): 이웃이 되기로 한 약속. '廬里'가 '鄰里'로 된 판본도 있다.

(5) 筍籜(순탁): 죽순의 껍질. 표면에 검은 반점이 생긴다.

(6) 二老(이로): 소식 자신과 호종유를 가리킨다.

(7) 對開關(대개관): 마주 보고 대문을 열거나 닫다. 소식과 오종유가 골목을 사이에 두고 이웃하여 산다는 말이다.

(8) 雪芽(설아): 차의 하얀 싹으로 만든 차. 의흥에서 나는 고급 차를 가리킨다. 《茶譜》에 "당나라 차의 품질은 양선(의흥) 것을 최상으로 여겼으며 건계 차와 북원 차는 아직 두드러지지 않았다(有唐茶品, 以陽羨爲上, 建溪·北苑未著也)"라고 했다.

(9) 爲(위): 장차 ~할 것이다.

(10) 陽羨(양선): 지금의 강소성 의흥. 소식이 登州知州로 부임하기 전에 잠시 은거한 곳이다.

(11) 乳水(유수): 鐘乳洞에서 흘러나오는 물. 양질의 찻물을 가리킨다.

(12) 餉(향): 보내다.

(13) 惠山(혜산): 강소성 無錫에 있는 산. 이 산에 있는 혜산천은 陸羽·劉伯芻·張又新 등 당나라 때의 유명한 차 전문가 세 사람이 모두 천하제2천으로 품평했을 만큼 물맛이 좋다고 한다.

(14) 竹簟(죽점): 대자리. 대오리를 엮어서 만든 자리.

(15) 玉堂(옥당): 옥으로 장식한 전당. 翰林院의 별칭이다.

(16) 制草(제초): 詔書의 起草. 조서를 작성하는 관직으로 中書舍人과 翰林學士知制誥가 있는데, 중서사인은 外制의 작성을 담당하고 한림학사지제고는 內制의 작성을 담당하는 차이가 있었다. 외제는 중서사인이 작성하여 정사당에서 발표하는 조서를 가리키고, 내제는 한림학사가 작성하여 궁중에서 직접 발표하는 조서를 가리켰다. 외제는 주로 일반 관리의 승진과 좌천, 근무지 이동 등의 일반적인 일에 관한 조서로 노란색 종이에 썼고, 내제는 장군과 재상의 임명과 파면, 군사적 정벌의 명령, 황후의 책립과 황태자의 책봉 등에 관한 중요한 조서로 흰색 종이에 썼다. 〈次韻胡完夫〉(0931) 주 (5) 참조

(17) 人間(인간): 이 세상. 속세. 이 연은 여름 낮에 잠이 들어 옥황상제를 위해 조서를 작성하며 선경에서 노니는 꿈을 꾸다가 잠이 깨어 현실로 돌아오는, 의흥에서의 은거 생활을 상상한 것으로 보인다. 당시 소식과 호종유는 각각 기거사인과 중서사인으로 재임 중이었던바, 두 사람 다 조서 작성 업무를 담당하고 있었기 때문에 그런 일을 하는 꿈을 꿀 가능성이 크다고 생각했을 법하다.

(18) 緩急(완급): 급하지 않은 일과 급한 일. 급한 일만을 가리키기도 한다.

(19) 閭里(여리): 마을. 이웃 사람을 가리킨다. 이 구절은 자신들에게 급한 일이 생기면 한 마을에 사는 이웃 사람들이 기꺼이 도와줄 것이라는 말이다.

(20) 桑柘(상자): 뽕나무와 산뽕나무. 누에 칠 뽕나무를 가리킨다. 《詩經·魏風·十畝之間》에 "십 묘의 땅이지만, 뽕 따는 이 느긋하네(十畝之間兮, 桑者閑閑兮)"라는 구절이 있다. 이 연은 뽕나무를 조금 키워 누에를 치면 《시경》에서 말한 것만큼의 느긋함이 있을 것이라는 말이다.

0934. 次韻穆父[(1)]舍人[(2)]再贈之什

중서사인 전목보가 다시 보내온 시에 차운하여

詔語春溫昨夜班,[(3)(4)]	봄처럼 따뜻한 조서가 어젯밤에 반포되자
屋頭鳴鳩便關關.[(5)(6)(7)]	지붕 위의 두견이가 뾱뾱쭈쭈 울었다.
游仙夢覺月臨幌,[(8)]	선경에 노닐다 꿈을 깨니 달님이 휘장을 엿보는데
賀雨詩成雲滿山.[(9)(10)]	단비 축시가 지어져 있고 구름이 산에 가득하다.
憐我白頭來仗下,[(11)]	그대는 내가 흰머리로 의장 밑에 온 걸 연민하고
看君黃氣發眉間.[(12)]	나는 그대가 미간에서 황기 뿜는 걸 바라본다.
鳳池故事同機務,[(13)(14)(15)]	봉황지의 일은 선례가 기무와도 같으니
火急開樽及尙閑.[(16)]	아직은 한가할 때 화급히 술동이를 엽시다.

[해설]

전협이 소식을 기거사인에 임명한다는 조서를 작성한 후 그에게 알려 주기 위해 다시 〈호완부의 시에 차운하여(次韻胡完夫)〉(0931)와 같은 운자를 써서 지은 시에 차운한 것이다.

[주석]

(1) 穆父(목보): 錢勰의 字. 〈次韻錢穆父〉(0932) 주 (1) 참조.

(2) 舍人(사인): 中書舍人 전협을 가리킨다.

(3) 詔語(조어): 詔書에 적힌 말. 전협이 작성한, 소식을 起居舍人에 임명한다는 조서의 문안을 가리킨다. 소식은 원풍 8년(1085) 12월에 예부낭중에 취임했고 그로부터 반달 만에 다시 기거사인으로 옮겼다. 기거사인은 황제의 언행을 기록하는 관직으로 황제가 正殿에 나가 정사를 의논할 때는 황제의 오른쪽에서 모시고 있다가 물러난 뒤에 기록하여 한 해가 끝나면 史官에게 넘겨주었다.

(4) 班(반): 반포하다.

(5) 鳴鴂(명계): 두견이.

(6) 便(변): ~하자 곧.

(7) 關關(관관): 새가 우는 소리. 이 연은 따뜻한 조서의 내용에 봄기운을 느껴 두견이도 예년보다 일찍 우는 것 같은 소식 자신의 심경을 토로한 것이다.

(8) 游仙(유선): 선경에 노닐다.

(9) 賀雨詩(하우시): 오랫동안 가물다가 모처럼 비가 내린 일을 경하하는 시. 소식에게 황제의 은택이 내려 그가 기거사인에 임명된 일을 축하한 시, 즉 이 시의 차운 대상이 된 전협의 원시를 가리킨다. 전협은 소식을 기거사인에 임명한다는 조서를 작성한 후 바로 그 일을 경하하는 시를 지어 아침 일찍 소식에게 보낸 것으로 보인다.

(10) 雲滿山(운만산): 비가 더 내릴 가능성이 있다는 뜻으로 소식에게 앞으로도 계속 좋은 일이 있을 것이라는 말이다.

(11) 仗(장): 朝會의 儀仗을 가리킨다. 이 구절은 소식이 기거사인에 임명된 것을 다행스럽게 생각하면서도 한편으로는 너무 늦어서 안쓰럽다는 말이다.

(12) 黃氣(황기): 상서로운 기운을 가리킨다.

(13) 鳳池(봉지): 황궁 안에 있는 연못으로 봉황지라고도 한다. 中書省을 가리키는바, 소식이 새로이 임명된 기거사인은 중서성에 속했다.

(14) 故事(고사): 先例. 옛날 제도.

(15) 機務(기무): 기밀을 요하는 중요한 일.

(16) 開樽(개준): 술동이를 열다. 술을 마신다는 말이다. 이 연은 바쁜 기거사인의 업무가 시작되기 전에 얼른 술자리를 갖자는 말이다.

0935. 次韻答李端叔[1]

차운하여 이단숙의 시에 화답한다

若人如馬亦如班,[2][3][4] 이 사람은 마원 같고 반초와도 같아서
笑履壺頭出玉關.[5][6] 웃으며 호두산을 밟고 옥문관을 나섰네.
已入西羌度沙磧,[7][8] 서강으로 들어가 사막을 지났을 뿐 아니라
又從東海看濤山.[9][10] 동해로 가서 파도의 산도 보았네.
識君小異千人裏, 천 사람 틈에서 조금 달라진 그대를 알아보았나니
慰我長思十載間.[11] 십 년 동안 늘 생각한 나를 위로해 주네.
西省鄰居時邂逅,[12][13] 서성에서 이웃해 사니 때로 서로 만날 텐데
相逢有味是偷閑.[14] 상봉에 맛이 있다면 망중한을 즐기는 것이리.

[해설]

이지의가 〈호완부의 시에 차운하여(次韻胡完夫)〉(0931)와 같은 운자로 지은 시에 차운한 것이다.

[주석]

(1) 端叔(단숙): 李之儀의 字. 滄州 無棣(지금의 산동성 무체) 사람으로 호가 姑溪居士이다. 원풍(1078-1085) 연간에 진사 시험에 급제했으며, 급제한 후 거의 30년이 지났을 때 소식을 따라 定州 知州의 막부로 들어갔다. 樞密院編修官·原州通判 등의 관직을 역임했다.(《송사·이지의전》 참조)

(2) 若人(약인): 이 사람.

(3) 馬(마): 후한 때의 장군 馬援을 가리킨다. 후한 武威將軍 劉尙이 武陵의 五溪에 사는 蠻夷族을 공격하여 너무 깊이 들어갔다가 대패했는데 마원의 청에 따라 계속 진군하여 호두산에다 군사를 주둔시켰지만, 오랑캐가 높은 곳을 차지하고 애로를 굳건하게 지키는 바람에 무더운 기후 속에 갖은 고생을 다하다가 마침내 병사하고 말았다. 황제가 대노하여 마원에게 내렸던 新息侯의 작위를 회수했다.(《후한서·마원전》 참조)

(4) 班(반): 班超를 가리킨다. 그는 31년 동안 서역에 나가 있다가 영원 14년(102) 8월에야 洛陽으로 돌아와 그해 9월에 죽었는데 그로부터 2년 전인 영원 12년(100)에 상소문을 올려 "신은 감히 주천군에 가기를 바랄 수는 없고 다만 살아서 옥문관으로 들어가기를 바랄 뿐입니다(臣不敢望到酒泉郡, 但願生入玉門關)"라고 했다.

(5) 壺頭(호두): 호두산. 호남성 桃源 서남쪽에 있는 산. 후한 장군 마원이 무릉의 만이족과 싸운 곳이다.(《후한서·마원전》 참조) 주 (3) 참조.

(6) 玉關(옥관): 옥문관. 주 (4) 참조. 이 연은 이지의가 변방을 돌아다니면서 갖은 고생을 다했다는 말이다.

(7) 西羌(서강): 중국의 서부에 살던 종족의 이름.

(8) 沙磧(사적): 사막.

(9) 從(종): ~로 가다. 文天祥의 시 〈揚子江〉에 "며칠 동안 바람 따라 북해를 떠돌다가, 양자강 어귀로 되돌아왔다(幾日隨風北海遊, 回從揚子大江頭)"라는 구절이 있다.

(10) 東海(동해): 중국의 동쪽에 있는 바다인 황해를 가리킨다. 이 구절은 이지의가 고려에 사신으로 온 것을 가리키는 것으로 보인다. 원풍 6년(1083) 12월에 楊景略 등을 고려에 파견하기로 했을 때 사신들이 이지의를 書狀官으로 데려가려고 하자 황제가 고려인들이 중국의 문장을 본보기로 삼기 때문에 학식이 뛰어나고 문장력이 좋은 사람을 선발해야 한다고 하며 中書省으로 불러서 시험해 보라고 했다는 기록이 있는데(《續資治通鑑長編·元豐六年十二月》 참조), 이에 대하여 馮應榴의 《蘇軾詩集合注》에 "그 뒤 부름에 응했는지 여부는 알 수 없는데 선생 시의 첫 두 연으로 유추해 보건대 아마도 부름에 응했던 것 같다(至其後之應辟與否, 無可考, 以先生詩首二聯揣之, 似曾應辟也)"라고 했다.

(11) 十載(십재): 십 년. 소식과 이지의가 헤어져 지낸 시간을 가리킨다. 이 연은 변방을 돌아다니며 고생하는 이지의가 늘 마음에 걸렸는데 많은 세월이 흘렀음에도 불구하고 모습이 별로 초췌해지지 않고 건재해서 적이 위로가 된다는 말이다.

(12) 西省(서성): 中書省의 별칭. 소식은 당시 중서성 산하의 기거사인으로 재임 중이었다.

(13) 邂逅(해후): 우연히 만나다.

(14) 偸閑(투한): 짬을 내다. 이 연은 근무하는 도중에 가끔씩 만나면 망중한을 즐기자는 말이다.

0936. 次韻答滿思復(1)

차운하여 만사복의 시에 화답한다

自甘茅屋老三間,	초가삼간에서 늙는 것을 스스로 달가워했나니
豈意彤庭綴兩班.(2)(3)(4)	황궁에서 양반의 머릿수나 채울 줄 어찌 알았으리?
紙落雲烟供醉後,(5)(6)	종이에 운연이 떨어진 것을 취한 뒤에 제공하고
詩成珠玉看朝還.(7)	시가 주옥을 이룬 것을 조회 마치고 돌아와서 보네.
誰言載酒山無賀,(8)	술을 싣고 찾아간 산에 하씨가 없다고 누가 말했나?
記取啼烏巷有顔.(9)(10)	까마귀 우는 골목에 안씨가 있던 걸 기억하네.
但恐跛牂隨赤驥,(11)(12)	다만 하나 절름발이 암양이 붉은 준마를 따라가는데
青雲飛步不容攀.	구름 속을 날 듯이 걸어 따라잡기를 허용치 않을세라.

[해설]

중서성 동료인 기거랑 만중행이 지은 시에 차운한 것으로 그의 인품과 능력을 극구 칭송했다.

[주석]

(1) 思復(사복): 당시 中書省 동료이던 起居郎 滿中行의 字. 《續資治通鑑長編·元豐八年十二月》에 "만중행이 기거랑이 되었다(滿中行爲起居郎)"라고 했고, 施元之의 《施注蘇詩》에 "만사복은 자가 중행으로 원풍(1078-1085) 말에 좌사낭중이 되었다. 철종이 즉위한 후 소동파는 등주에서 불

려 들어와 예부낭중이 되고 10여 일 만에 기거사인으로 발탁되었는데 만중행도 기거랑에 임명되어 또 중서성 동료가 되었다(滿思復, 字中行, 元豐末爲左司郎中. 哲宗卽位, 東坡自登州召入, 爲郎禮部, 旬餘擢起居舍人, 中行並命爲起居郎, 又同省)"라고 했는데, 馮應榴의 《蘇軾詩集合注》에 "시원지의 주에 '자가 중행이다'라고 한 것은 틀렸다(施注作'字中行', 誤)"라고 했다.

(2) 彤庭(동정): 한나라 때 궁정에 붉은색 칠을 바른 데서 비롯되어 널리 황궁을 가리킨다.

(3) 綴(철): 머릿수를 채우다. 자리를 차지하다.

(4) 兩班(양반): 조회할 때 각각 동쪽과 서쪽에 두 줄로 늘어서던 문관과 무관의 행렬. 문무 관원을 가리킨다. 이 연은 소식 자신이 조정으로 들어온 일을 말한 것이다.

(5) 雲烟(운연): 구름과 안개. 생동감 넘치고 운치 있는 글씨를 가리킨다. 杜甫의 시 〈飮中八仙歌〉에 "장욱은 석 잔 마시고 써서 초성이라 전하나니, 모자 벗고 맨머리로 왕공 앞에 나가는데, 붓 휘둘러 종이에 대면 구름이 일고 안개가 피네.(張旭三杯草聖傳, 脫帽露頂王公前, 揮毫落紙如雲烟)"라는 구절이 있다.

(6) 供(공): 제공하다.

(7) 珠玉(주옥): 아름다운 시를 가리킨다. 中書舍人 賈至의 시에 화답한 두보의 시 〈奉和賈至舍人早朝大明宮〉에 "조회 끝나자 향 연기가 소매에 가득 배어 있고, 시가 다 되자 주옥이 휘두르는 붓에 있네(朝罷香煙攜滿袖, 詩成珠玉在揮毫)"라는 구절이 있다. 이 연은 조회가 끝난 뒤에 만중행이 소식 등과 함께 어울려 술을 마시면서 시를 짓는데 그의 시가 주옥같이 아름답고 글씨가 구름이나 안개가 피어나는 것처럼 생동감이 넘친다는 말이다.

(8) 賀(하): 당나라 시인 賀知章을 가리킨다. 李白의 시 〈對酒憶賀監〉에 "사명산에 미치광이 한 명 있으니, 풍류가 넘치는 하계진(하지장)이네(四明有狂客, 風流賀季眞)"라고 하고, 두보의 시 〈飮中八仙歌〉에 "하지장은 말 탄 것이 배 탄 것과 같은데, 눈이 침침해 우물에 빠지면 물 밑에서 잤다네(知章騎馬似乘船, 眼花落井水底眠)"라고 한 것을 보면 그가 매우 초탈한 사람이었음을 알 수 있다. 이백의 시 〈重憶〉에 "장강의 동쪽으로 가려 하는데, 도대체 누구와 술잔을 들꼬? 회계산에 하씨 노인이 계시지 않아, 다시 노를 저어서 술 실은 배를 돌렸네(欲向江東去, 定將誰擧杯. 稽山無賀老, 却棹酒船回)"라는 구절이 있는바, 소식의 이 구절은 이백 시의 의미를 뒤집어서 사용한 것이다. 이 구절은 만중행이 친구가 찾아가면 언제나 기꺼이 술친구가 되어 줄 정도로 다정한 사람이라는 뜻인 것 같다.

(9) 記取(기취): 기억하다. '取'는 의미 없는 助字이다.

(10) 顔(안): 秦나라 사람 顔烏를 가리킨다. 시원지의 《시주소시》에 "《이원》에 '동양 사람 안오는 효성스럽기로 소문났는데 부친이 죽어 흙을 지고 와서 봉분을 만들자 까마귀 떼가 흙을 물고 와서 도와주느라 주둥이가 모두 상처를 입었기 때문에 현 이름을 오상이라고 했다'라고 했고, 《도경》에 '바로 지금의 의오이다. 안오는 진나라 때 사람이다'라고 했다(《異苑》: '東陽顔烏以純孝著聞, 父死負土成墳, 羣烏銜土助之, 烏口皆傷, 因名縣曰烏傷.' 《圖經》云: '卽今義烏也. 顔烏秦時人.')"라는 주석이 있다. 시원지의 《시주소시》에는 또 "만중행도 기거랑에 임명되어 또 같은 중서성 소속이 되었고,

만중행이 동양 사람이기 때문에 '절름발이 암양이 붉은 준마를 따라간다'·'까마귀 우는 골목에 안씨가 있었다'라는 구절이 있다(中行幷命爲起居郎, 又同省, 而中行爲東陽人, 故有'跛牂隨赤驥'·'啼烏巷有顔'之句)"라고 했다. 이 구절은 만중행이 동향 사람인 안오처럼 매우 효성스러운 사람이라는 뜻인 것 같다.

(11) 跛牂(파장): 절름발이 암양. 무능한 사람이라는 뜻으로 소식 자신을 가리킨다.

(12) 赤驥(적기): 붉은색 천리마. 능력이 빼어난 사람이라는 뜻으로 만중행을 가리킨다. 이 연은 만중행의 업무 처리 능력이 너무나 탁월하여 소식과는 비교도 안 될 정도라는 말인 것으로 보인다.

0937. 送戴蒙[1]赴成都[2]玉局觀[3], 將老焉[4]

거기서 노년기를 보내려고 성도 옥국관으로 부임해 가는 대몽을 전송하며

拾遺被酒行歌處,[5][6][7]	두습유가 술에 취해 노래하며 다니던 곳
野梅官柳西郊路.[8][9][10]	서쪽 교외의 길에는 매화와 버들이 서 있으리.
聞道華陽版籍中,[11][12][13]	듣자하니 화양의 호적부에는
至今尙有城南杜.[14]	지금도 성 남쪽의 두씨가 있다 하네.
我欲歸尋萬里橋,[15]	돌아가서 만리교를 찾고 싶나니
水花風葉暮蕭蕭.[16]	물 위의 꽃과 바람 속의 잎으로 저물녘이 쓸쓸하리.
芋魁徑尺誰能盡,[17]	큰 토란은 지름이 한 자니 누가 다 먹어 내리?
榿木三年已足燒.[18]	오리나무는 삼 년이면 벌써 땔감으로 쓸 만하리.
百歲風狂定何有,[19][20]	백 년은 광풍 같거늘 대체 무엇이 있으리?
羨君今作峨眉叟.[21]	그대가 지금 아미산 노인이 되는 것이 부럽네.
縱未家生執戟郎,[22]	집집마다 창을 든 낭관이 나오진 않았지만
也應世出埋輪守.[23]	그래도 세대마다 바퀴 묻은 태수는 나오리.
莫欺老病未歸身,[24][25]	늙고 병들도록 못 돌아간 이 몸을 깔보지 말지니
玉局他年第幾人.[26][27]	옥국관에서 언젠가 몇 번째 사람이 되리.
會待子猷淸興發,[28][29][30]	왕자유의 흥취가 발동할 때면
還須雪夜去尋君.	눈 오는 밤에 나도 그대를 찾아가리.

[해설]

성도 옥국관으로 부임해 가는 대몽을 전송하는 자리에서 지은 시로, 고향에 있을 때 본 그곳 풍경을 회상하며 그곳에서 유유자적할 수 있게 된 대몽을 부러워함과 동시에 자신도 언젠가는 그곳으로 돌아갈 수 있을 것이라는 기대감도 토로했다.

[주석]

(1) 戴蒙(대몽): 王十朋의 《百家註分類東坡先生詩》에 "대몽은 본명이 장이고 오흥 사람이다. 경력 6년(1046)에 급제했으며 나중에 이름을 몽으로 바꾸었다(蒙本名莊, 吳興人. 慶曆六年登第, 後改名蒙)"라고 했다.

(2) 成都(성도): 지금의 사천성 성도.

(3) 玉局觀(옥국관): 송나라 때의 유명한 도교 사원. 지금의 사천성 성도 북쪽에 있었다.

(4) 焉(언): 여기에서. '於是'와 같다.

(5) 拾遺(습유): 관직 이름. 左拾遺를 역임한 杜甫를 가리킨다.

(6) 被酒(피주): 술에 취하다.

(7) 行歌(행가): 걸어가면서 노래하다.

(8) 野梅(야매): 야생의 매화나무.

(9) 官柳(관류): 관아에서 심은 버드나무. 한길 가에 서 있는 버드나무를 가리킨다.

(10) 西郊(서교): 두보는 만년에 성도 서쪽 교외의 浣花溪 가에 초당을 짓고 은거했다. 이 초당은 원래 완화초당이라고 불렀는데 최근에는 두보초당으로 이름을 바꾸었다.

(11) 聞道(문도): ~라고 말하는 것을 듣다. 듣자하니.

(12) 華陽(화양): 지금의 사천성 성도. 원래 蜀縣이라고 했는데 당나라 건원 원년(758)에 화양현으로 개명했다.(魏嵩山 主編, 《中國歷史地名大辭典》, 廣東教育出版社, 1995년 제1판, 409쪽 참조)

(13) 版籍(판적): 戶籍簿.

(14) 城南杜(성남두): 집안이 오랫동안 長安城 남쪽의 杜曲에 산 두보의 집안을 가리킨다. 왕십붕의 《백가주분류동파선생시》에 "경조성 남쪽에 위곡과 두곡이 있는데 위씨와 두씨가 모두 번성한 때를 맞았었다. 그렇기 때문에 사람들 사이에 '성남의 위씨와 두씨는 하늘에서 한 자 반 떨어져 있다'라는 말이 있다(京兆城南有韋曲·杜曲, 韋·杜皆遭盛時. 人語曰: '城南韋·杜, 去天尺五.')"라고 했다.

(15) 萬里橋(만리교): 성도 남쪽에 있는 다리. (《중국역사지명대사전》 59쪽 참조)

(16) 蕭蕭(소소): 적막한 모양.

(17) 芋魁(우괴): 토란의 여러 뿌리 가운데 중앙에 있는 가장 큰 것. 토란을 가리킨다.

(18) 榿木(기목): 오리나무. 자작나뭇과의 활엽 교목으로 성장 속도가 매우 빠르며 떨어진 잎은 땔감으로 애용된다. 《蜀中廣記·木》에 "촉인들은 오리나무를 땔감으로 삼는데 심은 지 3년이 되면 땔 수 있다(蜀人以榿木爲薪, 三年可燒也)"라고 했다.

(19) 風狂(풍광): 바람이 미친 듯이 사납게 불다. 지극히 빠른 것을 가리킨다. 韓愈의 시 〈此日足可惜贈張籍〉에 "남아에게 장년기는 다시 찾아오지 않고, 인생 백 년은 바람이 미친 듯이 부는 것 같다(男兒不再壯, 百歲如風狂)"라는 구절이 있다.

(20) 定(정): 도대체. 이 구절은 사람의 한평생이 지극히 짧고 허망하다는 말이다.

(21) 峨眉叟(아미수): 아미산에서 은거하는 늙은이. 아미산은 성도의 남쪽에 있는 산으로 소식의 고향인 眉山에서 가깝다.

(22) 執戟郞(집극랑): 한나라 사람 揚雄을 가리킨다. 양웅은 〈羽獵賦〉를 바치고 낭관이 되었는데 한나라 때는 郎官들이 대개 창을 들고 궁궐을 지켰기 때문에 집극랑이라고 한 것이다.(《한서·양웅전》 참조)

(23) 埋輪(매륜): 수레바퀴를 땅에 묻다. 후한 順帝 때 대장군 梁冀가 정권을 농단하여 조정이 매우 부패했다. 한안 원년(142)에 張綱 등 여덟 명을 전국 각지로 보내 민정을 살펴보라고 했더니 다른 사람은 다 명을 받들어 자기 관할 지역으로 나갔는데 장강은 수레바퀴를 땅에 묻어 놓은 채 "승냥이와 이리가 길을 막고 있거늘 여우와 살쾡이가 문제이리오?"라며 상소문을 올려 양기의 죄상을 폭로했다.(《후한서·장강전》 참조) 이 일에서 비롯되어 '埋輪'은 권세가를 두려워하지 않고 충직하게 간언하는 것을 가리킨다. 이 연은 대몽의 후손 중에서 양웅만큼 뛰어난 인물이 집집마다 나오지는 못했을지 몰라도 상당히 훌륭한 인물이 대대로 나올 것이라는 말이다.

(24) 欺(기): 얕보다. 업신여기다.

(25) 未歸身(미귀신): 전원으로 돌아가지 못한 자신을 가리킨다.

(26) 玉局(옥국): 옥으로 만든 바둑판. 왕십붕의 《백가주분류동파선생시》에 "옛날에 장도릉이 도를 다 닦자 노자가 성도에 강림했는데 그때 땅에서 옥 바둑판이 솟아올랐으므로 지금 평문 안에 도관을 지어 놓았다(昔張道陵修道旣成, 老君降于成都, 地湧玉局, 今爲觀, 在平門內)"라고 했다. 여기서는 옥국관을 가리킨다.

(27) 第幾人(제기인): 몇 번째 사람. 옥국관을 관리하는 사람 중의 몇 번째 사람을 가리킨다. 소식은 자신이 기대했던 대로 원부 3년(1100)에 과연 提擧成都玉局觀에 임명되었지만 대몽처럼 실제로 부임하지는 않았다.

(28) 會(회): 반드시 ~할 것이다.

(29) 子猷(자유): 동진 사람 王徽之의 字. 그는 일찍이 山陰(지금의 절강성 紹興)에 살 때 눈이 막 개어 휘영청 밝은 달빛 아래 사방이 은빛 천지를 이룬 가운데 혼자 시를 읊조리다가 문득 剡縣(지금의 절강성 嵊縣 서남쪽 曹娥江 북쪽)에 사는 친구 戴逵가 보고 싶어져서 밤새도록 배를 저어 문 앞까지 갔다가 그냥 돌아왔다. 사람들이 왜 그랬느냐고 묻자 그는 "기분이 내켜서 갔는데 문 앞에 도착하니 기분이 식어 버려서 굳이 만날 필요가 없었소"라고 대답했다.(《진서·왕휘지전》 참조)

(30) 淸興(청흥): 청아한 흥취. 대규를 찾아가고 싶은 흥취를 가리킨다. 이 연은 소식 자신이 왕휘지처럼 불쑥 대몽을 찾아가는 날이 있을 것이라는 뜻으로, 대몽을 성이 같은 대규에 빗댐으로써 운치를 더했다.

卷27

古今體詩三十九首

고체시 및 근체시 39수

권27에는 기거사인(起居舍人)으로 재임 중이던 원우 원년(1086) 1월부터 중서사인(中書舍人)을 거쳐 한림학사지제고(翰林學士知制誥)로 재임한 그해 12월까지의 시 39수가 수록되어 있다.

0938. 正月八日招王子高[1]飮

정월 초여드렛날 왕자고를 초청하여 술을 마시며

屋雪號風苦戰貧,	지붕의 눈이 바람에 울 때 가난에 몹시 떨다가
紙窗迎日稍知春.	종이창이 해를 맞자 봄기운을 좀 알았네.
正如薝蔔林中坐,[2]	치자나무 숲속에 앉아 있는 듯한데
更對芙蓉城裏人.[3]	부용성 안 사람까지 마주하였네.
昨想玉堂空冷徹,[4]	어제는 옥당이 휑해 썰렁하다고 생각했는데
誰分銀榼送淸醇.	누가 은 술통을 덜어서 맑은 술을 보냈나?
海山知有東南角,[5][6]	동남쪽 모서리에 바닷속 산이 있는 줄 알기에
正看歸鴻作小顰.[7]	마침 돌아오는 기러기를 보며 얼굴 살짝 찡그리네.

[해설]

왕형을 초대하여 함께 술을 마신 감회를 노래한 것이다. 왕문고의 《소식시집》에는 이 시를 원우 원년(1086) 1월에 지은 것으로 보았으나 공범례(孔凡禮)의 《소식연보(蘇軾年譜)》에는 원우 2년(1087) 1월 8일에 지은 것으로 보았다.

[주석]

(1) 子高(자고): 신선의 궁전인 芙蓉城을 찾아가서 노닌 王迥의 字. 소식의 시 〈芙蓉城幷敍〉(0525)에 "세상에 전하는 말에 의하면 자고 왕형이 선녀 주요영과 함께 부용성에서 노닐었다고 한다. 원풍

원년(1078) 3월 내가 처음으로 왕자고를 알게 되었을 때 그에게 물어보았더니 과연 그렇다고 했다. 이에 이 시를 지어 그 실정을 다 밝힘으로써 정확하게 만드니 이것 역시 변풍이 예의에서 그친 것과 같은 의미이다(世傳王迥子高與仙人周瑤英遊芙蓉城. 元豐元年三月, 余始識子高, 問之, 信然. 乃作此詩, 極其情而歸之正, 亦變風止乎禮義之意也)"라고 했고, 이에 대한 王十朋《百家註分類東坡先生詩》의 주석에 "호미지가 〈왕자고전〉을 지었는데 그것에 의하면 왕자고는 우부원외랑 왕정로의 차남이다. 사람들이 그의 전기를 가지고 〈육요곡〉을 만들었다(胡微之作〈王子高傳〉, 子高, 虞部員外郎正路之次子. 人用其傳爲〈六么曲〉)"라고 했다. 〈芙蓉城幷敍〉(0525) 주 (2) 참조.

(2) 薝蔔(담복): 치자나무. 초여름에 하얀 꽃이 피는데 향기가 매우 진하다. 이 구절은 바깥에는 하얀 눈이 쌓여 있고 방 안에는 술 향기가 진동하는 모습을 묘사한 것이다.

(3) 芙蓉城(부용성): 왕형이 선녀 주요영과 함께 노닐었다는 신선의 궁전. 주 (1) 참조.

(4) 玉堂(옥당): 옥으로 장식한 전당. 翰林院의 별칭. 馮應榴의《蘇軾詩集合注》는 이 시를 권50의 〈補編詩〉에 수록해 놓고 "'玉堂'은 〈和章七出守湖州二首〉(0431)·〈武昌西山幷敍〉(0966)·〈玉堂栽花, 周正孺有詩, 次韻〉(0974)·〈舟行至淸遠縣, 見顧秀才, 極談惠州風物之美〉(1388) 시의 주석을 보라('玉堂', 見前〈和章七〉詩·〈武昌西山〉詩·〈玉堂栽花〉詩·〈見顧秀才〉詩注)"라고 하여 '玉堂'이 한림원을 가리킨다고 보았고, 王文誥의《蘇軾詩集》에는 "여기서 '옥당이 썰렁하다'고 한 것은 〈雪後書北臺壁二首〉(0400)에 '凍合玉樓'라는 말을 쓴 것과 같다.《소식시집합주》에 "'玉堂"은 〈武昌西山幷敍〉(0966)·〈玉堂栽花, 周正孺有詩, 次韻〉(0974) 시를 보라'라고 했는데 이들 두 시 중의 '玉堂'은 모두 한림원에 관한 고사로 이것과 무관하다(此云: '玉堂冷徹', 猶之〈雪後書北臺壁〉用'凍合玉樓'也. 合註謂"'玉堂", 見〈武昌西山〉·〈玉堂栽花〉詩', 二詩中之'玉堂', 皆翰林院故事, 與此無涉)"라고 하여 '玉堂'을 '눈에 덮인 전당'으로 보았다.

(5) 海山(해산): 三神山처럼 바닷속에 있다는 仙境을 가리키는 것으로 보인다.

(6) 有東南角(유동남각): 동남쪽 모서리를 차지하다.

(7) 小顰(소빈): 약간의 찡그림. 이 연은 남쪽으로 갔다가 돌아오는 기러기를 보면서 바닷속의 선경으로 가지 못해 안타까워하고 있는 왕형의 모습을 묘사한 것으로 보인다.

0939. 和王晉卿[1]幷引

왕진경의 시에 화답하는 시와 그 서문

駙馬都尉[2]王詵晉卿, 功臣全斌[3]之後也. 元豐二年, 予得罪貶黃岡[4], 而晉卿亦坐累遠謫, 不相聞者七年. 予旣召用, 晉卿亦還朝, 相見殿門外. 感歎之餘, 作詩相屬[5], 託物悲慨, 阨窮[6]而不怨, 泰而不驕[7]. 憐其貴公子有志如此, 故和其韻.(부마도위인 진경 왕선은 공신인 왕전빈의 후손이다. 원풍 2년(1079)에 내가 죄를 지어 황강으로 폄적되었을 때 진경 역시 이에 연루되어 원지로 폄적되어 서로 소식을 못 들은 것이 7년이었다. 내가 이미 소환되어 기용되고 진경 역시 조정으로 돌아와 궁문 밖에서 서로 만났다. 감격스러워 탄식하다가 시를 지어 서로 화답했는데 그는 사물에 의탁하여 슬픈 감개를 토로하고 궁지에 빠졌어도 원망하지 않으며 태연스러우면서도 교만하지 않았다. 이 귀공자에게 이와 같은 뜻이 있는 것이 좋아서 그의 시에 화답한다.)

先生飮東坡,[8][9]	선생이 동파에서 술 마실 때는
獨舞無所屬.	혼자서 춤을 출 뿐 권하는 이 없었나니
當時挹明月,	당시에는 명월을 불러다 놓고
對影三人足.[10]	그림자를 마주하여 세 사람이 되었네.
醉眠草棘間,[11]	술에 취해 풀숲에서 잠이 들어도
蟲虺莫予毒.[12]	나에게 독을 뿜는 벌레와 뱀 없었고
醒來送歸雁,	술이 깨면 돌아가는 기러기를 전송하며
一寄千里目.[13]	천 리 밖을 내다보는 눈길 한 번 보냈네.
悵然懷公子,[14]	그때 나는 서글프게 공자를 그렸나니
旅食久不玉.[15][16]	객지에서 오랫동안 좋은 음식 못 먹었겠기에
欲書加餐字,[17]	식사 많이 하라는 글자를 써서
遠託西飛鵠.[18]	서쪽으로 날아가는 고니에게 부탁하려고 했네.
謂言相濡沫,[19][20]	서로가 거품으로 적셔 준다 하지만
未足救溝瀆.[21]	도랑에서 건져 내긴 부족한 법이고
吾生如寄耳,[22]	인생이란 기숙 생활 같을 따름이거늘

何者爲禍福. 무엇이 재앙이고 무엇이 행복이리?
不如兩相忘, 차라리 두 가지 다 잊는 것만 못하나니
昨夢那可逐. 어젯밤의 꿈을 어찌 쫓아갈 수 있으리?
上書得自便,[23][24] 상소문 올려 자신을 편히 할 수 있게 되매
歸老湖山曲. 호수와 산의 굽이로 돌아가서 늙으며
躬耕二頃田,[25] 이 경의 논밭을 내 손으로 갈았고
自種十年木.[26] 십년지계인 나무도 손수 심었네.
豈知垂老眼,[27] 그런데 어찌 알았으리 늙은이 눈이
却對金蓮燭.[28] 이렇게 다시 금련촉을 마주하게 될 줄을?
公子亦生還, 그리고 공자께서도 살아 돌아와
仍分刺史竹.[29] 또 자사의 부신을 나눠 받았네.
賢愚有定分,[30] 잘나고 못나고는 미리 정해져 있는 것
樽俎守尸祝.[31][32] 술동이와 적틀이 제주를 지켜 주네.
文章何足云, 문장이야 말할 것이 무엇 있으리?
執技等醫卜.[33] 기술이 의술이나 점술과 같은 것을.
朝廷方西顧, 조정에서 지금 한창 서쪽을 돌아보는데
羌虜驕未伏.[34] 오랑캐가 거만 떨며 항복하지 않는 터라
遙知重陽酒,[35] 멀리서도 알겠나니 중양절 술에
白羽落黃菊.[36][37] 흰 깃털이 노란 국화에 떨어지겠네.
羨君眞將家, 그대는 참으로 장수의 집안이라
浮面氣可掬.[38] 얼굴의 붉은 기운이 손에 잡힐 듯한 게 부럽나니
何當請長纓,[39][40] 언제나 기다란 노끈을 달라고 주청하여
一戰河湟復.[41] 한 번의 싸움으로 하황 지역을 수복하리?

[해설]

오대시안에 연루되어 균주로 폄적되었다가 돌아와서 다시 경주지주로 나가게 된 친구 왕선의 시에 화답한 것으로 오랫동안 쌓인 회포를 토로하고 왕선에게 큰 전공을 세워 줄 것을 당부했다.

[주석]

(1) 晉卿(진경): 王詵의 字. 그는 신종 황제의 누이동생인 賢惠公主의 남편으로 산수화의 대가였다. 烏臺詩案이 일어났을 때, 어사대에서 湖州로 소식을 체포하러 간다는 소식을 가장 먼저 듣고 이 사실을 南都(지금의 하남성 商丘)에 있는 蘇轍에게 통보해 준 일과, 조정을 비판한 소식의 풍자 시문을 받고도 고발하지 않은 일로 인하여 均州(지금의 호북성 襄陽 서북쪽)로 폄적되었다.

(2) 駙馬都尉(부마도위): 임금의 사위에게 주던 칭호.

(3) 全斌(전빈): 왕전빈. 并州 太原(지금의 산서성 태원) 사람으로 五代 및 북송 초의 장군이었다.

(4) 黃岡(황강): 黃州(지금의 호북성 황강시 黃州區)를 가리킨다.

(5) 相屬(상속): 다른 사람의 시나 詞에 화답하다.

(6) 阨窮(액궁): 궁지에 빠지다. 《孟子·公孫丑上》에 "유하혜는……버려져도 원망하지 않고 궁지에 빠져도 근심하지 않았다(柳下惠……遺佚而不怨, 阨窮而不憫)"라는 말이 있다.

(7) 泰而不驕(태이불교): 태연스러우면서도 교만하지 않다. 《論語·堯曰》에 "공자께서 '군자는 백성들에게 은혜를 베풀면서도 낭비하지 않고, 백성들에게 노동을 시키면서도 백성들이 원망하지 않고, 원하기는 하면서도 탐욕을 부리지 않고, 태연스러우면서도 교만하지 않고, 위엄이 있으면서도 무섭지 않다'라고 말씀하셨다(子曰: '君子惠而不費, 勞而不怨, 欲而不貪, 泰而不驕, 威而不猛.')"라는 말이 있다.

(8) 先生(선생): 소식 자신을 가리키는 해학적인 표현이다.

(9) 東坡(동파): 소식이 원풍 4년(1081) 2월에 황주성 동쪽에 있는 황무지를 개간하여 만든 농장.

(10) 三人足(삼인족): 세 사람이 충족되다. 李白의 시 〈月下獨酌〉에 "술잔을 들어서 명월을 맞고, 그림자를 대하니 세 사람이 되었네(擧杯邀明月, 對影成三人)"라는 구절이 있다.

(11) 草棘(초극): 풀과 가시나무. 초목의 덤불.

(12) 蟲虺(충훼): 벌레와 뱀.

(13) 千里目(천리목): 천 리 밖을 내다보는 눈. 王之渙의 시 〈登鸛雀樓〉에 "천 리 밖을 내다보는 시력을 다하고파, 누각을 다시 한 층 더 올라 본다(欲窮千里目, 更上一層樓)"라는 구절이 있다.

(14) 公子(공자): 왕선을 가리킨다.

(15) 旅食(여식): 나그네로 떠도는 시기의 식사. 타향살이를 가리킨다.

(16) 不玉(불옥): 옥처럼 고급스러운 음식이 아니라는 말이다. 王十朋의 《百家註分類東坡先生詩》에 "《진서·왕제전》에 '왕제는 화려한 옷을 입고 옥같이 고급스러운 음식을 먹었다'라고 한 것은 아마도 왕제가 진나라의 부마였기 때문일 것이니 왕진경에게 이 전고를 사용하는 것은 합당하다(《晉書·王濟傳》: '濟麗服玉食.' 蓋濟爲晉駙馬, 則於晉卿用之宜矣)"라고 했다. 이백의 시 〈將進酒〉에 "종과 북을 울리며 옥식을 먹는 것 귀할 것 없다(鐘鼓饌玉不足貴)"라는 구절이 있다.

(17) 加餐字(가찬자): 음식을 많이 먹으라는 글자. 蔡邕의 시 〈飮馬長城窟行〉에 "멀리서 온 손님이, 나에게 잉어를 한 쌍 주었네. 아이를 불러서 잉어를 삶았더니, 배 안에 한 자나 되는 편지가 들어 있네. 무릎 꿇고 앉아서 편지를 읽었나니, 편지에 도대체 뭐라 했는가? 위에는 식사를 잘하라는 말이

있고, 밑에는 언제나 보고 싶다는 말이 있네(客從遠方來, 遺我雙鯉魚. 呼兒烹鯉魚, 中有尺素書. 長跪讀素書, 書中竟何如? 上有加餐飯, 下有長相憶)"라는 구절이 있다.

(18) 西飛鵠(서비곡): 왕선의 유배지인 균주로 날아가는 고니를 가리킨다. 이 연은 왕선에게 보내는 편지를 써서 고니 편에 부치고 싶었다는 말이다.

(19) 謂言(위언): ~라고 말하다.

(20) 濡沫(유말): 《莊子·大宗師》에 "샘물이 마르면 물고기들이 함께 땅 위에 살면서 서로 물기를 뿜어주고 서로 거품으로 적셔 주지만, 이것은 강이나 호수에서 서로를 잊고 사는 것만 못하다(泉涸, 魚相與處於陸, 相呴以濕, 相濡以沫, 不如相忘於江湖)"라고 했다.

(21) 溝瀆(구독): 도랑. 곤궁한 처지를 가리킨다.

(22) 寄(기): 寄宿. 남의 집이나 학교·회사 따위에 딸린 宿舍에서 기거하는 것을 가리킨다.

(23) 上書(상서): 소식은 황주에서 汝州(지금의 하남성 여주)로 유배지를 옮겨 가는 도중 宜興(지금의 강소성 의흥)에서 거주할 수 있게 해 달라는 상소문을 올려 윤허받았다.

(24) 得自便(득자편): 자신을 편하게 할 수 있다. 의흥에서 마음 편히 은거하게 된 일을 가리킨다.

(25) 二頃田(이경전): 200畝의 농토. 《史記·蘇秦傳》에 "만약 나에게 낙양성 근교의 농토 2경이 있었다면 내가 어찌 육국 재상의 직인을 찰 수 있었으리오!(且使我洛陽負郭田二頃, 吾豈能佩六國相印乎!)"라는 말이 있다.

(26) 十年木(십년목): 10년의 계책으로 심는 나무. 《管子·權修》에 "1년의 계책으로는 곡식을 심는 것이 가장 좋고, 10년의 계책으로는 나무를 심는 것이 가장 좋으며, 평생의 계책으로는 사람을 심는 것이 가장 좋다(一年之計, 莫如樹穀; 十年之計, 莫如樹木; 終身之計, 莫如樹人)"라는 말이 있다.

(27) 垂老(수로): 노년에 접어들다.

(28) 金蓮燭(금련촉): 황금으로 장식한 연꽃 모양의 촛대. 황궁의 촛불을 가리킨다. 《唐摭言·雜記》에 "금련화는 촛대로 지존만이 가질 수 있었다(金蓮花, 燭柄耳. 惟至尊方有之)"라고 했다.

(29) 刺史竹(자사죽): 자사 즉 태수에게 주는 대나무 符信을 가리킨다. 《續資治通鑑長編·元豐三年夏四月》에 "전 강주단련사인 부마도위 왕선이 경주자사로 복직되었다(前絳州團練使駙馬都尉王詵復慶州刺史)"라고 한바, 이 구절은 왕선이 경주지주로 임명된 것을 말한 것이다.

(30) 定分(정분): 선천적으로 정해져 있는 운명.

(31) 樽俎(준조): 술동이와 적틀. 제사 때 술을 담는 그릇과 고기를 담는 그릇. 祭器를 가리킨다.

(32) 尸祝(시축): 祭官. 祭主. 《莊子·逍遙遊》에 "요리사가 비록 요리를 잘 못할지라도 祭主가 祭器를 넘어가서 대신하지 않습니다(庖人雖不治庖, 尸祝不越樽俎而代之矣)"라는 말이 있는바, 이는 요리사와 제주가 각자 자기 직분을 지킨다는 말이다. 이 연은 사람은 누구나 자신에게 주어진 임무를 충실히 수행하면 된다는 말이다.

(33) 執技(집기): 기예를 지니다. 《禮記·王制》에 "기예를 가지고 윗사람을 섬기는 자는 축사(제사 의식을 주관하는 사람)·사어(활쏘기나 말타기 같은 무예에 능한 사람)·의복(의술과 점술을 지닌 사람) 및 백공이 있다(凡執技以事上者, 祝史·射御·醫卜及百工)"라고 했다. 왕선이 원시에서 자신

은 무관이라 문장이 볼품없다고 말한 것으로 보이는바, 이 연은 문인들이 잘하는 문장도 결국 의술이나 점술과 다를 바 없는 기예의 하나라고 말함으로써 왕선을 위로한 것으로 보인다.

(34) 羌虜(강로): 오랑캐. 당시 송나라와 대치하고 있던 西夏를 가리킨다. 王文誥의 《蘇軾詩集》에 "왕선은 대를 이은 무인 집안으로 무관을 역임한바, 여기서부터는 모두 왕선에게 권고하는 말을 한 것이다(王詵乃武世家, 且官居武職, 自此以下, 皆就詵作勸勉之詞也)"라고 했다.

(35) 重陽(중양): 중양절. 이백의 시 〈九日登巴陵置酒, 望洞庭水軍〉에 "화살의 흰 깃털이 술동이에 떨어지고, 동정호에 삼군이 늘어서 있네. 노란색 국화는 손에 따지 못하고, 전장의 북소리는 멀리서 들려오네(白羽落酒樽, 洞庭羅三軍. 黃花不掇手, 戰鼓遙相聞)"라고 했다.

(36) 白羽(백우): 화살 끝에 꽂힌 흰 깃털. 왕선은 당시 경주지주로 나갈 예정이었는데, 경주는 지금의 감숙성 慶陽으로 당시 西夏와 국경을 접하고 있었다. 주 (29) 참조.

(37) 黃菊(황국): 국화주 속의 국화를 가리킨다. 옛날에는 중양절에 국화주를 마시는 풍습이 있었다.

(38) 氣(기): 장수의 기운을 가리킨다. 소식의 자주에 "원천강이 두궤에게 말하기를 '그대는 말을 하면 붉은 기운이 얼굴에 감도는데 장수가 되거든 사람을 많이 죽이지 마시게' 했다(袁天綱謂竇軌: '君語則赤氣浮面, 爲將勿多殺人.')"라고 했다.

(39) 何當(하당): 언제.

(40) 長纓(장영): 적을 포박하는 끈을 가리킨다. 《漢書·終軍傳》에 "종군이 자청하여 '긴 끈을 받고 싶습니다. 반드시 남월왕을 묶어서 궁궐 앞으로 끌고 오겠습니다'라고 했다(軍自請: '願受長纓, 必羈南越王而致之闕下.')"라는 기록이 있다.

(41) 河湟(하황): 황하와 湟水가 합류하는 지역. 황수는 청해성 青海湖 동북쪽에서 발원하는 강으로 감숙성 蘭州 서쪽에서 황하와 합류한다.

0940. 次韻王覿[1]正言[2]喜雪

눈이 내린 것을 기뻐한 우정언 왕적의 시에 차운하여

聖人與天通,[3]	성인은 하늘과 통하는지라
有詔寬獄市.[4]	옥사와 교역을 관대히 하라는 조서를 내리시어
好語夜喧街,	칭송으로 밤거리가 떠들썩하자
濕雲朝覆砌.	축축한 구름이 아침에 섬돌을 뒤덮었네.
紛然退朝後,	분분히 조회에서 물러난 뒤에
色映宮槐媚.	그 빛깔이 궁중의 홰나무를 곱게 비추는데
欲誇剪刻工,[5]	오리고 새긴 정교함을 자랑하려고
故上朱藍袂.[6]	일부러 울긋불긋한 옷소매에 올라앉았네.
我方執筆侍,[7]	나는 지금 붓을 든 채 임금님을 모시건만
未敢書上瑞.[8]	아직 감히 최고의 상서라고 쓰지 못했는데
君猶伏閣爭,[9]	그대는 오히려 내각에 엎드려 간쟁하는 처지건만
高論亦少慰.	고상한 말로 임금님께 다소 위안을 드렸네.
霏霏止還作,[10]	그치다 또 내리며 천지에 자욱하고
盎盎風與氣.[11]	바람과 구름 기운이 가득 찼나니
神龍久潛伏,[12]	신룡이 오랫동안 잠복해 있은 터라
一怒勢必倍.	한 번 노하면 그 기세가 배가될 게 틀림없네.
行當見三白,[13][14]	이제 곧 세 번의 백설을 보고

拜舞謹萬歲.(15)(16)	절하고 춤추며 만세를 환호할 것인지라
歸來飮君家,	돌아와 그대 집에서 술을 마시고
酣詠追旣醉.(17)	거나해진 채 읊조리며 〈기취〉의 뒤를 따르네.

[해설]

눈이 내린 일을 노래한 왕적의 시에 차운한 것으로, 우정언인 왕적이 기거사인인 자신보다 먼저 눈이 내린 일을 기뻐하며 황제의 덕을 칭송한 것을 찬양하고 앞으로 눈이 충분히 많이 내려 줄 것을 기원하는 자신의 심경을 노래했다.

[주석]

(1) 王覿(왕적): 施元之의 《施注蘇詩》에 "왕적은 자가 명수이며 태주 여고 사람이다(王覿, 字明叟, 泰州如皐人)"라고 했다.

(2) 正言(정언): 馮應榴의 《蘇軾詩集合注》에 "《속자치통감장편·원풍8년12월》에 '왕적이 우정언이 되었다'라고 한바, 동파공의 화답시는 바로 왕적이 정언이었을 때 지은 것이다(《續資治通鑑長編·元豊八年十二月》: '王覿爲右正言.' 公和詩, 正覿爲正言時也)"라고 했다.

(3) 聖人(성인): 당시의 황제인 철종과 섭정자인 太皇太后 高氏를 가리킨다. 소식은 〈論高麗進奉狀〉에서 "두 분의 성인께서 황위를 계승하시고 나서부터 고려인들이 몇 년 동안 오지 않았습니다(自二聖嗣位, 高麗數年不至)"라고 한 바와 같이 이들 두 사람을 '二聖'이라고 불렀다.

(4) 獄市(옥시): 獄事와 교역. 풍응류의 《소식시집합주》에 "《송사·철종본기》에 '원우 원년(1086) 1월 도성에 등록된 죄수 가운데 사형 이하의 죄를 범한 자는 한 등급씩 경감해 주고 장형에 해당하는 죄를 지은 자는 석방했다'라고 한바, 시의 의미는 이것을 가리킨다(《宋史·哲宗本紀》: '元祐元年正月, 錄在京囚, 減死罪以下一等, 杖罪者釋之.' 詩意指此)"라고 했다. 이 연은 황제가 죄수들과 상인들에게 은총을 베풀자 그와 동시에 하늘이 눈을 내려 주었다는 말이다.

(5) 剪刻工(전각공): 가위로 오리고 칼로 새기는 정교한 솜씨. 눈의 형상을 지은 솜씨를 가리킨다.

(6) 朱藍袂(주람메): 붉은색과 남색이 섞인 화려한 옷의 소매. 학사들의 옷을 가리킨다. 王十朋의 《百家註分類東坡先生詩》에 "우리나라 태종 황제께서 '당나라 때는 학사들이 붉은색과 녹색이 어우러진 옷을 많이 입었는데 지금 그 직책을 맡은 사람들은 붉은색과 남색이 어우러진 옷에다 황금띠를 장식으로 두르니 역시 사림의 영예로다'라고 말씀하셨다(國朝太宗皇帝言: '唐朝學士, 多衣緋綠, 今之任職者, 或以朱藍而加金帶之飾, 亦士林之榮.')"라고 했다. 이 연은 하얀 눈이 붉은색과 남색이 섞인 관복에 내려앉은지라 섬세한 결정이 선명하게 잘 보인다는 말이다.

(7) 執筆侍(집필시): 붓을 들고 侍立하다. 소식은 당시 황제 옆에 서 있다가 황제의 언행을 기록하는 起居舍人이었다.

(8) 上瑞(상서): 최고의 瑞氣. 남조 송나라 대명 5년(461) 정월 초하룻날 궁전 마당에 싸락눈이 내렸는데 그때 右衛將軍 謝莊이 마당으로 내려갔더니 눈이 옷에 쌓여 옷을 하얗게 만들었다. 황제가 그것을 보고 상서롭다고 여기자 공경들이 다들 싸락눈을 읊은 시를 지었다.(《宋書·符瑞志下》 참조) 또 《新唐書·王求禮傳》에 "구시 2년(701) 3월에 눈이 많이 내리자 봉각시랑 소미도 등이 상서롭다고 여기고 신하들을 데리고 들어가서 경하했다(久視二年三月, 大雨雪, 鳳閣侍郎蘇味道等以爲瑞, 率群臣入賀)"라는 기록이 있다. 이 구절은 자신이 아직 눈이 내린 일을 가지고 황제의 덕을 칭송하는 시를 짓지 못했다는 말이다.

(9) 伏閣爭(복각쟁): 內閣에서 부복하고 논쟁을 벌이다. 이 연은 왕적이 간언을 담당하는 우정언이면서도 소식 자신보다 먼저 눈이 내린 것을 기뻐하는 시를 지어서 가뭄을 걱정하는 황제의 기분을 좀 위로해 주었다는 말이다.

(10) 霏霏(비비): 눈이나 비가 많이 내리는 모양.

(11) 盎盎(앙앙): 가득 찬 모양.

(12) 神龍(신룡): 용. 용은 신비롭고 변화무상한 존재이기 때문에 이런 명칭이 생겼다. 용은 비나 눈을 내려 주는 존재인데 그동안 눈비를 내려 주지 않았으니 앞으로 많이 내리게 할 것이라는 말이다.

(13) 行當(행당): 장차.

(14) 三白(삼백): 한 해에 백설이 세 번 내리는 것을 가리킨다. 〈章錢二君見和, 復次韻答之, 二首〉(0860) 주 (9) 참조.

(15) 拜舞(배무): 절하고 춤추다. 杜甫의 시 〈韋諷錄事宅觀曹將軍畫馬圖歌〉에 "쟁반이 장군에게 내려지자 절하고 춤추며 돌아가니, 가벼운 비단과 가는 비단이 연달아 날아갔네(盤賜將軍拜舞歸, 輕紈細綺相追飛)"라는 구절이 있다.

(16) 萬歲(만세): 경사를 頌祝하는 말.

(17) 旣醉(기취): 《詩經·大雅》의 작품명. 이 시에 "술로 이미 취했고, 덕으로 이미 배부르네(旣醉以酒, 旣飽以德)"라는 구절이 있는데, 〈毛詩序〉에 "〈旣醉〉는 태평을 노래한 것이다(〈旣醉〉, 大平也)"라고 했다. 이 구절은 눈이 내리는 것을 기뻐하면서 태평성대를 구가하는 시를 짓겠다는 말이다.

0941. 元祐元年二月八日，朝退，獨在起居院[1]讀《漢書·儒林傳》，感申公[2]故事，作小詩一絶[3]

원우 원년(1086) 2월 8일 조회를 마치고 물러나 혼자 기거원에서 《한서·유림전》을 읽고 신공의 고사에 느낀 바가 있어서 짧은 시를 한 수 짓는다

寂寞申公謝客時,[4]	적막한 신공은 손님을 물리칠 때
自言已見穆生機.[5][6]	스스로 이미 목생의 기미를 봤다 했는데
綰臧下吏明堂廢,[7][8][9]	조관과 왕장이 심문 받고 명당이 폐지되자
又作龍鍾病免歸.[10]	노쇠해진 채 칭병하며 또 그만두고 돌아갔네.

[해설]

《한서·유림전》 중의 신배공에 관한 고사를 읽고 느낀 바를 노래한 것으로, 초왕(楚王) 유무(劉戊)에게 실망하여 고향으로 돌아가 제자나 기르며 살다가 나중에 한나라 무제의 스승이 되어 곤욕을 치르고 나서 다시 고향으로 돌아간 신배공의 행적을 보면서 자신의 처지를 되돌아보았다.

[주석]

(1) 起居院(기거원): 관서 이름. 《宋史·職官志一》에 "옛날에 기거원을 설치하여 삼관의 교리 이상 관리에게 명하여 기거주를 편찬하게 했다(舊置起居院, 命三館校理以上修起居注)"라고 했다. 당시 起居舍人으로 재임 중이던 소식이 근무하던 관서였다.

(2) 申公(신공): 한나라 때의 魯나라 사람. 申培 또는 신배공이라고도 했다. 그는 荀子의 제자인 浮丘伯의 제자로 《詩經》에 밝아 齊詩·韓詩와 더불어 三家詩의 하나인 魯詩를 전수했다. 齊나라 사람 부구백이 長安에 있을 때 楚나라 元王 劉交가 자기 아들 劉郢과 신공을 그곳으로 보내 함께 학업

을 완수하게 했다. 유교가 죽은 뒤 유영이 왕위를 계승하여 신공을 태자 劉戊의 師傅로 삼았는데 유무는 학문을 좋아하지 않아 신공을 싫어했다. 나중에 유무가 초왕이 되었을 때 신공을 노예로 삼아 그에게 노역을 시켰다. 신공이 이 일을 부끄럽게 여겨 노나라로 돌아가 모든 손님을 물리친 채 제자 양성에 힘써 많은 유학자를 배출했다.(《漢書·儒林傳》 참조)

(3) 一絶(일절): 한 수의 絶句.

(4) 謝客時(사객시): 손님 만나기를 사절하고 제자 양성에만 힘쓴 때를 가리킨다.

(5) 穆生(목생): 한나라 때 노나라 사람. 초나라 원왕 유교가 그를 극도로 예우하여 술을 안 좋아하는 그를 위해 늘 단술을 준비했는데 유교의 손자 유무가 왕위에 올랐을 때는 잊어버리고 단술을 준비하지 않았다. 그러자 목생이 불길한 낌새를 채고 떠나 버렸다.(《漢書·楚元王傳》 참조)

(6) 機(기): 어떤 일이 일어날 기미. 낌새. 《周易·繫辭傳下》에 "군자는 기미가 보이면 일어나지 온종일 기다리지 않는다(君子見幾而作, 不俟終日)"라는 말이 있다.

(7) 綰臧(관장): 한나라 사람 趙綰과 王臧. 둘 다 신공의 제자로 武帝에게 중용되어 무제에게 明堂을 설립하여 제후들의 朝見을 받으라고 주청했으며, 자신들의 스승으로 이미 80여 세나 된 신공을 모셔다 스승으로 삼게 했다. 그러나 나중에 老子의 학설을 좋아하고 유가의 학설을 싫어한 무제의 조모 竇太后가 조관과 왕장의 과실을 들어 무제에게 명당을 폐지하고 두 사람을 심리하게 하므로 두 사람은 마침내 자살하고 말았다. 그리고 신공도 병을 핑계로 관직을 그만두고 고향으로 돌아갔다.(《한서·유림전》 참조)

(8) 下吏(하리): 司法 官吏에게 넘겨서 심문하게 하다.

(9) 明堂(명당): 임금이 정사와 교화를 실시하던 곳.

(10) 龍鍾(용종): 늙고 쇠약한 모양.

0942. 送陳睦[1]知潭州[2]

담주지주로 부임해 가는 진목을 전송하며

華清縹緲浮高棟,[3][4][5]	아득한 화청궁의 높은 용마루가 떠 있고
上有纈林藏石甕.[6][7]	그 위에 알록달록한 숲이 있어 석옹사를 품었네.
一杯此地初識君,	한 잔 술로 이곳에서 그대를 처음 알아
千巖夜上同飛鞚.[8]	천 개의 바위에 밤에 오르느라 함께 재갈을 날렸네.
君時年少面如玉,	그대는 그때 아직 젊어 얼굴이 옥과 같은데
一飮百觚嫌未痛.[9]	한 번에 백 잔을 마시고도 통음을 못했다 싫어했네.
白鹿泉頭山月出,[10]	백록천 샘물 위에 밝은 달이 떠오르면
寒光潑眼如流汞.[11]	눈을 찌르는 싸늘한 빛이 흐르는 수은 같았네.
朝元閣上酒醒時,[12]	조원각 위에서 술이 깰 즈음
臥聽風鑾鳴鐵鳳.[13][14]	누워서 풍경 소리와 철봉 소리 들었네.
舊遊空在人何處,[15]	옛날에 놀던 곳만 있고 사람들은 간 데 없으니
二十三年眞一夢.	이십삼 년이 참으로 한바탕의 꿈이네.
我得生還雪髯滿,[16]	나는 생환하게 되자 눈 같은 수염이 가득하고
君亦老嫌金帶重.[17]	그대 역시 늙어서 황금 띠가 무거웠겠네,
有如社燕與秋鴻,[18][19]	제비와 가을철의 기러기같이
相逢未穩還相送.	만난 지 얼마 안 됐는데 다시 떠나보내네.
洞庭青草渺無際,[20][21]	동정호와 청초호는 끝없이 아득히 펼쳐져 있고

天柱紫蓋森欲動.(22)(23)(24)	천주봉 자개봉 우뚝 솟아 가슴이 움찔하겠네.
湖南萬古一長嗟,(25)	호남 땅은 만고토록 장탄식 한 번씩 하던 곳
付與騷人發嘲弄.(26)(27)	시인에게 맡겨 시 읊는 소리 내게 하겠네.

[해설]

날씨가 무더워서 지내기 불편한 고을인 담주의 지주로 부임해 갈 진목을 전송하면서 지은 것으로, 봉상부첨판(鳳翔府簽判)의 임기를 마치고 개봉(開封)으로 돌아가는 도중 화청궁에서 처음으로 그를 만난 일을 회상하고 담주로 부임해 갈 그의 모습을 상상했다.

[주석]

(1) 陳睦(진목): 蒲田(지금의 복건성 포전) 사람으로 字가 和叔이며 가우 6년(1061)에 진사 시험에 급제하여 廣州知州·潭州知州 등의 관직을 역임했다. 희령 5년(1072) 杭州에 사는 裴氏라는 사람의 하녀 夏沈香이 배씨의 어린 딸이 우물에 빠져 죽는 것을 모른 죄로 볼기 20대를 맞은 적이 있는데 그 뒤 兩浙路提刑 陳睦이 秀州通判 張若濟로 하여금 이 사건을 다시 조사하게 하여 하침향을 사형에 처하고 당시의 조사관 세 명을 파면했다. 소식은 이때 이들 조사관 세 명이 죄도 없이 관직을 잃었다고 안타까워하면서 〈送杭州杜·戚·陳三掾罷官歸鄉〉(0320)이라는 시를 지어 자신의 심경을 토로했다.

(2) 潭州(담주): 지금의 호남성 長沙.

(3) 華淸(화청): 화청궁. 섬서성 臨潼縣의 驪山 기슭에 있는 궁전.

(4) 縹緲(표묘): 높고 멀어서 잘 안 보이는 모양.

(5) 高棟(고동): 높은 용마루. 높은 집을 가리킨다.

(6) 纈林(힐림): 누각의 붉은색과 나무의 초록색이 어우러져 알록달록하게 보이는 숲을 가리킨다. 王十朋의 《百家註分類東坡先生詩》에 "스님이 상층의 높은 누각에 도르래를 걸어 놓고 200장이 넘는 기다란 줄을 비스듬히 당겨서 옹천의 물을 길어 올리는 모습이 붉은 누각과 높은 나무의 가지 끝으로 나타났으니 이것이 이른바 '알록달록한 숲이 석옹사를 품은 것'이다(寺僧於上層飛樓中, 懸轆轤, 斜引修綆, 長二百餘丈, 以汲甕泉, 出於紅樓喬樹之杪, 此所謂'纈林藏石甕'也)"라고 했다.

(7) 石甕(석옹): 석옹사. 여산 기슭에 있는 절로 福巖寺라고도 한다.(魏嵩山 主編, 《中國歷史地名大辭典》, 廣東教育出版社, 1995년 제1판, 244쪽 참조) 왕십붕의 《백가주분류동파선생시》에 "복암사는 남산의 중턱에 있다. 석옹곡은 높은 폭포가 바위를 치며 떨어져 절구 모양을 이루는데 그것이 독처럼 생겼기 때문에 계곡의 이름을 가지고 석옹사라고 명명했다(福巖寺在南山半腹. 石甕谷, 有懸泉激石, 成臼, 似甕形, 因以谷名名石甕寺)"라고 했다.

(8) 飛鞚(비공): 재갈을 날리다. 말을 날 듯이 빨리 달리는 것을 가리킨다.

(9) 痛(통): 통쾌하게 마시다.

(10) 白鹿泉(백록천): 왕십붕의 《백가주분류동파선생시》에 "《술정기》에 '장안의 동쪽은 여산이고 서쪽은 백록원이며 여산 안에 또 백록관이 있다'라고 했다.……'白鹿泉'이라는 세 글자는 뚜렷한 기록이 안 보인다. 다만 화청궁에 음록천이 있다(按《述征記》曰: '長安東則驪山, 西則白鹿原, 而驪山中又有白鹿觀云.'……'白鹿泉'三字, 未見顯載. 唯華清宮有飮鹿泉)"라고 한 것을 보면, 소식의 기억에 약간의 착오가 있었을 가능성이 있다.

(11) 寒光(한광): 백록천에 비친 달빛을 가리킨다.

(12) 朝元閣(조원각): 화청궁에 있던 전각. 李商隱의 시 〈華淸宮〉에 "조원각 저 먼 곳에 깃털 옷이 새로웠네(朝元閣逈羽衣新)"라는 구절이 있다.

(13) 風鑾(풍란): 風磬. 바람이 불면 흔들려서 소리가 나도록 처마 끝에 매달아 놓는 작은 종.

(14) 鐵鳳(철봉): 옛날에 지붕 꼭대기에 꽂아 놓던 봉황새 모양의 철제 장식품. 바람을 받으면 빙글빙글 돌면서 소리를 내게 되어 있었다.

(15) 舊遊(구유): 옛날에 노닐던 곳. 옛날에 진목과 함께 노닐던 화청궁 일대를 가리킨다. 이 구절은 당시에 함께 노닌 사람들 가운데 상당수가 지금 어디에 있는지 소식을 모른다는 말이다.

(16) 生還(생환): 黃州 유배에서 돌아온 것을 가리킨다.

(17) 金帶(금대): 황금으로 장식한 허리띠. 고위 관리에게 주는 허리띠를 가리킨다. 歐陽修의 《歸田錄》에 "국조의 제도에 의하면 학사 이상에게는 황금 띠를 하사한다(國朝之制, 自學士已上, 賜金帶)"라는 말이 있다. 조정의 고위 관리는 무거운 황금 띠를 차야 하기 때문에 담주지주로 나가는 편이 오히려 편안하다는 해학적인 표현이다.

(18) 社燕(사연): 제비. 제비는 春社(입춘 이후 다섯 번째 戊日) 무렵에 오고 秋社(입추 이후 다섯 번째 무일) 무렵에 가기 때문에 이런 명칭이 생겼다.

(19) 秋鴻(추홍): 가을철의 기러기. 온대 지방의 경우 제비는 봄에 왔다가 가을에 떠나고, 기러기는 가을에 왔다가 이듬해 봄에 떠나기 때문에 함께 머무는 기간이 짧은바, 이 연은 소식과 진목이 만나자마자 헤어지는 것을 제비와 기러기의 관계에 비유한 것인 듯하다.

(20) 洞庭(동정): 동정호. 호남성과 호북성 사이에 있는 호수.

(21) 青草(청초): 동정호의 동남부를 가리킨다. 唐宋 시기에는 그 북쪽에 모래 둑이 있어서 평소에는 동정호와 분리되어 있다가 물이 불어나면 동정호와 연결되었다고 한다.(《중국역사지명대사전》, 603쪽 참조) 汨羅江이 유입하는 곳으로 호수 안에 푸른 풀이 많기 때문에 이런 명칭이 생겼다는 설과 호수 남쪽에 청초산이 있기 때문에 이런 명칭이 생겼다는 설이 있다.

(22) 天柱(천주): 천주봉. 衡山의 여러 봉우리 가운데 하나이다.

(23) 紫蓋(자개): 자개봉. 형산의 여러 봉우리 가운데 하나이다.

(24) 森(삼): 우뚝하게 높이 솟다. 韓愈의 시 〈謁衡嶽廟遂宿嶽寺題門樓〉에 "자개봉은 죽 이어져 천주봉에 닿아 있고, 석름봉은 펄쩍 뛰어 축융봉에 얹혀 있네. 위엄스러움에 움찔하여 말에서 내려 절하니, 소나무 잣나무 사이의 길이 사당으로 뻗어 있네(紫蓋連延接天柱, 石廩騰擲堆祝融. 森然魄動下

馬拜, 松栢一逕趨靈宮)"라는 구절이 있다.

(25) 湖南(호남): 동정호 이남 지역. 환경이 매우 열악한 任地였는데 진목이 부임해 갈 담주는 동정호의 남쪽에 있다. 杜甫의 시 〈祠南夕望〉에 "동정호 남쪽의 맑디맑은 이 땅에서, 만고 뒤에 한바탕 장탄식하네(湖南淸絶地, 萬古一長嗟)"라는 구절이 있다.

(26) 付與(부여): 건네주다. 맡기다.

(27) 騷人(소인): 시인. 진목을 가리킨다. 이 연은 진목이 호남지방에 살다 보면 시가 저절로 나오겠다는 말이다.

0943. 用前韻[1]答西掖[2]諸公見和[3]

중서성의 여러 공이 나에게 화답했기에 앞 시의 운자를 써서 다시 화답한다

雙猊蟠礎龍纏棟,	쌍사자가 주춧돌에 웅크리고 용이 용마루를 휘감았는데
金井轆轤鳴曉甕.[4]	금 난간 우물의 도르래가 새벽 물독을 울리네.
小殿垂簾白玉鉤,[5]	작은 전각의 드리운 발엔 백옥 고리가 달려 있고
大宛立仗朱絲鞚.[6][7]	대완국의 입장마엔 붉은 실 재갈이 물려 있네.
風馭賓天雲雨隔,[8][9]	바람 수레를 타고 가서 천제의 손님이 되시매 비바람이 사이를 가로막으니
孤臣忍淚肝腸痛.	외로운 신하는 눈물을 참아 보지만 간과 창자가 참을 수 없이 아프네.
羨君意氣風生座,[10]	부럽게도 그대들은 의기로 자리에 바람이 일고
落筆縱横盤走汞.	종횡으로 붓 놀리면 쟁반에 수은이 구르네.
上樽日日瀉黃封,[11][12]	노랗게 봉한 고급술을 날로 따르고
賜茗時時開小鳳.[13][14]	봉황 찍힌 소형의 하사 단차를 때때로 여네.
閉門憐我老太玄,[15]	내가 문 닫고《태현경》지으며 늙는 것을 연민하며
給札看君賦雲夢.[16][17]	종이를 주어 그대들이 운몽택 읊는 것을 보네.
金奏不知江海眩,[18][19]	금속 악기는 강해 사람의 눈이 어두운 줄 모르고
木瓜屢費瑤瓊重.[20][21]	모과를 주자 귀중한 옥을 여러 번 소모하네.
豈惟蹇步苦追攀,[22][23]	어찌 절름발이가 따라잡기 힘들 뿐이리?

已覺侍史疲奔送.[24][25] 이미 이 기록관이 뒤쫓느라 지친 느낌이 드네.
春還宮柳腰支活,[26] 궁중 버들에 봄이 돌아와 가지에 활기가 생기고
水入御溝鱗甲動.[27][28] 궁중 도랑에 물이 들어와 비늘과 껍데기가 움직이네.
借君妙語發春容,[29][30] 그대들의 절묘한 말이 종소리 내는 것을 보고
顧我風琴不成弄.[31][32] 나의 풍경 소리가 곡조를 못 이루는 걸 돌아보네.

[해설]

중서성의 여러 동료들이 자신의 시에 화답하는 시를 짓자 다시 그 운자를 써서 그들의 시에 화답한 것이다. 자신의 시와 그들의 시를 대비하는 방식으로 그들의 시를 극구 칭송했다.

[주석]

(1) 前韻(전운): 〈送陳睦知潭州〉(0942)의 韻字를 가리킨다.
(2) 西掖(서액): 中書省의 별칭.
(3) 見和(견화): 나에게 화답하다. 〈次韻葉致遠見贈〉(0820) 주 (2) 참조.
(4) 金井(금정): 난간을 아름답게 조각한 우물. 일반적으로 궁중의 우물을 가리킨다.
(5) 小殿(소전): 작은 궁전. 查慎行의 《蘇詩補註》에 "작은 전각은 바로 예사전이다(小殿卽睿思殿)"라고 했고. 黃庭堅의 시 〈謝送碾壑源揀芽〉에 "예사전 동쪽의 아름다운 우물 난간(睿思殿東金井欄)"이라는 구절이 있다.
(6) 大宛(대완): 서역에 있던 옛날 나라. 《史記·大宛傳》에 "대완국은 흉노국의 서남쪽에 있는데……훌륭한 말이 많다(大宛在匈奴西南……多善馬)"라고 했다.
(7) 立仗(입장): 입장마. 儀仗用으로 쓰는 훌륭한 말. 이상의 네 구절은 중서성 주위의 새벽 풍경을 묘사한 것이다.
(8) 風馭(풍어): 바람을 타고 날아다니는 신선의 수레.
(9) 賓天(빈천): 天帝의 손님이 되다. 帝王이 승하하는 것을 가리킨다. 王十朋의 《百家註分類東坡先生詩》에 "'천제의 손님이 된다'는 말로 황제가 승하한 것을 가리킨다. 여기서는 신종의 승하를 말한 것 같다('賓天', 以言帝之上仙也. 此蓋言神宗矣)"라고 했다.
(10) 風生座(풍생좌): 앉은 자리에서 바람이 일다. 盧綸의 시 〈九日奉陪侍中宴白樓〉에 "검을 얘기하노라니 자리에서 바람 일고, 거문고를 뽑으니 학이 구름을 맴도네(說劍風生座, 抽琴鶴繞雲)"라는 구절이 있다. 이 연은 중서성의 여러 공이 의기가 빼어나고 시를 잘 짓는다는 말이다.
(11) 上樽(상준): 상준주. 上等의 술.

(12) 黃封(황봉): 노란색의 비단 천이나 종이로 주둥이를 봉한, 관아에서 빚은 고급 술.

(13) 賜茗(사명): 황제가 하사한 차.

(14) 小鳳(소봉): 표면에 봉황 무늬가 찍힌 조그만 團茶.

(15) 太玄(태현): 《太玄經》. 보잘것없는 글을 가리킨다. 揚雄이 공명이나 이익에 연연하지 않고 《태현경》이나 지으며 지내자 그의 爵位가 보잘것없음을 비웃는 사람이 있으므로 그가 〈解嘲〉를 지어 "저는 참으로 이 사람들과 어깨를 나란히 할 수 없기 때문에 묵묵히 홀로 나의 《태현》을 고수할 뿐입니다(僕誠不能與此數子幷, 故默然獨守吾《太玄》)"라고 했다. 이 구절은 소식 자신이 양웅처럼 초라하게 살고 있다는 말이다.

(16) 札(찰): 글씨를 쓰는 조그마한 나뭇조각. 종이를 가리킨다.

(17) 雲夢(운몽): 雲夢澤의 웅장함을 묘사한 司馬相如의 〈子虛賦〉처럼 멋있는 글을 가리킨다. 〈자허부〉에 "저는 초나라에 일곱 개의 늪이 있다고 들었는데 일찍이 그 하나만 본 적이 있고 그 나머지는 아직 본 적이 없습니다. 제가 본 것은 아마도 그중에서 작디작은 것일 뿐인 듯한데 이름을 운몽이라 했습니다. 운몽택은 사방 900리입니다(臣聞楚有七澤, 嘗見其一, 未睹其餘也. 臣之所見, 蓋特其小小者耳, 名曰雲夢. 雲夢者, 方九百里)"라는 말이 있다. 이 구절은 중서성의 여러 공이 멋진 글을 잘 짓는다는 말이다.

(18) 金奏(금주): 종과 같은 금속 악기의 연주. 주로 고상한 廟堂의 음악을 가리킨다.

(19) 江海眩(강해현): 강가나 바닷가에 사는 시골 사람의 눈이 침침하다. 자신의 안목이 낮다는 말이다.

(20) 木瓜(목과): 모과. 소식 자신의 시를 가리킨다.

(21) 瑤瓊(요경): 옥. 중서성 동료들의 시를 가리킨다. 《詩經·衛風·木瓜》에 "나에게 모과를 보내 주기에, 아름다운 패옥으로 보답하였네. 아니 그건 보답을 하자는 게 아니고, 오래도록 친하게 지내려는 것이네. 나에게 복숭아를 보내 주기에, 아름다운 구슬로 보답하였네. 아니 그건 보답을 하자는 게 아니고, 오래도록 친하게 지내려는 것이네. 나에게 자두를 보내 주기에, 아름다운 옥돌로 보답하였네. 아니 그건 보답을 하자는 게 아니고, 오래도록 친하게 지내려는 것이네(投我以木瓜, 報之以瓊琚. 匪報也, 永以爲好也. 投我以木桃, 報之以瓊瑤. 匪報也, 永以爲好也. 投我以木李, 報之以瓊玖. 匪報也, 永以爲好也)"라는 구절이 있다. 이 연은 소식 자신이 보잘것없는 시를 짓자 여러 동료들이 훌륭한 시로 화답했다는 말이다.

(22) 蹇步(건보): 절뚝거리는 걸음걸이.

(23) 追攀(추반): 따라잡다.

(24) 侍史(시사): 곁에서 모시고 있다가 언행을 기록하는 사람. 起居舍人인 소식 자신을 가리킨다. 《史記·孟嘗君傳》에 "맹상군이 손님을 응대하느라 앉아서 이야기하면 병풍 뒤에 항상 시사가 있어서 맹상군이 손님과 하는 말을 주로 기록했다(孟嘗君待客坐語, 而屛風後常有侍史, 主記君所與客語)"라고 했다.

(25) 奔送(분송): 뒤쫓아 가다.

(26) 腰支(요지): 허리와 사지. 신체를 가리킨다. '腰肢'와 같다.

(27) 御溝(어구): 궁중을 지나가는 도랑.

(28) 鱗甲(인갑): 비늘과 甲殼. 각종 수중 동물을 통칭한다.

(29) 借(차): 남의 힘을 빌리다. 기회를 이용하다.

(30) 舂容(용용): 종치는 소리. 맑고 또랑또랑하여 멀리 울려 퍼지는 소리라는 뜻으로 중서성 여러 공의 시를 가리킨다. 《禮記·學記》에 "물음에 잘 대답하는 사람은 마치 종을 치는 것과 같아서 작은 것으로 치면 작은 소리를 내고 큰 것으로 치면 큰 소리를 내며, 치는 것이 조용하게 된 연후에 소리가 없어진다(善待問者如撞鐘, 叩之以小者則小鳴, 叩之以大者則大鳴, 待其從容, 然後盡其聲)"라는 말이 있다.

(31) 風琴(풍금): 風磬. 낮고 둔탁한 소리라는 뜻으로 자신의 시를 가리킨다.

(32) 弄(농): 곡조.

0944. 再次韻答完夫[(1)]·穆父[(2)]

다시 차운하여 호완부와 전목보의 시에 화답한다

掖垣老吏識郎君,[(3)(4)]	중서성의 늙은 관리가 알아보는 낭군님들
並轡天街兩絶塵.[(5)(6)(7)]	두 마리의 절진마가 도성 길을 나란히 달렸으리.
汗血固應生有種,[(8)]	한혈마는 정말 날 때부터 씨가 있는 법
夜光那復困無因.[(9)]	야광벽이 어찌 더 이상 까닭 없이 곤궁하리?
豈知西省深嚴地,[(10)]	중서성이란 지극히 엄중한 곳에
也著東坡病瘦身.[(11)]	동파의 병들어 여윈 몸도 붙일 줄 어찌 알았으리?
免使謫仙明月下,[(12)(13)]	적선에게 명월 밑에서 그림자를 대해도
狂歌對影只三人.	세 사람뿐이라고 미친 듯이 노래하게 할 것 없으리.

[해설]

호종유 및 전협과 함께 중서성에서 근무하게 된 일을 노래한 것이다. 제목에서 '다시 차운한다(再次韻)'라고 했지만 첫 번째 차운한 시가 어느 것인지 알 수 없는데 풍응류의 《소식시집합주》에는 제목이 〈호완부와 전목공의 시에 차운으로 화답하여(次韻答完夫穆父)〉로 되어 있다.

[주석]

(1) 完夫(완부): 胡宗愈의 字. 〈次韻胡完夫〉(0931) 주 (1) 참조.

(2) 穆父(목보): 錢勰의 字. 〈次韻錢穆父〉(0932) 주 (1) 참조. 소식의 자주에 "두 분이 스스로 '선대가 함께 중서성에 계셨습니다'라고 말했다(二公自言: '先世同在西掖.')"라고 했는데, 馮應榴의 《蘇軾詩集合注》는 이 시를 〈次韻答完夫穆父〉라는 제목으로 卷26에 수록하고 "《송사》에 의하면 전언원은 우사간이 되었다가 기거사인으로 옮겼는데 전목보는 전언원의 아들이고, 호숙은 수기거주와 지제고를 역임했는데 그의 조카가 호종유이다. '선대가 함께 중서성에 계셨습니다'라고 한 것은 당연히 전언원과 호숙을 가리킨다(《宋史》: 錢彦遠爲右司諫, 遷起居舍人, 穆父, 彦遠子也. 胡宿修起居注, 知制誥, 從子宗愈. 所云'先世同在西掖', 當指彦遠與宿也)"라고 했다.

(3) 掖垣(액원): 東掖이라고도 하는 門下省과 西掖이라고도 하는 中書省을 통칭한다.

(4) 郎君(낭군): 귀한 집 자제를 일컫는 말. 호종유와 전협을 가리킨다.

(5) 並轡(병비): 고삐를 나란히 하다.

(6) 天街(천가): 도성의 거리.

(7) 絶塵(절진): 준마의 이름. 호종유와 전협을 가리킨다.

(8) 汗血(한혈): 준마의 이름.

(9) 夜光(야광): 夜光璧. 《史記·魯仲連鄒陽傳》에 "명월주와 야광벽을 밤에 길에서 사람들에게 던져 주면 검을 어루만지며 곁눈질하지 않는 사람이 없다고 들었습니다. 어째서 그렇겠습니까? 보물이 까닭 없이 눈앞에 떨어졌기 때문입니다(臣聞明月之珠, 夜光之璧, 以暗投人於道路, 人無不按劍相眄者. 何則? 無因而至前也)"라는 말이 있다. 이 연은 호종유와 전협처럼 뛰어난 능력을 타고난 사람이 조정의 인정을 받는 것은 당연한 일이라는 말이다.

(10) 西省(서성): 중서성을 가리킨다.

(11) 東坡(동파): 소식이 원풍 4년(1081) 2월에 黃州城 동쪽에 있는 황무지를 개간하여 만든 농장. 이듬해에 그는 자신의 호를 東坡居士라고 했다.

(12) 免使(면사): ~로 하여금 ~하게 하는 것을 면하다.

(13) 謫仙(적선): 하늘에서 폄적된 신선이라는 뜻으로 李白을 가리킨다. 그의 시 〈月下獨酌〉에 "술잔 들어 저 하늘의 밝은 달을 불러오고, 그림자를 마주하니 세 사람이 되었다(擧杯邀明月, 對影成三人)"라는 구절이 있다. 이 연은 이백과 달리 자신에게는 호종유와 전협이 있기 때문에 결코 외롭지 않다는 말이다.

0945. 和蔣發運(1)

발운사 장씨의 시에 화답하여

夜語翻千偈,(2)(3)	밤에 얘기하느라 게송 천 수를 토하더니
書來又一言.(4)	편지를 보내와서 또 한 마디 더 해 주네.
此身眞佛祖,(5)(6)	이 몸은 참으로 부처이거늘
何處不羲軒.(7)	어디 간들 복희씨와 헌원씨의 세상이 아니리?
船穩江吹坐,(8)	평온한 배엔 강물 소리가 자리로 전해 오고
樓空月入樽.	빈 누각엔 달이 술잔에 들어가겠네.
遙知思我處,(9)	멀리서도 알겠나니 내가 그리울 때면
醉墨在頹垣.(10)(11)	술에 취해 무너진 담에 시를 쓰겠네.

[해설]

진사 급제 동기인 장지기가 보내온 시에 화답한 것으로, 불도를 터득하여 세속적인 일에 관심을 두지 않고 초연하게 사는 그가 원시에서 소식이 무척 그립다고 한 것을 통하여 진한 우정을 느끼고 그 감회를 노래했다.

[주석]

(1) 蔣發運(장발운): 진사 급제 동기인 發運使 蔣之奇를 가리킨다. 장지기는 字가 穎叔으로 常州 宜興(지금의 강소성 의흥) 사람인데 소식을 위해 자기 고향인 의흥에다 은거할 땅을 물색해 주었다. 〈次

韻蔣穎叔〉(0831) 주 (1) 참조.

(2) 翻(번): 말이나 글을 거침없이 쏟아 내는 것을 가리킨다. 〈眉子石硯歌贈胡誾〉(0829) 주 (23) 및 〈金山妙高臺〉(0897) 주 (17) 참조.

(3) 偈(게): 불경 중에서 부처의 공덕과 교리를 찬송한 노랫말. 五胡十六國 때의 後秦 승려 鳩摩羅什은 스승에게 불경을 전수받아 날마다 게송을 천 수씩 낭송했다고 한다. 〈眉子石硯歌贈胡誾〉(0829) 주 (22) 참조.

(4) 書(서): 장지기가 보내온 原詩를 가리킨다.

(5) 此身(차신): 장지기를 가리킨다.

(6) 佛祖(불조): 부처님.

(7) 羲軒(희헌): 중국 상고시대의 제왕인 伏羲氏와 軒轅氏(즉 黃帝)의 병칭. 세속적인 걱정 없이 마음 편하게 살 수 있는 태평성세를 가리킨다. 陶淵明은 〈與子儼等疏〉에서 자신을 羲皇上人이라고 했다.

(8) 吹(취): 전하다. 보내다.

(9) 思我處(사아처): 나를 그리워할 때.

(10) 醉墨(취묵): 취한 상태에서 쓴 글씨.

(11) 頹垣(퇴원): 무너진 담.

0946. 送表弟程六[1]知楚州[2]

외사촌 동생인 정씨 집안 여섯째가 초주지주로 나가는 것을 전송하며

炯炯明珠照雙璧,[3]	반짝반짝 고운 진주가 쌍벽을 비췄나니
當年三老蘇程石.[4]	그 옛날의 세 원로는 소씨 정씨 석씨인데
里人下道避鳩杖,[5][6]	주민들은 구장을 피해 사잇길로 다녔고
刺史迎門倒凫舄.[7][8]	태수는 신을 거꾸로 신고 대문에서 맞이했지.
我時與子皆兒童,	당시에는 나와 그대 모두 다 아동이라
狂走從人覓梨栗.	사람들 따라 미친 듯 뛰어 배와 밤을 찾았는데
健如黃犢不可恃,	송아지처럼 튼튼한 것 믿을 것이 못 되나니
隙過白駒那暇惜.[9]	어느 겨를에 문틈을 지나는 흰 망아지를 애석해했으리?
醴泉寺古垂橘柚,[10]	오래된 예천사엔 귤과 유자 주렁지고
石頭山高暗松櫟.[11]	높다란 석두산엔 솔과 상수리나무 짙푸를 텐데
諸孫相逢萬里外,	손자들이 만 리 밖에서 서로 만나서
一笑未解千憂集.[12]	한 번 웃어 보건만 온갖 근심이 다 풀리진 않네.
子方得郡古山陽,[13]	그대는 이제 옛 산양의 태수가 되어
老手生風謝刀筆.[14][15][16]	노련가가 바람을 일으키며 글 쓰던 일을 그만두고
我正含毫紫微閣,[17][18]	나는 마침 붓을 물고 자미각에서
病眼昏花困書檄.[19][20]	침침한 병든 눈으로 조서 쓰느라 고달프네.
莫教印綬繫餘年,[21][22]	도장이 여생을 옭아매게 하지 말지니

去掃墳墓當有日.(23)	머지않아 돌아가서 산소를 돌봐야 할 터
功成頭白早歸來,	공을 이루고 머리가 세면 일찌감치 돌아와
共藉梨花作寒食.(24)(25)(26)	함께 배꽃을 깔고 앉아 한식을 쇠세.

[해설]

초주지주로 임명된 외사촌 동생 정지원을 전송하며 지은 것으로, 옛날에 고향에서 함께 지내던 일을 추억하고 앞으로 또 고향으로 돌아가서 함께 지내고 싶은 염원을 노래했다.

[주석]

(1) 程六(정륙): 정씨 집안 여섯째. 외사촌 동생인 程之元을 가리킨다.

(2) 楚州(초주): 지금의 강소성 淮安.

(3) 雙璧(쌍벽): 施元之의 《施注蘇詩》에 "소동파의 모친 성국태부인 정씨는 미산의 저명한 성씨였다. 그녀의 조카 정지재는 자가 정보인데 형제의 서열이 두 번째이고, 정지원은 자가 덕유인데 형제의 서열이 여섯 번째로 초주지주이며, 정지소는 자가 의숙인데 형제의 서열이 일곱 번째이다. 정보는 처음 소동파의 누나를 아내로 맞이했는데 일찍 죽는 바람에 노소공(소순)이 한탄스러운 일로 여겼으니 뒤의 〈次韻正輔江行見桃花〉(〈次韻正輔表兄江行見桃花〉(1417)를 가리키는 듯) 시의 주석에 보인다. 이 시의 첫 머리에서 '반짝반짝 고운 진주가 쌍벽을 비췄나니'라고 하고, 〈次韻送德孺漕江西〉(〈次前韻送程六表弟〉(1046))에서 또 '그대 집안 형제는 참으로 연벽이라'라고 한 것은 덕유와 의숙만 지칭한 것으로 더 이상 정보에 대하여 언급하지 않았으니 이는 묵은 원한 때문이었다(東坡母成國太夫人程氏, 眉山著姓. 其侄之才, 字正輔, 第二; 之元, 字德孺, 第六, 卽楚州也; 之邵, 字懿叔, 第七. 正輔初娶東坡女兄, 早亡, 老蘇公以爲恨事, 見後〈次韻正輔江行見桃花〉詩註. 此詩首云: '炯炯明珠照雙璧,' 〈次韻送德孺漕江西〉又云: '君家兄弟眞聯璧.' 獨指德孺·懿叔, 不復及正輔, 猶以舊怨故也)"라고 했다. 그리니 정씨 집인 형제들 가운데 두 명만 골라서 '쌍벽'이라고 한 것은 사리에 맞지 않는다. 이 구절은 다음 구절에서 말한 '三老' 가운데 가장 빛나는 사람이 다른 두 사람을 비추어 줌으로써 셋이 함께 빛을 발했다는 뜻인 것으로 보인다.

(4) 蘇程石(소정석): 王文誥의 《蘇軾詩集》에 "여기서는 창언 석양휴의 부친을 가리킨다. 뒤에 있는 '諸孫……'라는 구절을 보면 소씨는 바로 공의 조부인 궁부(蘇序)이고, 정씨는 바로 공의 외조부인 정문응이다(此指石揚休昌言之父也. 參觀後'諸孫'句, 蘇乃公祖宮傅, 程乃公外祖文應也)"라고 했다.

(5) 下道(하도): 작은 길. 샛길.

(6) 鳩杖(구장): 머리에 비둘기를 조각한 지팡이로 한나라 高祖가 노인들에게 하사했다. 한나라 고조가 項羽와 싸우다가 패배하여 풀숲으로 달아나자 항우가 그 뒤를 쫓아갔는데 마침 위에서 비둘기가 우는지라 새가 우는 것을 보니 사람이 없을 것이라고 생각하고 그쪽으로 쫓아가지

않음으로써 고조가 추격에서 벗어날 수 있었다. 황제가 된 뒤 비둘기를 기이한 새로 여긴 나머지 구장을 만들어서 늙은이들에게 하사했다.(《風俗通》 참조) 《漢書·禮儀志》에는 구장의 유래에 관한 이설이 기록되어 있다.(〈喜王定國北歸第五橋〉(0776) 주 (7) 참조) 이 구절은 마을 사람들이 三老의 권위를 인정하고 그들에게 길을 비켜 주었다는 말이다.

(7) 刺史(자사): 태수.

(8) 鳧舃(부석): 신. 후한 사람 王喬는 葉縣의 현령으로 있을 때 신선술을 부려서 매월 초하루와 15일에 두 차례씩 도성으로 천자를 뵈러 갔는데 그가 타고 온 수레가 보이지 않으므로 천자가 太史에게 몰래 지켜보라고 했다. 태사가 숨어서 살펴보자 그가 올 때 동남쪽에서 물오리 한 쌍이 날아오는지라 그물을 쳐서 잡아 보았더니 신발만 한 켤레 들어 있었다.(《後漢書·王喬傳》 참조) 여기서는 이 고사를 인용함으로써 해학적인 맛을 냈을 뿐 물오리와는 무관하다. 이 구절은 태수가 삼로를 매우 반갑게 맞이했다는 말이다.

(9) 隙過白駒(극과백구): 문틈으로 휙 지나가는 흰 망아지. 빠른 속도로 지나가는 세월을 가리킨다. 《莊子·知北遊》에 "사람이 천지간에 사는 것은 마치 흰 망아지가 틈바구니를 지나가는 것과 같아서 순식간에 끝난다(人生天地之間, 若白駒之過隙, 忽然而已)"라고 했다. 이 구절은 그동안 시간 가는 줄 모르고 정신없이 살았는데 돌이켜보니 벌써 몇 십 년이 한순간처럼 휙 지나갔다는 말이다.

(10) 醴泉寺(예천사): 眉州의 예천산에 있던 절. 査愼行의 《蘇詩補註》에 "예천은 미주에 있는 산의 이름이다(醴泉, 眉州山名)"라고 했다.

(11) 石頭山(석두산): 사신행의 《소시보주》에 "《眉山縣志》를 살펴보니 미주에 석불산은 있지만 석두산은 없다. 선생의 시 〈寄子由〉에 '어디에다 농사지을 밭을 사 놨나? 석불산 앞에 있는 길옆이라네'라고 했으니, '頭'자는 '佛'자로 써야 하는 것이 아닐까 싶다(考《志》: 眉州有石佛山, 無石頭山. 先生〈寄子由〉詩云: '買田向何許, 石佛山前路.' '頭'字疑當作'佛'字)"라고 했는데, 소식의 시 〈罷徐州, 往南京, 馬上走筆寄子由五首〉(0619) 其五에 "어디에다 농사 지을 땅을 정했나? 석불산 남쪽의 길옆이라네(卜田向何許, 石佛山南路)"라는 구절이 있다.

(12) 集(집): '積'으로 된 판본도 있는바, 이 시와 같은 韻字로 지은 〈次前韻送程六表弟〉(1046)에도 '積'으로 되어 있다.

(13) 古山陽(고산양): 초주를 가리킨다. 시원지의 《시주소시》에 "《구당서·지리지》에 의하면 초주는 본래 강도군의 산양 땅이었다(《唐·地理志》: 楚州本江都郡之山陽地)"라고 했다.

(14) 老手(노수): 노련가. 숙련가.

(15) 生風(생풍): 바람을 일으키듯 민첩하다는 말이다.

(16) 刀筆(도필): 필기도구를 가리킨다. 옛날에는 공문서를 작성하는 관리가 붓으로 竹簡이나 목간에다 기록하기도 하고 잘못된 글자를 칼로 도려내기도 했기 때문에 '刀筆'이 공문서를 작성하는 직책 또는 그것을 담당하는 관리를 가리키기도 했다.

(17) 含毫(함호): 붓을 입에 물고 문서 작성을 구상하는 것을 가리킨다.

(18) 紫微閣(자미각): 中書省을 가리킨다. 이 구절은 당시에 소식이 中書舍人이 되어서 詔書를 작성

하고 있었다는 말이다.

(19) 昏花(혼화): 눈이 침침한 것을 가리킨다.

(20) 檄(격): 격문. 여기서는 조서를 가리킨다.

(21) 教(교): ~로 하여금 ~하게 하다.

(22) 印綬(인수): 도장과 인끈. 관직을 가리킨다.

(23) 有日(유일): 기한이 있다. 오래지 않다.

(24) 藉(자): 깔고 앉다.

(25) 作(작): 명절을 쇠다.

(26) 寒食(한식): 동지가 지난 뒤 105일째 되는 날로 양력 4월 5일경에 드는데, 이날 조상의 산소를 찾아가 성묘하는 풍속이 있다. 이 연은 자신이 먼저 고향에 돌아가서 기다리고 있을 테니 정지원도 어서 돌아와서 함께 지내자고 당부한 것이다.

0947. 和人[1]假山[2]

목가산을 노래한 다른 사람의 시에 화답하여

上黨攙天碧玉環,[3][4] 하늘을 찌르는 상당산을 벽옥이 에워쌌고
絶河千里抱商顔.[5] 천 리나 되는 먼 강이 상안산을 안았구나.
試觀烟雨三峰外,[6] 안개비 속의 세 봉우리 너머를 한번 봤더니
都在靈仙一掌間. 모두가 다 신선의 손바닥 위에 있구나.
造物何如童子戱, 조물주가 어찌 애들처럼 장난을 쳤나?
寫眞聊發使君閑.[7][8] 그 모습을 그리며 그럭저럭 태수의 여가를 보내나니
何當挈取西征去,[9][10] 언제나 들고 서쪽으로 가 그림을 그려
畫作圍牀六曲山.[11] 침대에 두를 여섯 굽이의 산으로 만들려나?

[해설]

어떤 사람이 가산을 읊은 시를 보고 그것에 화답하여 지은 것으로, 가산을 보면서 연상되는 유명한 산들의 웅장한 모습을 상상하는 형식으로 가산의 모양을 상세하게 묘사한 후 그것을 가지고 고향으로 돌아가 은거하고 싶은 심경을 토로했다.

[주석]

(1) 人(인): 蘇轍의 시 〈次韻發運路昌衡淮南見山堂〉도 이 시와 똑같은 韻字를 같은 순서로 사용한 것을 보면, 발운사로 재임 중이던 노창형을 가리키는 것으로 보인다.

(2) 假山(가산): 산 모양으로 생긴 고목의 그루터기, 즉 木假山. 蘇洵이 고향에 있을 때 세 개의 산봉우리 모양으로 생긴 고목의 그루터기가 강물 위에 떠다니는 것을 보고 집으로 가져와 관상용으로 꾸며 놓은 것이다. 소순은 개봉으로 갈 때 그것을 가지고 갔을 정도로 목가산에 대한 애착이 대단했다. 그의 〈木假山記〉에 목가산을 얻게 된 경위와 그것에 대한 그의 남다른 감회가 밝혀져 있다. 2002년 8월에 직접 답사해 본바, 사천성 眉山에 있는 三蘇祠에 木假山堂이 있는데 대청 한가운데에 세 개의 산봉우리 모양으로 생긴 커다란 나무뿌리가 마른 상태로 진열되어 있었다. 안내문에 위하면 원래의 목가산은 없어진 지 오래되었고 지금의 목가산은 청나라 도광 12년(1832)에 眉山書院의 훈장이던 李夢蓮이 岷江 가에서 비슷한 것을 발견하고는 얼른 구입하여 갖다 놓은 것이라고 했다. 그리고, 그 앞 처마 밑의 높직한 콘크리트 받침대 위에도 또 다른 세 산봉우리 모양의 나무뿌리가 하나 얹혀 있는데, 콘크리트 받침대에는 물이 조금 고여 있고 그 위에 놓인 나무뿌리에 여기저기 이끼와 풀이 나 있음은 물론 나무뿌리 옆에 작은 대나무까지 자라고 있어서 수시로 물을 주고 있음을 알 수 있었다. 〈和子由木山引水二首〉(0128) 주 (1) 참조.

(3) 上黨(상당): 王十朋의 《百家註分類東坡先生詩》에 "상당은 노부이다. 여기서는 태항산을 말한다(上黨, 潞府也. 此言太行山)"라고 했고, 《太平寰宇記》에 "오룡산은 본래 이름이 상당산인데 그 산에 소나무와 측백나무가 하늘을 찌른다(五龍山, 本名上黨山, 其山松柏參霄)"라고 했다.

(4) 碧玉(벽옥): 푸른 강을 가리킨다.

(5) 商顔(상안): 상안산. 商山의 별칭. 섬서성 商州 동남쪽에 있는 산으로 秦나라 말기에 商山四皓가 은거한 곳이다.(魏嵩山 主編, 《中國歷史地名大辭典》, 廣東教育出版社, 1995년 제1판, 1040-1041쪽 참조) 이 두 구절은 목가산을 각각 상당산과 상안산에 빗대어 본 것이다.

(6) 三峰(삼봉): 楊敬之의 〈華山賦〉에 "비가 막 개자 세 봉우리가 삐죽삐죽 솟아 있다(天雨初霽, 三峰相差)"라는 구절이 있다. 이 연은 水盤 위에 놓여 있는 목가산을 보면서 서악 화산을 떠올린 것이다.

(7) 寫眞(사진): 실제의 모습을 그리다.

(8) 使君(사군): 태수. 소식 자신을 가리킨다. 이 연은 자신이 한가한 시간에 아이들이 장난으로 흙을 빚어 만든 것처럼 기이한 모양의 목가산을 그려 봄으로써 향수를 좀 달랜다는 말이다.

(9) 何當(하당): 언제.

(10) 西征(서정): 서쪽으로 가다. 서쪽에 있는 소식의 고향으로 가는 것을 가리킨다.

(11) 六曲山(육곡산): 여섯 폭의 병풍에 그려진 산을 가리킨다. 이 연은 목가산을 그린 여섯 폭짜리 병풍을 침대 주위에 둘러놓은 채 고향에서 살고 싶다는 말이다.

0948. 送王伯歇[1]守虢[2]

괵주지주로 나가는 왕백양을 전송하며

華山東麓秦遺民,[3][4]	화산 동쪽 기슭의 진나라 유민들이
當時依山來避秦.	당시에 산에 의지해 진나라 난리를 피한 곳
至今風俗含古意,	지금도 풍속이 예스러운 멋을 지니고 있고
柔桑綠水招行人.	연한 뽕잎과 푸른 물이 행인들을 부르지요.
行人掉臂不回首,[5]	행인들은 팔 흔들며 뒤도 돌아보지 않고
爭入崤函土囊口.[6][7]	효산과 함곡의 흙주머니로 앞다투어 들어가는데
惟有使君千里來,[8]	오로지 태수만이 천 리 밖으로 와서
欲飮三堂無事酒.[9][10]	삼당에서 일 없이 술이나 마시려 하겠네요.
三堂本來一事無,	삼당에는 본래부터 아무 일도 없으니
日長睡起聞投壺.[11]	해 높이 떴을 때 일어나면 투호 소리 들리겠고
牀頭硯石開雲月,[12]	침대맡의 벼루에는 구름 속의 달이 있고
澗底松根斸雪腴.[13]	계곡 바닥의 솔뿌리에선 눈 같은 복령을 캐겠네요.
山棚盜散人安寢,[14]	산붕 도적이 흩어져 버려 사람들이 편히 자고
勸買耕牛發陳廩.[15][16]	소를 사라 권하며 묵은 창고를 열 터
歸來只作水衡卿,[17]	돌아와서 수형경이 되기만 하면
我欲攜壺就君飮.	술병 들고 찾아가서 함께 마시고 싶네.

[해설]

괵주지주로 부임할 왕백양을 전송하면서 지은 것으로, 괵주의 자연환경과 그곳 백성들의 생활상을 상상하고 머릿속으로 왕백양의 일상생활를 그려 보면서 그에게 선정을 베풀고 돌아올 것을 당부했다.

[주석]

(1) 王伯敭(왕백양): 施元之의 《施注蘇詩》에는 "왕백양은 이름이 정로이다(王伯敭, 名廷老)"라고 했고, 〈次韻王廷老和張十七九日見寄二首〉(0581)에 대한 查愼行의 주에는 왕정로가 "이름이 백양이며 벼슬이 괵주태수에 이르렀다(名伯敭, 官至虢州守)"라고 했다.

(2) 虢(괵): 괵주. 지금의 하남성 靈寶.

(3) 華山東麓(화산동록): 괵주를 가리킨다.

(4) 秦遺民(진유민): 진나라의 피난민을 가리킨다. 《事實類苑·華陰隱人》에 "화산 남쪽에 강이 있는데 넓이가 수백 리에 달하고 연이은 산의 동굴이 끝이 없다.……진나라 피난민들이 이곳에 살았다(華山南有川, 廣袤數百里, 連山洞壑, 不知其極.……秦人避難者居此)"라고 했다.

(5) 掉臂(도비): 팔을 흔들다. 뒤도 돌아보지 않고 가 버린다는 말이다. 《史記·孟嘗君傳》에 "그대는 유독 저 시장에 가는 사람들을 보지 못했습니까? 날 밝은 아침에는 어깨를 옆으로 돌려 가며 다투어 문으로 들어가지만, 해가 저문 뒤에는 시장을 지나가는 사람들이 팔을 흔들며 뒤도 돌아보지 않고 가 버립니다. 이것은 아침을 좋아하고 저녁을 싫어하기 때문이 아니라 기대하는 물건이 거기에 없기 때문입니다(君獨不見夫趣市朝者乎? 明旦, 側肩爭門而入; 日暮之後, 過市朝者掉臂而不顧. 非好朝而惡暮, 所期物忘其中)"라는 말이 있다.

(6) 崤函(효함): 崤山과 函谷. 하남성 洛寧 북쪽에 위치한 효산은 동효산과 서효산으로 나누어져 있는데 산세가 몹시 가팔라 그 사이에 있는 함곡은 마치 상자 속과 같다. 이곳에 있는 함곡관은 원래 秦나라 때 하남성 靈寶에 설치했는데 한나라 때 동쪽으로 300리가량 떨어진 하남성 新安으로 옮겼다.

(7) 土囊口(토낭구): 흙을 담는 주머니의 주둥이. 가파르고 험준한 지형을 가리킨다.

(8) 使君(사군): 태수. 괵주지주 왕백양을 가리킨다.

(9) 三堂(삼당): 당나라 때 괵주자사의 관사에 있던 정원. 韓愈에게 〈和虢州劉給事使君三堂新題二十一詠幷序〉라는 시가 있고, 賈島에게 〈題虢州三堂吳郎中〉이라는 시가 있다.

(10) 無事酒(무사주): 일이 없어서 마시는 술. 한유의 시 〈和虢州劉給事使君三堂新題二十一詠幷序〉에 "유형이 급사중에서 이 고을의 자사로 나와 재임한 지 한 해가 지났을 때 직무가 정리되고 백성들의 생활이 안정되자 고을에서 일이 없다고 칭송했다(劉兄自給事中出刺此州, 在任逾歲, 職修人治, 州中稱無事)"라고 했다. 이상의 네 구절은 외지인들은 너도나도 괵주로 찾아가서 함곡관의 절경을 구경하려고 할 것이고, 그것을 이미 익히 보아 온 그곳 태수 왕백양은 무사태평을 구가하며 술이나

즐길 것이라는 뜻인 것 같다.

(11) 投壺(투호): 일정한 거리에서 화살을 던져 병 속에 많이 넣는 것으로 승부를 가리는 놀이.

(12) 雲月(운월): 벼루 만드는 돌에 있는 무늬를 가리킨다. 王十朋의 《百家註分類東坡先生詩》에 "괵주에는 월석 연병(먹물이 튀는 것을 막기 위하여 벼루 주위에 치는 작은 병풍)과 복령이 난다(虢出月石硯屛幷茯苓)"라고 했다.

(13) 雪腴(설유): 눈처럼 하얀 松腴 즉 茯苓.

(14) 山棚(산붕): 당나라 때 洛陽 서남쪽의 산악 지대에 거주하던 민간인의 무리. 그 사람들은 일정한 주거가 없이 여기저기로 떠돌아다니며 사냥을 생업으로 삼았다. 왕십붕의 《백가주분류동파선생시》에 "하남의 여주·괵주 주민들은 한데 뭉쳐서 도적질을 했는데 이들을 산붕이라고 했다(河南汝·虢深山居民, 團結爲盜, 謂之山棚)"라고 했다. 이 구절은 왕백양이 괵주지주로 부임하면 그 고을의 치안이 바로잡힐 것이라는 말이다.

(15) 買耕牛(매경우): 밭을 갈 소를 사다. 漢나라 사람 龔遂는 渤海 태수로 부임하여 백성들이 칼을 차고 다니는 것을 보고 "어찌하여 소와 송아지를 차고 다니는가?"라고 하며 큰 칼을 팔아 소를 사고 작은 칼을 팔아 송아지를 사게 했다.(《한서·공수전》 참조)

(16) 陳廩(진름): 묵은 곡식을 쌓아 놓은 창고. 이 구절은 백성들에게 곡식을 나누어 준다는 말이다.

(17) 水衡卿(수형경): 한나라 때 황실 동산인 上林苑의 관리와 조세 징수 및 화폐 주조를 담당하던 관직인 水衡都尉·水衡丞 등을 가리킨다. 공수가 발해태수로 나가 선정을 쌓고 돌아오자 황제가 그를 수형도위에 임명했다.

0949. 道者院[1]池上作

도자원의 연못가에서

下馬逢佳客, 말에서 내려 반가운 손님을 만나
攜壺傍小池. 병을 들고 조그만 연못으로 다가갔네.
淸風亂荷葉, 바람이 불어 연잎이 어지러이 흔들리고
細雨出魚兒. 가랑비가 내려서 물고기가 나왔네.
井好能冰齒, 우물물이 좋아서 이가 다 얼 것 같고
茶甘不上眉.[2] 차가 달아 눈썹이 찡그려지지 않네.
歸途更蕭瑟,[3] 돌아가는 길은 더욱 서늘할 테니
眞個解催詩.[4][5] 참으로 입에서 시가 절로 나오겠네.

[해설]

개봉에 있는 도자원이라는 절의 연못가에서 그곳에 있는 좋은 우물의 물로 끓인 차를 마시면서 그 감회를 노래한 것이다.

[주석]

(1) 道者院(도자원): 開封에 있던 절. 《汴京遺迹志》에 "도자원은 정주문 밖 5리 되는 곳에 있다(道者院, 在鄭州門外五里)"라고 했다.

(2) 上眉(상미): 눈썹을 찡그리다. 이 구절은 차가 너무 떫어서 눈썹이 찡그려지는 일이 없다는 말이다.

(3) 蕭瑟(소슬): 시원하다.

(4) 眞個(진개): 참으로.

(5) 解催詩(해최시): 시 짓기를 재촉할 줄 알다. 절로 시상이 떠오르게 한다는 말이다.

0950. 次韻子由[1]送千之[2]姪

천지 조카를 전송한 자유의 시에 차운하여

江上松楠深復深,	강가의 소나무 녹나무는 깊디깊을 것이고
滿山風雨作龍吟.	온 산의 비바람은 용의 소리를 내리.
年來老幹都生菌,	몇 년 사이에 늙은 줄기엔 버섯이 돋고
下有孫枝欲出林.[3]	그 밑에 난 손자 가지는 숲 위로 솟으려 하리.
白髮未成歸隱計,[4]	나는 머리가 허옇도록 귀향 계책 못 이뤘지만
靑衫儻有濟時心.[5][6][7]	너는 푸른 적삼 입은 채 제세의 마음을 가질 터
閉門試草三千牘,[8]	문을 꽁꽁 닫아걸고 동방삭처럼 삼천 개의 간독을 초안해 보게
仄席求人少似今.[9]	임금님이 자리를 기울이며 인재를 찾아봐도 인재가 적기는 고금이 마찬가지니.

[해설]

사촌 형 소불기의 아들인 소천지를 전송하며 지은 소철의 시에 차운한 것으로, 한편으로 고향을 그리워하며 자신의 신세를 돌아보고 한편으로 소천지를 격려했다.

[주석]

(1) 子由(자유): 소식의 동생 蘇轍의 字.

(2) 千之(천지): 소식의 오촌 조카. 査愼行의 《蘇詩補註》에 "소천지 형제는 다섯 명으로 동파의 사촌형 소불기의 아들이다(千之兄弟五人, 東坡同祖兄不欺之子也)"라고 했고, 王文誥의 《蘇軾詩集》에 "소식 문집 속의 〈與李端伯寶文〉에 '어린 조카가 처음으로 관직에 나아가 그대의 휘하에 있을 수 있게 되었습니다'라고 했는데 이단백이 당시에 익주(지금의 사천성 成都)지주로 부임하게 되었으니 이것은 소천지가 관직을 맡아 서쪽으로 돌아간 것이다(本集〈與李端伯書〉: '小姪千之初官, 得在麾下.' 考端伯時知益州, 是千之以官西歸也)"라고 했다.

(3) 孫枝(손지): 가지에서 다시 돋아난 새 가지. 고향에 있는 오래된 나무의 새 가지를 가리키면서 비유적으로 소천지를 가리킨다.

(4) 歸隱計(귀은계): 전원으로 돌아가 은거할 계책.

(5) 靑衫(청삼): 푸른색 적삼. 唐나라 때 8품·9품의 하급 관리가 입던 관복. 미관말직을 가리킨다.

(6) 儻(당): 아마도.

(7) 濟時(제시): 세상을 구제하다. 濟世하다.

(8) 牘(독): 簡牘. 죽간 또는 목간. 《史記·滑稽傳》에 "東方朔은 처음으로 장안에 들어갔을 때 公車를 찾아가 상소문을 올렸는데 모두 3천 개의 간독을 썼다. 공거에서 두 사람에게 그 상소문을 들게 하여 겨우 옮길 수 있었다. 임금님이 상방에 가서 상소문을 읽다가 휴식할 때마다 표시를 해 가며 두 달 동안 읽고 나서야 끝났다(朔初入長安, 至公車上書, 凡用三千奏牘. 公車令兩人共持擧其書, 僅然能勝之. 人主從上方讀之, 止, 輒乙其處, 讀之二月乃盡)"라고 했다.

(9) 仄席(측석): 자리를 기울이다. 임금이 훌륭한 신하의 말을 귀 기울여 듣는 것을 가리킨다. 이 연은 예나 지금이나 인재는 늘 찾기 어려운 법이니 동방삭처럼 정성을 다해 노력하면 소천지에게도 영달의 기회가 올 것이라고 그를 격려해 준 것으로 보인다.

0951. 題文與可[1]墨竹[2]并敍

문여가의 묵죽에 쓴 시와 그 서문

故人文與可爲道師[3]王執中[4]作墨竹, 且謂執中: "勿使他人書字, 待蘇子瞻[5]來, 令作詩其側." 與可旣沒八年, 而軾始還朝, 見之, 乃賦一首.(친구 문여가가 덕망 높은 도사 왕집중을 위해 묵죽을 그려 주고 또 왕집중에게 "다른 사람에게 글자를 쓰게 하지 마시고 소자첨이 오기를 기다렸다가 그에게 그 옆에다 시를 쓰게 하시오"라고 했다. 문여가가 죽은 지 이미 8년이 되어서야 내가 비로소 조정으로 돌아와서 그것을 보고 시 한 수를 읊는다.)

斯人定何人,[6]	이 사람은 도대체 어떤 사람이어서
游戲得自在.[7][8]	자재로이 마음대로 놀 수 있었나?
詩鳴草聖餘,[9][10]	시로 울고 초서의 성인도 된 뒤
兼入竹三昧.	아울러 대나무의 삼매경에도 들었네.
時時出木石,	때때로 나무와 돌도 그려 냈는데
荒怪軼象外.[11]	괴이하여 세속을 초월하였네.
擧世知珍之,	온 세상이 그것을 보배롭게 여길 줄 알았지만
賞會獨予最.[12]	진가를 알기로는 유독 내가 최고였네.
知音古難合,[13]	지음이란 예로부터 만나기 어렵거늘
奄忽不少待.[14]	너무 급해 조금도 기다리지 않았네.
誰云生死隔,	누가 산 자와 죽은 자가 떨어졌다 하는가
相見如龔隗.[15]	공씨와 외소처럼 만나기도 하거늘?

[해설]

지금은 고인이 된 사촌 형 문동이 도사 왕집중에게 대나무 그림을 그려 주면서 부탁한 말에 따라 그의 그림에 쓴 제화시이다.

[주석]

(1) 與可(여가): 소식의 사촌 형으로 북송 때의 유명한 화가였던 文同의 字. 그는 대나무 그림을 특히 잘 그려 文湖州竹派라는 畫派를 이루었다. 소식은 그의 화풍에 큰 영향을 받았다.

(2) 墨竹(묵죽): 먹으로 그린 대나무 그림.

(3) 道師(도사): 도교적 修行이 깊은 사람에 대한 경칭.

(4) 王執中(왕집중): 구체적인 행적이 알려져 있지 않다.

(5) 子瞻(자첨): 소식의 字.

(6) 定(정): 도대체.

(7) 得(득): ~할 수 있다.

(8) 自在(자재): 일체의 속박에서 벗어나 자유자재로 행동하다.

(9) 詩鳴(시명): 시로써 울다. 시를 짓는 것을 가리킨다. 韓愈의 〈送孟東野序〉에 "모든 사물은 다 평형을 이루지 못하면 운다.……동야 맹교는 처음으로 시로써 울었다(大凡物不得其平則鳴.……孟郊東野始以其詩鳴)"라고 했다.

(10) 草聖(초성): 草書의 성인. 초서에 매우 뛰어난 사람을 이르는 말이다. 한나라 사람 張芝와 당나라 사람 張旭이 초성이라고 불렸다. 소식은 〈文與可畫墨竹屛風贊〉에서 "문여가의 문장은 그가 덕을 닦고 남은 찌꺼기요, 문여가의 시는 그 문장의 털끝이며, 시로도 재주를 다 드러내지 못하는지라 그것이 넘쳐서 글씨가 되고 그것이 변하여 그림이 되었으니 모두 시의 잔재인데 그의 시와 문장은 좋아하는 사람이 더 적다. 그런데 그의 그림을 좋아하는 것만큼 그의 덕을 좋아하는 사람이 있는가? 슬프도다!(與可之文, 其德之糟粕; 與可之詩, 其文之毫末; 詩不能盡, 溢而爲書, 變而爲畫, 皆詩之餘, 其詩與文, 好者益寡. 有好其德如好其畫者乎? 悲夫!)"라고 하여, 문동이 문장·시·글씨·그림에 다 뛰어났다고 했다.

(11) 象外(상외): 物象의 바깥. 세속의 바깥. 물외.

(12) 賞會(상회): 감상하고 알아보다.

(13) 知音(지음): 鍾子期가 伯牙의 거문고 소리를 잘 알아들은 데서 비롯되어 자신을 잘 알아주는 知己를 가리키는데 여기서는 의미가 더 확대되어 예술 작품의 가치를 알아주는 사람을 가리킨다.

(14) 奄忽(엄홀): 빠르다. 신속하다. 이 구절은 문동이 일찍 죽었다는 말이다.

(15) 龔隗(공외): 龔氏와 隗炤. 둘 다 《周易》에 능하여 점을 잘 쳤다. 晉나라 사람 외소는 《주역》에 아주 능하여 점을 잘 쳤는데 그가 죽기 전에 자기 아내에게 자기가 죽고 난 뒤에 심한 기근이 닥칠 텐데 아무리 어려워도 집을 팔지 말라고 했다. 그리고 그로부터 5년 뒤에 龔氏 성을 가진 使者가 어명을 전하러 와서 이 정자에 머물 텐데 그 사람이 나에게 빌려 간 돈이 있으니 받으라고 했다. 외소가 말한 때가 되자 과연 공씨 성을 가진 사람이 찾아와서 이 정자에 머무는지라 외소의 아내가 사실대로 이야기했더니 그가 점을 쳐 보고는, 자기가 외소에게 돈을 빌린 것이 아니라 외소가 이런 일에 대비하여 자기 금 500근을 묻어 둔 것이라며 그 장소를 알려 주었다. 외소의 아내가 공씨가 가르쳐 준 곳을 파 보았더니 과연 그의 말이 맞았다.(《진서·외소전》 참조) 이

연은 살아 있는 공씨가 죽은 외소의 속마음을 잘 간파한 것처럼 자신도 이미 죽은 문동의 畫意를 잘 안다는 말이다.

0952. 次韻錢舍人[1]病起

중서사인 전씨가 병상에서 일어나 지은 시에 차운하여

牀下龜寒且耐支,[2]	침상 밑의 거북이가 추워도 참고 버텼나니
杯中蛇去未應衰.[3]	술잔 속의 뱀이 사라져 쇠약해질 리 없겠네.
殿門明日逢王傅,[4]	궁전 문에서 내일이면 왕의 태부를 만날 터
櫑具爭先看不疑.[5][6]	뇌구검 찬 전불의를 앞다투어 보겠네.
坐覺香烟攜袖少,[7][8]	소매에 밴 향 내음이 적다는 느낌이 절로 들고
獨愁花影上廊遲.[9]	꽃 그림자가 낭하에 오르는 게 느리다고 혼자 걱정했겠네.
何妨一笑千痾散,	한 번 웃어 온갖 병을 흩어 버리는 것이 어떠리?
絶勝倉公飮上池.[10][11]	창공이 이슬로 약 먹는 것보다 훨씬 나으리.

[해설]

중서사인인 전협이 병을 앓고 난 뒤에 지은 시에 차운한 것으로, 각종 전고를 사용하여 병이 나은 전협의 모습을 상상하며 해학적으로 묘사했다. 이지의(李之儀)에게도 똑같은 운자를 같은 순서로 쓴 〈오월 초하루(五月旦日)〉이라는 시가 있는바, 전협이 이지의의 시에 차운했거나 두 사람이 동시에 같은 운자로 지었을 것이다.

[주석]

(1) 錢舍人(전사인): 中書舍人으로 재임 중인 錢勰을 가리킨다. 施元之의 《施注蘇詩》에 "전사인은 바

로 전목보로 당시 중서사인이었다(錢舍人, 即穆父, 時爲中書舍人)"라고 했고, 馮應榴의 《蘇軾詩集合注》에 "《續資治通鑑長編》에 '원우 원년(1086) 4월에 중서사인 전협이 천장각대제를 맡았고, 9월에 급사중이 되었다'라고 했으니, 동파선생이 이 시를 지었을 때는 전목보가 아직 관직을 바꾸지 않았다(《續通鑑長編》: '元祐元年四月, 中書舍人錢勰充天章閣待制, 九月爲給事中.' 先生作詩時, 穆父尙未改官也)"라고 했다.

(2) 牀下龜(상하귀): 침상 밑에서 침상을 받치는 거북이. 남방의 한 노인이 거북이를 가지고 침상의 다리를 받쳤는데 20여 년 뒤에 그 노인이 죽어서 침상을 옮기노라니 거북이가 아직도 살아 있었다. 호흡법으로 먹지 않고도 살아갈 줄 알았던 것이다.(《史記·龜策傳》 참조) 이 구절은 전협이 썰렁한 방에서 힘들게 병마와 싸웠다는 말이다.

(3) 杯中蛇(배중사): 술잔에 비친 활이라는 뜻으로 병의 원인을 가리킨다. 〈書劉君射堂〉(0862) 주 (7) 참조.

(4) 王傅(왕부): 왕의 太傅. 한나라 賈誼는 대신들의 질시를 받아 長沙王의 태부로 폄적되었다가 다시 梁王의 태부로 옮겼다. 杜甫의 시 〈題鄭十八著作丈故居〉에 "가생은 올빼미를 보고 장사왕 태부인 걸 슬퍼했고, 소무는 양을 치며 도적의 뜰에 갇혀 있었네(賈生對鵩傷王傅, 蘇武看羊陷賊庭)"라는 구절이 있다. 여기서는 전협을 가리킨다.

(5) 檑具(뇌구): 옛날 長劍의 이름. 漢나라 때 渤海 사람 雋不疑는 《春秋》에 정통하여 명성이 높았다. 武帝 말에 暴勝之가 直指使者가 되어 발해에 갔을 때 전불의를 불렀더니 그가 進賢冠을 쓰고 복장을 갖출 대로 다 갖춘 뒤 뇌구검을 차고 포승지를 찾아갔다. 문지기가 그에게 검을 내려놓으라고 하자 전불의가 "검은 군자가 일신을 보호하기 위해 지니고 다녀야 할 무기이기 때문에 내려놓을 수 없소이다. 검을 차는 것이 허락되지 않는다면 물러가겠소이다"라고 했다. 문지기가 포승지에게 이 사실을 알리자 그냥 들여보내라고 했다.(《한서·전불의전》 참조) 이 연은 전협이 오랫동안 병상에 누워 있다가 내일 처음으로 출근하게 되면 많은 동료들이 서로 그를 보고 싶어 할 것이라는 말이다.

(6) 不疑(불의): 전불의. 전협을 가리킨다. 주 (5) 참조.

(7) 坐(좌): 자연히. 저절로.

(8) 香烟(향연): 황궁에 피운 향의 연기를 가리킨다. 이 구절은 전협이 조회에 참석하지 않아서 옷에 향내가 배지 않았다는 말이다. 두보의 시 〈奉和賈至舍人早朝大明宮〉에 "조회 끝나자 향 연기가 소매에 가득 배어 있고, 시가 다 되자 주옥이 휘두르는 붓에 있네(朝罷香烟攜滿袖, 詩成珠玉在揮毫)"라는 구절이 있다.

(9) 花影上廊(화영상랑): 해가 기울어져서 꽃나무의 그림자가 낭하 위에까지 뻗는 것을 가리킨다. 이 구절은 하루해가 몹시 길게 느껴졌을 것이라는 말이다. 王安石의 시 〈春夜〉에 "봄빛이 사람을 괴롭혀 잠을 이루지 못하는데, 달님이 꽃 그림자를 옮겨 난간 위로 올려놓네(春色惱人眠不得, 月移花影上欄杆)"라는 구절이 있다.

(10) 倉公(창공): 한나라 때의 名醫 淳于意. 그는 齊나라의 太倉令을 지냈기 때문에 창공이라고 불렸다. 여기서는 扁鵲을 가리킨다. 편작은 젊을 때 다른 사람의 사랑방을 관리해 주었는데 손님 중에 長桑

君이라는 사람이 있었다. 편작은 장상군이 奇人임을 간파하고 그를 늘 공경스럽게 대했고 장상군도 편작이 보통 사람이 아니라고 생각했다. 어느 날 장상군이 편작에게 약을 하나 주면서 땅에 떨어지기 전의 이슬을 받아서 그 약을 먹으면 30일 뒤에 세상 만물이 훤히 보일 것이라고 했다. 편작이 장상군의 말대로 했더니 담장 저편에 있는 사람이 다 보였다. 이리하여 편작은 五臟의 병든 부위를 한눈에 알아보았다.(《史記·扁鵲倉公傳》 참조) 그런데 王十朋의 《百家註分類東坡先生詩》에 "이제 시에서 '창공'이라고 한 것은 순우의로 잘못 생각한 것이다(今詩言'倉公', 誤以爲淳于意)"라고 한 바와 같이, 소식이 편작을 순우의로 착각한 것일 수도 있고, 순우의를 편작에 비유한 것일 수도 있다.

(11) 上池(상지): 땅에 떨어지기 전에 하늘에서 받은 이슬 또는 대나무 위에서 받은 이슬을 가리킨다. 이 연은 즐겁게 사는 것이 좋은 약을 먹는 것보다 낫다는 말이다.

0953. 次韻和王鞏[1]

차운으로 왕공의 시에 화답하여

謫仙竄夜郎,[2][3]	적선은 야랑으로 유배되었고
子美耕東屯.[4][5]	두자미는 동둔에서 농사를 지었나니
造物豈不惜,	조물주가 어찌 이들을 아끼지 않았으리?
要令工語言.[6]	이들에게 멋진 말을 하게 하려 한 것이네.
王郎年少日,[7]	왕선생은 젊을 적에
文如甁水翻.[8]	병의 물이 쏟아져 나오듯 글을 잘 지었는데
爭鋒雖剽甚,[9]	맞붙어서 참으로 용감하게 싸웠지만
聞鼓或驚奔.	북소리 듣고 놀라서 달아나기도 했네.
天欲成就之,[10]	하늘이 이것을 완전하게 하려고
使觸羝羊藩.[11]	숫양에게 울타리를 들이받게 했나니
孤光照微陋,[12][13]	외로운 빛이 하찮은 땅을 비추어
耿如月在盆.	물동이 속의 달처럼 훤하게 빛났겠네.
歸來千首詩,	폄적에서 돌아오자 천 수의 시가
傾瀉五石樽.[14]	다섯 섬들이 술통을 쏟은 격이니
却疑彭澤在,[15]	도팽택이 살아 있나 의심스럽고
頗覺蘇州煩.[16]	위소주가 번민할 듯한 느낌이 많이 드네.
君看騶忌子,[17]	그대는 추기자가 맑은 소리를

廉折配春溫.(18) 봄날처럼 온화한 소리와 짝지은 걸 보았을 터
知音必無人,(19) 소리를 알아주는 사람이 없어
壞壁挂桐孫.(20) 오동나무 거문고를 벽에 걸어 두었겠네.

[해설]

친구 왕공의 시에 화답한 것으로, 그의 능력과 인품을 칭송하고 오랫동안 폄적 생활을 한 그의 신세를 위로했다.

[주석]

(1) 王鞏(왕공): 소식의 절친한 친구로 字가 定國이다. 馮應榴의 《蘇軾詩集合注》에 "왕정국은 당시 종정시승이었다(定國時爲宗正寺丞)"라고 한바, 종정시승은 황실에 관한 일을 관장하는 관리로 황족이 담당했다.

(2) 謫仙(적선): 하늘에서 폄적된 신선이라는 뜻으로 李白을 가리킨다. 그는 지덕 2년(757)에 현종의 열여섯째 아들인 永王 李璘의 막부로 들어갔다가 영왕의 반란에 연루되어 건원 원년(758)에 夜郞으로의 유배령을 받고 유배지로 가는 도중 白帝城에 이르러 다시 사면령을 받고 되돌아왔다.

(3) 夜郞(야랑): 지금의 貴州省 福泉縣 서쪽 및 雲南省 동부 일대.

(4) 子美(자미): 杜甫의 字.

(5) 東屯(동둔): 지금의 사천성 奉節 동쪽. 두보의 시 〈自瀼西荊扉且移居東屯茅屋〉에 "동둔이나 양서나, 한가지로 맑디맑은 시내에 임해 있고, 오나가나 모두 다 초가집인데, 여기 오래 머무는 건 벼농사 때문이네(東屯復瀼西, 一種住淸溪. 來往皆茅屋, 淹留爲稻畦)"라고 했다.

(6) 語言(어언): 말. 이상의 네 구절은 이백과 두보가 곤경에 처했기 때문에 멋진 시를 남길 수 있었다는 말이다.

(7) 王郞(왕랑): 왕선생. 왕공을 가리킨다.

(8) 甁水翻(병수번): 병의 물이 쏟아져 나오다. 이 구절은 왕공이 글을 거침없이 잘 짓는 것을 칭송한 말이다.

(9) 爭鋒(쟁봉): 맞붙어 싸우다. 《史記·留侯世家》에 "초나라 사람은 용맹스럽고 날래니 황상께서는 초나라 사람과 맞붙어 싸우지 마십시오(楚人剽疾, 願上無與楚人爭鋒)"라고 했다. 이 연은 왕공의 옛날 시문이 대체로 강건하지만 가끔씩은 유약한 면도 있었다는 뜻인 것으로 보인다.

(10) 成就(성취): 부족한 부분을 보완하여 완전하게 하다.

(11) 羝羊藩(저양번): 숫양이 들이받았다는 울타리. 《易經·大壯》에 "숫양이 울타리를 들이받아 물러나지도 못하고 나아가지도 못하지만 어려움을 견디면 길하게 될 것이다(羝羊觸藩, 不能退, 不能遂, 無攸利, 艱則吉)"라고 했다. 이 연은 왕공의 시문을 완전하게 하기 위해서 하늘이 일부러 그를 賓州

(지금의 광서장족자치구 賓陽)로 폄적시켰다는 말이다.

(12) 孤光(고광): 왕공의 風度에서 뿜어져 나오는 내면의 빛을 가리킨다.

(13) 微陋(미루): 미천하고 비루한 땅. 왕공의 폄적지인 빈주를 가리킨다.

(14) 五石樽(오석준): 다섯 섬 즉 50말을 담을 수 있는 커다란 술통. 이 연은 왕공이 시를 청산유수처럼 막힘없이 줄줄 잘 읊는다는 말이다.

(15) 彭澤(팽택): 지금의 강서성 팽택. 팽택현령을 지낸 東晉 시인 陶淵明을 가리킨다.

(16) 蘇州(소주): 지금의 강소성 소주. 蘇州刺史를 지낸 韋應物을 가리킨다. 소식은 〈評韓柳詩〉에서 "유자후(柳宗元)의 시는 도연명의 아래 위소주(韋應物)의 위에 있다.……枯澹한 것을 귀하게 여긴다는 것은 그것이 겉은 메마르면서도 안은 기름지고, 담담한 것 같으면서도 사실은 아름답다는 말이니 도연명과 유자후 같은 사람의 시가 그러하다. 만약 안과 겉이 다 고담하다면 이것 역시 무슨 이야기할 가치가 있겠는가?(柳子厚詩在陶淵明下·韋蘇州上.……所貴乎枯澹者, 謂其外枯而中膏, 似澹而實美, 淵明·子厚之流是也. 若中邊皆枯澹, 亦何足道?)"라고 하여 위응물의 시가 훌륭하지만 도연명이나 유종원의 시에는 못 미친다고 생각했다. 이 연은 왕공의 시가 도연명에 비견될 만하기 때문에 위응물이 보면 번민하겠다는 말이다.

(17) 騶忌子(추기자): 전국시대 齊나라 사람. 제나라 威王이 그의 거문고 솜씨를 좋아하여 옆방에 머물게 했는데 그로부터 얼마 안 지나 위왕이 거문고를 타자 추기자가 위왕의 방으로 들어가 "거문고를 참으로 잘 타십니다"라고 했다. 위왕이 "그대는 나의 동작만 보았을 뿐 거문고 소리를 자세하게 뜯어보지도 않았으면서 어떻게 내가 거문고를 잘 타는 줄 아시오?"라고 했더니 추기자가, "큰 현에서 나는 탁하면서도 봄날처럼 온화한 소리는 임금님의 소리이고, 작은 현에서 나는 낭랑하고 맑은 소리는 재상의 소리입니다(夫大弦濁以春溫者, 君也; 小弦廉折以清者, 相也)"라고 했다.

(18) 廉折(염절): 소리가 맑고 낭랑하다.

(19) 知音(지음): 鍾子期가 伯牙의 거문고 소리를 잘 알아들은 데서 비롯되어 자신을 잘 알아주는 知己를 가리킨다.

(20) 桐孫(동손): 오동나무의 어린 가지. 오동나무로 만든 거문고를 가리킨다.

0954. 用王鞏[(1)]韻贈其姪震[(2)]

왕공의 운을 써서 그의 조카 왕진에게

衡門老苔蘚,[(3)] 대문의 가로목엔 이끼가 더북하고
竹柏千兵屯. 대나무와 잣나무는 병사 천 명이 진을 친 모습
開樽邀落日, 술동이를 열어서 지는 해를 맞는데
未對烏鳥言.[(4)] 마주 앉기도 전에 까마귀가 조잘대네.
淸風擧吹籟, 산들바람이 일어서 퉁소를 부노라니
散亂書帙翻.[(5)] 어지러이 책장이 마구 넘어가는데
傳呼一何急,[(6)(7)] 외쳐 부르는 소리 어찌 이리 다급한가?
人馬從車奔. 사람과 말이 함께 수레를 따라 달려오네.
貧居少賓客, 가난하게 살다 보니 손님이 적은 터라
鄰婦窺籬藩. 이웃집 아낙이 울타리를 엿본 뒤
牆頭過春酒,[(8)] 담장 위로 봄 술을 보내오느라
綠泛田家盆.[(9)] 농가의 동이에 초록빛이 넘치네.
比來伏靑蒲,[(10)(11)] 근래에 푸른 부들자리에 엎드렸으니
坐捉白獸樽.[(12)] 앉아서 백수준을 손에 잡았겠지만
王猷修潤色,[(13)(14)] 임금님의 계책을 다듬고 윤색하며
亦有簿領煩.[(15)] 문서를 작성하는 번거로움도 있었겠네.
朝廷貴二陸,[(16)] 조정에서 두 육씨를 귀하게 여기시니

屢聞天語溫.[(17)]	따뜻한 하느님 말씀 자주 듣겠고
猶能整筆陣,[(18)]	아직도 필진을 정비할 줄 아시니
愧我非韓孫.[(19)]	내가 한손이 아닌 것이 참 부끄럽네.

[해설]

왕공의 조카요 중서성 동료인 왕진을 전송하는 송별연에서 앞 시의 운자를 다시 써서 지은 것으로, 조촐하면서도 성황을 이룬 송별연의 모습을 묘사하고 왕진의 인품과 능력을 칭송했다.

[주석]

(1) 王鞏(왕공): 소식의 절친한 친구로 字가 定國이다. 〈次韻王定國南遷回見寄〉(0853) 주 (1) 참조.
(2) 震(진): 왕공의 조카로 당시 함께 중서성에서 근무하는 동료였다. 〈次韻王震〉(0926) 주 (1) 참조.
(3) 衡門(형문): 가로목을 걸쳐서 대문으로 삼은 것. 초라한 집, 또는 은자의 집을 가리킨다.
(4) 烏鳥(오조): 까마귀.
(5) 書帙(서질): 서적. 이 연은 바람이 퉁소 소리를 내며 지나가자 책장이 어지러이 뒤집힌다는 말이다.
(6) 傳呼(전호): 큰 소리로 부르다.
(7) 一何(일하): 얼마나. 이 연은 왕진의 송별연에 참석하기 위해 마차를 타고 달려오는 사람들의 행렬을 가리키는 것으로 보인다.
(8) 牆頭(장두): 이웃한 두 집 사이에 있는 담장의 꼭대기를 가리킨다. 옛날에는 두 집 사이에 있는 나지막한 담장을 통해 서로 음식을 주고받는 경우가 많았다. 杜甫의 시 〈夏日李公見訪〉에 "우리 집 서쪽의 이웃을 불러, 담가 놓은 술이 있나 물어봤더니, 담장 위로 탁주가 넘어오기에, 자리를 깔고 앉아 긴 강을 굽어본다(隔屋喚西家, 借問有酒不. 牆頭過濁醪, 展席俯長流)"라는 구절이 있다.
(9) 綠(녹): 곡식이 우러난 술의 파르스름한 색깔을 가리킨다. 白居易의 시 〈問劉十九〉에 "녹색 개미 떠 있는 새로 빚은 술, 붉은 흙으로 빚은 작은 질화로(綠蟻新醅酒, 紅泥小火爐)"라는 구절이 있다.
(10) 比來(비래): 근래.
(11) 青蒲(청포): 푸른 부들로 짠 자리. 병이 위중해져 판단력이 흐려진 한나라 元帝가 간신들의 말을 듣고 太子를 바꾸려 했을 때 史丹이 푸른 부들로 짠 자리에 엎드려서 충심으로 간언하자 원제가 마침내 그의 충언을 들어 주었다.(《한서·사단전》 참조)
(12) 白獸樽(백수준): 直言을 잘한 사람에게 상으로 술을 내릴 때 사용한 酒器. 뚜껑에 白虎가 그려져 있어서 원래 백호준이라고 했는데 당나라 고조가 자기 조부 李虎를 太祖로 追封하고 백호준의 명칭을 백수준으로 고쳤다. 이 연은 왕진이 최근에 충심 어린 간언을 올렸다는 말이다.
(13) 王猷(왕유): 국왕의 계책. 조정의 계책.

(14) 潤色(윤색): 글 따위를 매만져서 훌륭하게 만들다. 《論語·憲問》에 "정나라에서 외교사령을 작성할 때는 비심이 기초하고, 세숙이 검토하고, 행인 자우가 수식하고, 동리의 자산이 윤색했다(爲命, 裨諶草創之, 世叔討論之, 行人子羽修飾之, 東里子産潤色之)"라는 孔子의 말이 있다.

(15) 簿領(부령): 장부. 문서. 이 연은 왕진이 中書舍人으로 재임한 것을 말한다.

(16) 二陸(이륙): 晉나라의 陸機·陸雲 형제를 가리킨다. 육기가 태강(280-289) 말에 동생 육운과 함께 洛陽으로 들어가 太常인 張華를 만났더니 장화가 "오나라를 정벌하여 얻은 것은 이들 두 준재로다"라고 했다.(《진서·육기전》 참조) 일반적으로 훌륭한 형제를 비유하는데 여기서는 叔姪 관계인 王鞏과 王震을 가리킨다.

(17) 天語(천어): 천자의 詔書 또는 천자의 말을 가리킨다.

(18) 筆陣(필진): 글의 구상과 배치를 軍陣에 비유한 말로 문장 작성을 가리킨다.

(19) 韓孫(한손): 무엇을 가리키는지 분명하지 않다.

0955. 用王鞏[1]韻, 送其姪震[2]知蔡州[3]

왕공의 운을 써서 채주지주로 나가는 그의 조카 왕진을 전송하며

九門插天開,[4]	아홉 문이 하늘을 찌른 채 열려 있고
萬馬先朝屯.	만 마리 말이 아침도 되기 전에 모였는데
擧鞭紅塵中,	벌건 먼지 속에서 채찍을 든 채
相見不得言.[5]	서로 빤히 쳐다보며 말을 못했네.
夜走淸虛宿,[6]	밤길을 달려와서 청허당에서 묵으려고
扣門驚鵲翻.	대문을 두드리자 까치가 놀라 파닥였나니
君家汾陽家,[7]	그대의 집안은 분양왕의 집안이라
永巷車雷奔.	긴 골목에 수레들이 뇌성을 내며 달리는데
夕郎方不夕,[8][9]	석랑은 이제 임금님께 저녁 인사 안 올리고
列戟以自藩.[10]	창을 줄지어 세워 놓고 스스로를 지키겠네.
相逢開月閣,	서로 만나 달빛 내린 누각을 열어 놓고
畫簷低金盆.[11][12]	단청 처마에 금대야가 낮아지도록 마셨나니
至今夢中語,	오늘날에 이르도록 꿈속에 얘기하며
猶擧燈前樽.	여전히 등불 앞의 잔을 들곤 한다네.
阿戎修玉牒,[13][14]	아융은 옥첩을 편수하는데
未憚筆削煩.[15]	쓰고 지우는 번거로움 귀찮아하지 않나니
君歸助獻納,[16]	그대가 돌아와 도와주어 임금님께 바치면

坐繼岑與溫.(17)	마침내 잠씨와 온씨의 뒤를 이을 터
我客二子間,(18)	나는 두 분 사이에서 손님 노릇 하는지라
不復尋諸孫.(19)	더 이상 손자들을 찾아갈 것 없겠네.

[해설]

중서성 동료인 왕진이 채주지주로 나가는 것을 전송하면서 지은 송별시이다. 소식은 아침에 궁문 앞에서 여러 사람과 함께 공식적인 환송회를 가진 뒤 저녁에 다시 청허당으로 달려가서 개인적인 송별연을 연 것으로 보이는바, 이 시는 이때 지은 것이다.

[주석]

(1) 王鞏(왕공): 소식의 절친한 친구로 字가 定國이다. 〈次韻王定國南遷回見寄〉(0853) 주 (1) 참조.

(2) 震(진): 왕공의 조카로 당시 소식과 함께 중서성에 근무하는 동료였다. 〈次韻王震〉(0926) 주 (1) 참조.

(3) 蔡州(채주): 지금의 하남성 汝南.

(4) 九門(구문): 皇宮 주위에 있는 아홉 개의 문. 《禮記·月令》에 "늦봄인 3월에는……구문을 나가게 하지 않는다(季春之月……毋出九門)"라고 했는데 이에 대한 鄭玄의 注에 "천자의 구문은 노문·응문·치문·고문·고문·성문·근교문·원교문·관문이다(天子九門者, 路門也, 應門也, 雉門也, 庫門也, 皐門也, 城門也, 近郊門也, 遠郊門也, 關門也)"라고 했다. 나중에는 宮門을 가리키는 말로 쓰이게 되었다.

(5) 得(득): ~할 수 있다. 이상의 네 구절은 아침에 궁문 앞에서 왕진을 전송하던 모습을 묘사한 것이다.

(6) 淸虛(청허): 청허당. 왕공의 집에 있던 殿堂. 《汴京遺迹志》에 "청허당은 개봉부성의 동쪽에 있다(淸虛堂在開封府城東)"라고 했다. 〈王鞏淸虛堂〉(0637) 주 (2) 참조.

(7) 汾陽家(분양가): 당나라 장수 郭子儀의 집을 가리킨다. 그는 安史의 난을 토벌하여 長安을 탈환하고, 나중에 吐蕃을 정벌하여 큰 공을 세움으로써 汾陽王에 봉해졌다. 《舊唐書·郭子儀傳》에 "그의 집은 장안의 친인리에 있었는데 친인리 가운데 4분의 1을 차지했다. 중앙에 기다란 골목이 나 있고 집안사람이 3천 명이었으며 그의 집을 드나드는 사람들이 그의 거처를 알지 못했다(其宅在親仁里, 居其里四分之一, 中通永巷, 家人三千, 相出入者不知其居)"라고 했다. 이 구절은 왕공의 조부요 왕진의 증조부인 王旦이 재상을 지냈기 때문에 그 집안이 명문대족이라는 말이다. 〈次韻王定國南遷回見寄〉(0853) 주 (1) 참조.

(8) 夕郎(석랑): 給事中의 직책을 맡고 있던 왕진을 가리킨다. 漢나라 때 黃門侍郎은 저녁마다 靑瑣門이라는 宮門을 향해 절했기 때문에 석랑이라고도 불렸는데 황문시랑은 급사중을 겸직할 수 있었기 때문에 급사중도 석랑이라고 불렸다. 〈次韻王震〉(0926) 주 (1) 참조.

(9) 不夕(불석): 천자에게 저녁 인사를 올리지 않다. 왕진이 조정을 떠나 채주지주로 나가는 것을 가리

킨다.

(10) 列戟(열극): 관청이나 권세가의 문 앞에 창을 늘어세워서 儀仗으로 삼은 일을 가리킨다.

(11) 畫簷(화첨): 단청으로 울긋불긋하게 칠한 처마.

(12) 低金盆(저금분): 둥근 달이 기울어지는 것을 가리킨다. 이 구절은 밤늦도록 술을 마신다는 말이다.

(13) 阿戎(아융): 원래 晉나라 사람 王戎의 애칭이었는데 나중에는 남의 아들을 가리키는 말이 되었다. 삼국시대 위나라 사람으로 죽림칠현의 한 사람인 阮籍은 왕융의 부친인 王渾의 친구로 왕융보다 스무 살이 많았지만 나이를 따지지 않고 왕융과도 친하게 지냈다. 왕융이 열다섯 살 되었을 때 완적은 왕혼을 찾아갈 때마다 매번 왕융과도 만나 한참 동안 이야기를 나눈 뒤에 방에서 나와서는 왕융과 이야기하는 것이 왕혼과 이야기하는 것보다 더 낫다고 했다.(《진서·왕융전》 참조) 여기서는 성이 같은 왕공을 가리킨다.

(14) 玉牒(옥첩): 帝王의 系譜. 송나라 태종 순화 6년(995)에 玉牒所를 설치하고 玉牒殿을 세워 宗正寺에 귀속시켰는데 원우 원년(1086) 3월에 왕공을 宗正寺丞으로 삼았다.(《宋史·職官四》 및 《續資治通鑑長編·元祐元年三月》 참조) 查慎行의 《蘇詩補註》에 "'옥첩을 편수한다'는 것은 당시 왕정국이 종정시승이었기 때문에 한 말이다('修玉牒', 時王定國爲宗正丞, 故云)"라고 했다.

(15) 筆削(필삭): 저술하다. '筆'은 붓으로 쓰는 것을 가리키고, '削'은 잘못된 부분의 簡牘을 칼로 도려내는 것을 가리킨다.

(16) 獻納(헌납): 일반적으로 황제께 忠言을 바치는 것으로 보는데, 여기서는 족보를 편찬하여 황제께 바치는 것으로 보아도 좋을 것 같다.

(17) 岑與溫(잠여온): 당나라 사람 岑文本·岑長倩과 溫大雅·溫彦博을 가리킨다. 王十朋의 《百家註分類東坡先生詩》에 "잠은 잠문본과 그 형의 아들 잠장천이고, 온은 온대아와 그 동생 온언박이다. 잠문본은 중서사인시랑령이었고 형의 아들 잠장천은 병부시랑동중서문하평장사였으며, 온대아는 황문시랑이었고 온언박은 중서사인시랑령이었다(岑則岑文本與其兄子長倩也, 溫則溫大雅與其弟彦博也. 文本爲中書舍人侍郎令, 而兄子長倩爲兵部侍郎同中書門下平章事; 大雅爲黃門侍郎, 而彦博爲中書舍人侍郎令)"라고 했다. 이 구절은 왕공·왕진 숙질이 다 큰 영화를 누릴 것이라는 말이다.

(18) 二子(이자): 두 분. 왕공과 왕진을 가리킨다.

(19) 諸孫(제손): 손자뻘 되는 사람. 소식의 자주에 "두자미(杜甫)의 시에 '권세 있는 집안은 시끌벅적 부산하여, 또 이렇게 從孫子를 찾아왔다네'라는 구절이 있다(子美詩云: '權門多噂沓, 且復尋諸孫.')"라고 했다. 두보의 시는 〈示從孫濟〉를 가리킨다.

0956. 用舊韻[(1)]送魯元翰[(2)]知洺州[(3)]

옛날 운자를 써서 명주지주로 나가는 노원한을 전송하며

我在東坡下,[(4)]	이 몸이 황주성의 동쪽 비탈 밑에서
躬耕三畝園.[(5)]	삼 묘의 밭을 몸소 갈고 있을 때
君爲尙書郞,[(6)]	그대는 조정의 상서랑이 되어서
坐擁百吏繁.	번다한 백관에 에워싸여 앉아 있었거니와
鳴蛙與鼓吹,[(7)(8)]	개구리 울음이나 〈고취곡〉이나
等是俗物喧.	똑같이 시끄러운 속물이었네.
永謝十年舊,[(9)]	십년지기 옛 친구와 오래 헤어져
老死三家村.[(10)]	세 집뿐인 마을에서 늙어 죽어 가는데
惟君綈袍信,[(11)]	그대만은 비단 옷 줄 신의가 있어
到我雀羅門.[(12)]	참새 그물 칠 지경인 우리 집에 왔나니
緬懷故人意,	옛 친구를 생각하는 그대 마음이
欲使薄夫敦.[(13)]	야박한 이 사내를 돈후하게 하려 했네.
新年對宣室,[(14)]	신년에는 선실에서 임금님과 마주 앉아
白首代堯言.[(15)]	흰머리로 요임금의 말씀을 대신하고
相逢問前輩,	만나는 사람에게 선배에 대해 물었건만
所見多後昆.[(16)]	보이는 사람 대부분이 후손이었네.
道館雖云樂,[(17)]	도관에서 지내는 게 비록 즐겁다 해도

冷卿當復溫.(18) 냉경도 이제 다시 따뜻해져야 할 일
還持刺史節,(19) 다시금 자사의 부절을 들고
却駕朱輪軒.(20) 마침내 바퀴 붉은 초헌을 타니
黃髮方用事,(21)(22) 머리카락이 빛바랜 채 한창 일을 할 텐데
白鬚宜少存.(23)(24) 흰 수염을 조금은 남겨 두어야 하네.
嗣聖眞生知,(25)(26) 이어받은 성인은 정말 나면서부터 아시는 분
拯民如救燔.(27) 불타는 사람 구하듯이 백성을 구제하여
初囚羽淵魄,(28) 처음으로 우연의 넋을 가두고
盡返湘江魂.(29) 상강의 넋을 모두 불러들였네.
坐憂東郡決,(30)(31) 동군의 둑이 터질까 몹시도 걱정하여
老守思王尊.(32) 늙은 태수 왕존을 생각하리니
北流桑柘沒, 북쪽으로 흘러서 뽕나무가 잠기고
故道塵埃翻.(33) 옛 물길엔 먼지가 휘날리겠네.
知君一寸心, 알겠나니 그대의 한 치짜리 심장이
可敵千步垣.(34) 천 보짜리 제방과 맞먹을 수 있을 터
流亡自棲止,(35)(36) 떠돌이가 스스로 자리 잡아 머물고
老幼忘崩奔.(37)(38) 늙은이와 어린이가 펄쩍펄쩍 뛰겠네.
得閑閉閣坐, 짬이 나면 누각의 문을 닫고 앉아서
勿使道眼渾.(39) 도통한 안목을 흐리게 하지 말고
聊乘應捨筏,(40) 버려야 할 뗏목이나 잠시 타시고
直泝無生源.(41) 무생의 근원으로 곧장 올라가소서.
歸來成二老,(42) 돌아오면 우리 함께 두 늙은이 되어서
夜榻當重論.(43) 밤에 걸상에 앉아 다시 토론해야겠네.

[해설]

서주지주(徐州知州)로 부임해 가는 도중 개봉(開封) 교외에 있는 범진(范鎭)의 별장인 동원(東園)에 잠시 머물던 희령 10년(1077) 봄에, 위주지주(衛州知州)로 부임해 가는 노유개를 전송하며 지은 자신의 시 〈위주지주로 부임하는 노원한 소경을 전송하며(送魯元翰少卿

知衛州)〉(0474)에 차운하여 지은 것으로, 명주지주로 나가는 노유개를 전송하는 감회를 노래했다.

[주석]

(1) 舊韻(구운): 소식이 약 10년 전인 희령 10년(1077)에 지은 〈위주지주로 부임하는 노원한 소경을 전송하며(送魯元翰少卿知衛州)〉(0474)를 가리킨다.
(2) 元翰(원한): 魯有開의 字.
(3) 洺州(명주): 지금의 하북성 永年.
(4) 東坡(동파): 황주성 동쪽 비탈을 가리킨다. 원풍 4년(1081) 2월에 소식이 여기에 있는 황무지를 개간하여 '東坡'라고 했다.
(5) 畝(묘): 논밭의 넓이를 셀 때 사용하는 단위 명사로 시대에 따라 차이가 있지만 대략 200평 정도에 해당된다. '三畝園'은 소식이 개간한 농장 '東坡'를 가리키는 것으로 보인다.
(6) 尙書郎(상서랑): 尙書省에 소속된 관직의 이름.
(7) 鳴蛙(명와): 울어 대는 개구리 소리. 소식이 동파에서 들은 자연의 소리를 가리킨다.
(8) 鼓吹(고취): 타악기와 관악기의 연주. 노유개가 상서성에서 들은 고품격의 풍악을 가리킨다.
(9) 十年舊(십년구): 10년 묵은 친구. 소식이 오랫동안 교유한 친구들을 가리킨다.
(10) 三家村(삼가촌): 세 집이 마을을 이룬 작은 시골 마을이라는 뜻으로 소식의 유배지 黃州(지금의 호북성 黃岡市 황주구)를 가리킨다.
(11) 綈袍信(제포신): 비단 도포를 주는 인간적 신의. 전국시대 魏나라 사람 范雎는 위나라 中大夫 須賈의 門客이었는데, 수가가 위나라의 기밀을 齊나라에 누설하려 했다고 범저를 의심하고 위나라 재상에게 고발하는 바람에 범저는 거의 죽을 지경에 이르도록 곤장을 맞았다. 범저는 나중에 이름을 張祿으로 고치고 秦나라에 들어가 재상이 되었다. 한번은 수가가 위나라 사자로서 진나라에 갔는데 범저가 자신이 재상이라는 사실을 감추려고 일부러 다 떨어진 옷을 입고 나가서 그를 맞이했다. 수가는 범저가 그토록 빈한하게 사는 것을 안타까워하며 그에게 비단 도포를 한 벌 주었다. 그랬다가 나중에 범저가 바로 진나라 재상 장록임을 알고 깜짝 놀라 사죄했다. 그러나 범저는 옛날 친구를 생각하는 수가의 마음을 가상히 여겨 문제 삼지 않았다.(《사기·범저전》 참조)
(12) 雀羅門(작라문): 참새를 잡기 위해 그물을 칠 만한 대문. 참새가 내려앉을 정도로 찾아오는 사람이 적은, 권세 없는 집을 가리킨다. 《漢書·鄭當時傳》에 "이에 앞서 하규의 적공이 정위가 되었을 때는 빈객이 대문을 메우더니 벼슬을 그만두자 문밖에 참새 잡는 그물을 칠 수 있을 정도였다(先是下邽翟公爲廷尉, 賓客塡門, 及廢, 門外可設爵羅)"라고 했다.
(13) 薄夫(박부): 야박한 사나이. 소식 자신을 가리킨다. 《孟子·萬章下》에 "그러므로 유하혜의 작풍에 대해서 들으면 비루한 사나이가 너그러워지고 야박한 사나이가 돈후해진다(故聞柳下惠之風者, 鄙夫

寬, 薄夫敦)"라는 말이 있다.

(14) 宣室(선실): 궁전 이름. 천자의 거처를 가리킨다. 賈誼는 참소를 당해 長沙王太傅로 폄적되었는데 1년 남짓 지난 뒤에 문제가 너무 그리워한 나머지 그를 불러들여 선실전에서 귀신에 관하여 물었다.(《한서·가의전》 참조)

(15) 堯(요): 요임금. 哲宗을 가리킨다. 소식은 원우 원년(1086) 3월에 황제를 대신하여 詔書를 작성하는 관직인 中書舍人이 되었는바, 이 연은 황주 폄적에서 돌아온 그가 그해 연초에 중서사인으로 재임하고 있었다는 말이다.

(16) 後昆(후곤): 후대. 후손. 이 연은 자신이 오랫동안 조정을 떠나 있었기 때문에 조정의 관리들이 대부분 젊은 사람으로 바뀌었다는 말이다.

(17) 道館(도관): 도교 사원. 道觀. 노유개는 원풍 7년(1084)에 도관으로 파견된 적이 있다. 〈寄怪石石斛與魯元翰〉(0870) 주 (17) 참조.

(18) 冷卿(냉경): 황실과 황족에 관한 일을 관장하는 관리인 宗正의 별칭. 여기서는 寒官이라는 뜻으로 閑職을 가리킨다. 王十朋의 《百家註分類東坡先生詩》에 "냉경은 노원한을 말한다. 바로 두보 시 '광문선생은 관직이 홀로 썰렁하구나'의 뜻이다.……서울 사람들이 광록은 포경이라고 하고, 위위는 난경이라고 하고, 홍로는 수경이라고 하고, 사농은 주경이라고 하고, 종정은 냉경이라고 한다는 말이 세상에 전해 온다. 난경이란 그들이 황제의 의전·거둥·연회 따위를 관장한다는 말이고, 냉경이란 그들이 옥첩소를 관장한다는 말이다(冷卿言魯元翰也. 乃杜詩'廣文先生官獨冷'之義.……世傳京師謂光祿爲飽卿, 衛尉爲煖卿, 鴻臚爲睡卿, 司農爲走卿, 宗正爲冷卿. 煖卿謂其管儀鑾供帳之類, 冷卿謂其管玉牒所)"라고 했다. 〈用王鞏韻, 送其姪震知蔡州〉(0955) 주 (14) 참조. 馮應榴의 《蘇軾詩集合注》에 "노원한은 원풍 7년(1084)에 도교 사원 관리인으로 파견되었다.……이제 다시 명주지주로 기용되었다(元翰於元豐七年與宮觀差遣.……至是復起知洺州)"라고 했다.

(19) 刺史節(자사절): 태수가 지니는 符節. 이 구절은 노유개가 명주지주로 부임하는 것을 가리킨다.

(20) 軒(헌): 초헌. 대부 이상의 고위 관리들이 타던 고급 수레.

(21) 黃髮(황발): 하얗게 변했다가 시간이 더 지나면 다시 누렇게 변하는 아주 장수한 노인의 머리카락을 가리킨다. 아주 늙었다는 뜻이다.

(22) 用事(용사): 일을 하다.

(23) 白鬚(백수): 소식의 시 〈送魯元翰少卿知衛州〉(0474) 제9구에 노유개를 '髥卿'이라고 했는데 이에 대하여 왕십붕의 《백가주분류동파선생시》에 "노원한은 수염이 있었기 때문에 수염을 가지고 그를 지칭한 것이다(魯元翰有髭髥, 故以髥稱之)"라고 한 것을 보면 노유개는 수염이 많았음을 알 수 있다. 이 구절은 노유개에게 수염이 다 빠져 버릴 정도로 너무 일에만 골몰하지는 말고 건강 관리도 좀 하라고 우스갯소리를 한 것이다.

(24) 存(존): 보존하다. 남기다.

(25) 嗣聖(사승): 새로 皇位를 계승한 성인이라는 뜻으로 哲宗을 가리킨다.

(26) 生知(생지): 태어나면서부터 알다. 《論語·季氏》에 "나면서부터 아는 사람이 상급이고, 배워서 아는

사람이 그 다음이다(生而知之者上也, 學而知之者次也)”라는 공자의 말이 있다.

(27) 救燔(구번): 불에 타는 사람을 구하는 것처럼 민첩하다는 말이다. 《隋書·音樂志》에 “물에 빠진 사람을 건지고 불에 타는 사람을 구한다(拯溺救燔)”라는 말이 있다. 이 연은 철종(사실은 섭정자인 宣仁太后)의 정치적 판단이 아주 민첩함을 찬양한 것이다.

(28) 羽淵魄(우연백): 우연의 넋, 즉 鯀의 넋. 신법파 인사들을 가리킨다. 《左傳·昭公七年》에 “옛날에 요임금이 우산에서 곤을 죽였더니 그 넋이 노란 곰으로 화하여 우연으로 들어갔습니다(昔堯殛鯀于羽山, 其神化爲黃熊, 以入于羽淵)”라는 鄭나라 子産의 말이 있다.

(29) 湘江魂(상강혼): 상강의 지류인 汨羅江에 빠져 죽은 屈原의 넋. 구법파 인사들을 가리킨다. 이 연은 나이 어린 철종 대신 수렴청정한 선인태후가 신법파 인사들을 몰아내고 구법파 인사들을 다 불러들인 것을 가리킨다.

(30) 坐(좌): 매우.

(31) 東郡(동군): 지금의 하남성 濮陽.

(32) 王尊(왕존): 漢나라 사람으로 동군태수를 지냈다. 그가 동군태수로 재임할 때 黃河가 범람하여 제방이 터질 지경이었다. 그는 친히 관리들과 백성들을 독려하며 수많은 사람들이 간절하게 말려도 듣지 않고 제방 위에 오두막을 지어 거기서 지냈다. 물이 점점 불어나 제방이 무너지려고 하는지라 主簿 한 사람만 왕존의 곁을 지키고 다른 사람들은 모두 도망갔다. 이윽고 물이 차츰 빠지자 관리들과 백성들이 너도나도 왕존의 용기를 칭송했다.(《한서·왕존전》 참조) 査愼行의 《蘇詩補註》에 “《동도사략·노유개전》에 ‘노유개가 기주지주로 재임할 때 소오구에서 황하의 둑이 터졌는데 물이 기주성 몇 리 밖까지 밀려오고 더 이상 안으로 밀려오지 않았다. 노유개가 성곽 보호 제방을 증축하자고 논의했으나 사람들이 다들 이전에 수재가 없었는데 무엇 하러 고생을 하느냐고 했다. 그러나 노유개는 끝내 제방을 완성했다. 이듬해에 황하의 둑이 터져 물이 밀려왔지만 미리 대비했기 때문에 걱정이 없었다’라고 한바, 노원한이 기주에 있을 때 황하를 잘 관리하여 효력을 발휘했기 때문에 왕존의 일을 빌려서 그를 찬미한 것이다(《東都事略·魯有開傳》: ‘有開知冀州, 河決小吳口, 水不至城下數里. 有開議增築護城隄, 人皆爲初無水患, 何勞役爲. 有開卒成之. 明年河決, 水至, 以有備無患.’ 元翰在冀州治河有成效, 故借王尊事以美之)”라고 했다.

(33) 故道(고도): 황하의 옛날 물길을 가리킨다. 이 연은 황하가 넘치는 바람에 새 물길이 나고 옛날 물길은 먼지 가득한 마른 땅으로 변할 것이라는 말이다.

(34) 垣(원): 담장. 제방을 가리킨다.

(35) 流亡(유망): 고향을 떠나 객지를 떠도는 사람.

(36) 棲止(서지): 자리를 잡고 정착하다.

(37) 忘(망): 마구. ‘妄’과 같다.

(38) 崩奔(붕분): 펄쩍 뛰다. 내달리다.

(39) 道眼(도안): 도통한 안목. 일체를 꿰뚫어 보고 진위를 분별하는 안목. 〈寄怪石石斛與魯元翰〉(0870) 주 (17) 참조.

(40) 應捨筏(응사벌): 《金剛經》에 “그런 까닭에 법도 취해서는 안 되고 법이 아닌 것도 취해서는 안 된다. 그러므로 여래께서 늘 ‘너희 비구들은 나의 설법이 뗏목의 비유와 같은 것임을 알라. 법도 오히려 버려야 하거늘 하물며 법이 아닌 것이야 말할 것이 있겠는가?’라고 말씀하셨다(是故不應取法, 不應取非法. 是故, 如來常說: ‘汝等比丘, 知我說法, 如筏喩者. 法尙應捨, 何況非法?’)”라는 말이 있다.

(41) 無生(무생): 모든 법의 實相은 나고 없어짐이 없다는 불교의 이치, 즉 不生不滅의 이치. 왕십붕의 《백가주분류동파선생시》에 “불가에서는 무생을 즐거움으로 여긴다(佛氏以無生爲樂)”라고 했다. 이상의 네 구절은 짬이 나면 세속적인 일을 잊고 초연한 마음으로 자연을 벗 삼아 유유자적하라고 당부한 것이다.

(42) 二老(이로): 伯夷와 呂望, 또는 백이와 叔齊처럼 이름을 나란히 하는 두 명의 덕망 높은 노인을 가리킨다. 《孟子·離婁上》에 “두 노인은 천하의 위대한 늙은이였다(二老者, 天下之大老也)”라고 했다. 여기서는 소식 자신과 노유개를 가리킨다.

(43) 榻(탑): 누울 수도 있도록 낮고 길게 만든 걸상.

0957. 次韻朱光庭[1]初夏

초여름을 노래한 주광정의 시에 차운하여

朝罷人人識鄭崇,[2]	조회가 끝나면 다들 정숭을 알아보나니
直聲如在履聲中.	곧은 소리가 가죽신 속에 있는 것만 같은데
臥聞疎響梧桐雨,	드러누워 띄엄띄엄 울리는 오동잎의 빗소리도 듣고
獨詠微涼殿閣風.[3]	혼자서 서늘히 부는 전각의 바람을 읊기도 하네.
諫苑君方續承業,[4][5]	그대는 한창 악승업의 《간원》을 잇고 있고
醉鄉我欲訪無功.[6][7]	나는 장차 왕무공의 《취향기》를 찾으려 하나니
陶然一枕誰呼覺,[8]	거나해져 누웠는데 누가 불러 깨우나?
牛蟻初除病後聰.[9][10]	소 싸우는 소리 막 없어져 귓병 나은 뒤처럼 잘 들리네.

[해설]

좌정언으로 재임 중이던 급제 동기 주광정의 시에 차운하여 지은 것이다. 주광정이 초여름 정취를 읊은 시를 들고 소식을 찾아가 자기 시에 화답해 보라고 요구한 것으로 보인다.

[주석]

(1) 朱光庭(주광정): 王十朋의 《百家註分類東坡先生詩》에 "자가 공염으로 동파공과 과거 급제 동기이다(字公掞, 與公同年)"라고 했다. 馮應榴의 《蘇軾詩集合注》에 "《속자치통감장편》에 의하면 원풍 8년(1085) 10월에 주광정이 좌정언이 되었고 원우 원년(1086) 9월에 좌사간이 되었다. 선생의 이 시는

초여름에 지어졌으므로 주광정이 아직 좌정언으로 재임 중일 때였다(《續通鑑長編》: 元豐八年十月, 朱光庭爲左正言, 元祐元年九月, 爲左司諫. 先生詩作於初夏, 光庭尙在正言任也)"라고 했다. 그는 洛派의 영수인 程頤의 수제자로 소식을 중심으로 하는 蜀派와 이른바 낙촉당쟁을 벌인 낙파의 핵심 인물이었는바, 이보다 몇 달 뒤인 원우 원년(1086) 11월에 소식이 翰林學士로서 출제한 召試 문항을 일부러 왜곡되게 해석하여 소식이 인종 황제와 신종 황제를 비방했다며 심하게 모함했다.

(2) 鄭崇(정숭): 漢나라 사람으로 哀帝 때 尙書僕射로 발탁되었는데 간쟁을 잘하여 곧잘 가납되었다. 그는 늘 가죽신을 질질 끌고 다녔기 때문에 황제가 웃으면서 "나는 鄭尙書의 신발 소리를 잘 안다"라고 했다.(《한서·정숭전》 참조) 철종이 즉위한 후 수렴청정하게 된 宣仁太后가 司馬光을 재상으로 기용하여 신법파를 몰아내고 구법파를 대거 등용할 때 좌정언으로 등용된 주광정은 保甲法·青苗法 등의 각종 구법을 폐지할 것을 건의하고 蔡確·章惇 등의 신법파 인사들을 신랄하게 비판했기 때문에 그를 정숭에 비유한 것이다.

(3) 微凉(미량): 조금 서늘하다. 《舊唐書·柳公權傳》에 "문종 황제께서 여름날 한림학사들과 함께 연구시를 짓고 계셨다. 황제께서 '남들은 다 무더위에 고생하는데, 나는 낮이 길어서 여름이 좋네'라고 하시자, 유공권이 그 뒤를 이어 '훈훈한 바람이 남쪽에서 부는데, 전각에는 좀 서늘한 기운이 이네' 하고 읊었다. 당시 정학사·원학사 등의 한림학사 다섯 명도 뒤를 이어 연구를 지었는데 황제께서는 유독 유공권의 두 구절만 낭송하면서 '문사가 맑고 의미가 깊어서 많이 접할 수 없는 멋진 구절이로다'라고 하시고는 유공권에게 전각의 벽에 쓰라고 하여 유공권이 다섯 치나 되는 글씨로 큼지막하게 쓰자 황제께서 보시고 '鍾繇나 王羲之가 부활한다고 해도 손댈 수가 없겠다' 하고 감탄하셨다(文宗夏日與學士聯句. 帝曰: '人皆苦炎熱, 我愛夏日長.' 公權續曰: '薰風自南來, 殿閣生微凉.' 時丁·袁五學士皆屬繼, 帝獨諷公權兩句, 曰: '辭淸意足, 不可多得.' 乃令公權題於殿壁, 字方圓五寸, 帝視之, 歎曰: '鍾·王復生, 無以加焉!')"라는 말이 있다.

(4) 諫苑(간원): 수나라 사람 樂運이 지은 책. 그는 夏나라·殷나라 이래의 간쟁사를 기록하여 《간원》을 지었는데 수나라 문제가 매우 가상하게 여겼다.(《北史·樂運傳》 참조)

(5) 承業(승업): 악운의 字.

(6) 醉鄕(취향): 당나라 사람 王績이 지은 책. 그는 천성이 술을 좋아하여 杜康·儀狄 이래의 애주가들에 관한 일을 기록하여 《취향기》를 지었다.(《신당서·왕적전》 참조)

(7) 無功(무공): 왕적의 字.

(8) 陶然(도연): 취기가 돌아 즐거운 모양.

(9) 牛蟻(우의): 개미 기어가는 소리가 소 싸우는 소리로 들릴 만큼 크게 들리는 심한 耳鳴症. 《晉書·殷仲堪傳》에 "은중감의 부친은 일찍이 이명증을 앓은 적이 있는데 침대 밑에 개미 기어가는 소리를 듣고 소가 싸우는 것이라고 했다(仲堪父嘗患耳聰, 聞床下蟻動, 謂之牛鬪)"라는 말이 있다.

(10) 病後聰(병후총): 이명증이 나은 뒤에 소리가 아주 또렷하게 잘 들리는 현상을 가리킨다. 이 연은 자기가 술에 취해 자고 있을 때 주광정이 와서 큰 소리로 부르는 바람에 잠이 깬 일을 해학적으로 묘사한 것이다.

0958. 次韻朱光庭[1]喜雨

비가 내린 것을 기뻐한 주광정의 시에 차운하여

久苦趙盾日,[2]	오랫동안 조순 같은 해에 시달리다가
欣逢傅說霖.[3]	흔쾌하게 부열 같은 장맛비를 만난지라
坐知千里足,	앉아서도 알겠나니 천 리가 다 흡족하여
初覺兩河深.[4]	처음으로 두 강이 깊게 느껴지겠네.
破屋常持傘,	낡은 지붕에 물이 새어 항상 우산을 들고
無薪欲爨琴.	땔나무가 떨어져서 거문고를 쪼개 땔 판인데
淸詩似庭燎,[5]	그대의 맑은 시는 〈정료〉와 같아
雖美未忘箴.	비록 찬미했지만 경계하는 것도 안 잊었네.

[해설]

당시 좌정언으로 재임 중이던 과거 급제 동기 주광정의 시에 차운하여 지은 것으로, 가뭄 끝에 비가 내린 일을 기뻐하고 아울러 주광정의 원시도 칭송했다.

[주석]

(1) 朱光庭(주광정): 소식의 과거 급제 동기. 〈次韻朱光庭初夏〉(0957) 주(1) 참조.

(2) 趙盾日(조순일): 《左傳·文公七年》에 "풍서가 가계에게 '조쇠와 조순 중에 누가 더 낫습니까?' 하고 묻자 '조쇠는 겨울날의 해이고, 소순은 여름날의 해입니다' 하고 대답했다(酆舒問於賈季曰: '趙衰·

趙盾孰賢?' 對曰: '趙衰, 冬日之日也; 趙盾, 夏日之日也.')"라는 기록이 있는데, 이에 대한 杜預의 주에 "겨울날의 해는 사랑스럽고 여름날의 해는 무섭다(冬日可愛, 夏日可畏)"라고 했다. 여기에서 비롯되어 '趙盾日'은 여름날의 뜨거운 해를 가리킨다.

(3) 傅說霖(부열림): 殷나라 고종의 재상 부열이 대신하는 장맛비. 《尙書·說命上》에 "심한 가뭄이 들면 그대를 장맛비로 삼으리라(若歲大旱, 用汝作霖雨)" 하고 고종이 부열에게 한 말이 있다. 가뭄의 단비처럼 고마운 비를 가리킨다.

(4) 兩河(양하): 王十朋의 《百家註分類東坡先生詩》에 "두 강이란 아마도 변하와 채하일 것이다(兩河, 蓋汴河·蔡河也)"라고 한 바와 같이 開封 부근에 있는 두 개의 주요 하천인 변하와 채하를 가리킨다.

(5) 庭燎(정료): 마당에 피워 놓은 화톳불이라는 뜻인데 여기서는 《詩經·小雅·庭燎》를 가리킨다. 이 시에 대한 毛詩序에 "〈庭燎〉는 선왕을 찬미함으로써 그를 경계한 것이다(〈庭燎〉, 美宣王也, 因以箴之)"라고 했다.

0959. 奉勅祭西太一[1]和韓川[2]韻四首

어명을 받들어 서태일궁에서 제사를 지낸 뒤 한천의 시에 화답하여

其一

聖主新除祕祝,[3][4]	성군께서 새로이 비축을 임명하자
侍臣來乞豐年.[5]	근신들이 다가와서 풍년을 기원했네.
壽宮神君欲至,[6]	수궁의 신령님이 곧 오시려고
夜半靈風肅然.[7]	밤중에 산들산들 신령스러운 바람이 불었네.

其二

玉璽親題御筆,[8]	어필로 친히 쓰고 옥새도 찍었나니
金童來侍天香.[9][10]	금동이 와서 향 피울 때 시중들었네.
禮罷祝融參乘,[11][12]	제례가 끝나자 축융이 옆자리에 동승하고
前驅已過衡湘.[13][14]	향도는 이미 형산과 상수를 지나갔네.

其三

解劍獨行殘月,[15]	검을 풀고 새벽달 아래 혼자 걸어와
披衣困臥淸風.	옷을 걸치고 청풍 맞으며 고단하게 누웠네.

夢蝶猶飛旅枕,[(16)(17)]	꿈속의 나비가 아직 나그네의 베개에서 나는데
粥魚已響枯桐.[(18)]	목어가 마른 오동나무를 벌써 울리네.

其四

陂水初含曉淥,	연못 물은 처음으로 해맑은 새벽 기운을 머금고
稻花半作秋香.	벼꽃은 절반이나 가을 향기를 자아내는데
皂蓋却迎朝日,[(19)]	검은 일산이 다시 아침 해를 맞이하자
紅雲正繞宮牆.[(20)]	붉은 구름이 마침 궁궐의 담을 에워싼다.

[해설]

서태일궁에서 태일신에게 제사를 지낸 뒤 한천의 시에 화답하여 지은 것으로 제사를 지낸 과정과 자신의 감회를 노래했다.

[주석]

(1) 西太一(서태일): 西太一宮을 가리킨다. 《史記·封禪書》에 "천신 가운데 귀한 분이 태일신이다(天神貴者, 太一)"라고 한 것처럼 태일신은 천신 중에서도 존귀한 존재이다. 태일궁은 태일신에게 제사를 지내는 궁전으로 北宋 때에는 開封城 남쪽에 있었는데, 그중에서도 서태일궁은 개봉의 서남쪽에 있었다.(魏嵩山 主編, 《中國歷史地名大辭典》, 廣東敎育出版社, 1995년 제1판, 139쪽 참조) 龐元英의 《文昌雜錄》에 "사부는 매년 입춘에 동태일궁에서 제사 지내고, 입하와 입동에 중태일궁에서 제사 지내고, 입추에 서태일궁에서 제사 지냈다(祠部每歲立春, 祭東太一宮; 立夏·立冬, 祭中太一宮, 立秋, 祭西太一宮)"라고 했다.

(2) 韓川(한천): 馮應榴의 《蘇軾詩集合注》에 "《續資治通鑑長編》에 의하면 원우 원년(1086) 3월에 한천이 감찰어사가 되었고, 원우 2년(1087) 8월에 좌사간으로 승진했으니 선생이 이 시를 지은 것은 한천이 감찰어사로 재임할 때였다(《續通鑑長編》: 元祐元年三月, 韓川爲監察御史, 二年八月, 進左司諫. 先生作詩, 川官御史時也)"라고 했다.

(3) 除(제): 除授하다. 관직을 내리다.

(4) 祕祝(비축): 기도와 축원을 담당하는 관리. 서태일궁에서 제사를 지낼 祭官을 가리킨다.

(5) 侍臣(시신): 군주의 곁에서 군주를 모시는 신하. 近臣.

(6) 壽宮(수궁): 신을 모시는 궁전.

(7) 肅然(숙연): 미풍이 부는 모양. 《漢書·郊祀志》에 "대사면을 실시하고 수궁에다 신령님을 모셨다. 신

령님들 가운데 가장 존귀한 분을 태일이라고 하고 그 보좌관을 태금·사명 등으로 부르는데 다들 태일을 따른다. 신령님들은 눈으로 볼 수 있는 것은 아니고 말하는 것을 들을 수는 있는데 말이 사람의 소리와 같다. 그분들은 때때로 가고 때때로 오는데 그분들이 오면 바람이 산들산들 분다(大赦, 置壽宮神君. 神君最貴者曰太一, 其佐曰太禁·司命之屬, 皆從之. 非可得見, 聞其言, 言與人音等. 時去時來, 來則風肅然)"라고 했다.

(8) 御筆(어필): 임금이 친히 쓴 글씨. 이 구절은 황제가 친히 태일신에게 제사 지낼 때 쓸 祭文이나 祝文을 썼다는 말이다.

(9) 金童(금동): 신선의 侍童. 王十朋의 《百家註分類東坡先生詩》에 "도가에 '꽃 뿌리는 옥녀', '향 시중 드는 금동'이라는 말이 있다(道家有'散花玉女'·'侍香金童')"라고 했다.

(10) 天香(천향): 신령님이나 부처님에게 제사 지낼 때 피우는 향.

(11) 祝融(축융): 불을 관장하는 신. 왕십붕의 《백가주분류동파선생시》에 "축융은 남방에 있는 염제의 보좌관이다(祝融, 南方炎帝之佐)"라고 했다.

(12) 參乘(참승): 동승하다. 수레를 탈 때 아랫사람이 윗사람을 모시고 함께 탄다는 뜻으로, 축융이 태일신을 모시고 탄 것을 가리킨다.

(13) 前驅(전구): 행렬의 맨 앞에서 길을 인도하는 사람. 嚮導.

(14) 衡湘(형상): 衡山과 湘水. 韓愈의 〈柳子厚墓志銘〉에 "형산과 상강 이남에서 진사가 된 사람은 모두 유자후를 스승으로 삼았다(衡湘以南, 爲進士者, 皆以子厚爲師)"라는 말이 있다. 서태일궁에서 제사를 지낸 때가 입추이므로, 이 연은 여름이 지나 더운 기운이 이미 남방으로 물러갔음을 뜻한다.

(15) 解劍(해검): 제사를 지내기 위하여 찼던 검을 풀어 놓는 것을 가리킨다.

(16) 夢蝶(몽접): 꿈속의 나비. 《莊子·齊物論》에 "옛날에 장주가 꿈에 나비가 되었다. 그는 활기차게 훨훨 날아다니는 나비였다. 스스로 기분이 유쾌함을 느낄 뿐 자기가 장주라는 사실은 알지 못했다. 그러다가 갑자기 꿈에서 깨어나니 그는 엄연한 장주였다. 그러니 장주가 꿈에 나비가 된 것인지 나비가 꿈에 장주가 된 것인지 알 수가 없었다(昔者莊周夢爲胡蝶, 栩栩然胡蝶也. 自喩適志與, 不知周也. 俄然覺, 則蘧蘧然周也. 不知周之夢爲胡蝶, 胡蝶之夢爲周與)"라는 고사가 있는데, 이 구절은 이 고사를 빌려서 해학적인 맛을 더한 것이다.

(17) 旅枕(여침): 여행 도중의 잠을 가리킨다.

(18) 粥魚(죽어): 목어. 나무를 물고기 모양으로 깎고 가운데를 파서 두드리면 소리가 나게 만든 물건. 죽 또는 밥을 먹을 시간을 알리거나 승려들을 불러 모을 때 사용한다. 이 연은 자기가 아직 꿈속을 헤매고 있는데 벌써 아침 공양을 알리는 목어 소리가 들린다는 말이다.

(19) 皂蓋(조개): 옛날 관리들이 사용한 검은색의 수레용 日傘. 제사를 지내고 돌아오는 관리들의 수레를 가리킨다.

(20) 紅雲(홍운): 아침 햇살을 받아 벌겋게 된 노을을 가리킨다. 《古今事文類聚》에 인용된 《翼聖傳》에 "옥황상제가 계시는 곳은 항상 붉은 구름이 에워싸고 있어서 비록 신선이라고 할지라도 그분의 얼굴을 볼 수 없다(玉帝所居, 常有紅雲擁之, 雖眞仙亦不得見其面)"라고 했다. 이 연은 서태일궁에서

황궁으로 돌아온 뒤의 모습을 묘사한 것으로 은연중에 태일신에게 제사를 지낸 효험이 나타났다는 생각을 드러냈다.

0960. 西太一[1]見王荊公[2]舊詩, 偶次其韻二首

서태일궁에서 왕형공의 옛날 시를 보고 우연히 그것에 차운하여

其一

秋早川原淨麗,	이른 가을 강과 들이 깨끗하고 고우며
雨餘風日清酣.	비 온 뒤의 바람과 햇살이 맑고 화창하구나.
從此歸耕劍外,[3]	이제부터 검각 밖으로 돌아가서 밭 갈 텐데
何人送我池南.[4]	누가 해자 남쪽에서 나를 전송하려나?

其二

但有樽中若下,[5]	술잔 속의 약하춘 술만 있다면
何須墓上征西.[6]	무덤 위의 '정서'라는 글자가 뭐 필요하리?
聞道烏衣巷口,[7][8]	듣자하니 번화했던 오의항의 어귀에
而今烟草萋迷.[9]	지금은 안개 속의 풀이 수북하다는데.

[해설]

서태일궁에서 태일신에게 제사를 지낸 뒤 옛날에 왕안석이 쓴 시에 차운한 것으로 인생무상의 감개와 은일의 의지가 드러나 있다.

[주석]

(1) 西太一(서태일): 서태일궁을 가리킨다. 〈奉勅祭西太一和韓川韻四首〉(0959) 주 (1) 참조.

(2) 王荊公(왕형공): 荊國公에 봉해진 王安石을 높여 부르는 말.

(3) 劍外(검외): 劍閣의 남쪽. 사천지방, 즉 소식의 고향을 가리킨다.

(4) 池南(지남): 王十朋의 《百家註分類東坡先生詩》에 "'垓字 남쪽'은 아마도 촉지방으로 돌아가는 길을 가리킬 것이다('池南', 蓋歸蜀之路)"라고 했다. 《楚辭·九歌·河伯》에 "남쪽의 포구에서 고운 임을 보낸다(送美人兮南浦)"라고 한 이래로 역대 시가에서 '南浦'는 송별의 장소를 가리키는바, 이 시에서는 평측 때문에 '浦'를 '池'로 바꾸고 압운 때문에 다시 '南池'를 '池南'으로 바꾼 것으로 보인다. '池'는 성을 에워싸고 흐르는 강인 해자를 가리킨다.

(5) 若下(약하): 吳興(지금의 절강성 湖州)의 名酒 若下春을 가리킨다. 왕십붕의 《백가주분류동파선생시》에 "《오흥기》에 '상약촌과 하약촌은 모두 맛있는 술이 난다'라는 말이 있다(《吳興記》: '上若·下若邨, 幷出美酒.')"라고 했고, 劉禹錫의 시 〈洛中逢韓七之吳興〉에 "낙타교 다리 위에 네가래에서 부는 바람이 일고, 앵무배 술잔 안에 약하춘 술이 있겠네(駱駝橋上蘋風起, 鸚鵡杯中若下春)"라는 구절이 있다.

(6) 墓上征西(묘상정서): 曹操가 자기 무덤 앞에 써 달라고 한 '漢故征西將軍曹侯之墓'라는 글씨를 가리킨다. 《資治通鑑·漢紀五十八》에 "불러서 전군교위로 삼자 마음속으로 마침내 더욱더 국가를 위해 도적을 토벌하여 공을 세움으로써 무덤 앞의 길에 '漢故征西將軍曹侯之墓'라고 쓰게 하고 싶었으니 이것이 그의 뜻이었다(徵爲典軍校尉, 意遂更欲爲國家討賊立功, 使題墓道言'漢故征西將軍曹侯之墓', 此其志也)"라고 했다. 이 구절은 관직에 연연하는 것보다 술이나 마시며 마음 편하게 지내는 것이 더 낫다는 말이다.

(7) 聞道(문도): 듣자하니.

(8) 烏衣巷(오의항): 강소성 南京에 있는 거리로 東晉 때의 두 세도가인 王導와 謝安의 집안이 모여 살던 곳이다. 劉禹錫의 시 〈烏衣巷〉에 "주작교 주변에는 들풀에 꽃이 피고, 오의항 어귀에는 석양이 비껴든다. 지난날의 왕씨 사씨 대청 앞의 제비가, 지금은 보통 백성의 집으로 날아든다(朱雀橋邊野草花, 烏衣巷口夕陽斜. 舊時王謝堂前燕, 飛入尋常百姓家)라고 했다.

(9) 烟草(연초): 안개에 덮인 풀. 王安石의 詞 〈桂枝香——金陵懷古——〉에 "육조시대 옛날 일은 강물처럼 흘러가고, 차가운 안개 속의 시든 풀만 시퍼렇다(六朝舊事如流水, 但寒烟衰草凝綠)"라는 구절이 있다.

0961. 次韻子由[1]送陳侗[2]知陝州[3]

섬주지주로 나가는 진통을 전송한 자유의 시에 차운하여

誰能如鐵牛,[4]	그 누가 철우처럼
橫身負黃河.[5]	몸을 뻗어 황하를 짊어질 수 있으리?
滔天不能沒,[6]	물이 하늘에 닿아도 침몰시킬 수 없나니
尺箠未易訶.	한 자짜리 채찍으로 꾸짖기 쉽지 않으리.
世俗自無常,	세상사란 본래부터 무상한 것이기에
徐公故逶迤.[7][8]	서공이 일부러 의연하게 굴었는데
別來不可說,	헤어진 뒤로는 말도 할 수 없었나니
事與浮雲多.[9]	일어난 일이 떠다니는 구름처럼 많았네.
當時無限人,	그 당시에 한없이 많은 사람이
毁譽卽墨阿.[10]	즉묵대부를 헐뜯고 아대부를 칭송했지만
虛聲了無實,	헛된 명성은 조금도 진실성이 없어서
夜蟲鳴機梭.	벌레가 밤에 베틀과 북에서 우는 꼴이네.
相逢一笑外,	우리 이제 만났건만 한 번 웃을 뿐
奈此白髮何.	이 허연 머리를 어쩔 수가 없는데
天驥皆籋雲,[11][12]	천마들이 너도나도 구름을 밟고
長鳴飽芻禾.[13]	길게 울며 꼴과 볏짚 배부르게 먹고 있네.
王庭旅百實,[14][15][16]	조정에 온갖 공물 다 진열되어

大貝隨弓戈.(17)	활과 창에 이어서 큰 조개가 놓였는데
君獨一麾去,(18)	그대 홀로 깃발 하나 들고 가시니
欲賡五袴歌.(19)	백성들이 〈오고가〉를 이어서 부르겠네.
甘棠古樂國,(20)(21)	감당 땅은 옛날의 즐거운 고장이라
白酒金叵羅.(22)(23)	흰 술을 금 술잔에 따라 마시겠지만
知君不久留,	그대가 거기 오래 머물지 않을 줄을 아나니
治行中新科.(24)(25)(26)	치적이 새 법령에 부합할 것이기 때문이네.
過客足嗔喜,	과객들을 성나게 하거나 기쁘게 할 수 있으니
東堂記分鵝.(27)(28)	동당의 일과 거위 고기 나누는 일을 기억하시게.
此外但坐嘯,(29)	이것 말고는 가만히 앉아 휘파람만 불 일이니
後生工揣摩.(30)(31)	후생들이 잘 알아서 처리해 줄 것이네.

[해설]

섬주지주로 부임할 과거 급제 동기 진통을 전송하면서 지은 것으로, 두 사람 사이에 있었던 옛날 일을 회상하고 진통의 인품과 능력을 칭송함과 동시에 그에게 선정을 베풀어 줄 것을 당부했다.

[주석]

(1) 子由(자유): 소식의 동생 蘇轍의 字.

(2) 陳侗(진통): 소철 원시의 제목이 〈送陳侗同年知陝州〉인 것을 보면 소식과 소철의 과거 급제 동기임을 알 수 있는데, 《吳興備志》에 "진통은 자가 성백으로 벼슬이 보문각대제에 이르렀다(陳侗, 字成伯, 官至寶文閣待制)"라고 했다.

(3) 陝州(섬주): 지금의 하남성 섬현.

(4) 鐵牛(철우): 쇠로 만든 소. 옛날에는 수리 시설을 만들거나 다리를 놓을 때 수해를 진압하게 하기 위해 쇠로 소의 형상을 만들어 제방 아래 또는 다리 옆에 세웠다. 王十朋의 《百家註分類東坡先生詩》에 "섬주에 철우묘가 있는데 지금은 순제왕으로 봉했다. 머리는 황하의 남쪽에 있고 꼬리는 황하의 북쪽에 있는데 세상에 전하는 말에 의하면 우임금이 이것으로 황하의 재앙을 잠재웠다고 한다(陝州有鐵牛廟, 今封爲順濟王. 頭在河之南, 尾在河之北, 世傳禹以此鎭河患也)"라고 했다.

(5) 負黃河(부황하): 황하를 짊어지다. 철우의 머리가 황하의 남쪽에 있고 꼬리가 북쪽에 있는 모습을 가리킨다. 이 연은 섬주지주로 부임할 진통을 그 고을에 있는 철우에 비유하여 진통만이 섬주를 잘

다스릴 수 있을 것이라고 치켜세운 것이다.

(6) 滔天(도천): 하늘에 닿을 정도로 도도하다.

(7) 徐公(서공): 삼국시대 위나라 사람 徐邈을 가리킨다. 그는 세상 사람들이 다 집정자의 환심을 사기 위해 수레와 복장을 소박한 것으로 바꿀 때에도 평소의 습관을 바꾸지 않았고, 세상 사람들이 다들 화려한 것을 추구할 때에도 평소의 모습을 견지했다.(《三國志·魏志·徐邈傳》 참조)

(8) 逶迤(위이, 압운 때문에 여기서는 '위타'로 읽어야 한다): 조용하고 자득한 모양. 이 연은 서막에 비유하는 형식으로 時流에 영합하지 않는 진통의 인품을 칭송한 것이다.

(9) 與(여): 마치 ~와 같다.

(10) 卽墨阿(즉묵아): 즉묵대부와 아대부. 齊나라의 즉묵지방을 다스리는 대부를 비방하는 소리가 날마다 들리는지라 威王이 사람을 보내 시찰해 보게 했더니 농토가 잘 개간되어 있어 백성들의 衣食이 풍족하므로 권력 있는 대신들에게 아부하지 않아서 그런 것으로 판단하고 즉묵대부에게 만 호의 식읍을 내렸다. 반면에 아지방을 다스리는 대부는 칭송하는 소리가 날마다 들리는지라 위왕이 사람을 보내 시찰해 보게 했더니 농토가 잘 개간되어 있지 않아 백성들이 빈곤하게 살고 있으므로 권력 있는 대신들에게 아부를 잘해서 그런 것으로 판단하고 아대부와 권력 있는 대신들을 사형에 처했다. 이 연은 조정이 사람을 잘못 판단하여 훌륭한 인재를 푸대접하고 무능한 사람을 중용한 결과로 진통 같은 인재가 지방으로 쫓겨났었다는 말이다.

(11) 天驥(천기): 天馬. 조정에서 일하는 훌륭한 인재들을 가리킨다.

(12) 籋(섭): 밟다. 오르다. '躡'과 같다.

(13) 芻禾(추화): 꼴과 볏짚. 말의 여물을 가리킨다.

(14) 王庭(왕정): 조정.

(15) 旅(여): 진열하다. 벌여 놓다.

(16) 百實(백실): 온갖 공물. 《左傳·莊公二十二年》에 "마당의 공물이 백 가지나 진열되어 있다(庭實旅百)"라는 말이 있다. 조정에서 일하는 훌륭한 인재들을 가리킨다.

(17) 大貝(대패): 조개의 일종. 옛날에 이것으로 器物을 만들기도 하고 이것을 화폐로 쓰기도 했다. 《尙書·顧命》에 "윤이 만든 무의와 대패의 껍질 및 큰북은 서쪽 방에 진열해 놓고, 태가 만든 창과 화가 만든 활, 수가 만든 대나무 화살은 동쪽 방에 진열해 놓았다(胤之舞衣·大貝·鼖鼓, 在西房; 兌之戈·和之弓·垂之竹矢, 在東房)"라는 기록이 있다.

(18) 麾(휘): 기. 태수가 행차할 때 들고 가는 의전용 기를 가리킨다.

(19) 五袴歌(오고가): 後漢 사람 廉范이 蜀郡 태수로 부임했을 때 물산은 풍부하고 가옥은 좁은 成都 지방에 화재를 방지하기 위해 밤에 불을 켜지 못하게 하는 법령이 있어 백성들이 불편해했다. 염범이 이 법령을 없애자 백성들이 밤에 안심하고 일할 수 있게 되었다. 이에 백성들이 염범을 칭송하여 "염숙도님께서는, 왜 이리 늦게 오셨나? 불 켜는 것 안 금하여, 백성들이 편히 일해, 평생 저고리 없었는데 이제 바지가 다섯 개네(廉叔度, 來何暮? 不禁火, 民安作, 平生無襦今五袴)" 하고 노래했다. 〈오고가〉는 이 노래를 가리킨다.(《후한서·염범전》 참조) 이 구절은 염범이

다스린 촉군 백성의 뒤를 이어 섬주 백성들도 진통을 칭송하는 노래를 부르겠다는 말이다.

(20) 甘棠(감당): 甘棠縣(지금의 하남성 宜陽) 및 섬주 일대를 두루 가리킨다. 《詩經·召南·甘棠》에 "무성한 저 팥배나무, 자르지 말고 꺾지 마라, 소백님이 옛날에 쉬던 곳이니(蔽芾甘棠, 勿翦勿敗, 召伯所憩)"라는 구절이 있는데, 왕십붕의 《백가주분류동파선생시》에 "〈甘棠〉 시는 섬주의 일이니 지금도 역참의 이름을 감당관이라고 한다(〈甘棠〉, 陝州事, 今驛名尙謂之甘棠館云)"라고 했다.

(21) 樂國(낙국): 즐거운 고장. 낙원. 《詩經·魏風·碩鼠》에 "큰 쥐야 큰 쥐야, 우리 기장 먹지 마라. 세 해나 잘 대했건만, 나를 봐주지 않는구나. 이제는 너를 떠나, 저 낙원에 가련다(碩鼠碩鼠, 無食我麥. 三歲貫女, 莫我肯德. 逝將去女, 適彼樂國)"라는 구절이 있다.

(22) 白酒(백주): 빛깔이 흰 술. 탁주를 가리킨다. 《三國志·魏志·徐邈傳》에 "평소 취객들이 술 중에서 맑은 것을 성인이라고 하고 탁한 것을 현인이라고 합니다(平日醉客謂酒淸者爲聖人, 濁者爲賢人)"라는 말이 있는데, 《太平御覽·飮食部二·酒中》에는 "《위략》에 '태조 때 금주령이 내려져서 사람들이 몰래 마셨기 때문에 술이라고 말하기 어려웠다. 그래서 흰 술을 현인이라고 하고 맑은 술을 성인이라고 했다'라는 말이 있다(《魏畧》曰: '太祖時禁酒, 而人竊飮之, 故難言酒. 以白酒爲賢人, 淸酒爲聖人.')"라고 하여 '濁者'를 '白酒'로 바꾸어 놓았다.

(23) 叵羅(파라): 술잔을 가리키는 西域語를 음역한 것에서 비롯되어 나중에는 술잔의 범칭이 되었다.

(24) 治行(치행): 治績.

(25) 中(중): 부합하다.

(26) 新科(신과): 새로운 법령. 王安石 일파가 만든 신법을 폐지하고 원우(1086-1093) 초에 새로 만든 법령을 가리킨다. 《三國志·魏志·何夔傳》에 "이때 태조가 새로운 법령을 제정하여 주군에 하달했다(是時太祖始制新科, 下州郡)"라고 했다. 이 연은 진통이 치적을 인정받아서 금방 다시 조정으로 들어오게 될 것이라는 말이다.

(27) 東堂(동당): 활쏘기 연습장을 가리킨다. 《南史·庾悅傳》에 "처음에 유의는 집안이 경구(지금의 강소성 鎭江)에 있었는데 극도로 가난하게 살았다. 한번은 마을의 사대부들과 동당으로 가서 함께 활을 쏘았다(初, 劉毅家在京口, 酷貧. 嘗與鄕曲士大夫往東堂共射)"라고 했고, 《晉書·劉毅傳》에는 다음과 같은 기록이 있다. 江州刺史 庾悅은 융안(397-401) 연간에 司徒長史가 되어 경구에 갔는데, 부하 관원들을 데리고 활을 쏘러 동당으로 갔다가 친구들과 함께 먼저 가서 쏘고 있는 유의를 만났다. 유의가 유열에게 "저희는 궁핍한 사람들이라 한데 모여서 활을 쏘는 것이 매우 어렵습니다. 나리께서는 어디를 가도 다 치실 수 있으니 오늘은 저희에게 양보해 주시기 바랍니다"라고 했으나 유열이 허락하지 않았다. 나중에 유열이 거위 고기를 먹을 때 좀 나누어 달라고 부탁했으나 유열이 또 대답하지 않았다.

(28) 分鵝(분아): 거위 고기를 나누어 주다. 주 (27) 참조. 이 연은 섬주 고을 사람들을 너그럽게 대하라는 말이다.

(29) 坐嘯(좌소): 앉아서 휘파람이나 불며 한가롭게 지내는 것을 가리킨다. 후한 때 汝南太守 宗資도 功曹 范滂에게 일을 일임하고 南陽太守 成瑨도 功曹 岑晊에게 일을 일임했기 때문에 두 고

을에 "여남태수는 범방이라 종자는 결재나 하고, 남양태수는 잠질이라 성진은 휘파람이나 분다"라는 말이 퍼졌다.(《後漢書·黨錮傳》 참조)

(30) 後生(후생): 범방이나 잠질과 같은 수하의 젊은 관리를 가리킨다.

(31) 揣摩(췌마): 헤아리다. 가늠하다. 업무를 헤아려 처리한다는 말이다. 이 연은 수하의 젊은 관리들이 알아서 일을 잘 처리할 것이니 그들에게 일임하고 사사건건 간섭하지 말라는 말이다.

0962. 送賈訥[1]倅[2]眉[3]二首

미주통판으로 나가는 가눌을 전송하며

其一

當年入蜀歎空回, 옛날에 촉 땅에 들어갔다 그냥 돌아온 것 한탄했나니
未見峨眉肯再來.[4][5] 아미산을 보지 못해 다시 오려고 했으리.
童子遙知頌襦袴,[6][7] 아이들이 바지저고리 많다 노래하는 그곳에서
使君先已洗樽罍.[8][9] 태수가 사전에 이미 술잔을 씻어 놓았으리.
鹿頭北望應逢雁,[10] 녹두산에서 북쪽을 보면 기러기가 보일 테고
人日東郊尙有梅.[11] 인일인데도 동쪽 교외에 매화가 피어 있으리.
我老不堪歌樂職,[12] 나는 늙어 〈낙직〉을 노래하지 못하지만
後生試覓子淵才.[13][14] 후배님은 자연의 재주를 다해 볼 수 있으리.

其二

老翁山下玉淵回,[15] 노옹산 밑 옥빛 연못 굽이진 곳에
手植青松三萬栽. 푸른 솔 삼 만 그루 손수 심어 놓았나니
父老得書知我在,[16] 어르신들 편지 받고 내가 살아 있는 줄 알고
小軒臨水爲君開.[17] 물가의 작은 집을 그대 위해 열어 주리.
試看一一龍蛇活,[18] 하나하나 용과 뱀이 살아 있는 것도 보고

更聽蕭蕭風雨哀.[19]	솨아솨아 비바람의 슬픈 소리도 들을 텐데
便與甘棠同不剪,[20]	팥배나무와 마찬가지로 자르지 않아
蒼髯白甲待歸來.[21]	푸른 수염과 흰 갑옷이 내가 돌아오길 기다리리.

[해설]

소식의 고향인 미주의 통판으로 부임해 가게 된 가눌을 전송하며 지은 것으로, 제1수에서는 가눌이 살기 좋은 고장 미주에서 잘 지내다 올 것을 기원했고, 제2수에서는 가눌이 자기 부친의 선영을 한 번 살펴보아 주기로 한 일을 계기로 선영의 근황을 한 번 상상해 보았다.

[주석]

(1) 賈訥(가눌): 구체적인 행적이 알려져 있지 않다. 王十朋의 《百家註分類東坡先生詩》에는 "가눌은 당시 조산랑이었다(訥時朝散郎)"라고 했고, 王文誥의 《蘇軾詩集》에는 "가눌은 당시 조봉랑이었다. 왕십붕의 주는 틀렸다(訥時爲朝奉郎, 王註誤)"라고 했다.

(2) 倅(쉬): 通判을 맡다. 통판은 태수 바로 아래의 관직이다.

(3) 眉(미): 眉州(지금의 사천성 眉山)를 가리킨다.

(4) 峨眉(아미): 아미산. 사천성에 있는 큰 산. 이 연은 가눌이 미주통판으로 부임하게 된 이유를 해학적으로 말한 것이다.

(5) 肯(긍): 기꺼이 ~하다. 원하다.

(6) 遙知(요지): 멀리서 짐작하여 알다.

(7) 頌襦袴(송유고): 옛날에 그 고을 사람들이 〈五袴歌〉를 부른 것처럼 저고리와 바지가 넉넉하다고 칭송한다는 말이다. 〈次韻子由送陳侗知陝州〉(0961) 주 (19) 참조.

(8) 使君(사군): 태수. 미주지주 李琪를 가리킨다. 소식의 자주에 "이대부는 미주의 어진 태수이다(李大夫, 眉之賢太守也)"라고 했는데, 왕십붕의 《백가주분류동파선생시》에 "원우 원년(1086)에 이기가 조산대부로서 미주지주가 되었다(元祐元年, 李琪以朝散大夫知眉州)"라고 했다.

(9) 樽罍(준뢰): 술 담는 그릇. 이 연은 어진 태수가 가눌을 위해 환영회를 준비하고 있을 것이라는 말이다.

(10) 鹿頭(녹두): 녹두산 또는 그 위에 있는 관문인 녹두관. 사천성 德陽 동북쪽에 있다.(魏嵩山 主編, 《中國歷史地名大辭典》, 廣東敎育出版社, 1995년 제1판, 1048쪽 참조)

(11) 人日(인일): 음력 1월 7일에 드는 명절의 일종. 《荊楚歲時記》에 의하면 옛날 楚나라에서는 이날 일곱 가지 나물로 국을 끓이고 비단 천으로 인형을 만들어서 병풍에 붙이거나 머리에 꽂고 높은 산에 올라가 시를 짓는 등의 풍습이 있었다고 한다. 소식의 자주에 "인일에 동쪽 교외로 나가 강을 건너가서 마이산에서 노니는 것이 미주 지방의 풍속이다(人日出東郊, 渡江, 游蟆頤山, 眉之故事也)"라

고 했다. 이 연은 기러기가 일찍 떠나고 매화가 일찍 필 정도로 미주가 다른 지역보다 따뜻하다는 말이다.

(12) 樂職(낙직): 한나라 辭賦家 王褒의 시. 왕포는 宣帝 때 益州刺史 王襄의 청을 받아 선제의 덕을 칭송하는 시 〈中和〉·〈樂職〉·〈宣布〉 등을 지었다.(《한서·왕포전》 참조) 〈留別登州擧人〉(0919) 주 (14) 참조. 익주는 지금의 사천성 成都로 서남쪽의 미주와 접경을 이룬다.

(13) 後生(후생): 가눌을 가리킨다.

(14) 子淵(자연): 왕포의 字. 이 연은 가눌에게 살기 좋은 고장인 미주에서 태평을 구가하는 멋진 노래를 한번 지어 보라는 말이다.

(15) 老翁山(노옹산): 사천성 眉山 동쪽에 있는 산.(《중국역사지명대사전》, 355쪽 참조) 蘇洵의 무덤이 있는 곳이다. 소식의 자주에 "선친은 마이산에서 동쪽으로 20여 리 되는 곳에 장사 지냈는바 땅 이름을 노옹천이라고 한다. 가선생이 나를 위해 한 번 가 주기로 허락했기 때문에 감탄하는 마음이 깊어서 그 일에 대하여 언급했다(先君葬於蟆頤山之東二十餘里, 地名老翁泉. 君許爲一往, 感歎之深, 故及之)"라고 한 것을 보면, 가눌이 미주에 가면 소순의 무덤을 한 번 살펴보아 주겠다고 한 것으로 보인다.

(16) 父老(부로): 소식의 고향에 있는 어른들을 가리킨다. 이 구절은 가눌이 부친의 선영을 돌보아 줄 것이니 그를 특별히 잘 대해 달라고 부탁하는 소식의 편지를 보며, 고향 어른들이 烏臺詩案 같은 커다란 곤경을 겪고도 소식이 아직 건재하다는 사실을 알고 기뻐할 것이라는 말이다.

(17) 小軒(소헌): 소순의 무덤을 관리하기 위해 지은 집인 것으로 보인다.

(18) 龍蛇(용사): 구불구불하게 생긴 데다 비늘처럼 생긴 껍질도 있는, 소나무의 크고 작은 가지를 가리킨다.

(19) 蕭蕭(소소): 비바람이 치는 소리.

(20) 甘棠(감당): 팥배나무. 백성을 위해 일하다가 팥배나무 밑에서 쉰 召伯을 노래한 《詩經·召南·甘棠》에 "무성한 저 팥배나무, 자르지 말고 꺾지 마라, 소백님이 옛날에 쉬던 곳이니(蔽芾甘棠, 勿翦勿敗, 召伯所憩)"라는 구절이 있는데, 〈毛詩序〉에 "〈甘棠〉은 소백을 찬미한 것이니, 소백의 교화가 남쪽 나라에 빛났다(〈甘棠〉, 美召伯也, 召伯之教明於南國)"라고 했다.

(21) 蒼髯白甲(창염백갑): 푸른 수염과 흰 갑옷. 소나무의 잎과 줄기, 즉 소순의 무덤 주위에 심어 놓은 소나무를 가리킨다. 이 연은 고향 사람들이 소순의 무덤을 잘 돌보며 소식이 돌아오기를 기다릴 것이라는 말이다.

0963. 送程建用[1]

정건용을 전송하며

先生本舌耕,[2][3]	선생은 본래 혀로 농사지은 분으로
文字浩千頃.[4]	문자가 드넓어서 천 경에 달했지만
空倉付公子,[5]	텅텅 빈 창고를 공자에게 주고는
坐待發苕穎.[6]	꽃이 피고 이삭이 패길 앉아서 기다렸네.
十年困新說,[7]	공자께선 십 년 동안 새 학설에 시달렸나니
兒女爭捕影.[8][9]	아이들이 다투어 그림자를 붙잡은 꼴
鑿垣種蒿蓬,[10]	담장을 뚫어서 쑥이나 심었으니
嘉穀誰復省.	귀한 곡식을 누가 다시 알아봤으리?
空餘南陔意,[11]	공자는 오직 〈남해〉 시의 뜻이 넘쳐 나
太息北堂冷.[12]	북당이 썰렁하다 탄식했을 뿐이고
織屨隨方進,[13]	모친은 적방진을 따라가 짚신을 짰는가 하면
採薪教韋逞.[14]	땔나무를 하면서 위영을 가르치기도 했네.
辛勤守一經,	고생스레 경전 하나 고수했나니
菽水賢五鼎.[15][16]	콩과 물을 다섯 솥의 음식보다 낫게 본 것
今年聞起廢,[17]	금년에는 폐지했던 걸 부활시킨다 하니
魯史復光景.[18][19]	노나라의 역사가 다시 빛을 보겠네.
公子亦改官,	공자 역시 관직이 바뀌게 되어

三就縶馬頸.[20][21]	말의 목에 세 바퀴 끈을 두르셨나니
歸來一笑粲,[22]	돌아올 땐 한바탕 웃으시면서
素髮颯垂領.[23]	백발을 부스스하게 옷깃에 드리우겠네.
會看金花詔,[24][25]	금종이의 조서를 보시게 될 터
湯沐奉朝請.[26][27]	목욕재계하고 나서 임금님을 뵐 것인즉
天公不吾欺,	하느님은 내 기대를 저버리지 않을 테니
壽與龜鶴永.	수명이 거북이와 학처럼 길기를 비네.

[해설]

미산으로 돌아가는 동향인 정건용을 전송하며 지은 것으로, 지금까지 여의치 않은 그의 관직 생활을 위로하고 앞으로는 관직 생활이 순탄할 것이라고 격려했다.

[주석]

(1) 程建用(정건용): 王十朋의 《百家註分類東坡先生詩》에 "자가 이중이다. 당시 선덕랑이었는데 미산으로 돌아갔다(字彝仲. 時爲宣德郎, 還眉山)"라고 했고, 施元之의 《施注蘇詩》에 "정건용은 자가 이중이고 미산 사람이다. 젊을 때 양친을 모시고 세 들어 살았는데 노소공(蘇洵)과 동쪽·서쪽에서 서로 바라보았다. 두 소공(蘇軾·蘇轍) 및 양자와 초가집에서 만났을 때 큰비가 내리는지라 육언으로 연구시를 지으며 놀았는데 선생이 그것을 추억하여 쓴 적이 있다(程建用, 字彝仲, 眉山人. 少時奉親稅居, 與老蘇公東西相望. 嘗與二蘇公·楊咨會草舍中, 大雨, 聯句六言以爲戲, 先生嘗追書之)"라고 했다. 또 소철의 시 〈送程建用宣德西歸〉의 자주에 "선생은 옛날에 세 들어 살 때 우리 집과 동쪽·서쪽에서 서로 바라보았는데 무창군이 그 집 가정 형편을 보고 그가 가난한 사람이 아닌 줄 알았다. 나는 이 말을 다른 사람에게 한 적이 없었지만 순식간에 30년이 지난지라 선생이 서쪽으로 돌아감으로 인하여 시를 지어 말하자니 나도 모르는 사이에 눈물이 흐른다(君昔嘗稅居, 與敝廬東西相望, 武昌君見其家事, 知非貧賤人也. 此語未嘗語人, 俛仰三十年矣, 因君西歸, 作詩言之, 不覺流涕)"라고 했다.

(2) 先生(선생): 왕십붕의 《백가주분류동파선생시》에 "이 구절 첫머리에서 말한 '선생'은 바로 정건용의 부친을 가리켜서 한 말이고, 뒤에서 말한 '공자'는 바로 정건용이다(句首所謂先生, 則指言建用之父也; 後所謂公子, 則建用矣)"라고 했다.

(3) 舌耕(설경): 학생들을 가르쳐 주고 받은 대가로 먹고사는 것을 농경에 비유한 것이다.

(4) 頃(경): 100畝에 해당하는 면적. 이 구절은 정건용 부친의 박학다식을 넓은 농지에 비유한 것이다.

(5) 公子(공자): 정건용을 가리킨다.

(6) 苕穎(초영): 능소화의 꽃과 벼 이삭. 식물의 꽃과 이삭을 두루 가리킨다.

(7) 新說(신설): 王安石이 지은 《三經新義》를 가리킨다. 그는 《삼경신의》를 지어 과거 시험에서 이 책의 학설만을 인정했거니와, 왕십붕의 《백가주분류동파선생시》에 "'신설'이란 왕개보의 《삼경신의》를 말한다. 당시 학자들이 그것을 신경이라고 불렀는데 대부분 성명에 관한 학설을 이야기했기 때문에 '그림자를 붙잡는다'라고 표현한 것이다('新說'言王介父《三經新義》也. 時學者號之曰新經, 多言性命之說, 故以'捕影'言之)"라고 했다.

(8) 兒女(아녀): 원래 젊은 남녀를 가리키지만 여기서는 젊은 학자를 가리킨다.

(9) 捕影(포영): 구체적인 내용을 포착하기 어렵다는 말이다.

(10) 蒿蓬(호봉): 쑥. 무능한 사람을 가리킨다. 《莊子·庚桑楚》에 "이것은 그들이 논변함에 있어서 담장을 파고 쑥을 심는 셈이다(是其於辯也, 將妄鑿垣牆, 而殖蓬蒿也)"라고 했다. 이 연은 신법파의 잘못된 인사 정책을 비판함으로써 관직 생활이 여의치 않은 정건용을 위로한 것이다.

(11) 南陔意(남해의): 《詩經·小雅·南陔》에 담긴 詩意. 〈毛詩序〉에 "〈南陔〉는 효자가 서로 봉양할 것을 훈계한 것이다(〈南陔〉, 孝子相戒以養也)"라고 했다.

(12) 北堂(북당): 어머니의 거처를 가리킨다. 이 연은 정건용이 옛날에 관직에 나아가려고 애쓰지 않고 모친에게 효도를 다하려고 했다는 말이다.

(13) 方進(방진): 한나라 사람 翟方進을 가리킨다. 그가 京師로 가서 경전을 공부하려고 하자 모친이 어린 그를 걱정하여 長安까지 따라가 짚신을 짜서 학비를 댔는데 그는 10여 년 만에 경학을 훤히 익혔다.(《한서·적방진전》 참조)

(14) 韋逞(위영): 晉나라 사람. 그의 모친 宋氏는 어릴 때 모친을 여의어 부친의 손에 자랐는데 아들이 없는 부친이 대가 끊기지 않게 하기 위해 그녀에게 家學인 《周官》을 전수했다. 그녀는 나중에 낮에는 나무를 하고 밤에는 어린 아들 위영을 가르치면서 길쌈을 했다.(《晉書·韋逞母宋氏傳》 참조) 이 연은 정건용의 모친이 정건용에게 온갖 정성을 다 쏟았다는 말이다.

(15) 菽水(숙수): 콩과 물. 먹을 것이 콩과 물밖에 없다는 뜻으로 지극히 가난한 생활을 가리킨다. 《禮記·檀弓下》에 "자로가 '가슴 아픈 일이로다 가난한 것은! 살아 계실 때에는 봉양할 길이 없었고 돌아가신 뒤에는 장례 치를 길이 없네'라고 하자, 공자가 '콩을 먹고 물을 마시더라도 기쁨을 다하시게 해 드리면 이것을 효도라고 한다'라고 했다(子路曰: '傷哉貧也! 生無以爲養, 死無以爲禮也.' 孔子曰: '啜菽飮水, 盡其歡, 斯之謂孝')"라는 말이 있다.

(16) 五鼎(오정): 솥을 다섯 개 걸어 놓고 요리해 먹는 고관대작의 호화로운 식생활을 가리킨다.

(17) 起廢(기폐): 폐기했던 것을 다시 일으켜 세우다. 왕안석이 과거에서 《春秋》에 대한 시험을 폐지하고 자신이 지은 《삼경신의》만 중시했는데, 구법파가 득세한 뒤에 《춘추》에 대한 시험을 부활시켰다.

(18) 魯史(노사): 孔子가 노나라의 역사를 서술한 책인 《춘추》를 가리킨다.

(19) 復光景(복광경): 빛을 회복하다.

(20) 三就(삼취): 세 바퀴. 《禮記·禮器》에 "천자가 타는 大輅는 말의 가슴걸이를 한 바퀴 두르고, 수행원들이 타는 次輅는 말의 가슴걸이를 일곱 바퀴 두른다(大路繁纓一就, 次路繁纓七就)"라고 했다.

《大戴禮記·衛將軍文子》에 "선생님의 문인들은 대개 세 바퀴씩 둘렀다(夫子之門人蓋三就焉)"라는 말이 있는데, 兪樾의 《群經平議·大戴禮記一》에 "'三就'란 세 바퀴 두르는 것이다.……선생님의 문인들이 세 바퀴 둘렀다는 것은 많이 둘렀다는 말이다('三就'者, 三匝也.……夫子之門人三就, 言其多也)"라고 했다.

(21) 繁(번): 두르다. 감다. '盤'과 같은 뜻이다.

(22) 笑粲(소찬): 웃다.

(23) 颯(삽): 散亂하다.

(24) 會(회): 틀림없이 ~할 것이다.

(25) 金花詔(금화조): 금가루를 뿌린 종이 즉 金花箋에 쓴 詔書.

(26) 湯沐(탕목): 목욕하다. 천자를 배알하기 위해 목욕재계하는 것을 가리킨다. 周나라 때에는 천자를 배알하러 온 제후가 머물면서 목욕재계할 수 있도록 封地를 하사했으니 그것을 湯沐邑이라고 했다.

(27) 奉朝請(봉조청): 漢나라 때 제후가 봄에 천자를 배알하는 것을 '朝'라고 하고 가을에 천자를 배알하는 것을 '請'이라고 했기 때문에 나중에는 정기적으로 朝會에 참석하는 것을 奉朝請이라고 했다. 마지막 네 구절은 정건용이 다시 조정으로 들어오게 될 것이니 훗날의 영화를 누리기 위해 오래오래 건재하라는 말이다.

0964. 次韻李修孺[(1)]留別[(2)]二首

이수유의 작별시에 차운하여

其一

十年流落敢言歸,[(3)(4)]	십 년 동안 실의에 차 떠돌아다녔지만
	감히 돌아가겠다고 말하지는 못하고
魚鳥江湖只自知.	고기와 새가 노니는 강과 호수를
	혼자만 알고 있을 따름이었네.
豈意青天掃雲霧,[(5)]	그런데 어찌 뜻했으리 하늘에서 운무를 일소하고
盡呼黃髮寄安危.[(6)]	누런 머리 다 불러서 안위를 맡길 줄을?
風流吾子眞前輩,[(7)(8)(9)]	멋있는 그대는 참 예스러운 분
人物他年記一時.[(10)(11)]	인물이라고 훗날에 일제히 기억할 것이네.
我欲折繻留此老,[(12)]	통행증을 찢어 버리고 이 노인을 잡고 싶나니
緇衣誰作好賢詩.[(13)]	현인을 좋아하는 〈치의〉 시를 누가 지을까?

其二

此生別袖幾回麾,[(14)]	내 평생에 작별의 소매 몇 번이나 흔들었나?
夢裏黃州空自疑.[(15)]	꿈속의 황주인가 스스로 의아하네.
何處青山不堪老,[(16)]	어느 곳의 청산인들 늙을 만하지 않으랴만

當時明月巧相隨.	그 당시에 명월이 잘도 나를 따라왔네.
窮通等是思家意,(17)(18)	잘되나 못되나 고향 그립긴 마찬가지고
衰病難堪送客悲.	병약해지니 나그네 보내는 슬픔을 견디기 어렵네.
好去江魚煮江水,(19)	잘 가셔서 장강 고기를 장강 물로 삶으셔요
劍南歸路有姜詩.(20)(21)	검남으로 돌아가는 길에 강시가 있었으니.

[해설]

촉지방으로 돌아가는 이수유가 먼저 떠나가는 심경을 읊은 시를 짓자 그것에 차운하여 지은 것으로, 고향으로 돌아가는 이수유에 대한 부러움과 이수유처럼 훌륭한 사람을 자기 곁에 붙잡아 두고 싶은 심정을 노래했다.

[주석]

(1) 李修孺(이수유): 査愼行의 《蘇詩補註》에 "이수유의 관작과 향리 및 사적은 알아볼 수가 없는데 틀림없이 촉지방 사람으로 관직을 파하고 돌아가는 사람이었을 것이다(李修孺爵里事迹無可考, 當是蜀人罷歸者)"라고 했다.

(2) 留別(유별): 떠나는 사람이 남아 있는 사람과 작별하다.

(3) 十年(십년): 소식이 각지로 떠돌아다닌 기간을 개략적인 숫자로 말한 것이다.

(4) 敢(감): 어찌 감히 ~하겠는가. 감히 ~하지 못하다. 이 연은 촉지방으로 돌아가는 이수유를 부러워한 것이다.

(5) 雲霧(운무): 간악한 무리를 가리킨다.

(6) 黃髮(황발): 하얗게 변했다가 시간이 더 지나 다시 누렇게 변한 나이가 아주 많은 노인의 머리카락. 노인을 가리킨다. 이 구절은 宣仁太后가 이끄는 새 조정이 신법파의 신진인사들을 몰아내고 구법파의 老臣들을 다 불러들여서 국가의 중대사를 맡긴 것을 가리킨다.

(7) 風流(풍류): 걸출하다. 비범하다.

(8) 吾子(오자): 그대. 이수유를 가리킨다.

(9) 前輩(전배): 선배. 예스러운 멋을 지닌 사람을 가리킨다.

(10) 人物(인물): 빼어난 재능을 지닌 사람.

(11) 一時(일시): 일제히.

(12) 繻(수): 漢나라 때 관문을 통과할 때 사용한, 비단으로 만든 통행증. 위에 글씨를 쓰고 두 조각으로 나누어서 따로따로 가지고 있다가 관문을 통과할 때 맞추어 봄으로써 신원을 확인했다. 한나라 때 濟南(지금의 산동성 제남) 사람 終軍은 열여덟 살 때 博士弟子로 선발되어 長安(지

금의 섬서성 西安)으로 들어갔는데 函谷關에서 관문을 지키는 관리가 통행증을 주자 대장부가 서쪽으로 갔다가 다시 이런 통행증에 의지해서 여기를 지나가지는 않을 것이라며 버리고 갔다. 나중에 과연 謁者라는 관리가 되어 符節을 들고 함곡관을 통과하여 郡國을 순시하러 갔다.(《한서·종군전》 참조)

(13) 緇衣(치의): 검은 옷. 관리들이 조회할 때 입던 옷을 가리킨다. 《詩經·鄭風·緇衣》에 "검은 색 관복이 어울리도다! 떨어지면 내가 또 새로 지어 드리리다!(緇衣之宜兮! 敝予又改爲兮!)"라고 했는데, 〈毛詩序〉에 "〈緇衣〉는 무공을 찬미한 것이다. 부자가 다 주나라의 사도로서 자기 직책을 잘 수행했기 때문에 그 나라 사람들이 그것을 훌륭하다고 여겼다. 그러므로 그 덕을 찬미함으로써 나라를 가진 사람이 훌륭한 사람을 훌륭하게 대하는 공덕을 밝힌 것이다(〈緇衣〉, 美武公也. 父子爲周司徒, 善於其職, 國人宜之. 故美其德, 以明有國善善之功焉)"라고 했다. 이 구절은 이수유의 공무 수행 능력을 찬양하는 시를 지어 주는 사람이 있으면 좋겠다는 말이다.

(14) 別袖(별수): 작별할 때 흔드는 팔의 소매.

(15) 黃州(황주): 지금의 호북성 黃岡市 黃州區. 이 구절은 이수유와 이별하는 것이 마치 황주에서 이별하던 것과 같은 느낌을 갖게 한다는 말이다. 소식이 황주에서 유배 생활을 할 때 많은 친구와 지인들이 그를 찾아갔는데, 그 사람들이 왔다가 돌아갈 때의 아쉬움은 어느 때보다도 컸을 것인즉, 이수유와 이별하자니 그때만큼이나 아쉬움이 크다는 말이다. 확인하기는 어렵지만 이수유가 황주로 소식을 찾아갔을 가능성도 있다.

(16) 堪老(감로): 늙을 만하다. 오래 살 만하다는 말이다. 이 연은 황주도 살 만한 곳이기는 했지만 달이 자꾸만 고향에 대한 그리움을 자아내는 것이 문제였다는 말이다.

(17) 窮通(궁통): 궁지에 빠지는 것과 榮達하는 것.

(18) 等是(등시): 마찬가지로 ~이다. 모두 ~이다. 이 구절은 황주에 있을 때와 달리 지금은 관직 생활이 순탄하지만 그래도 고향이 그립다는 말이다.

(19) 好去(호거): 잘 가다. 작별할 때 하는 인사말이다. 白居易의 시 〈南浦別〉에 "한 번씩 볼 때마다 애가 한 번 끊어지니, 고개 돌리지 말고 잘 가시게나(一看腸一斷, 好去莫回頭)"라는 구절이 있다.

(20) 劍南(검남): 劍閣의 남쪽. 이수유가 돌아가는 촉지방을 가리킨다.

(21) 姜詩(강시): 後漢 때의 廣漢郡 雒縣(지금의 사천성 광한) 사람으로 二十四孝 가운데 한 사람이다. 강시 부부는 둘 다 어머니에게 지극히 효성스러웠는데, 어머니가 長江의 물을 좋아하는지라 아내 龐氏가 항상 6~7리나 떨어진 장강에 가서 물을 길어 왔으며, 어머니가 생선회를 좋아하시는지라 밥상에 늘 생선회를 올렸다. 어느 날 집 옆에 장강의 물과 맛이 같은 샘이 솟고 거기서 매일 잉어가 두 마리씩 나와 어머니를 잘 모실 수 있게 되었다.(《後漢書·列女傳》 참조) 사천지방을 관통하는 岷江은 장강의 상류이다. 이 연은 이수유가 강시처럼 고향에서 어머니를 잘 봉양하며 행복하게 살기를 축원한 것이다.

0965. 次韻黃魯直(1)赤目(2)

눈에 핏발이 선 일을 노래한 황노직의 시에 차운하여

誦詩得非子夏學,(3)(4)	시를 읽음에 자하의 학풍을 비난할 수 있었으랴?
紬史正作丘明書.(5)(6)	지금 마침 좌구명의 역사책을 짓고 있네.
天公戱人亦薄相,(7)	하느님도 사람을 놀려 꼴사납게 하나니
略遣幻翳生明珠.(8)(9)(10)	잠시 밝은 진주에 환영이 생기게 했는데
賴君年來屛鮮腴,(11)	그대가 몇 년 동안 고기를 물리친 덕에
百千燈光同一如.	눈이 백 개 천 개의 등불과 같아지리.
書成自寫蠅頭表,(12)(13)	책이 다 되면 스스로 깨알 같은 상소문을 써서
端就君王覓鏡湖.(14)(15)	임금님 앞에 나아가 경호로 보내 달라 하리.

[해설]

황정견이 자신의 눈병을 노래한 시를 짓자 그것에 차운하여 해학적인 필치로 황정견에게 우스갯소리를 했다.

[주석]

(1) 魯直(노직): 北宋 시인으로 蘇門四學士의 한 사람인 黃庭堅의 字.
(2) 赤目(적목): 급성 결막염으로 인해 흰자위에 핏발이 서는 눈병.
(3) 得(득): ~할 수 있다.

(4) 子夏(자하): 孔子의 제자 卜商의 字. 〈毛詩序〉 중의 大序는 자하가 지었고 小序는 자하와 毛公이 합작한 것으로 알려져 있다. 자하는 자기 아들이 죽었을 때 슬픔을 못 이겨 너무 많이 운 나머지 失明하고 말았다.(《禮記·檀弓上》 참조) '子夏學'은 '자하의 학습 태도'라는 뜻으로, 자하가 실명한 원인이 너무 많이 울었기 때문이 아니라 《詩經》을 너무 열심히 공부했기 때문이라는 관점에서, 황정견도 그러한 자하의 학습 태도를 잘못되었다고 여기지 않고 오히려 자하처럼 시를 너무 열심히 공부한 나머지 눈병이 난 것이라고 우스갯소리를 한 것으로 보인다.

(5) 紬史(주사): 역사를 편찬하다. 《史記·太史公自序》에 "부친 사후 3년이 되었을 때 나 司馬遷이 태사령이 되어 史書와 석실 금궤의 藏書를 편찬했다(卒三歲而遷爲太史令, 紬史記石室金匱之書)"라는 말이 있다.

(6) 丘明書(구명서): 魯나라의 史官 左丘明이 편찬한 역사책. 사마천의 〈報任安書〉에 "좌구명이 실명하여 이에 《국어》가 있게 되었습니다(左丘失明, 厥有《國語》)"라고 했거니와, 좌구명은 시력을 잃었기 때문에 盲左라고 불렸다. 査愼行의 《蘇詩補註》에 "황산곡의 연보에 의하면 원우 2년(1087)에 저작좌랑에 임명되어 史館에 있었다(按山谷年譜, 元祐二年, 除著作佐郞, 在史局)"라고 한 바와 같이, 이 구절은 황정견이 눈병이 난 채로 역사를 편찬하고 있다는 말이다.

(7) 薄相(박상): 觀相을 淺薄하게 하다. 이 구절은 눈병으로 인하여 황정견의 생김새가 흉하다는 말이다.

(8) 略(약): 잠시.

(9) 幻翳(환예): 실체를 가리는 장애물. 飛蚊症과 같은 환영이 눈을 가려서 물체가 잘 안 보이는 현상을 가리킨다.

(10) 明珠(명주): 밝게 빛나는 진주. 눈병이 나기 전의 밝고 맑은 눈을 가리킨다.

(11) 鮮腴(선유): 신선한 음식과 살진 음식. 《梁書·武帝紀下》에 "하루에 한 끼만 먹고 식사에 신선한 생선과 살진 고기가 없었으며 오로지 콩국과 현미밥뿐이었다(日止一食, 膳無鮮腴, 惟豆羹糲食而已)"라고 했다. 이 연은 황정견이 오랫동안 기름기 있는 음식을 피했기 때문에 눈병이 금방 나을 것이라는 말이다.

(12) 書(서): 지금 편찬하고 있는 역사책을 가리킨다.

(13) 蠅頭表(승두표): 파리 머리에 쓴 것만큼 작은 글씨로 쓴 상소문. 이 구절은 황정견의 시력이 아주 좋아질 것이라는 말이다.

(14) 端(단): 틀림없이.

(15) 鏡湖(경호): 절강성 紹興에 있는 호수. 鑑湖라고도 한다. 賀知章은 천보(742-755) 초에 병이 들어 꿈속에 옥황상제의 거처에서 노닐다가 며칠 뒤에 깨어나서는 경호 옆에 있는 고향으로 돌아가 도사로 살게 해 달라고 주청하여 허락을 받았다.(《신당서·하지장전》 참조)

0966. 武昌[1]西山[2]幷敍

무창 서산을 읊은 시와 그 서문

嘉祐中, 翰林學士承旨鄧公聖求[3], 爲武昌令, 常游寒溪[4]·西山, 山中人至今能言之. 軾謫居黃岡[5], 與武昌相望, 亦常往來溪山間. 元祐元年十一月二十九日, 考試館職, 與聖求會宿玉堂[6], 偶話舊事. 聖求嘗作〈元次山[7]窪尊[8]銘〉, 刻之巖石, 因爲此詩, 請聖求同賦, 當以遺邑人[9], 使刻之銘側.(가우(1056-1063) 연간에 한림학사승지 등성구 공이 무창령으로 있을 때 늘 한계와 서산에서 노닐어 그 산에 사는 사람들이 오늘날에 이르도록 그 사실을 이야깃거리로 삼을 수 있게 되었다. 나는 황강에서 유배 생활을 했거니와 그곳은 무창과 마주 보고 있기 때문에 나도 늘 그 시내와 산에 갔다 왔다 했다. 원우 원년(1086) 11월 29일에 관직 종사자 선발 시험을 치를 때 등성구와 함께 한림원에서 묵으면서 우연히 옛날 일을 이야기했다. 등성구는 일찍이 〈원차산와준명〉을 지어서 바위에 새긴 적이 있으므로 이 시를 지어서 성구에게 같이 읊어 그 고을 사람에게 보내 〈원차산와준명〉 옆에 새기게 하자고 청했다.)

春江淥漲蒲萄醅,	말갛게 넘실대는 봄 강물은 포도주
武昌官柳知誰栽.[10]	무창의 버드나무는 누가 심었나?
憶從樊口載春酒,[11]	기억난다 번구에서 봄 술을 싣고
步上西山尋野梅.	걸어서 서산에 올라 야생 매화 찾던 일이.
西山一上十五里,	서산은 한번 올랐다 하면 십오 리인데
風駕兩腋飛崔嵬.[12]	바람이 두 겨드랑이를 들어 높이 날았지.
同游困臥九曲嶺,[13]	함께 놀다 지쳐서 구곡령에도 누워 보고
褰衣獨到吳王臺.[14]	옷을 걷고 혼자서 오왕대에도 갔지.
中原北望在何許,	북쪽으로 중원을 봐도 어디 있는지 안 보이고
但見落日低黃埃.	먼지 속에 석양이 지는 것만 보였지.
歸來解劍亭前路,[15]	해검정 앞길로 돌아오자니
蒼崖半入雲濤堆.[16]	푸른 절벽이 반쯤 구름 파도로 들어가 있었지.
浪翁醉處今尙在,[17]	낭옹이 취했던 곳 지금 어디 있을까?

石臼抔飮無樽罍.[18][19][20]
돌절구에서 술잔 없이 손으로 떠 마셨다지.

爾來古意誰復嗣,[21]
그 뒤로 옛사람의 멋을 누가 다시 이었나?

公有妙語留山隈.[22]
등공의 묘한 말이 산모퉁이에 남아 있지.

至今好事除草棘,
지금토록 호사가가 풀숲을 제거하나니

常恐野火燒蒼苔.[23]
들불이 이끼를 태울까 봐 늘 두려워하는 것이지.

當時相望不可見,
그 당시엔 그대를 바라봐도 보이지 않았는데

玉堂正對金鑾開.[24]
옥당에서 이렇게 함께 열린 금란전을 마주 보네.

豈知白首同夜直,
어떻게 알았으리 백발로 함께 숙직하며

臥看椽燭高花摧.[25][26]
누워서 서까래 초의 등화가 떨어지는 걸 볼 줄을?

江邊曉夢忽驚斷,[27]
강가에서 노닌 새벽꿈이 갑자기 놀라 깨어지자

銅環玉鎖鳴春雷.[28]
구리 문고리와 옥 자물쇠가 봄철의 우레를 울리네.

山人帳空猿鶴怨,[29][30]
산인의 장막이 비어 원숭이와 학이 원망하고

江湖水生鴻雁來.[31]
강호에 물이 생기면 기러기가 오겠네.

請公作詩寄父老,[32]
청하노니 시를 지어 노인장에게 부쳐

往和萬壑松風哀.
계곡의 구슬픈 솔바람에게 가서 화답하게 합시다.

[해설]

관직(館職) 종사자 선발 시험을 관리하느라 등윤보와 함께 한림원에서 지낼 때 등윤보와 자신이 옛날에 무창의 서산에 가서 노닐던 일을 회상하여 지은 것이다.

[주석]

(1) 武昌(무창): 長江을 사이에 두고 黃州(지금의 호북성 黃岡市 黃州區)와 마주 보고 있던 縣. 지금의 호북성 鄂州.

(2) 西山(서산): 무창에 있는 산. 일명 樊山이라고도 한다.

(3) 聖求(성구): 신법파 인사인 鄧潤甫의 字. 施元之의 《施注蘇詩》에 "등윤보는 자가 온백으로 건창 사람인데, 선인태후가 수렴청정할 때 자를 이름으로 삼고 성구라는 자를 새로 지었다(鄧潤甫, 字溫伯, 建昌人, 宣仁簾聽, 以字名, 改字聖求)"라고 했다.

(4) 寒溪(한계): 무창에 있는 시내. 《太平寰宇記·鄂州》에 "번산은 악주에서 서쪽으로 173리 되는 곳에 있는데 산 아래에 있는 한계에는 한여름에도 한기가 서려 있다(樊山在鄂州西一百七十三里, 山下

寒溪, 盛暑之月亦有寒氣)"라고 했다.

(5) 黃岡(황강): 황주를 가리킨다.

(6) 館職(관직): 昭文館(일명 弘文館)·史館·集賢院 등에서 서적의 편찬과 교정을 담당하던 관리의 총칭. 王文誥의 《蘇文忠公詩編注集成總案·哲宗元祐元年丙寅》에 "(11월) 29일에 학사원에서 소시를 실시하여 필중유·황정견·장뢰·조보지 등을 모두 관직에 발탁했다(二十九日召試學士院, 拔畢仲游·黃庭堅·張耒·晁補之, 并擢館職)"라고 했다.

(7) 次山(차산): 唐나라 시인 元結의 字.

(8) 窪尊(와준): 가운데가 움푹하게 파여 있어서 술을 담을 수 있는 돌.

(9) 邑人(읍인): 王文誥의 《蘇軾詩集》에 "읍인이란 문보 왕제유를 말한다(邑人謂王齊愈文甫也)"라고 했다. 왕제유는 嘉州 犍爲(지금의 사천성 건위) 사람으로 당시 무창에서 살고 있었다. 〈聞捷〉(0719) 주 (1) 참조.

(10) 官柳(관류): 관청에서 심은 버드나무. 대로변의 버드나무를 가리킨다. 이 구절은 대로변의 버드나무가 아름다운 경관을 이루고 있었다는 말이다.

(11) 樊口(번구): 호북성 鄂州 서북쪽에 있는 번산의 기슭. 《水經注》에 "장강은 오른쪽으로 번구와 만난다(江水右得樊口)"라고 했고, 《名勝志》에 "번산 아래가 번구인데 번항이라고도 한다. 호수와 못 아흔아홉 개를 거느리고 남쪽으로 흘러서 장강으로 들어간다(樊山下爲樊口, 亦名樊港. 控湖澤九十九泉, 南滙入江)"라고 했다. 왕문고의 《소식시집》에 "이것은 바로 번구에 있는 반언명 주점의 옛일을 추억한 것이다(此乃追憶樊口潘彦明酒店舊事)"라고 했다.

(12) 崔嵬(최외): 우뚝 솟은 모양.

(13) 九曲嶺(구곡령): 《武昌志》에 "번산이 곧 서산이다. 구곡령은 번산의 남쪽 봉우리에 있는데 길이 아홉 번이나 꺾이기 때문에 이렇게 명명했다(樊山卽西山. 九曲嶺在樊山南嶺, 路九折, 故名)"라고 했다.

(14) 吳王臺(오왕대): 왕문고의 《소식시집》에 "오왕대는 바로 오왕현이다(吳王臺, 卽吳王峴也)"라고 했고, 王十朋의 《百家註分類東坡先生詩》에 "오왕현은 무창 서쪽의 구곡정 밑에 있다(吳王峴在武昌西九曲亭下)"라고 했다. 〈過江夜行武昌山, 聞黃州鼓角〉(0790) 주 (4) 참조.

(15) 解劍亭(해검정): 《湖廣通志·武昌縣》에 "해검정은 무창현의 동북쪽에 있다.……《제안습유》에 오원이 장강을 건너다가 이곳에서 검을 풀어 어부에게 감사했다(解劍亭在縣東北.……《齊安拾遺》謂伍員渡江, 解劍謝漁父於此)"라고 했다.

(16) 雲濤堆(운도퇴): 파도처럼 생긴 구름 무더기.

(17) 浪翁(낭옹): 원결을 가리킨다. 《신당서·원결전》에 "나중에 瀼溪 가에 살았기 때문에 자칭 낭사라고 했다(後家瀼濱, 乃自稱浪士)"라는 기록이 있고, 원결의 〈浪翁觀化并序〉에 "낭옹은 산야에서 멋대로 사는 늙은이이다.(浪翁, 山野浪老也.)"라는 말이 있다.

(18) 石臼(석구): 돌을 파서 만든 절구. 술을 담을 수 있을 정도로 움푹 파인 돌을 가리킨다.

(19) 抔飮(부음): 손으로 움켜서 마시다.

(20) 樽罍(준뢰): 술잔.

(21) 爾來(이래): 그때 이래. 근래.

(22) 妙語(묘어): 등윤보의 〈원차산와준명〉을 가리킨다. 이 연은 등윤보가 원결을 본받아 운치 있는 일을 했다는 말이다.

(23) 蒼苔(창태): 푸른 이끼에 덮여 있는 〈원차산와준명〉 석각을 가리킨다.

(24) 金鑾(금란): 금란전. 唐나라 때의 궁전 이름. 여기서는 송나라의 궁전을 가리킨다.

(25) 椽燭(연촉): 서까래만큼 큰 초.

(26) 高花(고화): 높은 燈花. 높다란 초의 불똥을 가리킨다.

(27) 江邊曉夢(강변효몽): 이른 새벽에 長江 가의 무창에서 있었던 옛날 일을 회상한 것을 가리킨다.

(28) 玉鎖(옥쇄): 자물쇠의 미칭. 이 연은 궁전의 문 여는 소리에 현실로 돌아왔다는 말이다.

(29) 山人(산인): 산속에 은거하는 사람.

(30) 猿鶴怨(원학원): 원숭이와 학이 원망하다. 齊나라 사람 孔稚珪는 〈北山移文〉을 지어서 지금의 강소성 南京 동북쪽에 있는 北山(즉 鍾山)에 은거하다가 관직이 내려지자 얼른 그곳을 떠나 버린 제나라 사람 周顒을 질책했는데 그 가운데 "혜초 장막 비어서 밤 학이 원망하고, 산골 사람 떠나 버려 새벽 원숭이 놀란다(蕙帳空兮夜鶴怨, 山人去兮曉猿驚)"라는 구절이 있다. 이 구절은 등윤보와 소식이 요즈음 무창 서산을 찾아가지 못한다는 말이다.

(31) 水生(수생): 얼음이 녹아서 물로 변하는 것을 가리킨다. 《禮記·月令》에 "동풍이 얼었던 대지를 녹이면 동면하던 벌레가 움직이기 시작하고, 물고기가 살얼음 위로 올라오면 수달이 물고기를 잡아 제물처럼 늘어놓고 기러기가 날아온다(東風解凍, 蟄蟲始振, 魚上冰, 獺祭魚, 鴻雁來)"라고 했다.

(32) 父老(부로): 왕제유를 가리킨다. 주 (9) 참조.

0967. 西山詩[1]和者三十餘人, 再用前韻爲謝

서산을 읊은 시에 화답한 사람이 30여 명이라 다시 이전의 운자를 써서 감사한다

朱顔發過如春醅,[2]	홍안이 나타났다 사라진 것이 봄 술 마신 것 같나니
胸中梨棗初未栽.[3]	가슴속에 교리와 화조를 워낙 안 심었기 때문이요
丹砂未易掃白髮,[4]	단사로도 백발을 쓸어 내기 어렵기에
赤松却欲參黃梅.[5][6]	적송자도 황매인에게 참배하려 하였네.
寒溪本自遠公社,[7][8][9]	한계사는 원래 원공사의 본원인지라
白蓮翠竹依崔嵬.[10][11]	백련과 취죽이 높은 산에 기대 있는데
當時石泉照金像,[12][13]	당시에 바위샘에 황금 상이 비치고
神光夜發如五臺.[14]	오대산처럼 밤중에 신비한 빛이 나왔네.
飮泉鑑面得眞意,[15]	샘물을 마시며 낯을 비춰 보고 진의를 터득했나니
坐視萬物皆浮埃.	이리하여 만물을 다 티끌로 보아
欲收暮景返田里,[16]	만년을 수습하러 전원으로 돌아가서
遠泝江水窮離堆.[17]	멀리 장강을 거슬러 올라 이퇴의 끝까지 가고 싶었네.
還朝豈獨羞老病,	조정으로 돌아온 뒤 어찌 늙고 병든 것만 부끄러우리?
自歎才盡傾空罍.[18][19]	재주가 다해 빈 독을 기울이는 것도 자탄하네.
諸公渠渠若夏屋,[20][21]	공들은 큰 집처럼 재주가 넉넉하여
呑吐風月淸隅隈.[22][23]	맑은 곳에서 청풍명월을 삼켰다 뱉었다 하건만
我如廢井久不食,[24]	나는 오래 먹지 않은 버려진 우물처럼

古甃缺落生陰苔.[25] 낡은 벽돌이 떨어지고 칙칙한 이끼가 생겼네.
數詩往復相感發,[26] 시 몇 수가 오고 가서 내 감흥을 촉발했나니
汲新除舊寒光開.[27] 새것을 흡수하고 낡은 것을 제거해 맑은 빛이 열렸네.
遙知二月春江濶, 멀리서도 알겠나니 이월의 드넓은 장강에
雪浪倒卷雲峰摧.[28][29] 눈 같은 파도가 거꾸로 말리고 구름 봉우리가 꺾이리.
石中無聲水亦靜,[30] 바위엔 원래 소리가 없고 물도 본래 고요하거늘
云何解轉空山雷.[31][32] 무엇 때문에 빈산이 놀랄 우레를 울리는가?
欲就諸公評此語,[33] 공들에게 나아가 함께 이 말을 평하고 싶고
要識憂喜何從來. 근심과 기쁨이 어디서 오는지 알고 싶네.
願求南宗一勺水,[34][35] 원컨대 남종의 물 한 구기를 얻어서
往與屈賈湔餘哀.[36] 굴원과 가의에게 가서 넘치는 슬픔을 씻고 싶네.

[해설]

원우 원년(1086) 11월 29일에 소식이 등윤보(鄧潤甫)와 함께 〈무창 서산을 읊은 시와 그 서문(武昌西山幷敍)〉(0966)을 지어서 무창으로 보내자 그곳 승려 30여 명이 반갑고 고마운 마음에 너도나도 화답하는 시를 지어 소식에게 보냈는데, 소식이 그것을 보고 원우 2년(1087) 2월에 다시 이 시를 지어서 감사의 뜻을 전하고, 아울러 불교의 교리에 의지하여 자신의 슬픔을 씻어 내고 싶은 심정을 토로한 것이다. 그곳의 절과 승려들을 한껏 칭송하고 싶은 마음에 선종 불교의 교리를 지나치게 미화한 면이 있다.

[주석]

(1) 西山詩(서산시): 앞의 시 〈武昌西山幷敍〉(0966)를 가리킨다.

(2) 朱顏發過(주안발과): 홍안이 나타났다가 사라지다. 白居易의 시 〈自詠〉에 "밤 거울은 백발을 감추어 주고, 아침 술은 홍안을 드러내 준다(夜鏡隱白髮, 朝酒發紅顔)"라는 구절이 있다.

(3) 梨棗(이조): 道家에서 먹으면 신선이 되어 날아다닐 수 있다고 하는 仙果인 交梨와 火棗를 가리킨다. 《眞誥·運象二》에 "옥례와 금장, 교리와 화조는 먹으면 날아다니는 약으로 금단과는 비교도 안 된다.……화조나무와 교리나무가 이미 그대의 마음속에 났어도 마음속에 아직까지 가시나무가 섞여 있어서 이 때문에 두 나무가 보이지 않는다(玉醴·金漿·交梨·火棗, 此則騰飛之藥, 不比於金丹也.……火棗·交梨之樹, 已生君心中也, 心中猶有荊棘相雜, 是以二樹不見)"라고 했다. 이 연은 자

신이 도가적 장생술을 시도하지 않았기 때문에 홍안 시절 즉 젊은 시절이 금방 지나가 버렸다는 말이다.

(4) 丹砂(단사): 수은과 황의 화합물로 빛깔이 붉고 광택이 나는 광석. 도가에서는 이것을 鍛鍊하여 먹으면 불로장생한다고 믿고 있다.

(5) 赤松(적송): 赤松子. 중국 상고시대의 신선.

(6) 黃梅(황매): 황매(지금의 호북성 황매) 사람으로 佛敎의 禪宗五祖로 추존된 弘忍大師를 가리킨다. 《傳燈錄》에 "홍인대사는 기주 황매 사람이다(弘忍大師者, 蘄州黃梅人也)"라고 했다. 이상의 네 구절은 도가적 장생술을 부정하고 선종 불교를 찬양한 것인 것 같다.

(7) 寒溪(한계): 武昌(지금의 호북성 鄂州)에 있는 시내. 〈武昌西山幷敍〉(0966) 주 (4) 참조. 여기서는 한계사를 가리킨다. 주 (13) 참조.

(8) 本自(본자): 본래.

(9) 遠公社(원공사): 晉나라 승려 慧遠法師가 慧永·慧持·劉遺民·雷次宗 등과 함께 佛道의 수양에 정진하기 위해 廬山의 東林寺에서 조직한 結社. 절에 연못을 파고 白蓮을 많이 심었기 때문에 백련사라고도 했다. 이 구절은 한계사에 있던 혜원법사가 원공사를 조직했기 때문에 한 말이다.

(10) 翠竹(취죽): 푸른 대나무.

(11) 依崔嵬(의최외): 우뚝 솟은 산에 바싹 붙어 있다.

(12) 石泉(석천): 바위틈에서 나오는 샘물. 石間水.

(13) 金像(금상): 晉나라 사람 陶侃이 廣州刺史로 재임할 때 바닷가의 어부가 바다 위에 밤마다 신비한 빛이 비친다고 하여 확인해 보게 했더니 황금 상이 나왔는데 阿育王이 만든 文殊師利像이라고 새겨져 있었다. 이 황금 상은 처음에 무창의 寒溪寺로 보내졌다가 나중에 혜원법사에 의해 여산으로 옮겨졌고, 당나라 會昌(841-846) 연간에 전국에 있는 사찰을 모두 파괴하라는 어명이 내려졌을 때 錦繡谷에 숨겨졌다. 그 뒤 불교가 부흥하면서 황금 상을 찾았으나 찾아낼 수 없었는데 금수곡에 峨眉山이나 五臺山에서 볼 수 있는 것과 같은 빛이 왕왕 나타났다.(소식, 〈菩薩泉銘幷敍〉 참조)

(14) 五臺(오대): 오대산. 산서성 동북부의 忻州에 있는 산으로 중국 4대 불교 명산 가운데 하나이다.

(15) 眞意(진의): 자연의 이치를 가리킨다. 이 구절은 물에 비친 자신의 늙은 모습을 보면서 인생은 무상하고 허망하며 사람은 쉬이 늙는다는 대자연의 섭리를 깨달았다는 말인 것으로 보인다.

(16) 暮景(모경): 석양. 만년을 가리킨다.

(17) 離堆(이퇴): 산 이름. 《漢書·溝洫志》에 "촉지방에는 태수 이빙이 이퇴를 만들어 말수의 피해를 방지하고 성도에 두 강을 냈다(於蜀, 則蜀守李冰鑿離堆, 避沫水之害, 穿二江成都中)"라는 기록이 있는데, 王十朋의 《百家註分類東坡先生詩》에 "이퇴는 산 이름으로 촉지방의 영강군(동남쪽으로 成都府와 경계를 접함)에 있다(離堆, 山名, 在蜀之永康軍)"라고 했다.

(18) 才盡(재진): 글 짓는 재주가 없어졌다는 말이다. 江淹이 꿈에 자칭 郭璞이라는 사람을 만났는데 그 사람이 "그대가 내 붓을 가져간 지 오래되었으니 이제 돌려주시게"라고 하는지라 강엄이 품

안에서 오색 붓을 찾아 그에게 돌려주었더니 그 뒤로 시가 잘 안 쓰여졌다는 일화가 있다.(《南史·江淹傳》 참조)

(19) 傾空罍(경공뢰): 빈 독을 기울이다. 쓰기 힘든 글을 억지로 쓴다는 말이다.

(20) 渠渠(거거): 깊고 넓은 모양. 《詩經·秦風·權輿》에 "옛날에는 나에게, 깊고 넓은 큰 집에 살게 하더니, 지금은 끼니마다 여유가 없네. 아아, 초심을 안 이어 가네(於我乎, 夏屋渠渠, 今也每食無餘. 于嗟乎, 不承權輿)"라는 구절이 있다.

(21) 夏屋(하옥): 큰 집.

(22) 呑吐風月(탄토풍월): 청풍명월을 삼켰다 뱉었다 하다. 재주가 많아 자유자재로 풍월을 읊조리는 것을 가리킨다.

(23) 隅隈(우외): 모퉁이의 굽이진 곳. 국토의 한 모퉁이인 무창을 가리킨다.

(24) 廢井(폐정): 버려진 우물. 《周易·井卦》에 "우물에 진흙이 차서 그 물을 먹을 수 없고, 오래되어 나무가 없는 우물이라 새가 앉지 않는다(井泥不食, 舊井无禽)"라고 했다.

(25) 古甃(고추): 오래된 우물의 낡아 빠진 벽돌담.

(26) 感發(감발): 속으로 감정을 일으켜 겉으로 드러내다. 이 연은 시를 주고받음으로써 상대방의 참신한 詩想에 촉발되어 자신의 낡은 시상이 다소 신선해졌다는 말이다.

(27) 寒光(한광): 맑고 시원한 빛.

(28) 雪浪(설랑): 눈처럼 새하얀 파도.

(29) 雲峰(운봉): 높이 솟아 구름 속으로 들어간 봉우리.

(30) 石中無聲(석중무성): 소식의 자주에 "위응물의 시에 '물의 본성은 고요하고, 바위엔 본래 소리가 없거늘, 이들 둘이 부딪치면 무엇 때문에, 우레가 울려 빈산이 깜짝 놀랄까?'라는 구절이 있다(韋應物詩云: '水性本云靜, 石中固無聲. 如何兩相激, 雷轉空山驚?')"라고 했다. 위응물의 시는 〈聽嘉陵江水聲寄深上人〉이다.

(31) 云何(운하): 무엇 때문에.

(32) 解(해): ~할 줄 알다.

(33) 此語(차어): 위응물의 시구를 두 구절로 압축해 놓은 바로 위의 두 구절을 가리킨다. 이 연은 스님들과 함께 위응물의 말에 대해 이야기를 나눔으로써 근심과 기쁨이 모두 세속적인 마음에서 생긴다는 이치를 알고 싶다는 말이다.

(34) 南宗(남종): 중국 禪宗 불교의 한 갈래. 중국의 선종은 初祖 達磨로부터 五祖 弘忍까지는 교리가 같았으나 홍인의 제자인 慧能과 神秀가 수장을 달리하여 각각 남종과 북종을 개창한바, 頓悟成佛을 宗旨로 하는 남종은 강남지방을 비롯한 남방에서 성행했고, 점진적 수행을 통한 성불을 종지로 하는 북종은 洛陽·長安을 비롯한 북방에서 성행했는데, 남종이 후세에까지 융성하여 마침내 선종의 正宗이 되었다. 그렇기 때문에 혜능을 六祖로 친다.

(35) 勺(작): 구기. 술·기름·죽 따위를 풀 때에 쓰는 기구로, 자루가 국자보다 짧고 바닥이 오목하다. 《傳燈錄》에 "정혜가 불당으로 올라갔을 때 스님이 '이 조계 물 한 방울은 어떠합니까?' 하고 묻자 '조

계 물 한 방울이다'라고 대답했다(淨慧上堂, 僧問: '如何是曹溪一滴水?' 答云: '曹溪一滴水.')"라는 말이 있다. 조계는 광동성 曲江 동남쪽의 雙峰山 기슭에 있는 시내인데, 육조 혜능이 조계에 있는 寶林寺에서 남종의 교리를 설파했다.

(36) 屈賈(굴가): 전국시대 사람 屈原과 漢나라 사람 賈誼. 두 사람 다 정적의 모함을 받아 조정에서 쫓겨나는 슬픔을 겪었다.

0968. 狄詠[(1)]石屛[(2)]

적영의 돌병풍

霏霏點輕素,[(3)(4)] 부슬부슬 가볍고 흰 게 점점이 떨어지고
渺渺開重陰.[(5)(6)] 아스라한 겹겹의 음침한 것이 개었구나.
風花亂紫翠,[(7)(8)] 바람 탄 꽃이 자줏빛과 비췻빛 앞에서 흩날려
雪外有烟林. 눈 너머에 안개 낀 숲이 생겨 있구나.
雪近勢方壯, 눈이 가까워 기세가 바야흐로 장엄하고
林遠意殊深. 숲이 멀어 정취가 특히 깊구나.
會有無事人,[(9)] 틀림없이 할 일 없는 사람이 있어
支頤識此心.[(10)] 턱을 괴고 앉아서 이 마음을 헤아리리.

[해설]

적영의 벼루 주위에 치는 돌병풍을 보면서 상상력을 동원하여 돌에 박혀 있는 특이한 무늬를 묘사한 것이다.

[주석]

(1) 狄詠(적영): 施元之의 《施注蘇詩》에 "적영은 추밀사인 무양공 적청의 아들로 동파선생과 함께 요나라 사신을 接伴했다(狄詠, 樞密使武襄公靑之子, 與先生伴遼使)"라고 했다.
(2) 石屛(석병): 돌 병풍. 먹물이 튀는 것을 막기 위해 벼루 머리에 치는 돌로 만든 소형 병풍.

(3) 霏霏(비비): 눈이나 비가 많이 내리는 모양.

(4) 輕素(경소): 가볍고 흰 것. 눈을 가리킨다. 이 구절은 검은 바탕의 돌에 눈송이 모양의 흰 무늬가 박혀 있다는 말이다.

(5) 渺渺(묘묘): 아스라이 먼 모양.

(6) 重陰(중음): 겹겹이 포개진 음침한 것. 이 구절은 돌병풍의 바탕이 다른 곳에 비해 덜 검다는 말이다.

(7) 風花(풍화): 바람에 날리는 꽃. 눈송이를 가리킨다.

(8) 紫翠(자취): 자줏빛과 비췻빛. 울긋불긋한 산을 가리킨다. 梅堯臣의 시 〈送秀州海鹽知縣李寺丞〉에 "서늘한 아침 해가 가까이 있고, 울긋불긋 저녁 산이 뾰족하구나(滄涼朝日近, 紫翠晩山尖)"라는 구절이 있다. 이 연은 울긋불긋하던 산이 눈에 덮여서 하얗게 변했다는 뜻으로, 눈에 덮인 숲을 보면서 흩날리는 눈이 나무 꼭대기만 남겨 놓고 산을 온통 뒤덮어 버린 과정을 상상한 것이다.

(9) 會(회): 틀림없이 ~할 것이다.

(10) 支頤(지이): 턱을 괴다. 할 일이 없어서 무료한 것을 가리킨다. 白居易의 시 〈除夜〉에 "저물녘에 턱을 괴고 앉아 있다가, 한밤중에 팔을 베고 잠을 자누나(薄晩支頤坐, 中宵枕臂眠)"라는 구절이 있다. 이 연은 돌병풍의 특이한 무늬를 보면서 자신이 해 본 엉뚱한 상상이 얼핏 보면 받아들이기 힘들 가능성이 크지만 오랫동안 들여다보면 그럴듯할 것이라는 말이다.

0969. 雪林硯屏[(1)]率魯直[(2)]同賦

눈 덮인 숲이 있는 벼루용 병풍을 황노직에게 권하여 함께 읊는다

西山無時春,	서산에는 봄이 올 때가 없나니
巉巖鎖頑陰.[(3)]	깎아지른 바위가 고집 센 그늘에 갇혀 있네.
分明倚天壁,	하늘에 기대 있는 절벽이 또렷하고
點綴無風林.[(4)]	바람 한 점 없는 숲이 점점이 이어져 있네.
物固爲人出,	이 물건은 본디 사람을 위해 이 세상에 나온 것
興誰於此深.[(5)]	무엇이 이것보다 흥취가 더 깊으리?
窮奇眞自蠹,[(6)(7)]	기이함을 다하면 참으로 자신을 해치는 법
詩句且娛心.	시나 지어 잠시 마음을 즐겁게 하는 게 좋으리.

[해설]

바로 앞의 시 〈적영의 돌병풍(狄詠石屏)〉(0968)에 차운한 것으로, 황정견과 함께 바탕에 기이한 무늬가 박혀 있는 적영의 벼루용 돌병풍을 노래한 것이다.

[주석]

(1) 硯屛(연병): 먹물이 튀는 것을 막기 위해 벼루 머리에 치는 소형 병풍.

(2) 魯直(노직): 黃庭堅의 字.

(3) 頑陰(완음): 좀처럼 없어지지 않고 늘 드리워져 있는 그늘. 이 연은 서산에는 늘 그늘이 드리워

져 있기 때문에 절벽의 눈이 녹을 날이 없다는 말이다.

(4) 點綴(점철): 점을 찍어서 연결하다. 숲을 이룬 나무들이 눈에 덮여 버리고 꼭대기만 보이는 것이 마치 점을 여러 개 찍어서 연결해 놓은 것 같다는 말이다.

(5) 誰(수): 무엇. 이 구절은 이 돌병풍이 세상에서 가장 멋진 물건이라는 말이다.

(6) 窮奇(궁기): 기이한 멋을 있는 대로 다 추구하다.

(7) 自蠹(자두): 자신을 해치다. 돌병풍 본연의 자체적 아름다움을 해친다는 말이다. 이 연은 돌병풍을 보다 멋지게 하기 위해 새기고 깎고 하며 손을 대다 보면 돌병풍 자체의 아름다움을 해치게 될 것이니, 인공미를 더하려고 애쓰는 것은 바람직하지 않고 그것을 소재로 시를 읊는 편이 더 낫다는 말이다.

0970. 〈虢國夫人[1]夜游圖〉

곽국부인야유도

佳人自鞚玉花驄,[2][3]	가인이 스스로 옥화총 고삐를 잡았는데
翩如驚燕蹋飛龍.[4]	놀란 제비가 비룡을 탄 것처럼 날렵하네.
金鞭爭道寶釵落,[5]	금 채찍으로 길을 다퉈 보배로운 비녀가 떨어지는데
何人先入明光宮.[6]	누가 먼저 명광궁에 들어가려나?
宮中羯鼓催花柳,[7]	궁중의 갈고가 꽃과 버들을 재촉하자
玉奴絃索花奴手.[8][9][10]	옥노가 현을 더듬고 화노가 솜씨를 부리는데
坐中八姨眞貴人,[11]	좌중의 여덟째 처형은 참으로 귀인이라
走馬來看不動塵.	말을 달려 와서 봐도 먼지가 날지 않네.
明眸皓齒誰復見,[12]	맑은 동자와 하얀 이를 누가 다시 볼 수 있으리?
只有丹青餘淚痕.[13]	그림에만 눈물 자국 남아 있었네.
人間俯仰成今古,[14][15]	세상일은 순식간에 옛날 일이 되나니
吳公臺下雷塘路.[16][17]	오공대 밑에 묻혀 있다 뇌당 길로 이장됐네.
當時亦笑張麗華,[18]	당시에 그도 진 후주가 장려화로 인하여
不知門外韓擒虎.[19]	성문 밖의 한금호를 몰랐다고 비웃었네.

[해설]

당나라 화가 장훤이 그린 〈곽국부인야유도〉라는 그림을 보고 지은 것으로, 제1~4구에서는 괵국부인의 자태를 묘사했고, 제5~8구에서는 진국부인의 자태를 묘사한 것으로 보이며, 제9~14구에서는 부귀영화의 무상함을 설파함과 동시에 수나라 양제와 진나라 후주를 비판하고 현종 역시 양귀비 자매에게 현혹되어 그들의 전철을 밟았다고 질책했다.

[주석]

(1) 虢國夫人(괵국부인): 楊貴妃의 셋째 언니. 《舊唐書·玄宗楊貴妃傳》에 "언니가 세 명 있었는데 모두 재주와 미모가 있어 현종이 다 국부인에 봉했으니, 큰 처형은 한국부인에 봉했고, 셋째 처형은 괵국부인에 봉했으며, 여덟째 처형은 진국부인에 봉했다. 다들 은택을 입어 궁궐을 출입하며 권세가 천하를 뒤덮었다(有姉三人, 皆有才貌, 玄宗幷封國夫人之號: 長曰大姨, 封韓國; 三姨, 封虢國; 八姨, 封秦國. 幷承恩澤, 出入宮掖, 勢傾天下)"라고 했을 정도로 현종의 총애를 믿고 온갖 豪奢를 다 누렸다. 〈虢國夫人夜游圖〉는 당나라 화가 張萱이 無所不爲의 권세를 누리던 양귀비 자매의 볼썽사나운 행태를 묘사한 그림인데, 이에 대해서는 宋나라 사람 袁文의 《甕牖閒評》에 "나는 일찍이 〈괵국부인야유도〉를 본 적이 있거니와 바로 안원헌(晏殊) 공의 家藏品이었다가 그 뒤 황궁에 귀속되어 휘종이 그 위에 친히 '장훤이 그린 것'이라고 써 놓았고 소동파 등 여러 사람의 시가 그 뒤에 있는데, 황태사가 소동파의 이 시에 跋文을 써서 '주방이 그린 〈괵국부인야유도〉이다'라고 했으니, 황태사가 이 그림을 보지 않고 추측하여 말한 것이 아닌지 의심스럽다(余嘗見〈虢國夫人夜游圖〉, 乃晏元獻公家物, 後歸于內府, 徽宗親題其上云: '張萱所作.' 蘇東坡諸公有詩, 皆在其後, 而黃太史跋東坡此詩, 乃云: '周昉所作〈虢國夫人夜游圖〉.' 疑太史未嘗見此圖, 以意而言之耳)"라고 했다. 또, 역시 송나라 사람인 李之儀에게 〈內侍劉有方畜名畫, 乃唐〈虢國夫人夜游圖〉最爲絶筆. 東坡館北客都亭驛, 有方請跋其後. 旣作詩以相示, 時欲和而偶未暇. 今閱集得詩, 遂次其韻以申前志〉라는 시가 있는데, 제목에서 이지의는 〈괵국부인야유도〉가 가장 절묘한 작품이라고 했다.

(2) 佳人(가인): 괵국부인을 가리킨다. 《明皇雜錄》에 "괵국부인은 궁중에 들어갈 때마다 늘 총마를 탔는데 소황문에게 말을 몰게 했다(虢國每入禁中, 常乘驄馬, 使小黃門御)"라고 했다.

(3) 玉花驄(옥화총): 당나라 현종이 타던 준마의 이름. 杜甫의 시 〈丹靑引〉에 "선제께서 다시던 옥화총 말은, 수많은 화가가 그렸지만 모습이 안 닮았네(先帝御馬玉花驄, 畫工如山貌不同)"라는 구절이 있다.

(4) 翩(편): 빨리 걷는 모양. 이 연은 괵국부인이 준마를 타고 가는 모습을 그린 그림을 언어로 바꾼 것이다.

(5) 爭道(쟁도): 서로 먼저 가려고 다투다. 《구당서·현종양귀비전》에 "천보 10년(751) 정월 보름밤에 양씨 다섯 집이 밤나들이를 갔는데 서시의 문 앞에서 말을 타고 가는 광평공주의 수행원과 다투었다. 양씨의 종이 채찍을 휘둘러 공주의 옷에 닿는 바람에 공주가 말에서 떨어졌다(十載正月望夜, 楊家五宅夜游, 與廣平公主騎從爭西市門. 楊氏奴揮鞭及公主衣, 公主墮馬)"라는 기록이 있다.

(6) 明光宮(명광궁): 漢나라 무제가 세운 궁전. 보통의 궁전을 가리킨다.

(7) 羯鼓(갈고): 당나라 때 羯族에게서 전래한 북의 일종. 크기와 모양이 장구와 비슷하나, 양면을 말가죽으로 메워 臺 위에 올려놓고 두 개의 채로 치는 점이 장구와 다르다. 당나라 현종이 갈고를 좋아하여 뜰에서 갈고를 쳤는데 그때 마침 뜰에 있는 버드나무와 살구나무에 싹이 트기 시작하는지라 현종이 웃음을 띠고 궁녀들을 돌아보며 "이 일을 보면 나를 하느님이라고 부르지 않을 수 있겠느냐?"라고 했다는 일화가 있다.(南卓, 《羯鼓錄》 참조)

(8) 玉奴(옥노): 양귀비의 어릴 적 이름.

(9) 絃索(현삭): 비파 줄을 가리킨다. 《楊太眞外傳》에 "여러 왕의 郡主(태자나 친왕의 딸에게 내려 주던 封號)와 양귀비의 자매들이 모두 양귀비를 스승으로 삼아 비파를 배우는 제자가 되었는바, 한 곡조가 끝날 때마다 여기저기서 선물을 주었다(諸王郡主·妃之姊妹, 皆師妃爲琵琶弟子, 每一曲徹, 廣有獻遺)"라고 한 바와 같이, 양귀비는 비파를 잘 탔다고 한다.

(10) 花奴(화노): 갈고를 잘 탄 汝陽王 李璡의 어릴 적 이름. 현종은 성격이 호방한 나머지 거문고를 몹시 싫어했는데 한번은 거문고 소리를 듣다가 연주가 끝나기도 전에 연주자를 쫓아내고 이진에게 사람을 보내 갈고를 가지고 오게 하라고 했다(남탁, 《갈고록》 참조)는 일화가 있을 정도로 이진은 갈고를 아주 잘 탔다고 한다.

(11) 八姨(팔이): 여덟째 처형. 진국부인에 봉해진 양귀비의 여덟째 언니를 현종의 관점에서 부른 호칭이다. 馮應榴의 《蘇軾詩集合注》에 "나는 처음에 선생(蘇軾)이 괵국부인을 읊으면서 '여덟째 처형'이라고 한 것은 오류인 것 같다고 의심했는데……자유(蘇轍)에게 〈秦虢夫人走馬圖〉라는 제목의 절구가 두 수 있으니 선생(소식)이 읊은 것이 어쩌면 바로 이 그림일지도 모르겠다. 정씨(鄭羽)가 간행한 施元之의 《施注蘇詩》에도 〈秦虢圖〉라고 했으니 시 속의 '여덟째 처형'은 본래 진국부인을 가리킨 것이지 결코 잘못 쓴 것이 아니다. 아마도 제목에서 '秦國'이라는 두 자가 떨어져 나가고 시에서 虢國夫人에 관한 두 구절이 떨어져 나갔을 것이다. 앞뒤를 살펴보면 다 네 구절마다 한 번씩 韻字를 바꾸었는데 오직 '宮中' 운운하는 부분만 두 구절에 한 번 운자를 바꾸었으니 편집하여 간행하는 과정에 탈락이 있었음을 알겠다(余初疑先生詩咏虢國而作'八姨'似誤,……而子由有〈秦虢夫人走馬圖〉二絶, 先生所詠, 或卽此圖. 鄭刊施注亦稱〈秦虢圖〉, 則詩中'八姨'本指秦國, 幷非誤用. 恐題中脫去'秦國'字, 詩中脫去'虢國'二句耳. 觀前後皆四句一轉韻, 惟'宮中'云云止二句一轉韻, 可悟刊集者有脫落也)"라고 했는데, 王文誥의 《蘇軾詩集》에는 查愼行의 《蘇詩補註》에 附記된 이지의의 차운시에도 이 부분이 두 구절에 한 번 운자가 바뀌어 있다는 사실을 근거로 소식의 이 시에 탈락된 구절이 없다고 했다. 이 연은 움직여도 먼지가 안 날 정도로 진국부인의 옷차림이 말쑥하고 걸음걸이가 정숙하다는 말이다.

(12) 明眸皓齒(명모호치): 맑은 눈동자와 하얀 이. 양귀비의 용모를 가리킨다. 두보의 시 〈哀江頭〉에 양귀비의 옛날과 지금을 대비하여 "맑은 동자 하얀 이는 지금 어디 있을까? 피에 물든 떠돌이 영혼이 돌아오지 못하네(明眸皓齒今何在? 血汚遊魂歸不得)"라고 한 구절이 있다.

(13) 丹靑(단청): 그림 그리는 데 사용하는 안료. 그림을 가리킨다. 당나라 현종은 양귀비가 죽은 뒤 아침저녁으로 그녀의 초상화를 보면서 그리움을 달랬다고 한다.(《舊唐書·玄宗楊貴妃傳》 참조) 이 연은

현종의 총애를 한 몸에 받으며 집안사람들로 하여금 온갖 호사를 다 누리게 하던 양귀비도 오래 못 살고 자취를 감추어 현종으로 하여금 초상화를 보면서 눈물을 뿌리게 했다는 뜻으로, 부귀영화의 무상함을 설파함과 동시에 당나라 현종이 양귀비 및 그 언니들과의 환락에 빠져 陳나라 後主와 隋나라 煬帝의 전철을 밟았다고 비판한 것이다. 주 (16)·(18) 참조.

(14) 人間(인간): 이 세상. 속세.

(15) 俯仰(부앙): 고개를 한 번 숙였다 드는 짧은 시간.

(16) 吳公臺(오공대): 강소성 揚州 서북쪽에 있던 활터.(魏嵩山 主編, 《中國歷史地名大辭典》, 廣東教育出版社, 1995년 제1판, 529쪽 참조) 《古今事文類聚·喪事部》에 "수나라 양제는 처음 오공대 밑에 장사 지냈는데 나중에 당나라가 강남지방을 평정하고 나서 뇌당으로 이장했다(隋煬帝初葬吳公臺下, 後大唐平江南, 改葬雷塘)"라고 했다. 이 연은 진나라를 멸망시킨 수나라의 양제도 진나라 후주의 전철을 밟았기 때문에 무덤이 당나라 사람들에게 유린되었다는 말이다.

(17) 雷塘(뇌당): 강소성 양주 북쪽에 있는 연못.(《중국역사지명대사전》, 1171쪽 참조)

(18) 張麗華(장려화): 진나라 후주의 王妃. 진나라 후주 陳叔寶와 장려화가 누각 위에서 연회를 즐기고 있을 때 수나라 장수 한금호가 金陵(지금의 강소성 南京)의 朱雀門에서 쳐들어가자 함께 누각 아래에 있는 臙脂井으로 뛰어들어 갔다가 금방 끌려 나왔다. 杜牧의 시 〈臺城曲〉에 "성문 밖엔 한금호, 누각 위엔 장려화(門外韓擒虎, 樓頭張麗華)"라는 구절이 있다.

(19) 韓擒虎(한금호): 진나라를 멸망시킨 수나라 장수.

卷28

古今體詩四十五首

고체시 및 근체시 45수

권28에는 한림학사지제고(翰林學士知制誥)로 재임한 원우 2년(1087) 1월부터 그해 6월까지의 시 45수가 수록되어 있다.

0971. 和周正孺[1]墜馬傷手

말에서 떨어져 손을 다친 일을 읊은 주정유의 시에 화답하여

平生學道已神完, 평생토록 도를 배워 이미 정신이 온전하니
豈復兒童私自憐.[2] 어찌 더 이상 애가 되어 속으로 자신을 연민하리?
醉墜何曾傷內守,[3][4][5] 술에 취해 수레에서 떨어질 때도
마음속으로 지키는 바를 다친 적이 없는데
色憂當爲念先傳.[6][7] 안색이 근심으로 가득 찬 것은
조상이 물려준 걸 염려하기 때문이리.
書空漸覺新詩健,[8] 허공에다 쓰며 점점 새 시가 굳센 걸 느끼고
把蟹行看樂事全.[9][10][11] 게를 잡고 즐거운 일이 가득한 걸 보게 되리.
賣却老騘爲酒直,[12][13][14] 늙은 말을 팔아서 술값 삼아서
大呼鄕友作新年.[15][16] 고향 친구 대거 불러 신년을 쇠길.

[해설]

수윤이 자기가 말에서 떨어져 손을 다친 일을 읊은 시를 짓자 그것에 화답한 것으로, 해학적인 필치로 그 일이 오히려 새옹지마가 될 것이라고 위로하기도 하고 그 몹쓸 말을 팔아 버리라고 제의하기도 했다.

[주석]

(1) 正孺(정유): 周尹의 字. 王十朋의 《百家註分類東坡先生詩》에 "이름이 윤으로 어사를 지낸 적이 있으며 성도 신번 사람이다(名尹, 嘗爲御史, 成都新繁人)"라고 했고, 施元之의 《施注蘇詩》에 "주정유는 이때 고공랑이었다(正孺此時爲考功郎)"라고 했다.

(2) 自憐(자련): 자신을 불쌍하게 여기다. 이 연은 주윤의 정신 상태가 워낙 온전하기 때문에 손 좀 다쳤다고 해서 자신을 가련하게 여기지 않을 것이라는 말이다.

(3) 醉墜(취추): 술에 취해서 떨어지다. 《莊子·達生》에 "술에 취한 사람이 수레에서 떨어지면 비록 빨리 달리다가 떨어져도 죽지 않는다. 뼈와 관절이 다른 사람과 같은데도 해를 입는 것이 다른 사람과 다른 것은 그 사람의 정신이 온전하기 때문이다. 그 사람은 수레에 탄 것도 모르고 수레에서 떨어진 것도 모른다. 생사에 대한 놀라움이나 두려움이 그 사람의 가슴속으로 파고들지 않기 때문에 물체에 부딪쳐도 두려워하지 않는 것이다. 그 사람은 술을 통해 온전한 상태를 얻었는데도 오히려 이와 같거늘 하물며 자연에서 온전한 상태를 얻은 경우야 말할 필요가 있겠는가? 성인은 자연 속에 몸을 감추고 있기 때문에 아무도 그를 다치게 할 수 없다(夫醉者之墜車, 雖疾不死. 骨節與人同, 而犯害與人異, 其神全也. 乘亦不知也, 墜亦不知也. 死生驚懼, 不入乎其胸中, 是故遻物而不慴. 彼得全於酒, 而猶若是, 而況得全於天乎? 聖人藏於天, 故莫之能傷也)"라는 말이 있다.

(4) 何曾(하증): 어찌 ~한 적이 있겠는가.

(5) 內守(내수): 마음속으로 고수하는 것. 온전한 정신 상태를 가리킨다. 《素問·上古天眞論》에 "마음이 편안하고 텅 비게 되면 그것을 따라 진정한 元氣가 생긴다. 온전한 정신 상태를 마음속으로 고수한다면 병이 어디서 오겠는가?(恬惔虛無, 眞氣從之. 精神內守, 病安從來?)"라는 말이 있다.

(6) 色憂(색우): 안색이 근심스러워지다. 樂正子春이 대청에서 내려오다가 발을 다쳤는데 낫고 난 뒤에도 여러 달 동안 밖으로 나가지 않고 여전히 근심에 찬 안색을 띠고 있는지라 제자가 그 까닭을 물었더니 부모님이 온전하게 낳아 주셨으니 자식이 온전하게 간직하는 것이 효도인데 자기는 효도를 다하지 못했기 때문에 근심에 찬 안색을 하고 있는 것이라고 대답했다.(《禮記·祭義》 참조)

(7) 先傳(선전): 조상 즉 부모가 물려준 것. 부상 입은 주윤의 손을 가리킨다.

(8) 書空(서공): 허공에다 글씨를 쓰다. 《晉書·殷浩傳》에 "비록 쫓겨났지만 원망하는 말을 하지 않았다……다만 하루 종일 허공에다 글씨를 쓰는데 '咄咄怪事'라는 넉 자를 쓸 뿐이었다(雖被黜放, 口無怨言.……但終日書空, 作'咄咄怪事'四字而已)"라고 했다. 이 구절은 손을 다쳐서 붓을 잡지 못하는 대신 손가락으로 허공에 쓰면 붓을 놀리는 것보다 자유롭기 때문에 시상을 전개하기에 더욱 유리할 것이라는 해학적인 표현이다.

(9) 把蟹(파해): 게를 잡다. 게를 안주 삼아 술을 마신다는 말이다.

(10) 行(행): 곧 ~하다.

(11) 全(전): 가득 차다. 左思의 〈吳都賦〉에 "대합 속의 진주가 달과 더불어 기울고 찹니다(蚌蛤珠胎, 與月虧全)"라는 말이 있다. 이 구절은 오른손을 다쳐서 붓을 잡을 수 없기 때문에 한가한 시간을 이용하여 왼손에 게를 들고 술을 마시며 여러 가지 즐거움을 다 누리게 될 것이라는 해학적인 표현

이다.

(12) 却(각): 동사 뒤에 붙어서 동작의 완료를 표시하는 조사. 당나라 사람 陸海의 시에 "홀연히 한 곡조가 그대 마음에 들었지만, 그 때문에 중인 백 집이 파산했다네(忽然一曲稱君心, 破却中人百家產)"라는 구절이 있다.

(13) 老驄(노총): 늙은 총마. 푸른색과 흰색이 섞인 말.

(14) 酒直(주치): 술값. '直'는 '値'와 같다.

(15) 鄕友(향우): 주윤과 마찬가지로 사천 출신인 소식 자신을 가리킨다.

(16) 作(작): 명절이나 경축일을 쇠다. 이 연은 주윤에게 주인을 떨어뜨려 손을 다치게 한 몹쓸 말을 팔아서 그 돈으로 자기와 함께 술이나 실컷 마시며 신년을 즐겁게 보내자고 제의한 해학적인 표현이다.

0972. 戲周正孺[1]二絶

주정유를 희롱하여

其一

折臂三公未可知,[2]	팔 부러진 삼공은 알 수 없으니
會當千鎰訪權奇.[3][4][5]	천금으로 준마를 찾아야 할 것이오.
勸君鬻駱猶閑事,[6][7]	충고하노니 낙마를 파는 건 그래도 별일 아니요
腸斷閨中楊柳枝.[8]	애간장을 끊는 것은 규중의 양류지라오.

其二

天廐新頒玉鼻騂,[9][10]	황궁 마구간에서 새로 주신 옥비성
故人共敝亦常情.[11]	벗들이 함께 타는 것이 역시 인지상정이리.
相如雖老猶能賦,[12][13]	사마상여 늙었어도 아직 부를 잘 지으니
換馬還應繼二生.[14][15]	역시 가기와 말을 바꿔 두 분의 뒤를 이어야 하리.

[해설]

〈말에서 떨어져 손을 다친 일을 읊은 주정유의 시에 화답하여(和周正孺墜馬傷手)〉(0971)에서 주인을 떨어뜨린 고약한 말을 팔아 버리라고 충고했는데도 불구하고 주윤이 자꾸 망설이는 것을 보고 다시 충고하기 위해 이 시를 지은 것으로 보인다. 제1수에서는 그 말을 팔아 버리고 다른 말을 찾아보라고 충고했고, 제2수에서는 황제로부터 하사받은 자기 말을 함께 타자고 제의했다.

[주석]

(1) 正孺(정유): 周尹의 字. 〈和周正孺墜馬傷手〉(0971) 주 (1) 참조.

(2) 三公(삼공): 조정에서 임금을 보필하는 세 가지의 최고위 관직. 구체적인 관직 명칭은 시대에 따라서 달랐다. 묏자리를 잘 보는 어느 풍수쟁이가 羊祜 조부의 무덤을 보고는 帝王의 기운이 있다며 만약 무덤을 파면 후손이 없을 것이라고 했다. 양호가 끝내 무덤을 팠더니 풍수쟁이가 그래도 팔 부러진 삼공은 나오겠다고 했다. 그 뒤 양호가 말에서 떨어져 팔이 부러졌는데 관직이 삼공의 지위에 올랐지만 아들이 없었다.(《晉書·羊祜傳》 참조)

(3) 會當(회당): 반드시 ~해야 하다.

(4) 鎰(일): 중량을 셀 때 사용하는 단위 명사로 24兩(일설에는 20냥 또는 30냥)에 해당한다. 1냥은 16분의 1斤이므로 1일은 1.5근에 해당한다. '千鎰'은 많은 황금을 가리킨다.

(5) 權奇(권기): 재주가 비범하다. 준마가 날래게 잘 달리는 모양을 가리킨다. 이 연은 손을 다쳤다고 해서 나중에 삼공의 지위에 오른다는 보장은 없으니 손을 다치게 한 몹쓸 말은 팔아 버리고 좋은 말을 한 번 찾아보라고 우스갯소리를 한 것이다.

(6) 鬻駱(육락): 駱馬를 팔다. 낙마는 몸통이 희고 갈기가 검은 말의 일종이다. 白居易가 만년에 자기가 늘 타고 다니던 낙마를 팔고, 〈楊柳枝〉를 잘 불러 '양류지'라고 불렸던 家妓 樊素를 내보내려고 할 때 지은 시 〈不能忘情吟〉에 "낙마를 팔고 양류지를 내보내려니, 검푸른 눈썹을 가리고 금 굴레를 조아리네. 말은 말을 하지 못해 길게 울며 돌아보고, 양류지는 재배한 뒤 꿇어앉아 말하네(鬻駱馬兮放楊柳枝, 掩翠黛兮頓金羈. 馬不能言兮長鳴而卻顧, 楊柳枝再拜長跪而致辭)"라고 했다.

(7) 閑事(한사): 별로 대단하지 않은 일.

(8) 楊柳枝(양류지): 백거이의 가기 번소의 별명. 백거이의 〈不能忘情吟〉 서문에 "가기 가운데 번소라는 아이가 있어 나이가 스무 살 남짓 되었는데 나긋나긋 가무의 자태를 지니고 〈楊柳枝〉를 잘 부르는지라 사람들이 곡조 이름을 그녀의 이름으로 삼는 경우가 많은바, 이로 인하여 洛陽 일대에 이름이 났다(妓有樊素者, 年二十餘, 綽綽有歌舞態, 善唱〈楊枝〉, 人多以曲名名之, 由是名聞洛下)"라고 했다. 이 연은 말에서 떨어져 손을 다친 주윤에게 가기를 내보내는 일에 비하면 말을 파는 일은 대단치 않으니 말을 팔아 버리라고 우스갯소리를 한 것이다.

(9) 天廐(천구): 천자의 마구간.

(10) 玉鼻騂(옥비성): 코가 백옥처럼 흰 붉은 말. 查愼行의 《蘇詩補註》에 "석각에 '원우 원년(1086)에 내가 처음 옥당(한림원)에 들어갔을 때 옥비성을 하사받는 은혜를 입었다'라고 했다(石刻云: '元祐元年, 予初入玉堂, 蒙恩賜玉鼻騂.')"라는 주석이 있다.

(11) 故人共敝(고인공폐): 벗들이 함께 써서 낡게 하다. 《論語·公冶長》에 "자로가 말하기를 '거마와 의

복을 친구들과 함께하기를 원합니다. 그러다가 그것이 다 떨어져도 유감이 없습니다'라고 했다(子路曰: '願車馬衣裘, 與朋友共. 敝之而無憾.')"라는 말이 있다. 여기서는 자기 말을 주윤과 함께 쓰는 것을 가리킨다.

(12) 相如(상여): 漢나라 때의 辭賦家 司馬相如를 가리킨다. 그는 〈子虛賦〉·〈上林賦〉·〈大人賦〉·〈美人賦〉·〈長門賦〉 등의 유명한 賦 작품을 남겼다. 이 구절은 소식 자신이 아직까지 시와 詞를 곧잘 짓는다는 말이다.

(13) 賦(부): 운문 형식과 산문 형식이 결합된 문학 양식의 하나. 여기서는 歌妓에게 주어서 읊거나 노래하게 할 시와 사를 가리킨다.

(14) 換馬(환마): 자신의 말과 주윤의 가기를 교환하는 것을 가리킨다.

(15) 二生(이생): 鮑生과 韋生을 가리킨다. 애주가인 포생은 기녀를 많이 두었고 그의 외사촌 동생인 위생은 준마 타기를 좋아했다. 그들은 각자 사방으로 돌아다니며 자기가 좋아하는 것을 찾았는데 하루는 길에서 만나 함께 산사에서 묵다가 비파 잘 타는 기녀와 紫叱撥이라는 준마를 서로 바꾸었다.(李玫, 《異聞實錄·妾換馬》 참조) 이 연은 자신의 말도 두 사람이 함께 쓰고 주윤의 가기도 두 사람이 함께 쓰면 되니까 말을 팔아 버리라고 우스갯소리를 한 것이다.

0973. 潘推官[(1)]母李氏挽詞[(2)]

반추관의 모친 이씨를 애도하는 만사

南浦淒涼老逐臣,[(3)(4)]	남쪽의 물가에서 처량히 지낸 늙은 귀양객
東坡還往盡幽人.[(5)(6)(7)]	동파를 찾는 이는 모두 은자뿐이었네.
杯盤慣作陶家客,[(8)(9)]	술잔과 쟁반으로 도씨네 손님으로 삼곤 했고
絃誦嘗叨孟母鄰.[(10)(11)(12)]	자식의 공부를 위해 맹모의 이웃을 탐냈었네.
尙有升堂他日約,[(13)]	대청에 올라가 절하고 술 마실 훗날의 약속이 아직 있는데
豈知負土一阡新.[(14)(15)]	흙을 져다 새 산소를 만들게 될 줄 어찌 알았으리?
今年我欲江湖去,	금년엔 내가 강호로 나가려고 하나니
暮雨連山宰樹春.[(16)]	온 산에 저녁 비 내릴 제 무덤 가 나무에 봄이 오리.

[해설]

황주에 있을 때 친하게 지낸 현지인 친구 반병과 그의 형 반경의 모친 이씨의 죽음을 애도하여 지은 만사이다.

[주석]

(1) 潘推官(반추관): 黃州(지금의 호북성 黃岡市 黃州區)에서 유배 생활을 할 때 친하게 지낸 현지인 친구 潘丙의 형 潘鯁을 가리킨다. 王文誥의《蘇軾詩集》에 "창언은 이름이 반경인데 진사 시험에 급제하여 추관이 되었다. 언명은 이름이 반병인데 진사 시험에 급제했으나 관직에 임용되지 않았으니 바로 반경의 동생이다(昌言, 名鯁, 登進士第, 卽推官也. 彦明, 名丙, 擧進士, 不調, 乃鯁之弟

也)"라고 했다. 〈與潘三失解後飮酒〉(0717) 주 (1) 참조.

(2) 挽詞(만사): 죽은 사람을 애도하는 글.

(3) 南浦(남포): 남쪽의 물가. 開封보다 훨씬 남쪽이면서 長江 가에 있는 고을인 황주를 가리킨다.

(4) 逐臣(축신): 조정에서 쫓겨난 신하. 황주로 유배된 소식 자신을 가리킨다.

(5) 東坡(동파): 소식이 원풍 4년(1081) 2월에 황주성 동쪽에 있는 황무지를 개간하여 만든 농장.

(6) 還往(환왕): 왕래하다.

(7) 幽人(유인): 그윽한 곳에 숨어 사는 사람. 은자. 이 구절은 자신이 조정에 죄를 지은 사람이기 때문에 세속적인 욕심이 없는 은자들만이 자신을 찾아오고 다른 사람들은 고관대작의 눈치를 보느라 찾아오지 않았다는 말이다.

(8) 杯盤(배반): 술잔과 쟁반. 주안상을 가리킨다.

(9) 陶家(도가): 晉나라 사람 陶侃의 집을 가리킨다. 도간은 어릴 때 아버지를 여의어 가난하게 살았는데 어느 날 鄱陽孝廉인 范逵가 찾아왔다. 아무것도 대접할 것이 없는지라 어머니가 머리카락으로 가발을 두 개 만들어 그것으로 술과 안주를 바꾸어 와서 푸짐하게 대접했다.(《진서·도간전》 참조) 이 구절은 소식이 반씨 집을 찾아가면 반씨의 모친이 어려운 형편임에도 불구하고 따뜻하게 대접해 주었다는 말이다.

(10) 絃誦(현송): 《詩經》을 가르치거나 배울 때 현악기 반주에 맞추어 읊조리는 것을 '絃歌'라고 하고 악기의 반주 없이 그냥 낭독하는 것을 '誦'이라고 했는데 이 두 가지를 합쳐서 '현송'이라고 했다. 나중에는 학문을 전수하는 일을 '현송'이라고 했다.

(11) 叨(도): 탐내다.

(12) 孟母(맹모): 이른바 孟母三遷으로 널리 알려진 맹자의 어머니를 가리킨다. 이 구절은 반씨의 모친이 맹자의 어머니만큼이나 자녀 교육에 열성적이었다는 말이다.

(13) 他日約(타일약): 훗날 찾아가기로 한 약속. 後漢 사람 范式은 張劭와 절친한 사이였는데 함께 관직에서 물러나 고향으로 돌아갔다. 이때 범식이 장소에게 "2년 뒤에 가서 자네 부모님도 뵙고 아이들도 만나 보겠네"라고 했다. 2년 뒤에 장소가 그의 어머니에게 범식을 맞이할 준비를 해 달라고 부탁하자 어머니가 "2년이나 헤어져 있었을 뿐만 아니라 천 리나 떨어진 사람들끼리 한 약속인데 너는 어찌 그리도 굳게 믿느냐?"라고 했다. 그러자 장소가 "범식은 신의가 있는 사람이기 때문에 틀림없이 약속을 지킬 것입니다"라고 했다. 기일이 되자 범식이 과연 찾아와 대청에 올라가서 어머니께 절하고 술을 마셨다.(《후한서·범식전》 참조) 이 구절은 소식이 훗날 다시 반씨 집을 찾아가서 인사를 드리기로 해 놓고 아직까지 이행하지 못한 약속이 있다는 말이다.

(14) 負土(부토): 흙을 지다. 옛날에는 부모님을 장사 지낼 때 아들이 손수 흙을 져다 산소 만드는 것을 효도라고 여겼다.

(15) 阡(천): 무덤. 반경 모친의 산소를 가리킨다.

(16) 宰樹(재수): 무덤 주위에 심은 나무. 이 구절은 자신이 반경 모친의 산소를 찾아가 성묘를 하겠다는 말이다.

0974. 玉堂[1]栽花, 周正孺[2]有詩, 次韻

옥당에 꽃나무를 심었는데 주정유에게 시가 있기에 그것에 차운하여

故山桃李半荒榛,[3][4]	고향의 복숭아 자두 반쯤 잡목에 덥혔을 터
粗報君恩便乞身.[5][6][7]	임금님 은혜 대충 갚으면 몸 빼기를 청원하리.
竹簟暑風招我老,[8]	대자리의 더운 바람이 나보고 와서 늙으라 하니
玉堂花蕊爲誰春.	옥당의 꽃이 누구를 위해 봄빛을 자랑하리?
纖纖翠蔓詩催發,	가늘디가는 푸른 덩굴은 시 읊기를 재촉하고
皎皎霜葩髮鬪新.[9][10]	희디흰 꽃은 머리카락처럼 새로 피기를 다투리.
只有來禽靑李帖,[11]	오로지 왕희지의 〈내금청리첩〉만은
他年留與學書人.	훗날 글씨 배우는 사람에게 남겨 주리.

[해설]

소식이 한림원에 꽃나무를 심자 주윤이 그것을 보고 시를 지은지라 그 시에 차운한 것이다.

[주석]

(1) 玉堂(옥당): 옥으로 장식한 전당. 翰林院의 별칭.
(2) 正孺(정유): 周尹의 字. 〈和周正孺墜馬傷手〉(0971) 주 (1) 참조.
(3) 故山(고산): 옛날 산. 고향을 가리킨다.
(4) 荒榛(황진): 황폐해진 잡목 덤불. 황폐해지다.
(5) 粗報(조보): 대충 보답하다.

(6) 便(변): ~하면 곧.

(7) 乞身(걸신): 사직을 청원하다.

(8) 竹簟暑風(죽점서풍): 더운 바람이 부는 여름에 대나무로 만든 자리에 앉아 더위를 식히는 시골 생활을 가리킨다. 이 연은 자신이 곧 사직하고 고향으로 가 버리면 지금 한림원에 심은 꽃을 감상할 사람이 없을 것이라는 말이다.

(9) 霜葩(상파): 서리처럼 새하얀 꽃.

(10) 鬪新(투신): 누가 더 새로운지를 다투다. 이 구절은 마치 흰머리가 날마다 새로 나듯이 흰 꽃이 날마다 새로 필 것이라는 말이다.

(11) 來禽青李帖(내금청리첩): 王羲之 書帖 중의 하나. 왕희지의 〈與蜀郡守朱書〉라는 편지에 "청리·능금·앵두·일급·등자 등의 씨앗은 모두 주머니에 담는 것이 좋으며 상자에 넣어서 봉하면 싹이 나지 않는 경우가 많습니다. 선생이 쓰신 편지에 '이 과일은 맛이 좋아서 그대에게 씨앗을 보낼 만합니다'라고 했으니 당연히 심어야지요. 여기에는 저 호두를 심어도 모두 싹이 났답니다. 저는 과실나무 심기를 무척 좋아하는데 이제 전원에서 오로지 이것만을 일로 삼고 있는지라 멀리 선생에게 보내거니와 이 씨앗을 보내 주신 것은 매우 은혜로운 일이었습니다(青李·來禽·櫻桃·日給·藤子, 皆囊盛爲佳, 函封多不生. 足下所疏云: '此果佳, 可爲致子.' 當種之. 此種彼胡桃, 皆生也. 吾篤喜種果, 今在田里, 惟以此爲事, 故遠及足下, 致此子者, 大惠也)"라고 했다. 이 편지의 첫머리가 '青李來禽'으로 시작되기 때문에 왕희지의 이 글씨를 '내금청리첩'이라고 한다. '來禽'은 사과와 비슷하면서 훨씬 작은 과일이고 '青李'는 자두의 일종이다. 여기서는 주윤의 글씨를 가리키는 것으로 보인다. 이 연은 자신이 고향으로 떠난 뒤 주윤이 옥당의 꽃을 보고 시를 지어서 보내 주면 충분히 감상한 뒤 그것을 글씨 배우는 사람에게 물려주어서 서첩으로 활용하게 하겠다는 말로, 글씨 잘 쓰는 주윤에게 옥당에 심은 꽃을 읊어서 보내 달라고 부탁한 것인 것 같다.

0975. 杜介[1]送魚

두개가 물고기를 보냈기에

新年已賜黃封酒,[2]	새해에 황봉주를 이미 하사하셨는데
舊友仍分頳尾魚.[3]	친구가 또 꼬리 붉은 물고기를 나눠 준다.
陋巷關門負朝日,[4]	가난한 골목에서 문을 걸어 닫은 채 등으로 따뜻한 아침 햇살 받으며
小園除雪得春蔬.	조그만 정원에서 눈을 치우고 갓 돋아난 봄 채소를 조금 캐었다.
病妻起斫銀絲鱠,[5]	병든 아내 일어나 은실같이 회를 치고
稚子讙尋尺素書.[6][7]	어린 아들 신이 나서 비단 편지 찾고 있다.
醉眼矇朧覓歸路,	몽롱하게 취한 눈으로 돌아갈 길 찾아보니
松江烟雨晚疎疎.[8][9]	송강에 저녁 비가 부슬부슬 내린다.

[해설]

소식은 서주(徐州)에 있을 때 두개(杜介)의 희희당(熙熙堂)에 부쳐 시를 지어 준 적이 있었다. 원우 2년(1087)에 두개는 소식과 함께 개봉(開封)에서 관직 생활을 하고 있었는데 새해를 맞아 그가 소식에게 붉은 물고기를 보냈다. 이 시는 이때의 일을 묘사한 것으로, 조정을 떠나고 싶어 한 그의 심경이 드러나 있다.

[주석]

(1) 杜介(두개): 揚州 사람으로 字가 幾先이다. 〈杜介熙熙堂〉(0536) 주 (1) 참조.

(2) 黃封酒(황봉주): 술 이름. 송나라 때 관청에서 빚은 술로, 노란색 비단이나 노란색 종이로 주둥이를 봉했다.

(3) 赬尾魚(정미어): 꼬리가 붉은 물고기. 살찐 물고기를 가리킨다. 《詩經·周南·汝墳》의 "방어의 붉은 꼬리(魴魚赬尾)"에 대하여 《十三經注疏正字》에 "정중은 물고기가 살찌면 꼬리가 붉어진다고 여겼다(鄭衆以爲魚肥則尾赤)"라고 했다.

(4) 陋巷(누항): 누추한 골목. 가난한 집이라는 뜻으로 자기 집을 가리킨다.

(5) 銀絲鱠(은사회): 은으로 만든 실처럼 희고 가느다란 회.

(6) 讙(환): 기뻐하다. '歡'과 같다.

(7) 尺素書(척소서): 한 자 길이의 비단에 쓴 편지. 漢나라 사람 蔡邕의 시 〈飮馬長城窟行〉에 "멀리서 온 손님이, 나에게 잉어를 한 쌍 주었네. 아이를 불러서 잉어를 삶았더니, 배 안에 한 자나 되는 편지가 들어 있네(客從遠方來, 遺我雙鯉魚. 呼童烹鯉魚, 中有尺素書)"라는 구절이 있다. 이 구절은 물고기 손질하는 모습을 해학적으로 묘사한 것이다.

(8) 松江(송강): 지금의 吳淞江(일명 蘇州河). 太湖에서 흘러나와 上海를 거쳐 황해로 들어가는데 농어가 많은 강으로 널리 알려져 있다. 晉나라 때 이 지역 사람인 張翰은 洛陽에서 벼슬살이를 하다가 어느 가을날 문득 고향에서 늘 먹던 순챗국과 농어회가 그리워서 당장 벼슬을 그만두고 고향으로 돌아갔다. 이른바 蓴羹鱸膾의 고사이다.(《世說新語·說鑑》 및 《진서·장한전》 참조) 이 연은 아내가 쳐 준 회를 보고 나서 이 고사를 떠올리며 그런 곳에서의 조용하고 평화로운 전원생활을 머릿속으로 그려 본 것인 것 같다.

(9) 踈踈(소소): 드문드문 내리는 모양.

0976. 送杜介[(1)]歸揚州[(2)]

양주로 돌아가는 두개를 전송하며

再入都門萬事空,[(3)]	도성에 다시 들어왔으나 만사가 공허한 채
閑看清洛漾東風.[(4)]	동풍에 춤추는 맑은 낙수만 한가로이 봤겠군요.
當年帷幄幾人在,[(5)]	그 당시의 측근 중에 몇 사람이 남았나요?
回首觚稜一夢中.[(6)]	모난 모서리 돌아보면 꿈속만 같겠군요.
采藥會須逢薊子,[(7)]	약초 캐다 틀림없이 계선생을 만날 테고
問禪何處識龐翁.[(8)(9)]	참선하다 어디선가 방옹을 알게 되겠군요.
歸來鄰里應迎笑,[(10)(11)]	돌아가면 이웃들이 웃으면서 맞을 게고
新長淮南舊桂叢.[(12)]	회남의 묵은 계수나무가 새로 자라겠군요.

[해설]

개봉을 떠나 고향인 양주로 돌아가는 두개를 전송하며 지은 것으로, 전반 네 구절에서는 지난 몇 년 동안에 있었던 두개의 도성 생활을 상상했고, 후반 네 구절에서는 앞으로 있을 두개의 양주 생활을 상상했다.

[주석]

(1) 杜介(두개): 揚州 사람으로 字가 幾先이다. 〈杜介送魚〉(0975) 주 (1) 참조.

(2) 揚州(양주): 지금의 강소성 양주.

(3) 再入都門(재입도문): 두개가 두 번째로 도성 문안에 들어간 것을 가리킨다. 소식이 원풍 원년(1078)에 지은 시 〈杜介熙熙堂〉(0536)에 "험난한 세상에서 가장 먼저 돌아가, 아늑한 멋진 전당 손수 열었네(崎嶇世路最先回, 窈窕華堂手自開)"라고 한바, 이는 두개가 그 이전에 이미 도성에서 양주로 돌아간 적이 있음을 뜻한다. 그리고 원우 2년(1087)인 지금 또 양주로 돌아가는 것은 그가 그전에 다시 도성으로 들어갔기 때문이다. 이 구절은 두개가 세속적인 가치를 추구하지 않았다는 말이다.

(4) 淸洛(청락): 맑은 洛水라는 뜻으로 낙수를 끌어들인 汴河를 가리킨다. 〈和王斿二首〉(0851) 주 (21) 참조.

(5) 帷幄(유악): 장막. 천자의 거처에는 반드시 장막을 설치해야 했기 때문에 천자 또는 천자의 측근을 가리킨다. 蘇轍에게 〈題杜介供奉熙熙堂〉이라는 제목의 시가 있는 것을 보면 두개가 옛날에 供奉으로서 천자의 측근에 있었음을 알 수 있다.

(6) 觚稜(고릉): 황궁 지붕의 모서리에 있는 모가 난 기와. 황궁을 가리킨다.

(7) 薊子(계자): 薊子訓에 대한 존칭. 《후한서·계자훈전》에 "백 살 된 노인이 스스로 말하기를 어릴 때 계자훈이 회계의 시장에서 약초 파는 것을 보았는데 안색이 지금과 다르지 않았다고 했다(有百歲翁, 自說童兒時見子訓賣藥於會稽市, 顔色不異於今)"라는 기록이 있다.

(8) 問禪(문선): 참선하다.

(9) 龐翁(방옹): 王十朋의 《百家註分類東坡先生詩》에 "방거사이다(龐居士也)"라고 했는데, 방거사는 이름이 蘊이고 字가 通玄이며 唐나라 때 衡陽 사람으로 불문에 귀의하여 石頭和尙 및 丹淵禪師와 친하게 지냈다.(《景德傳燈錄》 참조)

(10) 鄰里(인리): 같은 마을의 이웃.

(11) 迎笑(영소): 웃는 얼굴로 맞이하다.

(12) 淮南(회남): 淮河의 남쪽. 두개가 돌아가 살 양주를 가리킨다. 淮南小山의 〈招隱士〉에 "계수나무가 무더기로 났네 산속 깊숙한 곳에(桂樹叢生兮山之幽)"라는 구절이 있는바, 이것을 원용한 것이다. 이 구절은 오랫동안 묵혀져 있던 계수나무들이 두개의 보살핌을 받아 다시 자랄 것이라는 말이다.

0977. 和黃魯直[1]燒香二首

향 피운 일을 노래한 황노직의 시에 화답하여

其一

四句燒香偈子,[2]	향 피우는 일을 읊은 네 구절짜리 계송이
隨香遍滿東南.[3]	향을 따라 동남쪽에 가득할 텐데
不是聞思所及,[4]	문혜와 사혜로 미칠 바가 아니니
且令鼻觀先參.[5]	잠시 내가 비관으로 먼저 참선케 해 주기를.

其二

萬卷明窗小字,	밝은 창문 밑에서 잔글씨 만 권 읽느라
眼花只有爛斑.[6][7]	눈앞에 어른어른 얼룩무늬만 보이는데
一炷烟消火冷,[8]	연기 사라지고 화기 식도록 향 하나를 다 피우면
半生身老心閑.	반평생 몸은 늙었지만 마음은 느긋하리라.

[해설]

황정견의 시 〈강남의 장중향을 준 사람이 있기에 장난으로 그에게 준다(有惠江南帳中香者戱贈二首)〉에 차운한 것으로, 제1수에서는 황정견의 시가 매우 뛰어나다고 칭송한 후 자신에게도 장중향을 좀 나누어 줄 것을 부탁했고, 제2수에서는 제1수 후반부를 이어받아 그 향의 효용성을 설명했다.

[주석]

(1) 魯直(노직): 黃庭堅의 字.
(2) 偈子(게자): 偈頌. 梵語 '偈佗(Gatha)'의 약칭으로 불경 중에서 부처의 공덕과 교리를 찬송한 노랫말인데 1게는 대개 네 구절로 이루어져 있다. 〈眉子石硯歌贈胡誾〉(0829) 주 (22) 참조. 여기서는 황정견의 원시 〈有惠江南帳中香者戲贈二首〉를 가리킨다.
(3) 東南(동남): 開封의 동남쪽으로 帳中香의 생산지인 강남지방을 가리킨다. 이 연은 황정견의 원시 〈有惠江南帳中香者戲贈二首〉가 인구에 널리 회자하게 되어 강남지방 사람들이 장중향을 피울 때마다 너도나도 읊조릴 것이라는 말이다.
(4) 聞思(문사): 부처님의 가르침을 깨달아 아는 지혜에는 경전을 보고 배우거나 선각자로부터 들어서 얻는 지혜인 聞慧, 생각하고 관찰하여 얻는 지혜인 思慧, 禪定을 통하여 얻는 지혜인 修慧가 있는데, 그 가운데 두 가지인 문혜와 사혜를 가리킨다.
(5) 鼻觀(비관): 코끝을 응시하는 불교 수행의 하나. 삼혜 가운데 수혜에 해당한다. 이 연은 황정견의 시에 묘사되어 있는 바를 통하여 상상하는 방법만으로는 帳中香의 우수성을 파악하기가 어려우므로 먼저 자신이 직접 그 향내를 맡아 본 뒤에 다시 황정견의 시를 감상하게 해 달라는 뜻으로, 자신에게 그 향을 하나 보내 달라고 부탁한 말인 것 같다.
(6) 眼花(안화): 눈앞에 불꽃 같은 것이 어른거리는 병증.
(7) 爛斑(난반): 여러 가지 색깔이 뒤섞여서 얼룩덜룩한 모양.
(8) 炷(주): 향을 셀 때 사용하는 단위 명사. '一炷'는 하나의 향을 가리킨다.

0978. 再和二首

다시 화답하여

其一

置酒未逢休沐,[1][2]　　술상은 차렸으나 휴가를 얻지 못해
便同越北燕南.[3][4]　　월나라의 북쪽과 연나라 남쪽 같구나.
且復歌呼相和,[5][6]　　잠시 다시 노래하고 서로 창화했으니
隔牆知是曹參.[7][8]　　담 너머에 있는 이가 조참인 줄 알았구나.

其二

丹青已是前世,[9]　　그림을 그리는 것은 이미 전생의 일이거니
竹石時窺一斑.[10]　　대나무와 바위 그림으로 가끔씩 반점을 엿보네.
五字當還靖節,[11][12][13]　　오언시는 도정절이 환생한 것과 같고
數行誰似高閑.[14]　　몇 줄의 글씨는 누가 고한 같으리?

[해설]

황정견의 시 〈강남의 장중향을 준 사람이 있기에 장난으로 그에게 준다(有惠江南帳中香者戱贈二首)〉에 다시 차운한 것으로, 제1수에서는 황정견이 술자리를 마련하여 친구들과 함께 시를 짓기도 하고 그림을 그리기도 하고 글씨를 쓰기도 했다는 말을 듣고 동참하지 못한

것을 아쉬워했고, 제2수에서는 황정견의 그림·시·서예 솜씨를 칭송했다.

[주석]

(1) 置酒(치주): 술상을 차리다. 소식의 자주에 "보내온 시에 술을 마시고, 대나무와 바위를 그리고, 초서를 쓴다고 했다(來詩言飮酒·畫竹石·草書)"라고 했다.

(2) 休沐(휴목): 관리가 휴가를 얻어서 목욕하는 일. 휴가. 王十朋의 《百家註分類東坡先生詩》에 "'휴목'은 한나라 제도이다. 아마도 휴가를 얻은 이후라야 한데 모일 수 있으며 그렇지 않으면 월나라의 북쪽과 연나라의 남쪽 같다는 말일 것이다(休沐, 漢制也. 蓋言唯得休沐假而後相聚, 不然, 則如越之北, 而燕之南也)"라고 했다. 이 연은 황정견이 좋은 술자리를 마련했는데 자신은 동참할 짬을 내지 못해서 아쉽다는 말이다.

(3) 便(변): 곧. 바로.

(4) 越北燕南(월북연남): 서로 가까이 있으면서도 함께하지 못하는 것을 가리킨다. 馮應榴의 《蘇軾詩集合注》에 "《장자·천하편》에 '연나라의 북쪽이요 월나라의 남쪽이다'라고 했고, 사령운의 〈辨宗問答〉에 '남쪽을 향해 가면 월나라에 도달할 수 있고, 북쪽을 등지고 가면 연나라를 버릴 수 있으니, 참으로 연나라의 북쪽이요 월나라의 남쪽이다'라고 했는데 선생의 시는 그 의미를 뒤집어서 사용한 것이다(《莊子·天下篇》: '燕之北, 越之南.' 謝靈運〈辨宗問答〉: '南向可以造越, 背北可以棄燕, 信燕北越南矣.' 先生詩, 反用其意)"라고 했다. 월나라는 남쪽에 있고 연나라는 북쪽에 있으므로 연나라의 북쪽과 월나라의 남쪽은 거리가 매우 멀지만 월나라의 북쪽과 연나라의 남쪽은 거리가 비교적 가깝다.

(5) 歌呼(가호): 노래하고 소리 지르다. 曹參이 漢나라 재상으로 재임할 때 그의 집 후원이 관리의 숙사와 가까웠는데 관리의 숙사에서 날마다 술 마시고 노래 부르는 소리가 들려왔다. 조참 집의 시종들이 매우 듣기 싫었지만 자신들이 제지할 수는 없었기 때문에 조참을 후원으로 데리고 갔다. 조참이 직접 들으면 못하게 할 줄 알고 그랬는데 조참은 오히려 그들과 한데 어울려 술 마시고 노래하고 소리 질렀다.(《史記·曹相國世家》 참조)

(6) 相和(상화): 서로 唱和하다.

(7) 隔牆(격장): 담장을 사이에 두다. 황정견의 소재지 너머에 소식의 소재지가 있다는 말이다.

(8) 曹參(조참): 한나라의 개국 공신으로 재상을 지냈다. 이 연은 소식이 잘 이해해 줄 것으로 믿고 황정견과 그의 친구들이 마음껏 술 마시고 놀았을 것이라는 뜻이기도 하고, 소식 자신도 동참하고 싶은 마음이 간절했다는 뜻이기도 하다.

(9) 丹靑(단청): 그림 그리는 데 쓰는 안료. 그림을 가리킨다.

(10) 一斑(일반): 무늬 하나. 사물의 일부분을 가리킨다. 晉나라 사람 王羲之의 아들 王獻之가 어릴 때 부친의 문하생들이 도박을 하는 것을 보고 "남풍이 세지 않네"라고 하자 문하생이 "이 도련님도 대롱으로 표범을 엿보고는 때때로 반점 하나를 보는군" 했다.(《진서·왕헌지전》 참조) 이 연은 황정

견의 竹石圖를 보면 오래전부터 익혀 온 그림 솜씨의 一端을 엿볼 수 있다는 말이다.

(11) 五字(오자): 五言詩를 가리킨다.

(12) 當(당): ~에 상당하다. ~와 같다.

(13) 靖節(정절): 도연명의 諡號. 이 구절은 황정견이 도연명만큼이나 오언시를 잘 짓는다는 말이다.

(14) 高閑(고한): 唐나라 때 서예가로 草書를 잘 썼다. 韓愈의 〈送高閑上人序〉에 "이제 고한은 초서에 대하여 장욱의 마음을 가지고 있도다(今閑之於草書, 有旭之心哉)"라고 했다. 이 구절은 고한만큼 글씨를 잘 쓰는 사람은 오직 황정견뿐이라는 말이다.

0979. 送楊孟容[1]

양맹용을 전송하며

我家峨眉陰,[2]	우리 집은 아미산의 북쪽에 있어
與子同一邦.	선생과 동일한 고을인지라
相望六十里,	바라보면 거리가 육십 리이고
共飮玻璃江.[3]	다 함께 파리강의 물을 먹지요.
江山不違人,[4]	강산은 사람을 멀리하지 않아서
遍滿千家窗.	집집마다 창문에 가득하지만
但苦窗中人,	오로지 창문 안의 사람만은 괴롭나니
寸心不自降.[5]	마음을 스스로 가라앉히지 못해서지요.
子歸治小國,[6]	선생이 돌아가 작은 땅을 다스리는 건
洪鐘噎微撞.	큰 종을 살짝 쳐서 제대로 울리지 않는 것이요
我留侍玉座,[7]	제가 남아 옥좌를 모시는 것은
弱步攲豐扛.[8][9]	기우뚱하게 제기를 들고 휘청거리는 것이지요.
後生多高才,[10]	후생들 중에 재주 높은 사람이 많아
名與黃童雙.[11]	그 이름이 황동과 짝을 이루고
不肯入州府,[12]	성내로 들어가려고 하지도 않았나니
故人餘老龐.[13]	벗들 중에 방공이 넘쳐 나지요.
殷勤與問訊,[14][15]	간곡하게 그들에게 안부를 전하건만

愛惜霜眉龐.(16)	애석케도 흰 눈썹이 희끗희끗할 텐데
何以待我歸,	어찌 내가 돌아가길 기다리리오?
寒醅發春缸.	봄 항아리 열어서 시원한 술을 드셔요.

[해설]

미산 출신인 양맹용을 전송하면서 지은 것이다. 양맹용은 당시 미주의 동북쪽에 있는 회안군의 태수로 부임해 갈 예정이었던 것으로 보인다. 앞부분에서 자신과 양맹용의 고향인 미산의 정경을 묘사하고 뒷부분에서 그곳에 남아 있는 후배들과 친구들의 인품을 칭송하면서 그들을 그리워하는 형식으로 자신의 향수를 토로했다.

[주석]

(1) 楊孟容(양맹용): 《明一統志·潼川州》에 "양맹용은 미산 사람으로 여러 가지 관직을 거쳐 회안군(서쪽으로 成都府와 접경을 이루는 고을) 태수에 이르렀다. 치평(1064-1067) 연간에 濮議(후사가 없는 仁宗의 뒤를 이어 황위에 오른 英宗이 생부인 濮王을 皇考라고 부르는 것이 옳은지 皇伯이라고 부르는 것이 옳은지를 두고 벌인 조정 대신들 사이의 논쟁)에 참여했다가 의견이 맞지 않았고, 희령(1068-1077) 연간에 신법에 관하여 논쟁을 벌였다가 또 의견이 맞지 않았다. 원우(1086-1093) 연간에 사직을 청하자 철종이 '청절'이라는 두 글자를 하사했다(楊孟容, 眉山人, 累官至懷安軍. 在治平時, 與濮議, 不合; 在熙寧間, 議新法, 又不合. 元祐中乞致仕, 哲宗書'清節'二字賜之)"라고 했다.

(2) 峨眉陰(아미음): 아미산의 북쪽. 眉州를 가리킨다.

(3) 玻璃江(파리강): 眉山 지역에 있는 岷江의 별칭. 范成大의 《吳船錄》에 "미주성 바깥이 바로 파리강인바, 겨울에 물빛이 이와 같다(眉州城外, 卽玻璃江也, 冬時水色如此)"라고 했다. 파리는 옥의 일종으로 水玉이라고도 하는데 때로는 水晶을 가리키기도 한다.

(4) 違人(위인): 사람을 멀리하다.

(5) 降(항): 가라앉히다. 《詩經·召南·草蟲》에 "베짱이는 찌르찌르, 메뚜기는 폴짝폴짝, 우리 임을 못 뵈어, 근심이 가득하네. 만나게만 된다면, 만나게만 된다면, 내 마음이 놓이리(喓喓草蟲, 趯趯阜螽, 未見君子, 憂心忡忡. 亦旣見止, 亦旣覯止, 我心則降)"라는 구절이 있다. 이 연은 강산이 아름다운 먼 고을의 지방관으로 재임 중인 사람은 스스로 원지에 폄적되었다는 억울한 마음을 가라앉히지 못해서 고민에 빠진다는 말이다.

(6) 小國(소국): 양맹용이 부임해 갈 고을을 가리킨다. 이 연은 양맹용이 조정을 떠나 지방으로 나가는 것은 그의 능력을 인정받지 못한 것이라는 말이다.

(7) 玉座(옥좌): 御座. 황제를 가리킨다.

(8) 弱步(약보): 연약한 발걸음.

(9) 豐(풍): 제기의 일종. 이 연은 자신이 조정에 남아 있는 것은 힘에 부치는 일이라는 말이다.

(10) 後生(후생): 미산에 있는 소식과 양맹용의 후생들을 가리킨다.

(11) 黃童(황동): 후한 때의 江夏 사람으로 二十四孝 가운데 한 사람인 黃香을 가리킨다. 그는 아홉 살 때 모친을 여의어 혼자 계시는 부친을 위해 여름에는 베개에 부채질을 해 드리고 겨울에는 자기 체열로 이불을 따뜻하게 덥혀 드렸으며, 집안이 몹시 가난했음에도 불구하고 학업에 정진한 결과 유교 경전에 정통하고 글을 잘 지어 도성 사람들이 '천하에 둘도 없는 강하의 황동(天下無雙, 江夏黃童)'이라고 불렀다.(《후한서·황향전》 참조) 〈張庖民挽詞〉(0819) 주 (13) 참조.

(12) 州府(주부): 고을의 관청 소재지.

(13) 老龐(노방): 흔히 龐公이라고 부른 후한 때의 은자 龐德公을 가리킨다. 그는 荊州刺史 劉表의 초빙도 거절하고 襄陽의 峴山 남쪽에서 농사를 지으며 살았는데 한 번도 양양 성안에 들어가 본 적이 없었다. 나중에는 鹿門山에 들어가 죽을 때까지 약초를 캐면서 은거했다.(《후한서·방공전》 참조) 〈乘舟過賈收水閣, 收不在, 見其子, 三首〉(0639) 주 (17) 및 〈贈袁陟〉(0830) 주 (8) 참조.

(14) 殷勤(은근): 마음이 깊고 간절하다.

(15) 問訊(문신): 문안하다. 안부를 전하다. 양맹용이 소식을 대신하여 고향에 있는 후배들과 친구들에게 안부를 전하는 것을 가리킨다.

(16) 霜眉龐(상미방): 서리를 맞은 눈썹이 희끗희끗하다. 늙었다는 말이다. '龐'은 잡다하다는 뜻으로 '厖'과 같은데, 대부분의 다른 판본에는 '厖'으로 되어 있다.

0980. 見子由[1]與孔常父[2]唱和詩, 輒次其韻. 余昔在館[3]中, 同舍出入, 輒相聚飮酒賦詩. 近歲不復講, 故終篇及之, 庶幾諸公稍復其舊, 亦太平盛事也.

자유와 공상보가 창화한 시를 보고 곧 그 시에 차운한다. 내가 옛날에 삼관에 있을 때는 동료들이 나가거나 들어오면 매번 한데 모여 술을 마시며 시를 지었다. 그런데 요 몇 년 동안에는 더 이상 그것을 강구하지 않기 때문에 끄트머리에서 그것에 관해 언급함으로써 제공들이 옛날의 관례를 좀 복원하기를 바라나니 이것 역시 태평한 시대의 성대한 일이리라

君先魯東家,[4]	그대의 선조는 노나라 동쪽 집안으로
門戶照千古.[5]	가문이 천고토록 빛났거니와
文章固應爾,[6]	그대의 문장은 참으로 이에 부응하고
鬚鬣餘似處.[7]	그대의 수염은 선조와 닮은 데가 많네.
雖非蒙倛狀,[8]	탈을 쓴 공자의 모습은 아니지만
尙肖歷國苦.[9]	각지를 편력하며 고생한 건 닮았고
誦書口瀾翻,[10]	책 읽을 땐 입안에 물결이 일렁이며
布穀雜杜宇.[11][12]	뻐꾸기 소리와 두견이 소리가 번갈아 났네.
十年困奔走,	십 년 동안 고단하게 쫓아다니며
櫛沐飽風雨.[13]	바람과 비로 실컷 머리를 빗고 감았으니
吾道其非邪,[14][15]	우리의 도가 어쩌면 잘못됐을까?
野處豈兕虎.[16]	들판에 있는 게 어찌 외뿔소와 호랑이리?
灞陵閑老將,[17][18]	파릉에는 늙은 장군이 한가로이 지내고
柏直口尙乳.[19]	백직은 입에서 아직 젖내 났는데
自君兄弟還,	그대의 형제가 돌아온 뒤로
鼎立知有補.[20]	솥발처럼 나란히 서서 보좌할 줄 알겠네.
蓬山耆舊散,[21][22]	봉래산의 옛 원로들 흩어졌나니

故事誰刪去.(23)	옛날 일을 그 누가 없애 버렸나?
來迎馮翊傳,(24)(25)	들어올 땐 거마를 탄 좌풍익을 맞이하고
出餞會稽組.(26)	나갈 땐 인끈 찬 회계태수를 전송했는데.
吾猶及前輩,	나는 아직 선배들과 연락이 닿아
詩酒盛冊府.(27)	책부에서 성대하게 술 마시고 시 짓는바
願君倡此風,(28)	그대가 이 풍조를 창도하길 바라나니
揚觶斯杜擧.(29)(30)	그대가 잔을 들면 우리 함께 잔을 들리.

[해설]

공무중과 그 형제들의 집안과 능력을 칭송하고 자신이 옛날에 삼관에 재직할 때 동료들이 나가거나 들어오면 함께 술을 마시며 시를 짓던 일을 회고하며 공무중에게 없어져 버린 그 풍조를 되살리는 데 앞장서 달라고 부탁했다.

[주석]

(1) 子由(자유): 소식의 동생 蘇轍의 字.
(2) 常父(상보): 孔文仲의 동생이요 孔平仲의 형인 孔武仲의 字. 施元之의 《施注蘇詩》에 "공상보는 이름이 무중이다. 원우(1086-1093) 초에 三館으로 들어갔다.……상보와 형 경보(공문중), 동생 의보(공평중)가 모두 文名으로 일어나 강서지방에서 정립했기 때문에 원우 시기에 이들을 삼공이라고 불렀다(孔常父, 名武仲. 元祐初入館.……常父與兄經父·弟毅父, 皆以文聲起, 江右鼎立, 元祐時號三孔)"라고 했다.
(3) 館(관): 일반적으로 삼관, 즉 史館·昭文館·集賢院을 가리키는데 여기서는 소식이 재임한 사관을 가리킨다.
(4) 魯東家(노동가): 노나라 동부의 曲阜에 있던 孔子의 집안을 가리킨다.
(5) 門戶(문호): 가문. 문벌. 집안의 사회적 지위를 가리킨다.
(6) 爾(이): 이것. 공자 집안의 빛나는 지위를 가리킨다.
(7) 鬚鬣(수렵): 수염. 공자의 손자 子思(孔伋)가 齊나라에 갔을 때 수염과 눈썹이 멋지게 생긴 제나라 임금의 신하 한 사람이 임금 옆에 서 있었다. 제나라 임금이 웃으면서 "용모를 서로 바꿀 수 있다면 과인은 이 사람의 수염과 눈썹을 선생에게 아낌없이 줄 것이오"라고 했다. 그러자 자사가 "그것은 제가 바라는 바가 아닙니다. 제가 바라는 것은 임금님께서 예의를 갖추시고 백성을 부유하게 하여 제가 처자를 맡길 수 있게 해 주시는 것입니다. 멋진 수염이 없는 것은 제가 걱정하는 바가 아닙니다"라고 했다.(《孔叢子·居衛》 참조) 이 구절은 자사와 마찬가지로 공무중도

멋진 수염을 지니고 있지 않다는 말이다.

(8) 蒙倛狀(몽기상): 탈을 쓴 형상. 옛날 중국 사람들은 섣달에 疫鬼를 쫓아내기 위해서 또는 상여를 메고 나갈 때 신의 형상을 한 탈을 썼다. 《荀子·非相》에 "중니(공자)의 형상으로 말하자면 얼굴이 탈을 쓴 것 같았다(仲尼之狀, 面如蒙倛)"라고 했다. 이 구절은 공무중의 얼굴이 공자와 같지는 않다는 말이다.

(9) 歷國(역국): 각국을 편력하다. 공자가 천하를 주유한 일과 공무중이 조정 대신들에게 받아들여지지 않아서 여러 지역의 지방관으로 돌아다닌 일을 가리킨다.

(10) 瀾翻(난번): 물결이 일렁이다. 말이나 글이 도도하게 전개되는 것을 가리킨다.

(11) 布穀(포곡): 뻐꾸기.

(12) 杜宇(두우): 두견이. 이 구절은 뻐꾸기와 두견이가 번갈아 가며 소리를 내는 것처럼 책 읽는 소리가 끊이지 않는다는 말이다.

(13) 櫛沐(즐목): (바람으로) 머리를 빗고 (빗물로) 머리를 감다.

(14) 吾道(오도): 원래 공자가 자신의 정치적 이상을 지칭한 말이지만 여기서는 소식과 공무중을 비롯한 구법파의 정치적 이상이라는 뜻으로 쓰였다. 공자가 陳나라와 蔡나라 일대에서 곤경에 처해 있을 때 《詩經·小雅》의 〈何草不黃〉이라는 시를 인용하며 제자들에게 "《시경》에 이르기를 '외뿔소도 아니요 호랑이도 아닌데, 저 황량한 들판을 빙빙 돌고 있구나'라고 했으니 나의 도가 잘못된 것일까? 내가 어찌 이 지경에 이르렀을까?'(《詩》云: '匪兕匪虎, 率彼曠野.' 吾道非邪? 吾何爲於此?)"라고 하자, 子路는 "사람들이 우리를 믿지 않는 것을 보면 우리가 아직 어질지 못하고, 사람들이 우리를 못 가게 하는 것을 보면 우리가 아직 지혜롭지 못한 것이 아닐까요?"라고 했고, 子貢은 "선생님의 도는 지극히 위대하기 때문에 천하에 아무도 선생님을 받아들이는 사람이 없는 것입니다. 그러니 수준을 약간 낮추는 것이 어떻겠습니까?"라고 했으며, 顔回는 "선생님의 도는 지극히 위대하기 때문에 천하에 아무도 선생님을 받아들이는 사람이 없는 것입니다. 그러나 그렇다고 할지라도 선생님께서는 계속 밀고 나가십시오. 받아들여지지 않는다고 해서 무슨 문제가 있겠습니까? 받아들여지지 않아야 군자다운 면이 드러날 것입니다"라고 했다. 그러자 공자가 흐뭇하게 웃으면서 안회를 칭찬했다.(《史記·孔子世家》 참조)

(15) 其(기): 아마. 어쩌면.

(16) 兕虎(시호): 외뿔소와 호랑이. 공자가 인용한 〈何草不黃〉에 대하여 〈毛詩序〉에 "〈何草不黃〉은 제후국이 유왕을 풍자한 것이다. 사방의 오랑캐가 번갈아 침범하고 중원 땅에 반란이 일어나 전쟁이 끊이지 않으며 위정자들이 백성을 금수로 보는지라 군자가 이것을 걱정하여 이 시를 지었다(〈何草不黃〉, 下國刺幽王也. 四夷交侵, 中國背叛, 用兵不息, 視民如禽獸, 君子憂之. 故作是詩也)"라고 한바, 이에 의하면 '兕虎'는 집에 가만히 앉아 있지 못하고 이리저리 돌아다니는 존재라는 뜻으로, 위정자의 실정 때문에 고향에서 편안하게 지내지 못하고 객지를 떠도는 유랑민을 가리킨다. 이 연은 황제가 구법파의 정치적 이상을 받아들이지 않고 신법을 시행하는 바람에 백성들이 자기 고향에서 안주하지 못하고 외뿔소나 호랑이처럼 이리저리 돌아다닌다는 말이다.

(17) 灞陵(파릉): 지금의 섬서성 西安 동쪽으로 漢나라 文帝의 황릉이 있던 곳이다. 霸陵이라고도 했다. 한나라 장군 李廣은 藍田에 있는 종남산 밑에 은거하면서 사냥을 즐겼는데 어느 날 밤에 기마병 한 명을 데리고 산으로 나가 일반인들과 한데 어울려 밭에서 술을 마셨다. 초소로 돌아오자 灞陵尉가 술에 취해 이광에게 야단을 치며 앞을 막았다. 이광의 기마병이 "옛날의 이장군이시오"라고 하자 파릉위가 "지금의 장군도 야간 통행을 할 수 없는데 무슨 일이오?"라고 하며 이광의 앞을 막아 초소 밑에서 자게 했다. 얼마 안 있어서 다시 右北平太守로 기용되었을 때 이광은 파릉위의 목을 베어 버렸다.(《漢書·李廣傳》 참조)

(18) 老將(노장): 이광을 가리킨다.

(19) 柏直(백직): 《漢書·高帝紀》에 "酈食其가 돌아왔을 때 한왕이 '위나라 대장이 누구인가?' 하고 묻자 역이기가 '백직입니다' 하고 대답했다. 그러자 한왕이 '이 사람은 입에 아직 젖내가 나니 한신을 감당할 수 없다'라고 했다(食其還, 漢王問: '魏大將誰也?' 對曰: '柏直.' 王曰: '是口尙乳臭, 不能當韓信.')"라는 기록이 있다. 이 연은 유능한 사람이 버려져 있는 반면 어리고 무능한 사람이 기용되는 정치적 현실을 개탄한 것이다.

(20) 鼎立(정립): 솥의 세 발처럼 든든하게 벌여 서다. 王十朋의 《百家註分類東坡先生詩》에 "이것은 공씨 형제 세 사람이 관각에 재직하는 것을 말한다(此言三孔之在館閣也)"라고 했다.

(21) 蓬山(봉산): 三神山의 하나인 蓬萊山의 약칭으로 祕書省의 別稱으로 쓰이기도 한다. 여기서는 三館을 가리킨다.

(22) 耆舊(기구): 명망이 높은 늙은이. 제목에서 말한 옛날 '동료(同舍)'를 가리킨다.

(23) 故事(고사): 제목에서 말한, 한데 모여 술을 마시며 시를 지은 일을 가리킨다.

(24) 馮翊(풍익): 左馮翊. 한나라 때 京兆尹·右扶風과 함께 장안을 에워싸고 있던 세 郡, 즉 三輔 가운데 하나로 장안의 동북쪽에 있었다. 삼보는 각각 군 이름이기도 하고 그 군을 다스리는 사람의 관직 이름이기도 하다. 한나라 宣帝가 蕭望之를 좌풍익으로 임명했을 때 소망지가 병을 빙자하여 물러나려고 하는지라 선제가 장차 조정에서 그를 중용하기 위해 먼저 목민관의 경험을 쌓게 하는 것이라고 해명하자 비로소 부임했다. (《한서·소망지전》 참조)

(25) 傳(전): 관리들에게 제공하기 위해 驛站에서 관리하던 수레와 말. '馮翊傳'은 잠시 지방으로 나갔다가 다시 조정으로 들어오는 관리의 車馬를 가리킨다.

(26) 會稽組(회계조): 회계태수의 인끈. 朱買臣은 한때 관직에서 해임되어 長安에 있는 회계태수의 임시 관저에서 관저지기와 함께 지냈는데, 그러다가 그가 회계태수로 임명되었다. 주매신이 옛날에 입던 옷을 그대로 입고 태수의 직인을 품속에 감춘 채 회계태수의 임시 관저로 갔더니 마침 연례 보고를 위해 회계에서 장안으로 올라와 있던 관리들이 한데 모여 술을 마시고 있었는데 주매신을 거들떠보지도 않았다. 주매신이 방으로 들어가 관저지기와 함께 식사를 할 때 관저지기가 주매신의 인끈을 보고는 깜짝 놀라서 회계에서 온 관리들에게 알렸다. 다들 잔뜩 취한 상태라 처음에는 허튼소리라며 믿지 않다가 마침내 마당에 늘어서서 주매신을 배알했다. 얼마 뒤에 주매신은 수레를 타고 장안을 떠나 회계로 갔다.(《한서·주매신전》 참조) 이 연은 삼관의 관리가 조정에서 나

갈 때나 조정으로 돌아올 때 한데 모여 술을 마시고 시를 지으며 성대하게 전송하거나 맞이했다는 말이다.

(27) 冊府(책부): 황제의 책을 보관하는 곳. 삼관을 가리킨다.

(28) 此風(차풍): 제목에서 말한, 동료들이 나가거나 들어오면 매번 한데 모여 술을 마시며 시를 짓는 풍조를 가리킨다.

(29) 揚觶(양치): 술잔을 들다. 술을 마신다는 뜻이다. 《禮記·鄕飮酒義》에 "손을 씻고 잔을 씻은 다음 잔을 들어서 술을 마시나니 이것은 청결하게 하기 위함이다(盥洗揚觶, 所以致絜也)"라고 했다.

(30) 杜擧(두거): 杜蕢가 술잔을 들다. 춘추시대 晉나라의 대부 知悼子가 죽고 아직 장례도 치르기 전에 平公이 師曠과 李調를 데리고 악기 연주를 들으며 술을 마셨다. 두궤가 밖에서 들어와 이것을 보고 예의가 아니라고 생각하여 사광과 이조에게 각각 벌주를 먹이고 자신도 벌주를 마셨다. 평공이 왜 벌주를 먹였느냐고 묻자 두궤가 평공에게 각각의 죄를 설명했다. 그러자 평공이 자신도 잘못이 있으니 벌주를 달라고 했다. 이에 두궤가 평공에게 술을 따라 주자 평공이 마신 뒤 잔을 두궤에게 돌려주었는데 두궤가 그 잔을 높이 들어서 여러 사람에게 보여 주었다.(《禮記·檀弓下》 참조) 이 일로 인하여 나중에는 다른 사람이 권하는 술을 마신 뒤 잔을 들어 보이는 것을 가리키는데, 여기서는 술잔을 들어 술을 마신다는 뜻이다. 이 연은 공무중에게 동료가 이임하거나 부임할 때 함께 모여 술 마시며 시를 짓는 풍조를 복원하는 데 앞장서 달라고 당부한 것이다.

0981. 黃魯直[1]以詩饋雙井茶[2], 次韻爲謝

황노직이 시와 함께 쌍정차를 보냈기에 차운하여 감사한다

江夏無雙種奇茗,[3]	강하의 천하무쌍이 진기한 차를 심었나니
汝陰六一誇新書.[4][5][6]	여음의 육일거사가 새 책에서 칭송한 것이네.
磨成不敢付僮僕,[7]	갈아서 차 만드는 걸 감히 아이에게 맡길 수 없어
自看雪湯生璣珠.[8][9]	스스로 눈 같은 찻물에 구슬이 생기는 모습을 보네.
列仙之儒瘠不腴,[10]	신선들은 살 안 찌고 여위었지만
只有病渴同相如.[11]	나는 사마상여처럼 소갈증만 앓고 있네.
明年我欲東南去,[12]	내년엔 내가 동남쪽으로 떠나려고 하나니
畫舫何妨宿太湖.[13][14]	그림배가 태호에서 묵은들 어떠하리?

[해설]

황정견이 쌍정차라는 고급차를 보내면서 시도 함께 보내자 그 시에 차운한 것으로, 쌍정차가 얼마나 좋은 차인지를 밝히고 이어서 자신이 차를 무척 좋아한다고 말함으로써 넌지시 감사의 뜻을 표했다.

[주석]

(1) 魯直(노직): 黃庭堅의 字.

(2) 雙井茶(쌍정차): 송나라 때 洪州(지금의 강서성 南昌) 雙井鄉에서 생산되던 차.

(3) 江夏無雙(강하무쌍): '天下無雙, 江夏黃香'의 준말로 황정견을 황향에 비유한 것이다. 〈張庖民挽詞〉(0819) 주 (13) 및 〈送楊孟容〉(0979) 주 (11) 참조.

(4) 汝陰(여음): 지금의 안휘성 阜陽.

(5) 六一(육일): 六一居士. 歐陽修의 自號.

(6) 新書(신서): 구양수가 지은 《歸田錄》을 가리킨다. 소식의 자주에 "《귀전록》에 '차는 쌍정차를 제일로 친다'라는 기록이 있다(《歸田錄》: '草茶以雙井爲第一.')"라고 했다.

(7) 磨成(마성): 맷돌로 찻잎을 갈아서 분말 형태의 차를 만드는 것을 가리킨다.

(8) 雪湯(설탕): 하얀 빛이 감도는 뜨거운 찻물을 가리킨다.

(9) 璣珠(기주): 찻물에 생긴 거품을 가리킨다. 이 연은 일하는 아이에게 시키지 않고 자신이 직접 末茶를 끓였다는 말이다.

(10) 列仙之儒(열선지유): 仙術을 부리는 여러 術士들. '儒'는 전문적인 지식이나 기예를 지닌 사람을 가리킨다. 《漢書·司馬相如傳》에 "사마상여는 신선들이 산천에 사는데 모습이 매우 수척하다고 여겼다(相如以爲列仙之儒居山澤間, 形容甚臞)"라는 말이 있다.

(11) 病渴(병갈): 消渴症(갈증으로 인하여 물을 많이 마시고 음식을 많이 먹는데도 몸이 여위고 소변의 양이 많아지는 병)을 앓다. 《한서·사마상여전》에 "사마상여는 말을 더듬었지만 책을 잘 지었는데 늘 소갈증을 지니고 있었다(相如口吃而善著書, 常有消渴病)"라고 했다. 이 연은 자신이 무척 여위었지만 신선은 못 되고 차 마시기는 좋아한다는 말이다.

(12) 東南去(동남거): 소식은 원우 4년(1089) 2월에 연거푸 세 차례나 상소문을 올려 월주(越州, 지금의 절강성 紹興)로 보내 달라고 주청한 결과 한 달 뒤에 마침내 杭州知州로 임명되었는데, 〈潘推官母李氏挽詞〉(0973)에서 "금년엔 내가 강호로 나가려고 한다(今年我欲江湖去)"라고 했고, 여기서 또 "내년엔 내가 동남쪽으로 떠나려고 한다(明年我欲東南去)"라고 한 것을 보면 소식은 당시에 이미 지방관으로 내보내 달라고 주청할 계획이 있었던 것으로 보인다.

(13) 畫舫(화방): 그림배. 용이나 봉황 따위의 형상으로 꾸미고 그림을 그려 단청을 곱게 칠한 유람선. 畫船·畫舸라고도 한다. 白居易의 시 〈宿湖中〉에 "그림배 열 척이 어디에서 묵었나? 동정산 기슭이요 태호 가운데라네(十隻畫船何處宿, 洞庭山脚太湖心)"라는 구절이 있다.

(14) 太湖(태호): 절강성 湖州의 북쪽에 있는 호수. 《全唐詩話·袁高》에 "당나라 제도에 의하면 호주에서 공물용 차를 가장 많이 만드는데 이것을 '고저공배(고저산에서 나는 공물용 차라는 뜻)'라고 하는바 해마다 1만 8천 400근을 만든다(案唐制, 湖州造貢茶最多, 謂之'顧渚貢焙', 歲造一萬八千四百斤)"라고 한 것처럼, 호주에 있는 고저산은 차의 명산지인데, 소식의 자주에 "그림배가 태호에서 묵는다는 말은 고저산에서 나는 공물용 차에 관한 고사이다(畫舫宿太湖, 顧渚貢茶故事)"라고 했다. 이 구절은 태호에 가서 쌍정차 대신 고저차를 실컷 마시고 싶다는 말이다.

0982. 趙令晏[1]崔白[2]大圖幅徑三丈[3]

조영안이 소장한 폭 3장짜리의 최백이 그린 대형 그림

扶桑大繭如甕盎,[4][5][6]	독 같고 동이 같은 부상의 큰 고치로
天女織綃雲漢上.[7][8]	직녀가 은하에서 생초를 짰나 보다.
往來不遣鳳銜梭,[9]	봉황에게 북을 물고 오가게 하지 않았다면
誰能鼓臂投三丈.[10]	누가 어깨 흔들어 삼 장을 던질 수 있었으리?
人間刀尺不敢裁,[11][12]	이 세상 가위와 자로는 재단할 수 없겠기에
丹青付與濠梁崔.[13][14][15]	호량 고을 최씨에게 단청을 주었나 보다.
風蒲半折寒雁起,[16][17]	날리는 부들 꺾인 곳엔 기러기 날아오르고
竹間的皪横江梅.[18][19]	대밭엔 강으로 가지를 뻗은 매화꽃이 반짝인다.
畫堂粉壁翻雲幕,[20][21]	화려한 전당 분칠한 벽엔 구름 장막 펄럭이는데
十里江天無處著.[22]	십 리나 되는 강가의 하늘은 붙일 곳이 없었나 보다.
好臥元龍百尺樓,[23][24]	누워 있기 좋은 진원룡의 백 자짜리 누각에서
笑看江水拍天流.[25]	하늘을 치며 흐르는 강물을 웃으며 바라보련다.

[해설]

횡폭이 3장이나 되는 최백의 대형 그림을 보고 지은 것이다. 시에 묘사된 바를 통하여 유추해 보건대 그림은 가로로 길쭉한 화포에 부들·기러기·대밭·매화·건물·강 등을 그려 놓았던 것으로 보인다. 전반부는 대형 화포를 보면서 동화적 상상을 해 본 것이고, 후반부는 그림

속 풍경을 시로 묘사한 것이다. 마지막 연에서는 그림 속의 풍경과 건물을 보며 그런 곳에서 은거하고 싶은 자신의 염원을 토로한 것으로 보인다.

[주석]

(1) 趙令晏(조영안): 북송 사람으로 卲州團練使·許州兵馬都監·登州防禦使·陳州鈐轄 등의 관직을 역임했다.(《續資治通鑑長編》 참조)
(2) 崔白(최백): 북송 때의 화가. 王十朋의 《百家註分類東坡先生詩》에 "최백은 자가 자유이며 호량 사람이다(崔白, 字子西, 濠梁人)"라고 했고, 《圖畫見聞志》에 "최백은 꽃과 대나무, 새와 짐승을 잘 그렸다(崔白工畫花竹翎毛)"라고 했다.
(3) 三丈(삼장): 30자. 최백이 그린 그림의 횡폭을 가리킨다.
(4) 扶桑(부상): 중국 전설에서 동쪽 바다에 있다고 하는 뽕나무. 그 나무 밑에서 해가 떠오른다고 한다.
(5) 大繭(대견): 상상 속의 뽕나무인 부상에서 자란 커다란 고치를 가리킨다.
(6) 甕盎(옹앙): 독과 동이.
(7) 天女(천녀): 천상의 선녀. 직녀를 가리킨다.
(8) 綃(초): 生綃. 生絲로 얇고 성기게 짠 천.
(9) 梭(사): 베를 짤 때 날실 사이를 왔다 갔다 하면서 씨실을 넣어 주는 기구. 베 짜는 여인이 손에 들고 있다가 이쪽저쪽으로 번갈아 가며 던짐으로써 씨실을 넣는다.
(10) 鼓臂(고비): 어깨를 흔들다. 날실 사이로 북을 던지는 동작을 가리킨다.
(11) 人間(인간): 이 세상. 속세.
(12) 裁(재): 재단하다. 옷을 짓기 위해 신체 각 부위의 모양과 치수를 재어서 가위로 옷감을 자르는 것을 가리킨다.
(13) 丹青(단청): 붉은색과 푸른색의 안료. 그림 그리는 데 쓰는 안료를 가리킨다.
(14) 付與(부여): 주다.
(15) 濠梁崔(호량최): 호량의 최씨. 최백을 가리킨다. 주 (2) 참조. 이 연은 그렇게 큰 천으로 옷이나 짓게 할 수 없어서 최백으로 하여금 그림을 그리게 했을 것이라는 해학적인 표현이다.
(16) 風蒲(풍포): 바람에 흩날리는 부들.
(17) 寒雁(한안): 추운 계절의 기러기.
(18) 的皪(적력): 반짝반짝 빛나는 모양.
(19) 橫江梅(횡강매): 강으로 뻗은 매화나무. 이 구절은 강가의 대밭에 서 있는 매화나무의 가지에 환하게 꽃이 피어 있다는 말이다.
(20) 畫堂(화당): 아름다운 그림으로 장식한 전당. 화려한 전당을 가리킨다.
(21) 雲幕(운막): 구름처럼 가볍게 휘날리는 장막.

(22) 無處著(무처착): 붙일 곳이 없다. 이 구절은 드넓은 하늘은 따로 그리지 않고 여백으로 남겨 두었거나 보는 사람의 상상에 맡긴 것을 가리키는 것으로 보인다.

(23) 元龍(원룡): 陳登의 字. 劉備와 許汜가 荊州牧 劉表가 마련한 자리에서 함께 이야기를 나누는데 허사가 먼저 이렇게 말했다. "전에 진원룡을 찾아간 적이 있었는데 그는 저를 손님으로 대우하지 않았습니다. 오래 있으면서 한 마디도 말을 건네지 않을 뿐만 아니라 저녁에 누워 잘 때도 자기는 위층의 크고 좋은 침대에 올라가서 자고 손님인 저는 아래층 침대에서 자게 했습니다." 이 말을 들은 유비가 "그대는 國士라는 소리를 듣는 사람입니다. 지금 천하가 너무 어지러워서 황제께서 황제 노릇을 못하게 되어 그대가 집안을 잊은 채 나라를 걱정하고 세상을 구제해 주기를 바라고 계시는데 그대는 은거할 땅과 집을 알아보고 있고 말은 들을 만한 게 없으니 이것이 진원룡이 그대를 싫어한 까닭입니다. 저 같았으면 저는 백 척이나 되는 높은 누각 위에서 자고 그대는 땅바닥에서 자게 했을 것입니다. 어찌 위층 침대와 아래층 침대의 차이에 그쳤겠습니까?"라고 대답했다.(《三國志·魏志·陳登傳》 참조)

(24) 百尺樓(백척루): 진등 관련 일화 속의 백 자짜리 누각이라는 뜻으로, 그림 속에도 그려져 있고 이 시에도 묘사되어 있는 畫堂을 가리키면서 동시에 소식 자신이 은거하며 노닐고 싶은 강가의 누각을 가리킨다.

(25) 拍天流(박천류): 물결이 높이 치솟으며 흐르는 것을 가리킨다.

0983. 次韻張昌言[(1)]給事[(2)]省宿[(3)]

급사중 장창언이 문하성에서 숙직한 일을 노래한 시에 차운하여

馮顚久已皺殘雪,[(4)]	풍씨의 머리엔 오래전에 잔설이 비슷이 내렸지만
戎眼何曾眩落暉.[(5)]	왕융의 눈이야 석양을 봐도 현기증 난 적 있으랴?
朔野按行猶爵躍,[(6)(7)(8)]	북쪽 들판을 순시할 때는 참새처럼 뛰었는데
東臺瞑坐覺烏飛.[(9)(10)]	동대에 눈 감고 앉아서는 까마귀 나는 것이나 느끼네.
漫誇年少容吾在,[(11)(12)]	버릇없이 젊음을 자랑해도 나를 용서하나니
若鬪尊前擧世稀.[(13)(14)(15)]	술자리서 다투는 일이라면 천하에 드문 분이네.
待向嵩陽求水竹,[(16)(17)]	숭산의 남쪽에서 물과 대를 구하시면
一犁烟雨伴公歸.[(18)]	쟁기질할 만한 안개비 속에 공과 벗하러 가려네.

[해설]

급사중 장문의 시에 차운한 것으로 장문의 근황과 인품을 묘사한 후 여주에서 함께 은거하고 싶은 심경을 토로했다.

[주석]

(1) 昌言(창언): 張問의 字. 施元之의《施注蘇詩》에 "장창언은 이름이 문으로 하북전운사를 두 번 지내고 창주지주가 되었다. 신법이 시행될 때 유독 당시 사람들의 기호에 영합하지 않았다. 원우(1086-1093) 초에 비서감이 되어 하북지방으로 나가서 水運을 시찰했다.……돌아와서 급사중이 되

었기 때문에 '북쪽 들판을 순시할 때는 참새처럼 뛰었는데'라는 구절이 있는 것이다. 얼마 안 있다가 벼슬에서 물러나 죽었으니 향년 75세였다(張昌言, 名問, 兩爲河北轉運, 知滄州. 新法之行, 獨不阿時好. 元祐初, 爲祕書監, 使河北相度水事.……還爲給事中, 故有'朔野按行猶雀躍'之句. 未幾, 致仕而卒, 年七十五)"라고 했다.

(2) 給事(급사): 給事中. 황제 옆에서 황제를 모시는 侍從官이다. 《職官分紀》에 "급사중은 문하성에 속하며 정4품이다(給事中, 屬門下省, 官正四品)"라고 했다.

(3) 省宿(성숙): 문하성에서의 숙직을 가리킨다.

(4) 馮顚(풍전): 漢나라 사람 馮唐의 머리를 가리킨다. 王十朋의 《百家註分類東坡先生詩》에 "풍씨의 머리란 풍당을 말한다. 풍당이 백발이 되어서 郞官을 지냈기 때문에 이렇게 말한 것이다(馮顚, 言馮唐也. 唐白首爲郎故爾)"라고 했고, 시원지의 《시주소시》에 "풍씨의 머리란 풍당을 말한다. 풍당이 백발이 되어서 낭서(황제의 시종관)가 되었기 때문에 한 말이다(馮顚, 言馮唐也. 唐白首郎署, 故云)"라고 했다. 馮應榴의 《蘇軾詩集合注》에 "《續資治通鑑長編·元豐六年八月》에 '하양지주 장문언이 말하기를 "치아와 머리카락이 다 노쇠해 가지고 노주지주로 옮긴다"라고 했다'라는 기록이 있으니 이 시구의 증거이다(《續通鑑長編·元豐六年八月》: '知河陽張問言: "齒髮遲暮, 徙知潞州."' 可爲詩句之證)"라고 했는데, 그보다는 장문이 늙어서 급사중이 되었기 때문에 이렇게 말한 것으로 보인다.

(5) 戎(융): 晉나라 사람 王戎을 가리킨다. 《진서·왕융전》에 "왕융은 어려서부터 총명하여 눈빛이 또랑또랑했다. 그는 해를 쳐다보아도 현기증이 나지 않았는데 배해가 이 사실을 알고 말하기를 '왕융은 눈이 반짝반짝 빛나는 것이 마치 바위 밑에서 번쩍이는 번개와 같다(戎幼而穎悟, 神彩秀徹. 視日不眩, 裴楷見而目之曰: '戎眼爛爛, 如巖下電.')"라고 했다. 이 연은 장문이 머리는 센 지 오래지만 두 눈은 매우 빛난다는 말이다.

(6) 朔野(삭야): 북방의 황야.

(7) 按行(안행): 巡行하다. 巡視하다.

(8) 爵躍(작약): 지극히 기쁜 마음으로 참새처럼 폴짝폴짝 뛰어다니는 것을 가리킨다. '雀躍'과 같다. 장문은 하북전운사와 창주지주로 재임할 때 남아도는 지방 관아의 곡식을 굶주리는 백성들에게 나누어 주었다.(《續資治通鑑長編》 元豐二年二月乙丑條 및 元祐元年十二月辛亥條 참조) 이 구절은 장문이 지방관으로 나가 있을 때 굶주린 백성들을 구휼하기 위해 즐거운 마음으로 바쁘게 돌아다녔다는 말이다.

(9) 東臺(동대): 門下省의 별칭. 唐나라 高宗 때 문하성을 동대로 개칭했는데 급사중은 문하성 산하의 관리였다.

(10) 烏飛(오비): 해가 뜨는 것을 까마귀가 나는 것에 비유한 것이다. 옛날 중국인들은 해 안에 三足烏가 있다고 믿고 달 속에 토끼가 산다고 믿었기 때문에 해가 뜨고 달이 지며 세월이 흐르는 것을 '烏飛兎走'라고 했다. 소식의 자주에 "도가에 까마귀가 날아서 토끼의 궁전에 들어간다는 설이 있다(道家有烏飛入兎宮之說)"라고 했다. 이 구절은 장문이 급사중이 된 뒤로 문하성에서

숙직하고 거기서 아침을 맞는 경우가 많다는 말이다.

(11) 漫誇(만과): 함부로 자랑하다. 소식의 자주에 "백낙천의 시 〈歲日家宴戲示弟姪等, 兼呈張侍御二十八丈·殷判官二十三兄〉에 '그래도 젊음을 자랑할 데가 있어, 장씨 어르신과 은씨 형님을 웃으면서 부른다'라는 구절이 있다(樂天詩云: '猶有誇張少年處, 笑呼張丈喚殷兄.')"라고 했다. 장문이 백거이 시 속의 '張丈'과 성이 같다는 점을 이용하여 해학적인 맛을 더한 것이다.

(12) 容吾在(용오재): 내가 존재하는 것을 허용하다. 이 구절은 소식이 무심코 늙은 사람이 듣기 싫어할 만한 말을 해도 장문이 너그럽게 받아들인다는 말이다.

(13) 若(약): ~로 말할 것 같으면.

(14) 鬪尊前(투준전): 술잔 앞에서 다투다.

(15) 擧世(거세): 온 세상. 온 천하. 이 구절은 장문이 누구에게도 뒤지지 않을 만큼 술 마시기를 좋아한다는 말이다.

(16) 向(향): ~에. ~에서.

(17) 嵩陽(숭양): 嵩山의 남쪽에 있는 汝州를 가리킨다. '崧陽'과 같다. 왕십붕의 《백가주분류동파선생시》에 "장창언은 숭양 사람이다(昌言, 崧陽人也)"라고 했고, 시원지의 《시주소시》에 "장창언은 본래 양양 사람이다.……여주로 옮겨서 살려고 했을 것이다. 동파 역시 여주로 옮겨서 살려고 했기 때문에 '숭산의 남쪽에서 물과 대를 구하시면, 쟁기질할 만한 안개비 속에 공과 벗하러 가려네'라고 한 것이다(昌言, 本襄陽人.……當是徙居於汝. 東坡亦欲居汝, 故云: '待向嵩陽求水竹, 一犁烟雨伴公歸.')"라고 했다.

(18) 一犁烟雨(일려연우): 쟁기 하나가 들어갈 만큼 충분히 내린 비.

0984. 次韻三舍人[1]省上

세 사인이 중서성에서의 감회를 읊은 시에 차운하여

紛紛榮瘁何能久,[2]	분분한 흥망성쇠가 어찌 오래 지속되리
雲雨從來翻覆手.[3]	예로부터 손바닥 뒤집듯 구름과 비 만들었거늘?
怳如一夢墮枕中,[4]	베개에 들어간 꿈인 듯 황홀하게도
却見三賢起江右.[5][6]	세 현인이 강동에서 일어나는 게 다시 보였네.
嗟君妙質皆瑚璉,[7]	아 그대들의 뛰어난 자질은 모두 다 호련인데
顧我虛名但箕斗.[8]	돌아보니 나는 이름뿐인 두성과 기성이네.
明朝冠蓋蔚相望,[9][10]	내일 아침에 성대하게 예모와 일산을 바라보며
共扈翠輦朝宣光.[11][12]	함께 어가를 따라가 선광전에서 뵙겠네.
武皇已老白雲鄉,[13][14]	한무제는 이미 백운향에서 노년을 보내시며
正與羣帝驂龍翔,[15]	한창 여러 천제와 함께 용을 몰고 날아다니고
獨留杞梓扶明堂.[16][17]	구기자나무와 가래나무만 남아 명당을 떠받치네.

[해설]

증조·유반·공무중 등 사인 세 사람의 시에 차운한 것으로, 내일 철종 황제를 모시고 경령궁의 선광전에 봉안한 신종 황제의 어진을 뵈러 가는 이들 세 사람의 자질과 능력을 극구 칭송했다.

[주석]

(1) 三舍人(삼사인): 세 사람의 사인. 曾肇·劉攽·孔文仲을 가리킨다는 설과 曾肇·劉攽·孔武仲을 가리킨다는 설이 있다. 馮應榴의 《蘇軾詩集合注》에는 "《續資治通鑑長編》에 '원우 원년(1086) 11월에 증조가 중서사인이 되었고, 12월에 유반이 중서사인이 되었으며, 원우 2년(1087) 11월에 공문중이 중서사인이 되었다'라고 했으니 선생의 이 시는 당연히 원우 2년 겨울에 지은 것이다(《續通鑑長編》: '元祐元年十一月, 曾肇爲中書舍人; 十二月, 劉攽爲中書舍人; 二年十一月, 孔文仲爲中書舍人.', 先生詩當作於二年冬季也)"라고 했는데, 이것은 "3월 29일에 지었다. 이튿날 어가가 경령궁에 행차할 예정이었다(三月二十九日作. 明日, 駕幸景靈宮)"라고 한 소식의 자주와 부합하지 않는다. 王文誥의 《蘇軾詩集》에는 "《동도사략》에 '공무중은 자가 상보인데, 원우(1086-1093) 초에 비서성 정자가 되어 邇英殿에서 시강했으며 기거사인에 임명되고 중서사인에 임명되었다'라고 했다. 시 속에 있는 동파공의 자주에 의거한다면 '공경보(孔文仲)'는 바로 '공상보(공무중)'를 잘못 새긴 것이다. 동파공이 결단코 이 지경에 이르도록 오류를 범하지는 않았을 것이다(《東都事略》: '孔武仲, 字常父. 元祐初爲祕書省正字, 侍講邇英, 除起居舍人, 拜中書舍人.' 據詩中公自註, '孔經父'乃'孔常父'之譌刊, 公斷不誤至是也)"라고 했다.

(2) 榮悴(영췌): 번영과 쇠락. 盛衰.

(3) 翻覆手(번복수): 손을 엎거나 뒤집다. 杜甫의 시 〈貧交行〉에 "손을 엎어 구름 만들고 손을 뒤집어 비 내리는, 분분한 경박아를 헤아릴 것 있으리?(翻手作雲覆手雨, 紛紛輕薄何須數?)"라는 구절이 있다. 이 연은 인간의 흥망성쇠가 손바닥 뒤집듯 쉽게 뒤바뀐다는 말로, 신법파가 득세할 때 영락했던 '三舍人'이 구법파의 득세로 다시 조정의 요직을 차지한 것을 가리킨다.

(4) 枕中(침중): 沈旣濟의 傳記小說 〈枕中記〉에 盧生이 邯鄲의 여관에서 呂翁이라는 도사를 만났더니 베개를 하나 주기에 그것을 베고 자다가 그 안으로 들어가 수십 년 동안 부귀영화를 누리는 꿈을 꾸었는데 깨어나니 여관 주인이 짓고 있던 기장밥이 아직 채 익지 않았더라는 이야기가 있다. 이것을 '枕中夢' 또는 '黃粱夢'이라고 한다.

(5) 三賢(삼현): 제목에서 말한 '三舍人'을 가리킨다.

(6) 江右(강우): 강서지방을 가리킨다. 소식의 자주에 "증자개(증조)·유공보(유반)·공경보(공문중)는 모두 강서 사람이다(曾子開·劉貢父·孔經父, 皆江西人)"라고 했다.

(7) 瑚璉(호련): 夏나라와 殷나라 때 黍稷을 담던 祭器. 《論語·公冶長》에 "자공이 '저는 어떤 사람입니까?' 하고 여쭈어 보자 공자께서 '너는 그릇이다'라고 하셨다. '무슨 그릇입니까?'라고 하자 '호련이다'라고 하셨다(子貢問曰: '賜也何如?' 子曰: '女器也.' 曰: '何器也?' 曰: '瑚璉也.')"라고 한 데서 비롯되어 능력이 뛰어난 인물을 비유한다.

(8) 箕斗(기두): 二十八宿 중의 箕星과 두성. '箕'와 '斗'는 각각 '키'와 '국자'라는 뜻이다. '箕斗'는 《詩經·小雅·大東》에 "남쪽에 키(기성을 가리킨다) 있으나, 곡식을 못 까불고, 북쪽에 국자(두성을 가리킨다) 있으나, 술과 음료 뜰 수 없네(維南有箕, 不可以簸揚. 維北有斗, 不可以挹酒漿)"라고 한 것에서 비롯되어 실속은 없고 이름만 있는 것을 가리킨다.

(9) 冠蓋(관개): 관리들이 쓰는 禮帽와 그들이 타는 수레의 일산. 고급 관리를 가리킨다.

(10) 相望(상망): 뒤에 있는 관리가 앞에 있는 관리를 바라본다는 뜻으로, 관리의 행렬이 끊이지 않고 죽 이어진 것을 가리킨다. 《戰國策·魏策四》에 "위나라 사신들이 진나라에 구원을 요청하러 가느라 예모와 수레용 일산을 서로서로 바라보았건만 진나라의 구원병은 나오지 않았다(魏使人求救於秦, 冠蓋相望, 秦救不出)"라는 말이 있다.

(11) 翠輦(취련): 물총새의 깃털로 장식한 帝王의 수레.

(12) 宣光(선광): 선광전. 《宋史·哲宗本紀》에 "(원우 2년(1087) 3월) 신종의 御眞을 경령궁 선광전에 봉안했다(奉安神宗神御于景靈宮宣光殿)"라는 기록이 있다. 이 연은 세 사인이 철종을 모시고 경령궁의 선광전으로 가서 신종의 초상화를 뵐 것이라는 말이다.

(13) 武皇(무황): 仙境에서 살기를 추구한 漢나라 무제를 가리킨다. 《趙飛燕外傳》에 "나는 이 고을(溫柔鄕)에서 늙어야지 무황제를 본받아 백운향을 찾을 수 없다(吾老是鄕矣, 不能效武皇帝求白雲鄕也)"라는 말이 있다.

(14) 白雲鄕(백운향): 흰 구름이 떠다니는 선경을 가리킨다. 《莊子·天地》에 "저 흰 구름을 타고 선경에서 노닐지요(乘彼白雲, 遊於帝鄕)"라는 말이 있다. 이 구절은 서른여덟 살에 승하한 신종이 하늘나라에서 노년을 보내고 있을 것이라는 말이다.

(15) 羣帝(군제): 도가에서 말하는 五方의 天帝. 杜甫의 시 〈玉臺觀〉에 "궁궐은 오방의 천제와 통하겠고, 천지는 십주에 이르겠구나(宮闕通群帝, 乾坤到十洲)"라는 구절이 있다.

(16) 杞梓(기재): 구기자나무와 가래나무. 둘 다 훌륭한 목재이기 때문에 우수한 인재를 가리킨다.

(17) 明堂(명당): 임금이 정치와 교화를 펼치던 正殿. 이상의 세 구절은 신종은 이미 어린 철종을 남겨 둔 채 하늘나라로 올라가 버렸고, 세 사인을 비롯한 훌륭한 인재들만이 철종을 보필하고 있다는 말이다.

0985. 送錢承制[1]赴廣西[2]路分都監[3]

광남서로 노분도감으로 부임하는 내전승제 전씨를 전송하며

當年我作表忠碑,[4]	옛날에 내가 〈표충관비〉를 지었거니와
坐覺江山氣未衰.[5]	강산의 기운이 아직 쇠하지 않았음을 많이 느꼈네.
舞鳳尙從天目下,[6]	춤추는 봉황이 아직도 천목산에서 내려오는데
收駒時有渥洼姿.[7][8]	거기서 찾은 말이 때마침 악와의 자태를 지녔네.
踞牀到處堪吹笛,[9]	어디 가나 호상에 앉아 피리를 불 줄 알거니와
橫槊何人解賦詩.[10][11]	창 들고 시 지을 줄 아는 이 또 누가 있나?
知是丹霞燒佛手,[12]	불상을 불 때 버린 단하선사인 줄 알 터
先聲應已懾羣夷.[13][14]	미리 떨친 명성이 이미 오랑캐들을 떨게 했겠네.

[해설]

광남서로 노분도감으로 부임해 갈 내전승제 전씨를 전송하면서 지은 것으로, 그의 비범한 기상과 문무를 겸비한 그의 재능을 극구 칭송했다.

[주석]

(1) 錢承制(전승제): 구체적인 행적이 알려져 있지 않다. 承制는 武官의 일종인 內殿承制를 가리킨다. 《職官分紀·內殿承制》에 "본조 대중상부 2년(1009)에 내전승제를 설치하라는 조칙이 내려진바, 반열이 내전숭반의 위이고 녹봉이 전중승과 같았다(國朝大中祥符二年, 詔置內殿承制, 班在內殿崇班

上, 秩比殿中丞)"라고 했다.

(2) 廣西(광서): 송나라 때의 행정 구역인 廣南西路의 약칭으로 지금의 광동·광서 및 해남도를 관할했다.

(3) 路分都監(노분도감): 《宋史·職官志》에 "노분도감은 禁軍의 주둔, 변방 방어, 훈련에 관한 정령을 관장하여 통솔하는 부대를 숙청한다(路分都監掌本路禁旅屯戍·邊防·訓練之政令, 以肅淸所部)"라고 했다.

(4) 表忠碑(표충비): 〈表忠觀碑〉라는 비문을 가리킨다. 표충관은 북송 희령(1068-1077) 연간에 杭州知州 趙抃이 吳越王 錢氏 일족의 충성과 공덕을 기리고 선조들의 선영을 관리하게 하기 위해 조정에 건의하여 杭州 涌金門 밖에 지은 道觀 형식의 사당으로 지금은 錢王祠라고 한다. 소식은 〈표충관비〉를 지어서 표충관의 건립 과정에 대하여 상세하게 기록해 놓았다. 〈표충관비〉 및 〈送表忠觀錢道士歸杭幷引〉(0643) 참조.

(5) 坐(좌): 몹시. 유난히. 이 구절은 전씨의 나라였던 吳越國의 강산에 아직도 땅의 정기가 넘치는 것을 느꼈다는 말이다.

(6) 天目(천목): 천목산. 《說郛·古杭雜記》에 "진나라 곽박의 시 〈錢唐天目山〉에 '천목산 앞에 있는 기다란 젖줄 두 개, 용이 날고 봉황이 춤추며 전당으로 가는 형세네'라고 했다(晉郭璞〈錢唐天目山〉詩云: '天目山前兩乳長, 龍飛鳳舞到錢唐.')"라는 말이 있거니와, 천목산에서 발원하는 두 개의 큰 강인 東苕溪와 서초계가 마치 용이 날고 봉황이 춤추는 것처럼 전당(지금의 절강성 杭州로 五代十國 시기에 오월국의 도성이었다) 지역으로 흘러갔다는 뜻이다.

(7) 收駒(수구): 훌륭한 망아지를 찾다. 훌륭한 인재를 찾는다는 뜻이다.

(8) 渥洼(악와): 甘肅省 安西縣에 있는 강. 神馬를 가리킨다. 《史記·樂書》에 "또 일찍이 악와강 물속에서 신마를 얻은 적이 있으므로 다시 〈태일〉이라는 노래를 지었다(又嘗得神馬渥洼水中, 復次以爲〈太一〉之歌)"라는 기록이 있고, 《漢書·武帝紀》에 "6월에 후토사 옆에서 보배로운 솥을 발견했고, 가을에 악와강 물속에서 말이 나왔으므로 〈보정〉과 〈천마〉라는 노래를 지었다(六月, 得寶鼎后土祠旁, 秋, 馬生渥窪水中, 作〈寶鼎〉·〈天馬〉之歌)"라는 기록이 있다. 이 구절은 오월왕의 후손인 내전승제 전씨를 神馬에 비유한 것이다.

(9) 踞牀(거상): 胡牀에 걸터앉다. 晉나라 사람 桓伊는 피리를 매우 잘 불었는데 하루는 어명을 받고 도성으로 들어가는 도중 강가를 지나가게 되었다. 마침 王徽之가 배를 타고 가다가 환이가 가까이 있다는 말을 듣고 아랫사람을 보내 자신에게 피리를 한 번 불어 줄 수 있겠느냐고 물어보게 했다. 환이는 왕휘지와 아는 사이가 아니었지만 그의 명성을 익히 듣고 있던 터라 수레에서 내려 호상에 걸터앉아 피리를 한 번 불어 주고 갔다. 피차간에 한마디도 주고받지 않았다. (《진서·환이전》 참조) 이 구절은 내전승제 전씨가 피리를 잘 분다는 말이다.

(10) 橫槊(횡삭): 창을 가로로 들다. 소식은 〈赤壁賦〉에서 "술을 걸러 강가로 나가 긴 창을 비껴들고 시를 읊었으니 참으로 한 시대의 영웅이었건만 그렇던 그가 지금은 어디에 있나요?(釃酒臨江, 橫槊賦詩, 固一世之雄也, 而今安在哉?)"라고 文武를 겸비한 曹操의 재능을 칭송한 적이 있다.

(11) 解(해): ~할 줄 알다. 이 구절은 당시 사람들 가운데 내전승제 전씨 이외에는 문무를 겸비한 사람

이 없었다는 말이다.

(12) 丹霞燒佛手(단하소불수): 하남성 南召에 있는 단하사에서 오랫동안 수도했기 때문에 단하선사 또는 丹霞天然禪師라고도 불리는 스님으로 나무 불상을 가져다 불을 땐 천연선사를 가리킨다. 천연선사는 慧林寺에 있을 때 날이 너무 추운지라 나무 불상을 가져다 불을 땠다. 이것을 본 어떤 사람이 그를 나무라자 천연선사가 "이것을 태워서 사리를 얻으려고 그러는 것이오"라고 했다. 그를 나무란 사람이 "나무 안에 무슨 사리가 들어 있단 말이오?" 하자 "그렇다면 어찌하여 나를 나무라는 것이오?"라고 했다.(《景德傳燈錄·吉州淸原山行思禪師法嗣》 참조) 나무 불상을 일개 나무토막으로 취급한 천연선사의 도통한 언행을 보여 주는 일화이다. 소식의 자주에 "광서지방의 어느 절에 요사이 부처님이 움직이는 기이한 현상이 있어 전군이 그것을 부수어 강 속에 던져 버렸다(廣西僧寺, 頃有佛動之異, 錢君碎而投之江中)"라고 했으니, 이는 아직 부임도 하기 전에 불상이 움직이게 하는 방법(이를테면 불상 밑에다 콩을 넣고 그것을 물로 불려서 불상이 위로 들리게 하는 방법이 있을 수 있다)으로 민심을 현혹하는 사람이 있다는 소문을 듣고 혹세무민하는 세력을 없애기 위해 광서지방에 있는 관계자에게 하명하여 그 불상을 부숴 버리게 한 내전승제 전씨를 단하선사 즉 천연선사에 비유한 것이다.

(13) 先聲(선성): 부임하기 전에 미리 떨친 명성을 가리킨다.

(14) 羣夷(군이): 내전승제 전씨가 부임해 갈 광남서로 주변의 오랑캐들을 가리킨다. 이 연은 내전승제 전씨가 광남서로 노분도감으로 부임할 것이라는 소문을 듣고 그가 아직 부임도 하기 전에 그 주변에 있는 오랑캐들이 벌써 벌벌 떨고 있겠다는 말이다.

0986. 次韻曾子開[1]從駕[2]二首

어가 수행을 노래한 증자개의 시에 차운하여

其一

槐街綠暗雨初勻,[3]	홰나무 거리에 녹음이 짙고 비가 막 골고루 내렸는데
瑞霧香風滿後塵.[4][5]	상서로운 안개 향긋한 바람에 먼지도 가득했네.
清廟幸同觀濟濟,[6][7]	종묘에 행차하시매 의젓한 모습을 함께 봤나니
豐年喜復接陳陳.[8]	풍년이라 기쁜 데다 묵은 양식도 남아 있네.
雍容已饜天庖賜,[9][10]	느긋하게 음식을 배불리 먹고 나서
俯伏初嘗貢茗新.[11]	엎드려서 신선한 차를 처음 맛봤네.
輦路歸來聞好語,[12]	어가 길로 돌아오다 좋은 얘기 들었나니
共驚堯顙類高辛.[13][14]	요임금 이마가 고신씨 닮아 다들 놀랐다 하네.

其二

入仗魂驚愧草萊,[15][16]	의장대의 입장에 놀라 초개인 걸 부끄러워하는데
一聲清蹕九門開.[17][18]	벽제하는 소리에 황궁 문이 열렸네.
暉暉日傍金輿轉,[19][20]	반짝반짝 햇빛이 금 수레 옆에서 맴돌고
習習風從玉宇來.[21][22]	살랑살랑 미풍이 옥궁전에서 불어왔네.
流落生還眞一芥,[23][24]	타지를 떠돌다 생환한 진짜 겨자씨 한 알이

周章危立近三槐.[25][26]	겁에 질려 삼공 옆에 오뚝하게 서 있었네.
道旁倘有山中舊,[27]	길가에 산속에 사는 옛 친구가 있다면
問我收身早晚回.[28][29]	내게 언제 몸을 추슬러 돌아올지 묻겠네.

[해설]

증공의 막내 동생 증조가 철종 황제가 경령궁에 행차할 때 수행한 감회를 노래하는 시를 짓자 그것에 차운한 것으로, 제1수는 경령궁의 선광전으로 가서 의식을 치르고 돌아온 과정을 묘사하면서 태평성대와 철종 황제의 성덕을 구가하는 데 중점을 두었고, 제2수는 황제를 수행하고 돌아가는 자신의 심경을 토로하는 데 중점을 두었다.

[주석]

(1) 子開(자개): 曾肇의 字. 施元之의 《施注蘇詩》에 "증자개는 이름이 조이며 증자고(曾鞏)의 막내 동생이다. 진사 시험에 급제한 뒤 관각에 들어가 국사를 편수했다(曾子開, 名肇, 子固幼弟. 擧進士, 入館閣, 編修國史)"라고 했다.

(2) 從駕(종가): 어가를 수행하다. 蘇頌이 소식의 이 시와 같은 운자로 지은 시의 제목이 〈次韻諸公從駕景靈宮二首〉이고, 소식의 시 〈次韻三舍人省上〉(0984)에 "3월 29일에 지었다. 이튿날 어가가 경령궁에 행차할 예정이었다(三月二十九日作. 明日, 駕幸景靈宮)"라는 자주가 있는 것을 보면 증조는 황제가 경령궁에 행차할 때 수행했음을 알 수 있다.

(3) 槐街(괴가): 양쪽에 홰나무가 늘어서 있는 거리. 도성의 거리를 가리킨다. 홰나무를 가로수로 심어 놓은 길이 많을 정도로 하남·하북 일대에는 홰나무가 아주 많은데, 定州(지금의 하북성 정주) 文廟 앞마당에는 소식이 定州知州로 재임할 때 손수 심었다는 두 그루의 홰나무가 지금도 살아 있어 東坡雙槐라고 불리고 있다.

(4) 瑞霧(서무): 햇빛을 받아 여러 가지 빛깔로 아롱진 안개를 가리킨다.

(5) 後塵(후진): 어가가 지나간 뒤에 일어난 먼지를 가리킨다.

(6) 淸廟(청묘): 제왕의 종묘. 太廟.

(7) 濟濟(제제): 장중하고 의젓한 모양. 《詩經·大雅·公劉》에 "신하들의 경쾌하고 의젓한 자태, 안석을 벌여 놓고 산지 베푸네(蹌蹌濟濟, 俾筵俾几)"라는 구절이 있다.

(8) 陳陳(진진): 묵은 양식. 이 구절은 햇곡식이 날 때까지 지난해의 양식이 떨어지지 않고 남아 있다는 말이다.

(9) 雍容(옹용): 온화하고 느긋하다.

(10) 天庖賜(천포사): 천자의 주방에서 하사한 음식. 제사에 사용한 음식을 가리킨다.

(11) 貢茗(공명): 공물로 바쳐진 차.

(12) 輦路(연로): 천자의 수레가 다니는 길.

(13) 堯顙(요상): 五帝의 한 사람으로 舜임금과 더불어 聖君의 대명사인 요임금의 이마. 孔子가 홀로 성의 동문에 서 있었는데 어떤 鄭나라 사람이 子貢에게 "동문에 어떤 사람이 있는데 이마가 요임금을 닮았더이다"라고 했다는 일화가 있다.(《史記·孔子世家》 참조)

(14) 高辛(고신): 오제의 한 사람인 高辛氏. 帝嚳이라고도 한다. 《史記·五帝本紀》에 "고신씨는 태어날 때부터 신령스러워 스스로 자기 이름을 말했다.……제곡은 진봉씨의 딸을 아내로 맞이하여 방훈을 낳고 추자씨의 딸을 아내로 맞이하여 지를 낳았다. 제곡이 붕어한 뒤 지가 왕위를 계승했는데 지가 정치를 잘하지 못하므로 동생 방훈이 왕위에 올랐으니 이분이 요임금이다(高辛生而神靈, 自言其名.……帝嚳娶陳鋒氏女, 生放勳, 娶娵訾氏女, 生摯. 帝嚳崩, 而摯代立. 帝摯立, 不善, 而弟放勳立, 是爲帝堯)"라는 기록이 있다. 王十朋의 《百家註分類東坡先生詩》에 "고신씨 제곡은 바로 요임금의 부친이다. 요임금으로써 철종을 가리키고 고신씨로써 신종을 가리킨다(高辛帝嚳, 乃堯之父也. 堯以言哲宗, 高辛以言神宗)"라고 한 바와 같이, 이 연은 어린 철종이 아버지 신종을 닮아 훌륭한 황제가 될 관상을 지녔다는 말이다.

(15) 入仗(입장): 儀仗隊가 入場하다. 《新唐書·儀衛志》에 "대체로 조회의 의장은 禁衛軍이 윤번제로 담당하는데 다섯 개의 의장대로 나누기 때문에 衙內五衛라고 부른다.……모두 칼을 차고 무기를 든 채 동쪽과 서쪽의 낭하에 늘어앉는다(凡朝會之仗, 三衛番上, 分爲五仗, 號衙內五衛.……皆帶刀捉仗, 列坐於東西廊下)"라고 했다.

(16) 草萊(초래): 草芥. 잡초. 보잘 것 없는 존재라는 뜻에서 소식 자신을 가리킨다.

(17) 淸蹕(청필): 청소와 辟除. 임금이 행차할 때 길을 청소하고 잡인의 통행을 금지하는 것을 말한다.

(18) 九門(구문): 皇宮 주위에 있는 아홉 개의 문. 《禮記·月令》에 "늦봄인 3월에는……구문을 나가게 하지 않는다(季春之月……毋出九門)"라고 했는데 이에 대한 鄭玄의 注에 "천자의 구문은 노문·응문·치문·고문·고문·성문·근교문·원교문·관문이다(天子九門者, 路門也, 應門也, 雉門也, 庫門也, 皐門也, 城門也, 近郊門也, 遠郊門也, 關門也)"라고 했다. 나중에는 宮門을 가리키는 말로 쓰이게 되었다.

(19) 暉暉(휘휘): 해가 빛나는 모양.

(20) 金輿(금여): 금으로 장식한 수레. 천자의 수레를 가리킨다.

(21) 習習(습습): 미풍이 부는 모양.

(22) 玉宇(옥우): 옥으로 지은 궁전. 궁전을 가리킨다.

(23) 流落(유락): 실의에 빠져 타지를 떠돌다.

(24) 一芥(일개): 한 알의 겨자씨. 아주 미천한 존재라는 뜻으로 소식 자신을 가리킨다.

(25) 周章(주장): 놀라고 두려워하다.

(26) 三槐(삼괴): 세 그루의 홰나무. 주나라 때 궁정 바깥에 홰나무를 세 그루 심어 놓았는데 三公이 천자를 알현할 때 이 홰나무를 향해 서 있었기 때문에 '三槐'로 삼공을 가리키게 되었다. 《周禮·秋官》에 "홰나무 세 그루를 향하여 삼공이 자리했다(面三槐, 三公位焉)"라고 했다. 소식이 자주에서 "학사는 반열이 집정관과 가깝다(學士班近執政)"라고 한 바와 같이, 이 구절은 한림학사인 자신이 삼

공과 가까운 곳에 서 있었다는 말이다.

(27) 倘(당): 혹시 ~한다면.

(28) 收身(수신): 신변을 정리하여 관직을 떠나는 것을 가리킨다.

(29) 早晩(조만): 언제.

0987. 再和二首

다시 화답하여

其一

眼花錯莫鬢霜匀,[(1)(2)(3)] 두 눈이 침침한 채 적막하고 쓸쓸한데
살쩍에는 흰 서리가 자욱하게 앉아 있고
病馬羸騌只自塵.[(4)(5)] 병든 말과 말라빠진 말을 타고 다니며
나 스스로 먼지를 뒤집어쓸 뿐이었네.
奉引拾遺叨侍從,[(6)(7)(8)] 어가를 이끄는 습유가 되어 외람되이 임금님 모시지만
思歸少傅羨朱陳.[(9)(10)] 돌아가고픈 소부가 되어 주진촌을 선망하네.
衰年壯觀空驚目, 노쇠한 나이에 본 장관이 공연히 두 눈을 놀라게 했나니
險韻淸詩苦鬪新.[(11)] 험운으로 짓는 청아한 시로 참신성을 다투었네.
最後數篇君莫厭,[(12)] 마지막의 몇 편을 싫어하지 마시게
擣殘椒桂有餘辛.[(13)(14)] 산초와 계피를 빻노라면 매운 맛이 넘친다네.

其二

憶觀滄海過東萊,[(15)] 창해를 보며 동래를 지나던 일 기억하나니
日照三山迤邐開.[(16)(17)] 해가 비치면 삼산이 구불구불 길게 드러났지.
桂觀飛樓凌霧起,[(18)(19)] 계수나무 누대와 나는 누대가 안개 위로 솟아오르고

仙幢寶蓋拂天來.(20)(21)	신선의 깃발과 보배로운 일산이 하늘을 스치며 다가왔지.
不聞宮漏催晨箭,(22)(23)	궁중 물시계가 새벽을 재촉하는 소리는 안 들리고
但覺簷陰轉古槐.	처마 그늘이 홰나무 고목을 돌아가는 것만 느껴졌지.
供奉淸班非老處,(24)(25)	임금님 모시는 맑은 반열은 늙을 곳이 못 되나니
會稽何日乞方回.(26)(27)(28)	언제나 방회처럼 회계로 보내 달라 할까?

[해설]

철종 황제가 경령궁에 행차할 때 수행한 감회를 노래한 증조의 시에 다시 화답한 것으로, 자신의 옛날 일을 회상하며 다시 지방관으로 나가고 싶은 심경을 토로했다.

[주석]

(1) 眼花(안화): 눈앞에 불꽃 같은 것이 어른거리는 병증.
(2) 錯莫(착막): 적막하고 쓸쓸하다. 杜甫의 시 〈瘦馬行〉에 "사람을 보면 참담해지는 것이 구슬피 하소연하는 듯하고, 주인을 잃고 쓸쓸해져 눈에 밝은 빛이 없다(見人慘澹若哀訴, 失主錯莫無晶光)"라는 구절이 있다.
(3) 鬢霜勻(빈상균): 살쩍을 덮은 서리가 두루 퍼져 있다. 흰머리가 가득하다는 말이다.
(4) 羸驂(이참): 여위고 허약한 말.
(5) 自塵(자진): 먼지로 자신을 더럽히다. 스스로 세속의 먼지를 뒤집어쓴다는 말이다.
(6) 奉引(봉인): 황제를 위해 수레를 인도하다. '奉'은 상대방을 높여서 이르는 말이다.
(7) 拾遺(습유): 잃어버린 것을 줍는다는 뜻으로, 황제가 빠뜨린 것을 보충하는 일 또는 그 일을 하는 보좌관을 가리킨다.
(8) 叨(도): 외람되이. 분에 넘치게. 이 구절은 한림학사로서 황제를 모시는 자신의 처지를 左拾遺로서 황제를 모신 두보에 비유한 것이다.
(9) 少傅(소부): 太子少傅를 역임한 白居易를 가리킨다.
(10) 朱陳(주진): 주진촌. 소식에게 〈陳季常所蓄朱陳村嫁娶圖二首〉(0680)라는 시가 있는데 이 시의 자주에 "주진촌은 서주 소현에 있다(朱陳村, 在徐州蕭縣)"라고 했고, 백거이의 시 〈朱陳村〉에 "한평생 이렇게 힘들게 살다 보니, 언제나 이 마을 사람들이 부럽네(一生苦如此, 長羨村中民)"라는 구절이 있다.
(11) 險韻(험운): 압운하기 어려운 詩韻.
(12) 最後數篇(최후수편): 曾肇의 시를 가리킨다. 증조가 원시에서 자기 시는 너무 볼품이 없어서 싫다고 한 것으로 보인다.
(13) 搗殘(도잔): 찧어서 부수다.

(14) 椒桂(초계): 산초나무 열매와 肉桂나무 껍질. 둘 다 향기와 매운 맛을 지니고 있는 향신료이다. 이 구절은 증조의 시에 신랄한 맛이 있어서 좋다고 찬양한 것인 듯하다.

(15) 東萊(동래): 漢나라 때의 郡으로 소식이 知州를 지낸 登州(지금의 산동성 蓬萊)가 그 안에 있기 때문에 등주를 가리킨다.

(16) 三山(삼산): 萊州의 북쪽에 있는 산. 〈過萊州雪後望三山〉(0920) 주 (2) 참조.

(17) 迤邐(이리): 구불구불 길게 이어진 모양.

(18) 桂觀(계관): 계수나무로 지은 누대.

(19) 飛樓(비루): 하늘로 날아가는 것처럼 높고 날렵한 누대.

(20) 寶蓋(보개): 보배로운 수레용 日傘.

(21) 拂天(불천): 하늘을 스치다. 지극히 높다는 말이다. 이 연은 소식이 등주에서 보았다는 신기루에 대한 묘사인 것으로 보인다. 〈登州海市幷敍〉(0917) 참조.

(22) 漏(누): 漏刻. 물시계.

(23) 箭(전): 물시계의 漏壺 안에 세운, 눈금을 새긴 화살인 漏箭을 가리킨다. 누전을 통해 물이 줄어든 정도를 보고 시각을 알 수 있다. 이 연은 자신이 등주지주로 재임할 때의 여유로운 생활에 대한 묘사인 것으로 보인다.

(24) 供奉(공봉): 모시다. 봉양하다. 임금을 모시는 것을 가리킨다.

(25) 淸班(청반): 청아한 반열. 대개 文才로 황제를 모시는 신하를 가리킨다.

(26) 會稽(회계): 지금의 절강성 紹興. 소식의 자주에 "당시에 마침 회계태수의 자리가 비어 있었다(時方闕會稽守)"라고 했다.

(27) 乞(걸): 청원하다. 어느 지역의 지방관으로 보내 달라고 청원하는 것을 '乞郡'이라고 하는바, '乞會稽'는 회계태수로 보내 달라고 청원하는 것이다. 이 구절은 "何日方回乞會稽"가 도치된 형태이다.

(28) 方回(방회): 晉나라 사람 郗愔의 字. 施元之의 《施注蘇詩》에 "《진서·치음전》에 '자가 방회이다. 태상에 임명했으나 고사하는지라 임명하지 않았다. 먼 고을에 補任되기를 좋아하는지라 그의 뜻에 따랐다. 지방으로 나가서 회계내사가 되었다가 한참 뒤에 사직을 요구하여 회계에 거주했다'라는 기록이 있다(《晉·郗愔傳》: '字方回. 除太常, 固讓, 不拜. 樂補遠郡, 從之. 出爲會稽內史, 久之, 乞骸骨, 因居會稽.')"라고 했다.

0988. 次韻劉貢父[1]省上

유공보가 중서성에서의 감회를 읊은 시에 차운하여

密雲今日破郊西, 짙은 구름이 오늘은 들 서쪽에서 흩어져
疎雨翛翛未作泥.[2] 후드득거리는 성긴 비가 진흙을 짓지 못하네.
要及清閑同笑語, 한가할 때 함께 웃고 얘기해야지
行看衰病費扶攜.[3][4] 곧 늙고 병들어 부축하느라 애쓰는 꼴을 볼 것이네.
花前白酒傾雲液,[5] 꽃 앞에서 운액이라는 백주를 기울이니
戶外靑驄響月題.[6][7] 문밖에서 청총마가 월제를 울려 대네.
不用臨風苦揮淚,[8] 바람 앞에서 고통스럽게 눈물 뿌릴 것 없다네
君家自與竹林齊.[9] 그대의 집안은 본래 죽림칠현과 맞먹으니.

[해설]

중서성에서의 감회를 읊은 유반의 시에 차운한 것으로, 유반과 함께 술을 마시며 담소를 나누는 심경을 노래했다.

[주석]

(1) 貢父(공보): 劉攽의 字.
(2) 翛翛(소소): 비가 내리는 소리.
(3) 行(행): 곧 ~하다.

(4) 費扶攜(비부휴): 부축하는 데 힘들이다. 이 구절은 다른 사람이 늙고 병든 자신들을 부축하느라 애를 먹게 될 것이라는 말이다.

(5) 雲液(운액): 옛날에 揚州에서 나던 名酒. 좋은 술을 가리킨다.

(6) 青驄(청총): 푸른색 털과 흰색 털이 섞여 있는 준마.

(7) 月題(월제): 말의 이마에 다는 달 모양의 장식품.

(8) 不用(불용): ~할 필요 없다.

(9) 竹林(죽림): 竹林七賢 가운데 숙부와 조카 사이인 阮籍과 阮咸을 가리킨다. 소식의 자주에 "공보의 시에 자기 형님 원보와 같은 시대에 살지 못하는 것을 한탄한 말이 있다. 그러나 자기 형님의 아들 중빙(劉奉世)이 지금 기거사인이다(貢父詩中, 有不及與其兄原甫同時之歎. 然其兄子仲馮, 今爲起居舍人)"라고 한바, 이 구절은 죽림칠현 가운데 완적·완함이라는 叔姪이 있었던 것처럼 지금의 중서성에 유반·유봉세라는 숙질이 있으니 자기 형님이 함께 있지 않다고 해서 안타까워할 필요가 없다는 말이다.

0989. 再和
다시 화답하여

當年曹守我膠西,(1)(2) 옛날에 그대는 조주태수 나는 교서태수일 때
共厭餔糟與汨泥.(3)(4) 함께 실컷 지게미 먹고 진흙탕을 휘저었네.
自古赤丸成習俗,(5) 그곳은 자고로 도적질이 습속을 이뤘는데
因公黃犢免提攜.(6)(7) 공 덕분에 송아지를 허리에 차지 않았네.
生還各有靑山興,(8) 살아서 돌아온 뒤 각자 청산의 흥치를 지녀
病起猶能小字題. 아직도 병이 나으면 작은 글씨로 시를 쓸 수 있네.
莫怪歌呼數相和,(9) 노래하고 소리 지르며 자주 화답했다 탓할 것 없나니
曾將獄市寄全齊.(10)(11)(12) 감옥과 시장으로 제나라 보전을 부탁했었네.

[해설]

중서성에서의 감회를 읊은 유반의 시에 다시 차운한 것으로, 유반과 자신의 옛날 일을 회상했다.

[주석]

(1) 曹守(조수): 曹州(지금의 산동성 曹縣 일대) 太守.
(2) 膠西(교서): 지금의 산동성 膠縣. 당시 密州의 속현이었기 때문에 밀주를 가리킨다. 소식은 희령 7년(1074)부터 희령 9년(1076)까지 밀주지주를 지냈다.

(3) 餔糟(포조): 지게미를 먹다. 청운의 뜻을 접고 凡人들과 어울려 평범하게 사는 것을 가리킨다.

(4) 汨泥(골니): 진흙탕을 휘젓다. '淈泥'와 같다. 屈原의 〈漁父〉에 "세상 사람이 다 취했으면 어찌 진흙탕을 휘저어 물결을 일으키지 않으시고, 뭇 사람이 다 취했으면 어찌 지게미를 먹거나 막걸리를 마시지 않으시오?(世人皆濁, 何不淈其泥而揚其波; 衆人皆醉, 何不餔其糟而歠其醨?)"라는 말이 있다.

(5) 赤丸(적환): 붉은색 탄환을 던지는 일. 漢나라 때 長安 거리의 소년들이 떼를 지어 다니며 붉은색 탄환으로 武官을 죽이고 검은색 탄환으로 문관을 죽인(《漢書·尹賞傳》 참조) 일에서 비롯되어 불법행위 또는 도적질을 가리킨다.

(6) 黃犢(황독): 누런 송아지. 한나라 사람 龔遂가 渤海 태수로 부임하여 백성들이 칼을 차고 다니는 것을 보고 "어찌하여 소와 송아지를 차고 다니는가?"라고 하며 큰 칼을 팔아 소를 사고 작은 칼을 팔아 송아지를 사게 했다.(《한서·공수전》 참조)

(7) 免提攜(면제휴): 도적들이 소나 송아지를 살 수 있는 칼을 허리에 차고 다니는 일이 없어진 것을 가리킨다. 소식의 자주에 "공보가 조주를 다스릴 때 도적들이 모두 이웃 고을로 도망간지라 '晉나라 도적들이 슬슬 秦나라로 도망가게 했네'라는 시를 지은 적이 있다(貢父爲曹州, 盜賊皆奔鄰境, 嘗有詩云: '從敎晉盜稍奔秦.')"라고 한 바와 같이, 이 구절은 유반이 조주를 잘 다스린 덕분에 칼을 차고 다니며 도적질하는 사람이 없어졌다는 말이다.

(8) 生還(생환): 소식이 황주로 폄적되었다가 돌아온 것과 유반이 衡州로 폄적되었다가(《續資治通鑑長編·元豐六年九月》 참조) 돌아온 것을 가리킨다. 이 연은 자신들이 지방을 돌아다닐 때 몸에 밴 청산에 대한 흥치가 남아 있어서 지금도 시의 소재가 되고 있다는 말이다.

(9) 歌呼(가호): 노래하고 소리 지르다. 曹參이 한나라 재상으로 재임할 때 그의 집 후원이 관리의 숙사와 가까웠는데 관리의 숙사에서 날마다 술 마시고 노래 부르는 소리가 들려왔다. 조참 집의 시종들이 매우 듣기 싫었지만 자신들이 제지할 수는 없었기 때문에 조참을 후원으로 데리고 갔다. 조참이 직접 들으면 못하게 할 줄 알고 그랬는데 조참은 오히려 그들과 한데 어울려 술 마시고 노래하고 소리 질렀다.(《史記·曹相國世家》 참조) 여기서는 자신들이 시를 주고받는 것을 가리킨다.

(10) 將(장): ~을 가지고.

(11) 獄市(옥시): 감옥과 시장. 조참이 齊나라의 丞相이 되어 9년 동안 제나라를 잘 다스린 뒤 한나라의 재상으로 들어가게 되었을 때 제나라의 자기 후임에게 감옥과 시장은 선한 사람과 악한 사람이 다 모이는 곳이므로 이 두 가지를 교란하지 말고 잘 관리하여 제나라를 보전해 달라고 부탁했다.(《사기·조상국세가》 참조)

(12) 全齊(전제): 제나라를 보전하다. 이 연은 자신들을 조참에 비유하여 시를 주고받으며 놀기도 잘하지만 주어진 임무도 게을리하지 않는다고 해명한 것이다.

0990. 送顧子敦[1]奉使河朔[2]

사명을 받들고 하북지방으로 나가는 고자돈을 전송하며

我友顧子敦,	나의 벗 고자돈은
軀膽兩俊偉.	체구와 담력이 두 가지 다 뛰어나네.
便便十圍腹,[3][4]	불룩하게 튀어나온 열 뼘짜리 배에는
不但貯書史.[5]	경서와 역사책만 든 것이 아니라네.
容君數百人,[6]	그대 같은 사람을 수백 명 수용하고
一笑萬事已.	한 번 웃어 젖히면 만사가 해결되네.
十年臥江海,	십 년 동안 강해에 누워서 지냈으나
了不見慍喜.[7]	노여움과 기쁨을 조금도 안 보였네.
磨刀向豬羊,[8]	칼을 갈아 돼지와 양을 향해 나아갔고
釃酒會鄰里.	술을 걸러 이웃을 불러 모았네.
歸來如一夢,	돌아오자 한바탕 꿈을 꾼 것 같은데
豐頰愈茂美.[9]	풍만한 두 뺨이 더욱 멋지네.
平生批勅手,[10]	평소에 칙서에 평어를 쓰는 사람
濃墨寫黃紙.[11]	진한 먹으로 노란색 종이에 썼네.
會當勒燕然,[12][13]	언젠가 틀림없이 연연산에 공을 새겨
廊廟登劍履.[14][15]	칼 차고 신 신은 채 조정에 오르겠네.
翻然向河朔,[16]	갑자기 방향 바꿔 하북으로 향하는 건

坐念東郡水.[17][18] 동군의 수해를 염려했기 때문이네.
河來屹不去,[19] 황하가 밀려와도 우뚝 서서 안 떠났나니
如尊乃勇耳.[20] 왕존과 같아야만 용감한 것이라네.

[해설]

하북도전운사로 나가게 된 고임을 전송하며 지은 것으로 그의 인품과 능력을 한껏 칭송하고 그에게 선정을 당부했다.

[주석]

(1) 子敦(자돈): 顧臨의 字. 王十朋의 《百家註分類東坡先生詩》에 "자돈은 고임이다. 원우 2년(1087)에 급사중으로부터 천장각대제로 임명되어 하북도전운사로 나갔다(子敦, 顧臨也. 元祐二年, 自給事中除天章閣待制, 出爲河北都轉運使)"라고 했고, 施元之의 《施注蘇詩》에 "자돈은 회계 사람이다(子敦, 會稽人)"라고 했다.
(2) 河朔(하삭): 하북, 즉 黃河 이북 지역.
(3) 便便(편편): 배가 살진 모양.
(4) 圍(위): 뼘.
(5) 貯書史(저서사): 經書와 史書를 쌓아 놓다. 後漢 사람 邊韶가 어느 날 낮에 의자에 앉은 채로 졸고 있는데 제자들이 "변효선(변소)은 배가 불룩해 가지고 책 읽는 데는 게으르고 잠이나 자고 싶어 한다"라며 흉을 보았다. 변소가 이 말을 듣고 즉시 말했다. "배가 불룩한 것은 五經이 잔뜩 들어 있기 때문이고 잠만 자려고 하는 것은 꿈에 周公을 만나 이야기하려고 그러는 것이다. 그런데 스승을 흉보아도 된다는 말이 어느 경전에 적혀 있더냐?" 이 말을 듣고 제자들이 크게 부끄러워했다.(《후한서·변소전》 참조) 꿈에 주공을 만난다는 것은 孔子가 "오래되었도다 내가 더 이상 꿈에 주공을 보지 못한 것이!(久矣吾不復夢見周公!)"(《論語·述而》)라고 한 말을 차용한 것이다.
(6) 容君數百人(용군수백인): 그대 같은 사람 수백 명을 수용하다. 晉나라 사람 周顗(269-322)는 성격이 매우 관대하고 우호적이어서 王導(276-339)가 그를 매우 좋아했다. 하루는 왕도가 주의의 무릎을 베고 누워 그의 배를 가리키며, "이 안에 무엇이 들어 있어요?" 하자 주의가 "이 안은 텅텅 비어 아무것도 없다네. 그러나 자네 같은 사람 수백 명을 수용할 수 있다네"라고 대답했다.(《진서·주의전》 참조)
(7) 了不見(요불견): 전혀 ~보이지 않다.
(8) 豬羊(저양): 돼지와 양. 이 구절은 돼지와 양을 잡아 안주로 삼았다는 말이다.
(9) 茂美(무미): 아름답다. 멋지다.
(10) 批勅手(비칙수): 칙서에 批語(공문에다 자기 의견을 밝히는 말)를 쓰는 사람. 唐나라 사람 李藩

은 給事中으로 재임할 때 황색 종이에 써서 내리는 칙서에 적절치 않은 내용이 있으면 자신이 직접 황색 칙서 뒷면에 批語를 가했다. 옆 사람이 황제에게 이 사실을 고하자 황제가 그에게 재상의 도량이 있다고 여겼다.(《구당서·이번전》 참조)

(11) 黃紙(황지): 황제가 칙서를 쓰는 종이.

(12) 會當(회당): 틀림없이.

(13) 燕然(연연): 연연산. 지금의 몽골공화국에 있는 杭愛山. 後漢 和帝 영원 원년(89) 車騎將軍 竇憲이 흉노족을 이 산의 북쪽으로 몰아낸 뒤 이 산에 올라가 비석을 세우고 자신의 공적을 기록했다.(《후한서·두헌전》 참조) 范仲淹의 사 〈漁家傲〉에 "탁주 한 잔 손에 들고 만 리 밖 고향 생각, 연연산 돌에 공을 못 새겨 돌아갈 계획도 세울 수 없다(濁酒一杯家萬里, 燕然未勒歸無計)"라고 했다. 이 구절은 고임이 하북지방에 가면 두헌처럼 큰 공을 세울 것이라는 말이다.

(14) 廊廟(낭묘): 조정의 정무를 돌보던 궁전. 조정을 가리킨다.

(15) 劍履(검리): 검을 차고 신을 신다. 임금에게 특별히 허락을 받아 칼을 차고 신을 신은 채 궁전에 들어가 임금을 배알하는 영예를 누리는 것, 즉 劍履上殿을 가리킨다. 한나라가 천하를 평정한 뒤에 공적을 따져 보니 蕭何가 으뜸인지라 그에게 칼을 차고 신을 신은 채 궁전에 들어가는 특권을 주었다.(《史記·蕭相國世家》 참조)

(16) 翻然(번연): 갑자기 방향을 바꾸는 모양.

(17) 坐(좌): ~에 기인하다.

(18) 東郡(동군): 秦·漢 때의 군 이름으로 지금의 하남성 濮陽 일대에 해당한다. 북송 때에는 開德府로서 河北東路에 속했다. 孔武仲의 〈送顧子敦赴河北序〉에 "고자돈이 하동전운사에서 소환되어 들어왔다.……이때 하북지방에 여러 차례 수재가 있어 澶魏故道가 오랫동안 물에 잠긴 채 복구되지 되지 않자 고자돈이 천장각대제에 임명되어 사명을 받들고 하북지방으로 나가게 되었다. 사대부들이 황하가 여러 주의 우환이 될 것이지만 비록 다급하기는 해도 한 지방의 일이라고 여겼다.……고자돈만은 유독 밤낮으로 계책을 강구하며 자기 일이라고 여겼다(子敦自河東轉運使召.……時河北數有水災, 澶魏故道, 久湮未復, 子敦拜天章待制, 使河北. 士大夫以爲河爲數州患, 雖急, 一方事也.……子敦獨日夜計畫, 以爲己任)"라고 한 것을 보면, 당시 하북지방의 심한 수해를 보고 고임이 고심을 많이 하고 있는지라 조정에서 그를 다시 하북도전운사로 내보냈음을 알 수 있다.

(19) 屹不去(흘불거): 우뚝 서서 떠나지 않다. 王尊이 제방 위에 오두막을 지어 거기서 지낸 일을 가리킨다. 주 (20) 참조.

(20) 尊(존): 한나라 사람 왕존을 가리킨다. 그는 東平相으로 부임했을 때 황제의 至親이라는 이유로 교만하고 법을 지키지 않는 東平王에게 "제가 대왕님의 승상이 되어 여기로 오게 되자 사람들이 제가 조정에서 용납되지 못하고 대왕님을 보필하러 나간다고 안쓰럽게 여겼습니다. 천하 사람들이 다들 대왕님께서 용감하다고 하던데 높은 지위를 믿고 그런다면 어찌 용감하다고 할 수 있겠습니까? 저 왕존 같은 사람이라야 용감한 것이지요(如尊乃勇耳)"라고 했다. 나중에 그가 동군태수로 부임했을 때 황하가 범람하여 제방이 터질 지경이었다. 그는 친히 관리들과

백성들을 독려하며 수많은 사람들이 간절하게 말려도 듣지 않고 제방 위에 오두막을 지어 거기서 지냈다. 물이 점점 불어나 제방이 무너지려고 하는지라 主簿 한 사람만 왕존의 곁을 지키고 다른 사람들은 모두 도망갔다. 이윽고 물이 차츰 빠지자 관리들과 백성들이 너도나도 왕존의 용기를 칭송했다.(《한서·왕존전》 참조) 이 구절은 고임에게 왕존처럼 용감하게 수해를 물리쳐 달라고 당부한 것으로, 《한서·왕존전》의 표현을 그대로 씀으로써 해학적인 맛을 더했다.

0991. 次韻子由[1]送家退翁[2]知懷安軍[3]

자유가 회안군지군으로 나가는 가퇴옹을 전송한 시에 차운하여

吾州同年友,[4][5]	우리 고을 미주의 같은 또래 친구들
粲若琴上星.[6]	거문고 위의 별처럼 반짝였나니
當時功名意,	공명을 이루려는 당시의 마음이야
豈止拾紫青.[7]	어찌 보라색과 푸른색의 인끈을 얻는 데 그쳤으리?
事旣喜違願,[8]	그런데 일이란 소원과 곧잘 어긋나는 데다
天或不假齡.[9][10]	하늘도 수명을 늘여 주지 않아서
今如圖中鶴,[11]	이제는 그림 속 학이 고개를 주억이며
俯仰在一庭.	한 마당에 나란히 서 있는 것처럼 되었네.
退翁守清約,	퇴옹은 청렴하고 검약한 마음을 고수하니
霜菊有餘馨.	서리 맞은 국화에 남은 향기가 있는 것
鼓笛方入破,[12][13]	북과 피리가 지금 한창 파 단계로 접어들어
朱絃微莫聽.[14]	붉은 현의 작은 소리를 듣는 이 없네.
西南正春旱,	서남쪽에 때마침 봄 가뭄이 들어서
廢沼黏枯萍.	황폐한 못에 시든 부평이 말라붙어 있는데
翩然一麾去,[15][16]	펄럭펄럭 깃발을 들고 가시면
想見靈雨零.[17][18][19]	단비가 부슬부슬 내릴 줄을 알겠네.
我無謫仙句,[20]	나에게는 적선 같은 멋진 시구 없는데

待詔沈香亭.(21)(22)	침향정에서 임금님의 명령을 기다리고
空騎內廐馬,(23)	공연히 황궁의 말을 타고 다니나니
天仗隨雲輧.(24)(25)	천자의 의장이 구름 수레를 따르네.
竟無絲毫補,	나는 끝내 나라에 추호도 보탬이 안 되는데
眷焉誰汝令.(26)(27)	돌아보며 그대에게 명령을 내린 이 누구인가?
永愧舊山叟,(28)	고향 땅의 노인장께 늘 부끄럽나니
憑君寄丁寧.(29)(30)	그대여 내 소식을 전해 주게나.

[해설]

고향 친구 가정국이 회안군지군으로 부임해 가는 것을 계기로 옛날의 고향 친구들을 그리며 가정국의 능력과 인품을 칭송하고 지방관으로 나가는 그를 위로했다.

[주석]

(1) 子由(자유): 소식의 동생 蘇轍의 字.

(2) 退翁(퇴옹): 家定國의 字. 施元之의 《施注蘇詩》에 "가퇴옹은 이름이 정국이고 동생 복례는 이름이 안국이다. 동파와 자유 및 퇴옹 형제는 어릴 적에 모두 미주의 유미지(劉巨)에게 배운 적이 있다(家退翁, 名定國; 弟復禮, 名安國. 東坡·子由及退翁兄弟, 少時皆嘗從眉州劉微之)"라고 했다.

(3) 懷安軍(회안군): 서쪽으로 成都府와 접경을 이루는 고을로 지금의 사천성 金堂 일대에 해당한다. '知懷安軍'은 懷安軍知軍 즉 회안군 태수가 된다는 뜻이다.

(4) 吾州(오주): 소식의 고향인 眉州(지금의 사천성 眉山)를 가리킨다.

(5) 同年(동년): 원래 동년배 또는 과거 급제 동기를 가리키지만 여기서는 같은 또래를 가리키는 것으로 보인다.

(6) 琴上星(금상성): 손가락 짚는 자리를 표시하기 위해 금·옥·조개껍데기 등으로 만들어 거문고에 박아 놓은 열세 개의 희고 둥근 점, 즉 琴徽를 가리킨다. 여기서는 열세 명의 친구를 가리킨다. 주 (11) 참조.

(7) 紫青(자청): 한나라 때 丞相과 太尉는 보라색 인끈에 금 도장을 찼고, 御史大夫는 푸른색 인끈에 은 도장을 찬 데서 비롯되어 고위 관직을 가리킨다. '青紫'라고도 한다. 이 구절은 소식의 고향 친구들이 고관대작이 되는 것 이상의 큰 꿈을 지니고 있었다는 말이다.

(8) 喜違願(희위원): 바라는 것과 어긋나기를 좋아하다.

(9) 或(혹): 또. 앞 구절의 '旣'와 호응하여 '~한 데다 또 ~하기까지 하다'라는 뜻이 된다.

(10) 假齡(가령): 나이 즉 수명을 주다. 《左傳·僖公二十八年》에 "하늘이 그(晉나라 文公)에게 수명을 주

어 장수하게 하고 그에게 해악이 되는 존재를 제거해 주었다(天假之年, 而除其害)"라는 말이 있다.

(11) 圖中鶴(도중학): 그림 속의 학 여섯 마리라는 뜻으로 고향의 같은 또래 친구 가운데 지금까지 남아 있는 여섯 명을 가리킨다. 소식의 자주에 "우리 고을의 동년 친구 열세 사람 가운데 지금 남아 있는 사람은 여섯 사람뿐인지라 '거문고 위의 별'·'그림 속 학'이라는 말을 한 것이다(吾州同年友十三人, 今存者六人而已, 故有'琴上星'·'圖中鶴'之語)"라고 했는데, 여기서 말한 '同年'은 같은 또래의 친구를 가리키는 것으로 보인다. 查愼行의 《蘇詩補註》에 "선생의 자주에 거문고 위의 별로 열세 사람을 비유했으니 그림 속의 학은 여섯 사람을 가리키는 것임에 틀림없다(先生自註琴上星以比十三人, 則圖中鶴當是六數)"라고 했고, 馮應榴의 《蘇軾詩集合注》에 "《선화화보》 등의 책에 수록된 〈육학도〉가 아주 많으니 틀림없이 당송 시기 화가들의 체제가 이와 같았을 것이다(《宣和畫譜》等書所載〈六鶴圖〉甚多, 當是唐宋畫家體格如此)"라고 했다.

(12) 鼓笛(고적): 북과 피리.

(13) 入破(입파): 당송 시기의 大曲은 10여 개의 小曲으로 구성되어 있었는데 이 소곡들은 다시 散序·中序·破라는 세 개의 큰 단락으로 구분되었는바, 破 가운데 첫 번째 소곡을 '破로 들어간다'는 뜻에서 入破라고 했다. 《新唐書·五行志》에 "천보(742-755) 이후에……악곡 역시 변방 지역을 명칭으로 삼았으니 〈이주〉·〈감주〉·〈양주〉 등이 있다. 곡조가 번쇄한 소리에 이르면 모두 '입파'라고 불렀다.……'破'는 아마도 깨뜨려 부순다는 뜻인 것 같다(天寶後……樂曲亦多以邊地爲名, 有〈伊州〉·〈甘州〉·〈涼州〉等. 至其曲遍繁聲, 皆謂之'入破'.……'破'者, 蓋破碎云)"라고 한 것을 통하여 짐작할 수 있는 바와 같이, 入破는 흔히 음악이 갑자기 변하여 요란한 소리로 바뀌는 것을 가리킨다. 白居易의 시 〈臥聽法曲霓裳〉에 "몽롱한 꿈이 막 이루어진 뒤, 간들간들 부드럽던 소리가 파로 접어드는 때(朦朧閑夢初成後, 宛轉柔聲入破時)"라는 구절이 있다.

(14) 朱絃(주현): 현악기의 붉은색 현에서 나는 고상한 소리를 가리킨다. 《禮記·樂記》에 "청묘악에서 연주하는 슬은 붉은 현에서 시원스러운 소리를 내는데 한 사람이 창도하면 세 사람이 찬탄하는바 넘쳐흐르는 여운이 있다(淸廟之瑟, 朱弦而疏越, 壹倡而三嘆, 有遺音者矣)"라고 했다. 이 연은 가정국처럼 뛰어난 인재가 소인배에 가려서 능력을 인정받지 못하는 세태를 비판한 것이다.

(15) 翩然(편연): 나는 모양.

(16) 麾(휘): 태수의 행렬이 들고 가는 기를 가리킨다. 이 구절은 가정국이 회안군지군으로 부임해 가는 모습을 그린 것이다.

(17) 想見(상견): 추측하여 알다.

(18) 靈雨(영우): 영험한 비. 단비. 《詩經·鄘風·定之方中》에 "부슬부슬 단비가 촉촉하게 내리자, 마차를 모는 저 마부에게 명하네(靈雨旣零, 命彼倌人)"라는 구절이 있다.

(19) 零(영): 비가 부슬부슬 내리다.

(20) 謫仙(적선): 李白을 가리킨다. 이백의 시 〈對酒憶賀監二首幷序〉에 "태자빈객이신 하공이 장안의 자극궁에서 나를 한 번 보시고는 유배 온 신선이라고 부르시며 허리에 찬 황금 거북이를 풀어 그것을 술로 바꾸어서 즐기셨다(太子賓客賀公, 於長安紫極宮一見余, 呼余爲謫仙人, 因解金龜, 換酒爲

樂)"라고 했다.

(21) 待詔(대조): 임금의 명령을 기다리다. 나중에 관직 이름이 되었는데 이백은 翰林待詔의 일종인 翰林供奉을 역임했다.

(22) 沈香亭(침향정): 長安(지금의 섬서성 西安)의 興慶宮 안에 있던 정자. 《신당서·이백전》에 "황제께서 침향정에 앉아 계시다가 마음속에 느낀 바가 있어서 이백을 불러 악장을 짓게 하고 싶었다. 불러들였을 때 이백은 이미 술에 취해 있었는데 좌우에 있는 사람들이 물로 세수를 시켜 술이 조금 깨자 붓을 당겨 글을 지었다(帝坐沈香亭子, 意有所感, 欲得白爲樂章. 召入, 而白已醉, 左右以水頮面, 稍解, 援筆成文)"라는 일화가 소개되어 있다. 이 구절은 소식 자신이 한림원에서 대기하고 있다가 황제의 명령이 떨어지면 바로 문서를 작성하는 한림학사의 일을 맡고 있다는 말이다.

(23) 內廐馬(내구마): 천자의 마구간에 있는 말.

(24) 天仗(천장): 천자의 儀仗.

(25) 雲軿(운병): 신선들이 타고 다닌다는 구름으로 만든 수레. 여기서는 천자의 수레를 가리킨다.

(26) 眷焉(권언): 돌아보는 모양.

(27) 汝(여): 가정국을 가리킨다. 이 연은 나라에 보탬이 안 되는 자신이야말로 지방관으로 나가야 하는데 오히려 가정국처럼 유능한 사람이 지방관으로 나가는 것을 안타깝게 여기면서, 한편으로는 늘그막에 고향 땅의 태수로 나가는 것을 부러워하는 형식으로 가정국을 위로한 것이다.

(28) 舊山叟(구산수): 고향 노인. 王文誥의 《蘇軾詩集》에 "유거는 자가 미지로 동파공이 어릴 때 배운 분이다. 여기서 '고향 땅의 노인장'이라고 한 것은 바로 유씨를 가리킨다(劉巨, 字微之. 公幼所從學者. 此云'舊山叟', 正指劉也)"라고 했다.

(29) 憑(빙): 의지하다. 청하다.

(30) 丁寧(정녕): 消息.

0992. 諸公餞子敦[1], 軾以病不往, 復次前韻

여러 사람이 고자돈을 전별할 때 나는 병이 나서 못 갔기 때문에 다시 앞의 운에 차운한다

君爲江南英,[2]	그대는 강남의 영특한 인물
面作河朔偉.[3]	이제 곧 하북의 위인이 되려 하거니와
人間一好漢,[4][5]	세상의 의협심 많은 대장부이니
誰似張長史.[6]	그대 말고 그 누가 장장사와 닮았으리?
上書苦留君,[7]	상소문 올려 그대를 애써 붙잡았으나
言拙輒報已.[8][9]	말재주가 없어 곧바로 끝났다는 답을 받았으니
置之勿復道,	내버려 두고 다시는 이야기하지 마세나
出處俱可喜.[10]	나가든 남든 모두 다 기뻐할 만한 일이라네.
攀輿共六尺,[11]	여섯 자짜리 천자의 수레를 함께 타고
食肉飛萬里.[12]	고기를 먹으면서 만 리를 날 사람인데
誰言遠近殊,[13]	누가 먼 곳과 가까운 곳이 다르다고 하는가
等是朝廷美.[14]	조정의 인재이기는 마찬가지인 것을?
遙知送別處,[15]	멀리서도 알겠나니 그대 송별하는 곳에
醉墨爭淋紙.[16]	취객의 먹물이 다투어 종이에 떨어질 텐데
我以病杜門,	나는 병이 나 집에서 대문을 닫고
商頌空振履.[17][18]	〈상송〉을 노래하며 신발을 끌 뿐이네.
後會知何日,	나중에 만날 날 언제이려나

一歡如覆水.[19]　　한바탕의 기쁨은 쏟아진 물과 같은데?
善保千金軀,　　천금짜리 귀한 몸을 잘 보전해야 하리
前言戲之耳.[20]　　먼저 한 말은 그대를 놀린 것일 뿐이네.

[해설]

하북도전운사로 나가게 된 고임을 전송하는 송별연에 참석하지 못한 아쉽고 미안한 마음을 노래한 것으로 고임의 능력을 한껏 칭송하고 조정을 떠나 지방으로 나가는 그를 위로했다.

[주석]

(1) 子敦(자돈): 顧臨의 字. 〈送顧子敦奉使河朔〉(0990) 주 (1) 참조.
(2) 江南英(강남영): 강남의 영재. 고임이 會稽(지금의 절강성 紹興) 사람이기 때문에 한 말이다.
(3) 河朔偉(하삭위): 하북의 위인. 고임이 河北都轉運使로 나가기 때문에 한 말이다.
(4) 人間(인간): 이 세상. 속세.
(5) 好漢(호한): 용감하고 의협심이 강한 사람.
(6) 張長史(장장사): 張柬之를 가리킨다. 則天武后가 狄仁傑에게 "짐이 好漢을 한 명 찾아 사명을 맡기려고 하는데 마땅한 사람이 있겠소?" 하고 묻자 적인걸이 "荊州長史 장간지가 비록 늙었지만 재상의 재목입니다. 그를 등용하신다면 틀림없이 국가에 忠節을 다할 것입니다"라고 했다.(《구당서·적인걸전》 참조) 이 구절은 당시에 고임 말고는 장간지처럼 용감하고 의협심 강한 사람이 없었다는 말이다.
(7) 留君(유군): 그대를 붙잡다. 이 연은 소식이 고임을 지방관으로 내보내지 말고 조정에 머물게 하라고 상소문을 올렸으나 효과가 없었다는 말이다. 소식은 〈乞留顧臨狀〉이라는 상소문을 올려 "고임 같은 사람들은 정말 좌우에 두시고 보좌하게 해야 합니다(如臨等輩, 正當置之左右, 以輔闕遺)"라고 한 적이 있었다.
(8) 輒(첩): 곧. 즉시.
(9) 報(보): 답하다. 임금이 신하의 건의에 회답하는 것을 가리킨다. '報已'는 이미 종결된 사안이니 더 이상 거론하지 말라는 회답을 받았다는 말이다.
(10) 出處(출처): 일반적으로 出仕와 隱退를 가리키지만 여기서는 조정에서 지방으로 나가는 것과 조정에 남아 있는 것을 가리킨다. 이 구절은 고임이 잠시 외직으로 나간다고 할지라도 머지않아 영전하여 다시 조정으로 들어올 것이라는 말이다.
(11) 六尺(육척): 여섯 자짜리 수레. 제왕의 수레를 '六尺輿'라고 한다. 漢나라 문제 때의 宦官 趙同은 황제의 은총을 믿고 袁盎을 자주 해쳤는데 한번은 문제가 바깥으로 나가면서 조동을 수레에 동승시키는 것을 보고 원앙이 수레 앞에 엎드려, "저는 천자가 六尺輿에 동승시키시는 사람은 모두

천하의 영웅호걸이라고 들었습니다. 지금 한나라에 비록 사람이 없다고 해도 폐하께서는 어찌 거세당한 사람과 함께하십니까?"라고 했다. 그러자 황제가 조동을 수레에서 내리게 했다.(《史記·袁盎傳》 참조)

(12) 食肉(식육): 《後漢書·班超傳》에 관상가가 반초를 보고 "반생은 제비턱과 호랑이 목을 가졌으니 날아다니면서 고기를 먹을 것인바, 이는 만 리 밖의 제후가 될 관상이오(生燕頷虎頸, 飛而食肉, 此萬里侯相也)"라는 말이 있다.

(13) 遠近(원근): 조정에서 먼 곳과 가까운 곳. 이 연은 조정에 있으나 지방에 나가 있으나 유능한 사람은 황제의 총애를 받는다는 말이다.

(14) 等是(등시): 마찬가지로 ~이다.

(15) 遙知(요지): 멀리서 짐작하여 알다. 소식이 아파서 송별연에 참석하지 못했기 때문에 한 말이다.

(16) 醉墨(취묵): 술에 취한 상태에서 쓰는 글씨나 그림을 가리키는바, 여기서는 고임을 송별하기 위해서 쓰는 시를 가리킨다.

(17) 商頌(상송): 《詩經》의 일부. 《莊子·讓王》에 "증자가 위나라에 있을 때……신을 끌면서 〈상송〉을 노래하면 그 소리가 천지에 가득한데 마치 금속이나 돌로 만든 악기에서 나오는 것 같았다(曾子居衛……曳履而歌〈商頌〉, 聲滿天地, 若出金石)"라는 말이 있고, 《新序》에 "원헌이 지팡이를 끌고 신을 끌면서 〈상송〉을 부르며 갔다가 돌아오면 그 소리가 천지에 가득한데 마치 금속이나 돌로 만든 악기에서 나오는 것 같았다(原憲曳杖拖履, 行歌〈商頌〉而反, 聲滿天地, 如出金石)"라는 말이 있다.

(18) 振履(진리): 신발 끄는 소리를 내다. 이 연은 자신이 병이 나서 송별회에 참석하지 못하고 집에서 혼자 거닐며 노래를 부른다는 말이다.

(19) 覆水(복수): 쏟아진 물. 이 구절은 근래에 자신과 고임이 조정에서 함께 지낸 즐거움을 다시 향유하기는 어려울 것이라는 말이다.

(20) 前言(전언): 앞의 시 〈送顧子敦奉使河朔〉(0990)에서 고임을 두고 한 농담을 가리킨다.

0993. 走筆[1]謝呂行甫[2]惠[3]子魚[4]

붓을 휘둘러 여행보가 숭어를 보내 준 것에 감사한다

臥沙細肋吾方厭,[5]	모래에 누운 늑어는 내가 한창 물렸지만
通印長魚誰肯分.[6]	숭어야 누가 내게 나누어 주려 하리?
好事東平貴公子,[7][8]	그런데 호사가인 동평의 귀공자가
貴人不與與蘇君.[9]	귀인에게 안 주시고 소군에게 주셨네.

[해설]

여희언이라는 사람이 자신에게 귀한 숭어를 보내 주자 그것에 감사는 마음을 전하기 위해 지은 것이다.

[주석]

(1) 走筆(주필): 붓을 휘둘러 빨리 쓰다.

(2) 行甫(행보): 바로 다음 시 〈送呂行甫司門倅河陽〉(0994)에 대한 查愼行의 주에 "여희언은 자가 행보이다. 소식문집 중의 〈잡기〉에 '행보 여희언은 재상 가문의 아들로 다른 사람보다 仁義를 잘 실천했는데 불행하게도 명이 짧았다'라는 말이 있다(呂希彦, 字行甫. 本集〈雜記〉: '呂希彦行甫, 相門子, 行義有過人者, 不幸短命.')"라고 했다.

(3) 惠(혜): 은혜를 베풀다. 다른 사람이 자신에게 물건을 주는 것을 가리킨다.

(4) 子魚(자어): 鯔魚 즉 숭어의 별명.

(5) 細肋(세륵): 준치의 일종인 肋魚를 가리킨다. 李元의 《蠕範·物候》에 "'鰳'은 '勒魚'라고도 하고 '肋

魚'라고도 한다. 준치와 비슷한데 머리가 작고 비늘이 가늘며 배 밑에 단단한 가시가 있다. 언제나 4월에 바다로 가는지라 어부들이 물소리를 듣고 그것을 잡는다(鰳, 勒魚也, 肋魚也. 似鰣, 小首細鱗, 腹下有硬刺. 常以四月至海上, 漁人聽水聲取之)"라고 했다. 이 시는 원우 2년(1087) 4월에 지은 것으로, 이 계절에는 늑어가 많이 잡히기 때문에 실컷 먹을 수 있었다는 말이다.

(6) 通印長魚(통인장어): 숭어. 소식의 시 〈送牛尾貍與徐使君〉(0722)에 "숭어는 뼈가 있어 먹기 귀찮다(通印子魚猶帶骨)"라는 구절이 있는데 통인장어는 바로 통인자어, 즉 제목에서 말한 '子魚'를 가리키는 것으로 보인다. 통인자어는 '鯔魚'·'通應子魚'·'子魚' 등의 다른 이름을 가지고 있다. 王得臣의《麈史·詩話》에 "민중지방(지금의 복건성 일대)의 생선 요리 가운데 가장 진귀한 것이 이른바 자어라고 하는 것이다. 그것은 길이가 일곱 치 내지 여덟 치 되고 너비가 두세 치 정도 되는데 배를 가르면 알이 가득 들어 있다. 겨울철이 한창 맛있을 때이며 포전(지금의 복건성 포전) 영선진이 바로 그것의 산지이다(閩中鮮食最珍者, 所謂子魚者也. 長七八寸, 濶三二寸許, 剖之, 子滿腹. 冬月正其佳時, 莆田迎仙鎭, 乃其出處)"라고 했다. 이 구절은 지금은 숭어가 귀한 계절이기 때문에 좀처럼 얻기 어렵다는 말이다.

(7) 東平(동평): 지금의 산동성 동평.

(8) 貴公子(귀공자): 여희언을 가리킨다.

(9) 蘇君(소군): 소식 자신을 가리킨다.

0994. 送呂行甫[1]司門[2]倅[3]河陽[4]

하양통판으로 나가는 사문낭중 여행보를 전송하며

結交不在久,	교제란 꼭 오래 해야 좋은 것이 아니요
傾蓋如平生.[5]	잠시 수레 붙여 이야기 나눠도 평생 사귄 것 같나니
識子今幾日,	그대를 알게 된 것 이제 며칠 되랴만
送別亦有情.	보내자니 그래도 석별의 정이 있네.
子生公相家,[6]	그대는 고관대작 집안에서 태어나
高義久崢嶸.[7][8]	높고 바른 도리가 오래 우뚝하거니와
天才既超詣,[9][10]	타고난 재주가 탁월한 데다
世故亦屢更.[11][12]	세상일도 여러 차례 경험했지만
譬如追風驥,[13]	비유하자면 추풍이라는 천리마와 같으니
豈免羈與纓.	굴레와 가슴걸이를 어찌 면하리?
念我山中人,	생각건대 이 몸은 산속의 사람이라
久與麋鹿幷.	오래도록 사슴과 어울려서 지냈는데
誤出挂世網,[14]	어쩌다가 잘못 나가 세망에 걸려
擧動俗所驚.[15]	툭하면 세인에게 깜짝깜짝 놀랐나니
歸田雖未果,	귀농을 과감하게 결행하진 못했지만
已覺去就輕.[16]	물러나는 게 별 것 아님은 이미 깨달았다네.
河陽豈云遠,	하양이야 어떻게 멀다 하랴만

出處恐異程.[17] 나가고 머무는 게 다를까 봐 두렵나니
便當從此別,[18] 그대는 여기서 떠나기 쉽겠지만
有酒無徒傾. 나는 술이 있어도 기울일 벗이 없을 것이네.

[해설]

사문낭중 여희언이 하양통판으로 나가는 것을 전송하면서 지은 것으로, 여희언의 인품과 능력을 칭송하고 그가 떠나고 나면 자신이 함께 술 마실 벗이 없어져서 큰일이라고 걱정하는 방법으로 조정을 떠나 하양으로 가는 그를 위로했다.

[주석]

(1) 行甫(행보): 呂希彦의 字. 査愼行의 《蘇詩補註》에 "申國公 여공저(여이간의 셋째 아들)에게 희철·희순 두 아들이 있으므로 여행보는 틀림없이 여이간의 손자요 여공저의 조카일 것이다(按呂申公公著二子希哲·希純, 行甫當是夷簡諸孫, 公著之姪)"라고 했으니, 이름에 '希'자가 들어간 것으로 이렇게 판단한 것 같다. 〈走筆謝呂行甫惠子魚〉(0993) 주 (2) 참조.

(2) 司門(사문): 관직 이름. 《職官分紀》에 "형부 소속으로 사문낭중이 있으니 종6품이다(刑部所屬有司門郎中, 從六品)"라고 했다.

(3) 倅(쉬): 通判이 되는 것을 가리킨다. 통판은 태수의 보좌관이다.

(4) 河陽(하양): 지금의 하남성 孟州.

(5) 傾蓋(경개): 수레용 日傘을 기울인다는 뜻으로 수레를 바짝 붙이고 이야기를 나누는 것을 가리킨다. 《史記·鄒陽傳》에 "속담에 '머리가 허옇게 되도록 사귀어도 처음 사귀는 것 같은 사람이 있고, 지나가다가 수레용 일산을 기울여 붙이고 잠시 얘기를 나누어도 오래 사귄 친구 같은 사람이 있다'라고 했습니다. 어째서 그렇겠습니까? 서로가 상대방을 잘 아느냐 모르느냐의 차이입니다(諺曰: '有白頭如新, 傾蓋如故.' 何則? 知與不知也)"라고 했는데, 司馬貞의 《史記索隱》에 "수레용 일산을 기울여 붙인다는 것은 길을 가다가 서로 만나 수레를 맞대고 이야기를 나누노라면 두 수레의 일산이 가까이 붙은 채 약간 기울어지기 때문에 그렇게 말하는 것이다(傾蓋者, 道行相遇, 軿車對語, 兩蓋相切, 小欹之, 故曰傾)"라고 했다.

(6) 公相家(공상가): 公卿과 재상. 고관대작을 가리킨다. 여희언의 조부 여이간은 송나라 때의 명재상 가운데 한 사람이었다.

(7) 高義(고의): 높고 바른 도리.

(8) 崢嶸(쟁영): 매우 높은 모양.

(9) 旣(기): 다음 구절의 '亦'과 결합하여 '~한 데다 ~하기도 하다'라는 뜻을 이룬다.

(10) 超詣(초예): 탁월한 경지에 이르다.

(11) 世故(세고): 세상일.

(12) 更(경): 겪다.

(13) 追風(추풍): 준마의 이름. 이 연은 아무리 훌륭한 준마라도 말인 이상 굴레와 가슴걸이를 피할 수 없는 것처럼 아무리 뛰어난 인재라도 관계에 진출한 이상 관직에 얽매이지 않을 수 없다는 말이다.

(14) 世網(세망): 세속적인 일로 인하여 생기는 구속이나 근심을 물고기나 새가 그물에 걸리는 것에 비유한 말이다.

(15) 擧動(거동): 툭하면. 걸핏하면.

(16) 去就(거취): 관직을 떠나는 것과 관직으로 나아가는 것. 去留. 進退. 이 구절은 관직을 떠나 전원으로 돌아가는 것과 관직에 남아 있는 것이 모두 輕微한 일이라는 뜻으로 사실상 관직에서 물러나 전원으로 돌아가는 것을 가리킨다.

(17) 出處(출처): 조정에서 지방으로 나가는 것과 조정에 남아 있는 것을 가리킨다. 이 구절은 여희언과 자신이 지방으로 나가는 시기와 조정에 남는 시기가 서로 엇갈려서 함께 지내지 못할까 봐 두렵다는 말이다.

(18) 便當(편당): ~하기 쉽다.

0995. 和張昌言[1]喜雨

비가 내린 것을 기뻐한 장창언의 시에 화답하여

二聖憂勤忘寢食,[2][3]	두 성인이 근심하고 애쓰느라 침식을 잊고
百神奔走會風雲.	뭇 신령이 좇아다니며 바람과 구름을 모은 덕에
禁林夜直鳴江瀨,[4]	밤에 숙직하며 한림원에서 강여울 우는 소리 들었나니
淸洛朝回起縠紋.[5][6]	아침에 돌아올 때 맑은 낙수가 비단 무늬 일으키겠네.
夢覺酒醒聞好句,[7]	꿈도 깨고 술도 깨어 좋은 구절 들었더니
帳空簟冷發餘薰.	텅 빈 휘장 찬 대자리에 남은 훈기가 도네.
秋來定有豐年喜,	가을 되면 틀림없이 풍년의 기쁨이 있을 터
剩作新詩準備君.[8]	새 시를 실컷 지어 그대에게 미리 대비하리.

[해설]

장문이 오래간만에 단비가 내린 것을 기뻐하는 시를 짓자 그것에 화답하여 지은 것이다.

[주석]

(1) 昌言(창언): 張問의 字. 《宋史·張問傳》에 "장문은 자가 창언이며 양양 사람이다(張問, 字昌言, 襄陽人也)"라고 했다.

(2) 二聖(이성): 당시의 황제인 철종과 섭정인 宣仁太后(일명 高太后)를 가리킨다.

(3) 憂勤(우근): 제왕이나 조정 대신들이 나랏일로 근심하고 애쓰는 것을 가리킨다.

(4) 禁林(금림): 翰林院의 별칭.

(5) 淸洛(청락): 맑은 洛水라는 뜻으로 낙수를 끌어들인 汴河를 가리킨다. 〈送杜介歸揚州〉(0976) 주 (4) 참조. 王文誥의 《蘇軾詩集》에 "'아침에 돌아올 때 맑은 낙수가'라고 한 것은 장창언이 사명을 받들고 서경(洛陽)의 원묘에 가서 기도하고 돌아오는 도중에 비가 이미 내렸다는 말이다('淸洛朝回', 謂張昌言奉使往告西京原廟及歸途而雨已作也)"라고 한 바와 같이, 이 구절은 장문이 서경에 갔다 돌아오는 도중 아침에 변하를 지나노라면 무늬 비단 같은 물결이 넘실거릴 것이라는 말이다.

(6) 縠紋(곡문): 무늬 비단의 무늬와 같은 물결을 가리킨다.

(7) 好句(호구): 장문의 시구를 가리킨다. 이 연은 장문의 시에 좋은 말이 많기 때문에 인적이 없어서 쓸쓸하고 비가 내려서 기온이 내려간 방에 있어도 훈훈한 느낌이 든다는 말이다.

(8) 準備(준비): 미리 대비하다. 이 연은 장문이 풍년을 구가하는 시를 많이 지을 것이 뻔하기 때문에 미리 대비하겠다는 말이다.

0996. 次韻劉貢父[1]西省[2]種竹

유공보가 중서성에 대나무를 심은 감회를 노래한 시에 차운하여

要知西掖承平事,[3]	중서성의 태평성사 알고 싶으면
記取劉郎種竹初.[4]	유랑이 막 대나무를 심은 때를 기억하라.
舊德終呼名字外,[5][6]	덕행으로 결국 이름과 자 이외의 호칭으로 부를 테지만
後生誰續笑談餘.[7]	후생 중에 그 누가 담소의 뒤를 이으리?
成陰障日行當見,[8]	그늘을 이루고 해를 가리는 것도 틀림없이 볼 것이고
取筍供庖計已疎.[9]	죽순을 캐어 부엌에 주는 계책도 이미 트였네.
白首林間望天上,	흰머리로 대숲에서 하늘을 쳐다보며
平安時報故人書.[10][11]	때때로 편지로 평안하다고 알리리.

[해설]

친구 유반이 중서성에 대나무를 심고 나서 그 감회를 읊자 그 시에 차운하여 지은 것이다. 그가 심은 대나무가 잘 자라서 짙은 녹음도 이루고 맛있는 반찬거리도 제공할 것이므로 그때가 되면 자신이 하늘나라에 가 있을 유반에게 그 사실을 알려 주겠다고 우스갯소리를 했다.

[주석]

(1) 貢父(공보): 劉攽의 字.

(2) 西省(서성): 中書省의 별칭.

(3) 西掖(서액): 중서성의 별칭.

(4) 劉郞(유랑): 유반을 가리킨다.

(5) 舊德(구덕): 지난날의 덕행. 유반의 덕행을 가리킨다.

(6) 名字(명자): 이름과 자. 《禮記·檀弓上》에 "어릴 때는 이름을 부르고 冠禮를 치르면 자를 부르며, 50세가 되면 형제의 서열로 부르고 죽으면 시호를 부른다(幼名, 冠字, 五十以伯仲, 死謚)"라고 했다. '名字外'는 謚號를 가리키는 것으로 보인다. 소식의 자주에 "옛날에 이공택(李常, 1027-1090)이 관아에 대나무를 심어 놓고 동료들에게 농담하기를 '후세 사람들이 이 대나무를 가리키며 이문정(이상 자신을 가리키면서 동시에 붓 제조 기술자 이문정도 가리키는 중의적 표현이다)이 손수 심은 것이라고 할 것이네'라고 하자 유공보(유반)가 웃으면서 말하기를 '이문정은 붓을 만들 뿐 아니라 대나무도 심을 줄 아는군요'라고 했다. 당시 이문정이라는 筆工이 있었다(昔李公擇種竹館中, 戱語同舍: '後人指此竹, 必云李文正手植.' 貢父笑曰: '文正不獨繫筆, 亦知種竹耶.' 時有筆工李文正)"라고 했다. 소식의 자주와 이 구절을 근거로 유추해 보면 이상은 자기가 죽은 뒤에 문정이라는 시호를 받을 것으로 기대한 것 같다.

(7) 笑談(담소): 유반이 이상에게 한 농담을 가리킨다. 주 (6) 참조. 이 연은 유반도 이상만큼 훌륭한 문인이라 죽은 뒤에 그에 걸맞은 시호로 불리겠지만 유반이 이상에게 한 것과 같은 농담은 할 사람이 없을 것이라는 뜻으로, 후반 네 구절에서 우스갯소리를 한 이유를 설명한 것이다.

(8) 行當(행당): 응당. 으레.

(9) 供庖(공포): 요리할 수 있도록 부엌에 제공한다는 말이다.

(10) 平安(평안): 《酉陽雜俎》에 "이위공이 말하기를 북도에는 동자사에만 대나무 한 무더기가 있는데 겨우 몇 자밖에 안 자란지라 공이 관리하는 승려에게 날마다 대나무가 평안한지를 보고하게 했다고 했다(李衛公言: 北都惟童子寺, 有竹一窠, 才長數尺, 公令其綱維, 每日報竹平安)"라는 말이 있는데, 소식의 자주에 "이위공이 말한 북도 동자사의 대나무는 승려가 날마다 평안한지를 보고했다(李衛公北都童子寺竹, 寺僧日報平安)"라고 했다.

(11) 故人書(고인서): 유반의 친구인 소식 자신의 편지라는 뜻이지만 사실상 편지가 아니라 하늘을 올려다보며 큰 소리로 이미 죽어서 천당에 가 있는 유반을 향해 외치는 것을 가리킨다.

0997. 偶與客飮, 孔常父[1]見訪[2], 方設席延請, 忽上馬馳去, 已而[3]有詩, 戲用其韻答之

우연히 손님과 함께 술을 마시고 있을 때 공상보가 나를 찾아왔기에 막 자리를 마련하고 맞아들였더니 홀연히 말을 타고 달려가 버렸다가 얼마 안 있어서 시를 지어 보낸지라 장난삼아 그 운자를 써서 화답한다

揚雄他文不皆奇,[4]	양웅의 다른 글은 다 멋진 게 아니지만
獨稱觀甁居井眉.[5]	병이 우물가에 있는 것을 본다는 말만은 칭송받네.
酒客法士兩小兒,[6][7]	술꾼이나 예법 아는 선비나 둘 다 어린애거늘
陳遵張竦何曾知.[8][9]	진준과 장송의 일을 어찌 안 적 있으리오?
主人有酒君獨辭,[10]	주인에게 술 있는데 그대만은 사양하니
蟹螯何不左手持.[11]	어찌하여 왼손으로 게 발을 안 잡는가?
豈復見吾衡氣機,[12]	나의 평온한 상태를 어찌 다시 봤으리오?
遣人追君君絶馳.[13]	사람을 보내 쫓았으나 그대는 급히 달려갔네.
盡力去花君自癡,[14]	힘껏 꽃을 떠났으니 그대는 절로 바보
醍醐與酒同一巵,[15]	제호나 술이나 마찬가지로 한 잔이거니
請君更問文殊師.[16]	어느 게 나은지 문수에게 다시 물어보시오.

[해설]

어떤 손님과 함께 술을 마시고 있을 때 공무중이 찾아온지라 그를 맞아들여 더 큰 술자리를 마련했는데 그가 갑자기 말을 타고 가 버리는 황당한 일이 벌어졌다. 그런데 얼마 안 있으니까 그가 시를 지어 보내왔다. 이에 그 시에 차운하여 농담조로 그의 태도를 나무란 것이다. 시의 내용으로 보건대, 먼저 온 손님이 공무중과의 합석을 좀 싫어하는 것 같은 눈치를

주자 공무중이 얼른 자리를 피해 주었는데 소식이 두 사람의 태도를 모두 나무란 것일 가능성이 있다.

[주석]

(1) 常父(상보): 孔武仲의 字. 〈見子由與孔常父唱和詩, 輒次其韻……〉(0980) 주 (2) 참조.
(2) 見訪(견방): 나를 방문하다. 〈次韻葉致遠見贈〉(0820) 주 (2) 참조.
(3) 已而(이이): 오래지 않아. 이윽고.
(4) 揚雄(양웅): 漢나라 때의 문인.
(5) 觀甁居井眉(관병거정미): 병이 우물가에 놓여 있는 것을 보다. 《漢書·陳遵傳》에 "이보다 먼저 황문랑 양웅이 〈주잠〉을 지어 성제를 풍간했는데 그 글에 한 술꾼이 예법을 잘 지키는 선비를 물건에 빗대어 비난하기를 '당신은 병과 같소이다. 병이 우물가에 놓여 있는 것을 보면 높은 곳에 자리하고 깊은 곳에 임해 있어 움직이면 항상 위험이 뒤따르지요……'라고 했다(先是, 黃門郎揚雄作〈酒箴〉以諷諫成帝, 其文爲酒客難法度士, 譬之於物, 曰: '子猶甁矣. 觀甁之居, 居井之眉, 處高臨深, 動常近危.……')"라는 말이 있다. 그러자 애주가인 진준이 이 말을 매우 좋아하여 張竦에게 늘 "나와 그대가 이와 같소이다. 그대는 경서를 읽고 자기 일신을 힘들게 하며 제약을 가하여 감히 실수를 하지 못하지만, 나는 마음대로 방자하게 굴며 세상에 굴러다니는데도 관작과 공명이 그대에 뒤지지 않으며 그러고도 유독 즐겁게 지내니 그대보다 낫지 않소?(吾與爾猶是矣. 足下諷誦經書, 苦身自約, 不敢差跌, 而我放意自恣, 浮湛俗間, 官爵功名, 不減於子, 而差獨樂, 顧不優邪?)"라고 했다.
(6) 法士(법사): 예법을 중시하는 선비. 《한서·진준전》에서 말한 '法度士'를 가리킨다.
(7) 小兒(소아): 사람을 멸시하는 말이다.
(8) 陳遵(진준): 그는 술을 너무나 좋아하여 잔치가 벌어지는 날이면 늘 대문을 잠글 뿐만 아니라 손님들에게서 수레의 비녀장을 빼앗아 우물 속에 던져 버리기 때문에 설사 급한 일이 있어도 돌아갈 수가 없게 했다.(《한서·진준전》 참조)
(9) 張竦(장송): 주 (5) 참조. 이 연은 제목에서 말한 '客'과 '孔常父'가 둘 다 소인배라는 뜻의 농담으로, 술 좋아하는 진준이 양웅의 〈주잠〉을 보고 예법을 중시하는 장송에게 술이나 즐기며 초연하게 살 것이지 너무 예법에 얽매여 살 필요가 없다고 농담한 일을 알았다면 '客'과 '孔常父'가 둘 다 그렇게 행동하지 않았을 것이라는 뜻인 것 같다.
(10) 主人(주인): 소식 자신을 가리킨다.
(11) 蟹螯(해오): 게의 집게발. 술안주를 가리킨다. 《晉書·畢卓傳》에 "필탁이 일찍이 다른 사람에게 말하기를 '……오른손에는 술잔을 들고, 왼손에는 게의 집게발을 들지요'라고 했다(卓嘗謂人曰: '……右手持酒杯, 左手持蟹螯.')"라는 기록이 있다.
(12) 衡氣機(형기기): 기운을 平靜하게 하는 機微. 《莊子·應帝王》에 "호자가 말하기를 '내가 좀 전에 그에게 텅텅 비어서 勝負를 초월한 경지, 즉 태충막승의 경지를 보여주었으니, 이 사람이 아마도 나

의 기운을 평정하게 하는 기미를 보았을 것이다'라고 했다(壺子曰: '吾鄕示之以太沖莫勝, 是殆見吾衡氣機也.')"라는 말이 있다. 이 구절은 공무중이 소식이 정신을 차릴 때까지 기다리지 않고 가 버렸다는 말이다.

(13) 絶馳(절치): 빠른 속도로 내달리다.

(14) 去花(거화): 꽃에게서 떠나가다. 査愼行의 《蘇詩補註》에 부기되어 있는 공무중의 원시에 "얼굴이 복숭아꽃과 같은 두 시녀, 성명을 물었더니 자기도 모른다네(顔如桃花兩侍兒, 問其姓名不自知)"라는 구절이 있는 것을 보면, 꽃이란 바로 소식이 공무중을 위해 마련한 술자리에서 시중드는 두 시녀를 가리키는 것으로 보인다. 그리고 떠나갔다는 것은 제목에서 말한 "홀연히 말을 타고 달려가 버린" 것을 가리킨다.

(15) 醍醐(제호): 牛酪 위에 엉겨 있는 기름같이 생긴 액체. 흔히 맛있는 술을 비유하는데 불교에서는 佛性을 비유하기도 한다. 《大般涅槃經·聖行品》에 "비유하자면 소에게서 우유가 나오고, 우유에서 우락이 나오고, 우락에서 날연유가 나오고, 날연유에서 익힌 연유가 나오고, 익힌 연유에서 제호가 나오기 때문에 제호가 최상인 것과 같다(譬如從牛出乳, 從乳出酪, 從酪出生酥, 從生酥出熟酥, 從熟酥出醍醐, 醍醐最上)"라는 말이 있다.

(16) 文殊師(문수사): 文殊師利. 문수보살. 석가모니여래의 왼쪽에 있는, 諸佛의 지혜를 맡은 보살. 마지막 세 구절은 불성에 비유되기도 하는 좋은 술 제호든 보통의 술이든 마시면 취하기는 마찬가지인데 미인과 함께 한잔 마실 기회를 박차고 가 버린 것이 과연 현명한 행동이었는지 어떤지 지혜의 보살인 문수사리에게 물어보라는 말이다.

0998. 次韻子由(1)書李伯時(2)所藏韓幹(3)馬

이백시가 소장한 한간의 말 그림에 쓴 자유의 시에 차운하여

潭潭古屋雲幕垂,(4)(5)	깊숙한 고가에는 구름 장막 드리웠고
省中文書如亂絲.(6)(7)	중서성 안엔 문서가 난마같이 얽혔는데
忽見伯時畫天馬,(8)	갑자기 눈에 뜨인 이백시의 천마도
朔風胡沙生落錐.(9)(10)	붓 댄 곳에 북풍 속의 오랑캐 모래가 생기네.
天馬西來從西極,(11)	저 멀리 서쪽 끝에서 들어온 천마
勢與落日爭分馳.(12)	석양을 등지고 다투어 달려온 그 기세
龍膺豹股頭八尺,	용 가슴과 표범 다리에 머리가 여덟 자인데
奮迅不受人間羈.(13)	인간 세상의 구속을 안 받고 빨리 달리니
元狩虎脊聊可友,(14)(15)	원수 때의 호랑이 등이나 그런대로 벗할 뿐
開元玉花何足奇.(16)(17)	개원 때의 옥화총이야 어찌 기이해하기에 충분하랴?
伯時有道眞吏隱,(18)	백시는 도가 있어 참으로 관직 속에 은거하며
飮啄不羨山梁雌.(19)(20)	마시고 먹음에 산속의 꿩을 부러워하지 않는 터라
丹靑弄筆聊爾耳,(21)(22)	붓을 놀려 그림 그리며 이렇게 지낼 뿐이지만
意在萬里誰知之.	생각이 만 리 밖에 있는 줄을 누가 알랴?
幹惟畫肉不畫骨,(23)	"한간은 살만 그리고 기골은 그리지 않았다" 하니
而況失實空留皮.	하물며 실질은 놓치고 거죽만 남겼다는 생각이랴!
煩君巧說腹中事,(24)	그러니 그대여 솜씨 좋게 마음속의 일을 말하여

妙語欲遣黃泉知.[25][26]	묘한 말을 황천에 알려 주기 바라네.
君不見	그대는 보지 못했는가
韓生自言無所學,[27]	한 선생이 스스로 말하기를 “배운 데는 없지만
廐馬萬匹皆吾師.	마구간의 말 만 필이 모두 제 스승이지요” 하는 것을?

[해설]

동생 소철이 이공린이 소장하고 있는 당나라 화가 한간의 말 그림에 〈한간이 그린 말 세 마리(韓幹三馬)〉라는 제화시(題畫詩)를 쓰자 그 시에 차운하여 지은 것으로, 이공린이 그린 〈천마도〉의 내용을 구체적으로 설명한 후 이공린의 인품을 칭송하고 끝으로 한간의 그림에도 화가의 속마음이 드러나 있다고 평했다.

[주석]

(1) 子由(자유): 소식의 동생 蘇轍의 字.

(2) 伯時(백시): 북송 때의 유명한 화가 李公麟의 字. 그는 南唐 先主 李昪의 손자로, 龍眠山에 은거하며 자호를 용면거사라고 했다.

(3) 韓幹(한간): 唐나라 때의 유명한 화가. 《歷代名畫記》에 “한간은 대량 사람이다. 상서우승 왕유가 그의 그림을 보고 마침내 그를 추천하여 벼슬이 태부시승에 이르렀다. 사람과 동물의 모습을 잘 묘사했으며 특히 말을 잘 그렸다(韓幹, 大梁人. 王右丞維見其畫, 遂推獎之, 官至太府寺丞. 善寫貌人物, 尤工鞍馬)”라고 했고, 《名畫錄》에 “한간은 천보(742-755) 연간에 황제의 부름을 받아 궁중으로 들어가서 전속 화가가 되었는데 그는 비황의 자질을 형상화할 줄 알고 옥 같은 침을 내뿜는 힘센 말의 기이한 모습을 그려낼 줄 알았다. 개원(713-741) 이후 외국의 명마가 남방에서 자주 들어오자 현종이 그 가운데 빼어난 것을 골라 중국의 준마와 함께 주어 그리게 했다. 진굉이 앞에서 그리고 한간이 뒤에서 이어서 그려 악와의 형상을 묘사하면 그것이 물속에 서 있는 것 같고 요뇨의 형상을 종이 위에 옮겨 놓으면 그것이 그림에서 튀어나왔으니 한간이 신품의 지위를 차지하는 것은 당연하다(幹, 天寶中召入供奉, 能狀飛黃之質, 圖噴玉之奇. 開元後, 外國名馬重譯累至, 明皇擇其良者, 與中國之駿同頒, 盡寫之. 陳閎貌之於前, 韓幹繼之於後, 寫渥洼之狀, 若在水中, 移騕褭之形, 出於圖上, 故幹居神品宜矣)”라고 했다. 소식에게 한간의 말 그림을 읊은 시 〈書韓幹牧馬圖〉(0472)와 〈韓幹馬十四匹〉(0504)이 있다.

(4) 潭潭(담담): 깊고 넓은 모양.

(5) 雲幕(운막): 구름처럼 가볍고 부드러운 장막. 이 구절은 中書省의 외부 모습을 묘사한 것이다.

(6) 省中(성중): 중서성 내부를 가리킨다.

(7) 亂絲(난사): 어지럽게 얽힌 실. 뒤죽박죽으로 얽히고설킨 물건을 가리킨다.

(8) 天馬(천마): 준마의 미칭.

(9) 胡沙(호사): 서쪽 또는 북쪽에 있는 오랑캐 거주 지역의 모래.

(10) 錐(추): 털을 묶어서 송곳처럼 뾰족하게 만든 붓을 흔히 毛錐라고 한다. 이 연은 이공린의 그림 속에 말과 더불어 뿌연 먼지가 그려져 있다는 말이다.

(11) 西極(서극): 서쪽 끝. 大宛國을 가리킨다. 《史記·樂書》에 "일찍이 악와수에서 신마를 얻은 적이 있어 또 〈태일지가〉를 지었고,……나중에 대완을 정벌하고 포초라는 천리마를 얻은지라 또 노래를 지어 '천마가 왔도다 서쪽 끝에서, 만 리를 지나 덕 있는 나라에 귀의했도다'라고 했다(嘗得神馬渥洼水中, 復次以爲〈太一之歌〉.……後伐大宛得千里馬, 馬名蒲梢, 次作以爲歌. 歌詩曰: '天馬來兮從西極, 經萬里兮歸有德.')"라는 기록이 있다.

(12) 分馳(분치): 서로 반대 방향으로 달리다. 이 연은 천마는 서쪽에서 동쪽으로 달려왔고 해는 동쪽에서 서쪽으로 달려간다는 말이다.

(13) 人間羈(인간기): 세상의 굴레. 수레를 끄는 일이나 사람을 태우는 일 등의 세속적인 구속을 가리킨다.

(14) 元狩(원수): 한나라 무제의 연호(기원전 122-117). 《漢書·禮樂志》에 한나라 때의 〈郊祀歌〉 19章 가운데 제10장인 〈天馬〉 其一에 대해서는 "원수 3년(기원전 120)에 악와수에서 천마가 탄생했을 때 지었다(元狩三年馬生渥洼水中作)"라고 설명해 놓았고, 其二에 대해서는 "태초 4년(기원전 101)에 대완국의 왕을 죽이고 대완국의 말을 얻었을 때 지었다(太初四年誅宛王獲宛馬作)"라고 했다.

(15) 虎脊(호척): 원래 호랑이처럼 생긴 준마의 털색을 가리켰는데 나중에 준마를 가리키는 말로 쓰이게 되었다. 한나라 때의 〈郊祀歌〉 19章 가운데 제10장인 〈天馬〉 其二에 "천마가 왔네. 샘물에서 나왔네. 호랑이 등 같은 털이 양쪽에 있는데, 변화무상하기가 귀신과 같네(天馬徠, 出泉水, 虎脊兩, 化若鬼)"라는 구절이 있다.

(16) 開元(개원): 당나라 현종의 연호(713-741).

(17) 玉花(옥화): 玉花驄. 당나라 현종이 타던 준마의 이름. 杜甫의 시 〈丹青引〉에 "선황제가 타시던 천마 옥화총, 화가들이 산 같건만 모습이 같지 않네(先帝天馬玉花驄, 畫工如山貌不同)"라는 구절이 있다.

(18) 吏隱(이은): 관직을 맡고 있으면서 정신적으로 은자처럼 지내는 것을 가리킨다.

(19) 飮啄(음탁): 물을 마시고 모이를 쪼다.

(20) 山梁雌(산량자): 먹이에 연연하지 않고 심상치 않은 기미가 보이기만 하면 즉시 떠나 버린 '山梁雌雉'를 가리킨다. 《論語·鄕黨》에 "꿩들은 자로가 수상한 표정을 지으면 곧 날아올라 하늘에서 빙빙 돈 뒤에 다시 내려와 앉았다. 이것을 보고 공자께서 '산속 다리목의 암꿩들은 때를 잘 타는구나 때를 잘 타!'라고 하시자 자로가 꿩을 잡아 가지고 구워서 바쳤더니, 세 번 냄새를 맡고는 일어나서 가 버리셨다(色斯擧矣, 翔而後集. 曰: '山梁雌雉, 時哉時哉!' 子路共之, 三嗅而作)"라는 말이 있다. 이 구절은 이공린이 비록 관직을 떠나지는 않았지만 결코 관직에 연연하지 않고 은자 못지않게 초

연하게 산다는 말이다.

(21) 丹青(단청): 그림 그리는 데 쓰는 안료. 그림 그리는 일을 가리킨다.

(22) 聊爾耳(요이이): 아쉬운 대로 이와 같을 뿐이다. 이 연은 이공린이 비록 그림이나 그리고 있을 뿐이지만 가슴속에 품고 있는 뜻은 매우 원대하다는 말이다.

(23) 畫骨(화골): 내면에 지니고 있는 남다른 기개를 그려 내는 것을 가리킨다. 두보의 시 〈丹青引〉에 "한간은 살만 그리고 뼈는 그리지 않아, 준마의 기개가 사라지게 하지요(幹惟畫肉不畫骨, 忍使驊騮氣凋喪)"라는 구절이 있다. 《宣和畫譜·小馬圖》에 "소위 '한간은 살만 그리고 기골은 그리지 않았다'라는 것은 바로 展子虔과 鄭法士의 화풍을 떨쳐 버렸을 뿐만 아니라 스스로 일가의 고묘한 경지를 이룬 것이다(所謂'幹唯畫肉不畫骨'者, 正以脫落展·鄭之外, 自成一家之妙也)"라고 한 바와 같이, 이 연은 한간의 그림에 대한 世評을 인용한 것이다.

(24) 煩君(번군): 그대를 번거롭게 하다. 蘇轍에게 요청한다는 말이다.

(25) 妙語(묘어): 소철의 原詩인 〈韓幹三馬〉에 "화공 한간이 어떻게 도를 알았으랴만, 말을 그릴 때 거죽만 그리지 않았다네. 말 세 마리 그린 것은 마음속의 일이니, 세상을 탓하려는 것 같건만 아는 이가 없었네. 백시가 한 번 보곤 말을 않고 웃더니, 한간은 화공이 아니라고 내게 말했네(畫師韓幹豈知道, 畫馬不獨畫馬皮. 畫出三馬腹中事, 似欲譏世人莫知. 伯時一見笑不語, 告我韓幹非畫師)"라는 구절이 있는바, '妙語'는 이 말을 가리킨다. 이상의 네 구절은 지금까지 한간은 말을 그릴 때 살만 그리고 기골은 그리지 않는다는 평가를 받아 왔는데 이공린과 소철에 의해 처음으로 한간이 말 그림을 통하여 자신의 속마음을 표현한 의식 있는 화가라고 인정받았으니 이 사실을 한간에게 알려 주기 바란다는 말이다.

(26) 黃泉(황천): 죽어서 황천에 묻혀 있는 사람, 즉 한간을 가리킨다.

(27) 無所學(무소학): 가르침을 받은 스승이 없다는 말이다. 《唐朝名畫錄·神品下七人》에 "저에게는 본래 스승이 있으니 폐하의 마구간에 있는 말이 모두 저의 스승입니다(臣自有師, 陛下內廐之馬, 皆臣之師也)"라는 한간의 말이 있다.

0999. 次韻劉貢父[(1)]獨直省[(2)]中

유공보가 중서성에서 홀로 숙직하는 감회를 읊은 시에 차운하여

明窗畏日曉先暾,[(3)]	밝은 창의 무서운 해가 새벽에 먼저 뜨나니
高柳鳴蜩午更喧.	높은 버들의 매미가 한낮이면 더욱 요란하겠네.
筆老詩新疑有物,[(4)]	필치가 노련해 영물이 있는 듯 시가 참신하나니
心空客疾本無根.[(5)(6)]	마음이 비어 병이 본래 뿌리 내릴 곳 없겠네.
隔牆我亦眠風榻,[(7)]	담 너머에 있는 나도 바람 부는 평상에서 자나니
上馬君先鎖月軒.[(8)]	말에 오른 그대가 먼저 달 아래 창을 잠갔겠네.
共喜早歸三伏近,[(9)]	삼복 가까울 때 일찍 돌아가는 걸 함께 기뻐하나니
解衣盤礴亦君恩.[(10)]	옷 벗은 채 다리 뻗고 앉는 것도 임금님의 은혜라네.

[해설]

친구 유반이 중서성에서 숙직하는 감회를 읊은 시를 지어서 소식에게 보내자 그 시에 차운한 것이다.

[주석]

(1) 貢父(공보): 劉攽의 字.

(2) 省(성): 中書省을 가리킨다.

(3) 畏日(외일): 무서운 태양. 여름에는 날씨가 무더워서 해 나오는 것이 무섭기 때문에 여름철의 해를

가리킨다.

(4) 有物(유물): 영험한 물건이 있어서 유반으로 하여금 시를 잘 쓰게 했다는 말이다.

(5) 心空(심공): 마음이 청정하고 욕심이 없다는 말이다.

(6) 客疾(객질): 외재적 요인으로 인하여 생기는 질병. 질병을 가리킨다. 이상의 네 구절은 유반이 원시에서 날씨가 너무 더워서 아무 일도 하고 싶은 마음이 없고, 따라서 시도 잘 안 지어진다고 불평한 것에 화답한 것인 것 같다.

(7) 風榻(풍탑): 바람이 잘 통하는 곳에 있는 길고 좁은 평상. 이 연은 소식과 유반이 각자 翰林院과 중서성에서 숙직하는 모습을 묘사한 것이다.

(8) 月軒(월헌): 유반이 숙직하는, 창이 많은 건물을 가리킨다.

(9) 三伏(삼복): 여름 중에서도 가장 더울 때인 초복·중복·말복의 통칭.

(10) 盤礴(반박): 두 다리를 쭉 뻗고 편안하게 앉다. 이 연은 밤에 숙직한 후 더워지기 전에 아침 일찍 퇴청하여 무더운 낮에는 집에서 편안하게 쉬는 즐거움을 누린다는 말이다.

1000. 軾以去歲春夏, 侍立邇英[1], 而秋冬之交, 子由[2]相繼入侍, 次韻絶句四首, 各述所懷

나는 작년 봄과 여름에 이영각에서 임금님을 모셨는데 가을과 겨울 사이에 자유가 뒤를 이어 입시하게 되었기에 차운으로 절구 네 수를 지어 각각 회포를 토로한다

其一

瞳曈日脚曉猶清,[3] 반짝반짝 햇발은 새벽이라 아직 시원했는데
細細槐花暖欲零. 작디작은 홰나무 꽃은 따뜻한데도 떨어지려 했네.
坐閱諸公半廊廟,[4][5] 앉아서 책 보던 공들이 조정의 절반인데
時看黃色起天庭.[6][7] 당시에 그들의 미간에 노란색이 생긴 걸 보았네.

其二

上尊初破早朝寒,[8] 상준주로 먼저 아침의 한기를 물리치고
茗盌仍需講舌乾.[9] 찻잔으로 또 강론하느라 마른 혀를 적셨네.
陛楯諸郎空雨立,[10] 계단 밑의 창잡이들은 그저 빗속에 서 있을 뿐이라
故應慚悔不儒冠.[11] 유관을 안 쓴 것을 창피해하며 뉘우쳤을 것이네.

其三

兩鶴摧頹病不言,[12][13] 학 두 마리가 꺾이고 다쳐도 병들어 울지 못했는데
年來相繼亦乘軒.[14] 연래에는 전후하여 초헌도 탔네.

誤聞九奏聊飛舞,(15)　착오로 인해 아홉 곡조 들으며 날면서 춤을 추고
可得徘徊爲啄呑.(16)(17)(18)　배회하며 먹이를 쪼고 삼킬 수 있게 됐네.

其四

微生偶脫風波地,(19)(20)　미천한 사람이 어쩌다가 풍파의 땅에서 벗어났건만
晚歲猶存鐵石心.(21)　만년에도 아직까지 철석같은 마음이 남았으니
定似香山老居士,(22)(23)　틀림없이 향산의 나이 많은 거사처럼
世緣終淺道根深.(24)　속연은 아무래도 얕고 도의 뿌리는 깊은가 보네.

[해설]

자신과 동생 소철이 전후하여 이영각에서 황제에게 경서를 강론하는 시강관이 되었을 때 그 감회를 노래한 것이다. 제1수에서는 시강관 출신 가운데 조정에서 중책을 맡은 훌륭한 인재가 많다는 말로 동생에게 자부심을 심어 주었고, 제2수에서는 강론하는 과정을 서술하면서 시강관이 된 것에 대한 긍지를 표출했으며, 제3수에서는 자기 형제가 조정에서 후한 대우를 받으며 살게 된 것을 다행으로 여겼고, 제4수에서는 어렵사리 폄적지에서 조정으로 돌아왔음에도 불구하고 은일의 의지가 식지 않았음을 표명했다.

[주석]

(1) 邇英(이영): 邇英閣. 북송 때 侍講官이 황제에게 경서를 강론하던 殿閣으로 邇英殿이라고도 했다. 《汴京宮室考》에 "이영각은 숭정전 서남쪽에 있으니 아마도 시신들이 책을 읽고 강론하던 곳이었을 것이다(邇英閣在崇政殿西南, 蓋侍臣讀講之所也)"라고 했고, 范鎭의 《東齋記事》에 "숭정전 서쪽에 연의각이 있으니 남향이고 영양문 북쪽에 이영각이 있으니 동향인데, 모두 책을 읽고 강론하던 곳이다(崇政殿之西, 有延義閣, 南向; 迎陽門之北, 有邇英閣, 東向, 皆講讀之所也)"라고 했다.
(2) 子由(자유): 소식의 동생 蘇轍의 字.
(3) 曈曈(동동): 해가 막 떠서 점점 밝아지는 모양. 이 구절은 해가 막 뜬 상태라 아직까지 별로 덥게 느껴지지 않았다는 말이다.
(4) 諸公(제공): 소식의 자주에 "복야 여공, 문하시랑 한공, 우승상 유공은 모두 侍講하는 자리로부터 크게 쓰였다(僕射呂公·門下韓公·右丞劉公, 皆自講席大用)"라고 했는데, 馮應榴의 《蘇軾詩集合注》에 "여공저·한유·유지를 가리킨다(指呂公著·韓維·劉摯也)"라고 했다.

(5) 廊廟(낭묘): 조정.

(6) 黃色(황색): 기뻐하는 얼굴빛을 가리킨다. 韓愈의 시 〈鄆城晚飲奉贈副使馬侍郎及馮李二員外〉에 "성 위의 붉은 구름은 승리의 기운을 드러내고, 양미간의 노란색은 돌아갈 기약을 보여 준다(城上赤雲呈勝氣, 眉間黃色見歸期)"라는 구절이 있다.

(7) 天庭(천정): 양미간을 가리킨다.

(8) 上尊(상준): 상준주 즉 상등의 술을 가리킨다. 《漢書·平當傳》에 "상준주 열 섬(上尊酒十石)"이라는 말이 있는데 이에 대한 顔師古의 주에 如淳의 말을 인용하여 "법령에 의하면 쌀 한 말을 빚어서 술 한 말을 얻은 것이 상준이고, 기장 한 말을 빚어서 술 한 말을 얻은 것이 중준이며, 조 한 말을 빚어서 술 한 말을 얻은 것이 하준이다(律, 稻米一斗得酒一斗爲上尊, 稷米一斗得酒一斗爲中尊, 粟米一斗得酒一斗爲下尊)"라고 했다.

(9) 茗盌(명완): 차를 담은 주발. 《石林燕語》에 "지금은 강독관이 막 들어가면 다들 앉아 있는 상태에서 차를 하사한다. 다만 강론을 할 때는 강독관이 책상으로 나아가 서서 강론하며 끝나고 나서 다시 자리로 가면 탕을 하사하는데 그러면 물러난다. 시독도 이와 같이 한 것은 아마 건흥(1022) 연간의 제도일 것이다(今講讀官初入, 皆坐, 賜茶. 唯當講, 官起就案, 立講, 畢復就坐, 賜湯而退. 侍讀亦如之, 蓋乾興之制也)"라고 했다.

(10) 陛楯諸郎(폐순제랑): 계단 밑에서 창을 들고 호위하는 근위병들을 가리킨다. 秦始皇이 술자리를 벌여 놓았는데 갑자기 비가 오는 바람에 계단 밑에서 창을 들고 호위하던 병사들이 다들 옷이 축축하게 젖은 채 추위에 떨고 있었다. 난쟁이 藝人인 優旃이 그들을 애처롭게 여기며 陛楯郎이라고 불렀다.(《史記·滑稽傳》 참조)

(11) 儒冠(유관): 유생들이 쓰던 관.

(12) 兩鶴(양학): 두 마리의 학. 자신과 소철을 가리킨다.

(13) 摧頹(최퇴): 꺾이고 무너지다. 자신이 黃州(지금의 호북성 黃岡市 黃州區)로 유배 가고 소철이 監筠州鹽酒稅로 좌천된 일을 가리킨다.

(14) 乘軒(승헌): 軺軒을 타다. 임금에게 총애받는 것을 가리킨다. 춘추시대에는 大夫만이 초헌을 탈 수 있었는데 衛나라 懿公은 학을 워낙 좋아하여 자기 초헌에 학을 태웠다.(《左傳·閔公二年》 참조)

(15) 九奏(구주): 의례를 거행할 때 아홉 곡조를 연주하는 것을 가리킨다. 《史記·樂書第二》에 "사광은 부득이하여 거문고를 당겨서 탔다. 첫 번째 곡조를 연주하자 현학 열여섯 마리가 낭문에 내려와 앉고 두 번째 곡조를 연주하자 목을 빼고 울면서 날개를 펴고 춤을 추었다(師曠不得已, 援琴而鼓之. 一奏之, 有玄鶴二八集乎廊門; 再奏之, 延頸而鳴, 舒翼而舞)"라는 말이 있다. 《書經·益稷》에 "〈소소〉를 아홉 곡 연주하자, 봉황이 나와서 춤추었다(〈簫韶〉九成, 鳳皇來儀)"라는 말이 있는데 이에 대한 孔安國의 傳에 "완비된 음악을 아홉 곡 연주하여 봉황을 부르는 것이다(備樂九奏而致鳳凰)"라고 했다.

(16) 可得(가득): ~할 수 있다.

(17) 徘徊(배회): 古詩 〈豔歌何嘗行〉에 "오 리마다 한 번씩 되돌아보고, 육 리마다 한 번씩 배회하누나

(五里一反顧, 六里一徘徊)"라는 구절이 있다.

(18) 啄呑(탁탄): 쪼아 먹기도 하고 삼키기도 하다. 鮑照의 시 〈昇天行〉에 "언제나 너희와 함께, 썩은 것도 쪼아 먹고 비린 것도 함께 삼킬까?(何時與爾曹, 啄腐共呑腥?)"라는 구절이 있다. 이 연은 자기 형제가 분에 넘치는 대우를 받으며 잘 지낸다는 말이다.

(19) 微生(미생): 미천한 인생. 자기 형제를 가리킨다.

(20) 風波地(풍파지): 貶謫地를 가리킨다.

(21) 鐵石心(철석심): 철석같이 굳고 단단한 심장. 이 연은 폄적지에서 조정으로 돌아와 순탄한 삶을 살고 있는데도 불구하고 전원으로 돌아가 은거하고 싶은 마음은 변함없이 견고하다는 말이다.

(22) 定(정): 틀림없이.

(23) 香山(향산): 하남성 洛陽의 남쪽에 있는 산. 白居易는 만년에 이 산에 은거하며 자호를 향산거사라고 했다.

(24) 世緣(세연): 속세와의 인연.

1001. 送宋構[1]朝散[2]知彭州[3]迎侍二親[4]

팽주지주를 지내면서 양친을 모시러 가는 조산대부 송구를 전송하며

東來誰迎使君車,[5]	동쪽에서 올 때 누가 태수의 수레를 맞이할까?
知是丈人屋上烏.[6]	어르신 지붕 위의 까마귀인 줄 알겠네.
丈人今年二毛初,[7]	어르신은 올해 반백이 되기 시작하셨는데
登樓上馬不用扶.	누각에 오르고 말을 타실 때 부축할 필요 없네.
使君負弩爲前驅,[8][9]	태수께서 쇠뇌를 지고 선봉이 될 것이니
蜀人不復談相如.[10]	촉인들이 사마상여를 더 이상 말하지 않으리.
老幼化服一事無,[11]	노소가 다 교화되어 일이 하나도 없고
有鞭不施安用蒲.[12]	채찍은 있어도 때리지 않으니 부들을 어디에 쓰리?
春波如天漲平湖,	잔잔한 호수에 물이 불어 봄 물결이 하늘 같고
鞓紅照坐香生膚.[13]	정홍이 자리를 비춰 살갗에 향이 나겠네.
絭鞲上壽白玉壺,[14]	소매 걷고 깍지 낀 채 백옥 병으로 장수를 빌며
公堂登歌鳳將雛.[15][16][17]	관청의 전당에 올라 〈봉장추〉를 부르리.
諸孫歡笑爭挽鬚,	손자들은 좋아서 웃으며 다투어 수염을 당기고
蜀人畫作西湖圖.[18]	촉지방 사람들은 서호도를 그리리.

[해설]

고향에 계시는 부모님을 봉양하기 위해 성도의 이웃 고을인 팽주의 지주로 나가는 송

구를 전송하면서 지은 것으로, 고향에서 부모님을 모시고 선정을 베풀며 지내는 송구의 태평한 생활을 상상하여 노래했다.

[주석]

(1) 宋構(송구): 王十朋의 《百家註分類東坡先生詩》에 "송구는 자가 승지이며 성도 사람이다(構, 字承之, 成都人)"라고 했다.

(2) 朝散(조산): 朝散大夫.

(3) 彭州(팽주): 지금의 사천성 彭縣. 남쪽으로 成都府와 경계를 맞대고 있었다.

(4) 二親(이친): 부친과 모친. 양친.

(5) 使君(사군): 태수. 팽주지주로 나가는 송구를 가리킨다.

(6) 丈人(장인): 연장자에 대한 존칭. 성도에 있는 송구의 부친을 가리킨다. 杜甫의 시 〈奉贈射洪李四丈〉에 "어르신 지붕 위에 앉아 있는 까마귀, 사람이 좋으니까 까마귀도 좋군요(丈人屋上烏, 人好烏亦好)"라는 구절이 있다.

(7) 二毛(이모): 검은 것과 흰 것이 섞여서 희끗희끗한 머리카락. 斑白.

(8) 使君(사군): 성도태수를 가리킨다.

(9) 弩(노): 쇠뇌. 여러 개의 화살을 연달아 쏘게 되어 있는 활.

(10) 相如(상여): 漢나라 때의 문인 司馬相如를 가리킨다. 사마상여가 中郎將에 임명되어 서쪽 오랑캐 땅에 한나라의 縣을 설치하기 위해 사신으로 나갈 때 그의 고향인 촉지방에 이르자 촉인들이 영광으로 여기고, 촉군태수 이하 여러 관리들이 교외까지 나와서 환영했는데 縣令이 쇠뇌의 화살을 지고 선봉에 서 있었다.(《한서·사마상여전》 참조) 이 연은 성도 출신인 송구가 고향으로 돌아가면 성도태수가 쇠뇌를 지고 그를 환영할 것이라는 뜻으로, 송구가 성도에서 사마상여 이상으로 환영받을 것이라는 말이다.

(11) 化服(화복): 감화를 받아 승복하다.

(12) 蒲(포): 부들로 만든 채찍을 가리킨다. 《太平御覽·良太守中》에 "《제춘추》에 '최원의 조부 최경진은 평창태수가 되었을 때 인정을 베풀어 항상 부들 채찍을 하나 걸어 놓았지만 사용한 적이 없었다'라는 말이 있다(《齊春秋》曰: '崔元祖父景眞爲平昌太守, 有惠政, 常懸一蒲鞭, 而未嘗用.')"라고 했다.

(13) 鞓紅(정홍): 모란의 일종. 모란을 가리킨다. 陸游의 《入蜀記》에 "천팽(팽주)은 작은 서경이라고 하거니와 그곳 사람들은 모란 심기를 좋아하여 낙양이 유풍을 지니고 있다(天彭號小西京, 其俗好植牡丹, 有京洛之遺風)"라고 한 것을 보면, 팽주에 모란이 많이 났음을 알 수 있다.

(14) 帣韝(권구): 소매를 걷어붙이고 깍지를 끼다. 자세를 단정하게 한다는 말이다. 《史記·淳于髡傳》에 "만약 부친께 귀한 손님이 오셔서 소매를 걷고 깍지를 낀 채 몸을 구부리고 꿇어앉아서 술을 대접하다가 가끔 남은 술을 주시면 장수를 비는 술잔을 올리며 자주 일어나는 그런 상황에서는 두 말도 못 마셔서 바로 취합니다(若親有嚴客, 髡帣韝鞠跽, 待酒於前, 時賜餘瀝, 奉觴上壽, 數起,

飮不過二斗徑醉矣)”라는 말이 있다.

(15) 公堂(공당): 관청의 전당. 관아.

(16) 登歌(등가): 전당에 올라가서 노래하다. 歌頌하다.

(17) 鳳將雛(봉장추): 옛날 곡조 이름. ‘봉황이 새끼를 거느린다’는 뜻이기 때문에 부모와 자식이 함께하는 자리에서 부르기 좋은 곡조이다.

(18) 西湖(서호): 팽주에 있는 호수. 《名勝志》에 “팽주 관청 소재지 안에 동호가 있다.……또 서호도 있으니 당나라 원화(806-820) 연간에 태수 왕잠과 소우가 처음 만들었다(彭州治內有東湖.……又有西湖, 唐元和中太守王潛·蕭祐創)”라고 했다.

1002. 郭熙[(1)]畫〈秋山平遠[(2)]〉
곽희가 그린 〈추산평원도〉

玉堂晝掩春日閑,[(3)]	낮에도 문을 닫고 봄에도 한가한 옥당
中有郭熙畫春山.	그 안에 곽희가 그린 봄 산이 있는데
鳴鳩乳燕初睡起,	우는 비둘기와 젖먹이 제비가 막 잠에서 깨어나고
白波青嶂非人間.[(4)]	흰 물결 치고 푸른 산 있으니 인간 세상이 아니라네.
離離短幅開平遠,[(5)]	아득하게 짧은 화폭에 평평한 산을 펼쳐 놓고
漠漠疎林寄秋晚.[(6)]	넓디넓게 성긴 숲에 늦가을 정취를 깃들여 놓아
恰似江南送客時,	강남에서 손님을 전송할 적에
中流回頭望雲巘.[(7)]	강 위에서 고개 돌려 구름 속 봉우리를 보는 것 같네.
伊川佚老鬢如霜,[(8)]	살쩍이 서리 같은 이천의 늙은 은자가
臥看秋山思洛陽.[(9)(10)]	누워서 가을 산을 보자 낙양이 생각나서
爲君紙尾作行草,[(11)(12)(13)]	그대 위해 종이 끝에 행초를 쓴 덕분에
炯如嵩洛浮秋光.[(14)]	숭산과 낙수에 가을빛이 뜬 것처럼 빛나네.
我從公遊如一日,[(15)]	공을 따라다닌 게 하루밖에 안 된 듯한데
不覺青山映黃髮.[(16)]	어느덧 푸른 산에 누런 머리가 비치는지라
爲畫龍門八節灘,[(17)(18)]	나를 위해 용문산과 팔절탄을 그려 주길 바라나니
待向伊川買泉石.[(19)(20)]	이천에 가서 산수를 사려고 하네.

[해설]

당시의 화가 곽희가 그린 〈추산평원도(秋山平遠圖)〉와 문언박이 쓴 발문을 보고 지은 것으로 낙양 일대에서 문언박과 함께 은거하고 싶어 하는 심경이 드러나 있다.

[주석]

(1) 郭熙(곽희): 북송 때의 화가. 《圖畫見聞志》에 "곽희는 하양 사람으로 산수와 추운 계절의 숲을 잘 그렸다(郭熙, 河陽人. 工畫山水寒林)"라고 했다.
(2) 平遠(평원): 가까운 산에서부터 차츰 먼 산으로 그려 나가는 회화 기법. 곽희의 아들 郭思의 《林泉高致集·山水訓》에 "산에는 삼원이 있으니 산 밑에서 산꼭대기를 올려다보는 모습을 고원이라고 하고, 산 앞에서 산 뒤를 엿보는 모습을 심원이라고 하며, 가까운 산에서부터 먼 산으로 이르는 모습을 평원이라고 한다. 고원의 색깔은 맑고 밝으며, 심원의 색깔은 무겁고 어두우며, 평원의 색깔은 밝은 부분도 있고 어두운 부분도 있다(山有三遠: 自山下而仰山顚, 謂之高遠; 自山前而窺山後, 謂之深遠; 自近山而至遠山, 謂之平遠. 高遠之色清明, 深遠之色重晦, 平遠之色有明有晦)"라고 했다.
(3) 玉堂(옥당): 옥으로 장식한 전당. 翰林院의 별칭이다. 첫머리 네 구절은 한림원에 걸려 있어서 평소에 늘 보는 곽희의 그림을 묘사한 것이다.
(4) 人間(인간): 이 세상. 속세.
(5) 離離(이리): 텅 비고 먼 모양.
(6) 漠漠(막막): 광활한 모양.
(7) 雲巘(운헌): 구름 속의 산봉우리. 강남에는 높은 산이 없고 나지막한 산들이 늘어서 있는데 거기에 구름이 끼면 산꼭대기에서 내려다보이는 뭇 산봉우리처럼 보일 것이다. 이상의 네 구절은 제목에서 말한 곽희의 〈추산평원도〉를 묘사한 것이다.
(8) 伊川佚老(이천일로): 이천 즉 伊水 북쪽의 洛陽에서 은거한 文彦博을 가리킨다. 그는 북송 때의 유명한 서예가로 字가 寬夫, 호가 伊叟였는데 潞國公에 봉해졌기 때문에 文潞公이라고도 불렸다. 소식의 자주에 "문로공이 발문을 썼다(文潞公爲跋尾)"라고 했다.
(9) 秋山(추산): 그림 속의 산을 가리킨다.
(10) 洛陽(낙양): 지금의 하남성 낙양.
(11) 君(군): 곽희를 가리킨다.
(12) 紙尾(지미): 종이 말미의 날짜나 서명을 넣는 곳.
(13) 行草(행초): 행서와 초서의 중간쯤 되는 서체.
(14) 嵩洛(숭락): 낙양 부근에 있는 嵩山과 洛水. 이상의 네 구절은 문언박의 발문에 대하여 묘사한 것이다.
(15) 公(공): 문언박을 가리킨다.
(16) 黃髮(황발): 아주 장수한 노인의 흰머리가 다시 누렇게 변한 것을 가리키기도 하고 보통 노인의 머

리카락을 가리키기도 한다. 이 구절은 이미 80세가 넘어서 머리카락이 노랗게 변한 문언박(1006-1097)이 청산에서 노니는 모습을 가리킬 수도 있지만, 소식의 검은 머리 사이에 흰머리가 섞여 있는 모습을 묘사한 것으로 보는 편이 문맥에 더 잘 어울리는 것 같다.

(17) 龍門(용문): 낙양 남쪽에 있는 산. 여기에 중국 3대 석굴의 하나인 용문석굴이 있다.

(18) 八節灘(팔절탄): 낙양 부근에 있는 여울. 《名勝志》에 "용문산은 바로 이궐이다. 그 밑에 팔절탄이 있는데 지금은 낙양현에 속한다(龍門山, 卽伊闕也. 下有八節灘, 今屬洛陽縣)"라고 했다.

(19) 待(대): ~하려고 하다.

(20) 買泉石(매천석): 은거지를 마련한다는 말이다. 王十朋의 《百家註分類東坡先生詩》에 "선생은 아마도 이천에다 은거지를 마련하여 문로공과 상종하려고 한 것 같다(先生蓋欲卜居伊川, 以從潞公也)"라고 했다.

1003. 次韻張昌言[(1)]喜雨

비가 내린 것을 기뻐한 장창언의 시에 차운하여

千里黃流失故居,[(2)]	천 리의 누런 물로 낡은 집들이 사라졌는데
年來赤地到靑徐.[(3)(4)]	요 몇 년은 청주 서주에 땅이 벌겋게 타 들어갔네.
遙聞爭誦十行詔,[(5)]	열 줄짜리 조서를 다투어 외운다고 멀리서 들었나니
無異親巡六尺輿.[(6)]	여섯 자짜리 수레로 친히 순시하신 것과 다름없네.
精貫天人一言足,[(7)]	정성이 하늘과 사람을 잇는 데는 한 마디면 충분하나니
雲興嶽瀆萬靈趨.	산과 강에 구름이 일고 뭇 신령이 내달렸네.
愛君誰似元和老,[(8)]	임금 사랑이야 그 누가 원화 시절 노인 같으리?
賀雨詩成卽諫書.[(9)(10)]	단비를 경하한 시를 지으니 그것이 곧 간언이었네.

[해설]

가뭄 끝에 단비가 내린 것을 기뻐한 장문의 시에 차운한 것으로, 가뭄에 잘 대처하라는 조서를 내린 철종 황제와 섭정인 태황태후의 덕을 칭송하고 충심 어린 시를 지은 장문을 찬양했다.

[주석]

(1) 昌言(창언): 張問의 字. 〈次韻張昌言給事省宿〉(0983) 주 (1) 및 〈和張昌言喜雨〉(0995) 주 (1) 참조.

(2) 千里黃流(천리황류): 소식이 徐州知州로 부임하자마자 黃河의 둑이 터져 서주에 큰 홍수가 났던

일을 가리키는 것으로 보인다.

(3) 赤地(적지): 흉년이 들어 농작물이 시들어 버린 땅.

(4) 青徐(청서): 青州(지금의 산동성 청주)와 徐州(지금의 강소성 서주).

(5) 十行(십행): 《後漢書·循吏傳》에 "그(光武帝)가 각 지방의 태수와 제후에게 내려보내는 친서는 모두 한 건당 10행씩 잔 글씨로 썼다(其以手跡賜方國者, 皆一箚十行, 細書成文)"라고 한 데서 비롯되어 황제의 조서를 가리킨다. 《宋史·哲宗本紀》 元祐二年四月條에 "신묘일에 조서를 내려 '겨울이고 여름이고 가뭄이 지속되어 전국에 이재민이 많으니 正殿 사용을 피하고 음식을 줄이며 자신을 책망하고 잘못을 생각하여 재난을 해소하고 원상을 복구하라'라고 하셨다(辛卯, 詔: '冬夏旱暵, 海內被災者廣, 避殿減膳, 責躬思過, 以圖消復.')"라는 기록이 있다.

(6) 六尺輿(육척여): 여섯 자짜리 수레. 제왕의 수레를 가리킨다. 〈諸公餞子敦, 軾以病不往, 復次前韻〉(0992) 주 (11) 참조.

(7) 一言(일언): 황제의 조서를 가리킨다. 주 (5) 참조.

(8) 元和老(원화로): 원화(806-820) 연간의 늙은이. 白居易(772-846)를 가리키면서 비유적으로 장문을 가리킨다.

(9) 賀雨(하우): 비가 내린 것을 경하한 백거이의 시를 가리키면서 비유적으로 장문의 시를 가리킨다. 헌종 황제가 슬기롭게 대처함으로써 가뭄을 극복하고 마침내 단비를 맞은 것을 경하한 이 시에서 백거이는 "임금은 현명한 분을 성군이라 여기고, 신하는 강직한 이를 충신이라 여기나니, 처음이 있는 것을 감히 경하하면서, 그 끝이 있을 것도 역시 바라네(君以明爲聖, 臣以直爲忠. 敢賀有其始, 亦願有其終)"라고 하여 헌종 황제가 초심을 잃지 말고 끝까지 선정을 베풀어 줄 것을 당부했다. 장문의 원시에도 이와 유사한 내용이 있었을 것으로 보인다.

(10) 諫書(간서): 간언하는 상소문.

1004. 金門寺[(1)]中見李西臺[(2)]與二錢[(3)]唱和四絶句，戲用其韻跋之

금문사에서 이서대와 두 전씨가 창화한 절구 네 수를 보고 장난삼아 그 운자를 사용하여 그것에 발문을 쓴다

其一

帝城春日帽簷斜,[(4)] 황성의 봄날에 모자챙을 기울이고 다니나니
二陸初來尙憶家.[(5)(6)] 두 육씨도 막 왔을 땐 아직 집을 그리워했지.
未肯將鹽下蓴菜,[(7)(8)] 순채에 소금을 뿌리려 하지 않지만
已應知雪似楊花.[(9)] 눈이 버들개지 같은 줄은 이미 알고 있었겠지.

其二

平生賀老慣乘舟,[(10)] 평생토록 하씨 노인은 배 타는 데 익숙하여
騎馬風前怕打頭. 바람 앞에서 말을 타면 머리 칠까 겁났네.
欲問君王乞符竹,[(11)(12)] 임금님께 여쭈어 대나무 부절을 청하고 싶어도
但憂無蟹有監州.[(13)] 게는 없고 통판만 있을까 그것만이 두려웠네.

其三

西臺妙迹繼楊風,[(14)(15)] 양씨의 서풍을 이은 이서대의 멋진 필적
無限龍蛇洛寺中.[(16)(17)] 수없이 많은 용과 뱀이 낙양의 절에 있네.

一紙淸詩弔興廢, 청아한 시 한 장으로 흥망을 슬퍼했는데
塵埃零落梵王宮.[18] 범왕의 궁전에 먼지가 떨어졌네.

其四

五季文章墮劫灰,[19][20] 오대 때에 문장들이 전쟁의 불길에 떨어지고
升平格力未全回.[21] 태평스러운 격조는 다 회복되지 않아
故知前輩宗徐庾,[22][23] 선배들이 서유체를 본받았기에
數首風流似玉臺.[24][25] 몇 수의 풍류가 옥대체 같은 줄 알겠네.

[해설]

금문사라는 절에 갔다가 이건중과 전유연·전이가 서로 창화한 절구 네 수를 본 뒤 그들의 운을 써서 화답하는 형식으로 그들의 시를 비평하여 그들의 시 뒤에 써 놓은 것이다. 오대 말기에 태어나 북송 초기까지 산 세 사람의 시는 아직 형식을 중시한 만당오대의 시풍에서 벗어나지 못해서 마치 남북조시대의 서유체나 옥대체 같았던 것으로 보인다.

[주석]

(1) 金門寺(금문사): 어느 절인지 분명하지 않다. 査愼行의《蘇詩補註》에 "내가 살펴보건대, 이 시에서 이러이러하게 이야기한 것은 두 전씨가 막 조정에 들어간 일을 말한 것이므로 금문사는 아마도 개봉에 있었을 것이다(愼按: 本詩云云, 言二錢初入朝事, 金門寺疑當在開封)"라고 했다. 그러나 其三 두 번째 구절에 '洛寺'라는 말이 있는 것을 보면 이 시는 개봉에 있을 때 洛陽에 있는 금문사에 놀러 갔다가 지은 것으로 보인다.

(2) 李西臺(이서대): 사신행의《소시보주》에 "《송사·문원전》에 '이건중은 자가 득중이고 촉지방 사람이다.……서경유사어사대를 맡겠다고 청했다.……'라는 말이 있고, 왕명청의《휘주록》에 '본조의 이건중은 서경유사어사대를 관장하는 사람이 되었기 때문에 세상에서 마침내 서대라고 불렀다'라는 말이 있다(《宋史·文苑傳》: '李建中, 字得中, 蜀人.……求掌西京留司御史臺.……' 王明淸《揮麈錄》: '本朝李建中爲分司西京留司御史臺, 世遂以爲西臺.')"라고 했다.

(3) 二錢(이전): 소식의 자주에 "전유연과 전이이다(惟演·易)"라고 했다. 전유연은 吳越王 錢俶의 아들로, 내용을 경시한 반면에 典故를 즐겨 써서 형식미를 추구한 西崑派 시인 가운데 한 사람이고, 전이에 대해서는《東都事略》에 "전이는 자가 희백이며 오월왕 錢弘倧의 아들로 진사 갑과에 급제했다. 경덕(1004-1007) 초에 여러 차례 지제고에 발탁되었으며 행초(행서와 초서의 중간쯤 되는 書體)

의 서체에 뛰어났다(錢易, 字希白, 吳越王倧之子, 擧進士甲科. 景德初, 累擢知制誥, 善行草書)"라고 했다.

(4) 帽簷(모첨): 모자의 챙. 白居易의 시 〈和春深〉에 "만나도 감히 읍을 할 수 없나니, 피차간에 모자를 나직이 기울였네(相逢不敢揖, 彼此帽低斜)"라는 구절이 있고, 李商隱의 시 〈代官妓贈兩從事〉에 "다리 위의 새 사람은 봄 적삼을 입었고, 강가의 옛 주인은 모자챙을 기울이네(新人橋上著春衫, 舊主江邊側帽簷)"라는 구절이 있다.

(5) 二陸(이륙): 晉나라 사람 陸機·陸雲 형제. 태강(280-289) 말에 육기가 동생 육운과 함께 고향인 吳郡에서 도성인 洛陽으로 들어갔더니 張華가 "오나라를 정벌한 전쟁에서 얻은 전리품은 이들 두 준걸이로다"라고 했다.(《진서·육기전》 참조) 또 《진서·육운전》에 "젊을 때 형 육기와 함께 이름을 떨친지라 당시 사람들이 이륙이라고 불렀다(少與兄機齊名, 時號二陸)"라고 했다.

(6) 憶家(억가): 《語林》에 "육사형(육기)이 낙양에 있을 때 어느 여름날 갑자기 대밭에서 술 마시던 일이 생각나서 유실에게 '나는 고향 생각이 더욱 깊어져서 이제 동쪽으로 돌아가려고 하니 아마 다시는 만날 수 없을 것이오'라고 했다(陸士衡在洛, 夏日忽思竹篠飮, 語劉實曰: '吾鄕曲之思轉深, 今欲東歸, 恐無復相見理.')"라는 일화가 있다. 이 연은 고향인 杭州를 떠나 막 개봉으로 들어간 사촌 형제 전유연과 전이를 고향인 오군을 떠나 도성인 낙양으로 들어간 지 얼마 안 된 육기·육운 형제에 빗댄 것이다.

(7) 將(장): ~을.

(8) 蓴菜(순채): 수련과의 여러해살이 水草. 줄기는 원뿔 모양이고 물에 잠겨 있으며 잎은 어긋나고 물 위에 떠 있다. 7~8월에 어두운 붉은 자주색 꽃이 긴 꽃대 끝에 하나씩 피고 열매는 달걀 모양으로 물속에서 익는다. 육기가 진나라 侍中 王濟를 찾아갔더니 왕제가 羊酪을 가리키면서 "그대의 고향 오군에는 무엇이 이것에 필적할 만한가?"라고 물으므로 육기가 "천 리에 깔린 순채로 끓인 국, 소금이나 된장을 넣지 않은 국이 있습니다"라고 하여 당시 사람들의 칭송을 들었다.(《진서·육기전》 참조)

(9) 楊花(양화): 버들개지. 王十朋의 《百家註分類東坡先生詩》에 "세상에 '남방 사람 만약에 눈에 대해 묻거든, 그들에게 버들개지 같다고 말해 주게'라는 전소도의 시가 전하는데 전소도는 두 전씨의 친족이다(世傳錢昭度詩: '南人如問雪, 向道似楊花.' 昭度, 二錢之族也)"라고 했다. 이 연은 남방에는 눈이 내리지 않기 때문에 남방 사람들은 대개 눈이 어떻게 생겼는지 모르는데 두 전씨는 소금을 넣지 않고 순채국을 끓여 먹는 남방인 오월(지금의 절강성 杭州 일대) 사람이지만 친족인 전소도가 시로써 묘사했기 때문에 이미 알고 있었을 것이라고 우스갯소리를 한 것이다.

(10) 賀老(하로): 당나라 시인 賀知章을 가리킨다. 그는 강남 水鄕인 越州(지금의 절강성 紹興) 사람이기 때문에 杜甫가 〈飮中八仙歌〉에서 "하지장은 말 타는 게 배를 타는 것 같다(知章騎馬似乘船)"라고 한 바와 같이 배를 타는 데 익숙했을 것이다.

(11) 君王(군왕): 송나라 황제를 가리킨다.

(12) 乞符竹(걸부죽): 대나무 부절을 청하다. 태수가 되기를 청한다는 말이다. 한나라 때 태수에게 대나

무로 만든 符節을 주었기 때문에 '符竹'이 태수를 가리키는 말이 되었다.

(13) 監州(감주): 知州에 대한 감찰의 임무를 띠고 있는 通判을 가리킨다. 歐陽修의 《歸田錄》에 "옛날에 전곤이라는 소경이 있었는데 집안이 대대로 여항(항주) 사람이었다. 여항 사람들은 게를 좋아하기 때문에 전곤이 일찍이 외지의 고을로 보내 주기를 청했을 때 사람들이 어느 고을을 바라느냐고 물어보자 전곤이 '방게가 있고 통판이 없는 곳이기만 하면 됩니다'라고 했다(往時有錢昆少卿者, 家世餘杭人也. 杭人嗜蟹, 昆嘗求補外郡, 人問其所欲何州, 昆曰: '但得有螃蟹無通判處, 則可矣.')"라는 기록이 있다. 이 구절에 대하여 소식의 자주에 "모두 세상에 전하는 전씨에 관한 이야기이다(皆世所傳錢氏故事)"라고 했다.

(14) 西臺妙迹(서대묘적): 이건중이 금문사에 써 놓은 절구를 가리킨다. 주 (2) 참조.

(15) 楊風(양풍): 五代 때의 서예가 楊凝式의 書風을 가리킨다. 소식의 자주에 "양응식이다(凝式)"라고 했고, 施元之의 《施注蘇詩》에 "양응식은 행초를 잘 써서 낙양의 사원과 도관 300여 곳에 몇 차례 썼는데 당시 사람들이 그것을 양풍이라고 불렀다(楊凝式善行草, 西洛寺觀三百餘處, 題寫幾遍, 時人以楊風呼之)"라고 했다.

(16) 龍蛇(용사): 용과 뱀이 꿈틀거리는 것 같은 글씨를 가리킨다.

(17) 洛寺(낙사): 낙양에 있는 절.

(18) 梵王宮(범왕궁): 梵王 즉 梵天王의 궁전. 절을 가리킨다.

(19) 五季(오계): 五代. 당나라와 송나라 사이의 다섯 왕조인 後梁·後唐·後晉·後漢·後周를 가리킨다.

(20) 劫灰(겁회): 불교에서 세상이 파멸할 때 일어난다고 하는 큰불인 劫火의 재. 전쟁의 불길을 가리킨다.

(21) 格力(격력): 시문의 격조와 기세. 이 연은 당나라 때의 훌륭한 시문은 오대 때의 전화에 소실되어 버렸고, 송나라의 태평스러운 격조는 아직까지 충분하게 무르익지 않았기 때문에 이건중·전유연·전이가 본받을 대상이 없었다는 말이다.

(22) 前輩(전배): 선배. 이건중·전유연·전이를 가리킨다.

(23) 徐庾(서유): 徐庾體를 가리킨다. 南朝 사람인 徐摛·徐陵 부자와 북조 사람인 庾肩吾·庾信 부자의 시문은 형식이 아름답고 내용이 빈약했는데 당시 사람들이 이러한 작풍을 서유체라고 불렀다.

(24) 數首(수수): 이건중·전유연·전이가 금문사에 써 놓은 절구 네 수를 가리킨다.

(25) 玉臺(옥대): 서릉의 《玉臺新詠》에 수록된 시처럼 형식은 아름답지만 내용은 주로 궁정 생활이나 남녀 간의 연정에 국한된 시체인 옥대체를 가리킨다.

卷29

古今體詩四十一首

고체시 및 근체시 41수

권29에는 한림학사지제고겸시독(翰林學士知制誥兼侍讀)으로 재임한 원우 2년(1087) 7월부터 그해 12월까지의 시 41수가 수록되어 있다.

1005. 和穆父[1]新涼

초가을의 서늘한 날씨를 읊은 전목보의 시에 화답하여

家居妻兒號,[2]	집에서 지내자니 처자가 아우성쳐
出仕猿鶴怨.[3]	벼슬길에 나섰더니 원숭이와 학이 원망했지요.
未能逐什一,[4]	십 분의 일을 취하는 것도 추구하지 못하거늘
安敢摶九萬.[5]	어찌 감히 회오리바람 타고 구만 리를 올라가리오?
常恐樗櫟身,[6]	항상 가죽나무나 상수리나무 같은 몸이
坐纏冠蓋蔓.[7][8]	의관과 수레의 덩굴에 얽힐까 봐 두려웠지요.
受知如負債,[9]	인정을 받는 것은 빚지는 것 같나니
粗報乃焚券.[10]	다소나마 보답코자 문서를 태웠지요.
但知眠牛衣,[11]	오로지 덕석에서 잠자는 것만 알 뿐
寧免刺虎圈.[12]	우리로 들어가 호랑이 찌르는 걸 어떻게 면하리오?
清風來既雨,	맑은 바람 불어오고 이미 비가 내린 뒤라
新稻香可飯.	햇벼가 향긋해져 밥을 지을 만하네요.
紫蟹應已肥,	보랏빛 게는 틀림없이 이미 살쪘을 텐데
白酒誰能勸.	맛있는 백주는 누가 권할 줄 알리오?
君今崔蔡手,[13]	그대는 지금 최씨와 채씨의 솜씨요
政比趙張健.[14]	정사는 조씨와 장씨보다 뛰어나지요.
三公行可致,[15][16]	삼공의 지위에 곧 이를 수 있을 테니

一語先自獻.	사전에 스스로 한 마디를 바칠게요.
幸推江湖心,(17)(18)(19)	바라건대 강호를 사랑하는 마음으로
適我魚鳥願.(20)(21)	고기와 새를 좋아하는 제 소원를 풀어 주셔요.

[해설]

초가을의 서늘한 날씨를 노래한 전협의 시에 화답한 것으로, 힘들었던 자신의 지난 일을 회상하면서 지금처럼 이렇게 시원한 날씨를 만끽하며 느긋하게 은거하고 싶은 심경을 토로했다.

[주석]

(1) 穆父(목보): 錢勰의 字. 〈次韻錢穆父〉(0932) 주 (1) 참조.

(2) 家居(가거): 관직을 맡지 않고 집에서 지내다.

(3) 猿鶴(원학): 원숭이와 학. 齊나라 사람 孔稚珪는 〈北山移文〉을 지어서 북산에 은거하다가 관직이 내려지자 얼른 그곳을 떠나 버린 제나라 사람 周顒을 질책했는데 그 가운데 "혜초 장막 비어서 밤 학이 원망하고, 산골 사람 떠나 버려 새벽 원숭이 놀란다(蕙帳空兮夜鶴怨, 山人去兮曉猿驚)"라는 구절이 있다.

(4) 逐什一(축십일): 10분의 1에 해당하는 이익을 추구하다. 장사하는 것을 가리킨다. 《史記·越王句踐世家》에 "범려는 바다에 배를 띄우고 제나라로 가서 성명을 바꿔 스스로 치이자피라고 부르며 바닷가에서 밭을 갈았는바, 고생을 감수하면서 노력하여 부자가 함께 치부한 결과 얼마 안 있어서 수십만 전을 벌었다.……또 부자가 함께 밭을 갈고 가축을 기르기로 약속하고, 쌀 때 사 두었다가 비싸질 때를 기다려 轉賣함으로써 10분의 1에 해당하는 이익을 추구했다. 얼마 안 있어서 억만금을 모았다(范蠡浮海出齊, 變姓名, 自謂鴟夷子皮, 耕于海畔, 苦身戮力, 父子治產, 居無幾何, 致產數十萬.……復約要父子耕畜, 廢居, 候時轉物, 逐什一之利. 居無何, 則致貲累巨萬)"라는 기록이 있다.

(5) 摶九萬(단구만): 《莊子·逍遙遊》에 "대붕이 남쪽의 큰 바다로 옮겨 갈 때에는 물을 쳐서 3천 리나 튀어 오르게 하며 회오리바람을 타고 9만 리나 올라가는데 떠난 지 6개월이 지나야 휴식을 취한다(鵬之徙於南冥也, 水擊三千里, 摶扶搖而上者九萬里, 去以六月息者也)"라고 했다.

(6) 樗櫟身(저력신): 가죽나무나 상수리나무처럼 쓸모없는 존재. 자기 자신을 가리킨다. 《장자·소요유》에 "혜자가 장자에게 '나에게 커다란 나무가 있는데 사람들이 가죽나무라고들 하오. 그것의 큰 줄기는 울퉁불퉁 혹 투성이라 먹줄을 칠 수 없고, 그것의 작은 가지는 구불구불 뒤틀려서 자를 댈 수 없소. 길가에 서 있어도 목수가 거들떠보지 않소'라고 했다(惠子謂莊子曰: '吾有大樹, 人謂之樗. 其大本擁腫而不中繩墨, 其小枝卷曲而不中規矩, 立之塗, 匠者不顧.')"라는 말이 있고, 《莊子·人間世》에 "목수인 장석이 제나라로 가는데 곡원에 이르러 사당에 있는 상수리나무를 보았다. 그것의

크기는 소 수천 마리를 뒤덮고 둘레는 백 아름이었다.……장석이 말하기를 '그만두어라. 말하지 마라. 쓸모없는 나무라 그것으로 배를 만들면 가라앉고, 널을 만들면 빨리 썩으며, 그릇을 만들면 빨리 깨지고, 문짝을 만들면 진액이 흐르며, 기둥을 만들면 좀이 쏜다. 이것은 재목이 못 되는 나무라 쓸 곳이 없기 때문에 이처럼 오래 살 수 있는 것이다'라고 했다(匠石之齊, 至於曲轅, 見櫟社樹. 其大蔽數千牛, 絜之百圍.……曰: '已矣, 勿言之矣! 散木也, 以爲舟則沈, 以爲棺槨則速腐, 以爲器則速毁, 以爲門戶則液樠, 以爲柱則蠹. 是不材之木也, 無所可用, 故能若是之壽.')"라는 말이 있다.

(7) 坐(좌): 이르다.

(8) 冠蓋(관개): 관리의 의관과 수레. 벼슬살이를 가리킨다. 이 연은 자신이 능력도 없으면서 괜히 관직에 발을 들여놓아 고통을 당할까 봐 두려웠다는 말이다.

(9) 受知(수지): 인정받다. 소식이 최근에 태황태후의 인정을 받아 빠른 속도로 영전한 것을 가리킨다.

(10) 焚券(분권): 남에게 받을 금품에 관한 문서를 태운다는 뜻으로 馮諼의 고사를 차용한 것이다. 戰國時代 齊나라 사람 孟嘗君의 식객 풍훤은 맹상군을 대신하여 薛지방으로 세금을 받으러 갔다가 맹상군이 시켰다며 세금 징수를 위한 문서를 불태워 버림으로써 맹상군이 설지방 백성들의 존경을 받게 했다.(《戰國策·齊策》 참조) 여기서는 소식이 원우 원년(1086) 8월에 상소문을 올려서 신법파가 제정한 青苗法으로 인하여 백성들의 생활이 도탄에 빠진 일을 아뢰고 마침내 청묘법을 폐지한 일을 가리킨다.(《續資治通鑑長編·元祐元年八月》 참조)

(11) 牛衣(우의): 덕석. 추울 때 소의 등을 덮어 주는 멍석.

(12) 刺虎(자호): 漢나라 사람 李禹가 태자의 총애를 믿고 오만방자하게 굴자 황제가 그에게 호랑이를 찌르라고 명했다. 이우가 밧줄에 매달려 호랑이 우리로 들어가서 호랑이를 찌르려고 할 때 황제가 그의 용맹성을 인정하고 그를 구출해 주라고 했다.(《漢書·李廣傳》 참조) 이 연은 자신이 빈천한 생활은 잘 견뎌낼 수 있겠지만 나중에 신법파가 다시 득세할 경우, 청묘법을 폐지하는 등 그들의 비위를 거스르는 일을 많이 했기 때문에 그들의 핍박을 면하지는 못할 것이라는 말이다.

(13) 崔蔡(최채): 後漢 때 사람 崔瑗과 蔡邕을 가리킨다. 두 사람 다 문장으로 이름을 떨쳤다. 《후한서·최원전》에 "최원은 문사에 뛰어나……문장을 잘 짓는 사람들이 다들 스스로 그에게 못 미친다고 여겼다(瑗高於文辭……諸能爲文者, 皆自以弗及)"라는 말이 있고, 《후한서·채옹전》에 "문장과 술수와 천문을 좋아했으며 음악에 정통했다(好辭章·數術·天文, 妙操音律)"라는 말이 있다.

(14) 趙張(조장): 한나라 사람 趙廣漢과 張敞을 가리킨다. 《漢書·王駿傳》에 "이에 앞서 경조에 조광한·장창·왕존·왕장 등의 경조윤이 있었는데 왕준에 이르까지 모두 유능하다는 명성이 있었기 때문에 서울 사람들이 '앞에는 조씨와 장씨가 있고 뒤에는 세 왕씨가 있네'라고 했다(先是, 京兆有趙廣漢·張敞·王尊·王章, 至駿皆有能名, 故京師稱曰: '前有趙·張, 後有三王.')"라는 기록이 있다. 查愼行의 《蘇詩補註》에 "전목보는 당시 권개봉윤이었기 때문에 그들에게 빗댄 것이다(穆父時權開封尹, 故以相況)"라고 했다.

(15) 三公(삼공): 조정의 최고위 관리 세 사람. 시대에 따라 가리키는 바가 조금씩 다른데 唐宋 때에는 太尉·司徒·司空을 가리켰다.

(16) 行(행): 곧 ~하다.

(17) 幸(행): 바라다.

(18) 推(추): 자기 마음으로 미루어 남에게 베푸는 것, 즉 推己及人을 가리킨다. 전협이 원시에서 강호에서 은거하고 싶다고 말한 것으로 보인다.

(19) 江湖心(강호심): 강호에서 은거하기를 좋아하는 전협의 마음을 가리킨다.

(20) 適(적): 만족시키다.

(21) 魚鳥願(어조원): 물고기와 새를 벗 삼으며 은거하려는 소식의 소원을 가리킨다. 이 연은 전협이 머지않아 삼공의 지위에 올라 막강한 인사권을 행사하게 될 것이라는 전제하에 자신의 은퇴를 허락해 달라고 미리 부탁하는 형식으로 자신의 은일 의지를 표명한 것이다.

1006. 書晁補之(1)所藏與可(2)畫竹三首

조보지가 소장한 문여가의 대나무 그림에 쓴 시

其一

與可畫竹時,	문여가가 대나무를 그릴 때에는
見竹不見人.	대나무만 보이고 옆 사람은 안 보인다.
豈獨不見人,	어떻게 옆 사람만 아니 보이리?
嗒然遺其身.(3)	멍하니 자신마저 잊어버린다.
其身與竹化,	자신이 대나무와 동화되어서
無窮出淸新.	한없이 청신한 경지를 내놓는다.
莊周世無有,(4)	장주가 더 이상 이 세상에 없으니
誰知此疑神.(5)	신과 같은 이 경지를 그 누가 알리?

其二

若人今已無,(6)	이 사람이 이제 이미 이 세상에 없거늘
此竹寧復有.	이 대나무가 어떻게 다시 있으리?
那將春蚓筆,(7)	이 사람이야 어찌 봄날의 지렁이 같은 붓을 들어
畫作風中柳.(8)	바람 속에 한들거리는 버드나무를 그렸으리?
君看斷崖上,	그대여 보게나 깎아지른 절벽 위에

瘦節蛟蛇走.(9) 수척하고 마디진 교룡과 뱀이 달리는 걸.
何時此霜竿,(10) 서리 맞은 것 같은 이 대나무 장대가 언제나
復入江湖手.(11) 다시 강호의 낚시꾼 손으로 들어갈까?

其三

晁子拙生事,(12)(13) 조선생은 생계를 꾸리는 데 서툴러
擧家聞食粥. 온 가족이 죽을 먹고 지낸다 하네.
朝來又絶倒,(14) 아침에 또 한 번 포복절도했나니
諛墓得霜竹.(15)(16) 무덤에 아첨하여 대나무를 구했다네.
可憐先生盤, 가련케도 선생의 쟁반 위에는
朝日照苜蓿.(17) 아침 해가 거여목을 비추고 있거니와
吾詩固云爾,(18) 나의 시에 확실히 이렇게 말하였네
可使食無肉. 식사에 고기는 없어도 괜찮다고.

[해설]

북송 때의 화가로 호주지주(湖州知州)를 역임한 문동은 대나무 그림을 잘 그려서 많은 화가들이 그의 화법을 배웠기 때문에 호주죽파(湖州竹派)를 이루었다. 문동의 사촌 동생인 소식도 그에게서 대나무 그리는 법을 배워 호주죽파의 주요한 일원이 되었다. 이 시는 원우 2년(1087) 가을 개봉(開封)에서 자신의 문하생 조보지가 소장하고 있는 문동의 그림을 보면서 문동의 화품(畫品)과 소장자인 조보지의 인품을 아울러 평가한 제화시(題畫詩)이다.

[주석]

(1) 晁補之(조보지): 濟州 巨野(지금의 산동성 거야) 사람으로 字가 无咎, 호가 歸來子이다. 黃庭堅·秦觀·張耒와 더불어 蘇門四學士로 불렸다.
(2) 與可(여가): 소식의 사촌 형으로 북송 때의 유명한 화가였던 文同의 字. 특히 대나무 그림을 잘 그려 소식의 화풍에 큰 영향을 미쳤다.
(3) 嗒然(탑연): 멍하다. 이상의 네 구절은 문동이 대나무를 그릴 때 고도의 집중력을 발휘한다는 말

이다.

(4) 莊周(장주): 戰國時代의 사상가. 《莊子》를 저술했다.

(5) 疑神(의신): 신과 같다. 신비롭고 기묘하다는 말이다. 《莊子·達生》에 "공자가 제자들을 돌아보면서 '정신이 통일되면 그것은 바로 신의 경지에 가깝다'라고 했다(孔子顧謂弟子曰: '用志不分, 乃凝於神.')"라는 말이 있는바, '凝'이 맞는지 '疑'가 맞는지에 대해서는 견해가 구구한데, 소식은 '疑'가 맞다는 입장을 견지하고 있다.

(6) 若人(약인): 이 사람. 문동을 가리킨다.

(7) 春蚓筆(춘인필): 봄철의 지렁이처럼 가느다란 붓을 가리킨다.

(8) 風中柳(풍중류): 대나무를 그린다는 것이 잘못되어 가늘디가는 버들가지처럼 되고 만 것을 가리킨다.

(9) 瘦節蛟蛇(수절교사): 여위고 마디진 교룡과 뱀. 너무 가늘지 않고 힘이 있는 그림 속의 대나무를 가리킨다. 이 연은 깎아지른 절벽 위에 교룡이나 뱀이 달려가는 것처럼 힘이 넘쳐 보이는 대나무가 그려져 있는 모습을 묘사한 것이다.

(10) 霜竿(상간): 대나무 장대. 대나무는 표면에 서리처럼 하얀 가루가 묻어 있기 때문에 상간이라고 한다. 여기서는 문동이 그린 대나무를 가리킨다.

(11) 江湖手(강호수): 강이나 호수에서 낚시질하는 사람을 가리킨다. 이 구절은 문동의 그림 속 대나무가 꼭 진짜 대나무와 같아서 언젠가는 낚싯대로 쓰일 것만 같다는 말이다.

(12) 晁子(조자): 조보지를 가리킨다.

(13) 生事(생사): 생계.

(14) 絶倒(절도): 넘어질 정도로 몹시 웃다. 포복절도하다.

(15) 諛墓(유묘): 무덤에 아첨하다. 다른 사람의 墓誌銘을 써 주는 것을 가리킨다. 묘지명은 일반적으로 죽은 사람을 과장되게 칭송하기 때문에 하는 말이다.

(16) 霜竹(상죽): 대나무. 주 (10) 참조. 이 구절은 조보지가 남의 묘지명을 써 주고 받은 사례금으로 문동의 대나무 그림을 구입했다는 말이다.

(17) 苜蓿(목숙): 거여목. 개자리. 길가에 자라는 콩과의 식물로 대개 풋거름이나 사료로 쓰인다. 이 연은 조보지가 거여목을 아침밥의 반찬으로 먹는다는 말이다.

(18) 吾詩(오시): 소식의 자주에 "나의 옛날 시에 '식사에 고기는 없어도 되나, 집안에 대나무가 없을 순 없지'라는 말이 있다(吾舊詩云: '可使食無肉, 不可使居無竹.')"라고 했으므로 소식의 시 〈於潛僧綠筠軒〉(0280)을 가리킴을 알 수 있다. 이 연은 고기보다 대나무를 소중하게 여긴 조보지의 인품을 칭송한 것이다.

1007. 戱用晁補之[1]韻

장난삼아 조보지의 운을 써서

昔我嘗陪醉翁醉,[2]	옛날엔 내가 취옹을 모시고 취했었는데
今君但吟詩老詩.[3]	지금은 그대가 늙은 시인의 시만 읊네.
淸詩咀嚼那得飽.[4]	맑은 시야 곱씹은들 어찌 배가 부르랴?
瘦竹瀟灑令人飢.	산뜻한 가는 대는 사람을 배고프게 하네.
試問鳳凰飢食竹,[5]	봉황은 배고프면 대나무 열매를 먹나니
何如駑馬肥苜蓿.[6]	어찌 둔마가 거여목 먹고 살찌는 것과 같으리?
知君忍飢空誦詩,	그대는 굶주림 참고 시만 읊조려
口頰瀾翻如布穀.[7][8]	입안에 뻐꾸기처럼 물결이 치는 줄 알겠네.

[해설]

문하생인 조보지의 시에 화답한 것으로, 가난을 초연하게 받아들이며 시 읊기를 좋아하는 조보지의 인품을 칭송했다.

[주석]

(1) 晁補之(조보지): 소식의 문하생. 〈書晁補之所藏與可畫竹三首〉(1006) 주 (1) 참조.

(2) 醉翁(취옹): 歐陽修의 號.

(3) 詩老(시로): 북송 시인 梅堯臣을 가리킨다. 王十朋의 《百家註分類東坡先生詩》에 "취옹은 구양영

숙이고, 시로는 매성유이다(醉翁, 歐陽永叔也; 詩老, 梅聖俞也)"라고 했다. 이 구절은 조보지의 원시에 언급되어 있었던 말인 것 같다.

(4) 那得(나득): 어찌 ~할 수 있겠는가.

(5) 食竹(식죽): 《莊子·秋水》에 "저 원추(봉황의 일종)는 남해에서 출발하여 북해로 날아가는데 오동나무가 아니면 머무르지 않고 대나무 열매가 아니면 먹지 않으며 감로수가 아니면 마시지 않는다(夫鵷鶵, 發於南海而飛於北海, 非梧桐不止, 非練實不食, 非醴泉不飮)"라는 말이 있다.

(6) 苜蓿(목숙): 거여목. 개자리. 길가에 자라는 콩과의 식물로 대개 풋거름이나 사료로 쓰인다. 《史記·大宛傳》에 "사람들은 술을 좋아하고 말은 거여목을 좋아한다(俗嗜酒, 馬嗜苜蓿)"라는 말이 있고, 杜甫의 시 〈贈田九判官梁丘〉에 "대완국 말은 언제나 봄 거여목 먹고 살찐다(宛馬總肥春苜蓿)"라는 말이 있다.

(7) 瀾翻(난번): 물결이 치다.

(8) 布穀(포곡): 뻐꾸기. 이 연은 뻐꾸기가 쉬지 않고 우는 것처럼 조보지가 쉬지 않고 시를 읊조린다는 말이다.

1008. 書皇親[(1)]畫扇[(2)]

황족의 그림 부채에 쓴 시

十年江海寄浮沈,[(3)]	십 년 동안 강해에다 부침을 맡긴지라
夢繞江南黃葦林.[(4)]	꿈속에 강남 땅의 갈대숲을 맴돌았네.
誰謂風流貴公子,[(5)]	그 누가 말하리오 풍류스런 귀공자도
筆端還有五湖心.[(6)]	붓끝에 역시 오호를 좋아하는 마음이 있다고?

[해설]

그림이 그려져 있는 어느 황족의 부채에 쓴 제화시이다. 황족이 손수 그린 수향 풍경을 보며 그것이 바로 자신이 염원하던 은일 생활임을 밝히고 아울러 강호에 은거하기를 좋아한 그 황족의 고상한 인품을 칭송했다.

[주석]

(1) 皇親(황친): 황제의 친족. 누구를 가리키는지 분명하지 않다.
(2) 畫扇(화선): 그림이 그려져 있는 부채.
(3) 十年(십년): 소식이 조정을 떠나 杭州通判으로 부임해 간 희령 4년(1071)부터 각지를 떠돌다가 다시 조정으로 들어간 원우 원년(1086)까지의 10여 년을 개략적으로 말한 것이다.
(4) 江南(강남): 長江 이남 지역.
(5) 貴公子(귀공자): 제목에서 말한 황족을 가리킨다.
(6) 五湖心(오호심): 江湖에 은거하고 싶은 마음. 춘추시대 越나라 대부 范蠡가 西施로 미인계를

써서 오나라를 멸망시킨 뒤 서시와 함께 배를 타고 五湖로 몸을 숨겨 버렸기 때문에 오호는 은거지를 가리킨다. 이 연을 보면 그 황족이 자기 부채에 손수 갈대가 우거진 수향 풍경을 그려 놓았음을 알 수 있다.

1009. 書李世南[1]所畫秋景二首

이세남이 그린 가을 풍경 그림에 쓴 시

其一

野水參差落漲痕,[2]	들판의 강엔 물 빠진 자국이 들쑥날쑥 나 있고
疎林欹倒出霜根.[3]	듬성한 숲엔 나무가 쓰러져 서리 맞은 뿌리가 드러났네.
扁舟一櫂歸何處,	조각배는 노 하나 저어 어디로 가나?
家在江南黃葉村.[4]	집이 강남의 낙엽에 덮인 마을에 있네.

其二

人間斤斧日創夷,[5][6]	세상의 도끼들이 날마다 상처를 냈다면
誰見龍蛇百尺姿.[7]	그 누가 백 자짜리 용과 뱀의 자태를 보리?
不是溪山成獨往,[8]	깊숙한 산속으로 홀로 가지 않았다면
何人解作挂猿枝.[9][10]	원숭이가 매달린 가지를 누가 그릴 줄 알리?

[해설]

북송 화가 이세남이 그린 가을 풍경 그림에 쓴 제화시이다. 소식의 시를 통해 유추해 보건대, 제1수는 조각배 하나가 낙엽에 덮인 마을을 향해 나아가는 모습을 그린 것으로 보이고, 제2수는 원숭이가 커다란 나무에 매달려 노는 모습을 그린 것으로 보인다.

[주석]

(1) 李世南(이세남): 북송 때의 화가로 산수화에 뛰어났다. 《畫斷·播紳韋布》에 "이세남은 자가 당신이고 안숙(지금의 하북성 徐水) 사람이다.……나는 그의 손자 이호를 본 적이 있는데 그가 말하기를 '이 그림은 본래 차가운 숲을 그린 병풍이었는데 쪼개어서 두 개의 두루마리로 만든 것입니다'라고 한바, 앞의 세 폭은 다 가을 숲을 그린 것이기 때문에 동파에게 용과 뱀의 자태라고 한 구절이 있고, 뒤의 세 폭은 다 가까운 산에서 먼 산을 바라보는 방법으로 넓고 먼 공간을 표현한 것이기 때문에 낙엽에 덮인 마을이라고 한 구절이 있다. 사실은 하나의 풍경인데 동파가 두 개의 의미로 만든 것이다(李世南, 字唐臣, 安肅人.……予嘗見其孫皓, 云: '此圖本寒林障, 分作兩軸.' 前三幅盡寒林, 坡所以有龍蛇姿之句; 後三幅盡平遠, 所以有黃葉村之句. 其實一景, 而坡作兩意.')"라고 했다.

(2) 落漲痕(낙창흔): 강가의 언덕에 나 있는, 수위가 높아졌다 낮아졌다 한 흔적.

(3) 霜根(상근): 서리를 맞은 것처럼 하얀 뿌리를 가리킨다.

(4) 江南(강남): 長江 이남 지역.

(5) 人間(인간): 이 세상. 속세.

(6) 創夷(창이): 상처를 내다. 나무를 베는 것을 가리킨다. '創痍'와 같다.

(7) 龍蛇百尺姿(용사백척자): 백 자나 되는 기다란 용이나 뱀처럼 생긴 나무를 가리킨다. 이 연은 사람들이 날마다 베어 가 버렸다면 큰 나무를 보기가 어려웠을 텐데 그림 속에는 큰 나무가 많다는 말이다.

(8) 成獨往(성독왕): '曾獨往'으로 된 판본도 많은바 '成獨往'보다 자연스럽다.

(9) 解(해): ~할 줄 알다.

(10) 挂猿枝(괘원지): 원숭이가 걸려 있는 나뭇가지. 이 연은 큰 나무에 원숭이가 매달려 있는 그림을 잘 그릴 수 있었던 것은 그에게 그것을 본 직접 경험이 있기 때문일 것이라는 말이다.

1010. 書鄢陵[1]王主簿[2]所畫折枝[3]二首

언릉 왕주부가 그린 절지도에 쓴 시

其一

論畫以形似,[4]	겉모습의 유사성으로 그림을 논한다면
見與兒童鄰.	그림에 대한 식견이 어린애에 가깝다.
賦詩必此詩,	시를 지음에 꼭 이런 시라야 한다고 한다면
定非知詩人.[5]	정녕 시를 아는 사람이 아닐 것이다.
詩畫本一律,	그림과 시는 본래 한가지 이치
天工與清新.[6]	자연미와 청신한 맛이 무엇보다 중요하다.
邊鸞雀寫生,[7][8]	변란이 그린 참새는 생기를 묘사했고
趙昌花傳神.[9][10]	조창이 그린 꽃은 영혼을 전해 온다.
何如此兩幅,	그러면 왕주부의 이 두 폭은 어떠한가?
疎淡含精勻.[11][12]	담담함 가운데에 정교함을 머금었다.
誰言一點紅,[13]	그 누가 말했던가 붉은색 점 하나에
解寄無邊春.[14]	가없는 봄기운을 깃들일 수 있다고?

其二

瘦竹如幽人,[15]	깡마른 대나무는 은자와 같고

幽花如處女.(16)　그윽한 곳의 꽃은 처녀와 같네.
低昂枝上雀,　가지 위의 참새로 고개를 주억이고
搖蕩花間雨.　꽃 사이에 내리는 비로 흔들거리네.
雙翎決將起,(17)　두 날개로 훌쩍 날아오르려 하자
衆葉紛自擧.　잎들이 어지러이 저절로 일어나네.
可憐採花蜂,　꽃술의 꿀을 따는 어여쁜 벌은
清蜜寄兩股.　맑은 꿀을 두 다리에 묻히고 있네.
若人富天巧,(18)(19)　이 사람은 타고난 솜씨가 많은지라
春色入毫楮.(20)　봄빛을 붓과 닥나무에 불어넣었네.
懸知君能詩,(21)(22)　그대는 시도 잘 짓는 줄 알겠나니
寄聲求妙語.(23)(24)　이 시를 부쳐 보내 멋진 말을 부탁하네.

[해설]

언릉주부 왕씨가 그린 절지도를 보고 그 감회를 노래한 제화시(題畫詩)로, 왕씨의 그림을 칭송하는 가운데 시든 그림이든 외형을 사실적으로 묘사하는 것보다 자연스럽고 청신하게 각자 다른 작자 자신의 정신세계를 그려내는 것이 좋다는 그의 예술관을 내비치고 있다.

[주석]

(1) 鄢陵(언릉): 지금의 하남성 언릉.
(2) 主簿(주부): 문서를 관리하던 관직. 왕주부는 구체적인 행적이 알려져 있지 않다.
(3) 折枝(절지): 절지도. 꽃이나 나무의 뿌리는 그리지 않고 가지만 그린 그림.
(4) 形似(형사): 정신세계를 그릴 듯하게 그려 낸 神似와 달리 겉모양을 흡사하게 그린 것을 가리킨다.
(5) 定(정): 틀림없이.
(6) 天工(천공): '人工'과 상반된 개념으로 자연스럽게 이루어진 아름다움을 가리킨다.
(7) 邊鸞(변란): 당나라 때의 화가. 《唐朝名畫錄》에 "변란은 경조 사람으로 화조와 절지에 뛰어났다(邊鸞, 京兆人, 長於花鳥折枝)"라고 했고, 《歷代名畫記·唐朝下》에 "변란은 화조를 잘 그려 지극히 정묘했다(邊鸞善畫花鳥, 精妙之極)"라고 했다.
(8) 寫生(사생): 생동적인 모습을 묘사하다.
(9) 趙昌(조창): 북송 때의 화가. 《事實類苑》에 "조창은 한주 사람으로 꽃을 잘 그렸다(趙昌, 漢州人,

善畫花)"라고 했다.

(10) 傳神(전신): 정신을 전하다. 그림을 통해 화가의 정신을 전달한다는 말이다.

(11) 疎淡(소담): 너무 빽빽하거나 진하지 않고 담담하다.

(12) 精勻(정균): 정교하면서도 周到하다. 이 구절은 배치가 너무 빽빽하지도 않고 색깔도 담담하지만 꽃송이는 두루 정교하게 그려 놓았다는 말인 것으로 보인다.

(13) 一點紅(일점홍): 점처럼 작은 붉은색 꽃을 가리킨다.

(14) 解(해): ~할 줄 알다. 이 연은 작은 꽃 한 송이만 잘 그려도 한없는 봄기운을 느끼게 할 수 있다는 뜻으로 왕주부의 그림을 보니 과연 그런 것 같다는 말이다.

(15) 幽人(유인): 그윽한 곳에 숨어 사는 사람. 은자. 이 구절은 가늘지만 꼿꼿한 대나무를 몸은 여위었지만 정신력은 강인한 은자에 비유한 것이다.

(16) 幽花(유화): 그윽한 곳에 피어 있는 꽃.

(17) 決(결): 재빠른 모양. 《莊子·逍遙遊》에 "우리는 훌쩍 몸을 일으켜 날아가서 느릅나무나 다목에 이른다(我決起而飛, 搶楡枋而止)"라는 말이 있다.

(18) 若人(약인): 이 사람. 왕주부를 가리킨다.

(19) 天巧(천교): 천부적인 솜씨.

(20) 毫楮(호저): 털과 닥나무. 그림을 그리는 데 쓰는 붓과 종이를 가리킨다.

(21) 懸知(현지): 미루어 알다.

(22) 君(군): 왕주부를 가리킨다.

(23) 寄聲(기성): 자신의 이 시를 왕주부에게 부쳐 보내는 것을 가리킨다.

(24) 妙語(묘어): 왕주부가 지을 시를 가리킨다.

1011. 和張耒[1]高麗松扇[2]

고려의 소나무 부채를 노래한 장뢰의 시에 화답하여

可憐堂堂十八公,[3][4]　가련하게도 저 우람한 열여덟 공은
老死不入明光宮.[5]　늙어 죽도록 명광궁에 들어가지 못했네.
萬牛不來難自獻,[6]　소 만 마리가 오지 않아 자신을 바치기 어려우매
裁作團團手中扇.[7]　마름질되어 둥글둥글한 손 안의 부채가 되었네.
屈身蒙垢君一洗,[8]　몸 굽히고 때 묻힌 치욕을 그대가 다 씻어 주어
挂名君家詩集裏.　그대 집의 시집에 이름을 얹게 했으니
猶勝漢宮悲婕妤,[9]　그래도 한나라 궁중의 슬픈 첩여가
網蟲不見乘鸞子.[10][11]　거미 때문에 난새 탄 사람을 못 본 것보다 낫네.

[해설]

소문사학사 가운데 한 사람인 장뢰가 전협(錢勰)에게 고려의 특산품인 소나무 부채를 받은 뒤 그것에 감사하는 마음을 노래한 시 〈전목보가 고려의 소나무 부채를 주신 것에 감사하여(謝錢穆父惠高麗松扇)〉에 화답한 것이다.

[주석]

(1) 張耒(장뢰): 소식의 문하생으로 蘇門四學士 가운데 한 사람이다. 馮應榴의 《蘇軾詩集合注》에 "《속자치통감장편》에 '원우 원년(1086) 12월에 장뢰가 祕書省正字가 되었다.……'라고 한바, 선생

이 화시를 지은 것은 바로 그가 비서성정자로 있을 때이다(《續通鑑長編》: '元祐元年十二月, 張耒爲正字.……' 先生和詩, 正其正字時也)"라고 했다.

(2) 高麗松扇(고려송선): 소나무 가지로 만든 고려산 부채. 소나무 가지를 가늘게 쪼개고 압착하여 실처럼 만든 뒤 그것을 베처럼 짜서 扇面으로 삼음으로써 솔향기가 많이 나게 한 부채인 것으로 보인다. 徐兢의 《宣和奉使高麗圖經·松扇》에 "소나무 부채는 소나무의 부드러운 가지를 꺾어 가늘게 쪼갠 다음 두드리고 압착하여 실 상태로 만든 뒤에 베처럼 짜서 만든다. 위에 무늬가 있는데 등나무를 꿰뚫는 재주에 못지않은바, 왕실에서 사자에게 준 것이 가장 정교하다(松扇, 取松之柔條, 細削成縷, 搥壓成線, 而後織成. 上有花文, 不減穿藤之巧, 唯王府所遺使者最工)"라는 기록이 있고, 鄧椿의 《畫繼·雜說》에 "고려의 소나무 부채는 마디 있는 판자 모양인데 본국인이 말하기를 '소나무가 아니고, 갯버들의 껍질입니다. 부드럽고 매끈매끈해서 좋은데 그 무늬가 꼭 소나무나 잣나무 같기 때문에 소나무 부채라고 하는 것입니다'라고 했다. 소동파가 말하기를 '고려의 백송은 결이 곧고 성기기 때문에 쪼개어서 부채를 만드는데 촉지방에서 종려나무 고갱이로 짠 것과 같은바 아마 갯버들일 것이다'라고 했다(高麗松扇, 如節板狀, 其土人云: '非松也, 乃水柳木之皮. 柔膩可愛, 其紋酷似松柏, 故謂之松扇.' 東坡謂: '高麗白松, 理直而疎, 析以爲扇, 如蜀中織㯶櫚心, 蓋水柳也.')"라는 기록이 있다.

(3) 堂堂(당당): 웅장한 모양.

(4) 十八公(십팔공): '松'을 破字한 것으로 소나무를 가리킨다. 《吳錄》에 "정고는 자기 배 위에 소나무가 나는 꿈을 꾸고 다른 사람에게 '"松"자는 "十八公"이니 18년 뒤에 내가 공이 될 것이오'라고 했는데 마침내 꿈과 같이 되었다(丁固夢松樹生腹上, 謂人曰: '"松"字, "十八公"也, 後十八年爲公.' 遂如夢)"라고 했다.

(5) 明光宮(명광궁): 한나라 때의 궁전. 查愼行의 《蘇詩補註》에 "왕무의 《야객총서》에 '소동파의 시에 "늙어 죽도록 명광궁에 들어가지 못했네"라고 했는데 조씨의 주에 "무제 태초 4년(기원전 101)에 세운 것으로 바로 성도후 상이 빌려서 피서하던 곳이다"라고 했다. 일찍이 살펴본 적이 있거니와 한나라 때에는 두 개의 명광궁이 있었는바, 《삼보황도》에 의하면 그 가운데 하나는 북궁에 속하고 하나는 감천궁에 속했는데 북궁에 속한 것이 바로 성도후 상이 피서하던 곳이고, 감천궁에 속한 것이 바로 무제가 지어서 신선이 되기를 추구한 곳이다'라고 했다. 또 《한기》를 살펴보면 태초 4년(기원전 101)에 명광궁을 세웠다고 했는데 顔師古의 주에 '성도후가 피서할 때 명광궁을 빌렸다는 것은 아마 이것을 두고 하는 말일 것이다'라고 했다.……동파선생은 제목 중의 소나무 부채로 인해 피서의 의미를 차용하여 명광궁의 일을 인용한 것 같다(王楙《野客叢書》云: '東坡詩"老死不入明光宮", 趙注曰: "武帝太初四年所起, 乃成都侯商所借以避暑者也." 嘗考漢有兩明光宮, 按《三輔黃圖》, 一屬北宮, 一屬甘泉. 屬北宮者, 正成都侯商避暑之處; 屬甘泉者, 乃武帝所造以求仙者.' 又考《漢紀》, 太初四年起明光宮, 師古注曰: '成都侯避暑, 借明光宮, 蓋謂此'……蓋先生因題中松扇借用避暑意, 故引明光事)"라고 했다.

(6) 萬牛(만우): 커다란 소나무를 끌고 갈 소들을 가리킨다. 杜甫의 시 〈古柏行〉에 "큰 집이 기울어지

면 동량지재가 필요한데, 소 만 마리가 돌아보니 산처럼 무겁구나(大廈如傾要梁棟, 萬牛回首丘山重)"라는 구절이 있다.

(7) 團團(단단): 둥근 모양. 한나라 成帝의 후궁으로 총애를 듬뿍 받던 班婕妤가 趙飛燕 자매에게 총애를 빼앗긴 뒤에 지은 시 〈怨歌行〉에 "제 땅의 흰 명주를 새로 자르니, 맑고 깨끗하기가 눈서리 같네. 마름질을 잘해서 합환선을 만드니, 둥글둥글하기가 보름달 같네(新裂齊紈素, 鮮潔如霜雪. 裁爲合歡扇, 團團似明月)"라는 구절이 있다.

(8) 屈身蒙垢(굴신몽구): 몸을 굽히고 때를 묻히다. 동량지재로 쓰이지 못하고 부채로 만들어진 일을 가리킨다. 이 연은 장뢰가 소나무 부채를 시로 읊어 칭송해 줌으로써 소나무의 치욕을 씻어 주었다는 말이다.

(9) 婕妤(첩여): 한나라 때의 宮中 女官의 명칭. 반첩여를 가리킨다.

(10) 網蟲(망충): 거미. 버려진 부채 위의 거미를 가리킨다. 劉禹錫의 시 〈團扇歌〉에 "둥글부채에 이어 다른 둥글부채가, 더위 씻는 궁전에서 임금님을 모셨네. 추풍이 뜨락의 나무로 불어오자, 이때부터 그 모습을 보려고 하지 않네. 그 위에 난새 탄 여인이 그려져 있는데, 덕지덕지 거미가 도처에 붙어 있네. 내년에 품과 소매에 들어가는 건, 비단을 잘라 만든 다른 부채일 것이네(團扇復團扇, 奉君淸暑殿. 秋風入庭樹, 從此不相見. 上有乘鸞女, 蒼蒼網蟲遍. 明年入懷袖, 別是機中練)"라고 했다.

(11) 乘鸞子(승란자): 봉황의 일종인 난새를 탄 사람. 춘추시대 秦나라 穆公의 딸 弄玉을 가리킨다. 농옥은 퉁소를 잘 부는 청년 소사와 결혼한 뒤 그에게 퉁소 부는 법을 배워 마침내 퉁소로 봉황을 불러 내려 그것을 타고 함께 하늘로 올라갔다는 전설이 있다.(《列仙傳》 참조) 江淹의 시 〈班婕妤詠扇〉에 "둥근 달과 같이 생긴 흰 비단 부채, 베틀의 새하얀 명주에서 나왔네. 진나라 임금님의 딸을 그려 놨나니, 난새 타고 구름 위로 올라가고 있었네(紈扇如圓月, 出自機中素. 畫作秦王女, 乘鸞向煙霧)"라는 구절이 있는바, 이는 농옥과 소사가 난새를 타고 함께 하늘로 올라간 일과 대비시킴으로써 성제에게 버림받은 반첩여의 슬픔을 더욱 두드러지게 한 것이다. 이 연은 고려의 소나무 부채는 그래도 거미가 덕지덕지 앉은 반첩여의 부채보다 낫다는 말이다.

1012. 故李誠之[1]待制[2]六丈[3]挽詞[4]

이씨 집안의 여섯째 어르신인 고 이성지 대제를 애도하는 만사

青青一寸松,
中有梁棟姿.[5]
天驥墮地走,[6]
萬里端可期.[7]
世無阿房宮,[8]
下建五丈旂.[9]
又無穆天子,[10]
西征燕瑤池.[11]
才大古難用,[12]
老死亦其宜.[13]
丈夫恐不免,
豈患莫己知.
公如松與驥,
少小稱偉奇.[14]
俯仰自廊廟,[15][16]
笑談無羌夷.[17]
清朝竟不用,[18]

파릇파릇 한 치짜리 소나무일 때에도
그 안에 동량지재의 자질이 들어 있었고
하늘을 나는 준마가 땅에 떨어져 달렸으니
만 리 길도 참으로 기대할 만하였네.
그 밑에 오 장짜리 기를 세울 수 있는
아방궁이 세상에 존재하지 않는 데다
서쪽을 정벌하고 요지에서 잔치 벌인
주나라의 목천자도 계시지 않네.
재능이 크면 예로부터 쓰이기 어려웠으니
늙어서 죽는 것도 당연한 일인데
대장부라면 아마도 이것을 면할 수 없을 터
아무도 자기를 안 알아준다 어찌 걱정했으리?
공께서는 소나무나 천리마 같아
어릴 때부터 남달리 빼어나다 했으니
일거수일투족이 스스로 조정 관리에 부합했고
담소하는 사이에 오랑캐가 없어졌으리.
맑고 밝은 조정에서 끝내 쓰이지 않았건만

白首仍憂時.	백발이 되도록 여전히 시절을 걱정하여
願斬橫行將,	횡행하는 적장의 목을 베고 싶어 했고
請烹乾沒兒.[19][20]	남의 물건 빼앗는 자 팽하기를 청했는데
言雖不見省,[21]	자신의 간언이 받아들여지지 않았지만
坐折姦雄窺.[22]	이로 인해 간웅들이 조정을 엿보지 못하게 했네.
嗟我去公久,	아아 나는 오랫동안 공을 떠난 채
江湖生白髭.	강호에서 흰 수염이 나게 됐는데
歸來耆舊盡,[23]	돌아오자 원로들이 다 사라지셨으니
零落存者誰.[24]	영락하고 남은 분이 그 누구인가?
比公嵇中散,[25]	빗대자면 공께서는 혜중산과 같은 분
龍性不可羈.[26]	용처럼 굳센 성격이라 얽어맬 수 없었고
疑公李北海,[27][28]	비유컨대 공께서는 이북해와 같은 분
慷慨多雄詞.	비분강개한 멋진 글이 참 많았나니
淒涼五君詠,[29]	처량하기가 〈오군영〉을 읊는 것 같고
沈痛八哀詩.[30]	침통하기가 〈팔애시〉를 읊는 것 같네.
邪正久乃明,	사악한지 바른지는 오래 지나면 밝혀지는 법
人今屬公思.	사람들이 지금은 공의 생각에 찬동하건만
九原不可作,[31]	구원산에서 공을 다시 일으켜 세울 수 없으니
千古有餘悲.[32]	천고토록 슬픔이 넘쳐 나겠네.

[해설]

이사중의 죽음을 애도하여 지은 것으로, 그의 인품과 능력을 극구 칭송하고 조정에 중용되지 못한 안타까운 심정을 토로했다.

[주석]

(1) 誠之(성지): 李師中(1013-1078)의 字. 《東都事略》에 "이사중은 자가 성지이며 응천 초구(지금의 산동성 曹縣) 사람이다.……향년 66세였다. 사람 됨됨이가 대범하고 기개와 절조가 있었지만 큰소리 치기를 좋아하여 당시 사람들에게 받아들여지지 않았다(李師中, 字誠之, 應天楚丘人.……卒年六十六. 爲人落落有氣節, 然好大言, 故不容於時)"라고 했다.

(2) 待制(대제): 관직 이름.
(3) 六丈(육장): 형제의 서열이 여섯 번째인 어르신.
(4) 挽詞(만사): 죽은 사람을 애도하는 글.
(5) 梁棟(양동): 棟梁之材. 이 연은 이사중이 어릴 때부터 동량지재의 자질을 갖추고 있었다는 말이다.
(6) 天驥(천기): 하늘을 날아다니는 옥황상제의 준마. 천마.
(7) 端(단): 진실로. 확실히.
(8) 阿房宮(아방궁): 秦始皇이 지은 궁전.
(9) 五丈旂(오장기): 높이가 5장(약 15m)인 기. 《史記·秦始皇本紀》에 "이에 위수 남쪽의 상림원 안에 궁전을 지었다. 먼저 앞 궁전인 아방궁을 지었으니 동서의 길이가 500보이고 남북의 길이가 50장이라, 위에는 만 명이 앉을 수 있고 밑에는 5장 높이의 기를 세울 수 있었다(乃營作朝宮渭南上林苑中. 先作前殿阿房, 東西五百步, 南北五十丈, 上可以坐萬人, 下可以建五丈旗)"라고 했다. 이 연은 이사중처럼 큰 재목을 필요로 하는 곳이 없어서 이사중이 크게 쓰이지 못했다는 말이다.
(10) 穆天子(목천자): 周나라 穆王. 그는 기원전 965년에 서북쪽의 犬戎을 정벌한 후 계속 서쪽으로 나아가 崑崙山에서 西王母를 만나 瑤池에서 연회를 벌였다는 전설이 있다.(《穆天子傳》 참조)
(11) 瑤池(요지): 중국 전설에서 서왕모가 거처했다는 곤륜산 위의 연못. 이 연은 목천자처럼 八駿馬를 탈 사람이 없기 때문에 이사중 같은 인재가 제대로 쓰이지 못했다는 말이다.
(12) 才大(재대): 재능이 크다. 재목이 크다. 杜甫의 〈古柏行〉에 "지사와 은자는 원망하지 말지니, 예로부터 재능이 크면 쓰이기 어려웠다네(志士幽人莫怨嗟, 古來材大難爲用)"라는 구절이 있다.
(13) 老死(노사): 戰死하지 않고 천수를 다한 뒤에 죽는 것을 가리킨다.
(14) 偉奇(위기): 남달리 빼어나다.
(15) 俯仰(부앙): 행동거지 하나하나.
(16) 廊廟(낭묘): 곁채와 종묘. 조정을 가리킨다.
(17) 羌夷(강이): 오랑캐. 소식의 詞 〈念奴嬌·赤壁懷古〉에 "손에는 깃부채 들고 머리엔 관건 쓰고, 담소하는 사이에 강인한 적은, 재가 되어 날아가고 연기 되어 사라졌겠지(羽扇綸巾, 談笑間·強虜灰飛煙滅)"라는 구절이 있다.
(18) 清朝(청조): 淸明한 조정.
(19) 烹(팽): 팽하다. 죄인을 끓는 물에 삶아 죽이는 형벌에 처하다.
(20) 乾沒(건몰): 남의 재물을 깡그리 가로채다.
(21) 不見省(불견성): 돌아봄을 입지 못하다. 받아들여지지 않는 것을 가리킨다.
(22) 坐(좌): ~로 인하여. 이상의 네 구절은 횡행하는 적장의 목을 베고 백성의 재물을 갈취하는 탐관오리를 엄벌하자는 이사중의 건의가 받아들여지지는 않았지만 그래도 그것으로 인하여 그 사람들이 조정을 넘겨다보지 못하게 되었다는 말인 것으로 보인다.
(23) 耆舊(기구): 나이가 많고 덕망이 높은 사람. 이 구절은 소식이 희령 4년(1071)에 조정을 떠나

지방관으로 나간 뒤 원우 원년(1086)에 다시 조정으로 돌아왔을 때 원로들이 다 세상을 떠나고 없어진 일을 가리킨다.

(24) 零落(영락): 시들어 떨어지다. 죽는 것을 가리킨다.

(25) 嵇中散(혜중산): 竹林七賢의 한 사람인 嵇康을 가리킨다. 그는 魏나라 사람으로 中散大夫를 역임하여 혜중산이라고 불렸는데 성격이 자유분방하고 거리낌 없었기 때문에 顔延之가 〈五君詠·嵇中散〉에서 "난새의 깃털이 잘릴 때도 있었지만, 용과 같은 천성을 누가 길들일 수 있었으리?(鸞翮有時鎩, 龍性誰能馴?)"라고 했다.

(26) 龍性(용성): 용처럼 완고하고 굳세어서 길들이기 어려운 성격.

(27) 疑(의): 비유하다. '擬'와 같다.

(28) 李北海(이북해): 당나라 사람 李邕을 가리킨다. 그는 北海太守를 역임했기 때문에 이북해라고 불렸는데 성격이 강직하고 과격한 탓에 곧잘 권세가들의 비위를 거슬러 결국 李林甫에게 살해당했다. 그는 글재주가 뛰어났기 때문에 두보가 〈八哀詩·贈秘書監江夏李公邕〉에서 "옛날에 이공이 살아 계실 땐, 문단에 튼튼한 뿌리가 있었네. 드날린 명성이 훌륭한 글에 어울렸나니, 청아한 작품이 시원스럽게 나왔네(憶昔李公存, 詞林有根柢. 聲華當健筆, 灑落富淸制)"라고 했다.

(29) 五君詠(오군영): 죽림칠현 중에서 벼슬길에 나아가 고위 관직을 역임한 王戎과 山濤를 제외한 혜강 등 다섯 사람의 초탈하고 자유분방한 기상을 찬양한 안연지의 시. 주 (25) 참조

(30) 八哀詩(팔애시): 이옹 등 뛰어난 인재 여덟 명의 죽음을 애도한 두보의 시. 주 (28) 참조. 이 연은 이사중의 만사를 짓는 자신의 심경이 안연지가 〈오군영〉을 읊은 것과도 같고 두보가 〈팔애시〉를 읊은 것과도 같다는 말이다.

(31) 九原(구원): 구원산. 이곳에 춘추시대 晉나라 卿과 大夫의 묘지가 있었기 때문에 널리 묘지를 가리킨다. 이 연은 이사중을 부활시켜서 그의 생각이 옳았음을 알려 주고 싶지만 그럴 수 없어서 안타깝다는 말이다.

(32) 餘悲(여비): 남아도는 슬픔. 끝없는 슬픔.

1013. 次韻孔常父[(1)]送張天覺[(2)]河東提刑[(3)]

하동로제점형옥 장천각을 전송한 공상보의 시에 차운하여

送君應典鷫鸘裘,[(4)(5)]	그대를 보내려면 숙상조 가죽 옷을 잡혀
憑仗千鍾洗別愁.[(6)(7)]	술 천 잔의 힘으로 이별의 근심을 씻어야 하리.
脫帽風流餘長史,[(8)]	모자 벗고 왕공 맞는 풍류가 장장사를 능가하니
埋輪家世本留侯.[(9)(10)(11)]	바퀴 묻는 가풍이 유후에게서 나왔으리.
子河駿馬方爭出,[(12)]	자하차의 준마가 한창 다투어 나오니
昭義疲兵得少休.[(13)]	소의군의 지친 병사가 잠시 휴식을 얻을 터
定向秋山得佳句,[(14)]	틀림없이 가을 산에 가서 멋진 시구를 얻고
故關黃葉滿行輈.[(15)]	옛 관문의 누런 잎이 달리는 수레에 가득하리.

[해설]

하동로제점형옥으로 부임해 갈 예정인 장상영을 전송하면서 지은 공무중의 시에 차운하여 장상영을 전송하는 자신의 심경을 노래한 것이다.

[주석]

(1) 常父(상보): 孔武仲의 字. 〈見子由與孔常父唱和詩, 輒次其韻.……〉(0980) 주 (2) 참조.

(2) 天覺(천각): 張商英의 字. 《東都事略》에 "장상영은 자가 천각이고 촉주(지금의 사천성 崇慶) 신진 사람이다.……철종이 즉위하여 개봉부추관에 임명했는데 당시 조정에서 신법 가운데 불편한 것을

조금씩 변경해 나가자 장상영이 상소문을 올려 '선황제 황릉의 흙도 마르기 전에 신법의 변경을 논의한다면 효성스럽다고 할 수 있겠습니까?'라고 하여 하동로제점형옥에 임명되었다(張商英, 字天覺, 蜀州新津人.……哲宗卽位, 除開封推官, 時朝廷稍更新法之不便者, 商英上言: '先帝陵土未乾, 卽議更變, 可謂孝乎?' 除河東路提點刑獄)"라는 기록이 있다.

(3) 河東提刑(하동제형): 河東路提點刑獄의 약칭.

(4) 君(군): 장상영을 가리킨다.

(5) 鷫鸘裘(숙상구): 西方을 지킨다는 神鳥인 숙상조의 가죽으로 만든 옷. 《西京雜記》에 "사마상여는 처음 탁문군과 함께 성도로 돌아왔을 때 집안이 가난하여 근심스럽고 고민스러운지라 입고 있던 숙상조 가죽 옷을 가지고 상인 양창에게 가서 그것을 술과 바꾸어 탁문군과 함께 즐겼다(司馬相如初與卓文君還成都, 居貧愁懣, 以所著鷫鸘裘, 就市人陽昌貰酒, 與文君爲懽)"라는 기록이 있다.

(6) 憑仗(빙장): 의지하다.

(7) 鍾(종): 술잔.

(8) 長史(장사): 金吾長史를 역임한 당나라 때의 서예가 張旭을 가리킨다. 杜甫의 시 〈飮中八仙歌〉에 "장욱은 석 잔 마시고 써서 초성이라 전하나니, 모자 벗고 맨머리로 왕공 앞에 나가는데, 붓 휘둘러 종이에 대면 구름이 일고 안개가 피네(張旭三杯草聖傳, 脫帽露頂王公前, 揮毫落紙如雲煙)"라는 구절이 있다. 소식의 자주에 "장상영 군은 초서를 좋아하지만 잘 쓰지는 못하므로 이것으로 농담을 한 것이다(君喜草書而不工, 故以此爲戲)"라고 한바, 이 구절은 장욱의 두 가지 특징 가운데 그의 대범한 기질을 들어서 장상영이 그를 능가한다고 칭송한 것인 듯하다.

(9) 埋輪(매륜): 수레바퀴를 땅에 묻다. 後漢 順帝 때 대장군 梁冀가 정권을 농단한 결과 조정이 매우 부패했다. 한안 원년(142)에 張綱 등 여덟 사람을 전국 각지로 보내 민정을 살펴보라고 했더니 다른 사람들은 다 명을 받들어 자기 관할 지역으로 나갔는데 장강은 수레바퀴를 땅에 묻어 놓은 채 "승냥이와 이리가 길을 막고 있거늘 여우와 살쾡이가 문제인가?"라며 상소문을 올려 양기의 죄상을 폭로했다.(《후한서·장강전》 참조) 이 일에서 비롯되어 '埋輪'은 권세가를 두려워하지 않고 충직하게 간언하는 것을 가리킨다. 소식의 자주에 "장강은 장자방(張良)의 7세손으로 건위 무양 사람이다. 무덤이 지금의 팽산에 있으니 장상영 군은 아마도 그 후손일 것이다(張綱, 子房七世孫也, 犍爲武陽人. 墓在今彭山, 君豈其後耶)"라고 했다.

(10) 家世(가세): 집안의 계통과 문벌. 장량에게서 비롯되어 장강을 거쳐 장상영으로 이어진 장씨 집안의 가풍을 가리킨다.

(11) 留侯(유후): 한나라 高祖 劉邦에 의해 유후에 봉해진 장량을 가리킨다. 이 구절은 장상영이 충직한 품성이 장량·장강 등의 훌륭한 조상에게서 나왔다며 그의 집안을 칭송한 것이다.

(12) 子河(자하): 子河汊. 紫河汊. 소식의 자주에 "인부마는 자하차에서 나왔다(麟府馬, 出子河汊)"라고 했는데 麟州(지금의 섬서성 神木 일대)와 府州(지금의 섬서성 府谷 일대)는 당시 하동로의 서북쪽 끝으로 遼나라 및 西夏와의 접경지대였다. 《武經總要·紫河》에 "수나라가 장성을 쌓을 때 자하에서 시작했으니 바로 이곳으로 지금은 자하차라고 하는바, 명마가 나온다(隋築長城起於紫河, 卽

此地, 今謂之紫河汊, 地產良馬)"라고 했다. 소식의 詩句와 自註로 미루어 보건대 당시 국토방위에 사용하기 위하여 자하차 원산인 인부마를 그 일대의 인주와 부주로 확장하여 대량으로 사육했을 가능성이 있어 보인다.

(13) 昭義(소의): 서북쪽 변방인 昭義軍으로 당시 하동로에 속했다. 소식의 자주에 "당나라 때 소의 보병이라고 부른 것은 아마도 택로(지금의 산서성 長治)의 궁수일 것이다(唐稱昭義步兵, 蓋澤潞弓箭手)"라고 했고, 《九域志》에 "하동 용덕부 노주 상당군은 당나라 때의 소의군절도인데 태평흥국 원년(976)에 소덕군으로 바꾸었다(河東龍德府潞州上黨郡, 唐昭義軍節度, 太平興國元年, 改昭德軍)"라고 했다.

(14) 定(정): 틀림없이. 이상의 네 구절은 인부마가 많이 나서 하동로에 바쁜 일이 없어졌기 때문에 장상영이 산을 찾아다니며 가을의 정취를 즐길 수 있을 것이라는 말이다.

(15) 行輈(행주): 운행 중인 수레.

1014. 送張天覺[1]得山字

장천각을 전송하는 자리에서 '山'자를 배정받아

西登太行嶺,[2]	서쪽으로 태항산 봉우리에 올라가
北望清涼山.[3]	북쪽으로 청량산을 바라다보면
晴空浮五髻,[4]	맑게 갠 하늘에 다섯 개의 상투가 떠
晻靄卿雲間.[5][6]	어둑한 구름과 상서로운 구름 틈에 있으리.
餘光入巖石,[7]	남은 빛이 바위틈에 비쳐 들어서
神草出茅菅.[8][9]	띠와 골풀 사이에 신비한 풀이 나는데
何人相指似,[10]	어떤 사람들이 서로 지적해 주었기에
稍稍落人寰.[11][12]	차츰차츰 이 세상에 떨어졌을까?
能令墮指兒,[13]	손가락이 떨어져 나간 사람으로 하여금
虯髯茁冰顔.[14][15][16]	얼음 같은 얼굴에 수염이 나게 하니
祝君如此草,[17]	그대는 이 풀처럼 백성을 위해
爲民已痌瘝.[18][19]	그들의 아픔을 씻어 주소서.
我亦老且病,	백성뿐만 아니라 나도 늙고 병들어
眼花腰脚頑.[20]	눈에 불꽃이 어른거리고 허리와 다리가 뻣뻣하니
念當勤致此,[21]	부지런히 이것을 보내 주려고 생각해야지
莫作河東慳.[22]	하동 사람들처럼 인색하게 굴지 마소서.

[해설]

하동로제점형옥으로 부임해 갈 예정인 장상영을 전송하는 자리에서 그의 하동 생활을 상상하여 지은 것이다.

[주석]

(1) 天覺(천각): 張商英의 字. 〈次韻孔常父送張天覺河東提刑〉(1013) 주 (2) 참조.
(2) 太行嶺(태항령): 태항산. 王十朋의 《百家註分類東坡先生詩》에 "태항산은 택주(지금의 산서성 晉城 일대) 진중현에 있으며 대주(지금의 산서성 代縣 일대)의 오대산이 바로 청량산이다(太行山, 在澤州晉中縣, 而代州五臺山, 卽淸涼山也)"라고 했다.
(3) 淸涼山(청량산): 오대산의 별칭. 주 (2) 참조.
(4) 五髻(오계): 다섯 개의 상투. 오대산의 다섯 봉우리를 가리킨다. 《讀史方輿紀要·山西一》에 《名山志》를 인용하여 "오대산은 다섯 개의 봉우리가 우뚝 솟아서 구름 바깥으로 나가 있는데 꼭대기에 나무는 없고 흙을 쌓아 놓은 것 같은 대가 있기 때문에 오대산이라고 한다(五臺山, 五峰聳立, 高出雲表, 山頂無林木, 有如壘土之臺, 故曰五臺)"라고 했다.
(5) 晻靄(엄애): 어둑어둑한 구름.
(6) 卿雲(경운): 상서로운 구름. 慶雲·景雲이라고도 한다.
(7) 餘光(여광): 남은 빛. 석양. 査愼行의 《蘇詩補註》에 "《수경주》에 '오대산은 《선경》에서는 仙境으로 신선이 거처하던 곳이라고 여기고, 《내경》에서는 문수사리가 거처하던 곳으로 그 안에서 항상 오색 광채가 나온다고 여긴다'라는 기록이 있다(《水經注》: '五臺山, 《僊經》以爲紫府, 僊人居之; 《內經》以爲文殊師利所居, 五色光采, 常從內出.')"라고 했다.
(8) 神草(신초): 신령스러운 약초. 먹으면 흰머리가 검어진다는 약초인 長松을 가리킨다. 왕십붕의 《백가주분류동파선생시》에 "오대산에 장송이라고도 하고 선모라고도 하는 약초가 있다(五臺山有草藥, 名長松, 亦名仙茅)"라고 했는데, 《本草綱目·長松》에 "장송은 오래된 소나무 밑에 나는데 뿌리의 색깔이 냉이나 잔대 같고 길이가 3~5치이며 맛이 달면서도 약간 쓴 것이 인삼과 비슷하고 맑은 향이 참 좋다. 장천각의 문집에 '승려 보명이 오대산에 살 때 癩病을 앓아 눈썹과 수염이 다 빠진지라 슬픔과 고통을 견딜 수 없었는데 갑자기 한 이인을 만났더니 장송을 먹어 보라며 그 형상을 알려 주었다. 보명이 그것을 캐어 먹었더니 10여 일 만에 모발이 다 나고 안색이 옛날과 같아졌다'라는 말이 있다(長松生古松下, 根色如薺苨, 長三五寸, 味甘微苦, 類人參, 淸香可愛. 按張天覺文集云: '僧普明居五臺山, 患大風, 眉髮俱墮, 哀苦不堪. 忽遇異人, 敎服長松, 示其形狀. 明採服之, 旬餘毛髮俱生, 顔色如故.')"라고 했다.
(9) 茅菅(모관): 띠와 골풀. 야생의 잡초를 가리킨다.
(10) 指似(지사): 가리켜 주다. 지적해 주다. '似'는 '~에게'라는 뜻이다.
(11) 稍稍(초초): 차츰차츰.

(12) 人寰(인환): 이 세상. 이 연은 長松의 신통한 효험에 관한 소문이 널리 퍼져서 당시에 이미 그것을 재배하는 사람이 많았다는 말인 것으로 보인다.

(13) 墮指(타지): 손가락이 얼어서 떨어져 나가다. 한나라 고조 때 韓信이 모반을 일으키자 고조가 친히 군사를 이끌고 나가 평정했는데 마침 날씨가 너무 추워서 병사 열 명 가운데 두세 명이 손가락이 얼어서 떨어져 나갔다.(《史記·高祖本紀》 참조)

(14) 虯髯(규염): 규룡이 도사린 것처럼 꼬불꼬불한 수염.

(15) 茁(줄): 풀이 막 땅 위로 나오는 모양. 싹이 돋아나다.

(16) 冰顔(빙안): 얼음처럼 맑고 고운 얼굴.

(17) 此草(차초): 장송을 가리킨다.

(18) 已(이): 치유하다.

(19) 痌瘝(통관): 병. 고통.

(20) 眼花(안화): 눈앞에 불꽃 같은 것이 어른거리는 병증이 생기다.

(21) 致此(치차): 이것을 보내 주다.

(22) 河東慳(하동간): 왕십붕의 《백가주분류동파선생시》에 "하동은 옛날 진나라 땅인데 그곳 민중은 검소하고 인색하다(河東, 古晉地, 其俗儉嗇)"라고 했다. 이 연은 장상영에게 자신에게도 장송을 좀 보내 달라고 부탁한 것이다.

1015. 贈李道士[1]幷敍

이도사에게 주는 시와 그 서문

駕部員外郞[2]李君宗固[3], 景祐[4]中良吏也. 守漢州[5], 有道士尹可元[6], 精練善畫, 以遺火得罪, 當死. 君緩其獄, 會赦, 獲免. 時可元年八十一, 自誓且死, 必爲李氏子以報. 可元旣死二十餘年, 而君子世昌[7]之婦, 夢可元入其室, 生子曰得柔[8], 小名蜀孫. 幼而善畫, 旣長, 讀《莊》·《老》, 喜之, 遂爲道士, 賜號妙應. 事母以孝謹聞, 其寫眞[9], 蓋妙絶一時云.(가부원외랑 이종고 선생은 경우(1034-1037) 연간의 훌륭한 관리였다. 그가 한주태수로 재임할 때 도사 윤가원이 정성껏 연마하여 그림을 잘 그렸는데 실수로 불을 내는 죄를 지어 사형에 처해지게 되었다. 이때 이종고 선생이 그의 죄를 경감해 주어 사면을 받게 되었다. 당시 윤가원은 나이가 여든한 살이었는데 자신이 곧 죽을 테니 그러면 반드시 이씨의 자손이 됨으로써 보답하겠다고 스스로 맹세했다. 윤가원이 죽은 지 20여 년이 되었을 때 이종고 선생의 아들 이세창의 아내가 꿈에 윤가원이 자기 방으로 들어오는 것을 본 뒤에 아들을 낳아 이름을 득유라고 하고 아명을 촉손이라고 했다. 그 아이는 어려서부터 그림을 잘 그렸는데 어른이 되어서는 《장자》와 《노자》를 읽고 좋아하더니 마침내 도사가 되어 묘응이라는 도호를 하사받았다. 어머니를 효성스럽고 공손하게 잘 섬기는 것으로 소문이 났으며, 초상화를 그리는 솜씨가 아마도 당시 사람들 중에서 으뜸이었을 것이다.)

世人只數曹將軍,[10]	세인들은 조장군만 손꼽을 따름이니
誰知虎頭非癡人.[11]	호두가 바보가 아님을 그 누가 알았으리?
腰間大羽何足道,[12][13]	허리춤의 큰 깃이야 어찌 말할 게 있으리?
頰上三毛自有神.[14]	뺨 위의 털 세 개에 절로 신통력이 있었네.
平生狎侮諸公子,[15]	평생토록 공자들을 가벼이 여겨
戲著幼輿巖石裏.[16]	장난으로 사유여를 바위틈에 두었네.
故敎世世作黃冠,[17][18]	일부러 대대로 황관을 짓게 하여
布襪靑鞋弄雲水.[19][20]	삼베 버선에 짚신 신고 구름과 물을 가지고 놀았네.
千年鼻祖守關門,[21][22]	천 년 전의 시조인 관문지기 윤희가

一念還爲李耳孫.(23)(24)	생각 한 번 하는 사이에 또 이이의 손자가 되었네.
香火舊緣何日盡,(25)	향 피우는 옛 인연이 끝날 날 없고
丹青餘習至今存.(26)(27)	단청 만지는 여습이 지금도 남아 있네.
五十之年初過二,(28)	쉰 살의 나이에서 막 두 해가 지났나니
衰顏記我今如此.	지금 이처럼 노쇠해진 내 얼굴을 기억하길.
他時要指集賢人,(29)	언젠가 집현전의 그 사람을 가리키면
知是香山老居士.(30)	향산의 늙은 거사인 줄 알겠네.

[해설]

이종고의 손자로 초상화를 잘 그린 도사 이득유의 화가로서의 능력을 칭송하고, 그가 그려 준 자신의 초상화를 통해 나이보다 훨씬 더 늙은 자신의 모습을 본 착잡한 감회를 노래한 것이다.

[주석]

(1) 李道士(이도사): 이종고의 손자 이득유, 즉 묘응을 가리킨다.
(2) 駕部員外郎(가부원외랑): 수레와 거마에 관한 일을 담당하던 관리.
(3) 李君宗固(이군종고): 이종고 군. 구체적인 행적이 알려져 있지 않다.
(4) 景祐(경우): 북송 인종의 연호(1034-1037).
(5) 漢州(한주): 지금의 사천성 廣漢.
(6) 尹可元(윤가원): 북송 때의 도사. 구체적인 행적이 알려져 있지 않다.
(7) 世昌(세창): 이종고의 아들.
(8) 得柔(득유): 이종고의 손자.
(9) 寫眞(사진): 초상화를 그리다.
(10) 曹將軍(조장군): 曹霸를 가리킨다. 그는 曹操의 후손으로 개원(713-741)·천보(742-755) 연간에 궁중에 들어가 御馬와 功臣의 상을 그렸으며 관직이 左武衛將軍에 이르렀다. 《名畫記》에 "한간은 처음 조패를 스승으로 모셨으나 나중에 마침내 스스로 일가를 이루었다(韓幹初師曹霸, 其後遂自獨擅)"라고 한 바와 같이 韓幹의 스승이었다. 杜甫의 시 〈丹青引贈曹將軍霸〉에 "제자 한간도 일찍이 입실의 경지에 들어, 말 잘 그리는 재주로 온갖 말을 다 그렸으나, 한간은 단지 살만 그리고 뼛속은 그리지 않아, 천리마가 그 기상을 잃게 하고 말았지요(弟子韓幹早入室, 亦能畫馬窮殊相. 幹惟畫肉不畫骨, 忍使驊騮氣凋喪)"라는 구절이 있다.
(11) 虎頭(호두): 六朝四大家 가운데 한 사람으로 꼽히는 東晉 때의 화가 顧愷之의 어릴 적 이름.

《명화기》에 "진나라 사람 고개지는 자가 장강이고 어릴 적 이름이 호두이다(晉顧愷之, 字長康, 小字虎頭)"라고 했다.

(12) 大羽(대우): 큰 깃털을 꽂은 기다란 화살인 大羽箭을 가리킨다. 두보의 시 〈丹青引〉에 "능연각의 공신들 안색이 바랬었는데, 장군이 붓을 대어 생생한 얼굴을 폈나니, 훌륭한 재상 머리에는 진현관을 씌우고, 용맹한 장군 허리춤엔 큰 깃화살을 꽂았네(凌煙功臣少顏色, 將軍下筆開生面. 良相頭上進賢冠, 猛將腰間大羽箭)"라는 구절이 있다.

(13) 道(도): 말하다.

(14) 頰上三毛(협상삼모): 고개지가 裴楷를 그릴 때 뺨에 털 세 개를 더 그려 넣는지라 사람들이 그 까닭을 묻자 "배해의 영특하고 유식함이 바로 이 털 세 개에 있습니다"라고 했다.(《世說新語·巧藝》 참조) 이 연은 조패의 그림보다 고개지의 그림이 더욱 생동적이어서 좋다는 말이다.

(15) 狎侮(압모): 업신여기다.

(16) 幼輿(유여): 晉나라 사람 謝鯤의 字. 고개지가 사곤을 그릴 때 그가 바위틈에 있는 모습을 그리는지라 사람들이 그 까닭을 묻자 "사씨가 스스로 말하기를 '언덕과 골짜기에서 노니는 것은 그(庾亮)보다 낫다고 생각합니다'라고 했으니 이 사람은 언덕과 골짜기 안에 있게 해야 합니다"라고 했다.(《세설신어·교예》 참조) 이 연은 고개지가 인물을 그릴 때 얼굴에 초점을 두어 딱딱하게 그리지 않고 그 사람의 성향에 맞추어 다소 장난기 있게 그렸다는 말이다.

(17) 教(교): ~로 하여금 ~하게 하다.

(18) 黃冠(황관): 도사들이 쓰던 모자. 도사를 가리킨다. 이 구절은 도교의 일종인 天師道를 신봉한 고개지가 윤가원·이득유 등 후대의 화가들로 하여금 도사가 되어 산천을 돌아다니게 했다는 말이다.

(19) 布襪青鞋(포말청혜): 삼베 버선과 짚신. 은자의 복식을 가리킨다.

(20) 弄雲水(농운수): 대자연을 벗 삼아 노니는 것을 가리킨다.

(21) 鼻祖(비조): 始祖. 도가의 시조인 尹喜로써 그와 성이 같은 윤가원을 가리킨다.

(22) 關門(관문): 函谷關 문을 가리킨다. 劉向의 《列仙傳》에 "노자가 서쪽으로 유람을 떠났을 때 함곡관의 관문지기 윤희가 보랏빛 기운이 함곡관 위에 떠 있는 것을 보았는데 노자가 과연 푸른 소를 타고 지나갔다(老子西遊, 關令尹喜望見有紫氣浮關, 而老子果乘青牛而過也)"라는 일화가 기록되어 있고, 《太平寰宇記》에 "수경대는 주질에 있으니 윤희가 이곳에서 노담을 만났는데 노담이 그에게 《도덕경》을 설파했다(授經臺在盩厔, 關尹喜逢老聃, 說《道德經》處)"라고 했다. 〈樓觀〉(0114-1) 주 (4) 및 〈授經臺〉(0114-3) 주 (1) 참조.

(23) 一念(일념): 한 번 생각하다. 불교 용어로 머리를 한 번 굴리는 지극히 짧은 시간을 가리킨다.

(24) 李耳(이이): 老子. 성이 같은 이종고를 가리킨다. 이 연은 도사 윤가원이 이종고의 손자 이득유로 환생하여 다시 도사가 된 것을 가리킨다.

(25) 香火(향화): 향불. 이 구절은 윤가원과 이득유처럼 도사가 되어 道觀에서 향을 피우는 전통이 계속 이어질 것이라는 말이다.

(26) 丹靑(단청): 그림 그리는 데 쓰는 안료. 그림을 가리킨다.

(27) 餘習(여습): 없어지지 않고 남아 있는 습성. 윤가원 때부터 이득유 때까지 남아 있는 그림 그리는 습성을 가리킨다.

(28) 過二(과이): 두 해가 지나다. 소식은 이 시가 지어진 원우 2년(1087)에 쉰두 살이었다.

(29) 集賢人(집현인): 한림학사 시절에 그려진 白居易의 초상화라는 뜻으로, 한림학사로 재임 중인 지금의 소식 자신의 초상화를 가리키는 것으로 보인다. 백거이의 〈香山居士寫眞詩〉에 "옛날에는 연소한 학사가 되어, 초상화가 집현전에 들어갔는데, 지금은 연로한 거사가 되어, 모습을 그려서 향산에다 맡기네(昔作少學士, 圖形入集賢. 今爲老居士, 寫貌寄香山)"라고 했고, 그 서문에 "원화 5년(810)에 내가 좌습유·한림학사가 되었을 때 어명을 받들어 집현전 어서원에서 초상화를 그렸으니 당시 내 나이 서른일곱 살이었다. 회창 2년(842)에 태자소부에서 물러나 백의의 거사가 되었을 때 또 향산사 장경당에서 초상화를 그렸으니 당시 내 나이 일흔한 살이었다(元和五年, 予爲左拾遺·翰林學士, 奉詔寫眞於集賢殿御書院, 時年三十七. 會昌二年, 罷太子少傅, 爲白衣居士, 又寫眞於香山寺藏經堂, 時年七十一)"라고 했다. 그리고 소식의 자주에도 "백낙천은 한림학사가 되었을 때 어명을 받들어 집현원에서 초상화를 그렸다(樂天爲翰林學士, 奉詔寫眞集賢院)"라고 했다.

(30) 香山老居士(향산노거사): 만년에 洛陽 남쪽의 향산에서 은거하며 자호를 향산거사라고 한 백거이를 가리킨다. 이상의 네 구절은 한림학사인 자신이 연령상으로는 한림학사 시절의 백거이에 비견할 수 있지만 실제 얼굴 모습은 마치 향산에 은거하던 시절의 백거이만큼이나 늙어 보인다는 뜻으로, 나중에 이득유가 그려 준 이 초상화를 보면서 일흔 살이 넘었을 때의 자기 모습이라고 오인하지 않도록 쉰두 살에 이미 무척이나 노쇠해진 자신의 얼굴을 잘 기억해 두라는 말인 것으로 보인다.

1016. 次韻張舜民[1]自御史出倅[2]虢州[3]留別[4]

장순민이 어사에서 괵주통판으로 나가며 작별의 감회를 읊은 시에 차운하여

玉堂給札氣如雲,[5][6]	옥당에서 지필을 주자 기세가 구름 같았나니
初喜湘纍復佩銀.[7][8]	상강에 구금되었다 다시 은어부 찬 것을 막 기뻐했네.
樊口淒涼已陳迹,[9]	번구에서의 처량한 일은 이미 묵은 자취가 되고
班心突兀見長身.[10][11]	반열 가운데 우뚝 서서 큰 키를 보여 줬네.
江湖前日眞成夢,	강호에서 노닌 지난날이 참으로 꿈이 되었으니
鄠杜他年恐卜鄰.[12][13]	호현과 두릉에서 언젠가 이웃이 되지 않을까 싶네.
此去若容陪坐嘯,[14]	이제 가면 모시고 앉아 휘파람 불 수 있을 것 같으니
故應客主盡詩人.[15]	주인과 손님이 다 시인이 되겠네.

[해설]

괵주통판으로 부임해 갈 장순민이 떠나가는 아쉬움을 노래한 시를 짓자 그것에 차운한 것으로, 장순민의 지난날을 회상하고 앞으로의 일을 예견하며 그를 위로했다.

[주석]

(1) 張舜民(장순민): 《東都事略》에 "장순민은 자가 운수이며 빈주(지금의 섬서성 彬縣) 사람이다. 왕안석이 신법을 시행하자 장순민이 상소문을 올려서 백성과 이익을 다투어서는 안 된다고 했다(張舜民, 字芸叟, 邠州人. 王安石行新法, 舜民上書, 謂不當與民爭利)"라는 말이 있다.

(2) 倅(쉬): 通判의 직책을 수행하다.

(3) 虢州(괵주): 지금의 하남성 靈寶.

(4) 留別(유별): 떠나는 사람이 남아 있는 사람과 작별하다.

(5) 玉堂(옥당): 옥으로 장식한 전당. 翰林院의 별칭이다. 王十朋의《百家註分類東坡先生詩》에 "장순민은 자가 운수로 원풍 연간의 신유년(1081)에 環慶路 총수의 속관이 되었다가 이듬해에 監郴州酒稅로 폄적되었는데 침주가 洞庭湖 및 湘江 일대에 속하기 때문에 '상강 일대에 구금되었다'라는 말로 그 일을 지칭한 것이다. 얼마 안 지나서 몇 년 동안의 공로로 오품의 관리가 입는 관복을 하사받았다. 원우(1086-1093) 초에 조정으로 돌아와 옥당에 가서 응시했는데 이때 〈卽事〉라는 시를 지었다(舜民, 字芸叟, 元豐辛酉, 爲環慶帥屬, 明年責監郴州酒稅, 郴屬湖湘, 故以'湘纍'稱之也. 尋以年勞, 賜五品服. 元祐初, 還朝, 赴試玉堂, 有〈卽事〉詩)"라고 했다.

(6) 給札(급찰): 筆札 즉 붓과 종이를 주다. 司馬相如가 천자를 위해 사냥하는 모습을 그린 賦를 지어 바치겠다고 하자 천자가 尙書에게 명하여 그에게 붓과 종이를 주라고 했다는 기록이 있다.(《史記·司馬相如傳》 참조) 이 구절은 장순민이 옥당에서 시험을 칠 때 문장력이 매우 뛰어났다는 말이다.

(7) 湘纍(상류): 상강 일대에 구금되다. 장순민이 監郴州酒稅로 폄적된 일을 가리킨다. 주 (5) 참조.

(8) 銀(은): 오품 이상의 관리가 신분을 표시하기 위해 예복 위에 차고 다니던, 물고기 모양의 銀製 장식이 있는 魚袋, 즉 銀魚袋를 가리킨다. 이 구절은 장순민이 조정으로 들어온 기쁨을 맛본 지 얼마 안 되었는데 또다시 지방으로 나가게 되었다는 말이다.

(9) 樊口(번구): 호북성 鄂州 서북쪽에 있는 번산의 기슭. 長江을 사이에 두고 黃州(지금의 호북성 黃岡市 黃州區)와 마주 보고 있다. 소식의 자주에 "옛날에 장씨와 함께 무창의 번구에서 노닌 적이 있는데 나에게 보내온 시에 그 일에 관하여 언급했다(昔與張同游武昌樊口, 來詩中及之)"라고 했다. 〈魚蠻子〉(0749) 해설 참조.

(10) 班心(반심): 班列의 중심이라는 뜻으로 조회할 때 御史가 서던 자리. 소식의 자주에 "어사대 관리들은 어사가 서는 곳을 반심이라고 한다(臺吏謂御史立處爲班心)"라고 했다.

(11) 突兀(돌올): 높이 솟아 우뚝한 모양. 이 연은 장순민이 황주로 자기를 찾아와 함께 번구에 가서 노닐던 일은 이미 지나간 추억이 되고 최근에는 다시 조정으로 들어와 어사로 재임했다는 말이다.

(12) 鄠杜(호두): 鄠縣과 杜陵. 왕십붕의《백가주분류동파선생시》에 "호현과 두릉은 장안(지금의 섬서성 西安)에 속하는바, 장순민의 고향이다(鄠杜屬長安, 舜民鄉里也)"라고 했다.

(13) 卜鄰(복린): 이웃이 되기로 마음먹다. 이 구절은 장순민이 관직에서 물러나 자기 고향으로 돌아가면 그와 이웃이 되어서 함께 살고 싶다는 말이다.

(14) 坐嘯(좌소): 앉아서 휘파람이나 불며 한가롭게 지내는 것을 가리킨다. 후한 때 汝南太守 宗資도 功曹 范滂에게 일을 일임하고 南陽太守 成瑨도 功曹 岑晊에게 일을 일임했기 때문에 두 고을에 "여남태수는 범방이라 종자는 결재나 하고, 남양태수는 잠질이라 성진은 휘파람이나 분다"라는 말이 퍼졌다.(《後漢書·黨錮傳》 참조) 이 구절은 이 고사를 변형한 것으로 태수와 통판이 둘 다 한가하게 지낼 수 있을 것 같다는 말이다.

(15) 客主(객주): 먼저 부임해 간 곽주지주 王廷老를 주인으로 보고 나중에 부임해 가는 곽주통판 장순민을 손님으로 볼 수도 있지만, 왕정로와 장순민을 다 주인으로 보고 그들이 마련한 자리에 참석한 다른 사람들을 손님으로 보는 편이 더 나을 것 같다. 〈送王伯敭守虢〉(0948) 참조.

1017. 次韻王定國[(1)]倅[(2)]揚州[(3)]

양주통판으로 나가는 감회를 노래한 왕정국의 시에 차운하여

此身江海寄天遊,[(4)]	이 몸은 강해에서 자유롭게 지냈는데
一落紅塵不易收.[(5)(6)]	홍진에 한 번 떨어지니 몸을 빼기가 쉽지 않네.
未許相如還蜀道,[(7)(8)]	사마상여가 촉도로 돌아가는 건 허락지 않고
空教何遜在揚州.[(9)(10)]	오로지 하손만 양주에 있게 하네.
又驚白酒催黃菊,[(11)]	또다시 하얀 술로 국화 피기를 재촉해 놀라지만
尚喜朱顏映黑頭.[(12)]	그래도 붉은 얼굴이 검은 머리를 비춰서 기쁘네.
火急著書千古事,	천고의 일을 화급히 책에다 적었으니
虞卿應未厭窮愁.[(13)(14)]	우경은 곤궁한 처지를 싫어하지 않았을 것이네.

[해설]

친구 왕공의 시에 차운하여 양주통판으로 나가게 된 그의 불우한 처지를 위로한 것이다.

[주석]

(1) 定國(정국): 소식의 절친한 친구 王鞏의 字. 〈次韻王定國南遷回見寄〉(0853) 주 (1) 참조.
(2) 倅(쉬): 通判으로 부임하는 것을 가리킨다.
(3) 揚州(양주): 지금의 강소성 양주.
(4) 天遊(천유): 천상에서 노닐다. 대자연 속에서 자유롭게 노니는 것을 가리킨다.
(5) 紅塵(홍진): 속세. 번잡하기 짝이 없는 조정을 가리킨다.

(6) 收(수): 관직에서 몸을 거두어 은퇴하는 것, 즉 '收身'을 가리킨다.

(7) 相如(상여): 한나라 때의 賦 작가 司馬相如. 여기서는 촉지방 출신인 소식 자신을 가리킨다.

(8) 蜀道(촉도): 촉지방으로 통하는 길. 李白에게 〈蜀道難〉이라는 시가 있다.

(9) 敎(교): ~로 하여금 ~하게 하다.

(10) 何遜(하손): 남조시대 梁나라의 시인. 揚州法曹로 재임할 때 지은 시 〈揚州法曹梅花盛開〉가 유명하기 때문에 후세에 그를 詠梅詩의 대표자로 꼽는다. 여기서는 양주통판이 된 왕공을 가리킨다.

(11) 白酒(백주): 빛깔이 흰 술. 탁주를 가리킨다. 〈次韻子由送陳侗知陝州〉(0961) 주 (21) 참조. 이 구절은 왕공을 전송하기 위해 송별연을 벌이다가, 국화가 피려고 하는 것을 보고 중양절에 국화 앞에서 술을 마시는 풍습을 떠올리면서, 또 가을이 온 것에 놀란다는 말이다.

(12) 黑頭(흑두): 왕공의 머리카락을 가리킨다.

(13) 虞卿(우경): 戰國時代 趙나라의 책략가. 《史記·虞卿傳》에 "그러나 우경이 곤궁에 처해 근심하지 않았다면 역시 책을 지어 후세에 자신을 드러내지 못했을 것이다(然虞卿非窮愁, 亦不能著書以自見於後世云)"라는 말이 있다.

(14) 窮愁(궁수): 곤궁으로 인하여 생기는 근심. 이 연은 왕공에게 자신의 불우한 처지를 비관하지 말고 우경처럼 글을 많이 지음으로써 그것을 전화위복의 계기로 삼으라고 충고한 것이다.

1018. 次韻米黻[1]二王[2]書跋尾[3]二首

두 왕씨의 글씨를 보고 쓴 미불의 시에 차운하여

其一

三館曝書防蠹毀,[4][5] 좀 쏘는 걸 막으려고 삼관에서 책을 쬐다
得見來禽與青李.[6] 〈내금청리〉 서첩을 볼 수 있게 되었네.
秋蛇春蚓久相雜,[7] 가을 뱀 봄 지렁이와 오래 섞여 있었나니
野鶩家雞定誰美.[8][9] 들오리와 집닭 중에 대체 어느 게 더 고운가?
玉函金籥天上來,[10][11] 옥 상자의 금 자물쇠는 천상에서 온 것인데
紫衣敕使親臨啓.[12][13] 자주색 옷 입은 칙사가 친히 와서 열어 줬네.
紛綸過眼未易識,[14] 어지러이 눈을 스쳐 식별이 잘 안 되는 채
磊落挂壁空雲委.[15][16] 벽에 그득 구름처럼 걸려 있을 뿐이었네.
歸來妙意獨追求,[17] 돌아와서 오묘한 뜻을 혼자 곰곰 생각하다
坐想蓬山二十秋.[18][19][20] 봉래산이 생각났나니 스무 해가 지났네.
怪君何處得此本,[21] 괴이하도다 그대는 어디서 이것을 얻었는가
上有桓玄寒具油.[22][23] 그 위에 환현 집의 산자 기름이 묻었거늘?
巧偸豪奪古來有,[24] 슬쩍 훔치거나 대놓고 뺏는 일 옛날부터 있었지만
一笑誰似癡虎頭.[25] 그 누가 어리석은 호두처럼 웃어넘기리?
君不見長安永寧里,[26] 그대는 보지 못했는가 장안의 영녕리를?

王家破垣誰復修.[27] 왕씨네 담이 무너진 뒤 누가 또 서화를 손봤던가?

其二

元章作書日千紙,[28] 미원장은 날마다 글씨를 천 장씩 써서
平生自苦誰與美.[29] 평생 자신을 괴롭혔으니 누가 아름다움을 겨루리?
畫地爲餠未必似,[30] 땅에 떡을 그려도 꼭 같지는 않은 법인데
要令癡兒出饞水.[31] 그대는 어리석은 사람이 침을 흘리게 하겠네.
錦囊玉軸來無趾,[32][33][34] 비단 주머니에 옥 축이 있어 발이 없어도 돌아다닐 텐데
粲然奪眞疑聖智.[35][36][37] 산뜻하여 진짜 같으니 초인적 재주인가 싶네.
忍飢看書淚如洗, 허기를 참으며 글씨를 보다 눈물이 세수하듯 하나니
至今魯公餘乞米.[38][39] 오늘날에 이르도록 안노공이 걸미첩을 남기네.

[해설]

동진 때의 유명한 서예가 왕희지·왕헌지 부자의 글씨를 보고 지은 미불의 시에 차운한 것이다. 미불이 삼관에서 소장하고 있는 글씨들 속에서 두 왕씨의 글씨를 감별해 내어 그것을 임모한 뒤 임모본을 돌려주고 진본은 자기가 가지려고 하는 것을 보고 해학적인 말투로 그러지 말라고 충고한 것이다.

[주석]

(1) 米黻(미불): 북송 때의 유명한 서예가 겸 화가. 소식·黃庭堅·蔡襄과 더불어 북송 사대 서예가로 꼽혔다. 米芾로도 쓴다.
(2) 二王(이왕): 東晉 때의 유명한 서예가인 王羲之·王獻之 부자를 가리킨다.
(3) 跋尾(발미): 跋文. 미불이 발문 형식으로 쓴 시를 가리킨다.
(4) 三館(삼관): 昭文館·集賢院·史館을 가리킨다. 서적의 관리와 교정 및 역사의 편찬을 담당한 관서로 북송 초에는 통칭하여 崇文院이라고 하다가 원풍(1078-1085) 연간에 祕書省에 소속시켰다.(程俱, 《麟臺故事·沿革》 참조)
(5) 曝書(폭서): 좀이 쏠지 않도록 책을 햇볕에 쬐다.
(6) 來禽與靑李(내금여청리): 王羲之 書帖 중의 하나. 왕희지의 〈與蜀郡守朱書〉라는 편지가 '靑李來禽'으로 시작되기 때문에 왕희지의 이 글씨를 '내금청리첩'이라고 한다. 〈玉堂栽花, 周正孺有詩, 次

韻〉(0974) 주 (11) 참조.

(7) 秋蛇春蚓(추사춘인): 힘이 없고 구불구불한 글씨를 가리킨다. 《晉書·王羲之傳論》에 "蕭子雲은 최근에 출현하여 강남지방에서 이름을 날리지만 겨우 글자를 만들 줄 알 뿐이지 대장부의 기개가 없어 한 줄 한 줄이 봄철의 지렁이가 기어가는 것 같고, 한 자 한 자가 가을철의 뱀이 똬리를 틀고 있는 것 같다(子云近出, 擅名江表, 然僅得成書, 無丈夫之氣, 行行若縈春蚓, 字字如綰秋蛇)"라고 했다.

(8) 野鶩家雞(야목가계): 들오리와 집닭. 원래 왕희지의 글씨와 庾翼의 글씨를 가리키는 말이었지만 여기서는 왕희지의 글씨와 평범한 사람들의 글씨를 가리킨다. 유익은 젊을 때 자신의 서예 솜씨가 왕희지 못지않다고 생각했는데 아이들이 다들 왕희지의 글씨를 배우는 것을 보고는 자신의 글씨를 집에서 기르는 닭에 비유하고 왕희지의 글씨를 야생 꿩에 비유하여 아이들이 집닭을 천시하고 들꿩을 좋아한다고 못마땅해 했다.(《南史·王僧虔傳》 및 何法盛, 《晉中興書》 참조) 이리하여 '家雞野雉' 또는 '家雞野鶩'이라는 말이 생겼다.

(9) 定(정): 도대체. 이 연은 들오리처럼 활기차고 박력 있는 왕희지의 글씨가 지금까지 그 가치를 인정받지 못한 채 단조롭고 개성 없는 보통 사람들의 글씨 속에 묻혀 있은 것을 안타까워한 것이다.

(10) 玉函(옥함): 옥으로 만든 책 상자.

(11) 金籥(금약): 금으로 만든 자물쇠. '金鑰'과 같다.

(12) 紫衣(자의): 고관대작들이 입던 官服.

(13) 勅使(칙사): 황제의 사자.

(14) 紛綸(분륜): 어지러운 모양.

(15) 磊落(뇌락): 많이 쌓인 모양.

(16) 雲委(운위): 구름처럼 쌓이다.

(17) 追求(추구): 힘껏 탐구하다.

(18) 坐(좌): ~로 인하여.

(19) 蓬山(봉산): 蓬萊山. 신선들이 산다는 三神山의 하나로 祕書省 산하의 史館을 가리킨다. 주 (4) 참조.

(20) 二十秋(이십추): 20년. 소식은 치평 2년(1065)에 直史館에 임명된바, 그때부터 지금까지의 약 20년을 가리킨다. 이 연은 왕희지의 글씨를 보고 나서 그 뜻을 생각하다가 문득 20년 전에 史館에서 그것을 보았던 기억이 되살아났다는 말인 것으로 보인다.

(21) 君(군): 미불을 가리킨다.

(22) 桓玄(환현): 東晉 때의 장군으로 桓溫의 아들이었다.

(23) 寒具(한구): 饊子. 찹쌀가루나 밀가루를 반죽한 후 기름에 튀겨서 만든 음식. 소식의 자주에 "바로 염두로 韋絢의 《劉賓客嘉話錄》에서 나왔다(乃捻頭, 出《劉禹錫嘉話》)"라고 했다. 이 음식에 관하여 송나라 사람 莊季裕의 《雞肋編》에 "음식물 가운데 산자라는 것이 있는데 환병이라고도 한다. 어떤 사람은 이것이 바로 옛날의 한구라고 한다(食物中有饊子, 又名環餅. 或曰卽古之寒

具也)"라고 했고, 명나라 사람 李時珍의 《本草綱目·穀部·寒具》에 "환병은 동그란 팔찌 모양이다(環餠, 象環釧形也)"라고 했다. 소식은 〈寒具〉(1137)라는 제목의 시도 지은 적이 있다. 《續晉陽秋》에 "환현은 훌륭한 글씨와 그림을 모으기를 좋아하여 손님이 오면 늘 내놓고 보여 주었는데 손님이 산자를 먹다가 기름이 튀어서 그림을 더럽히는지라 나중에는 산자를 차리지 않았다(桓玄好蓄法書·名畫, 客至, 常出而觀, 客食寒具, 油汙其畫, 後遂不設寒具)"라는 일화가 있는바, 이 연은 다른 사람들이 함부로 취급하여 때가 묻은 왕희지의 글씨를 미불이 용하게 감별해 냈다는 말이다.

(24) 巧偸(교투): 교묘한 방법으로 훔치다. 고개지가 한번은 자기가 애지중지하는 그림 한 궤짝을 환현 집에 맡겼다. 궤짝에 종이를 붙여서 봉하고 그 위에 글씨를 써서 열지 못하게 해 놓았는데 환현이 몰래 궤짝 뒤편을 열어서 그림을 빼낸 후 원래와 꼭 같이 해 놓았다. 고개지는 궤짝은 원래대로 있는데 그림만 없어진 것을 보고 오묘한 그림이다 보니 마치 사람이 신선이 되어 하늘로 올라가듯 변화를 부려서 사라진 모양이라고 했을 뿐 조금도 원망하는 기색을 보이지 않았다.(《晉書·顧愷之傳》 참조)

(25) 虎頭(호두): 동진 때의 화가 顧愷之의 어릴 적 이름. 당시 사람들이 재주가 남다르고(才絶), 그림 솜씨가 남다르고(畫絶), 어리석기가 남다르다(癡絶)는 뜻에서 그를 '三絶'이라고 불렀다.(《진서·고개지전》 참조) 〈贈李道士幷敍〉(1015) 주 (11) 참조. 이 연은 귀한 서예 작품을 잃어버리고 가만히 있을 사람이 없을 것이라는 말이다.

(26) 長安永寧里(장안영녕리): 당나라 사람 王涯의 집이 있던 마을. 그의 집에는 재물이 수없이 많을 뿐만 아니라 거금을 주고 구입한 서화 작품이 많아 담장을 뚫고 그것들을 묻어 두었는데 나중에 도둑들이 담장을 헐어서 상자와 표구를 위한 金玉만 떼어 가고 서화 작품 자체는 길에 내버렸다고 한다.(《신당서·왕애전》 참조)

(27) 王家(왕가): 왕애의 집을 가리킨다. 이 연은 미불이 애써 서화 작품을 수집해 놓아도 후세에 다른 사람들이 그것을 소중히 다루지 않을 것이라는 말이다.

(28) 元章(원장): 미불의 字.

(29) 與(여): 대적하다. 이 구절은 아름다움을 두고 그와 대적할 사람이 없다는 말이다.

(30) 畫地爲餠(화지위병): 《三國志·魏志·盧毓傳》에 "당시 중서랑을 천거하게 되었는데 황제가 조서를 내려 말하기를 '적당한 인재를 얻고 말고는 노생에게 달렸다. 사람을 골라서 천거할 때는 이름난 사람을 고르지 말라. 이름은 땅에다 떡을 그려 놓은 것과 같아서 먹을 수가 없으니'라고 했다(時擧中書郎, 詔曰: '得其人與否, 在盧生耳. 選擧莫取有名, 名如畫地作餠, 不可啖也.')"라는 기록이 있다.

(31) 饞水(참수): 식욕이 당겨서 생기는 침. 《韻語陽秋》에 "미원장은 서화에 지극히 뛰어난지라 다른 사람에게 옛날 작품을 빌려서 스스로 臨摸했는데 임모를 다한 뒤에 임모본과 진본을 함께 돌려주면서 스스로 하나를 선택하라고 하면 그 사람이 진본을 알아보지 못했다. 그는 이런 방법으로 다른 사람이 가지고 있는 옛날 서화를 손에 넣은 것이 매우 많으므로 소동파가 누차 시를 지어 그를 나무랐다(米元章, 書畫奇絶, 從人借古本, 自臨搨, 臨竟, 倂與臨本眞本還其家, 令自擇其一, 而其家

不能辨也. 以此得人古書畫甚多, 東坡屢有詩譏之)"라는 말이 있다. 이 연은 땅에다 떡을 아무리 잘 그려도 그것을 먹고 싶은 마음이 날 정도로 실물과 같을 수는 없는데, 미불은 진본보다 더 탐날 정도로 임모를 잘했다는 말이다.

(32) 錦囊(금낭): 비단 주머니. 진귀한 서화를 넣는 주머니를 가리킨다.

(33) 軸(축): 둘둘 말 수 있도록 족자의 하단에 달아 놓는 막대.

(34) 無趾(무지): 발이 없다. 孔融의 〈論盛孝章書〉에 "주옥은 발이 없는데도 저절로 찾아오는 것은 사람들이 그것을 좋아하기 때문이다(珠玉無脛而自至者, 以人好之也)"라는 말이 있다.

(35) 粲然(찬연): 산뜻하다.

(36) 奪眞(탈진): 가짜가 진짜의 지위를 빼앗는 것을 가리킨다.

(37) 聖智(성지): 超人的인 聰氣. 이 연은 미불의 臨摸本이 표구도 잘하고 포장도 잘하여 그것만으로도 사람들의 환심을 살 만하지만, 글씨는 미불이 초인적인 솜씨를 발휘하여 임모한 것이기 때문에 더욱이나 호감을 살 것이라는 말인 것 같다.

(38) 魯公(노공): 당나라 서예가 顔眞卿을 가리킨다. 魯郡公에 봉해졌기 때문에 顔魯公이라고 불렀다.

(39) 乞米(걸미): 안진경이 李太保에게 쌀을 빌려 달라고 쓴 편지. 乞米帖 또는 與李太保帖이라고 한다. 이 연은 미불이 훌륭한 서화를 보면 가난하여 손에 넣을 수 없음을 안타까워하다가 안진경이 걸미첩을 쓰듯 그것을 임모한다는 말인 것 같으로 보인다.

1019. 次韻宋肇[1]惠[2]澄心紙[3]二首

송조가 징심당지를 보내 주며 지은 시에 차운하여

其一

詩老囊空一不留,[4]	시백은 주머니가 비어 한 푼도 안 남았는데
百番曾作百金收.[5]	일찍이 종이 백 장을 백금으로 치고 받았네.
知君也厭雕肝腎,[6][7]	그대도 간과 콩팥에 아로새기는 걸 싫어하여
分我江南數斛愁.[8]	나에게 강남의 근심 몇 섬을 나눠 준 줄 알겠네.

其二

君家家學陋相如,[9]	그대 집안 가학은 사마상여를 비루하게 여겼나니
宜與諸儒論石渠.[10]	유학자들과 함께 석거각에서 토론하는 게 마땅하네.
古紙無多更分我,[11]	옛날 종이가 많지 않은데 게다가 나에게 나눠 줬으니
自應給札奏新書.[12][13]	종이 준 일에 스스로 부응해 새 글씨를 써야겠네.

[해설]

송조가 징심당지를 보내 주면서 동봉한 시에 차운한 것으로, 귀한 종이를 준 것에 대한 감사의 마음을 해학적인 필치로 노래했다.

[주석]

(1) 宋肇(송조): 査愼行의 《蘇詩補註》에 "자가 무종이라는 사실이 《황산곡집주》에 보이며 관직과 고향은 분명하지 않다(字楙宗, 見《黃山谷集注》中, 爵里未詳)"라고 했다.

(2) 惠(혜): 은혜를 베풀다. 보내 주다.

(3) 澄心紙(징심지): 澄心堂紙. 南唐 後主 李煜이 징심당에서 만든 얇고 광택이 나는 고급 종이. 사신행의 《소시보주》에 "《유설》에 '징심당은 남당 후주가 책을 읽고 글을 지은 곳인바, 후주가 기발한 생각을 가지고 징심당지를 만들자 당시 사람들이 매우 진귀하게 여겨 성가가 촉전을 능가했다'라는 말이 있고, 《왕직방시화》에 '징심당지는 처음에는 별로 귀하지 않았는데 유공보가 처음으로 이것에 관한 시를 지어 "당시에 백금을 주어야 한 장 살 수 있었네"라고 한 뒤로 세상 사람들이 귀중하게 여겼다'라는 말이 있다(《類說》: '澄心堂, 南唐後主讀書撰述之所, 後主有巧思製澄心堂紙, 時甚珍之, 踰於蜀箋.' 《王直方詩話》: '澄心堂紙, 初不甚貴, 自劉貢父始爲詩云: "當時百金售一番." 然後世以爲重.')"라고 했다.

(4) 詩老(시로): 시의 老手. 詩伯. 여기서는 梅堯臣을 가리킨다.

(5) 百番(백번): 백 장. '番'은 온폭의 종이 한 장을 가리키는 단위 명사이다. 소식의 자주에 "구양영숙(구양수)이 징심당지 100장을 매성유(매요신)에게 주어서 매성유에게 이것을 읊은 시가 있다(永叔以澄心百幅遺聖兪, 聖兪有詩)"라고 했는데, 사신행의 《소시보주》에 "매성유의 《완릉집》에 〈永叔寄澄心堂紙二幅〉이라는 시가 있는데 여기에 '강남 땅의 이씨가 나라를 지니고 있을 때는, 백금을 주어도 한 장 받는 걸 허락하지 않았네'라고 했고, 또 〈答宋次道寄澄心堂紙百幅〉이라는 시가 있는데 여기에 '대여섯 해 이전에 우리 영숙이, 나에게 두 장을 주어 보배롭게 여겼지만, 나는 글씨를 잘 쓰지 못해 매번 부끄러운데, 그대가 또 어찌하여 이 백 장을 주는가?'라고 했다. 이 두 수의 시에 의하면 구양영숙(구양수)이 매성유(매요신)에게 준 종이는 두 장뿐이고 백 장을 부쳐 준 사람은 송차도이다. 동파선생의 자주에는 어쩌다가 두 가지 일을 합쳐서 하나로 여겼다(梅聖兪《宛陵集》有〈永叔寄澄心堂紙二幅〉詩云: '江南李氏有國日, 百金不許收一枚.' 又有〈答宋次道寄澄心堂紙百幅〉詩云: '五六年前吾永叔, 贈余兩軸曾寶之. 我不善書心每愧, 君又何此百幅遺?' 據二詩所云, 歐陽贈聖兪紙不過二幅, 寄百幅者, 宋次道也. 先生自注偶合兩事爲一耳)"라고 했다.

(6) 君(군): 송조를 가리킨다.

(7) 肝腎(간신): 마음. 胸襟.

(8) 江南數斛愁(강남수곡수): 강남의 몇 섬어치 근심. 강남 즉 남당에서 만들어진 징심당지 여러 장을 수없이 많은 근심에 비유한 것이다. 이 연은 송조가 자신에게 징심당지를 나누어 준 것이 시 쓰기가 고통스럽고 골치 아프기 때문일 것이라고 우스갯소리를 한 것이다.

(9) 相如(상여): 한나라 때의 유명한 賦 작가 司馬相如를 가리킨다. 그는 함축적인 표현보다는 화려하고 과장된 말을 늘어놓기를 좋아했거니와, 王十朋의 《百家註分類東坡先生詩》에 "송조는 아마도 자경(宋祁)의 집안일 텐데 자경이 기험하고 난삽한 말을 좋아했기 때문에 그의 가학이 사마상여를 비루하게 여긴다고 한 것이다(宋肇, 蓋子京家, 子京好爲險澁之語, 故言其家學陋相如也)"라고 했다.

(10) 石渠(석거): 한나라 때 未央宮에 있던 殿閣. 《三輔黃道·閣》에 "석거각은 소하가 지었다(石渠閣蕭何造)"라고 했는데 주석에 "《삼보고사》에 '석거각은 미앙궁전의 북쪽에 있는데 소중한 책을 소장하던 곳이다'라는 말이 있다(《三輔故事》曰: '石渠閣在未央宮殿北, 藏秘書之所.')"라고 했고, 《漢書·施讎傳》에 "시수를 박사로 임명하여 감로(기원전 53-50) 연간에 석거각에서 오경에 정통한 여러 유학자들과 함께 경전의 이동에 대해서 토론했다(詔拜讎爲博士, 甘露中, 與五經諸儒, 雜論同異於石渠閣)"라고 했다. 이 연은 송조가 송기에게서 비롯된 가풍을 이어받아 術學的인 기질이 있기 때문에 시를 쓰는 것보다 경학에 대해서 토론하는 것이 더 잘 어울린다는 말이다.

(11) 古紙(고지): 징심당지를 가리킨다.

(12) 給札(급찰): 종이를 주다. 송조가 소식에게 징심당지를 준 일을 가리킨다.

(13) 奏新書(주신서): 새로운 글씨를 바치다. 소식이 징심당지에 새 시를 써서 송조에게 주는 것을 가리킨다.

1020. 郭熙[1]〈秋山平遠[2]〉二首

곽희의 〈추산평원도〉

其一

目盡孤鴻落照邊,[3] 낙조 옆의 외기러기 뚫어지게 바라보니
遙知風雨不同川.[4] 멀리서도 비바람이 강과 다른 줄 알겠다.
此間有句無人識,[5] 여기에 시구가 있건만 아는 사람 없으니
送與襄陽孟浩然.[6][7] 양양 땅의 맹호연에게 보내야겠다.

其二

木落騷人已怨秋,[8] 나뭇잎이 져서 시인은 이미 가을이 온 걸 원망했으니
不堪平遠發詩愁.[9] 평원도로 인해 시흥이 이는 걸 참을 수 없다.
要看萬壑爭流處, 계곡마다 다투어 물 흐르는 것 보려면
他日終煩顧虎頭.[10] 언젠가 결국 고호두를 귀찮게 해야 하렷다.

[해설]

북송 화가 곽희가 그린 〈추산평원도〉를 보고 지은 제화시로, 그림 속의 풍경을 시로 바꾸어 놓았다.

[주석]

(1) 郭熙(곽희): 북송 때의 화가. 《圖畫見聞志》에 "곽희는 하양 사람으로 산수와 추운 계절의 숲을 잘 그렸다(郭熙, 河陽人. 工畫山水寒林)"라고 했다. 〈郭熙畫秋山平遠〉(1002) 주 (1) 참조.

(2) 平遠(평원): 가까운 산에서부터 차츰 먼 산으로 그려 나가는 회화 기법. 〈郭熙畫秋山平遠〉(1002) 주 (2) 참조.

(3) 目盡(목진): 끝까지 다 보다.

(4) 遙知(요지): 멀리서 짐작하여 알다. 이 구절은 산 위에 걸린 낙조를 보니 가까운 곳에 있는 강가에는 아직 비가 그치지 않았는데 이와 달리 먼 곳에 있는 산속에는 비가 이미 갠 줄을 알겠다는 말이다.

(5) 此間(차간): 여기. 곽희의 〈추산평원도〉를 가리킨다.

(6) 襄陽(양양): 지금의 호북성 양양.

(7) 孟浩然(맹호연): 盛唐 때의 산수 시인. 양양에 있는 鹿門山에 은거했다. 이 연은 곽희의 〈추산평원도〉에 산수시의 정취가 깃들여져 있는데 맹호연 말고는 그것을 읽어 낼 만한 사람이 없다는 말이다. 맹호연은 산수시에 뛰어난 사람이었을 뿐만 아니라 〈春曉〉라는 시에서 "밤사이에 비바람이 치는 소리 들렸으니, 꽃잎이 얼마나 떨어졌을까?(夜來風雨聲, 花落知多少?)" 하고 비바람 치는 소리만 듣고도 꽃잎이 다 떨어졌을까 봐 걱정할 정도로 감수성이 예민한 사람이기도 했기 때문이다.

(8) 騷人(소인): 원래 〈離騷〉의 작자인 屈原을 가리키는 말이었지만 나아가 楚辭 작자를 두루 가리키기도 하고, 더 나아가 시인과 문인을 통칭하기도 한다.

(9) 詩愁(시수): 근심으로 인하여 생기는 詩興을 가리킨다.

(10) 虎頭(호두): 東晉 때의 화가 顧愷之의 어릴 적 이름. 〈贈李道士幷敍〉(1015) 주 (11) 및 〈次韻米黻二王書跋尾二首〉(1018) 주 (25) 참조. 이 연은 곽희의 그림에 계곡의 물줄기는 그려져 있지 않았음을 말한 것으로 보인다.

1021. 送歐陽辯[1]監澶州酒[2]

전주감주로 부임해 가는 구양변을 전송하며

汗血駕鼓車,[3][4]	한혈마가 북 수레를 끌게 된다면
何從致千里.[5]	천 리 가는 능력을 어떻게 보여 주리?
紛紛糟麴間,[6]	그런데 어수선한 지게미와 누룩 틈에서
欲試賢公子.[7]	현명한 공자를 시험하려고 하네.
君家江南英,[8]	그대의 집안은 강남의 영걸인데
濯足滄浪水.[9]	창랑의 강물에 발을 씻었네.
却渡舊黃河,[10][11]	그러다가 마침내 옛 황하를 건너며
漲沙埋馬耳.	모래가 불어 말의 귀가 묻힐 지경에 이르렀네.
由來付造物,[12]	세상사란 본래부터 조물주에게 맡길 일
倚伏何窮已.[13][14]	갈마드는 화와 복이 어찌 끝이 있으리?
當念楚子文,[15]	초나라 영윤 자문을 생각해야 하나니
三仕無慍喜.[16]	세 번 맡았다 물러나도 희로의 기색이 없었네.

[해설]

전주감주로 부임하게 된 구양수의 아들 구양변을 전송하며 지은 것으로, 인재를 적재적소에 등용하지 못하는 조정의 인사 정책을 비판하고 구양변의 불운한 관직 생활을 위로한 뒤 초나라 영윤 투곡을 본보기로 삼아 의연하게 생각하라고 충고했다.

[주석]

(1) 歐陽辯(구양변): 歐陽修의 막내아들. 구양수에게는 장남 歐陽發, 둘째 아들 歐陽奕, 셋째 아들 歐陽棐, 넷째 아들 歐陽辯이 있었는데 그 가운데 구양비의 딸은 소식의 둘째 아들 蘇迨의 부인이 되었다.

(2) 監澶州酒(감전주주): 澶州監酒. 전주(지금의 하남성 濮陽)의 釀造에 관한 업무를 감독하는 관리.

(3) 汗血(한혈): 한혈마. 아라비아에서 나는 명마로, '피땀을 흘릴 정도로 매우 빨리 달리는 말'이라는 뜻에서 붙여진 이름이다.

(4) 鼓車(고거): 임금이 행차할 때 북을 싣고 가는 수레.

(5) 何從(하종): 무엇을 통하여. 어떻게. 이 연은 구양변을 전주감주로 삼은 것이 천리마에게 북 수레를 끌게 하는 것만큼이나 부적절한 처사라는 말이다.

(6) 糟麴(조국): 지게미와 누룩.

(7) 賢公子(현공자): 구양변을 가리킨다. 이 연은 구양변에게 전주감주라는 하찮은 직책을 맡겨서는 그의 능력을 제대로 가늠하기 힘들 것이라는 말이다.

(8) 江南(강남): 구양수는 원래 廬陵 사람인데, 여릉은 지금의 강서성 吉安 일대로 長江의 남쪽이다.

(9) 滄浪(창랑): 옛날에 있었던 강의 이름. 漢水라는 설, 한수의 지류라는 설, 한수의 하류라는 설, 夏水라는 설 등 여러 가지 이설이 있다. 《孟子·離婁上》에 "한 아이가 '창랑의 물이 맑으면 내 갓끈을 씻을 수 있고, 창랑의 물이 흐리면 내 발을 씻을 수 있네' 하고 노래했다(有孺子歌曰: '滄浪之水清兮, 可以濯我纓; 滄浪之水濁兮, 可以濯我足.')"라는 말이 있다. 이 구절은 지금까지 세상이 맑지 않아서 구양변이 변변한 관직 생활을 못했다는 말이다.

(10) 却(각): 마침내.

(11) 舊黃河(구황하): 황하는 자주 범람하여 물길이 바뀐 경우가 많은바, 황하의 옛날 물길을 가리킨다. 이 연은 구양변이 황하가 자주 범람해 강가에 진흙이 수북이 쌓여 있는 늪지대인 전주(일명 澶淵) 지역으로 가게 되었다는 뜻으로, 구양변의 관운이 최악의 상황에 이르렀다는 말이다. 소식이 徐州知州로 부임한 희령 10년(1077) 7월에도 이 일대의 황하가 범람하여 그 물이 서주까지 밀어닥치는 바람에 소식이 혼신의 힘을 다해 서주성의 침수를 막은 적이 있다.

(12) 由來(유래): 본래부터. 종래.

(13) 倚伏(의복): 붙어 있고 숨어 있다. 禍와 福이 서로 원인을 제공하여 번갈아 가며 생기는 것을 가리킨다. 《老子》에 "재앙은 복이 붙어 있는 곳이고, 복은 재앙이 숨어 있는 곳이다(禍兮福之所倚, 福兮禍之所伏)"라는 말이 있다.

(14) 窮已(궁이): 다하다. 끝나다. 이 연은 화와 복이 끊임없이 반복되는 것이 세상의 이치인데 구양변의 경우 최악의 상황에 이르렀으니 앞으로는 복이 찾아올 것이라고 위로한 것이다.

(15) 子文(자문): 춘추시대에 초나라 令尹을 역임한 鬪穀의 字. 《論語·公冶長》에 "자장이 '영윤 자문은 세 번이나 벼슬에 나아가 영윤이 되었으되 기쁜 내색을 하지 않았고, 세 번이나 그것을 그만두었으되 성난 기색이 없었으며, 전임 영윤의 정사를 반드시 후임 영윤에게 일러주었는데 이 사람은 어떻

습니까?' 하고 여쭈어보았다(子張問曰: '令尹子文, 三仕爲令尹, 無喜色, 三已之, 無慍色, 舊令尹之政, 必以告新令尹, 何如?')"라는 말이 있다.

(16) 慍喜(온희): 성내는 일과 기뻐하는 일. 喜怒.

1022. 九月十五日，邇英[1]講《論語》，終篇，賜執政·講讀·史官燕於東宮[2]．又遣中使[3]就賜御書詩[4]各一首，臣軾得〈紫薇花[5]〉絶句，其詞云:“絲綸閣[6]下文書靜，鐘鼓樓[7]中刻漏長[8]．獨坐黃昏誰是伴? 紫微花對紫微郎[9]．”翼日，各以表謝，又進詩一篇，臣軾詩云

9월 15일에 이영각에서 《논어》를 강론했는데 한 편을 끝내자 임금님께서 동궁에서 집정관·강독관·사관에게 연회를 베풀어 주셨다. 또 궁중 사자를 보내 임금님이 친히 쓰신 시를 각자 한 수씩 하사하게 하셨는데 나는 〈자미화〉라는 제목의 절구를 받은바, 그 시에 "조서 쓰는 전각 밑에는 문서가 조용하고, 종루와 고루 안에는 물시계 소리가 기네. 황혼에 홀로 앉아 있나니 나의 짝이 누구인가? 자미화가 자미랑을 마주 보고 서 있네"라고 했다. 이튿날, 각자 표문을 올려서 감사 드리고 또 시 한 편을 바친바, 나의 시는 이러하다.

繡裳畫袞雲垂地,[10]	자수 바지와 곤룡포를 구름처럼 땅에 드리우고
不作成王剪桐戲.[11]	성왕처럼 오동잎 오리는 놀이를 하지 않으시네.
日高黃繖下西淸,[12][13]	해 높이 뜬 뒤 노랑 일산 쓰고 서쪽 곁채에 내려오실 때
風動槐龍舞交翠.[14][15]	바람이 불어 홰나무 용이 푸르름을 뒤섞으며 춤추었네.
壁中蠹簡今千年,[16]	좀이 쏜 벽 안의 책 이제 천 년이 되었는데
漆書科斗光射天.[17]	옻으로 쓴 과두문자가 하늘을 찌르는 광채를 냈네.
諸儒不復憂吻燥,[18]	선비들은 더 이상 입술 마를 걱정이 없었나니
東宮賜酒如流泉.	동궁에서 샘물 같은 술을 하사하셨네.
酒酣復拜千金賜,[19]	술이 거나할 때 또 천금짜리 하사품을 받았나니
一紙驚鸞回鳳字.[20]	난새가 놀라고 봉황이 도는 글자가 종이에 가득했네.
蒼顏白髮便生光,[21]	창백한 얼굴과 흰머리에 금방 빛이 났나니
袖有驪珠三十四.[22]	소매 안에 여주가 서른네 개 있었네.
歸來車馬已喧闐,[23]	돌아오니 수레와 말이 이미 시끌벅적한데
爭看銀鉤墨色鮮.[24]	먹빛이 선명한 은고리를 다투어 보네.

人間一日傳萬口,(25) 세상에서 하루 만에 만인의 입으로 전해져
喜見雲章第一篇.(26)(27) 임금님이 쓰신 첫 작품을 기쁘게들 보겠네.
玉堂晝掩文書靜,(28) 옥당엔 낮에도 문서를 가만히 덮어 두고
鈴索不搖鐘漏永.(29)(30) 비상 방울이 울리지 않아 밤도 길다네.
莫言弄筆數行書, 붓을 끄적여 글 몇 줄을 썼다고 하지 말고
須信時平由主聖. 임금님이 성스러워 시절이 태평하다 믿어야 하네.
犬羊散盡沙漠空,(31)(32) 개돼지가 다 사라져 사막이 비매
捷烽夜到甘泉宮.(33)(34) 첩보용 봉화가 밤중에 감천궁에 다다랐네.
似聞指揮築上郡,(35) 상군에서 축성을 지휘하는 소리가 들리나 싶더니
已覺談笑無西戎.(36) 담소하는 사이에 서융이 없어졌음이 이미 느껴지네.
文思天子師文母,(37)(38) 재덕 있는 천자께서 문덕 있는 조모를 본받아
終閉玉關辭馬武.(39)(40) 마침내 옥문관을 닫고 마무를 사절하셨네.
小臣願對紫薇花,(41) 이 신하는 자미화를 바라보면서
試草尺書招贊普.(42)(43) 한 자짜리 조서를 초안하여 찬보를 부르고 싶네.

[해설]

이영각에서《논어》를 강론한 뒤 황제가 연회를 베풀어 줄 뿐만 아니라 친필로 시까지 써서 나누어 주자 그것에 대한 감회를 노래한 것으로, 철종의 능력과 덕망을 한껏 칭송했다.

[주석]

(1) 邇英(이영): 邇英閣. 북송 때 侍講官이 황제에게 경서를 강론하던 殿閣으로 邇英殿이라고도 했다. 〈軾以去歲春夏, 侍立邇英, 而秋冬之交, 子由相繼入侍, 次韻絶句四首, 各述所懷〉(1000) 주 (1) 참조.
(2) 東宮(동궁): 태자가 거처하는 궁전.
(3) 中使(중사): 황궁에서 보낸 사자. 대개 내시를 중사로 썼다.
(4) 御書詩(어서시): 임금이 친필로 쓴 시.
(5) 紫薇花(자미화): 배롱나무꽃. 이 시는 白居易의 시로《白氏長慶集》에 수록되어 있다.
(6) 絲綸閣(사륜각): 황제의 詔書 즉 絲綸을 작성하던 殿閣.
(7) 鐘鼓樓(종고루): 종루와 고루. 시각을 알리는 종과 북을 설치해 둔 누각.
(8) 刻漏長(각루장): 漏壺 안의 漏箭에 새긴 눈금이 길다는 뜻으로 밤이 길다는 말이다.
(9) 紫微郎(자미랑): 中書舍人의 별칭. 백거이 자신을 가리킨다. 당나라 개원 원년(713)에 中書省을 紫

微省으로 개칭했는데 중서성 안에 배롱나무가 많았기 때문에 紫薇省이라고도 했다.

(10) 繡裳畫衮(수상화곤): 수놓은 하의와 곤룡포. 周公을 찬양한 시인 《詩經·豳風·九罭》에 "우리 임을 뵈오니, 곤룡포에 자수 바지(我覯之子, 衮衣繡裳)"라는 구절이 있다.

(11) 成王(성왕): 周나라 武王의 아들로 무왕이 죽은 뒤 어린 나이에 주나라의 두 번째 천자가 되었다. 그가 장난으로 오동잎을 笏 모양으로 오려 동생 叔虞에게 주면서 "이것으로 너를 제후에 봉하노라(以此封女)"라고 했는데 주공이 이 사실을 알고 "천자는 실없는 말을 하지 않습니다(天子無戱言)"라고 하고는 숙우를 唐나라의 제후로 봉했다.(《呂氏春秋·審應覽》 참조) 이 연은 어린 황제 철종이 어른스럽고 의젓하여 주나라 성왕처럼 소꿉장난을 하지 않고 옛날 시인의 시를 써서 신하들에게 하사한 일을 칭송한 것이다.

(12) 黃繖(황산): 노란색 日傘. '繖'은 '傘'의 古字이다.

(13) 西淸(서청): 王十朋의 《百家註分類東坡先生詩》에 "서청은 서쪽 곁채의 청정하고 조용한 곳이다(西淸, 西廂淸閑之處也)"라고 했다. 황제를 모시고 《논어》를 강론한 이영각의 소재지를 가리킨다.

(14) 槐龍(괴룡): 용처럼 생긴 홰나무를 가리킨다. 소식의 자주에 "이영각 앞에 홰나무 두 그루가 있는데 구불구불 뻗어서 땅에 닿은 것이 용과 같은 형상이다(邇英閣前有雙槐, 樛然屬地如龍形)"라고 했다.

(15) 交翠(교취): 푸른 잎이 달린 가지가 서로 교차하는 것을 가리킨다.

(16) 蠹簡(두간): 좀이 쏜 簡策. 魯나라 恭王이 궁전을 확장하기 위해 孔子가 살던 옛날 집을 헐다가 벽 안에 감추어져 있던 古文으로 쓴 經典을 발견했다.(《한서·노공왕전》 참조)

(17) 漆書科斗(칠서과두): 옻의 진액으로 쓴 과두문자. 晉나라 태강 2년(281)에 汲郡 사람 不準이 전국시대 魏나라 襄王의 무덤을 도굴하다가 竹簡에 쓴 책 수십 수레분을 발견했는데, 옻의 진액을 이용하여 과두문자로 쓴 것이었다.(《晉書·束晳傳》 참조) 이 연은 이영각에 아주 오래된 희귀본이 많다는 말인바, 《논어》를 강론할 때 필요하면 이런 책들을 참고했을 것으로 보인다.

(18) 吻燥(문조): 입술이 마르다.

(19) 拜(배): 하사품을 받다.

(20) 驚鸞回鳳字(경란회봉자): 깜짝 놀란 난새나 빙빙 도는 봉황처럼 기백이 넘치는 글자. 철종 황제가 친히 써서 하사한 시를 가리킨다.

(21) 蒼顔白髮(창안백발): 소식 자신의 용모를 가리킨다.

(22) 驪珠三十四(여주삼십사): 여주, 즉 驪龍의 턱 밑에서 나온다는 진주 서른네 개. 소식의 자주에 "내가 하사받은 시와 제목에다 나의 성명까지 모두 34자였다(臣所賜詩幷題目及臣姓名, 凡三十四字)"라고 했다. 시 본문이 28자이고 시 제목이 3자이므로 소식의 이름은 '蘇軾'이라는 본명이 아니라 '蘇子瞻'이라는 字를 썼음을 알 수 있는바, 이는 어린 황제의 원로대신에 대한 예우였을 것이다.

(23) 喧闐(훤전): 시끌벅적하다.

(24) 銀鉤(은구): 은 갈고리. 아름다운 筆勢를 가리킨다. 《晉書·索靖傳》에 "대개 초서의 모양은 은 갈고리처럼 예쁘장하고 놀란 난새처럼 회오리친다(蓋草書之爲狀也, 婉若銀鉤, 飄若驚鸞)"라는 말이 있다.

(25) 人間(인간): 이 세상. 속세.

(26) 雲章(운장): 임금의 글씨를 가리킨다. 《詩經·大雅·棫朴》에 "빛나는 저 은하수가, 하늘에서 문채를 발하고 있네(倬彼雲漢, 爲章於天)"라는 구절이 있는데, 이에 대한 鄭玄의 箋에 "은하수가 하늘에 있으면서 문채를 발하는 것은 비유컨대 천자가 천하에 법도를 보여 주는 것과 같다(雲漢之在天, 其爲文章, 譬猶天子爲法度於天下)"라고 했다.

(27) 第一篇(제일편): 철종 황제가 친히 써서 하사한 시를 가리킨다. 소식의 자주에 "황상께서는 이 이전에 신하들에게 친필을 하사하신 적이 없었다(上前此, 未嘗以御書賜羣臣)"라고 했다. 이 연은 철종 황제가 친필로 옛날 사람들의 시를 써서 신하들에게 하사했다는 소문이 금방 만인에게 퍼져 나가서 너도나도 구경하러 오겠다는 말이다.

(28) 玉堂(옥당): 옥으로 장식한 전당. 翰林院의 별칭이다.

(29) 鈴索(영삭): 비상용 방울을 매달아 놓은 새끼줄. 《戎幕閑話》에 "한림원에 설령이 달려 있어 한밤중의 위급한 상황에 대비했으니, 문서가 오고 가면 줄을 당겨서 부르는 일을 대신했다(翰林院有懸鈴, 以備中夜警急, 文書出入則引索以代呼)"라는 말이 있고, 韓偓의 시 〈雨後月中玉堂閑坐〉에 "밤 깊을 때 갑자기 방울 단 줄이 흔들리더니, 옥당의 서쪽에서 띵똥 하고 울리네(夜久忽聞鈴索動, 玉堂西畔響丁東)"라는 구절이 있다.

(30) 鐘漏永(종루영): 너무 한가해서 밤이 길게 느껴진다는 말이다. '刻漏長'과 같다. 주 (8) 참조.

(31) 犬羊(견양): 개와 양. 外敵을 멸시하는 말이다.

(32) 沙漠(사막): 적군의 주둔지를 가리킨다.

(33) 捷烽(첩봉): 捷報를 전하는 봉화.

(34) 甘泉宮(감천궁): 秦나라 때의 궁전으로 林光宮 또는 雲陽宮이라고도 했으며, 섬서성 淳化縣 서북쪽의 감천산 위에 있었다.(魏嵩山 主編, 《中國歷史地名大辭典》, 廣東教育出版社, 1995년 제1판, 231쪽 참조) 여기서는 북송 황궁을 가리킨다.

(35) 上郡(상군): 지금의 섬서성 榆林 동남쪽. 秦始皇 26년(기원전 221)에 蒙恬에게 30만 대군을 이끌고 가서 戎族과 狄族을 북쪽으로 몰아내고 河南 지역을 수복하게 한 후 臨洮(지금의 감숙성 임조)에서 遼東까지 長城을 쌓게 하므로 몽염은 10여 년 동안 風餐露宿하며 상군에 주둔했다.(《사기·몽염전》 참조)

(36) 西戎(서융): 옛날에 중국의 서북쪽에 있던 戎族의 통칭. 土蕃族 등 중국의 서북쪽에 있던 민족을 가리킨다. 소식의 자주에 "당시 희하에서 막 귀장을 포획했다. 이날 涇原路에서 또 西夏의 도적 수십만 명이 달아났다고 아뢰었다(時熙河新獲鬼章. 是日, 涇原復奏夏賊數十萬人遁去)"라고 했다. 자주 중의 '鬼章'은 西藩의 수령으로 馮應榴의 《蘇軾詩集合注》에 '果莊'으로 되어 있는데, 蘇軾의 〈論擒獲果莊稱賀太速箚子〉에 "서번 수령 과장을 생포하자 재상이 내일 축하해 주려고 합니다(生擒西藩首領果莊, 宰相欲以明日稱賀)"라고 했다.

(37) 文思(문사): 帝王의 재주와 덕망을 칭송하던 말이다.

(38) 文母(문모): 文德이 있는 모친. 后妃를 칭송할 때 쓰던 말로 여기서는 철종의 조모로 수렴청정하고

있던 宣仁太后 高氏를 가리킨다.

(39) 玉關(옥관): 玉門關의 약칭. 지금의 감숙성 敦煌 서북쪽에 있던 관문. 李白의 시 〈子夜秋歌〉에 "장안의 하늘에 조각달 하나, 집집마다 울리는 다듬이 소리. 가을바람 아무리 불어도 다 날려 버리지 못하는 건, 모두가 옥문관을 향한 아내의 정이기 때문이네(長安一片月, 萬戶擣衣聲. 秋風吹不盡, 總是玉關情)"라는 구절이 있다.

(40) 馬武(마무): 後漢 때의 名將. 《後漢書·吳蓋陳臧傳》에 "산서 지역이 평정되어 위세가 천하에 떨쳐지자 융족과 갈족이 사기를 잃어 장수들이 장렬한 마음을 버렸으니 이때는 정말 씩씩한 마음으로 무력을 발동할 계제요 뜻을 세워 군대를 일으킬 때였다. 장궁·마무 같은 무리가 날카로운 검을 어루만지고 손뼉을 쳤으니 이오의 북쪽으로 말을 몰아가려는 생각이었던 것이다. 광무제는 《黃石公三略》을 잘 아는지라 國基를 잘 보존하고자 옥문관을 닫고 서역의 인질을 사절한 채 겸손한 말과 예물로 흉노족 사자를 예우했다(至於山西旣定, 威臨天下, 戎羯喪其精膽, 群帥賈其餘壯, 斯誠雄心尙武之幾, 先志玩兵之日. 臧宮·馬武之徒, 撫鳴劍而抵掌, 志馳於伊吾之北矣. 光武審《黃石》, 存包桑, 閉玉門以謝西域之質, 卑詞幣以禮匈奴之使)"라는 기록이 있다. 이 연은 철종 황제와 선인태후가 다른 나라에 대하여 무력 사용을 지양하고 교화를 중시했다는 말이다.

(41) 紫薇花(자미화): 소식의 자주에 "당나라 제도에 한림학사가 지제고를 겸임하면 중서사인의 반열에 넣는 것이 허락되었다. 지금 나는 지제고로서 한림원에서 봉직하고 있기 때문에 자미화를 전례로 삼을 수 있다(按唐制, 翰林學士帶知制誥, 許綴中書舍人班. 今臣以知制誥待罪禁林, 故得以紫薇爲故事)"라고 했다. 주 (9) 참조. 이 연은 소식이 자신을, 중서사인으로 재임할 때 〈紫薇花〉라는 시를 지어 "자미화가 자미랑을 마주 보고 서 있네(紫微花對紫微郎)"라고 한 백거이에 비견하여, 자미화를 보면서 조서를 작성하고 싶다고 말하는 것이 무리한 짓이 아니라는 뜻이다.

(42) 尺書(척서): 한 자짜리 문서. 詔書를 가리킨다.

(43) 贊普(찬보): 吐藩 군주를 부르는 호칭. 왕십붕의 《백가주분류동파선생시》에 "찬보는 토번 군주의 호칭이다(贊普, 吐藩君號)"라고 했고, 王溥의 《五代會要》에 "토번은 장안에서 서쪽으로 8천 리 되는 곳에 있는데, 남량 독발족의 후예로 백성들이 자기 왕을 찬보라고 부른다(吐蕃在長安西八千里, 南凉禿髮之後, 國人號其王爲贊普)"라고 했다. 이 연은 외적을 무력으로 무찌르는 대신 덕화를 통해 회유할 수 있는 조서를 쓰고 싶다는 말이다.

1023. 昨見韓丞相[1]言王定國[2], 今日玉堂[3]獨坐, 有懷其人

어제 한승상을 만나 왕정국에 대해서 이야기했는데 오늘 옥당에 혼자 앉아 있노라니 그 사람이 생각나서

晝臥玉堂上,	대낮에 옥당에 누워 있으니
微風擧輕紈.[4]	미풍이 가벼운 깁을 들추고
銅甁下碧井,	구리 병을 푸른 우물에 내려보내니
百尺鳴飛瀾.[5]	백 자 되는 높이에서 나는 물결이 운다.
俯仰淸夢餘,[6]	잠시 동안 꿈을 꾸고 깨어난지라
愛此一掬寒.[7]	이 한 줌의 찬 물이 매우 좋나니
似予平生友,	평생 사귄 내 친구가 쓰디쓴 말로
苦語涼肺肝.[8][9]	폐부를 시원하게 해 주는 것과 같다.
秀眉玉兩頰,[10]	잘생긴 눈썹에 옥 같은 두 뺨
矯矯如翔鸞.[11]	출중하여 비상하는 난새 같은데
置之江淮交,[12]	그 사람을 장강과 회하 부근에 두어
淸詩洗江湍.[13]	청아한 시로 강가를 씻어 주게 했도다.
紅鱗對白酒,[14]	붉은 비늘이 하얀 술을 마주하고 있으니
信美非所安.	참으로 멋있지만 마음 편하지 않을 테고
丞相功業成,[15]	승상께선 공을 다 세우셨으니
還家酒杯寬.	집으로 돌아가 술잔 들고 느긋하게 지내시겠다.
人間有此客,[16][17]	세상에 이러한 나그네가 있으니

折簡呼不難.[18] 반 장짜리 편지로 어렵지 않게 부르시면
相將扣東閣,[19][20] 둘이 함께 동각의 문을 두드려
起舞盡餘歡.[21] 일어나 춤추며 넘치는 기쁨을 다하리다.

[해설]

어제 왕공의 외사촌 형인 한강을 만나 왕공에 대해서 이야기를 나누었는데 오늘 한림원에 혼자 앉아 있자니 문득 왕공이 생각나서 지은 것이다. 왕공의 불우한 관직 생활을 안타까워하고 나중에 그와 함께 한강의 집을 찾아가서 술이나 한잔하고 싶으니 초대해 달라고 부탁했다.

[주석]

(1) 韓丞相(한승상): 韓絳을 가리킨다. 〈次韻王定國謝韓子華過飮〉(0927) 주 (2) 참조.
(2) 定國(정국): 소식의 절친한 친구 王鞏의 字. 〈次韻王定國南遷回見寄〉(0853) 주 (1) 참조. 그는 한강의 외사촌 동생이었지만 한강의 도움은 받지 못하고 정적들의 모함만 받아 관직 생활이 여의치 않았는바, 소식의 시 〈次韻王定國謝韓子華過飮〉(0927)에 그 정황이 어느 정도 밝혀져 있다.
(3) 玉堂(옥당): 옥으로 장식한 전당. 翰林院의 별칭이다.
(4) 輕紈(경환): 가벼운 깁. 이 구절은 옷자락과 소매가 바람에 날리는 것을 가리킨다.
(5) 飛瀾(비란): 구리 병 즉 두레박에서 일렁이는 물을 가리킨다.
(6) 俯仰(부앙): 고개를 한 번 숙였다 드는 짧은 시간을 가리킨다.
(7) 一掬(일국): 한 움큼.
(8) 苦語(고어): 苦言. 우선 듣기에는 귀에 거슬리지만 실제로는 도움이 되는 충고를 가리킨다.
(9) 肺肝(폐간): 허파와 간. 내심을 가리킨다. 이상의 네 구절은 우물에서 갓 길어 올린 물로 세수를 하니 처음에는 거슬릴 정도로 차다가 금방 시원한 느낌을 주었다는 말이다.
(10) 秀眉(수미): 수려한 눈썹. 이 연은 왕공의 빼어난 용모를 묘사한 것이다.
(11) 矯矯(교교): 출중한 모양.
(12) 江淮交(강회교): 長江과 淮河의 부근. 왕공은 장강의 북쪽이요 회하의 남쪽인 揚州의 通判을 지냈다. 〈次韻王定國倅揚州〉(1017) 참조.
(13) 江湍(강단): 강여울. 강가의 고을을 가리킨다. 이 연은 한강이 왕공에게 도움을 주지 못하고 그로 하여금 장강과 회하 일대에서 근무하게 했기 때문에 왕공이 그곳에서 청아한 시를 지어 그 일대의 시풍을 일신했다는 말이다.
(14) 紅鱗(홍린): 비늘이 붉은 물고기를 가리킨다. 이 연은 왕공이 양주에 있을 때의 생활을 묘사한 것으로 물질적으로는 풍요로웠지만 정신적으로는 결코 편안하지 않았다는 말이다.

(15) 功業(공업): 관리로서의 임무를 가리킨다. 이 연은 한강이 나라를 위해 할 일을 다한 뒤 고향으로 돌아가서 느긋하게 술을 마시며 한가로이 지내겠다는 말이다.

(16) 人間(인간): 이 세상. 속세.

(17) 此客(차객): 왕공을 가리킨다.

(18) 折簡(절간): 절반짜리 죽간. 예의를 엄격하게 따지지 않고 약식으로 쓴 편지를 가리킨다. 晉나라 선제가 친히 中軍을 이끌고 장수 王淩을 찾아가자 왕릉이 武丘까지 나가 선제를 영접하며 "저에게 죄가 있으면 간단하게 몇 줄 쓴 반 장짜리 편지로 저를 부르셔야지 어째서 고생스럽게 친히 오셨나이까?(淩若有罪, 公當折簡召淩, 何苦自來邪?)"라고 했다.(《晉書·宣帝紀》 참조)

(19) 相將(상장): 함께.

(20) 東閣(동각): 본채의 동쪽에 있는 누각으로 옛날에 재상이 빈객을 초치하여 접대하던 곳이다. 한강의 영빈관을 가리킨다.

(21) 餘歡(여환): 남아돌 정도로 많은 기쁨.

1024. 謝王澤州[(1)]寄長松[(2)]兼簡[(3)]張天覺[(4)]二首

택주지주 왕씨가 장송을 보내 준 것에 감사하며 아울러 장천각에게 부친다

其一

莫道長松浪得名,[(5)(6)]	장송이 공연히 이름났다고 하지 말지니
能教覆額兩眉青.[(7)(8)]	이마를 덮는 두 눈썹을 푸르게 할 수 있다네.
便將徑寸同千尺,[(9)(10)(11)]	그래서 곧 직경 한 치짜리를 천 자짜리와 같게 하나니
知有奇功似茯苓.[(12)]	복령 같은 기이한 효험이 있는 줄 알겠네.

其二

憑君說與埋輪使,[(13)(14)(15)]	바퀴 파묻은 사자에게 말해 주시오
速寄長松作解嘲.[(16)(17)]	장송을 얼른 보내고 〈해조〉를 지으라고.
無復青黏和漆葉,[(18)(19)]	다시는 청점에 옻나무 잎을 섞지 말고
枉將鍾乳敵仙茅.[(20)(21)]	종유석을 괜히 선모와 대적케 하지 말라고.

[해설]

택주지주 왕씨가 장송이라는 약초를 보내 주자 장송의 약효를 한껏 칭송하는 방식으로 왕씨에게 감사의 뜻을 전하고, 아울러 하동로제점형옥으로 재임 중인 장상영에게도 지난번 시에서 그곳의 약초를 보내 달라고 한 자신의 부탁을 빨리 들어줌은 물론 아직까

지 보내지 않은 이유도 해명하라고 우스갯소리를 한 것이다.

[주석]

(1) 王澤州(왕택주): 택주지주인 왕씨. 구체적인 행적이 알려져 있지 않다. 택주는 지금의 산서성 晉城으로 북송 때 河東路에 속했다.

(2) 長松(장송): 약초 이름. 이것을 먹으면 머리카락이 검어진다고 한다. 《本草綱目·長松》에 "잎이 소나무와 같은데 먹으면 장수하여 효험이 송진 및 선모와 같다(其葉如松, 服之長年, 功如松脂及仙茅)"라고 했다.

(3) 簡(간): 書簡을 보내다.

(4) 天覺(천각): 張商英의 字. 그는 당시 河東路提點刑獄으로 재임 중이었다. 〈次韻孔常父送張天覺河東提刑〉(1013) 주 (2) 참조.

(5) 道(도): 말하다.

(6) 浪(낭): 공연히. 까닭 없이.

(7) 敎(교): ~로 하여금 ~하게 하다.

(8) 兩眉靑(양미청): 두 눈썹이 검푸르다. 王十朋의 《百家註分類東坡先生詩》에 "근래에 한 풍병 환자가 자신이 틀림없이 죽을 것이라고 여겼는데 오대산에 들어가 한 기이한 승려를 만나서 그의 말대로 장송을 먹었더니 두 눈썹이 다시 났다고 한다. 아마도 관세음보살의 화신이었을 것이다(近世有患大風疾者, 自分必死, 入五臺山, 遇一異僧, 以長松草令服, 而兩眉再生云. 蓋觀世音所化也)"라고 했다. 이 구절은 장송이 눈썹을 많이 나게 할 뿐만 아니라 검게 하기도 하는 약효를 지니고 있다는 말이다.

(9) 便(변): 곧.

(10) 將(장): ~을.

(11) 徑寸(경촌): 직경이 한 치밖에 안 되는 작은 물건을 가리킨다. 이 연은 장송을 먹으면 조그마한 臟器가 엄청나게 큰 기능을 발휘한다는 뜻인 것으로 보인다.

(12) 茯苓(복령): 약초 이름. 《神仙傳》에 "수미공은 복령을 먹고 신선이 되었다(秀眉公, 餌茯苓得仙)"라고 했다.

(13) 憑(빙): 의지하다. 청하다.

(14) 君(군): 택주지주 왕씨를 가리킨다.

(15) 埋輪使(매륜사): 수레바퀴를 땅에 묻은 사자. 後漢 사람 張綱처럼 권세가를 두려워하지 않고 충직하게 간언하는 사람을 가리키는바, 여기서는 장강과 성이 같은 장상영을 가리킨다. 소식의 자주에 "장천각을 전송한 시에 '바퀴 묻는' 및 '하동 사람들처럼 인색하게'라는 말이 있다(送張天覺詩, 有'埋輪'及'河東慳'之語)"라고 했다. 〈送戴蒙赴成都玉局觀, 將老焉〉(0937) 주 (23), 〈次韻孔常父送張天覺河東提刑〉(1013) 주 (9) 및 〈送張天覺得山字〉(1014) 주 (22) 참조.

(16) 寄(기): 부쳐 보내다.

(17) 解嘲(해조): 다른 사람의 嘲笑에 대해서 해명하기 위하여 지은 揚雄의 賦. 《한서·양웅전》에 "당시 양웅은 한창 《태현경》의 초안을 잡고 있었기 때문에 스스로 담담한 상태를 유지할 수 있었다. 어떤 사람이 검은 것으로 흰 것을 숭상한다고 양웅을 조소하자 양웅이 이것을 해명하는 글을 지어 〈解嘲〉라고 불렀다(時, 雄方草《太玄》, 有以自守泊如也. 或嘲雄以玄尙白, 而雄解之, 號曰〈解嘲〉)"라는 말이 있다. 소식은 〈送張天覺得山字〉(1014)에서 "백성뿐만 아니라 나도 늙고 병들어, 눈에 불꽃이 어른거리고 허리와 다리가 뻣뻣하니, 부지런히 이것을 보내 주려고 생각해야지, 하동 사람들처럼 인색하게 굴지 마소서(我亦老且病, 眼花腰脚頑. 念當勤致此, 莫作河東慳)"라며 장상영에게 인색하게 굴지 말라고 했거니와, 이 연은 장상영에게 빨리 약초를 보내고 늦게 보낸 이유를 해명하라고 농담한 것이다.

(18) 靑黏(청점): 약초 이름. 《三國志·華佗傳》에 "樊阿가 화타에게 먹으면 사람에게 유익한 것을 달라고 청하자 화타가 칠엽청점산을 주었다. 그리고 옻나무 잎 가루 한 되에 청점 가루 14량의 비율로 섞어서 오랫동안 먹으면 삼충을 없애고 오장의 기능을 원활하게 하며 몸을 가볍게 하고 머리가 세지 않게 한다고 했다. 번아가 그의 말대로 하여 백여 세까지 장수했다(阿從佗求可服食益於人者, 佗授以漆葉靑黏散. 漆葉屑一升, 靑黏屑十四兩, 以是爲率, 言久服去三蟲, 利五藏, 輕體, 使人頭不白. 阿從其言, 壽百餘歲)"라는 기록이 있다.

(19) 和(화): 섞다. 혼합하다. 이 구절은 장송처럼 좋은 약이 있기 때문에 칠엽청점산 같은 약은 더 이상 조제할 필요가 없다는 말이다.

(20) 鍾乳(종유): 종유석. 《本草》에 "천 근의 종유석이 한 근의 선모만 못하다(千斤鍾乳, 不若一斤仙茅)"라고 했고, 《能改齋漫錄》에 "명황이 종유석을 먹고 효험을 보지 못했는데 개원(713-741) 연간에 바라문 승려가 선모를 바치는지라 그것을 먹자 효험이 있었다(明皇服鍾乳不效, 開元婆羅門僧進仙茅, 服之有效)라고 했다.

(21) 仙茅(선모): 장송의 다른 이름. 〈送張天覺得山字〉(1014) 주 (8) 참조. 이 구절은 종유석도 좋은 약이기는 하나 장송보다는 훨씬 못하다는 말이다.

1025. 次韻劉貢父[1]所和韓康公[2]憶持國[3]二首

유공보가 화답한 한강공이 한지국을 그리워한 시에 차운하여

其一

夢覺眞同鹿覆蕉,[4]	꿈을 꾸고 있는 건지 생시인 건지 정말 사슴이 나무에 덮인 것과 같은데
相君脫屣自參寥.[5][6][7]	상공께선 신발을 벗어 버리듯 관직을 버리시니 워낙 초연하시군요.
顔紅底事髮先白,[8]	홍안일 때 무슨 일로 머리가 먼저 희어졌나요?
室邇何妨人自遙.[9]	집이 가까우니 사람이 스스로 멀어진들 어떠리오?
狂似次公應未怪,[10]	차공처럼 미쳐도 나무라지 않으실 터
醉推東閣不須招.[11]	술에 취해 동각 문을 밀 테니 초대할 필요 없어요.
援毫欲作衣冠表,[12]	붓을 당겨 의관표를 쓰려 하나니
盛事終當繼八蕭.[13][14]	성대한 일이 결국 여덟 소씨의 뒤를 잇겠지요.

其二

閉戶端居念獨深,[15]	문을 닫고 가만히 있으면 그리움이 유독 깊을 터
小軒朱檻憶同臨.	작은 집의 붉은 난간에 함께 있던 일 기억하리.
燎鬚誰識英公意,,[16]	수염 태운 영공의 마음을 그 누가 알리?

黃髮聊知子建心.(17)(18) 황발 시기를 함께하자던 자건의 마음은 그나마 알리.
已托西風傳絶唱,(19) 서풍에게 부탁하여 절창을 이미 전했기에
且邀明月伴孤斟.(20) 명월을 불러 친구 삼아 잠시 혼자 따르지요.
他時內集應呼我,(21) 훗날의 집안 모임에 저를 불러 주셔야 해요
下客先判醉墮簪.(22)(23)(24) 하찮은 손이 먼저 기꺼이 비녀를 떨어뜨릴게요.

[해설]

한강이 병약한 동생 한유에 대한 그리움을 토로한 시를 지어 유반에게 보여 주었더니 유반이 그 시에 화답했다. 이 시는 소식이 유반의 시를 통해 한강이 지은 원시의 내용을 추측하여 한강의 시에 차운으로 화답한 것이다.

[주석]

(1) 貢父(공보): 劉攽의 字.
(2) 韓康公(한강공): 康國公에 봉해진 韓絳(1012-1088)을 가리킨다.
(3) 持國(지국): 한강의 동생 韓維(1017-1098)의 字. 《續資治通鑑長編·元祐二年八月》에 "경자일에 새로 등주지주로 부임한 자정전학사 한유가 여주지주에 임명되었다. 한유는 조정의 중추적인 관직에서 물러나 태수로 나갔는데 그의 형 한강이 그가 병약하다며 병을 치료하기에 편리하도록 여주로 옮겨 달라고 주청했기 때문에 이런 어명이 있었다(庚子, 新知鄧州資政殿大學士韓維知汝州. 維解機政出守, 而其兄絳言其病悴, 請汝州以便醫, 故有是命)"라고 했다.
(4) 鹿覆蕉(녹부초): 사슴이 땔나무에 덮이다. '蕉'는 '樵'와 같다. 鄭나라에 들판에서 나무하는 나무꾼이 있었는데 갑자기 놀란 사슴이 한 마리 다가오는지라 그것을 잡아 다른 사람이 알지 못하도록 물 없는 해자에 숨긴 뒤 땔나무로 덮어 두었다. 그 뒤에 그는 사슴 숨겨 둔 곳을 잊어버리고는 마침내 꿈을 꾼 것이라고 생각하고 길을 가면서 그 일에 대해 중얼거렸다. 그러자 옆에 있던 사람이 그 말을 듣고는 나무꾼이 말한 곳으로 가서 사슴을 가져갔다. 그날 밤에 나무꾼이 꿈에 사슴을 숨겨 둔 곳과 훔쳐 간 사람을 보고 깨어난 뒤에 마침내 꿈에 본 대로 찾아가서 그 사람을 붙잡았다. 그 사람이 나무꾼은 꿈을 꾸었을 뿐이고 자기가 진짜 주인이라고 주장하는지라 재판관인 士師에게 판결을 청했더니 사사가 반반씩 나누라고 하고 이 사실을 정나라 임금에게 보고했다. 그러자 정나라 임금이 재상에게 물었다. 재상이 "그것이 꿈이었는지 아닌지는 분간할 수 없습니다. 꿈이었는지 생시였는지를 분간하려면 黃帝나 孔子에게 물어보아야 하는데 이제 황제와 공자가 안 계시니 누가 분간하겠습니까? 일단 사사의 말을 믿는 것이 좋겠습니다"라고 했다.(《列子·周穆王》 참조)

(5) 相君(상군): 재상에 대한 존칭. 相公. 제목에서 말한 韓康公 즉 한강을 가리킨다. 〈次韻王定國謝韓子華過飮〉(0927) 주 (2) 참조.

(6) 脫屣(탈사): 신발을 벗어 버리는 것처럼 가벼이 여기다. 한강이 재상직에서 물러난 것을 가리킨다. 《漢書·郊祀志上》에 "아아! 진실로 황제와 같아질 수 있다면 나는 처자 버리는 것을 신발 벗어 버리는 것과 같이 보겠다((嗟乎! 誠得如黃帝, 吾視去妻子如脫屣耳)"라는 말이 있는데 이에 대한 顔師古의 주에 "신발을 벗는다는 것은 손쉬워서 돌아볼 것이 없는 것을 말한다(脫屣者, 言其便易, 無所顧也)"라고 했다.

(7) 參寥(참료): 《莊子··大宗師》에 나오는 허구적인 인물. 여기서는 참료처럼 세속적인 욕심이 없고 생각이 高遠하다는 말이다. 《장자·대종사》에 "남백자규가 여우에게 '선생은 나이가 많은데도 얼굴빛이 어린아이 같으니 어째서 그렇습니까?' 하고 묻자, 여우가 '나는 도에 관해서 들었기 때문이오'라고 했다.……남백자규가 '선생은 어디서 홀로 도를 들었습니까?' 하고 묻자 '나는 부묵의 아들에게서 들었는데 부묵의 아들은 낙송의 손자에게서 들었고, 낙송의 손자는 첨명에게서 들었고, 첨명은 섭허에게서 들었고, 섭허는 수역에게서 들었고, 수역은 오구에게서 들었고, 오구는 현명에게서 들었고, 현명은 참료에게서 들었고, 참료는 의시에게서 들었소'라고 했다(南伯子葵問乎女偊, 曰: '子之年長矣, 而色若孺子, 何也?' 曰: '吾聞道矣.'……南伯子葵曰: '子獨惡乎聞之?' 曰: '聞諸副墨之子, 副墨之子聞諸洛誦之孫, 洛誦之孫聞之瞻明, 瞻明聞之聶許, 聶許聞之需役, 需役聞之於謳, 於謳聞之玄冥, 玄冥聞之參寥, 參寥聞之疑始.')"라는 말이 있다. 이 연은 한강이 인생이 夢幻 같음을 잘 알아서 벼슬에 연연하지 않고 생각이 고답적이라는 말이다.

(8) 底事(저사): 무슨 일. 무슨 까닭. 이 구절은 한강이 매우 초연한 사람인데도 불구하고 젊은 시절에 벌써 머리가 희어진 것은 오로지 동생을 자주 보지 못했기 때문일 것이라는 뜻이다. 유반의 시에 이런 말이 언급되어 있었을 것으로 보인다.

(9) 室邇(실이): 《詩經·鄭風·東門之墠》에 "그 사람 집은 가깝건만, 그 사람은 몹시 머네(其室則邇, 其人甚遠)"라는 구절이 있다. 이 구절은 여건이 허락되지 않아 동생과 자주 만나지 못했지만 서로 가까운 곳에 살기 때문에 머지않아 자주 만나게 될 것이라고 한강을 위로한 말인 것으로 보인다.

(10) 次公(차공): 한나라 사람 蓋寬饒의 字. 그는 성품이 강직하고 청렴결백한 사람이었다. 平恩侯許伯이 관직에 나아가게 되었을 때 고관대작들이 모두 가서 경하하는데 개관요만은 가지 않았다. 허백이 그를 초청하여 술을 권하자 "저에게 너무 많이 따르지 마십시오. 저는 술 먹은 미치광이입니다(無多酌我, 我乃酒狂)"라고 했다.(《한서·개관요전》 참조)

(11) 東閣(동각): 본채의 동쪽에 있는 누각으로 옛날에 재상이 빈객을 초치하여 접대하던 곳이다. 한강의 영빈관을 가리킨다.

(12) 衣冠表(의관표): 관복과 관모의 착용 상황을 정리한 표라는 뜻으로 대갓집 사람들의 관직 역임 상황표, 즉 관직 역임 상황을 기록한 족보를 가리킨다.

(13) 終當(종당): 결국.

(14) 八蕭(팔소): 여덟 명의 소씨. 소식의 자주에 "당나라 때의 소씨는 소우에서 소구까지 재상이 여덟

명이었다(唐蕭氏, 自瑀及遘, 八宰相)"라고 했다. 소씨 집안에 대해서는 《新唐書·蕭瑀傳》에 상세하게 기록되어 있다. 이 구절은 한강의 형제 여덟 명이 모두 재상을 비롯한 각종 고관을 역임한 일을 칭송한 것이다.

(15) 端居(단거): 일상적으로 생활하다. 이 연은 한강이 관직에서 물러나 한가로이 지내노라면 옛날에 함께 지낸 동생이 더 그리워질 것이라는 말인 것 같다.

(16) 英公(영공): 당나라 사람으로 英國公에 봉해진 李勣을 가리킨다. 《신당서·이적전》에 "이적은 선천적으로 우애가 깊어 자기 누나가 병들었을 때 몸소 죽을 끓이다가 수염을 태운 적이 있었다(勣性友愛, 其姊病, 嘗自爲粥而燎其鬚)"라는 말이 있는데, 소식의 자주에 "영공은 자기 누나를 위해 죽을 끓이다가 수염을 태웠는데 '저와 누님이 둘 다 늙었으니 몇 번이나 죽을 바칠 수 있겠소?' 했다(英公爲其姊作粥, 燎鬚. 曰: '吾與姊皆老矣, 能幾進之.')"라고 했다. 이 구절은 동생을 생각하는 한강의 마음이 얼마나 깊은지 다른 사람들이 잘 모를 것이라는 말이다.

(17) 黃髮(황발): 하얗게 변했다가 시간이 더 지나면 다시 누렇게 변하는 아주 장수한 노인의 머리카락을 가리킨다.

(18) 子建(자건): 삼국시대 위나라 사람 曹植의 字. 소식의 자주에 "조자건의 시 〈與楚王彪別〉에 '초왕께선 옥체를 보중하셔요, 머리 누런 시기를 함께 향유하게요'라는 구절이 있다(子建〈與楚王彪別〉詩云: '王其愛玉體, 共享黃髮期.')"라고 했다.

(19) 絶唱(절창): 한강의 시를 가리킨다. 이 구절은 한강이 유반의 和詩를 통해 風聞처럼 간접적으로 자기 시의 대략을 소식에게 전했다는 뜻인 것으로 보인다.

(20) 孤斟(고짐): 혼자서 외롭게 술을 따라 마시다. 獨酌하다. 李白의 시 〈月下獨酌〉에 "꽃 사이에 놓여 있는 술 한 주전자, 함께할 친구 없이 홀로 따른다. 술잔을 들어서 밝은 달을 맞이하고, 그림자를 대하니 세 사람이 되었도다(花間一壺酒, 獨酌無相親. 擧杯邀明月, 對影成三人)"라는 구절이 있다.

(21) 內集(내집): 집안사람들의 모임을 가리킨다.

(22) 下客(하객): 하등의 손님. 소식 자신을 가리킨다.

(23) 拌(판): 아랑곳하지 않다. 기꺼이 하다. '拚'과 같다.

(24) 醉墮簪(취타잠): 취해서 비녀를 떨어뜨리다. 술에 취해 몸가짐이 몹시 흐트러지는 것을 가리킨다. 이 연은 한강이 훗날 자신을 불러 주면 기꺼이 달려가서 체면 차리지 않고 흔쾌하게 마시겠다는 말이다.

1026. 上韓持國[1]

한지국 님께 올립니다

韓氏三虎秉樞極,[2][3]	한씨 집안 범 세 마리 핵심 권력 잡았는데
中有一虎似偉節.[4]	그 가운데 한 마리는 가위절을 닮았네.
端居隱几學無心,[5][6][7]	평상시에 집에서 한가하게 지낼 땐
	안석에 기댄 채 무심을 흉내내고
夙駕入朝常正色.	아침 일찍 수레 타고 조정으로 들어갈 땐
	언제나 안색을 바로 하였네.
犯時獨行太崄巇,[8][9][10]	시류를 어기고 독행하면 너무나 험난한데
回天不忌眞藥石.[11][12]	거리낌 없이 하늘을 되돌렸으니 참으로 약석이네.
輦致歸來荷二聖,[13][14][15]	수레가 오자 돌아와 두 성군의 은총을 입었나니
推排使至有衆力.[16][17]	밀려난 것이 여러 사람의 힘을 얻기에 이르게 했네.
吾儕小人但飽飯,[18]	우리야 소인이라 밥이나 배불리 먹지만
不有君子何能國.[19]	군자가 없으면 어떻게 나라를 경영하리?
西湖醉臥春水船,[20]	서호에서 술에 취해 봄 배에 누우실 터
如何爲人作豐年.[21]	사람들을 위해 풍년의 옥이 되어 준들 어떠리?

[해설]

정적들의 배척을 받아 지방관으로 밀려났다가 잠시 조정으로 들어왔으나 다시 등주지주를 거쳐 여주지주로 나가 있는 한유의 인품과 능력을 칭송하고 그의 심경을 위로한 것이다.

[주석]

(1) 持國(지국): 韓維(1017-1098)의 字. 〈次韻劉貢父所和韓康公憶持國二首〉(1025) 주 (3) 참조.

(2) 韓氏三虎(한씨삼호): 韓絳·韓維·韓縝 등 한씨 집안의 세 형제를 가리킨다. 이들은 각각 中書門下侍郎·門下侍郎·尙書左僕射를 역임했다.

(3) 樞極(추극): 북두칠성의 첫 번째 별인 天樞와 북극성. 중추적인 권력을 가리킨다.

(4) 偉節(위절): 後漢 사람 賈彪의 字. 가표는 형제 세 사람이 모두 유명했는데 그중에서도 가표가 가장 뛰어났기 때문에 천하 사람들이 칭송하여 "가씨 집안에 범이 세 마리 있는데 위절이 가장 사납네"라고 했다.(《후한서·가표전》 참조)

(5) 端居(단거): 일상생활을 하다.

(6) 隱几(은궤): 안석에 기대다. 편안한 마음으로 한가로이 지낸다는 말이다.

(7) 無心(무심): 세속적인 일에 아무런 관심이 없는 상태.

(8) 犯時(범시): 당시의 금기 사항을 어기다. 신법파의 정책을 거스르는 것을 말한다.

(9) 獨行(독행): 독자적으로 행동하다.

(10) 嵔壘(외뢰): 높고 험한 모양.

(11) 回天(회천): 하늘의 운행을 되돌리다. 황제에게 간언하여 생각을 바꾸게 하는 것을 가리킨다.

(12) 藥石(약석): 약과 돌침. 여러 가지 약을 두루 가리키며, 비유적으로 듣기에는 거슬리지만 실제로는 도움이 되는 쓴소리를 뜻한다.

(13) 輦致(연치): 황제의 사자가 한유 있는 곳으로 간 것을 가리키는 것으로 보인다.

(14) 荷(하): 은혜를 입다. 《東都事略·韓維傳》에 "신종이 돌아가셨을 때 한유가 궁궐로 들어갔더니 선인성렬황후가 사자를 보내 친히 쓰신 조서로 위로하게 했다.……궁궐로 불러서 시독을 겸하게 했다(神宗崩, 維赴闕臨, 宣仁聖烈皇后遣使降手詔勞問.……召赴闕, 除兼侍讀)"라고 했다.

(15) 二聖(이성): 당시의 황제인 철종과 섭정인 宣仁太后(일명 高太后)를 가리킨다.

(16) 推排(추배): 배척하다. 한유가 정적들에게 밀려난 일을 가리킨다. 《續資治通鑑長編·元祐二年七月》에 "이에 앞서 좌사간 여도가 여러 차례 상소문을 올려 논하기를 '한유가 세력을 믿고 방자하게 굴며 은밀하게 권력을 행사하고 있습니다. 지금 한창 폐하께서 수렴청정하고 계시니 대신들이 이처럼 전횡하게 놓아두어서는 안 됩니다. 만약 일찌감치 파면령을 내리시지 않으면 틀림없이 사악한 계책이 횡행하고 사악한 붕당이 기승을 부릴 것이니 이는 조정의 복이 아닙니다'라고 했는데, 이때에 이르러 또 '한유를 등주지주로 내보낸다는 어명이 있었다고 들었습니다. 이는 폐하께서 대신들을 제어하는 기술을 잘 터득하신 것으로 사해의 물이 용솟음치게 하고 백관들이 두려워 땅바닥에 엎드리게 할 것인즉, 옛날부터 성군들과 영주들이 이것을 능가할 수 없을 것입니다. 종묘와 사직을 위해 더할 나위 없이 다행스럽고 천하를 위해 더할 나위 없이 다행스러운 일입니다'라고 했다(先是, 左

司諫呂陶累章論: '維怙勢任情, 陰竊威柄. 方陛下垂簾聽政, 不宜使大臣如此專恣. 若不早賜罷免, 邪計必行, 邪黨必勝, 非朝廷之福也.' 及是又言: '伏聞有旨差韓維知鄧州. 此陛下深得制御大臣之術, 聳動四海, 慴伏萬官, 自古聖君英主無以過此. 宗社幸甚, 天下幸甚.')"라는 기록이 있다.

(17) 衆力(중력): 여러 사람의 힘. 《續資治通鑑長編·元祐二年春正月》에 '門下侍郎韓維'라는 말이 있는 것을 보면 한유는 이 시가 지어진 원우 2년(1087) 10월 이전에 문하시랑을 역임했음을 알 수 있는 바, 이 연은 한유가 신법파 인사들의 배척을 받아 지방관으로 밀려나 있다가 철종이 즉위한 뒤에 조정으로 복귀하여 많은 구법파 인사들에게 추앙받았다는 말인 것으로 보인다.

(18) 吾儕(오제): 우리. 소식 및 그 주변의 보통 사람들을 가리킨다.

(19) 君子(군자): 학식과 덕망이 뛰어나 통치자로서의 자질을 갖춘 사람이라는 뜻으로 한유를 가리킨다. 《左傳·文公十二年》에 "군자가 없다면 어찌 나라를 경영할 수 있으리오?(不有君子, 其能國乎?)"

(20) 西湖(서호): 汝州 서남쪽에 있는 호수. 한유는 당시 여주지주로 재임 중이었다. 〈次韻劉貢父所和韓康公憶持國二首〉(1025) 주 (3) 참조.

(21) 豐年(풍년): 豐年의 玉, 즉 풍년을 더욱 풍요롭게 만드는 보배로운 존재를 가리킨다. 《世說新語·賞譽》에 "세상에서 유문강(庾亮)을 풍년의 옥이라고 하고 치공(庾翼)을 흉년의 곡식이라고 한다(世稱庾文康爲豐年玉, 稚恭爲荒年穀)"라는 말이 있는데 劉孝標의 注에 "유량에게는 동량지재의 기량이 있고 유익에게는 세상을 바로잡을 재주가 있어서 각자 쓸모가 있다는 말이다(謂亮有廊廟之器, 翼有匡世之才, 各有用也)"라고 했다. 이 연은 한유가 여주지주라는 한직으로 밀려나 있지만 거기서 여유로운 삶을 즐기며 유유자적한다면 그것은 풍요롭고도 운치 있는 태평성세의 표상이 될 것이라고 그를 위로한 것이다.

1027. 次韻劉貢父[1]叔姪[2]扈駕[3]

숙질이 어가를 호종한 일을 노래한 유공보의 시에 차운하여

玉堂孤坐不勝淸,[4][5]	나는 옥당에 혼자 앉아 쓸쓸함을 못 이기매
長羨鄒枚接長卿.[6][7]	추양과 매승이 사마장경을 영접한 게 늘 부러웠나니
只許隔牆聞置酒,[8]	담장 너머서 술 마시는 소리나 들을 수 있고
時因議事得聯名.[9][10]	이따금 일을 논의하느라 이름을 나란히 쓸 수 있네.
機雲似我多遺俗,[11][12]	육기와 육운은 우리같이 속된 마음을 버렸고
廣受如君不治生.[13][14]	소광과 소수는 그대들처럼 생계를 돌보지 않았거늘
共託屬車塵土後,[15]	수레의 먼지 뒤에 함께 몸을 맡기고
鈞天一餉夢中榮.[16][17]	잠시 균천광악을 들으며 꿈속의 영화를 누렸네.

[해설]

유반이 조카 유봉세와 함께 어가를 수행하게 된 감회를 노래한 시를 짓자 그것에 차운한 것으로, 관직에서 물러나 자유롭게 살고 싶은 심경이 드러나 있다.

[주석]

(1) 貢父(공보): 劉攽의 字.

(2) 叔姪(숙질): 숙부와 조카. 王文誥의 《蘇軾詩集》에 "유공보의 조카는 유원보의 아들 유봉세로 자가 중빙이다(劉貢父之姪, 原父之子奉世, 字仲馮)"라고 했다.

(3) 扈駕(호가): 御駕를 扈從하다.

(4) 玉堂(옥당): 옥으로 장식한 전당. 翰林院의 별칭이다.

(5) 不勝淸(불승청): 한없이 쓸쓸하다는 말이다.

(6) 鄒枚(추매): 한나라 때의 문장가 鄒陽(기원전 206-129)과 辭賦 작가 枚乘(?-기원전 140)을 가리킨다.

(7) 長卿(장경): 한나라 때의 사부 작가 司馬相如(기원전 179-118)의 字. 사마상여는 武騎常侍가 되어 한나라 景帝를 모시고 있었지만 그것은 그가 좋아하는 관직이 아니었다. 게다가 경제가 사부를 싫어하기까지 했다. 마침 梁孝王이 황제를 뵈러 조정으로 들어왔는데 이때 추양·매승·嚴忌(기원전 188-105) 등이 따라 들어왔다. 사마상여는 그들을 보고 좋아하여 병을 핑계로 사직하고 양나라에 가서 지내다가 몇 년 뒤에 마침내 〈子虛賦〉를 지었다.(《한서·사마상여전》 참조) 이 연은 자신도 사마상여처럼 관직에서 물러나 자유롭게 돌아다니고 싶다는 말이다.

(8) 隔牆(격장): 담장 너머. 《東坡志林·官職》에 "원우 원년(1086)에 내가 중서사인이 되었는데 당시 집정관들이 중서성의 일이 누설되는 경우가 많은 것을 걱정하여 사인청 뒤에 울타리를 만들어 같은 성의 관리들이 왕래하는 것을 금지하려고 했다. 내가 '공경들이 일 처리를 간단명료하게 잘하고 서로 맑게 소통해야지 어찌 울타리를 만들고 가시나무를 꽂을 필요가 있습니까?'라고 하자 여러 공경들이 웃음을 터뜨려 중지했지만 이듬해에 결국 울타리를 만들고 말았다. 한가한 날 백낙천의 문집을 읽고……이에 당나라 때에는 서액(中書省)에 작은 창을 만들어 동성(祕書省)과 서로 소통했다는 사실을 알았는데 오늘날은 우리 성 안에서 서로 왕래할 수 없으니 한탄스럽다(元祐元年, 余爲中書舍人, 時執政患本省事多漏洩, 欲於舍人廳後作露籬, 禁同省往來. 余曰: '諸公應須簡要清通, 何必栽籬插棘?' 諸公笑而止, 明年竟作之. 暇日讀樂天集……乃知唐時得西掖作牕以通東省, 而今日本省不得往來, 可歎也)"라고 했다.

(9) 得(득): ~할 수 있다.

(10) 聯名(연명): 연명하다. 이 연은 소식과 유반이 서로 가까운 곳에 있으면서도 서로 만날 수 없어서 안타깝다는 말이다.

(11) 機雲(기운): 晉나라 사람 陸機와 陸雲 형제. 소식·소철 형제를 가리킨다. 《語林》에 "육사형(육기)이 낙양에 있을 때 어느 여름날 갑자기 대밭에서 술 마시던 일이 생각나서 유실에게 '나는 고향 생각이 더욱 깊어져서 이제 동쪽으로 돌아가려고 하니 아마 다시는 만날 수 없을 것이오'라고 했다(陸士衡在洛, 夏日忽思竹篠飲, 語劉實曰: '吾鄉曲之思轉深, 今欲東歸, 恐無復相見理.')"라는 일화가 있다.

(12) 遺俗(유속): 세속적인 욕심을 버리고 초연하게 살다.

(13) 廣受(광수): 한나라 사람 疏廣과 그의 조카 疏受. 소광이 太子太傅가 되었을 때 그의 조카 소수가 少傅가 되었다. 소광이 소수에게 "만족할 줄 알면 치욕스러운 일을 당하지 않고 멈출 줄 알면 위험에 빠지지 않는다고 하고 공적을 다 쌓은 뒤에는 물러나는 것이 하늘이 정한 도리라고 하더라"라고 하자 소수도 숙부의 뜻에 따라 함께 은퇴했다. 두 사람이 떠날 때 수많은 사람들이 나

와서 두 사람을 전송하며 칭송했는데 어떤 사람은 탄식하며 눈물을 흘렸다.(《한서·소광전》 참조) 여기서는 유반·유봉세 숙질을 가리킨다. 이 연은 소식·소철 형제와 유반·유봉세 숙질이 다 관직에서 물러나 초연하게 살기를 바란다는 말이다.

(14) 治生(치생): 생계를 영위하다.

(15) 屬車(속거): 황제가 거둥할 때 수행원들이 타는 수레.

(16) 鈞天(균천): 천상의 음악인 鈞天廣樂의 준말. 황제의 음악을 가리킨다.

(17) 一餉(일향): 짧은 시간.

1028. 次韻韓康公[(1)]置酒見留[(2)]

술상을 차려 놓고 나를 붙잡은 일을 노래한 한강공의 시에 차운하여

庭下黃花一醉同,[(3)]	마당에 노란 꽃 필 때 함께 한 번 취했는데
重來雪巘已穹窿.[(4)]	다시 오니 눈 덮인 봉우리가 이미 불룩하군요.
不應屢費譏安石,[(5)(6)]	사안석이 자주 돈 쓴다고 나무랄 리는 없지만
但使無多酌次公.[(7)]	개차공에게 술을 많이 따르지는 못하게 하셔요.
鍾乳金釵人似玉,[(8)(9)(10)]	종유석에 금비녀로 옥 같은 사람
鵾絃鐵撥坐生風.[(11)(12)]	댓닭 현에 무쇠 채로 자리에서 바람이 나네요.
少卿尙有車茵在,[(13)(14)]	소경은 여전히 수레 깔개가 멀쩡히 있었으니
頗覺寬容勝弱翁.[(15)]	관용이 약옹보다 낫다는 걸 잘 알겠네요.

[해설]

한강이 마련한 술자리에서 놀다가 소식이 그만 돌아가려고 하자 한강이 좀 더 놀다가 가라는 내용의 시를 지었다. 이 시는 그것에 차운한 것으로 한나라 재상 병길의 마부처럼 토할 정도로 많이 마시겠디고 우스갯소리를 했다.

[주석]

(1) 韓康公(한강공): 康國公에 봉해진 韓絳(1012-1088)을 가리킨다. 〈次韻劉貢父所和韓康公憶持國二首〉(1025) 주 (2) 참조.

(2) 見留(견류): 나를 붙잡다. 〈次韻葉致遠見贈〉(0820) 주 (2) 참조.

(3) 黃花(황화): 국화를 가리킨다.

(4) 穹窿(궁륭): 불룩하다. 가운데가 높고 사방이 처진 형상을 가리킨다.

(5) 屢費(누비): 여러 차례 비용을 들이다.

(6) 安石(안석): 東晉 사람 謝安의 字. 《진서·사안전》에 "또 토산에다 별장을 지어 건물이 즐비하고 숲과 대밭이 매우 우거졌다. 자주 조카들을 데리고 가서 함께 모여 놀았는바, 맛있는 음식을 만드는 데에도 천금을 쓰곤 했기 때문에 세상 사람들이 이 일로 그에게 충고를 했지만 사안은 조금도 개의치 않았다(又於土山營墅, 樓館林竹甚盛, 每攜中外子侄往來遊集, 肴饌亦屢費百金, 世頗以此譏焉, 而安殊不以屑意)"라는 말이 있다. 여기서는 한강을 가리킨다.

(7) 次公(차공): 한나라 사람 蓋寬饒의 字. 그는 성품이 강직하고 청렴결백한 사람이었다. 平恩侯 許伯이 관직에 나아가게 되었을 때 고관대작들이 모두 가서 경하하는데 개관요만은 가지 않았다. 허백이 그를 초청하여 술을 권하자 "저에게 너무 많이 따르지 마십시오. 저는 술 먹은 미치광이입니다(無多酌我, 我乃酒狂)"라고 했다.(《한서·개관요전》 참조) 여기서는 소식 자신을 가리킨다. 이 연은 한강이 자신에게 자주 술을 권하는 것이 싫을 리는 없지만 자신은 주량이 약해 주사를 부릴지 모르니 기녀들에게 술을 많이 따르라고 시키지는 말아 달라고 한 것이다.

(8) 鍾乳(종유): 종유석. 약재로 쓰인다.

(9) 金釵(금채): 금으로 만든 비녀. 미인을 가리킨다. 白居易의 시 〈酬思黯戲贈同用狂字〉에 "종유석이 삼천 냥, 금비녀가 열두 줄(鍾乳三千兩, 金釵十二行)"라는 구절이 있는데, 자주에 "사암(牛僧孺)이 스스로 자랑하기를 전후하여 종유석을 3천 냥이나 복용함으로써 힘을 많이 얻었고, 노래하고 춤추는 기녀가 매우 많다며 보내온 시에서 내가 여위고 늙었다고 놀리는지라 장난삼아 이에 답한다(思黯自誇: 前後服鍾乳三千兩, 甚得力, 而歌舞之妓頗多, 來詩謔予羸老, 故戲答之)"라고 했다.

(10) 人(인): 한강을 가리킨다.

(11) 鵾絃(곤현): 댓닭의 힘줄로 만든 비파의 현. 댓닭은 몸집이 크고 근육이 매우 튼튼한 닭의 한 품종이다. 段安節의 《琵琶錄》에 "개원(713-741) 연간에 이원에는 낙공봉·하회지·뇌청 등이 있었는데 그들의 악기 중에는 옥석으로 몸체를 만들고 댓닭의 힘줄로 현을 만들어 쇠채로 연주하는 것도 있었다(開元中, 梨園則有駱供奉·賀懷智·雷淸. 其樂器, 或以石爲槽, 鵾雞筋作絃, 用鐵撥彈之)"라고 했다.

(12) 鐵撥(철발): 쇠로 만든 비파 채.

(13) 少卿(소경): 한나라 사람 丙吉의 字. 그는 위인이 매우 관대하여 아랫사람의 잘못은 덮어 주고 선행은 드러내어 칭송해 주었다. 한번은 그의 마부가 술에 취해 토하는 바람에 승상의 수레에 깔려 있던 깔개가 다 더럽혀졌다. 아랫사람들이 마부를 혼내 주려고 하자 병길이 "과음하여 실수했다고 사람을 내친다면 그 사람이 어디에 가서 받아들여지겠는가? 이것은 승상 수레의 깔개를 더럽힌 것일 뿐이니 참고 넘어가게"라고 했다.(《한서·병길전》 참조)

(14) 車茵(거인): 수레에 까는 깔개.

(15) 弱翁(약옹): 한나라 사람 魏相의 字. 그는 위인이 매우 엄격하여 《한서·위상전》에 "위상은 위인이 엄격하고 꼿꼿하여 병길이 관대한 것만 못했다(相爲人嚴毅, 不如吉寬)"라는 말이 있다. 이 연은 병길이 마부에게 관대하게 대해도 그의 수레 깔개가 못 쓰게 되지 않고 건재했다는 사실을 통해 아랫사람을 관대하게 대하는 것이 엄격하게 대하는 것보다 낫다는 사실을 잘 알고 있으니까 오늘 자기가 과음하여 주사를 부리더라도 너그럽게 양해해 달라고 우스갯소리를 한 것이다.

1029. 次韻王都尉[1]偶得耳疾

우연히 귓병을 얻은 감회를 노래한 왕도위의 시에 차운하여

君知六鑿皆爲贅,[2]	그대도 알 듯 여섯 구멍은 모두가 군더더기
我有一言能決疣.[3][4]	나에게 그 혹을 터뜨려 줄 말 한 마디가 있다네.
病客巧聞牀下蟻,[5]	병든 사람이 침대 밑의 개미 소리를 잘 듣고
癡人强覿棘端猴.[6]	어리석은 사람이 가시나무 끝의 원숭이를 잘 보는 법
聰明不在根塵裏,[7]	귀 밝고 눈 밝은 게 육근과 육진에 있지 않거늘
藥餌空爲婢僕憂.[8]	약물이 공연히 노복의 근심이 되네.
但試周郎看聾否,[9]	주랑을 시험해 귀 먹었는지 그것만 보면 될 것인즉
曲音小誤已回頭.	곡조가 조금 틀리면 벌써 고개를 돌릴 것이네.

[해설]

귓병을 얻어 답답한 심정을 노래한 왕선의 시에 차운한 것으로, 철학적이면서 해학적인 말로 그를 위로했다.

[주석]

(1) 王都尉(왕도위): 駙馬都尉 王詵을 가리킨다. 〈和王晉卿幷引〉(0939) 서문 참조.

(2) 六鑿(육착): 귀·눈 등 여섯 개의 구멍을 가리킨다. 喜·怒·哀·樂·愛·惡 등의 六情을 가리킨다는 설도 있으나 문맥으로 볼 때 여기서는 여섯 개의 구멍을 가리키는 것으로 보인다.

(3) 一言(일언): 육신의 감각 기관이 소중하지 않다는 걸 깨우쳐 줄 말이라는 뜻으로 이 시에서 자신이 하는 말을 가리킨다.

(4) 疣(우): 사마귀. 군살. 《莊子·大宗師》에 "그들은 태어나는 것을 혹이 붙거나 군살이 생기는 것으로 여기고 죽는 것을 군살이 없어지거나 종기가 터지는 것으로 여긴다(彼以生爲附贅縣疣, 以死爲決疣潰癰)"라는 말이 있다. 마음이 아닌, 육신에 붙어 있는 감각 기관을 가리킨다.

(5) 牀下蟻(상하의): 《晉書·殷仲堪傳》에 "은중감의 부친은 일찍이 耳鳴症을 앓은 적이 있는데 침대 밑에 개미 기어가는 소리를 듣고 소가 싸우는 것이라고 했다(仲堪父嘗患耳聰, 聞床下蟻動, 謂之牛鬪)"라는 말이 있다.

(6) 棘端猴(극단후): 가시나무 끝에 새긴 원숭이. 戰國時代 燕나라 임금이 작고 정교한 물건을 좋아하는지라 어떤 사람이 가시나무의 가시 끝에 원숭이를 새길 수 있다고 하여 후한 대우를 받았으나 나중에 거짓임이 밝혀져서 처형되었다.(《韓非子·外儲說左上》 참조) 이 연은 작은 소리를 잘 듣는 육신의 청력이나 작은 물체를 잘 보는 육신의 시력은 그다지 소중한 것이 아니라는 말이다.

(7) 根塵(근진): 육근과 육진. 육신의 감각 기관과 그것을 통해 느끼는 감각을 가리킨다. 육근이란 불교에서 말하는 眼·耳·鼻·舌·身·意를 가리키고, 육진이란 불교에서 말하는 色·聲·香·味·觸·法을 가리킨다. 《楞嚴經》에 "육근과 육진은 원천이 같은지라 그것에 묶이거나 그것에서 벗어나는 방법이 다르지 않다(根塵同源, 縛脫無二)"라고 했다.

(8) 藥餌(약이): 藥物. 이 연은 병이란 약으로 고칠 수가 없는 법인데 공연히 노복들만 약을 달이느라 고생하게 한다는 말이다.

(9) 周郎(주랑): 삼국시대 오나라 사람 周瑜를 가리킨다. 그는 음악에 정통하여 연주자가 실수를 하면 반드시 돌아보았기 때문에 "곡조가 틀리면 주랑이 돌아보네(曲有誤, 周郎顧)"라는 말이 있었다.(《삼국지·주유전》 참조) 이 연은 연주에 착오가 있을 때 주유가 돌아보는 것은 그가 단지 육신의 귀가 밝기 때문만이 아니라 음악에도 정통하기 때문이라는 뜻으로, 왕선이 비록 육신의 귀에 병이 났을지라도 마음의 귀로 들을 수 있는 것이 있다면 걱정할 필요가 없다는 말이다.

1030. 送喬仝[1]寄賀君[2]六首幷敍

교동을 전송하고 하씨에게 부치는 시와 그 서문

舊聞靖長官[3]·賀水部[4], 皆唐末五代人, 得道不死. 章聖皇帝[5]東封[6], 有謁於道左[7]者, 其謁云: "晉[8]水部員外郎賀亢." 再拜而去, 上不知也. 已而閱謁, 見之, 大驚, 物色[9]求之不可得. 天聖[10]初, 又使其弟子喩澄[11]者詣闕進佛道像, 直數千萬. 張公安道[12]與澄游, 具得其事. 又有喬仝者, 少得大風疾, 幾死. 賀使學道, 今年八十, 益壯盛. 人無復見賀者, 而仝數見之. 元祐二年十二月, 仝來京師十許日. 余留之, 不可, 曰: "賀以上元期我於蒙山[13].", 又曰: "吾師嘗游密州[14], 識君[15]於常山[16]道上, 意若喜君者." 作是詩以送之, 且作五絶句以寄賀.(옛날에 정현령과 하수부가 다 당말·오대 사람으로 득도하여 죽지 않는다는 말을 들었다. 장성황제(997-1022 재위)가 동쪽으로 봉선하러 가실 때 길가에서 알현하는 사람이 있어 "진나라(936-946) 수부원외랑 하항이옵니다"라고 하고는 재배하고 물러갔는데 황상이 누군지 알지 못했다. 나중에 명함을 열람하다가 그의 명함을 보고는 크게 놀라 찾아보았으나 찾아낼 수가 없었다. 천성(1023-1031) 초에 또 그의 제자 유징으로 하여금 궁궐로 가서 부처님과 도사의 상을 바치게 했으니 값어치가 수천 만 금에 달하는 것이었다. 장안도(1007-1091) 공은 유징과 교유했기 때문에 그 일을 다 알고 있었다. 또 교동이라는 사람이 젊은 시절에 심한 癩病에 걸려서 거의 죽을 지경에 이르렀을 때 하항이 그에게 도를 배우라고 했는데 그는 금년에 나이가 여든 살인데도 예전보다 더욱 건장했다. 다른 사람들은 아무도 다시 하항을 본 사람이 없었지만 교동은 그를 여러 번 보았다. 원우 2년(1087) 12월 교동이 10여 일 동안 경사에 와 있었는데 내가 그를 붙잡아 보려고 했으나 붙잡을 수 없었는바 그가 말하기를 "하선생님이 정월 대보름날 몽산에서 저와 만나기로 약속했습니다"라고 하고, 또 "제 스승님께서 일찍이 밀주에 가서 노닌 적이 있는데 상산 가는 길에 그대를 알게 되었다며 그대를 좋아하는 듯했습니다"라고 하기에 이 시를 지어서 그를 전송하고 아울러 절구 다섯 수를 지어서 하씨에게 부친다.)

其一

君年二十美且都,[17][18]	그대는 스무 살 때 아름답고 우아했는데
初得惡疾墮眉鬚.	처음으로 몹쓸 병에 걸려 눈썹과 머리가 빠졌네.

紅顏白髮驚妻孥,[19] 홍안에 백발이 되어 처자를 놀라게 하고
覽鏡自嫌欲棄軀.[20] 거울을 보고 자신이 싫어 목숨을 버리려 하였네.
結茅窮山啖松腴,[21] 깊은 산에 초가집 지어 송진을 먹고 살다
路逢逃秦博士盧.[22] 길에서 달아난 진나라 박사 노씨를 만났네.
方瞳照野清而癯,[23] 들판을 비추는 네모난 눈동자 밝고 여윈데
再拜未起煩一呼.[24] 재배하고 일어나기도 전에 한바탕 마구 호통쳤네.
覺知此身了非吾,[25][26] 이 몸이 전혀 자기 것이 아닌 줄을 알고는
烱然蓮花出泥塗.[27][28] 반짝반짝 진흙탕에서 연이 나온 모습이 됐네.
隨師東游渡濰郏,[29] 유수와 부수를 건너 스승을 따라 동쪽으로 가
山頭見我兩輪朱.[30] 산꼭대기에서 바퀴 붉은 내 수레를 보았네.
豈知仙人混屠沽,[31] 어찌 알리 신선이 백정이나 술장수와 어울려 놀며
爾來八十胸垂胡.[32] 이제 나이가 여든인데 가슴에 수염을 드리울 줄을?
上山如飛嗔人扶, 날 듯이 산에 오르며 부축해 주면 화내고
東歸有約不敢渝.[33] 감히 못 어길 약속이 있어 동쪽으로 돌아가네.
新年當參老仙儒,[34][35] 신년엔 신선 같은 늙은 선비께 문안 드려야 되겠지만
秋風西來下雙鳧,[36] 추풍이 서쪽에서 불면 물오리 한 쌍이 내려앉을 터
得棗如瓜分我無.[37][38] 참외만 한 대추를 얻어 내게 나누어 주려나?

其二

生長兵間早脫身,[39] 전쟁 통에 생장했건만 일찌감치 빠져나와
晩爲元祐太平人.[40] 만년에는 원우 시절의 태평한 사람이 되었네.
不驚渤海桑田變,[41] 발해가 뽕밭으로 변해도 놀라지 않고
來看龜蒙漏澤春.[42][43] 귀산과 몽산과 누택의 봄을 와서 보겠네.

其三

曾謁東封玉輅塵,[44] 동쪽으로 봉선 가는 옥수레를 뵈었을 때
幅巾短褐亦逡巡.[45][46][47] 그때도 온폭 두건에 짧은 베옷 입고 배회했네.

行宮夜奏空名姓,[48] 행궁에서 밤중에 사람 없이 성명만 아뢴지라
悵望雲霞縹渺人.[49][50] 구름 속의 아련한 사람을 슬피 바라보셨겠네.

其四

垂老區區豈爲身,[51][52] 늘그막에 구구하게 어찌 일신을 위했으리?
微言一發重千鈞.[53][54] 은미한 말 한 번 뱉자 천 근 만 근 나갔네.
始知不見高皇帝,[55] 처음에는 고황제를 못 뵐 줄 알았나니
正似商山四老人.[56] 상산의 네 노인과 흡사하였네.

其五

舊聞父老晉郎官,[57] 옛날에 어른들께 들었나니 후진 낭관은
已作飛騰變化看.[58] 이미 훨훨 날아다니고 변화 부리는 존재로 보았다네.
聞道東蒙有居處,[59][60] 동몽산에 거처가 있다는 말 들었나니
願供薪水看燒丹.[61][62] 나무해 오고 물 길어 와서 연단하는 걸 보고 싶네.

其六

千古風流賀季眞,[63] 천고의 풍류가인 하계진께선
最憐嗜酒謫仙人.[64] 술 잘 먹는 이적선을 가장 좋아하셨지만
狂吟醉舞知無益, 미친 듯 읊고 춤추는 게 무익한 줄 알아서
粟飯藜羹問養神.[65][66] 조밥과 명아주국 먹으며 양신에 대해 물었네.

[해설]

하항이라는 도사의 제자인 교동이 산동에 있는 몽산으로 돌아가는 것을 전송하면서 지은 것으로, 제1수는 교동에게 지어 준 것이고 나머지 5수는 하항에게 부쳐 보낸 것이다.

[주석]

(1) 喬仝(교동): 구체적인 행적이 알려져 있지 않다. 이 시의 서문을 보면 靖長官의 후신인 것으로 보인다.

(2) 賀君(하군): 도사 賀亢. 賀充이라는 설도 있다. 陳師道의 〈賀水部傳〉에 "하충은 세상에 그의 나이와 그의 고향을 아는 사람이 없는데 後晉 때에 관직에 나아가 郎官이 되었다(賀充, 世莫知其年與其邑里, 仕石晉爲郎)"라고 했고, 楊愼의 《丹鉛摘錄》에 "하충은 오대 때의 후진 사람으로 죽었다가 다시 살아나 송나라 진종이 동쪽으로 태산에 올라가서 봉선제를 지내려고 할 때 나와서 황제를 알현했는데 그를 알아보지 못했으며 소동파가 황주에서 유배 생활을 할 때에도 찾아와서 뵈었는데 동파도 그를 기이하게 여기지 않았다(賀充, 五代石晉時人, 死而復生, 至宋眞宗時, 東封泰山, 出謁帝, 不之省, 東坡謫黃州, 亦來訪, 坡亦不之奇也)라고 했다.

(3) 靖長官(정장관): 당나라 때 도를 배워서 신선이 되었다는 전설적인 인물. '靖'은 이름이고 '長官'은 현령의 별칭이다. 曾慥의 《集仙傳》에 "정은 어디 사람인지 모르며 당나라 희종(873-888 재위) 때 등봉현령이 되었으나 얼마 안 있어서 벼슬을 버리고 도를 배워서 신선이 되었다. 성을 숨기고 이름으로 잘 알려져 있었기 때문에 세상에서 정장관이라고 부른다(靖不知何許人, 唐僖宗時爲登封令, 既而棄官學道, 遂仙去, 隱其姓而以名顯, 故世謂之靖長官)"라고 했다. 〈送范景仁游洛中〉(0470) 주 (28) 및 (29) 참조.

(4) 賀水部(하수부): 수부원외랑 하씨. 賀亢을 가리킨다.

(5) 章聖皇帝(장성황제): 북송 진종 황제.

(6) 東封(동봉): 동쪽에서 封禪하다. 원래 한나라 무제가 司馬相如의 간언을 받아들여 동쪽에 있는 泰山에 가서 封禪한 일을 가리켰는데, 나중에는 황제들이 봉선하는 일을 두루 가리키게 되었다.

(7) 道左(도좌): 길의 왼쪽. 길가.

(8) 晉(진): 五代의 하나인 後晉을 가리킨다.

(9) 物色(물색): 물색하다. 찾다.

(10) 天聖(천성): 북송 인종의 연호(1023-1033).

(11) 喩澄(유징): 하항의 제자. 구체적인 행적이 알려져 있지 않다.

(12) 安道(안도): 張方平의 字.

(13) 蒙山(몽산): 산동성 蒙陰 남쪽에 있는 산. 東蒙山이라고도 한다.(魏嵩山 主編, 《中國歷史地名大辭典》, 廣東教育出版社, 1995년 제1판, 1167쪽 〈蒙山〉 및 256쪽 〈東蒙山〉 참조)

(14) 密州(밀주): 지금의 산동성 諸城. 소식은 희령 7년(1074)부터 희령 9년(1077)까지 밀수지주로 재임했다.

(15) 君(군): 소식을 가리킨다.

(16) 常山(상산): 산동성 제성에 있는 산.

(17) 君(군): 교동을 가리킨다.

(18) 美且都(미차도): 아름답고도 우아하다. 《詩經·鄭風·有女同車》에 "저기 저 아름다운 강씨네 맏딸,

참으로 아름답고 또한 우아하구나(彼美孟姜, 洵美且都)"라는 구절이 있다.

(19) 妻孥(처노): 妻子.

(20) 棄軀(기구): 몸을 버리다. 자살하는 것을 가리킨다.

(21) 松腴(송유): 松脂. 송진. 소나무에서 나오는 진액. 上黨 지방에 趙瞿라는 사람이 있었는데 癩病에 걸려 거의 죽게 되었으므로 가족들이 전염될까 우려하여 산속의 동굴에 데려다 놓고 양식을 갖다 주었다. 조구가 신선을 만나 그가 주는 약을 100여 일 동안 먹었더니 부스럼이 없어지고 피부에 윤기가 났다. 그것을 보고 신선이 그 약은 바로 송진으로 산에 수없이 많으니 달여서 먹으면 장생불사할 것이라고 했다. 조구가 집으로 돌아가자 귀신이 나타난 줄 알고 가족들이 깜짝 놀랐다. 그 뒤로 조구는 송진을 오랫동안 복용하여 170세가 되어도 이가 빠지지 않고 머리가 희어지지 않게 되었다.(《抱朴子·仙藥》 참조)

(22) 秦博士盧(진박사로): 진나라 때의 박사 盧敖. 《列仙傳》에 "노오는 진시황이 불러서 박사로 삼고 그로 하여금 신선을 찾아오게 했으나 한 번 가더니 돌아오지 않았다(盧敖, 秦始皇召以爲博士, 使求神仙, 一去而不返)"라고 했는데, 潘自牧의 《記纂淵海·密州》에 "노산은 밀주 동남쪽에 있으니 진나라 사람 노오가 은둔하던 곳으로 위에 노오동과 성등암이 있다(盧山在州東南, 秦人盧敖之所從遁, 上有盧敖洞·聖燈岩)"라고 했고, 〈盧敖洞〉(0411-1)에 대한 소식의 자주에 "《도경》에 '노오는 진나라 박사였다. 재난을 피해 이 산에서 살다가 마침내 득도했다'라는 말이 있다(《圖經》云: '敖, 秦博士. 避難此山, 遂得道.')"라고 했다. 이 구절은 교동이 하항을 만난 일을 말한다.

(23) 方瞳(방동): 네모난 눈동자. 장수할 관상으로 신선의 상징이다.

(24) 煩(번): 어지러이. 이 연은 교동이 하항을 만나자 하항이 그에게 도를 배우게 한 일을 말한다.

(25) 了(요): 전혀.

(26) 非吾(비오): 내 것이 아니다. 《莊子·知北遊》에 "순임금이 승에게 '도는 터득하여 몸에 지니고 있을 수 있는 것이오?' 하고 묻자 '임금님의 몸이 임금님의 소유가 아닌데 임금님께서 어떻게 도를 지니고 있을 수 있겠습니까?'라고 대답했다. 순임금이 다시 '내 몸이 나의 소유가 아니라면 누가 그것을 소유하오?' 하고 묻자 '천지가 형체를 부여한 것입니다'라고 대답했다(舜問乎丞曰: '道可得而有乎?' 曰: '汝身非汝有也, 汝何得有夫道?' 舜曰: '吾身非吾有也. 孰有之哉?' 曰: '是天地之委形也.')"라는 순임금과 丞의 대화가 있다.

(27) 炯然(형연): 빛나는 모양.

(28) 泥塗(이도): 진흙. 周敦頤의 〈愛蓮說〉에 "나는 유독 연이 진흙 속에서 나왔으면서도 더럽혀지지 않고, 맑은 물결에 몸을 씻으면서도 요염해지지 않고, 속은 비고 겉은 곧으며, 덩굴이 뻗어 나가지도 않고 가지를 치지도 않으며, 향기는 멀리 퍼져 갈수록 더욱 맑고, 말쑥한 자태로 우뚝하게 서 있어서, 멀리서 바라볼 수는 있지만 함부로 가지고 놀 수는 없는 모습을 좋아한다(予獨愛蓮之出淤泥而不染, 濯清漣而不妖, 中通外直, 不蔓不枝, 香遠益淸, 亭亭淨植, 可遠觀而不可褻玩焉)"라고 했다. 이 구절은 교동이 도가적 깨달음을 얻어 표정이 아주 맑아졌다는 말이다.

(29) 濰郟(유부): 유수와 부수. 소식의 자주에 "유수와 부수는 밀주에 있는 두 강의 이름이다(濰郟,

密州二水名)"라고 했다.

(30) 兩輪朱(양륜주): 두 바퀴의 붉은색. 옛날에 태수가 타던 수레는 두 바퀴에 붉은색을 칠했는데, 소식은 밀주지주를 지낸 적이 있다.

(31) 屠沽(도고): 백정과 술장수. 미천한 사람을 가리킨다.

(32) 爾來(이래): 근래.

(33) 東歸(동귀): 동쪽으로 돌아가다. 교동이 정월 대보름날 몽산에서 하항과 만나기로 한 약속을 지키기 위해 산동지방으로 돌아가는 것을 가리킨다.

(34) 參(참): 문안을 드리다.

(35) 仙儒(선유): 신선의 기질을 지니고 있는 유학자. 하항을 가리킨다.

(36) 雙鳧(쌍부): 한 쌍의 물오리. 신선의 이동 수단을 가리킨다. 後漢 사람 王喬는 葉縣의 현령으로 있을 때 신선술을 부려서 매월 초하루와 15일에 두 차례씩 도성으로 가서 천자를 뵈었는데 수레가 보이지 않으므로 천자가 太史에게 몰래 지켜보라고 했다. 태사가 숨어서 보았더니 그가 올 때 동남쪽에서 물오리 한 쌍이 날아오는지라 그물을 쳐서 잡아 보았더니 신발만 한 켤레 들어 있었다.(《후한서·왕교전》 참조) 이 구절은 가을이 오면 교동이 다시 개봉으로 올 것이라는 말이다.

(37) 棗如瓜(조여과): 참외만큼 큰 대추. 신선의 양식을 가리킨다. 李少君이 한나라 무제에게 "제가 일찍이 바다 위에서 노닐 때 安期生을 만났는데 참외만큼 큰 대추를 먹고 있었습니다. 안기생은 신선이라 蓬萊山을 왕래하며 마음에 들면 세상으로 나오고 마음에 들지 않으면 숨어 버립니다"라고 했다. 이리하여 천자가 비로소 친히 竈王神에게 제사를 지내고 方士를 바다로 보내 봉래산의 신선 안기생 같은 사람들을 찾아오게 했다.(《史記·孝武本紀》 참조)

(38) 無(무): 문장 끝에 붙어서 의문을 표시하는 부사.

(39) 兵間(병간): 五代의 전쟁 통을 가리킨다.

(40) 元祐(원우): 북송 철종의 연호(1086-1093).

(41) 渤海(발해): 중국 동쪽의 요동반도와 산동반도 사이에 있는 바다. 이 구절은 제1구와 상응하여 하항이 오대의 전란 시기에 있었던 桑田碧海와 같은 세상의 변화를 초연하게 보아 넘겼을 것이라고 추측한 것이다.

(42) 龜蒙(귀몽): 귀산과 몽산. 王十朋의 《百家註分類東坡先生詩》에 "귀산은 연주 사수현(지금의 산동성 사수현)에 있고 몽산은 기주 비현(지금의 산동성 비현)에 있는데 대체로 둘 다 노지방과 서로 연결되어 있으니 동쪽으로 봉선하러 갈 때 지나가는 곳이다(龜山在兗州泗水縣, 蒙山在沂州費縣, 大抵皆魯地相連, 東封之所歷也)"라고 했다.

(43) 漏澤(누택): 산동성 사수현에 있는 못. 《元和郡縣志·泗水縣》에 "누택은 사수현에서 동쪽으로 70리 되는 곳에 있다. 이 못에는 물이 새는 구멍이 다섯 개 있는데 모두 사방 10자 남짓 되고 깊이가 20자 이상이다. 그 못은 매년 봄·여름이면 물이 고이고 가을·겨울에는 물이 다 새어 버린다(漏澤在縣東七十里. 此澤漏穴有五, 皆方丈餘, 深二丈以上. 其澤每春夏積水, 秋冬漏竭)"라고 했다. 이 구절은 제2구와 상응하여 하항이 원우 연간의 태평성대를 맞아 산동 일대의 자연을 즐기고 있겠다고 추측

한 것이다.

(44) 玉輅塵(옥로진): 옥으로 장식한 천자용 수레의 먼지. 천자의 수레를 가리킨다.

(45) 幅巾(폭건): 온폭 비단으로 만든 옛날 남자들의 두건. 은자의 복식을 가리킨다.

(46) 短褐(단갈): 거친 베로 지은 짧은 옷. 가난한 사람들의 옷을 가리킨다.

(47) 逡巡(준순): 배회하다. 선뜻 떠나지 못하고 머물러 있다. 이 연은 하항이 후진 때 세상에 나타나 수부원외랑을 지냈고, 진종이 태산으로 봉선하러 갈 때 또 세상에 나타나서 얼마간 머물렀다는 말이다.

(48) 行宮(행궁): 임금이 황궁을 떠나 다른 지방으로 거둥했을 때 머무는 별궁. 북송 진종 황제가 봉선하러 태산으로 갈 때 머문 행궁을 가리킨다. 이 구절은 하항이 길가에서 진종 황제를 알현하고 전해 준 명함을 행궁에 이르러 侍從이 진종 황제에게 바쳤을 때 하항은 이미 사라지고 그의 명함만 남아 있었다는 말이다.

(49) 悵望(창망): 슬픈 마음으로 바라보다.

(50) 縹渺(표묘): 아득히 멀어서 분명하지 않은 모양. 이 구절은 진종 황제가 하항을 찾았으나 찾아내지 못해서 아쉬워했다는 말이다.

(51) 垂老(수로): 노년에 가까워지다.

(52) 區區(구구): 떳떳하지 않고 못나게 구는 모양.

(53) 微言(미언): 깊은 뜻을 담고 있는 은미한 말. 왕십붕의《백가주분류동파선생시》에 "'한 번 뱉는다'는 것은 상산사호가 고조에게 태자가 어질고 효성스럽다고 말한 것을 말한다('一發', 謂四皓對高祖有太子仁孝之語也)"라고 했고, 査愼行의《蘇詩補註》에 "진종은 동쪽으로 봉선하러 갈 때 아직까지 후사가 없었는데 이때 유수의가 육궁에서 총애를 독차지하고 있었다. 이듬해에 이씨가 아들을 낳자 유수의가 몰래 자기가 낳은 것으로 하고 나중에 태자로 세웠다. 하항이 길가에 엎드려 배알할 때 아마 먼저 알아차린 조짐이 있었기 때문에 인종이 즉위했을 때 다시 자기 제자로 하여금 궁궐로 가게 한 것이 아닌가 싶다. 동파공의 시에 '은미한 말 한 번 뱉자 천 근 만 근 나갔네'가 또 상산사호의 고사를 인용한 것은 틀림없이 뜻하는 바가 있었던 것이지 막연하게 인용한 것이 아닐 것이다(眞宗東封時, 尙未有嗣, 劉修儀寵擅六宮. 踰年, 李氏生子, 修儀攘爲己出, 後立爲太子. 賀之伏謁道左, 疑有先幾之兆, 故仁宗卽位, 復使弟子詣闕. 公詩'微言一發重千鈞', 又用商山四老事, 必有所爲, 非泛引也)"라고 했다.

(54) 鈞(균): 중량을 셀 때 사용하는 단위 명사로 30근에 해당한다.

(55) 高皇帝(고황제): 한나라 고조 劉邦을 가리킨다.

(56) 商山(상산): 섬서성 商縣 동쪽에 있는 산. 秦나라 말에 東園公·綺里季·夏黃公·甪里先生 등 수염과 눈썹이 하얀 80여 세 된 노인들이 이곳에서 은거하며 한나라 고조가 불러도 나오지 않았으니 세상 사람들이 이들을 商山四皓·商山四公·商山四翁 등으로 불렀다. 나중에 고조가 태자를 폐위하려고 하자 呂后가 張良의 계책을 써서 상산사호를 불러낸 다음 태자를 보좌하게 하자 "보좌진이 갖추어졌구나!"라고 하면서 태자를 폐위하려던 생각을 버렸다.(《史記·留侯世家》 참조).

(57) 晉郎官(진낭관): 後晉의 수부원외랑이었던 하항을 가리킨다.

(58) 變化(변화): 변화를 부리다. 이리저리 모습을 바꾸기도 하고 없어졌다가 갑자기 나타나기도 하는 것을 가리킨다.

(59) 聞道(문도): ~라고 말하는 것을 듣다.

(60) 東蒙(동몽): 몽산을 가리킨다. 주 (13) 참조.

(61) 薪水(신수): 나무와 물. 煉丹하는 데 필요한 땔감과 물을 가리킨다. 陶淵明은 彭澤 현령으로 부임해 갈 때 가족들을 고향에 두고 혼자서 갔다. 이때 그는 하인을 보내 아들에게 편지를 전하게 했는데 그 편지에서 "네가 나날이 필요로 하는 경비를 스스로 마련하여 충당하기 어려울 것이라 이제 이 아이를 보내 나무하고 물 긷는 수고를 덜어 주게 하노라(汝旦夕之費, 自給爲難, 今遣此力, 助汝薪水之勞)"라고 했다.(《南史·陶淵明傳》 참조)

(62) 燒丹(소단): 연단하다. 도교에서 丹砂를 단련하여 丹藥을 만드는 것을 말한다.

(63) 季眞(계진): 당나라 시인 賀知章의 字. 하지장과 성이 같은 하항을 가리킨다. 李白의 시 〈對酒憶賀監〉에 "사명산에 광기 어린 사람 있으니, 풍류가 넘치는 하계진이네. 장안에서 한 번 본 적이 있는데, 폄적 온 신선이라 나를 불렀네(四明有狂客, 風流賀季眞. 長安一相見, 呼我謫仙人)"라는 구절이 있다.

(64) 謫仙人(적선인): 적선. 이백을 가리킨다. 주 (63) 참조. 이 연은 하항이 이백처럼 속세에서 신선 같은 삶을 사는 것보다는 역시 속세를 떠나 진정한 도사로 사는 길을 선택했다는 말이다.

(65) 粟飯藜羹(속반여갱): 좁쌀로 지은 밥과 명아주 잎으로 끓인 국. 좋지 않은 음식을 가리킨다.

(66) 養神(양신): 원기를 기르는 방법의 하나. 조용히 정좌하여 호흡을 조절하고 정신을 통일하는 수양법이다. 이 연은 하항이 세속적인 삶을 버리고 신선적인 삶을 선택했다는 말이다.

1031. 送家安國[(1)]教授[(2)]歸成都[(3)]

가안국 교수가 성도로 돌아가는 것을 전송하며

別君二十載,	그대와 헤어진 지 어언 스무 해
坐失兩鬢青.[(4)(5)]	공연히 두 살쩍의 검푸른 빛만 잃었네.
吾道雖艱難,[(6)]	우리가 가는 길이 힘들고 어려워도
斯文終典刑.[(7)(8)]	이 문화가 결국은 전형이라네.
屢作退飛鷁,[(9)]	몇 번이나 거꾸로 나는 익조가 되매
羞看乾死螢.[(10)]	말라 죽은 반딧불이 보기가 부끄러웠네.
一落戎馬間,[(11)]	전마들 사이에 한 번 떨어진 뒤로
五見霜葉零.	단풍잎이 지는 것을 다섯 번 봤네.
夜談空說劍,	밤이면 공연히 검에 대해 논했지만
春夢猶橫經.[(12)]	봄꿈에선 여전히 경서를 늘어놨네.
新科復舊貫,[(13)(14)]	새로 보는 과거가 옛날 관례를 회복하매
童子方乞靈.[(15)(16)]	아이들이 비로소 신령님께 비는지라
須煩淩雲手,[(17)]	구름을 뚫고 올라가는 재주 있는 분에게
去作入蜀星.[(18)]	촉으로 들어가는 별이 되라 부탁해야 되었네.
蒼苔高眹室,[(19)]	이끼가 잔뜩 낀 고진의 석실
古柏文翁庭.[(20)]	늙은 측백 서 있는 문옹의 마당
初聞編簡香,[(21)]	엮어 놓은 간책에서 향이 나기 시작하고

稍覺鋒鏑腥.[22] 칼날과 살촉에선 쇳내가 좀 느껴졌네.
岷峨有雛鳳,[23][24] 민산과 아미산에 새끼 봉황이 있어
梧竹養修翎.[25][26] 오동나무와 대나무로 긴 깃털을 기르나니
嗚呼應嶰律,[27] 아아 틀림없이 아름다운 음률에 부응하여
飛舞集虞廷.[28] 빙빙 돌며 날다가 순임금 조정에 앉겠네.
吾儕便歸老, 우리는 이제 곧 돌아가서 늙을 테니
亦足慰餘齡.[29] 여생을 위로하기에도 충분하겠네.

[해설]

고향 친구 가안국이 성도부학 교수로 부임해 가는 것을 전송하며 지은 것으로, 가안국을 위로하고 격려하면서 은근히 그를 부러워하는 심경을 드러냈다.

[주석]

(1) 安國(안국): 眉山 사람으로 字가 復禮이다. 소식 형제는 어릴 때 家定國·家安國·家勤國 형제와 함께 劉巨의 문하에서 수학한 적이 있다. 〈次韻子由送家退翁知懷安軍〉(0991) 주 (2) 참조.

(2) 教授(교수): 京師의 宗學·律學·醫學·武學 및 각 지방의 州學·府學이나 縣學에서 교육과 시험을 담당하던 관리. 여기서는 成都府學의 교수를 가리킨다.

(3) 成都(성도): 지금의 사천성 성도.

(4) 坐(좌): 공연히.

(5) 青(청): 머리카락의 검푸른 빛이라는 뜻으로 젊음을 가리킨다.

(6) 吾道(오도): 자신들이 가는 길을 가리키면서 동시에 자신들이 추구하는 유교적 이상을 가리킨다. 《論語·里仁》에 "공자께서 '삼아! 나의 도는 처음부터 끝까지 하나로써 관통되어 있다'라고 하셨다(子曰: '參乎! 吾道一以貫之.')"라는 말이 있다.

(7) 斯文(사문): 이 문화. 가안국이 성도부학에서 가르칠 유교 문화를 가리킨다. 성리학자들은 유교의 교리를 어지럽히거나 유교 사상에 어긋나는 언행을 하는 사람을 '斯文亂賊'이라고 했다. 《論語·子罕》에 "공자가 광읍에서 두려움에 빠져 있을 때 '문왕은 이미 돌아가셨지만 그의 문화는 여기 나에게 전해져 있지 않느냐? 하늘이 이 문화를 없애 버리려고 했다면 그분보다 나중에 죽을 나 같은 사람이 이 문화에 동참하여 그것을 향유할 수 없었을 것이고, 하늘이 아직 이 문화를 없애려고 하지 않는다면 광인들이 나를 어떻게 하겠느냐?'라고 하셨다(子畏於匡, 曰: '文王既沒, 文不在茲乎? 天之將喪斯文也, 後死者不得與於斯文也; 天之未喪斯文也, 匡人其如予何?')"라는 말이 있다.

(8) 典刑(전형): 典型. 변하지 않는 법도. 이 연은 가안국이 장차 성도부학에서 경학을 가르칠 것이

기 때문에 한 말이다.

(9) 退飛(퇴비): 바람이 심해서 앞으로 날아가지 못하고 거꾸로 날려가는 것을 말한다. 《左傳·僖公十六年》에 "여섯 마리의 익조가 거꾸로 날려서 송나라 도성을 지나간 것은 바람 탓이다(六鷁退飛, 過宋都, 風也)"라고 했다.

(10) 乾死螢(건사형): 말라 죽은 반딧불이. 晉나라 사람 車胤이 비단 주머니에 반딧불이를 담아서 그것을 등불 삼아 공부했다는 車胤聚螢 고사를 변형시킨 것이다. 杜甫의 시 〈題鄭十八著作丈故居〉에 "궁벽한 골목엔 고요하게 수레와 말이 끊어지고, 책상머리엔 독서에 쓰던 반딧불이가 말라 죽었네(窮巷悄然車馬絶, 案頭乾死讀書螢)"라는 구절이 있다. 이 연은 가안국의 관운이 좋지 않았다는 말이다.

(11) 戎馬(융마): 戰車를 끄는 말. 戰馬.

(12) 橫經(횡경): 經書를 늘어놓다. 경전을 공부하는 것을 가리킨다. 이 연은 가안국이 그동안 비록 무관이었을지라도 경서 공부하기를 꿈꾸었다는 말이다.

(13) 新科(신과): 그해에 새로 보는 과거 시험.

(14) 復舊貫(복구관): 옛날 관례를 회복하다. 王安石이 폐지했던 옛날 과거 제도로 돌아간 일을 가리킨다.

(15) 童子(동자): 과거 시험을 준비하는 학동들을 가리킨다.

(16) 乞靈(걸령): 신령에게 빌다. 魯나라 애공 24년(기원전 471) 4월에 晉나라 임금이 齊나라를 정벌하려고 노나라에 사신을 보내 군사를 요청하며 "옛날에 노나라 대부 장문중이 초나라 군사를 이끌고 제나라를 정벌하여 곡지방을 손에 넣었고, 그의 아들 장선숙이 진나라 군사를 이끌고 제나라를 정벌하여 문양지방을 손에 넣었습니다. 이러한 전례에 따라 저희 임금님께서는 노나라의 시조이신 주공께 복을 빌고 장씨에게 도움을 요청하려고 합니다(昔臧文仲以楚師伐齊, 取穀; 宣叔以晉師伐齊, 取汶陽. 寡君欲徼福於周公, 願乞靈於臧氏)"라고 했다.(《左傳·哀公二十四年》 참조) 이 연은 옛날 과거 제도로 돌아감으로써 학동들이 급제에의 희망을 가지고 절대자에게 빌면서 열심히 공부한다는 말이다.

(17) 凌雲手(능운수): 구름을 뚫고 하늘 높이 올라갈 만큼 뛰어난 재주를 지닌 사람.

(18) 入蜀星(입촉성): 촉지방으로 들어가는 별. 가안국을 가리킨다. 後漢 和帝가 각 지방으로 使者를 파견하여 民歌를 채집하게 했는데 사자 두 명이 益州(지금의 사천성 成都)로 가서 縣의 아전인 李郃의 관사에 묵게 되었다. 마침 여름 저녁이라 야외에 앉아 하늘을 보다가 이합이 별을 가리키며 말했다. "두 분이 서울을 떠나실 때 조정에서 사자 두 분을 파견한 사실을 제가 어떻게 알았을까요?" 하고 물었다. 두 사자가 깜짝 놀라며 어떻게 알았느냐고 되묻자 이합이 하늘의 별을 가리키며 "사자의 별 두 개가 익주로 향하고 있었기 때문에 알았습니다"라고 했다.(《후한서·이합전》 참조) 이 연은 성도 사람들이 재주가 뛰어난 가안국이 촉지방으로 들어가서 학동들을 가르쳐 주기를 갈망하고 있었다는 말이다.

(19) 高眹室(고진실): 후한 獻帝(189-220 재위) 때 촉군태수를 지낸 고진이 文翁의 사당으로 쓰기 위해 성도 府學 안에 만든 석실. 《藝文類聚·禮部上》에 "임예의 《익주기》에 '문옹(기원전 187-110)의 학

당은 대성 남쪽에 있는데 화재를 겪었기 때문에 촉군태수 고진이 수선하여 새로 세우고 성현 및 옛 사람의 상과 예기 및 상서로운 물건을 그려 놓았다'라는 말이 있다(任豫《益州記》曰: '文翁學堂在大城南, 經火災, 蜀郡太守高眹修復繕立, 圖畫聖賢古人像及禮器瑞物.')"라고 했고, 王十朋의《百家註分類東坡先生詩》에 "고진의 석실이란 지금의 부학 석실이 그것이다(高眹室, 今府學石室是也)"라고 했다.

(20) 文翁(문옹): 前漢 때 촉군태수를 지낸 사람. 그는 성도에 학교를 지어 입학하는 사람은 徭役을 면제해 주고 성적이 우수한 사람은 관리로 임용하여 촉군의 文風과 교화를 크게 진작시켰다.(《한서·문옹전》 참조) 왕십붕의《백가주분류동파선생시》에 "문옹의 마당이란 지금 측백나무 고목이 있는 곳이다(文翁庭, 今有古柏處是也)"라고 했거니와 문옹이 처음 세운 학당, 즉 성도부학의 마당을 가리킨다.

(21) 編簡香(편간향): 엮어 놓은 簡策에서 나는 향기. 책 향기를 가리킨다.

(22) 鋒鏑腥(봉적성): 칼날이나 화살촉에서 나는 쇠비린내. 이 연은 문옹이 학당을 처음으로 세우고 고진이 불에 탄 학당을 중건한 덕분에 성도 사람들이 문화와 학문의 향기를 가까이하고 전쟁을 싫어하게 되었다는 말이다.

(23) 岷峨(민아): 촉지방에 있는 민산과 峨眉山. 촉지방을 가리킨다.

(24) 雛鳳(추봉): 새끼 봉황. 재주가 뛰어난 어린아이를 가리키는바, 여기서는 가안국이 가르칠 학동들을 가리킨다.

(25) 梧竹(오죽): 봉황은 오동나무가 아니면 깃들이지 않고 대나무 열매가 아니면 먹지 않는다고 한다.《莊子·秋水》에 "저 원추새(봉황의 일종)는 남해에서 출발하여 북해로 날아가는데 오동나무가 아니면 머물지 않고 대나무 열매가 아니면 먹지 않으며 예천의 물이 아니면 마시지 않는다 (夫鵷鶵, 發於南海而飛於北海, 非梧桐不止，非練實不食，非醴泉不飲)"라고 했다. 성도부학의 학동들을 새끼 봉황에 비유하여 한 말이다.

(26) 修翎(수령): 길쭉한 깃. 이 연은 성도 지방의 학동들이 실력을 배양하고 있다는 말이다.

(27) 嶰律(해율): 崑崙山 북쪽의 嶰谷이라는 계곡에서 나는 대나무로 만든 피리를 불어서 나는 음률. 보통의 음률을 가리킨다. 黃帝가 伶倫으로 하여금 해곡의 대나무를 잘라서 악기를 만들어 율려를 제정하게 했다.(《漢書·律曆志上》 참조)

(28) 虞廷(우정): 虞舜 즉 순임금의 조정.《書經·益稷》에 "〈소소〉를 아홉 곡 연주하자, 봉황이 날아와서 춤추었다(〈簫韶〉九成, 鳳皇來儀)"라는 말이 있다. 이 연은 〈소소〉를 연주하자 봉황이 날아와서 춤춘 것처럼 가안국이 잘 지도하면 새끼 봉황과 같은 성도 지방의 학동들이 그에 부응하여 훌륭한 인재가 될 것이라는 말이다.

(29) 餘齡(여령): 여생을 가리킨다. 이 연은 고향으로 돌아가서 학동들을 가르치면 여생이 즐겁겠다며 가안국을 부러워한 것이다.

卷30

古今體詩六十三首

고체시 및 근체시 63수

권30에는 한림학사지제고겸시독(翰林學士知制誥兼侍讀)으로 재임한 원우 3년(1088) 1월부터 그해 윤12월까지의 시 63수가 수록되어 있다.

1032. 和子由[1]除夜元日省宿致齋[2]三首

제야와 원단에 중서성에서 숙직하며 치재한 일을 읊은 자유의 시에 화답하여

其一

江湖流落豈關天,[3]	강호를 떠돈 게 어찌 하늘과 상관있으리?
禁省相望亦偶然.[4]	궁중에서 마주 보는 것도 역시 우연이라네.
等是新年未相見,[5]	마찬가지로 신년인데 서로 보지 못하니
此身應坐不歸田.[6]	이 몸이 전원으로 안 돌아간 탓일 것이네.

其二

白髮蒼顏五十三,[7]	흰머리와 창백한 얼굴의 쉰세 살 노인에게
家人强遣試春衫.[8][9]	가족들이 봄 적삼을 입어 보라 강권했네.
朝回兩袖天香滿,[10]	조회에서 돌아오니 두 소매에 향기가 가득한데
頭上銀幡笑阿咸.[11][12]	머리에 꽂은 은번이 아함을 웃게 하네.

其三

當年踏月走東風,	그 옛날에 달빛 밟으며 동풍 속에 달려와서
坐看春闈鎖醉翁.[13][14][15]	마침내 봄 과거로 취옹이 갇힌 걸 보았네.

白髮門生幾人在,(16) 머리 허연 문하생이 몇 명이나 남았을까?
却將新句調兒童.(17)(18) 차라리 새 시구로 아이들에게 농담이나 하네.

[해설]

원우 2년(1087) 제야와 원우 3년(1088) 정월 초하룻날 중서성에서 숙직하며 치재한 일을 읊은 자유의 시에 화답한 것으로, 관직에 매인 몸이라 동생과 함께 설을 쇠지 못하는 안타까움과 점점 더 늙어 감에 대한 서글픔이 드러나 있다.

[주석]

(1) 子由(자유): 소식의 동생 蘇轍의 字. 당시 戶部侍郎으로 재임 중이었다.
(2) 致齋(치재): 재계의 일종으로 몸과 마음을 깨끗이 하고 不淨한 것을 멀리했다. 이와 달리 여색을 멀리하고, 풍악을 울리지 않고, 弔問을 하지 않는 것을 散齋라고 했다. 옛날에는 천지나 종묘에 지내는 가장 중요한 제사를 大祀라고 하고, 그 다음으로 중요한 제사를 중사라고 하고, 산림이나 川澤 등 가장 덜 중요한 대상에게 지내는 제사를 소사라고 했는데, 《新唐書·禮樂志第一》에 "재계에는 종류가 세 가지 있으니 산재요, 치재요, 청재이다. 대사 때에는 산재를 4일 하고 치재를 3일 하며, 중사 때에는 산재를 3일 하고 치재를 2일 하며, 소사는 산재를 2일 하고 치재를 1일 한다(齋戒, 其別有三, 曰散齋, 曰致齋, 曰淸齋. 大祀, 散齋四日, 致齋三日; 中祀, 散齋三日, 致齋二日; 小祀, 散齋二日, 致齋一日)"라고 했다.
(3) 江湖流落(강호유락): 소식과 소철이 각지의 지방관으로 떠돌기도 하고 원지로 유배되기도 한 일을 가리킨다.
(4) 禁省(금성): 禁中. 皇宮.
(5) 等是(등시): 마찬가지로. 다 같이.
(6) 坐(좌): ~에 기인하다. 이 연은 소철이 중서성에서 숙직하느라 함께 설을 쇠지 못한 일을 한탄하며 하루빨리 전원으로 돌아가고 싶은 심경을 토로한 것이다.
(7) 五十三(오십삼): 소식 자신의 나이를 가리킨다.
(8) 家人(가인): 집안사람. 가족.
(9) 春衫(춘삼): 봄 적삼. 이 구절은 가족들이 애써 권하는 바람에 아직은 좀 이른 감이 있지만 봄옷을 한번 입어 보았다는 말이다.
(10) 天香(천향): 궁중에서 피우는 향. 향내의 미칭.
(11) 銀幡(은번): 봄이 온 것을 경축하기 위하여 은박이 있는 채색 비단으로 만들어 머리에 꽂는 장식품.
(12) 阿咸(아함): 阮籍의 조카인 阮咸의 애칭. 王十朋의 《百家註分類東坡先生詩》에 "완적은 형의 아들

완함을 아함이라고 불렀다(阮籍呼兄子咸爲阿咸)"라고 했다. 이 연은 머리에 은번을 꽂은 소식의 어색한 모습을 보고 조카들이 웃었다는 말이다.

(13) 坐(좌): 마침내.

(14) 春闈(춘위): 唐宋 시기에 가을에 실시하는 鄕試를 秋闈라고 하고 봄에 실시하는 禮部試를 春闈라고 했다. '闈'는 과거 시험을 가리킨다.

(15) 醉翁(취옹): 歐陽修의 號. 소식·소철 형제는 가우 2년(1057) 봄에 예부시에 응시하여 급제했는데 이 시험의 知貢擧 즉 主考官이었던 구양수가 소식이 작성한 試卷 〈刑賞忠厚之至論〉을 보고 격찬했거니와, 考官들은 급제자의 방이 나붙을 때까지 외부로 나가지 못하고 과거 시험장 안에서 지내야 했다.

(16) 門生(문생): 가우 2년(1057)의 예부시에서 구양수에게 선발된 사람들을 가리킨다. 옛날에는 과거에 급제하면 지공거를 스승으로 모셨다.

(17) 將(장): ~으로.

(18) 兒童(아동): 자기 집안의 아이들을 가리킨다. 이 연은 새해를 맞아 또 한 살을 더 먹게 된 것을 계기로 과거 급제 동기들을 생각해 보니 기분이 울적해지는지라 차라리 집안 아이들에게 농담 어린 말투로 시나 지어 준다는 말이다.

1033. 韓康公[1]坐上侍兒求書扇上二首

한강공이 마련한 자리에서 시녀가 부채 위에 글씨를 써 달라기에

其一

窗搖細浪魚吹日,[2]	창문에 잔물결을 흔들거리며 고기가 햇살 아래 숨을 내쉬고 있는데
手弄黃花蝶透衣.	손으로 노란 꽃을 만지작거려 나비가 옷으로 파고들었네.
不覺春風吹酒醒,	모르는 사이에 춘풍이 불어 술을 깨우고
空教明月照人歸.[3]	공연히 명월더러 돌아가는 이를 비추게 하네.

其二

一一窗扉面水開,[4]	하나하나 창문이 물을 향해 열려 있거늘
更於何處覓蓬萊.[5]	더 이상 어디에서 봉래산을 찾으리?
天香滿袖人知否,[6]	향이 소매에 가득한데 남들이 알까?
曾到栴檀小殿來.[7][8]	옛날에도 나는 이 작은 단향나무 전각에 왔었네.

[해설]

1월 16일에 한강의 집에서 연회를 벌일 때 한강의 가기 가운데 한강의 총애를 독차지

하는 기녀의 부탁을 받고 그녀의 부채 위에 써 준 시이다.

[주석]

(1) 韓康公(한강공): 康國公에 봉해진 韓絳(1012-1088)을 가리킨다. 〈次韻劉貢父所和韓康公憶持國二首〉(1025) 주 (2) 참조.

(2) 魚吹日(어취일): 부채에 글씨를 써 달라고 청한 기녀의 성인 '魯'를 破字하여 말장난을 한 것이다. 査愼行의 《蘇詩補註》에 "《후정록》에 '한자화(한강)는 관직에서 물러난 뒤에 영주에서 서울로 들어가 대보름을 쇠고 16일에 속관 아홉 명을 사저에 모았는바 모두 문하생과 옛날 관리였다. 한창 앉아 있는데 家妓 10여 명을 내놓았다. 연회의 분위기가 최고조에 이른 뒤에 한자화의 총애를 독차지하는 노생이라는 기녀가 춤을 추려고 하다가 날아다니는 벌에 쏘여 한자화의 마음이 매우 언짢았다. 한참 있다가 불러냈더니 하얀 둥글부채를 들고 소동파에게 시를 써 달라고 청하는지라 소동파가 첫 두 구절을 썼는데 윗 구절에서는 성에 관해서 쓰고 아랫 구절에서는 벌에게 쏘인 일을 썼다. 한자화가 매우 기뻐했다'라는 기록이 있다(按《侯鯖錄》: '韓子華謝事後, 自潁入京看上元, 至十六日, 私第會從官九人, 皆門生故吏. 方坐, 出家妓十餘人. 中宴後, 子華專寵者曰魯生, 當舞, 爲游蜂所螫, 子華意甚不懌. 久之, 呼出, 持白團扇從東坡乞詩, 坡書首二句云云, 上句記姓, 下句書蜂事. 子華大喜.')"라고 했다. 이 구절은 杜甫가 〈城西陂泛舟〉에서 "고기가 숨을 내쉬어 잔물결 일자 물에 비친 부채가 흔들리고, 제비가 차서 날리는 꽃이 춤추는 자리에 떨어진다(魚吹細浪搖歌扇, 燕蹴飛花落舞筵)"라고 한 말을 응용하여 물고기가 연못에서 뻐끔뻐끔 숨을 쉬며 돌아다니느라 일어난 잔물결이 창에 비친 모습을 묘사한 것이다.

(3) 敎(교): ~로 하여금 ~하게 하다. 이 구절은 집으로 돌아갈 무렵에 봄바람이 불어 구름이 걷히자 밝은 달이 나와서 길을 비추어 주게 되었다는 말이다.

(4) 窗扉(창비): 창.

(5) 蓬萊(봉래산): 봉래산. 중국의 동쪽 바다에 있다는 仙境. 方丈山·瀛洲와 더불어 三神山이라고 불린다. 이 연은 여기가 바로 선경이기 때문에 따로 선경을 찾아갈 필요가 없다는 말이다.

(6) 天香(천향): 芳香의 미칭.

(7) 旃檀(전단): 栴檀. 檀香.

(8) 小殿(소전): 연회를 벌이고 있는 전각을 가리킨다. 다른 사람들은 이곳에 단향나무로 지어서 오래 있으면 옷에 향이 배는 멋진 전당이 있는 줄을 잘 모를 텐데 자기는 이전에도 왔었다는 말이다.

1034. 次韻答張天覺[(1)]二首

차운으로 장천각의 시에 화답하여

其一

車輕馬穩轡銜堅,	수레는 가볍고 말은 든든하고 고삐와 재갈은 단단한데
但有蚊蝱喜撲緣.[(2)]	모기와 등에가 달라붙길 좋아할 따름이오.
截斷口前君莫問,[(3)]	말하기 전에 자르나니 그대여 묻지 마오
人間差樂勝巢仙.[(4)(5)]	이 세상이 적이 즐거우니 신선 되는 것보다 낫다오.

其二

馭風騎氣我何勞,[(6)]	바람을 몰고 공기를 타려고 애쓸 것이 무엇이리?
且要長松作土毛.[(7)(8)]	잠시 장송을 보통의 초목으로 보려 하오.
亦如訶佛丹霞老,[(9)(10)]	이건 역시 부처를 매도한 단하사의 노인이
却向淸涼禮白毫.[(11)(12)]	오히려 청량산으로 가서 흰 터럭에 예를 갖춘 것 같다오.

[해설]

하동로제점형옥으로 나가 있는 장상영이 보내온 시에 차운한 것으로, 장상영이 원시에서 장송을 먹고 신선적인 삶을 영위해 보라고 권유한 것에 대하여 자신이 몸은 비록 속세에 있지만 마음속으로는 이미 신선적인 삶을 살고 있기 때문에 굳이 그런 노력을 할 필요가 없다고 응수한 것인 듯하다.

[주석]

(1) 天覺(천각): 張商英의 字. 〈次韻孔常父送張天覺河東提刑〉(1013) 주 (2) 참조.

(2) 撲緣(박연): 달라붙다. '僕緣'과 같다. 《莊子·人間世》에 "말을 사랑하는 사람은 광주리로 말의 똥을 받고 큰 조개껍데기로 오줌을 받지만 마침 모기와 등에가 말에 달라붙어 있어서 느닷없이 그곳을 때리면 말이 재갈을 부수고 사람의 머리를 깨거나 가슴을 떠받습니다(夫愛馬者, 以筐盛矢, 以蜃盛溺, 適有蚊虻僕緣, 而拊之不時, 則缺銜毁首碎胸)"라는 말이 있다. 이 연은 소식 자신의 생활에 별로 어려움이 없다는 말이다.

(3) 截斷口前(절단구전): 말을 끄집어내기 전에 미리 잘라 버리다. 韓愈의 시 〈記夢〉에 "신관이 나를 보고 활짝 웃으며, 눈앞에 한 사람을 대하는데 어리지 않고 장성했네. 앉았다 누웠다 할 수 있는 큰 석단에서, 나는 손으로 턱을 받치고 팔꿈치로 자리를 짚었네. 우뚝 솟은 누각이 크고 높은데, 바람이 살랑 불어 내 앞으로 지나갔네. 어리지 않고 장성한 이가 칠언구를 읊었는데, 여섯 자는 평범한 말이고 한 자는 어려웠네. 나는 손가락으로 백옥단을 집어서, 걸어가면서 씹고 걸어가며 따졌네. 말하기 전에 둘째 구절을 잘라 버리자, 불쾌한 얼굴로 몹시 사납게 돌아보았네. 그래서 알았네 신선들이 어질거나 성스럽지 않고, 단점을 덮으며 어리석은 자세로 존경받기를 바라는 줄을. 나는 이 세상에서 굽히며 살 줄 알거늘, 어찌 너희 산속에 사는 신선을 따를 수 있으리?(神官見我開顔笑, 前對一人壯非少. 石壇坡陀可坐臥, 我手承頦肘拄座. 隆樓傑閣磊嵬高, 天風飄飄吹我過. 壯非少者哦七言, 六字常語一字難. 我以指撮白玉丹, 行且咀嚼行詰盤. 口前截斷第二句, 綽虐顧我顔不歡. 乃知仙人未賢聖, 護短憑愚邀我敬. 我能屈曲自世間, 安能從汝巢神山?)"라고 했다.

(4) 人間(인간): 이 세상. 속세.

(5) 巢仙(소선): 보통 사람과 같이 집을 짓고 사는 것이 아니라 새처럼 보금자리를 짓고 사는 신선이라는 뜻으로, 신선을 가리킨다. 이 연은 장상영이 소식에게 신선적인 삶을 권유하자 그런 말을 말라며 입을 막아 버린 것인 듯하다. 소식은 그의 사 〈水調歌頭〉(明月幾時有)에서도 "일어나서 춤추며 그림자를 희롱하나니, 무엇이 이 세상에 있는 것과 같으리?(起舞弄淸影, 何似在人間?)"라고 읊은 적이 있다.

(6) 馭風騎氣(어풍기기): 바람을 몰고 공기를 타다. 신선적인 삶을 가리킨다.

(7) 長松(장송): 약초 이름. 먹으면 머리카락을 검게 한다고 한다. 《本草綱目·長松》에 "잎이 소나무와 같은데 먹으면 장수하여 효험이 송진 및 선모와 같다(其葉如松, 服之長年, 功如松脂及仙茅)"라고 했다. 〈謝王澤州寄長松兼簡張天覺二首〉(1024) 주 (2) 참조,

(8) 土毛(토모): 땅에서 자라는 보통의 초목을 가리킨다. 이 연은 장송을 먹고 신선처럼 불로장생하라는 장상영의 권유에 대하여 굳이 그런 일로 수고할 생각이 없다고 사양한 것인 듯하다.

(9) 訶佛(가불): 부처를 매도하다. 나무부처 안에 사리가 없다며 불 땐 일을 가리킨다. 하남성 南召에

있는 단하사에서 오랫동안 수도한 丹霞禪師가 慧林寺에 있을 때 날이 추워 나무 불상을 가져다 땔감으로 삼자 어떤 사람이 그를 나무라는지라 단하선사가 "이것을 태워서 사리를 얻으려고 그러는 것이오"라고 했다. 그를 나무란 사람이 "나무 안에 무슨 사리가 들어 있단 말이오?" 하자 "그렇다면 어찌하여 나를 나무라는 것이오?"라고 했다.(《景德傳燈錄·吉州淸原山行思禪師法嗣》 참조) 나무 불상을 일개 나무토막으로 취급한 단하선사의 도통한 언행을 보여 주는 일화이다. 〈送錢承制赴廣西路分都監〉(0985) 주 (12) 참조.

(10) 丹霞老(단하로): 丹霞寺의 늙은이라는 뜻으로 단하선사를 가리킨다.

(11) 淸涼(청량): 청량산. 산서성 동북부의 忻州에 있는 산으로 중국 4대 불교 명산 중의 하나인 五臺山의 별칭이다. 〈送張天覺得山字〉(1014) 주 (2) 참조. 《淸涼志》에 "무진거사 장상영이 하동로제점형옥에 임명되었을 때 청량산으로 가서 청휘각에 머물렀으니 문수보살이 입적한 집이었다. 한참 있노라니 북쪽 산에서 구름이 피어오르고 흰 구름 안에 커다란 불등이 나타났다. 흰 구름이 걷히자 또 보름달처럼 크고 하얀 동그라미 형상이 나타났다. 이튿날 동대로 갔더니 오색의 상서로운 구름이 보이고 수레바퀴 같은 하얀 동그라미의 빛이 땅에서 솟아올라 백 바퀴 맴돌았다. 장상영이 게송으로써 그 일을 찬송했다(無盡居士張商英, 除河東提點刑獄, 至淸涼山, 止淸輝閣, 文殊所化宅也. 良久, 北山雲起, 於白雲中, 現大寶燈. 白雲旣收, 復現大白圓相, 如明月輪. 明日至東臺, 五色祥雲見, 白圓光從地涌起, 如車輪, 百旋. 商英以偈讚之)"라고 했다.

(12) 白毫(백호): 부처의 두 눈썹 사이에 있는 희고 빛나는 털. 부처를 가리킨다. 이 연은 평상시 이 세상에 사는 것이 선계에 사는 것보다 낫다고 생각하는 자신이 장송을 먹고 불로장생의 신선적 경지에 이르려고 애쓰는 것은, 마치 나무 불상을 땔감으로 삼을 정도로 깊은 경지에 이른 단하선사가 다시 부처님에게 예를 드리는 것만큼이나 이치에 맞지 않는 일이라는 말인 것 같다.

1035. 次韻黃魯直[1]畫馬試院[2]中作

과거 시험장에서 말을 그린 것을 읊은 황노직의 시에 차운하여

少年鞍馬勤遠行,[3]	젊을 때는 말을 타고 열심히 먼 길 다녔나니
臥聞齕草風雨聲,[4]	누워서 말이 풀 씹느라 나는 비바람 소리를 들었는데
見此忽思短策橫.	이걸 보니 문득 짧은 채찍 눕혀 놨던 일이 생각나네.
十年髀肉磨欲透,[5]	십 년 동안 넓적다리 살이 닳아 없어지려 했는데
那更陪君作詩瘦,[6]	어떻게 또 그대와 함께 시 짓느라 여위리?
不如芋魁歸飯豆.	돌아가서 토란 뿌리와 콩을 먹는 게 나으리.
門前欲嘶御史驄,[7]	문 앞에 곧 어사의 청총마가 울 것이니
詔恩三日休老翁,[8][9]	임금님의 은혜로 사흘 동안 늙은이들을 쉬게 할 터
羨君懷中雙橘紅.[10]	그대가 품에 귤 두 개를 품은 것이 부럽구려.

[해설]

이 시는 과거 시험장 안에서 이공린이 그린 말 그림을 보고 지은 황정견의 시에 차운한 것으로, 세 구절마다 운이 바뀌고 총 아홉 구절로 구성된 특이한 형식이다. 이러한 형식에 대하여 청나라 사람 완규생(阮葵生)은 《다여객화(茶餘客話)》에서 “산곡의 칠언고시는 세 구절마다 한 번씩 환운하여 세 번 중첩하고 그쳤는데 그것을 촉구환운 즉 금련격이라고 한다(山谷七古, 三句一換韻, 三疊而止, 謂之促句換韻, 卽禁臠格也)”라고 했다.

[주석]

(1) 魯直(노직): 黃庭堅의 字. 그는 蘇門四學士의 한 사람이요 江西詩派의 창시자였다.

(2) 畫馬試院(화마시원): 과거 시험장에서 말을 그리다. 과거 시험을 管理하는 官吏들은 합격자 방이 나붙을 때까지 시험장 바깥으로 나갈 수 없었기 때문에 시를 짓거나 그림을 그리며 무료함을 달랬는바, 원우 3년(1088) 봄의 과거 시험 때 李公麟(字: 伯時)이 말 그림을 그린 일을 가리킨다.

(3) 鞍馬(안마): 말에 안장을 얹다. 말을 타고 돌아다니는 것을 가리킨다.

(4) 齕草(흘초): 풀을 씹다. 말이 여물을 먹는 것을 가리킨다. 葉夢得의 《石林詩話》에 "(황노직이) '말이 마른 콩대 씹어 낮잠 자는 데 시끄러워, 풍우로 강에 물결이 뒤집히는 줄 알고 놀랐네'라는 시구를 얻고는 스스로 훌륭하다고 여겨 외삼촌(李常)과 조무구(晁補之)에게 말했다. 외삼촌이 풍우로 강에 물결이 뒤집힌다는 말이 무슨 뜻인지 몰랐는데 어느 날 여관에서 쉬고 있다가 풍랑이 배를 치는 것 같은 소리를 듣고 일어나서 보니 바로 말이 구유에서 여물을 먹을 때 물과 풀이 서로 엇갈려 들어가면서 이런 소리가 나는지라 황노직의 시구가 기묘함을 깨달았다(得句云: '馬齕枯萁喧午枕, 誤驚風雨浪翻江.' 自以爲工, 以語舅氏·無咎. 舅氏不解風雨翻江之意, 一日, 憩于逆旅, 聞有聲如風浪之擊船者, 起視乃馬食於槽, 水與草齟齬而爲此聲, 乃悟魯直之奇)"라고 했다.

(5) 髀肉(비육): 넓적다리 살. 이 구절은 넓적다리 살이 다 빠질 정도로 말을 오래 탔다는 말이다.

(6) 作詩瘦(작시수): 시를 짓느라 힘이 들어서 몸이 수척해진다는 말이다.

(7) 御史驄(어사총): 급제자의 방을 붙이러 오는 황제의 사자가 타는 말을 가리킨다. 이 구절은 급제자의 방이 나붙어 자신들이 자유로워질 때가 거의 다 되었다는 말이다.

(8) 詔恩(조은): 임금이 조서를 통해 내려 주는 은혜. 과거 시험을 관리하느라 수고한 관리들에게 내리는 3일 동안의 휴가를 가리킨다. 王十朋의 《百家註分類東坡先生詩》에 "선례에 의하면 성시(예부시)를 관리한 관리가 시험장에서 나오면 3일의 휴가를 주었다(故事: 省試官出院, 給假三日)"라고 했다.

(9) 老翁(노옹): 과거 시험을 관리한 늙은 관리들을 가리킨다.

(10) 雙橘(쌍귤): 두 개의 귤. 삼국시대 오나라 사람 陸績이 여섯 살 때 九江에 있는 袁述의 집으로 갔더니 원술이 귤을 대접했다. 육적이 그 가운데 세 개를 품속에 넣어 두었는데 떠날 때 절을 하다가 그만 땅에 떨어뜨렸다. 원술이 그 이유를 물었더니 어머니께 갖다 드리기 위해 그랬다고 하는지라 원술이 매우 기특하게 생각했다.(《삼국지·육적전》 참조) 소식의 자주에 "황씨에게는 노모가 계셨다(黃有老母)"라고 했다. 이 연은 아직 노모가 살아 계시는 황정견이 부럽다는 말이다.

1036. 余與李廌[(1)]方叔[(2)]相知久矣, 領貢擧事[(3)], 而李不得第, 愧甚, 作詩送之

나는 방숙 이치와 서로 알고 지낸 지 오래되었는데 과거 시험을 주관할 때 이군이 급제하지 못해 매우 부끄러운 마음으로 시를 지어서 그를 전송한다

與君相從非一日,	그대와 상종한 게 하루 이틀이 아니니
筆勢翩翩疑可識.[(4)]	필세가 훌륭하여 알아볼 수 있을 듯했네.
平生謾說古戰場,[(5)(6)]	평소에 늘 〈제고전장문〉을 얘기했는데
過眼終迷日五色.[(7)(8)]	언뜻 보고 필경은 〈일오색부〉를 못 알아봤네.
我慚不出君大笑,	나는 부끄러워 못 나오는데 그대는 크게 웃으며
行止皆天子何責.[(9)]	"모든 게 다 천명인데 선생을 어찌 탓하리까?
青袍白紵五千人,[(10)(11)]	푸른색 도포와 흰 옷을 입은
	과거 시험 응시생 오천 사람이
知子無怨亦無德.[(12)]	선생이 누구에게 원한도 없고
	은덕을 베풀지도 않는 줄 압니다" 하네.
買羊酤酒謝玉川,[(13)(14)]	양고기 사고 술을 사서 옥천자에게 사과하니
爲我醉倒春風前.	나를 위해 춘풍 앞에서 취해 쓰러져 주시게.
歸家但草凌雲賦,[(15)(16)]	집으로 돌아가 멋진 부나 기초하시게
我相夫子非癯仙.[(17)(18)]	그대의 관상을 보니 여윈 신선이 아니네.

[해설]

송나라 사람 진진손(陳振孫)의 《직재서록해제(直齋書錄解題)·제남집20권(濟南集二十卷)》에

"동파가 과거 시험을 주관할 때 답안지 하나를 보고는 이치의 것이라고 여겨 그것을 수석으로 처리했다. 그런데 나중에 보니 이치의 것이 아닌지라 시를 지어서 자책했으니 '평소에는 〈제고전장문〉을 얘기했는데, 언뜻 보고 필경은 〈일오색부〉를 못 알아봤네'라는 구절이 있다(東坡知貢擧, 得試卷, 以爲廌也, 置之首選. 已而不然, 賦詩自咎, 有'平生漫說古戰場, 過眼終迷日五色'之句)"라고 한 바와 같이, 소식의 문하생으로 소문육군자 가운데 한 사람인 이치는 소식이 지공거를 맡고 있던 과거 시험에 응시했는데 소식이 그를 급제시켜 주지 못했다. 이 시는 그때의 미안한 마음을 담아 개봉을 떠나는 그를 전송한 것이다.

[주석]

(1) 李廌(이치): 蘇門四學士의 한 사람으로 소식이 黃州에 유배되어 있을 때 문장을 들고 가서 소식을 뵙자 소식이 모래를 날리고 돌을 굴리는 필세가 있다고 칭송했다. 그러나 그가 예부시에 응시했을 때 소식이 知貢擧를 맡고 있었으면서도 그를 급제시키지 못했기 때문에 소식이 자책하며 范祖禹와 상의하여 조정에 천거하기로 했는데 두 사람이 차례로 조정을 떠나는 바람에 뜻을 이루지 못했다.(《송사·이치전》 참조)

(2) 方叔(방숙): 이치의 字.

(3) 領貢擧事(영공거사): 공거, 즉 과거 시험에 관한 일을 주관하다. 지공거를 맡는다는 뜻이다.

(4) 翩翩(편편): 글이 우아하고 아름다운 모양.

(5) 謾說(만설): 생각나는 대로 말하다.

(6) 古戰場(고전장): 옛날 전장. 당나라 사람 李華는 문장을 잘 지었는데 〈祭古戰場文〉을 지어서 친구 蕭穎士에게 보여 주며 오래된 글인 것처럼 보이게 하기 위해 연기로 그을려서 佛書들 틈에 끼워 두었다가 둘이 함께 불서를 뒤적거릴 때 이화가 소영사에게 "이 문장은 어떤가?" 하고 묻자 소영사가 "괜찮네"라고 했다. 이화가 "지금의 글 쓰는 사람들 중에 누가 여기에 미치겠는가?" 하고 묻자 소영사가 "그대가 좀 곰곰이 생각하고 쓴다면 여기에 미칠 수 있을 것이네"라고 했다. 그러자 이화가 깜짝 놀랐다.(《구당서·이화전》 참조) 이 구절은 소식이 평소에 이치의 문장에 대하여 좋게 평가한 일을 가리키는 것으로 보인다.

(7) 過眼(과안): 눈을 지나치다. 언뜻 보다.

(8) 日五色(일오색): 〈日有五色賦〉를 가리킨다.《新唐書·李程傳》에 "이정은 자가 표신이고 양읍 공왕 이신부의 5대손이다. 진사굉사과에 급제할 때 〈日五色賦〉를 지었는데 조어가 기발하여 선비들이 추앙했다(李程, 字表臣, 襄邑恭王神符五世孫也. 擢進士宏辭, 賦〈日五色〉, 造語警拔, 士流推之)"라고 했다. 또《唐摭言·惜名》에 이런 일화가 수록되어 있다. 이정이 정원(785-804) 연간의 과거 시험에서 〈日有五色賦〉를 지었는데 뽑히지 않았다. 楊於陵이 이 부를 들고 지공거에게 가서 보여 주며 어떠냐고 묻자 장원 급제감이라고 했다. 양어릉이 이정의 부라고 하자 지공거가 사과한 후 다시

뽑았다.(《太平廣記·李程》 참조) 이것은 이치의 글을 알아보지 못하고 다른 사람의 글을 수석으로 뽑은 자신을 자책한 것이다.

(9) 行止(행지): 가는 것과 서는 것. 일상생활에 있어서의 모든 행동거지를 가리킨다.

(10) 靑袍白紵(청포백저): 푸른색 도포와 흰 모시 옷. 과거에 응시하는 선비들의 복식으로 응시생을 가리킨 것이다.

(11) 五千人(오천인): 예부시 응시생의 수를 가리킨다. 査愼行의 《蘇詩補註》에 "황산곡의 〈試院題名記〉에 '원우 3년(1088) 정월에 예부의 진사시에 참여한 사람이 4,732명이었다'라고 했는데 이제 선생이 '오천 명'이라고 한 것은 아마도 개략적인 수를 들어서 말한 것일 것이다(按黃山谷〈試院題名記〉: '元祐三年正月, 試禮部進士四千七百三十二人.' 今先生云: '五千人', 蓋擧成數而言)"라고 했다.

(12) 無怨無德(무원무덕): 원망하는 마음도 없고 은덕을 베풀려는 마음도 없다. 이 연은 과거 시험 응시생들이 主考官인 소식이 사사로운 감정 없이 공정하게 채점했다고 믿는다는 뜻으로, 자신이 낙제한 일을 두고 소식을 원망하지 않는다고 한다는 뜻이다.

(13) 買羊酤酒(매양고주): 양고기와 술을 사다. 韓愈의 시 〈寄盧仝〉에 "옥천자 선생은 낙양성 안에, 무너진 집 몇 간이 있을 뿐이네……양고기 사고 술을 사서 불민함을 사과하려니, 우연히 명월이 나와 복숭아와 자두가 빛나네(玉川先生洛城裏, 破屋數間而已矣……買羊沽酒謝不敏, 偶逢明月曜桃李)"라는 구절이 있다.

(14) 玉川(옥천): 玉川子. 노동의 호. 가난하고 시를 잘 지은 이치를 가리킨다. 이 연은 자신의 불민함을 사과하니 부디 용서하는 마음으로 마음껏 마셔 달라고 부탁한 것이다.

(15) 草(초): 起草하다. 초고를 작성하다.

(16) 凌雲(능운): 구름을 뚫고 올라가다. 흔히 시문이 매우 훌륭한 것을 가리키는바, '凌雲賦'는 司馬相如의 〈大人賦〉를 가리킨다. 《史記·司馬相如傳》에 "사마상여는 신선들이 산천에 사는데 모습이 매우 수척하다고 전해 오지만 이것은 임금님이 생각하는 신선의 의미가 아니라고 여기고 마침내 〈대인부〉를 완성했다……사마상여가 대인에 대한 찬송을 바치자 천자가 크게 기뻐했으니 표표하여 구름 위로 올라가는 기개가 있고 하늘과 땅 사이를 노니는 意境이 있는 듯했다(相如以爲列仙之傳居山澤閒, 形容甚臞, 此非帝王之仙意也, 乃遂就〈大人賦〉……相如旣奏大人之頌, 天子大說, 飄飄有凌雲之氣, 似游天地之閒意)"라고 했다.

(17) 夫子(부자): 남자에 대한 존칭. 이치를 가리킨다.

(18) 癯仙(구선): 여윈 신선. '臞仙'과 같다. 〈黃魯直以詩饋雙井茶, 次韻爲謝〉(0981) 주 (10) 참조. 이 연은 이치가 가난하게 살 관상이 아니니 열심히 노력하면 앞으로 과거에 급제하여 관운이 트일 것이라고 위로한 것이다.

1037. 和宋肇[1]遊西池[2]次韻

서지에 가서 노닌 감회를 노래한 송조의 시에 화답하여 차운한다

漢皇慈儉不開邊,[3][4][5] 자애롭고 검소한 임금님께서 변경을 개척하지는 않았지만
尙教千艘下瀨船.[6] 그래도 여울을 내려가는 배 천 척은 가르쳤네.
貪看艨艟飛鬪艦,[7] 몽동이란 전투함이 나는 것이나 보려고 했지
不知贔屭舞鈞天.[8][9] 비희가 균천광악에 맞춰 춤추는 것은 몰랐네.
故山西望三千里,[10] 서쪽으로 고향을 바라보니 삼천 리 밖에 있는데
往事回思二十年.[11] 지난 일을 돌아보니 스무 해가 지났네.
自笑區區足官府,[12][13] 어리석게 관직에 만족하는 자신을 비웃나니
不如公子散神仙.[14][15] 공자가 신선처럼 사는 것만 못하네.

[해설]

송조가 개봉성 서쪽에 있는 금명지에 가서 노닌 감회를 읊은 시를 짓자 그 시에 차운한 것이다. 관직에서 물러나 고향에서 유유자적하는 삶을 살고 싶어 하는 심경이 드러나 있다.

[주석]

(1) 宋肇(송조): 《宋詩紀事》에 "송조는 무산령이라는 관직을 지냈다(宋肇官巫山令)"라고 했다.
(2) 西池(서지): 開封城 서쪽의 金明池를 가리킨다. 《石林燕語》에 "태평흥국(976-983) 연간에 금명지를 파서 신위수군과 호익수군이 배 타기 익히는 것을 가르쳤기 때문에 이로 인하여 수상유희가 되

었다(太平興國中, 鑿金明池, 以教神衛·虎翼水軍習舟楫, 因爲水嬉)"라고 했고, 《春明退朝錄》에 "태종이 서쪽 교외에 금명지를 파고 안에 정자를 지어 거기서 수상유희를 구경했다(太宗於西郊, 鑿金明池, 中有亭榭, 以閱水戲)"라고 했으며, 《東京夢華錄》에 "3월 1일에 고을 서쪽의 순천문을 개방하여 일반 백성들에게 마음대로 구경하는 것을 허락했다. 못의 둘레가 9리 30보였다(三月一日, 州西順天門外, 開金明池, 士庶許縱賞. 池周九里三十步)"라고 했다.

(3) 漢皇(한황): 송나라 황제를 가리킨다.

(4) 慈儉(자검): 자애롭고 검약하다.

(5) 開邊(개변): 영토를 넓히기 위해 무력을 써서 변방을 개척하는 일을 가리킨다. 이 구절은 송나라 황제가 武治에 힘쓰지 않고 문치에 힘쓴 덕분에 전쟁이 일어나지 않았다는 말이다.

(6) 下瀨船(하뢰선): 여울을 따라 내려가는 작은 배. 여기서는 유람선을 가리킨다. 소식의 시 〈次韻劉景文·周次元寒食同游西湖〉(1119)에 "버들개지 날면 봄기운이 시들지 일 년 내 있지 않는지라, 노경에 함께 여울을 내려가는 배를 탔네(絮飛春減不成年, 老境同乘下瀨船)"라는 구절이 있다. 이 연은 송나라 황제가 변경을 개척하기 위한 전투함은 훈련시키지 않았지만 금명지에서 황궁을 지키는 호위군은 훈련시켰기 때문에 거기에서 금명지의 수상유희가 유래했다는 말이다.

(7) 艨艟(몽동): 옛날 전투함의 이름. '艨衝' 또는 '蒙衝'이라고도 했다. 《釋名·釋船》에 "좁고 긴 것을 '몽충'이라고 하는바 적선과 충돌하기 때문에 그렇게 부른다……상하 두 층으로 이루어진 것을 '함'이라고 한다(狹而長曰艨衝, 以衝突敵船也……上下重牀曰艦)"라는 설명이 있고, 《三國志·周瑜傳》에 "유표가 수군을 훈련시켰는데 몽충이라는 전투함이 천 척을 헤아렸다(劉表治水軍, 蒙衝鬭艦乃以千數)"라고 했다.

(8) 贔屭(비희): 용의 일종으로 거북이를 닮았으며 힘이 엄청나게 세기 때문에 비석을 받치는 받침돌에 조각하는 경우가 많다.

(9) 鈞天(균천): 천상의 음악인 鈞天廣樂을 가리킨다. 이 연은 옛날 황제들은 빠른 속도로 움직이는 전투함의 훈련 장면이나 보고 싶어 했지 신비스러운 동물이 아름다운 음악에 맞추어 춤추는 장면을 연출하는 文雅한 수상유희를 즐길 줄은 몰랐다는 뜻으로, 금명지에서 펼쳐지고 있는 멋진 수상 유희를 보면서 전쟁을 일삼지 않는 송나라 황제를 칭송한 것으로 보인다.

(10) 故山(고산): 옛날 산. 고향을 가리킨다.

(11) 二十年(이십년): 소식은 고향에서 부친의 삼년상을 치르고 희령 원년(1068) 12월에 고향을 떠나 희령 2년(1069) 2월에 開封에 도착했다. 그리고 다시는 고향으로 돌아가지 못했다. '二十年'은 그가 영원히 고향을 떠난 그때로부터 이 시를 지은 원우 3년(1088)까지를 가리킨다.

(12) 區區(구구): 어리석은 모양.

(13) 官府(관부): 관청. 관아.

(14) 公子(공자): 송조를 가리킨다.

(15) 散神仙(산신선): 散仙. 직함이 없는 신선. 아무런 구속을 받지 않고 신선처럼 자유로이 사는 사람을 가리킨다.

1038. 僕領貢擧[1]未出, 錢穆父[2]雪中作詩見及[3], 三月二十日, 同游金明池[4], 始見其詩, 次韻爲答

내가 과거 시험을 주관하고 아직 시험장에서 나오지 않았을 때 전목보가 눈 속에 시를 지어 나에게 보냈는데 3월 20일에 함께 금명지에서 노닐다가 비로소 그의 시를 보고 차운하여 답한다

雪知我出已全消,	눈은 내가 나올 줄 알고 이미 전부 녹았고
花待君來未敢飄.	꽃은 그대를 기다리느라 감히 흩날리지 않았네.
行避門生時小飮,[5][6]	문생들을 피해 때때로 조금 마시려다가
忽逢騎吏有嘉招.[7][8]	갑자기 반가이 부르는 말 탄 관리를 만났네.
魚龍絶技來千里,[9]	어룡의 절묘한 재주는 천 리 밖에서 들어왔고
斑白遺民數四朝.[10][11]	머리가 반백인 이 유민은 네 황제를 헤아리네.
知有黃公酒壚在,[12]	황공 주막이 아직까지 있는 줄은 알지만
蒼顔華髮自相遙.[13]	파리한 얼굴 흰머리라 스스로 멀리하였네.

[해설]

친구 전협이 지난겨울의 어느 눈 내린 날에 소식에게 시를 지어 보냈는데 소식이 과거 시험을 주관하느라 시험장에서 나올 수 없었기 때문에 급제자 방이 나붙은 뒤인 3월 20일에 개봉성 서쪽에 있는 금명지에서 만나 함께 술을 마실 때에야 그 사실을 알고 그 시에 차운한 것이다. 앞의 시 〈서지에 가서 노닌 감회를 노래한 송조의 시에 화답하여 차운한다(和宋肇遊西池次韻)〉(1037)와 같은 날 지은 것으로 보인다.

[주석]

(1) 領貢擧(영공거): 과거 시험을 주관하다. 知貢擧가 되다.
(2) 穆父(목보): 錢勰의 字. 〈次韻錢穆父〉(0932) 주 (1) 참조.
(3) 見及(견급): 나에게 주다. 〈次韻葉致遠見贈〉(0820) 주 (2) 참조.
(4) 金明池(금명지): 開封城 서쪽에 있던 연못. 〈和宋肇遊西池次韻〉(1037) 주 (2) 참조.
(5) 行(행): 장차 ~하려고 하다.
(6) 門生(문생): 옛날에는 과거 시험에 급제한 응시생이 자신을 선발해 준 지공거를 스승으로 생각하고 자신을 그의 문생이라고 했다.
(7) 騎吏(기리): 상관이 出行할 때 말을 타고 따라다니며 시중을 드는 관리. 전협의 수행원을 가리킨다.
(8) 嘉招(가초): 초청의 미칭. 이 연은 소식이 과거 시험을 관리한 다른 관원들과 함께 금명지의 이곳저곳을 구경하기도 하고 과거 시험이 끝난 급제자들과 마주치는 번거로움도 피하기 위해 자리를 옮겨 가면서 조금씩 마시기로 작정했는데 그때 마침 전협이 소식 일행을 발견하고 수행원을 보내 자기 자리로 오게 했다는 말인 것으로 보인다.
(9) 魚龍絶技(어룡절기): 물고기가 용으로 변하는 것과 같은 절묘한 기예. 금명지에서 물고기와 용의 탈을 쓰고 펼치는 수상유희를 가리킨다. 《漢書·西域傳贊》에 "주지육림을 이루어 놓고 사방의 오랑캐 손님을 접대하느라 〈파유〉도로·해중〈탕극〉·만연어룡·각저 따위의 놀이를 연출하여 구경하게 했다(設酒池肉林以饗四夷之客, 作〈巴兪〉都盧·海中〈碭極〉·漫衍魚龍·角抵之戲以觀視之)"라고 했다.
(10) 遺民(유민): 先帝 때부터 살아온 나이 많은 백성을 가리키는바, 여기서는 소식 자신을 가리킨다.
(11) 四朝(사조): 소식이 출사하여 섬긴 인종·영종·신종·철종 등 네 황제를 가리킨다.
(12) 黃公酒壚(황공주로): 황공의 주막. 魏晉 시기에 竹林七賢의 일원인 王戎·阮籍·嵇康 등이 만나서 술을 마시던 주막. 왕융이 완적·혜강과 함께 황공의 주막에서 만나 술을 마셨는데 완적과 혜강이 죽은 뒤에 왕융이 그 앞을 지나가다가 옛날 일을 생각하며 감상에 빠진 적이 있었다.(《世說新語·傷逝》 참조) 그 뒤 '黃公酒壚'는 친구들이 모여서 술을 마신 장소를 가리키는 말로 쓰이게 되었다.
(13) 相遙(상요): 서로를 멀리하다. 이 연은 자신들이 늙어서 자주 가던 술집에도 오래 못 갔다는 말이다.

1039. 韓康公[(1)]挽詞[(2)]三首

한강공을 애도하는 만사

其一

故國非喬木,[(3)]	오래된 나라란 교목이 있는 나라가 아니고
興王有世臣.[(4)]	흥성한 임금에겐 세신이 있네.
嗟余後死者,[(5)]	아아 선생보다 뒤에 죽는 이 사람은
猶及老成人.[(6)]	그래도 덕망 높은 원로를 뵐 수 있었네.
德業經文武,[(7)]	선생의 덕업은 문무를 다 거쳤고
風流表搢紳.[(8)]	선생의 풍류는 사대부 중에 으뜸갔네.
空餘行樂地,	행락하던 장소만 남아 있어서
處處泣遺民.[(9)]	곳곳에서 백성들이 눈물을 흘리겠네.

其二

再世忠清德,[(10)(11)]	양대에 걸친 충직하고 청렴한 덕행
三朝翊贊勳.[(12)(13)]	삼대에 걸쳐 임금님을 보필한 공훈
功成不歸國,[(14)(15)]	공을 다 세우고도 도성으로 돌아가지 않았는데
就訪敢忘君.[(16)]	찾아가 뵈면 어찌 감히 임금님을 잊었으리?
舊學嚴詩律,	옛날에 배운 대로 시율을 엄히 하고

餘威靖塞氛.[17]	넘치는 위엄으로 변새 분위기 평정했네.
何當繼韓奕,[18][19]	〈한혁〉의 뒤를 한번 이어 보면 어떨까
故吏總能文.[20]	수하의 옛날 관리 다들 글을 잘 지으니?

其三

西第開東閣,[21][22]	서제에서 동각의 문을 열어서
初筵點後塵.[23][24][25]	연회를 막 시작할 때 꽁무니 먼지를 밟았네.
笙歌邀白髮,[26][27]	생황 불고 노래 불러 백발도 맞이하고
燈火樂青春.[28]	등불 밝혀 청춘도 즐겁게 해 주었네.
扶路三更罷,[29]	서로 부축하면서 삼경에야 파했나니
回頭一夢新.[30][31]	돌아보니 한바탕의 꿈이 새삼스럽네.
賦詩猶墨濕,[32]	그때 지은 시가 아직 먹물도 안 말랐는데
把卷獨沾巾.[33][34]	두루마리 잡고 혼자서 수건을 적시네.

[해설]

한강의 덕망과 공적을 칭송하고 그와의 추억을 되새기는 형식으로 그의 죽음을 애도한 것이다.

[주석]

(1) 韓康公(한강공): 康國公에 봉해진 韓絳(1012-1088)을 가리킨다. 〈次韻劉貢父所和韓康公憶持國二首〉(1025) 주 (2) 참조.

(2) 挽詞(만사): 죽은 사람을 애도하는 글.

(3) 喬木(교목): 교목. 오래 살아서 높고 큰 나무를 가리킨다. 《孟子·梁惠王下》에 "이른바 오래된 나라란 교목이 있는 나라를 말하는 것이 아니라 세신이 있는 나라를 말합니다(所謂故國者, 非謂有喬木之謂也, 有世臣之謂也)"라는 맹자의 말이 있다.

(4) 世臣(세신): 여러 세대에 걸쳐 꾸준히 한 나라를 섬기는 충신.

(5) 後死者(후사자): 한강보다 뒤에 죽는 사람이라는 뜻으로 소식 자신을 가리킨다. 《論語·子罕》에 "문왕은 이미 돌아가셨지만 그의 문화는 여기 나에게 전해져 있지 않느냐? 하늘이 이 문화를 없애 버리려고 했다면 그분보다 나중에 죽는 나 같은 사람이 이 문화에 동참하여 그것을 향유할 수 없었을

것이고, 하늘이 아직 이 문화를 없애려고 하지 않는다면 광인들이 나를 어떻게 하겠느냐?(文王旣沒, 文不在玆乎? 天之將喪斯文也, 後死者不得與於斯文也; 天之未喪斯文也, 匡人其如予何?)"라는 공자의 말이 있는바, 공자는 문왕보다 뒤에 죽는 자신을 '後死者'라고 했다.

(6) 老成人(노성인): 나이가 많고 덕망이 높은 사람. 한강을 가리킨다.

(7) 德業(덕업): 덕행과 功業. 이 구절은 한강이 문무의 공덕을 겸비했다는 말이다.

(8) 搢紳(진신): 기다란 허리띠에 笏을 꽂은 사람이라는 뜻으로 관리 또는 사대부를 가리킨다.

(9) 遺民(유민): 널리 보통의 백성을 가리킨다. 이 연은 한강이 생시에 찾아가서 놀던 곳의 백성들이 그의 죽음을 애도할 것이라는 말이다.

(10) 再世(재세): 兩代. 한강과 그의 부친 韓億을 가리킨다. 〈次韻王定國謝韓子華過飮〉(0927) 주 (2) 참조.

(11) 忠淸德(충청덕): 충성스럽고 청렴한 덕행.

(12) 三朝(삼조): 한강이 섬긴 인종·영종·신종의 세 황제를 가리킨다.

(13) 翊贊勳(익찬훈): 임금을 보좌한 공훈.

(14) 功成(공성): 나라를 위해서 세우는 공이 완성되었다는 뜻으로 관직에서 물러난 것을 가리킨다.

(15) 不歸國(불귀국): 國都로 돌아가지 않다. 고향으로 돌아가지 않다. 査愼行의 《蘇詩補註》에 "자화는 재상직을 그만둔 뒤 영창에 거주했기 때문에 이렇게 말한 것이다(子華罷相後, 卜居穎昌, 故云)"라고도 했고, 또 "시씨의 원주에 '한자화는 선조가 진정 사람이었는데 나중에 개봉으로 이주했다.…… 태위로 치사한 뒤 영창에 거주했다'라고 했다(施氏原注: '韓子華, 其先眞定人, 後徙開封.……以太尉致仕, 居穎昌')"라고 한 바와 같이 한강에게는 개봉이 고향이었지만 그는 관직에서 물러난 뒤 도성이기도 하고 고향이기도 한 개봉으로 돌아가지 않고 영창에 머물렀다.

(16) 就訪(취방): 조정의 대신들이 관직에서 물러나 私第에 머물고 있는 한강을 찾아가서 중대한 국정에 대하여 자문을 구한 일을 가리키는 것으로 보인다. 소식의 〈祭韓獻肅公文〉에 "공께서는 과감하게 물러나고자, 연달아 상소문 올려 돌아가길 청했지요. 삼공이 사제로 공을 찾아가, 중대한 정사를 물어봤지요(公勇於退, 連章告歸. 三公就第, 大政是咨)"라는 말이 있다. 이 구절은 조정의 대신들이 찾아가서 국정에 대하여 물으면 임금을 위하는 마음으로 성의껏 자문에 응해 주었다는 뜻인 것으로 보인다.

(17) 塞氛(새분): 변새의 분위기. 적군의 위협을 가리킨다. 《宋史·韓絳傳》에 "한림시독학사로서 경주지주가 되었을 때 漢族에 동화된 강족이 보루를 거점으로 삼아 난리를 일으키자 그날 바로 토벌했다(以翰林侍讀學士知慶州, 熟羌據堡爲亂, 卽日討平之)"라는 기록이 있고, 施元之의 《施注蘇詩》에 "공의 묘지명에 의하면 경주지주로 재임할 때 한족에 동화된 강족이 보루를 거점으로 삼아 난리를 일으키자 공이 군사를 출동시켜 토벌했기 때문에 '넘치는 위엄으로 변새 분위기 평정했네'라는 구절이 있는 것이다(按公墓誌, 知慶州日, 熟羌據堡爲亂, 公出兵討平之, 故有'餘威靖塞氛'句)"라고 했다. 이 연은 한강이 문무를 겸비했다는 말이다.

(18) 何當(하당): 어떠한가.

(19) 韓奕(한혁): 《詩經·大雅》의 편명. 韓侯의 奕奕한 앞날을 축원한 시이다.

(20) 故吏(고리): 한강의 수하에 있던 관리들을 가리킨다. 이 연은 문장에 뛰어난 한강의 후배들이 〈韓奕〉의 뒤를 이을 만한 훌륭한 글을 지어 그의 앞날을 축원해 주기를 바란 것이다.

(21) 西第(서제): 한강의 집을 가리킨다.

(22) 東閣(동각): 본채의 동쪽에 있는 누각으로 옛날에 재상이 빈객을 초치하여 접대하던 곳이다. 한강의 영빈관을 가리킨다.

(23) 初筵(초연): 연회의 시작. 연회는 한강이 1월 16일에 베푼 것을 가리킨다. 〈韓康公坐上侍兒求書扇上二首〉(1033) 주 (2) 참조.

(24) 點(점): 밟다. '踮'과 같다.

(25) 後塵(후진): 행진할 때 대열의 뒤에 일어나는 먼지. 다른 사람의 뒤에 있는 것을 가리킨다. 杜甫의 시 〈戲爲六絶句〉에 "가만히 屈原과 宋玉을 붙잡고 나란히 달려야 하나니, 제량을 따라 꽁무니 먼지가 될까 두렵네(竊攀屈宋宜方駕, 恐與齊梁作後塵)"라는 구절이 있다. 이 구절은 소식 자신이 한강이 베푼 연회가 막 시작될 무렵에 남보다 늦게 도착했다는 뜻인 것으로 보인다.

(26) 笙歌(생가): 생황에 맞추어 부르는 노래. 널리 풍악을 가리킨다.

(27) 白髮(백발): 한강이 마련한 연회에 참석한 백발노인을 가리킨다.

(28) 青春(청춘): 한강이 마련한 연회에 참석한 젊은 사람을 가리킨다.

(29) 扶路(부로): 길에서 부축하다. 술에 만취했다는 말이다.

(30) 回頭(회두): 돌아보다. 회상하다.

(31) 一夢(일몽): 한강의 집에서 연회를 벌인 일을 가리킨다.

(32) 賦詩(부시): 시를 짓다. 한강의 집에서 연회를 벌일 때 참석자들이 함께 시를 지은 일을 가리킨다.

(33) 卷(권): 한강의 집에서 참석자들이 지은 시를 쓴 두루마리를 가리킨다.

(34) 沾巾(첨건): 눈물이 수건을 적시다. 이 연은 한강의 집에서 연회를 벌이고 시를 지은 지 얼마 안 지났는데 한강이 그만 죽어 버려서 너무 슬프다는 말이다.

1040. 書艾宜[1]畫四首

애선의 그림에 쓴 시

1040-1. 竹鶴

대나무와 학

此君何處不相宜,[2]	이분이야 어디 있은들 어울리지 않으리오?
況有能言老令威.[3]	게다가 말할 줄 아는 늙은 정영위도 있네.
誰識長身古君子,[4]	장신의 옛 군자를 누가 알아보리오?
猶將緇布緣深衣.[5][6][7]	심의에다 검은 테를 두른 것 같네.

[해설]

대나무 옆에 학이 서 있는 모습을 그린 애선의 그림을 보고 지은 것이다.

[주석]

(1) 艾宣(애선): 송나라 때의 화가. 査愼行의 《蘇詩補註》에 "곽약허의 《紀藝》에 '송나라 건륭(960-963) 연간에서 희령(1068-1077) 연간 사이에 꽃과 나무를 잘 그린 사람으로는 애선과 최백·최각이 나란히 명성을 떨쳤다'라는 말이 있고, 소식 문집 중의 〈跋艾宣畫〉에 '금릉 사람 애선은 새와 짐승, 꽃과 대나무를 잘 그려 근래 화가들 가운데 으뜸인데 노년기에 접어든 이후로는 필적이 더욱 기이한 바, 비록 정교하지는 않지만 기품과 격조가 비범하다'라는 말이 있다(郭若虛《紀藝》: '宋建隆至熙寧, 善畫花木者, 艾宣與崔白·崔愨齊名.' 本集〈跋艾宣畫〉云: '金陵艾宣畫翎毛花竹, 爲近歲之冠,

既老, 筆迹尤奇, 雖不精勻, 氣格不凡.')"라고 했다.

(2) 此君(차군): 이분. 이 군자. 대나무를 가리킨다. 《晉書·王徽之傳》에 "한때 빈집을 빌려서 산 적이 있는데 즉시 대나무를 심으라고 명령했다. 누가 그 까닭을 묻자 왕휘지가 휘파람만 불고 있다가 대나무를 가리키며 말하기를 '어찌 하루라도 이분이 없을 수가 있겠느냐?'라고 했다(嘗寄居空宅中, 便令種竹. 或問其故, 徽之但嘯詠, 指竹曰: '何可一日無此君邪?')"라는 일화가 있다. 이 일화에서 비롯되어 '此君'은 대나무를 가리키는바, 소식의 시 〈於潛僧綠筠軒〉(0280)에도 "이분을 바라보며 우적우적 씹는다니, 세상에 양주학이 어디 있다고?(若對此君仍大嚼, 世間那有揚州鶴)"라는 구절이 있다.

(3) 老令威(노영위): 늙은 丁令威. 학을 가리킨다. 정영위는 본래 遼東 사람인데 靈虛山에서 도를 닦아 학이 되었다. 학이 된 그가 고향으로 돌아가 성문 앞의 망주석에 앉아 있었더니 마침 소년들이 지나가다가 보고 활을 들어 쏘려고 했다. 그는 얼른 날아올라 공중에서 배회하며 "이 새는 이 새는 정영위라네. 집 떠난 지 천 년 만에 이제 돌아왔다네. 성곽은 의구한데 사람은 옛 사람이 아니나니, 신선술을 왜 안 배워 무덤이 저리 많은가?(有鳥有鳥丁令威, 去家千年今始歸. 城郭如故人民非, 何不學仙冢纍纍?)" 하고 노래하다가 마침내 하늘 높이 올라가 버렸다.(《搜神後記》 참조)

(4) 長身古君子(장신고군자): 키가 큰 옛날 군자. 다리가 기다란 학을 가리킨다.

(5) 將(장): ~을 가지고. ~으로.

(6) 緣(연): 가장자리를 두르다.

(7) 深衣(심의): 옛날에 제후나 사대부들이 입던 상하가 연결된 옷. 대개 흰 천을 가지고 두루마기 모양으로 만들었으며 검은 비단으로 테두리를 둘렀다. 이 연은 몸통은 희고 날개의 일부와 꼬리는 검은 학의 자태를 옛날 군자가 심의를 입고 있는 모습에 비유한 것이다.

1040-2. 黃精(1)鹿

황정과 사슴

太華西南第幾峯,(2)	태화산 서남쪽 몇 번째 봉우리일까?
落花流水自重重.	낙화가 유수에서 절로 몇 겹이 되었네.
幽人只采黃精去,(3)	은자는 황정이나 캐러 갔을 뿐
不見春山鹿養茸.	봄 산에서 사슴이 녹용 기른 건 못 보았네.

[해설]

깊은 산속에 황정과 사슴이 있는 모습을 그린 애선의 그림을 보고 지은 것이다.

[주석]

(1) 黃精(황정): 둥글레와 비슷한 약초. 다년생 초본 식물로 뿌리와 줄기를 약으로 쓴다. 오래 복용하면 몸이 가벼워지고 오래 산다고 한다. 《本草綱目·黃精》에 "황정은 복용하는 주요 약물이기 때문에 《별록》에서 草部 맨 앞에 열거해 놓았고, 신선들은 지초 종류로 여기는데 그것이 대지의 정수를 받았다고 해서 황정이라고 한다(黃精爲服食要藥, 故《別錄》列於草部之首, 仙家以爲芝草之類, 以其得坤土之精粹, 故謂之黃精)"라고 했다.

(2) 太華(태화): 五嶽의 하나인 西嶽 華山의 다른 이름. 섬서성 華陰 남쪽에 있는데 그 서쪽에 少華山이 있기 때문에 그것과의 구분을 명확하게 하기 위하여 太華山이라고 한다. 王十朋의 《百家註分類東坡先生詩》에 "황정은 일명 녹죽이라고도 하는데 화산에 많다고 한다(黃精一名鹿竹, 華山爲多)"라고 했다.

(3) 幽人(유인): 그윽한 곳에 숨어 사는 사람. 은자. 이 연은 화면에 녹용이 잘 자란 사슴은 그려져 있지만 깊은 산속이라 응당 있을 법한 은자는 그려져 있지 않은 것을 보고 은자가 몸에 더 좋은 녹용을 그냥 두고 황정이나 캐러 멀리 간 모양이라고 상상함으로써 해학적인 맛을 더한 것이다.

1040-3. 杏花白鷴[(1)]

살구꽃과 백한

天工剪刻爲誰姸,[(2)]	절묘하게 자르고 깎아 누굴 위해 꾸몄나?
抱蕊游蜂自作團.[(3)]	꽃술 껴안은 벌들이 스스로 떼를 지었네.
把酒惜春都是夢,	술잔 들고 봄을 아쉬워해도 모두 꿈일 뿐이니
不如閑客此閑看.[(4)]	한객이 이렇게 한가로이 보는 것만 못하네.

[해설]

백한이 살구꽃에 앉아 꿀을 따는 벌 떼를 지켜보는 모습을 그린 애선의 그림을 보고 지은 것이다.

[주석]

(1) 白鷴(백한): 꿩과의 새. 수컷은 꿩과 비슷한데 등과 꽁지는 흰색이고 배는 검은색이며 뺨과 볏은 붉은색이다. 암컷은 암탉과 비슷하나 몸집이 좀 작다.

(2) 天工(천공): '人工'과 상반된 개념으로 자연스럽게 이루어진 아름다움을 가리킨다.

(3) 游蜂(유봉): 왔다 갔다 날아다니는 벌.

(4) 閑客(한객): 한가한 사람. 백한을 가리킨다. 王十朋의 《百家註分類東坡先生詩》에 "이방은 국상으로 치사하고 거처에 다섯 가지 새를 길렀는데 모두 '客'으로 명명했으니, 백한은 한객이라고 부르고, 해오라기는 설객이라고 부르고, 학은 선객이라고 부르고, 공작은 남객이라고 부르고, 앵무새는 농객이라고 불렀다(李昉以國相致仕, 所居蓄五禽, 皆以客爲名. 白鷴曰閑客, 鷺絲曰雪客, 鶴曰仙客, 孔雀曰南客, 鸚鵡曰隴客)"라고 했다.

1040-4. 蓮龜

연잎과 거북이

半脫蓮房露壓攲,(1)	반쯤 떨어진 연송이가 이슬에 눌려 기우뚱한데
綠荷深處有游龜.(2)	푸른 연잎 깊숙한 곳에 거북이가 돌아다닌다.
只應翡翠蘭苕上,(3)(4)	틀림없이 난초꽃 위의 물총새만이
獨見玄夫曝日時.(5)	검둥이가 햇빛 쬘 때 혼자 구경하렷다.

[해설]

몹시 깊숙하여 잘 보이지 않는 연잎 사이에 거북이가 돌아다니는 모습을 그린 애선의 그림을 보고 지은 것이다. 제1~2구는 애선의 그림에 묘사되어 있는 모습이고 제3~4구는 시인의 상상일 것이다. 거북이가 연잎에 가려서 보일락말락하게 그려져 있었던 것 같다.

[주석]

(1) 蓮房(연방): 연꽃의 열매가 들어 있는 송이. 여러 개의 방으로 구성되어 있다. 이 구절은 군데군데 연밥이 빠져 나간 연송이가 이슬을 맞아 축 처져 있다는 말이다.

(2) 游龜(유귀): 돌아다니는 거북이. 《史記·龜策傳》에 "거북이는 천 년이 되어야 연 잎 위에서 돌아다니고, 시초는 뿌리 하나에 줄기가 백 개 달려 있다(龜千歲乃游蓮葉之上, 蓍百莖共一根)"라는 말이 있고, 《淵鑒類函·方術部·卜筮五》에 "거북이는……삼천 살이 되어야 연 잎 위에서 돌아다닌다(龜者……壽三千歲而游於蓮葉之上)"라는 말이 있다.

(3) 翡翠(비취): 비취. 물총새

(4) 蘭苕(난초): 蘭草의 꽃. 郭璞의 〈游仙詩〉에 "난초꽃 사이에서 노는 물총새, 그 자태가 더욱이나 선명하구나(翡翠戲蘭苕, 容色更相鮮)"라는 구절이 있고, 杜甫의 〈戲爲六絶句〉에 "간혹 난초꽃 위의 물총새는 보지만, 벽해에서 고래를 끌어내진 못한다(或看翡翠蘭苕上, 未掣鯨魚碧海中)"라는 구절이 있다.

(5) 玄夫(현부): 거북이를 가리킨다. 옛날에는 거북이를 '玄夫'·'玄衣督郵' 등으로 불렀다.

1041. 次韻子由[(1)]五月一日同轉對[(2)]

오월 초하룻날 함께 상소문을 올린 감회를 노래한 자유의 시에 차운하여

跪奉新書笏在腰,[(3)(4)]	꿇어앉아 새 상소문 들고 허리에 홀을 찬 채
談王正欲伴耕樵.[(5)(6)]	왕도에 대해 얘기하고 때맞추어 농부를 짝하려 했네.
晉陽豈爲一門事,[(7)(8)]	어떻게 진양 온씨 일문의 일이라 하리?
宣政聊同五月朝.[(9)(10)]	선정전에서 오월의 조현에 동참한 것하고나 같겠네.
憂患半生聯出處,[(11)]	우환에 찬 반평생에 몇 번이나 나갔다 들어왔나니
歸休上策早招要.[(12)(13)]	돌아가 쉬는 게 상책인데 일찍 불러 주셨네.
後生可畏吾衰矣,[(14)]	후생은 두려워할 만하고 나는 노쇠해졌는데
刀筆從來錯料堯.[(15)(16)]	도필리 조요는 옛날부터 잘못 알아보았네.

[해설]

동생 소철과 함께 황제에게 상소문을 올리고 난 뒤 소철이 먼저 〈오월 초하룻날 자첨과 함께 상소문을 올리고(五月一日同子瞻轉對)〉를 짓자 그 시에 차운하여 지은 것이다.

[주석]

(1) 子由(자유): 소식의 동생 蘇轍의 字.

(2) 轉對(전대): 宋나라 때 臣僚들이 며칠마다 한 번씩 번갈아 가며 時政의 득실을 논하는 상소문을 올리던 일. 원우 3년(1088) 5월 1일에 소식은 〈轉對條上三事狀〉이라는 제목의 상소문을 올렸고, 소철은 〈轉對狀〉이라는 제목의 상소문을 올렸다.

(3) 新書(신서): 施元之의 《施注蘇詩》에 "가의가 지은 것을 《신서》라고 부른다(賈誼所著名《新書》)"라고 했다. 한나라 사람 가의의 《신서》에는 그의 정치적 견해를 서술한 내용이 많기 때문에 소식이 자기가 올린 상소문을 《신서》에 비유했을 수도 있다. 그러나 자신의 글을 명저 《신서》에 비유하는 것은 적절하지 않으므로 그냥 자기가 새로이 올린 상소문이라는 뜻으로 보는 편이 더 적합할 것 같다.

(4) 笏(홀): 신하가 임금을 만날 때 손에 들던 납작하고 길쭉한 물건.

(5) 談王(담왕): 왕도에 대하여 이야기하다. 상소문을 올려서 정치의 득실을 이야기하는 것을 가리킨다. 揚雄의 〈長楊賦〉에 "선비 중에 왕도를 이야기하지 않는 사람이 있으면 나무꾼이 웃는다(士有不談王道者, 則樵夫笑之)"라는 말이 있다.

(6) 伴耕樵(반경초): 밭 갈고 나무하는 사람 즉 농부와 짝하다. 소식은 당시 정적들의 모함을 피해 여러 차례 외직을 주청했었다. 소식은 상소문을 올리고 황제를 뵐 때 자신의 사직을 윤허해 달라는 주청도 함께 드린 것으로 보인다.

(7) 晉陽(진양): 소식의 자주에 "당나라 고조가 온대아 형제에게 '내가 진양에서 기의했을 때 경들의 가문 하나뿐이었소'라고 말했다(高祖謂溫大雅兄弟云: '我起義晉陽, 止爲卿一門耳.')"라고 했는데, 《舊唐書·溫大雅傳》에 "온대아는……무덕 원년(618)에 여러 차례의 승진을 거쳐 황문시랑이 되고 동생 온언박은 중서시랑이 되어서 둘이 함께 가까이서 황제를 모신지라 사람들이 영예로운 일이라고 여겼다. 고조가 차분한 말투로 그들에게 '내가 진양에서 기의했을 때 경들의 가문 하나뿐이었소'라고 말했다(溫大雅……武德元年, 歷遷黃門侍郎, 弟彦博, 爲中書侍郎, 對居近密, 議者榮之. 高祖從容謂曰: '我起義晉陽, 爲卿一門耳.')"라는 기록이 있다.

(8) 一門(일문): 一家. 一族.

(9) 宣政(선정): 宣政殿. 당나라 때의 궁전 이름. 소식의 자주에 "(德宗이) 정원(785-805) 연간에 조서를 내려서 '앞으로 5월 1일이 되면 선정전으로 가서 문무백관과 만나겠다'라고 하셨다(貞元中, 詔曰: '自今後五月一日, 御宣政殿, 與文武百僚相見.')"라고 했다.

(10) 五月朝(오월조): 5월의 朝見. 당나라 덕종 정원 연간에 매년 5월 1일을 기해 문무 백관이 선정전에서 황제를 조현한 일을 가리킨다. 이 연은 자기 형제가 함께 상소문을 올리고 황제를 배알한 것이, 진양 지방에서 유일하게 당나라 고조의 기의를 지지하고 나중에 온대아·온언박 형제가 함께 조정에 들어가 황제를 모신 온씨 가문의 경우처럼 특별한 일이 아니고 문무백관이 선정전에서 다 함께 덕종 황제를 배알한 것과 같은 평범한 일이라는 말인 것으로 보인다.

(11) 出處(출처): 조정에서 지방으로 나가는 것과 조정에 남아 있는 것을 가리킨다.

(12) 歸休(귀휴): 관직을 그만두고 전원으로 돌아가 쉬는 것을 가리킨다.

(13) 招要(초요): 부르다. 초대하다. '招邀'와 같다. 황제가 관직에 등용해 준 것을 가리킨다.

(14) 後生可畏(후생가외): 후배들이 두려워할 만하다. 《論語·子罕》에 "후배들이 두렵나니 어떻게 장래의 그들이 오늘날의 우리만 못할 것으로 아는가?(後生可畏, 焉知來者之不如今也?)"라는 공자의 말이 있다.

(15) 刀筆(도필): 刀筆吏. 문서를 관리하는 관직. 한나라 사람 周昌은 성격이 매우 충직하여 고조에게 잘못이 있으면 물불을 가리지 않고 극력 간언했는데 고조는 그러한 그를 신임했다. 고조가 태자를 폐위시키고 戚姬 소생의 如意를 태자로 삼으려고 할 때 주창이 극력 만류한 덕분에 고조가 태자를 폐위시키려는 생각을 거두고 여의를 趙王에 봉했기 때문에 태자의 모친인 呂后가 그에게 무릎을 꿇고 감사했다. 고조가 조왕의 안위가 걱정되어 늘 울적해 하는 것을 보고 도필리 趙堯가 영향력이 큰 주창을 조나라 승상으로 보내 조왕을 보호하게 하라고 건의하자 고조가 조요의 건의를 받아들여 주창을 조나라 승상으로 내보내고 조요를 어사대부에 임명했다. 이에 앞서 조나라 사람 方與公이 주창에게 조요가 주창의 자리를 차지하게 될 것이라고 예언하자 주창이 조요는 일개 도필리에 불과한 데다 나이도 어리기 때문에 그럴 리가 없다고 장담했는데 과연 방여공의 예언이 적중한 것이었다.(《史記·周昌傳》 참조)

(16) 堯(요): 조요. 조요와 성이 같은 趙挺之를 가리킨다. 그는 신법파 인사로 소식을 모함하는 데 앞장섰던 사람이다. 이 연은 한나라 때 주창이 조요를 잘못 알아본 것처럼 지금도 조정에서 조정지를 잘못 알아보고 있다는 말로 그것이 자신으로 하여금 더욱이나 관직에서 물러나고 싶게 한다는 뜻을 내포하고 있다.

1042. 柏石圖[1]詩幷敍

〈백석도〉를 읊은 시와 그 서문

陳公弼[2]家藏〈柏石圖〉, 其子慥季常[3]傳寶之, 東坡居士作詩, 以爲之銘[4].(진공필의 집에 〈백석도〉를 소장하고 있었는데 그의 아들 계상 진조가 가보로 여기기에 동파거사가 시를 지어서 그 명으로 삼는다.)

柏生兩石間,	측백나무가 두 개의 바위틈에 났으니
天命本如此.	타고난 운명이 본래 이와 같았으리.
雖云生之艱,	비록 살아가기가 어렵다고 할지라도
與石相終始.[5]	바위와 더불어 함께 살고 죽으리.
韓子俯仰人,[6][7]	한선생은 한세상 부침한 사람인데
但愛平地美.[8]	오로지 평지의 장점만 좋아했네.
土膏雜糞壤,[9]	기름진 흙에는 썩은 흙이 섞였으니
成壞幾何耳.[10]	시드는 나무가 얼마나 되리?
君看此槎牙,[11]	그러나 그대 보게나 삐죽삐죽한 이 나무를
豈有可移理.	옮길 만한 이유가 어디 있으리?
蒼龍轉玉骨,[12][13]	푸른 용이 옥골을 감돌고 있고
黑虎抱金梶.[14][15]	검은 범이 고임목을 껴안고 있네.
畫師亦可人,[16]	화가 역시 재주와 덕망이 있는 사람
使我毛髮起.	나더러 머리가 쭈뼛쭈뼛 서게 하네.
當年落筆意,	당시에 이걸 그리려고 붓을 든 뜻은
正欲譏韓子.	바로 한선생을 비판하려는 의도였겠네.

[해설]

진희량의 아들 진조가 소장하고 있는 〈백석도〉에서 바위틈에 서 있는 측백나무를 보고 측백나무는 바위틈에서 사는 것보다 평지에서 사는 것이 낫다고 노래한 한유의 시를 떠올리며 그의 말을 반박하고 반대로 〈백석도〉를 그린 화가의 생각과 인품을 칭송한 것이다.

[주석]

(1) 柏石圖(백석도): 친구 陳慥의 부친 陳希亮이 소장하고 있던 측백나무와 바위를 그린 그림.

(2) 公弼(공필): 진희량의 字.

(3) 季常(계상): 진조의 字.

(4) 之銘(지명): 그것의 銘. 〈백석도〉를 위해서 쓴 명을 가리킨다. 명은 원래 金石이나 器皿 따위에 새기는 글로 칭송이나 경계의 내용을 담은 운문 형식의 문체인데 여기서는 그림을 칭송하는 데 사용했다.

(5) 相終始(상종시): 함께 시작하고 함께 끝내다. 측백나무가 바위틈에서 나서 죽을 때까지 바위와 함께할 것이라는 말이다.

(6) 韓子(한자): 韓愈를 가리킨다. 한유의 시 〈招楊之罘〉에 “측백나무가 두 개의 바위틈에 산다면, 만년이 지나도록 끝내 크지 않을 테고, 야생마는 사람을 알아보지 못하니, 수레를 끌도록 멍에를 채우기가 어렵지만, 측백나무가 옮겨져 평지로 가고, 말이 고삐를 차고 마구간에 들어가면, 말은 자유를 그리며 슬픔에 젖고, 측백나무는 뿌리 다친 표정을 짓겠지만, 뿌리가 상했어도 측백나무가 안 죽으면, 날마다 뻗어나가 만 자에 이를 테고, 말은 슬픔이 끝나면 다시 즐거워져서, 몸을 흔들며 안장과 고삐를 자랑스러워하리(柏生兩石間, 萬歲終不大. 野馬不識人, 難以駕車蓋. 柏移就平地, 馬羈入廄中. 馬思自由悲, 柏有傷根容. 傷根柏不死, 千丈日以至. 馬悲罷還樂, 振迅矜鞍轡)”라는 구절이 있다.

(7) 俯仰(부앙): 浮沈하다. 때로는 흥하기도 하고 때로는 망하기도 하며 살아가는 것을 가리킨다. 王羲之의 〈蘭亭集序〉에 “사람이란 함께 부침하며 한세상 살아감에 자기 가슴속에서 끄집어내어 방안에 모여서 얘기를 나누기도 하고, 자기가 몸담고 있는 대자연에 마음을 깃들임으로써 물질세계의 바깥에서 방랑하기도 한다(夫人之相與俯仰一世, 或取諸懷抱, 晤言一室之內, 或因寄所託, 放浪形骸之外)”라는 말이 있다.

(8) 平地美(평지미): 평지의 장점. 주 (6) 참조.

(9) 糞壤(분양): 썩어서 더러운 흙. 썩어서 찰기가 없고 더럽지만 비옥한 흙을 가리킨다. 《論語·公冶長》에 “썩은 나무는 조각을 할 수 없고 더러운 흙으로 쌓은 담장은 흙손질을 하여 매끈하게 할 수 없다(朽木不可雕也, 糞土之牆不可杇也)”라는 공자의 말이 있다.

(10) 成壞(성괴): 망가지다. 시들다.

(11) 槎牙(사아): 나란하지 않고 들쑥날쑥한 모양. ‘槎枒’·‘槎岈’와 같다. 이 구절은 자유로이 자라서 제멋대로 가지를 뻗고 있는 측백나무의 모습을 묘사한 것으로 보인다.

(12) 蒼龍(창룡): 구불구불하게 뻗어 있는 측백나무의 잎을 가리킨다.

(13) 玉骨(옥골): 측백나무의 매끈한 줄기를 가리킨다.

(14) 黑虎(흑호): 바위를 가리킨다.

(15) 金柅(금니): 수레바퀴가 저절로 굴러가지 않도록 수레바퀴 밑에 끼우는 금속제 제동 장치. 이 구절은 두 개의 바위를 수레바퀴에 비유하여 측백나무가 그것이 굴러가지 않도록 받치고 있다고 보고 한 말이다.

(16) 可人(가인): 재주와 덕망이 있는 사람.

1043. 謝宋漢傑[(1)]惠[(2)]李承晏墨[(3)]

송한걸이 이승안묵을 준 것에 감사하며

老松燒盡結輕花,[(4)(5)(6)]	늙은 소나무 다 태워 가벼운 꽃을 이루나니
妙法來從北李家.[(7)]	절묘한 방법이 북방의 이씨 집에서 나왔네.
翠色冷光何所似,	비취색의 차가운 빛 무엇 같은가?
牆東鬒髮墮寒鴉.[(8)(9)(10)]	담장 동쪽 미인의 머리요 떨어지는 까마귀네.

[해설]

송자방이 남당 때의 유명한 먹 제조 기술자 이승안이 만든 고급 먹을 주자 그것에 감사하는 마음을 노래한 것이다.

[주석]

(1) 漢傑(한걸): 소식이 鳳翔府簽判으로 재임할 때 봉상부 知府였던 宋選의 아들로 송나라 때의 저명 화가였던 宋子房의 字. 鄧椿의 《畫繼》에 "송자방은 자가 한걸이며 정주 형양(지금의 하남성 형양) 사람으로 송선의 아들이요 송복고의 조카이다. 관직이 정랑에서 그쳤다. 동파공이 그의 그림에 발문을 써서 그의 그림이야말로 진정한 문인화라고 했다. 그가 지은 《화법육론》은 아주 정밀하고 용의주도하다(宋子房, 字漢傑, 鄭州滎陽人. 選之子, 復古之猶子也. 官止正郎. 坡公跋其畫, 謂其眞士人畫也. 所著《畫法六論》, 極其精到)"라고 했다.

(2) 惠(혜): 은혜를 베풀다. 다른 사람이 자신에게 물건을 주는 것을 가리킨다.

(3) 李承晏墨(이승안묵): 南唐 때의 유명한 墨工 이승안이 만든 먹. 보통 승안묵이라고 했다. 〈贈潘谷〉

(0840) 주 (16) 및 〈孫莘老寄墨四首〉(0863) 주 (3) 참조.

(4) 老松(노송): 늙은 소나무. 소나무를 태워서 생기는 그을음으로 먹을 만든다. 〈孫莘老寄墨四首〉(0863) 주 (2) 참조.

(5) 燒盡(소진): 다 태우다. '盡'은 동사 뒤에 붙어서 동작의 완료를 나타낸다.

(6) 輕花(경화): 소나무를 태워서 생긴 그을음이 꽃 모양으로 뭉쳐진 것을 가리키는 것으로 보인다.

(7) 北李家(북리가): 북방에 있는 이씨의 집.

(8) 牆東(장동): 담장 동쪽에 있는 이웃집 아가씨를 가리킨다. 宋玉의 〈登徒子好色賦〉에 "천하의 미인 가운데……동쪽 집 딸만 한 사람이 없습니다.……이 여자는 3년 동안 담장에 올라가서 저를 엿보았습니다(天下之佳人……莫如東家之子.……此女登牆窺臣三年)"라는 말이 있다.

(9) 鬒髮(진발): 숱이 많고 새까만 머리카락.

(10) 寒鴉(한아): 겨울철의 까마귀. 이 연은 검은색이 주조를 이루는 가운데 파란색이 약간 섞여 있는 먹을 미인의 머리카락과 까마귀의 깃털에 비유한 것이다.

1044. 慶源宣義王丈[1]以累舉得官, 爲洪雅[2]主簿[3]·雅州[4]戶掾[5]. 遇吏民如家人, 人安樂之. 旣謝事[6], 居眉[7]之靑神[8]瑞草橋[9], 放懷自得[10]. 有書來求紅帶, 旣以遺之, 且作詩爲戲, 請黃魯直[11]·秦少游[12], 各爲賦一首爲老人光華

선의랑이신 왕경원 어르신은 여러 차례 과거에 응시한 끝에 관직을 얻어 홍아주부와 아주호연이 되었다. 아전과 백성을 가족처럼 대하매 사람들이 그를 편안하게 여겼다. 사직한 뒤 미주 청신현의 서초교 부근에서 기분 내키는 대로 살며 스스로 만족하신다. 편지를 보내와서 붉은색 허리띠를 보내 달라고 하시기에 그것을 보내면서 또 시를 지어 우스갯소리도 하고 황노직과 진소유에게 각자 한 수씩 지어서 노인을 위해 빛을 내 드리자고 청하기도 했다

靑衫半作霜葉枯,[13][14][15]	푸른 적삼 절반쯤 단풍잎처럼 말랐지만
遇民如兒吏如奴.	백성을 자식처럼 대하고 아전을 하인같이 대하며
吏民莫作官長看,[16]	"아전과 백성들이여 나리로 보지 마시게
我是識字耕田夫.[17]	나는 글자를 아는 밭 가는 농부라네" 했네.
妻啼兒號刺史怒,[18][19]	아내가 울고 자식이 부르짖고 자사가 분노하며
時有野人來挽鬚.[20][21]	때때로 농부가 와서 수염을 잡아당겼는데
拂衣自注下下考,[22][23]	자신을 하하로 고과한 후 소매 떨치고 일어나며
芋魁飯豆吾豈無.[24][25][26]	"토란 뿌리와 콩밥이 내게 어찌 없으리?" 했네.
歸來瑞草橋邊路,	서초교 주변의 길로 돌아온 뒤로
獨遊還佩平生壺.[27]	혼자 노닐며 평생 차던 술병을 아직 차는데
慈姥巖前自喚渡,[28]	자모암 앞에서는 스스로 건넌다고 외치고
靑衣江畔人爭扶.[29]	청의강 가에서는 사람들이 다투어 부축하겠네.
今年蠶市數州集,[30]	금년 잠시에 여러 고을 사람들이 모이면
中有遺民懷袴襦.[31][32]	그중에 은자가 있어 바지와 저고리 생각하며
邑中之黔相指似,[33][34]	읍내의 검둥이라 서로 가리키는데
白髯紅帶老不癯.	수염이 희지만 붉은 띠 매어 늙어도 파리하지 않겠네.

我欲西歸卜鄰舍,(35) 나는 서쪽으로 돌아가서 이웃이 되고 싶나니
隔牆拊掌容歌呼.(36) 담 너머에서 손뼉 치며 노래하고 소리 쳐도 용납할 터
不學山王乘駟馬,(37)(38) 사마를 탄 산도와 왕융을 배워
回頭空指黃公壚.(39) 돌아보며 공연히 황공 주막이나 가리키지 않으려네.

[해설]

자신의 처숙부인 왕경원이 붉은색 허리띠를 좀 보내 달라고 하자 그것을 보내면서 동봉한 시이다. 세속적인 욕심을 버리고 초연하게 사는 왕경원의 인품을 칭송하고 그러한 그의 삶을 동경하는 자신의 심경을 토로했다.

[주석]

(1) 慶源宣義王丈(경원선의왕장): 宣義郞인 왕경원 어르신. 소식의 妻叔父, 즉 첫째 부인 王弗과 둘째 부인 王閏之의 숙부이다. 선의랑은 품계 이름이고 '丈'은 연배가 높은 사람에 대한 존칭이다. 黃庭堅의 〈題子瞻與王宣義書後〉에 "왕경원은 처음에 이름이 군이고 자가 자중이었는데 나중에 이름을 회기로 고치고 자도 지금의 자로 바꾸었다. 그는 아전을 부리는 위엄과 사랑이 집안사람을 대하는 것과 같아 홍아 사람들이 다들 왕오삼백이라고 불렀다(慶源, 初名羣, 字子衆, 後改名淮奇, 又易今字. 其馭吏威愛, 如家人法, 洪雅之人, 皆號稱王五三伯云)"라는 말이 있는데, 任淵의 《山谷詩註》에 "왕경원은 소동파의 처숙부이다(慶源, 東坡叔丈人也)"라고 했다.
(2) 洪雅(홍아): 지금의 사천성 홍아 서쪽.
(3) 主簿(주부): 문서를 관리하던 관직.
(4) 雅州(아주): 지금의 사천성 아주.
(5) 戶掾(호연): 戶房에 속하는 아전.
(6) 謝事(사사): 사직하다.
(7) 眉(미): 眉州. 지금의 사천성 眉山.
(8) 青神(청신): 미주의 속현. 지금의 사천성 청신으로 소식의 두 부인 왕불과 왕윤지의 고향이었다.
(9) 瑞草橋(서초교): 청신에 있던 다리. 《益州記》에 "서초교는 청신현 서쪽에 있다(瑞草橋, 在青神縣西)"라고 했고, 馮應榴의 《蘇軾詩集合注》에 "《익도방물약기》에 '서초는 촉지방 사람들이 정원 울타리 옆에 많이 심는데 덩굴이 서너 자나 뻗어 나간다'라고 한바, 다리 이름이 이 때문에 생겼을 것이다(《益都方物略記》: '瑞草, 蜀人多種之庭檻, 蔓延長三四尺.' 按, 橋當以此名也)"라고 했다.
(10) 放懷自得(방회자득): 기분 내키는 대로 자유분방하게 자기만족에 빠져서 살다.
(11) 魯直(노직): 蘇門四學士의 한 사람인 黃庭堅의 字.
(12) 少游(소유): 소문사학사의 한 사람인 秦觀의 字.

(13) 靑衫(청삼): 푸른색 적삼. 당나라 때 8품·9품의 하급 문관이 입던 관복. 미관말직을 가리킨다.

(14) 作(작): ~와 같이.

(15) 霜葉(상엽): 서리를 맞아서 울긋불긋하게 물든 나뭇잎. 杜牧의 시 〈山行〉에 "단풍 숲의 저물녘이 좋아 수레를 세웠더니, 서리 맞은 단풍잎이 봄꽃보다 더 붉네(停車坐愛楓林晩, 霜葉紅於二月花)"라는 구절이 있다. 이 구절은 왕경원의 푸른 적삼이 탈색되어서 마른 단풍잎처럼 누리끼리해졌다는 말이다.

(16) 官長(관장): 한 고을의 우두머리.

(17) 我(아): 왕경원을 가리킨다.

(18) 妻啼兒號(처제아호): 아내가 울고 자식이 부르짖다. 왕경원이 매우 가난하게 살았다는 말이다.

(19) 刺史(자사): 태수. 《御選唐宋詩醇·眉山蘇軾詩七》에 수록된 이 시에 대한 주석에 "임자인이 말하기를 '소숙당(소식의 막내아들 蘇過)이 지은 〈왕원직묘표〉에 "처음에 계부 왕경원이 아주에서 관직생활을 했는데 일처리에 관한 의견이 맞지 않아 관장의 분노를 샀기 때문에 병이 났다는 사유를 대고 사직했다"라고 했는데, 이 시에 "자사가 분노했다"라고 한 것은 이것을 가리킨다'라고 했다(林子仁曰: '謹按, 蘇叔黨所作〈王元直墓表〉云: "初季父慶源官於雅州, 以論事不合, 取官長怒, 卽謝病去." 詩中云: "刺史怒"指此.')"라고 했다.

(20) 野人(야인): 시골 사람. 농부.

(21) 挽鬚(만수): 수염을 당기다. 수염을 쓰다듬다. 스스럼없이 함부로 대하는 것을 가리킨다. 杜甫의 시 〈北征〉에 "이것저것 묻느라 다투어 수염을 당기는데, 누가 눈을 부라리며 꾸짖을 수 있으리?(問事競挽鬚, 誰能卽嗔喝?)"라는 구절이 있다. 이 연은 왕경원이 박봉에 시달리며 어렵게 살면서도 시골 사람들과 스스럼없이 지내며 그들의 요구를 들어 주었는데 태수와 의견이 맞지 않아 그의 노여움을 샀다는 말이다.

(22) 拂衣(불의): 옷소매를 떨치고 일어나다. 결연히 관직에서 물러나는 것을 가리킨다.

(23) 自注下下考(자주하하고): 스스로 자신의 考課를 下의 下로 적다. 당나라 사람 陽城은 道州刺史로 재임할 때 세금을 제대로 거두지 못해 관찰사에게 여러 차례 문책당했다. 州에서 人事考課를 실시할 때 양성은 자신의 고과를 '下의 下'로 적었다.(《구당서·양성전》 참조)

(24) 芋魁(우괴): 토란 덩이. 토란 뿌리를 가리킨다.

(25) 飯豆(반두): 콩밥을 먹다.

(26) 吾(오): 왕경원을 가리킨다.

(27) 平生壺(평생호): 평생토록 차고 다니던 술병. 두목의 시 〈獨酌〉에 "나 혼자 한 병 차고 노니노라니, 가을철의 터럭만큼 태산이 작다(獨佩一壺遊, 秋毫泰山小)"라는 구절이 있다.

(28) 慈姥巖(자모암): 청신에 있는 바위. 范成大의 《吳船錄》에 "미주를 떠나 60리를 가서 낮에 중암에 도착했으니 서천의 산수 가운데 가장 아름답다는 곳으로 제5나한 낙거라의 도량이기도 하고 자모룡이 살던 곳이기도 하다고 전해 온다.……5리를 더 가서 자모암에 이르니 바위 앞에 절이 있었다(發眉州六十里, 午至中巖, 號西川林泉最佳處, 相傳爲第五羅漢諾矩那道場, 又爲慈姥龍所居.……

凡五里至慈姥巖, 巖前卽寺也)"라고 했다. 이 구절은 왕경원이 술에 취한 채 자모암 앞을 지나가며 호기를 부릴 것이라는 말이다.

(29) 青衣江(청의강): 사천성 樂山에 있는 凌雲山 밑에서 長江의 상류인 岷江과 합류하는 강.

(30) 蠶市(잠시): 매년 봄에 촉지방의 州城(주의 관청 소재지)과 屬縣에서 돌아가며 열던 시장으로 양잠에 필요한 도구와 꽃나무·과일·약재 등을 매매했다.

(31) 遺民(유민): 은자. 왕경원을 가리킨다.

(32) 袴襦(고유): 바지와 저고리. 後漢 사람 廉范이 蜀郡의 태수로 부임했을 때 물산은 풍부하고 가옥은 좁은 成都 지방에 화재를 방지하기 위해 밤에 불을 켜지 못하게 하는 법령이 있어 백성들이 불편해했다. 염범이 이 법령을 없애자 백성들이 밤에 안심하고 일할 수 있게 되었다. 이에 백성들이 염범을 칭송하여 "염숙도님께서는, 왜 이리 늦게 오셨나? 불 켜는 것 안 금하여, 백성들이 편히 일해, 평생 저고리 없었는데 이제 바지가 다섯 개네(廉叔度, 來何暮? 不禁火, 民安作, 平生無襦今五袴)" 하고 노래했다.(《후한서·염범전》 참조) 이 연은 금년에 잠시가 열려 각지에서 사람들이 모이면 그 인파 속에 왕경원도 끼여 있을 텐데 사람들이 그를 보면 그가 베푼 선정이 생각날 것이라는 말이다.

(33) 邑中之黔(읍중지검): 읍내의 검둥이. 원래 춘추시대 사람 子罕을 가리키는 말이었는데 나중에는 법을 잘 지키며 선정을 베푸는 훌륭한 관리를 두루 가리키게 되었다. 춘추시대 송나라의 皇國父가 大宰가 되었을 때 백성을 동원하여 平公을 위해 누대를 지었다. 子罕이 농사가 끝난 다음에 짓자고 주청했으나 평공이 허락하지 않았다. 그러자 누대를 짓던 사람들이 "택문의 흰둥이는, 우리에게 일 시키고, 읍내의 검둥이는 우리 마음 위로하네(澤門之皙, 實興我役. 邑中之黔, 實慰我心)" 하고 노래했다.(《左傳·襄公十七年》 참조) 여기서는 왕경원을 가리킨다.

(34) 指似(지사): 가리키다. 이 구절은 왕경원이 늙어서 수염이 하얗지만 자기가 보내 드리는 붉은색 허리띠를 매었기 때문에 결코 노쇠해 보이지 않을 것이라고 우스갯소리를 한 것이다.

(35) 西歸(서귀): 소식의 고향이 있는 서쪽으로 돌아가는 것을 가리킨다.

(36) 歌呼(가호): 노래하고 소리 지르다. 曹參이 재상으로 재임할 때 그의 집 후원이 관리의 숙사와 가까웠는데 관리의 숙사에서 날마다 술 마시고 노래 부르는 소리가 들려왔다. 조참 집의 시종들이 매우 듣기 싫었지만 자신들이 제지할 수는 없었기 때문에 조참을 후원으로 데리고 갔다. 조참이 직접 들으면 못하게 할 줄 알고 그랬는데 조참은 오히려 그들과 한데 어울려 술 마시고 노래하고 소리 질렀다.(《史記·曹相國世家》 참조) 이 연은 소식이 이웃집에 살면서 고성방가를 해도 왕경원이 야단을 치기는커녕 오히려 조참처럼 자기와 어울려 함께 놀 것 같다고 우스갯소리를 한 것이다.

(37) 山王(산왕): 竹林七賢 중의 山濤와 王戎.

(38) 駟馬(사마): 말 네 마리가 끄는 고급 수레. 고위 관리가 타는 수레를 가리킨다.

(39) 黃公壚(황공로): 황공의 주막. 《世說新語·傷逝》에 "왕준충(王戎)이 상서령이 되어서 관복을 입고 軺軒을 탄 채 황공의 주막 아래로 지나가다가 뒷 수레에 탄 사람들을 돌아보며 '나는 옛날에 혜숙야(嵇康)·완사종(阮籍)과 함께 이 주막에서 거나하게 마셨다오'라고 했다(王濬沖爲尙書令, 著公服,

乘軺車, 經黃公酒壚下過, 顧謂後車客: '吾昔與嵇叔夜·阮嗣宗, 共酣飮於此壚.')"라고 한 바와 같이, 죽림칠현의 한 사람으로 혜강·완적과 함께 황공의 주막에서 술을 마신 왕융이 혜강과 완적이 죽은 뒤에 그 앞을 지나가다가 옛날 일을 생각하며 감상에 빠진 적이 있기 때문에 친구들이 모여서 술 마시던 장소를 '黃公酒壚' 또는 '黃公壚'라고 했다. 〈僕領貢擧未出, 錢穆父雪中作詩見及……〉 (1038) 주 (12) 참조. 이 연은 마음 맞는 사람들이 사라지기 전에 늦지 않게 하루빨리 관직에서 물러나 함께 술을 즐기며 마음 편하게 살고 싶다는 말이다.

1045. 次韻許沖元(1)送成都(2)高士敦(3)鈐轄(4)

성도의 고사돈 검할을 전송한 허충원의 시에 차운하여

栘中老監本虛名,(5)	나이 많은 체중감은 본래 이름뿐이라
懶作燕山萬里行.(6)	연산까지 만 리 가기를 태만히 했네.
坐看飛鴻迎使節,(7)	그대는 앉아서 기러기가 사절 맞는 것을 보고
歸來駿馬換傾城.(8)	돌아와서 준마를 경국지색과 바꾸었네.
高才本不緣勳閥,(9)	재주가 높은 것이지 본래 훈벌과 무관했나니
餘力還思治蜀兵.(10)	여력으로 촉지방 병사도 다스리고 싶어 하네.
西望雪山烽火盡,(11)	서쪽으로 설산을 바라보자 봉화가 사라졌으니
不妨樽酒寄平生.(12)	한잔 술에 평생을 맡겨 본들 어떠리?

[해설]

성도검할로 부임해 갈 고사돈을 전송하며 지은 허장의 시에 차운한 것으로 고사돈이 사신으로서 요나라에 갔다 온 일을 칭송하고 성도검할로 부임하여 편안하게 잘 있다 올 것을 축원했다.

[주석]

(1) 沖元(충원): 《宋史·許將傳》에 "허장은 자가 충원이며 복주 민현 사람이다.……용도각직학사로서 성도지부가 되었다. 원우 3년(1088)에 다시 한림학사가 되었고 원우 4년(1089)에 상서우승에 임명되

었다(許將, 字沖元, 福州閩人.……以龍圖閣直學士知成都府. 元祐三年, 再爲翰林學士, 四年, 拜尙書右丞)"라고 했다.

(2) 成都(성도): 지금의 사천성 성도.

(3) 高士敦(고사돈): 王十朋의 《百家註分類東坡先生詩》에 "고사돈은 자가 중목이다(高士敦, 字仲穆)"라고 했고, 施元之의 《施注蘇詩》에 "객성부사 고사돈은 선인태후의 사촌 동생이다(客省副使高士敦, 宣仁后從弟也)"라고 했다.

(4) 鈐轄(검할): 武官名. 《宋史·范純仁傳》에 "어사 내지소가 고사돈이 성도검할로 재임할 때 법을 어긴 일을 말했다(御史來之邵言高士敦任成都鈐轄日不法事)"라는 기록이 있다.

(5) 栘中老監(체중노감): 늙은 체중감. 한나라 때 말·매·사냥개 등 사냥에 관한 일을 관장하던 관리를 체중감이라고 불렀으니 마구간이 栘園 안에 있기 때문이었다. 《漢書·昭帝紀》에 "체중감 소무는 이전에 흉노의 나라에 사신으로 나간 뒤 흉노 왕에게 19년 동안 억류되어 있다가 돌아왔는데 사명을 받들어 절개를 잘 지켰기 때문에 소무를 전속국으로 삼고 백만 전을 하사했다(栘中監蘇武前使匈奴, 留單于庭十九歲乃還, 奉使全節, 以武爲典屬國, 賜錢百萬)"라는 기록이 있는바, 여기서는 소무와 姓이 같은 소식 자신을 가리킨다.

(6) 燕山(연산): 중국 북부에 있는 산맥. 소식의 자주에 "나는 옛날에 고씨와 함께 거란으로 가는 사절이 되었으나 면직해 줄 것을 청원하여 가지 않았다(余昔與高同使契丹, 辭免, 不行)"라고 했고, 《續資治通鑑長編·元祐元年八月》에 "중서사인 소식이 황제의 요나라 생신 축하 사절이 되고, 서경좌장부고사 겸 합문통사사인 고사돈이 부사가 되었다(中書舍人蘇軾爲皇帝賀遼國生辰使, 西京左藏副庫使兼閤門通事舍人高士敦副之)"라고 했는데 주석에 "소식은 가기를 사절했다(軾辭行)"라고 했다. 이 연은 한나라 때 소무는 흉노의 나라에 사신으로 갔다 와서 명성을 떨쳤는데 소식은 같은 소씨이면서도 요나라에 사신으로 가기를 싫어했다는 말이다.

(7) 使節(사절): 요나라 생신 축하 사절인 고사돈을 가리킨다. 이 구절은 고사돈이 북쪽에 있는 요나라로 올라갈 때 마침 기러기들이 사절을 마중하러 오기라도 하는 것처럼 월동할 곳을 찾아 남쪽으로 날아오고 있었을 것이라는 말이다. 고사돈이 요나라에 사신으로 나간 것은 원우 원년(1086) 8월이었다. 주 (6) 참조.

(8) 傾城(경성): 傾城之色을 가리킨다. 《漢書·李夫人傳》에 "이연년이 황제를 모시고 있다가 일어나 춤추며 노래하기를 '북방에 참으로 고운 사람 있으니, 세상에 우뚝하게 홀로 서 있네. 한 번을 돌아보면 성을 망치고, 두 번을 돌아보면 나라를 망친다네. 경성지색과 경국지색을 어찌 모르리? 가인은 다시 얻기 어려울 텐데!'라고 했다(延年侍上起舞, 歌曰: '北方有佳人, 絶世而獨立. 一顧傾人城, 再顧傾人國. 寧不知傾城與傾國, 佳人難再得!')"라는 말이 있다. 이 구절은, 기녀를 많이 둔 애주가 鮑生과 준마 타기를 좋아하는 그의 외사촌 동생 韋生이 각자 사방으로 돌아다니며 자기가 좋아하는 것을 찾다가 하루는 길에서 만나 함께 산사에서 묵으며 비파 잘 타는 기녀와 紫叱撥이라는 준마를 서로 바꾸었다는(李玫, 《異聞實錄·妾換馬》 참조) 고사를 빌려 고사돈이 요나라에서 선물로 받은 말을 주고 미녀를 얻은 일을 말한 것이다.

(9) 勳閥(훈벌): 공훈이 있는 문벌. 고사돈이 선인태후의 집안이라는 사실을 가리킨다.

(10) 蜀兵(촉병): 고사돈이 성도검할로 재임하여 거느리게 될 병사를 가리킨다. 주 (4) 참조.

(11) 雪山(설산): 왕십붕의 《백가주분류동파선생시》에 "설산은 촉지방 서쪽에 있으며 토번에 가깝다(雪山在蜀之西, 近吐蕃)"라고 했고, 《後漢書·明帝紀》의 "두고가 천산에서 호연왕을 격파했다(竇固破呼衍王於天山)"라는 기사에 대한 주석에 "천산은 바로 기련산으로 일명 설산이라고도 한다(天山, 卽祈連山, 一名雪山)"라고 했다. 기련산은 開封의 서북쪽에 있고 성도는 개봉의 서남쪽에 있어서 방향이 좀 다르므로 여기서는 성도 방향에 있는 눈에 덮인 높은 산을 가리키는 것으로 보인다.

(12) 不妨(불방): 괜찮다. 상관없다. 이 연은 서쪽 변방이 평화로워졌기 때문에 고사돈이 성도에서 술이나 마시며 한가로이 지내도 될 것이라는 말이다.

1046. 次前韻[1]送程六表弟[2]

앞 시에 차운하여 외사촌 동생인 정씨 집안 여섯째를 전송하며

君家兄弟眞連璧,[3]　그대 집안 형제는 참으로 연벽이라
門十朱輪家萬石.[4][5]　대문에 주륜이 열 대요 집안의 녹봉이 만석인데
竹使猶分刺史符,[6][7][8]　그래도 자사의 대나무 부신을 주셨으니
上方行賜尚書舃.[9][10][11]　상방에서 이제 곧 상서의 신발을 내리겠네.
前年持節發倉廩,[12]　재작년에 부절 들고 창고를 열어
到處賣刀收繭栗.[13]　도처에서 칼을 팔아 고치와 밤을 샀는데
歸來閉口不論功,　돌아와서 입 다문 채 공을 논하지 않은지라
却走渡江誰復惜.[14][15]　물러나 장강을 건너가건만 아무도 애석해하지 않네.
君才不用如澗松,[16]　그대의 재주가 안 쓰이는 것은 계곡 밑의 소나무 같고
我老得全猶社櫟.[17][18]　내가 늙도록 온전한 것은 사당의 상수리나무 같나니
青衫莫厭百僚底,[19]　뭇 관료의 밑바닥이라고 청삼을 싫어하지 말게
白首上有千薪積.[20]　흰머리 위에 천 다발의 땔나무도 있다네.
憶昔江湖一釣舟,　그 옛날 강호의 낚싯배가 생각나거니와
無數雲山供點筆.[21][22]　무수한 구름 속 산이 붓질 거리를 제공했나니
未應便障西風扇,[23]　거기 가면 서풍 막는 부채로 먼지 막을 필요가 없을 텐데
只恐先移北山檄.[24][25]　다만 먼저 〈북산이문〉을 보낼까 봐 걱정이네.
憑君寄謝江南叟,[26][27][28]　공연히 장안의 해만 보고 있는 나를 생각하는

念我空見長安日.(29)	강남 늙은이들에게 말 전해 주길 바라나니
浮江泝蜀有成言,(30)(31)(32)	장강을 거슬러 촉으로 가겠다고 한 약속을
江水在此吾不食.(33)	어기지 않겠다고 강물을 두고 맹세한다네.

[해설]

외사촌 동생인 정지원이 강남서로전운사로 나가는 것을 전송하며 자신이 옛날에 지은 시 〈외사촌 동생인 정씨 집안 여섯째가 초주지주로 나가는 것을 전송하며(送表弟程六知楚州)〉(0946)에 차운한 것이다. 조정의 처사가 부당함을 지적하는 한편 전원으로 돌아가고 싶은 자신의 심경을 피력함으로써 지방관으로 나가는 동생을 위로했다.

[주석]

(1) 前韻(전운): 〈送表弟程六知楚州〉(0946)의 韻字를 가리킨다.
(2) 程六表弟(정륙표제): 외사촌 동생인 程之元을 가리킨다. 施元之의 《施注蘇詩》에 "이 시는 江南西路轉運使로 나가는 것을 전송한 것이다(此詩送漕江西也)"라고 했는데, 강남서로는 대략 지금의 강서성에 해당한다.
(3) 連璧(연벽): 나란히 꿰여 있는 옥. 빼어난 형제를 가리킨다.
(4) 朱輪(주륜): 바퀴를 붉은색으로 칠한 고관대작의 수레. 《漢書·楊惲傳》에 "집안이 한창 융성할 때는 주륜을 탄 사람이 열 명이나 되었다(家方隆時, 乘朱輪者十人)"라고 했다.
(5) 萬石(만석): 한 해 동안의 수확이나 녹봉이 모두 만 섬이나 된다는 말이다.
(6) 竹使(죽사): 竹使符. 자사 즉 태수에게 주는 대나무 符信.
(7) 分(분): 부신을 쪼개어 그 가운데 하나를 자사에게 주는 것을 말한다.
(8) 刺史符(자사부): 자사 즉 태수에게 주는 부신.
(9) 上方(상방): 임금이 사용하는 각종 물건을 제작하는 官署. '尙方'과 같다.
(10) 行(행): 곧 ~하다.
(11) 尙書舃(상서석): 상서의 신발. '尙書履'라고도 한다. 한나라 哀帝가 鄭崇을 尙書僕射에 임명하자 그는 자주 애제를 찾아뵙고 간언을 올렸다. 그랬더니 나중에는 애제가 정숭의 신발 소리가 들리면 웃으면서 "내가 정상서의 신발 소리를 알아듣는다네"라고 했다.(《한서·정숭전》 참조) 이 연은 정씨 집안 형제들의 녹봉을 합치면 만 석이나 되지만 그래도 얼마 전에 정지원을 초주지주로 임명했으니 앞으로 얼마 안 있으면 상서복야의 관직을 내리겠다는 말로 그를 위로한 것이다.
(12) 持節(지절): 符節을 들다. 王文誥의 《蘇軾詩集》에 "이 구절은 덕유(정지원)가 원우 원년(1086)에 초주를 다스린 일을 말한다(此句謂德孺於元年知楚州也)"라고 했다.
(13) 繭栗(견률): 누에고치와 밤. 소의 뿔이 막 나올 때의 모양으로, 소를 가리킨다. 한나라 사람 龔遂가

渤海 태수로 부임하여 백성들이 칼을 차고 다니는 것을 보고 "어찌하여 소와 송아지를 차고 다니는가?"라고 하며 큰 칼을 팔아 소를 사고 작은 칼을 팔아 송아지를 사게 했다.(《한서·공수전》 참조) 이 연은 정지원이 초주지주로 재임할 때 官倉의 곡식을 풀어 백성들에게 나누어 주고 농사에 힘쓰게 했다는 말이다.

(14) 却走(각주): 물러나서 달려가다.

(15) 渡江(도강): 長江을 건너 강남서로로 가는 것을 가리킨다.

(16) 澗松(간송): 계곡 밑바닥에 서 있는 소나무. 재주와 덕망이 있으면서도 중용되지 못하는 사람을 가리킨다.

(17) 猶(유): ~와 같다.

(18) 社櫟(사력): 토지신의 사당에 서 있는 상수리나무. 유명한 목수인 匠石이 齊나라로 가는 도중에 토지신의 사당에 서 있는 커다란 상수리나무를 보았다. 그 나무는 소 수천 마리를 뒤덮을 만큼 크고 둘레가 백 아름이나 되었으며 하도 높아서 산을 내려다보고 있는데 그것으로 배를 만들면 수십 척을 만들 수 있을 정도였다. 그러나 장석은 그것을 거들떠보지도 않고 가 버렸다. 제자가 그 이유를 물었더니 그것으로 배를 만들면 배가 가라앉을 것이고 그것으로 棺을 만들면 빨리 썩으며, 그것으로 그릇을 만들면 쉽게 부서지고 그것으로 기둥을 만들면 좀이 쏠 것이기 때문에 아무런 쓸모도 없다고 했다. 그러면서 아무 쓸모도 없기 때문에 오래 살 수 있는 것이라고 했다.(《莊子·人間世》 참조)

(19) 青衫(청삼): 푸른색 적삼. 당나라 때 8품·9품의 하급 문관이 입던 관복. 미관말직을 가리킨다.

(20) 千薪積(천신적): 천 다발의 땔나무가 쌓이다. 汲黯은 九卿의 반열에 올라 있고 公孫弘과 張湯은 하급 관리였는데 공손홍과 장탕의 지위가 점점 높아져서 급기야 급암보다 높아졌다. 이에 급암이 황제를 찾아뵙고 "폐하께서는 신하들을 등용하시는 것이 땔나무를 쌓는 것과 같아서 나중에 온 사람이 윗자리를 차지합니다(陛下用群臣如積薪耳, 後來者居上)"라고 했다.(《한서·급암전》 참조) 이 연은 젊은 사람이 늙은 사람보다 더 높은 관직에 임명되는 경우도 많으니 하급 관직에 임명되었다고 해서 너무 상심하지 말라고 정지원을 위로한 것이다.

(21) 雲山(운산): 구름 속의 높은 산.

(22) 點筆(점필): 붓을 먹물에 찍다. 시문을 짓거나 그림을 그리는 것을 가리킨다. 이 연은 옛날에 작은 배로 강호를 돌아다니느라니 우뚝 솟은 산들이 시의 소재를 제공했다는 뜻으로, 이제 강남서로로 부임해 가면 한가로이 돌아다니며 시를 많이 지을 수 있어서 좋겠다고 정지원을 위로한 것이다.

(23) 西風扇(서풍선): 서풍에 날아오는 먼지를 막는 부채. 庾亮은 외지로 나가 있을 때에도 조정의 권세를 쥐고 있었기 때문에 권세를 좇는 사람들이 다들 그에게 귀의했다. 그러나 王導는 심기가 편할 수 없었는데 한번은 서풍이 불어 먼지가 일어나자 부채로 먼지를 막으면서 "유량의 먼지가 사람을 다 더럽히는구나!"라고 했다.(《晉書·王導傳》 참조)

(24) 移(이): 이문을 보내다. 이문은 官署끼리 주고받던 공문의 일종이다.

(25) 北山檄(북산격): 북산의 격문. 孔稚珪의 〈北山移文〉을 가리킨다. 齊나라 사람 공치규는 〈북산이문〉을 지어서 지금의 강소성 南京 동북쪽에 있는 北山(즉 鍾山)에 은거하다가 관직이 내려지자 얼른 그곳을 떠나 버린 제나라 사람 周顒을 질책했다. 이 연은 강남서로로 가면 정적들의 꼴사나운 짓을 보지 않아도 되어서 좋을 텐데 혹시 어떤 사람은 관직에서 완전히 물러나 은거하지 않는다고 나무랄지도 모르겠다는 말인 것으로 보인다.

(26) 憑(빙): ~하기를 청하다.

(27) 寄謝(기사): 알리다. 전하다.

(28) 江南叟(강남수): 정지원이 부임해 갈 강남서로 일대에 있는 늙은 친구들을 가리킨다. 소식이 5년 동안 유배 생활을 한 黃州는 長江의 북쪽이지만 杜牧이 〈寄揚州韓綽判官〉에서 "가을 다 간 강남땅에 풀이 아직 안 말랐겠지요(秋盡江南草未凋)"라고 하여 장강 북쪽에 있는 양주를 강남이라고 한 것처럼 넓은 의미에서는 황주를 강남으로 볼 수도 있다. 그리고 황주 건너편의 武昌에 소식의 친구가 있기도 했다.

(29) 長安(장안): 지금의 섬서성 西安. 《世說新語·夙惠》에 "東晉의 명제가 몇 살밖에 안 되었을 때 원제의 무릎 위에 앉아 있는데 어떤 사람이 장안에서 왔다.……이에 원제가 명제에게 '너는 장안과 해 중에서 어디가 더 멀다고 생각하느냐?' 하고 묻자 '해가 멉니다. 사람이 해에서 왔다는 말을 못 들은 것을 보면 잘 알 수 있습니다'라고 대답했다. 원제가 경이롭게 생각하여 이튿날 신하들을 모아 잔치를 벌이고 이 생각을 말하며 다시 물었더니 '해가 가깝습니다'라고 대답했다. 원제가 아연실색하여 '너는 어째서 어제 한 말과 다르게 하는 것이냐?' 하고 묻자 '눈을 들면 해가 보이지만 장안은 안 보입니다'라고 대답했다(晉明帝數歲, 坐元帝膝上, 有人從長安來.……因問明帝: '汝意謂長安何如日遠.' 答曰: '日遠. 不聞人從日邊來, 居然可知.' 元帝異之. 明日, 集群臣宴會告以此意, 更重問之, 乃答曰: '日近.' 元帝失色曰: '爾何故異昨日之言邪?' 答曰: '擧目見日, 不見長安.')"라는 일화가 있다. 이 구절은 이 고사를 원용하여 그리운 강남 친구들은 보지 못하고 開封의 해만 바라보는 자신의 안타까운 심경을 해학적으로 표현한 것이다.

(30) 浮江(부강): 강에 배를 띄우다.

(31) 泝蜀(소촉): 장강을 거슬러 올라가 자신의 고향인 촉지방으로 가는 것을 가리킨다.

(32) 成言(성언): 약속.

(33) 不食(불식): 食言하지 않다. 약속을 어기지 않는다는 말이다. 《南齊書·蕭穎胄傳》에 "상벌이 믿음성 있기가 저 밝은 해와 같다. 여기 있는 장강 물을 두고 맹세하거니와 내가 식언하지 않을 것이다(賞罰之信, 有如皦日. 江水在此, 余不食言)"라고 했다.

1047. 送周正孺[1]知東川[2]

동천지주로 나가는 주정유를 전송하며

得郡書生榮,[3]	한 고을을 얻는 것은 서생의 영예
還家昔人重.[4]	고향으로 돌아가는 것을 옛 사람이 중시했네.
而況東西川,[5]	그렇거늘 하물며 동천 서천은
千騎許上塚.[6][7]	태수가 조상 산소에 성묘하는 게 허락됨에랴!
里門下車入,[8]	이문에서 수레 내려 동네로 들어가면
父老自驚聳.[9][10]	어르신들이 자신도 모르게 깜짝 놀라 흠칫하리.
端如何武賢,[11]	올바르기가 현명한 하무와 맞먹으니
不事長卿寵.[12][13][14]	사마장경의 영광을 추구하진 않으리.
淸時養材傑,[15]	태평한 시절에는 인재를 양성하여
杞梓方培擁.[16][17]	소태나무와 가래나무가 바야흐로 배양되리.
未應遺合抱,[18]	아름드리 나무를 빠뜨릴 리가 없고
取用及把拱.[19]	아직 어린 나무까지 가져다 쓰리.
如君尙出麾,[20]	그대와 같은데도 오히려 지방으로 나가니
顧我宜耕壟.	나를 한번 돌아보면 밭이나 가는 게 당연하리.
告歸謝先手,[21][22][23]	사직하고 돌아가려 하자 먼저 손써 사절했나니
求去悔不勇.	용감하게 떠나기를 요구하지 못한 게 후회스럽네.
豈云慕廉退,[24]	어찌 내가 겸양하길 좋아한다고 하리?

實自知衰冗.[25] 실은 스스로 노쇠하고 용렬한 줄 알기 때문이네.
爲君掃棠陰,[26] 그대 위해 팥배나무 그늘을 쓸어 놓겠네
畫像或相踵.[27][28] 어쩌면 그대를 좇아 초상화가 그려질지도 모르니.

[해설]

이 시는 원우 3년(1088) 7월에 지어졌는데 《속자치통감장편·원우3년》에 "가을철인 7월…… 병진일에……고공낭중 주윤이 재주지주가 되었다(秋七月……丙辰……考功郎中周尹知梓州)"라는 기록이 있으므로 재주지주에 임명되어 고향으로 돌아가게 된 주윤을 전송하면서 지은 것임을 알 수 있다. 고향에 있는 고을의 지주로 부임해 가는 주윤의 인품과 능력을 칭송하고 재주에서 펼치게 될 그의 선정을 상상하는 동시에 그를 부러워하는 심경을 토로했다.

[주석]

(1) 正孺(정유): 周尹의 字. 施元之의 《施注蘇詩》에 "주정유는 이름이 윤이다. 어사를 맡고 있을 때 차에 관한 일을 이야기한 죄로 외직에 임명되었다.……동천에 있을 때 사람들이 그의 정치를 편안하게 받아들여 유임해 주기를 원하므로 조서를 내려 허락했다(周正孺, 名尹. 任御史, 坐言茶事外補.……在東川, 人安其政, 願復借留, 詔許之)"라고 했다. 차에 관한 일을 이야기한 죄로 외직에 임명되었다는 것은 《宋史·食貨下六》에서 "시어사 주윤은 촉지방에 있어서의 차의 전매는 백성들에게 해가 된다는 논리를 펼쳤다가 파면되어 호북제점형옥이 되었다(侍御史周尹, 論蜀中榷茶爲民害, 罷爲提點湖北刑獄)"라고 한 일을 가리키는 것으로 보인다. 〈和周正孺墜馬傷手〉(0971) 주 (1) 참조.

(2) 東川(동천): 당나라 숙종 지덕 2년(757)에 劍南道에 東川節度使와 西川節度使를 두었기 때문에 합쳐서 兩川 또는 二川이라고 했다. 동천은 지금의 사천성 三台 일대로 당시의 梓州를 가리킨다.

(3) 得郡(득군): 한 고을의 태수에 임명되는 것을 말한다. 韓愈의 〈贈崔復州序〉에 "대장부가 관직이 자사에 이른다면 그 역시 영예로운 일이다(大丈夫官至刺史, 亦榮矣)"라는 말이 있다.

(4) 昔人重(석인중): 한나라 무제가 吳縣(지금의 강소성 蘇州로 당시 會稽郡의 관청 소재지였다) 사람인 朱買臣을 회계태수로 임명하며 "부귀해졌는데도 고향으로 돌아가지 않으면 이는 비단옷을 입고 밤길을 가는 것과 같다"라고 했다.(《한서·주매신전》 참조)

(5) 東西川(동서천): 《九域志》에 "성도부로는 검남서천이고 재주로는 검남동천이다(成都府路爲劍南西川, 梓州路爲劍南東川)"라고 한 바와 같이 동천과 서천은 지금의 사천성 일대에 해당한다. 주 (2) 참조.

(6) 千騎(천기): 수많은 기마병이라는 뜻으로 태수가 거느리는 기마병 또는 태수를 가리킨다. 樂府詩 〈陌上桑〉에 "동방의 기마병 일천 명도 넘는데, 서방님이 가장 높은 곳에 계시네(東方千餘騎, 夫壻

居上頭)”라는 구절이 있고 소식이 密州知州 시절에 지은 사 〈江城子〉(老夫聊發少年狂)에 “무늬 비단 모자에 담비 가죽옷, 일천 명의 기마병이 언덕을 에워쌌다(錦帽貂裘, 千騎卷平岡)”라는 구절이 있다. 여기서는 재주지주인 주윤을 가리킨다.

(7) 上塚(상총): 성묘하다. 한나라 사람 班伯이 定襄(지금의 내몽고자치구 呼和浩特 일대) 태수가 되었을 때 고향에 들러 조상의 산소에 가서 성묘할 수 있게 해 달라고 주청하여 허락받았다.(《漢書·敍傳》 참조) 다만 동천과 서천의 태수에게 조상 산소의 성묘가 허락되었다는 전고는 출처를 확인하기 어렵다. 이상의 네 구절은 成都 사람인 주윤이 재주지주로 부임하게 된 것은 매우 영광스러운 일이라는 말이다.

(8) 里門(이문): 동네 어귀에 세운 문.

(9) 父老(부로): 연세 높은 사람에 대한 존칭.

(10) 驚聳(경용): 깜짝 놀라서 어깨를 들썩하다.

(11) 何武(하무): 한나라 때의 蜀郡 郫縣 사람. 형제 다섯 명이 모두 군의 관리라 고을 사람들이 다들 경외하여 그의 동생 何顯이 세금을 내지 않는데도 불구하고 아무도 말을 하지 못했는데 求商이라는 말단 세금 징수 관리가 그를 비난했다. 하현이 화를 내며 구상에게 위해를 가하려고 하자 하무가 공무를 집행하는 사람으로서 당연한 일을 한 것이라고 동생을 꾸짖은 후 태수에게 보고하여 구상을 卒吏라는 관직에 임명하게 했다. 그러자 고을 사람들이 다들 그에게 감복했다.(《한서·하무전》 참조)

(12) 事(사): 종사하다. 힘을 쏟다.

(13) 長卿(장경): 司馬相如의 字. 사마상여가 中郎將에 임명되어 서쪽 오랑캐 땅에 한나라의 縣을 설치하기 위해 사신으로 나갈 때 그의 고향인 촉지방에 이르자 촉인들이 영광으로 여기고, 촉군태수 이하 여러 관리들이 교외까지 나와서 환영했다.(《한서·사마상여전》 참조)

(14) 寵(총): 영광. 영예. 이 연은 주윤이 하무처럼 바른 사람이기 때문에, 사마상여만큼 영광스러운 사람이기는 하지만 고향 사람들에게 사마상여와 같은 환영을 받기 위해 애쓰지는 않을 것이라는 말이다.

(15) 淸時(청시): 맑고 태평스러운 시기. 태평성세.

(16) 杞梓(기재): 소태나무와 가래나무. 둘 다 재질이 뛰어난 나무로 우수한 인재를 가리킨다.

(17) 培擁(배옹): 배양하고 옹호하다.

(18) 合抱(합포): 둘레가 한 아름이나 되는 큰 나무. 훌륭한 인재를 가리킨다.

(19) 把拱(파공): 재목으로 삼기 어려울 만큼 작은 나무. 아직 어린 사람을 가리킨다.

(20) 出麾(출휘): 지방관으로 나가서 지휘하는 것을 가리킨다.

(21) 告歸(고귀): 나이가 너무 많다고 보고하여 관직을 그만두고 고향으로 돌아가다.

(22) 謝(사): 사절하다.

(23) 先手(선수): 미리 손을 쓰다. 이 구절은 소식이 사직을 청원하려고 하면 태황태후가 먼저 그런 말을 끄집어내지 못하도록 선수를 친다는 말이다.

(24) 廉退(염퇴): 謙讓하다.

(25) 衰冗(쇠용): 노쇠하고 용렬하다.

(26) 棠陰(당음): 팥배나무 그늘. 周나라 무왕 때 召伯이 나라 안을 두루 순수하다가 팥배나무 그늘에 앉아서 쉬었기 때문에 《詩經·召南·甘棠》에 "무성한 저 팥배나무, 자르지 말고 꺾지 마라, 소백님이 옛날에 쉬던 곳이니(蔽芾甘棠, 勿翦勿敗, 召伯所憩)"라고 했다. 여기서는 동천에서 주윤이 쉬던 곳을 가리킨다.

(27) 畫像(화상): 초상화를 그리다. 재주지주의 초상화를 가리킨다. 소식의 자주에 "촉지방 태수 가운데 초상화를 그리지 않은 사람이 없었다(蜀中太守, 無不畫像者)"라고 했다.

(28) 相踵(상종): 뒤따르다. 王十朋의 《百家註分類東坡先生詩》에 "선생의 문집에 수록되어 있는 〈書諸公送周梓州詩後序〉에 이 시를 인용하고 '장차 상소문을 올려 주정유 대신 그 고을을 다스리도록 해 주실 것을 주청하려고 한다'라는 말이 있다(按先生集中〈書諸公送周梓州詩後序〉引此詩有'方上章請郡代正孺之語)"라고 했다. 이 연은 자신이 나중에 재주지주가 되면 전임 지주인 주윤을 맞이하여 함께 즐기고 싶다는 말이다.

1048. 次前韻[1]再送周正孺[2]

앞 시에 차운하여 다시 주정유를 전송하며

東川得望郎,[3][4] 동천이 낭중을 얻게 됐으니
坐與西爭重.[5][6] 앞으로 서천과 경중을 다투리라.
高風傾石室,[7][8] 고상한 풍도는 석실을 압도하고
舊學鄙文冢.[9] 구학문은 문총을 경시하리라.
蜀人安使君,[10][11] 촉 사람들 태수를 편안하게 여겨서
所至野不聳.[12] 가는 곳마다 촌민들이 두려워하지 않으리라.
竹馬迎細侯,[13][14] 죽마 타고 세후를 맞으러 오고
大錢送劉寵.[15] 큰 돈으로 유총을 전송하리라.
遙知句溪路,[16][17] 멀리서도 알겠나니 구계로에 나가면
老稚相扶擁.[18] 늙은이와 어린이가 서로 붙잡고 에워싸리라.
看畫古叢祠,[19] 오랜 숲속 사당에서 그림을 보면
百怪朝幽拱.[20][21] 괴물들도 다 모여서 조용히 공수하리라.
牛頭與兜率,[22][23] 우두사와 도솔사가 있는 산에는
雲木蔚堆壟.[24][25] 구름을 찌르는 나무가 무성하리라.
醉鄉追舊遊,[26][27] 취향에서 옛날에 놀던 일을 추억하면
筆陣賈餘勇.[28][29] 필진이 남은 용기를 팔 정도가 되리라.
聊將詩酒樂,[30][31] 잠시 동안 시와 술의 즐거움으로

一掃簿書冗.(32) 번잡한 서류를 일소하리라.
西風吹好句, 서풍이 멋진 구절을 날려 보내 주리라
珠玉本無踵.(33)(34) 주옥은 본래 발이 없어도 찾아오는 거니까.

[해설]

바로 앞의 시에 차운하여 다시 한 번 주윤을 전송한 것으로, 주윤의 능력과 인품을 극구 칭송하고 재주에서 주윤에게 일어날 여러 가지 즐거운 일들을 상상했다.

[주석]

(1) 前韻(전운): 바로 앞의 시 〈送周正孺知東川〉(1047)의 韻字를 가리킨다.
(2) 正孺(정유): 周尹의 字. 〈送周正孺知東川〉(1047) 주 (1) 참조.
(3) 東川(동천): 지금의 사천성 三台 일대로 주윤이 知州로 부임할 梓州를 가리킨다. 〈送周正孺知東川〉(1047) 주 (2) 참조.
(4) 望郎(망랑): 郎中의 별칭. 考功郎中 주윤을 가리킨다. 〈送周正孺知東川〉(1047) 해설 참조.
(5) 坐(좌): 장차.
(6) 西(서): 西川(지금의 사천성 成都)을 가리킨다. 〈送周正孺知東川〉(1047) 주 (2) 참조.
(7) 高風(고풍): 고상한 風度.
(8) 石室(석실): 전한 때 蜀郡太守를 지낸 文翁이 처음으로 세웠고 후한 때 촉군태수 高眹(일명 高眣)이 중수하고 증축한 것으로 지금은 그 자리에 成都石室中學이 세워져 있다. 《華陽國志·蜀志》에 "처음에 문옹이 문학정사를 세우고 강당에다 석실을 지었으니 성 남쪽에 있었다. 영초(107-113) 이후에 강당이 화재를 당했기 때문에 태수인 진류 사람 고순이 다시 세우고 또 석실을 두 개 더 지었다(始文翁立文學精舍, 講堂作石室, 在城南. 永初後, 堂遇火, 太守陳留高眹更修立, 又增造二石室)"라는 기록이 있다. 〈送家安國教授歸成都〉(1031) 주 (19) 및 주 (20) 참조. 이 구절은 주윤의 풍도가 석실을 지은 문옹의 풍도를 능가할 것이라는 뜻일 수도 있고, 주윤이 다스리게 될 동천 즉 재주의 풍도가 문옹이 석실을 지은 서천 즉 성도의 풍도를 능가할 것이라는 뜻일 수도 있는데, 다음 구절과의 관계를 고려하면 전자일 가능성이 더 크다.
(9) 文冢(문총): 글의 원고를 묻어 둔 곳. 劉蛻의 〈梓州兜率寺文冢銘〉에 "문총은 장사 사람 복우 유태가 글을 지은 초고를 차마 버리지 못해 모아서 묻어 둔 것이다(文冢者, 長沙劉蛻復愚爲文, 不忍棄其草, 聚而封之也)"라고 했고, 소식의 자주에 "유태의 〈문총명〉에 '(문총은) 재주에 있다'고 했다(劉蛻〈文冢銘〉: '在梓州.')"라고 했다. 이 구절은 주윤이 옛날 학문을 바탕으로 쓰는 글이 유태보다 더 많을 것이라는 말이다.
(10) 蜀人(촉인): 주윤이 다스리는 재주의 백성을 가리킨다.

(11) 使君(사군): 태수. 재주지주인 주윤을 가리킨다.

(12) 野不聳(야불용): 시골 사람들이 두려워하지 않다. 《左傳·襄公四年》에 "변두리 사람들이 두려워하지 않습니다(邊鄙不聳)"라는 말이 있다.

(13) 竹馬(죽마): 아이들이 말을 탄 시늉을 하며 두 다리 사이에 넣어 끌고 다니는 대막대기.

(14) 細侯(세후): 후한 사람 郭伋의 字. 곽급이 西河郡 美稷縣을 순시하러 나갔을 때 아이 수백 명이 각자 죽마를 타고 연도에 늘어서서 환영했다. 곽급이 먼 데까지 왜 나왔느냐고 묻자 아이들이 "사또께서 오신다는 소식을 듣고 너무나 기뻐서 마중하러 나왔습니다"라고 했다. 그가 일을 마치고 돌아가려고 하자 아이들이 또 성문 밖까지 나와 언제 또 오느냐고 물어서 날짜를 계산하여 일러 주었다.(《후한서·곽급전》 참조)

(15) 劉寵(유총): 후한 때의 어진 관리. 그가 會稽 태수를 지낼 때 선정을 베푼 결과 백성들의 생활이 매우 태평스러워졌다. 그가 다시 조정으로 들어가게 되었을 때 山陰縣에 사는 머리가 허연 노인 대여섯 명이 각자 손에 백 전씩 들고 若邪山에서 나와 그를 전송했다. 유총이 "어르신들이 무엇 하러 힘들여 여기까지 오셨습니까?"라고 하자 노인들이 "옛날에는 관리들이 밤낮 없이 마을에 와서 세금을 거두고 재물을 빼앗아 갔기 때문에 밤새도록 개가 짖어 댔는데 나리께서 부임하신 뒤로는 밤에 개가 안 짖고 백성들이 관리를 만날 일이 없게 되었습니다" 하고 그의 선정을 칭송하며 자신들의 성의를 받아 달라고 하는지라 유총이 각 노인에게서 큰 돈 하나씩만 받았다.(《후한서·유총전》 참조) 이 연은 재주 사람들이 남녀노소를 막론하고 다들 주윤을 환대할 것이라는 말이다.

(16) 遙知(요지): 멀리서 짐작하여 알다.

(17) 句溪路(구계로): 재주에 있던 길. 王十朋의 《百家註分類東坡先生詩》에 "지금 구계신묘가 있는데 모습이 매우 웅장한바, 바로 여기에 있는 길이다(今有句谿神廟, 貌甚雄, 乃此路也)"라고 했고, 査愼行의 《蘇詩補註》에 "《방여승람》에 '구계묘는 바로 천제왕의 사당으로 중강현 관청 소재지 서쪽에 있는데 여기서 수나라 때의 개주태수 이직지를 제사했다'라고 했다. 이직지는 자가 정수로 장안 사람이다. 개주태수로 재임할 때 백성들이 잘 교화되고 풍속이 아름다워졌다. 나중에 스스로 관직에서 물러나 동관산에서 은거했다(《方輿勝覽》: '句溪廟, 卽天齊王祠, 在中江縣治西, 祀隋凱州守李直之.' 按, 直之字正叟, 長安人. 守凱州, 化行俗美. 後乞骸歸, 隱銅官山)"라고 했다.

(18) 扶擁(부옹): 서로 붙잡고 에워싸다.

(19) 叢祠(총사): 숲속에 지은 사당.

(20) 朝(조): 모이다.

(21) 拱(공): 拱手하다. 왼손을 오른손 위에 놓고 두 손을 마주 잡아 공경의 뜻을 나타내는 예법을 행하는 것을 가리킨다. 이 연은 천제왕의 사당에 온갖 괴물들이 천제왕에게 공수하는 모습을 그린 그림이 걸려 있는데, 그 그림 속의 괴물들이 바로 주윤에게 공수하는 것이라고 해학적인 표현으로 그를 칭송한 것이다. 주윤이 선정을 많이 쌓은 결과로 나중에 이직지처럼 구계묘에서 천제왕과 合祀되기를 기원하는 마음을 담고 있다고 볼 수도 있다.

(22) 牛頭(우두): 우두사. 재주에 있던 절. 왕십붕의 《백가주분류동파선생시》에 "'우두'와 '도솔'은 재주에

있는 두 절이다('牛頭'·'兜率', 梓州二寺)"라고 했다.

(23) 兜率(도솔): 도솔사. 재주에 있던 절.

(24) 雲木(운목): 아주 커서 구름 속으로 뚫고 올라간 나무.

(25) 堆壟(퇴롱): 언덕. 우두사와 도솔사가 있는 작은 산을 가리킨다.

(26) 醉鄕(취향): 술에 거나하게 취하여 느끼는 즐거운 경지를 가리킨다. 王績의 〈醉鄕記〉에 "완사종·도연명 등 10여 명이 다들 취향에서 노닐었다(阮嗣宗·陶淵明等十數人, 幷遊於醉鄕)"라고 했다.

(27) 舊遊(구유): 재주 일대에서 노닐었던 옛날 일을 가리킨다.

(28) 筆陣(필진): 붓의 진용이라는 뜻으로, 전체적인 내용을 구상하고 각 부분을 적절히 배치하고 가장 효율적인 언어를 골라 구사하는 시문 창작 행위를 장수가 진용을 잘 짜서 군사를 지휘하는 일에 비유한 것이다. 杜甫의 시 〈醉歌行〉에 "글의 원천이 삼협의 물을 역류시키고, 붓의 진용이 홀로 군사 천 명을 쓸어버린다(詞源倒流三峽水, 筆陣獨掃千人軍)"라는 구절이 있다.

(29) 餘勇(여용): 다 쓰지 않고 아직까지 남아 있는 용기. 《左傳·成公二年》에 "용맹을 떨치고 싶은 사람에게는 나의 남은 용기를 팔겠다(欲勇者, 賈余餘勇)"라고 했다. 이 연은 술을 거나하게 마신 상태에서 옛날에 노닐던 일을 추억하노라면 시가 거침없이 줄줄 나올 것이라는 말이다.

(30) 聊(요): 잠시. 일단.

(31) 將(장): ~을 가지고.

(32) 簿書(부서): 장부와 문서. 공문서를 가리킨다.

(33) 珠玉(주옥): 아름다운 시문을 가리킨다.

(34) 無踵(무종): 발이 없어도 저절로 찾아온다는 말이다. 《韓詩外傳》에 "개서가 평공에게 말하기를 '진주는 바다에서 나고 옥은 산에서 나는데 발이 없어도 찾아오는 것은 임금님이 좋아하시기 때문입니다'라고 했다(蓋胥謂平公曰: '珠出於海, 玉出於山, 無足而至者, 君好之也.')"라는 말이 있다. 이 연은 시원한 가을바람이 불면 멋진 시구가 저절로 튀어나올 것이라는 말이다.

1049. 虛飄飄[1]

하늘하늘

虛飄飄,	하늘하늘 가냘픈
畫檐蛛結網,[2]	전당의 처마 밑에 쳐진 거미줄
銀漢鵲成橋.[3]	은하수에 까치가 놓은 오작교
塵漬雨桐葉,	먼지 묻은 빗속의 오동나무 잎
霜飛風柳條.	서리 맞은 바람 앞의 가느다란 버들가지
露凝殘點見紅日,[4]	붉은 해가 비쳐 있는 덜 마른 이슬방울
星曳餘光橫碧霄.[5]	푸른 하늘 가득 메운 희미한 별의 여광
虛飄飄,	하늘하늘할지라도
比浮名利猶堅牢.[6]	부운 같은 명리보다 오히려 더 단단하다.

[해설]

왕문고의 《소식시집》에 "초굉의 〈외집서〉에 '〈하늘하늘〉 세 수는 소공과 황씨·진씨가 창화한 것이다'라고 했다(焦竑〈外集敍〉云: '〈虛飄飄〉三首, 公與黃·秦倡和.')"라고 했고, 진관(秦觀)의 〈〈하늘하늘〉에 화답하여(和虛飄飄)〉 자주에 "황노직이 선창했다(魯直倡)"라고 한 것을 보면 황정견이 먼저 짓고 소식과 진관이 그의 시에 화답했음을 알 수 있는데, 세 수의 운자를 대조해 보면 소식과 진관이 황정견의 시에 차운한 것임을 확인할 수 있다. 소식의 이 시는 세속적인 명리가 얼마나 부질없는 것인지를 설파했다.

[주석]

(1) 虛飄飄(허표표): 가냘프게 하늘거리는 모양.

(2) 畫檐(화첨): 화려한 전당의 처마.

(3) 銀漢(은한): 은하수.

(4) 殘點(잔점): 마르다 남은 이슬방울을 가리킨다.

(5) 橫碧霄(횡벽소): 푸른 하늘에 가득하다.

(6) 堅牢(견뢰): 굳다. 단단하다.

1050. 碣石菴[1]戲贈湛菴主

갈석암에서 장난삼아 암자 주인 담씨에게

保康橋上夜觀燈,[2][3]　　보강교 위에서 밤에 꽃등 구경하고
喝石巖前夏飲冰.[4]　　갈석암 앞에서 여름에 얼음 먹는군요.
莫把山林笑朝市,[5][6]　　산림 속에 산다고 조정에 있는 걸 비웃지 마오
老夫手裏有烏藤.[7][8]　　늙은이 손에 검은 등나무가 쥐어 있다오.

[해설]

개봉의 상국사에 있는 갈석암이라는 암자에서 암자 주인인 담씨에게 지어 준 것으로, 담씨의 탈속적인 생활을 노래하면서 그러한 은거 생활을 갈망하는 자신의 심경을 토로했다.

[주석]

(1) 碣石菴(갈석암): 암자 이름. 《東京夢華錄》에 "황궁 앞 주교의 동쪽에 변하대교를 내려다보고 있는 것이 상국사이다(大內前州橋之東, 臨汴河大街, 曰相國寺)"라고 했는데, 소식의 자주에 "담씨는 상국사의 스님이다(湛, 相國寺僧也)"라고 했으니 갈석암도 그 부근에 있었을 것이다.

(2) 保康橋(보강교): 開封城 안에 있던 다리. 《동경몽화록》에 "변경에서 성을 뚫고 지나가는 물길이 네 갈래 있는데 남쪽에 있는 것이 채하인바, 서남쪽의 대루문에서 성안으로 들어간 뒤 성을 한 바퀴 감돌아 동남쪽에서 진주문으로 나간다. 강 위에 다리가 열한 개 있는데 여섯 번째 것이 서보강문교이다(汴京穿城河道有四, 南曰蔡河, 自西南戴樓門入城, 繚繞自東南陳州門出. 河上有橋十一, 第六曰西保康門橋)"라고 했다. 이 구절은 소식의 일을 묘사한 것인지 담씨의 일을 묘사한 것인지 판단

하기 어렵다.

(3) 觀燈(관등): 정월 대보름날 밤에 꽃등을 구경하던 옛날 풍속을 말한다.

(4) 喝石巖(갈석암): 碣石菴이 있던 곳의 바위일 것으로 보인다. 이 구절은 喝石巖 앞의 물은 여름에도 얼음물처럼 시원한데 담씨는 늘 그렇게 시원한 물을 마시며 즐겁게 산다는 말인 것으로 보인다.

(5) 把(파): ~을 가지고.

(6) 朝市(조시): 조정과 시장. 名利를 추구하는 세속적인 삶의 현장을 가리킨다.

(7) 老夫(노부): 늙은이. 소식 자신을 가리킨다.

(8) 烏藤(오등): 시커먼 등나무 막대기. 스님이나 은자들이 들고 다니던 등나무 지팡이를 가리키는 것으로 보인다. 이 연은 소식 자신도 곧 관직에서 물러나 은거할 것이라는 말이다.

1051. 和王晉卿[(1)]題李伯時[(2)]畫馬

이백시의 말 그림에 쓴 왕진경의 시에 화답하여

督郵有良馬,[(3)]	독우에게 좋은 말이 있었는데도
不爲君所奇.[(4)]	그대에게 기이하다 여겨지지 않았네.
顧收紙上影,[(5)(6)]	오로지 종이 위의 말만 받아들이면
駿骨何由歸.[(7)(8)]	준마가 어떻게 찾아올 수 있으리?
一朝見縈策,[(9)]	어느 날 갑자기 채찍질 잘하는 사람을 만나면
蟻封驚肉飛.[(10)(11)]	개밋둑에서 살이 나는 걸 보고 다들 놀라리.
豈惟馬不遇,	어떻게 그 말이 불우했을 뿐이리?
人已半生癡.[(12)(13)]	사람도 이미 반평생 동안 바보였다네.

[해설]

주밀(周密)의 〈운연과안록(雲烟過眼錄)〉에 "왕자경의 집에 이백시의 〈천마도〉를 소장하고 있는데 자태가 날아가는 것처럼 생동적이다. 왕씨(왕자경)·소씨 두 분이 화답한 시가 뒤에 있고 애석하게도 왕진경의 시는 실려 있지 않다(王子慶家藏伯時〈天馬圖〉, 生意飛動, 有王·蘇二公和詩在後, 惜不載晉卿詩)"라고 한 말과 이 시의 제목을 함께 고려해 보면 이 시가 이공린의 〈천마도〉를 보고 지은 왕선의 제화시에 화답한 것임을 알 수 있는바, 이 시는 원시에서 그림 속의 천마를 극구 칭송한 왕선을 진나라 사람 왕제에 비유하여, 세상에는 자기 능력을 인정받지 못한 채 억울하게 사는 준마도 있음을 역설한 것이다. 이공린의 〈천마도〉

에 대해서는 소식의 〈이백시가 소장한 한간의 말 그림에 쓴 자유의 시에 차운하여(次韻子由書李伯時所藏韓幹馬)〉(0998)에 구체적으로 묘사되어 있다.

[주석]

(1) 晉卿(진경): 王詵의 字. 그는 신종 황제의 누이동생인 賢惠公主의 남편으로 북송 산수화의 대가였다. 〈和王晉卿并引〉(0939) 주 (1) 참조.

(2) 伯時(백시): 북송 때의 유명한 화가 李公麟의 字. 그는 南唐 先主 李昪의 손자로, 龍眠山에 은거하며 자호를 용면거사라고 했다.

(3) 督郵(독우): 태수의 보좌관. 晉나라 사람 王湛은 어릴 적부터 견식이 있고 도량이 넓었는데 말을 잘 안 하는지라 형제와 집안사람들이 다들 그가 바보인 줄 알았다. 그러자 형의 아들인 조카 王濟도 숙부인 왕담을 경시했다. 한번은 왕제가 왕담의 방에 갔더니 책상에 《周易》이 얹혀 있는지라 "숙부가 이것을 어디다 써요?" 하고 물었다. 그러자 왕담이 몸이 불편할 때 한 번씩 본다고 했다. 왕제가 왕담에게 설명을 좀 해 달라고 하자 왕담이 오묘한 이치를 잘 분석하여 알기 쉽게 설명해 주었다. 모두 왕제가 일찍이 들어 본 적이 없는 설명이었다. 스스로 재주가 뛰어난지라 숙부인 왕담을 공경하지 않던 왕제가 마침내 "우리 집안에 名士가 있었는데 30년 동안 몰랐으니 내 죄로다"라고 했다. 왕제에게는 아주 사나운 말이 한 마리 있었는데 왕제가 왕담에게 "숙부도 말 타기를 좋아합니까?" 하고 묻자 왕담이 "나도 말 타기를 좋아하지" 하고 대답하는지라 한번 타 보라고 했다. 왕담이 채찍을 멋지게 휘두르며 타의 추종을 불허할 정도로 절묘하게 말을 탔다. 왕제는 자기 말을 아주 좋아했는데 왕담이 "이 말은 비록 빠르기는 하지만 힘이 모자라서 힘든 길은 잘 못 갈 것이다. 근래에 보니 督郵의 말이 참 뛰어나던데 다만 먹이를 충분히 먹지 못하더구나"라고 했다. 왕제가 왕담의 말을 믿고 시험 삼아 독우의 말을 먹여 보았더니 그 말이 과연 좋은 말이 되었다. 왕담이 또 "이 말은 힘든 길을 가게 해 보아야 그 능력을 알 수 있지 평탄한 길에서는 다른 말과 구별할 수 없을 것이다"라고 하는지라 개밋둑처럼 작은 언덕에서 시험해 보았더니 과연 왕제의 말은 넘어지고 독우의 말은 평상시와 같았다. 이런 일이 있은 뒤로 왕제는 더욱 탄복하며 자기 아버지에게 "제가 비로소 저보다 나은 숙부님을 한 분 얻었습니다"라고 했다. 武帝도 왕담이 바보인 줄 알고 있었기 때문에 왕제를 볼 때마다 "그대 집안의 바보 숙부는 아직 살아 있는가?" 하고 농담해도 할 말이 없었는데 그 뒤로 황제가 또 그렇게 묻자 왕제가 "저의 숙부는 바보가 아닙니다"라고 대답하고 왕담의 훌륭한 점을 칭송했다.(《진서·왕담전》 참조)

(4) 君(군): 왕선을 가리킨다.

(5) 顧(고): 다만. 오직.

(6) 紙上影(지상영): 종이 위의 모습. 이공린이 그린 〈천마도〉 위의 말을 가리킨다.

(7) 駿骨(준골): 준마의 뼈. 준마를 가리킨다. 燕나라 임금이 내시에게 천리마를 구해 오라고 하자 내시가 500금을 주고 천리마의 뼈를 사 왔다. 임금이 "천리마를 구해 오라고 했더니 어째서

죽은 말의 뼈를 사 왔느냐?" 하고 꾸짖었다. 그러자 내시가 "'죽은 말도 500금에 사거늘 살아 있는 말이야 말할 것이 있겠는가?'라고 생각하고 살아 있는 천리마를 팔러 오는 사람이 틀림없이 있을 것입니다"라고 했다. 과연 1년도 못 가서 천리마 세 마리가 들어왔다.(《戰國策·燕策一》 참조)

(8) 何由(하유): 어디서. 무슨 수로.

(9) 縈策(영책): 채찍을 휘감다. 채찍이 말의 몸에 착착 감기도록 채찍질을 하면서 말을 잘 타는 것을 가리킨다.

(10) 蟻封(의봉): 개밋둑. 작은 언덕을 가리킨다.

(11) 肉飛(육비): 살이 날다. 지극히 빨리 달리는 것을 가리킨다. 《吳越春秋·闔閭內傳》에 "경기의 용맹은 세상에 소문이 났다. 근육과 뼈대가 단단하여 당할 사람이 없었으니 뛰어서 맹수를 쫓아가고 손으로 나는 새를 잡았으며 뼈와 살이 위로 펄쩍 뛰어오르고 훨훨 날아다녔다(慶忌之勇, 世所聞也. 筋骨果勁, 萬人莫當, 走追猛獸, 手接飛鳥, 骨騰肉飛)"라는 말이 있다.

(12) 人(인): 왕담을 가리킨다. 이 구절은 소식 자신을 왕담에 빗대어 넌지시 억울함을 토로한 것이다.

(13) 半生癡(반생치): 晉나라 사람 魏詠之는 나면서부터 언청이였는데 관상가가 보고 부귀하게 될 관상이라고 했다. 열여덟 살 때 荊州刺史 殷仲堪의 막하에 명의가 있다는 소문을 듣고 찾아갔더니 은중감이 그를 가상히 여겨 의사에게 잘 고쳐 주라고 했다. 의사가 그것을 고치려면 100일 동안 죽만 먹어야 하고 말을 하거나 웃으면 안 된다고 했다. 그러자 위영지가 "반평생 동안 말을 하지 않았는데 100일을 못 참겠소?" 하고는 의사가 시키는 대로 잘 따라 하여 마침내 완치했다. 은중감이 그에게 많은 돈과 재물을 주어서 그를 전송했다.(《진서·위영지전》 참조)

1052. 送錢穆父[1]出守[2]越州[3]絶句二首

월주태수로 나가는 전목보를 전송하는 절구

其一

簿書常苦百憂集,[4]	공무로 늘 고생하여 온갖 근심 모였으니
樽酒今應一笑開.[5][6]	한 통 술로 이제는 한 번 웃을 일이네.
京兆從教思廣漢,[7][8][9]	경조 사람은 조광한을 생각하게 하겠지만
會稽聊喜得方回.[10][11][12]	회계 사람은 치방회를 얻어 잠시 기뻐하겠네.

其二

若耶溪水雲門寺,[13][14]	약야계란 강도 있고 운문사란 절도 있고
賀監荷花空自開.[15]	하 비서감 연꽃도 괜히 절로 피었겠구나.
我恨今猶在泥滓,[16]	나는 아직 진흙탕에 있는 게 한스럽나니
勸君莫棹酒船回.[17]	그대여 술 실은 배 저어 돌아오지 마시게나.

[해설]

개봉부지부로 재임할 때 송사를 너무 신속하고 정확하게 처리하다가 종실과 인척의 탄핵을 받아 월주지주로 나가게 된 전협을 전송하는 자리에서 그를 위로하여 지은 것이다. 그러나 전협에 대한 위로보다 오히려 그에 대한 선망이 더 진하게 배어 있다.

[주석]

(1) 穆父(목보): 錢勰의 字. 〈次韻錢穆父〉(0932) 주 (1) 참조.

(2) 出守(출수): 조정에서 지방으로 나가 태수직을 수행하다.

(3) 越州(월주): 지금의 절강성 紹興.

(4) 簿書(부서): 장부와 문서. 관청의 일상적인 사무를 가리킨다.

(5) 應(응): 제1구와의 對仗 관계를 고려하면 '~에 응하다'라는 뜻의 동사로 썼을 가능성이 크지만 '응당 ~해야 한다'는 뜻의 조동사적 기능도 동시에 부여했을 가능성도 있다.

(6) 開(개): '百憂'·'樽酒'·'一笑'를 다 목적어로 취할 수 있도록 한 의도적 造語인 것으로 보인다.

(7) 京兆(경조): 한나라 때 長安(지금의 섬서성 西安) 동쪽에 있던 행정 구역으로 三輔의 하나였다. 널리 경성을 가리키는바 여기서는 북송의 도성 開封을 가리킨다.

(8) 從教(종교): ~하도록 내버려 두다.

(9) 廣漢(광한): 한나라 사람 趙廣漢을 가리킨다. 그는 백성들에게 선정을 많이 베푼 훌륭한 관리였지만 청렴결백하고 강직하여 불의를 용납하지 않는 성격이었기 때문에 京兆尹으로 재임할 때 정적들의 모함을 받아 사형에 처해졌다. 그가 사형에 처해지게 되었을 때 관리와 백성 수만 명이 황궁 주위에 모여서 통곡했는데 그중에 어떤 사람은 "저는 살아 있어도 보탬이 안 되는 사람이니 저를 대신 죽이고 경조윤 조광한은 살려 주어서 백성들을 인도하게 해 주십시오"라고 하는 사람이 있을 정도였지만 결국 사형에 처해지고 말았다.(《한서·조광한전》 참조) 여기서는 開封府知府로 재임할 때 訟事를 지극히 신속하고 정확하게 처리하여 宗室과 貴戚을 두려워하게 하다가 마침내 원한을 사서 월주지주로 쫓겨 나가게 된 전협을 가리킨다.(《송사·전협전》 참조)

(10) 會稽(회계): 지금의 절강성 紹興.

(11) 聊(요): 잠시. 그런대로.

(12) 方回(방회): 東晉 사람 郗愔의 字. 치음이 京口에 있을 때 桓溫이 그가 요지인 경구에 있는 것을 매우 못마땅하게 생각했다. 그러나 事理 판단에 밝지 않은 치음이 어느 날 환온에게 함께 왕실을 보좌하고 園陵을 복구하자는 편지를 보냈다. 그의 아들 郗超가 그 편지를 보고는 갈갈이 찢어 버리고 치음의 말투로 다시 써서 자기는 늙고 병들어서 중임을 감당하기 어려우니 한직을 맡아 건강을 지키고 싶다고 했다. 환온이 그 편지를 보고 무척 기뻐하며 즉시 치음을 회계태수로 보냈다.(《진서·치초전》 참조) 여기서는 월주지주로 나가는 전협을 가리킨다.

(13) 若耶溪(약야계): 절강성 소흥 남쪽에 있는 강. 《會稽志·水》에 "약야계는 (회계)현에서 남쪽으로 25리 되는 곳에 있는데 북쪽으로 흘러서 경호와 합쳐진다(若耶溪在縣南二十五里. 溪北流, 與鏡湖合)"라고 했고, 李白의 시 〈子夜吳歌〉에 "삼백 리 경호의 드넓은 물에, 봉오리에서 화사하게 연꽃이 피네. 오월에 서시가 연꽃을 따면, 구경꾼이 모여들어 약야계가 비좁네. 달 뜨기를 안 기다리고 배를 돌려서, 서시는 월나라 왕궁으로 돌아가네(鏡湖三百里, 菡萏發荷花. 五月西施採, 人看隘若耶. 回舟不待月, 歸去越王家)"라고 했다.

(14) 雲門寺(운문사): 절강성 소흥에 있는 절. 《會稽志·宮觀寺院》에 "순화사는 (회계)현에서 남쪽으로

30리 되는 곳에 있으니 중서령 왕자경(王獻之)이 거처하던 곳이다. 의희 3년(407)에 오색의 상서로운 구름이 나타나 안제가 조서를 내려 운문사를 세우게 했다(淳化寺在縣南三十里, 中書令王子敬所居也. 義熙三年, 有五色祥雲見, 安帝詔建雲門寺)"라고 했다.

(15) 賀監(하감): 당나라 시인 賀知章을 가리킨다. 그는 秘書監을 지낸 적이 있으므로 만년에 자칭 秘書外監이라고 했다. 이백이 長安(지금의 섬서성 서안)으로 가서 그를 만났을 때 그는 이백의 시 〈蜀道難〉을 보고 謫仙, 즉 하늘나라에서 귀양 온 신선이라고 감탄했다.(孟棨, 《本事詩·高逸》 참조) 이백의 시 〈對酒憶賀監〉에 "칙명으로 경호 물을 하사하시니, 그대 덕에 누대와 못이 영광스러워졌네. 사람은 죽었지만 옛집은 남아, 공연히 연꽃만 홀로 피었네(敕賜鏡湖水, 爲君臺沼榮. 人亡餘故宅, 空有荷花生)"라고 했다.

(16) 泥滓(이재): 진흙탕. 이전투구를 일삼는 조정을 가리킨다.

(17) 棹酒船回(도주선회): 술을 실은 배를 저어서 돌아오다. 이백의 시 〈重憶〉에 "회계산에 하씨 노인 계시지 않아, 술 실은 배 다시 저어 되돌아간다(稽山無賀老, 卻棹酒船回)"라는 구절이 있다.

1053. 戱書李伯時[(1)]畫御馬[(2)]好頭赤[(3)]

장난삼아 이백시가 어마 호두적을 그린 그림에 쓴다

山西戰馬飢無肉,[(4)]	산서지방 전마는 굶어서 살이 없나니
夜嚼長稭如嚼竹.[(5)]	밤중에 긴 볏짚을 대나무처럼 씹는다네.
蹄間三丈是徐行,[(6)(7)]	발굽 사이가 서른 자인 건 천천히 걷는 것이요
不信天山有坑谷.[(8)]	천산에 골짜기가 있다고 믿지 않는다네.
豈如廐馬好頭赤,[(9)]	어찌 같으리 임금님 마구간의 호두적이
立仗歸來臥斜日.[(10)]	의장대에 서 있다 돌아와서 석양 아래 누워 있는 것과?
莫敎優孟卜葬地,[(11)(12)(13)]	우맹으로 하여금 장지를 정해
厚衣薪櫏入銅歷.[(14)(15)(16)]	두꺼운 옷 입혀 삶도록 구리 솥에 넣게 하지 마라.

[해설]

이공린이 통통하게 살찐 어마 호두적의 모습을 그려 놓은 것을 보고 지은 것이다. 황궁의 마구간에서 편안하게 지내는 호두적이 외견상으로는 다른 준마보다 복이 많은 것처럼 보이지만 결국은 요리감이 되고 말 것이기 때문에 결코 전마보다 나을 것이 없다고 우스갯소리를 하면서 은연중에 자신의 심경을 토로했다.

[주석]

(1) 伯時(백시): 북송 때의 유명한 화가 李公麟의 字. 그는 南唐 先主 李昪의 손자로, 龍眠山에 은거하

며 자호를 용면거사라고 했다.

(2) 御馬(어마): 황제의 말.

(3) 好頭赤(호두적): 이공린이 그린 말의 이름.

(4) 山西(산서): 華山의 서쪽 또는 太行山의 서쪽을 가리킨다.

(5) 稭(개): 볏짚.

(6) 蹄間(제간): 말이 달릴 때 땅 바닥에 찍히는 앞 발자국과 뒷 발자국 사이의 거리.

(7) 丈(장): 길이를 셀 때 사용하는 단위 명사로 10자에 해당한다. 이 구절은 보폭이 30자를 훨씬 초과할 정도로 말이 매우 힘차게 달린다는 말이다.

(8) 天山(천산): 중국의 서북쪽에 있는 높고 험한 산. 祁連山. 이 구절은 말이 천산에 골짜기가 있다는 사실을 의식하지 않을 정도로 조금도 개의치 않고 날렵하게 뛰어다닌다는 말이다.

(9) 廐馬(구마): 마구간에 매여 있는 말. 어마를 가리킨다.

(10) 立仗(입장): 儀仗隊의 일원으로 참여하는 것을 가리킨다.

(11) 敎(교): ~로 하여금 ~하게 하다.

(12) 優孟(우맹): 춘추시대 초나라의 광대로 해학과 풍자에 뛰어났다. 초나라 莊王은 자신의 애마를 너무나 아낀 나머지 말에게 비단 옷을 입히고 대자리를 깐 침대에서 자게 했다. 그리고 그 말이 죽자 대부의 예로 장례를 치르려고 했다. 신하들이 그러지 말라고 간언하자 "감히 말을 두고 간언하는 사람은 사형에 처하겠다"라고 했다. 우맹이 이 말을 듣고 궁전으로 들어가서 하늘을 우러러보며 대성통곡했다. 장왕이 놀라서 그 까닭을 묻자 우맹이 초나라는 당당한 대국이라 못할 일이 없는데 대부의 예로 장례를 치르는 것은 너무 박대하는 것이니 임금의 예로 치르라고 했다. 장왕이 어떻게 하면 되느냐고 묻자 우맹이 아름답게 조각한 옥으로 속널을 만들고, 무늬 있는 가래나무로 덧널을 만들고, 힘센 병사들을 동원하여 묘혈을 파게 하고, 齊나라·趙나라·韓나라·魏나라 사신들이 장례 행렬에 동참하게 하고, 사당을 세워 소·양·돼지를 제물로 삼아 제사 지내고 만 戶의 식읍을 주라고 했다. 그렇게 하면 각국의 제후들이 듣고 장왕이 사람은 천하게 여기고 말은 귀하게 여긴다는 사실을 잘 알게 될 것이라고 했다. 장왕이 이 말을 듣고 어떻게 하면 좋겠느냐고 물었다. 그러자 우맹이 다른 가축을 장사하는 방법으로 말을 장사하라고 했다. 즉, 아궁이를 덧널로 삼고, 구리 솥을 속널로 삼고, 생강과 대추을 넣고, 쌀을 제물로 삼고, 화염을 옷으로 삼아 사람의 뱃속에 장사하라고 했다. 이리하여 장왕이 그 말을 요리 담당관인 太官에게 넘겨주게 함으로써 천하에 오랫동안 소문이 떠돌지 않게 했다.(《史記·優孟傳》 참조)

(13) 卜葬地(복장지): 점을 쳐서 장지를 선정하다. 솥에 넣어 요리하기로 작정하는 것을 가리킨다.

(14) 厚衣(후의): 두꺼운 옷. 화염을 가리킨다.

(15) 薪櫾(신유): 땔감으로 태우다.

(16) 銅歷(동력): 구리로 만든 솥. '銅鬲'과 같다. 이 연은 호두적도 죽으면 요릿감으로 쓰일 것이라서 걱정스럽다는 말이다.

1054. 送程七表弟[1]知泗州[2]

외사촌 동생인 정씨 집안 일곱째가 사주지주로 나가는 것을 전송하며

江湖不在眼,	강이나 호수가 눈에 보이지 않아
塵土坐滿顔.[3]	먼지와 흙이 마침내 얼굴에 가득하더니
繫舟淸洛尾,[4]	맑은 낙수 꼬리에 배를 매 놓고
初見淮南山.[5]	처음으로 회하 남쪽 산을 보겠네.
淮山相媚好,[6]	회하 가의 산들이 그대를 좋아하여
曉鏡開烟鬟.[7][8]	새벽 거울에 안개 같은 쪽머리 풀어
持此娛使君,[9]	이것으로 태수를 즐겁게 해 줄 테니
一笑簿領間.[10]	문서 틈에서 한바탕 웃을 일이네.
使君如天馬,[11]	태수는 천마처럼 몸이 빨라서
朝燕暮荊蠻.[12][13]	아침에 연 땅에 있다 저녁에 남방에 가 있는데
時無王良手,[14]	당시에 왕량 같은 수레꾼이 없어서
空老十二閑.[15]	공연히 열두 칸짜리 마구간에서 늙어 갔네.
聊當出毫末,[16][17]	잠시 동안 티끌만 한 능력을 발휘하여
化服狡與頑.[18]	교활한 자와 완고한 자를 감화시킬 일이지
勿謂無人知,	알아주는 이 없다고 말하지 말 것이니
古佛臨淸灣.[19]	오래된 불상이 맑은 물굽이에 서 있다네.
赤子視萬類,[20][21]	어린아이 마음으로 만물을 보고

流萍閱人寰.[22]　　떠다니는 부평초로 이 세상을 보나니
但使可此人,[23][24][25]　　이 사람들 마음에 들기만 하면
餘事眞茅菅.[26]　　나머지는 참으로 띠와 골풀이라네.

[해설]

외사촌 동생인 정지소가 사주지주로 나가는 것을 전송하며 지은 것으로, 그가 그동안 중용되지 못한 것을 위로한 후, 결백하고 초연한 마음가짐으로 사주 백성에게 선정을 베풀어 훌륭한 태수가 되어 줄 것을 당부했다.

[주석]

(1) 程七表弟(정칠표제): 정씨 집안 일곱째인 사촌 동생. 외사촌 동생 程之邵를 가리킨다. 査愼行의 《蘇詩補註》에 "정씨 집안 일곱째인 사촌 동생은 이름이 지소이고 자가 의숙으로 부친의 음덕으로 관리가 되었다(程七表弟, 名之邵, 字懿叔, 以父廕爲某官)"라고 했다.
(2) 泗州(사주): 지금의 강소성 盱眙.
(3) 坐(좌): 마침내. 이 연은 정지소가 그동안 지방으로 나가지 않고 도성에 머물러 있었다는 말인 것으로 보인다.
(4) 淸洛尾(청락미): 맑은 洛水의 끝자락이라는 뜻으로, 낙수를 끌어들인 汴河가 淮河로 들어가는 부분을 가리킨다. 〈和王斿二首〉(0851) 주 (21) 참조.
(5) 淮南山(회남산): 회하 남쪽에 있는 산이라는 뜻으로, 사주에 있는 都梁山을 가리킨다. 〈和王斿二首〉(0851) 주 (22) 참조.
(6) 媚好(미호): 좋아하다.
(7) 曉鏡(효경): 새벽녘의 거울. 새벽녘의 회하를 가리킨다.
(8) 烟鬟(연환): 안개와 같은 쪽 찐 머리. 이 연은 회하 가의 산들이 회하에 비쳐 있는 모습을 여인이 거울 앞에 앉아서 머리를 손질하는 것에 비유한 것이다.
(9) 使君(사군): 태수. 사주지주 정지소를 가리킨다.
(10) 簿領(부령): 관아의 공문서나 장부.
(11) 天馬(천마): 옥황상제가 하늘에서 타고 다닌다는 말. 준마의 미칭.
(12) 燕(연): 연 땅. 戰國七雄의 하나인 연나라의 영토로 지금의 하북성 북부 및 요녕성 서부에 해당한다.
(13) 荊蠻(형만): 옛날에 북방 사람들이 남방을 일컫던 말이다. 이 연은 정지소를 천마에 비유하여 그의 능력이 빼어남을 칭송한 것이다.
(14) 王良(왕량): 말을 잘 몰았다는 춘추시대 사람. 《孟子·滕文公下》에 "옛날에 조간자가 왕량으로 하여

금 자기가 총애하는 신하 해에게 수레를 몰아 주게 했는데 해가 하루 종일 새 한 마리도 잡지 못했다. 총애하는 신하 해가 '천하에 재주 없는 수레꾼입니다' 하고 복명했다. 어떤 사람이 이 사실을 왕량에게 일러 주자 왕량이 '다시 한 번 해 보겠습니다'라고 하며 강경하게 요구한 뒤에야 다시 할 수 있었는데 이번에는 해가 하루아침에 새 열 마리를 잡았다. 총애하는 신하 해가 '천하에 뛰어난 수레꾼입니다' 하고 복명했다. 조간자가 '내가 그 사람으로 하여금 그대 수레를 몰게 해 주마'라고 하고 왕량에게 말했더니 왕량이 안 된다며 '제가 그분을 위해 규정대로 몰아 주니 그분이 하루 종일 한 마리도 잡지 못했고, 제가 그분을 위해 규정을 어기고 몰아 주니 그분이 하루아침에 열 마리를 잡았습니다. 《시경》에 "달리는 법도를 어기지 않고, 화살을 날려서 부술 듯이 맞추네"라고 했습니다만, 저는 소인에게 수레를 몰아 주는 일에 익숙하지 않으니 사양하겠습니다'라고 했다(昔者, 趙簡子使王良與嬖奚乘, 終日而不獲一禽. 嬖奚反命曰: '天下之賤工也.' 或以告王良, 良曰: '請復之.' 彊而後可, 一朝而獲十禽. 嬖奚反命曰: '天下之良工也.' 簡子曰: '我使掌與女乘.' 謂王良, 良不可, 曰: '吾爲之範我馳驅, 終日不獲一; 爲之詭遇, 一朝而獲十. 《詩》云: "不失其馳, 舍矢如破." 我不貫與小人乘, 請辭.')"라는 말이 있다.

(15) 十二閑(십이한): 열두 칸의 마구간. 천자의 마구간을 가리킨다. 〈次韻錢穆父〉(0932) 주 (13) 참조. 이 연은 정지소가 조정에 있기는 했지만 重用되지는 못했다는 말인 것으로 보인다.

(16) 聊(요): 잠시. 좀.

(17) 毫末(호말): 터럭의 끝. 지극히 작은 물건을 가리킨다.

(18) 化服(화복): 감화하여 따르게 하다. 이 연은 정지소가 그의 능력 가운데 극히 일부만 발휘해도 사주 백성을 교화시킬 수 있을 것이라는 말이다.

(19) 淸灣(청만): 회하의 물굽이를 가리킨다. 이 연은 묵묵히 자기 할 일을 열심히 하고 있으면 영험한 불상이 그것을 알고 정지소를 도와줄 것이라는 말이다.

(20) 赤子(적자): 어린아이.

(21) 萬類(만류): 만물.

(22) 人寰(인환): 인간 세상. 이 연은 정지소가 때 묻지 않은 어린아이의 마음으로 순수하게 만물을 바라보고, 물결을 따라 이리저리 떠다니는 부평초처럼 덧없는 것으로 세상을 바라본다는 말로, 세속적인 욕심에서 벗어나 초연하고 순수한 마음으로 백성들을 대할 것이라는 말이다.

(23) 使(사): 만약 ~한다면.

(24) 可(가): 부합하다. 어울리다.

(25) 此人(차인): 이 사람들. 사주 백성을 가리킨다. 王十朋의 《百家註分類東坡先生詩》에 "사주 대성탑은 사수에 임해 있는데 뱃사공들이 왔다 갔다 하면서 주민들과 함께 기도하면 즉시 반응이 있다. 군의 행정이 이 사람들의 마음에 맞을 수 있다면 나머지 일은 띠나 골풀과 같다는 말이다(泗州大聖塔, 臨泗水, 舟人往來與居人祈禱, 立有應. 謂郡政能可此人, 則餘事等茅菅矣)"라고 했고, 紀昀의 《蘇文忠公詩集》에 "'可此人'은 사람들의 마음에 맞는다고 하는 것과 같다('可此人', 猶云得當人之意)"라고 했다.

(26) 茅菅(모관): 띠와 골풀. 하찮은 존재를 가리킨다. 이상의 여덟 구절은 정지소에게 조정에서 알아주든 말든 말없이 자신의 능력을 발휘함으로써 민심을 얻어 사주 백성에게 추앙받는 훌륭한 태수가 되라고 충고한 것이다.

1055. 送曹輔[(1)]赴閩漕[(2)]

복건전운판관으로 부임해 가는 조보를 전송하며

曹子本儒俠,[(3)]	조선생은 본래부터 의협심 많은 선비라
筆勢翻濤瀾.	붓 놀리는 기세가 넘실대는 파도인데
往來戎馬間,[(4)]	전마들의 틈에서 오락가락하노라면
邊風裂儒冠.	변방 바람에 선비 모자가 찢어졌겠네.
詩成橫槊裏,	창을 비껴든 채로 시가 지어졌나니
楯墨何曾乾.[(5)(6)]	방패에 간 먹이 마른 적이 없었는데
一旦事遠遊,[(7)(8)]	어느 날 갑자기 멀리서 떠돌게 되었으니
紅塵隔嚴灘.[(9)(10)]	홍진이 엄릉뢰에 가로막혀 있겠네.
平生羊炙口,[(11)(12)]	평소에 양고기 구이를 먹던 입이라
竝海搜鹹酸.[(13)(14)]	바닷가에서 짜고 신 음식을 찾겠지만
一從荔支食,[(15)(16)]	일단 한 번 여지를 먹어 본 뒤론
豈念苜蓿盤.[(17)]	거여목 담긴 쟁반을 어찌 생각하리오?
我亦江海人,	나도 역시 강해에 살던 사람인지라
市朝非所安.[(18)]	시장과 조정은 마음 편안 곳이 아닌데
常恐青霞志,[(19)]	언제나 두렵기는 청운의 뜻이
坐隨白髮闌.[(20)(21)]	마침내 백발을 따라 사라질세라.
淵明賦歸去,[(22)]	도연명은 돌아간다 읊조리고 난 뒤에

談笑便解官.[23][24]	담소하며 곧 관직을 내려놨는데
我今何爲者,	나는 지금 무엇을 하는 사람이기에
索身良獨難.[25]	일신의 편안을 찾기가 참 유독 어려운 걸까?
憑君問淸淮,[26][27]	그대에게 부탁하노니 맑은 회하는
秋水今幾竿.[28]	가을철의 물이 지금 얼마나 깊은지 물어 주오.
我舟何時發,	내 배는 언제나 떠날 수 있으려나
霜露日已寒.	서리와 이슬이 날마다 차가워지는데?

[해설]

복건전운판관으로 부임해 가게 된 조보를 전송하며 지은 것으로, 문무를 겸비한 그의 능력을 칭송하고 복건지방은 세속과 동떨어져 있어서 좋기도 하고 그 지방 특유의 맛있는 음식을 맛볼 수 있어서 좋기도 하다며 그를 위로하는 가운데 강호에서 살고 싶은 자신의 염원을 노골적으로 드러냈다.

[주석]

(1) 曹輔(조보): 海陵(지금의 강소성 泰州) 사람으로 字가 子方이고 호가 靜常이다. 흔히 〈後六客詞〉라고 불리는 소식의 사 〈定風波〉(月滿苕溪照夜堂)의 서문에 "나는 옛날에 장자야·유효숙·이공택·진영거·양원소와 오흥에서 만났는데 당시 장자야가 〈육객사〉를 지어 그 마지막 장에서 '현인들이 오 땅에 모였다고들 하는데, 어디 한번 물어보자, 그 옆에 노인성도 있어야 되겠는지'라고 했다. 15년이 지난 지금 다시 오흥에 들르니 다섯 사람은 이미 없어졌다. 장중모와 조자방·유경문·소백고·장병도가 좌객이 되었는데 장중모가 나에게 〈후육객사〉를 지을 것을 청했다(余昔與張子野·劉孝叔·李公擇·陳令擧·楊元素會於吳興. 時子野作〈六客詞〉, 其卒章: '盡道賢人聚吳分. 試問. 也應旁有老人星.' 凡十五年, 再過吳興, 五人者皆已亡矣. 時張仲謀與曹子方·劉景文·蘇伯固·張秉道爲坐客, 仲謀請作〈後六客詞〉)"라고 한 바와 같이, 소식이 杭州知州로 부임해 가는 도중이던 원우 4년(1089) 6월 湖州에서 만나 함께 노닐었던 이른바 後六客 가운데 한 사람이다.

(2) 閩漕(민조): 福建轉運判官.

(3) 儒俠(유협): 협객의 기질을 지닌 유생.

(4) 戎馬(융마): 전쟁에 쓰이는 말. 戰馬. 軍馬. 施元之의 《施注蘇詩》에 "조보는 자가 자방이고 해릉 사람이다. 원풍(1078-1085) 연간에 부연로경략사구당공사가 되었다(曹輔, 字子方, 海陵人. 元豐間爲鄜延路經略司勾當公事)"라고 했다.

(5) 楯墨(순묵): 방패에 대고 간 먹이라는 뜻으로, 전쟁 도중에 야외에서 먹을 갈아 쓴 글을 가리킨다.

《北史·荀濟傳》에 "순제는 처음 양나라 무제와 포의지교였는데 양나라 무제가 임금이 되어야 하는 데도 자신의 의기를 믿고 남에게 승복하지 않을 줄 알고 다른 사람에게 '틀림없이 방패에 먹을 갈아 격문을 쓸 것이다'라고 했다(濟初與梁武帝布衣交, 知梁武當王, 然負氣不服, 謂人曰: '會楯上磨墨作檄文.')"라는 말이 있다.

(6) 何曾(하증): 어찌 ~한 적이 있는가. ~한 적이 없다는 말이다.

(7) 事(사): 일을 맡다.

(8) 遠遊(원유): 먼 곳에서 떠돌다. 복건 지방에서 전운판관의 임무를 수행하는 것을 가리킨다.

(9) 紅塵(홍진): 붉은 먼지에 덮인 속세. 도성을 가리킨다.

(10) 嚴灘(엄탄): 富春山에 은거한 後漢 사람 嚴光이 낚시질을 했다는 嚴陵瀨를 가리킨다. 절강성 경내를 지나가는 富春江에 있다.

(11) 平生(평생): 평소.

(12) 羊炙(양적): 양고기 구이.

(13) 竝海(병해): 바다에 의지한다는 뜻으로 바닷가인 복건지방에 사는 것을 가리킨다. 《史記·秦始皇本紀》에 "유중(지금의 감숙성 유중)에서 황하를 따라 동쪽으로 음산까지 갔다(自楡中竝河以東, 屬之陰山)"라는 말이 있는데 集解에 "복건이 말하기를 '竝은 발음이 傍과 같다. 傍은 의지하는 것이다'라고 했다(服虔曰: '竝音傍. 傍, 依也.')"라는 주석이 있다.

(14) 鹹酸(함산): 짜고 신 맛이 나는 음식을 가리킨다. 이 연은 이 조보가 鄜延路經略司勾當公事로서 鄜延路(지금의 섬서성 富縣 즉 鄜州와 延安 일대)에서 살았는바, 이때 양고기를 많이 먹었기 때문에 양고기가 없는 남방의 바닷가 고을인 복건지방에 가서도 양고기처럼 짜고 시큼한 음식을 찾겠다는 말이다. 오늘날도 醋椒羊肉이라는 요리가 있는 것을 보면 양고기는 옛날에도 시큼하게 요리해서 먹었음을 알 수 있다.

(15) 一從(일종): ~로부터.

(16) 荔支(여지): 여지. 흔히 '荔枝'로 쓴다. 중국 원산의 상록교목으로 복건성·광동성·해남도·대만 등 남방에서 많이 나는데 공 모양의 자주색 과일은 표면에 혹 모양의 돌기가 있으며 수분이 많고 맛이 달다. 우리나라에서는 '리치'라고 하는바, 웨이드식(Wade式) 중국어 발음 표기에서 '荔枝'를 'Lichih'로 표기한 데에 연유한 것으로 보인다.

(17) 苜蓿(목숙): 개자리. 거여목. 콩과의 두해살이풀로 봄에 노란 잔꽃이 잎겨드랑이에서 피고 열매는 용수철 모양의 莢果를 맺는다. 오늘날 苜蓿羊肉이라는 요리가 있는 것을 보면 양고기는 전통적으로 개자리와 함께 먹었음을 알 수 있다. 이상의 네 구절은 조보가 복건지방에 가면 처음에는 서북방에서 먹던 양고기가 그리워서 시큼한 음식을 찾겠지만 일단 복건지방의 특산물인 여지를 한 번 맛보고 나면 양고기에 곁들여 먹던 개자리를 금방 잊어버리게 될 것이라는 말이다.

(18) 市朝(시조): 시장과 조정. 세속적 名利 추구의 현장을 가리킨다.

(19) 靑霞志(청하지): 靑雲의 뜻.

(20) 坐(좌): 마침내.

(21) 闌(난): 다하다. 사라지다. 謝靈運의 시 〈長歌行〉에 "자꾸자꾸 쇠락의 시기가 다가오니, 조금씩 조금씩 장한 뜻이 사라지네(亹亹衰期迫, 靡靡壯志闌)"라는 구절이 있다.

(22) 淵明(연명): 陶淵明. 東晉 때의 시인으로 彭澤縣令으로 부임한 지 80여 일 만에 관직을 버리고 고향으로 돌아가며 〈歸去來辭〉를 지었다.(《晉書·陶潛傳》 참조)

(23) 便(변): ~하자마자 곧.

(24) 解官(해관): 관직을 버리다.

(25) 索身(색신): 몸이 온전해지기를 추구하다. 세속적인 구속에서 벗어나 심신의 편안과 자유를 추구하는 것을 가리킨다.

(26) 憑(빙): 의지하다. 부탁하다.

(27) 淮(회): 회하. 조보가 복건전운판관으로 부임해 가는 길에 건너게 될 강이다.

(28) 幾竿(기간): 강물의 깊이가 배를 젓는 상앗대 몇 개에 해당하느냐는 말이다.

1056. 次韻王郎子立[1]風雨有感

비바람에 대한 감회를 노래한 왕자립 군의 시에 차운하여

百年一俯仰,[2][3]	백 년은 고개 한 번 숙였다 드는 시간
寒暑相主客.[4]	추위와 더위가 번갈아 주객이 되나니
稍增裘褐氣,[5][6]	모피옷과 털옷 입을 기후가 점점 늘어
已覺團扇厄.[7]	둥글부채가 입을 재앙이 이미 느껴지네.
不煩計榮辱,[8]	번거롭게 영욕을 따지지 않는 것은
此喪彼有獲.	여기에서 잃으면 저기에서 얻기 때문
我琴終不敗,	내 거문고는 끝내 망가질 일 없나니
無攫亦無醳.[9][10]	줄을 잡지도 않고 놓지도 않는다네.
後生不自牧,[11][12]	후생들은 자기 몸을 수양하지 않은 채
呻吟空挾策.[13]	공연히 책을 끼고 낑낑대면서
揠苗不待長,[14]	싹을 뽑아 올리며 자라기를 안 기다리고
賣菜苦求益.[15]	채소를 팔며 더 주려고 몹시 애썼네.
此郎獨靜退,[16][17]	그런데 이 낭군만은 조용히 퇴거하여
門外無行迹.	대문 밖에 찾아오는 사람 자취 없지만
但恐陶淵明,[18]	다만 하나 두려운 건 도연명이 늘
每爲飢所迫.	굶주림에 내몰린 꼴이 되곤 한 것이네.
淒風弄衣結,[19]	찬바람이 그대 옷의 기운 곳을 희롱하고

小雪穿門席.[20]	눈이 거적문을 뚫고 날아 들어올지라도
願君付一笑,	그대여 일소에 부치기를 바라나니
造物亦戲劇.[21]	조물주도 장난을 좋아한다네.
朝來賦雲夢,[22]	아침에 운몽택을 읊은 글이 왔는데
筆落風雨疾.	붓을 대자 비바람이 몰아친 것 같으니
爲君裁春衫,	그대에게 봄 적삼을 지어 주겠네
高會開桂籍.[23][24]	성대한 연회에서 급제자 명부를 열 테니.

[해설]

왕적의 시에 차운하여 아직 과거에 급제하지 못한 그의 재주와 인품을 칭송하고 이번에는 그가 꼭 급제할 것이라고 위로한 것이다.

[주석]

(1) 子立(자립): 王適의 字. 施元之의 《施注蘇詩》에 "왕자립은 이름이 적이고 조군 임성 사람이다.…… 소동파가 서주태수로 있을 때 왕자립이 서주주학 학생이었는데 얼굴에 기쁨과 분노의 표정이 나타나지 않고, 무엇을 얻거나 잃거나 한결같았기 때문에 '이 사람은 자유와 닮은 데가 있군' 하면서 그(소철)의 딸을 그에게 시집보냈다.……원우 4년(1089)에 죽었으니 나이가 서른다섯 살이었다(王子立, 名適, 趙郡臨城人.……東坡守徐, 子立爲州學生, 喜怒不見, 得喪若一, 曰: '是有類子由.' 故以其子妻之.……元祐四年卒, 年三十五)"라고 했다.

(2) 百年(백년): 사람의 한평생을 가리킨다.

(3) 俯仰(부앙): 고개를 한번 숙였다 드는 짧은 시간을 가리킨다.

(4) 主客(주객): 주인 노릇하고 손님 노릇하다. 이 구절은 계절의 변화에 따라 추위와 더위가 서로 번갈아 가며 주도적인 위치에 선다는 말이다.

(5) 稍(초): 점점.

(6) 裘褐氣(구갈기): 가죽옷이나 털옷과 같은 따뜻한 옷을 입을 기후.

(7) 團扇(단선): 둥글부채. 비단이나 종이 따위로 둥글게 만든 부채. 한나라 성제의 총애를 독차지하다가 나중에 趙飛燕 자매에게 밀려나 長信宮에서 태후를 모신 班婕妤의 시 〈怨歌行〉에 "제나라의 흰 깁을 새로 자르니, 서리처럼 눈처럼 깨끗하였네. 그것을 재단하여 합환선을 만드니, 둥글둥글한 것이 보름달과 같았네. 임의 품과 소매를 드나들면서, 흔들흔들 시원한 바람을 일으켰네. 언제나 두려웠네 가을철이 다가와, 서늘한 바람이 무더위를 앗아 가면, 대나무 상자 속에 내버려진 채, 사랑이 중도에 끊어질세라(新裂齊紈素, 皎潔如霜雪. 裁爲合歡扇, 團團似明月. 出入君懷袖, 動搖微風

發. 常恐秋節至, 涼風奪炎熱. 棄捐篋笥中, 恩情中道絶)"라고 했다. 이 연은 여름 동안 사랑받던 부채가 버림받을 계절, 즉 가을이 곧 닥칠 것 같은 느낌이 든다는 말이다.

(8) 不煩(불번): 번거롭게 ~할 필요 없다.

(9) 攫(확): 손가락으로 거문고 줄을 잡는 것을 가리킨다.

(10) 醳(역): '釋'과 같다. 손가락으로 잡았던 거문고 줄을 도로 놓는 것을 가리킨다. 《晉書·陶潛傳》에 "천성이 음악을 잘 몰랐지만 집에 허름한 거문고를 하나 가지고 있었는데 줄도 제대로 갖추어져 있지 않아서 친구들과 술자리를 벌일 때마다 그것을 어루만지며 말하기를 '거문고의 흥취만 알면 되지 어찌 줄에서 나는 소리를 들으려고 수고하랴!'라고 했다(性不解音, 而畜素琴一張, 弦徽不具, 每朋酒之會, 則撫而和之, 曰: '但識琴中趣, 何勞弦上聲!')"라는 말이 있는바, 이 연은 자신이 굳이 거문고를 연주하려고 하지 않는다는 말이다.

(11) 後生(후생): 왕적의 후배를 가리킨다.

(12) 自牧(자목): 스스로를 수양하다.

(13) 挾策(협책): 옆구리에 책을 끼고 있다. '策'은 竹簡 또는 木簡을 여러 개 엮어 놓은 것 즉 책을 가리킨다. 《莊子·駢拇》에 "장과 곡 두 사람이 함께 양을 먹이고 있었는데 둘 다 자기 양을 잃어버렸다. 장에게 어떻게 된 일이냐고 물었더니 책을 읽다가 잃어버렸다고 했고, 곡에게 어떻게 된 일이냐고 물었더니 도박을 하다가 잃어버렸다고 했다. 두 사람이 한 일은 다르지만 양을 잃어버린 사실은 마찬가지이다(臧與穀二人, 相與牧羊, 而俱亡其羊. 問臧奚事, 則挾策讀書; 問穀奚事, 則博塞以遊. 二人者, 事業不同, 其於亡羊均也)"라고 했다. 이 구절은 후배들이 하기 싫은 공부를 억지로 한다는 말이다.

(14) 揠苗(알묘): 揠苗助長, 즉 무리하게 서두르다 오히려 일을 망치는 것을 가리킨다. 《孟子·公孫丑上》에 "송나라 사람 가운데 자기가 심은 곡식의 싹이 잘 자라지 않을까 봐 걱정하여 그 싹을 뽑아 올린 사람이 있었는데 그는 허둥지둥 집으로 돌아가서 집안사람들에게 말하기를 '오늘은 참 피곤하구나. 내가 싹이 잘 자라도록 도와주었다'라고 했다. 그의 아들이 얼른 달려가서 보았더니 싹이 시들어 있었다(宋人有閔其苗之不長而揠之者, 芒芒然歸, 謂其人曰: '今日病矣. 予助苗長矣.' 其子趨而往視之, 苗則槁矣)"라는 말이 있다.

(15) 賣菜(매채): 司徒 侯霸는 후한 때의 유명한 은자인 嚴光과 오랫동안 교유해 온 친구인지라 엄광으로 하여금 자기가 있는 곳으로 오게 할 요량으로 侯子道를 보내 편지를 전했다. 후자도가 엄광에게 후패의 편지를 전하고 답장을 써 달라고 하자 엄광이 손으로 글씨를 쓸 수 없다며 입으로 불러 주었다. 후자도가 내용이 너무 적다며 보충해 달라고 하자 엄광이 "채소를 사는가? 더 달라고 하다니?"라고 했다.(皇甫謐, 《高士傳·嚴光》 참조) 이 구절은 자신의 재능을 조금이라도 더 보여 주려고 애썼다는 말이다. 이상의 네 구절은 자신의 재능을 보여 주고 싶어 하지 않았던 엄광의 고사를 빌려, 학식과 인품이 왕적보다 못한 그의 후배들이 인격의 수양과 학문의 연마에는 힘쓰지 않고 자기 재주를 조금이라도 더 드러내어 관직을 차지하는 데에만 힘을 기울였다는 말이다.

(16) 此郎(차랑): 왕적을 가리킨다.

(17) 靜退(정퇴): 조용히 퇴거하다. 벼슬길에 나아가지 않고 초야에 묻혀 초연하게 지내는 것을 가리킨다. 《晉書·謝安傳》에 "사안의 아내는 유담의 누이동생으로 이미 가문의 부귀를 보아 온 터라 사안만 유독 조용히 퇴거하는 것을 보고 '대장부는 이렇게 살지 않습니다'라고 했다(安妻, 劉惔妹也, 旣見家門富貴, 而安獨靜退, 乃謂曰: '丈夫不如此也.')"라는 말이 있다. 이 연은 왕적의 인품을 칭송한 것이다.

(18) 陶淵明(도연명): 東晉 때의 시인. 그는 일찌감치 관직을 버리고 고향에서 농사를 지으며 지냈는데 걸식을 하지 않으면 안 될 정도로 몹시 가난했다. 그의 시 〈乞食〉에 "굶주림이 밀려와 나를 몰아내는데, 도대체 어디로 가야 할지 모르겠다. 걷고 걸어 이 마을에 이르렀건만, 대문을 두드리곤 말을 더듬거린다(飢來驅我去, 不知竟何之. 行行至斯里, 叩門拙言辭)"라는 구절이 있다.

(19) 衣結(의결): 옷이 떨어져서 기운 자리.

(20) 門席(문석): 문에 걸어서 문짝으로 삼는 거적. 거적문.

(21) 造物(조물): 조물주. 이 연은 왕적이 당하고 있는 곤경은 조물주가 잠시 장난을 치는 것에 불과하기 때문에 결코 오래 지속되지 않을 것이라고 그를 위로한 것이다.

(22) 賦雲夢(부운몽): 지금의 洞庭湖 일대에 있던 커다란 늪인 雲夢澤을 읊는다는 뜻이다. 한나라 辭賦家 司馬相如가 가공의 인물인 楚나라 사람 자허가 역시 가공의 인물인 齊나라 사람 亡是公에게 자랑하는 형식으로 운몽택의 위용을 읊은 〈子虛賦〉를 지은 고사를 벌려 왕적이 시를 지은 일을 가리킨다.

(23) 高會(고회): 성대한 연회. 과거 급제자들에게 베풀어 주던 축하연을 가리킨다.

(24) 桂籍(계적): 과거 급제자 명부. 이 연은 왕적이 금년 봄에 시행되는 과거에 틀림없이 급제할 것이라고 그를 위로한 것이다.

1057. 次韻黃魯直(1)嘲小德(2). 小德, 魯直子, 其母微, 故其詩云: “解(3)著《潛夫論(4)》, 不妨無外家.”

소덕을 놀린 황노직의 시에 차운한다. 소덕은 노직의 아들로 자기 어머니가 미천한 신분이었기 때문에 그의 시에 “《잠부론》을 지을 줄 알 정도가 됐으니, 외가가 없어도 상관없단다”라고 했다

進饌客爭起,(5)	음식을 들고 가자 손님이 다투어 일어났으니
小兒那可涯.(6)	어린아이라고 어찌 제쳐 버릴 수 있으리?
莫欺東方星,(7)	동방에 있는 별을 얕보지 마라
三五自橫斜.	서너 개가 비스듬히 늘어서 있으니.
名駒已汗血,(8)(9)	이름난 망아지가 벌써 한혈마가 되었는데도
老蚌空泥沙.(10)(11)	늙은 방합조개가 진흙 속에 있을 뿐이지만
但使伯仁長,(12)(13)	주백인이 자라서 성인만 되면
還興絡秀家.(14)	다시금 이낙수의 집안을 일으키리.

[해설]

황정견이 자기 아들 소덕을 대상으로 장난삼아 지은 시에 차운한 것으로, 진나라 때의 유명한 서자인 배수와 주의에 빗대는 방식으로 소덕의 능력을 치켜세웠다.

[주석]

(1) 魯直(노직): 黃庭堅의 字.
(2) 小德(소덕): 황정견의 서자.
(3) 解(해): ~할 줄 알다.
(4) 潛夫論(잠부론): 後漢 때의 사상가 王符가 지은 책. 왕부는 安定 사람이었는데 어릴 때부터 학

문을 좋아하고 지조가 굳었으며, 馬融·竇章·張衡·崔瑗 등과 친하게 지냈다. 안정 지방 사람들은 庶孼을 업신여겼는데 왕부는 외가가 없었기 때문에 마을 사람들에게 천시당했다. 和帝·安帝 이후로 세상 사람들이 여기저기 찾아다니며 높은 관직을 얻기에 힘썼지만 왕부는 홀로 꼿꼿하게 살았다. 그는 전원에 은거하면서 30여 편의 책을 지어 당시 정치의 득실을 논했는데 자기 이름을 드러내고 싶지 않아서 《잠부론》이라고 했다.(《후한서·왕부전》 참조) 이 두 구절은 황정견 원시의 마지막 연이다.

(5) 進饌(진찬): 음식을 올리다. 晉나라 사람 裴秀는 어릴 적부터 학문을 좋아하여 여덟 살 때 이미 글을 지을 줄 알았으며 지조도 매우 굳었다. 그의 숙부 裴徽는 명망이 높은 사람이었기 때문에 찾아오는 사람이 많았는데 배수가 열 살 남짓 되자 배휘를 찾아온 사람들이 돌아갈 때 꼭 배수를 만나 보았다. 그러나 그의 생모는 신분이 미천했기 때문에 嫡母가 함부로 대했다. 한번은 배수의 적모가 그의 생모에게 손님방으로 음식을 들고 가라고 했다. 그의 생모가 음식을 들고 들어가자 손님들이 모두 일어나서 그녀에게 예의를 갖추었다. 그러자 그녀가 "저는 이렇게 미천한 사람인데 저의 어린 아들 때문에 이러시는군요"라고 했다. 적모가 이 사실을 알고 그 뒤로는 그러지 않았다.(《진서·배수전》 참조)

(6) 那可涯(나가애): 어찌 제한할 수 있겠는가. 선을 그어서 정해진 영역 바깥으로 밀어내 버릴 수 없다는 말이다.

(7) 東方星(동방성): 반짝이는 작은 별을 가리킨다. 《詩經·召南·小星》에 "반짝이는 저 작은 별, 동방에 서너 개 있네(嘒彼小星, 三五在東)"라는 구절이 있는데, 이 시에 대한 毛詩序에 "〈小星〉은 은혜가 아래에까지 미치는 것이다. 부인이 투기하는 행동을 하지 않아 그 은혜가 첩에게 미친다(〈小星〉, 惠及下也. 夫人, 無妬忌之行, 惠及賤妾)"라고 했다. 이 구절은 소덕의 생모가 미천한 신분이지만 빛을 발하며 자기 자리를 지키고 있다는 말이다.

(8) 名駒(명구): 이름난 망아지. 汗血馬를 가리킨다.

(9) 汗血(한혈): 汗血馬를 가리킨다.

(10) 老蚌(노방): 늙은 방합. 蔡邕의 〈靑衣賦〉에 "황금은 모래와 자갈에서 나오고, 진주는 방합이 사는 진흙에서 나온다. 아아 이 아름답고 귀한 물건이, 하찮은 곳에서 나오는구나(金生砂礫, 珠出蚌泥. 歎玆窈窕, 産於卑微)"라고 했다.

(11) 泥沙(이사): 진흙. 방합조개의 근거지를 가리킨다. 이 연은 소덕은 이미 한혈마의 기질을 보이는데 소덕의 생모는 아직까지 응분의 대접을 받지 못하고 있다는 말이다.

(12) 使(사): 만약 ~한다면.

(13) 伯仁(백인): 晉나라 사람 周顗의 字. 주의의 어머니 李絡秀는 汝南에서 살았는데 주의의 부친인 安東將軍 周浚이 부하들과 함께 사냥을 나갔다가 비를 만나 그녀의 집으로 들어가서 쉬었다. 마침 이낙수의 부친과 오빠가 집에 없는지라 이낙수는 하녀 한 명을 데리고 돼지와 양을 잡아 아무 소리도 내지 않고 수십 명분의 음식을 맛있게 잘 만들었다. 주준이 감동하여 그녀를 첩으로 삼으려고 하자 그녀의 부친과 오빠가 허락하지 않았다. 그러자 이낙수가 "집안이

이렇게 어려운데 어째서 딸 하나를 아끼십니까? 귀족과 인척 관계를 맺으면 장차 유익한 일이 많을 것입니다"라고 하는지라 마침내 허락했다. 이리하여 주의·周嵩·周謨를 낳았는데 아들들이 컸을 때 이낙수가 "내가 지체를 낮추어 너희 집에 첩으로 들어온 것은 오직 우리 가문을 위해서였다. 너희들이 우리 친정과 친척이 되기를 거부한다면 내가 더 살아서 무엇 하겠느냐?"라고 했다. 이에 주의와 그의 형제들이 어머니의 말씀을 따랐기 때문에 이낙수의 친정이 마침내 고귀한 가문이 되었다.(《진서·열녀전》 참조)

(14) 絡秀(낙수): 주 (13) 참조.

1058. 書《黃庭內景經[1]》尾幷敍

《황정내경경》 말미에 쓴 시와 그 서문

余旣書《黃庭內景經》, 以贈葆光道師[2], 而龍眠居士[3]復爲作經相[4]其前, 而畫余二人[5]像其後. 筆勢雋妙[6], 遂爲希世之寶, 嗟歎不足, 故復贊之.(내가 이미 《황정내경경》을 써서 보광도사께 드렸는데 용면거사가 또 그를 위해 앞에는 경전의 요체를 형상화한 삽화를 그려 놓고 뒤에는 우리 두 사람의 형상을 그려 놓았다. 필세가 빼어나고 오묘하여 마침내 세상에 보기 드문 보배가 되었으므로 감탄하는 것만으로는 부족하여 다시 찬양하는 시를 짓는다.)

太上虛皇出靈篇,[7][8][9]	태상허황이 영험한 책을 내시매
黃庭眞人舞胎仙.[10][11]	황정진인이 태선을 춤추게 하네.
髯耆兩卿相後前,[12][13]	수염 많은 두 노인이 앞뒤로 앉아 있는데
丱妙夾侍淸且妍.[14][15]	협시하는 총각머리 동자가 해맑고 곱네.
十有二神服銳堅,[16][17]	열두 신이 날카로운 걸 들고 딱딱한 옷을 입었는데
巍巍堂堂人中天.[18]	우뚝하고 당당한 게 속세 속의 천상이네.
問我何修果此緣,[19][20]	어떻게 도를 닦아 이 인연을 이뤘을까?
是心朝空夕了然,[21]	이 마음이 아침에 비어 저녁에 또렷해졌는데
恐非其人世莫傳.[22]	그 사람이 아니면 이것을 전할 사람이 없을 것이네.
殿以二士蒼鵠騫,[23][24][25]	두 사람으로 대미를 장식해 푸른 고니가 나는 모습
南隨道師歷山淵.[26][27]	남쪽에서 도사를 따라 산천을 돌아다니겠네.
山人迎笑喜我還,[28][29]	산에 사는 사람들이 맞이하여 웃음 띠고 내가 돌아온 것을 기뻐하면서
問誰遣化老龍眠.[30]	누가 나를 화하게 했는지 물어볼 터 그 사람은 바로 저 늙은 용면이라네.

[해설]

소식이 보광도사에게 《황정내경경》을 필사해 주었더니 그것을 본 이공린이 《황정내경경》의 요체를 형상화한 삽화와 함께 소식과 이공린 두 사람의 초상화도 그려 놓은 것을 보고 지은 것이다. 세속적인 삶을 버리고 산속으로 들어가 초연하게 살고 싶어 하는 그의 염원이 드러나 있다.

[주석]

(1) 黃庭內景經(황정내경경): 도교 경전의 하나. 《황정내경경》·《황정외경경》·《황정중경경》을 통칭하여 《黃庭經》이라고 한다.

(2) 葆光道師(보광도사): 구체적인 행적이 알려져 있지 않다. '道師'는 修道의 경지가 높은 사람에 대한 경칭이다.

(3) 龍眠居士(용면거사): 북송 때의 유명한 화가 李公麟의 호. 그는 南唐 先主 李昪의 손자로, 龍眠山에 은거하며 자호를 용면거사라고 했다

(4) 經相(경상): 《황정내경경》의 요체를 형상화한 삽화를 가리킨다.

(5) 余二人(여이인): 소식과 이공린을 가리킨다.

(6) 雋妙(준묘): 빼어나고 오묘하다.

(7) 太上(태상): 도교에서 尊崇의 뜻을 나타내기 위하여 가장 존귀한 신의 이름 앞에 붙이는 말.

(8) 虛皇(허황): 도교에서 받드는 신의 이름.

(9) 靈篇(영편): 신령스러운 책.

(10) 黃庭眞人(황정진인): 도교에서 도를 깨쳐 깊은 진리를 깨달은 사람을 가리키는 말.

(11) 胎仙(태선): 도교에서 받드는 신의 이름. 《黃庭內景經·上淸章》에 "《금심》(《황정내경경》의 별명)이 세 번이면 태선을 춤추게 한다(《琴心》三疊舞胎仙)"라는 말이 있는데 務成子의 주에 "태선은 바로 태령대신으로 태진이라고도 하는데 명당에 앉아 있다(胎仙, 卽胎靈大神, 亦曰胎眞, 居明堂中)"라고 했고, 査愼行의 《蘇詩補註》에 "《황정내경경》에 '《금심》이 세 번이면 태선을 춤추게 한다'라고 했는데 주에 '태선은 바로 태령대신인바, 마음이 평화로우면 기분이 흐뭇해지기 때문에 태선을 춤추게 한다'라고 한 것이다(《黃庭內景經》: '《琴心》三疊舞胎仙.' 注云: '胎仙, 卽胎靈大神, 以其心和則神悅, 故舞胎仙也.')"라고 했다. 이 연은 태상허황이 《황정내경경》을 펴내자 황정진인이 그것의 숙독을 통해 수련함으로써 태선을 춤추게 한다는 말로 삽화 속에 그려져 있는 태상허황과 황정진인의 형상을 묘사한 것이다.

(12) 髯耆(염기): 수염이 많은 노인. 태상허황과 황정진인을 가리킨다.

(13) 卿(경): 남자에 대한 존칭.

(14) 丱妙(관묘): 머리를 두 갈래로 땋아서 묶은 어린아이.

(15) 夾侍(협시): 좌우에서 모시다.

(16) 十有二神(십유이신): 열두 신. 사신행의 《소시보주》에 "무성자의 《황정내경경》 주에 "'景'은 신이다. 그 경전에 열세 신이 있으니 모두 몸 안에 있는 內神의 이름으로, 발신·뇌신·안신·비신·이신·설신·치신·심신·폐신·간신·신신·비신·담신을 말한다'라고 했으므로, 시 속의 "십이"는 "십삼"으로 써야 한다(務成子《內景經》注云: '景者, 神也. 其經有十三神, 皆身中之內景名字, 謂髮神·腦神·眼神·鼻神·耳神·舌神·齒神·心神·肺神·肝神·腎神·脾神·膽神也.' 詩中'十二'當作'十三')"라고 했다.

(17) 服(복): 띠다. 지니다.

(18) 人中天(인중천): 인간 세상 속의 천상 세계. 삽화의 윗부분과 중앙에는 태상허황과 황정진인, 협시하는 동자들과 열두 신 등의 도교적 인물이 그려져 있고 하단에는 그들을 우러러보는 속인들이 그려져 있었던 것으로 보인다.

(19) 問(문): '今'으로 된 판본도 있는바, 더 타당해 보인다. '問'의 경우 소식이 자신에게 물은 것이 된다.

(20) 此緣(차연): 소식이 보광도사에게 《황정내경경》을 필사해 줌으로써 도가적 깨달음을 얻을 수 있게 된 일을 가리키는 것으로 보인다.

(21) 了然(요연): 명백하다. 세상 돌아가는 이치를 명백히 깨달았다는 말이다.

(22) 其人(기인): 자신의 초탈한 모습을 그려 준 이공린을 가리킨다.

(23) 殿(전): 대미를 장식하다.

(24) 二士(이사): 소식과 이공린을 가리킨다. 사신행의 《소시보주》에 "석각에 선생이 스스로 '처음에는 이백시가 나를 그려 놓았더니 또 스스로 자기 모습도 그렸기 때문에 끝에 "두 사람을 가지고 대미를 장식했다"라고 한 것이다'라고 했다(石刻先生自題云: '初李伯時畫予, 且自畫其像. 故云: "殿以二士".')"라는 주석이 있다.

(25) 騫(건): 날다. '騫'과 같다.

(26) 道師(도사): 보광도사를 가리킨다.

(27) 山淵(산연): 高山과 深淵. 이 연은 이공린이 《황정내경경》 필사본에 소식과 이공린 두 사람의 초상화를 그려 놓음으로써 그들이 보광도사를 따라 여산 일대를 돌아다니게 되었다는 말이다.

(28) 山人(산인): 도사나 승려처럼 산속에 은거하는 사람. 여산에 있는 은자들 가운데 소식이 黃州에서 汝州로 유배지를 옮겨 가는 도중 여산에 들렀을 때 만났던 사람들을 가리킨다.

(29) 我(아): 이공린이 그린 소식의 초상화를 가리킨다. 馮應榴의 《蘇軾詩集合注》에 "선생이 일찍이 여산을 유람한 적이 있기 때문에 '내가 돌아온 것을 기뻐하면서'라고 한 것이다(先生曾游廬山, 故云: '喜我還.')"라고 했다.

(30) 化(화): 소식이 세속적인 모습에서 탈속적인 모습으로 바뀐 것을 가리킨다. 이공린이 소식의 초상화를 그릴 때 득도한 사람의 초연한 모습으로 그렸던 것 같다.

1059. 送蹇道士(1)歸廬山(2)

여산으로 돌아가는 건도사를 전송하며

物之有知蓋恃息,(3)	만물 중에 지각 있는 것은 숨에 의지해 살거늘
孰居無事使出入.(4)(5)	누가 일 없는 상태에서 숨을 쉬는가?
心無天游室不空,(6)	마음속에 천유가 없고 방에 빈 곳이 없으면
六鑿相攘婦爭席.(7)	육정이 서로 어지럽히고 부녀들이 자리를 다툰다네.
法師逃人入廬山,(8)	법사는 사람을 피해 여산으로 들어가니
山中無人自往還.(9)	산속에 사람이 없어 홀로 왔다 갔다 하겠네.
往者一空還者失,(10)(11)(12)	산으로 가면 다 없어지고 돌아오면 잃나니
此身正在無還間.(13)	이 몸은 지금 산에서 안 돌아온 상태에 있다네.
綿綿不絶微風裏,	면면히 끊임없이 미풍 속에서
內外丹成一彈指.(14)(15)	손가락 한 번 튕기는 사이에 내단과 외단을 이루겠네.
人間俯仰三千秋,(16)(17)(18)	인간 세상의 삼천 년이 순식간에 지나갈 터
騎鶴歸來與子游.(19)(20)	학을 타고 돌아가서 그대와 노닐 것이네.

[해설]

도를 닦기 위해 여산으로 돌아가는 건공진 도사를 전송하면서 지은 것으로, 세속적인 일에서 벗어날 수 있게 된 그를 칭송하면서 아울러 그에 대한 부러운 심경을 토로했다.

[주석]

(1) 蹇道士(건도사): 査愼行의 《蘇詩補註》에 "이름이 공진이고 자가 익지이다(名拱辰, 字翊之)"라고 했다.

(2) 廬山(여산): 강서성 九江 남쪽에 있는 산. 《元和郡縣志》에 "여산은 본래 심양현(지금의 강서성 구강)에서 동쪽으로 32리 되는 곳에 있었으며 이름이 장산이었다. 옛날에 자가 자효인 광속이 이곳에서 은거했다(廬山本在潯陽縣東三十二里, 名鄣山. 昔匡俗, 字子孝, 隱淪於此)"라고 했고, 《太平寰宇記》에 "광속이 이 산에 오두막을 짓고 살다가 신선이 되어서 떠나갔는데 그가 살던 빈 오두막이 아직도 남아 있기 때문에 여산이라고 한다(匡俗結廬於此山, 仙去, 空廬尙在, 故曰廬山)"라고 했다.

(3) 恃息(시식): 호흡에 의지하여 살다. 《莊子·外物》에 "만물 중에 지각이 있는 것은 호흡에 의지하여 사는데 그것이 왕성하지 못한 것은 하늘의 죄가 아니다. 하늘은 밤낮으로 끊임없이 구멍을 뚫어 주는데 사람은 도리어 그 구멍을 막는다. 태 안에도 여러 겹의 공간이 있고 마음속에도 자유롭게 노닐 공간이 있다. 방에 빈 공간이 없으면 시어머니와 며느리가 다투게 되고, 마음속에 자유롭게 노닐 공간이 없으면 육정이 서로 어지럽힌다(物之有知者恃息, 其不殷, 非天之罪. 天之穿之, 日夜無降, 人則顧塞其竇. 胞有重閬, 心有天遊. 室無空虛, 則婦姑勃谿, 心無天遊, 則六鑿相攘)"라는 말이 있다.

(4) 無事(무사): 일이 없는 상태. 《莊子·天運》에 "하늘은 움직이고 땅은 제자리에 가만히 있으리라! 그리고 해와 달은 자리를 다투리라! 누가 이것을 주재하며 누가 이것을 유지하는가? 누가 일 없는 상태에 있으면서 이것을 운행하는가?(天其運乎! 地其處乎! 日月其爭於所乎! 孰主張是? 孰維綱是? 孰居無事而推行是?)"라는 말이 있다. 여기서는 《장자》의 이 표현을 빌려 세속적인 일에 구속받지 않는 무위의 상태를 가리킨다.

(5) 使出入(사출입): (숨이) 드나들게 하다. 숨을 쉰다는 말이다. 이 연은 도사들이 세속적인 일의 구속에서 벗어나 무위자연의 상태에서 숨을 쉬고 산다는 말이다.

(6) 天游(천유): 사물에 구애되지 않고 마음속에 막힌 데 없이 자유롭게 활동하다. 주 (3) 참조.

(7) 六鑿(육착): 喜·怒·哀·樂·愛·惡의 六情. 이 연은 건도사의 마음속에 천유가 있게 되어서 육정이 난무하지 않을 것이라는 말로, 여산으로 돌아가는 건도사를 칭송하면서 은연중에 그에 대한 부러운 마음을 드러냈다.

(8) 法師(법사): 건도사를 가리킨다.

(9) 往還(왕환): 왕래하다. 왔다 갔다 하다.

(10) 往者(왕자): 가면. 속세에서 산속으로 들어가는 경우를 가리킨다. '者'는 '則'과 같다.

(11) 一空(일공): 하나같이 다 공허해지다. 깡그리 없어지다. 세속적 가치를 지닌 소중한 것들이 모두 가치를 잃는다는 말이다.

(12) 還者失(환자실): 돌아오면 소실되다. 산속에서 속세로 돌아오면 참된 본성을 잃는다는 말이다.

(13) 此身(차신): 소식 자신을 가리킨다. 이 구절은 자신이 산속으로 들어가 버리지도 않았지만 완전히 속세로 돌아온 것도 아닌 상태, 즉 기회가 오면 다시 산속으로 들어갈 심리 상태에 있다는 말인 것으로 보인다.

(14) 內外丹(내외단): 내단과 외단. 도가에서는 자신의 精氣를 단련하여 얻는 단약을 내단이라고 하고, 金石을 단련하여 얻는 단약을 외단이라고 한다.

(15) 彈指(탄지): 彈指頃. 손가락을 한 번 튕기는 짧은 시간.

(16) 人間(인간): 인간 세상. 속세.

(17) 俯仰(부앙): 고개를 한 번 숙였다 드는 짧은 시간.

(18) 三千秋(삼천추): 삼천 년.

(19) 騎鶴(기학): 학을 타다. 신선이 되어서 학을 타고 하늘로 올라가는 것을 말한다. 荀瓌가 한번은 江夏(지금의 호북성 武漢)의 黃鶴樓에서 노닐고 있는데 서남쪽 하늘에서 무언가가 하늘하늘 떨어지고 있었다. 얼마 지난 뒤에 다가오는 것을 보니 바로 어떤 사람이 학을 타고 있는 모습이었다. 학이 내려앉자 깃털로 지은 상의와 붉은색 하의를 입은 신선이 내려와 순괴와 마주 보고 앉았다. 그 신선은 한참 동안 즐겁게 지내다가 다시 학을 타고 하늘 높이 사라져 갔다.(任昉, 《述異記》 참조)

(20) 歸來(귀래): 돌아가다. 소식이 여산으로 돌아가는 것을 가리킨다. 《戰國策·齊策》에 "장검아 돌아가자꾸나 식사에 생선도 없으니(長鋏歸來乎! 食無魚)"라는 말이 있다. 〈書《黃庭內景經》尾幷敍〉(1058) 주 (27) 참조. 이 연은 소식 자신이 언젠가는 득도하여 여산으로 건도사를 찾아가서 함께 노닐고 싶은데 신선의 세계에서는 그 시간이 순간에 불과할 테니 좀 기다려 달라는 말이다.

1060. 次韻黃魯直[(1)]戲贈[(2)]

황노직의 시에 차운하여 장난으로 지어 준다

昨夜試微涼,[(3)]	어젯밤에 처음으로 날씨가 좀 시원해져
汗衾初退紅.[(4)]	땀 밴 이불에서 붉은색이 바래기 시작했네.
我願偕秋風,	나는 가을바람과 한데 어울려
隨身入房櫳.[(5)(6)]	임을 따라 방으로 들어가길 바라네.
君王不好事,[(7)]	임금님이 모시는 건 좋아하지 않으시고
只作好驚鴻.[(8)(9)]	오직 놀란 기러기만 좋아하시네.
細看卷蠆尾,[(10)]	말아 올린 전갈 꼬리 자세히 보시는데
我家眞栗蓬.[(11)(12)]	나 같은 사람은 참으로 밤송이네.

[해설]

왕문고의 《소식시집》에 "원풍(1078-1085) 연간에 황정견이 감덕평진으로 재임할 때 조정지와 틈이 생겼는바, 조정지가 상주한 말은 모두 모함이었다(元豐間, 黃庭堅監德平鎭, 與趙挺之有隙, 挺之所奏, 皆詆誣也)"라고 한 바와 같이, 황정견이 조정지에게 억울한 모함을 받은지라 그 일을 해명하기 위해, 남조시대 서리(徐摛)·서릉(徐陵) 부자와 유견오(庾肩吾)·유신(庾信) 부자에게서 비롯되었기 때문에 일명 서유체라고도 하는 궁체시(宮體詩)를 본떠 〈원한을 씻기 위해 장난으로 서유만체를 본떠서(淸人怨戲效徐庾慢體三首)〉라는 시를 지었다. 소식의 이 시는 황정견의 시에 차운하여 우스갯소리를 한 것이다.

[주석]

(1) 魯直(노직): 黃庭堅의 字.

(2) 戲贈(희증): 장난삼아 지어 주다. 황정견의 시 〈淸人怨戲效徐庾慢體三首〉를 가리킨다.

(3) 試(시): 처음으로. 갓.

(4) 退紅(퇴홍): 붉은색이 감퇴하다. 楊貴妃는 해마다 여름이면 항상 얇은 비단 옷을 입었는데 붉고 향내 나는 땀이 솟아 나와 수건으로 닦으면 수건이 복숭아꽃처럼 벌겋게 물들었다고 한다.(《楊妃外傳》 참조) 이 구절은 날씨가 시원해져서 땀이 나지 않기 때문에 이불을 벌겋게 물들일 일이 없어졌다는 말이다.

(5) 隨身(수신): 양귀비 때문에 현종의 은총을 잃은 梅妃가 현종을 따라가는 것을 가리키는 것으로 보인다.

(6) 房櫳(방롱): 방에 달린 창문. 방을 가리킨다. 이 연은 매비가 현종의 총애를 받고 싶다는 말인 것으로 보인다.

(7) 君王(군왕): 현종을 가리킨다.

(8) 作好(작호): 사심을 가지고 좋아하다. 《書經·洪範》에 "사심을 가지고 좋아하지 말고 임금님의 길을 따르며, 사심을 가지고 미워하지 말고 임금님의 길을 따르라(無有作好, 遵王之道; 無有作惡, 遵王之路)"라고 했는데, 이에 대하여 孔穎達의 疏에 "선왕의 정의를 따라야지 원칙 없이 사심을 가지고 좋아하거나 나쁜 사람을 좋아하는 오류를 범하지 말라는 말이다(動循先王之正義, 無有亂爲私好, 謬賞惡人)"라고 설명했고, 《荀子·修身》에 "《서경》에 '사심을 가지고 좋아하지 말고 임금님의 길을 따르며,……'라고 했는데, 이것은 군자가 공정한 의리로써 개인적인 욕심을 억제할 줄 아는 것을 말한다(《書》曰: '無有作好, 遵王之道…….' 此言君子之能以公義勝私欲也)"라고 설명했다.

(9) 驚鴻(경홍): 놀란 기러기. 당나라 현종이 梅妃와 함께 鬪茶를 하다가 여러 왕들을 돌아보며 "이 사람은 매화의 요정이다. 백옥으로 만든 피리를 하사했더니 〈驚鴻舞〉를 추어 좌중이 빛나게 했다. 이제 투차에서도 나에게 이길 것이다" 하고 농담했다.(曹鄴, 《梅妃傳》 참조) 또 曹植의 〈洛神賦〉에 "그 모습은 마치 놀란 기러기처럼 날렵하고 노니는 용처럼 유연하며, 가을철의 국화처럼 빛나고 봄철의 소나무처럼 무성하다(其形也, 翩若驚鴻, 婉若遊龍, 榮曜秋菊, 華茂春松)"라는 말이 있다. 이 연은 현종이 매비가 올바르게 잘 모시는 것을 좋아하지 않고 놀란 기러기처럼 춤추는 자태를 좋아하는 어리석은 짓이나 했다는 뜻으로, 조정에서 황정견 같은 충신을 믿지 않고 趙挺之 같은 간신배의 말에나 귀 기울이는 것을 풍자한 것이다.

(10) 蠆(채): 전갈. 《詩經·小雅·都人士》에 "저 군자의 따님은, 말아 올린 머리가 전갈 같구나(彼君子女, 卷髮如蠆)"라는 구절이 있는데 공영달의 疏에 "머리카락을 꼬부랑하게 말아 올렸는데 그 끝이 전갈의 꼬리와 같다(曲卷其髮, 末如蠆之尾)"라고 했다. '卷蠆尾'는 전갈의 꼬리처럼 한쪽 끝을 말아 올린 머리 모양을 가리킨다.

(11) 我家(아가): 나.

(12) 栗蓬(율봉): 밤송이. 杜甫의 시 〈野望因過常少仙〉에 "마을로 들어오라 오솔길이 인도하고, 과일을

맛보라고 밤송이가 열리네(入村樵徑引, 嘗果栗皺開)"라는 구절이 있다. 이 연은 현종이 양귀비의 머리에만 주목하고 매비의 머리는 하찮게 여겼다는 뜻인 것으로 보인다.

1061. 書林次中[1]所得李伯時[2]〈歸去來[3]〉·〈陽關[4]〉二圖後

임차중이 얻은 이백시의 〈귀거래도〉·〈양관도〉 두 그림의 뒤에 쓴 시

其一

不見何戡唱渭城,[5][6] 〈위성곡〉을 노래하던 하감은 보지 않고
舊人空數米嘉榮.[7] 옛 사람들 공연히 미가영만 꼽았는데
龍眠獨識殷勤處,[8][9] 오로지 이용면만 은근한 정취를 안 데다
畫出陽關意外聲.[10][11] 〈양관곡〉의 뜻 밖의 소리도 그려 내었네.

其二

兩本新圖寶墨香,[12] 새 그림 두 폭에서 보배로운 묵향이 나는데
樽前獨唱小秦王.[13] 술잔 앞에서 오직 〈소진왕〉만 노래하네.
爲君翻作歸來引,[14][15][16] 그대 위해 〈귀거래인〉을 지어 봤나니
不學陽關空斷腸. 애간장만 끊는 〈양관곡〉을 본받지 않았다네.

[해설]

친구 임단이 소장한 이공린의 그림 〈귀거래도〉와 〈양관도〉를 보고 지은 것이다. 제1수에서는 이공린의 〈양관도〉가 은근한 정취와 시의 이외의 의미심장한 소리를 동시에 표현해 낸 점을 칭송했고, 제2수에서는 이별의 슬픔을 노래한 〈양관곡〉만 노래하는 임단에게 자신이

곡조에 맞게 개작한 〈귀거래인〉도 있으니 그것도 함께 부름으로써 심경을 좀 초연하게 하라고 권했다.

[주석]

(1) 次中(차중): 소식의 直史館 시절 동료인 林希의 동생으로 소식과 진사 급제 동기인 林旦의 字.
(2) 伯時(백시): 북송 때의 유명한 화가 李公麟의 字. 그는 南唐 先主 李昪의 손자로, 龍眠山에 은거하며 자호를 용면거사라고 했다.
(3) 歸去來(귀거래): 이공린이 陶淵明의 〈歸去來辭〉를 묘사한 그림.
(4) 陽關(양관): 이공린이 王維의 시 〈양관곡〉을 묘사한 그림.
(5) 何戡(하감): 중당 때의 유명한 가수. 劉禹錫의 시 〈與歌者何戡〉에 "스무 해가 넘도록 서울을 떠나 있다가, 하늘의 음악을 다시 들으니 감개가 무량하네. 옛날 사람 가운데 하감만 살아 있어, 다시금 은근하게 〈위성곡〉을 불러 주네(二十餘年別帝京, 重聞天樂不勝情. 舊人唯有何戡在, 更與殷勤唱渭城)"라고 했다.
(6) 渭城(위성): 지금의 섬서성 咸陽. 〈양관곡〉의 다른 명칭인 〈위성곡〉을 가리킨다.
(7) 米嘉榮(미가영): 중당 때의 유명한 가수. 이 연은 유우석의 시를 근거로, 옛 사람들이 미가영의 노래만 좋아했지만 사실 하감의 노래도 훌륭했다고 말한 것이다.
(8) 龍眠(용면): 이공린의 호. 주 (2) 참조.
(9) 殷勤(은근): 정취가 깊고 그윽하다.
(10) 陽關(양관): 왕유의 시 〈양관곡〉을 가리킨다.
(11) 意外聲(의외성): 시에 담겨 있는 의미 이외에 그것에 덧보태진 의미심장한 노랫소리. 유우석의 시 〈與歌者米嘉榮〉에 "〈涼州詞〉의 뜻 밖의 소리를 노래할 줄 아는 이로, 옛 사람이 미가영만 손꼽았건만, 근래에는 세태가 선배를 경시하니, 수염을 잘 염색하여 후생들을 배우시게(唱得涼州意外聲, 舊人唯數米嘉榮. 近來時世輕先輩, 好染髭鬚事後生)"라는 구절이 있다. 王若虛의 《滹南集·詩話》에 "소동파의 〈題陽關圖〉에 '오로지 이용면만 은근한 정취를 안 데다, 〈양관곡〉의 뜻 밖의 소리도 그려 내었네'라고 했는데 내 생각으로는 '소리 밖의 뜻'이라고 할 수는 있어도 '뜻 밖의 소리'라고 할 수는 없을 것 같다(東坡〈題陽關圖〉云: '龍眠獨識殷勤處, 畫出陽關意外聲.' 予謂可言'聲外意', 不可言'意外聲'也)"라고 했다. 이 연은 이공린의 〈양관도〉가 하감이 노래로 표현해 낸 〈양관곡〉의 은근한 정취와 미가영이 〈양주사〉를 노래할 때 표현해 낸 詩意 이외의 의미심장한 소리를 둘 다 표현해 냈다는 말이다.
(12) 兩本新圖(양본신도): 두 폭의 새 그림. 이공린이 그린 〈귀거래도〉와 〈양관도〉를 가리킨다.
(13) 小秦王(소진왕): 〈양관곡〉이라는 곡조의 다른 이름.
(14) 君(군): 그림의 소장자인 임단을 가리킨다.
(15) 翻(번): 고쳐서 새로 짓다. 번안하다. 유우석의 시 〈楊柳枝詞〉에 "그대여 옛날 곡조 울리지 말고,

새로 지은 〈양류지〉를 부르는 것 들어 보게(請君莫奏前朝曲, 聽唱新翻楊柳枝)"라는 구절이 있다.

(16) 歸來引(귀래인): 王十朋의 《百家註分類東坡先生詩》에 "〈소진왕〉곡은 바로 옛날부터 전해 내려오는 〈양관곡〉이고, 세상 사람들이 전하는 바에 의하면 선생의 〈초편〉이 바로 이 〈귀거래인〉이라고 한다(〈小秦王〉曲, 卽〈陽關〉遺聲. 世傳先生〈哨遍〉, 卽此〈歸去來引〉也)"라고 한바, 소식의 사 〈哨遍〉(爲米折腰)을 가리킨다. 이 사는 서문에서 "도연명이 〈귀거래사〉를 지었는데 그 가사만 있고 그 곡조가 없다. 내가 동파를 개간한 뒤 그 위에 설당을 지었더니 사람들이 모두 누추하다고 웃는데 유독 파양 사람 동의부만은 들러서 보고 좋아하면서 이웃이 될 생각을 가졌다. 이에 내가 〈귀거래사〉에 약간의 수정을 가함으로써 음률에 맞게 한 뒤 동의부에게 주어서 가동으로 하여금 노래하게 해 놓고 때때로 동파에서 서로 어울려 쟁기를 놓고 따라 부르면서 쇠뿔을 두들겨 박자를 맞추니 이 또한 즐겁지 않은가!(陶淵明賦〈歸去來〉, 有其詞而無其聲. 余治東坡, 築雪堂於上, 人俱笑其陋, 獨鄱陽董毅夫過而悅之, 有卜鄰之意. 乃取〈歸去來詞〉, 稍加檃括, 使就聲律, 以遺毅夫, 使家僮歌之, 時相從於東坡, 釋耒而和之, 扣牛角而爲之節, 不亦樂乎!)"라고 한 바와 같이, 도연명의 〈귀거래사〉를 〈초편〉이라는 곡조에 맞추어 개작한 것이다. 이 구절은 자신이 황주에 있을 때 도연명의 〈귀거래사〉를 개작한 〈귀거래인〉이 바로 임단을 위해 지은 것이라고 우스갯소리를 한 것이다.

1062. 臥病逾月, 請郡[1]不許, 復直玉堂[2]. 十一月一日鎖院[3], 是日苦寒, 詔賜宮燭[4]·法酒[5], 書呈同院[6]

한 달 넘게 병상에 누워 있으면서 지방관으로 내보내 달라고 주청했으나 허락받지 못해 또 옥당에서 숙직한바, 11월 1일에 한림원의 문을 폐쇄했는데 이날 날씨가 몹시 추워 임금님께서 조서를 내려 궁정용 초와 궁중에서 빚은 술을 하사하신지라 한림원 동료들에게 써 준다

微霰疎疎點玉堂,[7]	조그만 싸락눈이 띄엄띄엄 옥당에 점찍을 때
詞頭夜下攬衣忙.[8][9]	조서의 요지가 밤에 내려와 소매를 잡고 분주하네.
分光御燭星辰爛,[10][11]	빛을 나눠 준 어용 촛불은 별빛이 찬란하고
拜賜宮壺雨露香.[12][13][14]	절하고 받은 궁중 술병은 우로가 향긋하네.
醉眼有花書字大,[15][16]	취한 눈이 침침하여 글자가 큼지막하고
老人無睡漏聲長.[17][18]	노인이라 잠이 없어 물시계 소리 길게 나네.
何時却逐桑楡暖,[19][20]	언제나 따뜻한 뽕나무와 느릅나무를 쫓아가
社酒寒燈樂未央.[21][22][23]	찬 등불 아래 사주 마시며 끝없이 즐기려나?

[해설]

한림원에서 조서를 작성하다가 느낀 감회를 노래한 것이다. 전원으로 돌아가 한가롭게 만년을 보내고 싶은 심경이 뚜렷하게 드러나 있다.

[주석]

(1) 請郡(청군): 한 군의 태수로 내보내 달라고 奏請하다.
(2) 玉堂(옥당): 翰林院의 별칭.
(3) 鎖院(쇄원): 詔書 작성 등의 중요한 일이 있을 때 기밀 누설을 방지하기 위해 한림원의 문을 폐쇄하여 일반인의 출입을 금지하던 일을 가리킨다.

(4) 宮燭(궁촉): 궁중에서 사용하는 초.
(5) 法酒(법주): 궁중에서 빚은 술.
(6) 同院(동원): 한림원 동료.
(7) 疎疎(소소): 듬성듬성한 모양. 이 구절은 마치 점을 찍는 것처럼 한림원에 싸락눈이 뚝뚝 떨어졌다는 말이다.
(8) 詞頭(사두): 황제가 한림학사에게 내려보내는 詔書의 요지. 한림학사는 사두를 건네받으면 당일로 조서를 다 작성해야지 그 다음 날로 미룰 수 없었다.
(9) 攬衣(남의): 옷을 잡다. 한 손으로 도포 소매를 잡고 다른 한 손으로 글씨를 쓰는 것을 가리킨다.
(10) 分光(분광): 빛을 나누어 주다.
(11) 星辰(성신): 촛불을 가리킨다.
(12) 拜賜(배사): 하사품에 절하다. 하사한 물품을 절하고 받는 것을 가리킨다.
(13) 宮壺(궁호): 궁정용 주전자.
(14) 雨露(우로): 빗물과 이슬. 비이슬. 술을 가리킨다.
(15) 花(화): 眼花, 즉 눈이 침침하여 사물이 흐릿하게 보이는 현상을 가리킨다.
(16) 書字(서자): 글자.
(17) 老人(노인): 소식 자신을 가리킨다.
(18) 漏聲(누성): 更漏 즉 물시계에서 물이 떨어지는 소리. 이 구절은 조서 작성을 끝내고 잠을 청했으나 새벽까지 잠을 이루지 못했다는 말이다.
(19) 却(각): 비로소.
(20) 桑楡(상유): 뽕나무와 느릅나무. 저녁이 되면 해가 뽕나무와 느릅나무의 꼭대기에 비치기 때문에 저물녘을 가리키고, 더 나아가 사람의 만년을 가리킨다. 따라서 '桑楡暖'은 만년의 행복을 가리킨다. 당나라 현종의 시 〈續薛令之題壁〉에 "소나무와 계수나무의 차가움이 너무 싫어, 뽕나무와 느릅나무의 따뜻함을 찾는구나(苦嫌松桂寒, 任逐桑楡暖)"라는 구절이 있다.
(21) 社酒(사주): 봄·가을에 토지신에게 지내는 제사인 春社나 秋社에 쓰는 술.
(22) 寒燈(한등): 서늘한 밤의 외로운 등불. 적막하고 처량한 분위기를 가리킨다.
(23) 央(앙): 끝나다. 이 연은 전원으로 돌아가 한가하고 마음 편하게 만년을 보내고 싶은 염원을 토로한 것이다.

1063. 送周朝議[1]守漢州[2]

한주태수로 나가는 조의대부 주씨를 전송하며

茶爲西南病,[3]	차가 서남 지방의 재앙이 되어
岷俗記二李.[4][5]	민지방 민간에서 두 이씨를 기억하는데
何人折其鋒,	누가 그 예봉을 꺾어 버렸나?
矯矯六君子.[6][7]	용감한 여섯 명의 군자였다네.
君家尤出力,[8]	그대의 집안에서 특히 많이 힘썼나니
流落初坐此.[9][10]	처음에는 이 때문에 떠돌게 되었지만
謂當收桑楡,[11][12]	내 생각에 나중에는 당연히 거둬들여
華髮看劍履.[13][14]	백발로 칼 차고 신 신은 채 궁전에 드는 것 볼 것이네.
胡爲犯風雪,	그대 무엇 때문에 눈바람을 무릅쓰고
歲晩行未已.[15][16]	세모인데도 그치지 않고 길을 가시나?
念歸誠得計,[17][18]	돌아가길 원했으니 정말 뜻을 이룬 것
顧自爲謀耳.[19][20]	오히려 자신을 위한 계책일 따름이네.
吾聞江漢間,[21]	듣자하니 장강과 한수 지역에
瘡痏有未起.[22][23]	상처가 아직까지 낫지 않았다는데
莫輕龔遂老,[24]	공수가 늙었다고 업신여기지 말지니
君王付尺箠.[25]	임금님이 한 자짜리 채찍을 주셨다네.
召還當有詔,[26]	불러들이는 조서가 틀림없이 있을 터

挽袖謝鄰里.(27)	소매 끌며 붙잡는 이웃과 작별할 게고
猶堪作水衡,(28)(29)	늙었지만 아직까지 수형도위가 되어
供張園林美.(30)	원림의 아름다움을 드릴 수 있을 것이네.

[해설]

조의대부 주표신이 한주지주로 나가는 것을 전송하며 지은 것으로, 주표신의 집안이 촉지방 백성들을 위해 기여한 바가 많음을 지적하고 주표신을 공수에 빗대어 그가 한주를 잘 다스리고 다시 조정으로 소환되어 황제의 존중을 받게 될 것이라고 위로했다.

[주석]

(1) 周朝議(주조의): 조의대부 周表臣을 가리킨다. 施元之의 《施注蘇詩》에 "주사도는 바로 한주태수로 이름이 표신이고 성도 사람이다(周思道, 卽漢州, 名表臣, 成都人)"라고 했다.

(2) 漢州(한주): 지금의 사천성 廣漢.

(3) 西南病(서남병): 서남지방의 병통. 촉지방 사람들을 괴롭히는 요인을 가리킨다.

(4) 岷俗(민속): 민지방의 일반 백성. '岷'은 사천성 북쪽에 있는 산의 이름으로 사천지방을 가리킨다.

(5) 二李(이리): 두 이씨. 소식의 자주에 "이기와 이직을 말한다(謂杞與稷也)"라고 했다. 이들 두 사람은 희령(1068-1077)·원풍(1078-1085) 연간에 성도 일대의 차에 관한 업무를 관장했는데, 이때 차를 국가 전매품으로 지정하여 민간인들의 사사로운 매매를 금지하는 등 그곳 백성들에게 큰 고통을 안겨 주었다.(蘇轍, 〈論蜀茶五害狀〉 참조)

(6) 矯矯(교교): 용맹스럽고 꿋꿋한 모양.

(7) 六君子(육군자): 소식의 자주에 "주사도와 조카 주정유·장영휘·오순옹·여원균·송문보이다(思道與姪正孺·張永徽·吳醇翁·呂元鈞·宋文輔也)"라고 했는데, 시원지의 《시주소시》에 "여섯 사람에 대해서 동파는 단지 그들의 성과 자만 적어 놓았는데 주사도는 바로 한주지주로 이름이 표신이고 성도 사람이며, 조카 주정유는 이름이 윤이니 바로 시어사이고, 오순옹은 바로 촉주지주로 이름이 사맹이며, 여원균은 바로 팽주지주로 이름이 도인데 나중에 급사중이 되었고, 장영휘는 바로 두 장씨 가운데 한 사람이며, 송문보는 이름이 대장이니 바로 팽명현령이다. 촉지방에 있어서의 관청에 의한 전매는 백성의 利害와 연계되어 있기 때문에 중요하다고 할 수 있기 때문에 공의 시에 본말을 다 기재하고 여섯 군자의 이름도 후세에 드러낸 것이다(六人者, 東坡只注其姓字. 周思道卽漢州, 名表臣, 成都人; 姪正孺, 名尹, 卽侍御史; 吳醇翁, 卽蜀州, 名師孟; 呂元鈞, 卽彭州, 名陶, 後爲給事中; 張永徽乃二張之一; 宋文輔, 名大章, 卽彭明知縣也. 蜀之官榷繫斯民之休戚, 可謂重矣. 故因公詩, 俱載本末, 而六君子之名, 亦以表現於後世焉)"라고 설명해 놓았다.

(8) 君家(군가): 주표신의 집안을 가리킨다. 이 구절은 여섯 명 가운데 두 명이 주씨였기 때문에 한

말이다.

(9) 流落(유락): 외지를 떠돌다. 지방관으로 쫓겨나서 떠돌아다니는 것을 가리킨다.

(10) 坐此(좌차): 이것에 기인하다. 악덕 관리의 칼날을 꺾어 버린 일에 기인한다는 말이다.

(11) 謂(위): ~라고 여기다. 생각하다.

(12) 桑楡(상유): 뽕나무와 느릅나무. 해가 뽕나무와 느릅나무의 꼭대기에 비치는 저물녘을 가리키며 나중을 가리키기도 한다. 《後漢書·馮異傳》에 "(광무제가) 조서를 내려 풍이를 위로하여 말하기를 '적미군을 평정하느라 장사들이 고생이 많았소. 처음에는 비록 회계 땅에서 날개가 꺾여 있었지만 마침내 면지에서 날개를 떨치고 일어났으니 아침에 잃었다가 저녁에 회수했다고 할 수 있겠구려. 지금 한창 논공행상을 하고 있으니 큰 공훈에 보답하겠소'라고 했다(璽書勞異曰: '赤眉破平, 士吏勞苦. 始雖垂翅回谿, 終能奮翼黽池, 可謂失之東隅, 收之桑楡. 方論功賞, 以答大勳.')"라는 말이 있다.

(13) 華髮(화발): 백발. 노년.

(14) 劍履(검리): 검을 차고 신을 신다. 임금의 특별 허락을 받아 칼을 차고 신을 신은 채로 궁전에 들어가 임금을 배알하는 특권을 누리는 것을 가리킨다. '劍履上殿'과 같다. 한나라가 천하를 평정한 뒤에 공적을 따져 보니 蕭何가 으뜸인지라 그에게 칼을 차고 신을 신은 채로 궁전에 들어가는 특권을 주었다.(《史記·蕭相國世家》 참조) 이 연은 처음에는 정적들의 미움을 받아 관직 생활이 고달프겠지만 나중에는 유능한 관리로 인정받아 잃어버린 것을 되찾을 것이라는 말이다.

(15) 歲晩(세만): 세모. 이 시가 지어진 때, 즉 주표신이 한주지주로 부임해 가는 때인 원우 3년(1088) 11월을 가리킨다.

(16) 行未已(행미이): 가는 일을 중지하지 않다. 이 연은 주표신이 세모임에도 불구하고 지체 없이 계속 한주를 향해 나아갔다는 말이다. 당시 주표신 일행이 도성을 좀 벗어난 곳에서 송별회를 벌인 것으로 보인다.

(17) 念歸(염귀): 고향으로 돌아갈 것을 염원하다.

(18) 得計(득계): 마음먹은 바를 이루다.

(19) 顧(고): 오히려.

(20) 自爲謀(자위모): 자신을 위하여 도모하다. 齊나라 僖公이 딸 文姜을 鄭나라 태자 忽에게 시집보내려고 했는데 홀이 사양했다. 어떤 사람이 그 이유를 묻자 홀이 "사람은 누구나 자신에게 어울리는 배필이 있는 법인데 제나라는 강대국이기 때문에 저한테 어울리는 배필이 아닙니다. 《詩經》에도 '스스로 행복을 추구한다(自求多福)'라고 했거니와 행복해지는 것은 저에게 달려 있을 따름입니다. 강대국과 혼인해서 무엇 하겠습니까?"라고 했다. 군자가 "자신을 위하여 잘 도모했도다(善自爲謀)"라고 했다.(《左傳·桓公六年》 참조)

(21) 江漢間(강한간): 長江과 漢水 일대. 巴蜀지방을 가리킨다. 杜甫의 시 〈枯椶〉에 "아아 그대 강한 지역 사람들이여, 경작하여 얻은 물건 무엇이 있나?(嗟我江漢人, 生成復何有?)"라는 구절이 있는데, 仇兆鰲의 주에 "'강한'은 파촉을 가리킨다(江漢, 指巴蜀)"라고 했다.

(22) 瘡痏(창유): 상처. 백성의 질고를 가리킨다.

(23) 起(기): 낫다.

(24) 龔遂(공수): 한나라 때 山陽(지금의 산동성 鄒城) 사람. 한나라 선제 때 渤海 일대에 가뭄이 심하게 들어 도적 떼가 들끓었으나 태수가 도적 떼를 통제하지 못했다. 승상과 어사의 천거로 공수를 발해태수로 임명했는데 그때 그는 나이가 이미 70여 세였다. 선제가 공수를 불러 만나보았더니 체구가 왜소한 것이 자기가 들은 바와 달라서 마음이 놓이지 않았다. 선제가 공수에게 어떻게 발해의 도적 떼를 다스리겠느냐고 묻자 공수가 "발해는 멀리 바닷가에 있기 때문에 임금님의 은총과 교화를 받지 못해 기근이 들었는데 관리들이 구휼하지 못해서 임금님의 백성들이 임금님의 무기를 훔쳐 장난치는 것이지 결코 반란을 일으키려고 그러는 것이 아닙니다. 제가 가서 그들을 진압할까요, 아니면 그들을 어루만져 줄까요?"라고 했다. 선제가 "현명하고 어진 사람을 등용하는 것은 백성들을 어루만져 주라는 뜻이지요"라고 했다. 공수가 그러면 승상이나 어사가 일체 법령을 들이대며 자신이 하는 일에 간섭하지 못하게 해 달라고 주청하여 허락받은 후 발해 백성들을 사랑과 신뢰로 대하자 그의 덕에 감화되어 도적 떼가 서서히 사라졌다. (《한서·공수전》 참조)

(25) 尺箠(척추): 한 자짜리 채찍. 韓愈의 시 〈送張道士〉에 "한 자짜리 채찍이 없는 것이 한스럽네, 나라 위해 오랑캐를 후려칠 텐데(恨無一尺捶, 爲國笞羌夷)"라는 구절이 있다. 이 연은 조정에서 연로한 주표신에게 한주를 다스릴 권한을 부여했다는 말이다.

(26) 召還(소환): 다시 불러들이다. 주표신을 다시 조정으로 불러들이는 것을 가리킨다.

(27) 挽袖(만수): 소매를 당기다. 이 구절은 주표신을 경애하는 이웃 사람들이 그와 헤어지는 것을 싫어하여 가지 말라고 붙잡는 상황에서 달리 어떻게 할 도리가 없기 때문에 부득이 작별할 것이라는 말이다.

(28) 堪(감): ~할 수 있다.

(29) 水衡(수형): 水衡都尉 또는 水衡丞의 약칭. 공수가 발해태수로 부임하고 몇 년이 지난 뒤 발해 지역이 안정을 되찾자 선제가 그를 조정으로 불러들여 수형도위에 임명했다. 그가 너무 늙어서 公卿의 자리에 앉히기는 어려웠기 때문에 황제와 지극히 가까운 자리에 앉혀 황실 동산인 上林苑을 관리하고 궁중 연회나 종묘 제례에 필요한 물품을 조달하게 한 것이다.(《한서·공수전》 참조)

(30) 供張(공장): 조달하다. 연회에 필요한 장막·도구·음식 등의 물품을 공급하는 것을 가리킨다. '供帳'과 같다.

1064. 木山[1]并敍

목산을 읊은 시와 그 서문

吾先君子[2]嘗蓄木山三峯, 且爲之記與詩. 詩人梅二丈[3]聖兪[4], 見而賦之. 今三十年矣, 而猶子[5]千乘[6], 又得五峯, 益奇. 因次聖兪韻, 使并刻之其側.(우리 선친께서 일찍이 세 봉우리짜리 목산을 소장하고 계셨으며 또 기문과 시를 짓기도 하셨다. 시인으로 매씨 집안 둘째이신 성유 어르신도 그것을 보시고 시를 읊으셨다. 이제 그로부터 30년이 지났는데 조카 천승이 또 다섯 봉우리짜리를 얻었는데 더욱 기이한지라 매성유의 시에 차운하여 그 옆에 나란히 새기게 했다.)

木生不願回萬牛,[7][8]	나무의 삶은 소 만 마리가 고개 돌리는 것 원치 않고
願終天年仆沙洲.[9]	천수를 다한 후 모래밭에 넘어져 있기를 원하나니
時來幸逢河伯秋,[10]	때가 와서 다행히 하백의 가을을 만나
掀然見怪推不流.[11][12]	번쩍 들려 괴이한 게 밀어도 안 떠내려갔네.
蓬婆雪嶺巧雕鎪,[13][14]	정교하게 아로새긴 눈에 덮인 봉파령에
蟄蟲行蟻爲豪酋.[15][16][17]	벌레와 개미가 추장 노릇 하는데
阿咸大膽忽持去,[18]	아함이 대담하게 홀연 가져가 버려도
河伯好事不汝尤.[19][20]	하백은 호사가라 탓하지 않네.
城中古沼浸坤軸,[21][22]	성안의 오래된 못에 지축이 잠겼는데
一林瘦竹吾菟裘.[23]	가느다란 대밭 하나는 나의 토구요
二頃良田不難買,[24]	문전옥답 이 경도 사기 어렵지 않고
三年檻木行可樵.[25][26][27]	삼 년이면 오리나무도 땔 수 있으리.
會將白髮對蒼巘,[28][29][30]	틀림없이 백발로 푸른 산을 대할 터
魯人不厭東家丘.[31]	노나라 사람이 동쪽 집의 공구를 싫어하지 않으리.

[해설]

조카 소천승이 다섯 봉우리짜리 목가산을 하나 구한 것을 보고 옛날에 자기 아버지 소순이 세 봉우리짜리 목가산을 얻었을 때 매요신이 지은 시에 차운한 것이다. 소천승이 가지고 있는 목가산의 모습을 상세하게 묘사하고 그것에서 촉발된 은일의 의지를 노래했다.

[주석]

(1) 木山(목산): 木假山. 산봉우리처럼 생긴 나무 그루터기. 蘇洵이 고향에 있을 때 세 개의 산봉우리 모양으로 생긴 고목의 그루터기가 강물 위에 떠다니는 것을 보고 집으로 가져와 관상용으로 꾸며 놓은 것이다. 소순은 開封으로 갈 때 가지고 갔을 정도로 목가산에 대한 애착이 대단했다. 그의 〈木假山記〉에 목가산을 얻게 된 경위와 그것에 대한 그의 남다른 감회가 밝혀져 있다. 〈和子由木山引水二首〉(0128) 주 (1) 참조.

(2) 先君子(선군자): 선친. 소순을 가리킨다.

(3) 梅二丈(매이장): 매씨 집안 둘째인 어르신.

(4) 聖兪(성유): 북송 시인 梅堯臣의 字.

(5) 猶子(유자): 조카. 《禮記·檀弓上》의 "상복을 입을 때 형제의 아들은 자기 아들과 같이한다(喪服, 兄弟之子猶子也)"라는 말에서 비롯되었다.

(6) 千乘(천승): 蘇渙의 아들인 蘇不欺의 아들로 소식의 종질이다.

(7) 木生(목생): 나무의 삶. 소순이 〈木假山記〉에서 '木之生'이라고 한 말을 인용한 것이다.

(8) 萬牛(만우): 커다란 소나무를 끌고 갈 소들을 가리킨다. 杜甫의 시 〈古柏行〉에 "큰 집이 기울어지면 동량지재가 필요한데, 소 만 마리가 고개 돌리나니 산처럼 무겁구나(大廈如傾要梁棟, 萬牛回首丘山重)"라는 구절이 있다.

(9) 天年(천년): 타고난 수명. 천수. 《莊子·山木》에 "이 나무는 재목이 못 됨으로써 자기 천수를 다할 수 있는 것이다(此木以不材得終其天年)"라는 말이 있다. 이 연은 나무가 훌륭한 재목으로 선정되어 일찍 베이는 것보다 오래오래 살아서 천수를 다하고 죽는 것을 더 좋아한다는 말이다.

(10) 河伯(하백): 黃河의 신. 《莊子·秋水》에 "가을비가 때마침 내려 모든 냇물이 황하로 흘러들자 물줄기가 커져서 양쪽 언덕 사이에서 소와 말을 분간할 수 없었다. 이에 하백이 흔연히 기뻐하면서 천하의 아름다움이 모두 자기한테 있다고 여겼다(秋水時至, 百川灌河, 涇流之大, 兩涘渚崖之間, 不辯牛馬. 於是焉河伯欣然自喜, 以天下之美爲盡在己)"라는 말이 있다.

(11) 掀然(흔연): 높이 들리는 모양.

(12) 見怪(견괴): 괴이한 모습을 보이다. 이 연은 나무 그루터기가 홍수를 만난 덕분에 산 위에서 떠내려와 모래밭에 얹혀 있을 수 있었다는 말이다.

(13) 蓬婆(봉파): 蓬婆嶺. 사천성 茂縣 서남쪽에 있는 산으로 일명 大雪山이라고도 한다. 당시 사천 사람들에게 매우 친근한 산이었던 것으로 보인다.

(14) 雕鎪(조수): 조각하다.

(15) 蟄蟲(칩충): 땅속에 숨어서 겨울을 나는 벌레.

(16) 行蟻(행의): 기어 다니는 개미.

(17) 豪酋(호추): 추장. 수령. 이 연은 벌레가 집을 짓고 개미가 기어 다니는 목가산을 봉파령에 비유한 것이다.

(18) 阿咸(아함): 阮籍의 조카인 阮咸의 애칭. 여기서는 소식의 조카인 소천승을 가리킨다. 〈和子由除夜元日省宿致齋三首〉(1032) 주 (12) 참조.

(19) 好事(호사): 나무 그루터기를 가져다 목가산으로 만드는 것을 가리킨다. 소순의 〈목가산기〉에 "나무의 일생을 보면 싹이 나자마자 죽는 것도 있고, 한 아름 정도 되게 자라다가 죽는 것도 있다. 다행히 동량지재가 되기에 이르러 사람들에게 베이는 것도 있고, 불행히 바람에 뽑히거나 물에 휩쓸려서 떠내려가는 것도 있으며, 부러지거나 썩는 것도 있다. 다행히 부러지거나 썩지 않으면 사람들에게 목재로 채택되어 도끼의 화를 입게 된다. 가장 다행스러운 것은 급류에 떠다니다가 모래 속에 빠져서 몇백 년인지 모르게 부딪히고 물어뜯긴 나머지 산봉우리와 비슷하게 되면 호사가가 가지고 가서 인공을 가해 산을 만드는데 그렇게 된 뒤에야 흙과 모래에서 벗어나고 도끼를 멀리하게 된다. 그러나 황량한 강가에서 이와 같이 되는 것이 얼마나 되랴? 호사가에게 발견되지 않고 나무꾼이나 농부에게 땔감으로 채택되는 것이 헤아릴 수 없을 만큼 많을 것이므로 가장 다행스러운 것 중에도 또 불행한 것이 있다(木之生, 或蘖而殤, 或拱而夭. 幸而至於任棟梁, 則伐; 不幸而爲風之所拔, 水之所漂, 或破折或腐. 幸而得不破折不腐, 則爲人之所材, 而有斧斤之患. 其最幸者, 漂沈汨沒於湍沙之間, 不知其幾百年, 而其激射齧食之餘, 或髣髴於山者, 則爲好事者取去, 强之以爲山, 然後可以脫泥沙而遠斧斤. 而荒江之濆, 如此者幾何? 不爲好事者所見, 而爲樵夫野人所薪者, 何可勝數, 則其最幸者之中, 又有不幸者焉)"라고 했다.

(20) 汝(여): 소천승을 가리킨다. 이 연은 소순이 〈목가산기〉에서 나무 그루터기를 가져가서 목가산으로 만드는 사람을 호사가라고 했는데 소천승이 대담하게 귀신이 붙어 있을 법한 고목의 그루터기를 가져가서 목가산으로 만들었건만 하백이 자신의 소유물을 빼앗기고도 소천승에게 아무런 재앙도 내리지 않은 것을 보면 하백도 목가산을 좋아하는 호사가인 모양이라고 우스갯소리를 한 것이다.

(21) 城中古沼(성중고소): 목가산을 얹어 둔 받침대를 가리키는 것으로 보인다. 소식의 시 〈和子由木山引水二首〉(0128) 其一에 "우리 비록 고향 땅을 떠나왔지만 이것을 소 세 마리에 실어 올 수 있었으니, 이것을 관리하러 샘물을 긷느라 한 사내가 분주한들 애석할 게 무엇이랴?(去國尙能三犢載, 汲泉何愛一夫忙?)"라고 한 것을 보면 소철이 목가산에 자주 물을 주었을 것으로 짐작할 수 있는데, 2002년 8월 12일에 眉山에 있는 三蘇祠의 木假山堂을 답사하여 직접 확인해 본 바에 의하면, 목가산당 안에 세 개의 산봉우리 모양으로 생긴 커다란 나무 그루터기가 마른 상태로 진열되어 있는 것 이외에, 그 앞 처마 밑의 높직한 콘크리트 받침대 위에도 또 다른 세 산봉우리 모양의 나무 그루터기가 하나 얹혀 있는데 콘크리트 받침대에는 물이 조금 고여 있고 그 위에 놓인 그루터기에 여기저기 이끼와 풀이 나 있음은 물론 그루터기 옆에 작은 대나무까지 자라고 있어서 수시로 물을 주고 있음을 알 수 있었다.

(22) 坤軸(곤축): 옛날 사람들이 땅을 떠받치고 있다고 상상한 둥근 기둥. 지구의 자전축을 뜻하는

오늘날의 지축과는 다르다. 여기서는 목가산이 썩는 것을 방지하기 위하여 목가산과 목가산 받침대 사이에 세워 놓은 여러 개의 기둥을 가리키는 것으로 보인다. 《博物志·地》에 "땅 밑에 기둥이 네 개 있는데 네 기둥의 넓이는 10만 리이고, 땅에는 축이 3,600개 있어 개의 이빨처럼 땅을 떠받치고 있다(地下有四柱, 四柱廣十萬里, 地有三千六百軸, 犬牙相牽)"라고 했다.

(23) 菟裘(토구): 춘추시대 魯나라의 邑. 지금의 산동성 泗水縣. 만년의 은거지를 가리킨다. 《左傳·隱公十一年》에 "우보가 환공을 죽이기를 청했으니 장차 태재가 되려고 그런 것이었다. 그러자 은공이 '내가 임금이 된 것은 그(환공)가 어리기 때문이었는데, 이제 그에게 자리를 내줄 생각이오. 그래서 토구를 건설하게 한바, 나는 장차 거기서 노년을 보낼 것이오'라고 했다(羽父請殺桓公, 將以求大宰. 公曰: '爲其少故也, 吾將授之矣. 使營菟裘, 吾將老焉.')"라는 기록이 있다. 이 구절은 목가산에 심어져 있는 대나무를 보고 그것을 자신의 은거지라고 우스갯소리를 한 것이다.

(24) 二頃良田(이경양전): 2경 즉 200畝의 비옥한 땅. 은거 생활에 필요한 생계유지 수단을 가리킨다. 《史記·蘇秦傳》에 "소진이 한숨을 쉬면서 탄식하기를 '……만약 나에게 낙양성 근교의 농토 2경이 있었다면 내가 어찌 육국 재상의 직인을 찰 수 있었으리오!'라고 했다(蘇秦喟然歎曰: '……使我有洛陽負郭田二頃, 吾豈能佩六國相印乎!')"라는 기록이 있다. 이 구절은 목가산에 있는 약간의 평지를 농지에 비유하여 우스갯소리를 한 것인 듯하다.

(25) 榿木(기목): 자작나뭇과의 낙엽 활엽 교목. 성장 속도가 매우 빠르다. 두보의 시 〈憑何十一少府邕覓榿木栽〉에 "초당 도랑 서쪽에 숲이 없는데, 그대 말고 누가 또 내 마음을 알리오? 오리나무는 삼 년이면 다 자란다는 말 많이 들었나니, 개울가의 십 묘짜리 그늘을 좀 주시오(草堂塹西無樹林, 非子誰復見幽心? 飽聞榿木三年大, 與致溪邊十畝陰)"라고 했다.

(26) 行(행): 곧 ~하다.

(27) 槱(유): 땔감으로 삼아 태우다. 때다. 이 구절은 목가산에 심어져 있는 작은 나무를 보고 한 우스갯소리인 것으로 보인다.

(28) 會(회): 틀림없이 ~할 것이다.

(29) 將(장): ~을 가지고. ~로써.

(30) 蒼巘(창헌): 푸른 산봉우리.

(31) 東家丘(동가구): '동쪽 집의 孔丘'라는 뜻으로 빼어난 인물임에도 불구하고 주위에 알려져 있지 않은 사람을 가리킨다. 《顔氏家訓·慕賢》에 "세상 사람들은 사리 판단이 어두운 경우가 많아 귀로 들은 옛날 것은 귀하게 여기고 눈으로 보는 오늘날 것은 천하게 여기며, 멀리 있는 것은 중시하고 가까이 있는 것은 경시하는바, 노소가 교유할 때 현명하고 사리에 밝은 사람이 있으면 매번 서로 업신여기기 때문에 노나라 사람이 공자를 동쪽 집의 공구라고 한 것이다(世人多蔽, 貴耳賤目, 重遙輕近, 少長周旋, 如有賢哲, 每相狎侮, 所以魯人謂孔子爲東家丘)"라는 말이 있다. 여기서는 소식 자신을 가리킨다. 이 연은 목가산을 보면서 자신이 목가산 안으로 들어가 시골 사람들과 어울려 은거하는 모습을 상상한 것이기도 하고, 실제로 그와 같은 전원에서 은거하고 싶은 심경을 드러낸 것이기도 한다.

1065. 送千乘[1]·千能[2]兩姪還鄉

고향으로 돌아가는 천승·천능 두 조카를 전송하며

治生不求富,[3]	생계를 꾸리되 부유하게 되려고는 하지 않고
讀書不求官.	책을 보되 관직은 마음에 안 두나니
譬如飮不醉,[4]	말하자면 취하지 않을 만큼 마시고
陶然有餘歡.[5]	거나하게 기쁨이 넘치는 것과 같네.
君看龐德公,[6]	그대 보게나 방덕공은 흰머리가 되도록
白首終泥蟠.[7]	끝끝내 진흙 속에 서리고 있었나니
豈無子孫念,[8]	어찌 자손 걱정이 없었으랴만
顧獨貽以安.[9]	오히려 홀로 평안을 물려주었네.
鹿門上冢回,[10][11]	녹문산에 성묘하러 갔다가 돌아오자
牀下拜龍鸞.[12]	침대 밑에서 와룡과 봉추가 절을 했고
躬耕竟不起,[13]	친히 농사지으며 끝내 몸을 안 일으켜
耆舊節獨完.[14]	원로들 중에서 절개가 홀로 온전했네.
念汝少多難,	생각해 보니 그대들은 어릴 때 많이 어려워
冰雪落綺紈.[15]	빙설이 비단옷에 떨어졌는데
五子如一人,[16]	다섯 명의 아들이 한 사람처럼
奉養眞色難.[17]	정말 어렵게 안색을 지어 부모님을 봉양했네.
烹雞獨饋母,[18]	닭은 삶아 오로지 모친께만 드리고

自饗苜蓿盤.[19]　자신들은 쟁반에 거여목을 담아 먹으며
口腹恐累人,[20]　입과 배로 남에게 누 끼칠까 두려워
寧我食無肝.[21][22]　차라리 자기들 식사에 간이 없게 하였네.
西來四千里,[23]　서쪽에서 사천 리를 달려와서는
敝袍不言寒.　해진 도포 입고도 춥다 하지 않으니
秀眉似我兄,[24]　잘생긴 눈썹이 우리 형님 닮은 데다
亦復心閑寬.　마음 역시 느긋하고 참 관대하네.
忽然舍我去,　홀연히 날 버리고 떠나려 하여
歲晩留餘酸.[25]　이 세모에 넘치는 슬픔을 남기나니
我豈軒冕人,[26]　내가 어찌 초헌 타고 면류관 쓴 사람이랴만
青雲意先闌.[27][28]　청운의 뜻이 먼저 사라졌다네.
汝歸蒔松菊,　그대들은 돌아가서 솔과 국화를 심고
環以青琅玕.[29]　새파란 옥석으로 그 주위를 두를 일
榿陰三年成,[30]　오리나무 그늘은 삼 년이면 완성되니
可以挂我冠.[31]　나의 갓을 벗어서 걸어도 괜찮으리.
清江入城郭,　맑은 강이 성안으로 흘러들어와
小圃生微瀾.　조그만 채마밭에 잔물결 일 터
相從結茅舍,[32]　초가집을 지어 놓고 함께 지내며
曝背談金鑾.[33][34]　등에 햇살 받으면서 금란전을 얘기하리.

[해설]

고향으로 돌아가는 두 조카 소천승과 소천능을 전송하며 지은 것으로, 세속적인 욕심을 버리고 고향 땅에서 부모님 모시고 마음 편하게 지내는 조카들을 격려하고 앞으로도 계속 그렇게 살기를 충고하면서 얼른 고향으로 돌아가고 싶은 자신의 심경을 토로했다.

[주석]

(1) 千乘(천승): 蘇渙의 아들인 蘇不欺의 아들로 소식의 從姪이다.
(2) 千能(천능): 소천승의 동생.

(3) 治生(치생): 삶을 영위하다. 생계를 도모하다.

(4) 譬如(비여): 비유하자면 ~와 같다.

(5) 陶然(도연): 취기가 돌아 즐거운 모양.

(6) 龐德公(방덕공): 龐統의 숙부. 후한 때의 襄陽 사람으로 한 번도 도시에 나가지 않고 峴山과 鹿門山에서 은거하며 劉表가 荊州에서 불러도 뜻을 굽히지 않았다. 諸葛亮은 그를 찾아뵐 때마다 침상 밑에서 절을 했다. 한번은 司馬徽가 그를 찾아갔더니 그가 마침 沔水 가에 있는 조상의 산소에 성묘하러 가고 없었다. 그러나 사마휘는 곧장 그의 방으로 들어가서 방덕공의 처자를 불러 얼른 밥을 지으라고 하면서 "徐庶가 자기하고 함께 방덕공 집에 가서 이야기를 나누자고 했다네"라고 했다. 그러자 그의 처자가 대청 밑에 늘어서서 사마휘에게 절을 하고는 서둘러 음식을 준비했다. 이윽고 방덕공이 돌아와서 방으로 들어가 이야기를 나누는데 누가 주인이고 누가 손님인지 모를 정도로 격의가 없었다.(《襄陽記》 참조)

(7) 泥蟠(이반): 진흙 속에 서리고 있다. 班固의 〈答賓戲〉에 "응룡이 웅덩이에 잠겨 있으면 물고기와 자라가 이를 멸시하는 것은, 그것이 영험한 능력을 떨쳐 바람과 구름을 한데 모으고 허공을 넘어 하늘을 딛고 설 수 있다는 사실을 알지 못하기 때문입니다. 그러므로 진흙 속에 서리고 있다가 하늘을 날아다니는 것은 응룡의 신비로운 능력입니다(應龍潛於潢汙, 魚黿媟之, 不覩其能奮靈德, 合風雲, 超忽荒, 而躆昊蒼也. 故夫泥蟠而天飛者, 應龍之神也)"라는 말이 있다.

(8) 子孫念(자손념): 자손에 대한 걱정.

(9) 貽以安(이이안): 편안함을 주다. 방덕공이 앞에서 밭을 갈고 처자가 뒤에서 김을 매는 것을 보고 劉表가 "선생이 밭에서 힘들게 농사나 지으신다면 나중에 후손들에게 무엇을 물려주시렵니까?" 하고 묻자 방덕공이 "다른 사람들은 다들 위험을 물려주지만 나는 평안을 물려주렵니다. 비록 물려주는 것이 같지는 않지만 물려주는 것이 없지는 않습니다" 하고 대답했다.(《後漢書·龐公傳》 참조) 이 연은 방덕공에게도 자손의 장래를 걱정하는 마음이 없지 않았지만 벼슬길에 나아가지 않음으로써 오히려 자손을 위험에 빠뜨리지 않고 편안하게 해 주었다는 말이다.

(10) 鹿門(녹문산): 호북성 양양에 있는 산으로 방덕공이 은거한 곳이다. 주 (6) 참조.

(11) 上冢(상총): 성묘하러 산소에 가다.

(12) 龍鸞(용란): 누워 있는 용과 봉황의 일종인 난새. 제갈량(號: 臥龍)과 방통(號: 鳳雛)을 가리킨다. 후한 말에 劉備가 양양으로 사마휘를 찾아가자 사마휘가 그곳에 누워 있는 용과 봉황의 새끼가 있다고 했다. 누구를 가리키느냐고 묻자 제갈량과 방통을 가리킨다고 했다.(《양양기》 참조)

(13) 起(기): 몸을 일으켜 관직에 나아가다.

(14) 耆舊(기구): 나이가 많고 명망이 있는 사람. 杜甫의 시 〈遣興五首〉 其二에 "옛날에 방덕공은, 한 번도 도성에 들어간 적 없었네. 양양의 덕망 높은 원로들 중에, 처사만이 절개를 홀로 애써 지켰네(昔者龐德公, 未曾入州府. 襄陽耆舊間, 處士節獨苦)"라고 했다.

(15) 綺紈(기환): 비단. 비단옷. 이 연은 조카들이 어릴 때 가세가 기울어 빈한하게 살았다는 말인 것 같다.

(16) 五子(오자): 다섯 아들. 소불기의 다섯 아들을 가리킨다. 王十朋의 《百家註分類東坡先生詩》에 "다섯 아들이란 천승·천지·천능·천추·천균이다(五子卽千乘·千之·千能·千秋·千鈞也)"라고 했다.

(17) 色難(색난): 부모를 대할 때 안색을 온화하게 짓기가 어렵다. 《論語·爲政》에 "부드러운 안색을 짓기가 어렵다. 일이 있으면 자식이 하고 술과 음식이 있으면 부모가 먹고, 어찌 이렇게 하는 것을 효도라고 여기느냐?(色難. 有事, 弟子服其勞; 有酒食, 先生饌, 曾是以爲孝乎?)" 하고 子夏에게 해 준 공자의 말이 있다.

(18) 饋母(궤모): 어머니께 드리다. 후한 사람 郭太는 茅容의 효성이 남다르다는 소문을 듣고 그를 한번 찾아갔다. 모용이 닭을 잡아 밥을 준비하는 것을 보고 곽태는 자기를 대접하려고 그러는 줄 알았는데 닭고기는 어머니께만 드리고 손님인 곽태에게는 나물 반찬을 주었다. 곽태가 일어나 모용에게 절하며 "선생은 참으로 훌륭하시오"라고 했다.(《후한서·곽태전》 참조)

(19) 苜蓿(목숙): 거여목. 개자리. 길가에 자라는 콩과의 식물로 대개 풋거름이나 사료로 쓰인다. 이 연은 모용이 어머니께만 닭고기 반찬을 드리고 자기는 나물 반찬을 먹으며 어머니를 잘 봉양한 일에 빗대어 천승·천능 형제의 효성을 칭송한 것이다.

(20) 口腹(구복): 음식물을 섭취하는 입과 배. 후한 사람 閔仲叔은 安邑에 객거할 때 집안이 가난하여 고기를 살 수 없는지라 매일 돼지 간을 한 조각씩 사 먹었는데 간혹 백정이 안 주는 경우도 있었다. 안읍현령이 소문을 듣고 아전에게 매일 주라고 시켰다. 민중숙이 이 사실을 알고는 "이 민중숙이 어찌 입과 배 때문에 안읍에 누를 끼치리오?"라고 하고는 떠나 버렸다.(《後漢書·周燮傳》 참조) 이 연은 조카들이 남에게 누를 끼치지 않기 위해 식생활을 검소하게 했다는 말이다.

(21) 我(아): 우리. 조카들을 가리킨다.

(22) 食無肝(식무간): 식사에 간이 없다. 간을 먹지 않는다는 말이다. 소식의 시 〈於潛僧綠筠軒〉(0280)에 "식사에 고기는 없어도 되나, 집안에 대나무가 없을 순 없지(可使食無肉, 不可使居無竹)"라는 구절이 있다.

(23) 西來(서래): 서쪽에서 오다. 소천승과 소천능이 眉山에서 開封으로 온 것을 가리킨다.

(24) 我兄(아형): 소식의 사촌형 소불기를 가리킨다. 왕십붕의 《백가주분류동파선생시》에 "'우리 형'은 바로 태자중사 소불기로 提點刑獄 소환의 아들이다('我兄'卽太子中舍不欺, 而提刑渙之子也)"라고 했다.

(25) 餘酸(여산): 넘치는 슬픔.

(26) 軒冕(헌면): 軺軒과 冕旒冠. 옛날에 대부 이상의 고관들이 타던 수레와 그들이 쓰던 禮帽로, 고관대작을 가리킨다. 《莊子·繕性》에 "옛날의 이른바 '뜻을 이루었다'라는 말은 초헌을 타고 면류관을 쓰는 것을 말한 것이 아니라 더 보탤 수 없을 정도로 즐거운 것을 말한 것일 뿐이었는데, 지금의 이른바 '뜻을 이루었다'라는 말은 초헌을 타고 면류관을 쓰는 것을 말한다(古之所謂得志者, 非軒冕之謂也, 謂其無以益其樂而已矣. 今之所謂得志者, 軒冕之謂也)"라고 했다.

(27) 青雲(청운): 높은 지위나 벼슬을 가리킨다.

(28) 闌(난): 사그라지다. 이 연은 자신이 고관대작이 되기도 전에 벌써 청운의 뜻이 사라져 고향으로 돌

아가고 싶다는 말이다.

(29) 靑琅玕(청낭간): 푸른 玉石. 대나무를 가리킨다.

(30) 榿(기): 오리나무. 자작나뭇과의 활엽 교목으로 성장 속도가 매우 빠르며 떨어진 잎은 땔감으로 애용된다. 《蜀中廣記·木》에 "촉인들은 오리나무를 땔감으로 삼는데 심은 지 3년이 되면 땔 수 있다(蜀人以榿木爲薪, 三年可燒也)"라고 했고, 두보의 시 〈憑何十一少府邕覓榿木栽〉에 "초당 도랑 서쪽에 숲이 없는데, 그대 말고 누가 또 내 마음을 알리오? 오리나무는 삼 년이면 다 자란다는 말 많이 들었나니, 개울가의 십 묘짜리 그늘을 좀 주시오(草堂塹西無樹林, 非子誰復見幽心? 飽聞榿木三年大, 與致溪邊十畝陰)"라는 구절이 있다.

(31) 挂我冠(괘아관): 나의 관모를 걸다. '挂冠'은 관리가 官帽를 벗어서 城門에 건다는 뜻으로 벼슬에서 물러나는 것을 가리킨다. 《東觀漢記》에 "왕망이 섭정할 때 아들 왕우가 왕망에게 간언을 올리자 왕망이 그를 죽여 버렸다. 이것을 보고 봉맹이 친구에게 말하기를 '삼강이 무너졌으니 떠나지 않으면 화를 당할 것이네'라고 하고는 즉시 관모를 벗어서 동문에 걸어 두고 떠나 버렸다(王莽居攝, 子宇諫莽, 而莽殺之. 逢萌謂友人曰: '三綱絶, 不去, 禍將及人.' 卽解冠挂東門而去)"라는 말이 있다. 이 연은 오리나무가 그늘을 이룰 때쯤이면 자기가 관직에서 물러나 고향으로 돌아가겠다는 말이다.

(32) 結(결): 집을 짓다. 陶淵明의 시 〈飮酒〉 其五에 "사람들이 사는 곳에 오두막을 지었건만, 수레와 말의 시끄러운 소리가 안 들리네(結廬在人境, 而無車馬喧)"라는 구절이 있다.

(33) 曝背(폭배): 등에 햇볕을 쬐다. 《三國志·蜀志·秦宓傳》에 "나는 논밭에서 등에 햇볕을 쬘 수 있고, 안씨의 '簞食瓢飮'을 외울 수 있으며, 원헌의 '쑥대로 엮은 문'을 읊조릴 수 있소……지금이 바로 내가 뜻을 이룬 때이거늘 무슨 괴로움을 슬퍼한단 말이오!(仆得曝背乎隴畝之中, 誦顔氏之簞瓢, 詠原憲之蓬戶,……斯乃仆得志之秋也, 何困苦之戚焉!)"라는 말이 있다.

(34) 金鑾(금란): 금란전. 당나라 때 大明宮 안에 있던 전각으로 翰林院과 붙어 있었다. 李白의 시 〈贈從弟南平太守之遙〉에 "은총을 입고 처음으로 은대문으로 들어가, 글을 쓰느라 혼자서 금란전에 있었네(承恩初入銀臺門, 著書獨在金鑾殿)"라는 구절이 있다. 이 연은 자신이 고향으로 돌아가 은거하면서 한림원에서 있었던 지난 일을 이야기 할 것이라는 말이다.

1066. 題李伯時[1]畫〈趙景仁[2]琴鶴圖[3]〉 二首

이백시가 그린 〈조경인금학도〉에 쓴 시

其一

清獻先生無一錢,[4]	청헌선생은 집안에 돈이 한 푼도 없었으니
故應琴鶴是家傳.[5]	틀림없이 거문고와 학이 전가의 보물이었으리.
誰知默鼓無絃曲,[6]	소리 없이 울리는 줄 없는 거문고의 곡조가
時向珠宮舞幻仙.[7][8][9]	때때로 예주궁에서 환선을 춤추게 하는 줄 누가 알리?

其二

醜石寒松未易親,	못생긴 바위와 차가운 솔은 친해지기 쉽지 않은데
聊將短曲調長人.[10][11][12]	그런대로 짧은 곡조로 키다리를 길들였네.
乘軒故自非明眼,[13][14][15]	초헌에 태우는 건 본래 현명한 짓이 아니니
終日傚傚舞爨薪.[16][17]	하루 종일 비틀비틀 밥 짓는 나무에 춤추네.

[해설]

이공린이 그린 〈조경인금학도〉를 보고 자신의 감회를 곁들여 가며 그것을 다시 시로 묘사한 것이다.

[주석]

(1) 伯時(백시): 북송 때의 유명한 화가 李公麟의 字. 그는 南唐 先主 李昪의 손자로, 龍眠山에 은거하며 자호를 용면거사라고 했다.

(2) 景仁(경인): 趙抃의 차남 趙屼의 字. 查愼行의 《蘇詩補註》에 "〈청헌공묘지〉에 '두 아들 가운데 장남은 완이라고 하는데 어잠령을 마지막으로 관직 생활을 끝냈고, 차남은 궤라고 하는데 상서고공원외랑을 지냈다'라고 했다. 경인은 궤의 자이다(按〈淸獻公墓志〉: '二子, 長曰岏, 終於潛令; 次曰屼, 官尙書考功員外郞.' 景仁, 屼字也)"라고 했다. 〈次韻子由送趙屼歸觀錢塘遂赴永嘉〉(0558) 주 (2) 참조.

(3) 琴鶴圖(금학도): 거문고와 학을 그린 그림. 王十朋의 《百家註分類東坡先生詩》에 "석림선생이 말하기를 '조청헌공은 청렴하고 고결한 덕행으로 세상 사람들을 감복하게 했는데 평생 뇌씨금 하나와 학 및 흰 거북이 각각 한 마리씩을 가지고 있어 가는 곳마다 그것들과 함께했다. 처음 성도의 지방장관으로 임명되었을 때 공은 수레 한 대에 거문고·학·거북이만 싣고 갔다. 원풍(1078-1085) 연간에 다시 촉지방으로 옮겼는데 그 전에 이미 학을 놓아 주었고 이제 거북이도 회하에 던져 주었다. 그렇기 때문에 그의 시에 "말은 옛날 길을 찾아 돌아갈 줄 아는데, 회하에 놓아 준 거북이는 다시는 오지 않네"라고 한 것이다'라고 했다(石林先生云: '趙淸獻公, 以淸德服一世, 平生蓄雷氏琴一張·鶴與白龜各一, 所向與之俱. 始除帥成都, 公單車就道, 以琴·鶴·龜自隨. 元豐間, 再移蜀, 前已放鶴, 至是以龜投淮中.' 故其詩曰: '馬尋舊路知歸去, 龜放長淮不復來.')"라는 주석이 있다.

(4) 淸獻(청헌): 조변의 諡號. 왕십붕의 《백가주분류동파선생시》에 "청헌선생은 조열도이다(淸獻先生, 趙閱道也)"라고 했다. 주 (3) 참조. 소식은 〈趙閱道高齋〉(0658)에서 조변의 초연한 인품에 대해서 노래한 바 있다.

(5) 家傳(사전): 집안에 대대로 전해 오는 물건. 가보.

(6) 默鼓無絃曲(묵고무현곡): 소리 없이 울리는 줄 없는 거문고가 연주하는 곡조. 《晉書·陶潛傳》에 "천성이 음악을 잘 몰랐지만 집에 허름한 거문고를 하나 가지고 있었는데 줄도 제대로 갖추어져 있지 않아서 친구들과 술자리를 벌일 때마다 그것을 어루만지며 말하기를 '거문고의 흥취만 알면 되지 어찌 줄에서 나는 소리를 들으려고 수고하랴!'라고 했다(性不解音, 而畜素琴一張, 弦徽不具, 每朋酒之會, 則撫而和之, 曰: '但識琴中趣, 何勞弦上聲!')"라는 말이 있다.

(7) 向(향): ~에서.

(8) 珠宮(주궁): 蕊珠宮. 도교에서 말하는 仙宮. 학이 신선에 비유되기 때문에 학의 거처를 예주궁이라고 한 것이다.

(9) 幻仙(환선): 학을 가리킨다. 옛날 사람들은 학이 난생 동물이 아니라 태생 동물이라고 믿었기 때문에 학을 신선에 비유하여 '胎仙'이라고 불렀는데 소식은 이것을 '幻仙'이라고 바꾸어 불렀다. 이에 대하여 왕십붕의 《백가주분류동파선생시》에 "《黃庭內景經》에 '태상대도 옥신군이 예주궁에 한거하며 칠언시를 지어 "거문고의 정취가 쌓여 태선을 춤추게 한다"라고 했다'라는 말이 있는데 '胎'를 '幻'으로 바꾼 것은 무엇 때문인지 잘 모르겠다(《黃庭內景》: '太上大道玉宸君, 閒

居蕊珠宮作七言: "琴心相疊舞胎仙."" 變'胎'爲'幻', 未詳)"라고 했다. 이 연은 이공린이 그린 〈조경인금학도〉에 연주하지 않고 놓아 둔 거문고와 저 혼자 춤추는 학이 그려져 있는 것을 묘사한 것인 듯하다.

(10) 將(장): ~을 가지고. ~로써.

(11) 調(조): 調練하다. 훈련하다.

(12) 長人(장인): 키 큰 사람. 학을 가리킨다. 소식의 시 〈竹鶴〉(1040-1)에서는 학을 '장신의 옛 군자(長身古君子)'라고 했다. 이 연은 바위와 소나무만 있으면 친근감이 갈 정도로 아름답지 않은데 춤추는 학이 함께 그려져 있어서 친근감을 준다는 말이다.

(13) 軒(헌): 초헌. 大夫 이상의 고급 관리가 타던 수레로 앞이 조금 높고 휘장이 쳐져 있었다.《左傳·閔公二年》에 "위나라 의공은 학을 좋아했기 때문에 학 가운데 초헌을 타는 것이 있었다. 전쟁을 하게 되었을 때 갑옷을 받은 백성들이 다 '학을 부리셔요. 학이 실로 고관의 지위를 향유하고 있는데 우리가 어찌 싸울 수 있겠어요?'라고 했다(衛懿公好鶴, 鶴有乘軒者. 將戰, 國人受甲者皆曰: '使鶴. 鶴實有祿位, 余焉能戰?')"라는 기록이 있다.

(14) 故自(고자): 옛날부터. 본래.

(15) 明眼(명안): 밝은 눈. 사리를 잘 판단하는 훌륭한 감식안을 가리킨다.

(16) 僛僛(기기): 술에 취해서 비틀거리며 춤추는 모양.

(17) 爨薪(찬신): '밥 짓는 나무'라는 뜻으로 거문고를 가리킨다. 후한 때 吳나라 사람 하나가 오동나무로 밥을 짓고 있었는데 蔡邕이 오동나무가 불타는 소리를 듣고 좋은 나무라고 생각하여 주인에게 때다 남은 오동나무를 얻어서 거문고를 만들었더니 과연 아름다운 소리가 났다. 그런데 거문고 꼬리에 불탄 자국이 남아 있었기 때문에 당시 사람들이 '焦尾琴'이라고 불렀다.(《후한서·채옹전》 참조) 이 연은 춘추시대 위나라 의공이 학을 좋아한 나머지 그것을 고관용 수레인 초헌에 태우며 애지중지한 것보다는 학으로 하여금 거문고 소리에 맞추어 춤을 추게 하는 것이 더 자연스럽고 운치 있다는 말이다.

1067. 書王定國(1)所藏〈烟江疊嶂圖(2)〉

왕정국이 소장하고 있는 〈연강첩장도〉에 쓴 시

江上愁心千疊山,(3)
강가에 수심에 찬 천첩 봉우리

浮空積翠如雲烟,(4)(5)
허공에 뜬 푸르름이 운무와 같아

山耶雲耶遠莫知,(6)
산인가 구름인가 멀어 알 수 없는데

烟空雲散山依然.
안개 걷히고 구름 흩어지자 산이 그대로 있다.

但見兩崖蒼蒼暗絶谷,(7)(8)
퍼런 양쪽 절벽이 계곡을 어둡게 하는 것만 보이는데

中有百道飛來泉.(9)(10)
거기에 날아 내려오는 물줄기가 백 갈래 있어

縈林絡石隱復見,
숲을 감돌고 바위를 에우며 보이다 말다 하다가

下赴谷口爲奔川.
계곡 어귀로 내려가서는 달리는 내가 된다.

川平山開林麓斷,(11)
내가 평평해지고 산이 열리며 숲이 끊어진 곳에

小橋野店依山前.
작은 다리와 시골 주막이 산 앞에 바짝 붙어 있고

行人稍度喬木外,(12)
행인은 막 교목 너머로 지나가는데

漁舟一葉江呑天.
고깃배 한 조각 뜬 강은 하늘을 삼켰다.

使君何從得此本,(13)(14)
선생은 어디에서 이 그림을 얻었는지

點綴毫末分淸妍.(15)(16)(17)
붓끝을 잘도 놀려 맑고 고운 게 청초하나니

不知人間何處有此境,(18)
이 세상 어디에 이런 곳이 있는지 모르지만

徑欲往買二頃田.(19)
곧장 가서 이 경의 논밭을 사고 싶네.

君不見武昌樊口幽絶處,(20)(21)
무창 번산 기슭의 고요하고 외진 곳을 못 봤는가?

東坡先生留五年.[(22)(23)]	동파선생이 다섯 해 동안 머물렀는데
春風搖江天漠漠,[(24)]	봄바람이 강을 흔들면 하늘이 아득하고
暮雲卷雨山娟娟.[(25)(26)]	저녁 구름이 비를 걷으면 산 빛이 곱고
丹楓翻鴉伴水宿,[(27)]	단풍나무에서 날던 까마귀 물에서 자는 이 짝하고
長松落雪驚醉眠.[(28)]	낙락장송에 눈 떨어져 취해서 자는 이 깨웠나니
桃花流水在人世,[(29)]	도화유수의 별천지는 이 세상에 있는 것
武陵豈必皆神仙.[(30)(31)]	어찌 꼭 무릉도원만 신선 세계에 빗대리?
江山清空我塵土,[(32)]	강산은 맑고 깨끗한데 나는 티끌 속에 있나니
雖有去路尋無緣.	가는 길이 있다 해도 찾을 인연이 없었던 것
還君此畫三歎息,	그대에게 이 그림을 돌려주며 세 번 탄식하나니
山中故人應有招我歸來篇.[(33)]	산속의 벗들이 틀림없이 날 부르는 시를 짓겠네.

[해설]

왕공이 소장하고 있는 〈연강첩장도〉라는 그림을 보고 그 감회를 읊어 그림에다 쓴 것이다. 제1~12구에서는 〈연강첩장도〉를 구체적으로 묘사했고, 제13~16구에서는 그림에 대한 감회를 총괄했으며, 제17~24구에서는 자신이 유배 생활을 한 황주 일대의 고요하고 평화로운 정경을 회상하여 계절별로 묘사한 후 그것을 지상의 선경이라고 여겼고, 제25~28구에서는 하루빨리 전원으로 돌아가고 싶은 자신의 염원을 토로했다.

[주석]

(1) 定國(정국): 소식의 절친한 친구 王鞏의 字. 〈次韻王定國南遷回見寄〉(0853) 주 (1) 참조.
(2) 烟江疊嶂圖(연강첩장도): 王詵이 안개에 덮인 강과 첩첩산중의 풍경을 그린 그림. 소식의 자주에 "왕진경이 그렸다(王晉卿畫)"라고 했다.
(3) 江上(강상): 강가. 이 구절은 산이 안개에 덮여 침침하기 때문에 보는 사람의 마음을 근심스럽게 한다는 말이다.
(4) 積翠(적취): 쌓인 푸르름. 청산을 가리킨다.
(5) 雲烟(운연): 구름과 안개. 운무.
(6) 耶(야): 의문의 어기를 표시하는 조사. 이 연으로 미루어 보건대 산의 한쪽에는 운무가 짙게 끼어 있고 점점 옅어져서 반대쪽에는 운무가 거의 걷혀 있는 모습이 그려져 있었을 것으로 짐작된다.
(7) 蒼蒼(창창): 매우 푸른 모양.

(8) 絶谷(절곡): 깎아지른 듯 가파르고 깊은 계곡.

(9) 道(도): 물줄기처럼 가늘고 긴 물건을 셀 때 사용하는 단위 명사.

(10) 飛來泉(비래천): 날아서 내려오는 것처럼 아주 높은 곳에서 떨어져 내리는 물.

(11) 林麓(임록): 山林.

(12) 稍度(초도): 막 지나가다.

(13) 使君(사군): 임금이 부여한 사명을 받들고 외국이나 지방으로 나가서 일하는 使者. 상대방에 대한 존칭으로 사용하기도 했다. 여기서는 왕공을 가리킨다.

(14) 此本(차본): 이 판본. 왕선이 그린 〈연강첩장도〉를 가리킨다.

(15) 點綴(점철): 점을 찍고 선을 그리다. 붓을 놀리는 것을 가리킨다.

(16) 毫末(호말): 붓끝.

(17) 分(분): 분명하다. 淸楚하다.

(18) 人間(인간): 이 세상. 속세.

(19) 二頃田(이경전): 2頃 즉 200畝의 농토. 은거 생활에 필요한 생계유지 수단을 가리킨다. 《史記·蘇秦傳》에 "만약 나에게 낙양성 근교의 농토 2경이 있었다면 내가 어찌 육국 재상의 직인을 찰 수 있었으리오!(且使我有洛陽負郭田二頃, 吾豈能佩六國相印乎!)"라는 말이 있다. 이 연은 그림 속에 묘사되어 있는 바와 같이 아름답고 평화로운 곳을 찾아가서 은거하고 싶은 마음이 간절하다는 말이다.

(20) 武昌樊口(무창번구): 호북성 鄂州 서북쪽의 무창에 있는 번산의 기슭. 여기서는 자신이 유배 생활을 한 黃州(지금의 호북성 黃岡市 黃州區)를 가리킨다. 〈次韻張舜民自御史出倅虢州留別〉(1016) 주 (9) 참조.

(21) 幽絶(유절): 고요하고 외지다.

(22) 東坡先生(동파선생): 소식 자신을 가리킨다.

(23) 五年(오년): 소식이 황주에서 유배 생활을 한 원풍 3년(1080)부터 원풍 7년(1084)까지를 가리킨다.

(24) 漠漠(막막): 드넓은 모양.

(25) 卷雨(권우): 비를 거두어들이다. 비를 그치게 하다.

(26) 娟娟(연연): 산뜻하고 아름다운 모양.

(27) 水宿(수숙): 물에서 자다. 물가 또는 물 위의 배에서 자는 사람을 카리킨다. 杜甫의 시 〈倦夜〉에 "어둠 속에 나는 반딧불이는 스스로를 비추고, 물가에서 자는 새는 서로를 불러 댄다(暗飛螢自照, 水宿鳥相呼)"라는 구절이 있고, 두보의 시 〈水宿遣興奉呈群公〉에 "바람이 울부짖으니 호랑이와 표범 소리가 들리는데, 물 위에서 자며 물오리와 갈매기를 짝합니다(風號聞虎豹, 水宿伴鳧鷗)"라는 구절이 있다. 이 구절은 까마귀가 낮에는 단풍나무 주위를 빙빙 돌며 날아다니다가 밤에는 배 위에서 지내는 자기 주위에서 잤다는 말이다.

(28) 長松(장송): 키 큰 소나무.

(29) 桃花流水(도화유수): 복숭아꽃이 뜬 흘러가는 강물. 별천지를 가리킨다. 李白의 시 〈山中問答〉에 "복숭아꽃 뜬 강물이 아득히 흘러가니, 여기가 바로 별천지지 속세가 아니로다(桃花流水杳然去, 別

有天地非人間)”라는 구절이 있다.

(30) 武陵(무릉): 陶淵明의 〈桃花源記〉에 묘사되어 있는 仙境인 무릉도원을 가리킨다.

(31) 皆(개): 빗대다. 비유하다.

(32) 淸空(청공): 맑고 깨끗하다.

(33) 招我歸來篇(초아귀래편): 나를 돌아오라고 부르는 시. 淮南小山의 楚辭 〈招隱士〉에 “왕손이여 돌아오셔요, 산속에는 오랫동안 머물 수가 없어요(王孫兮歸來, 山中兮不可以久留)”라고 했고, 도연명의 〈歸去來辭〉에 “돌아가자꾸나, 전원이 황폐해지려는데 어찌 아니 돌아가리?(歸去來兮, 田園將蕪胡不歸?)”라고 했다.

1068. 王晉卿[1]作〈烟江疊嶂圖[2]〉, 僕賦詩十四韻[3], 晉卿和之, 語特奇麗. 因復次韻, 不獨紀其詩畫之美, 亦爲道[4]其出處[5]契闊[6]之故, 而終之以不忘在莒[7]之戒, 亦朋友忠愛之義也

왕진경이 〈연강첩장도〉를 그렸기에 내가 14운짜리 시를 지었더니 왕진경이 이에 화답했는데 말이 매우 기이하고 아름다운지라 내가 다시 차운한바, 그의 시와 그림의 아름다움을 서술했을 뿐만 아니라 그를 위해 그가 지방으로 나가거나 조정에 남아 있게 된 까닭과 고생하게 된 까닭도 말하고 거나라에 있을 때의 일을 잊지 말라고 경계하는 말로 끝맺었으니 이는 역시 친구로서 충성과 애정을 다한다는 뜻이다

山中擧頭望日邊,[8]	산속에서 고개 들면 해는 바라보이지만
長安不見空雲烟.[9][10]	장안은 안 보이고 운무만 보였는데
歸來長安望山上,	장안으로 돌아와 산 위를 바라보매
時移事改應潸然.[11]	시절이 바뀌고 일이 달라져 눈물이 줄줄 흘렀을 터
管弦去盡賓客散,	풍악이 다 사라지고 손님들이 흩어진 채
惟有馬埒編金泉.[12][13][14]	사격장에 금돈이 꿰어져 있을 뿐이었으리.
渥洼故自千里足,[15][16][17]	악와의 말은 본래 천리마라서
要飽風雪輕山川.	눈바람을 실컷 맞으며 산천을 가볍게 다니는데
屈居華屋啗棗脯,[18][19]	몸을 낮춰 고당에 살며 말린 대추를 먹고
十年俯仰龍旂前.[20][21]	십 년 동안 용기 앞에서 비위 맞추며 지내다가
却因瘦病出奇骨,[22][23]	여위고 병든 덕에 오히려 기골이 드러났나니
鹽車之厄寧非天.[24]	소금 수레 끈 재앙이 어찌 천명이 아니리?
風流文采磨不盡,[25]	그대의 풍류와 문채는 갈아 없앨 수 없고
水墨自與詩爭姸.[26]	그대의 수묵은 본래 시와 아름다움을 다투나니
畫山何必山中人,	산을 그리는 데 어찌 꼭 산사람일 필요 있으리?
田歌自古非知田.[27][28]	농부가 부르는 사람 자고로 농사를 아는 게 아니라네.

鄭虔三絶君有二,[29][30][31]	정건의 세 가지 재주 중에 그대에게 두 가지가 있는데
筆勢挽回三百年.[32][33]	필세가 삼백 년을 만회했나니
欲將巖谷亂窈窕,[34][35][36]	바위 계곡으로 고요한 산을 어지럽히려 했지만
眉峰修嫮誇連娟.[37][38][39]	눈썹같이 고운 봉우리가 섬약한 멋을 뽐내네.
人間何有春一夢,[40][41]	이 세상에 뭐가 있나 일장춘몽일 따름
此身將老蠶三眠.[42]	이 몸은 늙어 누에가 세 번째 자는 때인데
山中幽絶不可久,[43][44]	산속은 깊고 외져 오래 머물 수 없으니
要作平地家居仙.[45]	평지의 집에 사는 신선이 되려 하네.
能令水石長在眼,	그대는 수석이 늘 눈앞에 있게 할 수 있으니
非君好我當誰緣.[46]	그대가 나를 안 좋아하면 누구에게 의지해야 하리?
願君終不忘在莒,	거나라에 있었던 일 끝내 잊지 마시고
樂時更賦囚山篇.[47][48][49]	시절을 즐기며 〈수산부〉를 다시 읊기를.

[해설]

소식이 왕선의 〈연강첩장도〉를 읊은 시를 짓자 왕선이 그 시에 화답해 왔는지라 소식이 왕선의 시에 화답하여 다시 차운한 것이다. 왕선은 오대시안(烏臺詩案)이 일어났을 때, 어사대에서 호주(湖州)로 소식을 체포하러 간다는 소식을 가장 먼저 듣고 이 사실을 남도(南都)에 있는 소철에게 통보해 준 일과, 조정을 비판한 소식의 풍자 시문을 받고도 고발하지 않은 일로 인하여 균주(均州)로 폄적되었는데, 이 시에서 소식은 왕선이 균주에 폄적되어 있을 때의 일과 그가 조정으로 돌아왔을 때의 일을 상상하면서, 그에게 속이 많이 상하겠지만 현실을 낙관하며 명철보신할 것을 당부했다.

[주석]

(1) 晉卿(진경): 王詵의 字. 그는 신종 황제의 누이동생인 賢惠公主의 남편으로 북송 산수화의 대가였다. 〈和王晉卿幷引〉(0939) 주 (1) 참조.

(2) 煙江疊嶂圖(연강첩장도): 왕선이 안개에 덮인 강과 첩첩산중의 풍경을 그린 그림. 〈書王定國所藏烟江疊嶂圖〉(1067) 주 (2) 참조.

(3) 詩十四韻(시십사운): 시 28구. 〈書王定國所藏烟江疊嶂圖〉(1067)를 가리킨다.

(4) 道(도): 말하다. 《詩經·鄘風·牆有茨》에 "내실의 이야기는, 말할 수 없네. 말해도 된다지만, 말하면

추악하네(中冓之言, 不可道也. 所可道也, 言之醜也)"라는 구절이 있다.

(5) 出處(출처): 조정에서 지방으로 나가는 것과 조정에 남아 있는 것을 가리키지만, 조정에서 지방으로 나가는 쪽에 더 큰 비중이 있다.

(6) 契闊(결활): 노고하다. 오래 헤어지다.

(7) 莒(거): 춘추시대에 산동반도에 있던 나라. 齊나라 公子 小白은 오랫동안 거나라에서 망명 생활을 하다가 마침내 귀국하여 桓公이 되었다. 환공이 어느 날 管仲·鮑叔·寧戚과 함께 술을 마시다가 포숙에게 축원하는 말을 한마디 하라고 하자 포숙이 "거나라에 계실 때를 잊지 마시기 바랍니다"라고 했다.(劉向, 《新序·雜事第四》 참조)

(8) 日邊(일변): 해가 있는 곳. 《世說新語·夙惠》에 "東晉의 명제가 몇 살밖에 안 되었을 때 원제의 무릎 위에 앉아 있는데 어떤 사람이 장안에서 왔다.……이에 원제가 명제에게 '너는 장안과 해 중에서 어디가 더 멀다고 생각하느냐?' 하고 묻자 '해가 멉니다. 사람이 해에서 왔다는 말을 못 들은 것을 보면 잘 알 수 있습니다'라고 대답했다. 원제가 경이롭게 생각하여 이튿날 신하들을 모아 잔치를 벌이고 이 생각을 말하며 다시 물었더니 '해가 가깝습니다'라고 대답했다. 원제가 아연실색하여 '너는 어째서 어제 한 말과 다르게 하는 것이냐?' 하고 묻자 '눈을 들면 해가 보이지만 장안은 안 보입니다'라고 대답했다(晉明帝數歲, 坐元帝膝上, 有人從長安來.……因問明帝: '汝意謂長安何如日遠.' 答曰: '日遠. 不聞人從日邊來, 居然可知.' 元帝異之. 明日, 集群臣宴會告以此意, 更重問之, 乃答曰: '日近.' 元帝失色曰: '爾何故異昨日之言邪?' 答曰: '擧目見日, 不見長安.')"라는 일화가 있다.

(9) 長安(장안): 지금의 섬서성 西安. 여기서는 北宋의 도성 開封을 가리킨다. 李白의 시 〈登金陵鳳凰臺〉에 "언제나 뜬구름이 해를 가리는지라, 장안이 안 보여서 근심을 자아내네(總爲浮雲能蔽日, 長安不見使人愁)"라는 구절이 있다. 주 (8) 참조.

(10) 雲烟(운연): 구름과 안개. 운무. 이 연은 왕선이 균주에 폄적되어 있을 때 천자가 계시는 도성을 바라보아도 보이지 않아서 걱정이 많았을 것이라는 말이다.

(11) 潸然(산연): 눈물을 흘리는 모양. 이 연은 왕선이 조정으로 복귀한 뒤 유배 생활을 하던 첩첩산중의 균주를 바라보며 세상이 옛날과 너무 많이 변한 것에 눈물 흘렸을 것이라는 말이다.

(12) 惟有(유유): 다만. 단지.

(13) 馬埒(마날): 말을 타고 달려가면서 활쏘기를 연습하는 마상 사격 연습장. 양쪽에 나지막한 담이 있었다. 《世說新語·汰侈》에 "당시 사람은 많고 땅은 귀했는데 王濟는 마상 사격을 좋아한 나머지 땅을 사서 연습장을 만들고 엽전을 꿰어 땅에 둘러서 경계로 삼았다. 당시 사람들이 '금날'이라고 불렀다(於時, 人多地貴, 濟好馬射, 買地作埒, 編錢匝地竟埒. 時人號曰'金埒')"라고 했다. '金埒'이 '金溝'로 되어 있는 판본도 있다.

(14) 金泉(금천): 금전. '金錢'과 같다. 《金史·食貨志三》에 "'錢'을 '泉'이라고 하는 것은 널리 유통되어서 막을 수 없는 것을 귀하게 여기는 것이다('錢'之爲'泉'也, 貴流通而不可塞)"라는 말이 있는 바와 같이, 옛날에는 '錢'을 '泉'이라고도 했다. 이 연은 왕선이 유배지에서 돌아왔을 때의 모습을 상상한 것으로, 황제의 부마로서 영화를 누리던 옛날에 자기 집에 있던 악공들과 잔치에 참석했던 손님들

이 다 뿔뿔이 흩어지고 사격 연습장만 덩그러니 남아 있었을 것이라는 말이다.

(15) 渥洼(악와): 원래 옛날에 神馬가 나왔다는 전설이 있는 감숙성 安西의 악와수를 가리키지만 신마를 가리키기도 한다. 여기서는 왕선의 말을 가리킨다.

(16) 故自(고자): 본래.

(17) 千里足(천리족): 천리마를 가리킨다.

(18) 屈居(굴거): 몸을 굽혀서 지내다.

(19) 棗脯(조포): 말린 대추. 《史記·優孟傳》에 "초나라 장왕 때 장왕이 아끼는 말이 있었는데 수놓은 비단 옷을 입혀 으리으리한 집에 넣어 두고 대자리를 깐 침대에서 재우고 말린 대추를 먹였더니 말이 비만증에 걸려서 죽어 버렸다(楚莊王之時, 有所愛馬, 衣以文繡, 置之華屋之下, 席以露床, 啗以棗脯, 馬病肥死)"라는 기록이 있다.

(20) 俯仰(부앙): 남에게 부응하다.

(21) 龍旂(용기): 龍旗. 용 두 마리가 얽혀 있는 모양을 그려 놓은 천자의 기. 천자를 가리킨다.

(22) 瘦病(수병): 여위고 병들다.

(23) 奇骨(기골): 기이한 골격. 천리마의 기이한 뼈대, 즉 왕선의 비범한 면모를 가리킨다.

(24) 鹽車之厄(염거지액): 천리마가 능력을 인정받지 못하고 소금 수레나 끌며 고생하는 재앙. 왕선이 균주로 유배된 일을 가리킨다. 이상의 여섯 구절은 왕선이 천리마 같은 기질을 타고났기 때문에 자유분방하게 살아야 하는데 부마가 되는 바람에 그러지 못하고 10년 동안 풍요롭지만 부자유스러운 생활을 하다가 균주에서 유배 생활을 하게 되는 바람에 오히려 천리마와 같은 천부적 재능이 드러나게 되었다는 말이다.

(25) 文采(문채): 문장의 아름다움. 문학적 재능을 가리킨다.

(26) 水墨(수묵): 수묵화를 가리킨다.

(27) 田歌(전가): 농부들이 농사를 지을 때 부르는 노동요.

(28) 知田(지전): 농사를 알다. 한나라 초기에 呂后 일족이 조정의 요직을 차지하고 정권을 농단하려고 하자 高祖의 손자요 齊나라 悼惠王의 아들로 朱虛侯에 봉해진 劉章이 이것을 매우 못마땅하게 여겼다. 한번은 유장이 고조가 마련한 연회에 참석했는데 고조가 유장에게 그 술자리를 주재하라고 했다. 유장이 "저는 장군의 후예이니 군법으로 이 술자리를 주재하겠습니다"라고 하므로 고조가 그렇게 하라고 했다. 유장이 "제가 태후를 위해 농부가를 한 곡 부르겠습니다"라고 하자 고조가 웃으면서 "네 아버지라면 농사를 알겠지만 너는 태어나면서부터 왕자였는데 어떻게 농사를 알겠느냐?" 하고 물었다. 유장이 "저는 농사를 압니다"라고 하고는 농사에 관한 이야기를 술술 하자 여후가 아무 말도 못했다. 술자리가 한창 무르익었을 때 여씨 일족 중의 한 사람이 술에 취해서 도망가는 것을 보고 유장이 붙잡아 와서 목을 베어 버렸다. 이미 그에게 그 술자리를 군법으로 다스려도 좋다고 했기 때문에 여후도 유장을 나무랄 수가 없었다. 그런 일이 있은 뒤로 여씨 일족이 유장을 두려워하게 되어 차츰 유씨가 세력을 회복하게 되었다.(《史記·齊悼惠王世家》 참조) 이 연은 왕선이 도시 사람이면서도 〈연강첩장도〉처럼 산천을 실

감 나게 잘 그린다는 말이다.

(29) 鄭虔(정건): 성당 때 사람으로 산수화·서예·시에 뛰어났다. 한번은 스스로 그린 그림에다 스스로 지은 시를 써서 현종에게 바쳤더니 현종이 감탄하면서 그 위에 '鄭虔三絶'이라고 썼다. 그 뒤로 현종은 정건을 무척 총애하여 그를 위해 廣文館을 설치하고 그를 광문관박사로 임명했다. 이로 인하여 당시 사람들이 그를 정광문이라고 불렀다.(《신당서·정건전》 참조)

(30) 三絶(삼절): 뛰어난 재주 세 가지.

(31) 君有二(군유이): 왕선이 그림과 서예의 두 가지에 뛰어난 재주를 지니고 있다는 말이다.

(32) 挽回(만회): 잘못된 것을 바로잡아 원래의 상태로 되돌리다.

(33) 三百年(삼백년): 정건(691-759)으로부터 왕선(1036-?)까지의 약 300년을 가리킨다. 이 연은 왕선의 그림에 드러난 필세가 정건의 필세를 복원해 놓은 것 같다는 말이다.

(34) 將(장): ~으로. ~을 가지고.

(35) 巖谷(암곡): 바위에 덮인 계곡.

(36) 窈窕(요조): 깊고 으슥한 모양.

(37) 眉峰(미봉): 눈썹처럼 가늘고 긴 산봉우리.

(38) 修嫮(수호): 아름답다.

(39) 連娟(연연): 가냘프고 연약하다. 李夫人이 죽은 뒤 한나라 무제가 그녀를 그리워하여 지은 賦에 "고운 자태 아리땁고 가냘펐거늘, 목숨이 길지 않아 일찍 끊어졌구나(美連娟以修嫮兮, 命樔絶而不長)"라는 구절이 있는데, 顔師古의 주에 "'連娟'은 가냘프고 연약한 것이다(連娟, 纖弱也)"라고 했다.

(40) 人間(인간): 이 세상. 속세.

(41) 何有(하유): 무엇이 있는가. 이 구절은 이 세상이 일장춘몽일 뿐 아무것도 없다는 말로 세속적인 일에는 개의치 않는다는 말이다.

(42) 三眠(삼면): 세 번째 잠. 누에가 뽕잎을 먹지 않고 잠시 쉬는 상태를 잠이라고 하는데 누에는 일생동안 세 번의 잠을 잔다. 이 구절은 자신의 인생이 얼마 안 남았다는 말이다.

(43) 幽絶(유절): 고요하고 외지다.

(44) 不可久(불가구): 오랫동안 머물 수 없다. 淮南小山의 楚辭 〈招隱士〉에 "왕손이여 돌아오셔요, 산속에는 오랫동안 머물 수가 없어요(王孫兮歸來, 山中兮不可以久留)"라는 구절이 있다.

(45) 家居仙(가거선): 산속에 살지 않고 집에 사는 신선.

(46) 緣(연): 의거하다. 이 연은 왕선의 그림을 통해서만 수석을 늘 볼 수 있다는 말로 왕선에게 산수화를 한 폭 그려 달라고 부탁한 말인 것으로 보인다.

(47) 樂時(낙시): 자신의 처지에 불만을 갖지 않고 주어진 현실을 낙관적으로 받아들이는 것을 가리킨다.

(48) 更賦(갱부): 柳宗元이 〈囚山賦〉를 지은 것에 이어서 왕선이 또 지으라는 말로 힘겨운 유배 생활을 잊지 말라는 말이다. 주 (49) 참조.

(49) 囚山篇(수산편): 유종원이 지은 〈수산부〉를 가리킨다. 소식의 자주에 "유자후(유종원)에게 〈수산부〉가 있다(柳子厚有〈囚山賦〉)"라고 했는데, 《山堂肆考·宗元久厭》에 "유자후가 일찍이 〈수산부〉를 지었는데 조무구(晁補之)가 말하기를 '어진 사람은 산을 좋아하는 법이라 옛날부터 통달한 사람들 가운데 조정을 새장으로 여긴 사람은 있지만 산림을 새장으로 여긴 사람이 있다는 말은 듣지 못했다. 아마도 유종원이 오랫동안 남쪽 바닷가에서 유배 생활을 하다 보니 산림에서 빠져나갈 수 없고 조정으로 돌아갈 수 없는 것이 싫어서 〈수산부〉를 읊은 것 같다'라고 했다(柳子厚嘗作〈囚山賦〉, 晁無咎曰: '仁者樂山, 自古達人有以朝市爲樊籠者矣, 未聞以山林爲樊籠也. 蓋宗元謫南海久, 厭山林不可得而出, 朝市不可得而復, 故賦〈囚山〉.')"라는 말이 있다. 이 연은 왕선에게 균주에서의 유배 생활을 잊지 말고 도성에서 지내는 지금이 산속에 갇혀 있던 그때보다는 낫다는 긍정적인 마음으로 주어진 현실을 낙관하며 즐겁게 살라고 충고한 것이다.

1069. 和吳安持[1]使者[2]迎駕[3]

어가를 맞이한 오안지 사자의 시에 화답하여

小雪疎烟雜瑞光,	가랑눈과 엷은 안개에 서광이 섞여 들고
清波寒引御溝長.[4]	긴 궁중 도랑을 따라가며 찬 물결이 맑게 이는데
曈曈日色籠丹禁,[5][6]	번쩍이는 아침 햇살이 붉은 금성을 뒤덮을 제
杳杳鞭聲出建章.[7][8]	아스라한 채찍 소리가 건장궁을 나섰네.
鵷鷺偶叨陪下列,[9][10][11]	어쩌다 원추리와 백로 틈에서 말석에 끼어
天閶聊啓望中央.[12][13][14]	천문이 살짝 열릴 때 중앙을 바라봤네.
歸來喜氣傾新句,[15]	돌아와서 기쁜 마음을 새 시구에 쏟아 내니
滿座疑聞錦繡香.[16][17][18]	만좌에 비단 향이 나는 것 같네.

[해설]

오안지가 선박과 수운(水運)에 관한 일을 관장하는 관리인 도수사자로 재임할 때 황제의 어가를 맞이하고 나서 황제를 모신 기쁨을 노래하자 소식이 그 시에 화답한 것이다. 공범례(孔凡禮)의 《소식연보(蘇軾年譜)·원우3년12월6일》에 "《변경유적지》에 오안지의 〈어가가 태학에 친림하시어(駕幸太學)〉라는 시가 수록되어 있다(《汴京遺迹志》有安持〈駕幸太學〉詩)"라고 하여 소식이 화답한 오안지의 원시가 이 시일 가능성을 암시했다. 그러나 《사고전서(四庫全書)》본 《변경유적지(汴京遺蹟志)》에 의하면 〈태학에 친림하셨을 때의 창화(幸太學倡和)〉라는 제목 밑에 여대방(呂大防)·소송(蘇頌)·한충언(韓忠彦)·유봉세(劉奉世)·범순례(范

純禮)·오안지·풍직(豐稷)·이격비(李格非) 등 여덟 명의 시가 각각 한 수씩 수록되어 있는데 이들은 대부분 '章'·'庠'·'行'·'王'·'堂' 등의 운자를 똑같은 순서로 시용하여 압운했으며, 한충언과 풍직만이 제1구를 '章' 대신 '光'으로 압운했다. 이는 당시에 동석한 사람들이 차운 형식으로 창화했음을 강력하게 시사한다. 그런데 소식의 이 시는 같은 운부(韻部)의 글자를 사용했을 뿐 순서가 같기는커녕 글자조차 다르므로 만약 소식도 그 자리에 동참하여 창화했다면 그는 의운(依韻)·용운(用韻)·차운(次韻)이라는 화운시의 세 가지 형식 가운데 가장 낮은 단계인 의운의 형식을 취한 셈이다. 소식은 화운 중에서도 차운을 특히 좋아하여 그의 화운시 대부분이 차운시라는 사실을 감안한다면 이는 매우 보기 드문 예이다. 〈태학에 친림하셨을 때의 창화(幸太學倡知〉라는 제목 밑에 "작품이 너무 많아 다 실을 수 없기 때문에 대략 7~8수만 수록한다(篇什繁多, 不能盡載, 略錄七八首耳)"라는 주석을 부기해 두었기 때문에 이들 여덟 명 이외에 다른 동석자가 있었음을 알 수 있지만 소식의 명성이 이미 알려질 대로 알려져 있었을 명나라 때의 사람인 이염(李濂)이 왜 소식의 시를 《변경유적지》에 수록하지 않았을까 하는 문제가 있다. 게다가 《송사(宋史)·하거지3(河渠志三)》에 "계축일에 삼성과 추밀원에서 '원풍 8년(1085)에 전주지주 왕영도가 황하의 옛날 물길을 복구할 것을 건의했고, 원우 4년(1089)에 도수사자 오안지가 남궁(지금의 하북성 남궁) 등지의 인공 제방이 위급한 문제를 해결하기 위해 마침내 손촌구를 이용하여 황하의 물길을 돌리는 대책을 세웠습니다. 양촌에서 방죽을 지나 동쪽으로 흐르는데 손촌구가 너무 좁아서 덕청군 등지가 다 수재를 입었습니다.……'라고 했다(癸丑, 三省·樞密院言: '元豐八年, 知澶州王令圖議, 乞修復大河故道; 元祐四年, 都水使者吳安持, 因紓南宮等埽危急, 遂就孫村口爲回河之策. 及梁村進約東流, 孫村口窄狹, 德淸軍等處皆被水患.……')"라는 기록도 있다. 그렇다면 소식이 화운한 오안지의 원시가 〈태학에 친림하셨을 때의 창화(幸太學倡和)〉와는 다른 시일 가능성이 있다. 그러므로 소식의 이 시에 근거하여, '오안지의 주청으로 황제가 그의 관할 지역인 황궁 부근의 황하를 순시했는데 그때 오안지가 황제를 맞이하여 자기 관할 지역을 안내하고 돌아와서 그 기쁨을 노래하는 시를 지었다'라고 당시의 상황을 유추해 보는 것은 어떨까 싶다.

[주석]

(1) 吳安持(오안지): 査愼行의 《蘇詩補註》에 "이름이 원우당적에 끼어 있으며 당시 사농소경이었다.

《초계어은총화》에 의하면 오안지는 왕형공(王安石)의 사위이다(名在元祐黨籍, 時爲司農少卿. 按《苕溪漁隱叢話》, 安持, 王荊公壻也)"라고 했다.

(2) 使者(사자): 馮應榴의 《蘇軾詩集合注》에 "《續資治通鑑長編》에 '원우 3년(1088) 11월에 오안지가 도수사자가 되었고, 원우 6년(1091) 12월에 다시 임명되었다'라고 했는데, 제목에 '使者'라는 두 글자가 있으므로 원우 3년 중동 이후에 지었음에 틀림없다(《續通鑑長編》: '元祐三年十一月, 吳安持爲都水使者, 六年十二月再任.' 題中有'使者'二字, 必三年仲冬以後作)"라고 했다.

(3) 迎駕(영가): 御駕를 영접하다.

(4) 御溝(어구): 궁중을 지나가는 도랑.

(5) 曈曈(동동): 해가 막 떠서 점점 밝아지는 모양.

(6) 丹禁(단금): 벽을 붉게 칠한 禁城. 황궁을 가리킨다.

(7) 杳杳(묘묘): 멀어서 희미한 모양.

(8) 建章(건장): 한나라 때 장안에 있던 궁전. 여기서는 북송의 황궁을 가리킨다. 이상의 네 구절은 황제가 아침에 황궁을 나서는 모습을 묘사한 것이다.

(9) 鵷鷺(원로): 원추리와 백로. 반듯하게 줄을 지어서 날아가는 원추리와 백로처럼 조회할 때 질서 정연하게 줄지어 서 있는 조정의 관리들을 가리킨다.

(10) 叨(도): 외람되다. 흔히 謙辭로 쓰인다. 이 구절은 오안지가 원시에서 쓴 표현을 그대로 씀으로써 해학적인 맛을 더한 것인 듯하다.

(11) 下列(하열): 하위 반열.

(12) 天閶(천창): 천상의 문. 황궁의 대문을 가리킨다.

(13) 聊(요): 조금.

(14) 中央(중앙): 중앙. 임금을 가리킨다. 이 구절은 오안지가 원시에서 조정의 관리들과 함께 황궁 앞에 도열하여 황궁을 나서는 황제를 맞이했다고 한 말을 원용한 것인 듯하다.

(15) 傾(경): 기울여서 쏟아 내다.

(16) 滿座(만좌): 여러 사람이 가득하게 늘어앉은 자리. 자리를 메운 모든 사람들.

(17) 疑(의): ~이 아닌지 의아하다. ~한 듯하다.

(18) 聞(문): 냄새를 맡다. 냄새가 나다. 이 연은 오안지가 어가를 모시고 나서 돌아와 황제를 배알한 기쁨을 시에다 토로하자 온 자리에 비단 향이 나는 것 같다는 말로, 단순히 오안지의 시가 훌륭하다는 뜻일 수도 있지만 그의 시에 비단 옷 입은 황제의 화려한 복식이나 차림새가 많이 묘사되어 있다는 뜻을 내포할 수도 있다.

1070. 次韻王定國[(1)]會飮[(2)]淸虛堂[(3)]

청허당에 모여 술 마신 감회를 노래한 왕정국의 시에 차운하여

何遜揚州又幾年,[(4)(5)]	하손은 양주에서 또 몇 년을 지낼까?
官梅詩興故依然.[(6)(7)(8)]	관청 매화의 시흥이 변함없이 여전하리.
何人可復間季孟,[(9)]	누가 또 계손씨와 맹손씨의 사이에 들 수 있으리?
與子不妨中聖賢.[(10)(11)]	그대와 함께라면 성현에 취해도 무방하리.
卜築君方淮上郡,[(12)(13)]	그대는 한창 회수 가 고을에 거처를 정하려 하고
歸心我已劍南川.[(14)]	나는 이미 검남 땅으로 돌아갈 마음을 먹었네.
此身正似蠶將老,	이 몸은 꼭 다 늙어 가는 누에 같은데
更盡春光一再眠.[(15)]	다시 봄빛이 다하도록 한두 차례 잘 것 같네.

[해설]

숙주지주로 임명된 왕공이 청허당에서 다른 사람들과 함께 술을 마시며 지은 시에 차운한 것으로, 지방관으로 나가게 된 왕공을 부러워하면서 얼른 고향으로 돌아가고 싶은 자신의 심경을 토로했다.

[주석]

(1) 定國(정국): 소식의 절친한 친구 王鞏의 字. 〈次韻王定國南遷回見寄〉(0853) 주 (1) 참조.
(2) 會飮(회음): 한자리에 모여서 함께 술을 마시다.

(3) 淸虛堂(청허당): 왕공의 집에 있던 殿堂. 《汴京遺迹志》에 "청허당은 개봉부성의 동쪽에 있다(淸虛堂在開封府城東)"라고 했다. 〈王鞏淸虛堂〉(0637) 주 (2) 참조.

(4) 何遜(하손): 남조시대 梁나라의 시인. 揚州法曹로 재임할 때 지은 시 〈揚州法曹梅花盛開〉가 유명하기 때문에 후인들이 그를 詠梅詩의 대표자로 꼽는다. 《古今事文類聚·觀梅動興》에 "하손이 양주 법조가 되었을 때 관아에 매화가 무성하게 피어 있는지라 하손이 그 밑에서 시를 지었다. 나중에 낙양에서 살 때 매화가 그리워서 그 직책을 다시 맡게 해 달라고 주청하므로 청을 들어주었다. 양주에 도착하자 매화가 한창 만개해 있는지라 하손이 매화를 보며 하루 종일 배회했다(何遜作揚州法曹, 廨舍有梅花盛開, 遜吟詠其下. 後居洛思梅花, 再請其任, 從之. 抵州, 梅花方盛, 遜對花彷徨終日)"라고 했다. 〈次韻王定國倅揚州〉(1017) 주 (10) 참조.

(5) 揚州(양주): 지금의 강소성 양주.

(6) 官梅詩興(관매시흥): 관청의 매화를 보고 촉발되는 시흥. 《苕溪漁隱叢話後集·西湖處士》에 "《삼보결록》에 '하손이 양주에 있을 때 관청의 매화가 흐드러지게 핀 것을 보고 사언시를 지었더니 사람들이 다투어 베껴 갔다'라고 했다. 그렇기 때문에 동파의 시에 '하손은 양주에서 또 몇 년을 지낼까? 관청 매화의 시흥이 변함없이 여전하리'라고 한 것이다(《三輔決錄》云: '遜在揚州, 見官梅亂發, 賦四言詩, 人爭傳寫'. 故東坡詩云: '何遜揚州又幾年, 官梅詩思故依然.')"라고 했고, 杜甫의 시 〈和裴迪登蜀州東亭送客逢早梅相憶見寄〉에 "동쪽 정자의 관청 매화가 시흥을 일으키니, 여전히 하손이 양주에 있는 것 같네(東閣官梅動詩興, 還如何遜在揚州)"라는 구절이 있다.

(7) 故(고): 오랫동안. 늘.

(8) 依然(의연): 여전하다. 변함없다. 이 연은 두 번째로 양주에 갔을 때에도 여전히 매화를 보고 시흥이 솟구친 하손과 마찬가지로, 옛날에 양주에 있다가 이제 다시 숙주로 나가게 된 왕공도 옛날처럼 여전히 매화 등의 자연물에 시흥이 불쑥불쑥 솟구칠 것이라는 말이다.

(9) 季孟(계맹): 춘추시대 魯나라의 대부 季孫氏와 孟孫氏를 가리킨다. 《論語·微子》에 "제나라 경공이 공자를 대우하여 '노나라 임금이 계손씨를 대우하는 것과 같이는 할 수 없고 上卿인 계손씨와 下卿인 맹손씨의 중간으로 당신을 대우하겠소'라고 하더니 다시 '내가 늙어서 등용할 수가 없소'라고 했다. 공자께서 가 버리셨다(齊景公待孔子曰: '若季氏則吾不能, 以季孟之間待之.' 曰: '吾老矣, 不能用也.' 孔子行)"라는 말이 있고, 《晉書·王湛傳》에 "무제가 '(왕담은) 누구에게 빗댈 만한가?' 하자 왕제가 '산도보다는 아래이고 위서보다는 위입니다'라고 했다. 이에 당시 사람들이 왕담이 위로 산도와 비교하면 좀 부족하고 아래로 위서와 비교하면 좀 넘친다고 했다. 왕담이 이 말을 듣고 '나를 계손씨와 맹손씨의 중간에 두려고 하는 것인가?'라고 했다(帝曰: '誰比?' 濟曰: '山濤以下, 魏舒以上.' 時人謂湛上方山濤不足, 下比魏舒有餘. 湛聞曰: '欲處我於季孟之間乎?')"라는 말이 있다. 이 구절은 왕공이 공자처럼 사회적인 지위도 별로 높지 않고 왕담처럼 관직에 대한 욕심도 별로 없는 보기 드문 사람이기 때문에 자기가 가까이할 수 있다는 뜻인 것으로 보인다.

(10) 中(중): 취하다.

(11) 聖賢(성현): 성인과 현인. 각각 청주와 탁주를 가리키는 魏나라 때의 은어였다. 《太平御覽·飮食部

二·酒中》에 “《위략》에 ‘태조 때 금주령이 내려져서 사람들이 몰래 마셨다. 그러므로 술이라고 하기 어려워 흰 술을 현인이라고 하고 맑은 술을 성인이라고 했다’라는 말이 있다(《魏畧》曰: ‘太祖時禁酒, 而人竊飮之. 故難言酒, 以白酒爲賢人, 淸酒爲聖人.’)”라고 했고, 《三國志·魏志·徐邈傳》에 “평소 취객들이 술 중에서 맑은 것을 성인이라고 하고 탁한 것을 현인이라고 합니다(平日醉客謂酒淸者爲聖人, 濁者爲賢人)”라고 했다. 여기서는 청주와 탁주라는 술을 가리키는 동시에 공자와 왕담이라는 성현도 가리키는 중의적 표현인 것으로 보인다.

(12) 卜築(복축): 점으로 택지를 선정하여 집을 짓다. 거처를 정한다는 말이다.

(13) 淮上郡(회상군): 淮水 가의 고을. 宿州(지금의 안휘성 숙주)를 가리킨다. 숙주는 회수의 바로 북쪽에 있었는데 왕공은 당시 숙주지주로 임명되었다가 금방 파직되었다. 施元之의 《施注蘇詩》에 “이때 왕정국은 막 숙주를 얻었는데 숙주가 淮南東路에 속했기 때문에 ‘그대는 한창 회수 가 고을에 거처를 정하려 하고’라고 한 것이다. 그러나 얼마 안 지나서 諫官의 탄핵으로 파직되었기 때문에 임지에 도착한 적이 없었다(是時定國始得宿州, 宿隷淮東, 故云: ‘卜築君方淮上郡.’ 然未幾, 以言者論罷, 未嘗到任也)”라고 했다. 이 구절을 보면 왕공은 당시 소식에게 숙주에 가면 거기에 안주하고 싶다고 말한 것으로 보인다.

(14) 劍南川(검남천): 劍閣의 남쪽에 있는 東川과 西川. 소식의 고향인 사천지방을 가리킨다. 당나라 때에는 이 일대에 劍南道가 설치되어 있었으며, 《九域志》에 “성도부로는 검남서천이고 재주로는 검남동천이다(成都府路爲劍南西川, 梓州路爲劍南東川)”라는 기록이 있다.

(15) 眠(면): 누에가 허물을 벗기 전에 뽕잎을 먹지 않고 잠시 쉬는 상태를 잠이라고 하는데 누에는 일생동안 세 번의 잠을 잔다. 〈王晉卿作〈烟江疊嶂圖〉, 僕賦詩十四韻……〉(1068) 주 (42) 참조. 이 연은 소식 자신이 일생을 마칠 때가 다 되어 가는 누에처럼 늙은 몸으로 조정에서 하는 일 없이 얼마간 더 무위도식하게 될 것이라는 자조적인 말인 것 같다.

1071. 興龍節[1]侍宴[2]前一日，微雪，與子由[3]同訪王定國[4]，小飲清虛堂[5]. 定國出數詩, 皆佳, 而五言尤奇, 子由又言昔與孫巨源[6]同過定國, 感念存沒[7]，悲歎久之. 夜歸, 稍醒, 各賦一篇, 明日朝中以示定國也

흥룡절 시연 하루 전에 눈이 조금 내리는지라 자유와 함께 왕정국을 찾아가 청허당에서 술을 조금 마셨다. 왕정국이 시를 몇 수 내놓았는데 모두 아름다웠지만 오언시가 특히 기묘했으며, 게다가 자유가 또 옛날에 손거원과 함께 왕정국의 집에 들렀던 일을 이야기하는지라 어떤 사람은 살아 있고 어떤 사람은 죽은 것을 생각하며 오랫동안 비탄에 빠졌다. 밤에 돌아와서 술이 좀 깬 뒤 각자 한 수씩 지어 이튿날 조회할 때 왕정국에게 보여 주었다

天風淅淅飛玉沙,[8][9]	바람이 솨아솨아 백옥 모래 날릴 때
詔恩歸沐休早衙.[10][11][12]	황은으로 휴가 얻어 아침 조회 쉬었네.
遙知清虛堂裏雪,	청허당의 눈이 꼭 치자나무 숲 속의
正似薝蔔林中花.[13]	꽃과 흡사할 줄을 멀리서도 알았네.
出門自笑無所詣,	문을 나서도 갈 곳이 없어 자신을 비웃나니
呼酒持勸惟君家.[14]	술 불러 놓고 권할 곳이 그대 집밖에 없었네.
踏冰凌兢戰疲馬,[15]	얼음 밟으며 부들부들 지친 말이 떨게 하고
扣門剝啄驚寒鴉.[16][17]	대문 똑똑 두드려 까마귀가 놀라게 했네.
羡君五字入詩律,[18]	부럽게도 그대 오언시가 시율에 잘 들어맞아
欲與六出爭天葩.[19][20]	여섯 잎짜리 꽃과 함께 천상의 꽃이길 다투었네.
頭風已倩檄手愈,[21][22][23]	두통은 이미 대문호 덕분에 다 낫게 됐고
背癢却得仙爪爬.[24][25]	등 가려운 건 신선의 손톱을 얻어 긁었네.
銀瓶瀉油浮蟻酒,[26]	은병에서 쏟아지는 기름은 개미가 뜬 술이요
紫盌鋪粟盤龍茶.[27][28]	자주색 주발의 늘어선 좁쌀은 용이 서린 차였네.
幅巾起作鸜鵒舞,[29][30]	온폭 두건 쓰고 일어나 구욕무 추고 있을 때
疊鼓誰摻漁陽撾.[31][32][33]	누군지 급한 북소리로 〈어양참과〉를 쳤네.

九衢燈火雜夢寐,(34)	아홉 갈래 큰길의 등불이 몽매간에 섞여 들 제
十年聚散空咨嗟.(35)	십 년 동안의 이합집산을 공연히 한탄했네.
明朝握手殿門外,	내일 아침에 궁전 문 밖에서 두 손을 잡고
共看銀闕暾朝霞.(36)(37)	은빛 궁궐이 아침놀 속에 빛나는 것 함께 보겠네.

[해설]

철종의 탄신 기념일인 흥룡절 하루 전날 소철과 함께 왕공을 찾아가 청허당에서 술을 마시며 놀다가 밤중에 집으로 돌아가서 지은 것이다.

[주석]

(1) 興龍節(흥룡절): 철종 황제의 탄신을 축하하는 날. 《宋史·禮志十五》에 "철종이 즉위하여 태황태후의 생일인 7월 16일을 곤성절로 삼는다는 조서를 내리자 중신들이 12월 8일을 흥룡절로 삼자고 주청했다. 철종은 본래 12월 7일에 탄생하셨지만 희조(송 태조 趙匡胤의 고조부 趙朓에게 추증한 廟號)의 기일을 피하여 하루 늦춘 것이다(哲宗卽位, 詔以太皇太后七月十六日爲坤成節, 宰臣請以十二月八日爲興龍節. 哲宗本七日生, 以避僖祖忌, 故後一日)"라는 기록이 있다.

(2) 侍宴(시연): 중신들이 황제를 모시고 연회를 벌이는 것을 가리킨다.

(3) 子由(자유): 소식의 동생 蘇轍의 字.

(4) 定國(정국): 소식의 절친한 친구 王鞏의 字. 〈次韻王定國南遷回見寄〉(0853) 주 (1) 참조.

(5) 淸虛堂(청허당): 왕공의 집에 있던 殿堂. 《汴京遺迹志》에 "청허당은 개봉부성의 동쪽에 있다(淸虛堂在開封府城東)"라고 했다. 〈王鞏淸虛堂〉(0637) 주 (2) 참조.

(6) 巨源(거원): 孫洙의 字. 廣陵(지금의 강소성 揚州) 사람으로 스무 살도 되기 전에 진사에 급제했다. 諫院에 있을 때 王安石이 신법을 시행하여 많은 諫官과 御史를 축출하자 마음속으로 옳지 않다고 생각하면서도 내놓고 말을 하지 못하고 있다가 나중에 외직을 자청하여 海州(지금의 강소성 連雲港)의 知州로 나갔다.(《송사·손수전》 참조)

(7) 存沒(존몰): 살아 있는 것과 죽은 것. 자신들은 살아 있고 손수(1031-1079)는 이미 죽은 것을 가리킨다.

(8) 淅淅(석석): 바람이 부는 소리.

(9) 玉沙(옥사): 백옥처럼 흰 모래. 눈을 가리킨다.

(10) 詔恩(조은): 황제의 은혜.

(11) 歸沐(귀목): 돌아가서 머리를 감다. 관리가 휴가를 얻어 집에서 쉬는 것을 가리킨다.

(12) 早衙(조아): 아침 朝會. 옛날에는 관아의 우두머리가 아침과 저녁에 한 번씩 관리들의 보고를 받고 정사를 처리했는데 아침에 하는 것을 조아라고 하고 저녁에 하는 것을 晚衙라고 했다.

(13) 薝蔔(포복): 치자나무. 여름에 하얀 꽃이 핀다.

(14) 君家(군가): 왕공의 집을 가리킨다. 韓愈의 시 〈醉贈張秘書〉에 "사람들이 나에게 술을 권하면, 나는 귀에 들리지 않는 것처럼 했네. 그런데 오늘 그대 집에 와서는, 술을 불러 손에 들고 그대에게 권하네(人皆勸我酒, 我若耳不聞. 今日到君家, 呼酒持勸君)"라는 구절이 있다. 이상의 여섯 구절은 왕공의 청허당을 찾아가게 된 동기를 밝힌 것이다.

(15) 凌兢(능경): 두려워서 떠는 모양.

(16) 剝啄(박탁): 문을 두드리는 소리.

(17) 寒鴉(한아): 겨울철의 까마귀. 이 연은 청허당을 찾아간 과정을 묘사한 것이다.

(18) 五字入詩律(오자입시율): 오언시가 시율에 잘 들어맞다. 제목에서 "오언시가 특히 기묘했다(五言尤奇)"라고 한 것과 같은 말이다.

(19) 六出(육출): 꽃잎이 여섯 개인 꽃을 가리키는데 여기서는 육각형 결정체인 눈을 가리킨다.

(20) 天葩(천파): 하늘나라의 꽃. 그 꽃의 아름다움. 이 연은 왕공의 시가 눈과 더불어 누가 더 하늘나라의 꽃처럼 아름다운지 다툰다는 말이다.

(21) 頭風(두풍): 두통. 《藝文類聚·雜文部四》에 인용된 《典略》에 "진림이 여러 가지 문서와 격문을 지었는데 초안이 완성되어 태조에게 바치자 전에 앓던 두통이 재발하여 누운 채로 진림이 지은 글을 보던 태조가 벌떡 일어나 '이것이 내 병을 낫게 하는구나'라고 하고는 여러 차례 후한 하사품을 내렸다(陳琳作諸書及檄, 草成呈太祖, 太祖先苦頭風, 是日疾發, 臥讀琳所製, 翕然而起, 曰: '此愈我病.' 數加厚賜)"라고 했다.

(22) 倩(청): 청하다. 부탁하다.

(23) 檄手(격수): 격문을 잘 쓰는 사람. 문장의 고수를 가리킨다.

(24) 却(각): 곧.

(25) 爬(파): 긁다. 《說郛》에 수록된 葛洪의 《麻姑傳》에 "마고는 손톱이 새의 발톱과 같은데 채경이 그것을 보고 속으로 '등이 많이 가려울 때 이 손톱으로 긁으면 좋겠다'라고 했다(麻姑鳥爪, 蔡經見之, 心中念言: '背大癢時, 得此爪以爬背, 當佳.')"라는 말이 있다. 이 연은 왕공의 시가 두통을 씻어 주고 가려운 데를 긁어 줄 정도로 훌륭하고 시원했다는 말이다.

(26) 浮蟻酒(부의주): 표면에 개미처럼 생긴 거품이 뜨는 술. 白居易의 시 〈問劉十九〉에 "녹색 개미 떠 있는 새로 빚은 술, 붉은 흙으로 빚은 작은 질화로(綠蟻新醅酒, 紅泥小火爐)"라는 구절이 있다.

(27) 紫盌鋪粟(자완포속): 자주색 茶盌의 늘어놓은 좁쌀. 다완에 떠 있는 노르스름한 차의 거품을 가리킨다.

(28) 盤龍茶(반룡차): 표면에 용이 서린 모양의 무늬가 찍혀 있는 덩이차. 龍團茶.

(29) 幅巾(폭건): 온폭의 비단천으로 만든 두건. 은자들이 즐겨 썼다. 《後漢書·法眞傳》에 "태수가 만나기를 청하자 법진은 온폭 비단으로 만든 두건을 쓰고 가서 뵈었다(太守請見, 眞乃幅巾詣謁)"라고 했고, 《傅子》에 "한말에는 왕공들이 모두 정복을 버리고 온폭 비단으로 만든 두건을 쓰는 것을 우아하게 여겼다(漢末, 王公皆委正服, 以幅巾爲雅)"라고 했다.

(30) 鸜鵒舞(구욕무): 樂舞의 이름. 구관조를 본떠서 추는 춤이었을 것으로 추측된다.

(31) 疊鼓(첩고): 북을 치다.

(32) 摻(참): 치다. 옛날의 북 치는 방법의 일종이었다고 한다.

(33) 漁陽撾(어양과): 漁陽摻撾. 鼓曲의 이름. 〈漁陽三疊〉 또는 〈漁陽三弄〉이라고도 한다.

(34) 九衢(구구): 도성 안에 있는 아홉 갈래의 큰길. 도성을 가리킨다.

(35) 十年聚散(십년취산): 지방을 떠돌거나 세상을 떠나는 등의 여러 가지 사유로 인하여 최근 10년 동안에 자신들이 만났다 헤어졌다 한 일을 가리킨다.

(36) 銀闕(은궐): 눈에 덮인 황궁을 가리킨다.

(37) 暾(돈): 밝게 빛나다.

1072. 王晉卿[1]所藏著色山[2]二首

왕진경이 소장한 착색한 산 그림

其一

縹緲營丘水墨仙,[3][4][5]	영구 사람의 아련한 수묵화 속 선경은
浮空出沒有無間.[6]	허공에 뜬 채로 있다 없다 출몰했네.
邇來一變風流盡,[7][8]	근래에는 일변하여 그 풍격이 없으니
誰見將軍著色山.[9]	그 누가 이장군의 착색 산을 보리오?

其二

犖确何人似退之,[10][11]	험난한 산세 묘사야 누가 한퇴지 같으리?
意行無路欲從誰.[12]	길이 없이 멋대로 다녔나니 누구를 따르려 했으리?
宿雲解駮晨光漏,[13][14]	구름이 흩어지고 새벽빛이 새 나와
獨見山紅澗碧時.[15]	오로지 붉은 산과 푸른 물만 보이네.

[해설]

왕선이 소장하고 있던 착색 산수화를 보고 지은 것이다. 제1수는 이사훈이 그린 것과 같은 착색 산수화의 화풍이 나중에는 이성이 그린 것과 같은 수묵 산수화의 화풍으로 변했기 때문에 소식 당시에는 더 이상 착색 산수화를 볼 수 없었는데 왕선이 소장한 그림을 통하여 그런 화풍을 볼 수 있게 되었다며 왕선이 소장한 그림의 특징을 지적한 것이다. 제2수는 왕선이 소장한 착색 산수화를 보고 그것을 한유의 시 〈산석(山石)〉에 빗대어 묘사한 것이다.

[주석]

(1) 晉卿(진경): 王詵의 字. 그는 신종 황제의 누이동생인 賢惠公主의 남편으로 북송 산수화의 대가였다. 〈和王晉卿幷引〉(0939) 주 (1) 참조.

(2) 著色山(착색산): 검은색 이외의 다른 색깔로 그린 산 그림을 가리킨다.

(3) 縹緲(표묘): 아득히 멀어서 분명하지 않은 모양. 그림 속의 풍경이 아련하다는 말이다.

(4) 營丘(영구): 영구(지금의 산동성 臨淄 북쪽) 사람으로 북송 때의 유명한 산수화가인 李成(919-967)을 가리킨다.

(5) 水墨仙(수묵선): 수묵의 선경. 착색하지 않고 검은 먹의 濃淡만을 이용하여 그린 수묵 산수화를 선경에 비유한 것이다.

(6) 有無間(유무간): 있다가 없다가 하다. 보일락말락하다. 歐陽修의 사 〈朝中措〉(平山欄檻倚晴空)에 "맑은 날 평산당의 난간에 기대서면, 저 멀리 산 빛이 보일락말락했지(平山欄檻倚晴空, 山色有無中)"라는 구절이 있고, 소식의 사 〈水調歌頭〉(落日繡簾捲)에 "저 멀리 산들이 보일락말락했다는, 취옹의 말씀을 확인할 수 있었지요(認得醉翁語, 山色有無中)"라는 구절이 있다.

(7) 邇來(이래): 근래. 소식이 왕선의 착색 산수화를 보기 직전의 시기를 가리킨다.

(8) 風流(풍류): 풍격. 풍치. 이사훈이 그린 것과 같은 착색 산수화의 풍격을 가리킨다.

(9) 將軍(장군): 산수화에 뛰어났던 당나라 때의 화가 李思訓(651-716)을 가리킨다. 《名畫記》에 "이사훈의 그림은 한때의 묘품이라고 일컬어지는데 그는 관직이 좌무위대장군에 이르렀고, 아들 이소도는 부친의 필세를 변화시켜 오묘함이 또 부친을 능가했으니 세상에서 산수화를 말하는 사람들이 대이장군·소이장군이라고 부른다(李思訓畫稱一時之妙, 官至左武衛大將軍; 子昭道變父之勢, 妙又過之, 世言山水者稱大李將軍·小李將軍)"라고 했다.

(10) 犖确(낙각): 바위가 울퉁불퉁한 모양. 韓愈의 시 〈山石〉에 "바위는 삐죽삐죽 길은 보일락말락, 황혼녘에 절에 이르니 박쥐가 날아다닌다(山石犖确行徑微, 黃昏到寺蝙蝠飛)"라고 했다. 이 구절은 험난한 산세의 묘사로는 한유의 〈산석〉만 한 것이 없다는 말이다.

(11) 退之(퇴지): 한유의 字.

(12) 意行(의행): 기분 내키는 대로 다니다. 劉禹錫의 시 〈蠻子歌〉에 "허리에 도끼 차고 높은 산에 오를 때, 옛날에 난 길이 없이 제멋대로 다니네(腰斧上高山, 意行無舊路)"라는 구절이 있다. 이 연은 왕선이 소장한 착색 산수화를 보면서 한유의 〈산석〉에 묘사되어 있는 험난한 산세를 떠올린 것이다.

(13) 宿雲(숙운): 밤 동안에 계속 떠 있는 구름.

(14) 解駁(해박): 흩어지다. 한유의 〈南海神廟碑〉에 "음산한 구름이 흩어지고 햇빛이 새 나왔다(雲陰解

駮, 日光穿漏)"라는 구절이 있다.

(15) 山紅澗碧時(산홍간벽시): 산이 붉고 계곡이 푸른 때. 한유의 시 〈산석〉에 "붉은 산과 푸른 계곡이 어지러이 빛나고, 이따금 보이는 소나무와 참나무는 모두 열 아름이었네(山紅澗碧紛爛漫, 時見松櫟皆十圍)"라는 구절이 있다. 이 연은 왕선이 소장한 착색 산수화에서 붉은색 산과 푸른색 계곡이 유독 두드러져 보이는 현상을 보면서 한유의 〈산석〉을 떠올리고는 그의 〈南海神廟碑〉에 사용된 표현을 빌려서 그것을 묘사한 것이다.

1073. 和黃魯直[1]效進士[2]作二首

진사 시험 시체를 모방하여 지은 황노직의 시에 화답하여

1073-1. 歲寒知松柏

날이 추워져야 송백을 안다

龍蟄雖高臥,[3][4]	용이 숨어 베개를 높이 베고 누워 있어도
雞鳴不廢時.[5]	닭은 울어 때 알리길 그만두지 않는다.
炎涼徒自變,[6][7]	더운 기운과 서늘한 기운은 절로 바뀔 뿐이고
茂悅兩相知.[8]	무성해지면 기뻐하나니 둘이 서로를 잘도 안다.
已負棟梁質,[9][10]	동량지재의 자질을 이미 지니고 있거늘
肯爲兒女姿.[11][12]	아녀자의 자태를 어찌 지으려 하리?
那憂霜貿貿,[13]	서리가 자욱한 것 어떻게 걱정하리?
未喜日遲遲.[14]	해가 길어 따뜻하다 기뻐한 적도 없다.
難與夏蟲語,[15]	여름 벌레에게 겨울에 대해 말해 주기도 어렵고
永無秋實悲.[16]	가을 열매의 슬픔도 영원히 없다.
誰知此植物,	그 누가 알리오 이 식물들도
亦解秉天彝.[17][18]	하늘의 이치를 따를 줄 안다는 걸?

[해설]

1년 내내 시들지 않고 푸르름을 자랑하는 소나무와 측백나무의 꿋꿋한 품성을 칭송한 것이다.

[주석]

(1) 魯直(노직): 黃庭堅의 字.

(2) 進士(진사): 진사 시험에 사용되는 詩體를 가리킨다. 《山谷外集詩注》에 수록되어 있는 황정견의 시 〈歲寒知松柏〉에 대한 주석에 "이 시는 진사 시험 시체를 본뜬 것으로 원우(1086-1093) 연간에 지었다. 두 편이 있는데 그 가운데 첫 번째 것은 전집에 보인다(此詩效進士體, 元祐間作. 有兩篇, 其一見前集)"라고 했다.

(3) 龍蟄(용칩): 용이 숨어 있다. 난세를 만나 영웅이 숨어서 지내는 것을 가리킨다. 杜甫의 시 〈遣興〉에 "숨은 용은 겨울 석 달 가만히 누워 있고, 늙은 학은 만 리 밖으로 날아갈 마음이 있다(蟄龍三冬臥, 老鶴萬里心)"라는 구절이 있다.

(4) 高臥(고와): 베개를 높이 베고 마음 편하게 은거하는 것을 가리킨다.

(5) 雞鳴(계명): 닭의 울음. 변함없는 태도를 가리킨다. 《詩經·鄭風·風雨》에 "비바람이 스산하게 휘몰아쳐도, 꼬끼오 꼬끼오 수닭이 우네. 군자를 만났으니, 내 마음이 어떻게 편치 않으리?(風雨凄凄, 雞鳴喈喈. 旣見君子, 云胡不夷?)"라는 구절이 있는데, 이 시에 대하여 毛詩序에 "〈風雨〉는 군자를 그리워한 것이다. 난세가 되면 절도를 바꾸지 않는 군자를 그리워하게 된다(〈風雨〉, 思君子也. 亂世則思君子不改其度焉)"라고 했다. 이 연은 영웅이 칩거하는 난세에도 변함없이 지조를 견지하는 군자에 빗대어서 겨울에도 시들지 않는 소나무와 측백나무의 꿋꿋한 품성을 칭송한 것이다.

(6) 炎涼(염량): 더운 것과 서늘한 것. 여름과 가을을 가리킨다.

(7) 徒(도): 다만. 단지. 이 구절은 더위와 추위는 저절로 순환하는 것이기 때문에 겨울이 온다고 해서 걱정할 필요가 없다는 말이다.

(8) 茂悅(무열): 무성해지면 기뻐하다. 陸機의 〈歎逝賦〉에 "진실로 소나무가 무성해지면 측백나무가 기뻐하고, 아아 영지가 불에 타면 혜초가 탄식하네(信松茂而柏悅, 嗟芝焚而蕙歎)"라는 구절이 있는바, 소나무가 무성해지는 것을 보면 소나무와 같은 속성을 지닌 측백나무가 자기도 무성해질 것임을 알고 기뻐하고, 지초가 불에 타는 것을 보면 지초와 같은 속성을 지닌 혜초가 자기도 불에 탈 것임을 알고 탄식한다는 말이다. 이 구절은 속성이 같은 소나무와 측백나무가 어느 하나가 무성해지면 다른 하나가 그것을 보고 기뻐하면서 겨울이 와도 의연한 것은 서로 상대방을 잘 알고 있고 또 그것을 통해 자신도 잘 알고 있기 때문이라는 말이다.

(9) 負(부): 안다. 지니다.

(10) 棟梁質(동량질): 동량지재가 될 자질.

(11) 肯(긍): 어찌 ~하려고 하겠는가.

(12) 爲(위): 짓다. 지니다.

(13) 貿貿(무무): 어지러운 모양.

(14) 遲遲(지지): 해가 길어서 날씨가 따뜻한 모양. 이 연은 소나무와 측백나무가 찬 서리 내리는 겨울이 와도 걱정하지 않고 햇살이 따스한 봄이 와도 기뻐하지 않는다는 말이다.

(15) 夏蟲(하충): 여름에만 활동하는 벌레. 《莊子·秋水》에 "우물 안의 개구리에게 바다에 대해서 말해 줄 수 없는 것은 그것이 공간의 제약을 받기 때문이고, 여름 벌레에게 얼음에 대해서 말해 줄 수 없는 것은 그것이 시간의 제약을 받기 때문이며, 왜곡된 선비에게 도에 대해서 말해 줄 수 없는 것은 그가 예교의 제약을 받기 때문이다(井蛙不可以語於海者, 拘於虛也; 夏蟲不可以語於冰者, 篤於時也; 曲士不可以語於道者, 束於教也)"라는 말이 있다.

(16) 秋實悲(추실비): 가을 열매의 슬픔. 겨울을 맞아 곧 시들어 버릴 운명에 처한 슬픔을 가리킨다. 이 연은 겨울에도 시들지 않는 소나무와 측백나무가 여름 벌레에게 겨울철의 일을 이야기해 주지 못하는 것을 안타까워하고, 가을이 오고 겨울이 닥치는 것을 슬퍼하지 않는다는 말이다.

(17) 解(해): ~할 줄 알다.

(18) 秉天彝(병천이): 천도를 견지하다. 자연의 이치를 따르다. 《詩經·大雅·蒸民》에 "백성들이 떳떳한 도리를 견지하여, 아름답고 훌륭한 덕을 좋아하는구나(民之秉彝, 好是懿德)"라는 구절이 있다. 이 연은 소나무나 측백나무와 같은 식물도 추운 겨울이 지나면 따뜻한 봄이 오는 것이 자연의 이치라는 사실을 알고 날이 추워져도 의연하게 버티는데 사람들 중에는 어려움이 닥치면 그것을 견디지 못하고 좌절하는 사람이 많다는 말이다.

1073-2. 款塞[1]來享[2]

요새의 문을 두드리고 투항해 와서 공물을 바친 일

蠢爾氐羌國,[3][4]	저족과 강족의 나라가 준동해도
天誅亦久稽.[5][6]	오랫동안 토벌을 미뤄 왔는데
旣能知面內,[7]	이제 안으로 얼굴을 돌릴 줄 알게 됐으니
不復議征西.[8]	더 이상 서쪽 정벌을 논의할 일 없겠다.
斥堠銷兵火,[9][10]	보루에는 봉화가 사그라들고
邊城息鼓鼙.[11]	변방의 성곽에는 북소리가 멎었나니
輸忠修貢職,[12][13][14]	충성을 바치고 공물 올리며

棄過爲黔黎.(15)	과오를 버리고 백성이 됐다.
雪滿流沙靜,(16)	눈에 덮인 유사 땅이 고요하겠고
雲沈太白低.(17)	구름 자욱한 곳에 태백성이 나직하니
巍巍二聖治,(18)(19)	두 성군이 이룩하신 거룩한 치세
盛德古難齊.	그 큰 덕이 옛사람도 맞먹기 어렵겠다.

[해설]

송나라의 서북쪽에 있던 나라인 서하가 잠시 귀순해 온 일을 노래한 것이다. 서하의 귀순으로 평화로운 시대가 열린 일을 기뻐하고 그것이 가능하게 한 철종 황제와 선인태후의 덕을 칭송했다.

[주석]

(1) 款塞(관새): 요새의 문을 두드리다.
(2) 來享(내향): 변방의 蕃國이 투항해 와서 공물을 바치는 것을 가리킨다. 《詩經·商頌·殷武》에 "그대들 형초는, 나라 남쪽 고을을 차지하고 있는데, 그 옛날 탕임금 때, 거기서 저족과 강족의 나라에 이르기까지, 감히 공물을 바치지 않는 자가 없었고, 감히 천자로 섬기지 않는 자가 없었나니, 오로지 상나라만 숭상하였네(維女荊楚, 居國南鄉. 昔有成湯, 自彼氐羌, 莫敢不來享, 莫敢不來王, 曰商是常)"라고 했는데 鄭玄의 箋에 "'享'은 바친다는 뜻이다(享, 獻也)"라고 했다.
(3) 蠢爾(준이): 무지하게 날뛰는 모양.
(4) 氐羌(저강): 저족과 강족. 모두 옛날에 중국의 서북쪽에 있던 민족이었다. 여기서는 西夏를 가리킨다.
(5) 天誅(천주): 하늘이 내리는 벌. 천벌. 천자의 토벌을 가리킨다.
(6) 久稽(구계): 오랫동안 미루다. 討伐을 미루는 것을 '稽誅'라고 한다.
(7) 面內(면내): 내면을 향하다. 송나라에 귀순한 것을 가리킨다.
(8) 征西(정서): 서하를 정벌하는 것을 가리킨다.
(9) 斥堠(척후): 敵情을 정찰하고 탐색하다. '斥候'와 같다. 여기서는 적정을 정탐하는 보루를 가리킨다.
(10) 兵火(병화): 전쟁의 불길. 여기서는 烽火를 가리킨다. '鋒火'로 된 판본도 있고 '烽火'로 된 판본도 있다.
(11) 鼓鼙(고비): 큰북과 작은북. 전쟁할 때 치는 북을 가리킨다.
(12) 輸(수): 갖다 바치다.

(13) 修(수): 드리다. 바치다. '羞'와 같다.

(14) 貢職(공직): 공물. 공물을 바치는 것을 '修貢'이라고 한다.

(15) 黔黎(검려): '黔首黎民'의 축약형으로 검은색 두건으로 머리를 싸맨 민중을 가리킨다.

(16) 流沙(유사): 거센 바람에 모래가 밀려다니는 서북쪽의 사막 지대를 가리킨다.

(17) 太白(태백): 태백성. 金星·啓明星·長庚星이라고도 한다. 옛날 사람들은 태백성이 살육과 정벌을 주관한다고 생각했기 때문에 태백성을 전쟁에 비유하는 경우가 많았다. 李白의 시 〈胡無人〉에 "운룡의 진법과 풍호의 진법을 번갈아 다 사용하여, 태백성이 달에 들어갈 때 적을 꺾을 수 있었네(雲龍風虎盡交回, 太白入月敵可摧)"라는 구절이 있다. 이 구절은 태백성이 지고 있다는 뜻으로 전쟁의 기운이 사라져 간다는 말이다.

(18) 巍巍(외외): 아주 높은 모양.

(19) 二聖(이성): 두 聖君. 철종 황제와 섭정인 宣仁太后를 가리킨다. 이 연은 철종과 선인태후가 옛날의 성군들을 능가하는 선정을 베풀고 있다는 말이다.

1074. 夜直玉堂[1], 攜李之儀[2]端叔[3]詩百餘首, 讀至夜半, 書其後

밤에 옥당에서 숙직하며 단숙 이지의의 시 백여 수를 가져다 한밤중까지 읽고 그 뒤에 쓴다

玉堂淸冷不成眠,	옥당이 싸늘하여 잠이 들지 않건만
伴直難呼孟浩然.[4][5]	맹호연을 불러 함께 숙직하기 어려우매
暫借好詩消永夜,[6]	좋은 시를 잠시 빌려 긴 밤을 보냈나니
每逢佳處輒參禪.[7][8][9]	멋진 곳을 만나면 그때마다 참선했네.
愁侵硯滴初含凍,[10][11]	근심이 스며들 제 연적이 얼음을 막 머금고
喜入燈花欲鬪姸.[12]	기쁨이 들어올 제 불똥이 아름다움을 다투려 했네.
寄語君家小兒子,	그대 집 애들에게 말 전하나니
他時此句一時編.[13][14]	먼 훗날 이 구절을 함께 엮어 주기를.

[해설]

어느 날 밤에 한림원에서 숙직하며 이지의의 시를 읽은 소감을 발문 형식으로 쓴 시이다.

[주석]

(1) 玉堂(옥당): 옥으로 장식한 전당. 翰林院의 별칭.
(2) 李之儀(이지의): 북송 때의 문인.
(3) 端叔(단숙): 이지의의 字.
(4) 伴直(반직): 함께 숙직하다.
(5) 孟浩然(맹호연): 盛唐 때의 시인. 그는 관직에 뜻을 두지 않고 고향의 鹿門山에서 은거하다가

마흔 살이 되어서야 비로소 도성으로 가 보았다. 王維가 그를 매우 좋아하여 한번은 그를 翰林院으로 불렀는데 마침 현종 황제가 행차했다. 맹호연이 놀라서 침대 밑으로 들어가 숨어 있는데 왕유가 현종에게 사실대로 말했다. 현종이 이름만 듣고 만나 보지 못했는데 잘됐다며 맹호연에게 시를 한번 읊어 보라고 했다. 맹호연이 자신의 시 〈歲暮歸南山〉을 읊었는데 그 안에 "재주가 없어서 임금님이 버리셨네(不才明主棄)"라는 구절이 있었다. 현종이 "그대가 벼슬을 추구하지 않은 것이지 나는 그대를 버린 적이 없네. 왜 나를 무고하는가?" 하고 우스갯소리를 했다.(《신당서·맹호연전》 참조) 여기서는 한림원에서 숙직하는 소식 자신과 함께 지내 줄 사람이라는 뜻이다. 이 연은 이지의의 시를 읽게 된 동기를 해학적으로 표현한 것이다.

(6) 好詩(호시): 이지의의 시를 가리킨다.

(7) 佳處(가처): 이지의 시 중의 멋진 곳, 즉 佳句를 가리킨다.

(8) 輒(첩): 매번. ~할 때마다 곧.

(9) 參禪(참선): 참선하다. 시구의 의미를 파악하기 위해 골똘하게 생각하는 것을 가리킨다. 葛立方의 《韻語陽秋》에 "소동파가 이단숙의 시에 발문을 써서 말하기를 '좋은 시를 잠시 빌려 긴 밤을 보냈나니, 멋진 곳을 만나면 그때마다 참선했네'라고 했으니 아마도 이단숙이 시를 지을 때 용의가 너무 지나쳤기 때문에 '참선한다'는 말로 경계한 것 같다(東坡跋李端叔詩卷云: '暫借好詩消永夜, 每逢佳處輒參禪.' 蓋端叔作詩, 用意太過, '參禪'之語, 所以警之云)"라고 했는데, 이는 소식 시의 맥락과 어울리지 않는 말이다. 이보다는 "사람을 슬프게 할 수도 있고 사람을 기쁘게 할 수도 있지만 좋은 시가 아니라면 어찌 이런 면을 지닐 수 있겠는가? 그렇기 때문에 참선할 만하다고 한 것이다(能使人愁, 能使人喜, 非好詩那得有此? 故曰可以參禪)"라는 말(汪師韓, 《蘇詩選評箋釋》 참조)이 더 타당해 보인다.

(10) 硯滴(연적): 연적. 벼루에 먹을 갈 때 쓰는 물 그릇.

(11) 含凍(함동): 얼다. 결빙하다.

(12) 燈花(등화): 등잔불이나 촛불의 심지 끝이 타서 맺힌 불똥. 이 연은 근심을 노래한 시를 읽자 소식 자신의 마음속에도 근심이 일고 기쁨을 노래한 시를 읽자 소식 자신의 마음속에도 기쁨이 일 만큼 감동적인 이지의의 시를 두루 읽고 난 뒤 연적의 물에 살얼음이 얼 정도로 추운 방에 앉아서 여기저기 촛불에서 불똥이 피어오르기 시작할 정도로 깊은 밤에 발문 형식의 이 시를 쓴다는 말이다.

(13) 此句(차구): 이 시구. 소식의 이 시를 가리킨다.

(14) 一時(일시): 동시에. 함께. 이 연은 이지의의 후손이 이지의의 이 훌륭한 시들을 편집하여 시집으로 만들 때 이지의의 시를 평가한 소식의 이 시를 부록으로 넣어 주면 좋겠다는 뜻으로 이지의의 시를 극구 칭송한 것이다.

1075. 次韻王定國[1]得晉卿[2]酒相留[3]夜飮

왕진경의 술을 얻어 나를 붙잡아 두고 밤에 마신 일을 노래한 왕정국의 시에 차운하여

短衫壓手氣橫秋,[4][5][6]	짧은 소매가 손에 닿은 채 기운이 가을 하늘에 뻗쳤는데
更著仙人紫綺裘.[7]	게다가 또 신선이 입는 비단 갖옷도 입었네.
使我有名全是酒,	나를 이름나게 한 건 전적으로 술이거니
從他作病且忘憂.[8][9][10]	그것이 병을 만들지라도 잠시 근심을 잊네.
詩無定律君應將,[11][12][13]	시는 규칙이 없으니 그대가 장수 노릇 해야 되고
醉有眞鄕我可侯.[14][15]	취향은 참으로 있나니 내가 제후 노릇 할 수 있네.
且倒餘樽盡今夕,	오늘 밤이 다하도록 남은 잔을 또 기울이지만
睡蛇已死不須鉤.[16][17]	잠자는 뱀은 이미 죽어 낚을 필요 없다네.

[해설]

소식이 왕공의 집에 갔을 때 마침 왕선이 술을 보내온지라 왕공이 소식을 붙잡아 놓고 함께 그 술을 마셨는데, 이 시는 이때 왕공이 먼저 지은 시에 차운한 것이다.

[주석]

(1) 定國(정국): 소식의 절친한 친구 王鞏의 字. 〈次韻王定國南遷回見寄〉(0853) 주 (1) 참조.

(2) 晉卿(진경): 王詵의 字. 그는 신종 황제의 누이동생인 賢惠公主의 남편으로 북송 산수화의 대가였다. 〈和王晉卿幷引〉(0939) 주 (1) 참조.

(3) 相留(상류): 붙들다. 왕공이 소식을 붙든 것을 가리킨다.

(4) 短衫(단삼): 짧은 소매. 술독의 뚜껑에서 양쪽 손잡이까지 드리워지도록 덮어 놓은 포장용 천을 가리키는 것으로 보인다.

(5) 壓手(압수): 손에 다가가다. 술독 뚜껑에 덮어 놓은 포장용 천이 술독의 양쪽 손잡이에 닿은 것을 가리키는 것으로 보인다.

(6) 橫秋(횡추): 드높은 가을 하늘에 뻗쳐 있을 정도로 기운이 왕성하다는 말이다.

(7) 紫綺裘(자기구): 자주색 비단을 덧대어서 만든 갖옷. 李白의 시 〈金陵江上遇蓬池隱者〉에 "내가 입은 자주색 비단 갖옷을 벗어, 또 금릉의 맛있는 술로 바꿨다(解我紫綺裘, 且換金陵酒)"라는 구절이 있다. 이 연은 술독을 의인화하여 묘사한 것으로, 먼저 술독이 얼지 않도록 두꺼운 털가죽으로 감싼 뒤 그 위에 다시 뚜껑에서 양쪽 손잡이에 이르는 포장용 천을 덮어서 멋있게 장식해 놓았다는 뜻인 것 같다.

(8) 從(종): ~하게 내버려 두다. 이백의 시 〈白頭吟〉에 "용수초 돗자리를 걷어치우지 말고, 거미줄이 생기게 내버려 두라(莫卷龍鬚席, 從他生網絲)"라는 구절이 있다.

(9) 他(타): 그 사람. 그것. 술을 가리킨다. 高適의 시 〈漁父歌〉에 "굽이진 깊은 못에 늙은이 하나, 낚시를 응시하며 꼼짝도 않네. 사람들이 성명을 알고 싶어서, 몇 번이나 물어도 입을 안 여네(曲岸深潭一山叟, 駐眼看鉤不移手. 世人欲得知姓名, 良久問他不開口)"라는 구절이 있다.

(10) 作病(작병): 병을 일으키다. 술을 마심으로 인하여 몸이 병들게 하는 것을 가리킨다.

(11) 定律(정률): 정해진 규율. 詩令을 가리킨다.

(12) 君(군): 왕공을 가리킨다.

(13) 將(장): 장수 노릇을 하다. 주재하다.

(14) 醉有眞鄕(취유진향): 진정한 醉鄕이 있다. '有眞醉鄕'이 도치된 것이다. 王績의 〈醉鄕記〉에 "완사종·도연명 등 10여 명이 다들 취향에서 노닐었다(阮嗣宗·陶淵明等十數人, 幷遊於醉鄕)"라고 했다.

(15) 侯(후): 제후 노릇을 하다. 이 연은 왕공이 시를 지을 때 지켜야 할 규칙, 즉 詩令을 정하여 모임을 주재하면 자신은 그것에 따라 시를 지으며 기분 좋게 술을 마시고 거나하게 취하겠다는 말이다.

(16) 睡蛇(수사): 잠자는 뱀. 번뇌가 많고 어수선하여 편안하지 않은 정신 상태를 가리킨다. 《佛遺教經》에 "번뇌의 독사가 네 마음속에서 잠자고 있다. 이는 검은 뱀이 네 방에서 잠자고 있는 것과 같다. 계율을 지키는 갈고리로 빨리 제거해야 한다. 잠자는 뱀이 나가야 편안하게 잘 수 있다(煩惱毒蛇, 睡在汝心. 譬如黑蛇, 在汝室睡. 汝當以持戒之鉤早併除之. 睡蛇旣出, 乃可安眠)"라고 했다. 이 연은 번민이 이미 다 없어졌기 때문에 번민을 없애기 위해 계속 술을 마실 필요는 없지만 취향에서 노니는 즐거움을 한껏 맛보기 위해 밤새도록 술을 마시겠다는 말이다.

(17) 鉤(구): 갈고리로 낚아채다. 잡아서 죽인다는 말이다.

1076. 范景仁(1)和賜酒燭(2)詩復次韻謝之

범경인이 술과 초를 하사하신 일을 읊은 내 시에 화답했기에 다시 차운하여 감사 드린다

笙磬分均上下堂,(3)(4)	대청 위엔 생황 소리 대청 밑엔 경쇠 소리
游魚舞獸自奔忙.(5)	헤엄치는 고기와 춤추는 짐승이 스스로 바쁘게 날뛰네.
朱絃初識孤桐韻,(6)(7)	붉은 줄 퉁기니 처음으로 외로운 오동의 운치를 알겠고
玉琯猶聞秬黍香.(8)(9)(10)	옥피리엔 기장 향이 아직도 나네.
萬事今方咨伯始,(11)	만사를 지금 한창 백시에게 자문하는데
一斑我亦愧真長.(12)(13)	반점 하나밖에 못 보아서 나도 진장에게 부끄럽네.
此生會見三雍就,(14)(15)	이생에 삼옹으로 나아가는 것 꼭 볼 테니
無復寥寥歎未央.(16)(17)	쓸쓸하게 자꾸 탄식하는 일 다시는 없을 것이네.

[해설]

범진이 소식의 시 〈한 달 넘게 병상에 누워 있으면서 지방관으로 내보내 달라고 주청했으나 허락받지 못해 또 옥당에서 숙직한바, 11월 1일에 한림원의 문을 폐쇄했는데 이날 날씨가 몹시 추워 임금님께서 조서를 내려 궁정용 초와 궁중에서 빚은 술을 하사하신지라 한림원 동료들에게 써 준다(臥病逾月, 請郡不許, 復直玉堂. 十一月一日鎖院, 是日苦寒, 詔賜宮燭·法酒, 書呈同院)〉(1062)에 화답하자 그 시에 다시 차운하여 지은 것이다. 소식의 〈범경인 묘지명(范景仁墓誌銘)〉에 "이전에 인종께서 이조에게 궁중의 의례에 사용하는 대악을 개정하라고 명하시며 왕박의 악장 세 수를 내려 주셨다. 황우(1049-1053) 연간에 또 호원 등으로

하여금 이것을 고찰하여 바로잡게 하셨는데 공(범진)과 사마광이 모두 이 일에 참여했다. 공은 상소문을 올려서 율척의 제작 방법을 논했고, 또 사마광과 주거니 받거니 논란을 벌이며 수만 자에 달하는 글을 썼는바, 스스로 자신만이 마음속에 터득한 것이 있다고 여겼다. 원풍 3년(1080)에 신종께서 공과 유궤에게 악률을 제정하라고 하셨다. 공이 '악률을 제정하려면 먼저 율척(律尺)을 바로잡아야 합니다'라고 하자 신종께서 '그렇소. 사광처럼 정확하게 듣는 사람이라고 할지라도 육률을 사용하지 않으면 오음을 바로잡을 수 없소'라고 하셨다(初, 仁宗命李照改定大樂, 下王朴樂三律. 皇祐中, 又使胡瑗等考正, 公與司馬光皆與. 公上疏論律尺之法, 又與光往復論難, 凡數萬言, 自以爲獨得於心. 元豐三年, 神宗詔公與劉几定樂. 公曰: '定樂當先正律.' 上曰: '然. 雖有師曠之聰, 不以六律, 不能正五音.')"라는 기록이 있는 것을 보면 범진은 여러 차례 악률에 관한 업무를 관장했을 정도로 음률에 밝았던 것 같은바, 이 시에 대한 소식의 자주에 "당시에 공이 막 새로운 악률을 진상했다(時公方進新樂)"라고 한 것을 보면 이 시는 범진이 철종 원우 3년(1088)에 또 새로운 악률을 지어 바치자 그 일을 노래한 것임을 알 수 있다.

[주석]

(1) 景仁(경인): 范鎭의 字.

(2) 賜酒燭(사주촉): 술과 초를 하사하다. 원우 3년(1088) 11월 1일 소식이 한림원에서 조서를 작성하고 있을 때 철종 황제가 술과 초를 하사한 일을 가리킨다.

(3) 笙磬(생경): 관악기인 생황과 타악기인 경쇠. 소식의 자주에 "옛날 법도에 의하면 당상의 음악은 모두 생황 소리에 맞추어 조화를 이루고 당하의 음악은 모두 경쇠 소리에 맞추어 조화를 이룬다(舊法, 堂上之樂, 皆受笙均, 堂下之樂, 皆受磬均)"라고 했다.

(4) 均(운): 소리, 특히 조화로운 소리를 가리킨다. '韻'과 같다. 이 구절은 당상에는 생황 소리를 주축으로 하는 각종 악기의 소리가 협화음을 이루어 울려 퍼지고, 당하에는 경쇠 소리를 주축으로 하는 각종 악기의 소리가 협화음을 이루어 울려 퍼졌다는 말이다.

(5) 游魚舞獸(유어무수): 《荀子·勸學》에 "호파가 거문고를 타면 헤엄치던 고기가 나와서 듣는다(瓠巴鼓瑟, 而游魚出聽)"라는 말이 있고, 《列子·湯問》에 "호파가 거문고를 타면 새가 춤추고 고기가 뛴다(瓠巴鼓琴, 而鳥舞魚躍)"라는 말이 있다. 이 연은 범진이 새로 정한 악률이 매우 훌륭하다는 말이다.

(6) 朱絃(주현): 붉은 실로 만든 현. 거문고의 현을 가리킨다. 소식의 자주에 "옛날 악기는 금석으로 만든 것은 소리가 높고 실로 만든 것은 소리가 낮았는데, 오늘날의 악기는 금석으로 만든 것과 실로 만든 것 모두 소리가 두드러진다(舊樂, 金石聲高而絲聲微; 今樂, 金石與絲聲皆著)"

라고 했다.

(7) 孤桐(고동): 홀로 자란 오동나무. 좋은 거문고를 가리킨다. 《尙書·禹貢》에 "역산 남쪽의 홀로 자란 오동나무(嶧陽孤桐)"라는 말이 있는데 이에 대한 孔安國의 傳에 "역산의 남쪽에 오동나무가 홀로 자랐는데 거문고를 만들기에 적합하다(嶧山之陽, 特生桐, 中琴瑟)"라고 했다.

(8) 玉琯(옥관): 옥으로 만든 피리. 악률을 정할 때 사용하던 악기이다.

(9) 聞(문): 냄새가 나다.

(10) 秬黍香(거서향): 기장의 향기. 옛날에 직경이 3分이고 길이가 9寸인 黃鐘管을 기준으로 일정한 비율로 길이를 줄여 나가 六律과 六呂 즉 십이율려를 정했는데, 기장 한 알의 길이를 1分으로 치고 9分을 1寸으로 쳐서 81分 즉 9寸을 1律尺이라고 했다. 만약 기장을 가로로 늘어놓는다면 100개를 1율척으로 쳤다. 소식의 자주에 "옛날에는 자로써 율려를 생성했는데 지금은 기장으로써 율려를 제정하고 율려로써 자를 생성한다(舊法, 以尺生律; 今以黍定律, 以律生尺)"라고 했다. 이 구절은 범진이 악률을 정하기 위해 피리의 길이를 조절할 때 사용한 기장의 향내가 아직도 난다는 말이다.

(11) 伯始(백시): 한나라 사람 胡廣의 字. 그는 사리에 밝고 조정의 제도와 법령을 잘 알았기 때문에 도성 사람들 사이에 "만사를 잘 모르면 백시에게 물어라"라는 말이 있었다.(《한서·호광전》 참조) 이 구절은 범진이 음악을 포함한 모든 일을 다 잘 안다고 칭송한 것이다.

(12) 一斑(일반): 무늬 하나. 아주 작은 일부분을 가리킨다. 東晉 사람 王羲之의 아들 王獻之(344-386)가 어릴 때 부친의 문하생들이 樗蒲 놀이를 하는 것을 보고 "남풍이 약하네"라고 하자 문하생이 "이 도련님도 대롱으로 표범을 엿보고는 때때로 반점 하나는 보는군" 했다. 그러자 왕헌지가 "나는 멀리로는 荀奉倩(荀粲, 209?-238?)에게 부끄럽고 가까이로는 劉眞長(劉惔, 345 전후)에게 부끄럽구나" 하고 자탄했다.(《진서·왕헌지전》 참조)

(13) 眞長(진장): 동진 사람 劉惔의 字. 그는 어릴 적부터 王導(276-339)에게 재주를 인정받기 시작하여 마침내 당시 사람들이 그를 순찬에 비견하기에 이르렀다.(《진서·유담전》 참조) 이 구절은 왕헌지가 유담에게 부끄럽다고 생각한 것처럼 자신도 식견이 너무 편협해서 음악까지도 잘 아는 범진에게 부끄럽다는 말이다.

(14) 會(회): 틀림없이.

(15) 三雍(삼옹): 三雍宮. 한나라 때의 세 궁전인 辟雍·明堂·靈臺의 총칭. 《漢書·河間獻王傳》에 "무제 때 헌왕이 조정에 들어와 천자를 뵙고 아악을 바친 후 삼옹궁 및 詔書에서 물은 30여 가지의 일에 대하여 대답했는데 그의 대답은 도덕과 학술로 미루어 말한 것이라 사리에 부합하며 문사가 간략하고 가리키는 바가 명확했다(武帝時, 獻王來朝, 獻雅樂, 對三雍宮及詔策所問三十餘事, 其對推道術而言, 得事之中, 文約指明)"라고 했다.

(16) 寥寥(요요): 고요하고 쓸쓸한 모양.

(17) 未央(미앙): 끝나지 않다. 이 연은 범진이 이번 일로 인하여 앞으로는 황제의 총애를 듬뿍 받게 되겠다는 뜻인 것으로 보인다.

1077. 次韻劉貢父(1)春日賜幡勝(2)

입춘에 번승을 하사하신 일을 노래한 유공보의 시에 차운하여

寬詔隨春出內朝,(3)(4)	관대한 조서가 봄을 따라 내조에서 나오매
三軍喜氣挾狐貂.(5)(6)	삼군의 기쁨이 여우 담비 갖옷을 끼고 있는 것 같네.
鏤銀錯落翻斜月,(7)(8)(9)	은 조각이 얼키설키 기울어진 달이 흔들리는 모습
剪綵繽紛舞慶霄.(10)(11)(12)	오린 비단이 뒤죽박죽 경사로운 구름이 춤추는 모습
臘雪强飛纔到地,(13)	섣달의 눈은 억지로 날아 겨우 땅에 이르고
曉風偸轉不驚條.(14)(15)	새벽바람은 살그머니 불어 나뭇가지가 안 놀라네.
脫冠徑醉應歸臥,(16)	관을 벗고 곧장 취해 돌아가서 누울 일
便腹從人笑老韶.(17)(18)(19)	배 나온 늙은 변소라고 남들이 웃어도 상관없네.

[해설]

원우 3년(1088) 연말에 든 입춘에 황제로부터 번승을 하사받고 지은 유반의 시에 차운한 것으로, 그날의 기후와 연회장의 화기애애한 분위기가 잘 그려져 있다.

[주석]

(1) 貢父(공보): 劉攽의 字.

(2) 幡勝(번승): 唐宋 때 입춘을 경하하기 위해 종이나 비단을 오려서 만든 장식물. 머리에 꽂기도 하고 꽃 아래에 매어 두기도 했다. 彩勝·旛勝이라고도 했다. 《東京夢華錄》에 "입춘일에 중신·친왕·백관

에게 다 금빛 은빛의 번승을 하사하시는데, 황제를 뵙고 경하하는 일이 끝나면 머리에 꽂고 사저로 돌아갔다(立春日, 宰執·親王·百官, 皆賜金銀幡勝, 入賀訖, 戴歸私第)"라는 기록이 있다.

(3) 寬詔(관조): 관대한 조서. 禁令을 완화하거나 사면을 실시하는 등의 조서를 말한다.

(4) 內朝(내조): 천자나 제후가 휴식을 취하기도 하고 政事를 처리하기도 하던 곳. 천자나 제후가 정사를 처리하던 곳인 외조와 구별된다.

(5) 三軍(삼군): 12,500명이 1군인데 규모가 큰 제후국은 3군을 보유할 수 있었다. 널리 군대를 가리킨다.《摭言》에 "땅달보 이씨(李紳)가 양주를 鎭守할 때 장효표에게 봄눈을 읊은 시를 지어 보라고 하자 '붉은 문에 새벽까지 한 자도 채 안 쌓였나니, 삼군의 기쁨이 다 녹여 버린 것이라네'라고 했다(短李鎭揚州, 請章孝標賦春雪詩, 云: '朱門到曉難盈尺, 盡是三軍喜氣消.')"라는 말이 있다.

(6) 狐貂(호초): 여우나 담비의 털가죽으로 만든 갖옷을 가리킨다. 이 연은 봄을 맞아 황제가 관대한 조치를 내리니 군인들이 따뜻한 옷을 입은 것과 같은 따스함을 느낄 정도로 분위기가 화기애애하다는 말이다.

(7) 鏤銀(누은): 원래 물체에 무늬를 새기고 거기에 은을 박아 넣은 장식품을 가리키지만, 여기서는 銀箔이나 은색 종이로 만든 彫刻品인 번승을 가리킨다.

(8) 錯落(착락): 복잡하게 얽히다.

(9) 斜月(사월): 서쪽으로 기울어진 달. 이 구절은 달 모양으로 만든 은빛의 번승이 머리에 꽂힌 채 흔들거린다는 말이다.

(10) 剪綵(전채): 채색 비단을 오려서 만든 번승을 가리킨다.

(11) 繽紛(빈분): 어지러운 모양.

(12) 慶霄(경소): 경사스러운 구름. 오색구름을 가리킨다. 이 구절은 채색 무늬로 만든 울긋불긋한 번승이 마구 흔들거린다는 말이다.

(13) 臘雪(납설): 섣달에 내리는 눈. 소식의 자주에 "하루 전에 눈이 조금 내렸다(前一日微雪)"라고 했다. 이 구절은 조금씩 내리는 때늦은 눈이 미풍에 천천히 날리다가 땅에 닿기도 전에 대부분 녹아 버리고 일부만 땅에 닿는다는 말이다.

(14) 偸轉(투전): 보이지 않게 살그머니 움직이다.

(15) 驚條(경조): 나뭇가지를 놀라게 하다. 이 구절은 바람이 아주 약하게 불어서 나뭇가지가 흔들리지 않는다는 말이다.

(16) 歸臥(귀와): 집으로 돌아가서 자는 것을 가리키면서 이면적으로 관직 생활을 그만두고 전원으로 돌아가 은거하는 것을 가리키기도 한다. 이구절은 '應脫冠徑醉歸臥'가 도치된 것이다.

(17) 便腹(편복): 원래 살이 쪄서 불룩하게 나온 배를 가리키지만, 여기서는 술을 많이 마셔서 배가 불룩해진 것을 가리킨다. 後漢 사람 邊韶가 어느 날 낮에 의자에 앉은 채로 졸고 있는데 제자들이 "변효선(변소)은 배가 불룩해 가지고 책 읽는 데는 게으르고 잠이나 자고 싶어 한다"라며 흉을 보았다. 변소가 이 말을 듣고 즉시 말했다. "배가 불룩한 것은 五經이 잔뜩 들어 있기 때문이고 잠만 자려고 하는 것은 꿈에 周公을 만나 얘기하려고 그러는 것이다. 그런데 스승을 흉보아도 된다는 말이

어느 경전에 적혀 있더냐?" 이 말을 듣고 제자들이 크게 부끄러워했다.(《후한서·변소전》 참조) 소식의 자주에 "이날 임시로 친 막사에 술을 하사하셨다(是日, 幕次賜酒)"라고 한 것을 보면 황제가 하사한 술을 마시며 마음껏 취하고 싶었던 것으로 보인다.

(18) 從(종): ~하게 놓아두다.

(19) 老韶(노소): 늙은 변소. 이구절은 '從人笑老韶便腹'이 도치된 것이다.

1078. 再和

다시 화답하여

與君流落偶還朝,[(1)(2)]	그대와 함께 외지를 떠돌다 우연히 조정에 돌아오니
過眼紛綸七葉貂.[(3)(4)(5)]	대대로 담비 꼬리 꽂은 근신들이 수두룩이 보였지요.
莫笑華顚羞采勝,[(6)(7)]	흰머리에 번승 꽂은 것 수줍어하며 웃지 마셔요.
幾人黃壤隔靑霄.[(8)(9)]	몇 명이나 황천에서 푸른 하늘과 떨어져 있나요?
行吟未許窮騷雅,[(10)(11)]	걸어 다니며 읊조려서 시재를 다할 순 없어도
坐嘯猶能出敎條.[(12)(13)]	가만히 앉아서 휘파람 불며 법령을 낼 수는 있지요.
記取明年江上郡,	기억하셔요 내년에 강가의 고을에서
五更春枕夢春韶.[(14)(15)]	오경에 봄잠 자며 봄 경치를 꿈꿀 것을.

[해설]

〈입춘에 번승을 하사하신 일을 노래한 유공보의 시에 차운하여(次韻劉貢父春日賜幡勝)〉(1077)에 이어서 다시 유반의 시에 차운한 것으로, 과거의 일을 회상하고 현재의 상황에 씁쓸해하며 미래의 모습을 그려 보았다.

[주석]

(1) 君(군): 劉攽을 가리킨다.

(2) 流落(유락): 외지를 떠돌다.

(3) 過眼(과안): 눈앞을 지나가다. 눈에 뜨인다는 말이다.

(4) 紛綸(분륜): 많은 모양.

(5) 七葉貂(칠엽초): 7대에 걸쳐 冠에 담비 꼬리를 꽂을 만큼 대대로 황제를 모셔 온 近臣이라는 뜻으로, 신법파가 세력을 잃음으로써 다시 조정으로 소환된 구법파의 원로 대신들을 가리킨다. 王十朋의 《百家註分類東坡先生詩》에 "전한의 김일제는 대대로 충효로 이름났는데 일곱 세대에 걸쳐 내시를 지냈기 때문에 좌태충의 시에 '김씨와 장씨는 조상의 옛날 공 덕분에, 일곱 세대에 걸쳐 담비 꼬리를 꽂았네'라는 구절이 있는 것이다(前漢金日磾, 世名忠孝, 七葉內侍, 而左太冲詩; '金張籍舊業, 七葉珥漢貂.')"라고 했다. 이 연은 자신들이 막 조정으로 돌아왔을 때에는 조정에 구법파의 원로대신들이 많았다는 말이다.

(6) 華顚(화전): 흰머리.

(7) 采勝(채승): 幡勝. '彩勝'과 같다. 〈次韻劉貢父春日賜幡勝〉(1077) 주 (2) 참조.

(8) 黃壤(황양): 黃土. 黃泉을 가리킨다.

(9) 靑霄(청소): 푸른 하늘. 이 연은 유반(1023-1089)이 백발이 성성해져 가지고 아직도 조정에 남아 머리에 황제가 하사한 번승을 꽂고 있다며 겸연쩍어하자, 이미 죽은 사람도 많은데 아직까지 황제의 총애를 받아 조정에 남아 있을 수 있으니 얼마나 다행한 일이냐고 위로한 말인 것으로 보인다.

(10) 行吟(행음): 천천히 걸으면서 읊조리다.

(11) 騷雅(소아): 楚辭 중의 〈離騷〉와 《詩經》 중의 〈大雅〉·〈小雅〉. 詩才를 가리킨다. 이 구절은 유반이 전원으로 돌아가서 시나 읊으며 유유자적하는 것을 허락받지 못했다는 말이다.

(12) 坐嘯(좌소): 앉아서 휘파람이나 불다. 후한 때 汝南太守 宗資도 功曹 范滂에게 일을 일임하고 南陽太守 成瑨도 功曹 岑晊에게 일을 일임했기 때문에 두 고을에 "여남태수는 범방이라 종자는 결재나 하고, 남양태수는 잠질이라 성진은 휘파람이나 분다"라는 말이 퍼졌다.(《後漢書·黨錮傳》 참조)

(13) 敎條(교조): 관아에서 반포하는 법령. 이 구절은 유반이 힘들이지 않고 느긋하게 정사를 잘 처리하는 능력을 지니고 있다는 말이다.

(14) 五更(오경): 새벽 3시부터 5시 사이.

(15) 春韶(춘소): 봄철의 아름다운 경치. 이 연은 내년이면 자신이 강가 고을의 태수로 나가 있을 것이니 그때 한 번 찾아와서 낮에 본 봄 경치를 되새기며 함께 잤으면 좋겠다는 말이다.

1079. 葉公秉[(1)]·王仲至[(2)]見和[(3)], 次韻答之

섭공병과 왕중지가 화답해 왔기에 차운으로 그것에 화답한다

袗絺方暑亦堪朝,[(4)]	한창 더울 땐 홑옷 입고도 아침을 지내실 만했지만
歲晩淒風憶皂貂.[(5)]	세모가 되자 찬바람 불어 담비 갖옷이 생각나셨네.
共喜鵷鸞歸禁籞,[(6)(7)]	원추새와 난새가 금원으로 돌아온 걸 함께 기뻐하나니
心知日月在重霄.[(8)(9)]	마음속으로 해와 달이 구천에 있기 때문인 줄 아네.
君如老驥初遭絡,[(10)]	그대들은 갓 굴레 쓴 늙은 천리마 같고
我似枯桑不受條.[(11)]	나는 잎을 딸 수 없는 마른 뽕나무 같네.
强鑷霜鬚簪彩勝,[(12)(13)(14)]	서리 맞은 수염을 억지로 뽑고 채승을 꽂았지만
蒼顔得酒尙能韶.[(15)(16)]	창백한 얼굴이 술을 만나니 그래도 고와지네.

[해설]

비서감 섭균과 비서소감 왕흠신이 소식의 시 〈입춘에 번승을 하사하신 일을 노래한 유공보의 시에 차운하여(次韻劉貢父春日賜幡勝)〉(1077)에 화답하자 그것에 차운하여 화답한 것이다.

[주석]

(1) 公秉(공병): 葉均의 字. 施元之의 《施注蘇詩》에 "섭공병은 이름이 균으로 당시 비서감이었다(葉公秉, 名均, 時爲秘書監)"라고 했다.

(2) 仲至(중지): 王欽臣의 字. 시원지의 《시주소시》에 "왕중지는 이름이 흠신으로 비서소감이었다(王仲

至, 名欽臣, 爲秘書少監)"라고 했다.

(3) 見和(견화): 나에게 화답하다. 〈次韻葉致遠見贈〉(0820) 주 (2) 참조.

(4) 袗絺(진치): 올이 고운 칡베로 지은 홑옷.

(5) 皀貂(조초): 검은색 담비 가죽으로 지은 갖옷. 이 연은 섭균과 왕흠신을 따뜻한 담비 갖옷에 비유하여 그들이 황제에게 요긴한 존재이기 때문에 황제가 그들을 조정으로 불러들였다는 말이다.

(6) 鵷鸞(원란): 원추새와 난새. 둘 다 봉황의 일종으로 뛰어난 인물을 가리킨다. 여기서는 섭균과 왕흠신을 가리킨다.

(7) 禁籞(금어): 禁苑 주위에 친 울타리. 금원 또는 황궁을 가리킨다.

(8) 日月(일월): 황제와 황후를 가리키는바, 여기서는 철종 황제와 섭정인 宣仁太后를 가리킨다.

(9) 重霄(중소): 구중천. 九天. 하늘의 가장 높은 곳. 이 연은 섭균과 왕흠신처럼 뛰어난 인물이 조정으로 돌아올 수 있었던 것은 聖明하신 황제와 선인태후가 지존의 자리에 계셨기 때문이라는 말이다.

(10) 遭絡(조락): 굴레를 쓰다. 이 구절은 섭균과 왕흠신이 황제와 조정을 위해 요긴하게 쓰일 계제를 맞았다는 말이다.

(11) 不受條(불수조): 뽕잎을 따는 것을 받아들이지 않다. 뽕잎을 따게 할 상황이 아니라는 말이다. 《詩經·豳風·七月》에 "누에 치는 달에는 뽕을 따나니, 저 도끼를 가져와서, 그것으로 멀리 뻗은 높은 가지 자르고, 부드러운 뽕나무는 휘어잡고 딴다네(蠶月條桑, 取彼斧斨, 以伐遠揚, 猗彼女桑)"라고 했다. 이 구절은 자신이 더 이상 황제와 조정에 쓸모가 없는 존재라는 말이다.

(12) 鑷(섭): 족집게. 족집게로 뽑다.

(13) 霜鬚(상수): 서리를 맞은 것처럼 하얀 수염.

(14) 彩勝(채승): 唐宋 때 입춘을 경하하기 위해 종이나 비단을 오려서 만든 장식물. 〈次韻劉貢父春日賜幡勝〉(1077) 주 (2) 참조.

(15) 蒼顔(창안): 창백한 얼굴. 늙은 사람의 여윈 얼굴을 가리킨다.

(16) 韶(소): 고와지다. 이 구절은 자신의 얼굴이 술기운에 힘입어 홍조를 띰으로써 잠시 젊은 사람의 고운 얼굴처럼 되었다는 말이다.

1080. 再和

다시 화답하여

衰遲何幸得同朝,(1)(2)(3)	늘그막에 함께 조정에 있으니 얼마나 다행인가?
溫勁如君合珥貂.(4)(5)(6)(7)	그대들처럼 온화하고 굳세면 담비 꼬리 꽂는 게 당연하지.
誰惜異才蒙徑寸,(8)(9)	거목이 작은 나무에 덮인 것을 누가 애석해했나?
自慚枯枿借凌霄.(10)(11)	고목이 능소화에게 힘을 빌린 게 부끄럽네.
光風泛泛初浮水,(12)(13)(14)	따스한 바람이 넘실넘실 물 위를 지나기 시작하고
紅糝離離欲綴條.(15)(16)	붉은 쌀이 다닥다닥 나뭇가지에 맺히려 하네.
後日一樽何處共,	훗날에 술 한 잔을 어디서 함께할까?
奉常端冕作咸韶.(17)(18)(19)	봉상이 되어 검은 옷에 큰 관을 쓰고 있으면
	함지와 소소가 울려 나오리.

[해설]

위의 시에 이어서 다시 섭균과 왕흠신의 시에 화답한 것이다.

[주석]

(1) 衰遲(쇠지): 노쇠해진 만년.
(2) 得(득): ~할 수 있다.
(3) 同朝(동조): 조정에서 함께 일하다.
(4) 溫勁(온경): 온화하면서도 꿋꿋하다.
(5) 君(군): 葉均과 王欽臣을 가리킨다. 〈葉公秉·王仲至見和, 次韻答之〉(1079) 주 (1) 및 주 (2) 참조.

(6) 合(합): 응당 ~해야 하다.

(7) 珥貂(이초): 담비 꼬리를 꽂다. 한나라 때 侍中·中常侍 등의 고관이 모자에 담비 꼬리를 꽂아 장식품으로 삼은 일에서 비롯되어 고관대작 또는 고관대작이 되는 것을 가리킨다. 〈再和〉(1078) 주 (5) 참조.

(8) 異才(이재): 기이한 재목. 섭균과 왕흠신을 가리킨다.

(9) 徑寸(경촌): 직경이 한 치밖에 안 되는 작은 나무라는 뜻으로 재주가 미미한 사람을 가리킨다. 左思의 〈詠史〉에 "계곡 바닥엔 무성한 소나무가 서 있고, 산꼭대기엔 더북한 어린 나무가 서 있는데, 직경이 한 치밖에 안 되는 저 줄기가, 백 자나 되는 가지에 그늘을 드리우네. 세족의 자제는 높은 자리에 올라가고, 영재는 낮은 곳에 침체되어 있나니, 지세가 그렇게 되게 한 거지, 하루아침에 그렇게 된 것이 아니라네. 김씨와 장씨는 조상의 옛날 공 덕분에, 일곱 세대에 걸쳐 담비 꼬리를 꽂았네. 馮唐 공이 어떻게 위대하지 않으랴만, 백발이 되도록 부름을 못 받았네(鬱鬱澗底松, 離離山上苗. 以彼徑寸莖, 蔭此百尺條. 世冑躡高位, 英俊沈下僚. 地勢使之然, 由來非一朝. 金張籍舊業, 七葉珥漢貂. 馮公豈不偉, 白首不見招)"라고 했다. 이 구절은 지금까지 섭균이나 왕흠신처럼 뛰어난 인재가 오히려 세족 자제보다 낮은 지위에 처해 있는 것을 안타까워하는 사람이 없었다는 말이다.

(10) 枯枿(고얼): 마른 가지. 마른 나무. 소식 자신을 가리킨다.

(11) 凌霄(능소): 능소화. 능소화과의 낙엽 활엽 덩굴나무. 다른 나무나 전신주 따위를 타고 올라가는데 높이가 10미터 정도 되며, 여름에 깔때기 모양의 누르스름한 꽃이 피고 열매는 네모난 蒴果로 가을에 익는다. 이 구절은 말라서 볼품없는 나무에 능소화 덩굴이 타고 올라감으로써 마른 나무가 아름답게 보이는 것처럼, 아무 능력도 없는 자신이 주위 사람들의 총애와 도움에 힘입어 요직을 차지하게 된 것이 부끄럽다는 말이다.

(12) 光風(광풍): 비가 갠 뒤 밝은 햇살 아래에 부는 상쾌하고 온화한 바람. 여기서는 따스한 봄바람을 가리킨다.

(13) 泛泛(범범): 물이 흔들리는 모양. '汎汎'과 같다. 劉楨의 시 〈贈從弟〉에 "넘실넘실 동쪽으로 흘러가는 물, 또렷또렷 물속에서 반짝이는 돌(汎汎東流水, 磷磷水中石)"이라는 구절이 있다.

(14) 浮(부): 떠가다. 이동하다. 이 구절은 따스한 봄바람이 넘실넘실 물결을 일으키며 수면 위를 지나가기 시작한다는 말이다.

(15) 紅糝(홍삼): 붉은 쌀알. 붉은색의 작은 꽃봉오리를 가리킨다. 韓愈의 시 〈送無本師歸范陽〉에 "처음으로 낙양의 봄빛을 보았을 땐, 복숭아나무 가지에 붉은 쌀이 달렸었네(始見洛陽春, 桃枝綴紅糝)"라는 구절이 있다.

(16) 離離(이리): 많은 모양.

(17) 奉常(봉상): 秦나라 九卿의 하나. 《漢書·百官公卿表》에 "봉상은 진나라 때의 관직으로 종묘의 의례를 관장했으며 그 아래에 보좌관이 있었다. 경제 중원 6년(기원전 144)에 태상으로 개칭했다(奉常, 秦官, 掌宗廟禮儀, 有丞. 景帝中六年更名太常)"라는 기록이 있는데 이에 대한 顔師古의 주에 "태상은 임금의 정기이다. 여기에 해와 달이 그려져 있는바 임금에게 큰일이 있으면 이것을 세우고

행차하는데 예관이 그것을 붙들었기 때문에 봉상(정기를 받든다는 뜻)이라고 했다. 나중에 태상으로 개칭했으니 매우 높고 크다는 뜻이다(太常, 王者旌旗也. 畫日月焉, 王有大事則建以行, 禮官主持之, 故曰奉常也. 後改曰太常, 尊大之義也)"라고 했다.

(18) 端冕(단면): 검은 옷과 큰 冠. 옛날 제왕과 귀족의 예복과 예모이다.

(19) 作咸韶(작함소): 咸池와 簫韶를 연주하다. 함지는 요임금 때의 음악이고 소소는 순임금 때의 음악이다. 황제의 음악을 가리킨다. 이 구절은 섭균과 왕흠신이 황제를 모시고 황제의 음악을 들으며 잘 지내게 될 것이라는 말이다.

부 록

작품 색인

* '시제목 / 작품번호' 식으로 표시하였다.

【ㄱ】

【ㅇ】

【ㅊ】

독회 참여자 명단

강　영 (서울대학교 중문과 박사과정 수료)
강민호 (서강대학교 중문과 교수)
김동진 (미국 컬럼비아대학교 동아시아언어문화학과 석사과정 졸업)
김보경 (명지대학교 중문과 교수)
김수희 (서울대학교 중문과 강사)
김연미 (서울대학교 중문과 석사과정 수료)
김하늬 (서울대학교 중문과 강사)
김해민 (서울대학교 중문과 박사과정 수료)
김현녀 (서울대학교 중문과 박사과정 수료)
김혜진 (중국 復旦大學 중문과 박사과정 재학)
노현리 (서울대학교 중문과 석사과정 졸업)
류소진 (우송대학교 국제학부 초빙교수)
민선영 (미국 아리조나주립대학교 국제문자문화학부 박사과정 재학)
서수연 (서울대학교 중문과 석사과정 졸업)
서연주 (서울대학교 중문과 강사)
안용수 (서울대학교 중문과 박사과정 재학)
우나영 (서울대학교 중문과 박사과정 수료)
이다연 (서울대학교 중문과 박사과정 수료)
이수정 (이화여자대학교 중문과 박사과정 수료)
이수현 (서울대학교 중문과 박사과정 수료)
이욱진 (서울대학교 중문과 강사)
이재혁 (미국 오하이오주립대학교 동아시아언어문화학과 석사과정 재학)
이주현 (서울대학교 중문과 강사)
임도현 (서울대학교 중문과 강사)
장청군 (서울대학교 중문과 박사과정 재학)
전아영 (서울대학교 중문과 석사과정 졸업)

전영숙 (연세대학교 중국연구원 연구원)

정세진 (서울대학교 중문과 강사)

최석원 (단국대학교 일본연구소 HK연구교수)

허윤정 (서울대학교 중문과 강사)

홍다운 (서울대학교 중문과 박사과정 재학)

원저자 소개

소식(蘇軾, 1036-1101)은 미주(眉州) 미산(지금의 사천성 眉山) 사람으로 자(字)가 자첨(子瞻) 또는 화중(和仲)이고 호(號)가 동파거사(東坡居士)이다. 밀주(密州)·서주(徐州)·호주(湖州)·항주(杭州)·영주(潁州)·양주(揚州)·정주(定州) 등 여러 지방의 태수와 중서사인(中書舍人)·한림학사(翰林學士)·병부상서(兵部尙書)·예부상서(禮部尙書) 등의 중앙관직을 역임했다. 그는 다양한 재능을 두루 타고나 시·사(詞)·산문·서예·회화 등 각 방면에서 모두 빼어난 성취를 이루었다.《동파칠집(東坡七集)》,《동파악부(東坡樂府)》,《동파지림(東坡志林)》,《구지필기(仇池筆記)》,《동파서전(東坡書傳)》,《동파역전(東坡易傳)》 등의 많은 저서를 남겼다.

역주자 소개

류종목(柳種睦)은 서울대학교 중어중문학과를 졸업하고 동 대학원에서 문학박사 학위를 취득했다. 대구대학교 중어중문학과 교수와 서울대학교 중어중문학과 교수를 역임했으며 현재 서울대학교 명예교수이다. 주요 저서 및 역서로《소식사연구(蘇軾詞硏究)》,《당송사사(唐宋詞史)》,《여산진면목(廬山眞面目)》,《논어의 문법적 이해》,《송시선(宋詩選)》, 《한국의 학술연구－인문사회과학편 제2집》,《범성대시선(范成大詩選)》,《팔방미인 소동파》,《육유시선(陸游詩選)》,《소동파시선》,《소동파사선(蘇東坡詞選)》,《소동파사(蘇東坡詞)》,《당시삼백수(唐詩三百首)》 1·2,《중국고전문학정선－시가》 1·2,《정본완역소동파시집》 1·2·3,《중국고전문학정선－시경 초사》,《소동파산문선》,《중국고전문학정선－사곡(詞曲)》,《소동파 문학의 현장 속으로》 1·2,《송사삼백수 천 줄 읽기》,《유종원시선(柳宗元詩選)》,《소식의 인생 역정과 사풍(詞風)》,《한시 이야기》,《소동파 전기 명시》,《소동파 후기 명시》 등이 있다.

漁父醉蓑衣舞醉裏

却尋歸路輕舟短棹任

斜橫醒後不知何處

右漁父破子二